중국 소재 고구려 유적과 유물 IV

통구분지 1 우산하 · 하해방 · 만보정 · 칠성산고분군

표지 사진 | 집안 장군총(우산하0001호묘) © 여호규

중국 소재 고구려 유적과 유물 IV

통구분지 1 우산하 · 하해방 · 만보정 · 칠성산고분군

THE KINGDOM OF KOGURYO RUINS AND ARTIFACTS IN CHINA

| 동북아역사재단 편 |

동북아역사재단
NORTHEAST ASIAN HISTORY FOUNDATION

• 이 책은 2018년 동북아역사재단 연구용역 수행 결과물임.

책머리에

압록강 중상류를 비롯해 중국 동북지역에는 고구려 유적과 유물이 무수히 산재해 있다. 이러한 유적과 유물은 고구려사를 연구하고 한국사를 체계화하는 데 매우 중요한 자료일 뿐 아니라, 모든 인류가 공유해야 할 소중한 문화유산이기도 하다. 그런데 아쉽게도 이와 관련된 각종 보고서나 연구논저가 여러 학술지에 산재해 있거나 절판된 경우가 적지 않아 관련 연구자나 역사에 관심 있는 일반인들이 이용하는 데 많은 어려움을 겪고 있다. 이에 동북아역사재단에서는 2007년부터 중국 소재 고구려 유적·유물을 집대성하여 DB를 구축하는 사업을 추진하였다.

본 연구팀도 이 사업에 참여하여 DB 구축에 필요한 기초자료를 정리하는 과제를 수행하였다. 2007~2008년에는 고구려 발흥지인 압록강 중상류, 2009~2011년에는 두 번째 도성이었던 통구분지(집안분지), 2012~2014년에는 요동반도와 요하·송화강·두만강 유역 등에 분포한 유적과 유물을 정리하였다. 이어 2015~2016년에는 2007년 이후 새롭게 조사된 유적에 대한 정리 작업을 진행하였다. 이를 통해 고분군 246곳, 개별 고분 269기, 성곽 301곳, 성곽의 개별 유구 31기, 기타 유적 40곳, 개별 유물 84개 등 총 971건의 유적과 유물을 정리하였다.

그런데 이렇게 정리한 기초자료를 토대로 DB를 구축한 결과, 각 지역별 '개관'이나 각 유적의 '역사적 성격' 등 종합적인 서술 부분을 모두 DB로 전환하는 데는 상당한 애로가 따르는 것으로 확인되었다. 또한 연구자나 일반인들이 각 유적의 전체 현황을 일목요연하게 파악하는 데도 많이 불편하다는 문제점이 제기되었다. 이에 2018~2019년에 기존의 DB 구축용 기초자료를 재정리하여 책자 형태로 출간하는 사업을 진행하였다.

본 연구팀은 연구과제를 체계적으로 수행하기 위해 각 유적·유물을 고분, 성곽, 기타 유적, 개별 유물 등으로 분류한 다음, 관련 전공자로 연구팀을 구성하였다. 연구 책임자인 여호규는 과제를 총괄하면서 성곽을 담당하였고, 강현숙은 고분, 백종오는 유물 등을 담당하면서 각 권의 개관과 유적의 역사적 성격을 집필하였다. 김종은(고분), 이경미(성곽), 정동민(고분과 성곽), 한준영(유물)은 각종 보고서와 연구논저의 서술 내용을 1차 정리하는 작업을 담당하였다. 나유정과 노윤성은 출간 사업에 참여하여 원고 교정과 지도 제작 등을 담당하였다.

이 작업에서 본 연구팀은 중국 소재 고구려 유적과 유물을 체계적으로 정리하여 집대성하는 데 가장 주안점을 두었다. 이를 위해 먼저 각종 보고서와 연구논저, 지도와 지지(地誌), 보도자료, 답사자료 등을 광범위하게 수집하였다. 그런 다음 각 유적별로 조사 현황, 위치와 자연환경, 유적의 전체 현황, 유구별 현황(또는 성벽과 성곽시설, 성내시설과 유적), 출토유물, 역사적 성격, 참고문헌 등의 항목을 설정해 각 유적의 조사 현황과 연구성과를 체계적이고 통일성 있게 정리하고자 노력하였다.

이러한 작업을 통해 본 연구팀은 A4 약 1만 매에 이르는 DB 구축용 기초자료를 확보하였다. 이를 바탕으로 책자 형태의 출간 사업을 진행하여 압록강 중상류 3권(Ⅰ-Ⅲ), 통구분지 3권(Ⅳ-Ⅵ), 요동반도-요하-송화강-두만강 유역 4권(Ⅶ-Ⅹ) 등 총 10권으로 구성하였다. 각 권의 서두에는 개관을 설정하여 각 지역별 전체 현황을 서술하는 한편, 시·현 행정구역이나 유적군을 단위로 각 권의 부(部)를 설정해 유적의 현황을 정리하고 역사적 성격을 서술하였다.

이상의 과정을 거쳐 출간하게 된 본 시리즈는 중국 동북지역에 산재한 고구려 유적과 유물을 체계적으로 집대성한 최초의 성과라 할 수 있다. 이러한 점에서 본서의 발간은 고구려 유적·유물에 관한 방대한 정보를 체계적으로 제공하여 고구려사 연구기반을 확충하는 한편, 이를 활용한 다양한 역사 콘텐츠 개발 및 일반 국민의 역사인식 제고에도 크게 기여할 것으로 기대된다.

본서는 지난 15년간 동고동락했던 연구팀원들의 헌신적인 노력과 함께 동북아역사재단의 지속적인 지원 덕분에 발간될 수 있었다. 김현숙 연구위원께서는 본 과제를 처음 기획하여 중장기 사업으로 추진할 수 있는 토대를 놓았고, 이성제 연구위원께서는 2011년부터 본 과제를 담당하여 각종 실무적인 뒷받침을 해주었는데, 이에 깊이 감사드린다. 그리고 2007년 이래 본 과제를 물심양면으로 성원해주신 김용덕, 정재정, 김학준, 김호섭, 김도형 역대 이사장님들과 이영호 이사장님께도 깊이 감사드린다. 아울러 난삽한 원고와 각종 도면을 깔끔하게 정리하여 산뜻한 책으로 꾸며주신 출판 관계자 여러분들께도 깊이 감사드린다.

2022년 11월 30일

연구팀을 대표하여 여호규

일러두기

1. 중국의 간체자는 모두 우리식 한자로 수정하고, 음도 우리식 한자음으로 표기했다.

2. 한자 용어는 가능한 한글 표현으로 풀어쓰고자 했으나, 의미 전달을 고려하여 그대로 노출하여 사용하거나 한글과 병기하기도 하였다.

3. 기원전은 연도에 각각 표기했고, 기원후 혹은 서기는 생략했다.
   〈예〉 기원전 45 – 기원전 12년 / 기원전 2 – 2세기 / 3 – 4세기

4. 참고문헌은 오래된 연도부터 배열했고, 같은 연도에서는 가나다 순으로 배열했다.

5. 유적 명칭은 공식 보고서나 『중국문물지도집』을 기준으로 '시·현+유적명'으로 표기하고, 이칭이 있는 경우 병기하였다. 다만 '등탑 백암성'처럼 국내에 널리 통용되는 명칭이 있는 경우 이를 따랐다. 같은 시·현에 명칭이 같거나 유사한 유적이 있는 경우, 향·진이나 촌을 표기하여 구분하였다. 지명 이외의 유적명은 한 단어로 보아 붙였다.
   〈예〉 수암 조양향 고려성산산성 / 수암 합달비진 고려성산산성 / 관전 대고령지후강연고분군 / 수암 마권산성내고분군

6. 유적 위치도는 각종 보고서의 도면을 집성하여 제시하였고, 정확한 위치를 파악한 경우에는 '만주국 10만분의 1 지형도'에 표기하였다. 아울러 『중국문물지도집』 길림분책(1993)과 요령분책(2009)에 실린 유적 위치를 구글 지형도(2020년 1월 기준)를 활용하여 제시하였다.

7. 지도의 기호는 다음과 같이 사용했다. 단, 자체 범례를 가진 지도는 이에 해당하지 않는다.

산 : △	산성 : ▲	평지성 : ■	관애 : ▬
장성 : ⊓⊓⊓	고분 : ◓	기타 유적 : ●	
시·현 : ⦿	향·진 : ◎	촌 이하(촌·둔·동) : ○	

차례

제1부 통구분지 편 개관

1. 고분군과 고분

2. 성곽과 건물지

3. 유물

제2부 집안 우산하고분군 (集安 禹山下古墳群)

제3부 집안 하해방고분군 (集安 下解放古墳群)

제4부 집안 만보정고분군 (集安 萬寶汀古墳群)

제5부 집안 칠성산고분군 (集安 七星山古墳群)

통구분지
通溝盆地

전도 ①

모두루묘
장군총
광개토왕릉비
압
태왕릉
록

통구분지
通溝盆地

전도 ②

吉林省文物考古研究所·
集安市博物館, 2002,
『洞溝古墓群 - 1997年調査
測繪報告』, 科學出版社

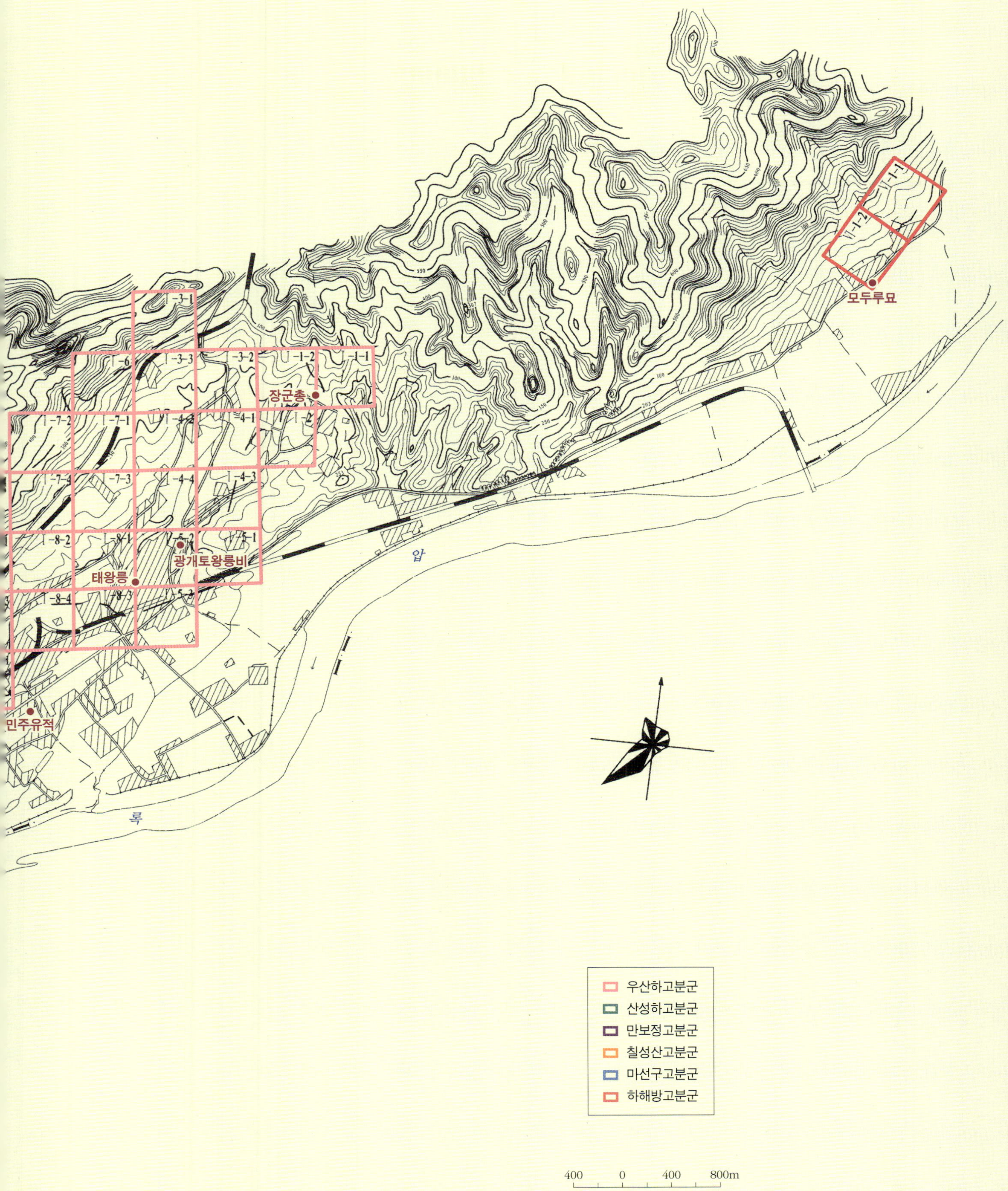
모두루묘
장군총
광개토왕릉비
태왕릉
민주유적
압
록
우산하고분군
산성하고분군
만보정고분군
칠성산고분군
마선구고분군
하해방고분군
400 0 400 800m

통구분지
通溝盆地

전도 ③

池内宏 · 梅原末治, 1938, 『通溝』上, 日滿文化協會

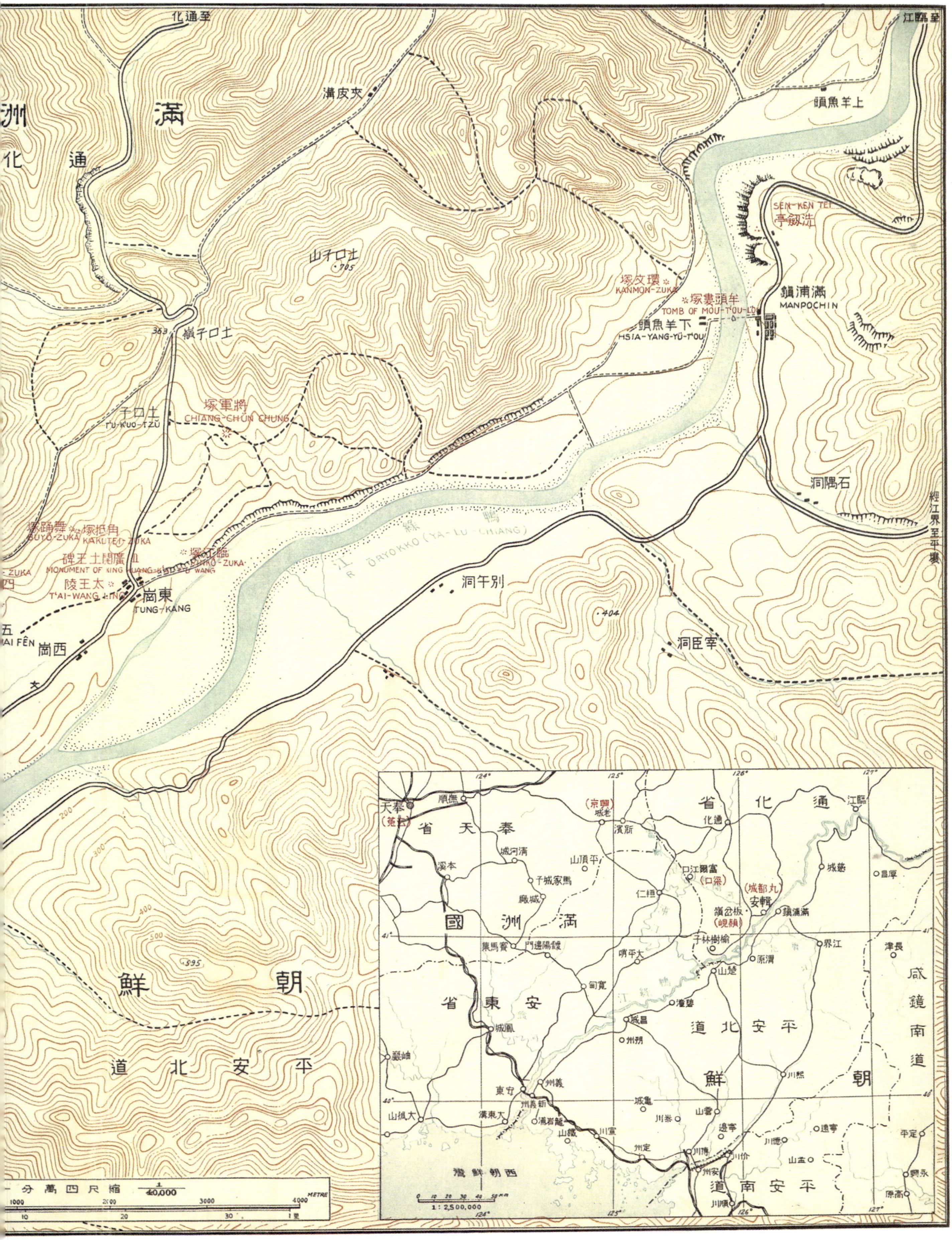

滿洲
通化
至通化
夾皮溝
上羊魚頭
至臨江
SEN-KEN TEI
洗劍亭
土口子山
705
環文塚
KANMON-ZUKA
牟頭婁塚
TOMB OF MOU-T'OU-LOU
滿浦鎮
MANPOCHIN
下羊魚頭
HSIA-YANG-YÜ-T'OU
363
土口子嶺
土口子
T'U-KUO-TZŬ
將軍塚
CHIANG-CHÜN CHUNG
石隅洞
舞踊塚
BUYŌ-ZUKA
角抵塚
KAKUTEI-ZUKA
廣開土王碑
MONUMENT OF KING KUANG-K'AI-T'U WANG
臨江塚
RINKŌ-ZUKA
太王陵
T'AI-WANG LING
東崗
TUNG-KANG
西崗
別午洞
鴨綠江
R. ŌRYOKKO (YA-LU CHIANG)
404
宰臣洞
至平壤界江經
200
300
400
500
595
朝鮮
平安北道
縮尺四萬分一
1/40,000
METRE
奉天
(瀋陽)
撫順
奉天省
(新京)
老城
新濱
通化省
通化
臨江
清河城
平頂山
本溪
馬家子城
鳳城
富爾江口
(梁口)
桓仁
(丸都城)
輯安
滿浦鎮
慈城
厚昌
滿洲國
板岔嶺
(峴嶺)
榆樹林子
江界
長津
咸鏡南道
寶馬集
雙陽門
大平哨
渭原
楚山
寬甸
安東省
碧潼
昌城
鳳凰城
朔州
平安北道
朝鮮
岫巖
熙川
安東
義州
新義州
龜城
大孤山
大東溝
泰川
雲山
寧邊
寧遠
德川
孟山
定平
龍岩浦
鐵山
宣川
定州
博川
价川
安州
順川
平安南道
永興
高原
西朝鮮灣
1:2,500,000
124°
125°
126°
127°
41°
40°

제1부

통구분지 편
개관

1. 고분군과 고분[1]

1) 머리말

통구는 원래 通溝甸子 혹은 通溝口子로 불리던 곳이다. 통구는 通溝河에서 비롯되었는데, 통구하는 높고 험한 산 계곡에서 압록강으로 들어간다. 통구분지는 동북에서 서남 방향으로 좁고 길게 뻗은 압록강 중류 유역의 좁고 긴 충적평지로, 북으로는 칠성산, 우산, 용산이 병풍처럼 둘러싸고 남으로는 압록강이 흐르는 배산임수지형이다.

통구분지 내에서 확인된 1만 2,000여 기의 고구려 고분을 통구고분군이라고 하며, 통구고분군은 다시 6개의 고분구역으로 나뉜다. 통구분지의 서쪽에서부터 동쪽으로 가면서 마선구, 칠성산, 만보정, 산성하, 우산하, 하해방 고분군 등으로 나뉜다. 최근에는 장천고분군을 통구고분군에 포함하여 7개의 구역으로 나누기도 해서(孫仁杰 · 遲勇, 2007) 통구고분군이 동쪽으로 더욱 확장되었다. 확장된 통구고분군은 서쪽으로는 마선구향 안자구에서부터 동쪽에서는 청석진의 장천촌에 이르는 넓은 범위로, 그 가운데 고분은 동서 길이 40km, 남북 2～4km 정도의 넓은 범위에 분포한다(그림 1). 주요 적석총과 벽화분은 주로 동쪽의 하해방과 장천 고분군을 제외한 나머지 5개의 고분구역에서 확인되었으며, 국내성을 중심으로 대략 5～7.5km 범위 내에 분포한다.

문헌기록에 의하면 통구분지는 유리왕대 국내로 천도하여 장수왕대 평양으로 천도하기까지 400여 년이 넘도록 고구려의 왕도였으므로, 긴 기간 동안 크고 작은 여러 형식의 고분이 자리하고 있다. 그 가운데 거대한 적석총은 왕릉으로 비정되고 있고, 적석총과 봉토석실벽화분을 포함한 대형분들은 귀족의 무덤으로 보아서 '고대 고구려 왕국 수도와 묘지'라는 이름으로 세계문화유산으로 등재되었다.

그렇지만 아직까지 통구분지에서 고구려 고분이 언제부터 언제까지 조성되었는지는 정확히 알

---

1 주요 참고문헌은 다음과 같다. 關野貞, 1914,「滿洲輯安縣及び平壤附近に於ける高句麗時代の遺跡」,『考古學雜誌』5-3·4； 1941,「滿洲輯安縣に於ける高句麗時代の遺跡」,『朝鮮の建築と藝術』, 巖波書店；朝鮮總督府, 1915,『朝鮮古蹟圖譜』1；藤田亮策, 1940,「通溝附近の古墳と高句麗の墓制」,『池內博士還曆記念東洋史論叢』164；1948,『朝鮮考古學研究』, 高桐書院 재수록；池內宏·梅原末治, 1938,『通溝』上, 日滿文化協會；三宅俊成, 1975,『東北アシア考古學の研究』；鳥居龍藏, 1976,「南滿洲調査報告」,『鳥居龍藏全集』10, 朝日新聞社；耿鐵華, 1987,「高句麗貴族冉牟墓及墓誌考釋」,『遼海文物學刊』1987-2；吉林省文物考古研究所·集安市博物館, 2002,『洞溝古墓群-1997年調査測繪報告』, 科學出版社；吉林省文物考古研究所·集安市博物館, 2005,『集安高句麗王陵』, 文物出版社；張福有, 2005,「集安禹山3319號墓卷云紋瓦當銘文認識與考證」,『中國歷史文物』2005-3；余昊奎, 2006,「집안지역 초대형 적석묘의 전개과정과 피장자문제」,『한국고대사연구』41；孫仁杰·遲勇, 2007,『集安高句麗墓葬』, 香港亞洲出版社；魏存成, 2007,「集安高句麗大形積石墓王陵研究」,『社會科學戰線』2007-4；張福有, 2007,『高句麗王陵通考』, 香港亞洲出版社；임기환·아즈마 우시오·모모자키 유스케·강현숙·바이건싱, 2009,『고구려 왕릉 연구』; 강현숙, 2013,『고구려 고분연구』, 진인진；강현숙·양시은·최종택, 2020,『고구려 고고학』, 진인진；강현숙, 2021,「만발발자유적 분묘로 본 고구려 적석총의 출현에 대한 논의」,『동북아역사논총』71.

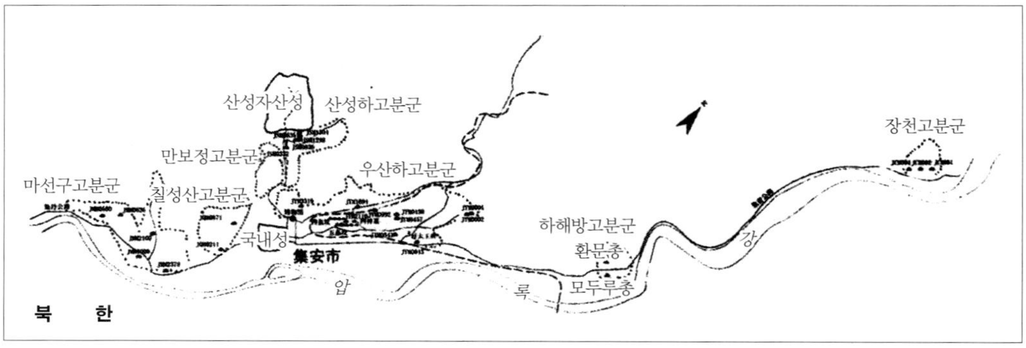

그림 1 집안 통구고분군 분포(孫仁杰·遲勇, 2007)

수 없다. 출토된 유물로 미루어 보아서 통구분지의 고구려 고분 중에는 고구려 멸망 이후에 조성된 것으로 보이는 무덤도 포함되어 있어서 고구려 멸망 이후에도 주민이 계속 거주하면서 고분을 남겼음을 알 수 있다.

2) 통구분지의 고분군과 주요 고분

(1) 우산하고분군

우산하고분군은 북쪽으로 우산과 동쪽으로 용산을 경계로 하며, 서쪽은 통구하, 남쪽은 압록강을 경계로 한다. 통구고분군 중 가장 넓은 면적을 갖고 있으며, 고분이 차지하는 면적은 총 509.05km^2에 달한다. 또 가장 많은 수의 고분이 분포하는 통구의 최대 고분군이면서 왕릉으로 비정되는 고분이 가장 많이 분포하는 고분군이기도 하다.

우산하고분군의 60%는 봉토석실분이며, 나머지는 적석총이다. 적석총은 주로 우산의 중턱에서부터 완만하게 경사져 내려오는 사면에 분포하고, 봉토석실분은 능선의 자락과 완만한 평지에 분포하여서 구릉의 완사면 자락에는 적석총과 봉토석실분이 혼재한다. 한편 적석총은 고분군의 동쪽보다 서쪽에 더 많이 분포하며, 봉토석실분은 서쪽보다 동쪽에 더 많이 분포해서, 우산하고분군에서는 시간의 경과에 따라서 우산의 남쪽 사면에서부터 압록강변의 평지로, 서쪽에서 동쪽으로 가면서 무덤이 조영되었음을 알 수 있다.

우산하고분군은 1877년 광개토왕릉비의 발견으로 알려지게 되었다. 고분 조사는 1909년부터 1910년, 1913년에 걸쳐 일제에 의해 시작되어서 태왕릉과 장군총, 광개토왕릉비를 포함한 초대형 적석총과 함께 봉토석실벽화분이 조사되었고, 1935년 조사에서 본격적으로 실측과 벽화의 모사가 행해졌다. 일제강점기에 알려진 장군총, 태왕릉 등과 서강 대석릉, 온화보 남대총, 서대총, 황니강대묘 등이 우산하고분군의 적석총이다. 일제강점기에 고분이 조사되었지만 동시에 크고 작은 상당수의 고분이 도굴되고 파괴되었다. 특히 만선철도 건설로 동대자유적을 비롯한 고구려 유적과 우산하고분군의 남단이 잘려서 상당수의 고분이 조사되지 않은 채 멸실되었다.

중국에서는 1956년 집안현 문체과에서 통구고분군을 전면 조사하였다. 주민들이 채소 구덩이와 창고로 사용하였던 고분을 정리하고, 일제가 조사하였던 중요 벽화분은 입구문을 수리하고 봉토를 덧씌우는 등의 고분 보호조치를 하였다. 1958년에 집안현박물관이 세워지고, 1960년에 집안현 내의 문물에 대한 조사가 시작되면서 1961년에는 광개토왕릉비를 포함한 통구고분군이 중국 제1중점문물보호단위가 되었고, 그해 9월에 집안현문물보관소가 정식으로 세워졌다. 따라서 1962년부터 집안현박물관과 집안현문물보관소를 중심으로 통구고분군에 대한 조사가 시작되었고, 당시 오회분 4호분과 5호분, 마조총(통구12호분), 마선구1호분이 조사되었다.

통구고분군에 대한 본격적인 전면 조사는 1965년과 1966년에 걸쳐 진행되었고, 우산하고분군에서 고분 3,883기가 확인되었다. 1976년 이후부터는 개별 고분에 대한 조사가 진행되어서 고구려 고분에 대한 보다 구체적인 정보가 축적되었다. 1965~1966년 조사보다 더 많은 고분이 확인되어서 우산하고분군에서 3,904기를 확인하였다. 그리고 이후 자연적, 인위적 변형이 계속 일어났다. 1997년 조사를 바탕으로 작성된 통구고분군 실측조사보고서(吉林省文物考古研究所·集安市博物館, 2002)에 의하면 고분은 계속 훼손되어서 우산하고분군에서는 총 3,471기의 고분이 확인되었고, 그 가운데 남은 고분은 1,978기로 57%가량이 멸실되었다. 남은 고분 중 적석총은 927기, 봉토분은 121기, 기단봉토분은 3기이고, 나머지는 동실묘이다.

우산하고분군에 현재 남아 있는 초대형 적석총으로는 장군총, 태왕릉, 임강총, 우산하992호분, 우산하2110호분, 우산하3319호분, 우산하2112호분 등이 있으며, 임강총, 태왕릉, 장군총은 왕릉임에 이견이 없는 무덤이다. 임강총은 3세기 말로 비정되는 무덤으로, 동천왕릉, 산상왕릉으로 비정된 바 있는데, 무덤의 연대와 입지, 장지명 등을 고려해볼 때 동천왕릉일 가능성이 높다. 태왕릉은 광개토왕릉비와 관련을 인정하는 중국에서는 광개토왕릉으로, 양자를 관련지을 수 없다는 입장에서는 고국양왕릉으로 비정한다. 장군총은 태왕릉 다음에 조성된 것으로 이해되고 있어서 태왕릉의 주인공 비정에 따라서 광개토왕릉 또는 장수왕릉으로 비정되고 있다.

봉토석실벽화분은 벽면에 그려진 내용을 중심으로 볼 때 생활풍속도와 장식도 그리고 사신도 벽화분으로 나뉘는데, 생활풍속도 장면이 그려진 벽화분으로는 각저총(JYM0457), 무용총(JYM048), 마조총(JYM1984, 통구12호분), 삼실총(JYM2231)이 있으며, 산연화총(JYM1896)은 연꽃으로 장식된 벽화분이다. 사신도를 그린 벽화분으로는 오회분4호분(JYM2104), 오회분5호분(JYM2105)과 사신총(JYM2113) 등이 있다.

(2) 산성하고분군

산성하고분군은 丸都山城으로 비정되는 산성자산성 아래에 위치하여 이름이 붙여졌다. 통구분지 고분군 중 우산하고분군에 이어 두 번째로 큰 고분군이다. 우산의 남록 서편과 통구하를 따라 계곡으로 들어가면서 통구하 양안의 대지와 구릉, 그리고 환도산성의 동벽 아래에 고분이 분포한다. 산성하고분군의 고분은 면적 194.7km² 내에 분포한다.

산성하고분군에 대한 조사는 일제의 중국 동북지방에 대한 조사의 일환으로 진행되었다. 1907년 산연화총(우산하1896호)이 알려진 이래 1909년에서 1913년도에 걸친 조사에서 귀갑총(산성하1304호)과 미인총(산성하1296호), 형총(산성하635호)과 제총(산성하636호), 절천정총(산성하1298호) 등 환도산성 동벽 아래의 고분이 알려졌다.

해방 이후 중국의 길림성박물관과 집안현문물관리소 주도로 1965년에서 1966년에 걸쳐 시행된 통구고분군 실측조사에서, 산성하고분군에서는 1,583기의 고분이 확인되었고, 산성하332호분과 산성하983호분이 새로 벽화분임이 확인되었다. 1997년 실측조사보고서에 의하면(吉林省文物考古研究所·集安市博物館, 2002), 산성하고분군의 고분은 1,843기로 그 수가 늘어났으나, 2005년 조사에서 일부 중복된 고분을 제외하여 총 1,881기를 확인하였다. 2007년 현재 남아 있는 고분은 1,248기인데, 동실묘가 652기로 가장 많은 비중을 점하고 다음으로는 기단석광묘(256기), 계단석광묘(160기), 봉토묘(98기), 무기단석광묘(74기), 계단석실묘(16기) 순이며, 기단봉토석실분 3기도 확인되었다.

넓은 분포범위를 갖고 있는 산성하고분군은 1997년 조사에서 大川편, 山城下편, 塼廠편으로 나누었고, 이를 다시 2007년에 禹山后편, 山城下편, 南大灣子편, 東大坡편과 塼廠后편 등 5개 구역으로 조정하였다(孫仁杰·遲勇, 2007). 국내성에서 통구하를 따라 계곡으로 들어가면서 전창후편과 동대파편이 있고, 동대파편은 통구하를 사이에 두고 만보정고분군과 마주한다. 남대만자편은 환도산성 서남벽 아래 통구하 좌안의 마을에 위치하고, 산성하편은 통구하 좌안 환도산성 동벽 아래 위치하며, 통구하를 사이에 두고 산성하편과 마주하는 우산 서록 기슭에 분포하는 고분군이 우산후편고분군이다. 대천편은 통구하를 따라 들어가면서 산성자촌 북쪽 구릉에 위치하는 고분군이다.

이 가운데 고분군이 비교적 잘 남아 있는 것은 산성하편이며, 동대파편의 고분들은 산성하332호 벽화분을 제외한 대부분이 파괴되었다. 각 구역에 분포하는 고분 형식으로 미루어볼 때 적석총이 주인 전창후편의 고분이 비교적 이른 시기에 조성되었으며 대형 계단적석총과 석실봉토분이 군집을 이루는 산성하편의 고분이 비교적 늦은 시기에 조성된 것으로 보인다. 대형분의 분포로 볼 때 산성하고분군을 대표하는 것은 전창편과 산성하편의 고분으로, 국내성에서 통구하를 따라 계곡으로 들어가면서 대형분이 조성된 것으로 보인다. 전창후편을 대표하는 고분은 산성하전창36호분과 산성하전창1호분이다.

동대파편에는 적석총보다 봉토분이 많은 비중을 점한다. 동대파에서는 1976년 조사에서 적석총 2기(동대파262호, 동대파356호)와 봉토분 39기를 발굴하였다. 이 가운데 동대파271호분은 동대파편의 최대 고분이며, 동대파365호분은 봉토석실벽화분인데 벽화가 박락이 심하여 자세히 알 수 없고, 산성하332호분은 연꽃과 王이 그려진 봉토석실벽화분으로 현재 복원하여 보전되고 있다.

남대만자편의 산성하 823호분과 824호분은 계단적석총이며, 산성하983호분은 연꽃이 그려진 벽화분으로 연화묘로 불리기도 한다.

산성하편은 환도산성 남쪽으로 형성된 개활된 비교적 높은 하안대지 일대에 자리하며, 400여 기의 고분이 분포한다. 그중 환도산성 동벽 아래쪽으로 중대형의 계단적석총과 봉토석실벽화분이 집중 분포한다. 중국에서는 이를 고구려 귀족묘로 해석하였고, 현재 세계문화유산에 등재되어 있다. 계단적석총으로는 형총, 제총, 절천정총이 대표적인데, 절천정총은 1988년 재조사 결과 석실 내부에서 생활풍속도로 추정되는 벽화편이 확인되어 적석총에서의 벽화 채용을 보여주는 중요한 근거가 되었다. 봉토석실벽화분으로는 귀갑총, 미인총, 귀갑연화총(산성하1304호), 산성하1405호분, 산성하1408호분, 산성하1407호분, 산성하798호분 등이 확인되었다. 귀갑총과 미인총, 귀갑연화총은 파괴가 심하여 구조와 벽화 내용을 확실히 알 수 없으며, 나머지는 생활풍속도 계열이거나 장식무늬 벽화분으로 추정된다. 산성하1405호분을 제외하고는 대부분의 벽화분 구조는 연도 좌우에 측실이 있어 마치 전실과 현실로 구성된 유사두칸 구조이다. 이 외에도 산성하1411호분에는 분구 정상부에 석비가 있었던 것으로 추정되는데, 현재 석비는 분구 앞에 세워져 있다. 산성하1071호분은 장천4호분이나 통구12호분과 같이 한 분구 안에 석실이 두 개 있는 동분이혈합장무덤이다. 이러한 환도산성 동벽 아래의 중대형분들은 통구하 좌안 대지의 100~150m 범위 내에 집중되어 있어서 귀족들의 묘역이었음을 보여준다.

우산후편은 우산의 서쪽 기슭에 자리하며, 산성하편과 통구하를 사이에 두고 마주한다. 기단이나 계단 적석총이 분포하며, 적석총 중에는 연접묘도 있고 열상배치된 모습을 보이기도 한다. 봉토분은 주로 중소형분으로 분포상의 정형성은 보이지 않는다.

대천편은 산성하고분군 중 통구하를 따라 계곡 쪽으로 깊이 들어가 조성된 고분군이다. 산성자촌의 북측 구릉에 위치하며, 적석총과 봉토분으로 이루어졌다. 그중 산성하24호분은 계단적석총이다.

산성하고분군의 조영 상한과 하한 시기는 가늠하기 어렵지만, 고분의 형식과 분포상황으로 미루어볼 때 산성하전창16호분이 조성될 즈음부터 통구하를 따라서 계곡으로 들어가면서 고분군이 조성된 것으로 보인다. 그리고 5세기를 전후해서 벽화분을 포함한 중대형분이 환도산성 동벽 아래에 집중 조성되면서 국내도성시기의 주요 고분군이 되었다. 산성하고분군에서 언제까지 고분이 조성되었는지는 알 수 없지만, 사신도가 그려진 6세기의 벽화분은 확인되지 않아서 6세기에 들어서면서 대형분은 조영되지 않은 것으로 보인다. 한편 동대파365호분에서 출토되었다는 암갈색 시유병은 고구려 최말기에 해당되는 속성을 보이므로 평양 천도 이후에도 산성하고분군에 고분이 조영되었을 것으로 보인다.

(3) 만보정고분군

만보정고분군은 우산과 칠성산 사이의 곡간대지를 흐르는 통구하의 서안에 형성된 고분군이다. 고분은 통구하의 서쪽 하안대지에서 환도산성의 서남쪽으로 이어지는 한편, 칠성산의 동쪽 기슭에 위치한다. 통구고분군 가운데 하해방고분군에 이어 가장 고분 수가 적은 고분군으로, 고분이 차지하는 면적은 9,917m²이다.

1966년 조사에서 1,526기가 확인된 이래『集安縣文物志』(1984) 편찬에 따른 조사에서는 1,594기가 확인되었으며, 1997년 통구고분에 대한 실측조사에서 1,474기로 고분 수가 줄어들었는데, 2005년 재조사에서 1,547기가 확인되었다. 1997년 실측조사보고서(吉林省文物考古研究所·集安市博物館, 2002)에 따르면 1,474기가 확인되었다고 하지만 남아 있는 고분은 1,092기로, 그중 적석총은 639기이고 나머지 433기는 봉토석실묘와 동실묘이다.

만보정고분군은 봉토분에 비해 적석총의 비중이 큰 고분군으로, 왕릉급으로 비정할 만한 초대형 적석총은 확인되지 않았지만, 만보정242호분과 만보정1368호분은 고구려 고분 변천과정에서 특기할 만한 고분이다. 만보정242호분은 북쪽에서부터 남쪽으로 내려오면서 4기의 무덤이 서로 연접된 연접분으로 가장 북쪽에 있는 242-1호 매장부는 석광이고 242-2호 매장부는 석실이어서, 수혈식에서 횡혈식 장법으로의 변화를 보여준다. 242-1호에서 출토된 재갈과 덮개방울로 미루어 적석총에서 횡혈식 장법의 채용이 3세기 말에 이루어졌음을 보여준다. 만보정1368호분은 현실 네 벽에 기둥과 들보를 표현하였다는 점에서 생활풍속도 계열 벽화분으로 판단하는 무덤인데, 방형에 가까운 현실과 오른쪽으로 치우친 연도, 궁륭상 천장으로 미루어 집안 일대에서 가장 먼저 조성된 봉토석실벽화분이라는 점에서 주목된다. 이 외에도 만보정1078호분은 만보정78호분으로 통용되는 적석총으로, 조사 당시 이미 파괴되어 계단 유무는 물론 매장부 구조를 구체적으로 알기 어려운 무덤이지만, 5세기 전반의 기승용 마구가 복수 부장된 무덤이라는 점에서 특기할 만하다.

(4) 칠성산고분군

칠성산고분군은 통구하의 서안에 해당되며, 고분은 칠성산 남쪽 구릉에 위치한다. 무덤군이 차지하는 면적은 9,917m²로 통구고분군 가운데서 우산하, 마선구, 산성하 고분군 다음으로 큰 규모를 가지고 있다. 고분이 위치하는 구역에 따라 칠성산고분군은 木耳場溝, 養鷄場溝, 元寶山溝, 老友大坡溝 등 4개의 구역으로 나뉘며,『集安縣文物志』(1984)에 의하면 1976년부터 1984년에 걸친 조사에서 小山溝고분군이 추가되었다.

고분은 1966년 조사에서는 1,708기가 확인되었으나, 1997년에 출간된 통구고분군에 대한 실측보고서(吉林省文物考古研究所·集安市博物館, 2002)에 따르면 1,570기로 줄어들었으며, 2005년 재조사에서는 1,638기이며 주요 고분군은 목이장편, 양계장편, 원보산편과 노우대파편이라고 하였다. 고분군의 구성은 1997년 통구고분실측보고서에 의하면 1,570기 가운데 668기는 확인할 수 없고, 확인 가능한 고분은 882기인데, 이 가운데 462기가 적석총이며 기단봉토분과 봉토분은 13기이고 나머지 307기는 소형의 동실묘여서, 적석총이 고분군의 52%에 달한다.

아직까지 칠성산고분군에서 대형 봉토석실분이나 봉토석실벽화분을 보고한 예는 없지만, 칠성산871호분과 칠성산211호분은 왕릉급 무덤으로 비정되고 있으며, 칠성산1096호분에서는 금속제 기승용 마구와 함께 청동 초두와 정이 출토되어서 고구려 고분 편년의 기준이 된다. 칠성산1096호분은 칠성산1196호분(『集安縣文物志』, 1984) 또는 칠성산96호분으로 불리기도 하는데, 다수의 연구자들은 칠성산96호분으로 쓰고 있다. 다만, 1997년도 통구고분 실측보고서에서 칠성산 96호분과 1096호분, 1196호분 모두 동실묘로 이미 없어진 것으로 되어 있어서 보고된 고분이 어디에 위치하는지, 어느 편호가 바른 것인지는 확인할 수 없다. 칠성산96호분으로 보고된 내용에 의하면, 이 묘는 계단적석총으로 추가합장이 가능한 횡혈식 구조의 매장부 3기를 가진 동분이혈의 다실묘이다. 청동초두와 정, 기승용 마구류 일습이 출토되었다는 점에서 특기할 만하며 그 시기는 4세기 중엽으로 비정된다.

(5) 마선구고분군

마선구고분군은 통구고분군 중 가장 서쪽에 위치한다. 동쪽으로는 칠성산 자락과 연결되며 서쪽으로는 마선구하 양안에 고분이 분포한다. 우산하에 이어 두 번째로 큰 고분군으로, 고분은 면적 35,400m² 범위에 분포한다. 고분은 홍성편, 마선편, 건강편과 석묘자편으로 나뉘며, 1990년대 들어와서 마선구의 가장 서쪽 안자구고분군도 마선구고분군으로 포함되었다.

1966년 조사에서 2,516기가 확인되었으며, 『集安縣文物志』(1984) 편찬에 따른 조사에서 2,467기로 확인하였다. 1997년 통구고분군에 대한 분포 조사에서 2,374기로 1966년 조사보다 고분 수가 줄어들었고, 2005년 조사에서 2,576기로 고분이 증가되었다. 1997년 통구고분 실측조사(吉林省文物考古硏究所·集安市博物館, 2002)에 따르면 2,374기 중 30%에 달하는 735기가 확인할 수 없으며, 현존하는 것은 1,639기로 그 가운데 기단봉토분을 포함한 봉토석실분은 102기에 불과하고, 44%에 달하는 725기는 적석총이며, 과반수를 넘는 나머지 812기는 석실을 매장부로 한 소형 동실묘이다.

마선구고분군의 주요 고분 형식으로는 초대형 적석총과 석실봉토벽화분을 들 수 있다. 마선구2378호분, 마선구2381호분과 마선구626호분, 마선구2100호분, 서대총, 천추총 등이 왕릉으로 비정되는 초대형 적석총이다. 이러한 초대형 적석총은 1세기부터 4세기대까지의 긴 시간폭을 갖고 있으며, 이 가운데 왕릉 비정에 이견이 없는 무덤은 서대총과 천추총이다. 서대총은 미천왕릉으로 비정하며, 천추총은 소수림왕릉 또는 고국양왕릉으로 비정하고 있다.

석실봉토벽화분으로는 마선구1호분 1기가 보고되었다. 마선구1호분은 그 구조와 벽화내용 및 부장품 등에서 중요한 위치를 점하는 무덤으로, 생활풍속도를 내용으로 하는 유사두칸 구조이다. 여기서 출토된 광구장경호와 행엽의 형식으로 미루어 4세기 후엽이나 말로 비정되며, 추형수식이 달린 금동제이식과 Y자형 머리장식은 경주 황남대총 북분에서 출토된 것과 유사해서 고구려와 신라의 교류를 보여준다(강현숙, 2013).

(6) 하해방고분군

하해방고분군은 통구고분군의 최동단에 위치한다. 예전에는 下羊魚頭로 불렸으며, 남쪽으로는 압록강을 사이에 두고 북한 만포시와 마주한다. 고분군은 용산 남사면과 압록강변의 1급 대지에 자리하며, 고분은 40.32km²의 넓은 범위에 분포하지만 통구고분군 중 가장 적은 수의 고분이 자리한다.

1965년과 1966년에 걸친 통구고분군에 대한 전면 조사에서 51기의 고분을 확인하였고, 1976년 이후부터는 개별 고분에 대한 조사를 진행하여 보다 구체적인 정보가 축적되었다. 후대의 자연적, 인위적 변형이 계속 진행됨에 따라서 1997년 통구고분군에 대한 전면적인 재조사에서 50기의 고분이 확인되어 분포도를 작성하였다(吉林省文物考古研究所·集安市博物館, 2002). 2007년 조사 시 확인된 50기 중 현존하는 것은 25기로, 봉토석실분이 14기, 나머지 11기는 동실묘이다. 14기의 봉토석실분 중 한 변 15m를 넘는 대형분은 4기이고, 한 변 길이 10~15m에 해당되는 중형분은 5기, 한 변 10m 미만의 소형분은 5기로, 다른 고분군의 봉토분에 비해 대형분의 비율이 높은 편에 해당된다.

하해방고분군을 대표하는 고분으로는 모두루총(염모묘, JXM001)과 석실봉토벽화분인 하해방 31호분(JXM031), 환문총(JXM033)이 보고되었다. 모두루총은 평지에 위치하며, 나머지 두 고분은 구릉의 사면에 자리한다.

모두루총은 방형 현실과 횡장방형 전실이 통로로 연결된 두칸 구조로, 벽면 전체에 회를 발랐으나 벽화는 없고, 전실 안벽에 예서체로 쓴 800여 자의 묘지가 확인되었다. 중국에서는 염모의 무덤으로 보지만(耿鐵華, 1987), 무덤의 구조는 덕흥리벽화분과 유사하여 5세기 전반으로 비정되며 주인공은 모두루로 비정하고 있다. 하해방31호분은 방형 현실과 횡장방형 전실이 통로로 연결된 두칸 구조의 생활풍속도 계열 벽화분으로 박락이 심하여 벽화 내용을 자세히 알 수 없지만, 모두루총, 덕흥리고분과 유사한 구조로 5세기 전반으로 연대 비정된다. 환문총은 단칸 구조의 장식도벽화분으로 벽화의 표현기법이나, 장식도안 벽화가 5세기 전반에서 중엽에 집안에서 유행하였음을 고려해볼 때 5세기 중엽으로 비정되는 무덤이다.

고구려 고분이 적석총에서 점차 봉토석실분으로 변화해가고, 하해방고분군에서 적석총이 확인되지 않으며, 대형분은 5세기의 석실봉토벽화분임을 고려해 볼 때, 하해방고분군은 통구고분군 중 가장 늦게 조성된 고분군이라고 할 수 있다. 이러한 점은 최근에 통구고분군으로 편입된 석실계단적석총, 봉토석실벽화분이 있는 장천고분군과도 구별된다.

3) 통구분지 고분의 구조와 특징

(1) 고분 구조

통구고분군의 고분은 적석총과 봉토분으로 대별되며, 석실 구조를 매장부로 한 적석총과 봉토분 중에는 벽화로 묘실 내부를 장식한 것도 있다. 매장방식은 수혈식 장법과 횡혈식 장법이 있다. 중국에서는 수혈식 장법의 매장부를 石壙으로, 횡구, 횡혈식 장법의 매장부를 壙室, 石室로 구분한다. 石壙이나 壙室은 墓壙에 대응되는 개념이다. 일부 석광에서는 관못이나 꺾쇠가 출토되기도 하여서 목질 장구를 사용했을 것으로, 주검은 중국 기록을 고려해볼 때 목곽에 안치되었을 것으로 추정된다.

석곽은 중국에서는 잘 사용하지 않는 표현으로, 돌로 네 벽을 쌓고 돌로 뚜껑을 한 상자형으로 석광과 같다고 하기 어렵다. 광실에서는 관못과 꺾쇠 외에도 장막걸이쇠가 출토되기도 하고, 묘도와 벽석이 확인되기도 하여서 목실이나 목개석실일 가능성이 있다. 석실은 벽과 천장까지 완비된 공간으로 중국에서 광실과 석실을 구별하는 기준으로 천장석의 유무를 들고 있다. 한편, 석실 외에도 벽돌로 축조한 전실도 확인되었다. 전실은 석실과 같은 구조이며, 일부 돌이 혼용되기도 한다. 현재 우산하3319호분과 마선구682호분 2기가 보고되었다. 매장부 구조는 분구와 어느 정도 상관성을 보여서 석광과 광실, 목개석실은 봉토분구에서는 확인되지 않고 적석분구에서만 확인된다.

적석총 외형은 무기단, 기단, 계단으로 분류되지만, 축조에 사용된 석재와 축조방식을 기준으로 보면 무기단, 기단, 계장, 계단식으로 세분된다(강현숙, 2013). 무기단식은 크고 작은 가공하지 않은 돌을 이용하여 쌓은 것이며, 기단식은 비교적 커다란 돌을 이용하여 기단을 만들고, 기단 내부에 크고 작은 돌을 채워 넣어서 상면을 편평하게 한 후 그 위에 매장부를 만들었다. 기단에 사용된 돌은 전면 가공한 석재는 매우 드물고, 부분 가공하거나 자연의 절리면을 그대로 사용하였다. 계단식은 기단식으로 축조한 후에 그 위에 같은 방식으로 조금씩 들여쌓은 것으로 방형 평면의 계단상을 이룬다. 계단식 축조에 사용된 돌은 대개 가공을 거친 것으로 겉으로 드러나는 면에는 가공한 장대석을 이용하였다. 계장식은 분구의 가장자리에 돌을 세워가면서 분구를 크고 높게 쌓은 것으로 방형의 기단을 만들고 돌을 채운 기단식과 축조방식은 다르다. 계장식은 분구의 高大化를 의도한 것으로, 1997년 실측조사보고서에서는 분구의 형식으로 설정되지 않았으나, 2004년도 집안왕릉보고서(吉林省文物考古研究所·集安市博物館, 2005)에서 초기 왕릉의 분구 형식으로서 계장식을 설정하였고, 왕릉은 계장식에서 계단적석총으로 변화하는 것으로 보았다.

봉토분은 대개 방형 평면을 가지고 있지만 원형을 띠는 것도 있고, 봉토분의 기저에 돌로 기단을 만든 기단봉토분구도 있다. 기단봉토분은 적석총의 기단 축조방식과 봉토분구가 결합된 것으로 적석분구에서 봉토분구로의 과도기에 등장하였으며, 기단이 봉토 흙에 의해 매몰되어 잘 드러나지 않지만 통구 사신총이나 오회분 등이 기단봉토분이어서 6세기 이후에도 지속적으로 축조된 것으로 이해되고 있다.

고구려 고분의 전개과정을 볼 때 분구는 적석총에서 봉토분으로 변화하며, 매장부는 목곽에서 목실, 목개석실에서 석실로 변화한다. 변화의 과도기는 4, 5세기대로, 이 시기의 통구고분군에서는 적석총과 함께 기단봉토분, 봉토분이 병존하며, 동시에 벽화분도 축조된다. 그러나 6세기가 되면 초대형이나 대형 적석총은 더 이상 축조되지 않고 대형분이나 초대형분은 봉토분이나 기단봉토분으로 변화한다. 아울러 6세기에 들어서면서 벽화의 제재와 화면 정리, 석실 구조 등에서도 변화가 일어난다. 즉 생활풍속도를 사신도가 대체하게 되며, 화면은 백회 정면에서 돌을 잘 다듬어 직접 그리게 되고, 단칸 구조로 매장부가 변화하게 된다.

(2) 대형분 조성의 시공적 양상

정식 발굴조사를 거친 대형분을 기준으로 볼 때 고분 형식에 따른 고분군의 구성은 세부적인 차이가 있다(표 1). 먼저 마선구고분군의 대형분은 주로 적석총이며, 벽화분은 1기만이 보고되었다. 적석총은 무기단, 계장, 기단, 계단식의 모든 분형이 확인된다. 칠성산고분군에서는 대형분은 적석총으로 모든 분형이 확인되나, 아직까지 봉토분이나 벽화분은 확인되지 않았다. 만보정고분군에서는 분구 한 변 길이 30m를 상회하는 초대형 적석총은 보고되지 않았고, 벽화분이 조사되기는 하였지만 만보정1368호분을 제외하고는 자세히 알 수 없다. 산성하고분군은 적석총과 봉토분이 함께 분포하며, 대형분은 적석총보다는 봉토벽화분의 비중이 더 크지만, 사신도가 그려진 늦은 시기의 벽화분은 확인되지 않았다. 적석총과 봉토분이 함께 분포한다는 점에서 우산하고분군은 산성하고분군과 유사하지만, 생활풍속도에서 사신도에 이르는 모든 시기의 벽화분이 함께 분포한다는 점에서 산성하고분군과 차이가 있다. 한편, 하해방고분군에서 대형분으로 볼 수 있는 고분은 석실봉토벽화분 2기와 묘지가 있는 석실봉토분 1기뿐이다. 다른 고분군에 비해 군집의 규모가 크지 않을 뿐더러 적석총이 확인되고 있지 않아서 통구분지 내에서 가장 늦게 조성된 고분군으로 보인다.

따라서 통구분지에서 가장 늦게 조성된 하해방고분군은 국내도성의 확장에 따른 묘역의 확대를 시사하며, 통구분지의 중심 고분군인 우산하고분군은 6세기대 대형분의 존재로 미루어 평양 천도 이후에도 지속적으로 상위 신분의 묘역으로 이용되었음을 보여준다.

(3) 국내성시기 왕릉과 묘주 비정

통구고분군에서 가시적인 위용을 드러내는 무덤은 초대형 적석총으로, 국내도성시기의 고구려 왕릉으로 비정되기도 한다. 현재 고구려 왕릉으로 세계문화유산에 등재된 고분은 마선구2378호분, 마선구626호분, 칠성산871호분, 임강총, 우산하2110호분, 칠성산211호분, 서대총, 우산하992호분, 마선구2100호분, 천추총, 태왕릉, 장군총 등이며, 『集安市高句麗王陵』(2005)에서는 산성하전창36호분을 왕릉 후보군으로 비정하였지만 세계문화유산 등재 목록에서는 제외되었다(표 3).

이 외에도 일부 중국 학자들은 통구분지의 사신도 벽화분을 평양 천도 이후의 왕릉으로 비정하기도 한다(張福有, 2007). 현재 확인된 통구분지의 사신도 벽화분으로는 사신총(우산하2113호)와 오회분4호분(우산하2104호)와 오회분5호분(우산하2105호) 등이 있다. 모두 현실과 연도로 이루어진 단칸 구조로, 현실의 잘 다듬은 벽 위에 직접 사신을 그려 넣었고, 천장에는 해와 달과 해신, 불의 신, 수레바퀴신 등 여러 신선들을 그려 넣었다는 점에서 서로 공통된다. 오회분4호분을 영류왕으로, 오회분5호분을 보장왕의 아버지인 대양왕릉으로 비정하였지만(張福有, 2007), 오회분 4, 5호분을 7세기대로 볼 근거는 물론 평양에서 귀장하였다는 증거도 확실하지 않다.

한편, 무덤은 남아 있지 않지만 석묘자촌의 석굴을 민중왕릉으로 비정하기도 한다(張福有, 2007). 이 일대에서 다수의 적색 암·수키와가 출토되어서 『三國史記』에 고구려 제4대 민중왕 석굴에서 장

표 1 통구고분군의 초대형분과 대형분

구분		마선구	칠성산	만보정	산성하	우산하	하해방
초대형분	적석총	마선구2378호, 마선구2381호, 마선구626호, 마선구2100호, 서대총, 천추총	칠성산871호, 칠성산211호		산성하전창36호, 산성하전창1호	임강총, 우산하0호, 우산하2110호, 우산하992호, 우산하2112호, 우산하3319호, 우산하540호, 태왕릉, 장군총	
	봉토분					사신총, 오회분, 사회분	
대형분	적석총	무기단(5) 기단(11) 계단(90)	무기단(15) 기단(35) 계단(112)	무기단(1) 기단(19) 계단(41)	무기단(9) 기단(52) 계단(63)	무기단(23) 기단(54) 계단(78)	
	봉토분	생활풍속도 벽화분(1기)		생활풍속도(1기 보고, 3기 미보고)	생활풍속도 벽화분(14기)	생활풍속도 벽화분(8기), 사신도(3기)	생활풍속도 벽화분(3기)

* 한 변 길이는 초대형분 30m 이상, 대형분 15m 이상
* ( ) 안 숫자는 현존하는 고분의 개체 수(『洞溝古墓群－1997年調查測繪報告』, 2002 참조)

표 2 통구고분군에 현존하는 고분 중 대형분의 비율

구분	마선구	칠성산	만보정	산성하	우산하	하해방
봉토분(현존)	100(82)	11(10)	27	103(98)	199(121)	14(14)
대형분	1	1	1	9	20	4
비율(%)	1.2	9	3.7	9.1	16.5	28.5

사지냈다는 기록과 결부시켜서 이 석굴을 민중왕릉으로 비정한 것이다. 그러나 석굴 내부에서 매장과 관련된 어떠한 증거도 확인되지 않았다. 석굴 주변 평지에 적석총과 봉토분이 자리하는 것으로 미루어 석굴의 성격을 밝히기 위해서는 석묘자촌 일대의 고분 조사가 선행될 필요가 있다.

표 3에서 볼 수 있듯이 통구분지의 왕릉으로 비정되는 초대형 적석총은 초기에는 계장식으로 축조한 무기단적석총이며, 무덤의 평면에서도 정형성이 보이지 않는다. 계장식에서 차츰 계단식으로 변화하는 동시에 방형으로 외형에서도 정형성을 띠게 된다. 이와 함께 입지도 산 정상에서 산기슭, 그리고 평지로 변화하고, 분구에서 행해진 화장 또는 번소의식이 사라졌음을 알 수 있다.

매장방식은 수혈식에서 횡혈식으로 변화하였다. 그러나 분구형태와 매장부, 능원과 제반시설 그

표 3 집안 초대형 적석총의 왕릉 비정안(강현숙 외, 2020 수정)

왕호	재위기간	장지	왕릉 비정			
			地內宏(1938)	吉文考研(2002)	吉文考研(2004)	張福有(2005)
東明王	기원전 37~기원전 19	龍山				망강루4호
瑠(琉)璃明王	기원전 19~18	豆谷東原				우산하0000호
大武神王	18~44	大獸林原				마선구626호
閩中王	44~48	閩中原石窟				
慕本王	48~53	慕本原				마선구2381호
太祖大王	53~146					칠성산871호
次大王	146~165					마선구2378호
新大王	165~179	故國谷				산성하전창36호
故國川王	179~197	故國川原				우산하2110호
山上王	197~227	山上陵	장군총			임강총
東川王	227~248	柴原		임강총		호자구1호
中川王	227~248	中川之原				산성하전창1호
西川王	270~292	西川之原(故國原)		서대총	칠성산211호	칠성산211호
烽上王	292~300	烽山之原				마선구2100호
美川王	300~331	美川之原			서대총	서대총
故國原王	331~371	故國之原			우산하992호	우산하992호
小獸林王	371~384	小獸林			마선구2100호	천추총
故國壤王	384~391	故國壤		천추총	천추총	우산하540호
廣開土王	391~412	山陵	태왕릉	태왕릉	태왕릉	태왕릉
長壽王	412~491		장군총	장군총	장군총	장군총
文咨王	492~519					우산하2115호
安臧王	519~531					오회분1호
安原王	531~545					오회분2호
陽原王	545~559					우산하2114호
平原王	559~590					통구 사신총
嬰陽王	590~618					오회분3호
榮留王	618~642					오회분4호
(　)王(寶藏王)	642~668	唐京師頡利墓 왼쪽				

東潮 (2006)	여호규 (2006)	張福有 (2007)	魏存成 (2007)	임기환 (2009)	永島暉臣愼 (1988)	비고
		망강루4호				鄒牟王
						孺留王, 儒留王
		마선구626호				大解朱留王,大朱留王
						國祖王
		칠성산871호				
		마선구2378호				
		산성하전창36호		칠성산871호		
		우산하2110호		칠성산871호		國襄(壤)王
		임강총	칠성산871호	마선구626호		
	임강총		임강총	임강총		東襄(壤)王
			우산하2110호	우산하2110호		中襄(壤)王
	칠성산211호	칠성산211호	칠성산211호	칠성산211호		(西)襄(壤)王
		마선구2100호				雉葛王
서대총, 마선구2100호 (개장)		서대총	서대총	서대총		好襄(壤)王
우산하992호		우산하992호	우산하992호	우산하992호		國岡上王
태왕릉		천추총	마선구2100호	천추총		小解朱留王
천추총	태왕릉		천추총	태왕릉		
장군총	장군총	태왕릉	태왕릉	장군총	태왕릉	國岡上廣開土境平安好太王, 國岡上廣開土地好太王, 永樂大王
		장군총	장군총 한왕묘(실묘)		전 동명왕릉	
토포리대총						文咨明王, 明治好王
호남리 사신총						陽岡上好王
강서대묘						平岡上好王
강서중묘						平陽王

리고 화장의식 등 여러 요소가 일시에 또는 순차적으로 변화한 것이 아니라 요소마다 그 시기를 달리하면서 변한다. 이러한 현상은 4세기대까지는 고구려에서 능제가 확립되지 않았거나, 왕릉으로 비정된 무덤이 모두 왕릉이 아닌 데에서 기인한 것인지 모르겠다. 이와 관련해서는 지속적인 조사와 논의가 필요하다.

(4) 벽화분의 구조와 묘실벽화

통구분지에서 보고된 벽화분은 현재 총 33기이다. 통구고분군의 6개 고분구역 중 칠성산고분군을 제외한 모든 고분군에서 벽화분이 확인되었다. 마선구고분군에서는 마선구1호분이, 만보정고분군에서는 만보정645호분, 만보정709호분, 만보정1022호분, 만보정1368호분 등 4기가 확인되었지만, 알려진 것은 만보정1368호분 한 기이다. 산성하고분군에서는 산성하983호분(연화묘), 산성하332호분(왕자묘)과 산성하1296호분(미인총), 산성하1304호분(귀갑총), 산성하1298호분(절천정총), 동대파365호분, 산성하798호분, 산성하1305호분, 산성하1405호분, 산성하1407호분, 산성하1408호분, 산성하491호분, 산성하1020호분, 산성하725호분 등 14기가 확인되었다. 우산하고분군에서는 각저총, 무용총, 통구12호분, 삼실총, 산연화총, 우산하41호분, 우산하3319호분, 우산하2174호분, 집안 오회분4호분, 오회분5호분, 통구 사신총 등 11기가 확인되어서 산성하고분군에 비해 두 번째로 벽화분이 집중된 곳이다. 하해방고분군에서는 환문총, 하해방31호분과, 벽화는 없지만 묘지명이 남아 있는 모두루총을 포함하여 3기가 확인되었다. 근래 통구고분군의 범주에 포함된 장천고분군의 장천1호분과 장천2호분, 장천4호분 등 3기를 포함하면, 총 36기의 벽화분이 통구고분군에 자리하고 있다.

표 4에서 볼 수 있듯이 통구분지에서 벽화분이 가장 많이 분포하는 곳은 산성하고분군으로, 이 고분군에서는 왕릉급으로 비정되는 초대형 적석총이 확인되지 않았다. 특히 왕릉급 초대형분이 분포하는 마선구고분군과 우산하고분군에 비해 산성하고분군에 벽화분이 다수 확인된다는 점에서 국내도성시기 초대형 적석총과 석실봉토벽화분의 사회적 위계를 유추해볼 수 있다.

① 구조

벽화분의 분구는 적석총과 봉토분으로 나뉜다. 대다수는 봉토분이며, 적석총은 5기이다. 우산하41호분과 절천정총, 산성하725호분, 산성하1405호분, 산성하1408호분은 석실계단적석총이며, 우산하3319호분은 전실계단적석총이다.

매장은 추가합장이 가능한 횡혈식 구조로, 하나의 분구 내에 횡혈식 구조의 석실이 하나 있는 동분동혈합장과 별개의 연도를 가진 석실이 두 기 있는 동분이혈합장으로 세분된다. 동분이혈합장의 벽화분을 대표하는 것은 통구12호분과 장천4호분이다. 장천4호분은 자세히 보고되지 않았지만, 통구12호분은 남쪽 묘실은 방형 현실에 중앙 연도이며 연도 좌우에 측실이 있는 무덤과 북쪽 묘실은 방형 현실에 중앙 연도이며 연도 좌측으로 측실이 있는 좌우 비대칭 구조이다. 석실 내에 2명이 합장되

표 4 통구분지 내의 벽화분

구분	마선구	칠성산	만보정	산성하	우산하	하해방	장천
적석분구				절천정총 산성하798호 산성하1405호 산성하1485호	우산하4호 우산하3319호		
봉토분구	마선구1호		만보정645호 만보정709호 만보정1022호 만보정1368호	산성하332호 산성하983호 산성하1305호 산성하1407호 산성하491호 산성하1020호 산성하725호 동대파365호 귀갑총 미인총	각저총 무용총 통구12호 산연화총 삼실총 우산하2174호 오회분4호 오회분5호 통구 사신총	하해방31호 환문총 모두루총	장천1호 장천2호 장천4호
기수	1기		4기	14기	11기	3기	3기

었다고 가정할 때 두 무덤은 하나의 분구 내에 있어서 최소한 4명이 매장되었음을 추정할 수 있다.

대다수의 벽화분은 동분동혈합장으로, 무덤 칸의 수에 따라 여러칸 구조와 단칸 구조로 나뉘며, 각각은 다시 몇 가지 평면형으로 세분된다. 여러칸 구조는 전실과 현실로 이루어진 것과 여러 개의 현실로 이루어진 것으로 나뉜다.

먼저, 전실과 현실이 통로로 연결된 종렬 배치된 두칸 구조 무덤은 전실 좌우의 측실 여부에 따라 측실 있는 두칸 구조와 측실 없는 두칸 구조로 세분된다. 측실을 가진 두칸 구조로는 마선구1호분이 있다. 이 고분은 방형 현실과 종장방형 전실, 그리고 전실 좌우의 장방형 측실로 이루어졌는데, 이러한 구조는 통구분지의 벽화분 중 마선구1호분 하나뿐이다. 특히 종장방형 전실과 현실 중앙의 천장석을 받치는 기둥이 있는 구조는 고구려에서는 예외적인 구조이다. 측실이 없는 두칸 구조 무덤은 방형 현실과 중앙통로, 횡장방형 전실과 중앙 연도로 이루어진 것으로, 하해방31호분, 모두루총이 이에 해당되며, 장천2호분도 이 평면형에 해당되어 현재로서는 하해방고분군과 장천고분군에서 관찰되는 평면형이라고 할 수 있다. 이와 유사한 평면형은 서북한의 덕흥리고분이 대표적이다.

한편, 방형 현실과 중앙연도로 이루어진 단칸 구조이지만, 연도 좌우에 측실이 있어서 마치 횡장방형 전실을 가진 두칸 구조처럼 보이는 유사두칸 구조가 있다. 통구분지 내 벽화분의 다수가 이 평면형에 해당되어서 지역색을 보여준다고 할 수 있다. 이와 유사한 평면형의 무덤으로는 벽돌 명문에 의해 348년으로 비정되는 황해도 태봉리 장무이무덤으로 추정되는 전실묘가 있으며, 통구분지에서는 357년으로 비정되는 우산하3319호분이 이에 해당된다. 이 외에도 무용총, 각저총, 산연화총, 산성하983호분, 산성하332호분, 장천1호분 등이 유사두칸 구조의 대표적인 예이다.

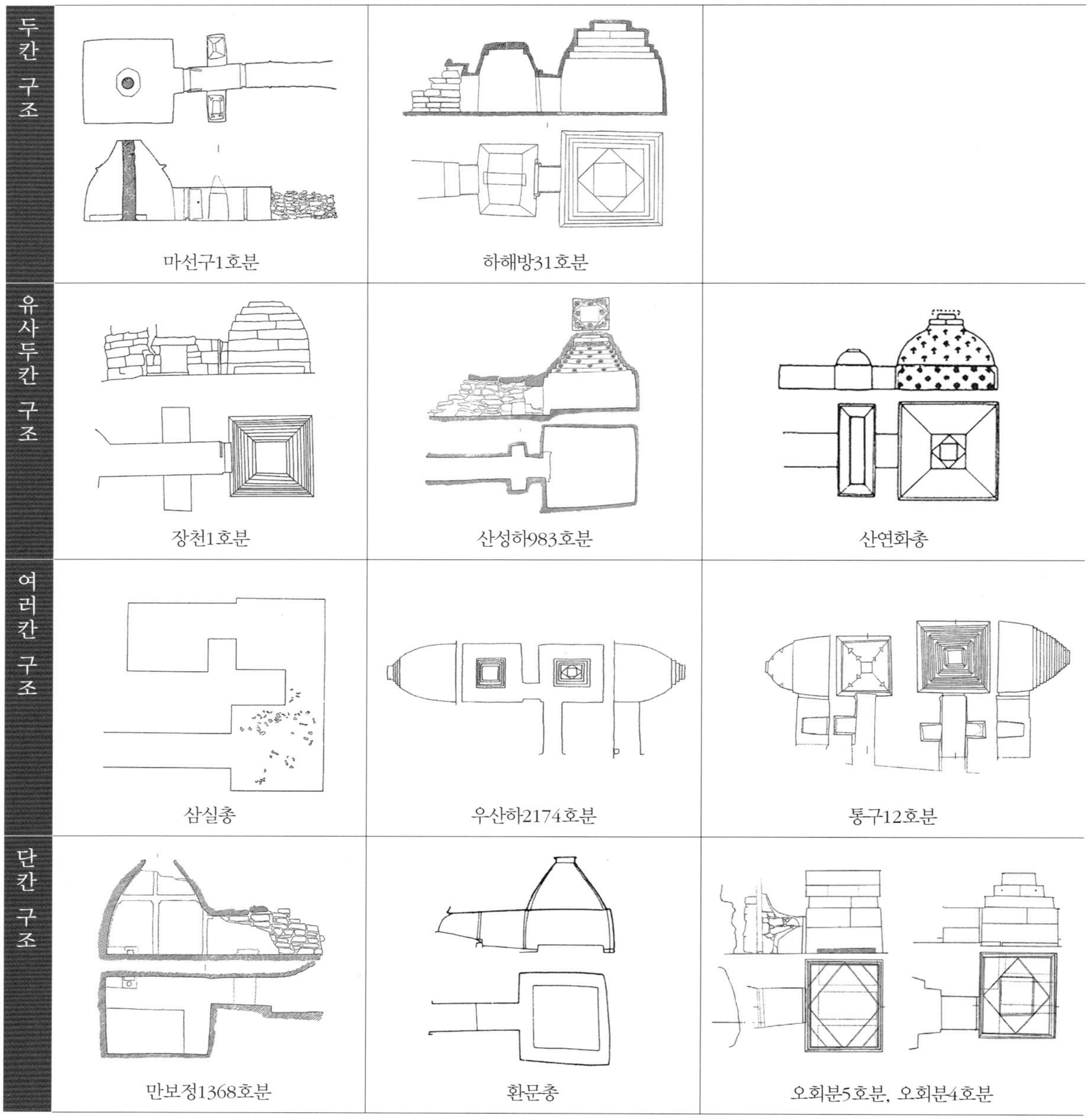

그림 2 통구분지의 벽화분 평면 구조

이 외에도 여러칸 구조는 방형 현실 둘이나 셋이 통로로 연결되기도 하는데, 현재 집안 통구분지에서만 확인된다. 우산하2174호분은 현실 두 개가 병렬 배치된 두칸 구조라는 점에서 앞의 전실과 현실이 종렬 배치된 두칸 구조와는 구별된다. 즉 우산하2174호분은 현실 두 개가 동·서로 나란히 통로로 연결되어 있고, 연도는 동쪽 현실의 남벽 왼쪽으로 치우쳐 있어서 연도를 통해서 양쪽 현실로 매장이 가능하다. 삼실총은 방형 현실 세 개가 서·북·동쪽에 ㄱ자상으로 배치되었고, 동쪽 현실의 남벽 중앙에 있는 연도를 통해서 합장이 이루어졌을 것이다.

단칸 무덤은 현실 하나와 연도 하나로 이루어졌는데, 현실의 평면형태와 연도의 위치에 따라서 전체 평면형은 세분된다. 장방형 현실의 경우 오른쪽으로 치우친 연도는 만보정1368호분이고, 중앙 연도는 우산하41호분(1042호분)이다. 방형 현실은 중앙 연도가 많은데, 환문총과 통구 사신총이 이 평면형에 속한다. 횡장방형 현실은 중앙 연도만 있는데, 오회분4호분은 중앙에서 약간 오른쪽으로 치우쳤으며, 오회분5호분은 중앙 연도이다.

② 묘실벽화

묘실벽화는 묘실 내부 전체에 그려져 있다. 벽면에 표현된 그림의 제재에 따라 생활풍속도와 장식도안으로 무덤 내부를 꾸민 장식도, 그리고 사신만을 그린 사신도로 나뉜다. 통구분지에서는 생활풍속도를 주 내용으로 하는 벽화분이 다수를 점하며, 생활풍속도와 장식도안이 결합되거나 장신도안만으로 묘실 내부를 꾸미는 경우도 있다.

생활풍속도나 장식도 벽화분은 모두 벽 네 모서리에 기둥을 그리고 벽 상부에 들보를 표현하여 마치 묘실 내부를 목조가옥의 내부처럼 표현하였다는 점에서 공통된다. 벽면에는 생활의 여러 장면을 표현하거나 장식도안으로 장식하기도 하며, 천장에는 해와 달, 별과 상서로운 구름무늬 등 상상 속의 이상적인 하늘세계를 표현하였다. 묘주의 단독 초상화가 확인되지 않는다는 점에서 서북한의 생활풍속도 벽화분과 세부적인 차이가 있다. 사신도를 주 내용으로 하는 경우 잘 다듬은 벽과 천장에 직접 그림을 그려 넣어서 강서대묘, 강서중묘 등 서북한의 사신도 벽화분과 공통된다. 벽면의 중심에 사신을 배치하고, 천장에는 해와 달과 선인과 신화인물, 용문과 연화문 등을 배치하였다.

매장부 구조 및 묘실벽화의 제재와 화면 처리는 어느 정도 상관관계를 갖기도 한다. 즉 측실이 있는 두칸 구조와 측실이 없는 두칸 구조, 유사두칸 구조는 모두 벽화 천장에 백회를 발라 화면을 정리한 후에 생활풍속도나 장식도안을 그려 넣었다. 생활풍속도나 장식도안으로 표현된 단칸 무덤으로는 우산하41호분, 환문총이 있으며, 만보정1368호분은 기둥으로 목조가옥을 표현하였으나 생활 속 제재는 그리지 않았다. 그 외 단칸 구조 무덤은 모두 사신도를 주 내용으로 하였다. 따라서 여러 칸과 단칸의 다양한 구조에서 단칸 구조로의 매장부 구조 변화와 벽화 내용을 기준으로 볼 때, 벽화분은 생활풍속도 벽화분에 장식도안이 더해지고, 후에 사신도가 생활풍속도와 장식도안을 대체한 것으로 보인다.

현재 보고된 자료로 보아, 통구분지에서 벽화분이 처음 등장한 것은 만보정1368호분과 우산하3319호분이 만들어지는 4세기 중엽으로 보인다. 우산하3319호분은 벽화편이 박락되어 자세히 알 수 없지만 생활풍속도 계열로 비정된다. 4세기 후엽을 지나면서 마선구1호분, 무용총, 각저총 등이 축조되고 5세기에 들어서면 산성하고분군과 우산하고분군에서 본격적으로 벽화분이 축조되기 시작한다. 5세기 중엽이 되면 하해방고분군과 장천고분군으로 벽화분의 분포범위가 확대되어 간다. 그러나 6세기대에 들어서면서 하해방고분군과 장천고분군 및 주요 벽화분 분포지의 하나인 산성하고분군에서 사신도 벽화분이 보이지 않고, 사신도 벽화분은 우산하고분군에서만 확인된다.

통구분지에서 벽화분 조영이 유행하였던 시기는 5세기대이다. 100여 기가 넘는 고구려 벽화분 중

5세기대 통구분지에서 30여 기의 벽화분이 집중 분포한다는 점에서 통구분지는 벽화분의 분포밀도가 가장 높은 곳이라고 할 수 있다. 그런 만큼 통구분지의 벽화분에 대한 조사와 보존이 절실한 상황이다. 실제 2011년 조사에서 보면, 일부 벽화분은 천장석이 결실된 상태로 묘실의 일부가 드러나기도 하였고, 드러난 묘실 벽에서 희미하게나마 벽화의 흔적이 육안으로 관찰되기도 하였다. 더욱이 무방비 상태로 보호되지 못한 무덤들은 그 보존을 기약할 수 없는 상황인데, 이러한 무덤들에 대한 조사 보고조차 되어 있지 않아서 발굴조사에 따른 보호·보존 조치가 절실하다.

4) 통구고분군 조사와 연구과제

통구고분군은 고구려를 대표하는 최대 고분군으로서 적지 않은 고분들이 보고되어서 고구려 고분 연구의 주된 대상이 되고 있다. 그러나 적석총은 지상의 분구에 매장부가 함께 하기 때문에 시간의 흐름에 따른 자연적 변형이 불가피한 구조이고, 봉토석실분 역시 추가장을 위해 마련된 입구는 후대의 도굴 등 인위적으로 크고 작은 훼손을 입을 수밖에 없는 구조이다. 그렇기 때문에 발굴조사를 했다고 하여도 고분으로부터 얻을 수 있는 자료는 제한적일 수밖에 없는 것이 현실이다. 이러한 고분 자료가 갖는 한계로 인하여 고분 자료의 양적 증가에도 불구하고 고분 연구가 질적으로 진전되었는가 하는 의문이 든다.

그 간 고구려 고분 연구는 주로 구조에 초점을 두어왔다. 분구 혹은 매장부 구조에 따라 고분의 형식을 나누고, 각 고분 형식에 시간적 의미를 부여하여 고분의 변천과정을 설명하였다. 그러나 아직도 적석총의 기원에 관한 문제는 해결하지 못하고 있다. 적석총은 중국 요동반도 남단의 신석기시대 말부터 청동기시대에 걸쳐 조성된 적석묘에서 기원했다고 보아왔고, 근래 혼강 유역의 환인 일대와 압록강 중상류 유역의 집안 일대를 나누어 그 기원을 설명하기도 하며, 여러 요소들이 복합되어 적석총이 출현하였다고 설명하기도 한다(강현숙, 2021). 그렇지만 어느 입장이건 간에 시간과 공간에서의 공백을 증명해줄 만한 초기 적석총 자료가 확인되지 않았다. 적석총의 기원에 관한 문제는 족속과 관련되어 있어서 보다 신중을 기해야 할 연구과제이다.

최근 들어 많은 관심을 받고 있는 것은 왕릉 비정이다. 세계문화유산 등재를 위해 통구분지 내 고분을 정리, 조사한 보고서 발간이 계기가 되었다. 중국에서는 3년에 국내로 천도하였다는『삼국사기』기록을 전제로 유리왕 이후 장수왕에 이르는 왕릉을 통구분지의 초대형 적석총으로 비정하였고, 심지어 평양 천도 이후 왕의 무덤도 통구분지에서 구하였다. 왕릉으로 비정된 초대형 적석총의 구조를 기준으로 한 고분 간의 상대적 선후관계에 대해서는 어느 정도 의견이 모아졌지만, 정작 왕릉 비정에 대해서는 서로 다른 견해가 상존하는 것이 현실이다. 이는 왕릉 비정에 있어서 선결되어야 할 신뢰할 만하고 안정적인 연대 비정이 이루어지지 않았기 때문이다.

그러나 적석총의 기원이나 왕릉 비정 문제는 구조만으로 해결할 수 있는 문제는 아니다. 왕릉의 경우 능역 전반에 대한 정확한 조사가 선행되어야 하며, 부장품이 함께 고려되어야 한다. 고분 조사가 중요한 이유이다. 통구분지의 고분 조사는 주로 봉토석실벽화분이나 대형 계단적석총에 편향되었고, 구제성 발굴인 경우에도 조사 보고는 개별 고분에 대한 보고라기보다는 조사 대상 고분의 형식을 나누어 대표적인 몇몇 고분을 설명하고 유물 또한 별도로 보고하다 보니 유물은 알아도 고분 구조는 알 수 없거나 그 반대의 경우도 적지 않았다.

고분은 일련의 매장행위의 결과이며, 매장행위 그 자체에는 해당 집단에 대한 많은 정보를 담고 있다. 그러한 정보는 고분 조사를 통해서 드러나게 되며, 드러난 정보를 통해서 고구려 사회를 복원하게 된다. 통구분지는 국내성과 환도산성으로 대표되는 고구려 역사에서 가장 오랜 기간 왕도였으며, 왕도에 자리한 대규모의 고분군이라는 점에서 통구분지 고분에 대한 고른 조사와 체계적인 보고가 중요하다.

2. 성곽과 건물지

1) 머리말

고구려 두 번째 도성인 國內城은 압록강 북안의 通溝盆地(集安盆地)로 비정된다. 통구분지는 남쪽으로 압록강을 사이에 두고 북한의 만포시와 마주보며, 북쪽으로는 백두산에서 뻗어내린 老嶺山脈이 병풍처럼 둘러쳐져 있다. 동서 길이 16km, 남북 폭 2~4km로서 압록강 중류 일대에서 가장 넓은 분지인데, 압록강 중상류의 수로망을 총괄할 수 있는 교통의 요지이기도 하다.

통구분지에는 고구려 도성과 관련한 성곽이나 고분 등 많은 유적이 밀집 분포하고 있다. 20세기 초만 하더라도 통구분지 곳곳에는 약 12,000여 기의 고분이 분포했고, 평상시 도성이었던 국내성지와 비상시 군사방어성인 산성자산성(환도산성) 등이 비교적 온전한 모습으로 남아 있었다. 이러한 유적은 시가지 개발과 농경지 개간 과정에서 파괴되거나 원상이 많이 훼손되기도 하였는데, 다른 한편으로는 이들 유적에 대한 고고조사도 지속적으로 이루어졌다.

20세기 전반에는 일본학자들이 日帝의 지원 아래 통구분지의 유적 조사를 주도했다. 이들의 조사는 日帝의 침략을 뒷받침한다는 한계를 지녔지만, 유적의 초창기 모습을 조사하여 후대에 전했다는 점에서 중요한 의의를 갖는다. 20세기 후반 이후에는 중국학자들이 유적 조사를 주도했다. 이들의 조사는 국내성지의 사례에서 보듯이 시기에 따라 조사 내용이 달라지는 문제점을 露呈했지만, 고구려사를 더욱 깊이 연구할 수 있는 방대한 고고자료를 제공했다.

이러한 조사를 통해 통구분지의 고구려 유적에 대한 고고자료가 방대하게 축적되었다. 특히 통구분지에는 평상시 도성의 역할을 담당한 국내성지와 비상시 군사방어성인 산성자산성(환도산성)이 분포하는데, 두 성곽의 성벽 축조방식, 성곽시설, 건물지 등과 관련한 고고조사가 많이 축적되었다. 또 국내성지 주변에 분포한 이수원자남유적과 동대자유적 등 건물지 유적에 대한 고고조사도 여러 차례 이루어졌다. 이에 이 글에서는 통구분지에 산재한 성곽·건물지 유적을 국내성지, 산성자산성, 국내성지 주변의 건물지 등으로 나누어 유적의 전체 현황과 고고조사 성과를 간략히 개관하고자 한다.

2) 국내성지의 성곽시설과 건물지

(1) 조사현황

국내성지는 통구하와 압록강이 합류하는 통구분지 한복판의 평지에 자리잡고 있다. 현재 성 내부는 집안 시가지의 중심부로 현대식 건물로 가득 차 있다. 서쪽의 통구하, 남쪽의 개울과 압록강이 천연

해자를 이루며, 북쪽의 禹山은 자연 방어벽을 형성하고 있다. 국내성지의 평면은 네모꼴로서 동벽 554.7m, 서벽 664.6m, 남벽 751.5m, 북벽 715.2m로서 총 둘레는 2,686m에 달한다. 이러한 국내성지를 조선시대 사람들은 금나라의 皇城으로 인식했다.

국내성지에 대한 조사는 20세기 초에 들어와 일본학자에 의해 본격적으로 이루어졌다. 1905년 鳥居龍藏이 국내성지에 대한 개략적인 현황조사를 시행한 바 있다.[1] 1913년에는 關野貞 등이 朝鮮總督府의 위탁을 받아 11일간 통구 부근의 고구려 유적을 조사했는데, 이때 작성된 국내성지 실측도는 국내성지의 원형을 이해하는 데 귀중한 자료로 활용되고 있다.[2] 또 1936년에 池內宏 등이 국내성의 성곽시설을 상세히 조사하고 많은 사진자료를 남겼는데 역시 국내성지의 원형을 이해하는 데 귀중한 자료로 활용되고 있다.[3]

그렇지만 1920~1930년대에 중화민국 정부가 성곽을 수리하고 성문을 신축하는 과정에서 원형이 많이 훼손되었고, 1949년 중국 정부 수립 이후 현대식 시가지를 개발하는 과정에서 동벽과 남벽이 없어지는 등 성곽이 많이 파괴되었다. 이처럼 시가지를 개발하는 과정에서 국내성지 내부에서 건물터가 발견되기도 했다. 가령 1963년에는 국내성지 동남부에서 목욕탕 건물을 건축하다가 건물터를 발견했으며, 1971년에는 운동장 서쪽에서 굴착작업 중 건물터를 발견했고, 1975년에는 집안현 청사건물을 건축하던 중 건물지를 발견했다.

이러한 건물지 발견은 시가지 개발과 더불어 1980년대에도 이어졌다. 가령 1985년 5월 15일에는 국내성 동북쪽 모서리의 청량음료공장 부근에서 가옥을 신축하다가 건물지를 발견했으며, 1985년 8~9월에는 인민회의당 동측에서 유물이 출토되기도 했다. 1987년 6월에는 老道德會터 민가를 신축하다가 유물이 출토되었고, 1988년 4월에는 단결대로 남측 채소시장 건물공사 중에 유물이 출토되었고, 1988년 4월에는 제2시장 건물을 신축하다가 건물지를 발견했다. 이러한 건물지의 발견과 유물 출토는 국내성지의 내부구조를 파악하는 데 귀중한 자료로 활용되고 있다.[4]

한편 1970년대 이후 국내성지에 대한 고고조사가 본격적으로 시행되었다. 가령 1975년 5월~1977년 5월에는 集安縣文物保管所가 성곽의 전체 현황을 조사하고, 남벽 5곳(T1~T5), 동벽 1곳(T6), 북벽 2곳(T7, T8), 서벽 남단 2개(T9, T10) 등 총 10곳의 성벽 단면을 발굴했다. 1980년에는 성벽에 대한 정확한 실측작업이 진행되었고, 1990년 5월에는 吉林省文物考古研究所와 集安市文物保管所가 공동으로 북벽 중문 동측의 치성(馬面)을 발굴했다. 이러한 발굴조사를 통해 국내성의 축조시기와 축성방식 등에 대한 새로운 자료를 확보할 수 있었다.[5]

---

1 鳥居龍藏, 1906, 「滿洲調査復命書」, 『史學雜誌』 17 ; 鳥居龍藏, 1910, 「鴨綠江畔洞溝に於ける高句麗の遺跡」, 『東洋時報』 137·140, 東洋時報社.

2 關野貞, 1914, 「滿洲輯安縣及び平壤附近に於ける高句麗時代の遺跡(1·2)」, 『考古學雜誌』 5-3·4 ; 朝鮮總督府, 1915, 『朝鮮古蹟圖譜』 1, 2.

3 池內宏·梅原末治, 1938, 『通溝』 上, 日滿文化協會 ; 藤田亮策·梅原末治, 1966, 『朝鮮古文化綜鑑』 4, 養德社.

4 吉林省文物志編委會, 1984, 『集安縣文物志』.

5 集安縣文物保管所, 1984, 「集安高句麗國內城址的調查與試掘」, 『文物』 1984-1.

2000～2003년에는 중국 정부가 국내성지를 유네스코 세계문화유산으로 등재하기 위해 대대적으로 조사·발굴하고, 성벽 주변의 민가를 철거하여 원상을 복원했다. 먼저 2000년 5～11월에는 吉林省文物考古研究所와 集安市文物保管所가 북벽의 단면에 대한 시굴과 더불어 내부의 건물지(문화층 포함) 8곳을 발굴했다. 2001년 4～10월에는 내부의 건물지 9곳을 발굴하고, 2003년 4～8월에는 국내성 북벽과 서벽의 일부 구간을 발굴했으며, 내부의 건물지 2곳에 대한 발굴도 진행했다. 이러한 조사와 발굴을 통해 국내성지의 축조과정을 해명할 자료를 다수 확보했으며, 성 내부에서 총 27곳의 건물지를 확인했다.[6]

유네스코 세계문화유산 등재 이후에도 국내성지에 대한 고고조사는 지속적으로 진행되었다. 2007년에는 吉林省文物考古研究所와 集安市博物館이 남벽에 대한 발굴조사를 진행하고, 남벽 중부의 성벽 외측에서 치(馬面)를 3곳 확인하여 조사하였다. 2009년에도 남벽과 동벽에서 치 6곳, 남벽 동부의 문지 1곳, 동남모서리의 각루 1곳 등을 조사하였다. 특히 보존상태가 양호한 동벽 남단의 65m 구간과 동남 모서리의 내측 부분을 발굴했는데, 성벽 절개조사도 진행했다.

2010년에 국내성 동벽 북쪽 구간의 현대 건축물을 철거 이전한 다음, 2011년에 발굴조사를 진행했다. 조사구간은 동벽의 북쪽 구간으로 동북 모서리의 남측에서 團結路 북쪽 현대 건축물의 북쪽까지로 약 85m인데, 새로 발견된 치 2곳과 체성 2개 지점을 절개조사하였다. 이를 통해 동벽의 성벽 윤곽, 체성의 건축구조, 초축연대 등을 새롭게 확인하였다.[7]

(2) 성벽 현황과 성곽시설

국내성지의 성벽은 20세기 초만 하더라도 잘 남아 있었고, 각루와 치, 성가퀴 등도 잘 보존되어 있었다. 그렇지만 1920년대 이래 여러 차례 개축하면서 성곽의 원형이 많이 바뀌었다. 또 1960년대 이래 시가지를 개발하는 과정에서 성곽이 많이 파괴되었고, 특히 동벽은 흔적조차 찾기 어려운 실정이다. 북벽 바깥에도 해자가 있었지만 모두 매립되고 그 위에 현대식 건물이 세워졌다.

한편 2000년경까지만 하더라도 서벽 안팎에 민가가 밀집하여 성벽 모습을 보기 어려웠으나 2002년 이후 대대적으로 정비하여 전체 모습을 한눈에 관찰할 수 있다. 남벽도 성벽 안팎뿐 아니라 위에까지 민가가 밀집하여 성벽 자체를 볼 수 없었으나, 2006년 이래 민가를 철거하여 성벽을 복원하고 있으며, 2009년 현장답사를 통해 동벽 남단을 복원하고 있음을 확인했다. 동벽도 2009년 이래 성벽 주위의 건물을 철거한 다음, 남단과 북단의 성벽을 조사하여 복원하였다.

현재 남아 있는 국내성지의 성벽은 대략 세 종류로 나뉜다. 먼저 잘 다듬은 쐐기형돌로 가지런하게 쌓은 부분인데, 고구려시기 성벽으로 하단부에 많이 남아 있다. 다음으로 크기가 일정하지 않은 성돌로 불규칙하게 쌓은 부분인데, 20세기 초에 개축한 성벽으로 중간이나 상단부에 많이 남아 있다.

---

6 吉林省文物考古研究所·集安市博物館, 2004a, 『國內城』, 文物出版社.

7 吉林省文物考古研究所·集安市博物館, 2012, 「集安國內城東南城垣考古清理收穫」, 『邊疆考古研究』 11.

마지막으로 크기나 석질이 다른 성돌을 무질서하게 쌓은 부분인데, 만주국이나 중국내전기에 개축한 성벽이다.[8]

2009년과 2011년에도 남벽의 2호 치 부근에서 세 가지 축성방식을 확인했다. 제1유형은 청황색 모래층 위에 불규칙한 석괴로 축조한 석축성벽이며, 제2유형은 잘 다듬은 쐐기형돌로 층마다 가지런하게 들여쌓기를 한 석축성벽이며, 제3유형은 쐐기형돌과 불규칙한 괴석을 혼합하여 축조한 석축성벽이다. 이러한 세 가지 성벽 유형 중 제1유형의 성벽 하단에서 니질 홍갈색의 수키와(筒瓦)와 암키와(板瓦) 등 고구려시기의 유물이 출토되었다. 제2유형 성벽 바깥의 황색 점토층에서도 전형적인 고구려시기의 철제화살촉이 출토되었다. 제3유형 성벽에서는 유물이 발견되지 않았으나, 모두 치, 각루의 기존 기초 위에 축조한 것으로 民國시기 국내성을 개축할 때 조영한 것으로 추정된다.[9]

1975~1977년에 성벽 10곳을 발굴하여 고구려시기에 석축성벽을 한 차례 이상 개축한 사실을 확인했다. 또 석성 아래에서 토성을 발견했다고 보고했는데, 발굴자들은 漢이 설치한 현도군의 군현성과 관련시켰다.[10] 석축성벽 아래에 실제로 토축성벽이 존재했다면 이는 국내성의 축조시기와 관련하여 매우 주목되는 현상인데, 많은 연구자들이 국내성지를 한 현도군의 군현성으로 보는 견해를 받아들였다.[11]

이에 대해 李健才는 일찍이 "유리명왕이 국내 위나암에 천도하기 이전에는 단지 國內와 尉那巖이라는 지명만 있고 城名은 나오지 않는다. 집안현성의 석축성벽 아래에서 토축성벽을 발견했다고 하지만 이것이 漢代 토성인지 국내성 석축성벽의 기초인지는 앞으로 토론과 연구를 기대한다"라고 문제 제기를 하였다.[12] 심광주도 석성 아래에서 발견되었다는 토축성벽 부분을 석성과 구별되는 별개의 토성이 아니라 석성의 기초부로 파악해야 한다는 문제 제기를 했다.[13]

그런데 2000~2003년 발굴 시에는 토축 부분을 확인하지 못했다고 한다.[14] 특히 2009년과 2011년 국내성 동벽에 대한 절개 조사를 통해 석축성벽 내부의 토축성벽은 성벽의 기초부(墻芯)로 석축성벽과 같은 시기에 축조했음을 확인했다.[15] 토축 벽심(墻芯) 내부에서 4세기 초 전후의 토기편이 다량 출토되었다. 국내성지 동벽의 축조 시기가 4세기 초보다 빠르다고 보기 힘들어진 것이다.

이와 관련하여 최근 1975~1977년에 석축성벽 하부의 토축성벽에서 출토된 일부 토기의 연대는

---

8 集安縣文物保管所, 1984, 앞의 글.

9 吉林省文物考古研究所·集安市博物館, 2012, 앞의 글.

10 集安縣文物保管所, 1984, 앞의 글.

11 魏存成, 1985, 「高句麗初中期的都城」, 『北方文物』 1985-2 ; 李殿福·孫玉良, 1990, 「高句麗的都城」, 『博物館研究』 1990-1.

12 李健才, 1991, 「高句麗的都城與疆域」, 『中國邊疆史地研究報告』 1991年 1~2期 合刊 ; 2000, 『高句麗歸屬問題研究』, 吉林文史出版社, 269~270쪽.

13 심광주, 2005, 「고구려 국가형성기의 성곽 연구」, 『고구려의 국가형성』, 고구려연구재단.

14 吉林省文物考古研究所·集安市博物館, 2004a, 앞의 책.

15 吉林省文物考古研究所·集安市博物館, 2012, 앞의 글.

3세기 말~4세기 초로 볼 수 있다는 견해가 제기되어 주목된다.[16] 또 국내성 동벽과 남벽의 최근 고고조사 성과를 바탕으로 국내성의 초축연대를 342년으로 제시한 견해도 제기되었다.[17] 현존하는 국내성지가 4세기 초보다 이른 시기에 축조되었다고 보기 어려워진 것이다.[18]

성벽에는 일정한 간격으로 치를 설치했는데, 1910년대만 하더라도 42기나 남아 있었다.[19] 1975~1977년 조사 시에 14기의 치를 확인했고,[20] 1990년에도 북벽 중앙에서 치를 발견했다. 각 치의 크기는 길이 8~10m, 너비 6~8m이며, 거대한 화강암 석재로 기초부를 견고하게 축조했다. 모서리마다 각루가 있었는데, 2000~2003년에 동북과 서남 모서리에서 각루 유적을 발굴했다.[21] 20세기 전반만 하더라도 성가퀴가 잘 남아 있었는데 지금은 흔적조차 찾아볼 수 없다.

국내성지 성문의 위치와 수는 조사시점마다 조금씩 다르게 파악되었다. 가령 1913년에는 동문·북문·남문 1개씩, 서문 2개 등 5개를 확인했지만, 1930년대에는 각 성벽마다 1개씩 모두 4개의 성문을 확인했다. 그리고 1975~1977년에는 동문·서문 2개씩, 남문과 북문 2개씩 모두 6개의 성문을 확인했고, 2000~2003년에는 동문 2개, 서문 1개, 북문 4개, 남문 2개 등 모두 9개의 성문을 확인했다.

조사시기마다 성문의 위치와 수를 달리 파악함에 따라 간선도로망도 다르게 설정되었다. 1913년에는 동서도로 1개와 서로 엇갈린 남북도로 2개가 간선도로망을 구성했다고 보았지만, 1975~1977년에는 동서도로 2개와 남북도로 1개가 간선도로망을 구성했다고 파악했다. 반면 북문을 여러 개 확인한 2000~2003년에는 동서도로 2개와 남북도로 3개가 간선도로망을 구성했다고 파악했다.

1913년에 남쪽 동문과 북쪽 서문 바깥에서 옹성을 확인했지만, 그 뒤 성문을 신축하거나 시가지를 개발하는 과정에서 모두 유실되었다. 또 1913년에 남쪽 서문이 어긋문식 옹성으로 확인되었는데, 역시 1920년대에 성문을 신축하는 과정에서 변형되었다가 2000~2003년 발굴 시에 원형을 재확인했다. 또 2000~2003년에 중앙 북문과 서쪽 북문 좌우에서 적대(성문 좌우의 치성)를 확인하기도 했다.

한편, 서벽 북단의 바깥쪽에서 동서 방향으로 놓인 배수로가 발견되었다. 바닥에 판석을 깔고 2단으로 벽을 쌓은 다음 커다란 판석으로 뚜껑을 덮었다. 현재 남아 있는 배수로는 길이 16.25m, 너비 0.7~0.8m, 높이 1.9~2.1m이다. 현재 배수로는 서벽 북단의 바깥쪽에 위치해 있지만, 본래 배수로 위로 서벽이 지나갔을 것으로 추정된다. 실제 배수로 동단의 유적이 1913년에 조사했던 북쪽 서

---

16 李新全, 2008,「高句麗早期遺存及其起源研究」, 吉林大學 박사학위논문.

17 金旭東, 2011,「西流松花江,鴨綠江流域兩漢時期考古學有存研究」, 吉林大學 박사학위논문.

18 吉林省文物考古研究所·集安市博物館, 2012, 앞의 글 ; 양시은, 2016,『고구려 성 연구』, 진인진 ; 王志剛, 2016,「高句丽王城及相关遺存研究」, 吉林大學 박사학위논문 ; 여호규, 2019,「고구려 국내성기의 도성 경관과 토지 이용」,『고구려발해연구』65.

19 關野貞, 1914, 앞의 글.

20 集安縣文物保管所, 1984, 앞의 글.

21 吉林省文物考古研究所·集安市博物館, 2004a, 앞의 책.

문지의 장방형 옹성 구조에 해당한다는 사실이 밝혀졌다.[22] 배수로 안쪽에 위치한 현재의 서벽 북단은 본래 성벽이 아니라 개축되었을 가능성을 시사한다.

(3) 성곽 내부의 건물지

국내성지 내부에서는 1960년대 이래 고구려시기의 건물터가 여러 곳 발견되었다. 1963년 대중목욕탕을 짓다가 고구려시기 건물터를 발견했는데, '太寧4年(327)'명 권운문와당이 출토되어 축성시점과 관련하여 많은 주목을 받았다. 1970년대에는 국내성지 중앙인 집안시청사를 중심으로 그 좌우의 직선상에서 초석, 담장, 기와편 등이 많이 발견되었다. 이에 시청사, 인민대회당, 법원 등이 왕궁의 중심지이고, 그 전후좌우에 부속건물이 산재했을 것으로 추정하기도 했다.

1980년대에도 시가지 개발과 더불어 건물지가 많이 발견되었다. 가령 1985년 5월 15일에는 동북쪽 모서리의 청량음료공장 부근에서 건물지를 발견했으며, 1985년 8～9월에는 중심부의 인민회의당 동측에서 유물이 출토되기도 했다. 1987년 6월에는 서남부의 老道德會터 민가를 신축하다가 유물이 출토되었고, 1988년 4월에는 단결대로 남측 채소시장에서 유물이 출토되었고, 1988년 4월에는 동남부의 제2시장 건물 신축 중에 건물지를 발견했다.[23]

2000～2003년에는 성 내부를 대대적으로 조사·발굴하여 총 19곳에서 건물지나 그 흔적을 확인했다. 각 지점마다 약간씩 차이는 있지만 대체로 지하 1～2m 깊이까지 발굴했는데, 대체로 3～5층의 문화층으로 이루어져 있었다. 3세기 이전으로 편년되는 유물은 거의 출토되지 않았는데, 국내성의 축조시기와 관련하여 매우 주목되는 현상이다. 위쪽 문화층에서는 발해의 연화문와당이나 토기편이 많이 출토되었는데, 발해시기에도 국내성지가 사용되었음을 보여준다.

이 가운데 운동장지점의 건물지 규모가 가장 컸다. 모두 4기를 발굴했는데, 그 중 3기는 겹벽으로 이루어진 '回'자형 건물이었다. 내부에는 별다른 바닥시설이나 난방시설이 없었고, 문의 흔적도 확인하지 못했다. 4세기경의 권운문와당이 출토되었고, 아래쪽 문화층의 구덩이에서는 동진시기 청자편이 대량으로 출토되었다. 또한 체육장 북쪽의 유치원과 남쪽의 실험소학교에서 건물벽과 배수구로 이루어진 대형 건물지를 발견했는데, 체육장 건물지와 연관될 것으로 추정된다.[24]

---

22 魏存成, 2011, 「高句麗國内城西墻外排水涵洞及相關遺迹考察」, 『邊疆考古研究』 10.

23 吉林省文物志編委會, 1984, 『集安縣文物志』 ; 董峰, 1993, 「國內城中新發現的遺蹟和遺物」, 『高句麗研究文集』, 延邊大學出版社.

24 吉林省文物考古研究所·集安市博物館, 2004, 앞의 책 ; 여호규, 2012, 「고구려 國內城 지역의 건물유적과 都城의 공간구조」, 『한국고대사연구』 66.

표 5 국내성지 내부 건축유적의 층위별 현황[25]

구역	유적명	遼·清-근현대층	고구려-발해시기층	生土層
1	1. 국세청 사택	① 현대퇴적층, 두께 0.4~0.5m ② 흑회색토, 두께 0.4~0.5m, 현대유물 출토	③ 회갈색토, 두께 0.15m, 소량의 토기편, 띠고리손잡이토기	미상
	2. 社區協 건물	①a 현대매립층, 두께 0.4~0.5m ①b 현대퇴적층, 두께 0.2~0.3m ② 회흑색토, 두께 0.45~0.8m, 청대 유물 포함	③ 갈색토, 두께 0.2~0.35m, 깊이 0.9~1.2m, 건물지, 瓮坑, 灰坑 - F1 : F2 위에 조영, 규모 4.4×3.6m, 점토다짐, 벽체기초, 탄화곡 - F2 : 1변 8m의 정방형, 점토다짐, 벽체기초와 초석, 기둥구멍 6개, 벽돌편과 菱形紋 瓦片, 황갈색토기편과 泥質灰色토기편 - K1(옹갱) : F2 남쪽에 위치, 口徑 0.48m, 깊이 0.36m, 底徑 0.36m, 탄화곡물, 니질회색토기편, 도끼날형화살촉 출토 - H1(회갱) : K1 동남, 口徑 0.4m, 탄화곡물, 토기편, 銅製管狀器	③ 아래는 생토층
4	3. 교육위원회 사택	①A 현대퇴적층, 두께 0.25~0.4m ①B 현대매립층, 두께 0~0.3m	② 갈색토, 두께 0.1~0.25m, 토기편 ③ 황갈색토, 두께 0.2~0.4m, 토기편	④ (③의 오기?) 아래 강돌과 굵은모래층
	4. 시중의원	① 표토층, 흑회색토, 두께 0.4~0.5m	② 황갈색토, 두께 0.4~0.5m, 토기편 ③ 회갈색토, 두께 0.6~0.7m, 권운문·인동문와당, 토기편	③ 아래 강돌층
	5. 청량음료 공장	① 표토층, 흑색토, 두께 0.24~0.28m ② 흑갈토층, 두께 0.44~ 0.47m, 清代 乾隆通寶, 자기편	③A 황갈색泥砂土層, 두께 0.52~0.56m, 회색토기, 붉은기와편 ③B 황색진흙을 장방형으로 축조, 길이 1.24m, 두께 0.48m, 석판과 쇠솥 출토 ③C 막돌과 진흙을 섞어 '凸'자형으로 축조한 아궁이터, 길이 0.5m, 두께 0.2m, 재가 길이 0.36, 두께 0.02m로 깔려 있음. ④A 회색진흙과 강자갈을 혼합하여 깜, 두께 0.2~0.22m ④B 황갈색굵은모래층, 火坑으로 추정, 출토유물은 금동장식품, 동제허리띠장식, 쇠솥, 쇠띠고리, 철촉, 토기, 연화문와당, 기와편	⑤ 강자갈+굵은모래
	6. 인민대회 직원 사택	① 표토층, 흑회색, 두께 0.4m	② 황갈색토, 두께 0.5m, 방격문기와편, 토기편 ③ 황갈색토, 막돌과 강돌 섞여 있음. 두께 0.4m, 인동문와당, 기와편, 토기편	③ 아래 원생토층

구역	유적명	遼·淸-근현대층	고구려-발해시기층	生土層
5	7. 民政局 사택	① 현대매립층, 두께 0.4~0.8m, 토기편		① 아래 강돌퇴적층
	8. 開發公社 사택	① 현대퇴적층 제거	② 회갈색토, 두께 0.3~0.4m ③ 황갈색토, 두께 0.2m, 띠고리손잡이토기	미상
	9. 會計局 사택	① 흑회색토, 두께 0.1~0.25m, 현대자기편	② 황갈색토, 두께 0.2~0.3m, 菱形文·壓印文기와편, 권운문·연화문·인동문와당편, 토기 ③ 황갈색토, 두께 0.2~0.3m, 기와편, 繩文·回文·龍文·菱形文벽돌편, 토기편, 황갈색시유도기 ④ 회갈색토, 두께 0.2~0.35m, 기와편, 無文·繩文 벽돌편, 繩文·網格文토기편	④ 아래 생토층
6	10. 운동장 서쪽	지층 상황 미상. 지표하 1.5m에서 담장기초, 초석, 고구려시기 기와편 출토		미상
	11. 제1유아원 신축 건물	① 현대매립층, 두께 0.6~0.9m	② 갈색토, 두께 0.2~0.4m, 벽체, 도로, 배수시설로 구성된 대형건물터, 우물(지표하 3m까지 발굴), 토기	② 이하는 강돌퇴적층
	12. 운동장	① 표토층, 두께 0.38~0.45m, 清代乾隆通寶, 朝鮮 常平通寶, 일제시기 유물 ② 흑토층, 두께 0.06~0.1m, 근현대 유물, 고구려 기와편	③ 황갈색점토층, 지표하 0.4~0.6m, 두께 0.07~0.25m, 홍갈색기와편, 불탄 진흙덩이, 토기, 시유도기, 연화문·인동문·귀면문와당, 繩文·回文벽돌 ③ 층 아래에 ④층을 파괴한 '回'자형 지상건축물 4기(F1~4) - F1 : 동서 21.1m, 남북 29m 이상, 건물초석, 벽체 - F2 : 동서 13.5m, 남북 14m, 벽체, 벽돌, 배수로, 도로(북측), '戊戌'명 권운문와당, 연화문와당, 龍紋 벽돌 - F3 : 동서 10.3m 이상, 남북 10.5m 이상, 토기, 연화문·인동문·귀면문와당 - F4 : 동서 미상, 남북 13.6m 이상, 불탄 흙덩이, 토기, 귀면문와당, 繩文·回文벽돌 ④ 갈색토층+모래뻘, 지표하 0.5~0.6m, 두께 0.15~0.48m, 토기, 화문·인동문·귀면문와당, 龍紋·繩文벽돌 ④ 층 아래에 ⑤층을 파괴한 灰坑 7기(H1~H7, 유적의 동남부) 2.1m 간격으로 'F'자형으로 분포, 토기, 시유도기, 동진제 청자(四耳壺, 六耳壺 등) 등 다량 매납, 毁器 습속 ⑤ 갈색토층, 지표하 0.68~0.88m, 두께 0.2~0.5m, 토기, 시유도기, 권운문와당, 수키와편, 동진제 청자편	⑤ 이하는 강돌(모래뻘)퇴적층, 두께 2m 이상
	13. 시실험 소학교	① 현대매립층, 두께 0.4~0.5m ② 흑토층, 두께 0.1~0.2m	③ 회갈색토, 두께 0.4~0.6m, 배수구 유적(길이 23.5m, 너비 0.5m), 귀면문와당 잔편	③ 이하는 강돌퇴적층

구역	유적명	遼·清-근현대층	고구려-발해시기층	生土層
7	14. 인민대회당	지층상황 미상. 비석의 귀부, 토기편, 기와편 출토		미상
	15. 集安縣 舊廳舍	지층상황 미상. 담장기초, 고구려시기 기와편 대량 출토.		미상
	16. 게이트볼장	①A 현대매립층, 두께 0.3~0.4m ①B 갈색토, 두께 0.3~0.5m, 만주국 유물 ② 흑토층, 두께 0.03~0.1m	③ 황갈색토, 지표하 0.65~1m, 두께 0.5~0.9m, 고구려-발해 유물 ③ 층 아래에 석축건축물 2기, F1(동)→F2(서) 순으로 조영 - F1 : 벽체기초(殘長 40m 이상), 팔각형초석 - F2 : 벽체기초(殘長 16.5m), 건물 내부에 황색점토를 깜, 배수구, 점토다짐층에서 고구려시기의 쇠못·토기·인동문와당과 발해시기의 토기·자기·연화문와당 출토 ④ 황갈색 모래토+강돌층, 지표하 1.6~2m, 두께 0.3~0.9m	④ 아래는 모래+강돌층 (수맥 지남)
8	17. 채소시장	① 표토층, 흑갈색토, 두께 0.5m	② 회갈색토, 두께 0.15~0.3m, 기와, 권운문와당, 瓷碗 ③ 황갈색토, 두께 0.25~0.45m, 기와, 연화문와당, 소형토기 ③ 아래 ④ 표층에 길이 16.75m인 막돌축조 건축물 ④ 황갈색토, 두께 0.25~0.45m, 기와, 흑회색 대형토기 ⑤ 회갈색토, 두께 0.3~0.65m, 저온소성 회색토기	⑤ 이하는 생토층
		1988년 : 지표하 1.17~1.82m 지점에서 壺, 盤, 盆, 甑底 등 출토		
	18. 東市場 구주택 재건축	① 현대매립층, 두께 0.4~0.7m ② 흑색토, 두께 0.1~0.65m	② 아래에 ③~④를 굴착해 조성한 石築石壙 구조물, 6葉單瓣蓮花文 와당, 回文벽돌, 토기(발해 상경성 출토품과 동일한 그릇뚜껑), 청동기, 철기 ② 아래에 ③~④를 교란한 灰坑, 토기 ③ 회갈색토, 두께 0~0.15m, 발해시기 연화문와당, 인동문와당, 토기, 출토품은 고구려 특징 간직 ④ 갈색토층, 두께 0.4~1.2m, 기와, 와당, 토기	④ 아래 강돌 퇴적층
	19. 食糧局 사택	① 표토층, 흑회색토, 두께 0.20~0.45m	② 갈색토, 두께 0.1~0.25m, 기와, 발해시기 토기 ③ 황갈색토, 두께 0.40~0.55m, 토기, 귤황색 施釉碗 ④ 회갈색토, 두께 0.25~0.35m, 토기편 ⑤ 황갈색토, 두께 0.15~0.25m, 모래 섞인 조악한 토기	미상
	20. 백화점 뒤 구주택 재건축	주택 건설로 문화층은 모두 파괴된 상태. 소량의 토기편		미상
	21. 東市場 종합건물	생토층 이상 모두 교란된 상태, 소량의 토기편 출토		미상

구역	유적명	遼·淸－근현대층	고구려－발해시기층	生土層
9	22. 인쇄공장	지층 상황 미상, 지표하 1.5m에서 고구려시기 토기편, 기와편, 금동불 출토		미상
	23. 老道德會터	지층 상황 미상, 지표하 0.9~1.36m에서 등자 4건, 四耳壺(고구려 초·중기), 기와편, '四月造作'명 권운문와당, 귀면문와당, 화문과 승문의 청회색벽돌		미상
10	24. 計量局 남측	주택 건설로 문화층은 모두 파괴된 상태		미상
11	25. 제2소학교	① 현대매립층, 두께 0.2~0.7m	② 회갈색토, 두께 0.1~0.3m, 소량의 토기 ③ 갈색토, 두께 0.25~0.4m, 금동제패식, 청동방울, 토기편, 현대교란층에서 '太歲'명 권운문와당 2점 출토	③ 아래 생토층
	26. 실험소학교 (제2소학교) 동쪽[26]	① 매립층, 황색, 두께 0.5~0.75m, 고구려 기와편 ② 흑갈토, 두께 0.1~0.3m	③ 황갈토, 두께 0.25~0.45m, 홍색기와 잔편 대량 출토 ④ 황갈토, 두께 0.15~0.45m, ③과 토질 동일, 기와 잔편만 없음, 소량의 회색승문기와편과 니질회도편 출토 ⑤ 짙은 황갈토, 두께 0.1~0.3m, 지표하 1.3~1.75m, 백색과 회색 토기편, 泥質의 띠고리손잡이편, 현대쇠못도 1점 출토 ⑥ 황색모래층, 두께 0.05~0.25m, 지표하 1.5~1.75m, 극소량의 토기편, 물 흐름에 의한 퇴적층 ⑦ 황색진흙층, 두께 0.15~0.4m, 지표하 1.7~1.95m, 출토유물 없음, 물 흐름에 의한 퇴적층 ⑧ 짙은 황색모래층, 두께 0.1~0.3m, 지표하 2~2.2m, 출토유물 없음, 물 흐름에 의한 퇴적층 표토와 교란층(①~⑤) : 대량의 기와편과 연화문와당 2건 출토	⑧ 아래는 모래－자갈 생토층
12	27. 시영화 공사	생토층 이상 모두 교란된 상태, '△寧四年'명 권운문와당, 귀면문와당편, 토기편		미상
	28. 대중목욕탕	지층 상황 미상, '太寧四年'명과 '△月造記'명 권운문와당 출토		미상
	29. 제2시장	지층 상황 미상, 지표하 1.6~2.2m에서 돌담장, 검게 그을린 구들판석, 귀면문·인동문와당, 쇠도끼, 四耳壺(산성하196호분 출토품과 동일, 3세기 말~4세기 초) 출토		미상

25 여호규, 2012, 49~51쪽의 표 1을 전재한 것임. 유적명의 숫자는 그림 3의 위치, 각 층위의 원문자는 보고서의 층위를 나타낸다. 각 층위별 유적현황은 흙색, 두께, 유물, 유적 등의 순서로 정리했다. 참고문헌은 국내성지의 건물지 유적 참조.

26 集安市 實驗小學校는 본래 시가지 중심부인 제6구역에 있었고, 제11구역의 소학교는 제2소학교라 불렸는데, 2008년 당시 두 학교를 통폐합하여 제11구역의 제2소학교를 실험소학교로 개칭했다.

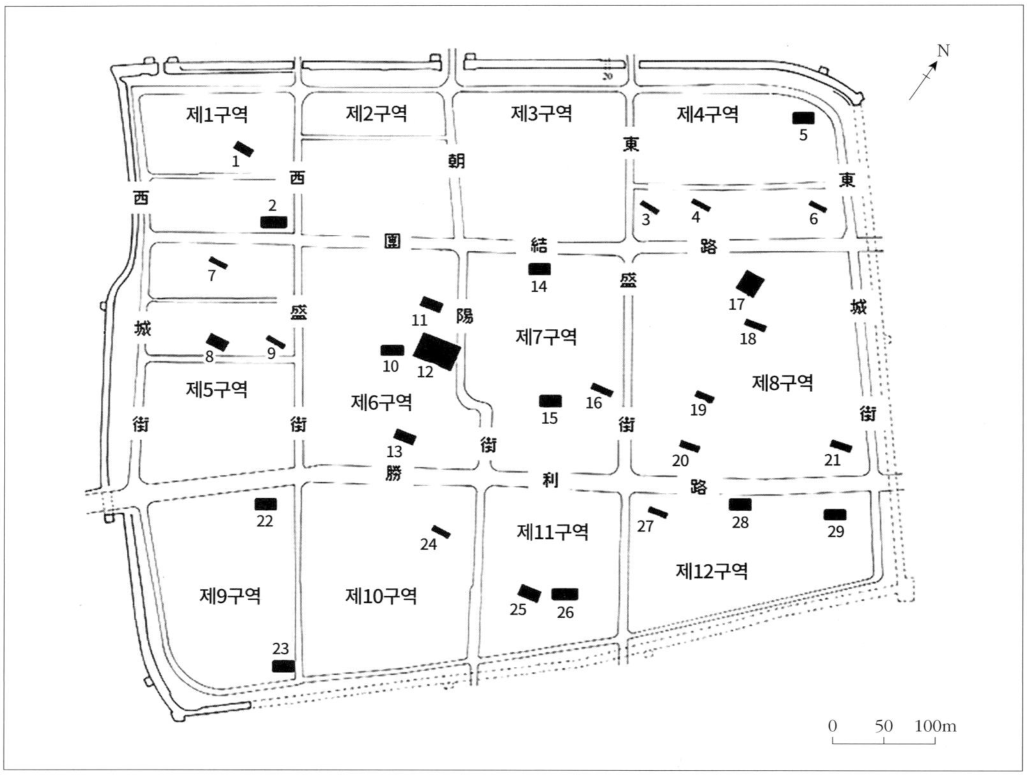

그림 3 국내성지의 건물지 현황[27]

2008년에도 국내성지 남부의 실험소학교(종전의 제2소학교) 동측과 서북모서리의 社區協건물지점 등 2곳에서 문화층과 건물지를 확인했다. 실험소학교 발굴지점에서는 별다른 유구를 발굴하지 못하고 총 8개의 지층을 확인했는데, 제1~2층은 근현대층, 제3~5층은 근현대 이전의 문화층, 제6~8층은 순수한 퇴적층 등으로 분류할 수 있다. 다만 교란이 심하여 전체적인 양상을 파악하기 힘든 상황이다.

국내성지 서북 모서리의 사구협건물지점은 3개의 층위로 이루어져 있는데, 제2층과 제3층이 고구려시기의 문화층이다. 집터 2기, 독 구덩이 1개, 재구덩이(灰坑) 1곳 등을 발굴했다. 이 가운데 집터인 F1은 남북 길이 4.4m, 동서 너비 약 3.6m로서 자갈을 깔아 벽체기초를 조성한 지상식 건물이었다. F2도 둘레 약 8m의 정방형 지상식 건물인데, 황갈색진흙다짐층, 잔자갈로 조영한 벽체기초, 실내의 벽체 2곳, 초석 10개, 벽체기초에 연접한 柱洞 6개 등을 발굴했다. F1은 F2를 파괴하며 후대에 건축했는데, 유물이 거의 출토되지 않아 조성시기와 성격을 파악하기 힘들다. 이에 비해 F2는 조영방법, 건축구조와 규모 등이 국내성지 운동장지점의 F2, 민주유적 1호 원락의 F1 및 2호 원락의

27 여호규, 2012, 48쪽의 지도 2를 전재한 것임. 번호는 표 5의 유적명 지칭.

F5 등과 유사하며, 출토 토기로 보아 고구려 중기로 추정된다고 한다.[28]

이상과 같이 국내성지 내부에서는 총 29곳의 문화층이나 건물지가 확인되었는데, 국내성지의 조영과정, 국내성지 내부의 공간 구성, 평양 천도 이후 국내성 일대의 변화양상 등을 고찰하는 데 매우 유용한 자료를 제공한다.[29]

3) 산성자산성의 성곽시설과 건물지

(1) 조사현황

산성자산성(환도산성)은 中國 吉林省 集安市 鴨綠江 우안의 通溝盆地에 위치한다. 통구분지는 남쪽으로 압록강을 사이에 두고 북한의 만포시와 마주보며, 북쪽으로는 백두산에서 뻗어내린 老嶺山脈이 병풍처럼 둘러쳐져 있다. 동서 길이 16km, 남북 폭 2~4km로서 압록강 중류 일대에서 가장 넓은 분지이다. 또한 압록강 중상류의 수로망을 총괄할 수 있는 교통의 요지이기도 하다. 산성자산성은 이러한 통구분지 서북쪽의 丸都山에 자리잡고 있다.

산성자산성은 集安市街地의 국내성지에서 북쪽으로 2.5km 떨어진 거리에 위치해 있는데, 앞쪽으로는 압록강 지류인 통구하가 'S'자 곡선을 그리며 흘러가고 있다. 산성은 여러 산봉우리가 원형을 이루며 솟아 있는 산에 위치했는데, 최고봉의 해발은 676m에 이른다. 북쪽으로는 깊은 계곡을 사이에 두고 小板岔嶺과 마주보며, 남쪽은 通溝河와 잇닿아 있는데, 모두 천혜의 방어벽과 해자를 이루고 있다. 산성의 서쪽은 七星山인데 압록강까지 이어지며 산성의 오른쪽 방어벽을 형성하고 있으며, 동쪽으로는 비교적 넓은 골짜기가 펼쳐져 있다.

산성을 둘러싼 산봉우리 가운데 서북쪽의 산이 가장 높고 험하며, 남쪽이 가장 낮다. 산성은 전체적으로 북쪽이 높고 남쪽이 낮은 키 모양을 이루며, 맞은편 산에서 바라보면 둥근 형태를 띤다. 산성 바깥쪽 경사면은 깎아지른 듯이 가파른 절벽이나 산비탈이지만, 안쪽에는 완만한 경사지와 평지가 비교적 넓게 펼쳐져 있다. 동쪽과 서쪽의 산등성이는 산성 내부의 경사지와 평지를 포옹하면서 通溝河邊의 남문 쪽으로 뻗어 있다. 산성 안쪽의 경사지와 평지는 현재 밭으로 경작되고 있으며, 계곡을 따라 여러 채의 민가가 자리잡고 있다.

성벽 가운데 동벽, 북벽, 서벽은 산성을 둘러싼 산등성이를 따라 축조했으며, 남벽은 통구하변의 절벽 위에 축조했다. 수직절벽이 형성되어 있거나 깎아지른 듯한 암석이 솟아 있는 경우에는 이를 천

---

28 吉林省文物考古硏究所·集安市文物局, 2009,「2008年集安市國內城社區協公樓地點高句麗居住址的發掘」,『北方文物』2009-3.

29 白種伍, 2009,「高句麗 卷雲文 瓦當의 成立과 그 背景」,『白山學報』83 ; 여호규, 2012, 앞의 글 ; 임기환, 2015,「고구려 國內都城의 형성과 공간 구성」,『한국사학보』59 ; 권순홍, 2018,「고구려 도성 연구」, 성균관대 박사학위논문 ; 여호규, 2019, 앞의 글.

연성벽으로 이용했으며, 경사가 완만한 산비탈이나 산등성이에는 잘 다듬은 돌로 성벽을 견고하게 축조했다. 산성의 전체 평면은 불규칙한 장방형으로서 동벽 1,716m, 서벽 2,440m, 북벽 1,009m, 남벽 1,786m이며, 총둘레는 6,951m에 이른다.

고구려 멸망 이후 通溝盆地의 고구려 유적이 다시 확인된 것은 고려 말 李成桂가 압록강을 건너 渾江 유역의 元 東寧府를 정벌할 때이다. 다만 당시인들은 通溝盆地 일대를 금의 도성으로 인식했기 때문에 通溝盆地의 국내성지나 장군총, 광개토왕릉비 등을 목격하면서도 고구려 유적으로 파악하지 못했다. 이러한 인식은 조선 후기까지 지속되었고, 이에 따라 국내성이나 환도성의 위치도 義州(『東國輿地勝覽』), 桓仁 兀剌山城＝五女山城(『東史綱目』), 초산과 만포진 대안(『大韓疆域考』) 등으로 비정하고, 통구분지를 지목하지는 못했다.

그리하여 通溝盆地에 위치한 산성자산성에 대한 조사도 20세기 초에 들어와 일본학자들에 의해 비로소 본격적으로 이루어졌다. 1905년 鳥居龍藏이 통구분지의 고구려 유적에 대한 개략적인 현황조사를 시행하며, 산성자산성의 전체 지세, 성문과 저수지, 궁전지 등을 처음으로 조사했다.[30] 1913년에는 關野貞 등이 朝鮮總督府의 위탁을 받아 11일간 통구 부근의 고구려 유적을 조사했는데, 이때 산성자산성의 전체 평면도와 성벽 단면도를 작성했으며, 성벽 둘레, 성곽과 성가퀴의 규모 등을 실측했다. 다만 關野貞은 산성자산성을 단순히 국내성의 부속 성곽으로 인식한 탓인지 국내성에 비해서는 상세하게 조사하지 않았다.[31]

1936년 池內宏이 산성자산성을 비교적 상세히 조사했다. 池內宏 등은 산성의 정문인 중앙 남문의 옹성 구조와 축조양상을 조사하는 한편, 동벽과 북벽 구간을 답사하며 성벽의 축조방식과 문지(동문 3개, 북문 1개)를 조사하고, 성가퀴와 그 안쪽의 기둥구멍의 구조도 조사했다. 또한 남문 뒤쪽에 위치한 장대와 주거지, 궁전지에 대한 조사도 진행했다. 池內宏 등은 이와 같은 조사를 진행하면서 산성의 전체 평면도, 남문과 동문의 옹성 구조도, 성벽과 성가퀴 단면도, 장대와 건물지 평면도 등을 작성하고 사진자료도 많이 남겼는데, 산성자산성의 원형을 이해하는 데 귀중한 정보를 제공하고 있다.[32]

1949년 중국 정부 수립 이후 集安縣博物館과 吉林省博物館 등이 1958년, 1960년, 1962년 등 여러 차례에 걸쳐 산성자산성에 대한 현지조사를 진행하고 성벽을 실측했다고 하는데, 아직까지 관련 자료가 충분히 공개되지 않고 있다. 산성자산성에 대한 중국학계의 조사내용은 1982년에 이르러 처음 공식적으로 간행되었다. 吉林省博物館의 李殿福이 산성의 전체평면도, 장대와 궁전지 평면도 등과 함께 각 성벽, 성가퀴와 기둥구멍, 성문, 장대, 병사주거지, 궁전지, 저수지, 고분 등에 대한 조사

30 鳥居龍藏, 1910,「鴨綠江畔洞溝に於ける高句麗の遺跡」,『東洋時報』137·140, 東洋時報社；鳥居龍藏, 1914,「丸都城及國內城の位置について」,『史學雜誌』25-7.

31 關野貞, 1914,「滿洲輯安縣及び平壤附近に於ける高句麗時代の遺跡(1·2)」,『考古學雜誌』5-3·4；關野貞, 1914,「丸都城及國內城の位置」,『史學雜誌』25-11.

32 池內宏·梅原末治, 1938,『通溝』上, 日滿文化協會.

내용을 비교적 상세히 보고한 것이다.[33]

다만 李殿福이 성벽이나 성곽시설의 외형적 현상만 기술한 것으로 보아 이때까지도 본격적인 발굴조사는 이루어지지 않은 것으로 파악된다. 李殿福은 산성자산성의 현황을 기술한 다음, 유리왕 22년에 축조했다는 國內 尉那巖城과 산상왕 2년에 축조했다는 丸都城을 동일한 성곽으로 보고 산성자산성으로 비정했는데, 그 뒤 중국학계의 통설로 자리잡았다. 이로써 중국학계에서는 집안 국내성지를 국내성시기의 평지도성, 산성자산성을 국내성의 방어용산성으로 파악하는 견해가 일반화되었고,[34] 이는 국내학계나 일본학계에도 큰 영향을 미쳤다.[35]

산성에 대한 본격적인 발굴조사는 2001~2003년에 이루어졌다. 중국 정부가 국내성지와 더불어 산성자산성을 유네스코 세계문화유산으로 등재하기 위해 성벽을 비롯하여 주요 성곽시설과 건물지를 발굴한 것이다. 성벽의 경우 각 구간별로 축조양상과 보존상태를 상세히 조사하고, 성벽 위의 성가퀴와 기둥구멍 현황도 구간별로 상세히 조사했다. 성문은 정문인 중앙 남문을 대대적으로 발굴하여 복원하는 한편, 서쪽 남문과 서문을 새롭게 발견했다. 특히 서쪽 남문에서는 옹성 구조와 더불어 淸末에 산성을 재사용한 흔적도 확인했다.

아울러 산성 내부의 장대, 저수지, 궁전지 등도 발굴했는데, 이를 통해 장대와 저수지의 축조양상, 궁전지의 규모와 건물구성 등을 상세하게 파악할 수 있었다. 아울러 기와와 와당 등 수많은 건축자재, 鐵器와 土器, 銅器 등이 출토되었다. 특히 발굴조사 내용과 더불어 각종 실측도와 탁본, 사진 등을 게재한 종합보고서를 간행했는데, 산성자산성 연구에 귀중한 자료로 활용되고 있다.[36]

(2) 성곽시설

산성자산성의 존재는 1905년에 처음 확인되었지만,[37] 산성의 전체 평면과 성벽 단면 등은 1913년에 처음 조사되었다.[38] 1936년에는 남벽, 동벽, 북벽의 축조양상을 조사하고 비교적 상세한 성벽 단면도를 작성했다.[39] 다만 이때에도 서벽에 대한 조사는 진행하지 못했다. 서벽을 포함한 산성자산성의 성벽 전체에 대한 조사는 중국 정부 수립 이후인 1950~1960년대에 비로소 이루어졌는데, 당시

---

33 李殿福, 1982, 「高句麗丸都山城」, 『文物』 1982-6 ; 吉林省文物志編委會, 1984, 『集安縣文物志』.

34 魏存成, 1985, 「高句麗初中期的都城」, 『北方文物』 1985-2 ; 李殿福·孫玉良, 1990, 「高句麗的都城」, 『博物館研究』 1990-1 ; 李殿福, 1994, 「集安山城子山城考略」, 『東北考古研究』(二), 中州古籍出版社 ; 王綿厚, 2002, 『高句麗古城研究』, 文物出版社.

35 차용걸, 1993, 「고구려 전기의 도성」, 『국사관논총』 48, 국사편찬위원회 ; 東潮·田中俊明, 1996, 『高句麗の歷史と遺跡』, 中央公論社 ; 余昊奎, 1998, 『高句麗 城』 I(鴨綠江 中上流篇), 國防軍史研究所.

36 吉林省文物考古研究所·集安市博物館 編著, 2004b, 『丸都山城』, 文物出版社.

37 鳥居龍藏, 1910, 앞의 글 ; 鳥居龍藏, 1914, 앞의 글.

38 關野貞, 1914, 앞의 글.

39 池內宏·梅原末治, 1938, 앞의 책.

의 조사자료가 공개되지 않아 구체적인 양상을 파악하기는 힘든 상태이다.

다만 1982년에 발표된 李殿福의 논문은 1950~1960년대의 조사를 토대로 작성된 것으로 추정되는데, 각 성벽의 전체적인 현황과 더불어 성벽의 축조양상과 성돌의 유형 등을 비교적 상세히 기술했다.[40] 그에 따르면 산성자산성의 성벽은 자연지세를 충분히 활용하여 축조한 석축성벽으로서 깎아지른 낭떠러지나 높이 솟은 암석 등을 천연성벽으로 삼는 한편, 산등성이 평탄한 지점에는 화강암 석재를 사용하여 성벽을 축조했다고 한다.

동, 서, 북 3면의 성벽은 산성을 감싼 반원형의 산등성이, 그리고 남벽은 통구하변의 절벽 위에 축조했는데, 동벽 1,716m, 서벽 2,440m, 북벽 1,009m, 남벽 1,786m으로 총둘레는 6,951m이다. 성벽의 외벽은 기초부에서 위로 올라가면서 조금씩 안으로 들여쌓았는데, 특히 산등성이(산능선)의 오목하게 들어간 곳에 성벽을 높게 축조했다. 성돌의 크기는 대체로 길이 20~50cm, 폭 29~40cm, 두께 10~27cm라고 한다. 동벽의 남쪽 구간과 북벽의 보존상태가 가장 좋았다고 한다.

성벽에 대한 상세한 조사는 2001~2003년에 이루어졌다. 이때 전체 성벽을 남벽 4구간, 동·북·서벽 각기 3구간씩 총 13구간으로 구분한 다음 각 구간을 다시 성벽이 있는 곳과 무너지거나 성벽이 확인되지 않는 곳으로 세분하여 조사했다.[41] 이를 통해 각 구간별 성벽의 축조양상과 보존상태 등을 상세히 파악하고, 성벽의 단면도와 정면도 등을 작성했다. 또 성벽의 축조방식에 대해서도 비교적 상세한 조사가 이루어졌는데, 성벽 내부에는 양 끝이 뾰족한 북꼴돌(梭形石)을 교차하여 쌓고 그 사이의 빈틈은 잔돌로 메웠으며, 내외 벽면은 쐐기형돌(楔形石, 牛尾石)을 북꼴돌 사이에 끼워 넣는 방식으로 축조했다고 한다.

성돌 가운데 북꼴돌의 크기는 대체로 길이 0.6m, 너비 0.25m, 두께 0.15~25m이며, 쐐기형돌의 크기는 길이 0.2~0.5m, 너비 0.29~0.4m, 두께 0.1~0.27m라고 한다. 성벽의 보존상태는 종전처럼 동벽의 남쪽 구간, 북벽의 서쪽 구간, 서벽의 북쪽 구간이 가장 양호한 것으로 조사되었는데, 동벽 남쪽 구간에는 성돌을 20단 이상 쌓은 견고한 성벽이 잘 남아 있었으며, 북벽 서쪽 구간에는 성돌을 30단 이상 쌓은 높이 5m 가까운 웅장한 성벽이 잘 남아 있었다고 한다. 이러한 성벽의 축조방식과 보존상태는 2010년 10월 현지답사를 통해서도 확인할 수 있었다.

이러한 성벽의 축조양상은 桓仁 五女山城이나 高儉地山城, 新賓 黑溝山城 등 압록강 중류의 고구려 초기 산성과 비슷하다. 특히 자연암반을 성벽 기초부로 활용하는 양상이나 수직절벽이나 높이 솟은 암석을 천연성벽으로 활용하는 양상 등은 고구려 초기 산성의 대표적인 축성방식으로 이해된다. 이러한 성벽의 축조양상은 산성자산성이 고구려 초기에 처음 축조되었을 가능성을 시사한다.

한편 1913년 조사에서 이미 성벽 윗면의 성가퀴와 그 안쪽의 기둥구멍이 다수 확인되었고, 1936년에는 동벽에 위치한 성가퀴와 기둥구멍의 단면도를 작성했다. 기둥구멍의 규모는 한 변의 길이 8寸(약 24cm), 깊이 2尺 4寸(약 72cm) 등으로 조사되었는데, 그 용도에 대해서는 향후 과제로 남

---

40 李殿福, 1982, 앞의 글.

41 吉林省文物考古研究所·集安市博物館 編著, 2004b, 앞의 책.

겨두었다.

1982년 李殿福의 논문에서는 각 성벽에 모두 성가퀴가 설치되었으며, 기둥구멍도 동벽뿐 아니라 북벽과 서벽에서도 확인했다고 보고했다. 특히 동벽의 남쪽 구간에서는 1.7m 내지 2m 간격으로 배열된 기둥구멍을 약 20개나 확인했다고 한다. 성가퀴의 규모는 대체로 높이 0.78~1.3m, 폭 0.73~1m로 균등하지 않다고 한다. 기둥구멍은 성가퀴의 내벽 바닥 아래에 위치했는데, 장방형의 깊은 구멍 모양으로 입구의 길이 10cm, 폭 25cm, 깊이 45~80cm였다고 한다.

2001~2003년에도 동벽, 북벽, 서벽의 성가퀴와 기둥구멍 현황을 구간별로 상세히 조사했다. 특히 동벽 E구간의 Q6 지점에서 외벽을 5단으로 축조한 성가퀴의 원모습을 확인했으며, 기둥구멍은 동벽에서 8개, 북벽에서 1개, 서벽에서 2개 등을 조사했다. 李殿福의 논문과 비교한다면 동벽에 위치한 기둥구멍의 수가 크게 감소한 것을 알 수 있다. 또한 서벽 K구간 Q18 지점에서 확인된 2개의 방형구멍은 다른 기둥구멍과 형태가 조금 다른 것으로 조사되었다.

1905년 산성을 처음으로 조사한 鳥居龍藏은 정문인 중앙 남문에 대해서만 언급했는데, 여러 문으로 이루어진 겹문 구조로 파악했다. 1913년에 산성을 조사한 關野貞도 남문에 대해서만 언급했다. 1936년 서벽을 제외한 성벽 전 구간을 조사한 池內宏은 남문 1개, 동문 3개, 북문(서쪽 북문) 1개 등으로 파악했는데, 특히 중앙 남문과 남쪽 동문의 옹성 구조를 상세히 조사하고 평면도까지 작성했다.

그에 따르면 남문은 성벽을 안쪽으로 꺾어서 장방형 모양으로 오목하게 축조한 옹성 구조이며, 성문 입구의 폭은 20여 間, 길이는 40間 정도라고 한다. 또한 남쪽 동문은 문길의 너비 11척(약 3.3m), 문길 양측 평대의 너비 11척, 길이 십수 척으로 조사되었다. 특히 남쪽 동문의 출입구 바깥쪽에는 북측 성벽의 연장으로 보이는 부분이 심하게 붕괴되어 내외를 연결하는 통로가 꺾여 있는데, 본래 옹성이었을 것으로 추정했다. 남문이나 동문 주변에는 고구려시기의 붉은색기와편이 산재해 있었는데, 문루나 망루 등의 흔적으로 파악했다.

한편 1982년에 李殿福은 산성자산성의 성문을 남문 1개, 동문 2개, 북문 2개 등 총 5개로 파악했는데, 동쪽 북문을 새롭게 조사한 대신 池內宏이 성문으로 파악했던 동벽의 북쪽 성문을 성문으로 인정하지 않았다. 이러한 李殿福의 견해는 이후 중국학계에 계승되어 2001~2003년 조사 시에도 동문을 2개로 파악하고, 종전에 池內宏이 북쪽 동문으로 파악했던 지점에는 건물지가 있었다고 보았다(동벽 E구간 Q5 지점).

다만 2001~2003년 조사에서는 중앙 남문을 대대적으로 발굴하여 옹성 구조뿐 아니라 문길 좌우측의 성벽과 좌우 옹성벽의 축조양상, 문길 아래의 배수구를 비롯하여 문길 동측에서 배수구 2개, 서측에서 배수구 1개 등 총 4개의 배수구를 새롭게 확인했다. 또한 남벽 서단과 서벽 남단에서 각각 성문을 새롭게 발견했는데, 특히 남벽 서단의 2호 문지는 옹성 구조를 갖춘 것으로 확인되었다.

또한 문지를 발굴하는 과정에서 기와와 와당편을 비롯한 많은 건축재료, 철기류 등이 출토되었는데, 3세기 이전으로 올려볼 수 있는 유물은 아직까지 확인되지 않고 있다. 다만 서쪽 남문의 문길에서는 불탄 건축자재가 많이 출토되었는데, 이는 이 성문이 화재로 인해 소실되었을 가능성을 시사한다.

또한 서쪽 남문의 小城壁에서는 乾隆通寶와 道光通寶 등 清代의 화폐가 발견되기도 했는데, 이는 清末에 성벽을 재사용했을 가능성을 시사한다.

한편 중앙 남문 뒤쪽에 위치한 장대는 20세기 전반부터 이미 많은 주목을 받았다. 다만 장대 전체가 붕괴된 상태였기 때문에 위치상 산성 안팎을 조망하고 지휘할 수 있는 장대라는 사실만 지적되었을 뿐 전체구조나 축조양상은 구체적으로 파악되지 못했다. 장대의 구조나 축조양상은 2001~2003년의 발굴조사를 통해 비로소 규명되었는데, 크게 주 건물과 계단으로 구성된 것으로 조사되었다.

주 건물은 모서리가 둥그스름한 장방형 석축 高臺로서 길이 6.7m, 너비 4.5m, 잔고 4.5m로 조사되었다. 외벽은 가장자리에 턱홈을 조성한 쐐기형돌로 축조했고, 모서리 부분에는 외면을 둥글고 매끈하게 처리하기 위해 두께 0.3m인 부채꼴성돌을 사용하여 축조했다. 내부는 다른 성벽과 마찬가지로 북꼴돌과 판석을 서로 맞물리게 끼워 쌓아올리고 틈새를 잔돌로 채워 넣었다. 주 건물 축조에 사용된 성돌의 크기는, 쐐기형성돌은 대체로 길이 0.45~0.55m, 너비 0.35~0.45m, 두께 0.25~0.3m. 부채꼴돌(扇形石)은 두께 0.3m 전후라고 한다.

계단은 북벽에 기대어 축조했는데, 북벽 중앙에 장대석 2개를 쌓아 양측 계단의 발판을 마련한 다음 동·서 두 방향으로 2개의 계단을 축조했다고 한다. 계단의 경사는 약 45도이고 폭은 1m 전후인데, 주 건물의 모서리까지 뻗어나갔다가 모서리를 돌아서 정상부에 도달한다고 한다. 계단은 모두 쐐기형돌로 축조했는데, 크기는 대체로 길이 0.45~0.55m, 너비 0.35~0.45m, 두께 0.25~0.3m라고 한다. 장대를 발굴하는 과정에서 와당과 문양을 음각한 기와 등이 대량으로 출토되었는데, 돌로 축조한 석축장대 위에 웅장한 목조건축물을 조영했음을 시사한다.

한편 산성자산성은 여러 계곡을 포함하고 있어서 다른 산성에 비해 수원이 비교적 풍부한 편이지만, 더욱 풍부한 수원을 확보하기 위해 샘물이 솟는 곳에 저수지나 연못을 조성했다. 1905년과 1913년 조사에서 장대 동남쪽에 위치한 저수지가 확인되었고, 1936년에는 이 저수지와 더불어 동벽 안쪽의 경사면에서도 저수지가 확인되었다. 또 1982년 李殿福의 논문에서도 장대 동남쪽의 저수지와 더불어 성의 서북쪽 모퉁이와 동쪽 산기슭에 위치한 샘물이 확인되었다.

그렇지만 저수지와 샘물은 모두 진흙 등으로 매립된 상태였기 때문에 외형적인 관찰만으로 전체 규모와 축조양상을 정확하게 파악하기 힘들었다. 2003년 4~7월에 장대 동남쪽 저수지에 대한 발굴조사가 처음으로 이루어졌는데, 5×5m 트렌치 30개를 포함하여 1,000평방미터 정도를 발굴했다. 저수지는 평지에서 지하로 수직으로 깊게 파서 조성했는데, 돌로 호안벽(護岸壁)을 축조했고 평면은 모서리가 둥근 방형으로서 동벽 35m, 서벽 36.7m, 남벽 37.5m, 북벽 37m 등 전체 둘레는 146.3m라고 한다.

이러한 발굴조사를 통해 저수지의 퇴적층이 위로부터 현대의 경작층, 진흙과 모래층, 후대인들이 매립한 난석층, 원시 침전층인 진흙층, 천연암석층 등 총 5개 층으로 이루어진 양상을 확인했다. 이와 더불어 防水를 위해 저수지의 벽체를 바닥층, 진흙층, 황토층 등 세 겹으로 조성한 사실도 확인했다. 또한 저수지 밑바닥의 천연암석층에서 물이 솟아나는 샘구멍을 여러 개 확인했는데, 이는 천연샘을

활용하여 저수지를 조성했음을 보여준다.

(3) 건물지 현황

현재까지 산성자산성 내부에서는 장대 북쪽과 동쪽 산기슭 등 2곳에서 건물지가 확인되었다.

장대 북쪽의 건물지는 흔히 병사주거지로 파악된다. 이 건물지는 1936년에 처음 상세히 조사되었는데, 동서 폭 5·6間, 남북 길이 7·8間 범위에 본래 위치에서 이동된 초석이 7～8개 남아 있었고, 주변에는 붉은색기와편이 다량 산포해 있었다고 한다. 또한 건물지가 위치한 언덕의 서쪽 절벽 아래에 수직으로 축조한 성벽이 있는데, 적군이 기어오르는 것을 방어하기 위해 축조했을 것으로 추정했다. 1982년 李殿福의 논문에서는 길이 26m, 폭 8m 범위 내에 초석이 세 줄로 배열되어 있는데, 초석의 수는 모두 20여 개에 이르는 것으로 조사되었다.

한편, 2001～2003년 산성자산성의 다른 성곽시설이나 건물지에 대해서는 상세한 발굴조사를 시행하면서도 이 건물지에 대해서는 외형적인 현상만 조사했다. 아무튼 조사내용에 따르면 지표에는 초석 18개가 장방형으로 분포하며, 그 범위는 남북 길이 약 16m, 동서 너비 약 9m라고 한다. 남부의 초석은 비교적 띄엄띄엄 분포된 반면, 북부는 비교적 조밀하게 분포되어 있다고 한다. 아울러 북부 동측 가장자리에서 길이 0.35m, 너비 0.2m인 석축구조물을 새롭게 발견했으며, 장방형 건물에서 4.5m 떨어진 北端에서 초석 하나를 발견하기도 했다.

산성자산성 내부에서 가장 중요한 건물지는 동쪽 산기슭에 자리한 궁전지이다. 궁전지는 평탄하고 완만한 臺地상에 위치해 있는데, 동쪽은 약간 낮은 완만한 구릉으로 2003년 현재 과수원으로 경작되고 있었고, 궁전지의 서쪽은 평탄한 산기슭이다. 궁전지의 남북 양측은 자연적으로 형성된 골짜기인데 북쪽 골짜기는 비교적 얕아서 2003년 현재 동벽으로 가는 오솔길로 사용되고 있었다. 남쪽 골짜기는 비교적 깊은데 바닥에 샘이 있어서 항상 물이 솟아나며 산간의 계곡물과 합쳐져서 남문을 경유해 通溝河로 흘러든다. 궁전지 주변은 산성 내에서 유적이 가장 밀집된 지역으로 병사주거지, 장대, 저수지 등이 궁전지 서남쪽 300～320m 거리에 분포한다. 또한 작은 오솔길을 따라 남문에 이를 수 있는데, 양자의 거리는 460m이다. 궁전지 서남쪽 모서리에는 고구려시기의 봉토묘가 있다.

궁전지의 존재는 이미 1905년 鳥居龍藏의 조사에서 확인되었고, 1913년에는 關野貞 등이 朝鮮總督府의 위탁을 받아 11일간 통구 부근의 고구려 유적을 조사했는데, 이때 산성자산성 궁전지에서 출토된 와당과 기와편 등을 다수 수집하거나 구입했다. 또한 1936년 池內宏이 산성자산성을 비교적 상세히 조사하며 궁전지의 초석 배열상태 등에 대해서도 개략적으로 조사했는데, 상하 2단의 대지에 중앙의 正殿과 그 좌우의 翼廡(翼廊)등이 조영되었을 것으로 추정했다.

1949년 중국 정부 수립 이후 集安縣博物館과 吉林省博物館 등이 1958년, 1960년, 1962년 등 여러 차례에 걸쳐 산성자산성에 대한 현지조사를 진행했는데, 1962년에는 吉林省博物館 集安考古隊가 길이 95.5m, 너비 76m 규모에 3층의 층계상 대지(階地)를 조영해 궁전지를 조영했다고 파악했다. 궁전지에 대한 본격적인 고고조사는 2001～2003년에 이루어졌다. 2001년 4～11월에는

표 6 산성자산성 궁전지의 층위 상황[42]

층위명	층위 현황	출토유물
① 현대경작층	두께 0.15~0.3m, 회갈색토	고구려 기와편과 현대자기
② 진흙퇴적층	두께 0.05~0.6m, 막돌과 사질토 혼합, 북부와 동북부에 분포, 서북부 등에는 분포하지 않음	유물이 출토되지 않음
③ 흑색토층	두께 0.1~0.35m, 재와 숯이 섞여 있음, 궁전지 전체에 넓게 분포	기와편과 와당 등의 건축자재 등 풍부하게 출토
④ 황갈색토층	두께 0.05~0.2m, 2~4호 대지에 분포, 1호 대지에는 일부만 분포	기와편, 귀면문와당, 쇠못, 불탄 나무기둥 등 출토
⑤ 진흙다짐층	두께 0.15m, 인공적으로 다진 흔적	유물이 출토되지 않음
⑥ 생토층	황갈색토, 막돌과 괴석이 많이 섞여 있음	유물이 출토되지 않음

1호와 2호 臺地 및 서쪽과 북쪽 담장, 2002년 6~9월에는 3호와 4호 臺地 및 남쪽 담장, 2003년 5~6월에는 동쪽 담장과 그 외곽의 排水溝 등을 각기 발굴했는데, 3년간 발굴한 트렌치는 10×10m 91개로서 총면적은 9,100m²에 이른다고 한다.

이러한 발굴조사를 통해 궁전지의 전체규모, 건물대지, 담장, 궁문, 건물지의 구성, 배수체계 등을 상세히 파악했다. 궁전지는 부속시설까지 포함하면 남북 길이 95.5m, 동서 너비 86.5m로서 약간 불규칙한 장방형이다. 인공으로 조성한 4층 대지에서 총 11기의 건물지를 확인했으며, 기와편과 와당을 비롯해 많은 유물을 출토했다. 궁전지의 외곽에는 괴석을 쌓아 담장을 조성했는데 현재는 겨우 기초만 남아 있는 상태이다. 동벽 91m, 서벽 96m, 북벽 75m, 남벽 70m로서 총둘레는 332m에 이른다.

먼저 발굴조사를 통해 궁전지의 지층 현황을 파악했는데, 표 6에서 보듯이 궁전지는 생토층을 제외하면 모두 5개 층위로 이루어졌다. 이 가운데 생토층 위에 위치한 제5층은 궁전지를 조성하기 위해 인공적으로 다진 층위이며, 제1층과 제2층은 궁전지가 완전히 폐기된 이후에 형성된 퇴적층과 경작층이다. 결국 제3층과 제4층이 궁전지의 조영과 폐기과정을 보여주는데, 두 층위의 색깔이 선명하게 구별되고, 양자 모두 고구려시기 기와편과 와당 등을 대량으로 포함하고 있다는 점에서 궁전지는 크게 두 차례에 걸쳐 조영되고 폐기되었다고 파악된다.

건물대지는 모두 4층으로 조성했다. 각 대지의 평면 형태는 장방형이며 서, 남, 북 삼면에 괴석을 쌓아 축대를 조성했으며, 동쪽에 인공배수구를 조성하여 축대 및 남북의 배수구와 함께 입체적인 배수체계를 구성했다. 자연지형 때문에 건물대지의 너비는 일정하지 않은데, 2호 대지가 가장 넓고 1호 대지가 가장 협소하다. 4층의 건물대지에 총 11기의 건물을 조성했는데, 1호와 2호 건물대지 사이에는 장방형 광장이 있다. 다만 구들 등 난방시설은 확인되지 않았다.

---

42 여호규, 2012, 78쪽의 표 6.

가장 아래쪽의 1호 대지는 길이 89m, 폭 9.5m로서 정면 8칸, 측면 2칸의 6호 건물지와 정면 17칸, 측면 2칸의 7호 건물지가 위치한다. 2호 대지는 1～2호 대지 사이의 광장 위쪽에 위치했는데, 전체 길이 87.5m, 북부의 길이 50m 너비 12.5m, 남부의 길이 37.5m, 너비 17.5m이다. 전체적으로 보존상태가 양호하며 모두 4기의 건물지가 분포하는데, 북단 가까이에 위치한 4호 건물지는 정면과 측면 모두 2칸이며, 중간의 8호 건물지는 측면 3칸, 정면 10칸이다. 남단에 위치한 2호와 3호 건물지는 모두 팔각형건물로서 특이한 형태를 이루고 있다.

2호와 4호 대지 사이에 위치한 3호 대지는 비교적 평탄하고 완만하지만 많이 파괴된 상태이다. 전체규모는 길이 82m, 너비 7m로서 대지 전체가 1동의 회랑식 건물을 구성하고 있으며(9호 건물지), 중부에 석축층계가 있다. 궁전지 가장 위쪽에 위치한 4호 대지는 장방형으로 길이 85.5m, 너비 11.8m이다. 자연적인 요인과 인위적 요인으로 인해 파괴가 심한 편인데, 3동의 건물지가 분포했을 것으로 파악된다. 가장 북단의 5호 건물지는 정면과 측면 모두 2칸이며, 중간의 10호 건물지는 측면 2칸, 정면 4칸으로 비교적 규모가 작으며, 남단의 11호 건물지는 측면 2칸, 정면 15칸으로서 4호 대지의 주 건물에 해당한다.

이처럼 보고자는 총 11기의 건물로 구성되어 있다고 파악했지만, 2011년 4월의 현지답사를 통해 각 초석의 상관관계를 파악하는 방식에 따라 건축물의 수나 구성양상을 새롭게 파악할 여지도 상당히 있음을 확인했다. 특히 1층 건물대지 좌측의 6호 건물지는 2개의 건물지일 가능성이 상당히 높으며, 2층 건물대지의 8호 건물지도 2개의 건물지일 가능성이 있다. 더욱이 보고자는 1층 건물대지의 우측 초석렬을 1개의 건물지로 파악했는데, 다수의 소형건물로 구성되어 있을 가능성이 높으며, 특히 좌우 양단의 초석은 중간의 초석과 배열상태가 전혀 다른 점에서 별개 건물일 가능성이 높다.

서쪽 담장에서는 궁문이 2곳 확인되었다. 1호 궁문지는 궁전지의 정문으로서 서쪽 담장 중앙에 위치한다. 3호 대지의 석축층계 등 각 건물대지의 석축층계와 함께 궁전지의 정중앙 축선에 위치한다. 2호 궁문지는 정문에서 북쪽으로 17m 떨어진 지점에 위치하는데, 6호 건물지의 門道와 마주보고 있다. 궁전지가 산비탈에 위치한 만큼 배수시설을 아주 체계적으로 조성했는데, 인공적인 배수시설과 자연적인 배수시설로 구성되어 있다. 각 건물대지의 동측에는 모두 인공적으로 수축한 배수구가 있으며, 각 건물대지 사이에는 자연지형을 이용하여 동에서 서로, 높은 곳에서 낮은 곳으로 조성한 자연배수시설이 있다.

한편, 궁전지 바깥에서 부속 유적 두 곳이 발견되었다. 하나는 동벽 바깥에서 1.5m 떨어진 지점의 5호 배수구에 위치하며, 구조는 궁전지의 인공 배수구와 기본적으로 일치한다. 5호 排水溝의 양 끝에 있는 排水口는 약간 활모양으로 굽어져 있어 구별되는데, 排水溝의 물이 지세로 인해 남북 양측 담장의 바깥으로 배수된다. 서측 담장 바깥의 북쪽으로 약간 치우친 곳에서 막돌로 쌓아올린 건축시설이 하나 발견되었는데, 대체로 깃발(王旗)을 세우던 시설로 추정된다.

각 건물지에서는 연화문와당, 수면문와당, 인동문와당 등 와당을 비롯하여 수키와와 암키와 등 각종 건축자재가 대량으로 출토되었다. 그 중에는 '小兄'이라는 고구려 관등명이 새겨진 기와편도 있었다. 이러한 '小兄'명 명문와는 小兄이라는 관등을 소지한 인물이 기와 제작이나 궁전지 조영에 관여했을 가능성을 시사한다는 점에서 고구려시기 수공업 관리체계나 공공건물 조영체계와 관련하여 매우 주목된다. 또한 지층 현황에서 서술한 것처럼 두 차례 불탔던 것으로 확인되었는데, 발굴자들은 246년 조위군, 342년 전연군의 환도성 함락과 연관시켜 파악했다. 이러한 견해는, 3세기 이전의 유물은 출토되지 않은 반면 주로 6세기 이후의 와당이 많이 출토된다는 점에서 재검토할 필요가 있다.

(4) 산성자산성과 궁전지의 조영시기

이상과 같이 성벽의 축조양상이나 성벽에 남아 있는 성가퀴나 기둥구멍의 현황만 놓고 본다면 산성자산성은 桓仁 五女山城과 高儉地山城, 新賓 黑溝山城 등과 함께 3세기 이전에 축조된 고구려 초기 산성으로 분류할 수 있다. 이에 중국학자들은 대체로 산성자산성이 고구려 초기에 축조되었고, 342년 전연 모용황의 침공으로 함락된 다음에는 폐기되었다고 추정한다. 그러면서 궁전지 동남측에 위치한 봉토석실분을 그 근거로 제시하기도 한다.

이러한 견해에 따른다면 궁전지도 342년이나 427년 이후에는 쇠락했다고 보아야 하며, 현존하는 궁전지의 조영시기는 342년 이전으로 파악해야 한다. 실제 2004년 보고서에서는 궁전지를 비롯한 산성자산성의 현존하는 성곽시설이나 건물지가 342년 전연의 침공으로 훼손되었다고 파악했다. 즉 현존하는 궁전지가 342년 이전에 조영되었다는 것이다.

그런데 현재까지 성문 주변을 비롯하여 장대지, 궁전지, 저수지 등에서 기와와 와당편을 비롯한 건축자재, 철기, 토기, 동기 등의 유물이 많이 출토되었지만, 3세기 이전으로 편년할 만한 유물은 거의 확인되지 않은 상태이다. 오히려 장대나 궁전지에서 출토된 연화문와당은 5세기 후반 이후 고구려 후기로 편년될 가능성이 높다.

특히 2004년 보고서에 따르면 궁전지는 생토층을 제외하면 모두 5개 층위로 이루어졌다고 한다. 이 가운데 생토층 위에 위치한 ⑤층은 궁전지를 조성하기 위해 인공적으로 다진 층위이며, ①층과 ②층은 궁전지가 완전히 폐기된 이후에 형성된 퇴적층과 경작층이라고 한다. 결국 ③층과 ④층이 궁전지의 조영과 폐기 과정을 보여주는데, 두 층위의 색깔이 선명하게 구별되고, 양자 모두 고구려시기의 기와편과 와당 등을 대량으로 포함하고 있다는 점에서 현재의 궁전지는 크게 두 차례에 걸쳐 조영되고 폐기되었다고 파악된다.

그런데 궁전지의 ③층과 ④층에서 와당이 대량으로 출토되었지만, 4~5세기에 유행한 권운문와당이나 분할선(輻線)이 있는 연화문와당은 출토되지 않았다. 특히 연화문와당은 총 16점 출토되었는데, 모두 5세기 후반 이후에 출현한 분할선이 없는 것이었다.[43] 이로 보아 현재의 궁전지가 보고서의 기술대로 생토층 위에 처음 조성된 것이라면 그 초축시기를 5세기 후반 이전으로 소급하기는 힘들다고 생각한다. 즉 산성자산성은 3~4세기에 임시 왕성으로 사용된 바 있기 때문에 일찍부터 왕궁이

---

43 김진경, 2011, 「고구려 연화문와당의 제작기법 연구」, 서울대학교 석사학위논문.

조영되었을 가능성이 높지만, 현재의 궁전지를 國內城期에 축조했다고 보기 어려운 것이다.[44]

오히려 연화문와당의 출토양상으로 보아 현재의 궁전지는 평양 천도 이후 그것도 6세기경에 조영했을 가능성이 높다. 산성자산성(환도성)은 평양 천도 이후 폐기되거나 쇠락한 것이 아니라 오히려 초대형 건축물을 조영할 정도로 활발하게 사용되었던 것이다. 이와 관련하여 평양 천도 이후에도 국내성이 別都로서 도성에 버금가는 위상을 지녔다는 사실이 주목된다. 이를 고려한다면 현존하는 궁전지는 평양 천도 이후 別都에 조영한 行宮이었을 가능성이 높다고 판단된다.[45]

4) 국내성지 주변의 건물지 현황

국내성지 외곽에서도 건물지가 많이 확인되었다.

국내성지 동쪽 0.5km의 東臺子유적은 이미 20세기 초에 알려졌다. 동대자는 주변보다 8～10m 정도 높은 대지인데, 본래 동서 길이 500m, 남북 너비 150m에 이르렀다. 20세기 초 도로 개설과정에서 많이 훼손되었다가, 1930년대에 철로공사를 하면서 대지의 대부분이 파괴되어 동쪽 일부만 남게 되었다.[46] 1958년에는 건물지 4기가 확인되었다. 그중 2기는 회랑으로 둘러싸인 장방형 건물로 온돌시설도 갖추고 있었다. 특히 동편 건물지 중앙에는 길이 80cm, 너비 60cm인 장방형 석대가 놓여 있었다.[47] 이에 발굴자와 중국학자들은 이 건물을 392년(고국양왕 9)에 건립했다는 사직이나 종묘로 비정했다.[48] 다만 5세기 말 이후로 편년되는 연화문와당만 출토된다는 점에서 평양 천도 이후에 조영되었을 가능성도 강하게 제기되고 있다.[49]

국내성지 동쪽 1.5km에 위치한 民主유적(구 東崗유적)도 동서로 나란히 서 있는 石柱 때문에 많은 주목을 받았다. 1930년대에 석주를 상세히 조사했고,[50] 1963년에는 북한과 중국 학자들이 공동으로 조사하기도 했다. 석주 간격은 40여m인데, 동쪽 기둥의 높이는 3.25m(지표상 노출 2.15m), 서쪽 기둥의 높이는 3.1m(지표상 노출 2m)이다. 기둥 안쪽 4～5m 거리에는 팔각형초석이 하나씩 놓

---

44 양시은, 2016, 『고구려 성 연구』, 진인진.

45 여호규, 2012, 앞의 글.

46 關野貞, 1914, 「滿洲輯安縣及び平壤附近に於ける高句麗時代の遺跡(1·2)」, 『考古學雜誌』 5-3·4 ; 朝鮮總督府, 1915, 『朝鮮古蹟圖譜』 1, 2 ; 池內宏·梅原末治, 1938, 『通溝』 上, 日滿文化協會 ; 藤田亮策·梅原末治, 1966, 『朝鮮古文化綜鑑』 4, 養德社.

47 張馭寰, 1958, 「輯安附近高句麗時代的建築」, 『文物』 1958-4 ; 吉林省博物館, 1961, 「吉林輯安高句麗建築遺址的清理」, 『考古』 1961-1

48 吉林省博物館, 1961, 「吉林輯安高句麗建築遺址的清理」, 『考古』 1961-1 ; 方起東, 1982, 「集安東臺子高句麗建築遺址的性質和年代」, 『東北考古與歷史』 1982-1 ; 吉林省文物志編委會, 1984, 『集安縣文物志』 ; 王飛峰, 2016, 「吉林集安東台子遺址研究」, 『北方文物』 2016-3.

49 關野貞, 1914, 앞의 글 ; 강현숙, 2010, 「中國 吉林省 集安 東台子遺蹟 再考」, 『한국고고학보』 75.

50 池內宏·梅原末治, 1938, 『通溝』 上, 日滿文化協會.

여 있다. 1963년과 2003년에 석주 주변에서 돌로 쌓은 기초와 석축담장을 발견했다.[51]

2003년에 석주 서편에서 대형 건물유적을 발견했다. 담장으로 둘러싸인 건물군 3개를 발굴했는데, 남쪽 담장이 석주와 일직선상에 놓여 있다. 1·3호 건물군은 일부만 발굴한 반면, 중앙의 2호 건물군은 남반부 거의 전체를 발굴했다. 남쪽 담장의 길이는 37.5m, 동·서쪽 담장의 발굴한 길이는 36m였다. 담장 내부에서 건물 5동을 발굴했는데, 벽체기초부와 적심석상의 초석을 다수 확인했지만 온돌시설은 없었다. 3호 건물군에서 출토된 唐代의 開元通寶는 건물군의 연대와 관련하여 주목된다.[52]

국내성지 북쪽의 禹山 서남쪽 기슭에서도 건물지가 확인되었다. 주변 평지보다 7~10m 정도 높은 완만한 산비탈로 동서 길이 150m, 남북 너비 80m이다. 만주국의 군대 막사를 짓다가 발견되어 兵舍유적이라 불렸는데, 그 이후 배과수원 남쪽에 위치했다 하여 이수원자남(梨樹園子南)유적, 黨校 내부에 위치했다고 하여 黨校유적 등으로 불리고 있다. 유적지 서반부에 화강암 초석 4개가 동서로 배열되어 있었다. 권운문와당 2매, 도금제 동촉과 그릇뚜껑, 한대 백옥이배(白玉耳杯) 등이 출토되었다.[53] 왕궁과 관련된 건물지로 추정된다.[54]

국내성지 동쪽 1km 거리의 勝利村에서도 건물지를 발견했다. 기상대 주변에 위치했다 하여 기상대유적으로 불린다. 초석, 벽돌, 담장 등의 건물 흔적과 더불어 기와편과 연화문와당 등이 대거 출토되었다.[55] 이처럼 국내성지의 동쪽과 북쪽 외곽에서는 많은 건물지가 확인되고 있는데, 국내도성 나아가 평양 천도 이후 도시의 범위와 관련하여 중요한 단서를 제공한다.[56]

한편, 집안분지 서쪽의 麻線溝에서도 건물지유적인 建疆유적이 발견되었다. 이 유적은 麻線河 서쪽의 평지에 자리잡고 있는데, 수혈주거지 2기와 지상식주거지 1기, 溝 2기, 재구덩이(灰坑) 2기, 아궁이(灶址) 1기 등을 조사했다. 특히 이 유적에서는 1~2세기로 편년되는 기와가 대량으로 출토되었다고 보고되었다. 이에 보고자들은 건강유적을 마선구 일대에 조영된 이른 시기의 적석총인 마선구626호분과 연관 있을 가능성을 상정하기도 했다.[57]

그런데 고구려가 卒本에서 國內로 천도한 이후에 평상시 거점을 어디에 조영했는지에 대해서는

---

51 吉林省文物志編委會, 1984,『集安縣文物志』; 吉林省文物考古研究所·集安市博物館, 2004,『國內城』, 文物出版社.

52 吉林省文物考古研究所·集安市博物館, 2004a,『國內城』, 文物出版社.

53 藤田亮策·梅原末治, 1966,『朝鮮古文化綜鑑』4, 養德社 ; 吉林省文物志編委會, 1984,『集安縣文物志』; 李殿福(차용걸·김인경 역), 1994,『중국내의 고구려 유적』, 학연문화사.

54 여호규, 2012,「고구려 國內城 지역의 건물유적과 都城의 공간구조」,『한국고대사연구』66.

55 吉林省文物志編委會, 1984,『集安縣文物志』; 林至德·耿鐵華, 1985,「集安出土的高句麗瓦當及其年代」,『考古』1985-7.

56 그 밖에 국내성지 외곽에서 '北門外유적'과 '東門外유적', 그리고 압록강변을 따라 '通溝河口유적', '蓮華池유적', '鎭江유적' 등이 발견되었다고 하는데(王志剛, 2016, 144~145쪽, 152쪽, 156쪽 지도), 유적 현황이 거의 알려져 있지 않아 이 책에서 다루지 않았다.

57 吉林省文物考古研究所·集安市博物館, 2012,「集安高句麗早期遺存研究新進展－集安建疆遺址考古發掘收獲」,『東北史地』2012-4 ; 吉林大學邊疆考古研究中心·吉林省文物考古研究所·集安市博物館, 2015,「2011年集安市建疆遺址考古發掘報告」,『邊疆考古研究』17 ; 王志剛, 2016,「高句丽王城及相关遗存研究」, 吉林大學 박사학위논문.

백가쟁명식의 논쟁이 진행 중이다. 특히 2009~2011년 국내성지의 동벽에 대한 발굴조사를 통해 현존하는 국내성 석축성벽의 축조시기가 4세기 초를 상회하기 힘들다는 사실이 확인되었다. 이에 國內로 천도한 직후에는 3면이 산으로 둘러싸인 麻線溝 일대에 평상시 거점을 조영했을 가능성이 제기되기도 했는데,[58] 건강유적을 그와 연관된 유적으로 파악하기도 한다.[59]

5) 맺음말

이상에서 통구분지에 분포한 성곽과 건물지의 전체현황을 개관했다. 20세기 전반 이래 국내성지, 산성자산성, 국내성지 주변의 건물지 등에 대한 고고조사가 여러 차례 이루어져 방대한 고고자료를 확보하기에 이르렀다. 국내학계도 이를 바탕으로 국내 천도 시기,[60] 국내도성의 공간구조와 변천양상,[61] 주변 지역에 대한 영향[62] 등 다양한 연구를 진행하고 있다.[63]

다만 고고조사의 진전과 더불어 유적의 조영 양상이나 시기에 대한 이해가 달라지거나 심화되고 있다는 사실에 유의할 필요가 있다. 가령 국내성지의 성벽에 대한 절개조사는 1975~1977년, 2001~2003년, 2009~2011년 등 세 차례 이루어졌다. 이 가운데 1975~1977년 조사에서는 석축성벽 아래에서 별도의 토축성벽을 발견했다며 漢 玄菟郡의 郡縣과 관련된 성곽유적으로 추정했다.

그렇지만 2001~2003년 조사에서는 별도의 토축성벽을 발견하지 못했다고 했고, 2009~2011년 조사에서는 하단의 토축부는 석축성벽과 동시에 축조한 기초부로 그 시기는 4세기 초를 상회하지 못한다고 보았다. 조사시기에 따라 국내성지의 조영양상뿐 아니라 축조시기에 대한 이해가 근본적으로 달라진 것이다. 그러므로 졸본에서 국내로의 천도시기나 국내도성의 공간구조 등을 고찰할 때에는

58 여호규, 2005, 「고구려 국내 천도의 시기와 배경」, 『한국고대사연구』 38 ; 여호규, 2014, 「고구려 도성의 구조와 경관의 변화」, 『삼국시대 고고학개론(I)』, 진인진.

59 강현숙, 2015, 「고구려 초기 도성에 대한 몇 가지 고고학적 추론」, 『역사문화연구』 56 ; 여호규, 2019, 「고구려 국내성기의 도성 경관과 토지 이용」, 『고구려발해연구』 65.

60 여호규, 2005, 「고구려 국내 천도의 시기와 배경」, 『한국고대사연구』 38 ; 盧泰敦, 2012, 「고구려 초기의 천도에 관한 약간의 논의」, 『한국고대사연구』 68 ; 김현숙, 2017, 「고구려 초기 王城의 위치와 國內 遷都」, 『先史와 古代』 54 ; 이정빈, 2017, 「고구려의 국내성·환도성과 천도」, 『한국고대사연구』 87.

61 박순발, 2012, 「고구려의 도성과 墓域」, 『한국고대사탐구』 12 ; 여호규, 2012, 「고구려 國內城 지역의 건물유적과 都城의 공간구조」, 『한국고대사연구』 66 ; 백종오, 2012, 「高句麗 瓦當의 毀棄와 그 象徵的 意味」, 『韓國古代史研究』 66 ; 여호규, 2014, 「고구려 도성의 구조와 경관의 변화」, 『삼국시대 고고학개론(I)』, 진인진 ; 임기환, 2015, 「고구려 國內 都城의 형성과 공간 구성」, 『한국사학보』 59 ; 강현숙, 2015, 「고구려 초기 도성에 대한 몇 가지 고고학적 추론」, 『역사문화연구』 56 ; 강진원, 2018, 「고구려 국내도읍기 王城의 추이와 집권력 강화-내적 변화의 외적 동기와 관련하여-」, 『한국문화』 82 ; 여호규, 2019, 「고구려 국내성기의 도성 경관과 토지 이용」, 『고구려발해연구』 65.

62 백종오, 2017, 「高句麗城郭 築城術의 擴散에 대한 豫備的 檢討」, 『高句麗渤海研究』 59.

63 양시은, 2014, 「고구려 도성 연구의 현황과 과제」, 『고구려발해연구』 50 ; 양시은, 2016, 『고구려 성 연구』, 진인진 ; 기경량, 2017, 「高句麗 王都 研究」, 서울대학교 박사학위논문 ; 권순홍, 2018, 「고구려 도성 연구」, 성균관대학교 박사학위논문.

고고조사 성과의 시기별 변화양상에 유의하며 논의를 전개할 필요가 있다.

한편 중국학계는 유적이나 유물의 편년과 관련해 문헌사료를 중요한 기준으로 삼는 경향이 있다. 전술했듯이 342년 전연의 환도성 점령을 기준으로 산성자산성 궁전지의 조성시기를 342년 이전으로 상정했다. 그렇지만 산성자산성 궁전지에서는 4세기에 유행한 권운문와당이나 5세기 전반까지 사용된 구획선 연화문와당이 출토된 바 없다. 현재 발굴된 궁전지에서는 구획선이 없는 연화문와당이 출토된다는 점에서 5세기 후반 이후에 조영되었을 것으로 추정된다.

그러므로 중국학계의 조사보고서를 활용할 경우 더욱 치밀한 분석이 요망된다. 이러한 점에서 동대자유적의 출토유물을 다각도로 분석하여 그 조영시기를 392년으로 본 중국학계와 달리 고구려 후기로 파악한 연구성과가 주목된다.[64] 이러한 연구성과가 지속적으로 축적된다면 통구분지를 비롯한 중국 소재 고구려 유적과 유물을 체계적으로 분석할 수 있는 고고학적 기준을 새롭게 마련할 수 있을 것이다. 앞으로도 중국학계의 고고조사 성과를 체계적으로 집대성하면서 더욱 면밀한 분석과 연구가 지속적으로 이루어지기를 기대한다.

64 강현숙, 2010, 「中國 吉林省 集安 東台子遺蹟 再考」, 『한국고고학보』 75.

3. 유물

1) 유물의 전체현황

집안 통구분지의 성곽과 고분에서 출토된 유물은 와전류, 토기류, 철기류, 금제품 및 금동기류, 청동기류 등 다양하다.[1] 이 중 조사 대상 유적에서 가장 많은 양을 차지하는 유물은 와전류이다. 토기류는 수량이 많지 않으나 중기~후기의 특징을 잘 나타내고 있다. 철기류는 무기류가 많고 마구류와 공구류는 상대적으로 적다.

고분에 부장된 유물은 생산과 관련된 유물보다는 전쟁 관련 유물이나 장신구의 비중이 높은 점이 특징이다. 특히, 왕릉급 고분에서 확인되는 금제품과 와당류는 고구려를 대표하는 유물로 손색이 없다. 이는 높은 신분에 걸맞는 부장유물로서 고분의 축조연대와 피장자를 추정하는 데 귀중한 자료가 되고 있기 때문이다. 와당류는 권운문와당과 연화문와당, 인동문와당, 용면문와당(귀면문,[2] 용수문)이 대표적이며, 벽돌은 용문과 능형문, 승문 등 다양하게 나타난다. 칠성산고분군, 만보정고분군, 마선구고분군 등에서는 무덤 조성 시 적석부나 봉분 등에 기와가 사용되었는데 주로 와당과 평기와가 대부분이다. 이처럼 무덤에 기와를 사용한 것은 '塚上作屋'이라는 고구려의 묘상건축 풍속과 깊은 관련이 있는 것으로 이해된다. 이에 비해 상대적으로 토기의 수량이 적고 기형 또한 확인되는 예가 드문 편이다.

이외 중국에서 수입되어 귀족들이 사용한 청자류, 금동제장식품, 철촉 중심의 철기류 등이 있다. 특히 국내성의 출토유물은 층위 발굴이 시도되어 그 출토 맥락을 알 수 있었다는 점에서 큰 의미가 있다.

다음에서는 2009년부터 2011년까지 정리된 유물들을 기와류, 토기류, 금동기류, 철기류 등으로 나누어 전체적인 개관을 정리하고자 한다.

---

1 吉林省文物考古研究所·集安市博物館, 2004a, 『丸都山城』, 文物出版社 ; 吉林省文物考古研究所·集安市博物館, 2004b, 『國内城』, 文物出版社 ; 吉林省文物考古研究所·集安市博物館, 2004c, 『集安市高句麗王陵』, 文物出版社.

2 필자는 귀면문의 모티브가 龍形面에 사자 형상을 가미한 것에서 온 점과 기와의 상징성 내지는 神聖의 측면에서 용면문으로 보는 것이 타당하다고 생각한다(林永周, 1984, 『韓國紋樣史』, 미진사 ; 강우방, 2000, 「新羅瓦當의 諸問題」, 『기와를 통해 본 고대 동아시아 삼국의 대외교섭』, 국립경주박물관).

(1) 기와류

고구려 기와는 와당과 평기와 등을 비롯하여 착고, 적새 등 장식용 기와로 각각 분류된다.[3]

먼저 와당은 문양에 따라 권운문, 연화문, 인동문, 용면문 등 네 종류로 분류된다. 이 중 권운문와당은 명문의 유무에 따라 다시 무문자와 유문자로 나누어지며 국내성, 서대묘, 우산하992호묘, 우산하3319호묘, 이수원자남유적, 천추묘, 마선구2100호묘 등에서 출토되었다. '太寧四年'銘와당은 326년으로 편년되며, 국내성의 인민욕지와 영화관공사장에서 발견되었다. '戊戌'銘와당은 338년으로 추정되는데, 이수원자남유적과 우산하992호묘에서 수습되었다. 또한, 간지명와당은 국내성 출토 '乙卯'(355년 추정), 서대묘 출토 '己丑'(329년 추정), 우산하3319호묘 출토 '丁巳'(357년 추정)銘와당 및 '乙酉年癸酉'(355년 추정)銘와당 등이 있다. 이 외 '十谷民造'銘와당과 '夫一'銘와당 등이 있다. 권운문와당은 중국의 권운문와당과 기본적인 문양구도는 비슷하게 나타나지만 태년명와당 안에서 중방부와 권운부가 분리되었다 연결되는 점, 권운부가 4분할에서 8분할로 세분되는 점, 연호부가 새롭게 나타나는 점, 소형에서 대형 와당으로 변모하는 점 등은 고구려의 독자적인 요소라 할 수 있다. 특히 중국의 권운문와당이 돌출되어 표현된 반면, 고구려는 평면상에서 표현되고 있어 양식 변화가 뚜렷하게 나타나고 있다.[4] 이를 정리하면 표 7과 같다.

연화문와당은 복선의 유무(복선연화문와당, 단판연화문와당)와 횡판문, 시체문(감꼭지무늬) 등으로 나누어진다. 먼저 복선연화문와당은 화판 위에 돌출된 융기선의 유무에 따라 나뉜다. 융기선이 있는 와당은 대부분 대형 와당에 포함되며 진한 회청색 계통의 색조를 띠는데, 주로 천추묘, 태왕릉, 장군총 등의 고분에서 출토되었다. 이 중 천추묘에서는 6엽의 대형 연화문와당과 함께 퇴화된 권운문와당이 공반되고 있어 이른 시기의 형식으로 이해된다. 단판연화문와당은 산성자산성, 동대자유적, 이수원자남유적, 승리촌유적에서 주로 출토된다. 이들은 중형이나 대형 와당에 속하며 회색 및 적색 계통의 색조를 띤다. 산성자산성에서는 주연부가 훼기된 연화문와당이 발견되어 주목을 받았다. 천

---

3 高裕燮, 1932,「高句麗의美術－朝鮮美術史話」,『東方評論』; 1939,「瓦當紋儀로 본 三國의 特色－三國美術의 特徵」,『朝鮮日報』8. 31 ; 金和英, 1967,「三國時代 蓮花文 硏究」,『역사학보』34 ; 關口廣次, 1977,「古代朝鮮における古瓦文樣の系譜とその展開」,『考古學ジャーナル』136·138 ; 유재우, 1980,「고구려 와당문양의 양식적 고찰」,『홍익공업전문대학논문집』11 ; 谷豊信, 1989,「四·五世紀の高句麗の瓦に關する若干の考察」,『東洋文化硏究所紀要』102 ; 李梅, 2002,「高句麗瓦當發現與硏究」, 吉林大學碩士論文 ; 조미정, 2004,「고구려 연화문 와당에 대한 연구」, 경희대학교 석사학위논문 ; 김성구, 2005,「고구려의 기와와 전돌」,『한국 고대의 global pride 고구려』, 고려대학교박물관 ; 최맹식, 2005,「고구려기와의 특징」,『한국 고대의 global pride 고구려』, 고려대학교박물관 ; 백종오, 2006,「고구려 기와의 성립과 왕권」, 주류성출판사 ; 김희찬, 2006,「고구려 연화문와당의 형식과 변천」,『고구려연구』22 ; 이수진, 2006,「고구려 연화문와당 편년 연구」, 고려대학교 석사학위논문 ; 강현숙, 2007,「고구려 고분 출토 와당의 변천 연구」,『한국고고학보』64 ; 유창종, 2009,『동아시아 와당문화』, 미술문화 ; 김희찬, 2011,「고구려 복합문와당의 출현과 형성 과정」,『고구려발해연구』 39 ; 김진경, 2011,「고구려 연화문와당 제작기법 연구」, 서울대학교 석사학위논문 ; 왕비봉, 2013, 「고구려 와당 연구」, 고려대학교 박사학위논문 ; 주홍규, 2014,「고구려 기와의 분류와 특징에 관한 일고찰」,『선사와 고대』41 ; 任嘉敏, 2022,「高句麗複合主題紋飾瓦當硏究」, 吉林大學 碩士論文.

4 耿鐵華, 2006,「集安新出文字瓦當及解讀」,『北方文物』4 ; 2007,「集安出土卷雲紋瓦當硏究」,『東北史地』4 ; 白種伍, 2009,「高句麗 卷雲文 瓦當의 成立과 그 背景」,『白山學報』83.

표 7 권운문와당의 특징[5]

기본 구도	주연부를 평면구도에서 표현 권운부와 연호부는 (8분할) → 4분할 → 8분할 → 4분할 지름은 소(12.5cn) → 대(16cm)
문양 변화	4세기 중반(麻綫溝2100호묘) 연호부에 새무늬 시문 후부터 간지 등 명문 소멸 4세기 후반(千秋塚)부터 새무늬와 함께 다른 문양 첨가, 주연부의 거치문 소멸
시기 구분	太寧四年(326), 太寧□年(323~326), 己丑年(329), 戊戌年(338), 乙卯年(355), 泰 · 丁巳銘(357) 등 연호명과 간지명 와당
사용 유적	4세기 전반 도성유적(연호명 권운문와당) 4세기 중반 도성유적, 고분에 함께 사용(간지명 권운문와당) 4세기 후반 고분만 사용(무문자 권운문와당)

추묘 출토품부터 권운문와당이 연화문와당으로 대체되는 일대 전환점을 가지는데, 이 연화문의 기원 역시 중국 연의 영향보다는 와당 자체의 독자적인 발전과정에서 발생하기 시작한 것으로 파악한다.[6]

평기와는 산성자산성에서 약 2만 1,400점이 출토되었는데, 집안 지역 고분에서 흔히 관찰되는 승문이 거의 보이지 않는다. 지두문이나 압인공구를 이용하여 시문한 끝암키와는 고구려의 특징적인 요소이다. 지두문은 칠성산211호묘, 서대묘, 천추묘 등에서 출토되었으며, 압인공구로 시문된 예는 태왕릉의 사례가 대표적이다. 수키와는 미구기와와 토수기와로 대별되는데, 미구기와에서는 언강부와 미구 등에서 절수홈이 관찰된다.[7]

(2) 토기류

토기류 역시 고분과 성곽 출토품으로 나누어지는데 다른 유물에 비해 수량이 적은 편이다.

고분 출토 토기류 중 대표적인 예로는 왕릉급 고분 중 우산하992호묘(호 등)와 우산하2110호묘(니질의 호, 심발 등), 임강묘(장경호, 단경호, 양이심발, 뚜껑 등) 등이 있으며, 대략 3~4세기경으로 편년된다. 장군총 1호 배총에서는 시유도기와 점렬문과 중호문이 시문된 사이옹이 출토되었다. 이외, 우산하2891호묘에서 약 4세기 전후로 편년되는 니질황갈색토기, 직구호와 5세기 전후로 편년되는 중호문이 시문된 호 등이 확인되었다. 마선구1호묘, 우산하3319호묘, 산성하983호묘, 우산하

5 백종오, 2009, 앞의 글.

6 백종오, 2006, 앞의 책.

7 백종오, 2006, 앞의 책 ; 2006, 「高句麗 國內城期 평기와 考察」, 『文化史學』 25.

2231호묘 등에서 사이장경호와 함께 부뚜막이 발견되어 주목된다.[8] 이 부뚜막은 형태적으로 중국과 구별되는 고구려만의 특징으로 알려져 있다.

성곽 출토 토기류를 보면, 국내성 체육장지점의 원통형삼족기와 옹, 시유도기류 등은 대체로 고구려 중기에 해당하는 양상을 보인다.[9] 이 시기의 토기류는 시유도기가 출현하며 태토는 니질화가 정착되고 물레를 사용한 기종이 많아지는 특징을 가지고 있다. 동체에 다양한 문양이 시문되는데 점렬문과 중호문(혹은 파상문)을 혼합한 문양의 토기편 여러 점이 관찰되며 기종도 호 중심에서 옹, 완, 반과 같이 다양하게 변화된다.[10]

(3) 철기류

철기류는 무기류, 마구류, 공구류 등이 확인되었다. 이 중 무기류는 가장 많은 비중을 차지하는데 철검, 철도, 철모, 철부, 철촉, 찰갑 등으로 나뉜다. 우산하2110호묘의 도끼날형 철촉, 국내성의 철모와 철촉, 산성자산성의 찰갑, 마선구2100호묘와 천추묘의 투구 소찰 등이 대표적이다.

마구류는 임강묘의 재갈과 편자, 마선구2100호묘와 천추묘의 찰갑, 칠성산96호묘의 등자와 말안장 등이 대표적이다. 우산하2112호묘의 거멀못(꺾쇠)은 관정과 더불어 목곽과 목관을 제작하는데 사용된 철기류이다.

마선구2100호묘의 철제거울은 그 유사 사례가 없는 희귀한 예이다. 거울의 뒷면에는 夔鳳文이 대칭으로 시문되고 있으며, 가운데 4개의 곽 안에는 '富', '子'자가 쓰여 있다.

(4) 금제품 및 금동기류

금제품과 금동기류는 주로 고분에서 출토되었다. 금제품은 임강묘, 우산하992호묘, 태왕릉, 칠정산96호묘 등에서 소량 확인되었는데 영락과 보요가 많으며 대금구와 금환이식, 금사 등이 있다.

금동제품 역시 영락과 보요가 가장 많으며 금동관식과 만가, 대형장식, 팔찌, 대구 등의 장식품이 있다. 마구류 중 태왕릉 출토 등자는 4세기 후반과 5세기 전반으로, 우산하3105호묘 수습 금동제행엽은 5세기대의 유물로 편년된다. 그리고 마선구2100호묘와 천추총의 금동제소찰, 봉황누공장식과 천마형 누공장식 등은 당시 금속문화의 모습을 보여주고 있다.

---

8 吉林省文物考古研究所·集安市博物館, 2004c, 앞의 책 ; 여호규, 2006, 「집안지역 고구려 초대형적석묘의 전개과정과 피장자 문제」, 『한국고대사연구』 41 ; 최종택, 2006, 「집안 '고구려 왕릉' 출토유물의 제 문제」, 『한국고대사연구』 41.

9 吉林省文物考古研究所·集安市博物館, 2004b, 앞의 책.

10 魏存成, 1994, 『高句麗考古』, 吉林大學出版社 ; 東潮·田中俊明, 1995, 『高句麗の歴史と遺跡』, 中央公論社 ; 東潮, 1997, 『高句麗考古學研究』, 吉川弘文館.

(5) 청동기류

청동기는 금동제품에 비해 수량이 많지 않으며 실용기 위주의 구성을 보인다. 가장 많은 수량은 못과 거멀못 등인데 대부분 장식을 고정하는 데 이용하였다. 이 외 임강묘와 우산하2110호묘의 사람모양 수레바퀴비녀장은 제사와 관련된 유물로도 추정한다.

2) 2009년 유물 현황

2009년 조사 대상 유적에서 가장 많은 양을 차지하는 유물은 와전류이다. 토기는 수량이 많지 않으나 중기~후기의 특징을 잘 나타내고 있다. 철기는 무기류가 많고 마구류와 공구류는 상대적으로 적다. 이들 부장유물은 생산과 관련된 유물보다는 전쟁 관련 유물이나 장신구의 비중이 높은 점이 특징이다.[11]

국내성에서는 와전류, 토기류, 철기류가 주로 출토되었다. 와당류는 권운문와당과 연화문와당, 인동문와당, 용면문와당이 대표적이며 벽돌은 용문과 능형문, 승문, '回'자문 등 다양하게 나타난다. 그리고 호, 완, 반, 뚜껑 등의 토기류, 철촉 중심의 철기류, 중국에서 수입되어 귀족들이 사용한 청자류, 금동제장식품 등이 있다. 다음으로 출토유물의 층위 발굴현황을 몇 가지 예시한 후 와당류, 토기류, 금동기류, 철기류, 기타 등으로 나누어 개관하고자 한다.

(1) 층위별 출토상태

국내성은 2004년 발굴된 성벽과 문지, 그리고 구제조사 성격의 각 지점별 발굴로 나누어진다. 모두 19개 지점의 발굴조사를 실시하였는데 유물은 11개 지점에서 검출되었으며, 층위 발굴이 시도되었다는 점이 무엇보다도 큰 의미가 있다.[12] 주요 지점의 출토유물을 층위별로 예시하면 다음과 같다.

---

11 東潮, 1997, 앞의 책 ; 2003, 「중국 동북지방과 고구려문물의 비교연구」, 『고구려고고학의 제문제』(제27회 한국고고학전국대회 발표집) ; 백종오, 2006, 앞의 책 ; 여호규, 2006, 앞의 글.

12 白種伍, 2009, 「高句麗 卷雲文 瓦當의 成立과 그 背景」, 『白山學報』 83 ; 여호규, 2012, 「고구려 國內城 지역의 건물유적과 都城의 공간구조」, 『한국고대사연구』 66 ; 임기환, 2015, 「고구려 國內都城의 형성과 공간 구성」, 『한국사학보』 59 ; 양시은, 2016, 『고구려 성 연구』, 진인진 ; 권순홍, 2018, 「고구려 도성 연구」, 성균관대학교 박사학위논문 ; 여호규, 2019, 「고구려 국내성기의 도성 경관과 토지 이용」, 『고구려발해연구』 65.

① 市審計局職工宿舍地點

- **출토유물**

  권운문와당, 연화문와당, 인동문와당, 암키와(壓印複合文板瓦, 壓印編織文板瓦－菱形網格文에 '人'字 명문 시문), 사선문수키와(壓印斜線紋筒瓦), 용문벽돌 13점, 능형문벽돌 7점, 승문벽돌, '回'자문벽돌

- **층위별 출토유물**
  - 제2층 : 적색 와당 및 기와편, 회색토기, 황갈색토기
  - 제3층 : 암키와(능형문), 수키와(소문), 벽돌(적색이나 청색의 용문, 능형문, 승문, '回'자문), 호(치구속경관, 치구관), 청동제못
  - 제4층 : 암키와(승문), 승문벽돌, 외반구연호, 대상파수, 청동제못, 철제못

② 體育場地點

- **출토유물**
  - F2 구덩이 : 권운문와당(泰, □□年造瓦故記歲) 연화문와당(9엽 단판), 용문벽돌
  - F3, F4 구덩이 : 연화문와당(9엽 단판, 일부 와당면 백회칠 잔존) 인동문와당, 용면문와당, 호, 시루, 승문벽돌과 '回'자문벽돌
  - 재구덩이 : 青瓷四耳壺, 青瓷二重口緣六耳壺, 시유도기(釉陶器), 반(盆), 원통형삼족기, 호, 옹 등 출토
- **층위별 출토유물**
  - 제1층 : 청대 건륭통보, 조선시대 상평통보, 일제강점기 유리그릇과 도자기
  - 제2층 : 고구려 평기와
  - 제3층 : 시유도기, 호, 동이, 이형 토제품
  - 제4층 : 용면문와당, 용문벽돌, 승문벽돌, 시유도기(호, 뚜껑)
  - 제5층 : 권운문와당, 호, 동이(盆), 그릇뚜껑, 시유도기, 청자반구호 등

(2) 와당류

집안 지역에서 출토된 와당은 문양의 종류에 따라 권운문, 연화문, 인동문, 용면문 등 네 종류로 분류된다. 권운문은 명문의 유무에 따라 두 유형으로 나누어지고 연화문은 복선의 유무, 횡판문, 시체문 등 네 유형으로 중분류된다. 그리고 용면문과 인동문은 단일 유형만 확인된다.

먼저 표 7에서 보듯이 권운문와당은 명문의 유무에 따라 無文字와 有文字로 나누어지는데, 국내성, 서대묘, 우산하992호묘, 우산하3319호묘, 이수원자남유적, 천추묘 등에서 출토되었다.[13] '太寧

13 吉林省文物考古研究所·集安市博物館, 2004c, 앞의 책.

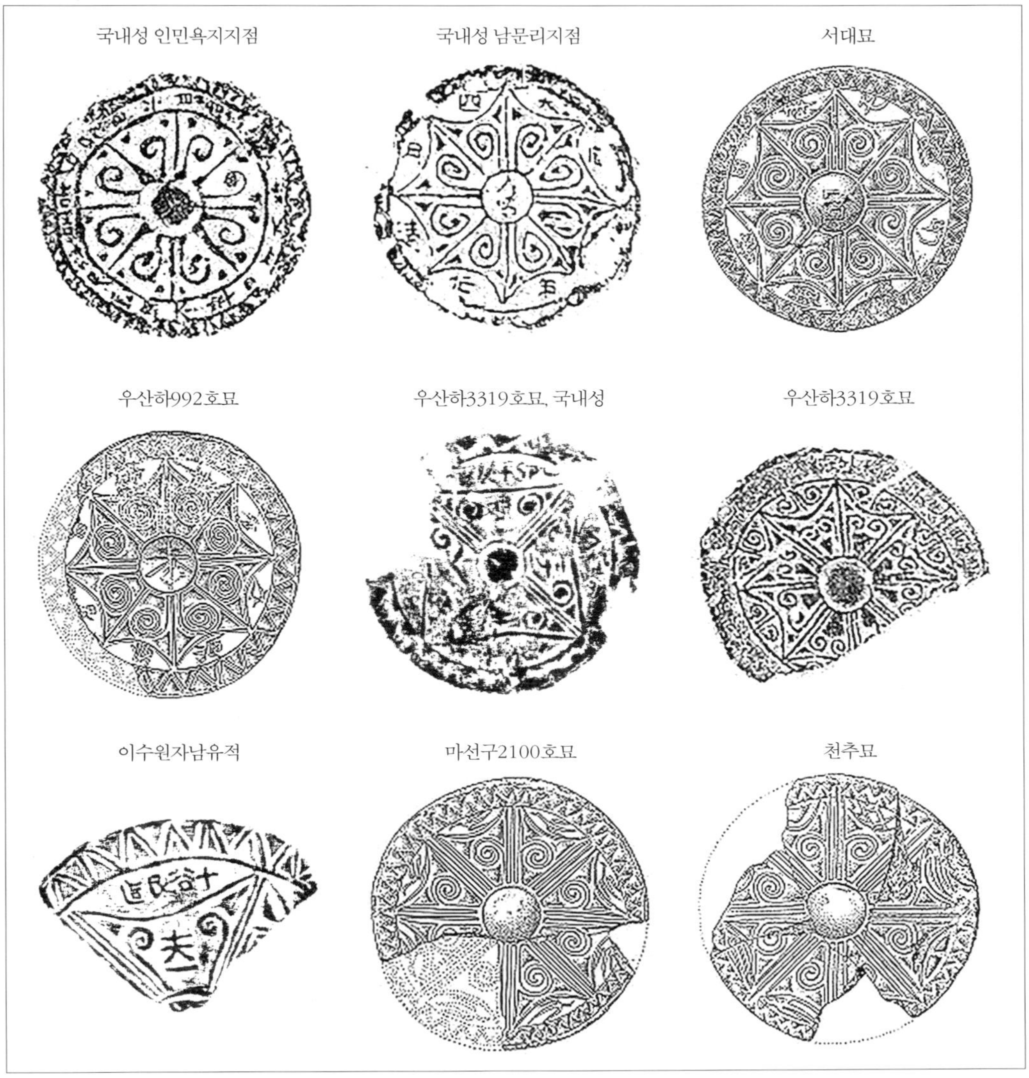

그림 4 집안 지역 출토 권운문와당

四年'銘와당은 가운데 중방을 두고 주위를 원권이 돌아가며 권운부를 4분할하여 한 번 돌아간 또아리형의 권운문 1조를 대칭되게 배치하였고 주연부와의 사이에 연호부를 두지 않았다. 이 사이에는 '太寧四年太歲□□閏月六日己巳造吉保子宜孫'이라는 명문을 시문하였다. 주연부의 거치문은 삼각 꼭지점이 일정한 방향을 가리키지 않고 지그재그 모양으로 돌아가고 있다. 여기에서 '太寧四年'은 325년이나 326년으로 편년되며 국내성의 인민욕지와 영화관공사장에서 출토되었다.

'戊戌'銘와당은 앞에서 언급한 '太寧□年'銘와당과 동일한 구도를 보여주는데, 다만 권운은 2.5회 또아리를 튼 점이 차이가 난다. 중방에는 '泰'銘과 주연부에는 '歲戊戌年造瓦所記'의 명문이 시문되어 있다. 戊戌은 338년으로 추정되며 이수원자남유적과 우산하992호묘에서 출토되었다. '十谷民造'銘와당도 이수원자남유적에서 출토되었는데 '戊戌'銘와당은 권운부를 1줄로 8분할한 데 비하여 2～3줄을 1조로 4분할 한 점이 차이난다. 권운은 1.5회 또아리를 틀며 대칭을 이루도록 하였고 그 사이에 '夫一'銘을 양각하였다. 연호부에는 '十谷民造'銘을 시문하였다. 이 외 간지명와당은 국내성 출토 '乙卯'(355년 추정), 서대묘 출토 '己丑'(329년 추정), 이수원자남유적 출토 '戊戌'(338년 추정), 우산하3319호묘 출토 '丁巳'(357년 추정)銘와당 등이 있다.[14]

연화문와당은 輻線의 유무와 橫瓣文, 柿蔕文(감꼭지무늬) 등 네 종류로 분류된다. 연판은 대부분 단판으로 6엽과 8엽이 가장 많은 수를 이룬다.

- **輻線蓮花文瓦當**: 연판 사이에 2줄 1조의 복선이 내구를 구획하는 문양이다. 화판 위에 돌출된 융기선의 유무에 따라 2식으로 나누고 융기선이 있는 경우 그 형태에 따라 다시 3식으로 세분류된다. 연판에 돌출된 융기선이 장식한 문양이다. 화판 위에 장식된 'Y', '凸', '凹'형의 융기선은 주로 천추총, 태왕릉, 장군총 같은 고분에서 출토되며 색깔은 진한 회청색 계통이다. 대부분 대형 와당에 속한다. 또한 연판에 돌출된 융기선이 없는 단판 형태의 문양이 있다. 국내성과 동대자유적, 이수원자남유적 등 성곽과 건물지에서 주로 출토되었다. 색깔은 회청색과 회색이며 중형과 대형 와당이다.
- **單瓣蓮花文瓦當(無輻線)**: 복선이 사라지고 연판에 돌출된 융기선이 없는 형태이며 연판 사이에 삼각추형의 간판문을 보조적으로 장식한 문양이다. 삼각추형의 형태에 따라 2식으로 분류되는데 동대자유적, 이수원자남유적, 승리촌유적에서 출토되었다. 연판은 6엽과 8엽, 9엽이고 색깔은 회색과 적색 계통으로 중형과 대형 와당에 속한다.
- **橫瓣蓮花文瓦當**: 가운데 자방을 두고 그 주위로 연화문을 횡으로 연결해 놓았으며 주연부와의 사이에 연주나 돌기문을 배치한 문양이다. 동대자유적, 이수원자남유적 등에서 수습되었으며 횡판은 9엽을 연결해 놓았다. 색깔은 적색이다.
- **柿蔕蓮花文瓦當**: 자방 주위로 4엽의 연판 사이에 감꼭지무늬(柿蔕)를 배치한 문양이다. 감꼭지 화판이 가늘고 정교한 것에서 점차 거친 것으로 퇴화해 간다. 동대자유적에서 출토되었는데 수량은 비교적 많은 편이다. 색깔은 적색이다.

忍冬文와당은 높은 부조에서 얕은 부조로 변하는 것과 문양의 선이 가는 것에서 점차로 거칠게 변화하는 양식에 따라 3식으로 분류된다. 비교적 높은 부조식이며 수량은 많은 편으로 모두 적색 계통을 이루고 있다. 출토지는 국내성, 이수원자남유적, 동대자유적, 집안 제2초대소 등이다.

龍面文와당의 문양은 주로 눈, 코, 입으로 구성되었으며 대부분 지름이 큰 대형 와당에 속한다. 태토는 니질에 적색 계통이나 경질소성품이 많이 나타난다. 이 와당은 이빨의 수와 혀의 유무에 따라 3식으로 나누어진다. 국내성, 동대자유적 등에서 출토되었다.[15]

---

14 白種伍, 2009, 앞의 글 ; 여호규, 2010, 「1990년 이후 고구려 문자자료 출토현황과 연구동향」, 『한국고대사연구』 57.

15 백종오, 2006, 앞의 책 ; 김민성, 2017, 「고구려 귀면문 수막새 연구」, 고려대학교 석사학위논문 ; 주홍규, 2019, 「고구려 귀면문수막새의 변천 양상」, 『동북아역사논총』 63.

이와 같이 고구려의 권운문와당은 중국 권운문와당과 기본적인 문양구도는 비슷하게 나타나지만 중방부, 권운부, 주연부 등의 세부양식에 있어서는 고구려의 독자적인 요소가 많이 포함되어 있다. 즉 같은 태녕명와당 안에서 중방부와 권운부가 분리되었다가 연결되는 점, 권운부가 4분할에서 8분할로 세분되는 점, 연호부가 새롭게 나타나는 점, 소형에서 대형으로 크기가 변화하는 점, 무엇보다도 중국 권운문와당은 주연부를 돌출시켜 조성한 것에 반해 고구려는 주연부를 평면상에서 표현하고 있어 일정한 계기적인 양식 변화가 뚜렷하다. 권운문와당은 유문자에서 무문자로 변화되거나 연호부 퇴화 등 세부적인 양식 변화를 거치며 독자적으로 발전한다.

이후 천추묘 출토품부터는 권운문와당이 연화문와당으로 대체되는 일대 전환점을 가지는데, 이 연화문의 기원 역시 중국 연의 영향보다는 와당 자체의 독자적인 발전과정에서 발생하기 시작한 것으로 파악한다.[16]

(3) 토기류

무덤에 부장된 토기는 그 양이 적으며 파편 상태가 많다. 우선 왕릉급 고분인 우산하992호묘에서 출토된 호는 문양은 없고 어깨가 발달하였으며 구연부는 밖으로 두툼하게 말려 있는 형태이다. 대략 4세기대로 추정된다. 우산하2110호묘에서 출토된 漢代 토기 전통을 지닌 니질의 호와 심발(罐)이 있다. 임강묘에서는 제단에서 조질의 단경호와 횡이대상파수가 부착된 양이심발 그리고 뚜껑이 발견되었으며 상부에서는 니질의 장경호와 파상문이 시문된 호 동체부편 출토되었다. 이들 토기류는 대략 3세기경으로 편년되며 보고서의 내용과 일치한다.[17] 또한 장군총의 1호 배총에서는 시유도기의 구연부편과 점렬문, 중호문이 시문된 사이옹의 견부편이 출토되었다.

왕릉급 무덤 이외의 토기를 살펴보면, 우산하2891호묘에서 출토된 니질의 황갈색토기(泥質黃褐色陶罐)와 직구호(直口罐)가 朝陽 袁台子 東晉 벽화묘에서 나온 둥근입술토기(圓脣罐)와 기형이 유사하다는 점에서 고분 축조 연대는 약 4세기 전후로 추정하였다. 또한 호의 동체부 최대경은 위로 옮겨지고 어깨부는 중호문(垂帳文)이 많이 새겨져 있는데, 이러한 특징은 대략 5세기 전후에 유행한 것으로 판단하였다. 우산하1443호묘에서 출토된 부형토기(陶釜, 솥)는 복부가 안으로 줄어들고 몸체는 세장하여 고구려 후기인 7세기에 제작된 것으로 추정되었다.[18] 이들 우산하고분군에서 출토량이 증가하는 회색토기는 크기가 대형화되고 시유도기도 많다. 기형은 세장해지며 최대경은 위로 옮겨지는 경향을 띤다.

한편 고구려 이외의 지역에서 제작된 토기가 부장된 예도 있는데 우산묘구3305호묘에서 출토된

---

16 백종오, 2006, 앞의 책.

17 魏存成, 1994, 앞의 책 ; 東潮·田中俊明, 1995, 앞의 책 ; 東潮, 1997, 앞의 책 ; 최종택, 2006, 앞의 글.

18 魏存成, 1994, 앞의 책 ; 東潮·田中俊明, 1995, 앞의 책 ; 東潮, 1997, 앞의 책 ; 白井克也, 2005, 「고구려토기 연구의 성과와 새로운 과제」, 『한국 고대의 Global Pride 고구려』, 고려대학교박물관.

호는 기형, 재질, 문양 등에서 고구려 토기와 다른 형태이며 楡樹 老河深 상층의 고분에서 출토된 토기와 유사한 것으로 파악된다.

국내성 체육장지점 출토 토기류 중 원통형삼족기, 옹, 시유도기류는 주목할 만하다. 먼저 원통형삼족기(奩, 2003JGTYC H1:2)는 뚜껑과 동체(奩) 두 부분으로 나뉜다. 뚜껑 가운데에 원형꼭지가 있는데 뚜껑 구연은 내반하고 구순은 뾰족하다. 동체는 곧은 입, 구순은 둥글게 처리하였는데 동체 중부에 철현문을 한 줄 장식했고 이 구간의 복벽은 약간 안으로 들어갔다. 동체 아래 기벽과 바닥 사이에 抹斜面이 한 개 있고 평저 저부에 獸足形 다리 3개가 접해 있다. 동체의 외벽 전체에 유약을 바르고 가로 방향으로 5조의 문양을 장식하였다. 각 조의 문양장식 사이에 음각선문 2줄을 만들어 격자경계(界格)를 삼았다. 구연 외측에 음각선문이 한 줄 있고 그 아래에 'X'형 篦點文을 한 줄 둘렀다. 그 아래에 차례로 중호문(垂帳文), 'X'형 점렬문(篦點文)을 교대로 시문하였다.

옹(2003JGTYC H4:1)은 구연이 외반되었으며 바닥은 평저이다. 중상부에 유약을 바르고 그 아래에 문양을 장식하였다. 위아래 2조의 문양이 시문되었는데 윗부분은 2줄의 弦文 사이에 가로 방향으로 연속 배열한 세로 방향 점열선문(篦點線文)을 한 줄 둘렀다. 아랫부분은 2줄의 弦文 안에 가로 방향으로 연속한 'X'형 점렬문을 한 줄 시문하였다. 구연부 안과 밖 및 표면에 진한 녹색 유약을 시유하였다.

시유도기(2003JGTYC H4)의 동체부 문양은 기면에 상·중·하 3조의 가로 배열로 압인 또는 음각(刻劃) 시문되었다. 윗부분은 가로 방향으로 연속한 중호문, 가운데는 상하 2행 'X'형 점렬문, 아랫부분 역시 가로 방향으로 연속한 사선 점렬문이 배치되었으며 이들 3조 문양 사이는 弦文으로 장식하고 있다.

따라서 국내성에서 출토된 고구려 토기는 중기에 해당하는 양상이 나타난다. 시유도기가 나타나며 태토의 니질화가 정착되고 물레를 사용한 기종이 많아진다. 또한 동체에 다양한 문양이 시문되는데 점렬문과 중호문(혹은 파상문)을 혼합한 문양의 토기편 여러 점이 관찰되며, 기종도 호 중심에서 옹, 완, 盤과 같이 다양하다.[19]

(4) 금동기류

금제품 또는 금동기는 주로 고분에서 출토되었다. 대부분은 금동기이며 금제품은 소량이다. 금제장식은 임강묘, 우산하992호묘, 태왕릉 등에서 출토되었다.[20] 瓔珞과 步搖가 많으며, 대금구와 금환이식, 금사 등이 있다. 보요는 臺座에서 뻗은 樹枝를 영락으로 장식한 것으로, 대좌의 형태, 樹木·樹

---

19 魏存成, 1994, 앞의 책 ; 東潮·田中俊明, 1995, 앞의 책 ; 東潮, 1997, 앞의 책 ; 白井克也, 2005, 앞의 글 ; 최종택, 2006, 앞의 글 ; 백종오, 2010, 「鴨綠江 中·上流域 出土 高句麗 遺物 檢討」, 『고조선단군학』 22.

20 吉林省文物考古研究所·集安市博物館, 2004c, 앞의 책.

枝의 형태, 대좌에 시문된 삼엽문 등으로 분류된다.[21] 태왕릉에서는 단엽보요, 삼엽보요, 穿珠步搖 등이 나타나며 영락은 圓形과 心形이 있다. 보요에는 마노구슬, 유리구슬 등이 함께 부착되기도 한다. 태왕릉에서 출토된 금제품은 대부분 장식용이지만 금동제 등자와 행엽 등 마구류도 출토되며, 천추묘에서도 금동제찰갑이 다수 출토된 바 있다.

금동제장식품도 태왕릉과 장군총 등에서 출토되었으며 역시 영락과 보요가 가장 많다. 태왕릉에서는 금동관식과 幔架, 帶形장식, 팔찌, 帶具 등 장식품 외에도 운주, 행엽, 등자 등 마구류가 출토되었으며, 우산하992호묘에서는 칼집이 출토되었다.

특히 태왕릉 출토 등자는 木心金銅板張龍文透彫輪鐙으로 불리는데, 긴 병부 끝에는 장방형의 구멍이 윤부와 평행하게 뚫려 있고, 윤부는 타원형이나 답수부 중앙에 낮은 돌기가 있는 형태이다. 집안 지역에서는 칠성산96호묘나 만보정78호묘에서 출토된 木心鐵板被輪鐙과 가장 유사한 것으로 알려져 있다. 칠정산96호묘 등자는 孝民屯154호묘(352~370)나 袁台子벽화묘(354 또는 366) 출토품과 비교되는데 대략 4세기 후엽으로 편년되며,[22] 이보다 약간 늦은 시기의 형태를 지닌 태왕릉 출토품은 5세기 초반에 제작된 것으로 추정하고 있다.

또한 우산하3105호묘의 ③광실에서 출토된 금동제행엽(鎏金桃形馬飾)은 고구려 봉토벽화묘에 그려진 側視蓮花造型과 일치하여 5세기대의 유물로 편년되며, 우산하3105호묘 ②광실 내에서 출토된 금동관식과 정혜는 사용 흔적이 보이지 않아 장식성 명기로 추정되었다.[23] 한편 우산묘구 3560호묘에서 출토된 금동허리띠장식은 중국 洛陽 西晉24호묘에서 西晉 周處墓 출토의 銀帶飾, 廣洲 大刀山 晉墓 출토의 銅帶飾, 일본 奈良 新山고분 출토의 銅帶飾, 일본 교토대학 소장의 帶飾, 집안JSM152호묘 출토품과 유사한 것으로 보고되었다.

그리고 국내성 제2소학교지점 출토 금동패식은 2점(2001JGDRXT0105②:1, 2)인데 모두 방형으로 射箭力士가 시문되어 있다. 단면은 반원형이고 패식의 상부와 내측 좌우 양 끝에 모서리가 둥근 형태의 장방형 透空이 있다. 正面은 도금하였으며 그 안의 力士는 반쯤 무릎을 꿇은 자세이다. 얼굴은 눈은 화난 모습이고 입술은 다물었으며 둥근쪽진머리(圓髻)를 하고 있다.

이수원자남유적 출토 금동제화살촉은 전체 길이 30cm로 대형에 속한다. 하부는 圓柱形, 상부는 扁四楞葉狀으로 날 끝은 매우 날카롭다. 그동안 출토 사례가 흔치 않은 수작으로 고구려 왕실이나 귀족이 사용한 것으로 추정된다.

---

21 東潮·田中俊明, 1995, 앞의 책 ; 東潮, 1997, 앞의 책 : 2003, 앞의 글.

22 東潮·田中俊明, 1995, 앞의 책 ; 東潮, 1997, 앞의 책 : 2003, 앞의 글 ; 최종택, 2006, 앞의 글.

23 吉林省文物考古研究所·集安市博物館, 2004c, 앞의 책 ; 강현숙, 2013, 『고구려 고분 연구』, 진인진.

(5) 철기류

철기는 무기류, 마구류, 공구류가 출토되었으며 이 중 무기류가 가장 많다. 무기류는 철검, 철도, 철모, 철부, 철촉, 찰갑으로 나뉘는데 철촉의 수량이 제일 많다. 철촉은 도끼날형과 삼익형 및 유엽형 등이다. 우산하2110호묘에서 출토된 도끼날형철촉(鏤空三翼銀箍鐵鏃)은 촉두 아래에 은으로 테를 두른 것이 특징이다. 국내성에서도 철모와 철촉, 鐵鏈形錘 등 대부분 무기류가 출토되었다. 마구류는 재갈과 편자 등이 있으며 임강묘에서 출토된 것이 대표적이다. 우산하2112호묘에서는 많은 수의 거멀못(鐵扒鋦, 꺾쇠)이 확인되었는데, 모두 단조품으로 四棱鐵條 형태로 제작되었다. 이 유물은 관정과 더불어 목곽과 목관을 제작하는 데 사용한 유물이다.

청동기는 금동제품에 비해 수량이 많지 않으며 실용기 위주의 구성을 보인다. 가장 많은 수량은 못과 꺾쇠(거멀못) 등이며 대부분 장식을 고정시키는 데 사용되었다. 임강묘와 우산하2110호묘에서는 수레부속품인 사람모양수레바퀴비녀장(人形車轄)이 출토되었는데, 임강묘 출토품은 높이 14cm 정도이며 상부는 두 손을 허리에 대고 있는 人像이다. 五官이 치밀하게 새겨져 있어 남성을 묘사한 것으로 추정되며, 하부의 몸은 장방형의 기둥 형태이다. 背面 가운데에는 'X'형 음각부호(刻符)가 있다. 이 유물은 제사와 관련된 유물로 추정하기도 한다.[24]

2003년 발굴조사 시 태왕릉에서는 명문이 새겨진 청동방울이 출토되어 주목받은 바 있다. '辛卯年, 好太王, 巫(?)造鈴, 九十六'이라는 명문이 새겨진 유물로, 발굴 보고자는 태왕릉의 피장자가 광개토왕임을 확인해주는 유물로 판단하였다. 하지만 능의 피장자와 관련하여 방울에 기록된 '好太王'은 당시 '好王' 또는 '太王'이라는 칭호가 다른 왕에게도 쓰인 적이 있으며, '辛卯年'을 고국양왕의 사망 또는 광개토왕의 즉위와 관련된 391년으로 추정하여 태왕릉을 고국양왕릉으로 추정하기도 한다.[25]

(6) 기타

이수원자남유적 출토 白玉耳杯는 신강 지역에서 산출된 전옥으로 만들어 제작수법이 빼어나고 아름답다. 이를 두고 중국학자들은 漢代 畿內 工匠에서 제작되어 2~3세기 무렵 고구려에 전해진 것으로 파악하고 있다. 전반적으로 滿城 漢墓 출토 耳杯와 상당히 유사하다. 그리고 국내성 체육장지점에서 출토된 이형토제품(2003JGTYCT23③:1)이 있다. 이 토제품은 키형태(簸箕形)로 앞이 넓고 뒤가 좁은 역사다리형의 기저 내벽에 模壓한 병기도안이 새겨져 있고 도안의 중앙은 활 1개, 화살 1개로 구성된 조형이다. 활의 좌우 양측에는 초생달모양(月牙形)의 긴 방패(長杆) 병기를 부착했다. 그 하부에는 가로 방향의 철릉문이 하나 있다. 이것은 병기의 받침대(支架)를 표현한 것이다.

---

24 東潮, 1997, 앞의 책 ; 2003, 앞의 글 ; 최종택, 2006, 앞의 글.

25 여호규, 2006, 앞의 글 ; 2010, 앞의 글.

벽돌은 용문과 능형문, 승문, 회자문 등이 출토되었다. 이 중 용문벽돌(2003JGTYCT4④:1)은 장방형이며 도안은 네 마리 용으로 구성되어 있는데, 중앙에 2마리 용 머리가 서로 마주보고 있으며, 2마리 용의 몸 뒤를 각각 한 마리 용 꼬리가 따라온다. 용은 머리, 뿔, 수염, 목, 몸통, 지느러미, 사지, 팔꿈치털, 발(발톱), 꼬리 등이 잘 표현되었다. 市審計局職工宿舍地點에서는 용문벽돌이 13점이나 출토되었으며 이와 함께 능형문벽돌과 회자문벽돌, 승문벽돌이 제3층에서 공반되어 주목할 만하다.

3) 2010년 유물 현황

2010년 정리대상인 산성자산성(환도산성)과 마선구고분군, 칠성산고분군 등에서 출토된 주요 유물은 瓦塼類, 金器, 金銅器, 青銅器, 鐵器 등 다양하다. 상대적으로 토기는 수량이 적고 기형이 확인되는 예가 드물다. 다양한 출토유물 가운데 문자나 부호가 새겨진 기와와 전돌은 유적의 성격을 이해하는 데 중요한 자료이며, 갑주와 마구는 강한 전투력을 보유했던 고구려 중장기병의 실체를 알려주는 중요한 유물이다.

(1) 와전류

고구려에서는 유적의 성격과 구조에 따라 다양한 기와가 사용되었다. 산성자산성에서는 축조용기와인 평기와 외에도 장식용기와, 특수기와가 제작되었는데 이는 보통 궁궐이나 사찰에서 주로 사용된 부재이다. 칠성산고분군, 만보정고분군, 마선구고분군 등에서는 무덤 조성 시 적석부나 봉분 등에 기와가 사용되었는데, 와당 · 평기와 등이 사용되었다.

와당은 산성자산성과 서대묘, 마선구2100호묘, 천추묘 등 왕릉급 고분에서 출토되었다.[26] 종류는 권운문와당과 연화문와당이 대부분이며, 산성자산성에서는 용면문와당이 붙은 곱새기와가 확인되었다.

권운문와당은 무연호문과 유연호문으로 구분된다. 유연호문이 많으며 주연부에 鋸齒文이 장식되고 와당의 내부가 반구형의 자방을 중심으로 방사상으로 8등분되며, 주연부 안쪽의 각 등분 안에 내향연호문이 있는 것이 정형이다. 내향연호문 안에는 명문이 있거나 문양이 있다. 내향연호문 안에 명문이 있는 권운문와당은 주연부의 명문이 내향연호문으로 들어오고 주연부에는 삼각거치문이 장식된 것이다.

내향연호문 내의 명문은 마선구2100호묘와 같이 仙鶴과 같은 鳥文으로 변하며 천추묘 권운문와당의 문양과 같이 퇴화되는 경향을 보인다. 이러한 특징은 국내성이나 우산하992호묘 출토품과 비교할 때 4세기 후반의 기년명이 새겨진 권운문와당에서 볼 수 있다. 명문이 새겨진 권운문와당은 서

26 吉林省文物考古研究所·集安市博物館, 2004c, 앞의 책.

표 8 집안 지역 유적별 와전에 새겨진 명문 현황

유적	문자	부호
산성자산성	天下倉, 九, 天, 与, 大, 手, [illegible], 君 , 小兄, 大甩, 鳥, 中, 弗, 夫	#, ×, [illegible], [illegible], [illegible], 3, [illegible], [illegible], [illegible], 鳥頭文
서대묘	大吉, 大, □歲在□□年造, 己, 己丑年, □□于利作, 在, 利, 丑, 丁 혹은 了, 爵, 音 혹은 章, 瓦	
천추묘	千秋萬歲永固, 保固乾坤相華, 王, 上, 下, 前, 後, …(浪)趙將軍…□未在永樂, …年…(胡)將軍…□, 長安, 一王 등	#, ×, 짐승문양, 기타 부호
마선구626호묘		本
칠성산871호묘		×, 기타 부호

대묘, 천추묘, 마선구2100호묘 등에서 출토되었다.[27]

연화문와당은 천추묘와 서대묘에서 확인되었다. 천추묘의 연화문와당은 직경 17cm 전후의 대형으로 6엽이다. 이 와당은 퇴화된 권운문와당과 함께 출토되었는데 태왕릉이나 장군총에서는 8엽의 연화문와당이 출토되지만 권운문와당은 보이지 않고 있어, 이들 두 무덤에 비해 천추묘 출토품이 빠른 형태로 이해된다. 산성자산성에서는 9엽의 주연부가 훼기된 연화문와당이 발견되었다.[28]

명문와는 와당이나 평기와에 양각 또는 음각으로 새겨져 있다. 유물 현황은 표 8과 같다.[29]

산성자산성에서 출토된 명문기와는 새긴 방법에 따라 음각과 양각으로 분류할 수 있다. 음각은 날카로운 도구로 새기는 방법(刻劃)과 끝이 둥그런 도구나 손가락으로 밀어 새기는 방법(抹壓), 인장을 새겨 찍는 방법(模印)이며, 양각은 인장을 새겨 찍는 방법(押印)을 썼다. 궁전지에서 출토된 '小兄'은 『隋書』 고려전에 고구려의 세 번째 관등 이름으로 나오는 용어[30]로 총 15점이 발견되어 산성의 중요성을 말해주고 있다. 2호 문지에서 발견된 '天下倉'은 산성에서 필요한 물품을 보관하는 창고 건물과 관련된 것으로 추정된다.[31]

서대묘 출토 '己丑'명 권운문와당은 이 고분을 미천왕릉으로 비정하는 근거가 되고 있다. 발굴보고서에는 이 무덤이 도굴된 흔적이 있다고 하였는데, 『三國史記』에 따르면 서기 296년 서천왕릉이

---

27 백종오, 2006, 앞의 글.

28 백종오, 2012, 「高句麗 瓦當의 毁棄와 그 象徵的 意味」, 『韓國古代史研究』 66.

29 박찬규, 2005, 「집안지역에서 최근 발견된 고구려 문자 자료-1990～2003년 조사보고를 중심으로」, 『고구려연구』 19.

30 『隋書』 高麗傳, "官有太大兄, 次大兄, 次小兄, 次對盧, 次意候奢, 次烏拙, 次太大使者, 次大使者, 次小使者, 次褥奢, 次翳屬, 次仙人, 凡十二等."

31 백종오, 2006, 앞의 책 ; 이은진, 2022, 「京都府 木津川市 高麗寺蹟 출토 刻書瓦를 통해본 고구려 遺民의 흔적」, 『한국기와학보』 5.

慕容廆에 의해 파헤쳐졌고, 『隋書』에 따르면 342년 미천왕릉이 慕容皝에 의해 파헤쳐졌다고 한다. 서천왕대부터 고국원왕대까지의 기축년은 미천왕 30년(329)뿐이다. 이에 서대묘는 대체로 미천왕의 왕릉으로 비정된다. 또한 고구려 풍속에 결혼을 하게 되면 수의를 만든다는 기록을 근거로 미천왕 재위 시 자신의 무덤을 만든 것으로 풀이하고 있다.

천추묘에서는 평기와에 음각된 명문과 벽돌에 양각된 명문이 확인되었다. 발굴보고서에서는 평기와의 '趙將軍'과 '胡將軍'에서 보이는 趙씨와 胡씨 장군을 漢人 계로 추정하고 장군이라는 직함을 중국에서 하사받은 것으로 파악하였다. 또한 '長安'이라는 명문은 고구려 장안성이 생기기 이전이기 때문에 도성의 명칭이 아닌 것으로 파악하여 중국 장안 지역 출신인으로 해석하고 있다. 하지만 '장군' 직함은 고구려 후기에 사용된 기록이 『삼국사기』에 남아 있으며, 중국에서 내린 책봉호에도 사용되고 있다. 또한 '장안'은 吉祥語일 가능성도 있어 아직 결론을 내리기 어려운 상황이다.[32]

산성자산성과 천추묘에서 확인된 '#' 문양은 경주 호우총 출토 호우에서도 관찰되는데, 이를 두고 태양을 상징하는 부호라는 설과 광개토왕의 문장, 왕후의 무덤을 상징하는 설 등이 있으나 이 역시 더 많은 검토가 필요한 사항이다. 또한 '永樂'은 이 무덤이 광개토왕과 관련 있는 무덤임을 암시하는 것으로 여겨진다.

산성자산성에서 출토된 평기와는 약 2만 1,400점에 이르며,[33] 문양은 격자문 계열, 석문, 복합문, 소문 등 4종으로 단순한 편이다. 집안 지역 고분에서 흔히 관찰되는 승문은 거의 보이지 않는 점이 특징적이다.

고분에서 출토된 끝암키와(처마기와, 檐瓦)는 고구려의 특징적인 요소로 평가되는데, 암키와의 단면부를 指頭文이나 압인공구로 눌러 문양을 시문하였다. 지두문은 칠성산211호묘, 서대묘, 천추묘 등 왕릉에서 출토되었으며, 태왕릉에서는 압인공구로 눌러 시문한 예가 있다. 수키와는 미구기와와 토수기와가 모두 확인되는데, 미구기와는 경우에 따라 언강부와 미구 등부분에 빗물을 차단하는 절수홈이 관찰되기도 한다.[34]

천추총에서 출토된 장식용기와는 마루축조용인 착고와 부고로 기왓골 사이를 막음하는 데 사용하였다. 발굴보고서에는 '擋水瓦'로 기록되어 있는데, 승문과 마포흔을 시문한 것으로 보아 기본 기와와 같은 방법으로 제작한 것임을 알 수 있다.

산성자산성 궁전지에서 출토된 舌形기와 3점은 착고로 추정되며, 표면에 격자문, 기하문, 음각된 '井'자가 새겨져 있다. 궁전지에서는 마루장식용인 마루수막새와 특수기와 등이 출토되었다. 마루수막새는 등이 휘어 '곱새기와'라고도 부른다. 와당면의 중앙에 용면이 새겨져 있고 주위로 연주문이나 운문이 돌아가고 있어 다른 용면문와당과 구분되는 양식을 보인다.[35]

---

32 박찬규, 2005, 앞의 글 ; 여호규, 2010, 앞의 글.

33 吉林省文物考古研究所·集安市博物館, 2004a, 앞의 책.

34 백종오, 2006, 앞의 책.

35 백종오, 2006, 앞의 책.

(2) 금기, 금동기

금기와 금동기는 칠성산96호묘, 칠성산211호묘, 천추묘, 마선구2100호묘 등 고분에서 출토되었다. 대부분은 금동기이며 금기는 소량이다. 금기는 瓔珞과 步搖, 대금구 등이 있다. 이 중 칠성산96호묘 출토 대금구는 띠고리(鉸具), 과판, 띠끝장식으로 구성되었으며 투조문 방형판과 심엽형 垂下式이 달린 晉式 대금구이다. 금동기는 금기와 마찬가지로 영락과 보요 등 장식이 주를 이룬다. 마선구2100호묘에서는 봉황누공장식과 천마형누공장식이 출토되어 화려한 고구려 금속문화를 보여준다.

(3) 청동기

청동기는 칠성산96호묘에서 출토된 동제 盒, 세발솥, 초두가 대표적이다. 합은 높이 13.8cm로 뚜껑에 십자형꼭지가 부착되어 있다. 굽은 높은 편이고 합의 몸체가 약간 직립하였다. 십자형꼭지는 중국 중원지역이나 선비족 유적에서는 출토 사례가 없기 때문에 고구려에서 제작되었을 가능성이 높다. 같은 유형의 합으로는 집안현 발견품이 있으며, 호우총, 천마총, 서봉총, 황남대총 남분 등 신라의 무덤에서 출토된 예가 많다.[36]

세발솥은 우산하68호묘 출토품과 함께 고구려 세발솥의 대표적인 형태로 漢代의 銅鼎과 유사하며 후한 초 이후의 예에 가깝다. 초두는 용수병초두로서 중국에서 4세기 전반대에 유행한 형태이다. 이러한 청동제용기는 부장용이라기보다는 제의용기로 사용된 봉토 내 매납품으로 보는 견해가 있다.[37]

(4) 철기

철제유물은 대부분 무기류와 공구류, 마구류로 구성된다. 무기류는 산성자산성과 여러 무덤에서 고루 출토되었는데 찰갑의 비율이 제일 높다. 마선구2100호묘에서 출토된 철제거울은 고구려 거울로는 유일한데 뒷면에 夔鳳文이 대칭으로 시문되어 있으며, 가운데 4개의 곽 안에 '富', '子'자가 쓰여졌다고 판독된다. 보고서에는 이것을 '子孫富貴'와 같은 길상어로 파악하고 있다. 이러한 철제거울은 황남대총 북분, 부안 죽막동유적, 부여 화지산 건물지 등과 후연 崔通墓(395), 북연 馮素弗墓(415)에서 출토된 바 있다. 특히 황남대총 북분 출토품은 가장자리에 음각으로 동심원을 새겼고 그 안쪽에 連弧文이 확인된다. 남분 출토 청동거울과 마찬가지로 비단과 삼베보자기로 감싼 흔적이 남아 있다.[38]

---

36 東潮, 1997, 앞의 책 ; 2003, 앞의 글 ; 이한상, 2006, 「고구려 금속용기문화의 특색 - 칠성산, 우산하 철기 분석을 중심으로」, 『고고자료에서 찾은 고구려인의 삶과 문화』, 고구려연구재단.

37 이한상, 2006, 앞의 글.

38 백종오, 2009, 앞의 글.

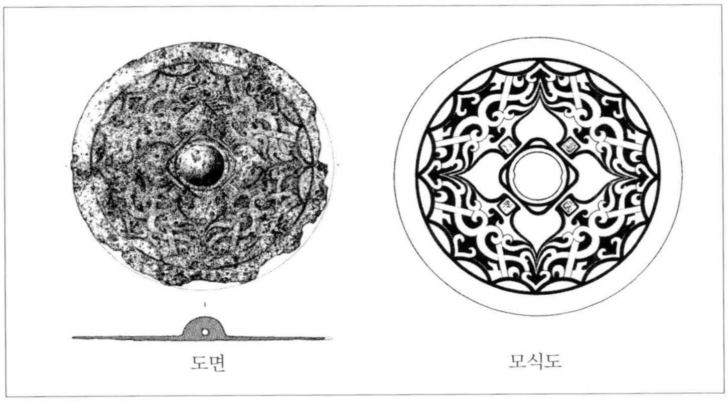

그림 5 마선구2100호묘 鐵鏡

① 갑주

갑주는 적의 공격으로부터 신체를 보호하는 방어용구로서, 몸과 다리 등의 부위를 방어하는 갑옷(甲)과 머리를 방어하는 투구(冑)로 나뉜다. 갑주는 주로 금속으로 제작되는데, 작은 소찰을 여러 매 연결하여 만든 札甲과 소찰보다 큰 여러 개의 판을 잇대어 간편하게 만든 板甲으로 구분된다. 갑주와 관련된 소찰은 대부분 마선구2100호묘과 천추묘에서 확인되었다. 마선구2100호묘에서는 금동소찰 11점, 철제소찰 22점이, 천추묘에서는 금동소찰 3점, 철제소찰 6점이 확인되었다. 이들은 모두 투구와 갑옷의 일부로 고구려 중장기병의 모습을 보여주는 자료이다.[39]

고구려의 투구(冑)는 종장판주, 만곡종장판주, 소찰주로 구분되며 시기적으로 변화가 있다. 투구에 사용된 것으로 추정되는 소찰은 마선구2100호묘와 천추묘 출토품이 있다. 이 중 마선구2100호묘의 Dd형 소찰은 모두 11매가 출토되었다. 길이 18cm, 너비 1.2～2.1cm이며 전체적으로 S자형을 이루나 하단부가 꺾여 있다. 일부 원상이 변형된 것으로 보이나 상부의 형태로 보아 만곡종장판주의 소찰일 가능성이 높다(Cb형 소형소찰은 볼가리개로 추정). 이 만곡종장판주의 특징은 세장한 주체의 소찰과 소찰 볼가리개이며, 소찰은 상원하방형이고 상부 중앙에 수결공 또는 현수공이 있는 점이 특징이다.

금동제소찰 역시 마선구2100호묘와 천추묘에서 출토되었는데, 전자의 금동제소찰 중 소형의 소찰은 冑와 관련된 볼가리개와 首尾部의 소찰로 추정된다. 금동제 A형 제2종은 2매로 그중 한 점은 볼가리개 주연부의 소찰이다. 길이는 3cm이고 너비는 2.1cm이다. 금동제 A형 제3종은 16매이며 A형 제2종보다 소형이다. 길이는 2.2cm이고 너비는 1.7cm이다. 두 종 모두 공반된 철제소찰과 유사한 규격이다. 천추묘의 금동제소찰은 3매이며 그중 1매는 볼가리개 주연부의 소찰로 추정된다. 천추묘에는 주체의 소찰이 없으나 마선구2100호묘에는 철제만곡종장판주의 소찰이 있으므로 금동제소

39 송계현, 2005, 「환인과 집안의 고구려갑주」, 『북방사논총』 3 ; 성정용, 2006, 「고구려의 갑주문화」, 『고고자료에서 찾은 고구려인의 삶과 문화』, 고구려연구재단 ; 이유경, 2011, 「고구려 찰갑에 대한 연구」, 고려대학교 석사학위논문.

찰은 부분적으로 사용되었을 가능성이 있다.[40]

마선구2100호묘의 札甲소찰은 철제와 금동제로 구분된다. 철제소찰은 여섯 종류인데 그중 한 종류는 요찰로 추정된다. 요찰은 상부에서 한 번 꺾인 것으로 신라, 가야의 5세기대 소찰과 동일하다. 금동제찰갑소찰은 12매로 크게 세 종류로 나누어지며 철제소찰에 비해 소형으로 분류된다. 천추묘의 소찰은 철제로 길이가 다른 두 종류의 소찰이 1매씩 출토되었다. 마선구2100호묘에서 출토된 비슷한 크기의 소찰보다 너비가 넓은 편이다.

갑주는 3세기에 철제갑주가 보급되었으며 본격적인 보급은 4세기 이후 중장기마전술의 도입과 관련 있는 것으로 파악된다. 중원을 침입한 기마민족이 종래의 경장기마전투를 버리고 중장기마전술을 채용하였으며, 이것이 부여나 고구려 등 인근지역으로 급격히 파급된 것으로 판단된다.

② 마구

마구는 마갑, 등자, 안장, 행엽, 재갈 등이 확인되었다.[41] 먼저 馬甲으로 추정되는 대형 소찰은 마선구2100호묘와 천추묘에서 출토되었다. 마선구2100호묘 출토품은 형태로 보아 크게 두 종류로 나누어진다. 집안 고구려왕릉 보고서의 Aa는 장방형의 소찰로 68점인데, 길이 9.8cm, 너비 4.6cm이며 중앙에 구멍이 있는 것과 없는 것으로 나누어진다. 보고서의 B형은 역사다리꼴의 소찰로 78점이며, 길이 8cm, 너비 3.8~4.5cm로 상단의 폭이 넓은 것으로 구멍 위치에 따라 네 종류로 나누어진다. 가야 지역이나 일본의 마갑의 예로 보아 Aa형은 신갑, B형은 경갑으로 추정된다.

보고서의 E형도 마갑의 일부로 추정되나 부위는 추정하기 어렵다. 일부는 馬冑의 가능성도 있다. 천추묘의 마갑은 A형과 Aa형으로 나누어지는데 모두 장방형의 소찰이다. A형은 17점이며, 길이 12cm 너비 6.8cm이다. Aa형은 2점이며 잔존길이 11.1cm, 너비 5cm이다. 두 종류의 철판은 마갑의 부위 차에 의한 철판 규격 차이로 보인다. 이들 고분에서 출토된 마갑의 특징은 소찰이 다양하고, 소찰에 현수공이 중앙에 있다는 점이다.

등자는 칠성산96호묘에서 확인되었다. 발 딛는 부분이 타원형윤부로 된 輪鐙子로 목심에 금동판이나 철판을 덧씌운 목심등자와 철제등자가 있다. 이 등자는 윤부의 발 딛는 부분에 돌기가 없으나 이보다 늦은 시기의 목심등자에는 돌기가 있어 기능적인 면이 중시된 것으로 파악된다.[42]

말안장 역시 칠성산96호묘에서 출토되었는데 나무로 만든 부분은 부식되고 鞍橋의 앞뒤 금속장식 부분만 확인되었으며 목심에 금동판을 덧대었다. 또한 만보정78호묘에서는 목심에 용문투조금동판을 덧댄 안장이 확인되었다.

---

40 송계현, 2005, 앞의 글 ; 성정용, 2006, 앞의 글.

41 정동민, 2011, 「재갈을 통해 본 고구려와 전연의 교류양상」, 『역사문화연구』 39 ; 2017, 「고구려 기승용 마구의 출토 양상과 계통」, 『역사문화연구』 64.

42 이한상, 2006, 앞의 글.

4) 2011년 유물 현황

2011년 정리대상인 집안 산성자산성과 산성하고분군, 벽화고분 등에서 출토된 유물은 와전류, 토기류, 철기류, 금은기류, 청동기류 등이다. 각 유적에 따라 차이는 있으나 집안 지역의 고구려 문화를 대표하는 유물이 상당수 포함된 것으로 평가된다.[43]

산성자산성 궁전지에서는 와전류·철기류 등 건물의 용도나 성격을 가늠할 수 있는 유물이 발굴되었고,[44] 산성하고분군과 벽화고분에서는 관이나 마구를 장식한 금동기, 각종 철기, 와당과 기년명기와, 토기와 시유도기 등 비교적 많은 양의 특징적인 부장품이 발견되어 집안 지역 고구려 고분을 이해하는 데 중요한 자료를 제공하고 있다.[45] 이번 조사지역에 해당하는 유물 가운데 수량이 많고 특징적인 와전류와 토기류에 대해 검토해본다.[46]

(1) 와전류

확인된 와전류는 와당, 평기와, 전돌 등이다. 와당은 산성자산성 궁전지와 우산하3319호묘에서 출토되었다. 우산하3319호묘에서는 기년명을 포함한 권운문와당이, 산성자산성 궁전지에서는 연화문와당, 인동문와당, 용면문와당과 특수기와, 문자·부호기와 등이 발굴되었다.

우산하3319호묘에서 출토된 권운문와당은 크게 8분구획과 4분구획의 두 가지 형태로 구분된다. 8분구획 권운문와당은 1줄의 구획선과 연호문이 있으며 중방이 무문자이다. 중방과 권운문 사이에 문양이 있고 지름은 15.5~16cm이다. 4분구획 권운문와당은 3줄의 구획선과 연호문이 있고 거치문을 교차하였으며 지름은 15~16cm이다. 또한 중방에 명문을 새긴 것도 있다. 명문은 '乙酉年癸酉', '丁巳' 등 기년명과 '十谷民造', '夫一' 등이 파악되었다. '丁巳'명와당은 다른 기년명와당과는 달리 연호부와 주연부를 다르게 조식하였다. 즉 연호부의 각 칸마다 1.5회 돌린 권운을 1조씩 배치하였고 주연부에는 거치문 대신 명문을 양각한 점이 특이하다.

현재까지 확인된 '丁巳'명와당의 서로 다른 세 조각을 조합해보면 다음과 같은 내용으로 판독이 가능하다.[47]

---

43 백종오, 2017a「中國內 高句麗山城의 發掘現況과 主要 遺構·遺物의 檢討」,『先史와 古代』54 ; 2017b,「高句麗城郭 築城術의 擴散에 대한 豫備的 檢討」,『高句麗渤海硏究』59.

44 吉林省文物考古硏究所·集安市博物館, 2004a, 앞의 책.

45 吉林省文物考古硏究所·集安市博物館, 2004c, 앞의 책 ; 강현숙, 2013, 앞의 책.

46 박찬규, 2005, 앞의 글 ; 백종오, 2006, 앞의 책 ; 최종택, 2006,「남한지역 고구려토기의 편년연구」,『선사와 고대』24 ; 강현숙, 2007, 앞의 글 ; 여호규, 2010, 앞의 글 ; 한국고고학회, 2010,『한국 고고학 강의』, 사회평론.

47 백종오, 2009, 앞의 글 ; 여호규, 2010, 앞의 글.

丁巳□□□□歲□□□□□□□萬世太歲在丁巳五月廿日

□□□□□□四時興詣□□□□萬世太歲在丁巳五月廿日

日爲中郎及夫人造蓋墓瓦又作民四千

→太歲在丁巳五月廿日爲中郎及夫人造蓋墓瓦又作民四千餟盦□用盈時興詣得亨萬世

이 와당은 함께 출토된 동진제 청자반구호를 근거로 357년으로 편년되며, 이에 따라 '乙酉年癸酉'명기와는 355년으로 비정되고 있다.

다음은 산성자산성 궁전지에서 확인된 와당과 평기와, 특수기와 등이다. 먼저 蓮花文와당은 연판의 수에 따라 세 형태로 구분된다. 연판은 6판, 8판, 9판이며 모두 복선이 없고 연판의 모양은 단판이다. 이러한 형태의 연화문와당은 동대자유적, 이수원자남유적 등 집안 지역에서 발견된 바 있다.[48]

忍冬文와당은 산성자산성 궁전지에서 14점이 확인되었고 모두 비슷한 형태이다. 인동문은 꽃무늬와 덩굴무늬가 결합되어 만들어진 초화 형식의 장식무늬로 長壽와 多男을 상징한다. 일반적으로 높은 부조에서 얕은 부조로 변하고 문양의 선이 가는 것에서 점차 거칠게 변하는 양상을 나타내는데, 산성자산성 궁전지 출토품은 비교적 높은 부조식으로 가는 선의 8엽 인동문이 시문된 형태로 동대자유적에서 나타난 형태와 유사하다. 다른 문양의 와당에 비해 지름이 약간 큰 편인데, 이는 시기적인 차이 혹은 건물의 성격 혹은 용도 차이로 추정된다.

龍面文(또는 獸面文)와당 내부는 짐승 얼굴의 눈, 코, 입으로 구성되었으며, 이빨의 개수나 화염, 수염 등의 모양에 따라 형태를 구분한다. 산성자산성 궁전지에서는 짐승 이빨의 개수가 10개, 12개, 13개 등 세 가지로 나뉜다.

산성자산성에서 출토된 평기와는 약 2만 1,400여 점이다. 문양은 격자문 계열, 석문, 복합문, 무문 등이 확인된다. 고구려 기와의 대표적 문양인 승문은 집안 지역의 경우 고분유적에서 주로 출토되고 산성자산성이나 국내성 등 성곽유적에서는 거의 보이지 않다가 평양성기 유적에서는 대표 문양으로 집중되는 경향이 있다. 산성자산성 궁전지 출토 평기와의 문양 구성은 세정격자문(49.6%)〉무문(42.4%)〉태사격자문(5.1%)〉석문(2.4%)〉복합문(0.1%) 등으로 격자문 계열과 무문이 대부분을 차지하는데, 이러한 비율은 산성자산성 전체의 문양 구성과 유사하게 나타난다.[49]

산성자산성 궁전지에서 출토된 평기와에는 문자, 부호, 그림 등이 새겨진 예가 많아 주목받고 있다. 문자가 새겨진 평기와는 대부분 수키와이며, 문자의 종류는 '小兄' 15건, '大用' 25건, '九' 6건, '鳥' 3건, '中' 4건, '天' 3건, '□凡(?)凡' 1건, '娶' 1건 등 58건이다. '中'만 양각이고 나머지는 음각으로 새겨져 있다. 이 가운데 '小兄'명 기와는 『隋書』高麗傳에서 고구려의 세 번째 관등 이름으로 나오는 용어이다. 이 기와는 산성자산성 궁전지의 위상과 중요성을 대변해주는 유물로 알

48 백종오, 2006, 앞의 책.

49 백종오, 2006, 앞의 책.

려져 있다.[50]

하지만 또 다른 기록인『翰苑』高麗記에는 관등이 10위로 기록되어 있어 검토가 필요하다. 참고로 '小兄'은 평양성 석각에서도 등장하는데, 여기서 小兄은 평양성 축조의 구간책임자로 해석되고 있다. 따라서 6세기 중엽 무렵 '小兄'명 기와에 기록된 관직은『翰苑』의 기록에 가까운 관등으로 생각되며 평양성 석각의 예와 같이 소규모의 인부를 관리·감독하는 실무지휘자로 판단된다. 따라서 산성자산성에서 출토된 '小兄'명 기와는 국가적인 조영사업인 궁궐의 기와 제조를 감독한 관리로 추정할 수 있다.[51]

부호기와는 478건에 달하며 '井', '×', '+' 등 단편적인 내용을 담고 있다. 문자나 부호를 새긴 방법은 크게 음각과 양각으로 분류된다. 음각은 다시 날카로운 도구의 끝으로 예리하게 새기는 방법(刻劃)과 끝이 둥그스름한 도구 또는 손가락으로 밀어 새기는 방법(抹壓), 인장을 새겨 찍는 방법(模印) 등 세 가지로 구분되며, 양각은 인장을 새겨 찍는다. 이러한 방식은 집안 지역에서 흔하게 나타나는 기와 제작기법이다.

鳥頭文기와는 163건(음각 150건, 양각 13건)이나 발견되었다. 이렇게 기와에 새와 관련된 무늬가 그려진 이유는 시조 동명성왕 이래로 새를 신모와 동일시하는 관념과 왕의 조력자라는 믿음에서 비롯된 결과로 볼 수 있다. 기와에 새겨진 곡식이나 알로 생각되는 물건을 새의 몸에서 잉태하고 있거나 낳은 모습을 통해 볼 때 고구려의 건국신화에 등장하는 알과 곡식의 의미처럼 왕권의 권위와 국운의 안정을 비는 데 사용된 것으로 판단된다.[52]

한편 평기와에 새겨진 명문이나 부호·그림 등은 수키와의 하단부에 집중적으로 시문하거나 경우에 따라 양 측면에 시문하는데, 이렇게 특정 부위에 시문하는 방식은 물의 침습에 대한 일정한 배려로 여겨지며 기와의 무문양화와 내면 종방향 연결흔도 깊은 관련이 있다고 생각된다.[53]

산성자산성 궁전지에서는 와당, 평기와 외에도 보기 드문 형태의 특수기와도 확인되었다. 마루기와의 한 종류로 부고와 기왓골 사이를 막기 위한 착고로 추정되는 설형기와 3점과 마루 끝에 올리는 마루수막새인 곱새기와도 출토되었다. 곱새기와는 용면문와당이 부착되어 있는데 와당면 중앙에 용면이 새겨져 있고 주위로 연주문이나 운문이 돌아가고 있어 다른 용면문와당과 구분되는 양식을 보여준다. 이들 특수기와는 건물의 장식기와로 궁궐이나 사찰에서 주로 사용한 것으로 파악된다.

(2) 토기류

이번 조사지역에서 출토된 토기의 양은 많지 않지만 유적의 성격을 이해하는 데 중요한 자료로 평가

50 박찬규, 2005, 앞의 글 ; 여호규, 2010, 앞의 글.

51 백종오, 2006, 앞의 책.

52 백종오, 2006, 앞의 책 ; 이은진, 2022, 앞의 글.

53 백종오, 2004,「임진강유역 고구려 평기와 연구」,『문화사학』21 ; 2005,「남한지역 고구려 기와 제작방법 고찰」,『백산학보』72.

된다. 산성자산성 궁전지에서는 호, 반, 동이, 종지 등 생활용기 12점이 확인되었으며, 산성하고분군과 우산하고분군에서는 광구사이호, 부뚜막, 반구병과 같이 제작시기를 추정할 수 있는 특징적인 유물이 발굴되었다.

사이장경호는 산성하332호묘(王字墓), 마선구1호묘(2점), 우산하1041호묘(3점)에서 출토되었다. 이와 비슷한 형태의 토기가 남한의 고구려유적에서도 확인된 바 있다. 제작순서는 산성하332호묘가 가장 빠르고 그 뒤로 마선구1호묘와 우산하1041호묘 순으로 이어지나 시기 차는 크지 않은 것으로 여겨지며, 제작시기는 대략 4세기 후반으로 비정하고 있다.[54]

고분에서 사이장경호와 공반되는 경우가 많은 부뚜막은 마선구1호묘, 우산하3319호묘, 산성하983호묘, 우산하2231호묘 등에서 출토되었다. 형태는 단면 4각형의 긴 몸체에 옆면에 4각형의 화구가 있고 윗면에 솥을 거는 둥근 구멍이 있으며 반대편에 연통을 두었다. 화구의 위치가 몸체의 옆면에 있는 것은 중국과 구별되는 고구려 부뚜막의 특징으로 알려져 있다.[55]

토기 외에도 우산하3319호묘와 산성하365호묘에서는 반구호 4점이 확인되었다. 기형은 병에 가깝고 유색 등 제작기법으로 보아 중국 동진제로 판단된다. 형태는 가늘고 긴 목과 반구형 구연, 어깨가 발달된 동체, 어깨 상부에 1～2조 음각선을 가지고 있어 중국 남경 상산7호묘, 곽가산4호묘 출토품과 유사하다. 이들 두 무덤은 동진 전기(317～357)로 비정되고 있으며 우산하3319호묘에서 공반된 기년명 권운문와당의 '乙酉'(355)와 '丁巳'(357)를 참고할 때 반구호는 4세기 중엽에 제작되었다고 판단된다.[56] 이때는 고구려와 동진과의 교류가 빈번했던 시기인데, 진식 대금구(산성하725호묘)나 청자가 집안 일대에서 다수 확인되어 이를 뒷받침하고 있다.[57]

---

54 魏存成, 1994, 앞의 책 ; 東潮, 1997, 앞의 책 ; 白井克也, 2005 ; 최종택, 2006, 앞의 글.

55 魏存成, 1994, 앞의 책 ; 東潮, 1997, 앞의 책.

56 백종오, 2009, 앞의 글.

57 전호태, 2002, 『고구려 고분벽화 연구』, 사계절 ; 2004, 『고구려 고분벽화의 세계』, 서울대학교출판부 ; 정호섭, 2011, 『고구려 고분의 조영과 제의』, 서경문화사.

제2부

집안 우산하고분군 (集安 禹山下古墳群)

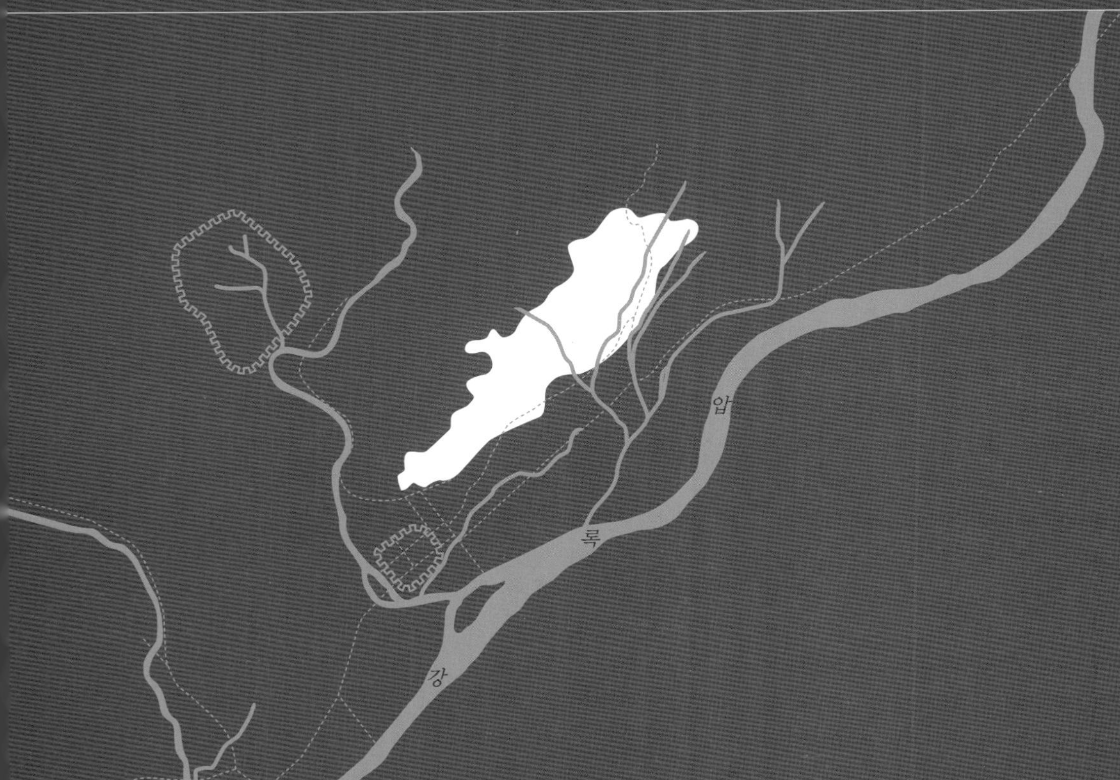

|고분 분포도|

© 노윤성

우산하1340호
우산하133
우산하1416호묘
우산하0992호묘
우산하1758호묘
108
우산하1896호묘(산연화묘)
우산하1810호묘
우산하1894호묘(통구12호묘)
우산하
2124호묘
1081
우산하2403호묘
우산하
2117호묘
우산하2125호묘
우산하2890호묘
우산하2115호묘
우산하2114호묘
우산하2891호묘
우산하2174호묘
우산하2111호묘
우산하2105호묘
(오회분5호묘)
우산하2113호묘(사신묘)
우산하2112호묘
우산하2104호묘(오회분4
우산하2110호묘
우산하2103호묘(오회분3호묘
우산하3146호묘
우산하3105호묘
우산하
2106~9호묘
(사회분)
우산하2102호묘(오회분2호묘)
우산하2101호묘(오회분1호묘)
우산하3308호묘
우산하3309호묘
우산하3319호묘
우산하3305호묘
우산하3296호묘
우산하3283호묘
우산하3341호묘
우산하3231호묘
우산하3232호묘
우산하3341호묘
우산하3241호묘

우산하0068호묘
우산하0234호묘
우산하0249호묘
우산하0001호묘(장군총)
우산하0326호묘
우산하0324호묘
우산하0328호묘
우산하0678호묘
우산하0733호묘
우산하0757호묘
우산하0385호묘
산하1282호묘
우산하0840호묘
우산하0537호묘
우산하0458호묘
(무용묘)
우산하0457호묘(각저묘)
우산하0036호묘(황니강대묘)
우산하0901호묘
우산하540호묘
우산하0043호묘(임강묘)
우산하0044호묘
하1041호묘
우산하541호묘(태왕릉)

집안 우산하고분군 개관

1. 고분군의 위치와 규모(그림 1)

○ 집안 통구평원은 동서 길이 40km, 남북 너비 2~4km 정도이며, 고분군의 점유면적은 1,334.68ha인데, 통구고분군의 보호범위는 3,914.02ha임. 통구고분군은 1966년 측량 및 편호 작업을 통해 우산하고분군, 하해방고분군, 산성하고분군, 만보정고분군, 칠성산고분군, 마선구고분군 등 6개 구역으로 나뉘었다가 2005년 5월 집안시문물국 조사에서 장천고분군을 새로 추가하여 7개 구역으로 구획됨.[1]
○ 통구고분군은 1980년 李殿福이 발표한 『集安高句麗研究』에 의하면 1962년 조사 때 1만 1,280기 고분을 실측조사함. 이후 시기별로 확인된 고분 개체 수의 편차가 있는데, 1997년 중국의 실측보고서(『洞溝古墓群 - 1997年調査測繪報告』)에서는 1만 1,300기를, 2005년 조사(『集安高句麗墓葬』)에서는 1만 1,494기를 확인함.
○ 우산하고분군은 총면적 509.05km²으로 북쪽은 우산 산기슭, 남쪽은 압록강, 동쪽은 용산, 서쪽은 통구하를 포함하고 있음. 무덤은 우산 남쪽 비탈을 따라 북에서 남으로 수직 배열되어 있음. 북면에는 적석묘가 대다수를 차지하고, 남면의 완만한 비탈에는 주로 봉토묘가 자리하고 있으며, 중간지대는 적석묘와 봉토묘가 혼재하고 있음.
○ 우산하고분군은, 서단은 적석묘가 다수이고 동단은 봉토묘가 절대적 우위를 점하고 있음. 적석묘는 매장의 배열 순서를 유지하고 있으나 봉토묘는 적석묘의 빈 공간에 자리하여 매장의 배열 순서가 불분명함. 따라서 우산하고분군의 분포상황을 보면, 서단은 적석묘 구역으로 동쪽으로는 적석묘가 감소하고 봉토묘의 수량이 크게 증가함. 우산 북부 산 중턱에는 적석묘가 다수이고 남쪽의 완만한 비탈지대에는 적석묘가 점차 감소하고 봉토묘가 점차 많아짐. 한편 우산 남쪽 기슭의 평원지대에는 대형 고분이 다수 분포하고 있음.
○ 우산하고분군은 1966년 조사(『考古學報』 1980-2)에 의하면 총 3,904기의 고분이 분포하며 그 가운데 적석묘는 1,455기이고 봉토묘가 대략 2,500여 기임. 이후 1997년 실측보고서(『洞溝古墓群 - 1997年調査測繪報告』)에서는 총 3,471기의 고분이 확인되며 현존하는 고분은 1,978기이고 소실된 고분은 총 1,493기임. 2005년 조사(『集安高句麗墓葬』)에서는 총 3,680기가 확인됨.

---

1 孫仁杰 · 遲勇, 2007, 『集安高句麗墓葬』, 香港亞洲出版社, 2~6쪽 참조.

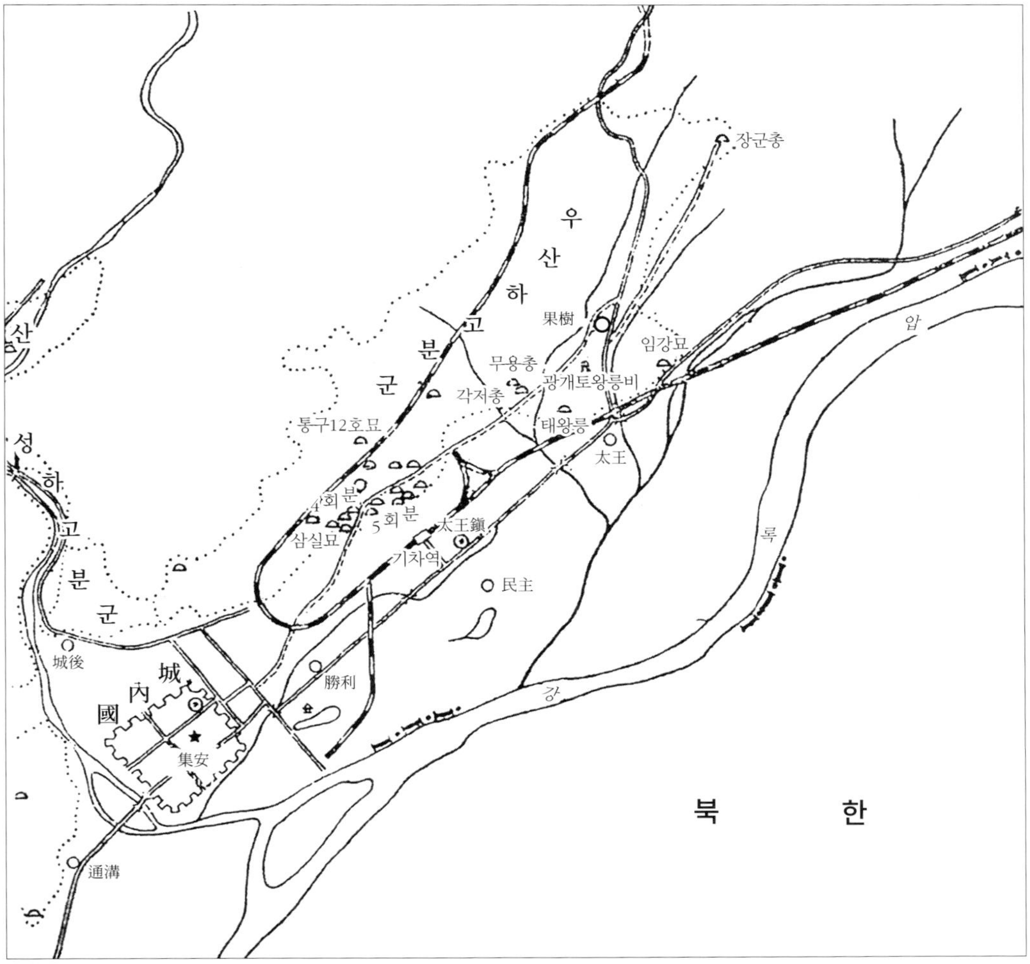

그림 1 우산하고분군 분포도

2. 고분군 조사 연혁

1) 일제시기 조사내용

(1) 1905년 가을 조사

鳥居龍藏이 남만주를 조사하면서 3일간 통구 지역에 머무는 동안 광개토왕릉비와 함께 태왕릉 등을 조사함.

(2) 1907년 5월 조사

프랑스 학자 샤반(Édouard Chavannes)이 만주지역을 조사할 때 5일간 집안에서 통구성(국내성)과 광개토왕릉비는 물론 장군총, 태왕릉 등을 비롯한 우산하고분군, 산성하고분군 등을 조사함.

(3) 1913년 조사

關野貞을 중심으로 谷井濟一, 栗山俊一, 今西龍 등의 조사단이 11일간 집안 지역에 있는 산성자 산성(환도성), 통구성(국내성), 광개토왕릉비, 동대자 건축지 초석 등과 함께 고분군을 조사. 산성자 고분군, 마선구고분군을 비롯해 특히 우산의 將軍塚, 太王陵, 臨江塚, 溫和堡西大塚(우산하2110호묘), 溫和堡中大塚(우산하0992호묘), 五盔墳 龕持塚, 五塊墳 二 · 三塚(오회분1～5호묘), 四塚(사회분1～4호묘), 五道神塚, 三室塚, 散蓮花塚 등을 정밀조사함.

(4) 1935년 조사

○ 滿洲國 문교부 촉탁으로 伊藤伊八, 三宅俊成 등이 광개토왕릉비 보존상태 조사와 비문 탁본을 목적으로 집안을 조사하다가 벽화고분 2기(무용총, 각저총)를 발견하고, 만주국 문교부에 조사를 건의함. 池內宏, 濱田耕作, 梅原末治, 藤田亮策, 小場恒吉 등이 광개토왕릉비와 산성자산성(환도성), 통구성(국내성) 등의 성곽 외에 고구려 고분을 조사함. 이때 하해방고분군과 함께 태왕릉, 장군총, 무용총, 삼실총, 각저총 등의 우산하고분군 등을 조사.

○ 만주국 문교부로부터 차출 파견된 金毓黻과 竹島卓一 등이 통구 지역 사신총 조사.

(5) 1936년 조사

1935년 제1차 통구 방문에 이어 제2차 방문이 이루어짐. 池內宏, 濱田耕作, 梅原末治, 水野淸一, 三上次男 등이 산성자산성과 통구성 등의 성곽 외에 고구려 고분을 정밀조사함. 조사 고분은 우산하고분군의 태왕릉 · 장군총 · 삼실총 · 사신총, 마선구고분군의 천추총 · 서대총, 하해방고분군의 모두루총 · 환문총 등임.

(6) 1937년 및 1938년 조사

○ 1937년 통화 – 집안 철도공사가 계획되면서 통구고분군(특히, 우산하고분군)이 파괴될 예정이었으므로 黑田源次, 齋藤菊太郞 등에 의한 대규모 발굴조사가 진행됨. 이때 우산하고분군의 쌍실묘(통구12호분), 오회분5호묘, 우산하3319호묘 등이 조사됨.

○ 1938년 藤田亮策이 철도공사계획에 의해 수백여 기 고분이 파괴될 상황을 알고 만주국에 요청해 일부 조사 허락을 받고 고분배치도를 제작하면서 '西崗○○號'라는 번호를 부여하고 사진과 실측도를 작성함. 이때 태왕릉도 실측조사함.

2) 중국의 조사내용

(1) 1962년 조사

길림성박물관의 주관으로 통구12호분, 오회분 4 · 5호분 조사.

(2) 1968년 조사

농지 개발에 따라서 길림성박물관과 陳相偉 등이 봄과 가을에 각각 우산하고분군 176기와 171기를 조사.

(3) 1976년 조사

농업 생산을 위해 길림성박물관 및 집안현박물관 등의 주관 아래 方起東, 魏存成, 林至德, 張雪巖 등이 참여하여 우산하고분군 59기를 조사.

(4) 1984~1985년 조사

集錫 도로 개발예정지에서 길림성고고연구소와 집안시문물보관소의 주관 아래 林至德, 耿鐵華, 張雪巖, 孫仁杰 등이 참여해 우산하고분군의 113기를 조사.

(5) 1997년 조사

길림성문물고고연구소와 집안시박물관의 주관 아래 전면적 실측조사를 실시하였는데, 우산하고분군에서 총 3,471기를 확인.

(6) 2005년 조사

집안시문물국이 조사를 진행하여 우산하고분군 3,680기를 확인함.

참고문헌

- 關野貞, 1913,「關野貞博士一行の朝鮮古墳調査」,『考古學雜誌』4-3.
- 池內宏·梅原末治, 1938,『通溝』上, 日滿文化協會.
- 梅原末治, 1939,「高句麗の墓制に就いて」,『史林』24-1；1947,『朝鮮古代の墓制』, 座右寶刊行會.
- 藤田亮策, 1940,「通溝附近の古墳と高句麗の墓制」,『池內博士還曆記念東洋史論叢』164；1948,『朝鮮考古學研究』, 高桐書院 재수록.
- 池內宏·梅原末治, 1940,『通溝』下, 日滿文化協會.
- 梅原末治, 1944,「高句麗の墓制に就いて」,『東亞考古學論考』, 星野書店.
- 李殿福, 1980,「集安高句麗研究」,『考古學報』1980-2.
- 吉林省文物考古研究所·集安市博物館, 2002,『洞溝古墓群－1997年調査測繪報告』, 科學出版社.
- 孫仁杰·遲勇, 2007,『集安高句麗墓葬』, 香港亞洲出版社.

01 집안 우산하0757호묘

集安 禹山下0757號墓 | JYM0757

1. 조사현황

1984년 및 1985년 集錫公路 건설을 위한 발굴시행.

(1) 조사기관

吉林省文物考古研究所, 集安市文物保管所.

(2) 조사자

林至德, 耿鐵華, 王洪峰, 柳嵐, 張雪巖, 遲勇, 孫仁杰.

(3) 조사기간

○ 제1차 조사 : 1984년 6월 20일~1984년 11월 20일.

○ 제2차 조사 : 1985년 5월 15일~1985년 8월 15일.

(4) 조사방법

○ 集錫公路 건설로 인해 구제 발굴을 실시함. 도로는 집안에서 통화에 이르는 철로선의 북측 약 50m에 위치하며, 서에서 동쪽으로 우산하고분군을 관통하여 우산하고분군의 중간지대를 지나감. 발굴 범위는 동서 길이 2,500m, 남북 너비 40m임.

○ 발굴한 적석묘는 북에서 남쪽으로 연접되어 있고, 배열된 적석묘의 가장 말단에 위치함. 봉토묘는 배열이 불분명하고 적석묘 부근에 있음.

○ 발굴은 서쪽에서 동쪽으로 진행함. 신중국 성립 이후 통구고분군 최초의 비교적 대규모 발굴 작업이었으며, 날씨로 인해 1 · 2차 두 시기로 나누어 진행함.

(5) 조사내용(그림 1)

○ 제1차 조사에서는 적석묘 28기, 봉토묘 61기 등 총 89기의 고분을 발굴조사하여, 700여 점의 유물을 발견함. 제2차 조사에서는 적석묘 10기, 토석혼축묘 1기, 석관묘 1기, 봉토묘 12기 등 총 24기의 고분을 발굴하고 유물은 200여 점을 발견함. 두 차례 조사에서 석관묘 1기, 적석묘 38기, 봉토묘 73기, 토석혼축묘 1기 등 총 113기의 고분을 발굴조사하였으며, 유물은 총 931점을 출토함.

○ 발굴된 113기 고분은 대다수 이른 시기부터 파괴와 도굴을 당해 형식이 확실치 않은 것도 있으나, 그 가운데 111기는 고구려 고분임.

2. 위치와 자연환경(그림 2)

○ 우산하고분군은 集安市區 북측에 위치하는데 大禹山 남쪽 기슭의 동서 길이 3.5km, 남북 너비 1km의 좁고 긴 남향의 경사지에 자리하고 있음.

○ 우산하고분군은 우산 남쪽 비탈을 따라 북에서 남으로 고분이 배열되어 있음. 북면 산허리에 적석묘가 절대다수를 점하고 있고, 남면 완만한 비탈 지대에 봉토묘가 주로 들어서 있음. 중간에는 적석묘와 봉토묘가

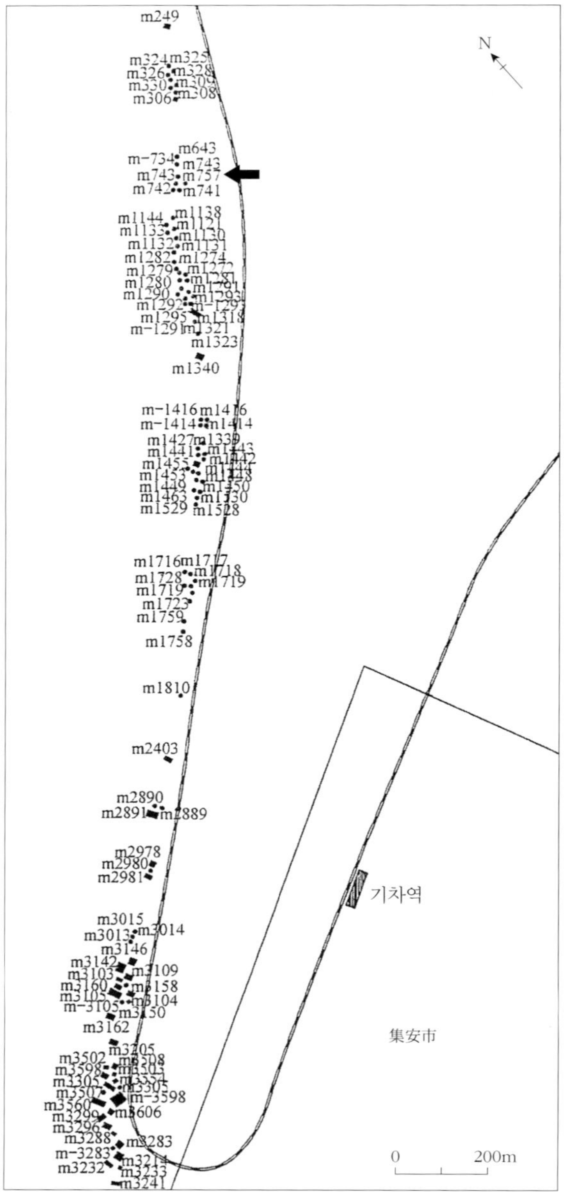

그림 1 집석공로 개발예정지의 고분분포도(『高句麗硏究文集』)

서로 뒤섞여 있음.

○ 고분은 우산하고분군 발굴 노선의 동단인 果樹場 지역의 고분구역에 위치함.

3. 고분의 현황

1) 고분 형식

(1) 유형

석관묘(『高句麗硏究文集』), 동실묘(『洞溝古墓群 - 1997年調查測繪報告』).

(2) 방향

170°.

(3) 규모(그림 3)

○ 묘실 평면은 모두 장방형임. 묘실 규모는 길이 1.9m, 너비 0.9m, 높이 0.8m임. 동·서·북 세 벽은 크기가 고르지 않은 0.2~0.6m 정도의 자연 석재로 축조됨. 남벽은 비교적 커다란 판석 하나를 세워 축조함. 판석은 높이 0.9m, 너비 0.7m, 두께 0.25m임.

○ 묘도는 없음.

○ 천장은 평천장 구조이며, 묘실 천장부는 두 개의 비교적 커다란 판석으로 덮음.

○ 묘실 바닥은 잘게 깨진 돌이 한 층 평평하게 깔려있으며, 지표보다 약간 낮음.

(4) 기타

출토유물은 없음.

4. 역사적 성격

JYM0757와 유사구조의 석관묘는 수십 기가 있으나 발굴되지는 않았음. 무덤 구조는 고구려 봉토석실묘와는 다르며, 길림성 동부 산간지역에서 유행하는 석관묘와 유사구조로서 고구려보다 이른 대략 전국시대 후기로 비정됨.

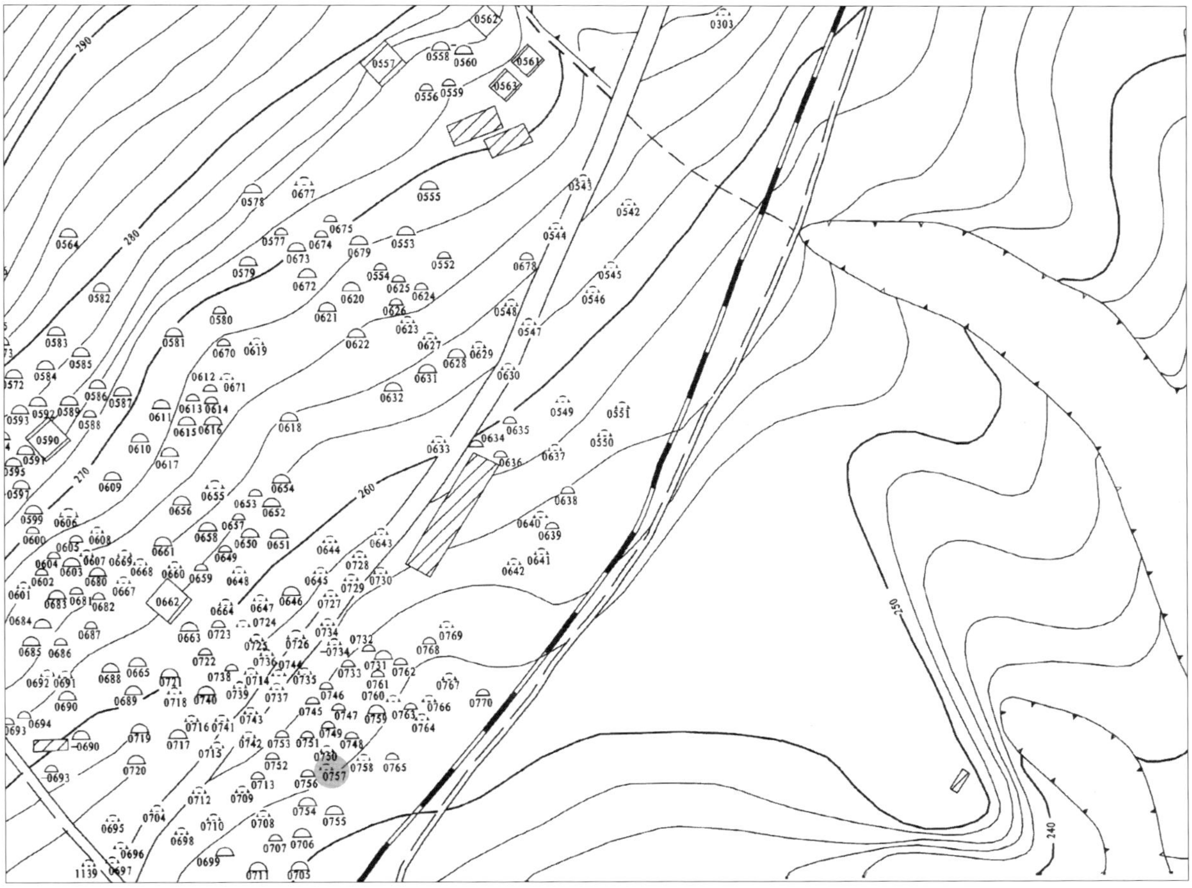

그림 2 우산하0757호묘 위치도(『洞溝古墓群－1997年調査測繪報告』)

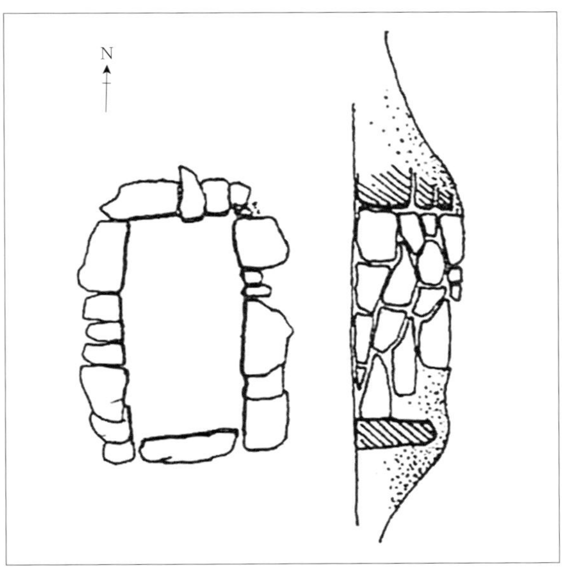

그림 3 우산하0757호묘 평 · 단면도(『高句麗研究文集』)

참고문헌

- 吉林省文物志編委會, 1984, 『集安縣文物志』.
- 吉林省文物考古研究所 · 集安市文物保管所, 1993, 「集安洞溝古墳群禹山墓區集錫公路墓葬發掘」, 『高句麗研究文集』, 延邊大學出版社 ; 2009, 『吉林集安高句麗墓葬報告集』 재수록.
- 吉林省文物考古研究所 · 集安市博物館, 2002, 『洞溝古墓群－1997年調査測繪報告』, 科學出版社.

02 집안 우산하0000호묘

集安 禹山下0000號墓 | JYM0000

1. 조사현황

1) 1989년

○ 조사기간 : 1989년 여름.

○ 조사내용 : 集安市 관계부서가 산 정상에 烈士塔을 축조할 때 고분을 발견. 市文管所가 발견 소식을 듣고 현장에 도착했을 때에는 대부분 훼손되어 북측과 동측 가장자리의 흔적만을 찾을 수 있었음. 고분은 구릉 정상부의 남쪽 끝에 위치하였고, 북면 바깥 약 30m 지점에는 구릉 능선을 따라 무덤 3기가 배열되어 있었음. 고분은 지표와 거의 같았고 석재가 노출되어 있었음. 석재는 깨진 산돌과 강자갈이었음. 돌무지의 평면은 불규칙한 원형으로 직경은 10m 정도였음.

2) 2003~2005년

○ 조사자 : 張福有, 孫仁杰, 遲勇.

○ 조사내용 : 퇴적된 깨진 산돌, 대량의 회색 繩文기와, 熔石을 수습하고 북측의 陪塚 확인.

2. 위치와 자연환경

1) 고분의 위치

○ 집안시 集安賓館 북면의 높은 언덕에 위치.

○ 禹山 서쪽 끝 높은 언덕에 위치.

○ 고분이 위치한 지세는 높고 앞이 탁 트여 시원함.

○ 중심지리좌표는 동경 125°10′600″, 북위 41°07′828″이고 해발은 283m임.

2) 고분의 주변환경

○ 서북쪽 약 200m의 산비탈 아래에 山城下塼廠1號墓(JS磚M0001)가 있음.

○ 동쪽으로 하천을 건너 150m 떨어진 지점에 禹山下3319號墓가 있음.

○ 동남부 산비탈 아래에 梨樹園南유적지가 있음.

○ 동쪽으로 禹山下古墳群이 이어지고 서쪽으로는 通溝河谷이 내려다보이며 남쪽으로 國內城이 보이고 북쪽으로 禹山을 기대고 있음.

3. 고분의 현황

1) 발굴 전 상황

1966년 通溝古墳群 실측조사 때에는 누락되었음. 낮고 작았을 뿐만 아니라, 그나마 무너져서 그 외형이 불규칙하였고, 오랜 기간 부식토가 두껍게 덮여 있었기 때문에 고분이라고 인식하지 못하였던 것임.

2) 고분 형식

(1) 유형

有壇積石石壙墓.

(2) 고분의 규모

남북 길이 30m, 동서 너비 28m, 높이 2.5m.

3) 고분 구조

○ 능묘는 산과 같은 지세를 갖추고 있음.

○ 평면은 대략 타원형임. 북변은 비교적 일직선이고 남변은 바깥으로 휘어졌음.

○ 무덤 둘레의 돌은 비교적 큰데, 직경이 0.8m 정도임. 고분 내에 채워진 돌은 대부분 깨진 산돌과 강자갈로 크기는 0.3m 정도임.

○ 고분 위에 熔石이 있음.

4. 상관유적

고분 북측에서 배장묘가 확인됨.

5. 출토유물

1) 토기

(1) 호(壺)

○ 출토지 : 우산하0000호묘.

○ 형태 : 목부분(頸部)만 남아 있음. 소성온도가 낮은 고구려 초기의 토기임.

○ 태토 및 색깔 : 모래혼입 갈색토기.

2) 기와

(1) 기와편

○ 출토지 : 우산하0000호묘.

○ 형태 : 많은 기와편이 고분에 흩어져 있음. 배면에 승문이 있음.

○ 색깔 : 회색.

6. 역사적 성격

○ 고구려 초기의 왕릉으로 볼 수 있음(孫仁杰 · 遲勇, 2007).

○『三國史記』에 보이는 고구려 2대 왕 유리왕이 묻혔다는 '豆谷東原'은 通溝河 동쪽 국내성 북쪽의 고지대, '豆谷離宮'은 梨樹園南유적지로 추정됨. 그렇다면 우산하0000호묘는 유리왕의 무덤에 부합(張福有 · 孫仁杰 · 遲勇, 2007).

○ 현재 고분의 흔적을 전혀 찾아볼 수 없음.

참고문헌

• 孫仁杰 · 遲勇, 2007,『集安高句麗墓葬』, 香港亞洲出版社.
• 張福有 · 孫仁杰 · 遲勇, 2007,「高句麗王陵通考要報」,『東北史地』2007-4.

03 집안 우산하0001호묘 : 장군총

集安 禹山下0001號墓 : 將軍塚 | JYM0001

1. 조사현황

1) 1907년

○ 조사자 : 프랑스의 동양학자 에두아르 샤반(Édouard Chavannes).

○ 조사내용 : 集安지역을 조사할 때 묘실에서 향민들이 모시던 목패를 발견하였는데, 윗면에 '好太王'의 자리라고 쓰여 있었기 때문에 호태왕, 즉 광개토왕의 능묘라고 기록함.

2) 1909~1910년

○ 조사자 : 關野貞, 谷井濟一, 栗山俊一.

3) 1935년

○ 조사자 : 池內宏, 黑田源次, 梅原末治, 三上次男.

○ 조사내용 : 집안의 도성 및 중요 고분들을 조사할 때 조사대상에 포함됨.

4) 1936년

○ 조사자 : 三上次男.

○ 조사내용 : 강계, 만포진, 環紋墓, 牟頭婁墓, 太王陵, 山城子山城, 四神墓, 三室墓 등과 함께 조사됨.

5) 1963년

○ 조사기관 : 集安市文物保管所.

○ 조사내용 : 분구의 충적토 정리. 고분 남쪽 護墳石 위의 흙더미에서 철제사슬(鐵鏈), 금동머리장식, 대량의 기와 등 건축 구조물들을 수습.

6) 1966년

○ 조사기관 : 吉林省博物館, 집안시문물보관소.

○ 조사내용 : 通溝古墳群에 대한 실측조사 때 '禹山墓區0001號墓(JYM0001)'로 편호.

7) 1979년

○ 조사내용 : 시멘트판 울타리공사 진행.

8) 1985년

○ 조사내용 : 고분 정리 및 보호담장 설치.

9) 1994년

○ 조사내용 : 무덤 보수공사 중 서북 모서리부분의 기단 외측에서 基礎를 발견.

10) 1997년

○ 조사기관 : 집안시문물보관소.

○ 조사내용 : 장군총과 陪葬墓에 대해 상세히 실측. 2호 배장묘 주변 정리 진행.

11) 2000년

○ 조사기관 : 吉林省文物考古研究所.

○ 조사내용 : 서측 배장묘(JYM0002B) 정리 등 중요

그림 1 장군총 위치도(『洞溝古墓群－1997年調査測繪報告』, 182쪽)

작업이 여러 차례 이루어짐.

12) 2003년

○ 조사기관 : 北京特種工程設計院, 길림성문물고고연구소.

○ 조사내용 : 통구고분군 주요 유적의 조사 및 환경정비와 맞물려 북경특종공정설계원이 전면적인 실측과 지질 조사, 길림성문물고고연구소가 서측의 건축유적지에 대한 전면적 시굴 조사와 일부분에 대한 발굴 진행.

2. 위치와 자연환경(그림 1 ~ 그림 2)

1) 고분의 위치

○ 집안시 禹山下古墳群 동쪽 가장자리의 龍山 남쪽

그림 2 장군총 지형도(『集安高句麗王陵』, 336쪽)

기슭에 홀로 위치.

○ 太王鎭 果樹村 3組(畢家堡子)의 경작지에 위치.

2) 고분의 주변환경

○ 서남방향으로 약 5.7km 떨어진 지점에 國內城이 있음.

○ 북쪽으로는 용산에 기대고 있음.

○ 고분 남쪽은 경사져서 내려감.

○ 동북측에는 2기의 배장묘와 祭臺가 있음.

○ 서북측에는 축조 연대가 많이 늦는 봉토묘가 있음.

○ 서남쪽에는 대형 건축유적지가 있음.

○ 남쪽으로 1.5km에 떨어진 지점에 臨江墓가 있음.

○ 서남쪽으로 2km여 떨어진 지점에 태왕릉과 광개토왕릉비가 있음.

3. 고분의 현황

1) 고분 명칭의 변천

○ '將軍塚'이란 고분명은 향민들이 부르던 俗稱이었음.

○ 1966년 통구고분군에 대한 실측조사 때 '禹山墓區 0001號墓(JYM0001)'로 편호.

2) 고분발굴 전 상황

○ 明代 이전에 도굴당하였다고 하나, 보존 상태는 양호함.

○ 정상부에 수목이 무성하였는데, 1963년 이후 계속 벌목을 진행.

3) 고분 형식

(1) 유형

石室階壇積石墓.

(2) 고분의 규모

계단 한 변의 길이 30.15~31.25m, 높이 13.07m.

4) 고분 구조

(1) 묘장(그림 3~그림 8)

○ 현재는 장대석이 일부 파손되고 북측 중간의 護墳石은 결실되었으며 동북과 서북 모서리 근처의 基礎石은 약간 함몰된 상태임.

○ 계단, 묘실, 基礎 세 부분으로 구성.

○ 계단은 7단으로, 정교하게 다듬은 화강암 장대석으로 축조. 위로 갈수록 안으로 들여쌓음으로써 계단상의 金字塔 형태를 띰.

○ 현재 계단과 호분석 등 총 석재 수는 1,146매이고, 21매는 결실됨.

○ 고분 각 면에 각각 3개의 호분석이 기대어 있음.

○ 계단 아래에는 커다란 돌을 깔아서 만든 基壇이 있음. 기단은 대체적으로 방형이고, 평균 한 변의 길이는 32.3m임.

○ 기단 아래에 큰 강자갈로 기초를 만듦. 그 표면에는 護基石을 한 바퀴 둘렀음. 아울러 무덤 밖으로 물을 빼내는 배수구를 축조.

○ 묘실은 제3단 계단에 축조하였고, 천장에 큰 개정석이 있음.

○ 연도의 입구는 제5단 계단에 있고, 서남쪽임.

(2) 基礎

○ 1994년에 보수할 때 서북 모서리부분의 기단 외측에서 발견.

○ 황토층에 구덩이를 파고 강자갈로 메우는 방법을 채용하였는데, 메운 돌의 깊이는 1~1.2m이고, 가장자리는 기단보다 3m 넓음. 강자갈은 모두 편평한데, 직경 0.8~1.2m, 두께 0.1m임. 강자갈 아래의 황토층 표면 일부에서 단단한 깨진 산돌을 볼 수 있음.

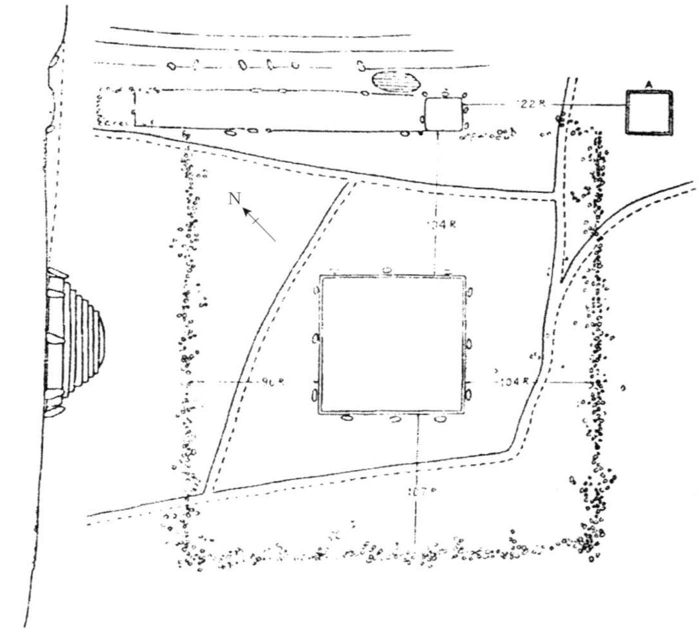

그림 3 장군총 묘역평면도 1(『通溝』 上, 54쪽)

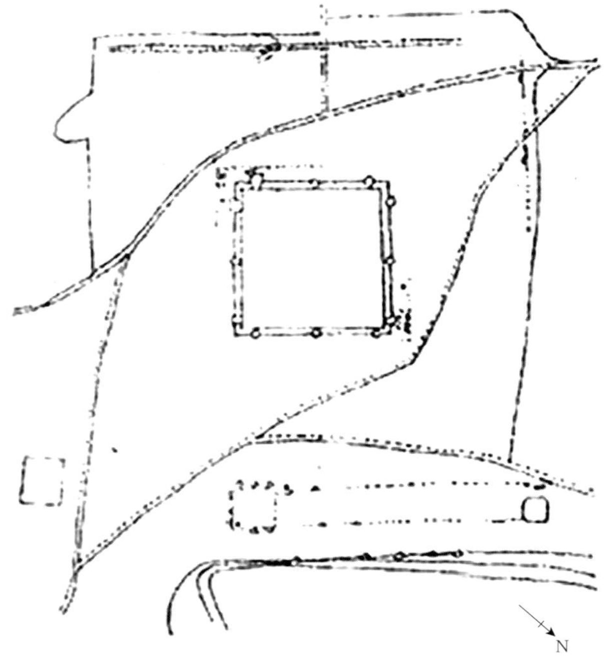

그림 4 장군총 묘역평면도 2(「通溝附近の古墳と高句麗墓制」, 522쪽)

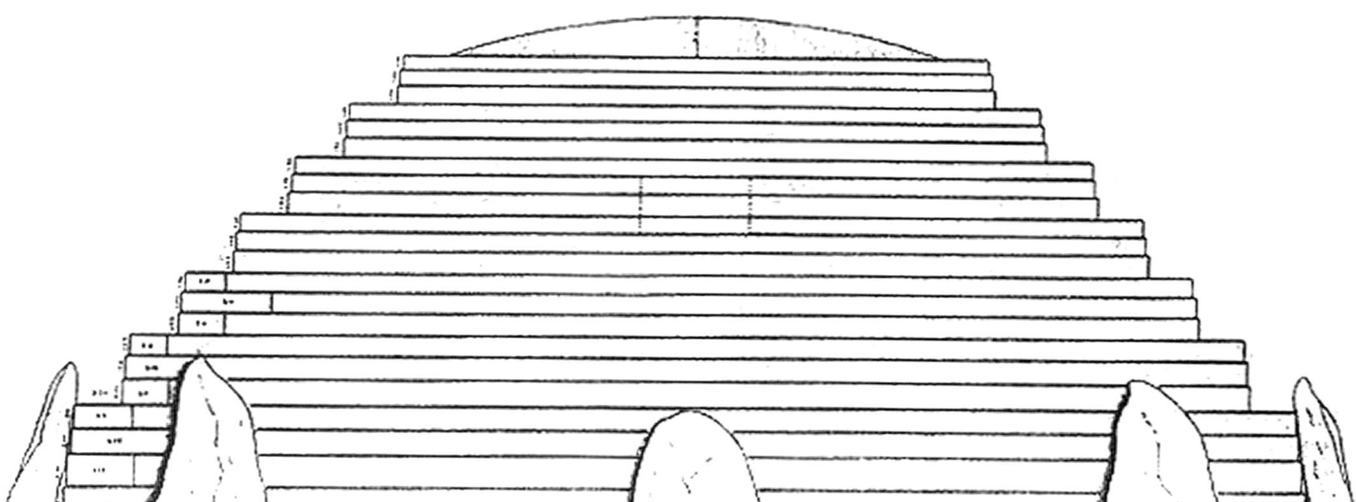

그림 5 장군총 측면도(『朝鮮古蹟圖譜(一)』, 54쪽)

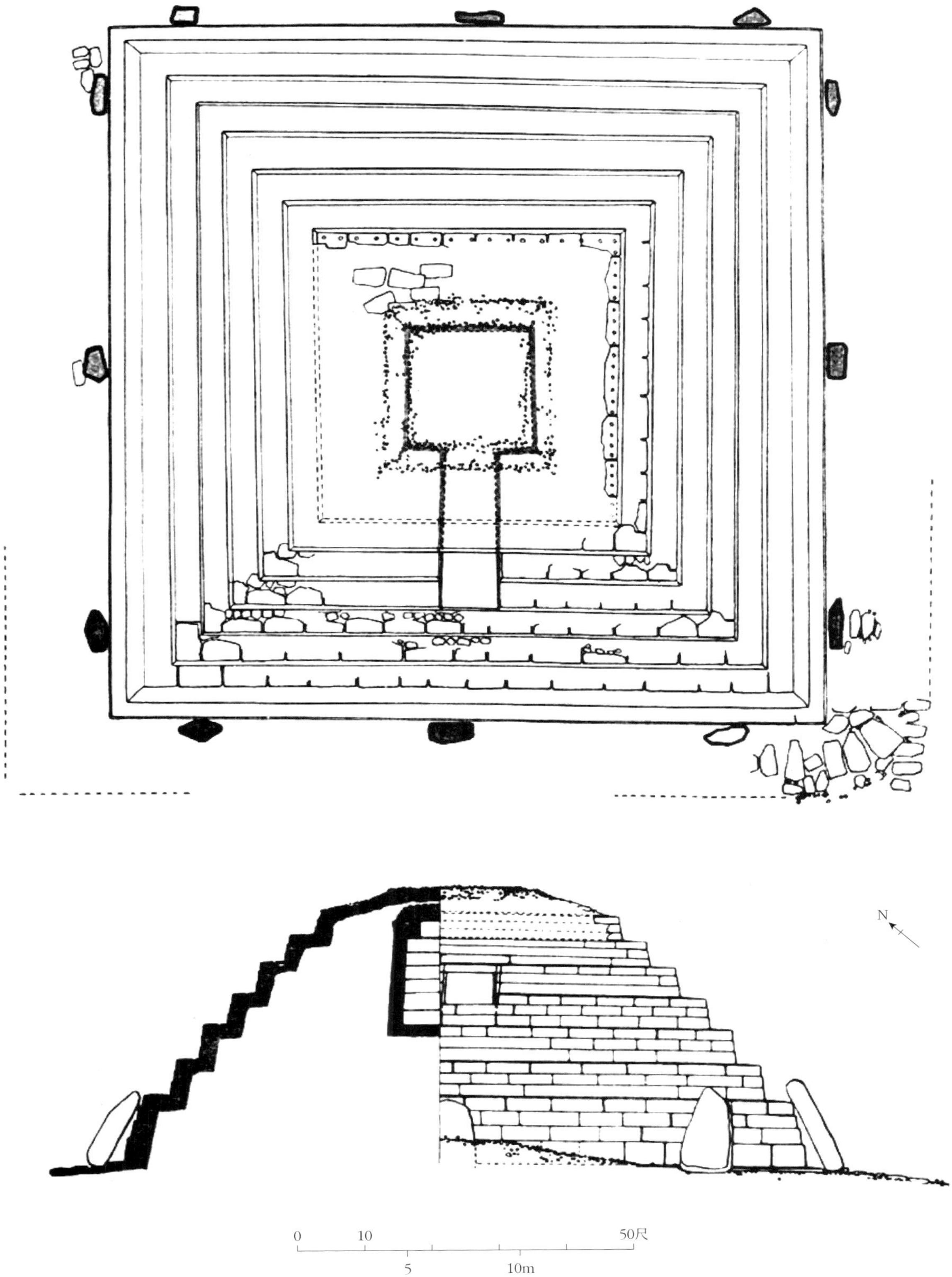

그림 6 장군총 평·단면도(『通溝』 上, 도면 14)

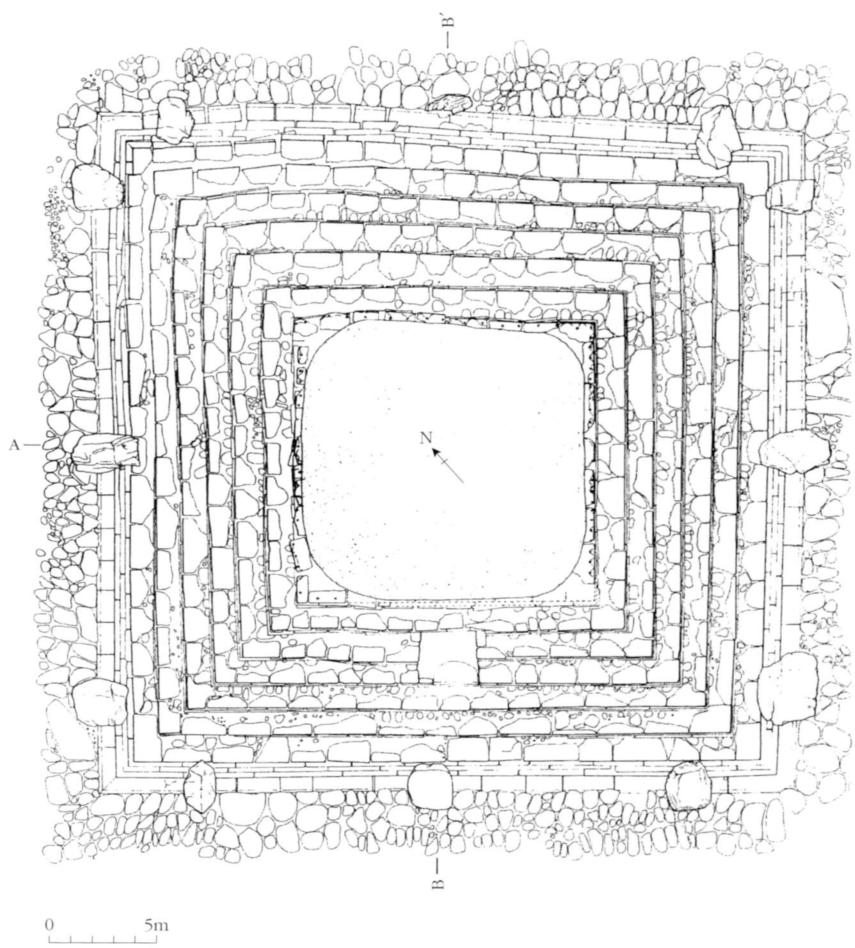

그림 7 장군총 평면도
(『集安高句麗王陵』, 339쪽)

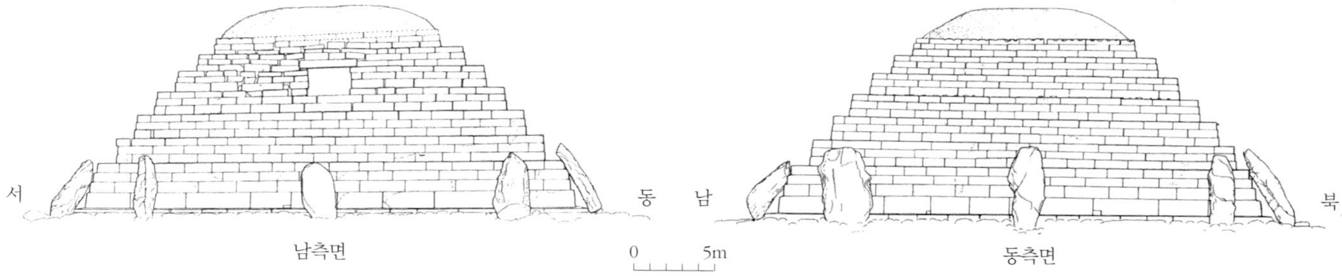

그림 8 장군총 측면도(『集安高句麗王陵』, 342쪽)

(3) 基壇과 護基石(그림 9)

○ 1963년에 발견. 기단은 기초석 위에 축조.

○ 기단은 가지런하고 정연한 화강암으로 축조.

○ 기단의 상면은 지표면과 같으며, 평면은 방형에 가까움.

○ 북변 길이 33.1m, 남변 길이 31.8m, 서변 길이 32.6m, 동변 길이 31.7m임.

○ 기단 안쪽으로 0.5~0.6m 들여서 계단을 쌓았음.

○ 기단 외측에는 너비 약 3~4m, 두께 10~16cm의 큰 강자갈을 빽빽하게 깔았으며, 네 면 모두 무덤 기초의 자갈층보다 넓음. 기단석이 자리를 벗어나 변형되는 것을 막기 위해 설치한 것이므로 '護基石'이라고 부를 수 있음.

○ 1963년에 고분을 정리하던 중 고분 남쪽 호기석 위의 흙더미에서 철제쇠사슬(鐵鏈)과 금동머리장식(鎏金頭飾) 그리고 대량의 기와 등 건축자재를 수습.

(4) 계단(그림 10)

○ 기단 위로 7단의 계단을 축조.

○ 아래에서 정상부로 갈수록 매 단마다 1.05~1.2m 안으로 들여쌓음. 위로 갈수록 들여쌓은 너비는 좁아짐.

○ 계단은 화강암을 면석으로 삼았는데, 석재는 모두 가공하였음. 일반적으로 외표면이 斜面이고 단면은 사다리꼴인 장대석으로 축조.

○ 바닥부분의 장대석은 길이 2.4m, 너비 0.9m 정도이고, 동일층에는 같은 높이의 돌을 사용. 바닥에 놓여 있는 가장 큰 돌은 길이 5.7m, 너비 1.12m, 두께 1.1m임. 위로 갈수록 돌은 조금씩 작아지는데, 길이 1m, 너비 0.4~0.7m이고, 꼭대기층의 가장 작은 돌은 0.5m, 너비 0.6m임.

○ 모서리돌은 일반적으로 아랫쪽이 작고 윗쪽은 큰 方臺形으로 다듬었음. 동남 모서리의 돌은 작은 것이 길이 0.7~1.2m, 두께 0.5m이고, 큰 것은 3.2~3.7m,

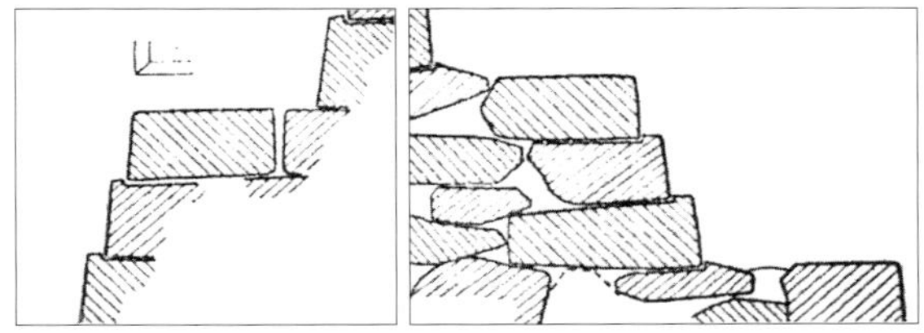

그림 9 장군총 기단 세부(『通溝』 上, 52쪽)

그림 10 장군총 계단 세부(『通溝』 上, 53쪽)

두께 1.1m임.

○ 계단을 견고하게 쌓기 위해 계단석의 바깥쪽 가장자리(가장 꼭대기층의 계단석은 제외)에 5~7cm 볼록하게 돌기를 만들어 윗돌과 아랫돌이 서로 맞물리게 함. 제1단 계단석의 돌기 너비는 18~20cm이고, 그 나머지 6단 계단석의 돌기 너비는 7~10cm임.

○ 계단 내부는 강자갈과 산자갈로 채웠는데, 위에 놓인 장대석의 폭과 맞지 않는 경우에는 큰 강자갈을 평평하고 가지런하게 쌓았음. 일부 냇돌에는 돌기를 만들어 위에 놓인 계단석이 튕겨나가는 것을 방지함.

○ 제1단 계단은 4층이고, 나머지 6단의 계단은 3층임. 계단 높이는 위로 갈수록 점차 낮아짐. 일반적으로 분구 정상부의 1~2층은 비교적 얇고 넓은 돌, 아랫층에

는 큰 돌을 이용함. 조금씩 안으로 들여 계단을 쌓음으로써 고분은 매우 반듯하고 아름다움.

○ 제1단 계단의 높이는 3m이고, 서북 모서리가 外張됨에 따라 네 변의 길이는 같지 않음. 동측 계단은 바닥 길이 30.15m, 상면 길이 28.65m, 남측 계단은 바닥 길이 30.75m, 상면 길이 29.15m, 서측 계단은 바닥 길이 31.1m, 상면 길이 29.5m, 북측 계단은 바닥 길이 31.25m, 상면 길이 29.65m임. 현재 계단 각 모서리가 외장됨에 따라 서·북 양측 석재에 비교적 큰 틈이 여러 곳 있지만, 동·남 양측은 원래 형태에 가깝다고 볼 수 있음. 만약 원상태로 복구한다면 고분 네 면은 대칭되며, 세로 길이가 가로 길이에 비해 0.6m 짧지만 정방형에 가까움. 제1단 계단 동·서 양측의 4층 장대석은 각각 0.8m 안으로 들어가는 데 반해 남북 양측의 4층 장대석은 각각 0.75m 안으로 들어감으로써, 들어간 폭 또한 가로방향이 세로방향보다 큼. 이는 분구 정상부까지 이어져서 전체 평면은 방형이 됨.

○ 제2단 계단의 높이는 1.6~1.7m임. 제1단 계단의 평평한 면 위에 1~1.2m 안으로 들여쌓음. 들어간 폭은 가로방향이 더 넓음. 윗변 길이는 26.2~27.2m임. 3층 장대석의 네 면은 각각 20cm 안으로 들어갔는데, 제1단 계단과 비교해 안으로 들어간 폭이 좁음.

○ 제3단 이상의 각 계단 모두 아랫 계단보다 1~1.1m 정도 안으로 들여쌓음. 들어간 폭의 차이는 상대적으로 크지 않고 세로방향이 가로방향보다 약간 넓음. 높이는 점차 5~10cm 정도 줄어듦.

○ 제3단 계단은 높이 1.5~1.6m, 윗변 길이 23.7~24.7m임.

○ 제4단 계단은 높이 1.4~1.5m, 윗변 길이 21.35~22m임.

○ 제5단 계단은 높이 1.35~1.4m, 윗변 길이 18.85~19.4m임.

○ 제6단 계단은 높이 1.25~1.3m, 윗변 길이 16.2~16.5m임.

○ 제7단 계단은 높이 1.1~1.2m, 윗변 길이 13.5~13.8m임.

○ 계단 위에 회록색 석판이 세워져 있음. 현재 서변 제1·2단 계단의 일부 석재 틈에서 잔편을 볼 수 있음.

(5) 묘실(그림 11~그림 13)

○ 묘실은 제3단 계단 위에 축조.

○ 바닥 한 변의 길이는 5.43~5.5m, 전체 높이는 5.1m임.

○ 묘실의 네 벽은 장대석으로 6층을 쌓아 축조. 위로 갈수록 약간 안으로 기울어짐.

○ 네 벽 윗쪽 끝부분 가까이에 커다란 장대석을 놓고 그 위에 1층 평행고임을 형성. 다시 그 위로 평평하게 다듬은 돌을 덮음.

○ 묘실 바닥에는 판석을 깔았는데, 부분적으로 파손됨. 그 위에는 棺床 2개가 있음. 관상 상면 가장자리

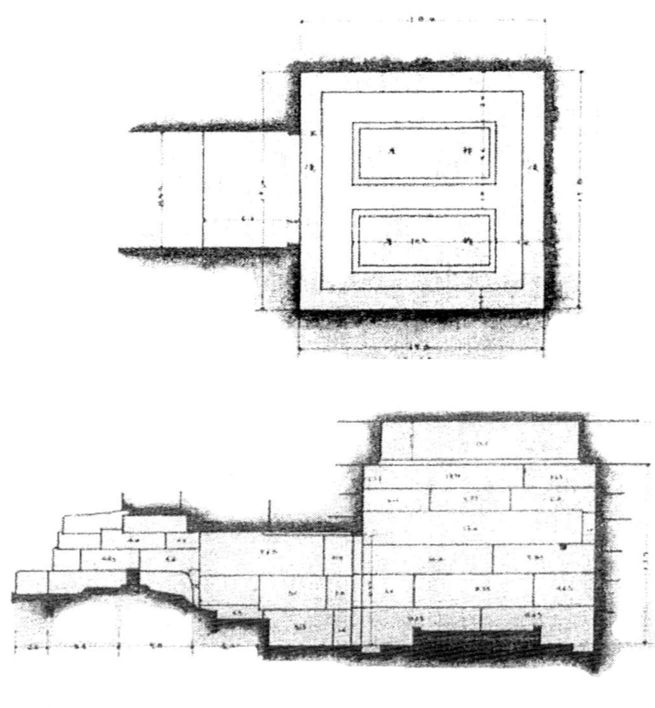

그림 11 장군총 묘실 실측도 1(『朝鮮古蹟圖譜(一)』, 54쪽)

를 따라 턱을 만들었음. 두 관상은 동서로 배열되어 있고 서로 간 거리는 0.5m임. 서측 관상은 길이 3.25m, 너비 1.45m, 높이 0.45m이고, 동측 관상은 3.2m, 너비 1.3m, 높이 0.38m임.

○ 연도는 묘실 남벽 정중앙에 있는데, 제5단 계단의 중앙에 해당. 대략 방형으로 길이는 8.3m, 방향은 235°임. 연도의 양 벽은 장대석을 3층 쌓아 축조. 연도의 너비는 2~2.75m, 높이는 1.4~2.2m임. 연도는 묘실에서 바깥으로 갈수록 점차 넓어지고, 경사져 올라가서 중간 부분은 묘실 바닥보다 0.75m 높음. 연도 천장은 3개의 큰 돌로 덮었음. 입구 부분의 돌 가장자리에 파여 있는 홈을 통해 석재로 만든 문이 있었음을 알 수 있음.

(6) 묘 정상부

○ 묘 정상까지의 높이는 13.7m이고, 평면은 방형임.

○ 네 면은 제7단 계단의 맨꼭대기층 계단석의 변이 되는데, 한 변의 길이는 13.5~13.8m임.

○ 중심은 주변의 묘실 천장석보다 약간 높고, 정상부는 황토로 봉함. 중앙의 봉토 두께는 0.7m이고, 주변 가장자리는 비교적 얕음. 봉토에 사용된 황토에는 백회가 섞여 있음.

○ 천장석은 불규칙한 타원형임. 길이 9.5m, 너비 7.45m, 두께 0.8m임. 천장석과 계단 장대석 사이에 가공된 석판을 깔았고, 돌 사이의 틈은 강자갈과 백회가 섞여 있는 황토로 메워 묘실 내부로 빗물이 스며들어가는 것을 방지함.

○ 묘 정상 서·남면 제7단 계단 맨꼭대기층의 장대석은 일부 결실되었는데, 10~20cm 간격으로 직경

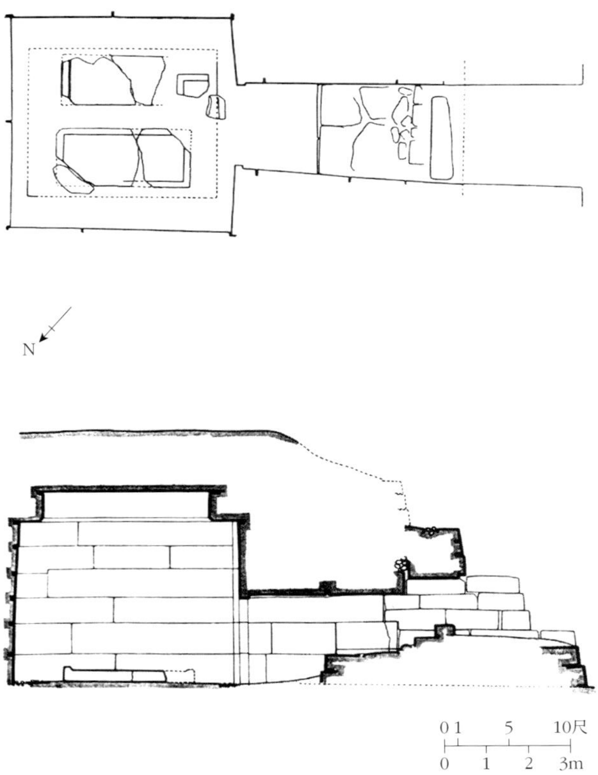

그림 12 장군총 묘실 실측도 2(『通溝』 上, 도면 16)

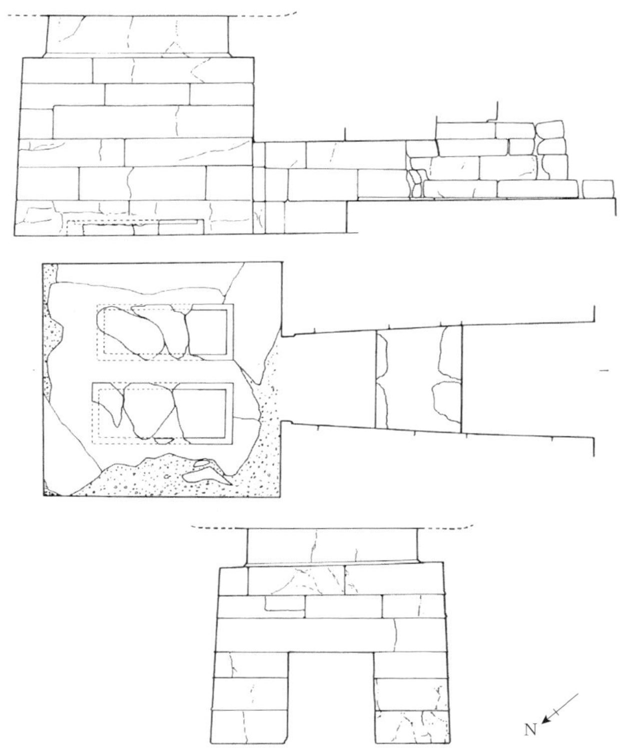

그림 13 장군총 묘실 실측도 3(『集安高句麗王陵』, 343쪽)

10cm, 길이 5cm의 작은 원형 구멍이 있음. 서측면은 장대석 2개가 결실되었고 17개의 구멍이 남아 있으며, 구멍 사이의 거리는 0.4~0.6m로 같지 않음. 북측면은 장대석 3개가 약간 부서졌고 현재 원형 구멍 18개가 남아 있는데, 구멍 사이 거리는 0.5~0.8cm이지만 가장 가까운 2개의 구멍은 서북각 사이의 거리와 같은 0.3m임. 동측은 한 개의 모서리돌만 파손되었고 원형 구멍 21개가 남아 있음. 중간의 일부분을 제외하고 구멍 사이의 거리는 대체로 같음. 남측에는 가공된 돌 한 개만 남아 있는데, 구멍 2개가 있고 사이의 거리는 0.9m임. 고분 아래에서 철제사슬이 발견된 정황을 볼 때 분구 정상부에 난간이나 건축물이 있었을 가능성이 있음.

(7) 護墳石

○ 고분이 외장하여 무너지는 것을 방지하기 위해 설치한 것임.

○ 고분 각 면에 3개씩 있는데, 중간과 양 모서리에 각각 한 개씩 일정한 간격으로 배치. 현재 북측 중간의 호분석은 없어졌고 나머지는 온전하게 남아 있음. 모두 평평한 면이 안쪽으로 향하게 설치.

○ 돌의 두껍고 무거운 부분(아랫부분)은 기단 바깥 호기석 위에 세웠고, 나머지 부분(윗부분)은 제1단 계단의 맨꼭대기 장대석에 비스듬히 기대었음.

○ 각 호분석은 크고 두꺼우며 무겁고, 형태는 규칙적이지 않음. 가장 큰 호분석은 서측 중간에 있는 것으로 높이 4.5m, 너비 1.9m, 두께 1~1.5m임. 가장 작은 호분석은 북측의 서쪽 끝에 위치한 것으로 높이 2.6m, 너비 1.3m, 두께 0.75m임.

(8) 배수구

○ 빗물이나 지표의 물에 의한 침식을 방지하기 위해 고분 바깥쪽으로 향하는 지하배수시설을 축조.

○ 1994년에 고분 동남 모서리의 약 34.8m 지점에서 한 개의 판석으로 쌓은 배수로를 발견. 당시에는 1.2m 구간만 정리. 그 방향은 180°로, 고분 동남 모서리와 마주하고 있음. 1호 배장묘의 동남쪽과 태왕릉 동북면에 배수로가 있는 점을 미루어 볼 때 장군총 앞의 양 모서리에 유사한 지하배수로가 있었을 것으로 추정.

(9) 묘역

○ 고분 주위에 자갈이 깔려 있어서 장군총의 묘역으로 보임. 너비는 네 면 각각 약 30m 정도임. 고분 가까이에 있는 강자갈은 비교적 크고, 고분에서 멀리 떨어져 있는 강자갈은 작고 부서졌음.

○ 2003년 8월 고분에 대한 관개수로공사 때 고분 서남 정중앙에서 장대석으로 한 층 쌓은 석렬 일부분을 발견하였는데, 담장(墻)으로 추정. 높이는 약 0.5m임. 북쪽으로 고분과의 거리는 30m 정도로, 장군총 핵심 묘역 남쪽의 보호축대였을 것으로 추정.

4. 관련 유적

○ 장군총 주위에서 배장묘, 제대, 건물지 등 상관 유적이 발견.

○ 배장묘에 대해 池內宏은 '陪冢群'으로 기록하면서 4~5기가 있었을 것으로 추정(池內宏, 1938). 장군총 북측에 동서방향으로 일렬 위치하고 있는데, 2000년 조사 당시 2기였음을 확인.

1) 1호 배장묘(JYM0002, 그림 14~그림 16)

○ 1966년 통구고분군에 대한 실측조사 때 '1호 배장묘'로 명명하고 'JYM0002'로 편호.

○ 장군총 서북 모서리에서 43m 떨어진 곳에 위치.

○ 기단의 한 변 길이는 9.1m, 높이는 4.72m임.

○ 비교적 온전하게 보존.

○ 장군총과 비교하면 석실계단적석총이라는 공통점

이 있으나, 규모는 작고 큰 호분석이 없음. 상부는 지석묘(石棚墓)에 가까움.

○ 장군총과 마찬가지로 하부에 기단을 쌓았음. 기단은 가공한 화강암 재질의 장대석으로 쌓았음. 기단 아래에는 두께 약 0.8m의 강자갈 기초가 있음. 기초 평면은 방형에 가까움. 한 변의 길이는 약 10m 정도임. 1997년 조사 당시 북쪽이 남쪽에 비해 46cm 높음을 확인. 기단 바깥 주위에 직경 0.8~1.5m의 큰 강돌을 평평하게 깔았는데, 너비는 2m 정도임. 무덤의 기초를 보호하는 작용을 함.

○ 고분 남측 정중앙 기초 자갈돌 위에 회록색 판석 2개가 있음. 西大墓, 千秋墓, 태왕릉 등의 계단에서 발견되는 立石板과 같은 의미를 가짐. 판석에 세로방향의 얕은 홈 여러 줄이 새겨져 있음.

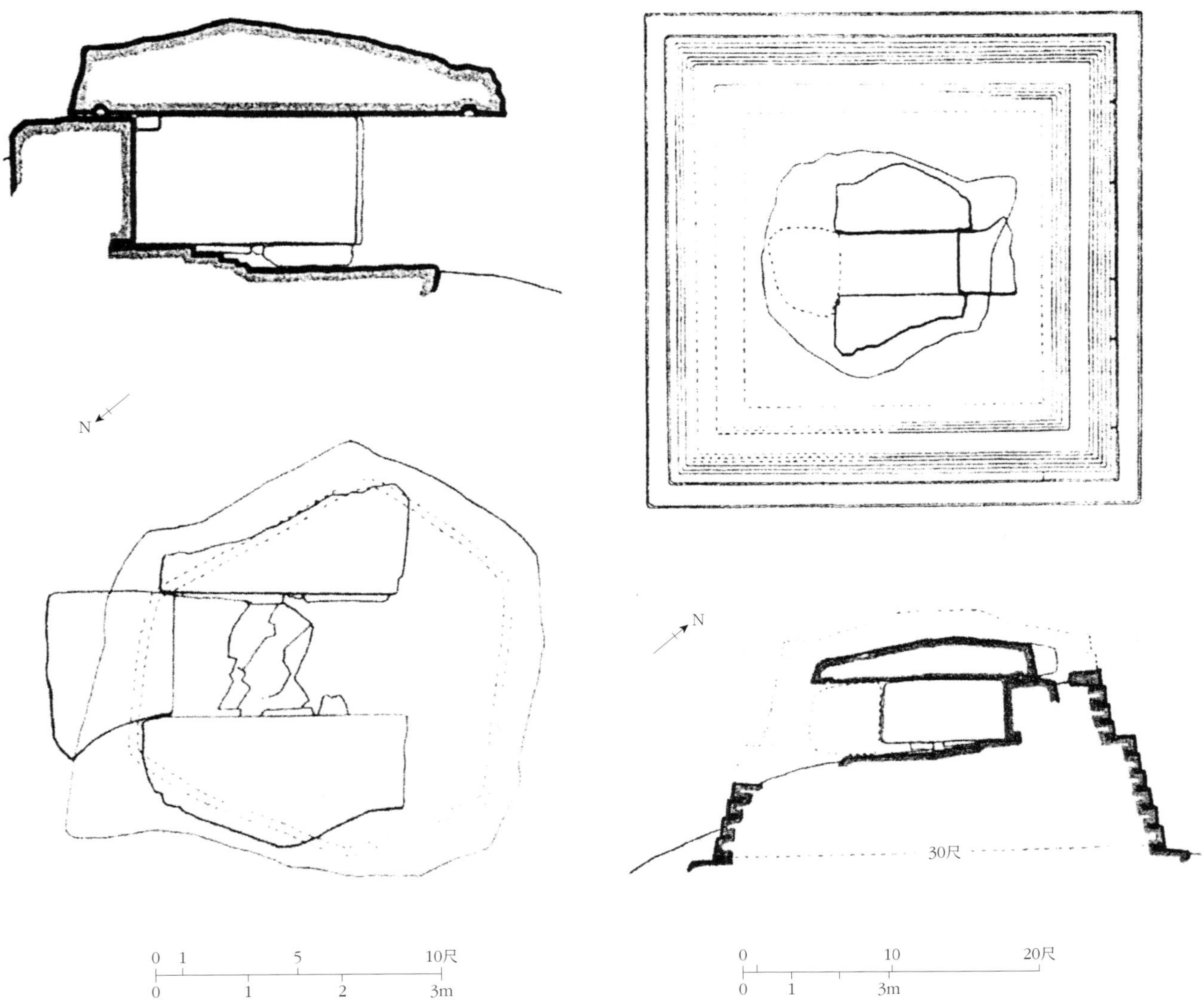

그림 14 장군총 1호 배장묘 실측도 1(『通溝』 上, 도면 19)

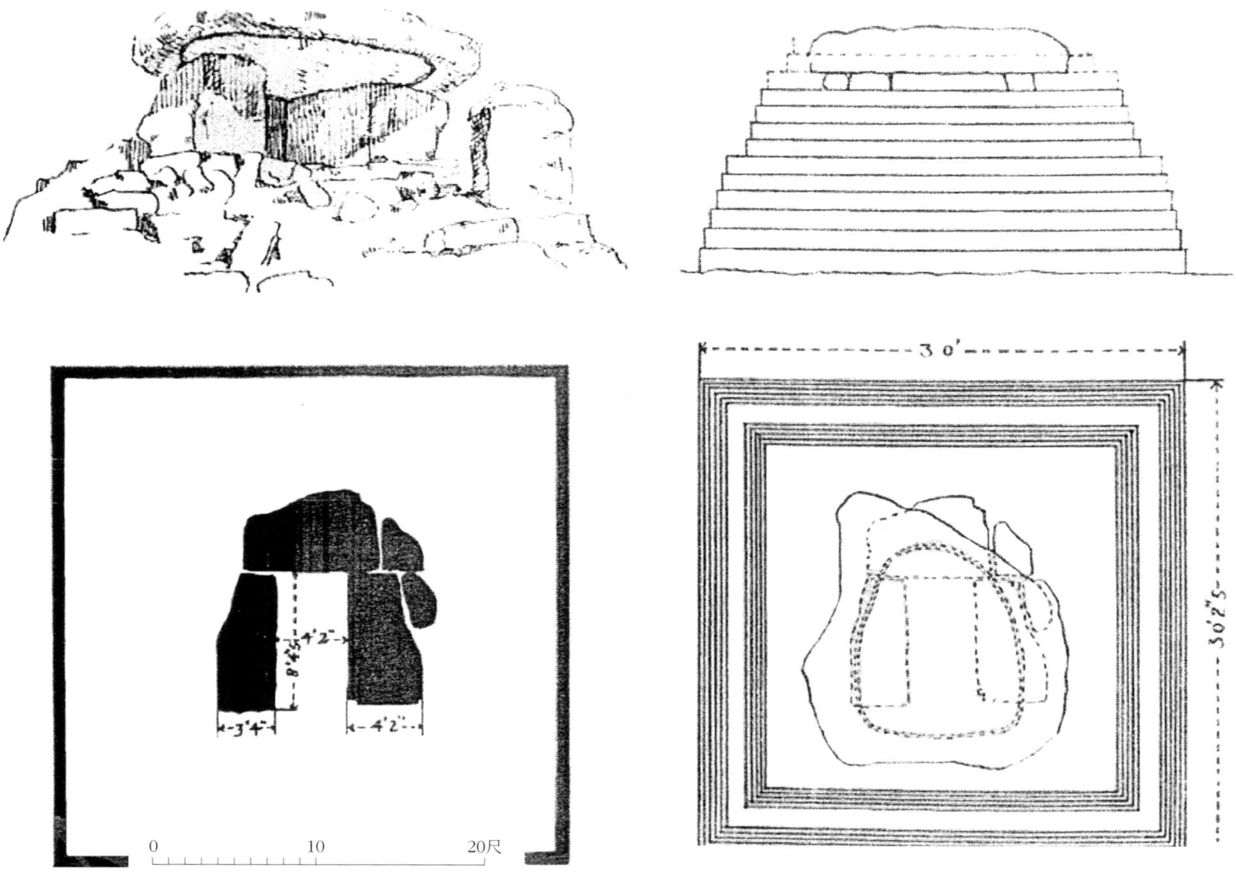

그림 15 장군총 1호 배장묘 실측도 2(『朝鮮古蹟圖譜(一)』, 63쪽)

○ 기단 안쪽 0.8m 지점에 2단 계단을 축조하였는데, 지금은 일부 장대석만 남아 있음. 제1단 계단은 한 변의 길이 9.22m, 높이 2.2~2.4m임. 장대석으로 6층을 쌓음. 현재는 동북측이 비교적 양호하게 남아 있고, 나머지 3면은 1~4층만이 남아 있음. 상층의 장대석의 결실이 심함. 제2단 계단은 제1단 계단에서 0.4m 안으로 들여쌓았음. 동북측은 3층이 남아 있고, 돌의 높이는 1m임. 가장 높은 지점과 천장석의 가장 낮은 면은 1~2층 장대석의 차이가 있는데, 현재는 파손. 계단석 안은 자갈로 채웠는데, 백회가 섞여 있음. 장대석의 가장자리를 볼록하게 돌출시켜 층층마다 서로 맞추어 쌓음.

○ 묘실은 바깥으로 드러나 있음. 제1단 계단의 5층 장대석 위에 축조. 평면은 장방형으로 길이 2.6m, 너비 1.22m, 높이 1.6m임. 묘 바닥과 묘실 하부의 동·서·북 세 면은 석회암과 頁巖으로 축조하였고, 상부는 높이 1.2m의 가지런한 화강암으로 축조. 그 내측은 평평하며 외측은 자연 형태를 유지함. 묘문은 방향이 235°로 장군총과 같은 방향이고, 너비는 1.24m, 높이는 1.6m임. 묘문 좌측의 남아 있는 돌을 통해 묘문석이 있었음을 알 수 있음. 천장석은 길이 5.5m, 너비 4.6m, 두께 0.4~1m임. 형태는 규칙적이지 않으나, 안쪽 면이 약간 평평하고, 네 면은 묘벽 밖으로 나옴. 방수를 위해 천장석 아래의 가장자리에 깊이 0.4m, 너

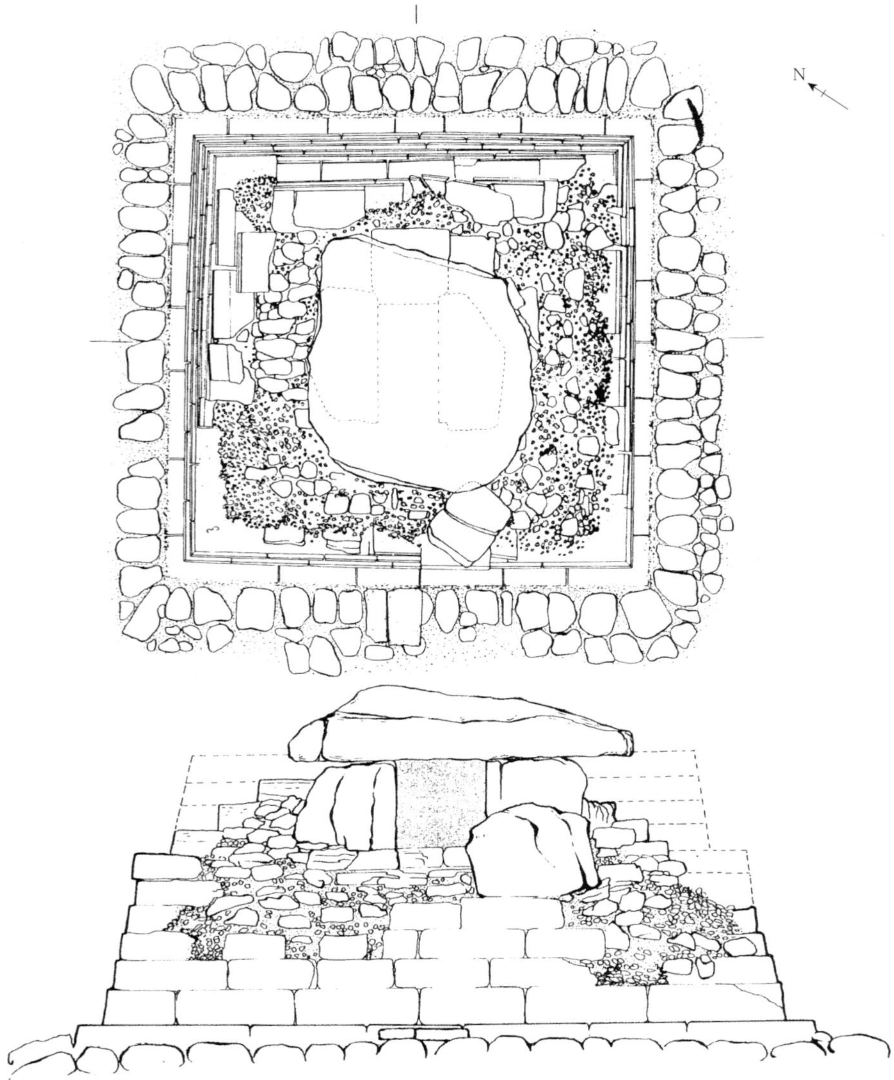

그림 16
장군총 1호 배장묘 실측도 3
(『集安高句麗王陵』, 348쪽)

비 0.6m의 오목한 홈을 한 바퀴 둘렀음. 묘실 내에서 葬具와 유물은 발견되지 않음.

○ 연도 축조에 사용한 돌이 가까이에 방치되어 있는데, 높이 1.21m, 길이 1.55m, 두께 0.82m임.

○ 고분 내부의 바닥에는 돌이 펼쳐져 있는데, 화강암임.

○ 고분 동남 모서리에서 약 35m 떨어진 지점에 한 개의 돌로 축조한 지하배수로(涵洞)가 있음. 묘 아래에서 동남방향으로 흐르는 배수시설임.

○ 1997년 고분 주위의 충적토를 정리하던 중에 와당, 철제끌(鐵鑿), 철제칼(鐵刀), 철제집게(鐵鉗), 안장모양의 철기(鞍形器), 철제편자(鐵馬掌), 시유도기, 암키와 및 수키와 잔편 등을 수습. 와당은 모두 8판 연화문으로 크기에 따라 2종류로 나눌 수 있는데, 큰 것은 직경이 21cm, 작은 것은 직경이 16cm임. 일부 수키와에는 글자가 새겨져 있고, 매우 두꺼운 백회가 발라져 있는 기와도 있음.

그림 17 장군총 2호 배장묘와 제대 실측도(『集安高句麗王陵』, 346~347쪽)

2) **2호 배장묘**(JYM0002A, 그림 17)

○ 1호 배장묘 서북측에서 35m 떨어진 곳에 위치. 서남쪽으로 32m 떨어진 지점에 장군총이 있음.

○ 정리 전에는 15~30cm 두께의 충적토에 덮혀 있었고 파손이 심했음.

○ 1997년 정리 후에 '2호 배장묘'로 명명하고 'JYM0002A'로 편호.

○ 방형 계단을 갖추고 있음. 네 변의 방향은 장군총과 같음. 현재 1단만이 보임. 계단 한 변은 길이가 9.57m임. 현재 남측은 1층, 서측은 1~3층, 북측은 2~3층, 동측은 1~4층이 남아 있고, 최고점의 높이는 1.35m임. 서남 모서리의 돌은 결실. 모두 석회암 재질의 장대석이고, 대체로 길이 1.4~1.8m, 너비 0.4~0.9m, 높이 0.4m 정도임. 돌 가장자리에 돌기가 형성.

○ 계단 아래에 기단이 축조되어 있음. 기단은 비교적 큰 돌을 사용. 서남측은 아직도 보존이 양호한데, 한 변의 길이는 10.8~11m이고 너비는 계단보다 0.8m 정도 넓음.

○ 고분 외측에 호분석이 있음. 『通溝』 上에는 각 면에 3개가 있다고 기록하고 있으나(池內宏, 1938), 현재는 북측에 3개, 동·남측에 각각 한 개가 남아 있음. 일부 석재는 장군총에서 버려진 장대석과 유사. 가장 완전한 돌은 높이 1.95m, 두께 0.6m, 너비 0.56m임.

○ 고분 윗부분의 가운데에 돌이 평평하게 쌓여 있는데, 묘실 바닥일 가능성이 있음.

○ 고분 바깥에서 황색 시유도기호 잔편, 꺾쇠(鋦釘)와 편자 등 철기를 일부 수습.

3) **제대**(JYM0002B, 그림 17)

○ 2호 배장묘 서측 근처에 장방형의 돌더미가 있는데, 2003년 조사 때 '제대'라고 단정하면서 'JYM0002B'라고 편호.

○ 길이 59m, 너비 8m, 높이 0.3~0.8m임.

○ 제대 동쪽과 2호 배장묘 간 거리는 0.3m 정도로 매우 인접. 제대 남측변 가장자리와 2호 배장묘의 남측 계단은 기본적으로 일직선이며, 제대 북변은 2호 배장묘의 북측변 계단보다 약간 좁음. 제대와 2호 배장묘는 동시기에 축조됨.

○ 기단 외측에 큰 강자갈을 깔았음. 서남측변의 가장자리는 비교적 정연. 동남 모서리의 석재 일부분은 비교적 크고, 동북측 기단석은 비교적 작음.

○ 기단 위에는 2단의 계단이 있는데, 계단석들은 약간 혹은 정교하게 가공됨. 남측 제1단 계단은 높이가

0.2~0.55m이고, 기단보다 0.3~0.5m 안으로 들여 쌓음. 동쪽 끝의 돌은 비교적 큼. 동남 모서리의 돌은 길이 1.3m, 너비 1.14m, 높이 0.5m임. 제2단의 석재는 길이 1.35m, 너비 1.1m, 높이 0.55m임. 위에 세로 무늬가 파여 있는데, 이로 볼 때 장군총에서 버려진 석재가 분명함. 서쪽 끝에 2층으로 쌓아진 돌이 일부 남아 있는데, 돌은 매우 불규칙함. 서측 제1단 계단에 쌓아진 돌은 1~2층으로, 돌은 약간 가공되었고, 높이는 0.35m 정도임. 북측 제1단 계단의 쌓아진 돌은 2층이고, 모두 약간 가공된 자연석인데, 대부분 불규칙함. 그중 가장 큰 돌은 길이 1.65m, 너비 0.2~0.65m임. 동북측 중단에서 약 0.4m 안으로 들어가 제2단 계단을 쌓았음. 계단의 길이는 약 10m이고, 한 층의 돌들이 남아 있는데, 높이는 0.25m 정도임.

○ 계단 내부에는 자연 산돌과 자갈을 쌓음.

○ 제대의 동남 모서리에서 금동제 못신 바닥(鎏金鞋底), 금제귀걸이(金鐺), 금동테(鎏金圈), 흑회색과 옅은 회색 토기편 등이 출토. 그 북쪽의 약 10m 지점에 3개의 호석이 서 있음. 돌은 약간 가공되었음. 현재 기초석 4개가 남아 있는데, 그 가운데 가장 서쪽 끝의 호석은 높이 1.8m, 너비 0.7m, 두께 0.6m임.

4) 건물지

○ 장군총에서 서남쪽으로 100m 떨어진 산기슭 대지에 위치하고 있는데, 고분과 관계가 있음.

○ 담장, 문지, 배수로 등이 확인됨.

○ 평면은 좁은 장방형임. 남북 길이는 100m, 동서 너비는 40m 정도임. 장군총을 향하고 있음.

○ 이중의 여러 칸 건물임. 동·서벽은 북쪽으로 향하여 점차 높아짐. 장군총으로 들어가는 도로를 건설할 때 동벽은 파괴되면서 돌 한 층만 남아 있음. 남·북벽 사이에서 한 줄의 곧은 벽을 볼 수 있는데, 대체로 동벽과 평행함.

○ 남벽의 동쪽부분에 문지가 있는데, 너비는 약 3m임.

○ 비교적 많은 기와가 출토되었는데, 모두 니질의 홍색임. 암키와에는 대부분 능격문과 방격문이 찍혀 있고, 무늬가 없는 기와는 소량임. 수키와는 대부분 무늬가 없고, 일부 새김무늬(刻劃文)가 보임. 와당은 모두 홍색이고, 장군총과 배장묘에서 출토된 것과 다름. 와당의 연화는 6판, 8판, 9판임.

5. 출토유물

1) 장군총

(1) 금동기

① 금동제머리장식(鎏金頭飾, **그림** 18-1)

○ 출토지 : 장군총 남측의 충적토.

○ 크기 : 전체 길이 17.9cm, 너비 0.6~4.7cm.

○ 형태 : 양면은 도금됨. 가장자리에 이중의 점렬문이 있음. 뾰족한 부분은 파손됨. 다른 한쪽 끝은 갈고리 형태이고 갈고리의 뾰족한 부분에 작은 구멍 한 개가 있는데, 장식물을 달았던 것으로 추정.

○ 소장처 : 集安市博物館(소장번호 集安館藏 856).

(2) 철기

① 철제사슬(鐵鏈, **그림** 19)

○ 출토지 : 장군총 남측의 충적토.

○ 크기 : 전체 길이 2.17m, 한 마디 길이 30.8~31.5cm, 직경 1~1.6cm.

○ 형태 : 5단 24절로 이루어져 있음. 양 끝에 고리가 있는 둥근 막대들이 서로 고리에 끼워져 연결되어 있는 형태임. 5단 가운데 13절로 이루어진 것이 가장 긺. 마디 사이의 고리 끼우는 방식은 두 가지가 있는데, 한 유형은 고리가 원형 막대 한 측에 치우쳐 있고, 다른 한

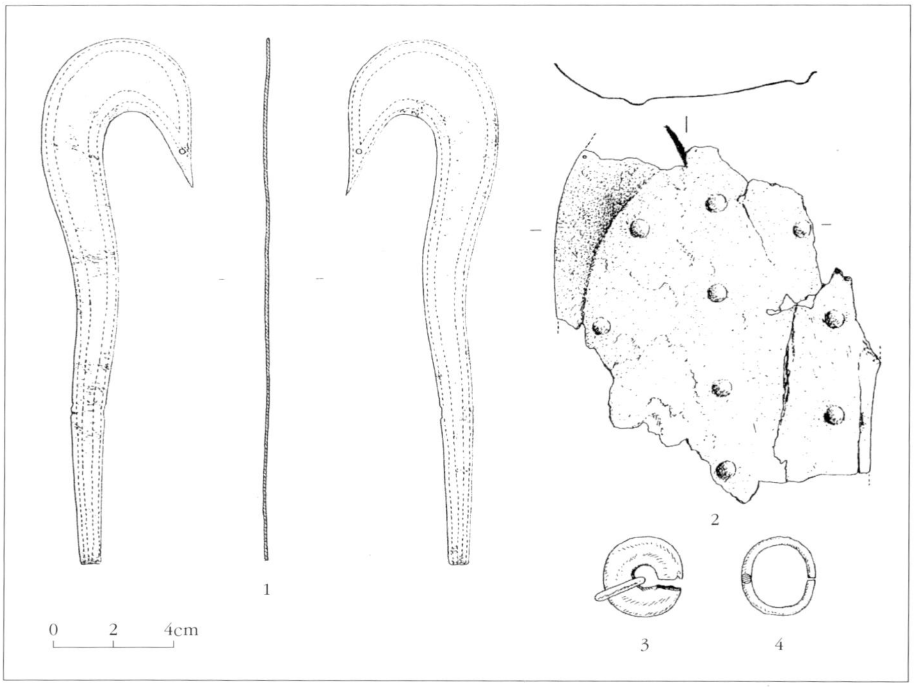

그림 18
장군총 출토 금기와 금동기
(『集安高句麗王陵』, 351쪽)
1. 금동제머리장식
2. 금동제못신
3. 금제귀걸이
4. 금동제고리

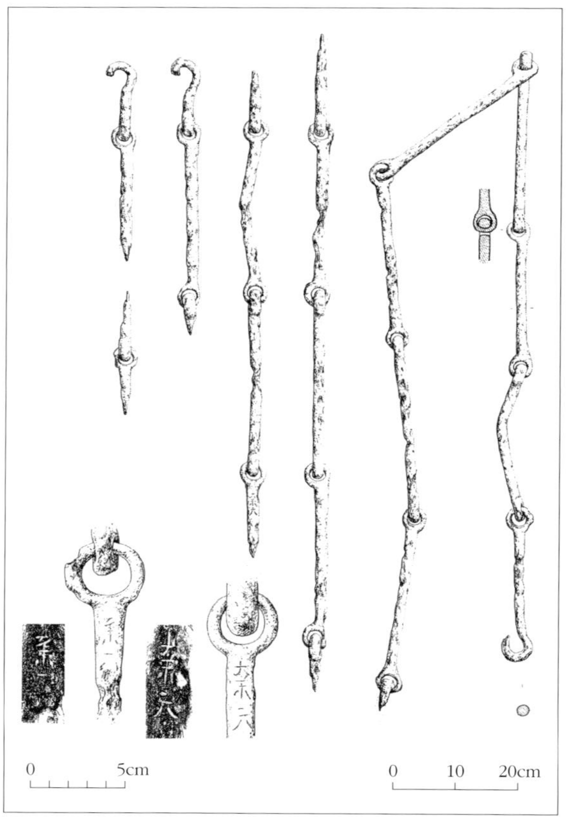

그림 19 장군총 출토 철제사슬(『集安高句麗王陵』, 352쪽)

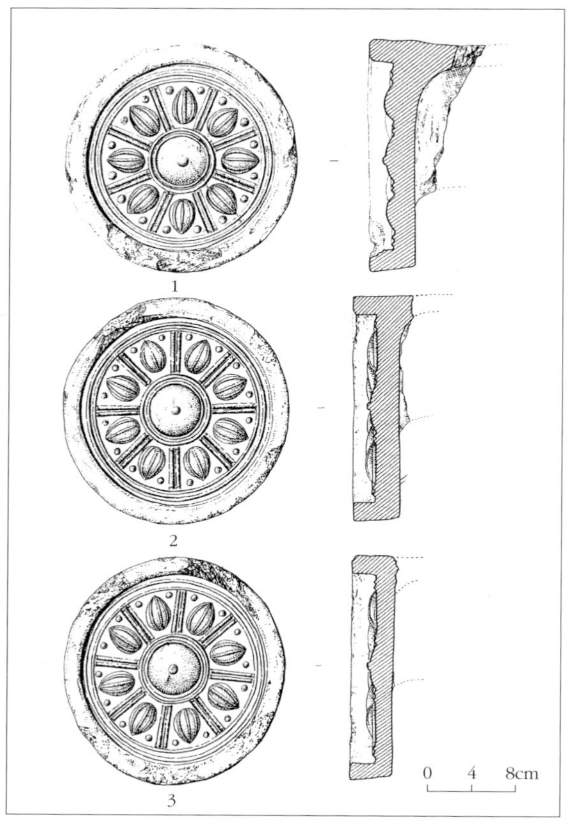

그림 20 장군총 출토 연화문와당 1(『集安高句麗王陵』, 353쪽)

유형은 원형 고리가 막대의 중부에 위치. 2곳에 문자가 새겨져 있는데, '□六', '□二'로 판별할 수 있고 한 문자는 '条'자와 비슷하기도 함.
○ 소장처 : 집안시박물관(소장번호 集安館藏 513).

(3) 기와

① 와당 1 (그림 20-1)
○ 출토지 : 장군총 남측의 충적토.
○ 크기 : 직경 22.2cm, 주연(輪) 너비 2cm, 높이 4.2cm.
○ 형태 : 高浮彫의 8판 연화문와당임. 주연 아래에 두 줄의 凸弦文이 둘러져 있음. 돌출된 세로방향의 복선 8조가 막새면을 8개 구역으로 나누었고, 각 구역의 중간에 蓮瓣 하나가 있음. 연판에는 3줄의 花脈이 솟아 있음. 연판 윗부분 양측에 각각 둥근 점으로 표현된 꽃술(花蕊)이 솟아 있고, 안에는 철현문 두 줄이 둘러져 있음. 중앙의 반구상 자방에는 1과의 연자가 있음. 도안은 아름답고 정교함.
○ 태토 및 색깔 : 니질의 회색.
○ 소장처 : 집안시박물관(소장번호 集安館藏 2347).

② 와당 2 (그림 20-2)
○ 출토지 : 장군총 남측의 충적토.
○ 크기 : 직경 21cm, 주연 너비 1.6cm, 높이 4.4cm.
○ 형태 : 고부조의 8판 연화문와당임. 주연 아래에 두 줄의 철현문이 둘러져 있음. 돌출된 세로방향의 복선 8조가 막새면을 8개 구역으로 나누었고, 각 구역의 중간에 연판 하나가 있음. 연판에는 3줄의 화맥이 솟아 있음. 연판 윗부분 양측에 각각 둥근 점으로 표현된 꽃술이 솟아 있고, 안에는 철현문 두 줄이 둘러져 있음. 중앙의 반구상 자방에는 1과의 연자가 있음. 도안은 아름답고 정교함.
○ 태토 및 색깔 : 니질의 회갈색.

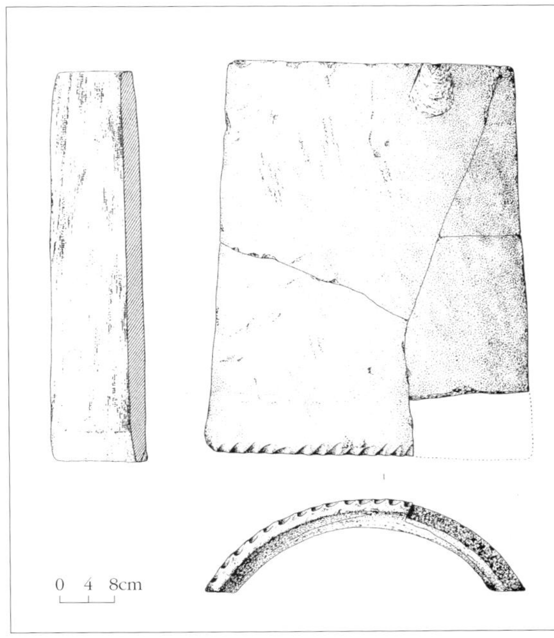

그림 21 장군총 출토 암키와(『集安高句麗王陵』, 360쪽)

○ 소장처 : 집안시박물관(소장번호 集安館藏 482-1).

③ 와당 3 (그림 20-3)
○ 출토지 : 장군총 남측의 충적토.
○ 크기 : 직경 21cm, 주연 너비 1.6cm, 높이 4cm.
○ 형태 : 고부조의 8판 연화문와당임. 주연 아래에 두 줄의 철현문이 둘러져 있음. 돌출된 세로방향의 복선 8조가 막새면을 8개 구역으로 나누었고, 각 구역의 중간에 연판 하나가 있음. 연판에는 3줄의 화맥이 솟아 있음. 연판 윗부분 양측에 각각 둥근 점으로 표현된 꽃술이 솟아 있고, 안에는 철현문 두 줄이 둘러져 있음. 반구상 자방에는 1과의 연자가 있음. 도안은 아름답고 정교함.
○ 태토 및 색깔 : 니질의 회색.
○ 소장처 : 집안시박물관(소장번호 集安館藏 482-2).

④ 암키와 (그림 21)
○ 출토지 : 장군총 남측의 충적토.

○ 크기 : 길이 58.8cm, 너비 41.8～47.8cm, 두께 1.6～2.4cm, 弧 높이 1.4cm.

○ 형태 : 가장자리에 指壓文이 있음. 내면에 세밀한 布文이 있음. 끝암키와(檐頭板瓦)로 추정.

○ 태토 및 색깔 : 니질의 회색.

○ 소장처 : 집안시박물관(소장번호 集安館藏 486).

2) 1호 배장묘

○ 1977년 묘 주변에서 기와, 와당, 시유도기편, 철제 끼우개(作)·못(釘)·편자(馬掌)·끌(鑿)·집게(鉗) 등이 출토. 철기는 모두 고분의 동남측 충적토에서 출토되었음. 제작 연대는 비교적 늦음.

○ 기와는 모두 模制임. 민무늬가 대부분이고 일부는 繩文이 있음. 안에는 가는 포문이 있음. 소성온도는 높음. 회색이 대부분이며 홍갈색도 있음.

○ 와당은 3점이 출토되었는데, 모두 8판 연화문임. 장군총에서 출토된 것과 같음. 직경에 따라 두 유형으로 나눌 수 있음.

○ 끝암키와(檐頭瓦)는 14점이 출토.

(1) 철기

① **철제끌** 1(鐵鑿, 97JYM0002:17, **그림** 22-3)

○ 출토지 : 장군총 1호 배장묘.

○ 크기 : 전체 길이 28.6cm, 날의 너비 2.6cm, 두께 2.8cm, 공부(銎) 직경 3.4cm, 공부 길이 7cm.

○ 형태 : 鍛制. 앞날은 약간 넓음. 공부는 원형임.

② **철제끌** 2(鐵鑿, 97JYM0002:30, **그림** 22-4)

○ 출토지 : 장군총 1호 배장묘.

○ 크기 : 전체 길이 27cm, 너비 0.6～2.4cm, 공부 직경 32.8cm, 공부 길이 6.6cm.

○ 형태 : 측면에서 보면 장방형임. 공부는 원형임. 날부분은 파손.

③ **철제끌** 3(鐵鏨, 97JYM0002:18, **그림** 22-7)

○ 출토지 : 장군총 1호 배장묘.

○ 크기 : 길이 15.8cm, 너비 1.4～0.2cm.

○ 형태 : 단제. 윗 끝부분에는 때린 흔적이 있음. 날부분 한쪽은 파손되어 칼처럼 뾰족함.

④ **철제못**(鐵釘, 97JYM0002:19, **그림** 22-6)

○ 출토지 : 장군총 1호 배장묘.

○ 크기 : 길이 18.6cm, 두께 0.4～0.2cm.

○ 형태 : 일부 파손. 위는 넓고 아래는 좁음. 몸체는 납작한 四棱形임.

⑤ **철제칼**(鐵刀, 97JYM0002:21, **그림** 22-9)

○ 출토지 : 장군총 1호 배장묘.

○ 크기 : 길이 11cm, 너비 2cm, 두께 0.4cm.

○ 형태 : 녹이 심하게 슬었음. 중간은 파손.

⑥ **철기**(鞍形器, 97JYM0002:22, **그림** 22-11)

○ 출토지 : 장군총 1호 배장묘.

○ 크기 : 높이 20cm, 너비 12.6～20.4cm.

○ 형태 : 길이 1.6cm, 두께 0.6cm의 납작하고 가는 철을 구부려서 안장모양으로 만듦. 용도는 알 수 없음.

⑦ **철제편자** 1(馬掌, 97JYM0002:26, **그림** 22-14)

○ 출토지 : 장군총 1호 배장묘.

○ 크기 : 너비 11cm, 두께 0.6cm, 편자못 길이 약 2.4cm.

○ 형태 : 단제임. 원호형임. 편자못 3개가 있음.

⑧ **철제편자** 2(馬掌, 97JYM0002:31, **그림** 22-12)

○ 출토지 : 장군총 1호 배장묘.

○ 크기 : 너비 10.2cm, 두께 0.6cm, 편자못 길이 약 1.4cm.

○ 형태 : 단제임. 원호형임. 편자못 4개가 있음.

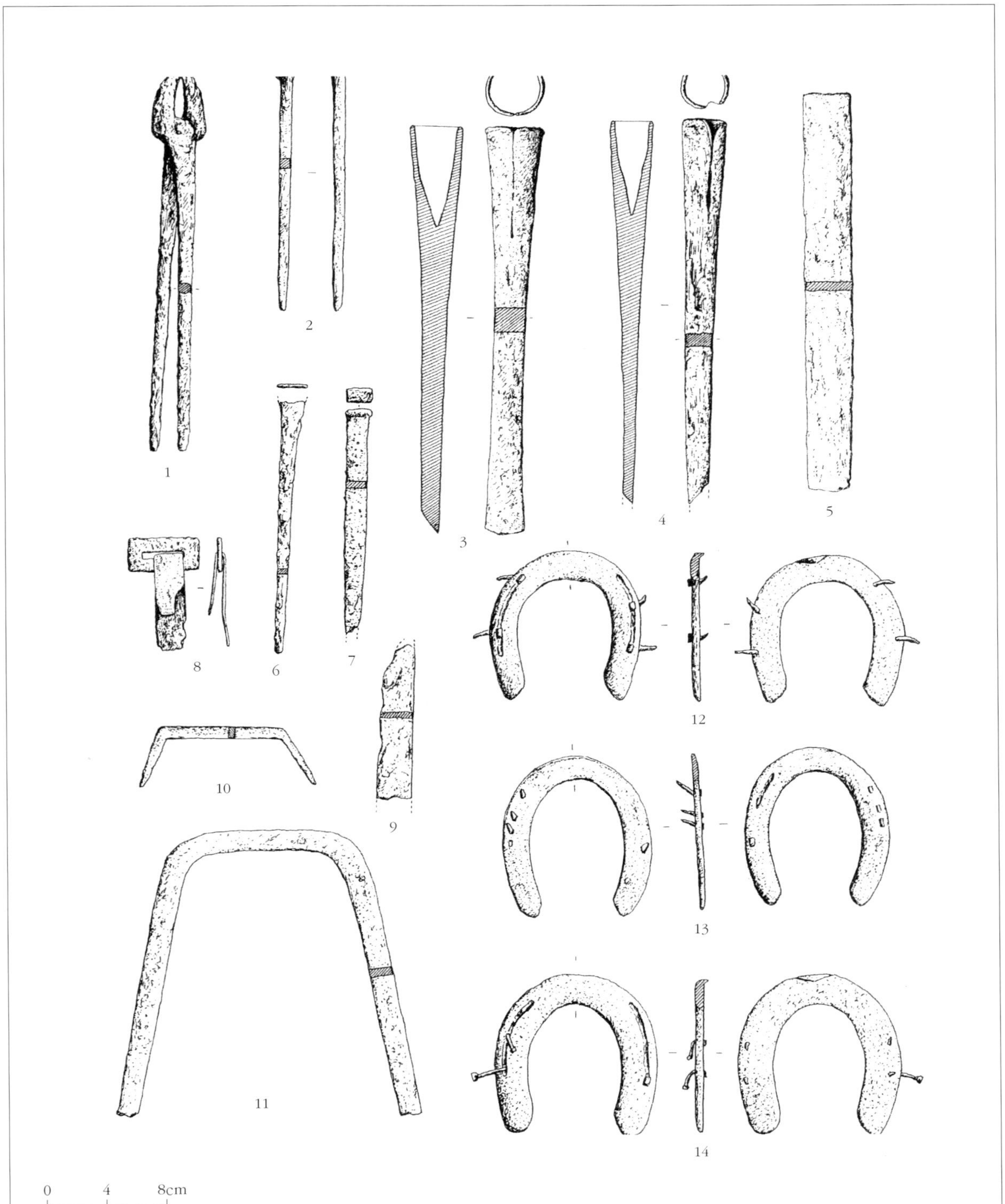

그림 22 장군총 출토 철기(『集安高句麗王陵』, 361쪽)
1. 집게 2·6. 못 3·4·7. 끌 5. 막대 8. 끼우개 9. 칼 10. 꺾쇠 11. 철기 12~14. 편자

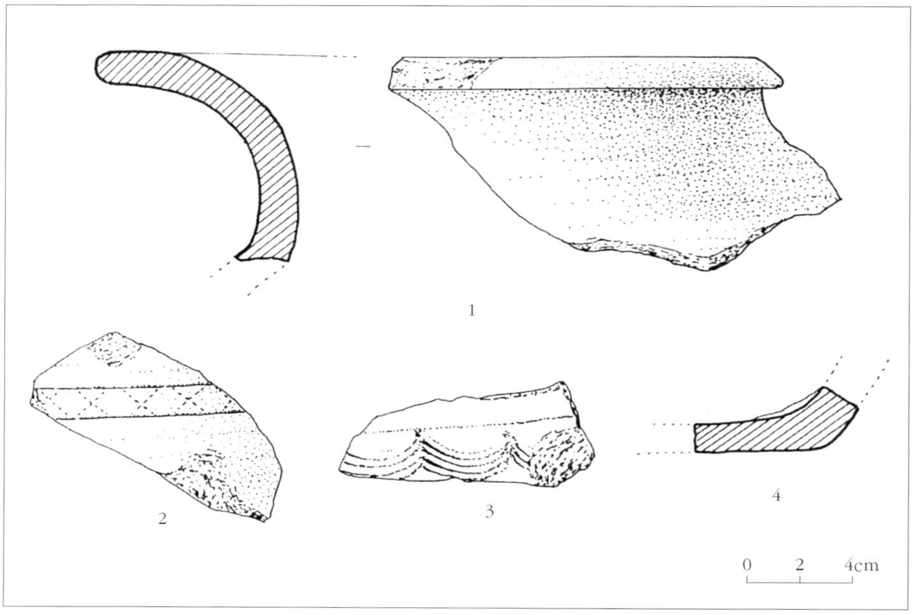

그림 23 장군총 출토 호
(『集安高句麗王陵』, 359쪽)
1. 구연부
2~3. 동체부 무늬
4. 바닥

⑨ **철제집게**(鐵鉗, 97JYM0002:32, **그림** 22-1)
○ 출토지 : 장군총 1호 배장묘.
○ 크기 : 전체 길이 27cm, 손잡이(柄) 길이 22cm.
○ 형태 : 보존 양호. 가위와 유사. 부리(鉗嘴)부분은 비교적 짧고, 두 손잡이는 비교적 긺. 부리부분과 손잡이 중간에 못이 있음. 철 제련에 사용하는 장구임.

⑩ **철제막대**(鐵條, 97JYM0002:29, **그림** 22-5)
○ 출토지 : 장군총 1호 배장묘.
○ 크기 : 남은 길이 28cm, 너비 3cm, 두께 0.5cm.
○ 형태 : 가는 장방형임. 한쪽 끝부분은 파손.

(2) 토기

① **호**(壺, 97JYM0002:16, **그림** 23-1~4)
○ 출토지 : 장군총 1호 배장묘.
○ 형태 : 손잡이(耳)가 4개인 호의 잔편으로 구연부(口沿)와 손잡이만 남아 있음. 동체부 윗면(上腹)에는 점렬문과 垂帳文이 교차되어 있음.
○ 색깔 : 오렌지색. 황록색 시유.

(3) 기와

① **와당** 1 (97JYM0002:14, **그림** 24-3)
○ 출토지 : 장군총 1호 배장묘.
○ 크기 : 직경 17.6cm, 주연 높이 3.4cm, 너비 1.6cm.
○ 형태 : 8판 연화문와당임. 중간에 솟아오른 두 줄의 짧은 선이 경계를 나눔. 연판 꼭대기 양측에 각각 동그랗게 솟은 꽃술 한 개가 있음. 연판에는 솟아 있는 화맥 세 줄이 있음. 반구상의 자방 중앙에는 연자 1과가 있음.

② **와당** 2 (97JYM0002:15, **그림** 24-2)
○ 출토지 : 장군총 1호 배장묘.
○ 크기 : 직경 16cm, 주연 높이 3.2cm, 너비 1.4cm.
○ 형태 : 8판 연화문와당임. 중간에 솟아오른 두 줄의 짧은 선이 경계를 나눔. 연판 꼭대기 양측에 각각 동그랗게 솟은 꽃술 한 개가 있음. 연판에는 솟아 있는 화

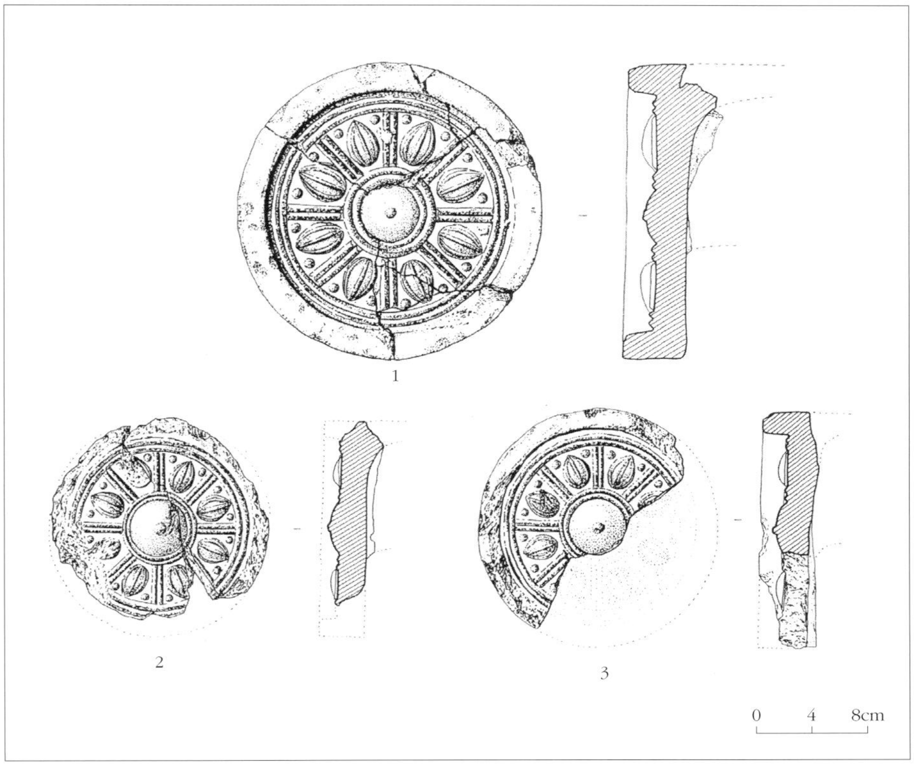

그림 24
장군총 출토 연화문와당 2
(『集安高句麗王陵』, 355쪽)

맥 세 줄이 있음. 반구상의 자방 중앙에는 연자 1과가 있음.

③ **와당** 3 (97JYM0002 : 23, 그림 24-1)
○ 출토지 : 장군총 1호 배장묘.
○ 크기 : 직경 22cm, 주연 높이 4.4cm, 너비 2cm.
○ 형태 : 8판 연화문와당임. 중간에 솟아오른 두 줄의 짧은 선이 경계를 나눔. 연판 꼭대기 양측에 각각 동그랗게 솟은 꽃술 한 개가 있음. 연판에는 솟아 있는 화맥 세 줄이 있음. 반구상의 자방에는 1과의 연자가 있음.

④ **끝암키와** 1 (檐頭瓦, 97JYM0002 : 25, 그림 25-1)
○ 출토지 : 장군총 1호 배장묘.
○ 크기 : 남은 길이 10cm, 남은 너비 25cm, 두께 1.8cm.
○ 형태 : 지압문이 있음.

○ 색깔 : 홍갈색.

⑤ **끝암키와** 2 (檐頭瓦, 97JYM0002 : 27, 그림 25-2)
○ 출토지 : 장군총 1호 배장묘.
○ 크기 : 남은 길이 25.6cm, 남은 너비 29cm, 두께 1.8cm.
○ 형태 : 가장자리에 지압문이 있음.

⑥ **끝암키와** 3 (檐頭瓦, 97JYM0002 : 10, 그림 25-3)
○ 출토지 : 장군총 1호 배장묘.
○ 크기 : 남은 길이 13cm, 남은 너비 26.8cm, 두께 1.8cm.
○ 형태 : 지압문이 우측으로 기울어져 있음.

⑦ **끝암키와** 4 (檐頭瓦, 97JYM0002 : 9, 그림 25-4)
○ 출토지 : 장군총 1호 배장묘.

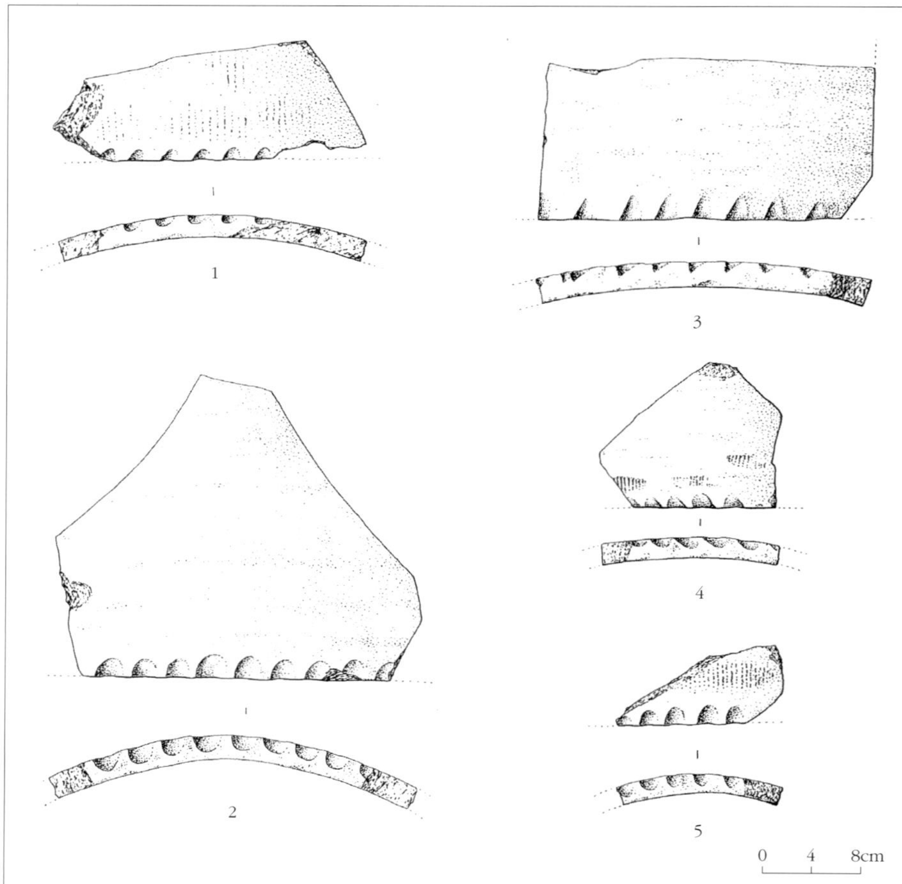

그림 25
장군총 출토 끝암키와 1
(『集安高句麗王陵』, 356쪽)

○ 크기 : 남은 길이 12.4cm, 남은 너비 14cm, 두께 1.8cm.

○ 형태 : 지압문이 좌측으로 기울어져 있음.

⑧ 끝암키와 5 (檐頭瓦, 97JYM0002 : 13, **그림** 25-5)

○ 출토지 : 장군총 1호 배장묘.

○ 크기 : 남은 길이 6.4cm, 남은 너비 13.6cm, 두께 1.8cm.

○ 형태 : 배면에 가는 승문이 있음. 부분적으로 손으로 문지름.

○ 색깔 : 회색.

⑨ 끝암키와 6 (檐頭瓦, 97JYM0002 : 11, **그림** 26-3)

○ 출토지 : 장군총 1호 배장묘.

○ 크기 : 남은 길이 13cm, 남은 너비 13.4cm, 두께 2.6cm.

○ 형태 : 가장자리에 기다란 형태의 문양이 있는데, 우측을 향해 기울여져 있음.

⑩ 끝암키와 7 (檐頭瓦, 97JYM0002 : 24, **그림** 26-4)

○ 출토지 : 장군총 1호 배장묘.

○ 크기 : 남은 길이 10.2cm, 남은 너비 13.4cm, 두께 1.6cm.

○ 형태 : 일부 남아 있음. 가장자리에 우측을 향해 경사진 누름 무늬가 있음.

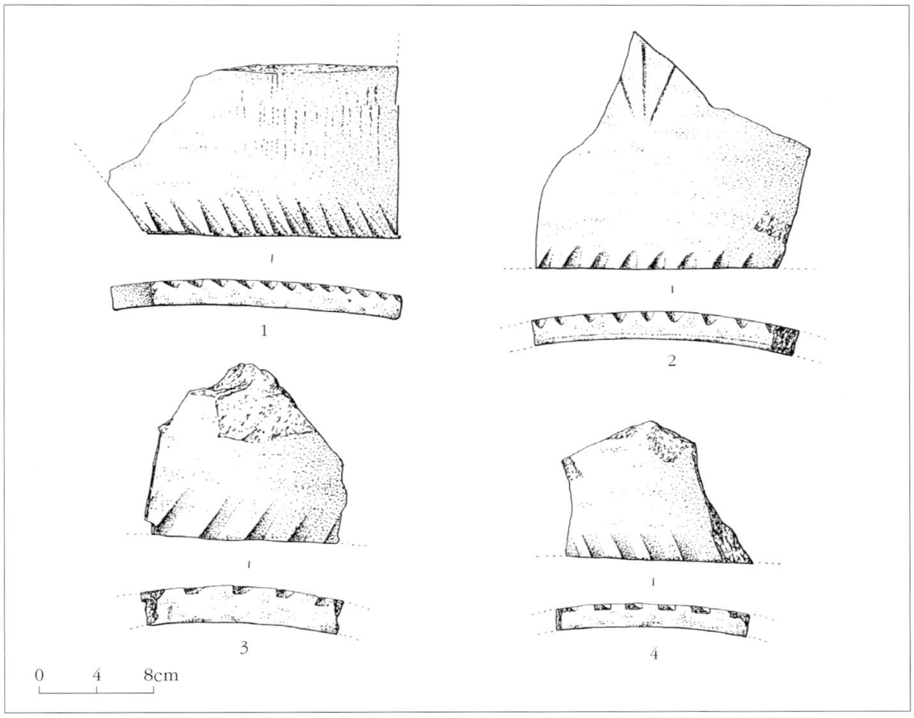

그림 26
장군총 출토 끝암키와 2
(『集安高句麗王陵』, 357쪽)

⑪ **끝암키와** 8 (檐頭瓦, 97JYM0002 : 12, **그림** 26 - 1)

○ 출토지 : 장군총 1호 배장묘.

○ 크기 : 남은 길이 12.6cm, 남은 너비 20.6cm, 두께 1.8cm.

○ 형태 : 가장자리에 삼각형 판을 이용해서 만든 긴 삼각형 잎모양의 무늬가 있음. 배면에 가는 승문이 있음.

⑫ **명문기와** 1 (97JYM0002 : 1, **그림** 27 - 1)

○ 출토지 : 장군총 1호 배장묘.

○ 형태 : 배면에 '小'자가 새겨져 있음. 내면에 포문이 있음.

○ 태토 및 색깔 : 니질의 회색.

⑬ **명문기와** 2 (97JYM0002 : 2, **그림** 27 - 5)

○ 출토지 : 장군총 1호 배장묘.

○ 형태 : 기와편 상부에 지압문이 있음. 내면에 포문이 있음. '魚'자와 유사한 글자가 새겨져 있음.

○ 태토 및 색깔 : 니질의 회색.

⑭ **명문기와** 3 (97JYM0002 : 3, **그림** 27 - 4)

○ 출토지 : 장군총 1호 배장묘.

○ 형태 : 배면에 '十'자문이 새겨져 있음. 내면에 포문이 있음.

○ 태토 및 색깔 : 니질의 회색.

⑮ **명문기와** 4 (97JYM0002 : 6, **그림** 27 - 2)

○ 출토지 : 장군총 1호 배장묘.

○ 형태 : 배면에 '申'자 혹은 '甲'자로 보이는 문자가 새겨져 있음. 내면에 포문이 있음.

○ 태토 및 색깔 : 니질의 회색.

⑯ **명문기와** 5 (97JYM0002 : 8, **그림** 27 - 7)

○ 출토지 : 장군총 1호 배장묘.

○ 형태 : 일부 남아 있음. 배면에 '大' 혹은 '犬'자로

그림 27 장군총 출토 기와 탁본(『集安高句麗王陵』, 358쪽)

보이는 문자가 새겨져 있음. 내면에 포문이 있음.
○ 태토 및 색깔 : 니질의 회색.

⑰ **부호기와** 1 (97JYM0002 :4, **그림** 27-8)
○ 출토지 : 장군총 1호 배장묘.
○ 형태 : 배면에 직각형의 기호가 있음. 내면에 포문이 있음.
○ 태토 및 색깔 : 니질의 홍갈색.

⑱ **부호기와** 2 (97JYM0002 :5, **그림** 27-6)
○ 출토지 : 장군총 1호 배장묘.
○ 형태 : 배면에 기호 혹은 글자의 일부분으로 추정되는 문자가 새겨져 있음. 내면에 포문이 있음.
○ 태토 및 색깔 : 니질의 회색.

⑲ **부호기와** 3 (97JYM0002 :7, **그림** 27-3)
○ 출토지 : 장군총 1호 배장묘.
○ 형태 : 기호 혹은 글자의 일부분으로 보이는 문자가 새겨져 있음. 내면에 포문이 있음.
○ 태토 및 색깔 : 니질의 회색.

⑳ **부호기와** 4 (97JYM0002 :28, **그림** 26-2)
○ 출토지 : 장군총 1호 배장묘.
○ 크기 : 두께 1.8cm.
○ 형태 : 기와 가장자리에 지압문이 있음. 배면에 '小'자와 유사한 기호가 새겨져 있음. 내면에 포문이 있음.
○ 태토 및 색깔 : 니질의 회색.

㉑ **기와**(97JYM0002 :20, **그림** 27-9)
○ 출토지 : 장군총 1호 배장묘.
○ 문양 : 배면에 가는 승문이 있음.
○ 색깔 : 회색.

3) 2호 배장묘

○ 모두 고분 남쪽 충적토에서 발견. 철기와 황색 시유도기편이 출토됨.

(1) 철기

① **철제꺾쇠**(鋦釘, 97JYM0002A :2, **그림** 22-10)
○ 출토지 : 장군총 2호 배장묘.
○ 크기 : 길이 24.2cm, 너비 0.8cm, 두께 0.42cm, 높이 4.2cm.
○ 형태 : 단조품. 편평한 철조각 형태임. 양 끝부분은 꺾어서 뾰족한 형태로 만듦.

② **철제못**(鐵釘, 97JYM0002A :1, **그림** 22-2)
○ 출토지 : 장군총 2호 배장묘.
○ 크기 : 길이 17cm, 너비 0.8cm, 두께 0.6cm, 두부(釘帽) 길이와 너비 1.7~1.8cm.
○ 형태 : 사릉형임. 두부는 한쪽으로 치우쳐 있음.

③ **철제편자**(馬掌, 97JYM0002A :3, **그림** 22-13)
○ 출토지 : 장군총 2호 배장묘.
○ 크기 : 너비 10cm, 두께 0.4cm.
○ 형태 : 단제품임. 편자못 3개가 있음.

④ **철제끼우개**(鐵卡, 97JYM0002A :4, **그림** 22-8)
○ 출토지 : 장군총 2호 배장묘.
○ 크기 : 너비 2.5cm, 길이 4.4cm, 두께 0.2cm, 구멍 너비 0.4cm, 길이 2.4cm, 꺾여진 철판 너비 2cm, 길이 10.9cm.
○ 형태 : 장방형임. 중간에 장방형의 구멍이 있음. 구멍에 꺾여진 철판이 달려 있음.

4) 제대

(1) 금기

① **금제고리**(金鐺, 97JYM0002B:3, 그림 18-3)
○ 출토지 : 장군총 제대 동남부 모서리에서 남측변으로 3m 지점.
○ 크기 : 직경 2.8cm, 구멍 직경 0.9cm, 테 직경 1.2cm.
○ 형태 : 고리에 금테(金圈)가 달려 있음.

(2) 금동기

① **금동제못신**(鎏金釘履, 97JYM0002B:1, 그림 18-2)
○ 출토지 : 장군총 제대 동남부 모서리에서 남측변으로 3m 지점.
○ 크기 : 남은 길이 12.5cm, 너비 10.5cm, 높이 1.6cm, 두께 0.5cm.
○ 형태 : 동질임. 신발 뒷축이 남아 있음. 신발바닥에는 젖가슴모양의 못 9개가 있음. 꺾여 있는 변 가장자리에는 봉합을 위한 작은 구멍이 있음.

② **금동제고리**(鎏金銅環, 97JYM0002B:2, 그림 18-4)
○ 출토지 : 장군총 제대 동남부 모서리에서 남측변으로 3m 지점.
○ 크기 : 직경 2.3~2.7cm, 동실 직경 0.3cm.
○ 형태 : 동실을 둥그렇게 말아서 만듦.

(3) 토기

① **토기편**
○ 출토지 : 장군총 제대 동남부 모서리에서 남측변으로 3m 지점.
○ 형태 : 토기잔편으로 복원이 가능.
○ 태토 및 색깔 : 니질의 흑회색 토기.

6. 역사적 성격

장군총은 웅장하고 정교하며 우수함. 현재 가장 상태가 좋은 대형 계단석실묘로 '동방의 피라미드(금자탑)'로 불리고 있음.

1) 무덤의 구조

○ 장군총은 계단석실묘의 전형임. 기초를 다진 후 그 위로 기단을 쌓음. 기단 바깥으로는 호기석을 쌓았고, 기단 위에 계단과 묘실을 축조. 계단석은 층층마다 평행하게 쌓았고, 그 안으로는 자갈을 채움. 묘실 위는 거대한 돌로 덮음. 주위에 거대한 돌을 기대어 묘를 보호. 묘의 구조는 빈틈이 없고 정밀하게 축조됨. 계단적석총 중 가장 늦은 시기에 축조된 것으로 추정.
○ 장군총의 구조는 대체로 태왕릉과 같음. 다만 태왕릉은 기초가 없고 규모가 커서 거의 무너진 상태임. 장군총은 왕릉급 고분 중에서 가장 작은 규모여서 도리어 보존이 가장 좋음. 석조 기술이 상당한 경지에 달한 고분임.

2) 묘주

○ 동명왕설 : 『輯安縣志』에 "예전에 동명성왕묘가 있는데, 일반적으로 將軍墳이라고 불렀다"라는 기록이 있음. 믿을 수 없는 견해임.
○ 산상왕설 : 池內宏이 산상왕릉으로 추정(池內宏, 1938). 산상왕은 고구려 10대 왕으로 196년에 즉위하여 227년에 죽었음. 고고학적으로 그 추측을 지지할 증거는 없음.
○ 광개토왕설 : 1907년 샤반(Édouard Chavannes)이 장군총의 묘실에서 '호태왕의 자리'라고 쓰여 있는 목패를 보고 호태왕(광개토왕)의 능묘라고 기록. 1980년대 초 일부 일본학자들은 장군총과 태왕릉에서 출토된 와당 그리고 장군총과 광개토왕릉비의 마주보는 방향이 서로 통한다는 점을 근거로 장군총이 광개토

왕의 묘라는 견해를 제시. 태왕릉에서 출토된 벽돌 명문('願太王陵安如山固如岳') 또한 다르게 해석. 여호규는 권운문와당을 통해 천추묘－태왕릉－장군총 순서로 축조되었다고 보고 태왕릉에서 출토된 동제방울에 새겨진 '辛卯年(391)'을 고국양왕의 沒年으로 추정하면서 태왕릉을 고국양왕의 무덤, 장군총을 광개토왕의 무덤으로 보았음(여호규, 2006). 백승옥은 광개토왕릉비를 神道碑로 파악하고 장군총의 연도 입구에서 보면 정확히 동남방에 있다고 하면서, 광개토왕의 무덤으로 비정(백승옥, 2006).

○ 장수왕설 : 魏存成은 2003년 태왕릉에서 출토된 "辛卯年 好太王 □ 造鈴 九十六"명 동제방울이 광개토왕의 무덤이라는 定論을 성립하게 해준다고 보고, 적석묘의 가장 마지막 단계인 장군총을 장수왕의 무덤이라고 주장(魏存成, 1994). 이외 장군총을 장수왕의 무덤으로 본 또 다른 주요 증거는 묘장의 형태였음. 장군총은 적석구조의 왕릉 중 가장 늦은 형식으로 축조연대는 약 5세기로 추정되는데, 바로 장수왕 재위기였음. 장수왕은 412년에 왕위에 올랐고, 15년 후인 427년에 집안에서 평양으로 천도. 그는 생전에 자신의 묘를 만들었는데, 이는 고구려왕이 영위했던 풍속과 부합한다고 주장. 거대한 공사, 태왕릉과 광개토왕릉비의 친밀한 관계를 볼 때 피장자를 장수왕으로 비정할 수 있다는 것임. 조법종은 동제방울에 보이는 '好太王'을 존칭호가 아닌 생시의 광개토왕을 지칭하는 용어로 봄. 그리고 '신묘년'이 광개토왕의 '즉위해'라는 점을 강조(조법종, 2004).

3) 배장묘와 제대

○ 장군총 북측의 배장묘는 고구려왕릉의 매장제도를 보여주는데, 예전부터 가족, 종족, 왕족 등의 장례제도에서 항상 보임. 1호 배장묘는 규모가 비교적 작으나 장군총의 구조와 같은데, 피장자는 장군총의 피장자와 혈연적으로 가깝고 지위가 매우 높았던 것으로 추정. 2호 배장묘는 1호 배장묘에 비해 작지만 주변에 호분석이 있는데, 이러한 종류의 시설은 피장자의 높은 신분과 지위를 보여줌. 장군총의 두 배장묘 모두 고구려 초기의 묘제에서 중시된 것임.

○ 제대는 장군총의 배장묘보다 먼저 축조됨. 제대가 묘장과 같은 배열에 있는 것은 장군총의 특징 가운데 하나임. 고구려 초기의 왕릉은 배장묘가 있고 제대는 없었다고 추정됨. 발전과정 중의 제대는 배장묘와 구분이 쉽지 않은데, 禹山下0992號墓 축조 시기에 이르러 성숙. 태왕릉에서는 매우 큰 제대만 보이고 장군총에서는 다시 배장묘와 제대가 함께 나오는데, 이러한 복고 현상은 연구할 가치가 있음.

○ 제대를 연접된 적석묘로 파악하면서 4~5기의 陪塚으로 보기도 함(池內宏, 1938).

4) 건물지

건물지는 담장, 散水, 배수구, 초석, 문 등을 갖춘 대형 건축군임. 건물지는 장군총 방향과 일치. 장군총에 부속된 제사 관련 건축물로, 축조 시기는 장군총과 동시기 혹은 약간 늦는 것으로 추정.

5) 건축부재

명문 기와는 장군총 외에도 천추묘, 서대묘, 태왕릉, 집안 산성자산성 등에서도 볼 수 있음. '申', '犬', '小' 등과 같은 문자는 대부분 기와가 사용된 부위나 기년 혹은 工匠의 성명이라고 볼 수 있음.『朝鮮古蹟圖譜(一)』에는 '漢', '第' 등의 글자가 새겨진 기와가 있음. 연화문와당은 왕릉에서 보이는 것 가운데 가장 크고 또한 연판이 가장 많은 형식임. 건물지에서 출토된 기와와 와당은 모두 홍색이고 조잡하게 만들었으며 소성온도가 비교적 낮음. 그 원인은 미완성이거나 혹은 사용하지 않았기 때문일 수 있음.

참고문헌

- 關野貞·谷井濟一, 1915,『朝鮮古蹟圖譜(一)』.
- 池內宏·梅原末治, 1938,『通溝』上, 日滿文化協會.
- 藤田亮策, 1948,「通溝附近の古墳と高句麗墓制」,『朝鮮考古學研究』.
- 蘇才, 1957,「集安高句麗遺跡調査簡記」,『吉林省文物工作通訊』.
- 吉林省文物志編委會, 1984,『集安縣文物志』.
- 魏存成, 1994,『高句麗考古』, 吉林大學出版社.
- 吉林省文物考古研究所·集安市博物館, 2002,『洞溝古墓群 – 1997年調査測繪報告』, 科學出版社.
- 吉林省文物考古研究所·集安市博物館, 2004,『集安高句麗王陵』, 文物出版社.
- 조법종, 2004,「중국집안박물관 호태왕명문방울」,『한국고대사연구』33, 한국고대사학회.
- 백승옥, 2006,「광개토대왕릉비의 성격과 장군총의 주인공」,『한국고대사연구』41, 한국고대사학회.
- 여호규, 2006,「집안지역 고구려 초대형적석묘의 전개과정과 피장자문제」,『한국고대사연구』41, 한국고대사학회.
- 孫仁杰·遲勇, 2007,『集安高句麗墓葬』, 香港亞洲出版社.

04 집안 우산하0036호묘 : 황니강대묘

集安 禹山下0036號墓 : 黃泥崗大墓 | JYM0036

1. 조사현황

1) 1966년

○ 조사기관 : 吉林省博物館, 集安縣文管所.

○ 조사내용 : 通溝古墳群에 대한 실측조사 때 편호.

2) 1980년대

○ 조사기관 : 吉林省文物考古研究所, 集安市文物保管所.

○ 조사내용 : 1966년 조사 이후 고분 북측의 작은 길에서 기와가 발견되면서 1980년대 고구려왕릉 중점조사 대상에 포함. '黃泥崗大墓'로 명명.

3) 2003년

○ 조사기관 : 길림성문물고고연구소, 집안시문물보관소.

○ 조사자 : 遲勇, 王洪峰, 王新勝, 馬洪.

○ 조사내용 : 상세한 조사와 함께 주변의 밑바닥을 훑는 간단한 시굴조사 실시.

4) 2005년

○ 조사기관 : 集安市博物館.

○ 조사내용 : 재조사 및 측량을 실시하고 고분 주변의 지대를 넓힘.

2. 위치와 자연환경(그림 1~그림 2)

1) 고분의 위치

○ 將軍塚과 廣開土王陵碑 사이에 남북으로 비교적 길게 펼쳐져 있는 작은 언덕인 '黃泥崗(集安市 太王鎭 果樹村 9組)'이 있는데, 고분은 황니강 남변의 가장 높은 곳에 위치.

○ 고분의 주위는 탁 트였고 주변보다 높으며 시원함.

○ 중심지리좌표는 동경 126°11′18″, 북위 41°8′38″이고, 해발고도는 214m임.

2) 고분의 주변환경

○ 황니강은 집안시 동쪽 과수촌 남쪽의 낮은 언덕임. 북으로는 龍山과 접하며 남으로는 압록강을 바라보고 있음. 장군총이 위치한 용산 기슭과 골짜기를 사이에 두고 인접하고, 서면은 평활한 통구평지임.

○ 고분 동북쪽으로 장군총과 약 1.2km 떨어져 있음. 서남쪽으로 광개토왕릉비와의 거리는 500m가 안됨. 동남쪽으로 약 600m 떨어진 지점에 臨江墓가 있음. 이외 부근에 고분과 유적은 없음.

3. 고분의 현황

1) 고분 편호의 변천

○ 1966년 통구고분군에 대한 실측조사 때 '禹山下

그림 1 황니강대묘 위치도 1
(『洞溝古墓群－1997年調査測繪報告』, 191쪽)

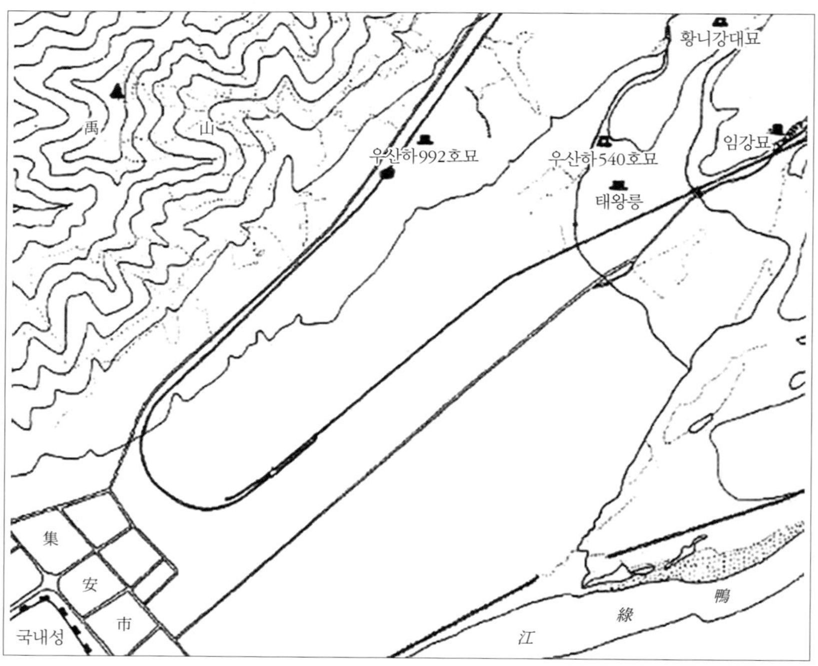

그림 2 황니강대묘 위치도 2
(『吉林集安高句麗墓葬報告集』, 301쪽)

0030號墓(JYM0030)'로 편호되었으나, 2005년 조사 때 '禹山下0036號墓(JYM0036)'로 편호.

2) 고분 발굴 전 상황

○ 석재 대부분이 없어져서 남·동·서 세 면은 제1단 계단의 바닥층 부분의 석재, 북변은 한 개의 석재만 남아 있음. 석재 모두 금속 쐐기 흔적이 남아 있음.

○ 계단 내부의 서·북면 대부분은 경작지로 개간. 고분 안을 메웠던 돌은 동부에만 한 줄이 남아 있는데, 너비는 2~4m, 남은 높이는 1.4m임.

○ 고분이 파괴된 주요 원인은 부근에 건설된 土口-靑錫 간 도로 때문임. 도로는 1900년대 초기에 개설되어 1984년에 이르기까지 집안과 외부를 연결하는 유일한 통로였음.

3) 고분 형식

(1) 유형

階壇積石石壙墓(古林省文物考古研究所·集安市博物館, 2002), 方形階壇石室墓(孫仁杰·遲勇, 2007).

(2) 고분의 규모

길이 32m, 너비 26m, 높이 2m라는 기록(古林省文物考古研究所·集安市博物館, 2002), 남쪽 잔존 길이 30m, 동쪽 잔존 길이 27m, 서쪽 잔존 길이 25m, 남은 높이 1.4m, 남변 방향 300°라는 기록(孫仁杰·遲勇, 2007)이 있음.

4) 고분 구조(그림 3)

평면은 방형임.

(1) 계단

① 전체 현황

○ 계단 내부는 큰 산돌 및 소량의 강돌 그리고 황토를 섞어 메웠음.

○ 현재 남아 있는 계단 석재 및 잔편을 보면 석재 간격은 남변이 제일 크고, 또한 남변의 석재가 제일 큼. 동변은 수량이 가장 많고, 서변은 오직 4매만 남아 있으며, 북변은 모두 잔편이고 큰 돌이 없음. 2003년 조사 당시 서·남 양측의 석재는 부분적으로 노출되었고 동측에 있는 석재는 대부분 흙 속에 매립된 상태였음.

○ 기초는 보이지 않고 계단 한 층만 보임.

○ 석재는 표면이 정연하고 정면은 호형으로 가공하였음.

② 남변 계단

○ 남변에는 석재가 9개 있는데, 서에서 동으로 배열. 축선의 방위각은 130°이며, 정면은 서남쪽이나 남쪽으로 약간 더 치우침.

○ 석재는 비교적 큼. 담회색과 담분홍색이 대다수를 차지하며 오직 서단의 한 매만 황색 英灰巖임. 규격은 균일하지 않은데, 길이와 너비의 차이가 비교적 크며 두께 또한 고르지 않음. 형태는 일반적으로 장방형임. 대부분 6면은 가공을 거쳤고 부분적으로 자연면이 남아 있음. 양쪽 끝의 큰 돌은 원래 위치에 있는 것이지만, 대다수 돌은 밖으로 튀어나감. 계단석은 서로 연결되지 않고 결실된 것이 많음. 남은 계단석은 대부분 파손되는 등 온전한 것이 거의 없음.

○ 서쪽에서 1번째 돌 : 담회색의 화강암으로 길이와 너비 각각 2m의 입방체임. 북측은 절단되었는데, 절단부분은 북면으로 기울어짐. 상반부는 없어졌고 현재는 여러 곳에 쐐기 흔적이 남아 있으며, 잔존 두께는 0.7m임. 바깥측의 남면이 비교적 심하게 침식되었고, 서측면에는 수직평행의 가공 흔적이 남아 있음. 돌 아

그림 3 황니강대묘 평면도
(『吉林集安高句麗墓葬報告集』, 302쪽)

래는 생토임. 원래 자리에서 움직이지 않았을 수 있으며, 형태와 크기를 보면 고분 서남 모서리돌로 추정됨.

○ 서쪽에서 2번째 돌 : 담분홍색의 화강암임. 앞의 돌과의 거리는 3m이며, 길이 1.3m, 너비 1.2m, 두께 0.6m임. 기본적으로 온전한 형태임. 돌은 밖으로 뒤집어져 바깥 측면이 아래로 향함. 윗면과 바닥면은 모두 자연형태임. 윗면의 가장자리 부분에만 가공 흔적이 있음. 바닥면은 한 부분이 없어지고 자연형태만 남아 있음.

○ 서쪽에서 3번째 돌 : 분홍색으로 길이 2.1m, 너비 0.6~1m, 두께 0.7m임. 앞의 돌과의 거리는 3.5m임. 온전한 형태로 양끝은 손상되지 않았음. 바깥 측은 자연면으로 자연곡선이 남아 있음. 윗면은 비교적 평평하게 가공되었으며, 바깥 측면에는 너비 9cm 정도의 돌기가 남아 있음.

○ 서쪽에서 4번째 돌 : 앞의 돌과 약 1m 떨어져 있음. 담분홍색의 화강암임. 보존 상태는 양호하며, 길이 3.6m, 너비 1.6m, 두께 0.76m임. 내측은 큰 면적의 자연면이 남아 있음. 양끝과 바깥 측면에 끌(鑿錾)로 가공한 흔적이 있으나, 파낸 흔적은 보이지 않음. 윗면 바깥쪽에 너비 10cm의 돌기가 있음.

○ 서쪽에서 5번째 돌 : 4번째 돌의 동쪽 1m 되는 곳에 있음. 길이 1.8m, 너비 0.6m, 두께 0.45m임. 가공한 면은 위로 향하며 바깥 측면은 손상됨. 돌의 윗면과 4번째 돌의 바닥면의 높이가 같음. 하부는 흙속에 묻혀 있는데, 계단 바닥층의 받침석(墊石)일 가능성이 있음.

○ 서쪽에서 6번째 돌 : 담분홍색의 화강암임. 앞의 돌과 0.6m 떨어져 있는데, 위치가 옮겨지면서 삐뚤어져 있음. 길이 1.5m, 너비 0.75m, 두께 0.6m임. 바깥 측면은 아래를 향하며 양끝은 훼손되지 않았음. 윗면과 바닥면은 쪼개지면서 훼손됨.

○ 서쪽에서 7번째 돌 : 담회색 화강암임. 삐뚤어진

채 놓여 있으며 6번째 돌 바깥에 위치. 길이 2m, 너비 0.6m, 두께 0.7m임. 윗면은 밖을 향하며 가장자리 부분에는 너비 10cm의 돌기가 있음. 놓여진 위치로 볼 때 바닥층 축조석이 밖으로 드러난 것일 가능성이 있음.

○ 서쪽에서 8번째 돌 : 유일한 석영회암석으로 길이 3.7m, 너비 1.2m, 두께 0.8m임. 가공하였고 상태가 비교적 양호한데, 긴 변은 모두 비교적 둥글고 부드러운 능선을 가지고 있음. 가지런히 놓여 있지 않아 밖이 높고 안은 낮으며, 동단이 대체로 서단보다 높음. 돌 아래에는 강자갈이 섞여 있는 황색 점토가 있는데, 높이를 맞추기 위해 일부러 메운 받침토(墊土層)일 가능성이 있음. 돌의 동단과 서남 모서리돌 사이의 거리는 26.7m임. 방형이 아니라는 점에서 각석은 아니라고 추정됨.

○ 서쪽에서 2번째 돌 남쪽으로 1.3m 떨어진 지점에 장방형의 돌이 좌우 양측에 있는데, 제1단 계단 석재와 유사함. 두 돌은 남측의 축선과 평행하게 놓여 있음. 옮겨진 계단 축조석으로 추정됨. 두 돌 가운데 왼쪽에 있는 돌은 외측면이 안을 향해 있으며, 길이 1.95m, 너비와 두께는 각각 0.6m임. 내측 한 모서리는 결실. 평면은 사다리형임. 오른쪽에 있는 돌은 길이 1.6m, 너비 0.8m, 두께 0.7m임. 외측면은 아래로 향하며, 가장자리에 너비 약 10cm의 돌기가 있음. 회백색이고, 석질은 풍화되어 다른 것들과 다름.

○ 서쪽에서 4번째 돌 바깥 0.8m 지점에 평행하게 놓여 있는 장방형 돌이 있음. 길이 1.2m, 너비 0.45m, 두께 0.3m의 분홍색 화강암임. 윗면의 가장자리에는 10cm 너비의 돌기가 있음.

○ 서쪽에서 3번째 돌과 5번째 돌 사이, 묘변에서 3~5m 범위 안에 7개가 돌이 흩어져 있음. 화강암과 회암 2종이고, 대다수 파괴됨.

③ 서변 계단

○ 서변에는 각석 외에 3개의 돌 잔편이 있음.

○ 남쪽에서 1번째 돌 : 담회색 화강암임. 각석과 약 1m 떨어져 있음. 외측면은 각석의 서면과 직선을 이루는데, 원래 위치에 있는 것으로 추정. 돌의 남반부는 쪼개졌고, 윗면 역시 파손. 북단면과 외측은 정연하지만 가공한 흔적은 없음. 남은 길이 1.2m, 너비 1.15m, 두께 0.35~0.54m임. 돌의 서변과 각석의 외변을 따라 선이 연결됨. 방위각은 220°로 측정되며, 남측변과 90°를 이룸.

○ 남쪽에서 2번째 돌 : 오렌지색 화강암임. 묘내에 치우쳐 세워져 있음. 정북쪽을 향해 돌아가 있고, 윗면은 서쪽을 향해 있음. 길이와 너비는 약 1.2m, 두께는 0.9m임. 비교적 가늘고 정연한데, 가공흔적은 보이지 않음. 바깥 가장자리에는 너비 7~10cm의 돌기가 있음.

○ 남쪽에서 3번째 돌 : 2번째 돌의 북쪽 약 6m 지점에 위치. 파손됨. 옅은 분홍색 화강암으로 길이 0.8m, 너비 1.1m, 두께 0.7m임. 외측면이 아래로 향하고 윗면과 바닥은 남북 양측에 노출. 북단에서 쐐기 흔적을 볼 수 있음.

④ 동변 계단

○ 동변에는 대략 20개의 장방형 돌이 있는데, 대부분 원래 위치를 이탈. 비교적 큰 돌 8개가 일렬을 이루고 있음. 대체로 남북으로 직선을 이루나 간격은 균일하지 않음. 남쪽에서 4·5·6번째 장방형 돌은 두께가 0.7m 정도임. 4·6번째 돌은 윗면 외측에 돌기가 있는데, 제1단 계단의 바닥석으로 추정됨. 4·5·6[1] 번째 돌의 외측 가장자리의 연결선은 비교적 가지런하며 그 아래는 모두 생토이므로 위치 이동이 크지 않았던 것으로

1 『吉林集安高句麗墓葬報告集』(2009)에는 8번째로 기록되어 있으나, 오류로 보임.

추정됨. 이 연결선의 방향과 서측 가장자리 방향이 서로 일치하고 이 선을 따라 남쪽을 가면 남측면 연장선과 교차함. 현재의 남측면 길이보다 약 2m 정도 긴데, 바로 각석이 있어야 할 위치임. 이와 같이 추측해본다면 원래 고분의 한 변 길이는 28.5~29m일 가능성이 있음.

○ 동면의 장방형 돌은 모두 화강암임. 옅은 분홍색이 다수이며 회색은 2개, 오렌지색은 3개가 있음. 축선상의 비교적 큰 돌은 8개가 있음.

○ 남쪽에서 1번째 돌 : 길이 1.8m, 너비 0.5m, 두께 0.8m임. 비교적 온전한 형태임. 원래 자리를 이탈. 외측면은 밖을 향함. 표면에 평행하게 파낸 흔적 20여 개가 있는데, 표면을 정연하게 가공할 때 남은 것으로 추정됨.

○ 남쪽에서 2번째 돌 : 1번째 돌과 동일하게 놓여 있음. 길이 2.4m, 너비 0.6m, 두께 0.56m임. 석재는 기본적으로 온전한 형태임. 양단과 외측면에 가공하면서 평행하게 파낸 흔적이 남아 있음.

○ 남쪽에서 3번째 돌 : 길이 2m, 너비 0.7m, 두께 0.8~1m임. 안이 낮고 밖이 높게 놓여 있음. 상부는 심하게 쪼개졌으나 양단은 훼손되지 않음.

○ 남쪽에서 4번째 돌 : 양단이 모두 손상됨. 남은 길이 1.1m, 너비 0.6m, 두께 0.56m임. 밖으로 약간 기울어졌음. 외측 가장자리에 너비 10cm의 돌기가 있음.

○ 남쪽에서 5번째 돌 : 길이 1.6m, 너비 1.2m, 두께 0.74m임. 대체로 온전함. 윗면 외측에 너비 10cm의 돌기가 있음. 안정적으로 놓여 있고 그 아래가 황색의 생토라는 점에서 원래 위치에 있는 것으로 보임. 내측의 한 모서리는 결여되어 있으며 자연 평면을 지니고 있음.

○ 남쪽에서 6번째 돌 : 5번째 돌과 3.5m 떨어져 있음. 길이 1.2m, 너비 0.6m, 두께 0.7m임. 기울어진 채 놓여 있는데, 북고남저임. 인위적으로 옮겨짐. 두께로 볼 때 제1단 계단의 바닥석으로 추정. 외측의 가장자리에 너비 10cm의 돌기가 있음.

○ 남쪽에서 7번째 돌 : 장방형으로 길이 2.3m, 너비 0.9m임. 북단이 약간 동쪽으로 기울어져 있다는 점에서 원래 위치를 벗어났을 가능성이 있고, 남단은 이동이 크지 않음. 돌의 윗면은 이미 쪼개져 두께 0.6m가 남아 있음.

○ 남쪽에서 8번째 돌 : 길이 1.15m, 너비 0.8m, 두께 0.68m임. 양단은 훼손되지 않았음. 외측면은 위로 틀어져 있고, 윗면은 약간 묘내를 향해 돌아가 있음. 현재 위를 향하고 있는 외측면은 정연하고, 가공하던 중에 생긴 것으로 평행하게 파인 흔적이 있음. 윗면과 서로 만나는 측변이 쪼개져 있기 때문에 윗면 가장자리에 돌기가 없었다고 단정하기 어려움. 두께를 볼 때 제1단 계단의 바닥부 석재로 보임.

○ 동측면 4번째 돌과 5번째 돌 사이의 동변에 계단 잔돌 6개가 흩어져 있음. 북쪽으로 치우쳐 있는 돌 3개는 비교적 큼. 그 가운데 두 개는 윗면 가장자리에 돌기가 있음. 두께는 각각 0.3m~0.4m임.

○ 6번째 돌 외측에 오렌지색 장방형 돌이 있음. 길이 0.6m, 너비 0.3m, 두께 0.36m임. 윗면에 7cm 너비의 턱이 있음. 5번째 돌 사이에서 동쪽으로 치우친 2개 돌 가운데 하나도 턱이 있음. 이 턱은 너비 10cm, 높이 0.38m임. 두 돌은 두께가 비슷하지만 돌기 너비는 차이가 있음.

○ 7번째 장방형 돌의 북단 외측에 길이 1.2m, 너비 0.5m, 두께 0.46m의 정연한 석재가 붙어 있음. 분홍색 화강암으로, 윗층 또는 제2단 계단의 축조석으로 추정됨.

○ 8번째 돌의 북면 외측에 두 개의 분홍색 돌이 나란히 비스듬한 방향으로 놓여 있음. 내측에 치우친 것은 길이 2.8m, 너비 0.7m, 두께 0.3m이며, 외측에 치우친 것은 길이 0.5m, 두께 0.6m임. 외측면이 묘내를 향해 뒤집혀져 윗면은 아래를 향하고 있음. 양단에는 너비 약 8cm의 턱이 있음.

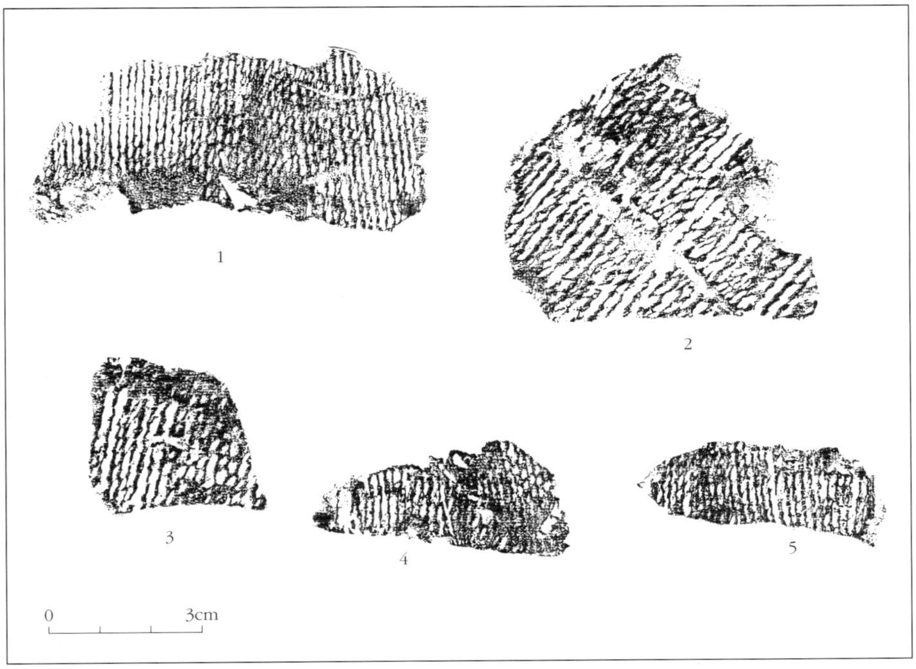

그림 4
황니강대묘 출토 암키와편 탁본
(『吉林集安高句麗墓葬報告集』, 305쪽)

⑤ **계단 수 추정**

황니강대묘 안팎에 남아 있는 석재는 가장자리에 턱이 있는 것과 없는 것으로 나눌 수 있음. 윗면 외측변에 돌기가 있는 돌은 장군총과 태왕릉의 사례로 볼 때 계단 바닥층에 있던 것으로 추정됨. 반면 턱이 없는 돌은 계단의 상부를 축조하는 데 사용됨. 턱이 있는 돌은 두께가 0.3m, 0.4m, 0.6m, 0.7m, 그리고 0.7m 이상인 것 등이 있음. 반면 턱이 없는 돌은 0.3m, 0.5m, 0.6m, 0.7m, 그리고 0.7m 이상인 것 등이 있음. 장군총의 경우 계단 제1단은 4층이고 나머지 단은 3층인데, 황니강대묘가 이와 동일하다면 4단 혹은 5단 계단이 있었을 것으로 추정됨. 한 변 길이는 대체로 29m 이상으로 추정.

(2) 묘실

묘실 구조는 확인되지 않았음.

4. 출토유물

고분 주위의 깬돌과 진흙 속에서 고운 점토의 기와편들이 수습되었으며, 북측의 작은 길에서는 회색 기와편이 수습됨(그림 4). 기와는 수키와와 암키와 두 종류이고 회색과 홍갈색 두 가지 색이 있음. 대부분 잔편으로 커다란 기와편은 드물게 보임. 회색은 대부분 수키와 잔편으로 내면에 布文이 있으며 표면은 광이 남. 홍갈색은 가는 砂質로, 모두 암키와임. 표면에는 가는 繩文이 있으며, 두께는 1.5cm 정도임.

1) 기와

(1) 암기와편 1 (JY黃泥崗大墓標:1, 그림 4-1)

○ 출토지 : 황니강대묘.
○ 형태 : 파손. 표면에 가는 승문이 있음.
○ 태토 및 색깔 : 가는 모래혼입의 홍갈색.

(2) 암기와편 2 (禹山黃泥崗大墓標:2, 그림 4-2)

○ 출토지 : 황니강대묘.

○ 크기 : 두께 1.8cm.

○ 형태 : 파손. 표면에 가는 승문이 있고 그 위에 문지르기가 끊긴 흔적이 있음.

○ 색깔 : 가는 모래혼입의 홍갈색.

5. 역사적 성격

1) 묘주의 신분

황니강대묘는 산 하나를 홀로 차지하고 있고 시야가 탁 트여 있으며 규모는 비교적 크고 묘상에 기와를 사용하는 등 여러 방면에서 고구려 왕릉의 조건을 갖추고 있음. 황니강대묘는 장군총과 태왕릉 사이의 직선상에 위치하는데, 두 고분과의 거리가 멀지 않음. 따라서 묘주를 보통의 관리로 볼 수 없고, 왕릉 채용기법이 다수 확인되므로 적어도 왕족으로 추정됨.

○ 황니강대묘는 한 변 길이가 30m에 가깝고, 계단은 적어도 3단에 이르며, 하층 계단석에 일정한 폭을 지닌 턱이 있는 등 장군총의 구축 방식과 유사한 점들이 있음. 그러나 사용된 돌은 비교적 조잡하고, 화강암뿐만 아니라 회암도 보임. 석재는 획일적이거나 정연하지 않고 가공 상태도 정교하거나 짜임새 있는 모습을 보여주지 않음. 고분의 주변에는 墓域에 사용된 돌이 보이지 않고, 護墳石이 사용되지 않았으며, 陪塚과 祭臺 등의 유구가 보이지 않음. 이로 볼 때 왕릉은 아닌 것으로 추정.

2) 축조 연대

고분 계단석 윗면 가장자리에 있는 돌기는 왕릉급 고분 가운데 千秋墓, 태왕릉, 장군총 등 축조 연대가 늦는 소수에서만 보임. 황니강대묘의 경우 모든 계단석 바닥층의 장방형 돌에서 턱이 확인되나, 장군총에서는 드물게 보임. 이로 볼 때 황니강대묘의 축조 연대는 장군총과 유사하거나 전후로 약간 차이가 있고, 대략 5세기 중엽으로 추정.

참고문헌

- 吉林省文物考古研究所·集安市博物館, 2002, 『洞溝古墓群 – 1997年調查測繪報』, 科學出版社.
- 孫仁杰·遲勇, 2007, 『集安高句麗墓葬』, 香港亞洲出版社.
- 吉林省文物考古研究所·集安市博物館, 2009, 「黃泥崗大墓調查報告」, 『吉林集安高句麗墓葬報告集』, 科學出版社.

05 우산하0043호묘 : 임강묘

集安 禹山下0043號墓 : 臨江墓 | JYM0043

1. 조사현황

1) 1909~1910년

○ 조사자 : 谷井濟一, 栗山俊一.

2) 1937년

○ 조사자 : 池內宏, 黑田源次, 梅原末治, 三上次男.

○ 조사내용 : 集安의 도성 및 중요 고분들을 조사할 때 조사대상에 포함됨.

3) 1966년

○ 조사내용 : 通溝古墳群에 대한 실측조사 때 '禹山墓區 0043號墓(JYM0043)'로 편호.

4) 1983년

○ 조사내용 : 『吉林省志·文物志』 편찬을 기획하면서 조사.

○ 발표 : 吉林省文物志編委會, 1984, 『集安縣文物志』.

5) 2003년

○ 조사기간 : 2003년 4~6월.

○ 조사기관 : 吉林省文物考古研究所.

○ 참여자 : 柳嵐, 聶勇, 王志剛(이상 길림성문물고고연구소), 吳鐵軍(農安縣文物管理所), 邵春華(吉林省博物館).

○ 조사내용 : 9개의 탐색갱을 넣어 무덤 주위를 조사. 분구 일부에 대해 단면조사를 진행. 무덤 동쪽의 祭臺 정리. 무덤 조사과정 중에서 50여 점의 금기, 동기, 철기, 도기, 기와 등을 수습.

6) 2004~2005년

○ 조사자 : 張福有, 孫仁杰, 遲勇.

2. 위치와 자연환경(그림 1~그림 2)

1) 고분의 위치

○ 집안시 동쪽 龍山 서남 기슭의 작은 산 위에 위치하는데, 산 정상부 전체를 거의 독차지하고 있음.

○ 중심지리좌표는 126°13′4.65″, 북위 41°8′39.4″임.

○ 무덤이 위치한 지점은 청동기시대 유적지로, 일찍이 모래혼입 토기편과 마제석기가 출토됨. 2003년에 묘 동쪽에서 주거지 1기를 조사.

2) 고분의 주변환경

○ 묘 서측 산비탈 중부에 고구려 소형 적석묘가 여러 기 있음.

○ 서쪽으로 약 4km 떨어진 지점에 집안시가 있음.

○ 廣開土王陵碑와는 약 460m, 太王陵과는 약 900m 떨어져 있음.

○ 남쪽으로 약 800m 지점에 압록강이 흐름.

○ 북측 산 아래는 太王鎭 果樹村 9組임.

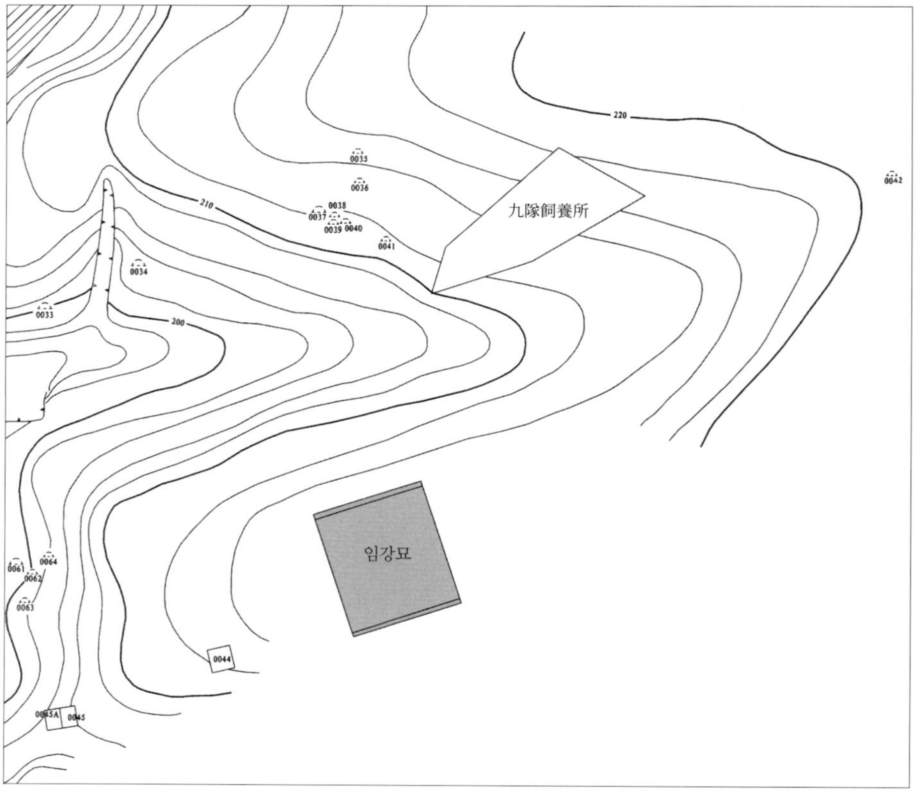

그림 1 임강묘 위치도 1
(『洞溝古墓群－1997年調査測繪報告』, 193쪽)

○ 동쪽으로는 구릉이 이어지고 남쪽은 낭떠러지임.

○ 산기슭 아래로는 集安－靑石도로, 북한 만포시와 통하는 中朝철로가 지나감.

3. 고분의 현황

1) 고분 명칭의 변천

○ 20세기 초에는 묘가 압록강에 인접해 있기 때문에 '臨江墓'로 불림.

○ 1966년 통구고분군에 대한 실측조사 때 '禹山墓區 0043號墓(JYM0043)'로 편호.

2) 고분 형식

(1) 유형

階段積石壙室墓.

(2) 고분의 규모

남북 길이 약 76m, 동서 길이 약 71m, 높이 약 10m.

3) 고분 구조(그림 3～그림 4)

(1) 외관

○ 圓角方丘 형태로, 표면은 두께 약 10cm의 부식토가 덮고 있음.

○ 일찍이 도굴을 당하였는데, 방치된 돌이 무덤 중서부 바깥에 6여 m 쌓여 있음.

○ 가공한 큰 장대석, 무덤 기초석은 발견되지 않음.

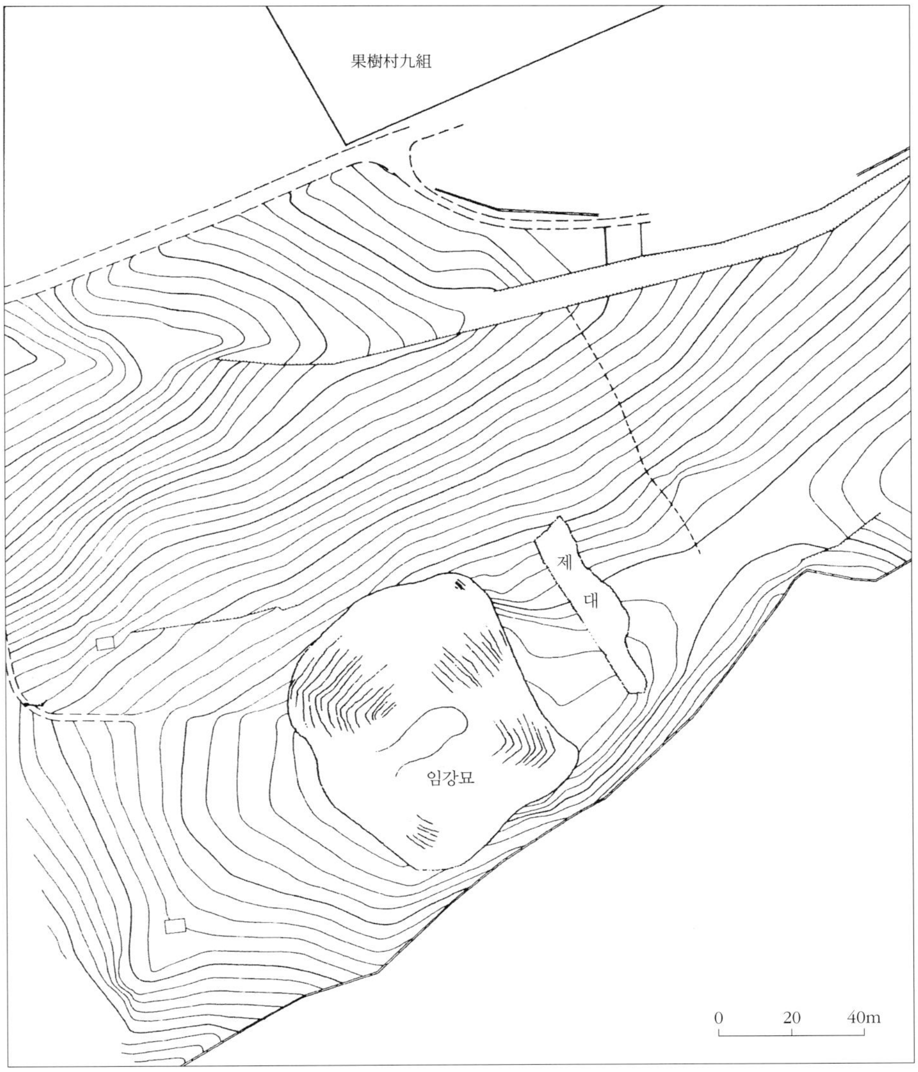

그림 2 임강묘와 제대
(『集安高句麗王陵』, 52쪽)

○ 무덤 정상부는 비교적 평평함. 평면은 장방형으로 대체적으로 길이 20m, 너비 18m임. 중간에 있는 구덩이는 길이 17m, 너비 10m, 깊이 2m인데, 상부 전체에 해당한다고 볼 수 있음.

○ 동남부에는 근래에 건설된 전쟁 설비인 엄폐호가 있음.

(2) 계단

○ 무덤 각 변과 계단 모두 비교적 큰 산자갈로 축조. 석재는 대부분 가공하지 않아 깨진 면을 가지고 있음. 불규칙적으로 쌓음.

○ 무덤의 범위를 정한 후 비교적 큰 산돌을 이용하여 단을 축조하고, 단 내부에 약간 작은 깬돌을 채워 평평하게 함. 그 위에 안쪽으로 0.4~0.66m 들여 2번째 계단을 축조. 계단 가장자리의 석재는 일반적으로 길이 0.5~0.9m, 너비 0.2~0.4m 사이이며, 두께는 0.3~0.35m임. 내부를 채운 돌은 길이, 너비, 두께 모두 약 0.2m임.

○ 제2단 계단은 2~4층으로 이루어져 있고, 높이는 0.3~0.4m임. 평평한 큰 산돌을 이용해서 둘레를 쌓

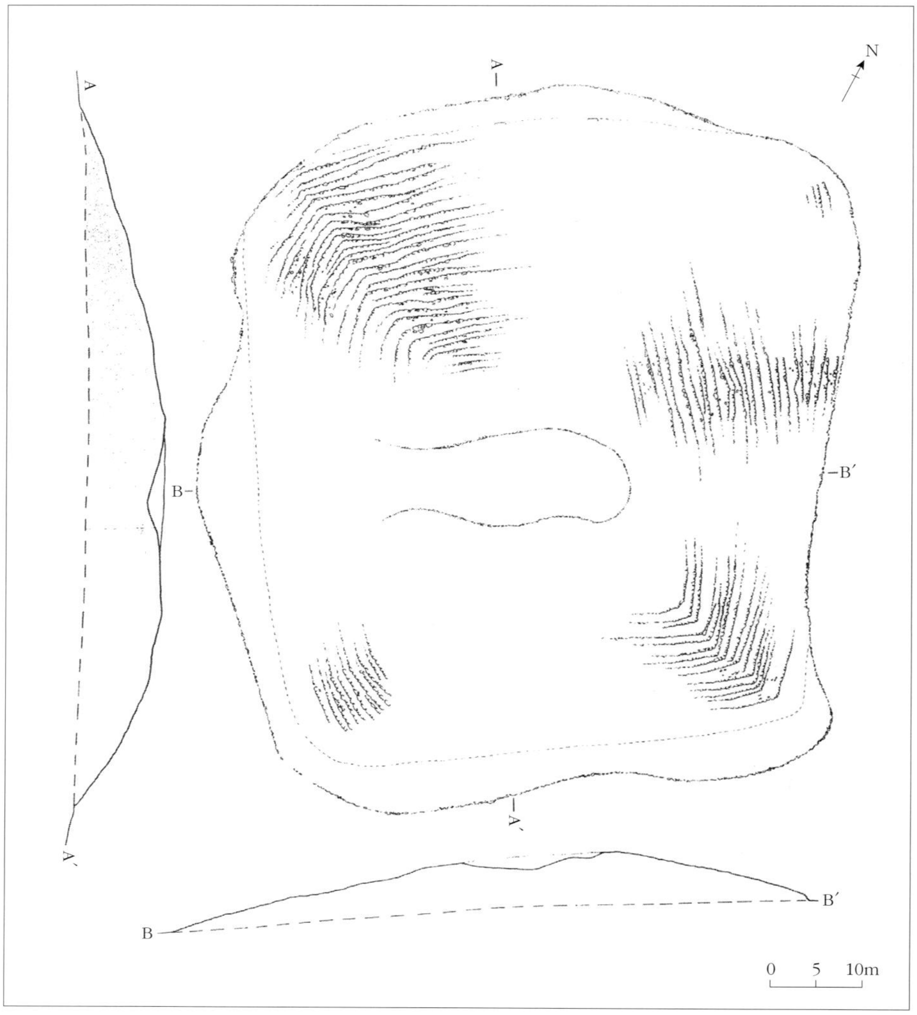

그림 3 임강묘 평·측면도
(『集安高句麗王陵』, 54쪽)

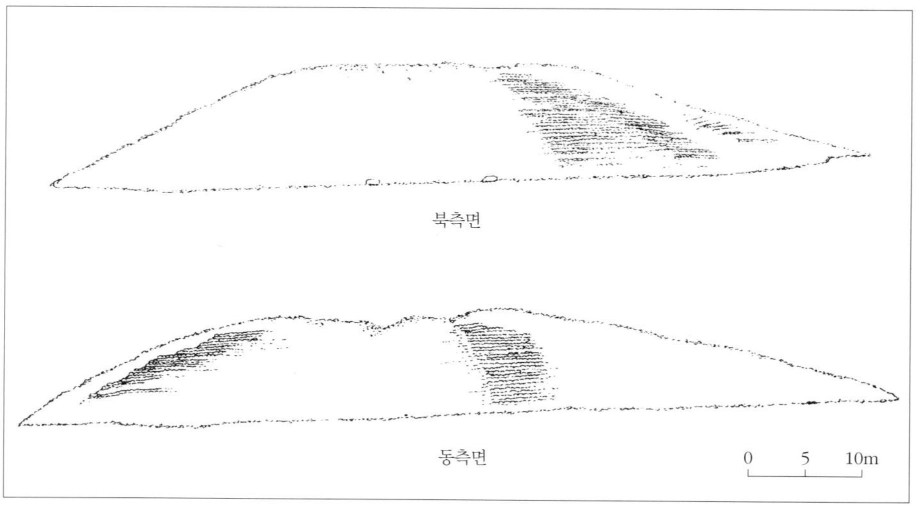

그림 4
임강묘 북측과 남측 측면도
(『集安高句麗王陵』, 55쪽)

고 작은 산돌로 안을 채우는 방법을 채용. 축조할 때 자연 산돌의 평평한 면을 밖으로 향하게 함으로써 밖으로 드러나는 면이 가지런하도록 함. 계단 외측에는 깨진 산돌과 작은 강자갈을 평평하게 깔았고, 그 후에 다시 안쪽으로 들여 제3단 계단을 쌓았음. 이러한 방법으로 묘 정상까지 쌓았고, 정상 위에는 壙室을 축조.

○ 산의 지세가 다르기 때문에 무덤 네 면에 축조된 계단 수는 같지 않음. 동남각과 서남각은 21～23층, 지세가 상대적으로 낮은 북면은 30～33층으로 추정됨. 네 면 계단의 높이와 너비 모두 획일적이지 않음. 방향 또한 서로 같지 않으며, 일부 돌은 벌어져서 직선에서 벗어나는 등 계단 갈라짐 현상이 나타남.

○ 서북 모서리부분의 계단 폭차는 비교적 크고, 가운데 부분의 계단 사이 거리는 0.25～0.3m로 좁고 상부의 어떤 것은 간격이 0.6m에 달하기도 함.

○ 33층 계단 가운데 상부 8층 계단은 상대적으로 정연함. 계단은 기본적으로 평행하고, 사이 거리는 0.4～0.6m임. 이웃한 계단과의 높이차는 약 0.35m임. 모서리부분은 둥그렇게 굽어져 있음. 가운데 10층 계단은 대부분 만곡이 크고, 끊어짐과 이어짐이 비교적 많음. 사이 거리와 너비는 같지 않고, 높이차도 0.2～0.4m로 같지 않음. 하부 15층 가운데 북쪽 측면 계단은 비교적 양호함. 사이 거리는 0.6～0.8m, 높이차는 0.5m임. 안으로 들어간 폭은 균등. 서쪽면은 갈라짐이 비교적 많고, 계단의 높이차가 비교적 크며, 모퉁이는 둔각임.

(3) 광실

○ 고분 상부에 있는 구덩이에서 정연한 장대석 혹은 가공된 큰 판석이 발견되지 않음. 묘실은 구조가 간단하고 천장석이 없는 광실로 추정.

4. 관련 유적

1) 祭臺(그림 5)

○ 묘의 동측 변에서 13.5m 떨어진 거리에 위치. 방향은 무덤과 평행.

○ 평면은 대체로 장방형이고 길이 50m, 너비 5～9m, 높이 0.3～0.5m임.

○ 제대 가장자리는 비교적 큰 산돌을 이용하여 축조. 깨진 단면이 바깥으로 향하였음. 석재는 길이, 너비, 두께 모두 0.2～0.4m임. 내부에 채워진 돌은 길이, 너비, 두께 모두 0.1～0.2m 사이이고, 평평하게 깔았음.

○ 제대 표면의 남부와 중부에 매우 큰 검은 흙덩이 3개가 있는데, 불에 탄 흔적과 유사. 그 위에서 호(陶罐), 철제허리띠고리(鐵帶卡), 마노구슬(瑪瑙珠), 금동장식편 등이 출토. 제대 북부에서 서변으로 약 18m 지점의 돌 사이에서 사람형태의 수레바퀴비녀장(車轄) 1점과 금제테(金圈) 1점이 출토됨.

○ 제대 서부의 남북 각각에 얕은 도랑(溝)이 있음. 도랑 너비는 약 0.5m임. 도랑에는 평평한 면이 안쪽으로 향하고 있는 산돌이 쌓여 있음. 현재 1～2층 정도의 쌓은 돌이 남아 있고, 깊이는 약 0.35m 정도임.

○ 남단의 길이는 8m, 북단의 길이는 11.5m임. 양단 모두 제대 안의 중단 10m 구간이 파손.

5. 출토유물

○ 묘 정상에서 비교적 많은 기와편이 출토되었는데, 상대적으로 상부에서 집중 출토.

○ 트렌치(探溝)와 제대에서 출토된 유물은 호(罐), 원반형토기(陶餅), 철촉(鐵鏃), 철제못(鐵釘), 철제꺾쇠(鐵鋦釘) 등으로 생활용품이 주를 이룸.

○ 제대에서 56점의 유물이 출토되었는데, 종류와 수량 모두 임강묘보다 많음. 그 중 남쪽에서 첫 번째 검은

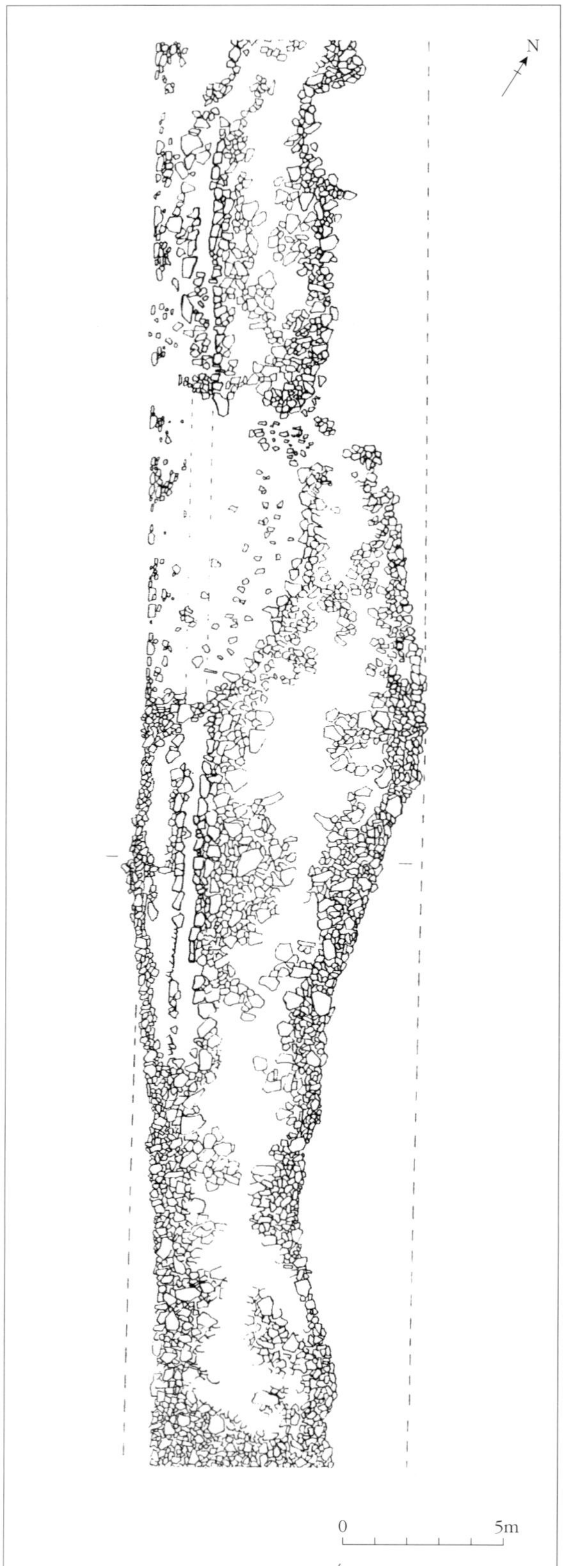

그림 5 임강묘 제대 실측도(『集安高句麗王陵』, 57쪽)

흙덩이에서 석제끌(石鑿), 토제가락바퀴(陶紡輪), 토기뚜껑(陶器蓋) 등, 두 번째 검은 흙덩이에서는 호(罐), 토기구연부, 마노구슬, 석제대롱(石管), 동제팔찌(銅鐲), 금동장식편 등, 세 번째 검은 흙덩이 내에서는 철기, 마노구슬 등이 출토되었음. 그리고 세 번째 검은 흙덩이 밖의 어지러진 돌들에서 사람형태의 수레바퀴비녀장과 금제테(金圈)가 출토됨.

1) 금기

(1) 금제테(金圈, 03JYM43J:11, 그림 6-2)

○ 출토지 : 임강묘 제대.

○ 크기 : 직경 2.2cm.

○ 형태 : 원형. 작고 얇음. 크기로 보아 귀걸이로 추정.

2) 금동기

(1) 금동제투조장식(鏤花片飾, 03JYM43J:14, 그림 6-4~6)

○ 출토지 : 임강묘 제대.

○ 크기 : 잔편 길이 약 3cm, 두께 약 0.5cm.

○ 형태 : 잔편 3개가 수습됨. 모두 파손되어 전체 형태는 불명확. 한 면은 도금. 변 모서리에 가느다란 点文이 두 부분 있음.

3) 청동기

(1) 청동제사람형상수레바퀴비녀장(青銅人形車轄, 03JYM43J:10, 그림 6-1)

○ 출토지 : 임강묘 제대.

○ 크기 : 높이 14cm, 최대 너비 4.2cm, 정면 두께 1cm, 측면 너비 2.1~2.4cm.

○ 형태 : 허리에 두 손을 대고 있는 사람형태임. 五官이 치밀하게 새겨져 있음. 남성으로 추정됨. 하부의 몸

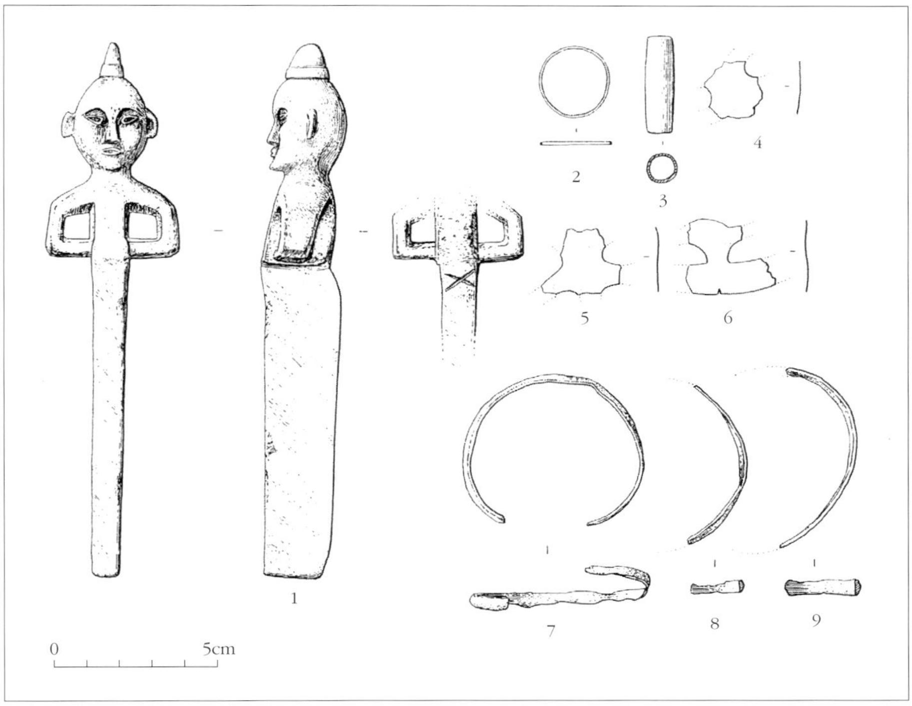

그림 6
임강묘 출토 금기와 동기
(『集安高句麗王陵』, 59쪽)
1. 청동제수레바퀴비녀장
2. 금제테
3. 청동제대롱
4~6. 금동제투조장식
7~9. 청동제팔찌

은 장방형의 기둥형태임. 뒷부분 가운데에는 'X'형 새김부호가 있음.

(2) 청동제대롱(靑銅管, 03JYM43J:19, 그림 6-3)
○ 출토지 : 임강묘 제대.
○ 크기 : 전체 길이 3cm, 대롱 입구 外徑 0.8cm, 內徑 0.7cm, 두께 0.1cm.
○ 형태 : 약간 파손. 회록색임. 표면은 광이 남.

(3) 청동제팔찌(靑銅鐲, 03JYM43J:15, 그림 6-7~9)
○ 출토지 : 임강묘 제대.
○ 크기 : 직경 5cm, 너비 0.5cm, 內徑 0.7cm, 두께 0.2cm.
○ 형태 : 원형의 청동테(靑銅圈) 2개로 이루어짐. 그 중 한 개는 파손되어 2단을 이루고 있음.

4) 철기

(1) 철촉(鐵鏃, 03JYM43:30, 그림 7-4)
○ 출토지 : 임강묘 동쪽변.
○ 크기 : 전체 길이 14cm.
○ 형태 : 단면은 편평하며 촉신은 뾰족한 마름모꼴임. 경부(鋌)는 방형임. 끝부분은 구부러짐.

(2) 철제꺽쇠(鐵鋦釘, 03JYM43:17)
○ 출토지 : 임강묘 북쪽변.
○ 크기 : 전체 길이 16cm.
○ 형태 : 둥그런 기둥형태임. 활모양으로 휨.

(3) 철제못(鐵釘, 03JYM43:31, 그림 7-1)
○ 출토지 : 임강묘 주변.
○ 크기 : 전체 길이 20cm, 두께 0.6cm.
○ 형태 : 두부(釘帽)는 안으로 굽어 있음. 몸체는 방형의 기둥형태임.

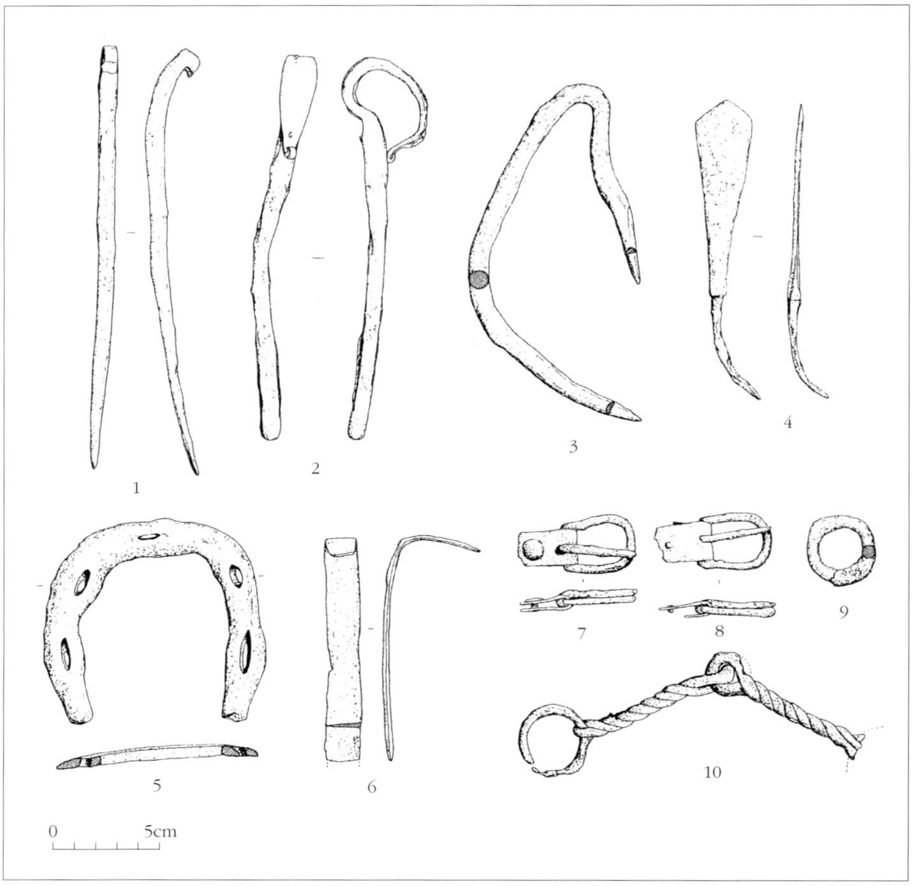

그림 7 임강묘 출토 철기
(『集安高句麗王陵』, 60쪽)
1. 못 2. 추 3. 꺾쇠
4. 철촉 5. 편자 6. 칼
7~8. 허리띠고리
9. 고리 10. 재갈

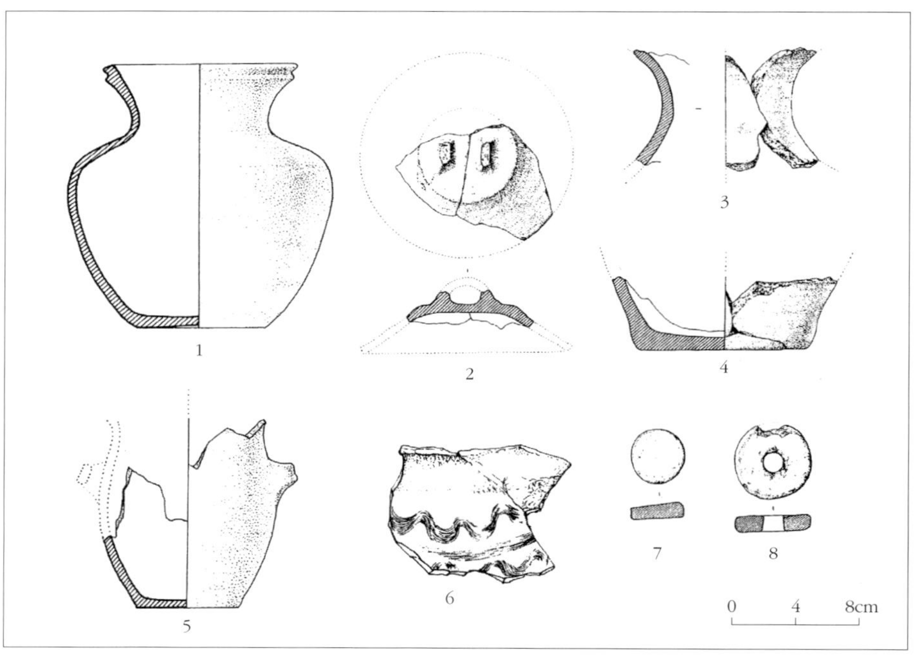

그림 8 임강묘 출토 토기
(『集安高句麗王陵』, 61쪽)
1. 호 2. 토기뚜껑
3~4. 호 5~6. 호
7. 원반형토기
8. 가락바퀴

(4) 철제칼(鐵刀, 03JYM43J:16, 그림 7-6)

○ 출토지 : 임강묘 제대.

○ 크기 : 전체 길이 14cm, 너비 1.6cm, 두께 0.3cm.

○ 형태 : 파손. 윗쪽에는 4개의 구멍이 뚫어져 있음. 뾰족한 부분은 구부려져서 90도를 이루고 있는데, 용도가 다른 것 같음.

(5) 철제추(鐵錐, 03JYM43J:3, 그림 7-2)

○ 출토지 : 임강묘 제대.

○ 크기 : 남은 길이 18cm, 두께 0.7cm.

○ 형태 : 파손. 끝부분은 원형임. 몸체는 방형의 기둥형태임. 뾰족한 부분은 파손.

(6) 철제허리띠고리(鐵帶卡, 03JYM43J:11~12, 그림 7-7~8)

○ 출토지 : 임강묘 제대.

○ 크기 : 길이 5.5cm, 너비 2.7cm.

○ 형태 : 7점 출토. 긴 원형임. 긴 침(針)의 단면은 원형.

(7) 철제재갈(鐵馬銜, 03JYM43J:4, 그림 7-9~10)

○ 출토지 : 임강묘 제대.

○ 크기 : 남은 길이 18cm, 철제고리 직경 3.3~3.5cm.

○ 형태 : 파손. 두 가닥의 굵은 철선을 합쳐서 비틀어 제작. 양 끝부분에는 각각 한 개의 고리(環)가 있음.

(8) 철제편자(鐵馬掌, 03JYM43J:5, 그림 7-5)

○ 출토지 : 임강묘 제대.

○ 크기 : 전체 길이 10cm, 두께 1.8cm.

○ 형태 : 반원형. 윗쪽에 일정한 간격으로 배열된 5개의 못구멍이 있음. 편자못 한 개가 아직 남아 있음.

(9) 철제꺾쇠(鐵鋦釘, 03JYM43J:17, 그림 7-3)

○ 출토지 : 임강묘 제대.

○ 크기 : 길이 12cm, 직경 0.8cm.

○ 형태 : 양 끝부분은 뾰족함. 몸체(鋦身)는 원형의 기둥형태임.

5) 석기

(1) 마노구슬(瑪瑙珠, 03JYM43J:9)

○ 출토지 : 임강묘 제대.

○ 크기 : 가장 큰 것은 직경 1.2cm, 가장 작은 것은 직경 0.6cm.

○ 형태 : 38점이 출토. 대부분 납작한 원형임. 모두 홍색임. 중간에 구멍 한 개가 있음.

6) 토기

(1) 호(陶壺, 03JYM43:23, 그림 8-3~4)

○ 출토지 : 임강묘.

○ 형태 : 파손. 구연은 외반됨(侈口). 목은 잘록함(束頸). 어깨는 둥그스름함(圓肩). 동체부는 비스듬히 기울어져 있음(斜腹). 바닥은 평평함. 구연은 약간 파손. 동체부는 결실. 완전한 복원은 불가능.

○ 태토 및 색깔 : 고운 점토질의 회색토기.

(2) 호(陶罐, 03JYM43:1, 그림 8-6)

○ 출토지 : 임강묘 중부 동측.

○ 형태 : 복원하지 못함. 동체부(腹部)장식으로 파상문(水波文)이 있음.

○ 태토 및 색깔 : 가는 모래혼입의 회백색토기.

(3) 원반형토기(陶餅, 03JYM43:8, 그림 8-7)

○ 출토지 : 임강묘 중부 서측.

○ 크기 : 직경 3.5cm, 두께 1cm.

○ 형태 : 납작한 원형임.

○ 태토 및 색깔 : 가는 모래혼입의 회색토기.

(4) 호(陶罐, 03JYM43J:1, 그림 8-1)

○ 출토지 : 임강묘 제대.

○ 크기 : 전체 높이 19.2cm, 동체부(腹部) 직경 16.8cm, 바닥 직경 8cm, 기벽 두께 0.6cm.

○ 형태 : 이중구순(雙唇)으로 추정. 목(頸)은 비교적 명확.

○ 태토 및 색깔 : 모래혼입의 갈색토기.

(5) 호(陶罐, 03JYM43J:2, 그림 8-5)

○ 출토지 : 임강묘 제대.

○ 크기 : 바닥 직경 6.6cm.

○ 형태 : 동체부(腹部) 상부 양측에 각각 가로방향의 帶狀把手가 있음. 구연부는 파손.

○ 태토 및 색깔 : 모래혼입의 갈색토기.

(6) 토기뚜껑(03JYM43J:7, 그림 8-2)

○ 출토지 : 임강묘 제대.

○ 크기 : 높이 5cm, 두께 0.4cm.

○ 형태 : 일부 남아 있음. 복원 가능. 얕은 접시모양임. 위에 띠모양의 손잡이(耳) 일부가 남아 있음.

○ 태토 및 색깔 : 가는 모래혼입의 옅은 황색토기.

(7) 가락바퀴(陶紡輪, 03JYM43J:6, 그림 8-8)

○ 출토지 : 임강묘 제대.

○ 크기 : 직경 4.7cm, 내부구멍 직경 1.3cm, 두께 1cm.

○ 형태 : 약간 파손. 납작한 원형임. 가운데에 구멍이 있음.

○ 태토 및 색깔 : 고운 점토질의 회색.

7) 기와

○ 출토된 수키와 잔편은 2,000여 편이고, 암키와 잔편은 3,000여 편, 등성마루기와(脊瓦)는 26편임. 모두 고운 점토질이고, 갈색과 회색이 있음.

○ 고운 점토질의 갈색 기와 : 수량이 비교적 적음. 소성온도는 비교적 낮음. 두껍고 무거움. 암키와는 대부분 두껍고 무거움. 대부분 수직방향의 繩文이 펼쳐져 있음. 승문은 비교적 굵음. 잔편의 최대 너비는 36cm, 두께는 2.5~4cm임. 수키와는 6점이 출토됨. 목(頸)과 어깨(肩)가 없음. 내려다보면 사다리꼴임. 瓦身은 비교적 높게 융기. 수키와와 등성마루기와에는 문양이 없음.

○ 고운 점토질의 회색 기와 : 수량이 가장 많음. 소성온도는 비교적 높음. 비교적 가볍고 얇으나 단단함. 기와의 두께는 일반적으로 1.5~2cm 사이임. 암키와와 수키와는 발견되었으나, 등성마루기와는 아직 발견되지 않음. 암키와에는 모두 굵은 승문이 있음. 대부분 세로방향의 4~5줄의 홈문양(凹溝文)이 있는데, 배면에 균등하게 분포. 홈(溝)은 너비 1cm, 깊이 0.3cm이고, 홈문양 간의 거리는 10~15cm임. 두 점의 瓦頭에는 방격문이 찍혀 있음. 수키와에는 무늬가 없음. 두께는 같지 않음. 대부분 와두에 어깨(肩)와 미구(舌)가 있음. 瓦尾 일부에는 기울어진 홈(凹槽)이 낮게 새겨져 있음. 어깨와 미구에 따라 A, B, C형으로 나눌 수 있음. A형 기와는 어깨가 비교적 평평하고 미구는 길이가 같지 않음. 표면에 문질러서 만든 홈(凹槽)이 있음. B형은 어깨가 돌기되어 있고, 미구는 길이가 일치하지 않으며, 와두 가장자리 일부에 1줄의 홈이 있음. C형은 어깨의 돌기가 높지 않고, 미구면은 비교적 평평하며, 가장자리는 둥글고 매끄러움.

(1) 암키와 1(03JYM43:37, 그림 11-4·13-1)

○ 출토지 : 임강묘.

○ 형태 : 기와 가장자리에 얕은 홈(凹槽)이 있음. 거친

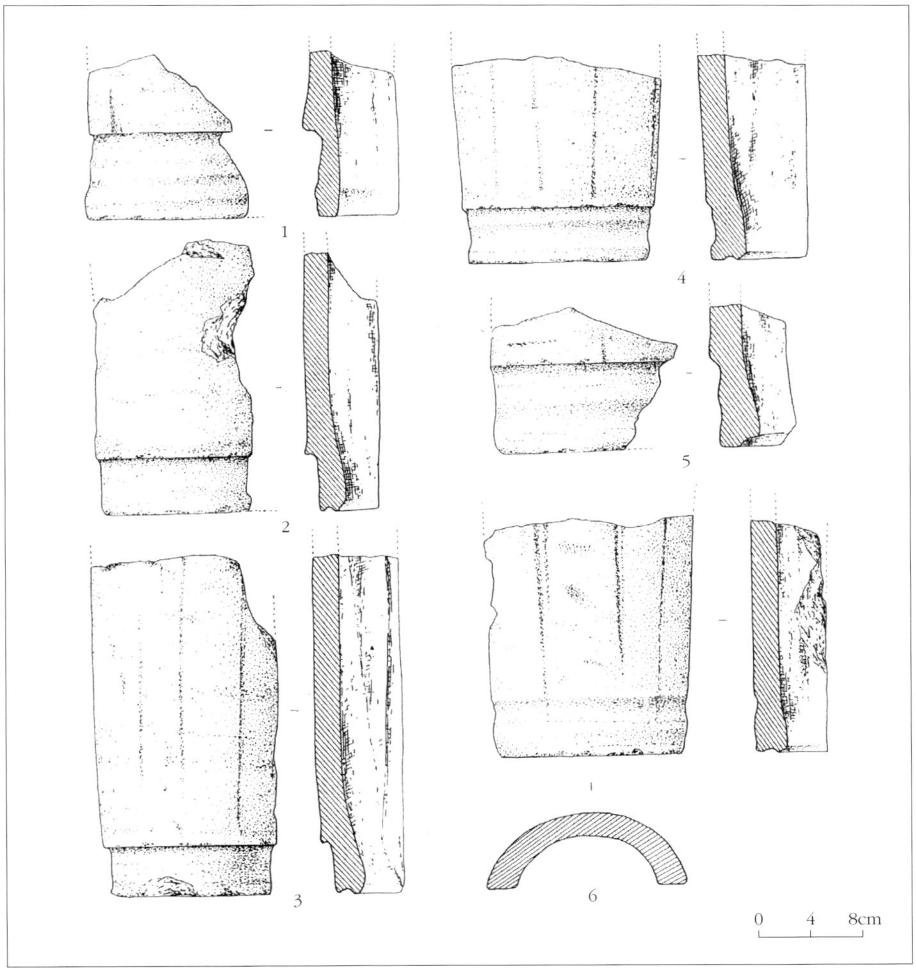

그림 9 임강묘 출토 수키와
(『集安高句麗王陵』, 63쪽)

승문은 약간 기울었음. 가장자리는 똑바로 잘라짐. 배면에 승문이 펼쳐짐.

○ 태토 및 색깔 : 니질의 갈색.

(2) 암키와 2(03JYM43:27, 그림 11-3)

○ 출토지 : 임강묘.

○ 크기 : 남아 있는 길이 19cm.

○ 형태 : 瓦頭가 남아 있음. 가장자리는 곧고 평평함. 측변은 안으로 휘어져 있음. 배면의 승문은 비교적 얕게 찍혀 있음.

○ 태토 및 색깔 : 니질의 갈색.

(3) 암키와 3(03JYM43:22, 그림 12-1)

○ 출토지 : 임강묘.

○ 크기 : 너비 30cm, 남아 있는 길이 41cm, 두께 2cm.

○ 형태 : 대부분 남아 있음. 瓦身은 방형임. 가운데부분에는 승문이 펼쳐져 있고, 세로방향의 홈(凹溝) 5줄이 있음.

○ 태토 및 색깔 : 니질의 회색.

(4) 암키와 4(03JYM43:34, 그림 11-2)

○ 출토지 : 임강묘.

○ 크기 : 남아 있는 길이 12.5cm.

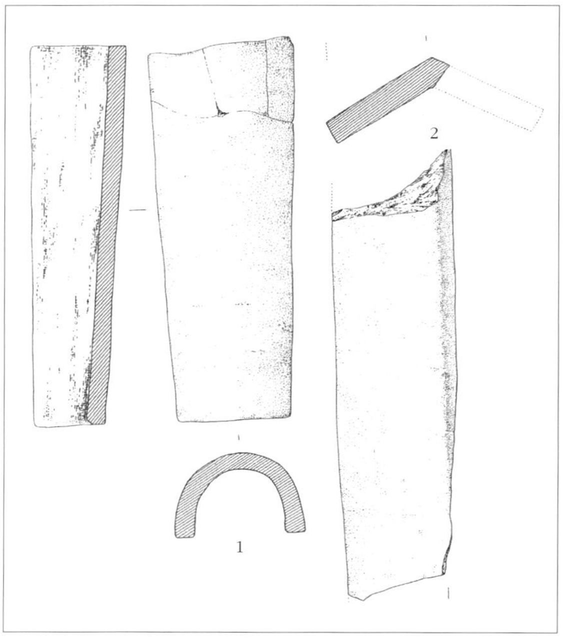

그림 10 임강묘 출토 기와1(『集安高句麗王陵』, 64쪽)
1. 수키와 2. 등성마루기와

○ 형태 : 瓦尾부분임. 위에서 보면 비스듬한 면이 발라져 있음. 무늬는 없고, 瓦身에 홈(凹溝) 2줄이 있음.

○ 태토 및 색깔 : 니질의 회색.

(5) 암키와 5(03JYM43:25, 그림 11-5)

○ 출토지 : 임강묘.

○ 크기 : 남아 있는 길이 26.5cm.

○ 형태 : 瓦尾부분임. 위에서 보면 비스듬한 면이 발라져 있음. 배면에 굵은 승문이 있음.

○ 태토 및 색깔 : 니질의 회색.

(6) 암키와 6(03JYM43:4, 그림 11-1·13-5)

○ 출토지 : 임강묘.

○ 형태 : 瓦身의 승문은 굵기가 같지 않음. 瓦頭에 긁은 흔적이 있음. 와신에는 수직 혹은 교차된 깊은 홈(槽)이 있음. 배면에 승문이 있음.

○ 태토 및 색깔 : 니질의 회색.

(7) 암키와 7(03JYM43:5, 그림 13-2)

○ 출토지 : 임강묘.

○ 형태 : 승문에 깎고 문지른 듯한 깊은 홈(槽) 여러 줄이 가로세로로 교차하고 있음. 배면에 승문이 있음.

○ 태토 및 색깔 : 니질의 회색.

(8) 암키와 8(03JYM43:19, 그림 13-3)

○ 출토지 : 임강묘.

○ 형태 : 瓦尾부분임. 배면의 승문 바깥에 방격문이 찍혀 있음.

○ 태토 및 색깔 : 니질의 회색.

(9) 암키와 9(03JYM43:20, 그림 13-4)

○ 출토지 : 임강묘.

○ 형태 : 瓦尾부분임. 배면의 승문 바깥에 방격문이 찍혀 있음.

○ 태토 및 색깔 : 니질의 회색.

(10) 암키와 10(03JYM43:29)

○ 출토지 : 임강묘.

○ 형태 : 배면에 승문이 있음.

○ 태토 및 색깔 : 니질의 회색.

(11) 수키와 1(03JYM43:14, 그림 10-1)

○ 출토지 : 임강묘.

○ 크기 : 남아 있는 길이 53.2cm, 너비 15~19.5cm, 두께 2cm.

○ 형태 : 대부분이 남아 있음. 瓦頭는 온전함. 와두는 작고 瓦尾는 큼. 沿은 네모지고, 어깨(肩)는 없음.

○ 태토 및 색깔 : 니질의 갈색.

(12) 수키와 2(03JYM43:12, 그림 9-4)

○ 출토지 : 임강묘.

○ 크기 : 미구(瓦舌) 너비 13.8cm, 길이 4cm, 瓦身

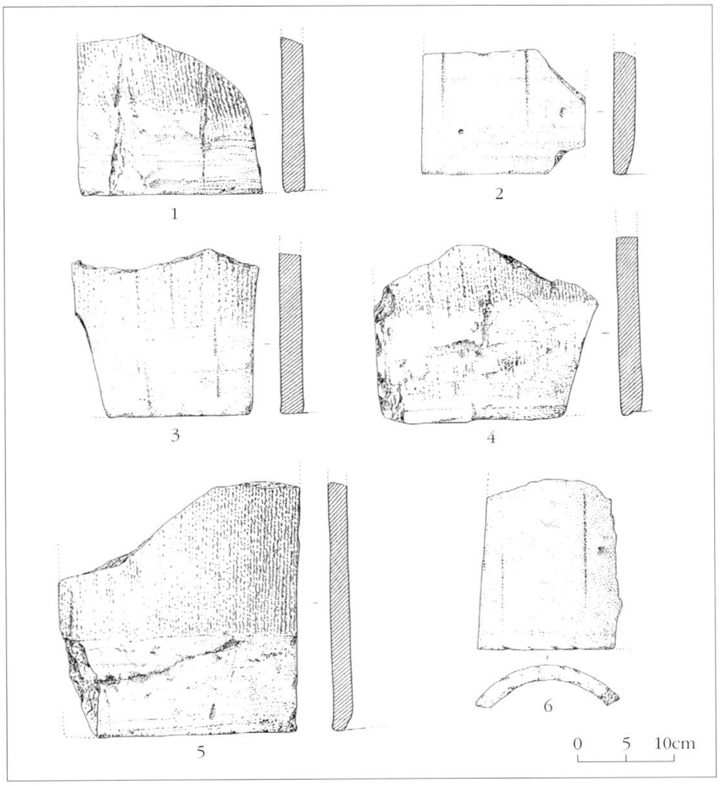

그림 11 임강묘 출토 기와 2
(『集安高句麗王陵』, 66쪽)
1~5. 암키와 6. 수키와

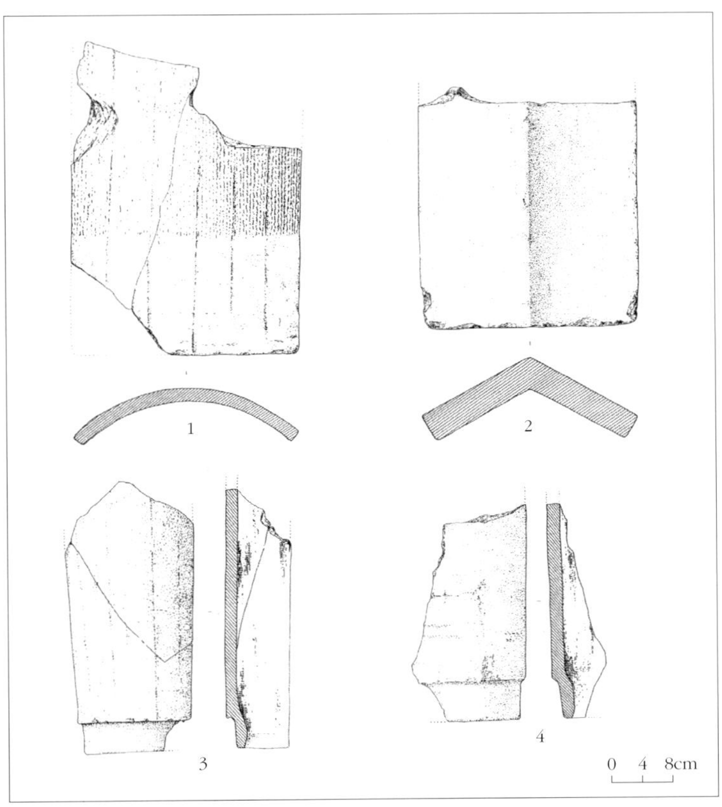

그림 12 임강묘 출토 기와3
(『集安高句麗王陵』, 63쪽)
1. 암키와 2. 등성마루기와 3~4. 수키와

너비 14cm.

○ 형태 : 미구는 비교적 짧음. 기와면에 홈(凹槽) 한 줄이 있음. 위에서 보면 폭이 다른 홈이 있음. 세로로 홈(深槽) 여러 줄이 깎여 있음.

○ 태토 및 색깔 : 니질의 회색.

(13) 수키와 3(03JYM43:48, 그림 9-6)

○ 출토지 : 임강묘.

○ 크기 : 미구(瓦舌) 너비 15cm, 길이 4cm, 瓦身 너비 16cm.

○ 형태 : 미구는 비교적 짧음. 기와면에 홈(凹槽) 한 줄이 있음. 위에서 보면 폭이 다른 홈이 있음. 세로로 홈(深槽) 여러 줄이 깎여 있음.

○ 태토 및 색깔 : 니질의 회색.

(14) 수키와 4(03JYM43:15, 그림 9-5)

○ 출토지 : 임강묘.

○ 크기 : 미구(瓦舌) 길이 7cm.

○ 형태 : 미구는 비교적 긺. 문질러서 만든 2줄의 홈(凹槽)이 있음. 瓦頭의 沿面에는 홈이 없음.

○ 태토 및 색깔 : 니질의 회색.

(15) 수키와 5(03JYM43:16, 그림 9-1)

○ 출토지 : 임강묘.

○ 크기 : 미구(瓦舌) 길이 7cm, 남은 길이 13cm.

○ 형태 : 볼록한 어깨(肩)는 비교적 높고, 미구는 비교적 긺. 미구의 길이가 瓦身보다 넓음. 표면에 2줄의 넓은 홈(槽)이 있음. 沿面에는 1줄의 홈이 있음.

○ 태토 및 색깔 : 니질의 회색.

(16) 수키와 6(03JYM43:13, 그림 9-2)

○ 출토지 : 임강묘.

○ 형태 : 어깨(肩)는 약간 돌기. 미구(瓦舌)는 짧고 평평함. 沿面에는 홈(凹槽)이 있음.

○ 태토 및 색깔 : 니질의 회색.

(17) 수키와 7(03JYM43:7, 그림 9-3)

○ 출토지 : 임강묘.

○ 크기 : 기와 너비 13~14cm, 미구(瓦舌) 길이 4cm, 남은 길이 27cm.

○ 형태 : 어깨(肩)는 약간 돌기. 미구는 짧고 평평함. 沿面에는 홈(凹槽)이 있음. 瓦身에는 세로방향으로 홈 3줄이 있음.

○ 태토 및 색깔 : 니질의 회색.

(18) 수키와 8(03JYM43:10, 그림 12-3)

○ 출토지 : 임강묘.

○ 크기 : 瓦頭의 너비 14.6cm, 남아 있는 길이 36cm, 두께 1.5cm, 미구(瓦舌) 길이 4cm.

○ 형태 : 미구는 비교적 짧음. 어깨(肩)부분은 안으로 들어감.

○ 태토 및 색깔 : 니질의 회색.

(19) 수키와 9(03JYM43:18, 그림 12-4)

○ 출토지 : 임강묘.

○ 크기 : 남아 있는 길이 28cm.

○ 형태 : 미구(瓦舌)는 약간 긺. 어깨(肩)부분은 기울어져 있음.

○ 태토 및 색깔 : 니질의 회색.

(20) 수키와 10(03JYM43:6, 그림 11-6)

○ 출토지 : 임강묘.

○ 크기 : 남아 있는 길이 16cm.

○ 형태 : 瓦尾가 완전하지 않음. 표면 가장자리에 기울어진 얕은 홈(槽) 4줄이 있음.

○ 태토 및 색깔 : 니질의 회색.

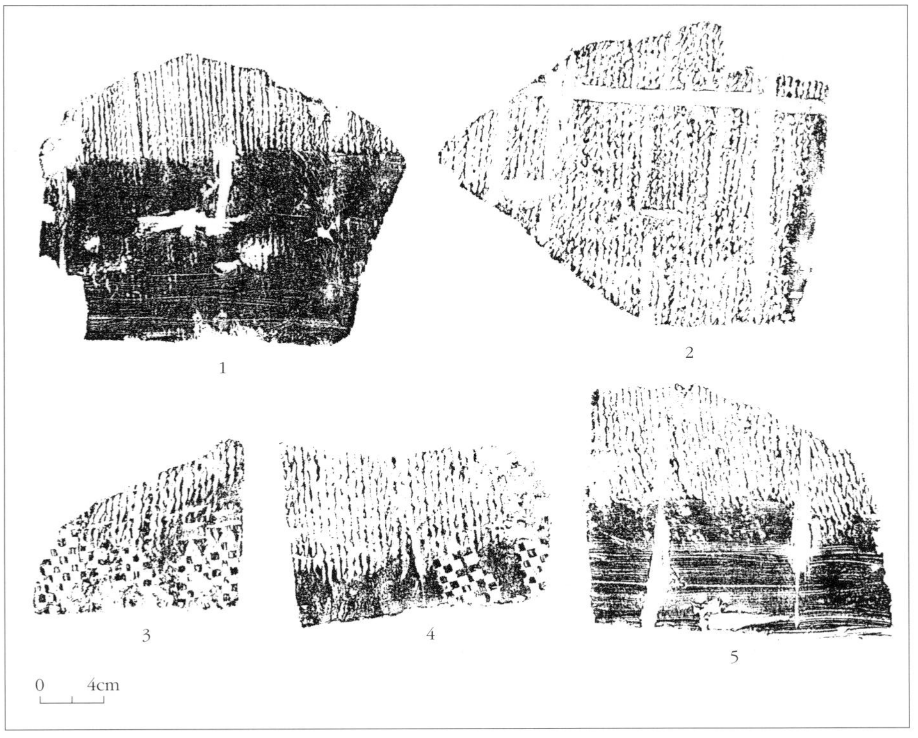

그림 13
임강묘 출토 암키와 탁본
(『集安高句麗王陵』, 67쪽)

(21) 등성마루기와 1 (脊瓦, 03JYM43:19, 그림 12-2)

○ 출토지 : 임강묘.

○ 크기 : 남아 있는 길이 32cm, 너비 28cm, 중앙등성마루(脊) 높이 10.5cm, 두께 3.5cm.

○ 형태 : 반만 남아 있음. 중앙에 등성마루가 올라 있음. 전체는 장방형임. 측면에서 보면 지붕모양임. 변 가장자리는 모두 네모졌고 곧음.

○ 태토 및 색깔 : 니질의 갈색.

(22) 등성마루기와 2 (脊瓦, 03JYM43:40, 그림 10-2)

○ 출토지 : 임강묘.

○ 크기 : 남아 있는 길이 61cm.

○ 형태 : 반만 남아 있음. 등성마루잔편 중에서 가장 큼. 중앙에 등성마루(脊)가 올라 있음. 전체는 장방형임. 측면에서 보면 지붕모양임. 변 가장자리는 모두 네모졌고 곧음.

○ 태토 및 색깔 : 니질의 갈색.

(23) 등성마루기와 3 (脊瓦, 03JYM43:38)

○ 출토지 : 임강묘.

○ 태토 및 색깔 : 니질의 갈색.

6. 역사적 성격

1) 특징

임강묘는 길이와 너비 모두 70여 m의 비교적 큰 고분으로, 강이 보이는 산 정상에 홀로 자리잡고 있고 탁월한 풍모가 드러남. 묘 위에는 기와를 사용하였고, 제대가 있음. 그리고 금기와 車具가 출토됨. 이로 볼 때 고구려 왕릉으로 추정할 수 있음.

2) 축조연대

○ 임강묘의 계단은 낮고 구조가 단출하며 석재는 모두 자연산돌임. 기본적으로 가공된 장대석이나 괴석은

보이지 않고, 비교적 원시적인 계단의 특징을 보여줌. 이러한 모습은 고구려 초기의 階墻積石墓에서 비교적 많이 볼 수 있음.

○ 階墻式 축조방식은 무덤을 더욱 높게 쌓을 수 있음. 계단을 축조한 주요 목적은 깬돌을 충분한 높이까지 쌓기 위해서임. 깬돌은 신축성과 임의성이 매우 커서 휘어짐, 갈라짐, 합침 모두 가능하기 때문에 흘러내리고 무너지는 것을 방지하기 위해서는 내부의 돌을 평평하게 배열해야 함. 때문에 외관은 한층 한층 위로 향한 계단모양임. 임강묘는 階墻에서 계단으로 발전하는 과도기의 모습을 보여줌. 따라서 고구려 계단적석묘 가운데 축조연대가 비교적 이름.

○ 기와와 등성마루기와는 모두 묘 정상에서 보임. 무덤의 경사면을 따라 놓여 있는 수키와와 암키와를 볼 때 원래 자리를 벗어지지 않았다고 추정되는데, 기와는 봉석 윗면에 깔려진 것으로 판단됨. 등성마루기와는 맨 꼭대기에 쌓여 있는데, 묘상에 상징성을 갖춘 건물이 있었다고 추정됨. 황갈색 기와와 등성마루기와는 임강묘에서 최초로 사용된 기와라고 볼 수 있음. 회색 기와는 소성온도가 높고 수량은 많으며, 대개 전자보다 제조시점이 늦고, 사용부위가 다름. 묘에서 출토된 승문기와는 고구려 기와의 초기형태로 후대에 일반적으로 유행했던 高肩 · 花沿기와와 같지 않음. 묘에서 출토된 승문 암키와와 수키와는 대부분 세로방향의 홈문양(溝文)이 펼쳐져 있는데, 기타 왕릉에서 보이는 것과 다름.

○ 회백색의 토기와 가는 모래 혼입의 회색 원반형토기(陶瓶)는 모두 초기유물에 속함.

○ 묘 동쪽에 있는 제대는 세장방형이고 묘와 일정한 거리를 유지하고 있으며 길이가 같은데, 고구려 왕릉에서 확인되는 주요 특징임. 제대에서 출토된 청동제사람형상수레바퀴비녀장(車轄), 금제테(圈), 가락바퀴(紡輪), 토기뚜껑, 목이 짧은 호(短頸罐), 손잡이가 두 개인 호(雙耳罐), 마노구슬(瑪瑙珠), 석제대롱(石管), 동제팔찌(鐲), 금동제장식편, 마구 등은 응당 제사에 쓰이는 물품임.

○ 임강묘는 고구려 초기의 왕릉으로, 축조연대의 하한은 3세기 말을 넘지 않음.

3) 피장자 추정

○ 산상왕설 : 龍山을 고구려 산상왕이 묻힌 '山上'으로 보고, 피장자를 산상왕으로 추정(張福有 · 孫仁杰 · 遲勇, 2007).

○ 동천왕설 : 階墻式 積石墓의 요소를 많이 간직했고, 집안분지 동쪽에 위치했다는 점에서 동천왕의 무덤으로 비정(여호규, 2006). 한편 태왕릉 서쪽에 흐르는 여러 갈래의 소규모 하천을 '東川'으로 보고 3세기대의 무덤은 임강묘 밖에 없다고 하면서 동천왕의 무덤으로 비정하기도 함(임기환, 2009).

참고문헌

- 吉林省文物志編委會, 1984, 『集安縣文物志』.
- 吉林省文物考古研究所 · 集安市博物館, 2002, 『洞溝古墓群 - 1997年調査測繪報告』, 科學出版社.
- 吉林省文物考古研究所 · 集安市博物館, 2004, 『集安高句麗王陵』, 文物出版社.
- 여호규, 2006, 「집안지역 고구려 초대형적석묘의 전개과정과 피장자문제」, 『한국고대사연구』 41, 한국고대사학회.
- 孫仁杰 · 遲勇, 2007, 『集安高句麗墓葬』, 香港亞洲出版社.
- 張福有 · 孫仁杰 · 遲勇, 2007, 「高句麗王陵通考要報」, 『東北史地』 2007-4.
- 임기환, 2009, 「고구려의 장지명 왕호와 왕릉비정」, 『고구려 왕릉연구』, 동북아역사재단.

06 집안 우산하0044호묘

集安 禹山下0044號墓 | JYM0044

1. 조사현황

1) 1966년

조사내용 : 通溝古墳群에 대한 실측조사 때 '禹山下0044號墓(JYM0044)'로 편호. 이후 여러 차례 조사.

2) 2004~2005년

○ 조사자 : 張福有, 孫仁杰, 遲勇.

○ 조사내용 : 왕릉 조사 중 조사대상에 포함됨.

2. 위치와 자연환경

1) 고분의 위치(그림 1)

○ 集安 통구고분군 禹山下古墳群 동쪽 끝 높은 언덕의 亞黏土 위에 위치.

○ 臨江墓의 구역 안에 위치.

○ 중심지리좌표는 동경 126°13′4.65″, 북위 41°8′39.4″, 해발은 268m임.

2) 고분의 주변환경

○ 동쪽으로 50m 떨어진 지점에 임강묘가 있음.

○ 다른 묘는 보이지 않으나, 서측으로 약 60m 떨어진 지점에 남북방향의 연접묘인 禹山下0045號墓(JYM0045)가 있음.

○ 묘의 남북 양측은 광활함.

3. 고분의 현황

1) 고분 발굴 전 상황

○ 일찍이 묘는 파괴됨.

○ 묘 주변의 비교적 큰 석재는 대부분 없어짐.

○ 묘 위에 잡초가 있고, 좌측으로 작은 집이 있었음.

2) 고분 형식

(1) 유형

階墻式階段石壙墓.

(2) 고분의 규모

남북 길이 13m, 동서 길이 12m, 남은 높이 1.5m.

3) 고분 구조

○ 묘의 내외를 階墻式으로 축조했는데, 가장 외측 階墻이 낮음. 축조된 계장에 사용한 석재는 모두 깨진 산돌로 가공되지 않았음. 석재의 크기는 대부분 0.3m 정도.

○ 묘의 정상부 중간의 石壙은 길이 3m, 너비 2m, 깊이 0.3m임.

○ 불에 탄 熔石이 있음.

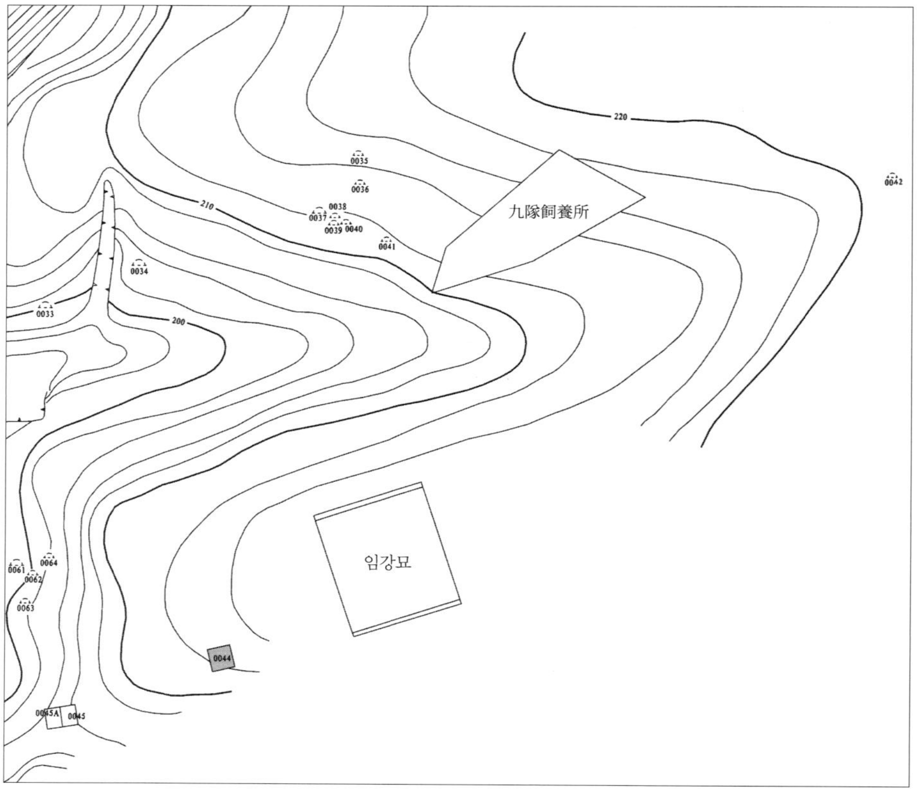

그림 1
우산하0044호묘 위치도
(『洞溝古墓群 - 1997年調査測繪報告』, 193쪽)

4. 역사적 성격

1) 축조 연대

무덤의 구조가 임강묘와 같으므로 임강묘와 비슷한 시기로 추정됨.

2) 피장자 추정

고분은 임강묘의 서측에 위치하고 있는데, 보통의 陪葬墓와 다르지만 왕릉구역 안에 있으므로, 임강묘의 피장자와 밀접한 관계가 있다고 볼 수 있음. 임강묘를 산상왕의 무덤으로 추정하면서, 산상왕의 왕비인 우씨로 추정하기도 함(張福有 · 孫仁杰 · 遲勇, 2007).

참고문헌

- 吉林省文物志編委會, 1984, 『集安縣文物志』.
- 吉林省文物考古研究所 · 集安市博物館, 2002, 『洞溝古墓群 - 1997年調査測繪報告』, 科學出版社.
- 孫仁杰 · 遲勇, 2007, 『集安高句麗墓葬』, 香港亞洲出版社.
- 張福有 · 孫仁杰 · 遲勇, 2007, 「高句麗王陵通考要報」, 『東北史地』 2007-4.

07 집안 우산하0068호묘

集安 禹山下0068號墓 | JYM0068

1. 조사현황

1975년 8월 상순~1976년에 集安縣文物保管所가 조사.

2. 위치(그림 1)

集安市 禹山下古墳群에 위치.

3. 고분의 현황

1) 고분 형식

(1) 유형

方壇積石墓.

(2) 고분의 규모

남아 있는 길이 23m, 너비 17.2m, 높이 1m, 묘장축 방향 336°.

2) 고분 구조(그림 2)

○ 묘바닥은 황토층으로 다짐. 다져진 흙 위에 큰 돌로 방형의 壇을 축조.

○ 파괴가 심하여 계단 유무를 확인할 수 없음. 묘실 역시 파괴.

4. 출토유물

1) 동기

(1) 동제시루(甑, 그림 3-1)

○ 출토지 : 우산하0068호묘 남쪽 가장자리 약 9m 지점에서 약간 동쪽으로 치우진 지점.

○ 크기 : 높이 9.2cm, 口徑 19.6cm.

○ 형태 : 구연은 외반(侈沿). 굽이 있음(圈足). 바닥에 원형 구멍 5개가 있음.

(2) 동제솥(釜, 그림 3-2)

○ 출토지 : 우산하0068호묘 남쪽 가장자리 약 9m 지점에서 약간 동쪽으로 치우진 지점.

○ 크기 : 높이 12.6cm, 口徑 11cm.

○ 형태 : 구연은 곧음(直口). 동체부는 배가 부르며(鼓腹) 동체부 중상부에 너비 0.08cm의 釜沿이 돌아감.

(3) 동제정(鼎, 그림 3-3)

○ 출토지 : 우산하0068호묘 남쪽 가장자리 약 9m 지점에서 약간 동쪽으로 치우진 지점.

○ 크기 : 전체 높이 16cm, 口徑 10cm.

○ 형태 : 뚜껑에 원형 손잡이가 있고, '妾'자가 양각되

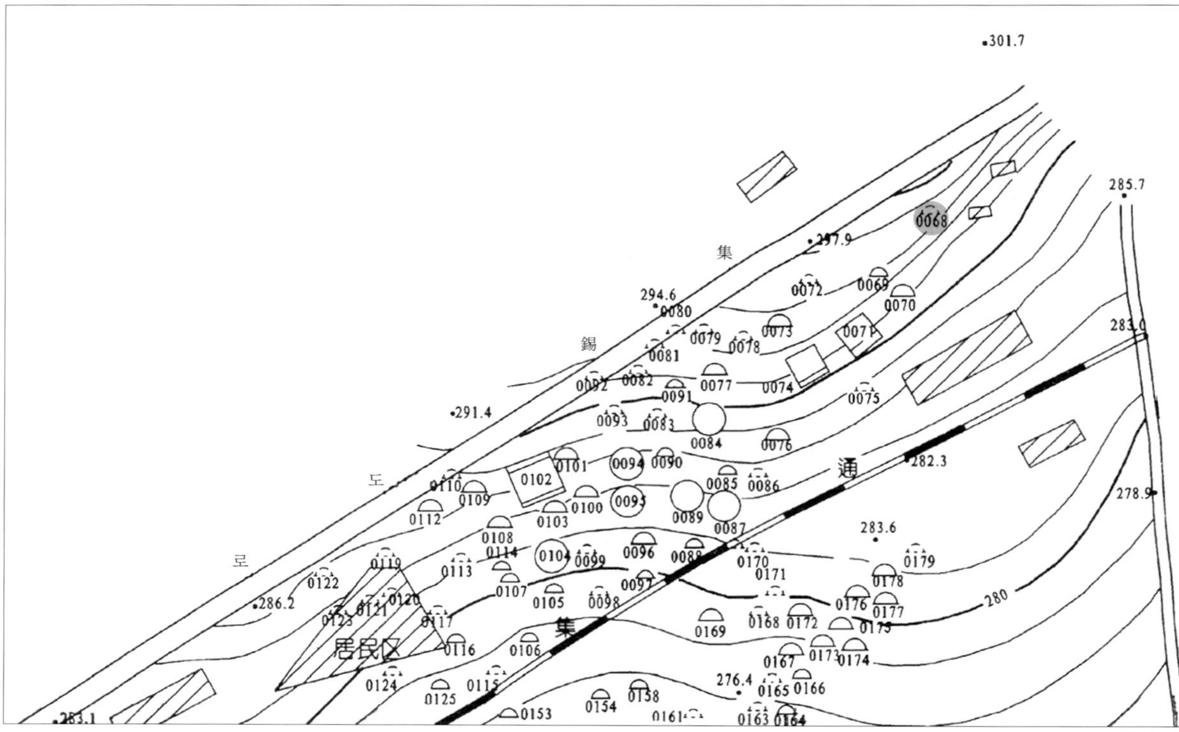

그림 1　우산하0068호묘 위치도(『洞溝古墓群－1997年調査測繪報告』, 185쪽)

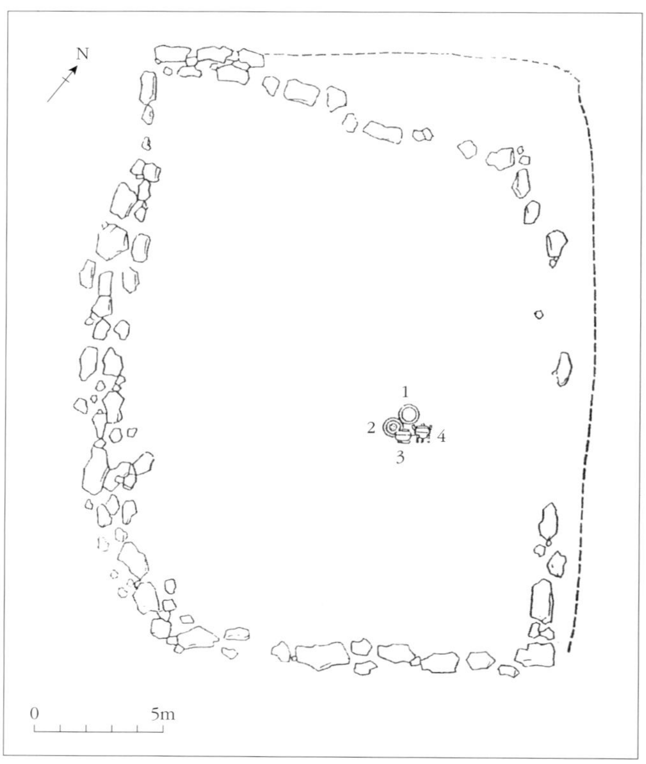

그림 2　우산하0068호묘 평면도와 유물 출토지점(『考古』 1979-1, 31쪽)
1. 동제대야　2. 동제시루　3. 동제솥　4. 동제세발달린 솥

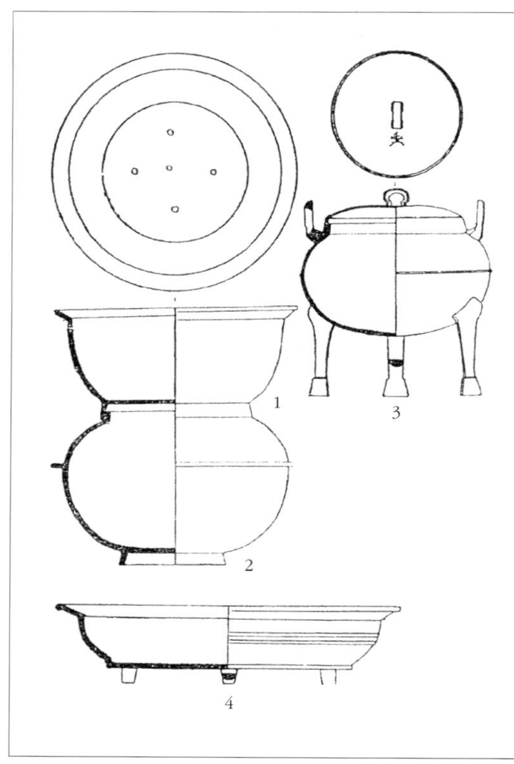

그림 3　우산하0068호묘 출토 동기(『考古』 1979-1, 29쪽)
1. 시루　2. 솥　3. 정　4. 세

어 있음. 동체부(腹)에 凸弦文 한 줄이 돌아감. 어깨(肩部)에는 손잡이 2개가 있음. 수각형 다리 세 개가 있음.

(4) 동제세(洗, 그림 3-4)

○ 출토지 : 우산하0068호묘 남쪽 가장자리 약 9m 지점에서 약간 동쪽으로 치우진 지점.

○ 크기 : 口徑 28cm, 동체부(腹) 직경 24.5cm, 높이 6.3cm.

○ 형태 : 구연은 외반(侈沿). 구순(沿唇)은 약간 둥글게 말려 있음(卷). 동체부에 3줄의 凸弦文이 돌아감.

2) 축조연대

○ 동기의 형태는 七星山1096號墓에서 출토된 것과 완전히 같음. 칠성산1096호묘의 축조연대가 4세기 초-5세기 중엽으로 파악되므로, 이와 비슷할 것으로 추정(集安縣文物保管所, 1979).

○ 우산하0068호묘에서 출토된 동제솥은 칠성산1096호묘에서 출토된 것과 같음. 칠성산1096호묘에서 출토된 청동제 鐎斗와 마구류는 중국 遼寧省 朝陽袁臺子壁畵墓 출토품과 대응되므로, 4세기 중엽으로 연대비정됨. 따라서 우산하0068호묘의 축조연대도 4세기 중엽에 가까울 것으로 추정됨.

5. 역사적 성격

1) 특징

출토된 동기는 후한-위진남북조시기에 보편적으로 사용했던 것과 같음. 동제세는 西晉代의 湖北蔡甸1號墓에서 출토된 것과 유사. 고구려에서 제작한 것은 아니라고 볼 수 있음.

참고문헌

- 集安縣文物保管所, 1979,「集安縣兩座高句麗積石墓的清理」,『考古』1979-1.
- 吉林省文物志編委會, 1984,『集安縣文物志』.
- 吉林省文物考古研究所·集安市博物館, 2002,『洞溝古墓群-1997年調查測繪報告』, 科學出版社.

08 집안 우산하0249호묘

集安 禹山下0249號墓 | JYM0249

1. 조사현황

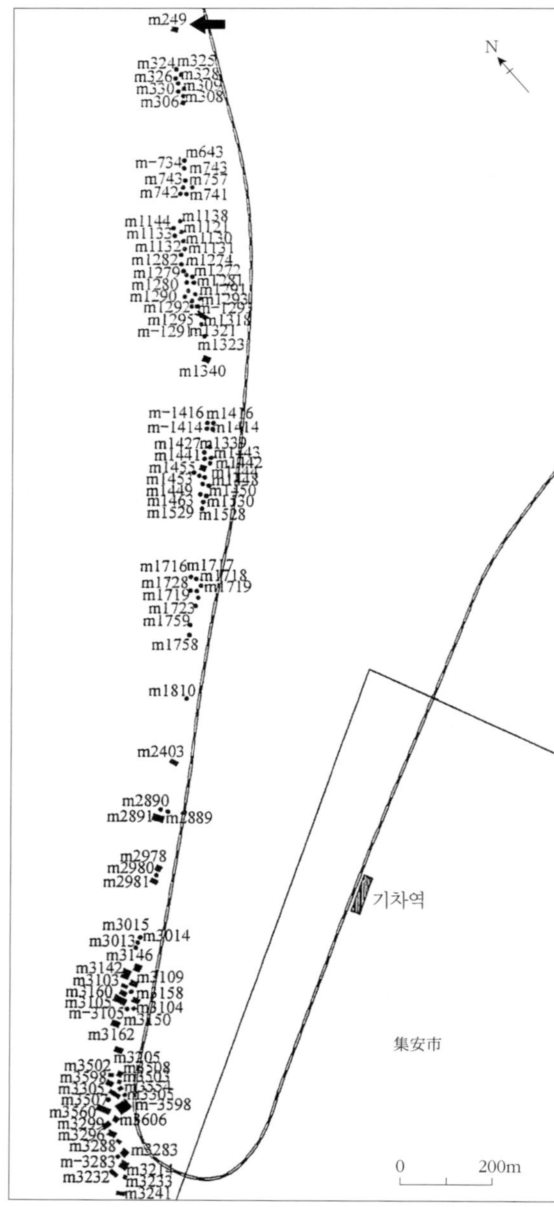

그림 1 집석공로 개발예정지의 고분분포도(『高句麗研究文集』)

1984년 및 1985년 集錫公路 건설을 위한 발굴시행.

(1) 조사기관

吉林省文物考古研究所, 集安市文物保管所.

(2) 조사자

林至德, 耿鐵華, 王洪峰, 柳嵐, 張雪巖, 遲勇, 孫仁杰.

(3) 조사기간

○ 제1차 조사 : 1984년 6월 20일~1984년 11월 20일.

○ 제2차 조사 : 1985년 5월 15일~1985년 8월 15일.

(4) 조사방법

○ 集錫公路 건설을 위해 구제 발굴을 실시함. 도로는 집안에서 통화에 이르는 철로선의 북측 약 50m에 위치하는데 서쪽에서 동쪽으로 우산하고분군을 관통하여 우산하고분군의 중간지대에 자리하고 있음. 발굴 범위는 동서 길이 2,500m, 남북 너비 40m임.

○ 발굴한 적석묘는 북쪽에서 남쪽으로 연접되어 있고, 배열된 적석묘의 가장 말단에 위치함. 봉토묘는 배열이 불분명하고 적석묘 부근에 있음.

○ 발굴은 서쪽에서 동쪽으로 진행함. 신중국 성립 이

그림 2 우산하0249호묘 위치도(『洞溝古墓群－1997年調査測繪報告』)

후 통구고분군 최초의 비교적 대규모 발굴 작업이었으며, 날씨로 인해 1 · 2차 두 시기로 나누어 진행함.

(5) 조사내용(그림 1)

○ 제1차 조사에서는 적석묘 28기, 봉토묘 61기 등 총 89기의 고분을 발굴조사하여 700여 점의 유물을 발견함. 제2차 조사에서는 적석묘 10기, 토석혼축묘 1기, 석관묘 1기, 봉토묘 12기 등 총 24기의 고분을 발굴하고, 유물은 200여 점을 발견함. 두 차례 조사에서 석관묘 1기, 적석묘 38기, 봉토묘 73기, 토석혼축묘 1기 등 총 113기의 고분을 발굴조사하였으며, 출토유물은 총 931점임.

○ 발굴된 113기의 고분은 대다수 이른 시기부터 파괴와 도굴을 당해 형식이 확실치 않은 것도 있으나, 그 가운데 111기는 고구려 고분임.

2. 고분의 위치와 환경(그림 2)

○ 우산하고분군은 集安市區 북측에 위치하는데 大禹山 남쪽 기슭의 동서 길이 3.5km, 남북 너비 1km의 좁고 긴 남향의 경사지에 자리하고 있음.

○ 우산하고분군은 우산 남쪽 비탈을 따라 북에서 남으로 고분이 배열되어 있음. 북면 산허리에 적석묘가 절

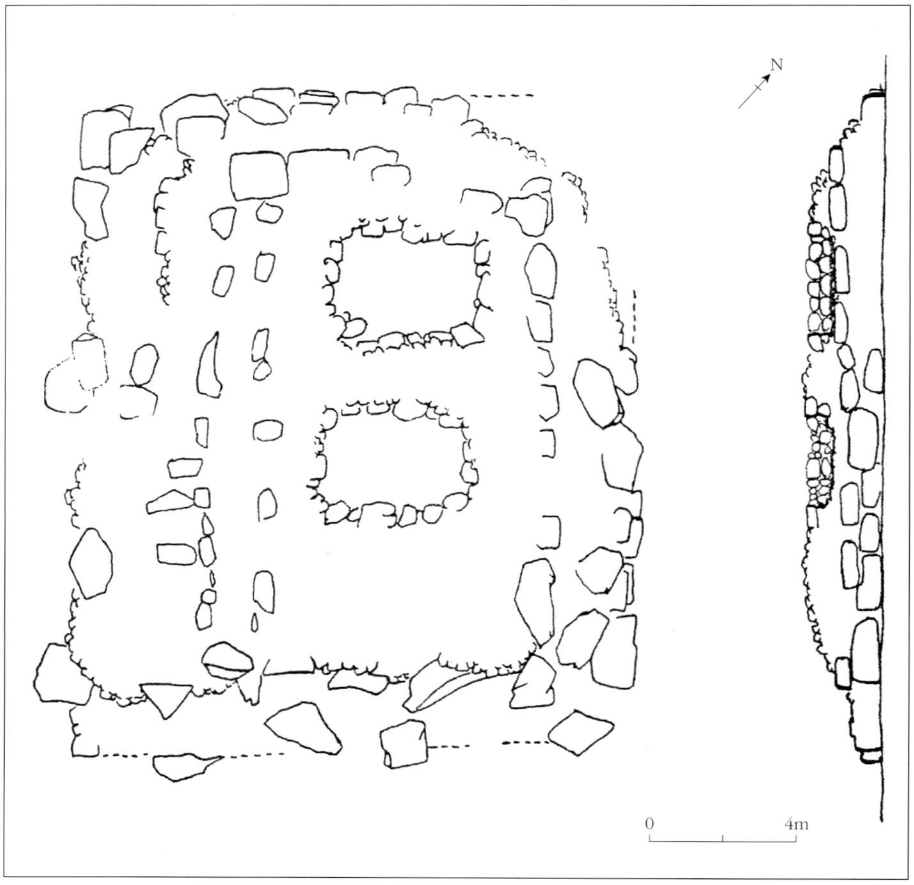

그림 3
우산하0249호묘 평 · 단면도
(『高句麗研究文集』)

대다수를 점하고 있고 남면 완만한 비탈 지대에 봉토묘가 주로 들어서 있으며, 중간에는 적석묘와 봉토묘가 서로 뒤섞여 있음.

3. 고분의 현황

1) 고분 형식

(1) 유형

계단광실묘(『高句麗研究文集』), 계단적석석광묘(『洞溝古墓群－1997年調查測繪報告』).

(2) 평면

장방형에 가까운 형태.

(3) 규모

남북 길이 14m, 동서 너비 12m, 높이 1.8m.

(4) 방향

227°.

2) 구조(그림 3)

○ 고분 내부는 장방형 광실과 石箱으로 이루어짐.

○ 제1단 계단은 높이 0.8m로 계단 내부는 깨진 돌로 채우고, 사면 둘레에서 1.5~1.8m 들여쌓기를 하여 제2단 계단을 쌓음. 제2단 계단을 축조할 때 중앙부에

남북으로 2개 광실을 쌓고, 깨진 돌로 계단과 광실 사이의 틈을 평평하게 메움.

○ 북광실은 동서 길이 3m, 남북 너비 2m, 깊이 0.5m이며 돌로 조성함. 광실 서벽 밖으로 1.6m 떨어진 곳에 石箱을 쌓았으나 파괴되어 명확치 않음.

○ 남광실은 동서 길이 2.8m, 남북 너비 1.9m, 깊이 0.5m이며 돌로 조성함. 광실 서벽 밖에는 석상이 축조되었으나 파괴되어 명확치 않음.

3) 기타

○ 북광실 안에서 철제관못과 철제관고리, 석상 자리에서 토기편 등이 출토됨.

○ 남광실 안에서 철제관못이 출토되었으나 석상에서는 유물이 발견되지 않음.

4. 역사적 성격

集錫公路 건설 중에 발굴된 적석묘는 초기 적석묘와는 매우 커다란 차이가 있음. 해당 고분의 축조방식은 지표면에 기단을 둘러쌓은 후에 내부를 돌로 매우고 다시 광실을 조성함. 이는 산성하고분군의 동대파 M356호묘에 비해 발달된 축조방식이며, 해당 고분의 石箱은 耳室로 발전하였을 것으로 추정됨. 고분 구조의 전반적인 양상으로 미루어 5세기대로 추정될 뿐 연대를 판단할 근거는 확실하지 않음.

참고문헌

- 吉林省文物志編委會, 1984, 『集安縣文物志』.
- 吉林省文物考古研究所·集安市文物保管所, 1993, 「集安洞溝古墳群禹山墓區集錫公路墓葬發掘」, 『高句麗研究文集』, 延邊大學出版社 ; 2009, 『吉林集安高句麗墓葬報告集』 재수록.
- 吉林省文物考古研究所·集安市博物館, 2002, 『洞溝古墓群 – 1997年調查測繪報告』, 科學出版社.

09 집안 우산하0324호묘

集安 禹山下0324號墓 | JYM0324

1. 조사현황

1984년 및 1985년 集錫公路 건설을 위한 발굴시행.

(1) 조사기관

吉林省文物考古研究所, 集安市文物保管所.

(2) 조사자

林至德, 耿鐵華, 王洪峰, 柳嵐, 張雪巖, 遲勇, 孫仁杰.

(3) 조사기간

○ 제1차 조사 : 1984년 6월 20일~1984년 11월 20일.

○ 제2차 조사 : 1985년 5월 15일~1985년 8월 15일.

(4) 조사방법

○ 集錫公路 건설을 위해 구제 발굴을 실시함. 도로는 집안에서 통화에 이르는 철로선의 북측 약 50m에 위치하는데 서쪽에서 동쪽으로 우산하고분군을 관통하여 우산하고분군의 중간지대에 자리하고 있음. 발굴 범위는 동서 길이 2,500m, 남북 너비 40m임.

○ 발굴한 적석묘는 북쪽에서 남쪽으로 연접되어 있고, 배열된 적석묘의 가장 말단에 위치함. 봉토묘는 배열이 불분명하고 적석묘 부근에 있음.

○ 발굴은 서쪽에서 동쪽으로 진행함. 신중국 성립 이

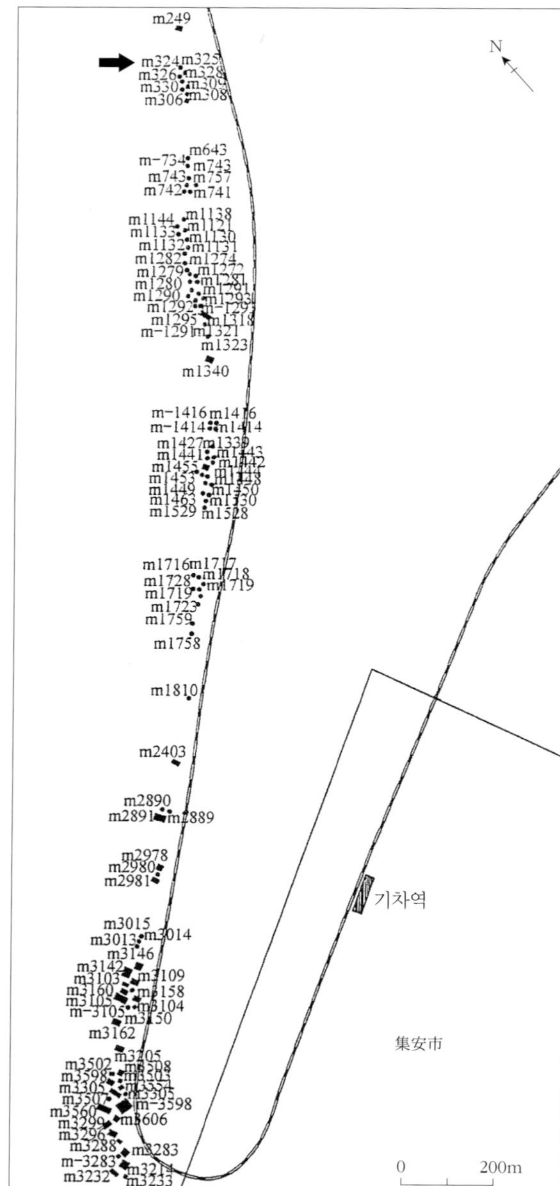

그림 1 집석공로 개발예정지의 고분분포도(『高句麗研究文集』)

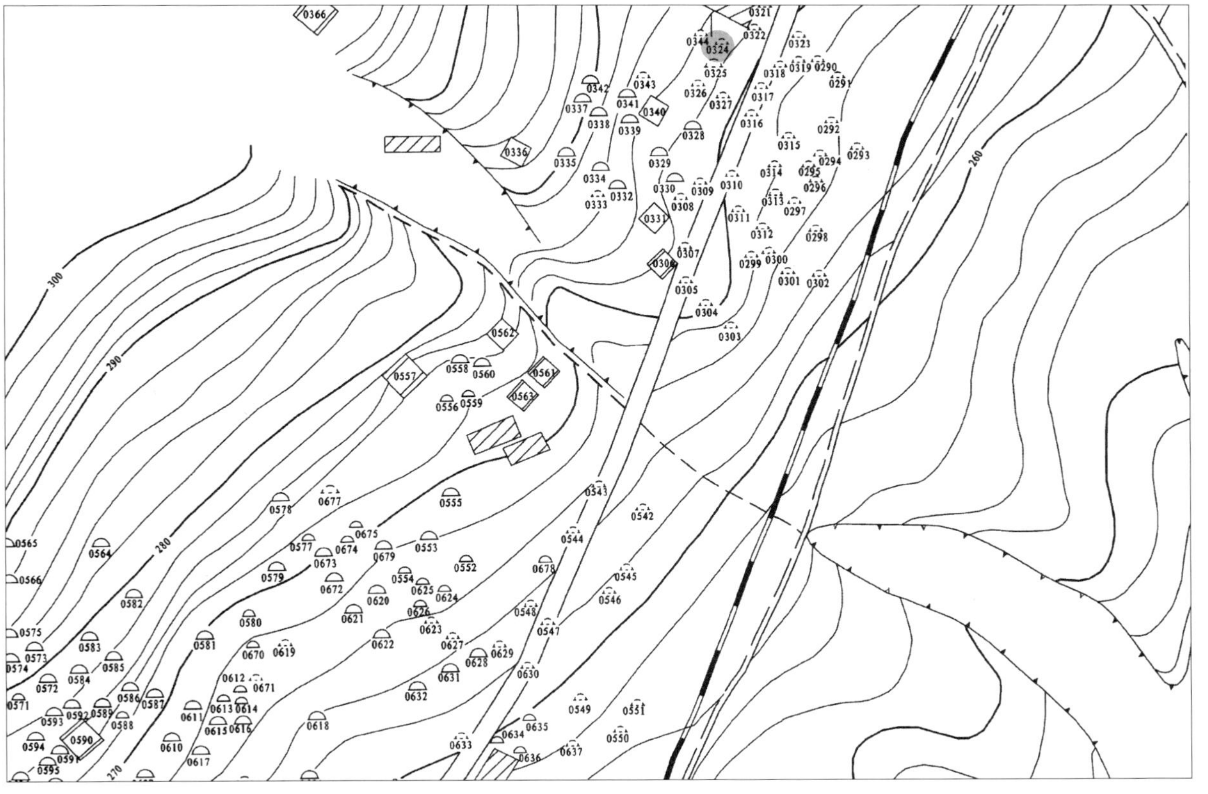

그림 2 우산하0324호묘 위치도(『洞溝古墓群－1997年調査測繪報告』)

후 통구고분군 최초의 비교적 대규모 발굴 작업이었으며, 날씨로 인해 1 · 2차 두 시기로 나누어 진행함.

(5) 조사내용(그림 1)

○ 제1차 조사에서는 적석묘 28기, 봉토묘 61기 등 총 89기의 고분을 발굴조사하여, 700여 점의 유물을 발견함. 제2차 조사에서는 적석묘 10기, 토석혼축묘 1기, 석관묘 1기, 봉토묘 12기 등 총 24기의 고분을 발굴하고 유물은 200여 점을 발견함. 두 차례 조사에서 석관묘 1기, 적석묘 38기, 봉토묘 73기, 토석혼축묘 1기 등 총 113기의 고분을 발굴조사하였으며, 유물은 총 931점을 출토함.

○ 발굴된 113기 고분은 대다수 이른 시기부터 파괴와 도굴을 당해 형식이 확실치 않은 것도 있으나, 그 가운데 111기는 고구려 고분임.

2. 위치와 자연환경(그림 2)

○ 우산하고분군은 集安市區 북측에 위치하는데 大禹山 남쪽 기슭의 동서 길이 3.5km, 남북 너비 1km의 좁고 긴 남향의 경사지에 자리하고 있음.

○ 우산하고분군은 우산 남쪽 비탈을 따라 북에서 남으로 고분이 배열되어 있음. 북면 산허리에 적석묘가 절대다수를 점하고 있고 남면 완만한 비탈 지대에 봉토묘가 주로 들어서 있으며, 중간에는 적석묘와 봉토묘가 서로 뒤섞여 있음.

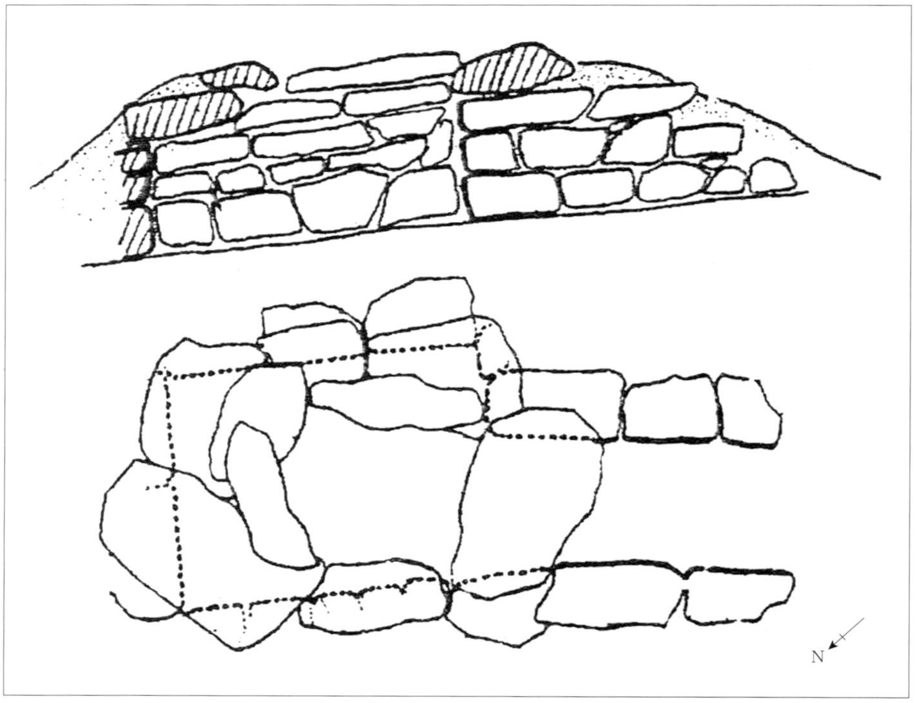

그림 3
우산하0324호묘 평·단면도
(『高句麗研究文集』)

3. 고분의 현황

1) 고분 형식

○ 유형 : 봉토묘(『高句麗研究文集』), 동실묘(『洞溝古墓群－1997年調査測繪報告』).

○ 방향 : 213°.

2) 구조(그림 3)

○ 매장부는 한쪽에 치우친 墓道를 갖춘 단실묘로 전체 평면은 刀形임.

○ 묘실은 長方形으로 길이 2.0m, 너비 1.9m, 높이 1.4m이고 비교적 가지런하게 축조됨. 묘실의 네 벽은 장대석 3층으로 이루어짐.

○ 묘도는 묘실 남벽의 서쪽에 위치하는데 규모는 길이 2.5m, 너비 1.9m, 높이 1.0m임.

○ 천장은 고임식(抹角式) 구조로 천장에는 2매의 삼각 고임돌(抹角石)이 있고 그 위에 다시 돌을 덮음.

○ 묘실 바닥은 자연석을 깔았는데 지표보다 0.3m 낮음.

3) 기타

묘실 안에 인골이 잔존해 있으나 부식이 심해 葬式과 개체는 분명치 않으며, 묘실 중앙에서 서쪽으로 치우친 곳에서 회색토기(灰陶鉢) 1점이 출토됨.

4. 출토유물

1) 토기

(1) 완(陶鉢, JYM324:1, 그림 4)

○ 출토지 : 우산하0324호묘.

○ 크기 : 높이 6.4cm, 구연 직경 15.7cm, 바닥 직경 11.2cm.

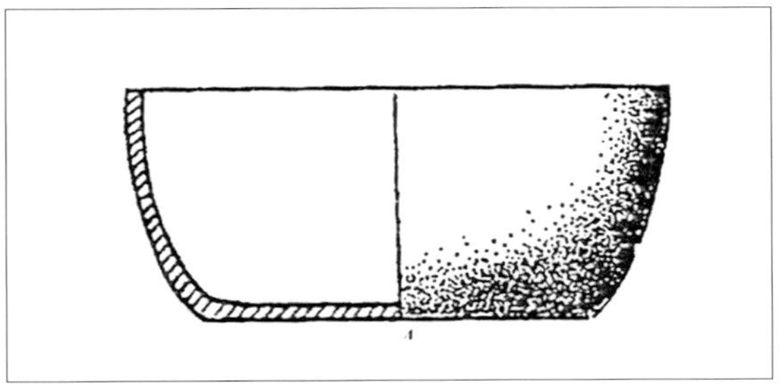

그림 4 완(『吉林集安高句麗墓葬報告集』)

○ 태토 및 색깔 : 점토질 회색토기.

○ 형태 : 구연는 평평하고 동체는 비스듬하고, 바닥은 평평함.

5. 역사적 성격

다수의 봉토묘는 산비탈을 따라 일렬로 배열된 적석묘의 말단이나 적석묘 사이에 위치하여 적석묘보다 늦게 조성되었을 것으로 보이나 우산하0324호묘의 연대를 판단할 근거는 확실하지 않음.

참고문헌

- 吉林省文物志編委會, 1984, 『集安縣文物志』.
- 吉林省文物考古研究所·集安市文物保管所, 1993, 「集安洞溝古墳群禹山墓區集錫公路墓葬發掘」, 『高句麗研究文集』, 延邊大學出版社 ; 2009, 『吉林集安高句麗墓葬報告集』 재수록.
- 吉林省文物考古研究所·集安市博物館, 2002, 『洞溝古墓群 - 1997年調査測繪報告』, 科學出版社.

10 집안 우산하0326호묘

集安 禹山下0326號墓 | JYM0326

1. 조사현황

1984년 및 1985년 集錫公路 건설을 위한 발굴시행.

(1) 조사기관

吉林省文物考古研究所, 集安市文物保管所.

(2) 조사자

林至德, 耿鐵華, 王洪峰, 柳嵐, 張雪巖, 遲勇, 孫仁杰.

(3) 조사기간

○ 제1차 조사 : 1984년 6월 20일~1984년 11월 20일.

○ 제2차 조사 : 1985년 5월 15일~1985년 8월 15일.

(4) 조사방법

○ 集錫公路 건설로 인해 구제 발굴을 실시함. 도로는 집안에서 통화에 이르는 철로선의 북측 약 50m에 위치하는데 서쪽에서 동쪽으로 우산하고분군을 관통하여 우산하고분군의 중간지대에 자리하고 있음. 발굴 범위는 동서 길이 2,500m, 남북 너비 40m임.

○ 발굴된 적석묘는 북에서 남쪽으로 연접되어 있고, 배열된 적석묘의 가장 말단에 위치함. 봉토묘는 배열이 불분명하고 적석묘 부근에 있음.

○ 발굴은 서쪽에서 동쪽으로 진행함. 신중국 성립 이

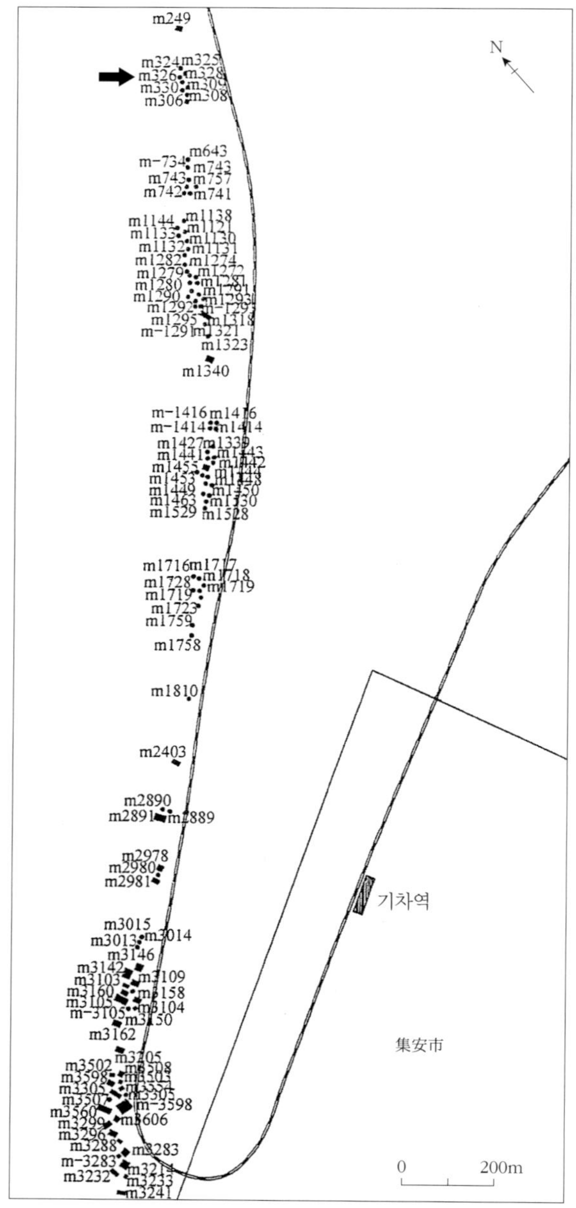

그림 1 집석공로 개발예정지의 고분분포도(『高句麗研究文集』)

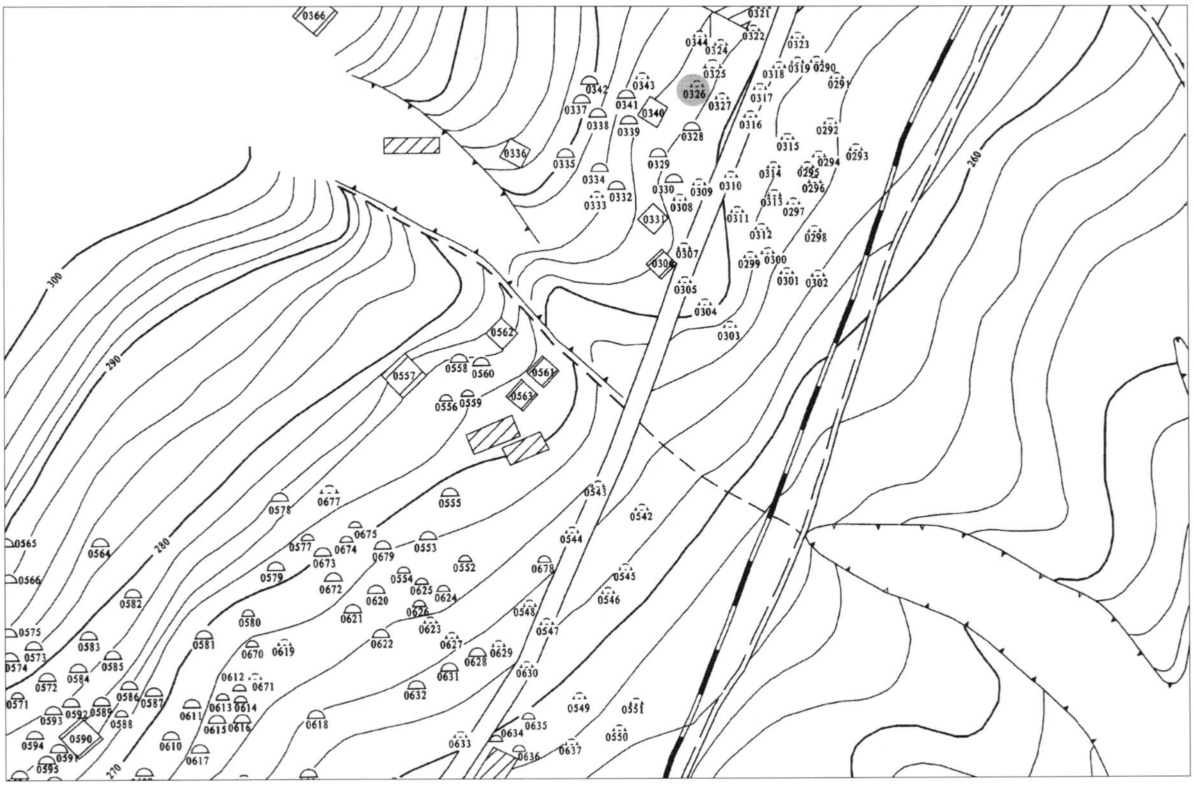

그림 2 우산하0326호묘 위치도(『洞溝古墓群-1997年調査測繪報告』)

후 통구고분군 최초의 비교적 대규모 발굴 작업이었으며, 날씨로 인해 1·2차 두 시기로 나누어 진행함.

(5) 조사내용(그림 1)

○ 제1차 조사에서는 적석묘 28기, 봉토묘 61기 등 총 89기의 고분을 발굴조사하여, 700여 점의 유물을 발견함. 제2차 조사에서는 적석묘 10기, 토석혼축묘 1기, 석관묘 1기, 봉토묘 12기 등 총 24기의 고분을 발굴하고, 유물은 200여 점을 발견함. 두 차례 조사에서 석관묘 1기, 적석묘 38기, 봉토묘 73기, 토석혼축묘 1기 등 총 113기의 고분을 발굴조사하였으며, 유물은 총 931점을 출토함.

○ 발굴된 113기 고분은 대다수 이른 시기부터 파괴와 도굴을 당해 형식이 확실치 않은 것도 있으나, 그 가운데 111기는 고구려 고분임.

2. 고분의 위치와 환경(그림 2)

○ 우산하고분군은 集安市區 북측에 위치하는데 大禹山 남쪽 기슭의 동서 길이 3.5km, 남북 너비 1km의 좁고 긴 남향의 경사지에 자리하고 있음.

○ 우산하고분군은 우산 남쪽 비탈을 따라 북에서 남으로 고분이 배열되어 있음. 북면 산허리에 적석묘가 절대다수를 점하고 있고 남면 완만한 비탈 지대에 봉토묘가 주로 들어서 있으며, 중간에는 적석묘와 봉토묘가 서로 뒤섞여 있음.

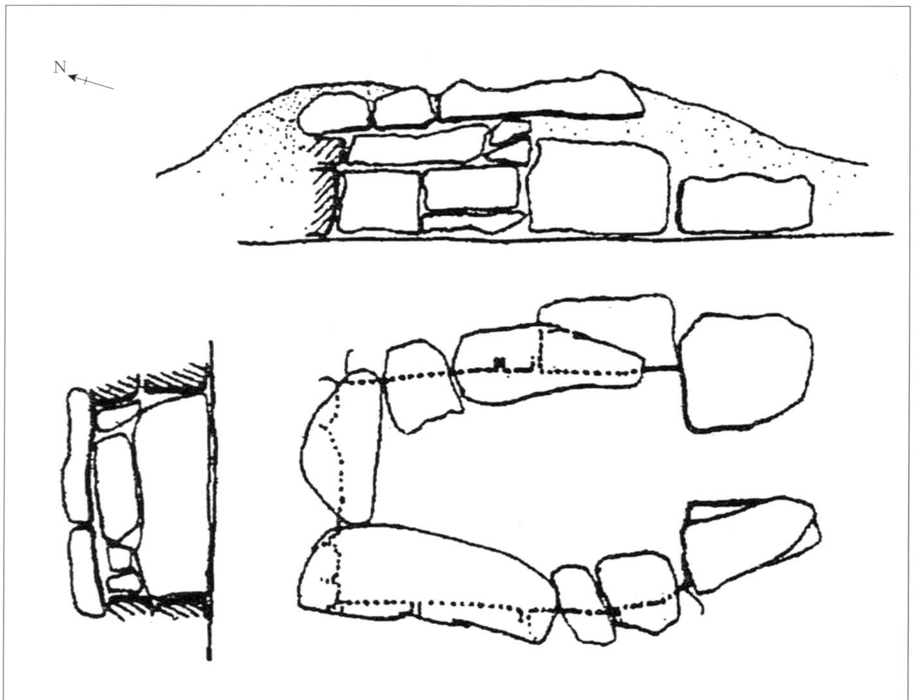

그림 3
우산하0326호묘 평 · 단면도
(『高句麗研究文集』)

3. 고분의 현황

1) 고분 형식

○ 유형 : 봉토묘(『高句麗研究文集』), 동실묘(『洞溝古墓群 - 1997年調査測繪報告』).

○ 방향 : 160°.

2) 구조(그림 3)

○ 고분은 이미 파괴된 상태임.

○ 매장부는 墓道가 중앙에 설치된 단실묘로 전체 평면은 鏟形임.

○ 묘실은 長方形으로 길이 2.5m, 너비 1.8m, 높이 1.2m임. 묘실의 네 벽은 대형 석재로 쌓았는데 위로 갈수록 안으로 들여쌓음.

○ 묘실의 남벽 중앙에 설치된 묘도는 길이 1.0m, 너비 0.5m, 높이 0.5m임.

○ 천장은 평행고임식 구조인데 천장돌은 없어지고 묘실 벽의 상부에 1층의 평행고임돌이 잔존함.

○ 묘실 바닥은 자연석으로 평평하게 깔았으며, 대략 지표보다 낮음.

3) 기타

묘실 남부에서 서쪽으로 치우친 곳에서 점토질 황갈색 단지 1점과 회색 단지 1점이 출토됨.

4. 출토유물

1) 토기

(1) 호(展沿壺, JYM326:2, 그림 4)

① 출토지

우산하0326호묘 묘실 남부.

그림 4 호

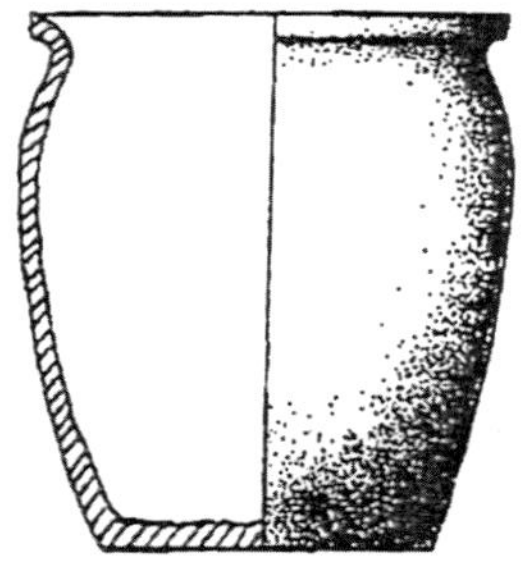

그림 5 발형토기

② 크기

높이 7.5cm, 구연 직경 7cm, 어깨 너비 8.2cm, 바닥 직경 5cm.

③ 태토 및 색깔

단단한 점토질의 황갈색토기.

④ 형태

○ 잔편을 복원함. 소성온도는 높고 손으로 제작됨.

○ 구연이 넓고 목이 짧으며, 어깨가 넓고 동체는 비스듬하고, 바닥은 평평함(平底).

(2) 발형토기(筒形罐, JYM326:1, 그림 5)

① 출토지

우산하0326호묘 묘실 남부.

② 크기

높이 12.5cm, 구연 직경 11.6cm, 바닥 직경 8cm.

③ 태토 및 색깔

모래가 섞인 회색토기. 태토에 운모가루가 섞임.

④ 형태

구연부는 밖으로 꺾였고, 동체는 비스듬하고, 바닥은 평평함.

5. 역사적 성격

다수의 봉토묘는 산비탈을 따라 수직 배열된 적석묘의 말단이나 적석묘 사이에 분포하여 적석묘보다 늦게 조성되었을 것으로 보임. 우산하0326호묘의 연대를 판단할 근거는 확실하지 않으나, 5세기 이후로 비정됨.

참고문헌

- 吉林省文物志編委會, 1984, 『集安縣文物志』.
- 吉林省文物考古研究所·集安市文物保管所, 1993, 「集安洞溝古墳群禹山墓區集錫公路墓葬發掘」, 『高句麗研究文集』, 延邊大學出版社; 2009, 『吉林集安高句麗墓葬報告集』 재수록.
- 吉林省文物考古研究所·集安市博物館, 2002, 『洞溝古墓群 - 1997年調查測繪報告』, 科學出版社.

11 집안 우산하0328호묘

集安 禹山下0328號墓 | JYM0328

1. 조사현황

1984년 및 1985년 集錫公路 건설을 위한 발굴시행.

(1) 조사기관

吉林省文物考古研究所, 集安市文物保管所.

(2) 조사자

林至德, 耿鐵華, 王洪峰, 柳嵐, 張雪巖, 遲勇, 孫仁杰.

(3) 조사기간

○ 제1차 조사 : 1984년 6월 20일~1984년 11월 20일.

○ 제2차 조사 : 1985년 5월 15일~1985년 8월 15일.

(4) 조사방법

○ 集錫公路 건설로 인해 구제 발굴을 실시함. 도로는 집안에서 통화에 이르는 철로선의 북측 약 50m에 위치하는데 서쪽에서 동쪽으로 우산하고분군을 관통하여 우산하고분군의 중간지대에 자리하고 있음. 발굴 범위는 동서 길이 2,500m, 남북 너비 40m임.

○ 발굴된 적석묘는 북쪽에서 남쪽으로 연접되어 있고, 배열된 적석묘의 가장 말단에 위치함. 봉토묘는 배열이 불분명하고 적석묘 부근에 있음.

○ 발굴은 서쪽에서 동쪽으로 진행함. 신중국 성립 이

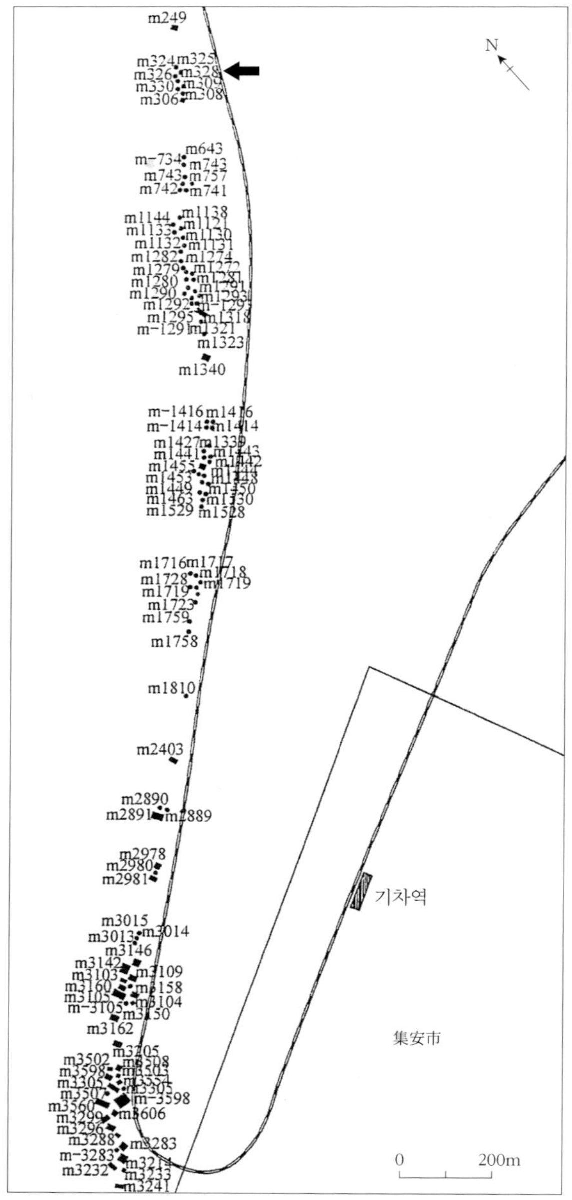

그림 1 집석공로 개발예정지의 고분분포도(『高句麗研究文集』)

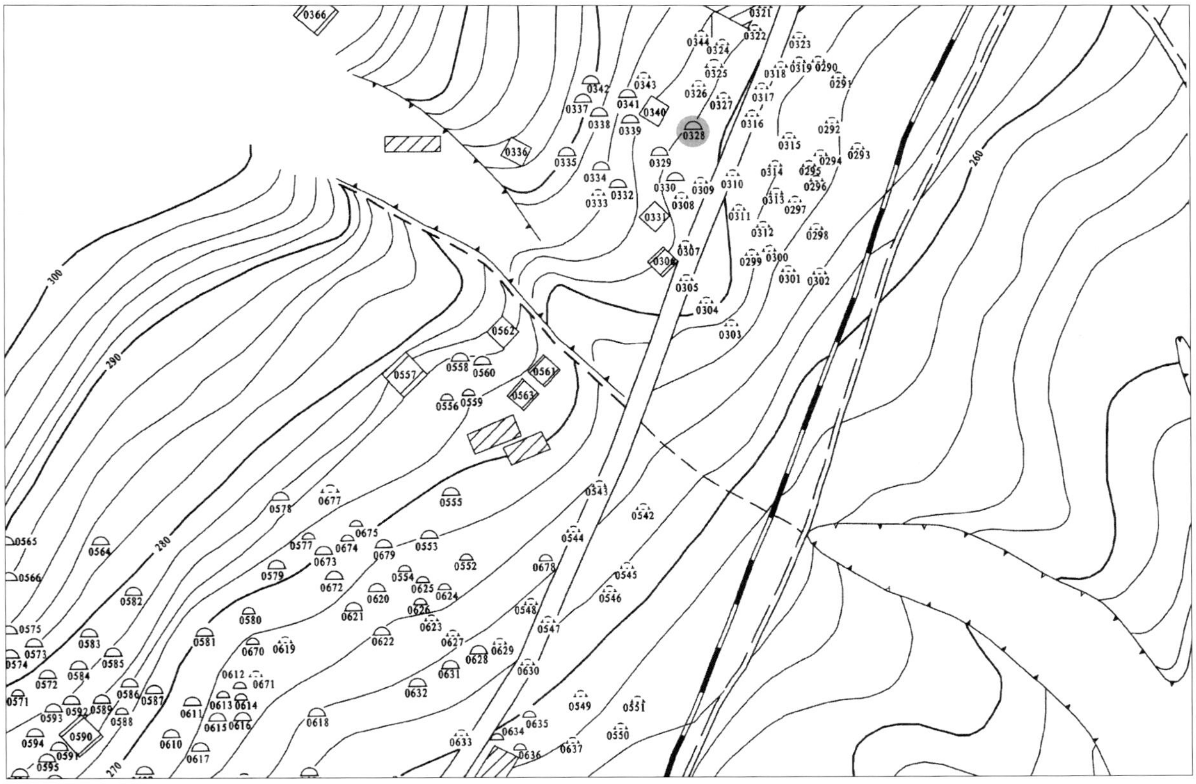

그림 2 우산하0328호묘 위치도(『洞溝古墓群－1997年調査測繪報告』)

후 통구고분군 최초의 비교적 대규모 발굴 작업이었으며, 날씨로 인해 1·2차 두 시기로 나누어 진행함.

(5) 조사내용(그림 1)

○ 제1차 조사에서는 적석묘 28기, 봉토묘 61기 등 총 89기의 고분을 발굴조사하여, 700여 점의 유물을 발견함. 제2차 조사에서는 적석묘 10기, 토석혼축묘 1기, 석관묘 1기, 봉토묘 12기 등 총 24기의 고분을 발굴하고, 유물은 200여 점을 발견함. 두 차례 조사에서 석관묘 1기, 적석묘 38기, 봉토묘 73기, 토석혼축묘 1기 등 총 113기의 고분을 발굴조사하였으며, 유물은 총 931점을 출토함.

○ 발굴된 113기 고분은 대다수 이른 시기부터 파괴와 도굴을 당해 형식이 확실치 않은 것도 있으나, 그 가운데 111기는 고구려 고분임.

2. 위치와 자연환경(그림 2)

○ 우산하고분군은 集安市區 북측에 위치하는데 大禹山 남쪽 기슭의 동서 길이 3.5km, 남북 너비 1km의 좁고 긴 남향의 경사지에 자리하고 있음.

○ 우산하고분군은 우산 남쪽 비탈을 따라 북에서 남으로 고분이 배열되어 있음. 북면 산허리에 적석묘가 절대다수를 점하고 있고 남면 완만한 비탈 지대에 봉토묘가 주로 들어서 있으며, 중간에는 적석묘와 봉토묘가 서로 뒤섞여 있음.

○ 우산하0328호묘는 발굴 고분구역의 동단에 위치하며, 果樹村 북쪽 60m에 자리해 있음.

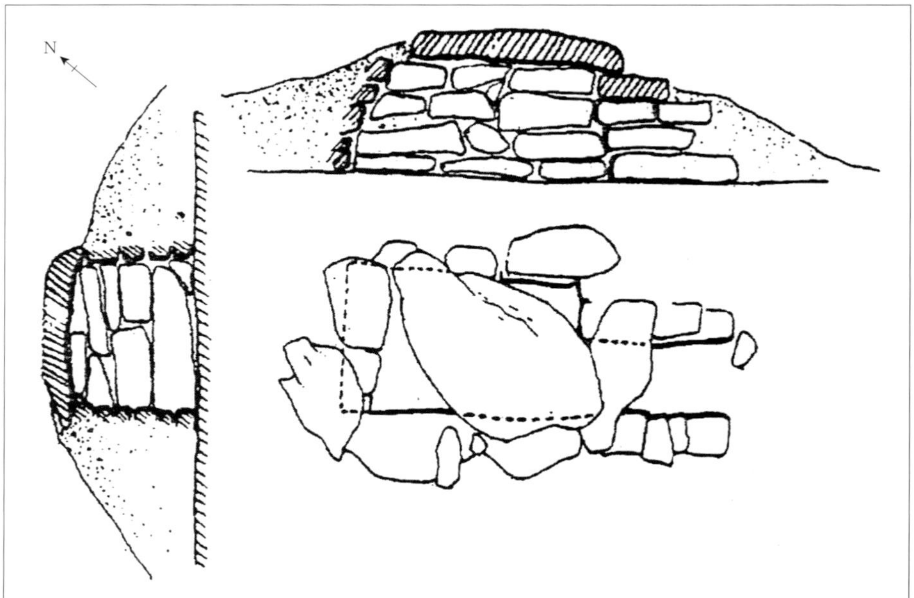

그림 3
우산하0328호묘 평·단면도
(『高句麗硏究文集』)

3. 고분의 현황

1) 고분 형식

○ 유형 : 봉토묘(『高句麗硏究文集』), 동실묘(『洞溝古墓群－1997年調査測繪報告』).

○ 방향 : 138°.

2) 구조(그림 3)

○ 매장부는 한쪽에 치우친 墓道를 갖춘 단실묘로 전체 평면은 刀形임.

○ 천장석은 노출되었으며, 묘실의 보존상태는 비교적 양호함.

○ 묘실의 평면은 長方形으로 길이 2.25m, 너비 1.25m, 높이 1.1m이고, 묘실의 네 벽은 돌로 축조하였는데 상부로 갈수록 점차 들여쌓음.

○ 묘도는 묘실 남벽의 서측에 위치하며, 규모는 길이 1.25m, 너비 0.7m, 높이 0.6m임.

○ 천장은 평천장으로 커다란 판상석을 덮음.

○ 묘실 바닥은 가공하지 않은 깨진 돌을 평평하게 깔았음.

3) 기타

묘실 안에 사람 팔다리뼈(人肢骨)의 잔재가 남아 있고, 다른 유물은 출토되지 않음.

4. 역사적 성격

봉토묘 다수는 산비탈을 따라 수직 배열된 적석묘의 말단이나 적석묘 사이에 위치하여 적석묘보다 늦게 조성되었을 것으로 보임. 구조만으로는 우산하0328호묘의 연대나 무덤의 성격을 판단하기 어려움.

참고문헌

- 吉林省文物志編委會, 1984, 『集安縣文物志』.
- 吉林省文物考古研究所·集安市文物保管所, 1993, 「集安洞溝古墳群禹山墓區集錫公路墓葬發掘」, 『高句麗研究文集』, 延邊大學出版社 ; 2009, 『吉林集安高句麗墓葬報告集』 재수록.
- 吉林省文物考古研究所·集安市博物館, 2002, 『洞溝古墓群－1997年調査測繪報告』, 科學出版社.

12 집안 우산하0385호묘

集安 禹山下0385號墓 | JYM0385

1. 조사현황

1993년 6월 조사에서 보수 · 보강을 진행함.

2. 위치와 자연환경(그림 1)

우산하고분군의 동북단에 위치하며 果樹場 북편에 속함. 동남으로 JYM0390호묘와 약 100m 떨어져 있고 서남으로 JYM0386호묘와 약 70m 떨어져 있음.

3. 고분의 현황

1) 고분 형식

○ 유형 : 봉토석실묘(『洞溝古墓群 - 1997年調查測繪報告』 및 『集安高句麗墓葬』).

○ 규모 : 분구 직경 22m, 분구 높이 4.5m.

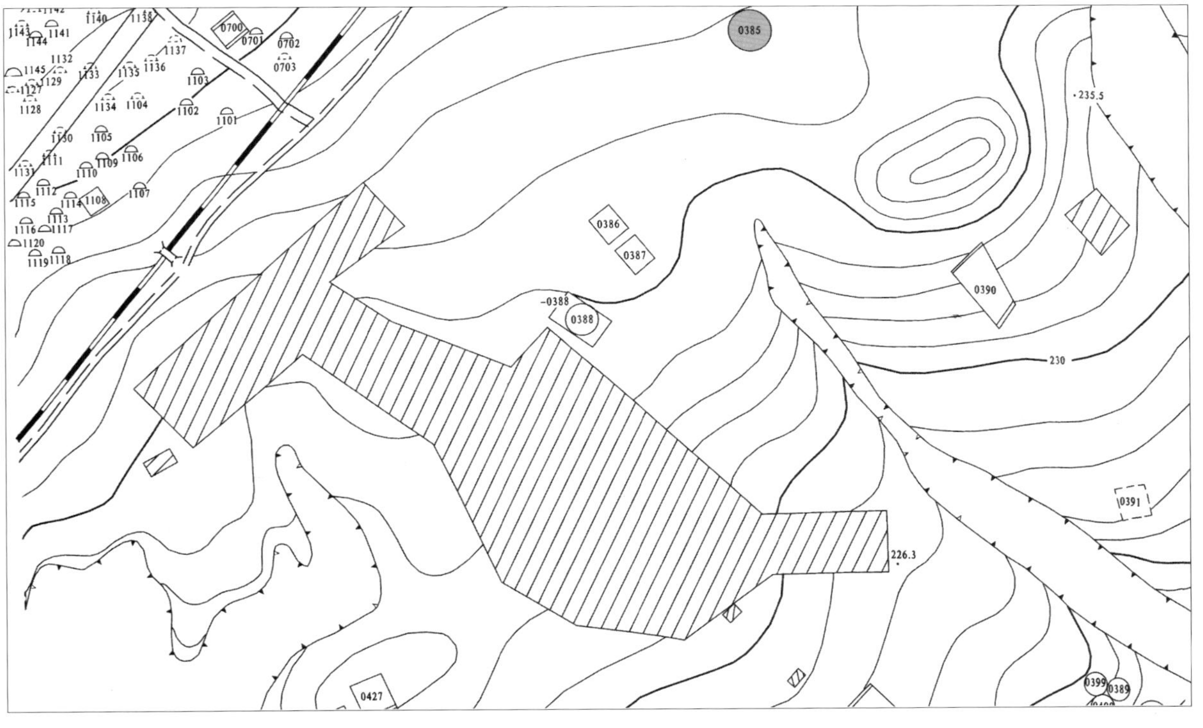

그림 1 우산하고분군 0385호묘 위치도(『洞溝古墓群 - 1997年調查測繪報告』)

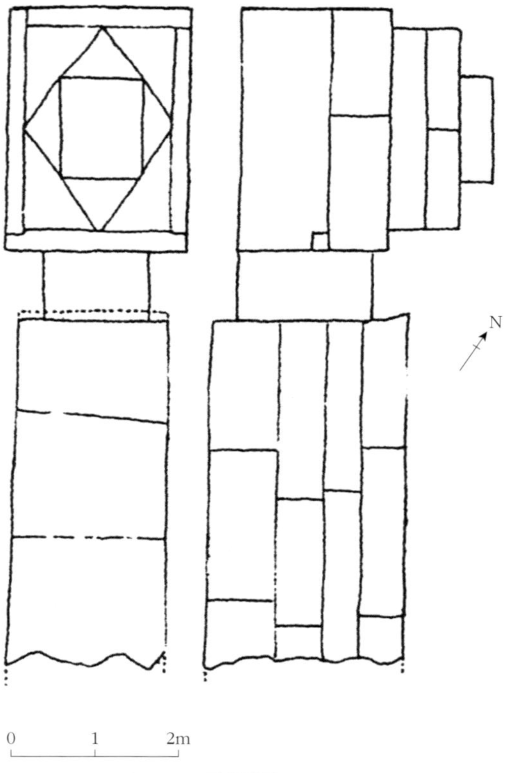

그림 2 우산하0385호묘 평·단면도(『集安高句麗墓葬』)

○ 방향 : 150°.

2) 구조(그림 2)

○ 고분은 묘실, 이음길(甬道), 墓道로 조성됨.

○ 묘실은 장방형으로 동벽 길이 2.94m, 서벽 길이 2.96m, 남·북 양벽 길이 2.15m, 서벽 높이 1.75m임.

○ 천장은 한 층의 평행고임 위에 이중 삼각고임을 한 후에, 판석으로 천장을 막음. 묘실의 전체 높이는 3m임.

○ 묘실의 남벽 중앙부에 자리한 이음길(甬道)은 길이 0.8m, 너비 1.25m, 높이 1.5m임.

○ 이음길 남쪽은 묘도와 연결됨. 묘도 바닥은 묘실과 이음길보다 0.3m 낮으며 묘도는 길이 4.9m, 너비 1.8m, 높이 1.95m임. 이음길과 묘도가 접하는 곳의 윗부분은 밖으로 튀어나온 모양임. 묘도 입구는 돌로 막고 백회를 발랐음.

○ 묘실, 이음길, 묘도 등은 모두 가공을 거친 거대한 방형의 화강암 석재로 축조한 후에 황토를 덮어 봉함.

4. 역사적 성격

고분의 석재 가공·선택 및 구조를 보면 오회분4호묘와 유사하나 벽화는 보이지 않음. 오회분4호묘와 비슷한 시기로 볼 수 있으나 연대를 판단할 근거는 확실하지 않음.

참고문헌

• 吉林省文物志編委會, 1984, 『集安縣文物志』.
• 吉林省文物考古研究所·集安市博物館, 2002, 『洞溝古墓群 - 1997年調査測繪報告』, 科學出版社.
• 孫仁杰·遲勇, 2007, 『集安高句麗墓葬』, 香港亞洲出版社.

13	집안 우산하0540호묘 集安 禹山下0540號墓 | JYM0540

1. 조사현황

1) 1966년

○ 조사기관 : 吉林省文物管理委員會, 吉林省博物館, 集安縣文管所.

○ 조사내용 : 通溝古墳群에 대한 조사 · 실측 때 발견되어 '禹山下540號墓(JYM540)'로 편호.

2) 1997년

○ 조사기관 : 길림성문물관리위원회, 길림성박물관, 집안현문관소.

○ 조사내용 : 한 변 길이 39m, 높이 9m임. 特大型階壇積石石室墓임.

3) 2003년

○ 조사기간 : 2003년 9월 15일~11월 16일.

○ 조사기관 : 吉林省文物考古研究所.

○ 조사자 : 王志剛, 王昭(이상 길림성문물고고연구소), 郜炳坤(長白縣文物管理所).

○ 조사내용 : 集安의 고구려유적을 유네스코 세계문화유산으로 등재시키려는 과정에서 왕릉으로 비정. 아울러 묘의 표면과 가장자리를 중점 발굴하고 墓道, 耳室, 壙室 등을 정리하였는데, 이를 통해 묘의 축조방법, 이실과 광실 구조, 葬具葬法 등을 이해. 금동기, 동기, 철기, 토기 등 439점의 유물 수습.

2. 위치와 자연환경(그림 1~그림 2)

1) 고분의 위치

○ 집안시의 禹山下古墳群 동남부에 위치.

○ 집안시 동쪽 4km의 太王鄕 大碑村에 위치.

○ 太王陵과 동일한 언덕 위에 자리잡고 있는데, 태왕릉보다는 낮음.

2) 고분의 주변환경

○ 촌락 한가운데 자리 잡고 있음.

○ 묘 동쪽으로 通化-集安 간 도로 너머 臨江墓가 있음.

○ 북쪽으로 將軍塚이 보임.

○ 서남쪽으로 약 200m 떨어진 지점에 태왕릉이 있음.

○ 동쪽으로 150m 떨어진 지점에 廣開土王陵碑가 있음.

○ 서북쪽으로 약 500m 떨어진 지점에 角抵墓와 舞踊墓가 있음.

3. 고분의 현황

1) 고분발굴 전 상황

○ 우산하0540호묘는 촌락 가운데에 있어서 보존 차이가 큼. 묘장 남부와 동북 모서리에는 민가가 자리

그림 1 우산하0540호묘 위치도 1(『洞溝古墓群-1997年調査測繪報告』, 192쪽)

잡고 있었음. 서북 모서리는 도로가 통과하고 있음. 동·서·북측에는 쓰레기가 쌓여 있었음.

○ 발굴 전 묘 표면에서 석재가 선명하게 보였음. 묘 위에는 함몰갱 여러 개가 있었음. 묘 꼭대기 주변에는 壙室 네 벽석이 있었음. 지역주민의 말에 의하면 묘 표면에 거대한 석재가 있었는데, 1970년대 전후에 쪼개서 다른 곳으로 옮겼다고 함. 남아 있는 계단석은 장방형의 화강암으로 묘장 서측면에 2개, 남측면 묘도 입구에 1개가 남아 있었는데, 쪼개진 후에 옮겨진 잔편임.

2) 고분 형식

(1) 유형

階壇積石墓.

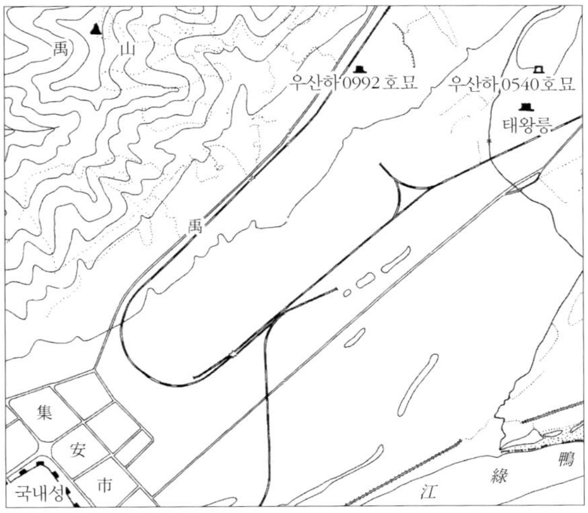

그림 2 우산하0540호묘 위치도 2(『東北史地』 2007-4, 20쪽)

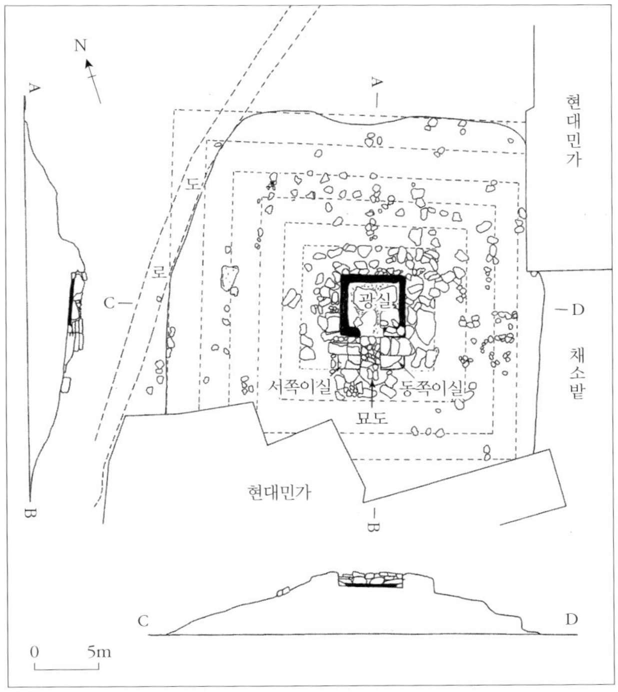

그림 3 우산하0540호묘 평·단면도(『北方文物』 2009-1, 22쪽)

(2) 규모

○ 吉林省文物考古研究所·集安市博物館(2002) : 한 변 길이 39m, 높이 9m.

○ 吉林省文物考古硏究所(2009) : 남북 너비 34.5m, 동서 길이 약 31.5m, 남아 있는 중심높이 약 5.2m.

3) 고분 구조(그림 3)

○ 묘장 네 변 모두 파손. 평면은 불규칙형임. 동남·서남 모서리는 파괴되어 남아 있지 않음. 동북·서북 모서리는 둥그스름함.

○ 묘장 주변의 지층을 살펴보면 表土層 아래는 황갈색 생토로, 단단하고 비교적 많은 깬돌을 포함하고 있음. 묘장은 생토층 위에 축조함. 지하 기초는 아직 발견되지 않았음.

○ 묘장 계단석은 결실. 묘 위의 표토층 아래에 내부의 묘장 주체가 직접 노출됨. 해부한 정황을 보면 우산하0540호묘 안은 주로 작은 강돌이 혼합되어 있는 황색 점토를 다져 쌓았는데, 비교적 견고함. 쌓여진 흙의 중상부에 비교적 커다란 돌이 몇 개 있음. 일부 석재는 윗면이 지표 밖으로 노출되어 있음. 석재 대부분은 표면이 비교적 둥그스름한 강돌이고, 일부 가공을 거치지 않은 자연 산돌도 있음. 이러한 유형의 석재는 큰 것이 1m, 작은 것은 0.4m보다 크며, 직경은 대부분 0.6~0.8m임. 현재 남아 있는 석재의 배열은 비교적 규칙적인데, 대부분 원래 위치에 있고 일부만이 약간 밖으로 무너졌거나 자리를 벗어남. 평면상을 보면 대형 석재는 대다수 열을 지어 분포하고 있고, 같은 열의 서로 인접한 석재와는 거리가 가까우며, 상호 인접한 석재 사이는 일정한 거리와 높이를 유지하고 있는데, 계단석 바닥부 또는 내부의 계단 기초석일 가능성이 있음. 인접한 열의 큰 돌 사이로 일부 작은 강돌을 층층히 쌓아 메웠는데, 묘장의 안정성을 증강하기 위함임.

(1) 계단

○ 묘 표면에 계단석 3개가 남아 있음.

○ 묘장 네 측면 階壇基石의 정황은 차이가 있지만 높이는 거의 같음.

○ 계단석은 모두 5층으로 나눌 수 있음. 1~3층 사이의 거리는 약 2.5m이고, 3~5층 사이의 거리는 2m로, 층 사이의 높이차는 0.5m 정도임. 3·4·5층 계단석은 묘장 네 측면 모두 남아 있음. 1·2층 계단석은 묘장 서측과 북측에서 발견되는데, 비교적 적게 남아 있고, 계단 위치가 명확하지 않음. 3·4·5층 계단석의 사이 거리, 높이차, 규칙적인 배열 등을 볼 때 무덤은 현재 남아 있는 규모이고, 최소한 5층 계단이었을 것으로 추정됨.

○ 서남 모서리에서는 현재 추정되는 1층 계단 이외에 생토 위에 무덤 내부를 메운 흙과 동일한 황점토가 섞인 강자갈층을 볼 수 있는데, 밀도는 무덤 내부의 다진 층에는 미치지 못함. 이 층에서 보이는 돌 한 개는 대부분 지표에 노출되어 있음. 바닥이 이 층 안에 있는 큰 돌은 규격과 재질이 계단석과 같음. 이를 감안하면 원래 6층 계단일 가능성을 제기할 수도 있음. 하지만 이 돌은 위치가 지나치게 고립되고, 그 아래의 황토가 섞인 강돌층 면적이 지나치게 작으며, 돌의 위치 이동이 있었는지 확정할 수 없음. 또한 계단석이 비교적 많이 남아 있고, 묘장 내부를 채운 흙의 보존 범위와 묘장 서측에 인접한 북측면에서는 1층 계단석 이외에 묘장에 채워진 흙을 볼 수 없음. 이로 볼 때 묘장의 1층 계단이라 볼 수 없음.

(2) 壙室

○ 광실은 4단 계단 위에 축조. 전체적으로 묘 꼭대기에 돌출. 평면은 정방형에 가까운데, 상부는 파괴됨. 정리 전 광실 안에는 대량의 흑토와 깬돌이 쌓여 있었음. 광실 바깥벽 동·서·북측의 잔존 높이는 1.5~1.7m이고, 남측의 잔존 높이는 1.3m임. 광실 안팎으로 무너져 내린 광실 측벽을 쌓았던 돌 10여 개로 미루어, 원래 광실의 벽 높이는 1.7m보다 높았을 것으로 추정.

○ 광실은 장방형이며, 사용된 돌은 대부분 가공하지 않은 천연 화강암임. 큰 것은 길이 2.6m, 너비 1.5m, 두께 1m이고, 작은 것은 길이 약 0.4m, 높이 0.2m임. 동·서·북 세 벽은 2층, 남벽은 단층으로 축조하였음. 일부는 비교적 큰 강돌 혹은 작은 돌을 사용하여 평평하게 하였고, 돌 틈새는 강돌과 백회로 채웠고, 광실 내벽에도 두께 5~10cm의 백회면을 발랐음. 광실 외벽은 자연석면이 노출되어 있음. 현재 보존의 차이가 있음.

○ 북벽 외측의 돌은 밖으로 무너졌고, 벽석의 두께는 0.5~0.8m에 달하며, 벽석의 내, 외측 사이에 흑갈토를 채워서 측벽이 붕괴되는 것을 방지하고자 함. 동벽 외측의 벽석은 비교적 보존상태 양호하며, 비교적 큼. 남쪽의 외벽석 2개의 두께는 1.5m임. 내벽에 사용된 돌은 약간 작음. 광실 측벽 두께는 약 2.5m임. 내외벽에 쌓은 돌은 자연형태로 서로 맞물리고, 견고하게 하기 위해서 가지런하게 쌓았으며, 내외 벽석 사이는 강돌과 백회로 채웠음.

○ 동벽 내측의 벽석은 변 길이가 5.2m, 남은 높이는 1.1m임. 1층 벽석이 남아 있음. 비교적 큰 돌 3개로 축조하였는데, 가공을 하지 않아 매우 정연하지 않음. 가장 작은 돌은 길이가 약 1m, 가장 큰 돌은 길이 2.6m, 너비 1.5m, 두께 1m 정도임. 벽석은 간단하게 쌓아올렸는데, 벽석의 내, 외측 사이는 비교적 크고, 모두 백회가 들어간 강돌로 채워 평평하게 하였음.

○ 서벽 내측의 벽석은 변 길이가 5.25m, 남은 높이는 1m임. 남아 있는 돌은 2층임. 벽석의 아래돌은 형태가 비교적 큰 3개의 화강암으로 축조하였고, 북쪽 끝에 남아 있는 비교적 작은 틈은 작은 돌로 채웠음. 윗층에는 돌 4개가 남아 있는데, 형태는 모두 정연하지 않고, 돌의 틈 사이는 작은 돌로 채웠음.

○ 북벽 내측의 벽석은 길이가 5.4m임. 사용된 석재는 비교적 작고, 남아 있는 최고 높이는 약 1.05m임. 석재의 높이는 각각 다르고, 쌓음에 있어 규칙성이 없음. 현재 벽석 3층이 남아 있음. 벽석의 아래쪽에 쌓은 돌은 비교적 큰데, 길이는 0.95~1.3m이고, 높이와 두

께는 같지 않음. 윗쪽은 장방형에 가까운 작은 돌로 평평하게 하였는데, 작은 돌은 길이가 0.4~0.7m임.

○ 광실 남벽의 길이는 약 5.4m임. 묘도로 인해 동서 두 부분으로 나뉘어짐. 묘도 동측의 남벽은 길이 약 1.9m, 두께 1.5m임. 현재 2층까지 남아 있는데, 남은 높이는 1~1.3m임. 묘도 남벽의 아랫돌은 길이 2.4m, 두께 1.5m, 높이 1m이고, 내외측과 묘도 한측 모두 정연하게 다듬었음. 윗층은 서쪽 끝에 돌 2개가 남아 있고, 돌 사이의 틈은 강돌이 들어간 백회로 메움. 묘도 서측의 남벽 길이는 약 1.7m이고, 안측의 남은 높이는 0.9m, 바깥쪽의 남은 높이는 0.9~1.5m임. 바깥쪽은 정연한 큰 돌로 쌓았고, 돌의 길이는 약 2.6m임. 돌 아래에는 백회와 작은 강돌을 평평하게 깔았음. 안측은 크기가 다른 돌과 비교적 큰 강돌로 쌓았는데, 사용한 돌의 길이는 0.25~1.05m임. 안측의 최상위 1층에는 길쭉한 강돌로 평평하게 내측의 짧은 변을 쌓았고, 쌓은 측변의 돌 사이는 작은 강자갈이 들어간 백회로 메웠음. 아울러 백회로 내벽을 평평하게 발랐으나, 현재 표면의 백회는 대부분 박락되었고 석벽 바닥부에 남아 있음. 두께는 0.05~0.1m임.

○ 광실 바닥에는 비교적 큰 돌을 깔았고, 그 위에 백회를 발랐음. 광실 주변에 남아 있는 木槨을 정리하지 않아서 바닥면에 깔은 돌의 수는 알 수 없음. 정리된 광실 중심에서 바닥석 4개를 볼 수 있는데, 모두 2m 정도임. 형태는 정연하지 않지만, 윗면은 편평하여 약간 가공한 것으로 보임. 모서리 부분의 석재는 '十'자형에 가까운 틈이 있고, 그 틈은 백회와 강돌로 메우고, 그 위에 다시 백회를 평평하게 발랐음.

○ 광실 안에 채워진 흙은 2층으로 나눌 수 있음. 윗층에 채워진 흙은 흑갈색으로 두께는 0.3m이며, 푸석푸석함. 식물뿌리줄기, 자기편, 철제못(鐵釘), 동물뼈 등이 포함되어 있음. 아랫층에 채워진 흙은 홍갈색으로 두께는 0.4m이며, 푸석푸석함. 흙 안에는 많은 홍색 나무부스러기, 목탄부스러기, 백회조각이 포함되어 있었음.

○ 묘도는 4단 계단 위에 있으며, 광실 남벽 정중앙에서 약간 서쪽으로 치우쳐 있음. 너비는 1.6m, 길이는 5.1m 임. 방향은 남쪽에서 서쪽으로 약간 치우친 18°임. 묘도 북쪽 끝과 광실 바닥면 높이는 같음. 북쪽이 약간 높고 남쪽이 낮은데, 경사도는 약 2°임. 묘도 바닥면에 깔린 큰 돌은 윗면이 비교적 평평하고 정연함. 깔려진 돌 사이의 빈 틈은 백회와 강돌로 메웠고, 돌 윗면에도 백회를 평평하게 발랐음. 묘도 측벽에 쌓았던 돌은 광실 남벽에 일부 남아 있을 뿐 나머지는 결실되어 축조방식을 명확히 알 수 없음. 묘도는 납작하고 얇은 돌로 막혀 있고, 틈새는 강돌과 백회로 채웠음. 광실 남벽 내측에서 묘도 막음석 4층을 볼 수 있음. 남아 있는 높이는 0.75m임.

○ 이실은 묘도 양측에 위치함. 평면은 장방형이고, 크기는 서로 같은데, 동서 길이는 1.8m, 남북 너비는 1.1m임. 북벽을 제외한 기타 양측벽 모두 파괴되어 남아 있지 않음. 북벽은 광실 남벽의 외벽을 이용하였고, 표면에는 비교적 두꺼운 백회층을 발랐는데, 현재는 대부분 박락됨. 이실 바닥면은 비교적 평평하고 정연한 돌을 깔았고, 돌 사이는 강돌과 백회로 메우고, 그 위에 백회를 평평하게 발랐음. 이실 바닥면은 묘도 바닥면과 높이가 같음. 파괴가 심하지만 이실 바닥에 깔려진 돌과 묘도 바닥면에 깔려진 돌이 동일함을 알 수 있음. 이실 지면 위에는 두께 5~10cm의 백회띠가 둘러져 있음. 동쪽 이실 동북 모서리에 가장 잘 남아 있으며, 남아 있는 높이는 약 5cm임. 이실은 북벽과 묘도 한쪽을 제외하고 그 나머지 양면에 원래 쌓았던 벽석이 있음. 서쪽 이실 동측 묘도 막음석의 바닥부에 2cm 높이로 백회가 남아 있으며, 이실 측벽 백회층의 백회 흔적과 유사함. 이 밖에 묘도 바닥면, 묘도 막음석과 동쪽 이실 북벽 아래층 축조석의 서측면 사이에 목판이 있음. 목판은 양자 사이에서 옆으로 세워져 있었는데, 높이는 약 20cm, 두께는 약 3.5cm임. 동쪽 이실은 묘

도 막음석의 한쪽과 마주하는데, 묘도 막음석 근처에서 이실에서 발견된 것과 동일한 너비의 나무흔적이 발견됨. 많이 썩어서 홍색만 남아 있는데, 남은 너비는 약 5cm임. 묘도 막음석과 동쪽 이실 북벽 아랫층 축조석 서측면 사이에 끼여 있는 목판과 동일한 것으로 추정. 이로 볼 때 이실이 있는 묘도 한쪽에 목질의 폐쇄문이 존재하였을 가능성이 매우 높다고 여겨짐.

○ 이실 안에는 주로 백회가 가득 붙어 있는 강돌, 돌, 백회잔편 등이 퇴적되어 있고, 진흙은 거의 보이지 않음. 또한 썩은 나무와 목탄은 발견되지 않음.

○ 동쪽 이실에서 출토된 유물은 비교적 많은데, 주로 금동제의 거마구이고, 원래 위치는 알 수 없음. 대다수 유물은 표면에 백회가 붙어 있고, 일부는 백회에 완전히 싸여 있음.

(3) 棺槨

○ 광실 아래층에는 棕紅色의 썩은 나무와 검정색 숯부스러기가 쌓여 있음. 묘실 바닥에 가까워질수록 썩은 나무와 숯부스러기가 점차 많아짐. 광실 바닥에서 약 0.4m에 이르는 높이까지 채워진 흙을 정리하자, 광실 네 벽 아래에서 너비 약 0.5m 정도의 목탄흔적이 발견됨. 그 안에는 소량의 백회잔편이 들어가 있음. 목탄과 광실 네 벽 사이에 너비가 5~10cm인 순수한 백회가 들어가 있음. 백회는 푸석푸석하고, 대부분 조각편임. 윗층은 두께가 0.05~0.2m이고, 푸석푸석함. 바닥부 목탄은 비교적 단단하고 교란되지 않았음. 광실 서벽 남부를 절개하였을 때 교란되지 않은 목탄 아래에서 백회가 섞인 목탄을 발견함. 가장 낮은 층에는 두께 3~5cm의 교란되지 않은 목탄이 있음. 광실 네 벽 가운데부분을 절개했을 때 두께 0.3~0.35m의 순수한 목탄층이 발견되었는데, 목탄층의 너비는 0.5m 정도임.

○ 광실 남부 묘도 양측의 여러 지점에서 썩은 나무흔적이 발견되었음. 썩은 나무는 매우 부드럽고 원래 형태를 판별하기 어려움. 광실 동남 모서리에도 비교적 큰 썩은 나무흔적이 있는데, 두 썩은 나무가 모서리에서 서로 교차하여 직각을 형성함. 두 썩은 나무의 결 역시 직각이 서로 교차하는 형상임. 광실 내벽 사이와의 거리는 0.2~0.3m이고, 너비는 모두 약 0.5m 정도임. 동측벽의 썩은 나무는 길이가 약 0.8m로, 서쪽 부분이 광실 바닥면 위를 직접 누르고 있고, 동쪽 부분은 광실동벽 아래 목탄층 위를 누르고 있음. 두께는 약 0.05m임. 남벽의 썩은 나무는 두께가 0.1m로 비교적 두껍고, 길이는 1m에 가까움. 서쪽 끝을 절개하자, 썩은 나무가 목탄의 백회층 위를 누르고 있음이 확인됨. 남벽 중간에 열려 있는 묘도와 묘도 입구 서측에는 각각 한 개의 썩은 나무가 있는데, 광실 바닥면 위에 달라붙어 있으며 형태는 모두 불규칙함. 서측벽 가운데에서 약간 북쪽으로 치우진 지점의 목탄 띠 바깥에 작은 썩은 나무가 남아 있는데, 길이는 약 30cm이고, 나이테는 남북향임.

○ 광실에 쌓여있는 흙 안에서 출토된 비교적 많은 꺾쇠(扒鋦)는 木槨을 연결하고 고정하기 위한 것이고, 광실 네 벽 아래에 규칙적으로 분포하는 대량의 목탄은 목곽이 불에 태워진 후에 남은 것임. 광실 내벽에는 백회를 발랐고 그 안에 직접 목곽을 설치하였는데, 목곽 면적은 약 5m²임. 광실 중남부의 바닥면 위에 달라붙어 있는 썩은 나무는 목관의 잔흔일 가능성이 높음. 묘가 일찍이 도굴을 당하면서 관못(棺釘)의 원래 위치를 알 수 없고 나무흔적만 남아 있어 광실내 관의 수를 확정하기 어려움.

4. 출토유물

○ 광실, 이실과 무덤의 표면을 정리하는 과정에서 439점의 유물이 출토됨. 그 가운데 광실에서 가장 많은 386점이 출토됨. 동쪽 이실에서는 50점, 묘 위의 쌓

여진 흙 중에서 3점의 유물이 출토됨. 묘도와 서쪽 이실에서는 고운 점토질의 회색 토기편만 소량 출토됨.

○ 동쪽 이실에서 출토된 유물 50점 가운데, 철제끌(鐵鏨子) 1점과 동제방울(銅鈴) 2점을 제외하면 모두 금동제의 마구임.

1) 동쪽 이실

(1) 금동기

① 금동제입식부운주(傘狀泡飾, 03JYM0540:1, 그림 4-3~4)

○ 출토지 : 우산하0540호묘 동쪽 이실.

○ 크기 : 큰 보요를 가진 운주 전체 길이 6.1cm, 작은 보요를 가진 운주 전체 길이 5.5cm, 직경 2.5cm.

○ 형태 : 12점이 출토. 그 가운데 6점은 파손됨. 형태와 크기는 서로 같음. 꼭대기 부분에 있는 보요 크기에 따라 두 종류로 나눌 수 있음. 큰 보요를 가진 운주는 4점인데, 완전한 것은 2점임. 본체부(泡飾)는 우산 모양이고 밑에서 보면 화판형임. 본체부 위에는 금동제의 입식이 세워져 있고, 양자 사이를 동실이 연결하고 있음. 동실은 본체부 바닥보다 약 0.3cm 나와 있음. 동실 두 가닥을 양측으로 꺾으면서 중심이 원형 구멍인 동편을 만들었는데, 가죽띠에 고정하기 위한 용도임. 동제의 축(杆) 한쪽 끝은 관을 통과시킨 후 구부려뜨려 둥근고리를 형성하였고, 고리에 보요편을 연결.

② 금동제운주 본체부 1(泡飾, 03JYM0540:2, 그림 4-5)

○ 출토지 : 우산하0540호묘 동쪽 이실.

○ 크기 : 직경 약 2.2cm.

○ 형태 : 파손. 평면은 원형임. 가장자리에 일정한 너비의 넓은 변이 형성. 변 가장자리 3곳에 결구가 남아 있는데, 결구 간의 거리는 가까움. 한 결구 안측이 반원형이라는 점에서 결구는 원형일 가능성이 높음. 융기된 정가운데에는 둥근 구멍 3개가 있음. 두 구멍 사이에 금실이 남아 있는데, 금실은 한 측면에 위치함.

③ 금동제운주 본체부 2(泡飾, 03JYM0540:2, 그림 4-6)

○ 출토지 : 우산하0540호묘 동쪽 이실.

○ 크기 : 직경 약 0.9cm.

○ 형태 : 파손. 평면은 원형임. 가장자리에는 넓은 변이 있음. 변 가장자리에는 파손된 둥근 구멍 3개가 일정한 간격으로 분포하고 있음. 돌출된 면은 금동임.

④ 금동제보요(搖葉, 03JYM0540:3, 그림 4-8)

○ 출토지 : 우산하0540호묘 동쪽 이실.

○ 크기 : 직경 약 1.4cm.

○ 형태 : 원형의 얇은 편임. 바깥가장자리에 둥근 구멍 한 개가 있음. 금실이 연결되어 있는데, 금실은 두 가닥의 실을 꼬아서 만듦. 한쪽 끝은 보요와 연결.

⑤ 금동제모(帽, 03JYM0540:5, 그림 4-7)

○ 출토지 : 우산하0540호묘 동쪽 이실.

○ 크기 : 전체 길이 4.5cm, 원통 직경 2.5cm.

○ 형태 : 원통형의 나무를 씌운 것으로 원통형과 머리 부분으로 이루어졌음. 원통은 동판을 말아서 제작하고 원두정 3개로 위와 중간, 아래 세 부분을 고정시켰음. 그리고 원통의 한쪽 끝을 막고, 막음판에 세 개의 못을 박고 원통 내부에 나무잔편이 발견됨.

⑥ 금동제띠고리(帶扣)

○ 출토지 : 우산하0540호묘 동쪽 이실.

○ 형태 : 8점이 출토. 띠고리 앞쪽 끝 형태는 같음. 전체적으로 장방형에 가까운데, 앞쪽 끝이 약간 넓고 양 모서리는 둥그스름하며, 뒷쪽 양측변은 내려쳐서 납작하게 되어 있음. 앞에는 움직이는 梁이 있고, 위에는 교침(帶針)이 접해져 있으며, 뒷쪽에는 가로로 놓인 철제 양이 있음. 그 뒤에 연결되어 있는 장식에 따

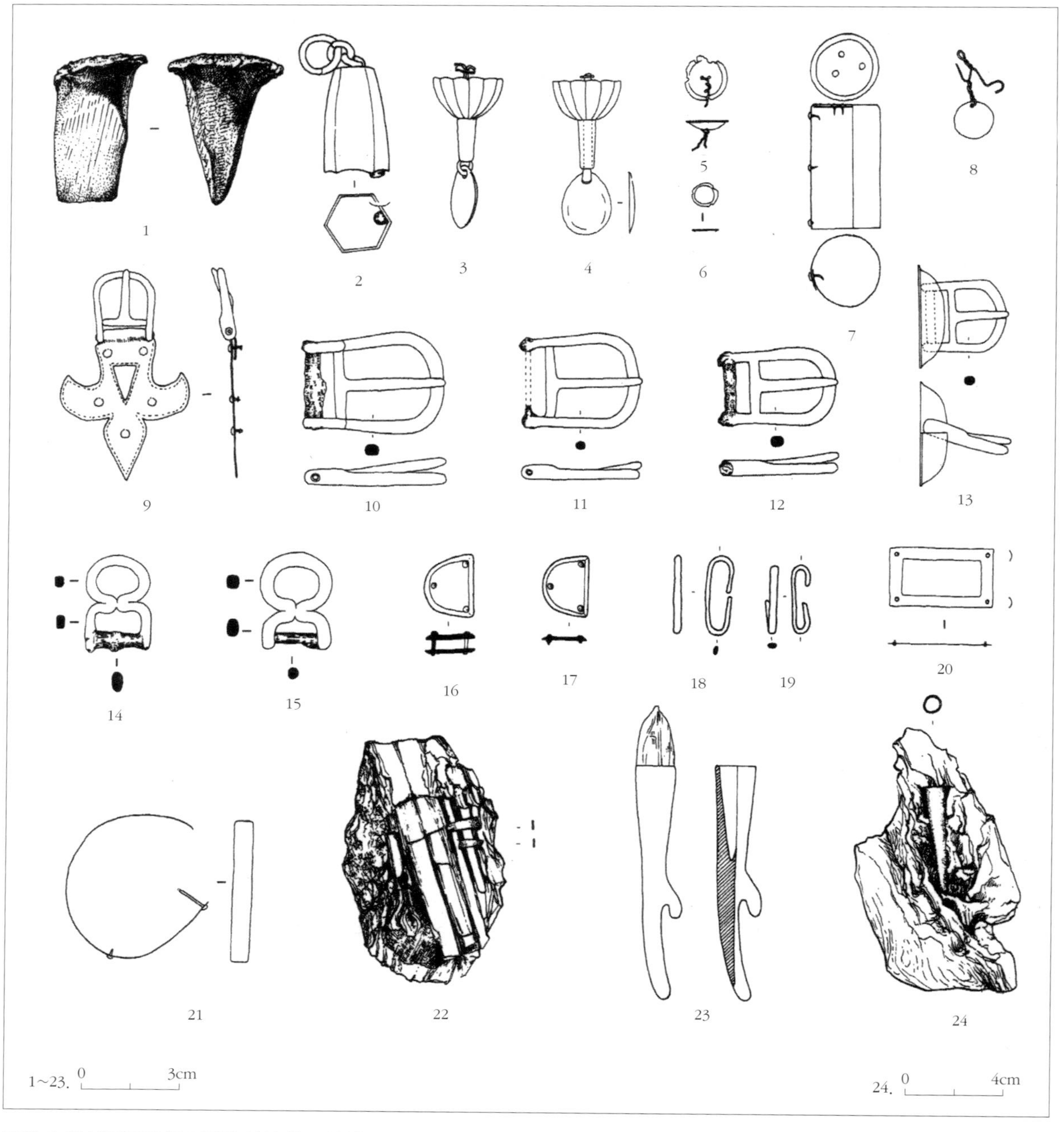

그림 4 우산하0540호묘 동쪽 이실 출토유물(『東北史地』 2007-4, 25쪽)
1. 철제끌 2. 동제방울 3~4. 금동제입식부운주 5~6. 금동제운주 본체부 7. 금동제모 8. 금동제요엽 9~13. 금동제띠고리 14~15. 금동제띠고리 16~17. 금동제사미 18~19. 금동제띠고리 20. 금동제방형장식 21~22. 금동제간고장식 23~24. 금동제개궁모

라 세 형식으로 나눌 수 있음. 철제 양 앞에 삼엽형 장식이 달려있는 형식은 4점이 출토되었는데, 그 가운데 3점은 완형임. 그 중 정가운데와 양측 각각이 낙엽모양이고, 가운데 부분에는 투조된 삼각형이 있으며, 삼엽 위와 삼엽장식의 아래에 모두 5개의 연결못(鉚釘)이 있음. 연결못은 원두정으로 길이는 0.3cm임. 위에 있는 못은 가죽허리띠와 허리띠고리를 고정하는 못임. 삼엽장식의 앞면은 금동임. 전체 길이는 7.8cm, 띠고리 길이는 2.6cm임(03JYM0540:6, 그림 4-9). 교침이 있는 동제의 양과 가죽이 연결된 철제의 양 사이에 원형 단추장식(泡飾)이 있는 형식은 1점이 출토. 단추장식의 볼록한 면은 띠고리 앞쪽을 향해 있고, 단추장식 주변에는 좁은 변이 둘러져 있음. 단추장식의 볼록한 면은 금동임. 전체 길이 3.2cm, 단추장식 직경 3.8cm임(03JYM0540:10, 그림 4-13). 끝부분에 아무것도 없는 형식은 3점이 출토되었는데, 크기는 서로 다름. 03JYM0540:7은 전체 길이 5.2cm, 머리(頭) 너비 3.6cm임. 철제양에서 날줄과 씨줄이 교차하는 피혁무늬를 볼 수 있음(그림 4-10). 03JYM0540:8은 전체 길이 4.3cm, 머리 너비 3.5cm임. 철제양은 파손(그림 4-11). 03JYM0540:9는 전체 길이 4.3cm, 머리 너비 3.5cm임(그림 4-12).

⑦ 금동제띠고리(帶銙, 03JYM0540:11, **그림** 4-14·15)

○ 출토지 : 우산하0540호묘 동쪽 이실.

○ 크기 : 전체 길이 약 3.2cm.

○ 형태 : 2점 출토. 형태는 같음. 횡단면이 타원형에 가까운 동실이 별도로 있음. 앞부분은 타원형으로 구부러진 형태임. 뒷부분은 장방형으로 양변 바닥은 비교적 편평하고, 가로로 놓여진 철제梁에서 날줄과 씨줄이 교차하는 피혁무늬를 볼 수 있음.

⑧ 금동제사미(鉈尾)

○ 출토지 : 우산하0540호묘 동쪽 이실.

○ 형태 : 4점 출토. 두 유형으로 나눌 수 있음. 첫 번째 유형인 03JYM0540:12-1은 연결못(鉚釘)이 결실되었고, 외표면은 금동제임. 마주하는 두 편은 두께가 1mm임. 평면은 반원형에 가까움. 외측면 주변에는 너비 1mm의 매끄러운 비스듬한 기울면(斜坡)이 있고, 기울면 안쪽 가장자리에는 일정한 간격으로 3개의 연결못 구멍이 분포하고 있음. 연결못으로 두 편을 연결하였고, 양편 사이의 거리는 0.4cm임. 연결못은 두부(帽)가 원형이고 끝부분을 구부려서 고정시키고자 함. 양 편의 내측에는 부식된 피혁이 남아 있음(그림 4-16). 두 번째 유형은 3점이 출토. 03JYM0540:12-2는 외측면이 금동이고, 기본적으로 03JYM0540:12-1과 같음. 앞면에는 두부가 둥근 연결못이 있는데, 연결못 끝부분은 약간 큼. 안에는 한쪽 단면이 금동인 원형의 얇은 편이 있음. 한 점은 못 끝부분과 사미 사이에 두께 0.1cm의 피혁이 들어가 있음. 완전한 형태의 한 점은 길이 1.7cm, 곧은 변 너비 2.3cm임. 03JYM0540:13은 비교적 작은데, 길이 1.5cm, 곧은 변 너비 1.9cm임(그림 4-17).

⑨ 금동제띠고리 1(**帶卡**, 03JYM0540:14-1, **그림** 4-18)

○ 출토지 : 우산하0540호묘 동쪽 이실.

○ 크기 : 전체 길이 약 3cm.

○ 형태 : 내측은 곧고 외측은 완만하게 둥근 동실이 구부러져 있는 형태임. 평면은 원각장방형임. 외측의 완만한 원형면은 금동이고, 내측의 곧은 면은 금동이 아님.

⑩ 금동제띠고리 2(**帶卡**, 03JYM0540:14-2, **그림** 4-19)

○ 출토지 : 우산하0540호묘 동쪽 이실.

○ 크기 : 전체 길이 약 2.6cm.

○ 형태 : 내측은 곧고 외측은 완만하게 둥근 동실이 구부러진 형태임. 평면은 원각장방형임. 외측의 완만한

원형면은 금동이고, 내측의 곧은 면은 금동이 아님.

⑪ **금동제방형장식**(方形飾, 03JYM0540 : 15, **그림 4-20**)
○ 출토지 : 우산하0540호묘 동쪽 이실.
○ 크기 : 길이 약 3.8cm, 너비 2.2cm, 두께 0.1cm 이하.
○ 형태 : 3점 출토. 크기와 형태 모두 같음. 장방형의 얇은 편임. 한쪽면은 금동인데, 약간 융기됨. 네 모서리에는 각각 작은 원형 구멍이 있고, 안에는 원두의 연결못(鉚釘) 4매가 있음. 가죽 혹은 나무에 고정하기 위한 장식물임.

⑫ **금동제간고장식**(杆箍)
○ 출토지 : 우산하0540호묘 동쪽 이실.
○ 크기 : 직경 4.6~4.8cm, 너비 0.7cm.
○ 형태 : 7점이 출토. 그 가운데 5점은 파손. 형태와 크기는 서로 같음. 03JYM0540:16-1은 매우 얇고 너비가 좁은 동편을 둥글게 구부려서 만든 형태임. 양 끝부분에 각각 둥근 구멍 한 개를 뚫고 연결못(鉚釘)으로 연결하였는데, 현재는 부러짐. 연결못 양측 사이 가까운 지점에 각각 둥근 구멍 한 개가 있고, 그 중 한 개의 구멍에 부러진 연결못이 남아 있음. 외측면은 금동임. 杆箍장식품임(그림 4-21). 03JYM0540:20은 형태가 위와 같음. 간고 안에 나무토막이 남아 있고, 반원형에 가까운 커다란 기둥(柱)이 있는데, 백회에 싸여 있어서 보존될 수 있었음(그림 4-22).

⑬ **금동제개궁모**(蓋弓帽)
○ 출토지 : 우산하0540호묘 동쪽 이실.
○ 크기 : 전체 길이 8.3cm.
○ 형태 : 4점 출토. 모두 완전한 형태임. 크기와 형태는 같음. 03JYM0540:17은 앞이 가늘고 뒤가 굵은 기둥형태임. 전체적으로 약간 굽어 있음. 안쪽으로 들어간 한측 중앙 약간 앞부분에는 앞을 향하고 있는 작은 가지(枝杈)가 있음. 표면 전체는 금동임. 뒷부분 가운데는 비어 있음. 일부분에 傘弓의 弓木잔편이 남아 있음(그림 4-23). 03JYM0540:19는 형태가 앞에 것과 같고, 백회로 싸여 있음(그림 4-24).

(2) 동기

① **동제방울**(銅鈴, 03JYM0540 : 4, **그림 4-2**)
○ 출토지 : 우산하0540호묘 동쪽 이실.
○ 크기 : 전체 길이 4.4cm.
○ 형태 : 2점이 출토. 형태와 크기 모두 같음. 전체적으로 육각기둥모양임. 위는 좁고 아래는 넓음. 꼭대기는 평평하고, 그 위에 반원형의 꼭지(紐)가 있으며, 꼭지 측면에 구멍 한 개가 있는데, 방울을 달기 위한 용도로 추정됨. 방울 아랫부분은 비교적 크고, 여섯 변은 모두 안쪽을 향해 호형으로 들어가 있는데, 측면에서 보면 대략 꽃봉오리와 비슷함. 방울추(鈴锤)는 철제로 둥근 방망이 모양임. 한 점의 방울추는 결실되었고, 나머지 한 점은 부러졌는데, 남은 부분은 방울 안쪽벽에 부식되어 붙어 있음. 방울 바깥표면에는 홍색이 남아 있는데, 원래 방울 전체에 주색이 발려져 있었던 것으로 추정됨.

(3) 철기

① **철제끌**(鐵鏨子, 03JYM0540 : 18, **그림 4-1**)
○ 출토지 : 우산하0540호묘 동쪽 이실.
○ 크기 : 전체 길이 5.7cm.
○ 형태 : 일부분은 파손됨. 두부(帽)는 원형으로, 파손됨. 전체 평면은 장방형이고, 측면에서 보면 삼각형임. 곧은 날은 비교적 뭉툭함. 무덤 석재는 대부분 지역주민이 깨트려서 사용하였기 때문에 현재 서쪽 이실 북벽과 동쪽 이실 남측의 두 큰 돌 위에 배열을 이루고 있는 끌(鏨子眼)이 남아 있음. 나중에 혼입된

것으로 추정.

(4) 토기

① **호편**(陶壺)
○ 출토지 : 우산하0540호묘 동쪽 이실.
○ 형태 : 손잡이가 4개 있는 전연호로(四耳展沿陶壺), 최소한 3점 이상임. 그 가운데 1점은 복원됨.
○ 태토 및 색깔 : 니질의 회색토기.

2) 광실

광실 안에서 금동기 61점, 동기 1점, 철기 37점, 토기 285점, 시유도기 1점, 자기 1점 등 386점의 유물이 출토. 그 외에 동물뼈가 출토됨.

(1) 금동기

○ 금동기는 61점이 출토. 대부분 각종 장식품의 잔편이거나 소형의 금동기임.
○ 형태를 파악하기 어려운 금동기는 22점임. 모두 얇고 한쪽 면이 금동임. 대부분 무늬는 없고, 일부 투조하거나 두드려서 만든 문양이 있음. 19점의 무늬 없는 금동편은 심하게 파손되어 형태를 파악하기 어려운데, 장식품의 잔편으로 추정됨(그림 5-27~36). 무늬가 있는 장식편은 5점이 출토되었는데, 모두 파손됨. 2점은 투조를 중심으로 그 주변에 직선이 있음. 3점은 주로 물결무늬와 두드려서 만든 원형 점무늬로 이루어져 있음. 모두 심하게 파손되어 형태와 기능을 명확히 알 수 없음(그림 5-37~41).

① **금동제못**(鎏金泡釘, 03JYM0540K:62)
○ 출토지 : 우산하0540호묘 광실.
○ 형태 : 19점 출토. 그 가운데 4점은 완전한 형태로 출토. 형태와 크기는 거의 같음. 머리는 모두 부풀어 오른 원형이고 금동임. 몸체(釘身)는 긴 원형이고, 홍색이 적지 않게 나타나는데, 썩은 나무흔적이라고 볼 수 있음. 03JYM0540K:62-1은 전체 길이 2.3cm, 두부 직경 1.7cm임(그림 5-17).

② **금동제구슬**(鎏金銅珠, 03JYM0540K:59, 그림 5-18)
○ 출토지 : 우산하0540호묘 광실.
○ 크기 : 길이 1.8cm, 최대 직경 0.8cm.
○ 형태 : 완전한 형태로 출토. 가운데가 빈 올리브형태임. 세로방향으로 둥근 구멍이 관통하고 있음. 외표면은 금동임. 금동면 가운데 일부 박락된 곳은 녹색이 나타남.

③ **금동제허리띠고리**(鎏金帶扣, 03JYM0540K:61, 그림 5-19)
○ 출토지 : 우산하0540호묘 광실.
○ 크기 : 전체 길이 3.3cm, 앞부분 너비 2.4cm.
○ 형태 : 침(帶針)은 결실. 장방형에 가까움. 앞부분이 비교적 넓음. 양 모서리는 완만하게 둥그스름함. 뒷부분의 양 측변은 비교적 편평함. 위에는 동제의 梁이 있고, 그 뒤에는 가로방향으로 놓인 철제의 양이 있음.

④ **금동제신발못**(鎏金鞋釘, 03JYM0540K:50, 그림 5-20)
○ 출토지 : 우산하0540호묘 광실.
○ 크기 : 전체 길이 2.7cm.
○ 형태 : 완전한 형태로 출토. 전체적으로 육각형의 기둥형태임. 앞부분은 약간 가늘고 끝부분은 비교적 두꺼움. 뾰족한 부분은 비교적 완만하게 둥근 육각추형임. 끝부분에 둥근형태의 잔흔이 있는데, 신발바닥과 접하는 부분임.

⑤ **금동제운주 본체부**(傘狀泡飾, 03JYM0540K:55, 그림 5-21)
○ 출토지 : 우산하0540호묘 광실.
○ 크기 : 남아 있는 편 길이 1.7cm.

○ 형태 : 우산 모양의 일부 잔편이 남아 있음. 형태는 동쪽 이실에서 나온 화판형 입식부운주와 같은데, 동쪽 이실에서 혼입된 것으로 추정됨.

⑥ **금동제보요**(搖葉)

○ 출토지 : 우산하0540호묘 광실.

○ 형태 : 16점 출토. 모두 금동임. 매우 얇은 편으로 0.1cm가 되지 않음. 타원형과 원형 두 종류로 나눌 수 있음. 타원형은 1점만 출토. 03JYM0540K:58은 타원형의 얇은 판임. 한 측면은 약간 돌출됨. 한쪽 끝에 타원형의 구멍이 있음. 구멍 바깥은 파손. 길이는 2cm임(그림 5-22). 원형은 비교적 작은데, 두 유형으로 나눌 수 있음. A형은 8점이 출토. 평평하고 곧은 원형의 얇은 판임. 가장자리에 금실이 연결된 작은 둥근 구멍 한 개가 있음. 크기는 약간 차이가 남. 03JYM0540K:45는 4점으로, 약간 작고 파손됨. 비교적 완전한 것은 직경이 0.75cm임(그림 5-23). 03JYM0540K:42는 4점으로, 비교적 큼. 한 점에서는 금실이 남아 있음. 직경은 0.9~1cm임(그림 5-24). B형은 7점이 출토. 원형의 얇은 편이고, 한측면이 약간 돌출되어 있음. 바깥가장자리에는 금실이 연결된 원형 구멍이 있음. 크기는 약간 차이가 남. 03JYM0540K:41은 2점임. 금실이 연결된 구멍은 모두 파손됨. 직경은 0.8cm임(그림 5-25). 03JYM0540K:54는 4점이고, 1점은 완전한 형태로 출토됨. 03JYM0540K:54-1은 구멍 안에 금실이 남아 있음(그림 5-26).

(2) 동기

① **동제방울**(銅鈴, 03JYM0540K:37, **그림** 5-15)

○ 출토지 : 우산하0540호묘 광실.

○ 크기 : 전체 길이 44cm.

○ 형태 : 형태와 크기는 동쪽 이실에서 출토된 동제방울과 같음. 방울추(鈴錘)는 결실됨. 표면의 주색은 거의 박락되었고, 약간 백회가 발라져 있음. 광실에서 나온 다른 유물과 명확한 차이가 있는데, 이실의 유물로 나중에 광실로 혼입된 것으로 추정.

(3) 철기

37점이 출토. 대부분 못(釘)과 꺾쇠(扒鋦)임.

① **철제못**(鐵釘)

○ 출토지 : 우산하0540호묘 광실.

○ 형태 : 17점이 출토되었는데, 대부분 파손. 모두 단조품임. 형태에 따라 4유형으로 나눌 수 있음. A형은 1점이 출토. 03JYM0540K:31은 뾰족한 부분이 약간 파손되었음. 형태는 가지런함. 횡단면은 정방형임. 뾰족한 부분은 네모짐. 남은 길이는 12.3cm, 너비는 0.6cm임(그림 5-1). B형은 2점이 출토. 형태는 서로 같음. 횡단면은 방형에 가까움. 03JYM0540K:32는 두 곳이 약간 굽어져 있고, 뾰족한 부분은 약간 파손됨. 남은 길이는 12.2cm, 너비는 0.4~0.5cm임(그림 5-2). C형은 1점이 출토. 03JYM0540K:33은 파손. 전체적으로 '丁'자형임. 남은 길이는 4.3cm, 너비는 0.3~0.4cm임(그림 5-3). D형은 7점이 출토. 모두 파손. 03JYM0540K:34-1은 몸체 횡단면이 방형임. 뾰족한 부분에 가로방향의 나무흔적이 남아 있음. 남아 있는 길이는 6.4cm, 너비는 0.3~0.4cm임(그림 5-4). 나머지 3점은 모두 몸체(釘身) 중단으로 형태를 판별할 수 없음.

② **철제꺾쇠**(扒鋦)

○ 출토지 : 우산하0540호묘 광실.

○ 형태 : 12점이 출토. 모두 단조품임. 장방형의 철사 양끝을 같은 방향으로 꺾어서 제작. 꺾은 양 끝은 비교적 얇고, 단조하여 날을 만들었는데, 몸체(器身)보다 약간 얇음. 현재 날부분은 비교적 뭉툭함. 형태

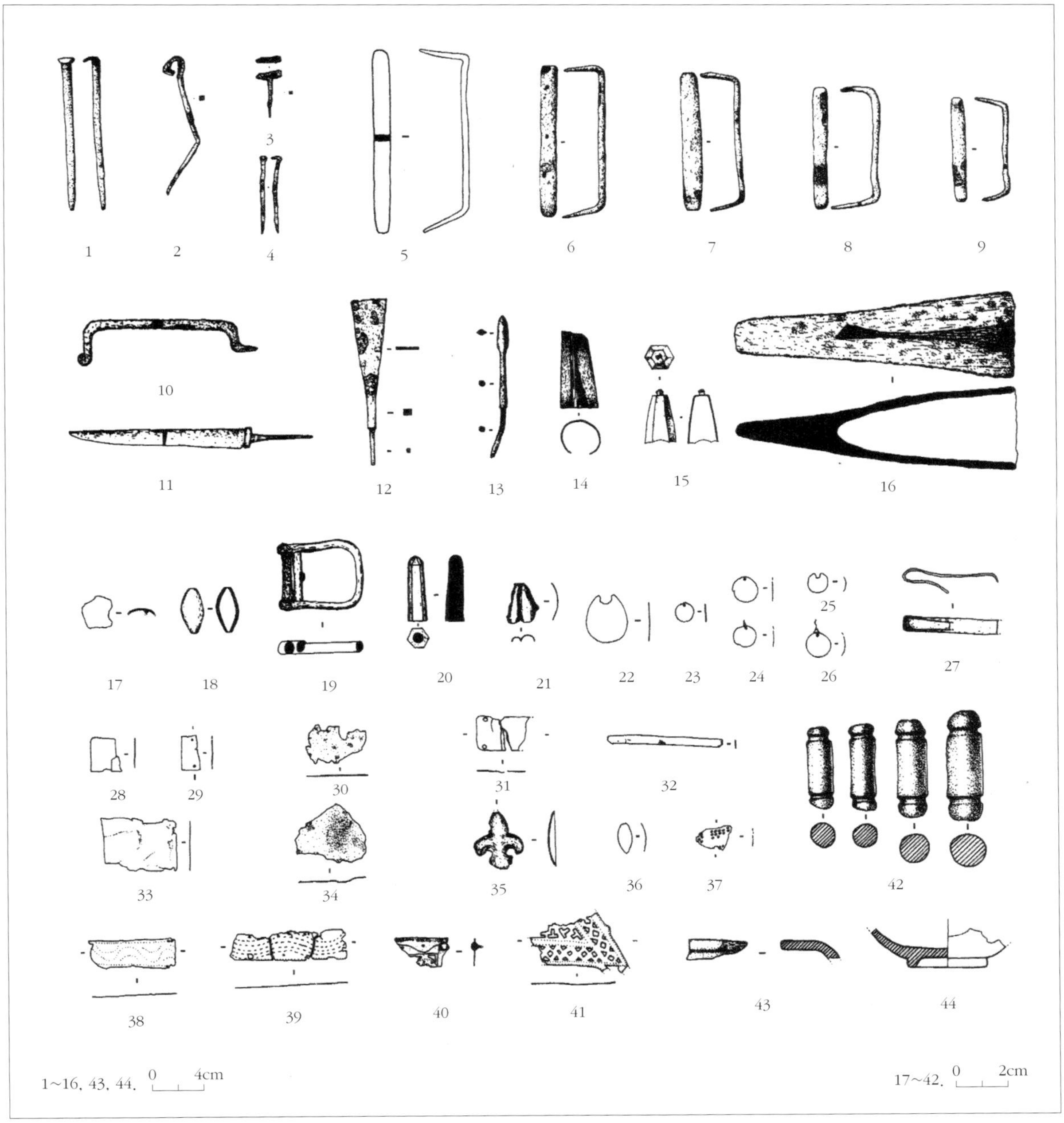

그림 5 우산하0540호묘 광실 출토유물(『東北史地』 2007-4, 27쪽)
1~4. 철제못 5~9. 철제꺾쇠 10. 철제장막걸이쇠 11. 철제칼 12~13. 철촉 14. 철기 15. 동제방울 16. 철제정 17. 금동제못 18. 금동제구슬 19. 금동제허리띠고리 20. 금동제신발못 21. 금동제운주 본체부 22~26. 금동제보요 27~41. 금동잔편 42. 토제어망추 43. 토기 구연부 44. 완 바닥

와 크기에 따라서 5유형으로 나눌 수 있음. A형은 1점 출토. 03JYM0540K:21은 완전한 모습으로 출토되었는데, 백회가 약간 붙어 있었음. 몸체 내측면 꺾어지는 부분에 가로방향의 나무 잔흔이 남아 있음. 전체 길이는 15cm, 너비는 1.3cm, 두께는 0.4cm임(그림 5-5). B형은 4점이 출토. 모두 완전한 형태로 출토되었는데, 크기는 서로 비슷함. 일부는 백회가 붙어 있음. 보존 정도는 다르지만, 내측면에 가로방향의 썩은 나무 잔흔이 남아 있음. 03JYM0540K:22-3은 전체 길이 12.4cm, 너비 1.3cm, 두께 0.5~0.6cm임(그림 5-6). C형은 4점이 출토. 그 가운데 3점은 완전한 모습으로 출토. 크기는 서로 비슷함. 모두 몸체에 약간의 백회가 붙어 있음. 몸체 내측과 나무가 삽입되는 꺾어진 부분에 가로방향의 나무잔흔이 남아 있음. 03JYM0540K:23-3은 전체 길이 11.4cm, 너비 1.3~1.6cm, 두께 약 0.5cm임(그림 5-7). D형은 2점이 출토. 한 점은 약간 파손. 크기는 서로 비슷함. 몸체에 약간의 백회가 붙어 있음. 내측면과 나무가 삽입되는 꺾어진 부분 내외측에 가로방향의 나무 잔흔이 남아 있음. 03JYM0540K:24-1은 전체 길이 10cm, 너비 1.4~1.5cm, 두께 약 0.5cm임(그림 5-8). E형은 1점이 출토. 03JYM0540K:25는 내측면과 나무가 삽입되는 꺾어진 부분에 가로방향의 나무 잔흔이 남아 있음. 전체 길이 8.4cm, 너비 1.2cm, 두께 약 0.5cm임(그림 5-9).

③ **철제장막걸이쇠**(帳鉤, 03JYM0540K:26, **그림** 5-10)
○ 출토지 : 우산하0540호묘 광실.
○ 크기 : 전체 길이 14cm, 직경 0.7cm.
○ 형태 : 완전한 형태로 출토. 전체적으로 '凹'자형, 횡단면은 원형임. 백회가 약간 붙어 있음. 몸체(器身) 가운데부분에서 약간 아래로 치우친 지점에 날줄과 씨줄이 교차하는 흔적이 있는데, 피혁흔적일 것으로 추정.

④ **철제칼**(鐵刀, 03JYM0540K:27, **그림** 5-11)
○ 출토지 : 우산하0540호묘 광실.
○ 크기 : 전체 길이 19.3cm, 몸체(刀身) 길이 13.9cm, 칼등(刀背) 두께 약 0.3cm.
○ 형태 : 완전한 형태로 출토. 단조품임. 자루(刀柄)는 납작하고 평평한 추형임. 몸체와 접해지는 지점에 철사편을 구부려서 만든 타원형의 테(圈)가 있어 몸체와 분리하고 있음. 나무자루를 끼우기 위한 용도임. 몸체는 좁고 길며, 칼등은 곧고, 가운데부분은 약간 안으로 들어감. 날부분은 단조 후에 갈았던 것으로 추정. 아직도 예리하며, 사용 흔적은 명확하지 않음. 표면에 백회가 붙어 있음.

⑤ **철촉**(鐵鏃)
○ 출토지 : 우산하0540호묘 광실.
○ 형태 : 4점이 출토. 모두 단조품임. 형태에 따라 두 유형으로 나눌 수 있음. A형은 1점이 출토. 03JYM0540K:28의 경우 촉두는 평평한 도끼날(鏟形)임. 날부분은 평평하고 곧으며 뭉툭함. 뾰족한 촉신(尖身)에는 명확한 경계가 없음. 경부(鋌)는 방형인데, 파손됨. 남아 있는 길이는 13.5cm, 뾰족한 날의 너비는 2.9cm, 두께는 0.2cm임(그림 5-12). B형은 3점이 출토. 촉두는 柳葉形임. 날은 곧고 약간 휘어짐. 뾰족한 부분 정가운데는 脊이 일어나 있음. 단면은 菱形임. 촉신은 원형 기둥모양이고, 상대적으로 뒷부분이 두꺼움. 경부는 방형임. 03JYM0540K:29는 백회가 약간 붙어 있음. 경부는 파손됨. 남아 있는 길이는 11.9cm, 경부 너비는 0.4cm임(그림 5-13).

⑥ **철기**(鐓形器, 03JYM0540K:35, **그림** 5-14)
○ 출토지 : 우산하0540호묘 광실.
○ 크기 : 남아 있는 길이 6.2cm, 끝부분 직경 3.2cm.
○ 형태 : 얇은 철편을 말아서 제작. 앞은 가늘고 뒤가 굵은 원통형임. 앞부분은 파손. 물미(鐓)와 비슷하나,

기형을 판별할 수 없음.

⑦ **철제정**(鐵凿, 03JYM0540K:36, **그림** 5-16)
○ 출토지 : 우산하0540호묘 광실.
○ 크기 : 전체 길이 22cm, 공부(銎) 길이 14cm.
○ 형태 : 단조품임. 앞부분의 평면은 장방형에 가까움. 세로면은 삼각형임. 날은 매우 뭉툭함. 마모가 매우 심함. 뒷부분은 매우 긴 원형 공부임. 매우 두껍고 제작 기술이 투박함. 백회가 얼룩덜룩하게 분포하고 있음. 나중에 혼입된 것으로 추정.

(4) 토기

① **토제어망추**(網墜, 03JYM0540K:64, **그림** 5-42)
○ 출토지 : 우산하0540호묘 광실.
○ 크기 : 길이 3~4.6cm, 직경 0.9~1.45cm.
○ 형태 : 282점이 출토. 그 가운데 252점은 완전한 형태임. 색깔은 주로 회갈색이고, 황갈색과 흑갈색이 그 다음을 차지. 모두 手制임. 원형의 기둥모양임. 양 끝 부분에 각각 홈(凹槽)이 있음. 크기와 굵기는 약간 차이가 있음. 일부는 비교적 정연하나, 일부는 비교적 투박함.
○ 태토 : 니질.

② **호** 1(**四耳陶壺**, 03JYM0540K:65, **그림** 6-1)
○ 출토지 : 우산하0540호묘 광실.
○ 크기 : 口徑 32cm, 높이 38.1cm, 바닥 직경 14.9cm.
○ 형태 : 물레로 제작. 구연은 외반(敞口). 구연부는 평평하게 꺾임(平折沿). 구순은 각이 짐(方唇). 어깨부분은 둥그스름함(圓肩). 어깨부분 위에는 4개의 대칭하는 손잡이가 있음. 바닥은 평평함. 어깨에는 菱形文이 둘러져 있고, 릉형문 아래에는 垂帳文이 장식되어 있음. 목(頸)은 없음.
○ 태토 및 색깔 : 니질의 회색.

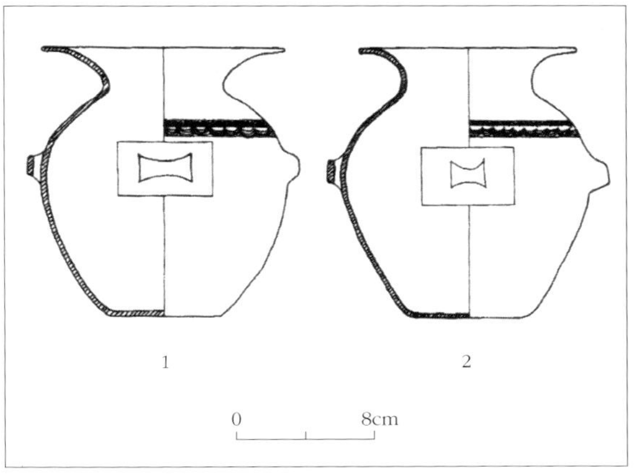

그림 6 우산하0540호묘 출토 호(『東北史地』 2007-4, 29쪽)

③ **호** 2(**四耳陶壺**, 03JYM0540K:66, **그림** 6-2)
○ 출토지 : 우산하0540호묘 광실.
○ 크기 : 口徑 29.5cm, 높이 38cm, 바닥 직경 14.5cm.
○ 형태 : 물레로 제작. 구연은 외반(敞口). 구연부는 평평하게 꺾임(平折沿). 구순은 각이 짐(方唇). 어깨부분은 둥그스름함(圓肩). 어깨 부분 위에는 4개의 대칭하는 손잡이가 있음. 바닥은 평평함. 어깨에는 菱形文이 둘러져 있고, 菱形文 아래에는 垂帳文이 장식되어 있음. 목(頸)이 있음.
○ 태토 및 색깔 : 니질의 회색.

④ **호** 3(**四耳陶壺**)
○ 출토지 : 우산하0540호묘 광실.
○ 형태 : 하부만 남아 있음. 앞에서 언급한 호와 거의 같았을 것으로 추정.
○ 태토 및 색깔 : 니질의 회색.

⑤ **토기 구연부**(**釉陶器**, 03JYM0540K標:4, **그림** 5-43)
○ 출토지 : 우산하0540호묘 광실.
○ 크기 : 남은 길이 4.6cm, 너비 약 4.6cm.
○ 형태 : 구연은 외반됨(敞口). 구연부는 평평하게 꺾임(平折沿). 구순은 각이 짐(方唇). 태질은 단단함. 황색 유약이 발라져 있음. 釉色은 비교적 빛남. 손잡이

가 4개인 호(四耳陶壺)의 구연부로 추정.
○ 태토 및 색깔 : 니질의 회색.

⑥ **자기 바닥편**(03JYM0540K標:3, 그림 5-44)
○ 출토지 : 우산하0540호묘 광실.
○ 크기 : 바닥 직경 약 6cm.
○ 형태 : 완(碗)의 바닥편임. 태질은 매우 매끄러움. 회백색 유약을 발랐는데, 고르게 발라지지 않았고, 바닥에는 바르지 않았음. 바닥 안쪽에서 물레질의 흔적을 볼 수 있음. 안쪽 벽에는 가늘고 작은 박리면이 있음. 기형은 매우 정연하지 않음.
○ 색깔 : 백색.

3) 묘 위

(1) 철기

① **철제편자**(馬掌, 03JYM0540:63, 그림 7-1)
○ 출토지 : 우산하0540호묘 동측면 북부.
○ 크기 : 길이 9.8cm, 가장 넓은 너비 9.4cm.
○ 형태 : 완전한 형태로 출토. 단조품임. 편평하고 반타원형에 가까움. 기본적으로 가장자리는 원형이고 정중앙이 장방형인 못구멍이 일정한 간격으로 분포하고 있는데, 못구멍이 있는 부분은 약간 바깥으로 부풀어 오름. 횡단면이 장방형인 철제못(鐵釘) 5개가 남아 있지만 파손됨.

(2) 기와

① **암키와 1**(03JYM0540K標:1, 그림 7-2)
○ 출토지 : 우산하0540호묘 동측면 북부.
○ 크기 : 남아 있는 길이 6.3cm, 남아 있는 너비 12.6cm.
○ 형태 : 파손. 模制. 원형은 판별할 수 없음. 한측면에

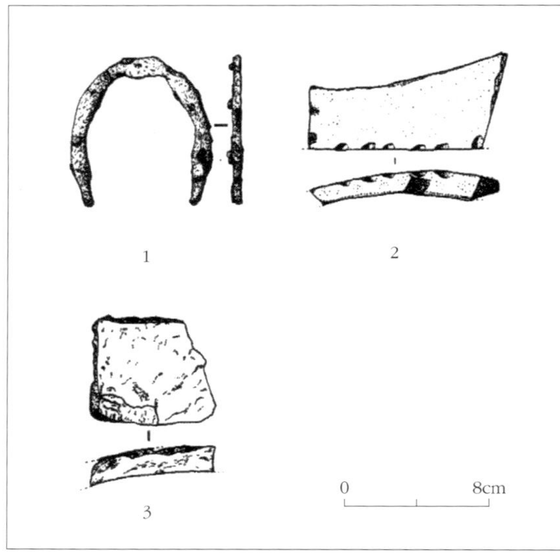

그림 7 우산하0540호묘 묘 위 출토유물
(『東北史地』 2007-4, 30쪽)
1. 철제편자 2~3. 암키와

端頭가 남아 있음. 단두 볼록한 면에는 누른듯한 흔적이 작게 남아 있음. 내면에 布文이 있음.
○ 태토 및 색깔 : 니질의 회색.

② **암키와 2**(03JYM0540K標:3, 그림 7-3)
○ 출토지 : 우산하0540호묘 동측면 북부.
○ 크기 : 남아 있는 길이 8.6cm, 남아 있는 너비 6.8cm.
○ 형태 : 파손. 模制. 배면은 파손. 내면에 포문이 있음.
○ 태토 및 색깔 : 니질의 회색.

5. 역사적 성격

1) 부장품 분석

○ 우산하0540호묘에서 출토된 부장품은 상당히 어지럽게 놓여져 있었고 동물뼈는 심하게 부서져 있었음. 이를 통해 도굴을 당하였음을 알 수 있음. 광실 안에서 출토된 철제끌(鐵鑿)은 투박하고 두꺼운데, 그 형태가

고구려 유적에서 출토된 것과 완전하게 다름. 이로 볼 때 후기에 혼입된 것으로 추정되는데, 도굴자들이 묘도 막음석 혹은 목곽을 열 때 사용한 공구일 가능성이 있음. 광실 바닥면에서 출토된 것으로 보아 묘의 도굴 시기는 비교적 이른 것으로 추정됨.

○ 광실내에서 출토된 손잡이가 4개인 호(四耳陶壺) 잔편은 광실 바닥에서 40cm 떨어져 있는 충전토에서 발견됨. 동물뼈 또한 대부분 광실 윗층의 쌓여진 흙에서 발견되었는데, 이로 볼 때 묘 꼭대기가 붕괴된 후 2차 도굴이 있었던 것으로 추정됨. 광실내에서 출토된 동물뼈들은 야생동물이 절대 다수로 물고기, 조개, 새, 포유동물 등 그 종류가 다양한데, 부장품임. 이 외에 광실 안에서 철촉(鐵鏃), 어망추(網墜) 등 漁獵공구가 출토되었음. 이로 미루어 볼 때 묘주인은 생전에 어렵을 좋아하였던 것으로 추정.

2) 축조방식

묘장 내부에 土石이 섞여 있는 고구려의 적석묘는 매우 적게 보임. 우산하0540호묘는 내부에 황색 점토와 강돌이 혼합되어 쌓여있고 특히 황색 점토가 주를 이루는데, 이러한 묘의 구조는 우산하0540호묘가 유일함. 이러한 구축방식은 무덤의 견고성을 더하기 위한 것임. 비록 지하에 기초를 구축하지 않았고 계단석 또한 결실 혹은 원래 자리를 이탈하였지만, 묘장은 지금까지 견고성을 유지하고 있음. 우산하0540호묘는 적석묘에서 봉토묘로의 변화에 있어 중요한 연구 가치를 지님.

3) 축조연대

우산하0540호묘에 남아 있는 2개의 계단석은 표면에 가공한 흔적이 없고 윗층 계단석이 밖으로 나가는 것을 방지하기 위한 돌기가 보이지 않는데, 태왕릉과 장군총보다 원시적이고 千秋墓에 가까운 모습을 보임. 우산하0540호묘의 묘실은 광실임. 반면 태왕릉과 장군총의 묘실은 석실이고, 천추묘는 비록 묘실이 존재하지는 않지만 묘 꼭대기에 蓋石 혹은 門楣로 추정되는 거석이 남아 있는 것으로 보아 석실로 추정됨. 이로 볼 때 우산하0540호묘의 축조연대는 천추묘보다 이르다고 추정됨. 광실 안에서 출토된 손잡이가 4개인 호(壺) 2점은 작고 둥글며 최대 직경이 기체 중상부임. 전체적으로 나팔형 주둥이가 비교적 낮은 것을 제외하고 麻線溝1號墓에서 출토된 유약이 발라진 손잡이가 4개인 호와 비슷함. 다만 니질의 회색 토기로, 제작연대는 마선구1호묘에서 출토된 것보다 늦지 않다고 추정됨. 마선구1호묘의 축조연대가 5세기 전후로 추정되는 바, 우산하0540호묘의 축조연대도 대체로 이와 비슷할 것으로 추정.

4) 묘주 신분

우산하0540호묘는 남아 있는 변 길이가 34.5m로, 통구고분군에서 이보다 큰 묘장은 불과 10여 기에 불과함. 우산하0540호묘의 광실은 변 길이가 5m 정도인데, 이러한 광실 규모는 고구려 적석묘 중에서 많이 볼 수 없음. 이로 볼 때 우산하0540호묘의 묘주 신분은 비교적 높다고 여겨짐. 우산하0540호묘에서는 도굴을 당하였음에도 불구하고 적지 않은 부장품이 출토되었음. 동쪽 이실에서 많은 금동제의 車馬具, 광실 안에서는 비교적 많은 금동편들이 출토되었음. 그리고 유약이 발라진 토기와 자기들도 출토되었는데, 이를 통해서도 묘주의 신분이 범상치 않다는 것을 알 수 있음. 우산하0540호묘의 주변지세를 보면 비교적 개활하고, 태왕릉을 제외하면 대형 묘장을 볼 수 없음. 묘 위에 사용된 기와는 고구려왕릉에서 출토된 것과 유사함. 위의 분석을 토대로 유추해보면 묘주는 고구려 18대 왕인 고국양왕으로 추정됨. 다만 광실 형태를 보았을 때 천추묘보다 약간 이르다고 할 수 있으므로 제17대 왕인 소수림왕일 가능성도 있음. 한편 묘장 동북 양측면에 쌓여진 흙에서 매우 작은 포문 기와편 2개가 발견되었는데, 이를 근거로 묘 위에 기와를 사용했다고 보기는 어려움. (吉林省文物考古研究所, 2009).

5) 장례풍속

고구려 積石石壙墓 혹은 壙室墓에서는 火葬에 따른 熔石과 불에 탄 뼈가 발견됨. 우산하0540호묘에서 비록 목탄과 불에 탄 뼈가 발견되었지만 화장이 있었다고 보기 힘들고, 후천적인 자연현상 혹은 도굴자에 의해 목곽이 연소되었다고 추정됨. 그렇게 볼 수 있는 이유는 첫 번째, 광실 바닥과 쌓여진 흙 중에서 대량의 목탄이 발견되었지만 썩은 나무도 비교적 많이 발견되었음. 두 번째, 광실에서 출토된 많은 동물뼈 가운데 불에 탄 흔적은 1/4만 보임. 세 번째, 광실과 이실에서 출토된 손잡이가 4개인 호(壺) 중에서 일부는 외표면에 불에 탄 흔적이 있는데, 불에 탄 흔적이 연접하지 않음. 즉, 토기 표면에 불에 탄 흔적은 기물이 파괴된 후에 형성된 것임. 한편 동일한 토기의 조각편이 이실, 광실, 묘도에서 발견되었는데, 이는 도굴에 의한 것임. 그렇다면 목곽의 연소는 도굴 후에 일어났을 가능성이 높음. 우산하0540호묘에서 화장흔적을 확인할 수 없다는 것은 5세기 전후한 시기에 고구려 장례풍속의 중대 변화가 있었음을 보여줌. 이러한 변화는 고구려 적석묘에 있어 광실에서 묘실로 변화하는 모습과 일정한 관계가 있다고 추정됨.

참고문헌

- 吉林省文物考古研究所·集安市博物館, 2002, 『洞溝古墓群 - 1997年調查測繪報告』, 科學出版社.
- 孫仁杰·遲勇, 2007, 『集安高句麗墓葬』, 香港亞洲出版社.
- 張福有·孫仁杰·遲勇, 2007, 「高句麗王陵通考要報」, 『東北史地』 2007-4.
- 吉林省文物考古研究所, 2009, 「集安禹山540號墓清理報告」, 『北方文物』 2009-1.

14 집안 우산하0541호묘: 태왕릉

集安 禹山下0541號墓: 太王陵 | JYM0541

1. 조사현황

1) 19세기 발견

○ 발견 경위 : 清의 봉금조치 해제 이후 光緖 初年에 광개토왕릉비의 탁본이 세상에 알려지면서 인근에 자리한 태왕릉이 주목됨.

○ 발견 내용 : 1880년(光緖 6)에 奉天軍 糧署의 王知修가 集安에 가서 고찰한 후에 1895년(光緖 21) 『高句麗永樂太王古碑歌考』 저술 속에 예서로 '願太王陵安如山固如岳'이 쓰여진 벽돌이 있다는 기록이 있음. 이후 연구자들은 碑와 명문 벽돌로 인해 태왕릉으로 칭함.

2) 1907년 조사

○ 조사기간 : 5월 4일~5월 8일.

○ 조사자 : 프랑스 학자 에두아르 샤반(Édouard Chavannes).

○ 조사내용 : 집안에서 광개토왕릉비, 장군총 및 태왕릉 등의 통구지역 고분군, 통구성, 산성하고분군 등을 조사함.

○ 출판물 : 1908, 「Rapport sur les Monuments de L'ancien Royaume Coreen de Kao-Keou-Li」, 『T'oung Pao(通報)』 II~IX ; 平山和己 譯, 1942, 「朝鮮の古國高句麗の遺蹟」, 『收書月報』 73 ; 1909, 『北支那考古圖譜(Mission archeologique dans la chine septentrionale)』.

3) 1905년(1차) 및 1912년(2차) 조사

○ 조사내용 : 1차 조사는 남만주 일대 조사의 일환으로 3일간 통구 부근을 조사하고, 이어서 압록강 및 동가강 유적을 2차 조사함.

○ 조사자 : 鳥居龍藏, 澤俊一.

○ 출판물 : 1910, 「鴨綠江上流に於ける高句麗の遺跡」, 『南滿洲調査報告書』 ; 澤俊一이 찍은 사진을 조선총독부 박물관에 보관함.

4) 1913년 조사

○ 조사기간 : 9월부터 12월까지 평양 및 통구 지역 고구려 중요 유적을 조사하였고, 그 중 집안은 11일간 조사함.

○ 조사내용 : 조선총독부 고적조사촉탁에 의해 통구 유적을 조사함. 집안의 성곽 및 고분 등 조사하였음. 고분은 장군총, 태왕릉, 천추총, 5괴분 3총, 5괴분 2총, 5괴분 4총, 삼실총, 산연화총, 귀갑총 등을 정밀 조사함.

○ 조사자 : 關野貞, 今西龍, 谷井濟一, 栗山俊一.

○ 출판물 : 關野貞, 1914, 「滿洲輯安縣及び平壤附近に於ける高句麗の遺蹟」, 『考古學雜誌』 5卷 3-4號 ; 關野貞, 1941, 『朝鮮の建築と藝術』 재수록 ; 朝鮮總督府, 1915, 『朝鮮古蹟圖譜』 1.

5) 1935년 9월 조사

○ 조사기관 : 만주국 문교부 지원(집안현 고구려유적 제

1회 조사).

○ 조사기간 : 9월 28일~30일(3일간).

○ 조사자 : 池內宏, 濱田耕作, 梅原末治, 藤田亮策, 小場恒吉.

○ 조사계기 : 滿洲國 문교부 촉탁으로 伊藤伊八, 三宅俊成 등이 5월에 集安 조사를 하면서 벽화고분 2기(각저총, 무용총)를 발견하고 만주국 문교부에 集安 조사를 건의함.

○ 조사내용 : 集安에서 3일간 성곽과 고분에 대한 전면적 학술조사 실시. 특히 9월 28일에 광개토왕릉비, 장군총과 함께 태왕릉을 조사함.

○ 출판물 : 池內宏 · 梅原末治, 1938, 『通溝』 上, 日滿文化協會.

6) 1936년 9월 말~10월 초 조사

○ 조사기관 : 만주국 문교부 및 외무성 문화사업부 지원(집안현 고구려유적 제2회 조사).

○ 조사기간 : 9월 30일~10월 4일.

○ 조사자 : 池內宏, 濱田耕作, 梅原末治, 水野清一, 三上次男.

○ 조사계기 : 1935년 제1차 방문에서 모두루총, 환문총, 사신총 등을 추가 발견. 정밀 조사의 필요성이 제기됨.

○ 조사내용 : 새로 발견한 벽화묘 3기와 기타 유적을 조사함. 10월 1일 태왕릉을 濱田耕作과 池內宏이 조사하였고, 梅原末治와 三上次男은 실측함.

○ 출판물 : 池內宏 · 梅原末治, 1938, 『通溝』 上, 日滿文化協會.

7) 1938년 조사

○ 조사자 : 藤田亮策.

○ 조사계기 : 1937년 통화 - 집안 철도공사가 계획되면서 통구고분군(특히, 우산하고분군)이 파괴될 예정이어서 黑田源次, 齋藤菊太郎 등이 대규모 발굴조사를 진행함. 당시 藤田亮策이 수일간의 견학을 통해 수백여기 고분이 파괴될 상황을 알고, 조선고분연구회 사업의 일부로 만주 당국에 요청해 일부 조사를 허용받음.

○ 조사내용 : 일부 고분 배치도를 제작하고 "西崗◯◯號"라는 번호를 부여하고 사진과 실측도를 작성하였음. 이때 태왕릉도 실측 조사함.

○ 출판물 : 藤田亮策, 1940, 「通溝附近の古墳と高句麗の墓制」, 『池內博士還曆記念 東洋史論叢』; 藤田亮策, 1948, 『朝鮮考古學研究』, 高桐書院 재수록.

8) 1940년대 조사

○ 조사자 : 三宅俊成.

○ 조사내용 : 1942년 만주국 문교부의 명으로 고구려 유적 및 유물의 보존상황과 집안 고구려박물관의 실태를 조사함. 1945년 관동군의 긴급명령으로, 집안 비행장 확장공사가 유적을 파괴하는 현황을 시찰함.

○ 출판물 : 三宅俊成, 1944, 「輯安縣城附高句麗の遺蹟」, 『輯安』; 三宅俊成, 1975, 「輯安縣城附近の高句麗の遺跡」, 『東北アシア考古學の研究』 재수록.

9) 1966년 조사

○ 조사기관 : 吉林省博物館, 集安縣文物保管所.

○ 조사내용 : 통구고분군의 조사를 진행하면서 태왕릉을 우산묘구 제541호묘(JYM0541)로 편호함.

10) 1990년 조사

○ 조사기관 : 吉林省文物考古研究所, 集安縣文物保管所.

○ 조사자 : 方起東(길림성문물고고연구소), 邢頤(길림성문물고고연구소), 馬建華(길림성문물고고연구소), 林至德(집안시문물보관소), 孫仁杰(집안시문물보관소), 遲勇(집안시문물보관소).

○ 조사내용 : 고분 위의 이른 시기 도굴 구덩이와 묘실

을 조사하고 묘실과 석곽의 보수 작업을 진행함.

11) 2003년 4월 조사

○ 조사기관 : 吉林省文物考古研究所, 集安市文物保管所.

○ 조사기간 : 4월 28일~7월 31일.

○ 조사자 : 王洪峰(길림성문물고고연구소), 邵春華(길림성박물관), 王志剛(길림성문물고고연구소), 遲勇(길림성문물고고연구소), 谷芃(백산시문물관리위원회판공실), 夏宏宇(백성시박물관), 邢春光(농안현문물보호연구소), 蔣剛(길림대학문학원 박사연구생), 趙明星(길림대학문학원 석사연구생).

○ 조사내용 : 고분 주변의 넓은 범위에서 陵園 유적 확인을 위해 분구 아래로 떨어진 돌과 계단, 도굴 구덩이, 묘역에 대해 부분적 발굴조사를 진행함.

○ 조사방법 : 태왕릉 계단 구조 조사를 위해 고분 아래로 떨어진 돌과 분구 위의 쌓인 흙을 제거하는 동시에 계단의 분구 돌을 절개하여 단면을 조사함. 배수 시설 및 능원 유적조사를 위해 고분 주위에 폭 1m의 탐색갱을 넣어 파 내려가면서 수평으로 확장해 폭넓게 탐사함. 목표한 유구를 찾아내면 범위를 확대하여 재차 발굴하는 방식을 취함.

2. 위치와 자연환경(그림 1~그림 2)

1) 고분의 위치

○ 고분은 국내성에서 동북쪽으로 약 4km 떨어져 있는 우산 남쪽 기슭의 작은 언덕 위에 위치. 주위는 해발 198m임.

○ 고분 중심지의 지리좌표는 동경 126°12′35.5″, 북위 41°8′30.76″임.

2) 고분의 주변환경

○ 고분 남쪽으로 100m 지점에 集安－靑石간 도로, 집안과 북한의 만포를 연결하는 철로가 각각 있음.

○ 고분 북쪽에는 鄕路가 있음.

○ 고분 서쪽에는 고랑이 있고, 속칭 馬蓮河라는 시냇물이 남쪽으로 흘러 압록강으로 들어감.

○ 고분 동북쪽으로 360m 떨어진 도로변에 광개토왕릉비가 있음.

○ 태왕릉 500m 범위 안에는 태왕릉보다 연대가 조금 이른 우산540호가 있으며, 그 밖에 연대가 아주 늦은 소형 봉토동실묘들이 있음.

○ 태왕릉 주변 직선거리로 약 700~900m 범위에 동쪽으로 임강총, 서북쪽으로 우산992호묘가 있음. 장군총과 우산2119호묘는 조금 멀리 떨어져 있음.

3. 고분의 현황

1) 고분 명칭의 변천

1913년 발굴조사에 나선 關野貞이 '願太王陵安如山固如岳'이란 명문벽돌에 근거해 처음 태왕릉이라 명명하고, 1966년에 우산묘구 제541호묘(JYM0541)로 편호됨. 그러나 오늘날에도 여전히 태왕릉이라 불림.

2) 일제시기 현황

(1) 1913년 조사(關野貞, 그림 3)

○ 동강 서쪽 土口子山에서 서남쪽으로 길게 펼쳐진 높은 지대 끝에 위치함.

○ 장군총을 능가하는 커다란 적석총으로 조사 당시에 붕괴되어 커다란 분구 돌무지 없이 석곽의 일부 및 무덤 둘레의 모서리에 커다란 버팀돌이 나란히 남아 있었음. 무덤 둘레의 전체 길이 약 200尺(≒60.6m), 좌측면 길이 약 202尺(≒61.2m)임.

그림 1 태왕릉 위치도 1(『洞溝古墓群－1997年調査測繪報告』, 192쪽)

○ 석곽 천장석까지 높이는 당시 지반에서 약 55尺(≒16.6m)인데 장군총과 같이 석곽 바깥쪽으로 계단이 만들어져서 장군총처럼 7단 계단으로 추정됨(당시 3단 계단 정도만 확인 가능했고, 이런 현상은 1930년대까지 지속됨). 분구지탱석(호분석)은 거대한 석재를 사용해 각 면에 5개가 있던 것으로 추정됨. 남면 서쪽 모서리의 석재는 너비 5.8尺(≒1.7m), 길이 19.5尺(≒5.9m)임. 묘실의 남면에 있는 연도는 모두 파괴되었음(1935년 梅原末治의 조사에 의해 연도는 서면에 있는 것으로 정정됨). 묘실은 동서 9.3尺(≒2.8m), 남북 10.44尺(≒3.1m)이고, 천장으로부터 45尺(≒13.6m) 지점까지 매몰되어 묘실의 전체 높이는 명확하지 않음. 천장은 1매의 큰 돌로 덮혀 있는데 천장석의 크기는 동서 지름 15尺(≒4.5m), 두께 2.65尺(≒0.8m)임.

○ 묘실의 사면은 바닥에서 약 16尺(≒4.8m) 높이로 방형 석회암을 쌓아 올린 흔적이 있는데 이는 묘실 밖

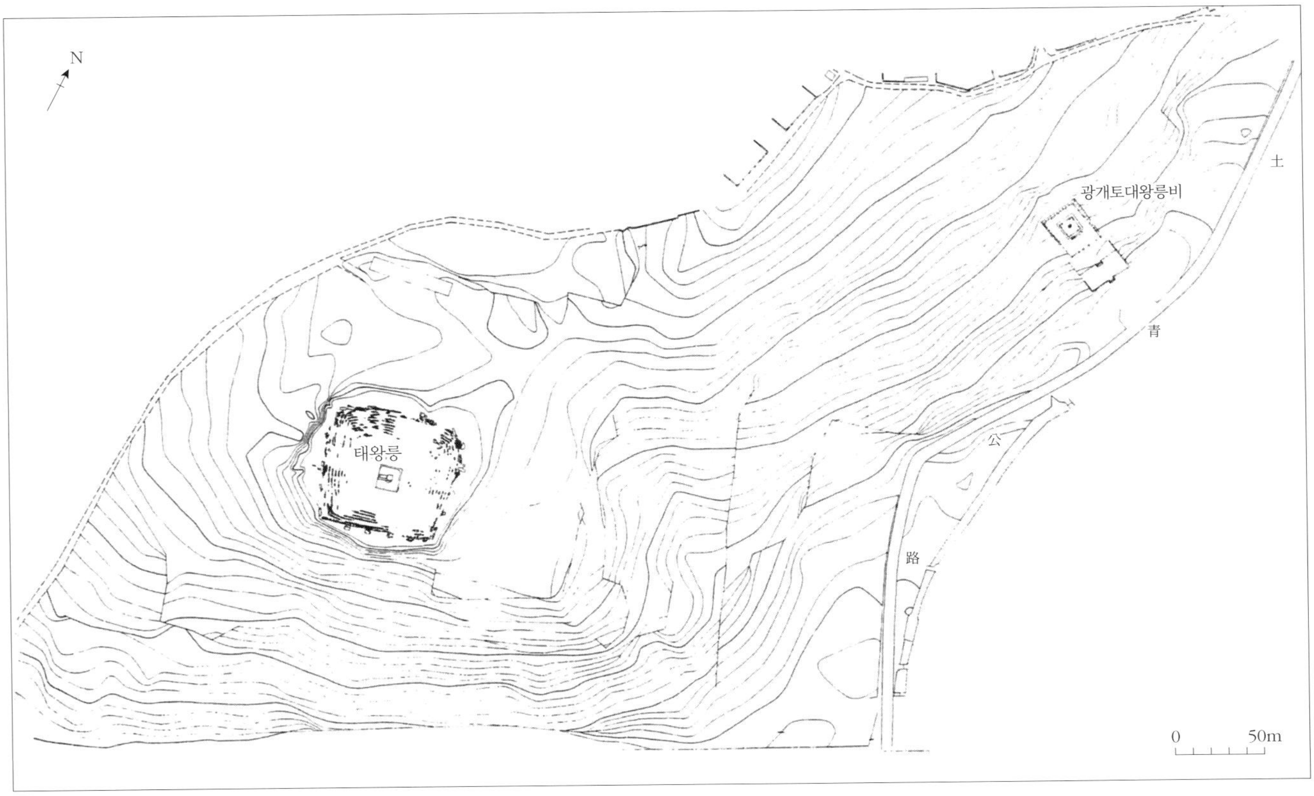

그림 2 태왕릉 부근 지형도(『集安高句麗王陵』)

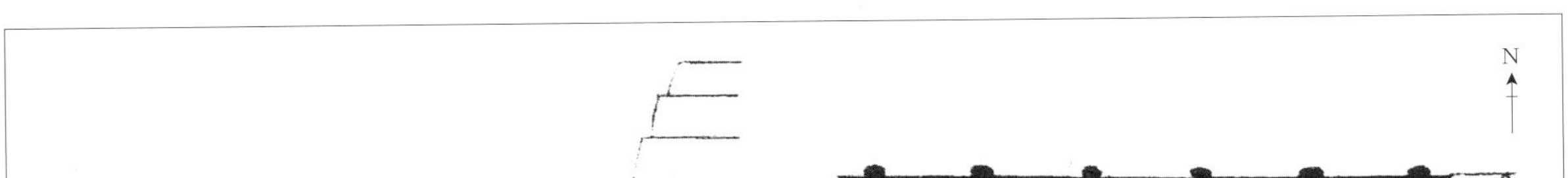

그림 3 태왕릉 실측도(『朝鮮古蹟圖譜』 1)

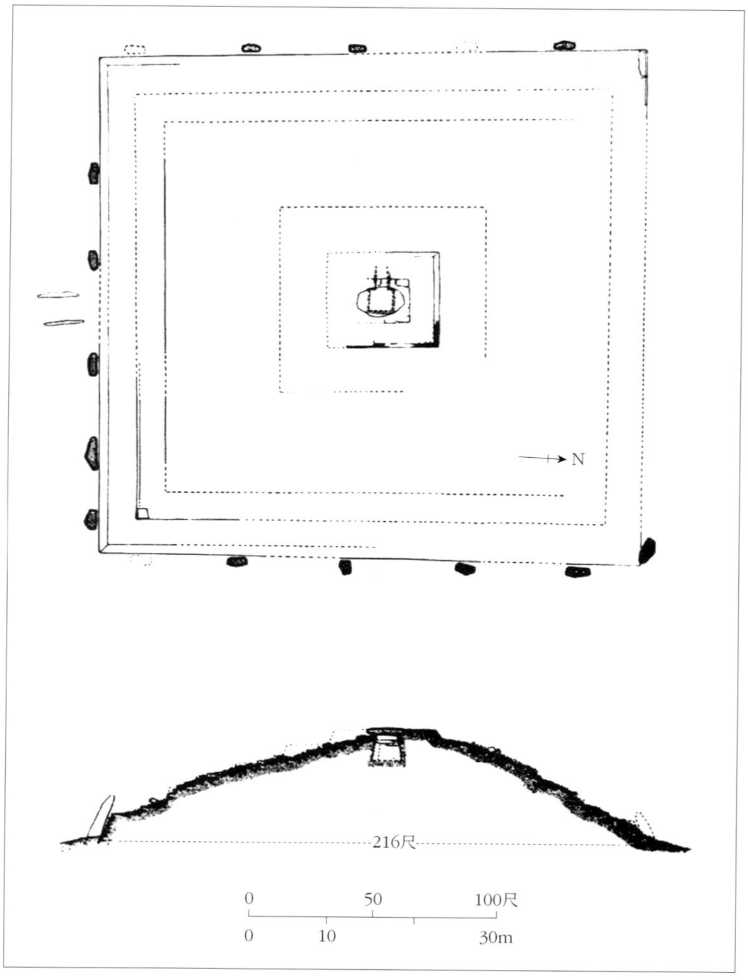

그림 4 태왕릉 외형 실측도(『通溝』 上)

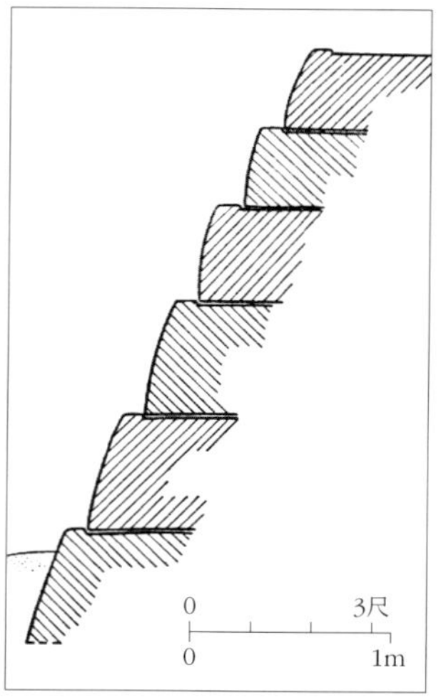

그림 5 태왕릉 계단부(『通溝』 上)

을 보호하기 위한 것으로 보임.

○ 분구 돌무지 사이에서 다수의 벽돌과 기와편을 수습했는데 벽돌에는 '願太王陵安如山固如岳'이란 명문이 양각되어 있음. 이 때문에 태왕릉이란 명칭을 얻게 됨.

(2) 1935년 조사(梅原末治, 그림 4)

○ 태왕릉의 평면은 방형을 이루고 있음.

○ 기단 바닥의 네 둘레는 대략 방위선과 일치.

○ 각 변의 길이 212尺(≒64.2m), 장군총의 기단 바닥의 길이가 대략 100尺(≒30m)이므로 평면적은 장군총의 4배 이상임.

○ 기단에 거대한 자연석을 기대어 놓았는데 가장 큰 것은 높이 19尺(≒5.7m)이며 남쪽에는 5개, 동·서 양면에는 각 4개, 북쪽에는 1개만이 남아 있음. 본래 각 변에 5개씩 있었던 것으로 추정.

○ 방형 기단은 위의 한 단만이 반정도 파괴된 상태로 남아 있음. 기단석 한 단은 6층으로 쌓았으며 높이 10尺(≒3.0m)에 이름. 위로 올라가면서 석재의 높이는 점차 줄어들며, 아랫돌은 모두 홈을 파내어 윗돌과 서로 맞물리게 하여 쌓아 올렸으며, 각 돌의 바깥면은 배흘림처럼 다듬었음(그림 5). 방형 기단은 심하게 파괴되어 비

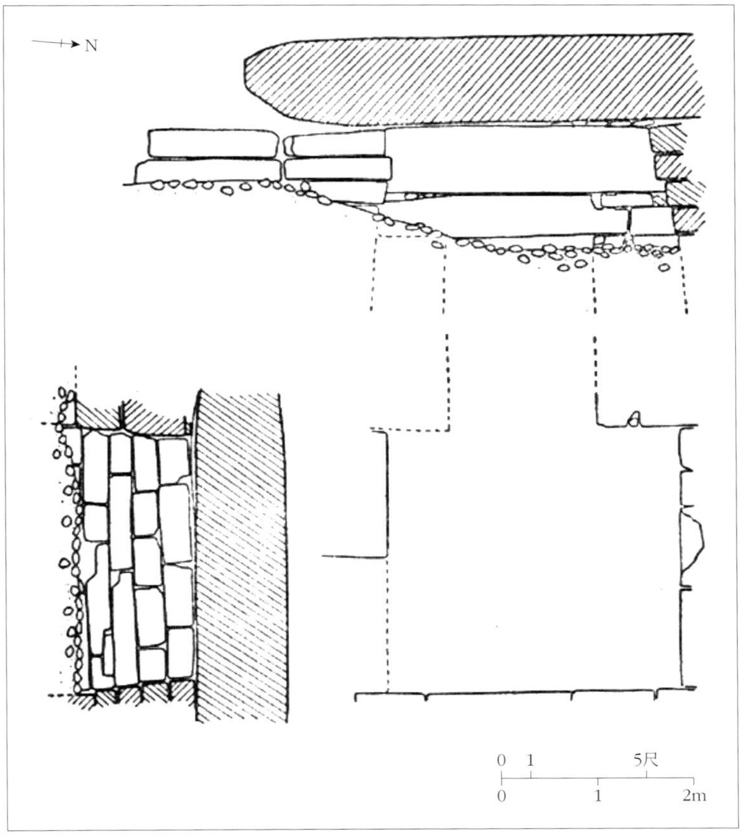

그림 6 태왕릉 석실 실측도(『通溝』 上)

교적 작은 강돌과 할석이 겹겹이 퇴적되어 있음. 각 모서리에 다듬은 돌이 남아 있는 것도 매우 적어서 제2단 및 제3단의 흔적이 겨우 남아 있을 뿐임.

○ 고분의 상부에는 석실의 천장석 주위를 돌아가며 쌓은 壇 모양의 돌이 보임. 제3단과의 사이에서 몇 개의 방형 단이 있었는지는 아직 명확하지 않음.

○ 기단 바닥에서 석실의 천장석에 이르는 높이는 44.5尺(≒13.4m)을 넘지 않으므로, 장군총과 커다란 차이가 없음. 이는 제2단 이상의 각 단의 높이가 정상부로 가면서 감소율도 높아지기 때문임.

○ 묘실 천장석은 화강암 1매로 덮었는데 그 크기는 동서 길이 14尺(≒4.2m), 남북 길이 18尺(≒5.4m)임. 겹겹이 쌓인 할석과 강돌의 퇴적 속에서 수평을 유지하면서 그 표면이 노출되어 있음. 묘실 천장석의 주위에서는 천장석 상면의 높이와 같은 곳에 방단의 석축이 보이는데, 한 변의 길이 36.5尺(≒11.0m)이고 북면에서 벽의 높이가 5尺(≒1.5m)임. 돌의 축조 방식은 산성자산성 등의 성벽에서 보이는 성돌 쌓는 방식으로 이것이 본래 태왕릉 구조물의 일부이었는지 의문임. 천장석은 본래 위치로, 이동의 흔적은 확인되지 않음. 천장석 아래에 석실이 있고, 석실 내는 돌이 퇴적되어서 석실의 반 이상이 매몰되었음. 석실 내 상부는 동서 너비 9.5尺(≒2.8m), 남북 너비 10尺(≒3.0m) 정도임(그림 6).

○ 남벽의 상부는 훼손되어 현재 출입이 가능하여 묘실 입구로 생각하기도 했으나 묘실 입구는 서쪽에 있었으며, 묘실 입구는 대부분 매몰되어 있음. 연도는 하반부만 남아 있으며, 상반부에는 입구 폐쇄에 사용된 석재로 보이는 대석이 묘실 밖 서쪽에 흩어져 있었음. 정리하면, 묘실의 평면은 방형으로 서벽 중앙에 연도가 있

었음. 묘실 네 벽은 1척 내외의 가공된 화강암 석재를 정연히 쌓았고, 벽 상부는 고임식으로 되어 있음. 연도 천장과 묘실 천장과의 높이차는 4척을 넘지 않음. 태왕릉의 석실 규모는 장군총에 비해 작고 구조도 간단함.

○ 고분 주변의 상당히 넓은 범위에 강돌이 깔려 있음.

○ 고분 북쪽으로 낮은 언덕과 접해 있는데 고분과 半町(≒54.5m) 정도 떨어진 곳의 아래쪽에 고분 기단 바닥과 평행하게 돌을 쌓은 흔적이 있음. 이는 서·남 양면에서도 확인되는 흔적으로, 大正 2년(1913) 鳥居龍藏의 조사 때 동행한 澤俊一이 촬영한 설경 사진에서도 드러남. 이 돌을 쌓은 것이 능역의 경계를 확정한 것으로 추정됨.

(3) 1935년 조사(三宅俊成)

○ 광개토왕릉비의 서남쪽으로 약 400m 떨어진 지점에 위치.

○ 장군총과 같은 7단 계단의 석실적석묘로 추정되지만, 원형이 남아 있지 않고 붕괴된 상태임.

○ 규모 장대, 면적은 장군총의 4배 정도임. 평면은 방형으로 기단 바닥의 길이 약 64.2m, 지상에서 묘실 천장석의 정상부까지의 높이 약 13m임.

○ 거의 붕괴, 연도도 파괴됨. 묘실 내에는 돌이 쌓여 있어 높이가 불분명하며, 넓이는 내부 상부에서 동서 약 2.27m, 남북 3.03m임. 묘실의 천장석은 동서 약 4.24m, 남북 5.45m, 두께 0.8m임.

○ 태왕릉의 뒷편으로 배총으로 생각되는 적석총이 몇 기 존재하고 있으며, 이 능의 주위에는 흙과 돌로 섞어 쌓은 土疊가 에워싸고 있음. 위치와 구조로 보아서 왕릉이었음을 명확히 알 수 있음. 능 및 부근에서 와당 및 벽돌 조각 등이 출토되고 있음.

(4) 1938년 조사(藤田亮策, 그림 7)

○ 일찍 파괴되어 기초부가 명확하지 않음. 당시 네 면의 모서리돌로 생각되는 것이 없었음. 변형되어 방형을 이루지 못하나 동북 모서리에는 압력으로 튀어나와 2·3m 이동한 것으로 생각되는 것이 있음.

○ 규모는 남면 63.6m, 동면 62.5m이며, 기단 둘레에 기대어져 있는 분구지탱석(호분석)이 각 면에 5개가 있음.

○ 계단 수는 關野貞의 추정 복원도와 같이 7단이 타당한 것으로 보이나, 당시에는 3단만이 겨우 확인되는 정도임. 12m 높이의 정상에 있는 방형 계단은 그 북단만이 남아 있음.

○ 고분 주위에는 자갈돌이 많아 경작하기 불편할 정도인데 이는 분구의 돌이 떨어져 내린 것도 있지만, 고분 주변에 깔았던 敷石으로 생각되며, 그 범위는 명확치 않음.

○ 고분 북쪽에서 약 90m 떨어진 곳에 높이 1m, 너비 3~5m의 흙과 돌을 섞어서 쌓은 흙담이 동서방향으로 약 250m 정도 온전히 남아 있음. 흙담은 동쪽 끝에서 둥글게 꺾어서 조금 열려 있고, 다시 남쪽으로 약 220m 지점에서 다시 서쪽으로 꺾임. 흙담의 동변은 너비 5m, 높이 약 1~1.5m로 붉은 점토를 쌓음. 대지의 가장자리에 지세에 따라 축조되다 동쪽이 열린 것으로 생각됨. 남변은 지금 흔적만 남아 있지만, 밭과는 달리 적색 점토로 인해 충분히 확인 가능함. 더욱이 동쪽 모서리에서 서남쪽으로 비스듬하게 이어지는 곳은 압록강 흐름과 평행하는 대지의 지형에 따라 돌아가며 쌓았기 때문에 흙담 밖의 남면은 2m여의 경사면임. 서변은 밭으로 이용되어 대부분 사라져 융기된 상태로 보이며, 북서 모서리는 약 50m 정도 북변의 흙담에 연결되다가 남쪽에서 약간 서쪽으로 꺾였으며, 길이는 약 350m로 추산됨.

○ 이 흙담(土壘)을 가장 먼저 주목한 것은 鳥居龍藏으로, 大正 원년(1912) 12월 조사에서 북벽을 촬영함. 昭和 10년(1935) 池內宏과 濱田耕作의 조사에서는 藤田亮策이 북쪽 토루를 步測하였다가 소화 13년(1938) 4월 실측하게 됨.

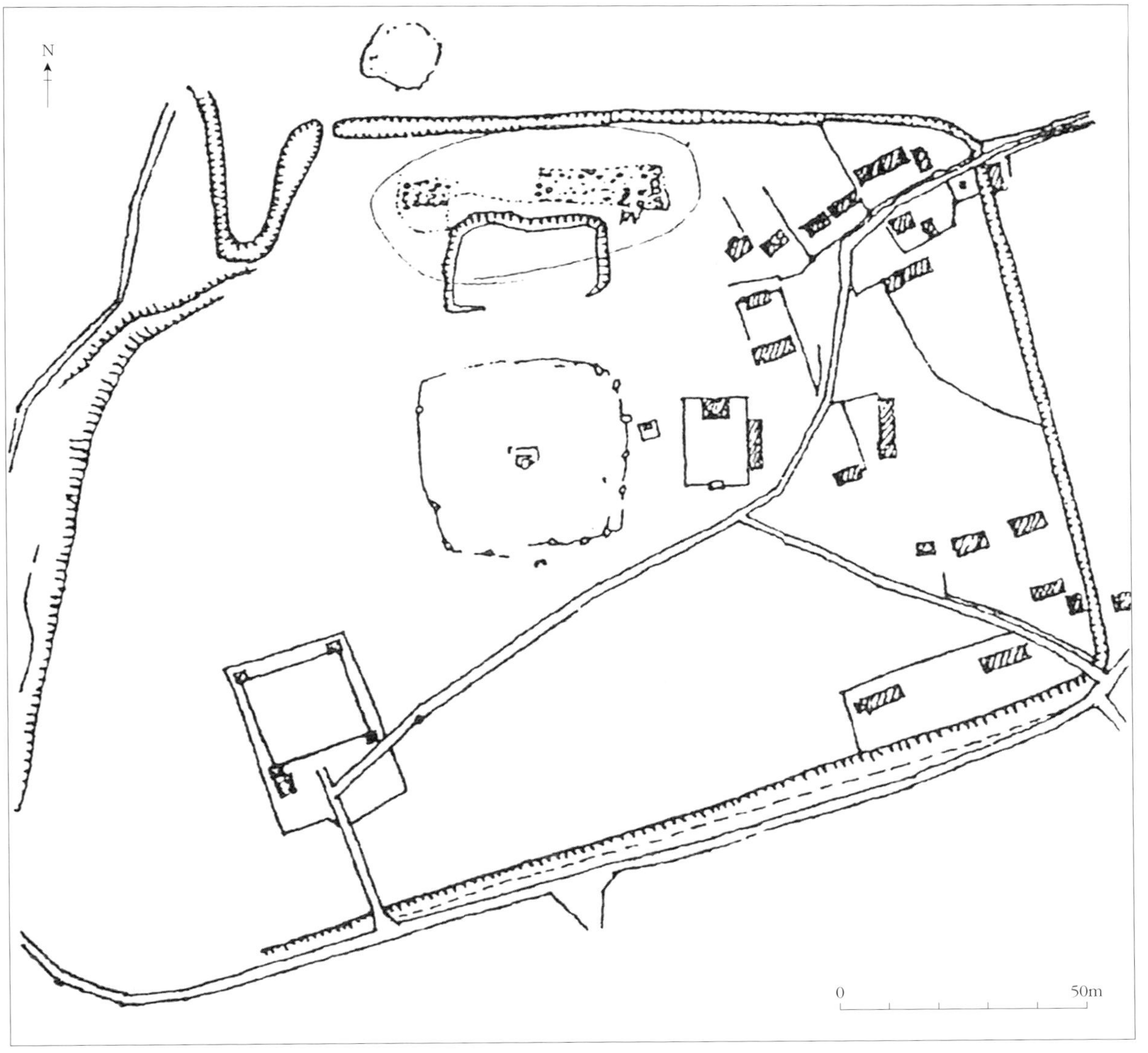

그림 7 태왕릉 능역 평면도(『朝鮮考古學硏究』)

○ 토루 내에는 동쪽으로 현재 福壽宮이라 불리는 사당이 있으며, 서쪽에는 원래 마을의 지방관청 건물이 무덤에 근접해 있었고, 동북과 남동에는 조선 민가 10여 채가 있음.
○ 陵의 앞쪽으로 만포로 연결되는 철도가 동서로 지나가며, 남면 토루는 철도 부지에 편입되어 있음.
○ 陵의 후면에 자리한 북측 토루의 안쪽 20m 지점에는 동서 98m, 남북 15~18m의 돌무지가 있음. 조사당시 그 남쪽에 있는 커다란 흙구덩이와 함께 부근 주민이 건축용으로 가져가면서 훼손된 것으로 추정됨. 이 돌의 일부는 당시에도 가공한 커다란 돌이 있어 장군총과 천추총 등의 후면에 보이는 것과 동일한 배총군으로 추정됨. 대략 5·6기의 배총군이 붕괴된 것으로 추정됨(3년 뒤에는 배총의 존재를 부정함).
○ 고분 남방의 180m에 있던 민가 안에 건축지가 있으며, 마름모꼴 무늬의 벽돌과 함께 주연이 높은 고구

려 와당이 발견되었음. 鳥居龍藏은 『南滿洲調查報告』에 8각의 화강암 초석이 있다고 圖示함.

○ 태왕릉의 석실 연도가 서쪽으로 향해 있음. 남면 중앙부 앞에 3m 간격으로 평행하게 놓인 장대석이 拜道 흔적이라는 점과 북면에 석축 배총군 등이 있다는 점을 고려해 보면, 陵은 남면하고 있으며 지세를 따라 압록강을 향해 있음. 남면 토루 안의 건축지는 고분의 남쪽 정면에 있어 태왕릉 제사에 관한 것으로 추정되는데 陵의 제사 또는 守陵과 관계되는 건축으로 해석될 수 있음.

○ 광개토왕릉비와 200m 떨어져 있음. 능비는 태왕릉의 동북 450m의 평탄부에 위치하며, 태왕릉 능역 내에 위치하였다고 추정함.

3) 고분 외관 및 주위 시설

○ 고분 주위는 해발 198m이며, 사면은 완만히 경사진 언덕으로 시야가 탁 트인 개활지임.

○ 고분은 잔존높이가 14m이며 화강암, 석회암, 산자갈, 강돌 등의 여러 석재로 축조됨. 고분은 크게 계단과 묘실 등 두 부분으로 조성됨. 고분의 계단은 높이 솟아 있는데 석재의 가공이 정밀하고, 축조법은 완벽하며, 사면에는 거석의 분구지탱석(호분석)이 세워져 있음. 고분 밖에는 散水 시설과 배수로 시설이 있음.

○ 태왕릉 능역은 광활하고 주위는 陪葬墓, 陵墻, 祭臺 등으로 둘러싸여 있음.

4) 고분의 훼손 현황

○ 고분은 구릉 정상부의 황토층 위에 축조했는데 토질은 가는 모래를 함유하고 있어 치밀하지 못함. 특별히 기초를 강화하는 처리는 진행되지 않았으나, 한 층의 커다란 장대석을 깔아 기초석으로 삼음.

○ 고분 위에는 근 3만 m³에 달하는 석재의 거대한 압력과 천여 년간의 침수와 凍融으로 인한 토질 변화로 계단이 밖으로 확장되는 변형이 일어나면서 호분석 다수가 없어졌음. 현재 동북과 서북 두 모서리는 밖으로 크게 돌출되어 있으며, 북반부 고분의 상면은 몇 개의 함몰구덩이가 만들어짐. 일찍이 고분이 도굴되면서 묘실 남측 벽석(南墻)과 남측의 계단이 파괴되어 태왕릉 외형은 크게 변형된 상태임.

5) 고분 형식

(1) 유형

방단계제석실묘(『集安縣文物志』), (특)대형계단적석석실묘(『洞溝古墓群－1997年調查測繪報告』, 『集安高句麗王陵』, 『集安高句麗墓葬』).

(2) 규모(그림 8)

○ 고분의 동면 길이는 62.5m이고, 동북 모서리돌은 남아 있지 않음.

○ 북면 길이는 68m이고, 중부에서 서쪽으로 가면서 둥글게 밖으로 크게 돌출된 상태임.

○ 서면 길이는 66m이고, 서북 모서리돌이 결실된 상태로 중앙부에서 북쪽방향은 밖으로 확장되어 있음.

○ 남면 길이는 63m이고, 호분석 다수가 온전하고 계단 밖으로의 확장은 비교적 적은 편이나 서남 모서리돌은 점차 밖으로 빠지는 상황임.

○ 남측 두 모서리돌은 모두 직각으로 가공되어서, 원래 고분은 여러 단의 계단적석총으로, 한변 길이 62m 정도의 방형 고분으로 추정됨.

(3) 고분의 방향

현재 남측 계단 방향은 255°으로 묘실 연도(甬道)의 256° 방향과 기본적으로 일치함.

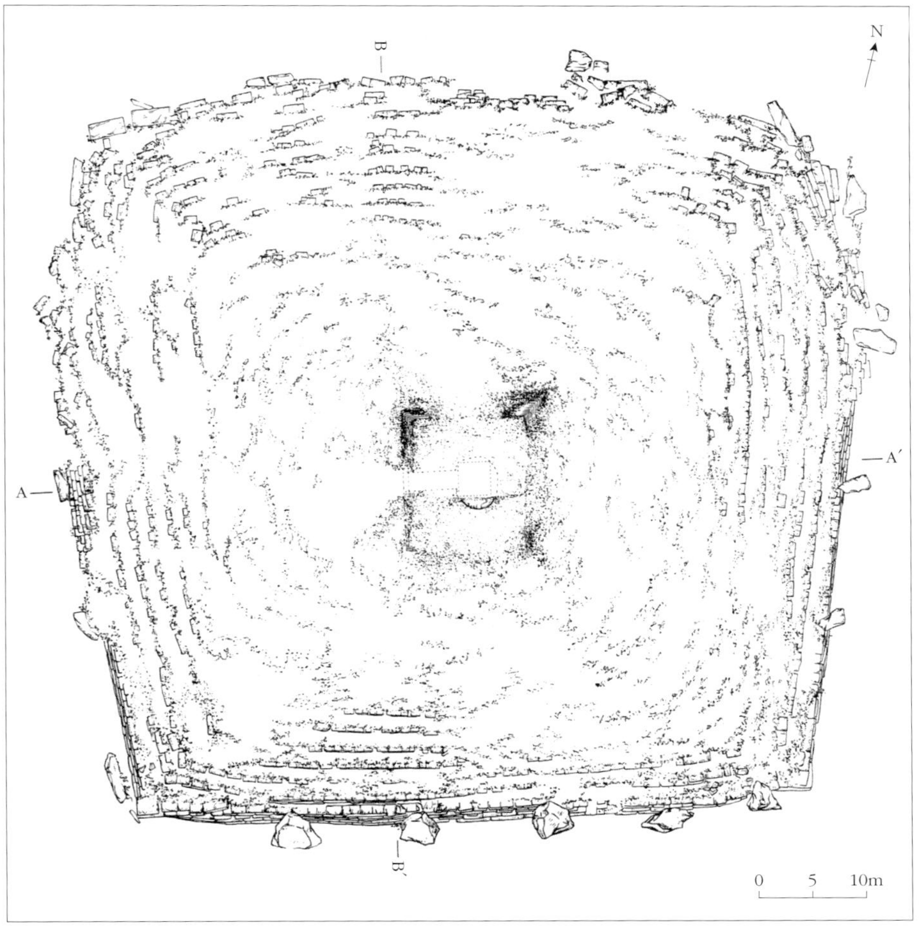

그림 8 태왕릉 평면도
(『集安高句麗王陵』)

6) 고분 구조

(1) 계단

① 계단석

○ 왕릉의 계단은 산자갈(山礫石)과 화강암 혼축으로 축조됨. 산자갈은 계단 내부를 채우는데 사용되어 가공하지 않아서 자연의 깨진 면이 그대로 있음. 일반적으로 큰 돌은 아래에 사용하고, 틈 사이는 작은 돌로 메웠으며, 그 중에 간혹 강자갈(河卵石)도 포함되어 있음. 화강암은 대부분 완전 정형화된 장대석으로 잘 가공되었으며, 장대석이 계단의 면석으로 사용됨.

○ 제2단 이상부터 계단 석재가 점차 작아지고 전면 가공하지 않은 장대석을 사용한 것이 일반적이며, 바닥층 제1단 계단석 석재는 상당히 정교하게 가공했으나 표면에는 가공 흔적이 잘 안 보임.

○ 장대석은 윗면은 좁고, 바닥면은 넓게 가공하여 측면에서 바라보면 약간 둥근 사다리 모양이며, 윗면에는 홈을 만들어서 가장자리가 돌출되게 하였음.

○ 비교적 잘 남아 있는 동측과 남측을 보면 1단 계단은 지상에 노출된 축조석이 모두 7층이며, 두께는 1~0.35m로 차츰 줄어들지만 같은 층 석재의 두께는 기본적으로 일치하고 오차는 3cm를 넘지 않음.

○ 석재의 규모는 길이 1.4~3.2m로 고르지 않으며, 대다수 2m 이상이며, 방형 또는 장방형이며, 가장자리를 돌아가며 만든 홈에 맞추어 만들어진 석재로 가지런

히 메움.

○ 고분 동남 모서리 1단 계단의 제2층 모서리의 윗면에서 모서리 가까운 곳에 직경 7cm, 깊이 5cm의 둥근 구멍이 뚫려 있는데, 서로 짜맞추기 위한 구멍으로 추정됨.

② **계단 축조법**

○ 계단은 네 면 모두 8단까지 남아 있으며, 아래에서 위로 가면서 조금씩 들여쌓았음. 먼저 돌로 방형평면 둘레를 돌리고 그 내부를 자갈로 메우고 상면을 고르게 하여 계단을 만들고, 그 위에 다시 계단을 쌓음.

○ 남측 1단 계단 중앙부에서 동쪽으로 제3·4의 호분석 사이가 일어나 벌어졌으며, 바닥층 석재에는 '工'자형의 중심선을 맞춘 기호(中線符號)가 새겨 있음. 이로 미루어 고분 축조하면서 계단 사면의 中心線과 고분 모서리를 정확히 맞추었음을 알 수 있음. 또한 '工'자형 기호는 묘실 중앙부와 기준을 맞춘 것으로 보임. 이로 미루어 묘실 중앙부를 기준으로 동남 모서리돌까지는 31.8m, 서남 모서리돌까지는 32.4m 떨어져 있음. 0.6m의 편차는 서남 모서리돌이 밖으로 밀려났기 때문임. 태왕릉은 기초가 공고하지 못해 남측과 같은 계단이 밖으로 벌어지고, 붕괴되는 등의 변형은 다른 세 면에서도 보편적으로 보임. 동서 양측 계단의 북반부는 이미 심각하게 밖으로 밀려났으며, 북측 제1단 계단은 호분석이 없어져 붕괴가 더욱 심하고 2단 이상의 계단석 대부분은 붕괴되었음. 이로 인해 고분 내 분구 돌무지의 전체적 정황은 밖은 높고 내부는 낮은 경사 모양으로 함몰되어 있음.

③ **제1단 계단**

○ 계단이 비교적 잘 보호된 것은 동·서 양측의 중간으로 제1단 계단은 높이 약 4m이며 모두 8층으로 축조됨(그림 10). 지표 위의 제1층 석재는 두께 1m이며, 제2층에서 제7층은 0.7m, 0.6m, 0.5m, 0.45m, 0.42m, 0.36m의 두께로 순차적으로 감소하며, 계단 둘레 모서리 너비는 0.18m, 0.16m에서 0.14m까지 감소함.

○ 축조 상황을 보면, 상층 석재는 하층 석재의 가장자리 홈에 맞추어 층층이 들여쌓아 가지런한 외관을 보이는데 이는 상층석이 내부 장력으로 인해 밖으로 밀려날 가능성을 감소시킬 수 있었음.

○ 바닥돌은 모서리돌이 가장 큰데, 현재의 서남 모서리 돌은 길이 2.9m, 너비 1.4m, 두께 1.7m이며, 동남 모서리돌은 길이 2.8m, 너비 2.6m, 두께 1.8m임. 두 돌의 하부는 모두 높이 0.3~0.5m로 거친 표면을 다듬은 모습이며, 무덤 기초부는 원래 지면에 노출되지 않았을 가능성이 있음.

○ 제1층 계단 축조석 아래에는 주춧돌이 있으며, 주춧돌은 동서 양측의 단면조사에서 모두 발견되었음. 고분 동쪽의 탐색갱 EG3 중 주춧돌의 두께는 1.2m, 서측 탐색갱 WG1중 주춧돌 두께는 1.1m이며, 두 돌은 모두 양 끝까지 발굴되지 못하여 돌의 정확한 길이는 밝히지 못하였음. 계단석 표면은 반듯하며 계단 면석처럼 배흘림으로 다듬지 않았음.

④ **제2단 계단~제7단 계단**

○ 제2단 계단은 1단 계단 내부를 평평하게 메운 후에 안으로 1.8m 들여쌓음. 단면의 남측 중앙부는 6층으로 되어 있음. 하부 두 층의 석재는 두께가 0.3m, 중간부 두 층의 석재 두께 0.25m, 상부 두 층의 두께 0.2m 등으로, 2단 계단의 총 높이는 1.5m임. 동측 중앙부 석재는 5층으로 두께는 모두 0.3m 정도이고 그 아래 두 층의 석재는 고분 안의 훼손으로 이미 제1단 계단 안으로 매몰되었음. 2단 계단 맨 위층 석재와 높이가 약 1m 정도가 차이가 남.

○ 제3단~제5단 계단은 석재가 2~3층만 남았으며, 높이는 0.5~0.6m임. 석재 크기가 고르지 않으며, 아래층 계단보다 석재 가공이 세밀하지 못함. 계단은 조

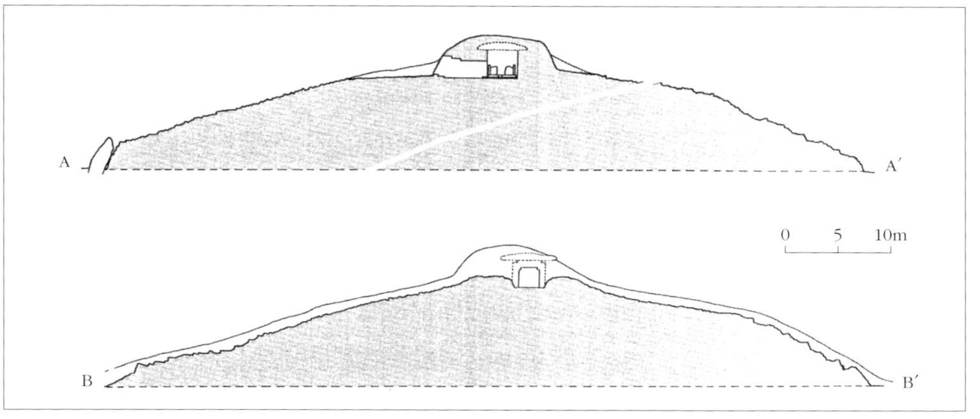

그림 9 태왕릉 단면도(『集安高句麗王陵』)

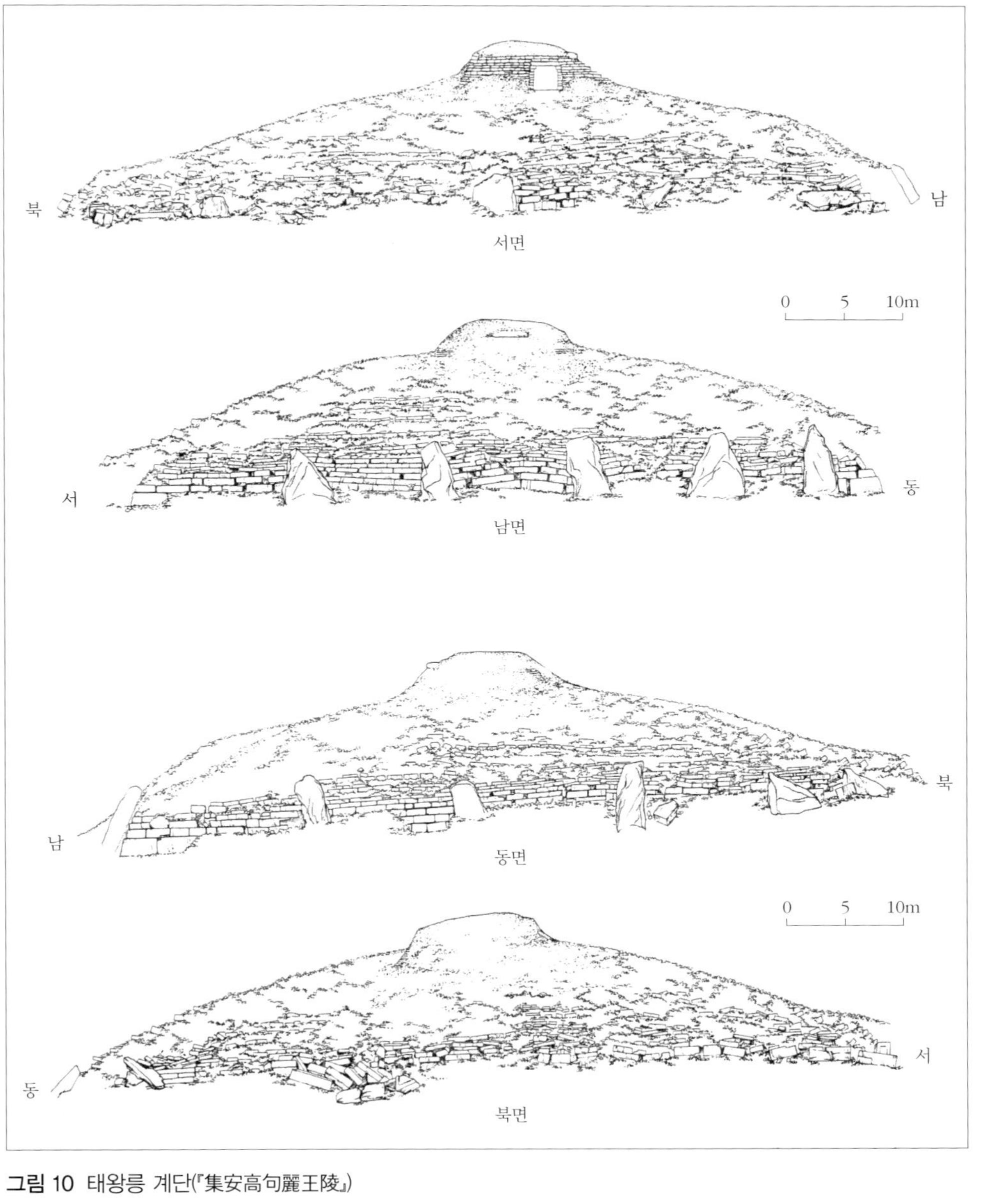

그림 10 태왕릉 계단(『集安高句麗王陵』)

금씩 들여쌓기를 하였음. 계단 폭은 1.5~1.8m이며, 인접한 계단 간에는 높이 차이가 0.5~1m로 고르지 않음.

○ 제6단 이상의 계단은 모두 비교적 낮으며, 상부의 제8단 계단에 기대어 부분적으로 석재 한 층을 쌓았음. 계단의 내부를 채운 산돌을 한데 모으기 위함.

⑤ **제8단 계단 이상**

제8단 계단은 지표에서 높이가 약 7m 떨어져 있는데, 그 위에 길이 10m 정도의 비탈지를 거쳐 무덤 정상부 平臺에 이름. 제8단 계단은 무덤 정상부 평대와 높이 차이는 3~3.5m이며, 사면 모두 계단이 보이지 않으나 서북 모서리 밖에는 자리가 옮겨진 여러 개의 커다란 계단석이 보임. 계단석 사이에 섞여 있는 깨진 돌을 보면 적어도 계단은 3단 계단 정도일 가능성이 있음. 따라서 태왕릉 상부 계단의 높이와 들여쌓기 폭을 보자면, 제11단 계단은 평대 높이에 이르기에는 부족한 듯하여 결실이 있었다고 추정됨. 무덤 정상부의 平臺는 길이와 너비가 각각 약 24m이며 정중앙에는 돌출한 묘실이 있음.

⑥ **계단의 봉석층**

현존하는 계단 정상부의 사면의 대부분은 작은 강돌 및 깨진 산돌로 덮여 있음. 남측 중앙부의 단면을 보면, 상부 계단의 봉석층은 0.3~0.5m로 고르지 않고, 하부 제2단 계단의 봉석은 최고 두께가 0.8m에 달함. 봉석은 중앙부가 두껍고 바깥으로 얇고 낮아져 경사를 이룸. 아래는 대개 계단 가장자리에까지 덮여 있고, 상부는 상층 계단석 약 0.15m 정도 한 단이 노출되어 있음. 제1단 계단에는 원래 봉석이 없었던 것임.

⑦ **계단의 입석판**(그림 11)

○ 절개 조사에서 남측 1단 계단 중앙부 계단석에 다층의 청록색 응회암판이 세워 붙여져 있음. 그 가운데 동단 입석은 3층이 보이며, 서단에는 일찍부터 1~2층에 있었음. 중간부에는 서쪽 입석 바깥쪽으로 1단 계단 상면의 석판에 붙여 평평하게 놓은 1 · 2층이 보편적으로 있는데 그 위에 입석판이 올려져 있음. 그러나 형상과 크기가 인접한 입석과 모두 같지 않아 무너진 입석일 가능성이 있음.

○ 제2단 계단에 붙어 있는 판석은 모두 6개로 총길이는 9m이며 그 모양과 크기는 다르며, 대다수 판석은 가장자리가 계단에서 떨어져 있음. 서쪽에서 세 번째 판석은 뾰족하며, 길이와 너비는 각각 0.8m 정도이며, 평면은 사다리꼴임. 판석 안쪽으로 계단석과의 사이에 한 겹의 비교적 작은 판석이 있음. 무너진 돌과 계단과의 사이에서 깨진 돌로 볼 때 판석과 계단석 사이에 간격을 두었던 것이 아니라고 가정해본다면 원래 봉석이 없었던 것으로 보이며, 적어도 입석이 무너진 곳의 앞에는 봉석이 없었을 것이므로 2층 이상의 계단과는 확연히 달랐을 것임.

(2) 부속시설

① **호분석**

○ 총설 : 계단 둘레를 돌아가며 현재 15개 호분석이 있음. 남측 5개, 동측 4개, 북측 2개, 서측 4개임. 석재는 모두 자연상의 커다란 화강암으로 형태는 편평하고 거대하며 두꺼움. 가공한 흔적은 보이지 않음. 호분석은 일반적으로 계단석과 간격을 넓게 두었는데, 호분석의 바닥은 제1단 계단과 1~1.5m 떨어져 있고, 상단은 계단 위를 비스듬히 누르고 있으며, 기울기는 약 30°임. 호분석 설치 목적은 웅장함과 미관을 추구할 뿐 아니라, 특히 그 중량으로 계단석의 張力을 상쇄하고 계단의 붕괴를 막아 고분을 더욱 견고히 하는데 있음. 따라서 호분석은 기본적으로 사면에 대칭으로 배치함.

○ 남측 호분석 : 남측에 현존하는 5개의 호분석 가운데 하나는 동남 모서리에 가까우며 고분 모서리와

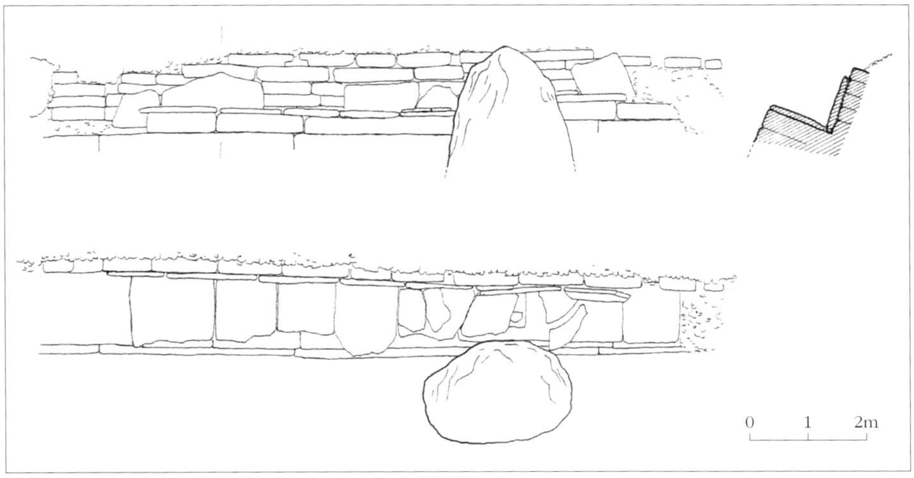

그림 11
태왕릉 입석판 지점의
평 · 단면도(『集安高句麗王陵』)

4.5m, 제2호분석과는 5m 정도 떨어져 있으며, 그 밖의 3개 호분석은 모두 7~8m 간격으로 서쪽으로 배열되어 있음. 다만 모서리 부분의 두 돌은 대체로 가까움. 그 제3호분석과 제4호분석은 계단 중심의 '工'자 부호와 5.4m와 4.8m 떨어져 있고, 제5호분석은 고분의 서남 모서리와 13m 떨어져 있음. 등간격 배열이라는 점에서 추정해 볼 때 남측 호분석은 원래 6개로 서남 모서리와 5~6m 떨어진 거리에 1개 호분석이 결실되었다고 추정됨.

○ 북측 호분석 : 2개가 현존하는데, 1개는 동북 모서리부에 위치하며 지금은 이미 동쪽으로 기울어져 있음. 남측 동남 모서리 부근의 호분석과 서로 대칭하는 곳에 위치함. 중앙부에 위치하는 다른 한 매의 호분석은 이미 무너져서 부분적으로 지표가 노출되어 있으며, 그 위치는 남측의 동측방향 시작점의 제3호분석과 대칭되는 곳에 자리함. 이처럼 태왕릉 남측과 북측 모두 남북 종축선상의 호분석은 두지 않았으므로 원래 남, 북측 모두 대칭되는 곳에 6개 호분석이 있었을 것임.

○ 동측 호분석 : 현존하는 4개의 호분석은 동북 모서리로부터 남쪽으로 10.5~11m 간격으로 배열하고 있으며, 동북 모서리에 한 개 호분석이 이미 내측으로 기울어진 것을 제외하고는 나머지 3개 호분석은 모두 여전히 우뚝 솟아 있음. 제3호분석은 바로 고분 동서 중심축선상에 위치하고 있음. 대칭되어 있었다면, 고분 동측은 원래 호분석이 5개였으나 지금 동남 모서리부분에는 북쪽 시작점의 제1호분석과 서로 대응되는 1개 호분석이 이미 결실되었음.

○ 서측 호분석 : 4개의 호분석이 현존하는데 그중 3개 호분석은 이미 부서지거나 쓰러졌고, 정중앙의 1개 호분석만이 계단에 기대어 서 있음. 중심축선상 입석에 의해 추측하면, 서측 호분석은 5개여야 함. 현재 양 모서리의 깨진 돌은 정중앙의 호분석과 모두 24m 떨어져 있으나 남단 24m 중간에는 1개의 기울어져 서 있는 깨진 돌이 있으며 북단에 상응하는 위치의 호분석은 결실되어 있음.

○ 호분석 배치의 복원 : 태왕릉 남 · 북 호분석은 종축 중심선상의 간격은 각기 약 12m이며, 동 · 서측 호분석의 종축 중심선 간격은 각 15m임. 4개의 고분 모서리 양변의 5m 범위 내에는 반드시 좌우 두 개의 거석이 둘러싸고 있어 설계자가 고분 모서리 부분의 보호를 중시했던 것이 드러나고 있음. 호분석의 규격을 보면, 남측에 사용한 돌은 비교적 커서 호분석은 보편적으로 높이 5m, 너비 3m, 두께 1.5m 내외로 가장 큰 호분석은 높이 6m, 바닥 너비 5m, 두께 약 2m, 중량 약

60여 톤임. 이것은 아마 남측 지세가 비교적 낮아 보다 큰 張力을 막을 필요가 있었기 때문임.

② 散水 및 배수 시설

㉠ 散水 시설

고분 아래 탐색 구덩이에서 발견되었는데, 전체 길이 0.5~0.6m, 너비 0.25~0.3m, 두께 0.1~0.2m의 판석이 깔려있으며, 분구의 네 면이 모두 같은 방식으로 축조되었음. 퇴적 상황을 보면, 散水 판석은 황토층 위에 깔았으며 그 위에는 대개 1층의 작은 강자갈을 깔고 자갈층 위에는 고분에서 미끄러져 떨어진 크고 작은 돌이 있음. 강자갈 역시 散水 조성 부분임을 알 수 있음(그림 12).

㉡ 散水 판석

모두 1단 계단의 제1층 장대석 아래부터 깔았는데 빗물이 무덤 기초를 침식하고 침수하는 것을 방지하는 것이 목적임. 散水 판석 위에는 작은 강자갈을 깔아서 큰 비가 연이어 돌 틈 사이의 진흙을 휩쓸어버려 散水석층의 훼손을 초래하는 것을 방지함.

㉢ 산수시설 바닥층 판석

동·남측 중앙부 탐색 구덩이에서 평평하고 가지런히 배열되어 있으며, 강자갈층의 두께는 모두 균일하며 계단에 인접한 곳에서 약간 융기한 변형이 있음. 다만 고분 서쪽의 WG1 탐색 구덩이 안에서 고분 가장자리와 3m 떨어진 곳에서 너비 3.2m, 깊이 0.8m의 함몰부가 있고, 그 위의 散水 판석이 모두 고분 한쪽을 향해 역방향으로 기울어져 있음. 능묘 적석의 압력 때문인지 혹은 고분 가장자리가 원래 물의 흐름에 따라 도랑(明溝 또는 暗溝)이 있었는지 확인하기 위해 고분 동·서측에 고분과 3~6m되는 곳에 너비 약 1.5m, 길이가 다른 EG2 및 EG3, WG2 및 WG3 등 4개의 소형 탐색갱을 뚫었음. 각 구덩이 안은 부분적인 황토층 표면이 움푹하게 패이거나 융기한 것을 볼 수 있는데 지점에 따라 높이는 각기 다름. 이러한 고분 주위 지표면의 기복은 계단의 함몰 때문이며, 함몰의 부위와 높이는 해당 지역의 침수와 凍融 정도에 달려 있음. 동서측 모두 계단방향을 따르지 않고 남쪽에서 북쪽으로 또는 북쪽에서 남쪽으로 경사진 도랑를 따라 수축하였으며, 탐색갱 WG3를 거쳐 돌을 깔지 않은 곳 아래를 절개해보면, 고분 가장자리 황토층의 0.8m 깊이에는 暗溝가 없으며 배수관이 설치되어 있음.

㉣ 배수시설

散水 판석의 바깥 끝은 남측 SG1 탐색갱 중의 길이 약 18m 지점이며, 서남 모서리 WG7 탐색갱 중에 있음. 판석은 고분 모서리에서 28m 떨어진 곳까지 깔려있고 판석 위에는 모두 크기가 고른 강자갈이 깔려 있음. 이는 散水 바깥쪽 끝지점임. 탐색갱 SG1 이남 고분 가장자리에서 22m 떨어진 곳, 散水 판석 바깥에는 고분 밖으로 가로로 배수구가 하나 있으며 여기가 배수가 끝나는 지점임. 배수구는 석회암으로 만들었는데, 잔존 단의 길이는 14m이며, 동북에서 서남으로 이어져 있고, 동단 방위각은 60°이며, 기본적으로 남측 계단과 서로 평행임(그림 13). 배수구 너비는 0.6m이고, 바닥에는 석회암이 한층 깔려 있으며, 지세를 따라 대략 東高西低를 띠고 있음. 돌과 돌이 만나는 이음새의 틈새는 작은 돌로 메움. 배수구 가장자리는 한 층의 돌로 열어 놓았는데 깊이는 0.2m이며, 석재의 가지런한 면은 안으로 향하고 밖에는 황토로 평평하게 메움. 현재 북벽 축조석 8개가 남아 있는데, 남은 길이 3.4m임. 남벽 축조석은 7개인데, 길이는 북벽과 비슷함. 남벽 밖에는 강자갈이 드물게 보임. 북벽 바깥으로 또 한 층의 돌이 있는데, 석재는 모두 6개로 북벽과 평행하게 놓여 있으나, 높이는 북벽이 비교적 높음. 이 돌의 북쪽은 강자갈층이고, 돌 아래에는 散水 판석이 이어진 것이 보이

지 않음. 이 水溝유적은 동서 양변으로 이어진 SG3와 SG4 탐색갱에서 모두 확인되지 않지만, 그 방향·거리·위치 경사도를 보면 태왕릉의 墓表 배수와 관련 있는 유적임이 확실함.

③ **배수관**(排水涵管)

○ 배수관 구조 : 1989~1990년 태왕릉 보호 담장을 수리할 때, 集安市文物保管所에서 6m 길이의 한 줄로 된 단을 발견하고 발굴하였음. 배수관은 수키와를 서로 이어 덮었고 황토층에 있는데 방향은 北偏東 40°이며, 고분 동북 모서리로부터 담장 밖으로 통함. 배수관 위에는 散水 판석과 한 층 두께가 약 60cm인 부식토가 섞인 강돌층이 한 겹 덮여 있음.

○ 이번 조사중 고분 밖의 동북 모서리에서 2.5m 간격으로 배수관 방향과 수직인 탐색 구덩이 NG1과 NG2를 파내었음. 두 구덩이에서 모두 수키와가 서로 이어져 덮인 管道유구와 묘역 散水 판석이 발견됨. 배수관 방향은 1989년 조사 때와 동일함. 그 가운데 NG2 안의 배수관 길이는 1.1m이며, 남측은 이미 훼손되어 결여되어 있음. 현존하는 암키와(仰瓦)는 모두 3개인데, 가장 북쪽의 하나는 위치가 엇갈려 있으며, 제2암키와와는 서로 160°정도의 둔각을 이루고 있으며, 그 위를 덮은 기와는 2개가 있었는데, 모두 동측으로 미끄러져 떨어졌음. NG1에서 배수관 위치는 엇갈려 있지 않고, 덮은 기와는 약간 동쪽으로 미끄러져 있으며, 중앙부에는 50cm 정도의 결손 부분이 있는데, 이는 수키와 1개의 길이임. 배수관 상면에는 묘역 부석이 가지런하고 질서 있게 한층 깔려있음. 탐색 구덩이 동측의 판석은 동서향으로 펼쳐있고, 서측은 남북향으로 펼쳐있어, 양자가 서로 人자형으로 접하고 있음(그림 12, 中). 단면상으로 보면, 양 구덩이의 퇴적은 대체로 일치하며, 표토 아래에는 모두 강자갈을 한겹 깔은 고분 둘레의 散水石임. NG1에서 자갈로 이룬 층의 두께는 0.2~0.9m로 불균등하며, 상층의 충적토와는 명확하게 구분되고, 판석 아래에는 가는 모래를 함유한 황색점토가 있음. 다만 배수관 부근 구조는 비교적 치밀하지 못하며, 단면상 기와 옆에는 구덩이를 파낸 흔적이 상대적으로 명확함.

○ 이상 3곳의 유적을 살펴보면, 태왕릉 동북 모서리부분에서는 散水 板石이 깔린 아래에 수키와로 만든 배수관이 설치되어 있음을 알 수 있으며, 덧붙여 NG2와 1989년 발굴조사에서 보이는 배수관 길이는 적어도 20m이며, 배수관은 묘 아래에서 동북으로 통함. 수키와가 움직인 상황으로 보아서, 防漏의 편차가 심해서 배수관 부근에 조성된 황토층이 끊임없이 침식당하여 나중에는 배수관이 막혀 사용할 수 없게 되었을 것임.

○ 고분 아래 탐색 구덩이의 발굴 과정에서 매우 진중하고 정교한 유물이 출토되었음. 남측 SG1 탐색갱 중간에서 서쪽으로 치우쳐, 무덤 가장자리에서 2.9m 떨어진 곳에서 청동방울(銅鈴) 1점이 출토됨. 청동방울에는 '辛卯年 好太王' 등의 글자가 새겨져 있음. 서쪽에서 제2번째 호분석 아래에서는 산산 조각난 동제부뚜막(銅竈) 1점, 주름잡힌 鎏金幔架 1점이 발견됨. 동제부뚜막과 0.8m 떨어진 계단석 틈안에서는 案足, 帳鉤, 馬鐙, 節約 등의 銅器와 鎏金器 30여점이 출토되었음. 도굴자에 의해 임시 숨겨졌던 부장품으로 추측됨.

④ **묘실**

○ 묘실은 계단 정상부의 平臺 위에 축조되었으며, 상반부는 평대 밖으로 돌출됨. 노출 부분은 윗너비 12m, 아랫너비 15m, 높이 4m 정도의 方臺로 석회암으로 축조한 고분 정상부의 독립 건축물임. 묘실 밖 둘레는 큰 강돌로 봉하고, 정상부에는 1m 정도 두께로 흙으로 봉하였는데 봉토 외형은 覆斗形을 띰.

○ 묘실의 벽체는 내외 두 층으로 나뉨. 외층은 두께 0.1~0.25m의 판상 석회암판을 채용해 축조했는데 크고 작은 석재를 함께 사용하였고, 그 사이에는 흙과

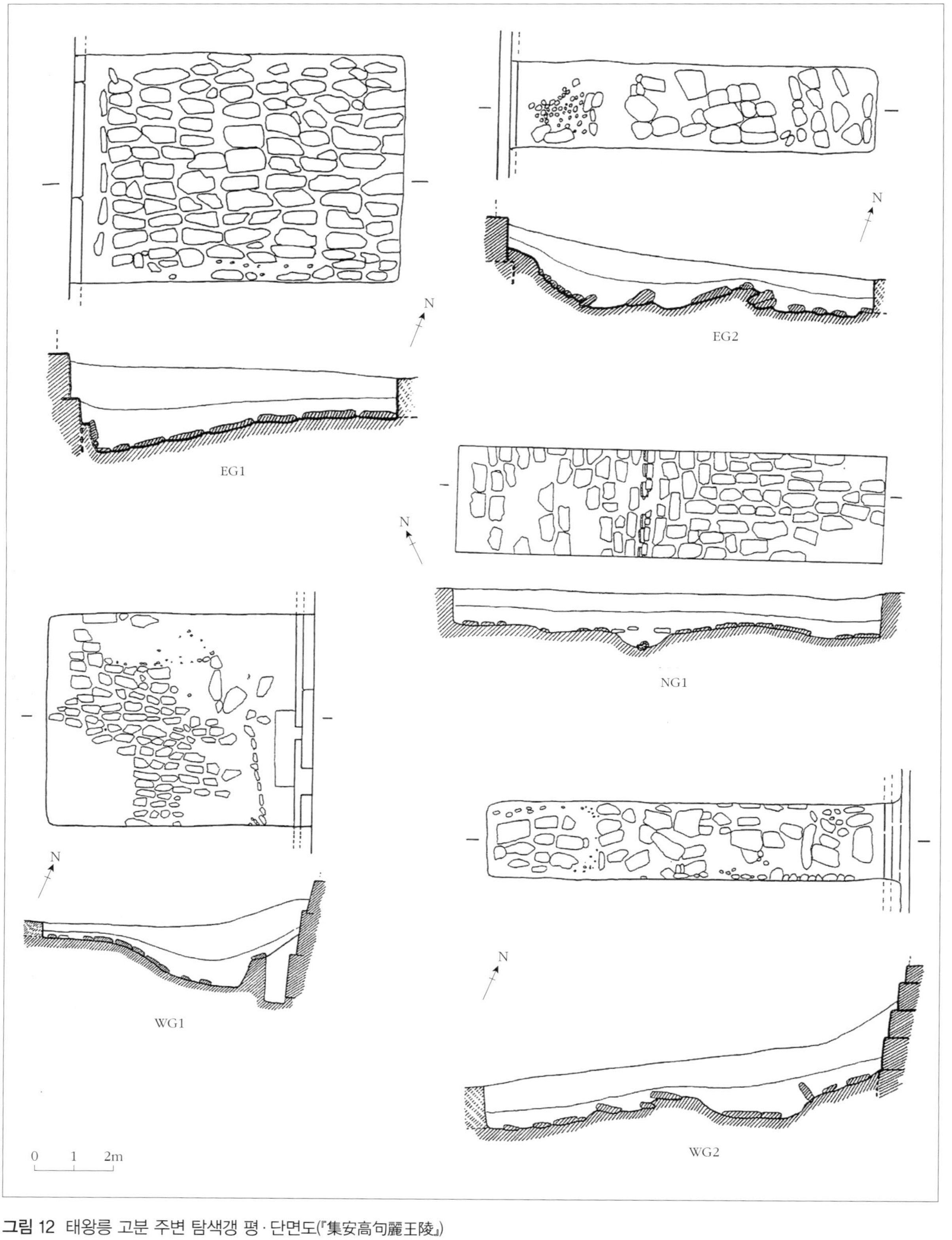

그림 12 태왕릉 고분 주변 탐색갱 평·단면도(『集安高句麗王陵』)

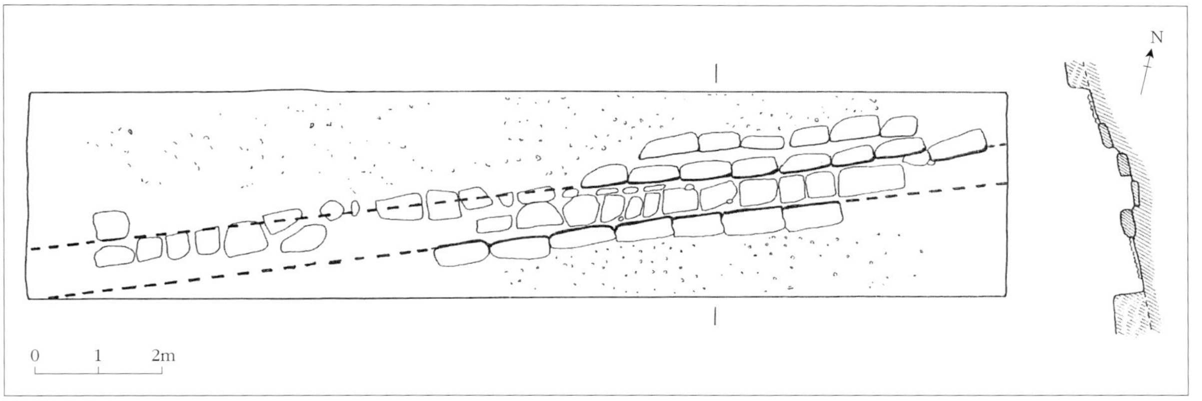

그림 13 태왕릉 남측 탐색갱 SG2 및 배수구 평·단면도(『集安高句麗王陵』)

작은 강자갈로 메우고 외표면의 석재는 고르게 들여쌓아서 가지런함. 안쪽 벽체는 가공한 커다란 장대석으로 틈새 없이 고르게 축조함. 그 서측과 북측은 고분 계단이 심하게 外張하여 벽체 밖으로 봉한 강돌들이 대부분 아래로 미끄러져 내렸는데 지금 묘실 바깥쪽 벽체의 서측면과 동북 모서리가 노출되어 있음. 그 가운데 서측의 노출 면적은 너비 9~12m, 높이 약 2m이고 동북 모서리의 노출 면적은 너비 1~5m, 높이 1.5m임(그림 14). 남측의 바깥쪽 벽체의 상부는 고분 도굴 당시에 훼손되어 蓋石이 밖으로 드러나 있음. 개석 아래로 도굴 구멍이 묘실 안으로 통하고 있음. 도굴 구멍은 줄곧 열려 있다가 1990년 묘실을 수리할 때 비로소 메웠음. 2003년 조사 당시 남쪽의 도굴 구덩이를 발굴하여 묘실 외벽의 석회암 판석들이 다수 구덩이 안에 흩어져 있는 것을 발견함. 도굴 구덩이의 깊이는 5m, 윗입구(上口) 너비 6m, 아랫입구(下口) 너비 2m임. 도굴 구멍 입구는 천장석(蓋頂石)에서 아래로 높이 4.5m, 너비 1.7~2.3m이며, 상부의 도굴 구덩이와는 서로 통하지 않음(그림 15). 고분 계단이 심하게 外張되어 적석부는 이미 여러 곳에 함몰갱이 생겼지만, 묘실 외벽은 처음과 같은 상태임. 남측은 비록 도굴 구멍이 벽체 바닥까지 내려갔으나, 전부 무너지지 않아서 묘실은 별도의 기초를 하였음을 알 수 있음.

○ 1990년 태왕릉 묘실의 발굴 작업은 도굴 구멍에서 시작되었는데, 기록에 의하면 도굴 구멍은 두께 약 5m의 묘실 외벽을 훼손한 후, 묘실 동남 모서리부에서 묘실 안쪽의 벽석을 파괴하였고 남벽 상부에서 묘실로 진입하였음. 남벽은 파괴를 당한 면적이 2/3에 달하며, 동벽의 안쪽 벽석이 손상되었음. 내벽석을 제거하면 석곽이 있고, 도굴자는 석곽을 파괴한 후에 묘실 안으로 진입할 수 있었음.

○ 묘실 : 평면은 장방형으로 길이 3.24m, 너비 2.96m, 높이 3m임(그림 16). 동벽의 축조석은 9층이고 그 외 세 벽은 각 10층이며, 석재는 다듬은 장대석으로 표면을 갈아서 광을 냈으며(打磨), 길이 0.8~2.8m, 두께 0.16~1.2m로 틈새 없이 쌓았음. 제6층 석재부터는 남·북 양측에서 점차 들여쌓기를 하였으며, 묘실 천장은 3단 평행고임으로 천장에는 타원형의 남북 길이 6m, 동서 너비 4.7m, 두께 0.6~0.9m인 대형 화강암 하나가 덮여 있으며, 그 위에는 황토가 덮여 있음.

○ 석곽 : 묘실 안에 석곽이 설치되었는데 석곽 상반부는 이미 파괴되었음. 바닥부는 온전하나 중앙부에 길이 1.4m, 너비 1m 이상 범위가 파괴된 상태이며, 파괴 흔적은 묘실 바닥석까지 보임. 석곽 바닥은 묘실에 비해 작은데 석곽 네 면과 묘실 사이에는 0~12cm의 틈이 있고, 틈은 가늘고 작은 강자갈로 가득 메워져 있음. 곽

바닥과 묘실 바닥의 사이에는 두께 6cm의 작은 강자갈이 한 겹 깔렸음. 발굴 당시 묘실 북벽 중앙부에는 묘실 바닥에서 높이 1.2～2m 되는 지점에서 길이와 너비 각 0.8m, 깊이 약 0.5m인 구덩이가 발견되었음. 묘실 내에서는 머리가 둥글고 끝이 네모진 형태(頭圓尾方)의 길이 0.5m, 너비와 높이 각 0.15m인 소형 석재가 하나 발견되었는데 아마도 석곽 측벽을 받치기 위해 구멍에 끼워 넣는 석제장부(石榫)로 추정됨.

○ 연도(甬道) : 연도는 묘실의 서벽 정중앙에 서쪽을 향해 설치되었는데 규모는 길이 5.4m, 너비 1.84m이고, 방향은 서남향이고, 방위각은 256°임. 바닥은 묘실 바닥과 수평하고, 커다란 판상석을 많이 깔았으며 묘문 가까이에는 2단으로 층을 지어 깔았음. 연도의 양측벽은 다듬은 석회암 석재로 축조했는데 안에서 밖으로 축조하였고, 6～8층으로 고르지 않음. 제6층 석재에서 연도 측벽은 들여쌓았으며, 천장은 1층 평행고임을 이루고 그 천장 위에는 4개의 대형 판상석이 덮여 있음. 이 판상석은 3단으로 나뉘어 안에서 밖으로 복잡하게 올라가는데 내측의 높이 1.78m, 중단 높이 1.98m, 입구쪽 높이 2.36m임. 모든 밖으로 노출된 석재의 모서리는 사면을 모두 경사지게 다듬어 태왕릉 묘실이 정밀한 설계시공을 거쳤다는 것을 보여줌. 고임 석재의 동단은 묘실 서벽으로 0.13m 펼쳐져 있는데, 북벽의 석제장부(石榫)와 같이 석재의 상부 테두리는 모두 호형을 이룸. 후일 석곽 복원의 정황상, 두 석재의 돌출은 석곽 지붕석 아래의 가장자리와 앞 벽을 떠받치는 듯하여 그 안정성을 증가시킴.

○ 연도폐쇄 : 연도는 두 곳에서 폐쇄함. 먼저 안쪽 폐쇄는 안에서 밖으로 화강암 석재를 사용하여 막음. 막음 석재는 모두 길이 0.8～0.9m, 너비와 높이 모두 0.4～0.5m의 장방형으로 가공하였는데 대다수 머리는 크고 끝은 작은 형상(頭大尾小狀)으로 만듦. 막을 때 넓은 것을 안쪽을 향해 연도를 따라 장축 방향으로 차례로 쌓음. 네 개를 횡으로 1열을 두고, 위로 4층을 쌓았는데 이와 같은 것이 모두 6개임. 연도 밖에서는 둥근 작은 강자갈로 메움. 연도 밖의 폐쇄는 화강암과 석회암을 혼합해 막았는데, 내외 양층으로 나뉘며, 하부 두께는 약 1m임. 화강암은 내층에 다수 놓여 있는데 내층 석재는 정연하지 않고 가로 · 세로 방향으로 모두 놓여 있으며, 연도 안에 봉한 돌도 정연하지 않았음. 외층은 기본적으로 석회암판으로 만들었는데 축조는 확실히 서투르지만 묘실 외벽과 서로 평행함.

○ 2003년도 도굴 구덩이 발굴조사 당시 길이 1～1.5m, 너비 0.4～0.5m의 불규칙형 석회암이 여러 개 발견되었는데 모두 圓弧形의 안쪽에 홈을 가지고 있어서 다른 석재와 틈새를 맞추도록 특수 가공한 것으로 보이며, 천장석 주변에서 사용됨. 태왕릉 묘실 頂部에는 완만하고 둥글게 경사진 평대가 있어 고분 위의 건물을 세웠던 것으로 추정됨. 묘실 벽체의 사면 둘레는 모두 완만하게 경사졌고, 서 · 남 · 동면은 편평하며, 서 · 남측에는 비교적 많은 석곽 조각이 있고, 동 · 북 양측에는 대량의 수키와와 암키와 잔편들이 널려 있음. 이외 이 조사 중에 평대 남측에서 서쪽으로 치우친 곳에서 불에 타서 녹은 鎔石 1점을 채집함. 다른 서측에서는 연도와 2m 떨어진 곳에서 몇 개의 장대석 아래 빈 곳이 있는 것을 발견하였는데, 石箱 등이 설치되었던 것으로 추정되지만 발굴하지는 못함.

⑤ 석곽

1990년 발굴조사 때 묘실 안에서 2m 두께의 깨진 돌(碎石)과 충적토(淤土) 아래에서 발견하였음. 태왕릉의 석곽은 서로 끼워 맞추는 구조의 조립식 맞배지붕 가옥형임. 맞배지붕돌과 네 벽, 문틀과 바닥 등 17매의 크고 작은 석재로 이루짐. 석곽 안에는 관대 2개가 설치되어 있었으나(그림 17), 고분 도굴 때 석곽과 그 안에 설치된 2개 관대는 모두 훼손되었으며, 바닥석과 벽석의 일부는 원래 위치에 있으나 그 나머지는 교란되어 묘실 내외에 방치됨. 발굴 중에 모두 잔편 300여 점의

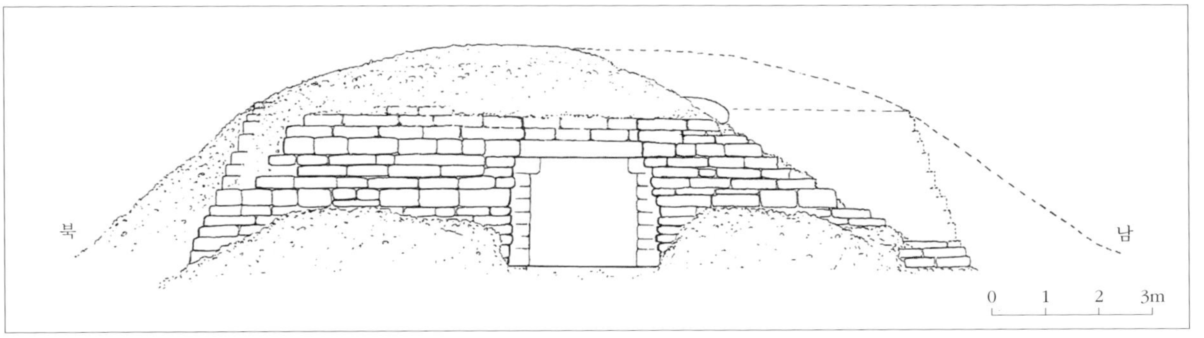

그림 14 태왕릉 묘실 서면 정면도(『集安高句麗王陵』)

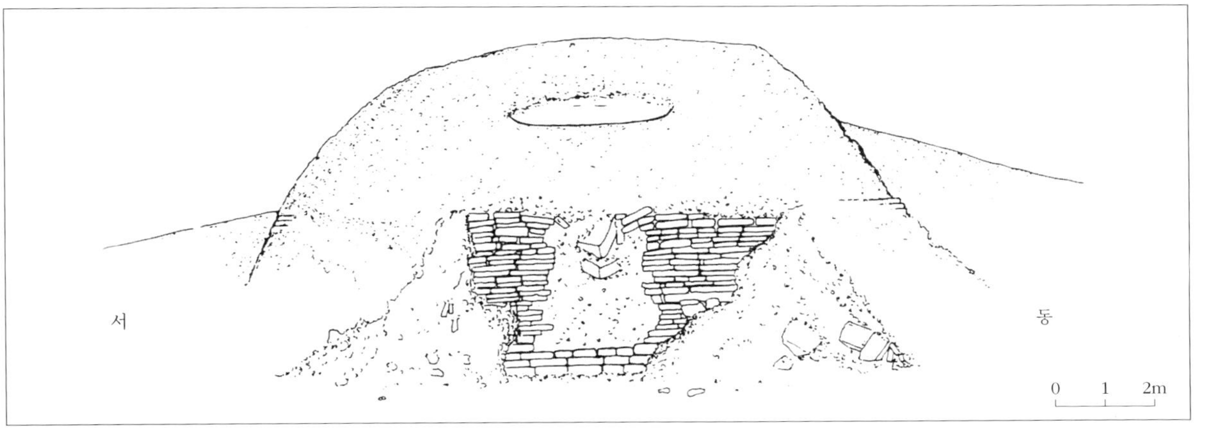

그림 15 태왕릉 묘실의 도굴갱 및 남면 정면도(『集安高句麗王陵』)

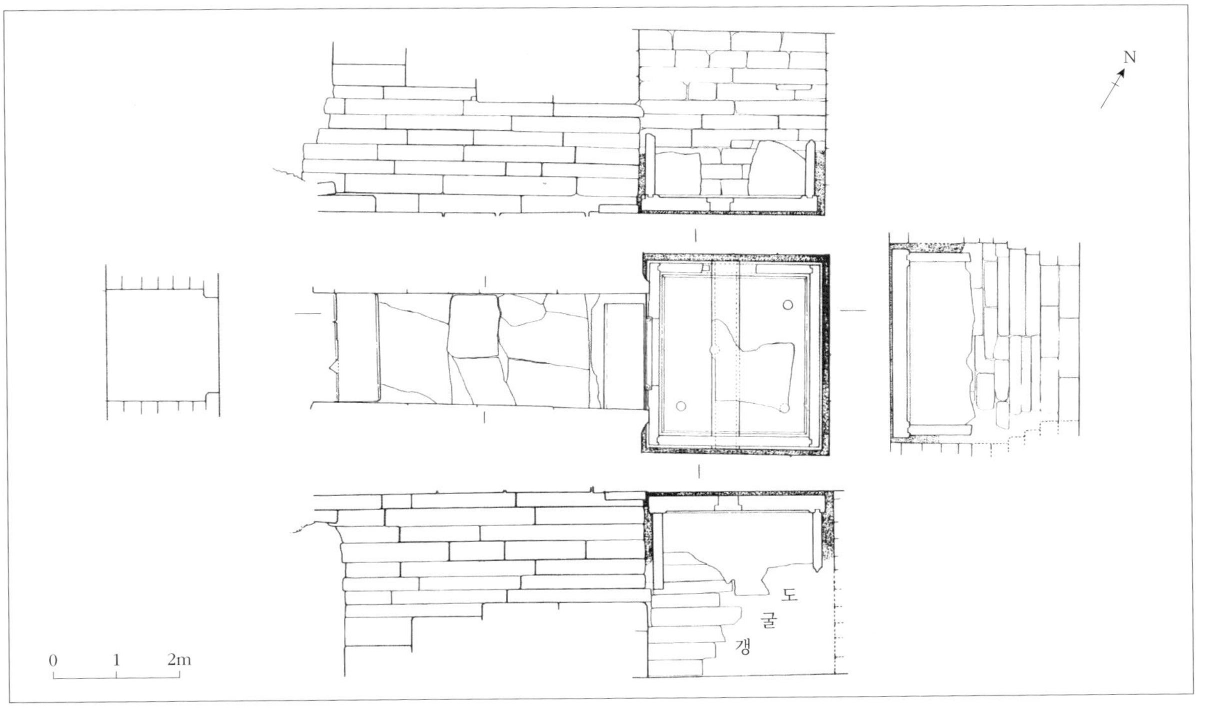

그림 16 태왕릉 묘실의 평·단면도(『集安高句麗王陵』)

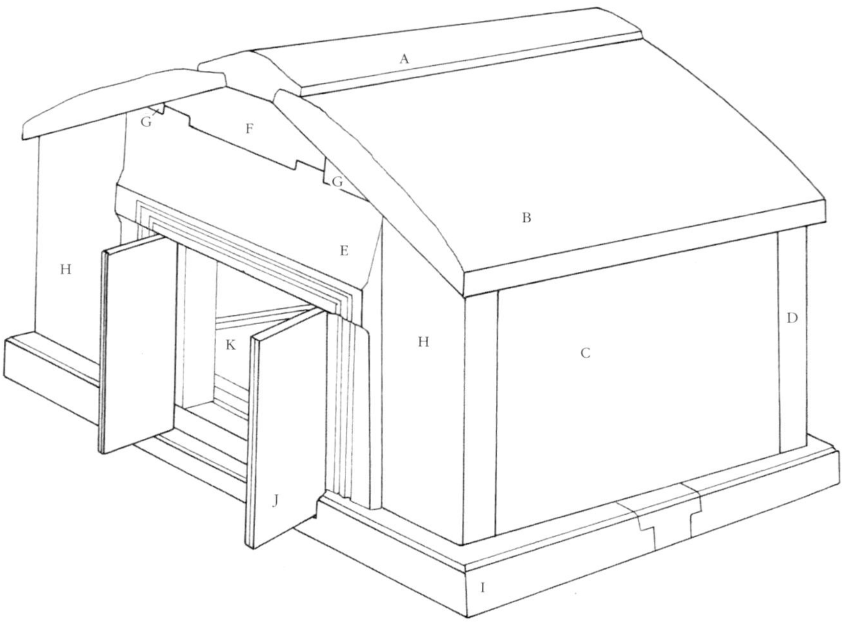

그림 17 태왕릉 석곽 복원도
(『集安高句麗王陵』)

석재를 수습했는데 거의 2/3 정도 각 부위 부재는 복원 중에 짜맞추는 과정을 거쳐 17매 부재의 모양 및 구조, 결합 정황 등이 모두 밝혀짐. 석곽의 석재는 회록색 응회암으로, 석재가 세밀하고 경도는 높지 않아 자르거나 짜맞추기 쉬움. 잔편은 모두 가장자리가 가지런하고 표면이 다듬어져 매끄러우며, 각이 지거나 둥글게 짜맞추기 쉽게 되어 석곽은 정밀하게 제작됨.

㉠ 용마루석(正脊石, 그림 17-A)

○ 잔존하는 중요 부위인 脊頭와 脊身는 총 3단으로 되어 있음. 양측을 뾰족하게 대응시켜 가운데가 脊을 이룸. 길이는 지붕석과 같음. 복원 후의 용마루석은 길이 2.91m, 너비 0.5m, 두께 0.4m이며, 나머지는 지붕의 경사면을 이룸. 용마루석의 바닥은 평평하며 양쪽에 3cm 凸棱을 두어 아래의 전후 벽과 맞추어 이동을 불가능하게 함. 용마루석 바닥면은 양측에 100°의 긴 경사진 홈을 만들어서 지붕돌 上緣 각도와 서로 맞물리도록 파여 있음.

㉡ 지붕돌(坡水石, 그림 17-B)

좌우 대칭의 동일한 형태 2매로 구성됨. 남측 지붕돌은 일찍이 앞뒤 양단만 있는데 뒤쪽 것의 단면은 온전하고 앞쪽 것은 외측 모서리만이 짝이 맞음. 지붕석의 아랫면과 양측 벽과 만나는 부위에 홈이 있음. 측벽석과 마주 접하는 곳에 있는 홈은 깊이 1cm, 길이는 측벽석보다 길고, 너비는 측선 두께와 서로 비슷하게 하여 서로 끼워 맞춤. 지붕석 앞쪽에는 너비가 앞쪽 벽체의 윗부분과 접하도록 얕은 홈이 새겨져 있음. 홈의 길이는 확인할 수 없지만 앞 벽을 근거로 복원할 수 있음. 홈의 하측에는 너비 8cm, 길이 60cm, 깊이 3cm로 길게 파서 앞벽의 측변과 지붕돌을 서로 맞춤. 지붕돌의 뒷면에는 너비 8cm, 깊이 3~4cm의 홈을 팠으며, 중간에 근접한 구멍은 비교적 짧아 길이는 27cm에 불과하고, 가장자리에 가까운 구멍은 길이 50cm인데, 그 주위에는 길이 90cm, 너비 15cm, 깊이 약 1cm의 넓은 홈이 뚫려 있어 서로 끼워 맞추어 뒷벽과도 맞물리게 함. 지붕돌의 길이는 석곽의 원래 위치가 움직

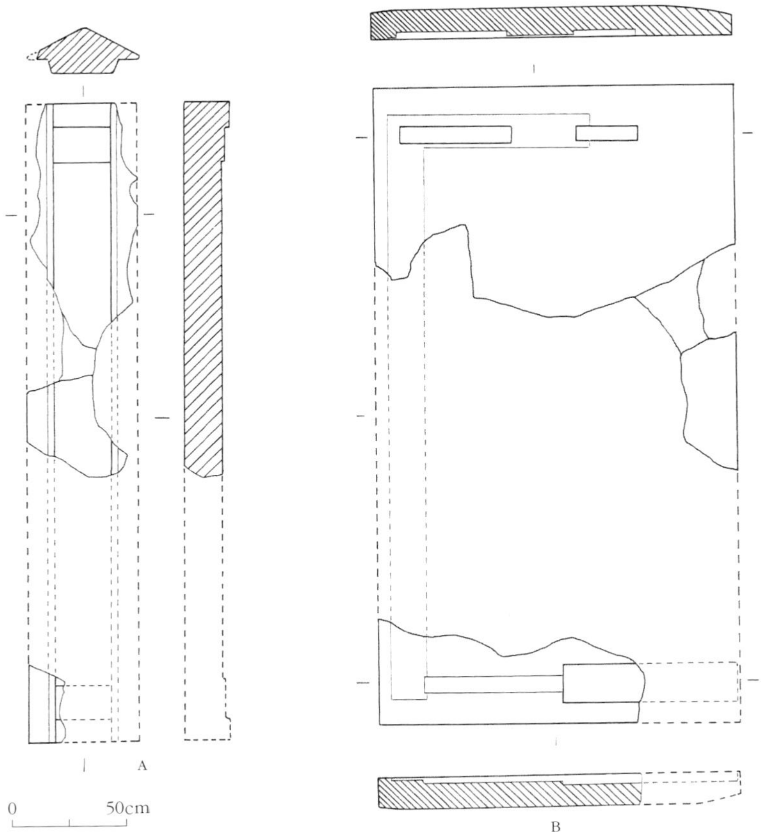

그림 17-A~B
태왕릉 석곽 복원도
A. 용마루석
B. 북측 지붕돌(바닥면)

이지 않도록 앞뒤 양벽 위에 돌을 끼워 맞춤. 복원 후의 지붕돌은 길이 2.91m, 너비 1.58m, 두께 0.09~0.14m이며, 위의 표면 양단과 용마루에 근거한 한 면이 모두 다듬어져 경사면을 이룸.

ⓒ 측벽석(側壁石, 그림 17-C)

좌우 대칭의 동일한 형태 2매로 구성됨. 북측 입석은 이미 도굴자에 의해 중간이 파괴되어 2개로 나뉘어 원래 위치에 세워져 있음. 파괴된 곳에는 석곽 받침 위에 하나의 긴 구멍(長卯)이 노출되었음. 남측 壁石은 일찍부터 원래 위치에 있었으나 상부는 파괴된 상태임. 잔편 중에서 그것과 맞는 상반부가 발견되어 길이·너비·두께 및 맞춤구멍(榫卯)의 정황 등을 모두 알 수 있었음. 복원 후의 측벽석 길이 2.38m, 外高 1.28m, 內高 1.36m, 두께 0.16m이며 윗면은 경사면을 이룸. 경사면은 올려본 각이 28°로 지붕돌의 경사각도와 맞음. 측벽석 3면에는 짜맞춤 장부(榫)가 있음. 양단면 위에는 각각 너비 8cm, 높이 4cm의 긴 짜맞춤 장부(長榫)가 있어 석곽 전후 양벽과 연접됨. 장부(榫)의 길이와 위치는 양단이 좀 다른데, 위치는 상대적으로 위에 치우쳐 있음. 측벽석의 바닥면에는 전후 2개의 긴 장부(長卯)가 있어 석곽 받침 구멍으로 끼워 넣을 수 있는데 장부는 길이(榫長) 70cm, 너비 7cm, 높이 4cm이며 조금 석곽 내측으로 치우쳐 위치함.

ⓔ 후벽석(後壁石, 그림 17-D)

길이 2.84m, 높이 2.06m, 두께 0.16m인 1매의 판석으로 제작되었음. 평면은 양변이 경사진 육각형임.

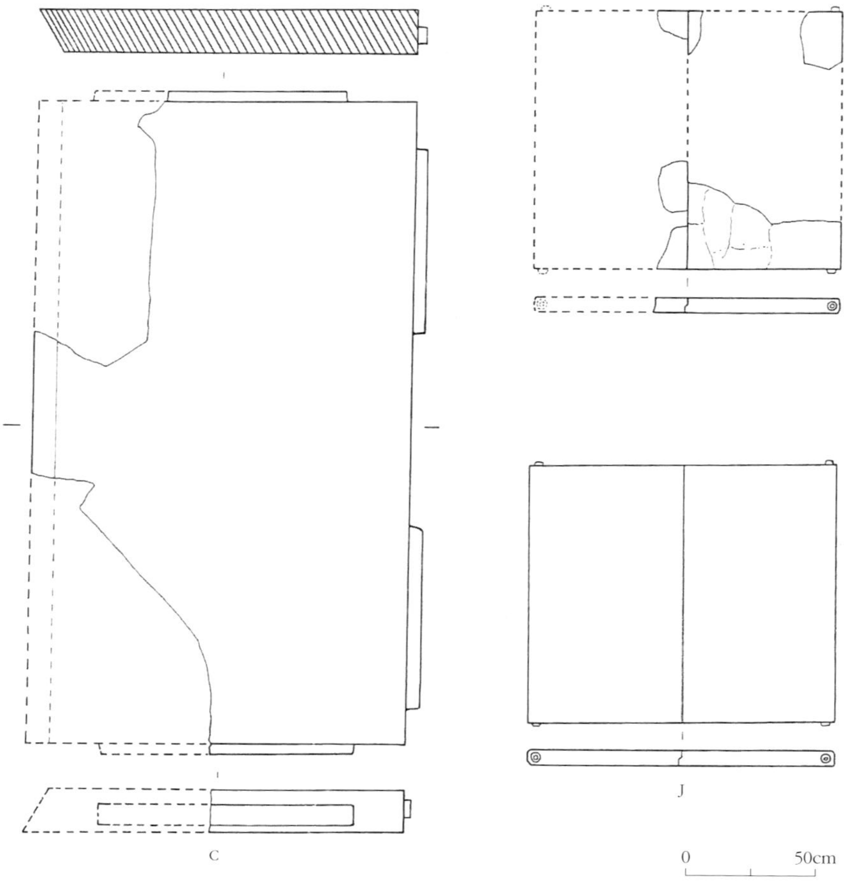

그림 17-C·J
태왕릉 석곽 복원도
C. 남측 벽석(바닥면)
J. 문비석

1990년 발굴 당시 하반부는 일찍이 원래 위치에 있었으나 상반부는 이미 파괴되었고 잔편은 비교적 무거웠으나, 양측 빗변상의 두 장부(榫)와 지붕돌 바닥면의 홈(卯槽)은 서로 맞음. 후벽석 아래에는 좌우 대칭의 2개 장부(長榫)로 석곽 받침과 맞물림. 장부(榫)는 길이 90cm, 너비 7cm, 높이 5m임. 측벽과 맞물리는 곳에는 긴 홈이 있는데 크기는 길이 92cm, 너비 8cm, 깊이 4cm임. 경사면에는 지붕돌과 연접하는 2개의 긴 장부(長榫)가 있고, 아래에 놓이는 장부(榫)는 길이 48cm, 너비 8cm, 높이 3cm이고 위에 놓이는 장부(榫)는 길이 26cm, 너비 8cm, 높이 4cm임. 용마루와 만나는 곳의 상단을 용마루석 끝의 凸棱 안으로 끼워 넣음.

ⓜ 양문석(鑲門石, 그림 17-E)

○ 앞벽(前壁) 구조는 비교적 복잡하여 6개의 석재로 조성되는데 중간 하부는 鑲門石, 그 위에는 托脊石, 옆에는 각기 1개의 삼각형과 1개의 사다리형 承頂石으로 구성되어 있음.

○ 양문석은 길이 214cm, 높이 169cm, 두께 18~22cm으로 하부 정중앙에는 '冂'形 홈을 파내어 문을 끼웠으며, 상문에는 凸台가 있음. 冂形 홈의 너비로 문의 두께를 알 수 있음. 너비 8cm, 깊이 6cm의 'L'形으로 홈을 내었고, 상부의 홈 양단에는 문을 고정시키는 문확을 대칭되게 뚫음. 문틀의 홈은 門楣와 비슷하게 길이 1.67m, 너비 0.2m의 장방향이며, 경사지게 다듬고, 장축방향을 따라 등거리로 너비와 깊이 모

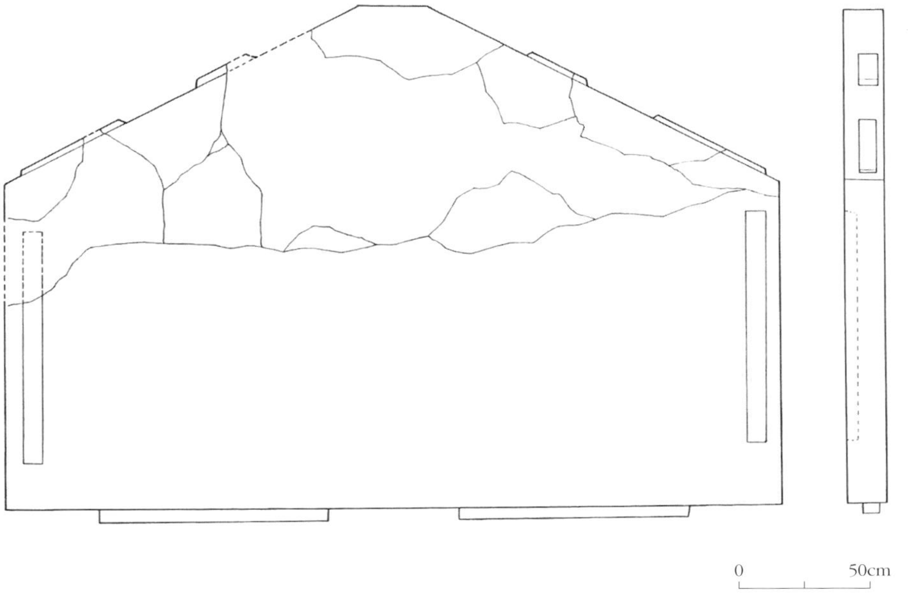

그림 17－D
태왕릉 석곽 복원도
D. 후벽석

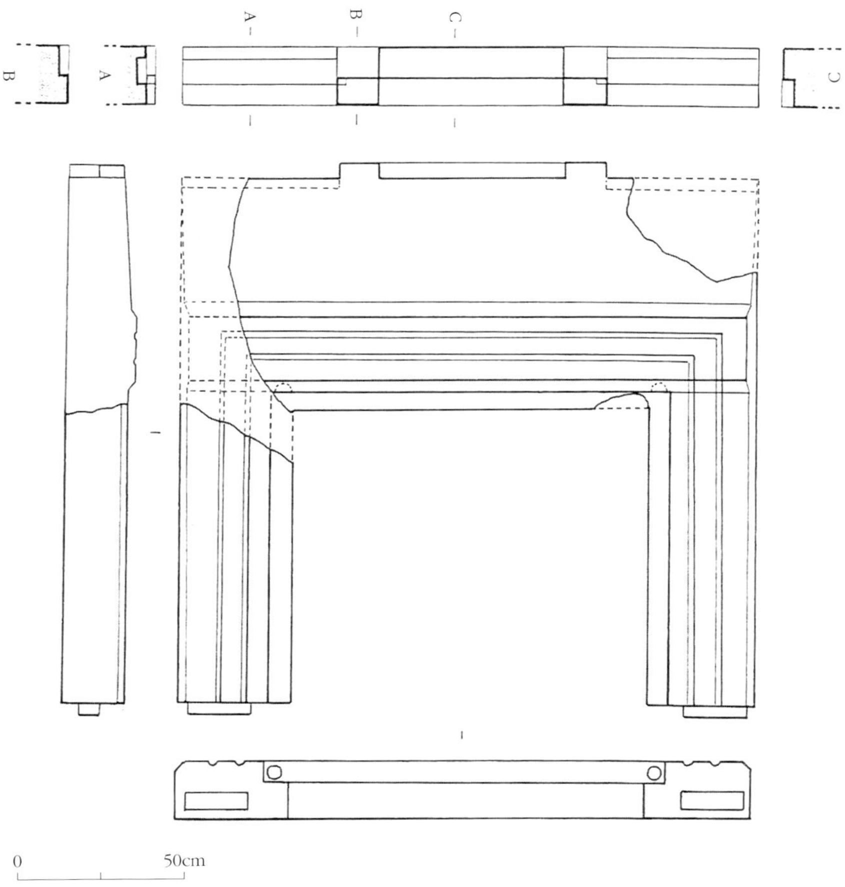

그림 17－E
태왕릉 석곽 복원도
E. 양문석

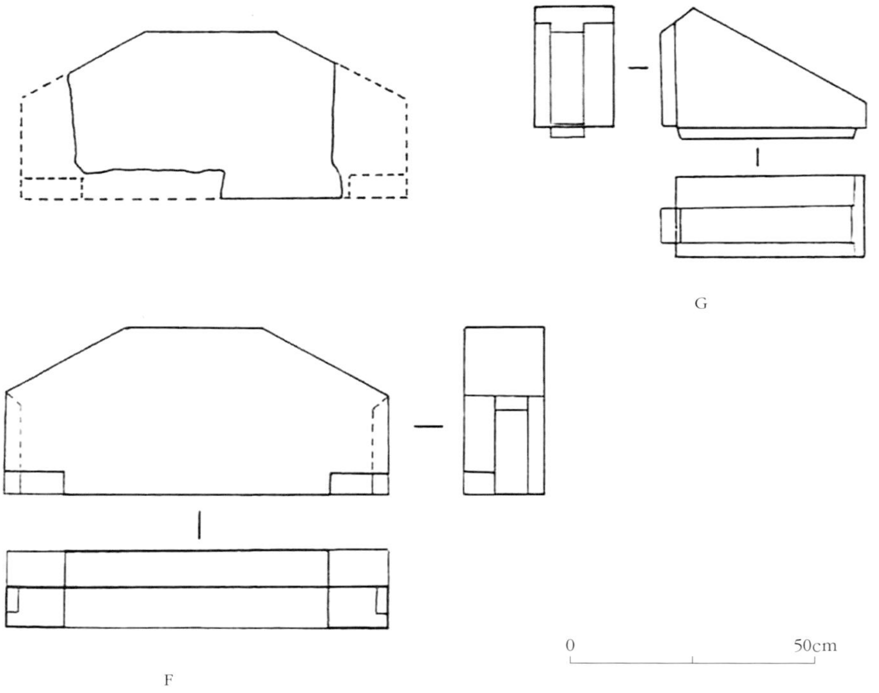

그림 17-F·G
태왕릉 석곽 복원도
F. 지붕받침돌 G. 삼각석

두 2cm의 긴 홈 2개를 내었음. 양문석과 석곽 받침은 2개의 대칭하는 긴 장부(長榫)를 관통해 연결함. 장부(榫)는 길이 20cm, 너비 8cm, 높이 4cm임. 양측의 이마 받침석과 맞물리는 곳은 장부 구멍이 없이 평면상으로 서로 맞추어져 있음. 양문석 상부의 凸台 양측의 평면에는 긴 구멍이 있는데, 구멍은 너비 8cm, 길이 45cm, 깊이 3cm이며, 삼각형의 이마받침돌로 서로 접하고 있음. 중앙부에는 3조로 불균등하게 나뉘어 서로 짜맞추도록 되어 있으며, 그 위로 지붕받침석과 서로 접하고 있음. 돌출부는 양측 각각 길이 12cm, 높이 5cm이고, 중간에는 구멍(卯)이 있는데, 구멍의 길이는 55cm임. 안에서 보면 돌출부(陽榫)는 중간에 놓여 있으며 지붕받침석 아래 방향의 들어간 곳(陰卯) 안으로 짜맞추어 있음. 매우 견고하게 짜맞추어서 변형이 잘 안됨.

㉥ 지붕받침돌(托脊石, 그림 17-F)

원래 길이 80cm, 높이 36cm, 두께 17cm의 육각형 석재임. 지금 좌우 양측변은 모두 잔편으로 우측 아래 모서리는 결실되어 맞출 수 없음. 다만 인접한 돌 장부구멍(石榫卯)과 후벽석의 형상에 근거하여 복원할 수 있음. 그 위의 지붕받침석은 윗면이 비교적 평평하며, 상단은 脊端의 凹棱에서 맞춤. 하단과 양문석이 서로 인접한 바닥면은 좌우 각각 길이가 다른 陰陽의 장부(榫)를 만듦. 중부 외측은 陰榫, 내측은 卯로 삼고 양변 외측은 卯, 내측은 榫으로 삼음. 중간의 陽榫은 길이 54m, 너비 9m, 높이 5m이며 양변 半卯는 각각 길이가 12cm임. 좌우 양측변은 모두 삼각형의 이마받침돌과 서로 연접해 있으며, 삼각석 측면의 장부(榫)에 근거하여 그 측면은 길이 16cm, 너비 7cm, 깊이 4cm의 구멍(直卯)으로 석곽 내 한쪽에 치우쳐 있음. 지붕받침돌 정상부 측변 사이의 경사면은 양측 지붕돌과 서로

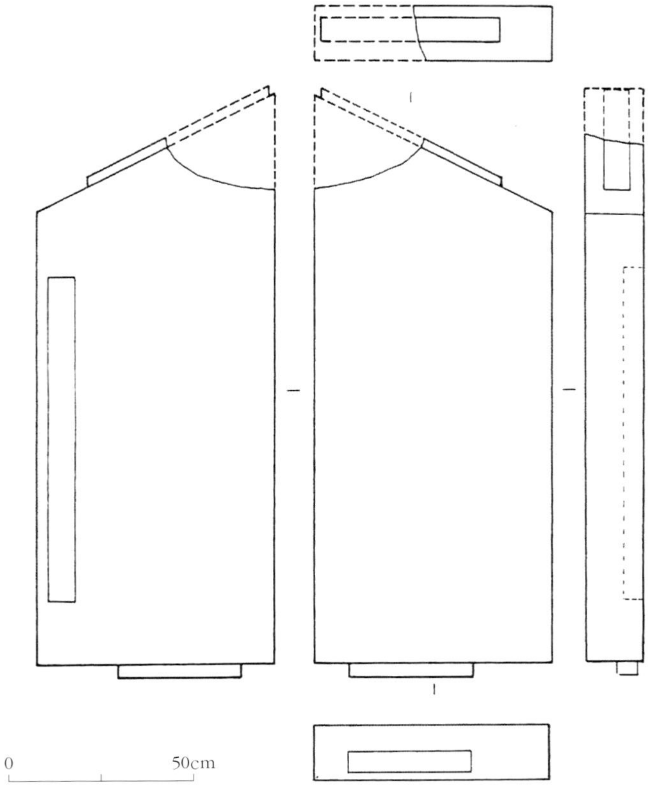

그림 17-H 태왕릉 석곽 복원도
H. 이마받침돌

접하나 두 돌은 모두 榫卯와 卡槽가 없음.

ⓢ 삼각석(三角石, 그림 17-G)

좌우 각 1개로 구성됨. 위치로 보면 마치 단순히 공백을 메우기 위해 설치한 듯한데, 이 돌은 양문석 혹은 托脊石과 하나를 이루지 않음. 아마도 가공제작이 쉽지 않았기 때문으로 추정됨. 두 돌 가운데 북측의 것은 온전한 형태로 길이 43cm, 높이 28cm, 두께 17cm이고, 평면은 끝이 잘린 삼각형이며, 양 직각변은 각각 너비 6~7cm, 길이 16~45cm의 불균등한 긴 장부(長榫)를 갖고 있음. 별도로 지붕받침돌 및 양문석과 맞춤. 빗변은 맞춤구멍(榫卯)이 없으며 직접 지붕돌 상부의 넓은 홈 안으로 끼워 맞춤.

ⓞ 이마받침돌(承頂石, 그림 17-H)

좌우 대칭으로 각 1개씩 양문석의 양측에 세워져 있음. 1990년 발굴 당시 남측 돌은 좌측 상부 모서리가 손실된 것을 제외하면 완전하며, 북측 돌 상부는 전체가 파괴되어서 남측 돌과 지붕석 아랫면에 근거하여 대칭원리로 복원함. 지붕받침돌은 지붕돌을 지탱하며, 윗면 중앙부의 위쪽로 치우친 곳에는 긴 장부(長榫)가 있는데 장부(榫)는 길이 28cm, 너비 8cm, 높이 3cm로 대체로 지붕면석 아랫면 하부의 장붓구멍(卯)보다 작음. 아랫면은 길이 33cm, 너비 6cm, 높이 4cm의 긴 장부(長榫)를 가지고 있으며, 석곽 받침 외측 장부구멍(卯)과 연결되어 있음. 양문석과 평면으로 연결되어 있는 맞춤구멍(榫卯)을 사용하지 않았고 내측면과 측벽석의 연결이 길쭉한 홈(槽卯)를 통과해 연결됨. 홈(槽卯) 길이는 90cm, 너비 7cm, 깊이 5cm임.

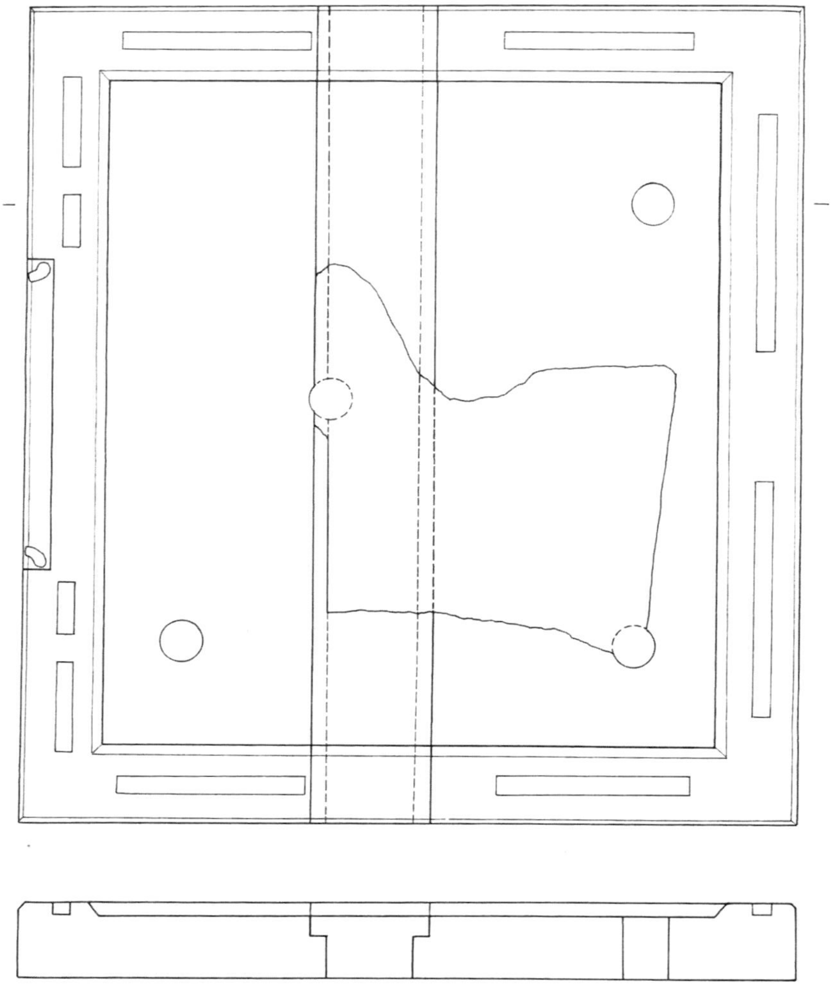

그림 17-1
태왕릉 석곽 복원도
I. 바닥석

ㅈ 바닥석(底座石, 그림 17-1)

가로로 놓인 3개의 판상석으로 구성. 판상석은 길이와 두께가 같음. 중간이 비교적 좁은 맞춤 홈에 두 개 대석 사이를 맞추었음. 이는 석재가 가공 제작하기 어렵기 때문임. 받침은 보존상태가 비교적 양호하나, 중간에 1개가 깊게 깨져 있으며, 중간의 맞추는 부분이 둘로 절단되었는데 동측, 즉 뒤쪽 돌은 훼손됨. 바닥석은 길이 3.1m, 두께 0.3m, 총 너비 2.83m인데 그 가운데 앞의 돌은 너비 1.1m이고, 뒷돌은 너비 1.34m임. 두 돌 사이는 33cm 떨어져 있고 각기 너비 50cm 홈이 파여 있는데, 중간에 돌을 박은 후 네면 둘레는 경사면을 없애고 표면을 평평하게 다듬고 갈음. 석곽 바닥에는 한 겹의 작은 강돌을 깔았고, 중앙부에는 길이 2.5m, 너비 2.24m의 관상을 놓은 곳이 있음. 이곳은 홈이 얕게 파여 있어 주변보다 낮으며 4개의 구멍이 뚫려 있음. 4개 구멍은 모두 원형으로 직경 16cm이며 곽내의 배수와 관련되는 것으로 추정됨. 바닥의 사면 둘레의 가장자리에는 홈을 파고 모서리를 다듬어 평평한 면을 형성함. 면은 너비 23～24cm, 높이 5cm로 그 위에는 곽실 네 벽을 고정하는데 사용된 긴 맞춤구멍(槽卯) 8개가 있음. 장붓구멍(卯)은 너비 6～8cm, 길이 20～90cm, 깊이 4～5cm로 고르지 않음. 받침석의 앞 가장자리(서쪽) 중앙부에는 아래로 너비 8cm, 깊이 6cm의 鑲門槽가 파여 있고 둘레 가장자리는 비스듬하게 기울어져 문턱 모양(門檻狀)을 띠고 있음. 그 홈 안에는 양단의 문지도리(門樞)가 둥글게 파여 있는데 그 둥근 모양의 앞에는 호형의 얕은 홈이 뚫려 있어 문(門扉)의 上軸을 설치한 후에 호형의 홈(槽)을 따라 下軸을 문지도리로 밀 수 있도록 설계함.

㉧ 문비석(門扉石, 그림 17-J)

좌우 2개로 구성되었는데 석재는 비교적 얇음. 도굴 당시 심하게 훼손되어 대다수 조각으로 깨져, 큰 것은 10여 편에 불과함. 잔편 중에 한쪽 문은 上緣을 맞추고 下緣은 문지도리(門樞)가 온전한 형태임. 鑲門 홈(槽)의 길이와 너비, 또한 이미 맞춘 좌측 문 상연에 근거하여 복원한 문의 좌우 양측의 너비는 동일함. 한쪽 문비석은 높이 1.2m, 너비 0.59m, 두께 0.06m이며, 만나는 곳은 半卯로 맞물리며, 외측 가장자리는 모두 둥글게 다듬었음. 상하에는 각각 높이 2cm, 직경 3cm의 원형 문지도리(門樞)가 1개씩 있음.

㉪ 관대(棺床, 그림 17-K)

○ 관대는 석곽 안에 남북으로 2개가 나란히 놓여 있음. 일찍이 도굴될 때 모두 부수어 깨졌으며, 잔편은 현장에서 외진 곳에 쌓아 두었음. 1990년 발굴조사 후에는 비교적 커다란 잔편을 모아서 맞추었는데 두 관대는 모두 결손이 많지 않았음. 원상 복원한 결과, 2개의 관대은 모두 1개의 돌로 제작되었으며, 석재 크기는 서로 다르고 세부적 차이가 있음.

○ 남측 관대의 석재는 비교적 얇아서 길이 2.2m, 너비 1.2m, 두께 0.1m이며 외측 가장자리 모서리각을 없애지 않았음. 중앙부에는 목곽을 두는 곳에 얕은 홈이 파여 있는데 홈의 깊이는 2cm이며 주위 둘레는 모서리를 없애고 경사졌음. 표면은 다듬어서 매끄러움. 관대 받침은 5개의 斗形 方足인데 方足은 중간의 비교적 커다란 것이 윗너비(上寬) 30cm, 아랫너비(下寬) 19cm, 높이 8cm이며 네 모서리의 것은 점차 작아져 윗너비 27cm, 아래너비 17cm, 총 높이 18cm임.

○ 북측의 관대 석재는 비교적 두터우며 제작은 기본적으로 동일하나 5개 방족은 모두 윗너비 27cm, 아랫너비 20cm의 방형이며 다리 높이는 7cm인데 바닥 모서리의 전후 둘레에는 모두 1개의 가는 棱이 파여 있음. 관대 석판 두께는 12cm, 중간의 凹槽 깊이는 2.5cm임.

㉫ 곽실의 축조과정

○ 각 부위의 석재를 복원한 후에 조립한 곽실은 아래와 같음(그림 18). 석곽 각 부위의 결구 특징에 의해 그 조립과정을 추측하면, 1) 석곽의 바닥을 마련. 2) 후벽 안치. 후벽석 체적이 비교적 크기 때문에 짜맞출 때 측벽석과 달리 이동시키는 것이 쉽지 않음. 3) 맞춤홈(槽)은 장부(榫)에 맞추어 양 측벽을 안치. 4) 관대 안치와 함께 석곽 조립. 그렇지 않으면 거대한 관대는 석곽의 작은 문을 통과할 수 없음. 5) 앞벽(前壁)을 세우는 순서는 아래에서 위로함. 6) 맞춤구멍(卯)에 맞추어 지붕면석을 덮음. 7) 용마루석(正脊石)으로 누름. 8) 門扉石을 안치함.

○ 조립된 석곽은 서로 잘 맞음. 전후좌우에 모두 각기 다른 방향의 짜맞춤 홈과 구멍이 연결되어 있음. 외벽과 묘실 네 벽 사이의 틈에 작은 돌들을 가득 채워, 흔들리거나 장부(榫)가 이탈할 가능성은 거의 없음.

○ 석곽 각 부위, 특히 그 양측 및 후벽을 조립하는 것이 쉽지 않다는 점을 고려하면, 묘실의 협소한 공간 내부에서 완성하기는 어렵기 때문에 석곽의 안치는 묘실의 축조와 동시에 진행되었을 것으로 추정됨. 묘실의

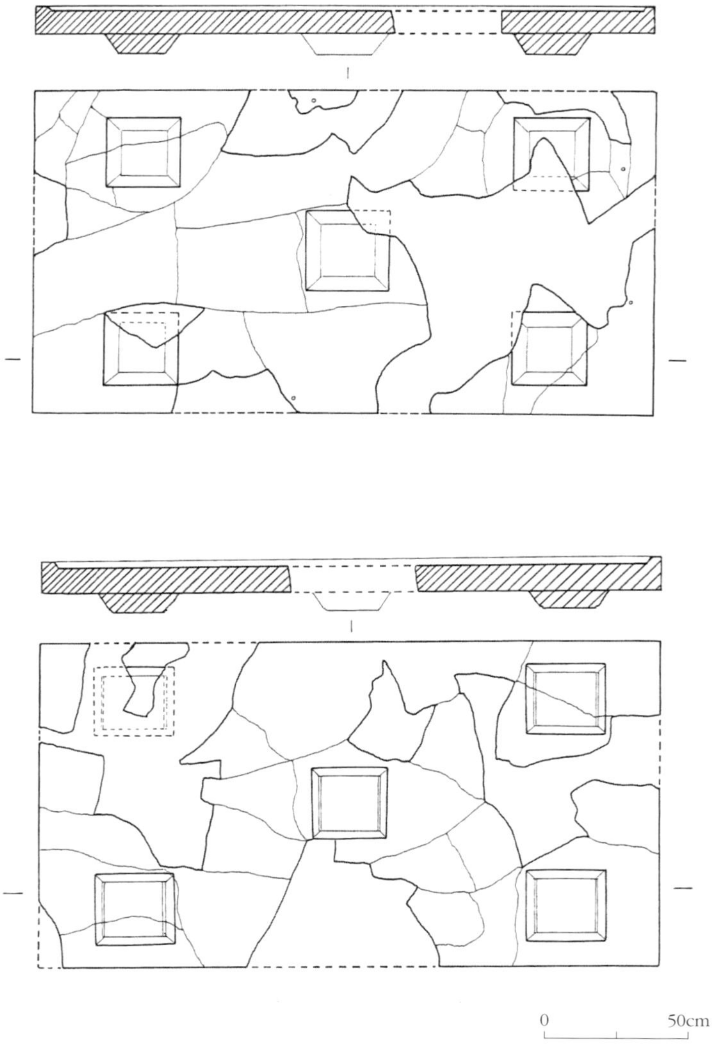

그림 17 – K
태왕릉 석곽 복원도
K. 관대(하면 및 단면)

기초가 완성된 후에 먼저 석곽을 안치하는 것이 공간과 조명을 충분히 얻을 수 있을 것이며, (묘실) 세 측벽석이 다 세워진 후에야 묘실 축조가 완성되었을 것임. 묘실 벽이 높아 지붕면석과 용마루석을 안치하는데 매우 유리하였을 것임. 지금 묘실 내벽의 몇 군데는 밖으로 돌출하여 석곽 벽과 덮여진 石榫를 떠받치고 있는데 역시 이때 축조되었을 것임. 무덤 안을 마무리 후, 천장돌을 덮기 시작하고, 연도만을 남기고 최후의 안치를 기다림. 구축 과정에서, 묘상 건축은 안장 또는 광개토왕비 중의 갑인년에 '遷就山陵'하기 이전에 완성했을 것으로 추정됨.

○ 복원된 石槨은 바깥 너비는 3m, 내부 너비는 2.68m이며, 두 처마의 최대 너비 3.19m임. 전체 길이 2.74m, 내부 길이(內長) 2.4m, 용마루 최고 길이(最長) 2.92m, 전체 높이 2.48m, 내부 높이(內高) 13.5~20.2m임. 석곽문은 너비 1.6m, 높이 1.9m임. 두 관대(棺床)는 잔석 더미가 놓인 자리에 근거하여 복원해 두었는데, 좌측(북쪽)은 큰 관대를 두고 우측(남쪽)에는 작은 관대를 두었음. 이것은 남녀 묘주를 부장한 것으로 추정됨.

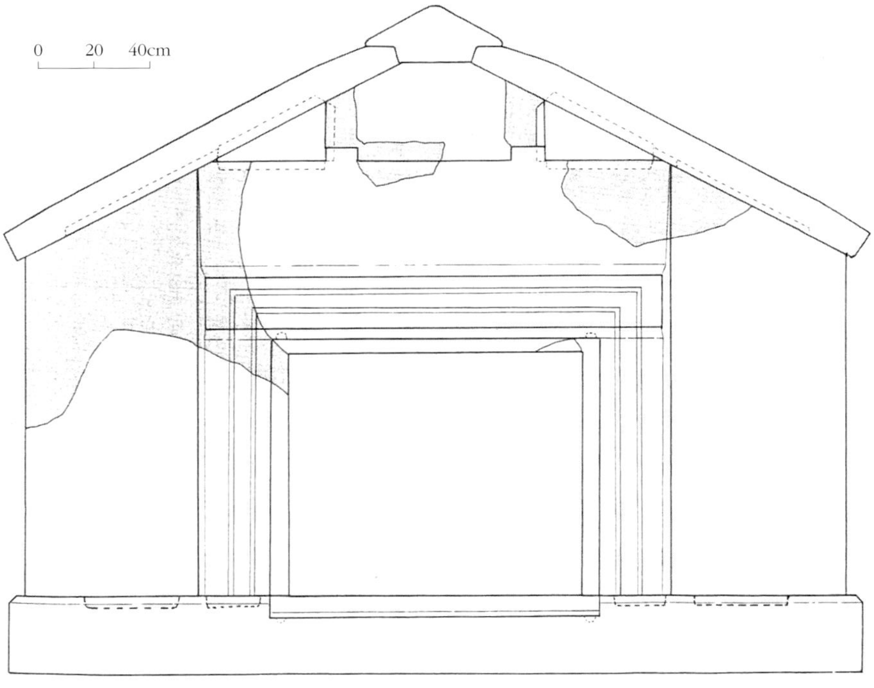

그림 18
태왕릉 석곽 구조도(정면)

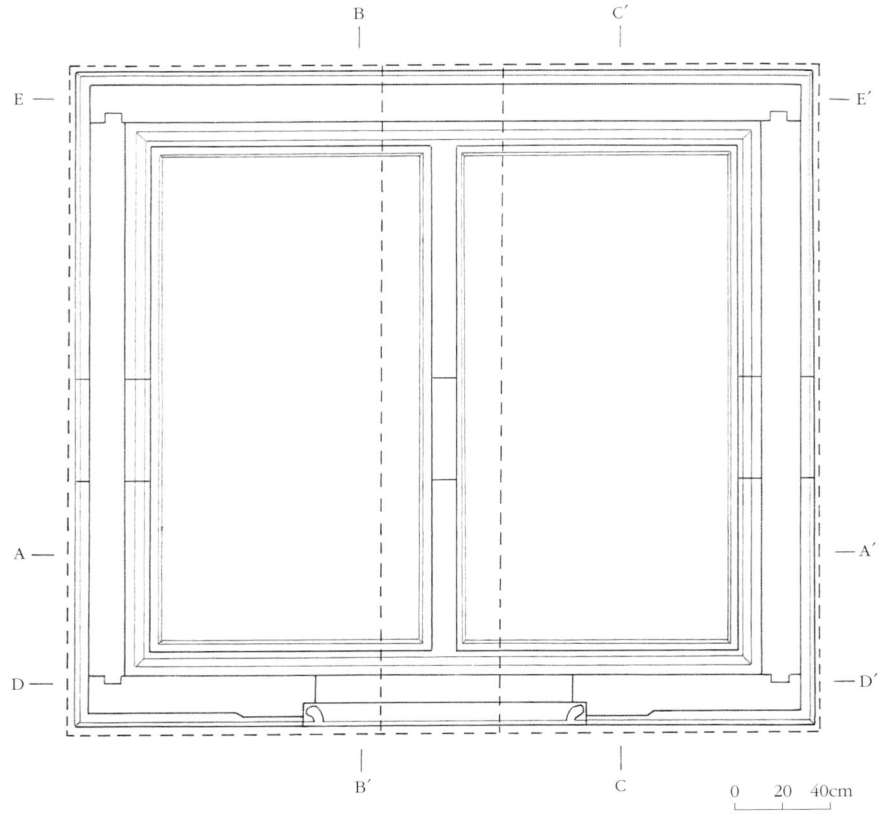

그림 18－A
태왕릉 석곽 구조도

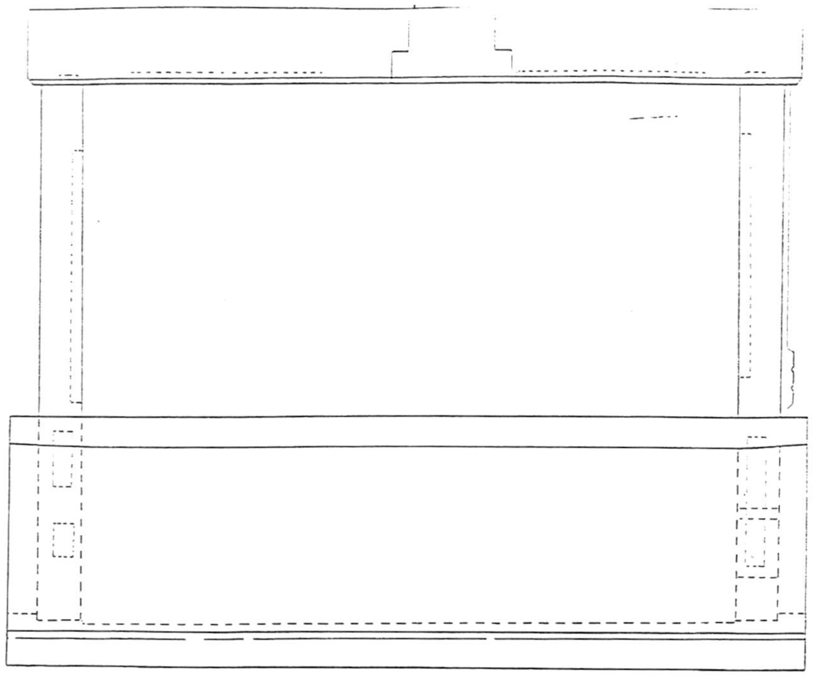

그림 18-B
태왕릉 석곽 구조도

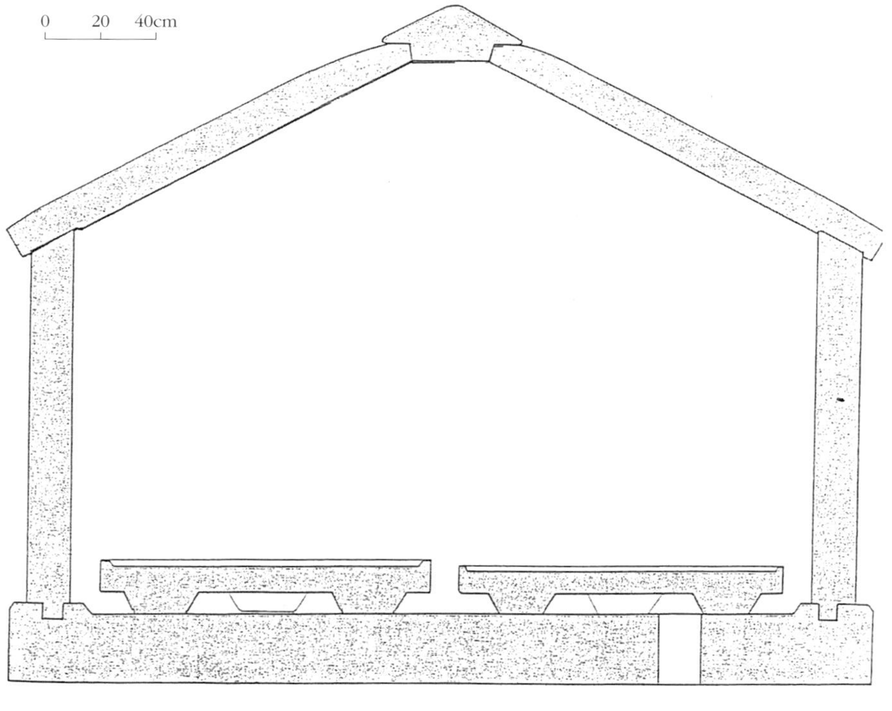

그림 18-C
태왕릉 석곽 구조도 A-A′

그림 18-D
태왕릉 석곽 복원도 B-B′

그림 18-E
태왕릉 석곽 구조도(C-C′)

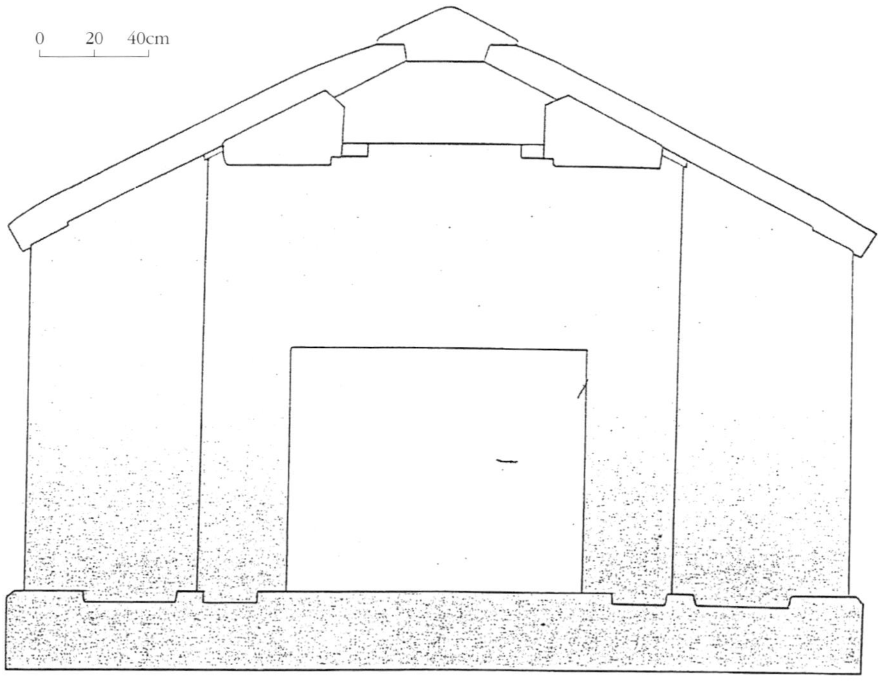

그림 18-F
태왕릉 석곽 복원도 D-D′

그림 18-G
태왕릉 석곽 구조도(E-E′)

4. 능원 유적

1) 陵園의 포석(鋪石)

○ 동·서·남면의 탐색갱을 종합하면, 묘역에서 이미 알려진 散水와 排水溝의 밖에는 삼면 모두 상당한 범위의 강자갈층이 깔려있음. 서측의 鋪石은 잔존면적이 가장 작아 대략 남북 길이 120m, 동서 너비 30~35m의 범위인데 서북 모서리는 무덤 둘레에서 50m 밖까지 깔려있음. 동측 포석은 이미 알려진 대로 남북 길이 90m, 동서 너비 50m 범위로 고분 동변의 길이보다 길음. 남측 자갈(卵石)은 남측 능원 담장까지 깔려있으며, 남문 통로까지도 남쪽을 향해 펼쳐져 있음. 이와 같은 넓은 면적으로 강자갈이 쌓인 것은 많은 인력이 조직과 계획을 통해 운반하여 조성한 것임. 태왕릉 밖 강자갈의 포석층은 온전한 능원이었다고 여겨지는데, 이 점은 남쪽 능원 담장의 바깥측에서 포석의 현상이 보이지 않는다는 사실에서도 확인됨.

○ 고분 남쪽의 배수구 발굴을 시작으로 탐색 구덩이를 파고 탐사를 진행함. 탐색갱 SG2에서 수구 발굴 이후, 그 양측의 탐색갱 SG3와 SG4를 파내어 수구의 방향과 길이를 확정함. 그러나 SG3와 SG4에서 모두 수구를 발견하지 못하고 잔강자갈층(河卵石層) 한 층을 발견. 그 남측의 탐색갱 SG5에서 자갈층(卵石層)이 발견되면서 남·서·동 3개 방향에서 큰 범위의 탐사를 하였음. 동시에 고분의 동서 방면에서도 탐사를 진행하였으나 북면은 도로와 건축물에 의해 탐색구덩이를 파지 못함(그림 19).

○ 남측에서는 탐색갱 SG5의 서쪽에 SG6~SG9 등의 4개 탐색구덩이를 18~35m로 파내 SG9와 SG8 동부에서 평평한 강자갈층이 발견되었으나 서쪽으로는 강자갈층이 더 확인되지 않아서 남쪽으로 탐색갱 SG10~SG15를 파냄. SG13를 제외하고 다른 4개 탐색구덩이에서는 모두 강자갈층이 발견되었고 SG15에서는 능원 담장과 남문 유구가 발견됨. 해당 유적의 발굴 당시에 SG15 동서양측에 SG16~SG20 탐색구덩이를 파고 SG4 동측에는 탐색갱 SG21~SG23을 파냄. 능원 담장을 발굴한 결과 동쪽으로 SG16까지 펼쳐지며, 강자갈은 서쪽으로 SG18의 동반부까지 깔려있고 동쪽으로 SG23의 서반부까지 깔려있는데 그 밖의 강자갈은 이미 파괴되었을 가능성이 있음.

○ 서측은 우선 고분에서 30m 정도의 거리에 탐색갱 WG4~WG6를 파내 모두에서 강자갈을 발견함. 뒤이어 고분에서 약 50m 떨어진 곳인 원래 석탄공장과 제지공장의 안에 탐색갱 WG7~WG10을 팠으나 WG9 동부에서만 강자갈이 깔린 층을 발견함. 이곳으로부터 밖의 탐색갱 WG10~WGB12에서도 남면에서 보편적으로 보이던 강자갈층이 없는데, 공장 구역내 지표가 변동이 비교적 컸기 때문으로 추정됨.

○ 동측에는 우선 EG4~EG6 탐색구덩이의 중앙부에서 작은 범위의 강자갈층이 보이고, 이어서 파낸 탐색갱 EG7~EG8에서 장방형의 강자갈 및 산돌이 깔린 층을 발견함. 연속해서 동쪽으로 EG9~EG12의 4개 탐색구덩이를 파내었는데 앞의 3곳(EG9~E11)은 주거 밀집지이며 자갈층과 현대 건축쓰레기가 서로 섞여 있어 더 이상 발견할 수 없으나 북측의 EG12에서는 돌무지 유적을 발견했음. 이후 동측에서 파낸 EG13~EG20은 기본적으로 남북향을 하고 있는데 목적이 유적 간 통로를 찾는 것이나 결과는 얻지 못함.

2) 陵墻(그림 20)

○ 능원의 담장 유적은 고분 남쪽으로 100m 떨어진 SG15호 탐색구덩이 안에서 발견함. 남측으로 集安-滿浦간 철로의 북측 방면에 접함. 담장벽은 산자갈에 황토가 더해져 축조되었고 소량의 장방형 강자갈밖에 없음. 지금 담장벽은 존재하지 않으며 바닥부의 잔흔만이 보임. 잔흔은 동서 양쪽으로 있는데 모두 ㄱ자형으로 중간에는 7m가량의 간격이 있음. 간격은 남쪽으로 양단의 길이가 서로 같은 담장임.

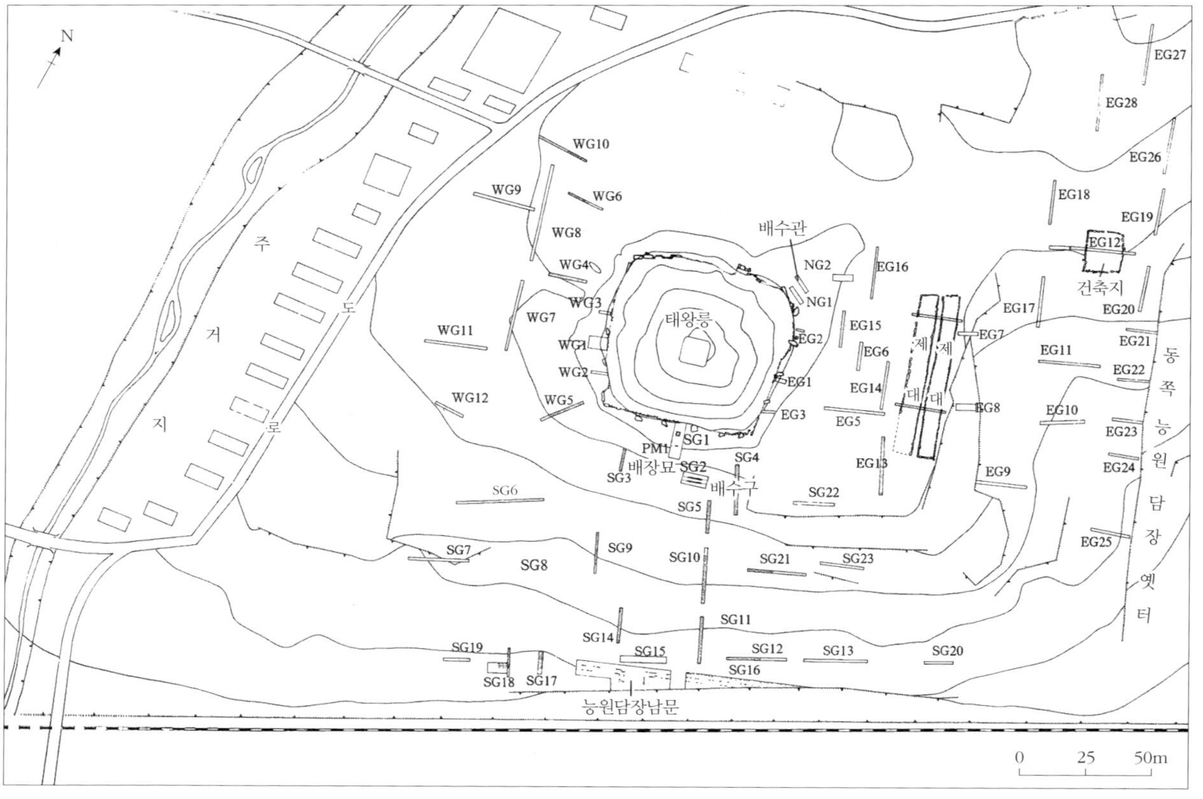

그림 19 태왕릉 밖 탐색갱 위치 및 유적 분포도(『集安高句麗王陵』)

○ 서단의 담장 기초는 길이 19m, 너비 0.95~1m로 단층의 축조 돌만이 남아 있는데, 대체로 셋으로 배열된 상태임. 각 담장은 길이 3.6m, 너비 0.9m 정도이며, 모퉁이 지점의 돌은 비교적 밀집되어 있음.

○ 동단 담장 기초는 길이 약 10m, 너비 0.9~1m이며, 석재는 한층만 남아 있는데 둘로 배열되고, 중심지는 비교적 많이 결실됨.

○ 담장은 길이 4m, 너비 0.8~0.9m임. 부분적으로 2층으로 축조된 돌이 보임. 이 담장 서측에는 비교적 많은 담장 돌과 기와가 흩어져 있음. 꺾어진 담장의 길이는 7.2m임. 중간에는 작은 강돌이 깔려있으며, 자갈층의 두께는 약 5cm이며, 남쪽으로 철로변 도랑의 단애까지 이어짐. 실측에 의하면, 이 담장 양단의 방위각은 모두 80°이고 전체는 동쪽에서 북쪽으로 치우쳤으며, 墓道방향과는 거의 5° 차이가 있으나 대체로 남측 계단과 동일한 방향임. 현상분석에 의하면 동서 방향의 양단에 남아 있는 담장은 태왕릉 능원의 남측 담장이어야 하며, 그 위치는 무덤 남면 제3·4 호분석의 가운데와 딱 마주 향하고 있음. 양단의 담장 간격은 능원 남측의 내외 통로이며, 도로상에는 깔려있는 자갈은 능원 내부의 잔자갈(卵石)과 연결되어 있음. 그 외 양단 남쪽 담장은 길이가 같고 동측 담장 밖에서는 기와를 발견하여 당시 기와를 받치고 있던 門樓와 門闕이 세워졌을 것으로 추정됨.

○ 능원 담장 방향을 따라 탐색갱 SG15의 동서 양단에서 SG16~SG19 등 총 4개의 탐색구덩이를 파냄. 그 가운데 SG16 탐색갱에서 산돌로 쌓은 1단의 담장 기초를 발견. 담장 벽체가 붕괴된 석재의 분포범위는 SG15에서 확인되며, 동쪽으로는 철로변 도랑의 단애까지 흩어져 있음. 모퉁이 지점에서 추측해보면, 남

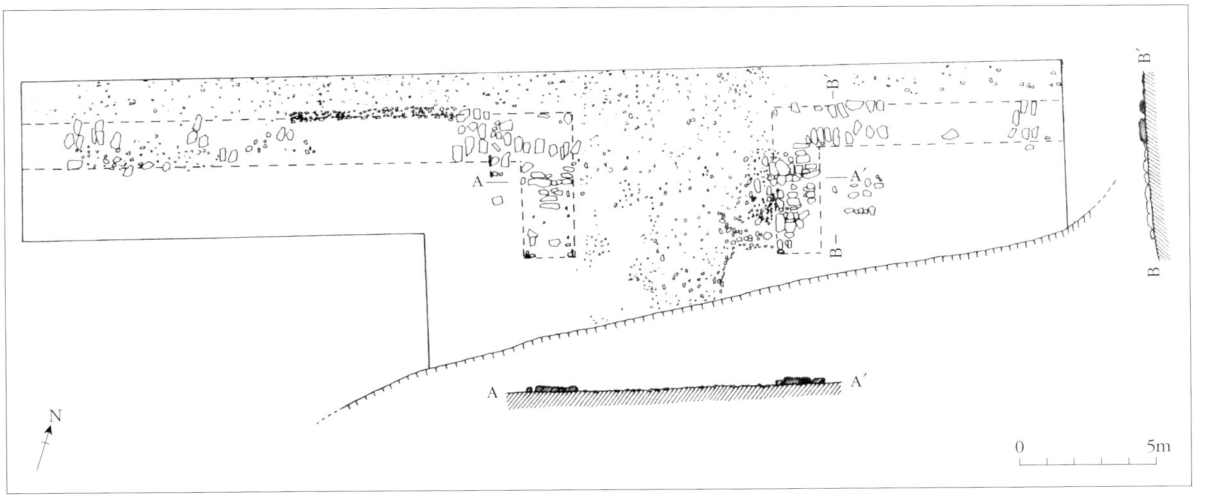

그림 20 태왕릉 남쪽의 남쪽 능장 및 문지 평·단면도(『集安高句麗王陵』)

문의 동쪽에서는 능원 담장의 총길이가 약 32m가 현존함. 서측 SG17과 SG18 등 두개의 탐색구덩이 동부에서는 모두 가장자리 부분이 온전한 광범위한 강자갈을 발견하였는데 남문 서단의 담장과 일직선을 띠고 있어 담장은 남문의 서쪽에서 적어도 50m까지 펼쳐져 있었음을 알 수 있으나 담장 벽과 기초는 이미 모두 존재하지 않음.

○ 태왕릉의 능원 담장은 일찍이 1940년대 발견되었는데 일본학자 藤田亮策은 간단한 실측을 하였음. 당시 드러난 능원의 평면은 사다리꼴이었음. 이번 남측 능장의 발굴과 동시에 동측 담장의 탐사가 이루어졌는데 동측 담장은 고분 동쪽 150m 정도의 단애변에 위치하며 1950년대 일찍이 부분적으로 담장이 남아 있었으나 후대에 마을이 확대될 때 이곳에 도로가 만들어졌음. 이 담장의 내막을 아는 사람들이 지점을 가리키는 바에 따라 동측 담장의 원래 터에서 도로를 따라 EG21～EG25 등 5개의 탐색구덩이를 넣었으나 흔적을 찾을 수 없었음.

○ 서·북 양측의 담장은 지형의 변동이 비교적 커서 이미 원래 토층이 없어 탐사하지 못함.

3) 陪葬墓(03JYM541P1)

○ 배장묘는 SG1의 중앙부에 위치하며, 북으로는 태왕릉 남측 제1단과 3m 정도 떨어져 있으며 편호는 03JYM541P1임.

○ 구조는 동북 지구의 전국시기에 일찍이 보이던 石棚墓와 동일하여 4개의 입석과 바닥석·뚜껑돌 모두 6매의 석재로 만들어졌음. 태왕릉과 같이 JYM541P1은 황토층에 축조되었으며 강돌과 묘역의 판석이 모두 그 주위에까지 깔려 있어 태왕릉 묘역과 동시에 구축된 것이 확실함. 묘주는 태왕릉의 묘주와 상당한 관련이 있는 인물이어야 함.

○ P1을 구축한 석재는 모두 청회색 응회암이며 돌의 節理面은 혈암에 가까워 비교적 얇은 조각으로 떨어져 나가기 쉬운 약한 재질임. 조사 당시 바닥석은 갈라지고 뒤틀어졌으며 덮개돌은 없어졌으며, 북측 입석은 이미 고분 안으로 기울어져 있고, 남측 판석은 散水 자갈층 위에 평평하게 떨어져 있고, 양측(동측과 서측) 입석만이 자리를 옮기지 않고 지하에 비교적 깊게 묻혀 있었음. 태왕릉 묘실 도굴 당시에 한 번 훼손된 것으로 추정됨. 바닥석은 장방형으로 가지런히 가공되었는데, 길이 2.5m, 너비 2.3m, 두께 0.15m이며 지금은

이미 훼손되어 세 조각으로 나뉘어 있음. 동측 벽석의 상부는 훼손되어 길이 2.5m, 두께 0.3m이며 散水石보다 0.7m 높으며 그 안쪽면 북단에는 너비 10cm의 얕은 홈이 있음. 서측 벽석은 길이 2.7cm, 두께 0.35m이며 자갈 위로 높이 1.9m이며 그 안쪽면 북단에는 역시 얕은 홈(淺槽)이 뚫려 있음. 이 판석의 上緣은 원래 지표에 노출되어 있었으나 근년에 진흙에 의해 지하에 묻힘. 위치상 보면, 판석은 남쪽으로 약 0.6m 어긋나 동측 판석과 대칭을 이루지 않는데 무엇 때문인지 알 수 없음. 북측 벽석은 길이 2.9m, 너비 2.1m, 두께 0.15m이며 가장자리는 평평하게 손질하였음. 원래는 양측(동측과 서측) 입석의 홈 안에 끼워 넣은 것으로 하부를 깊게 묻을 필요가 없음. 지금 덮개돌의 압력이 제거되어 있거나, 혹자는 덮개돌이 부서지면서 고분 내로 기울어졌다고 함. 남측 벽석의 평면은 사다리꼴로 길이 2.5~3.35m, 너비 1.65m, 두께 0.13m임(그림 21). 석붕묘의 일반적 규칙을 보면 이 판석은 門石으로 남측에 막아 세운 것이며 수시로 계속해서 사람과 부장품을 매장하기 위해 열고 닫을 수 있었음. 지금 판석은 이미 넘어져 있고 판석의 동측에는 매우 정교하게 가공된 장방형의 니질암 석재가 있었으며, 서측에는 불에 타 깨진 뼈무지가 있었고 8조각의 니질 灰陶片이 나왔음. 고분의 덮개돌은 이미 파괴되어 관 안에 3~4개의 크기가 다른 잔편으로 떨어져 있으며, 나머지 부분은 행방이 불분명함(그림 22).

○ P1 내부 바닥돌은 북단 석판과의 좁은 틈에서 비교적 많은 동물뼈와 깨어진 뼈가 출토되는 것과 함께 白灰, 깨진 기와와 벽돌, 1점의 金飾 등이 발견됨. 門石의 서측에는 비교적 커다란 석재가 있으며, 석재의 형상은 불규칙한데 길이 1.4m, 너비 0.5m, 두께 0.4m임. 그 동남에는 두 개의 청회색 큰 벽돌이 출토되었는데 그 중 하나는 위에 '未豆'라는 두 글자가 새겨져 있음. 그 서쪽과 무덤 북쪽 일대에는 마름모형 花文磚이 약간 출토됨.

○ 고분 내 골격은 감정을 거쳐 貉, 馬, 鹿, 魚, 禽 등을 제외하고는 인골이 있음. 인골은 불에 탄 碎骨임. 이전에 알려진 바에 의하면 石棚墓는 漢代에 점차 소실되었으며, 이런 류는 이미 흔히 볼 수 없는데 이는 조상에 대한 회상을 보여주는 것 외에도, 동시에 안에 안장된 것이 태왕릉 묘주의 직계 혈족일 가능성이 있음.

4) 祭臺(그림 23)

○ 제대는 고분의 동쪽으로 50~68m 떨어진 곳에 위치. 동측 능원 담장과는 약 30m 떨어져 있음.[1] 제대는 2개로, 서로 1.5m 떨어져 평행한 석축의 臺形 건축임. 장축은 北偏西이며, 방위각은 164°이며, 고분 동측의 계단 방향과 일치함.

○ 두 제대의 축조법은 서로 동일하며, 모두 태왕릉묘 바닥과 동일층인 황색점토 위에 축조됨. 사면은 크고 작은 두 층의 큰 할석으로 가장자리를 두르고, 그 내부에는 깨진 돌과 자갈로 메워 상면을 평평하게 축조함. 지금 고분에 가까운 西臺 남단은 이미 파괴되었으며 동변의 석재만이 남아 있음. 東臺는 보존상태가 양호하며, 중앙부 두 층의 축조석은 여전히 볼 수 있음. 두 제대는 모두 거대한 석회암 조각으로 제대 기초부를 만들었으며, 석재는 간단한 손질을 거쳤는데 큰 것은 길이 3m, 너비 1.8m, 두께 0.5~0.6m이며, 작은 것은 길이 1.2m, 너비 0.8m, 두께 0.3~0.4m이며, 축조할 때 바깥 면을 평평하게 만듦. 그 위에 축조한 제2층의 돌은 규격이 비교적 작고 대부분 화강암석과 산자갈임. 제대 내부를 메운 강자갈은 크기가 다르며, 부분적으로 이 층은 이미 손실되어 깨진 산돌이 노출됨.

○ 평면을 보면, 두 제대는 모두 사다리꼴로 동측 제대는 비교적 서측 제대보다 길며, 두 제대의 사면 길이는 다름. 실측에 의하면 동측 제대의 동변 길이 74m,

1 도면 19에 의하면 제대는 고분 동측과의 거리가 동측 능원 담장과의 거리 보다 더 가까워, 이 설명과 부합하지 않음.

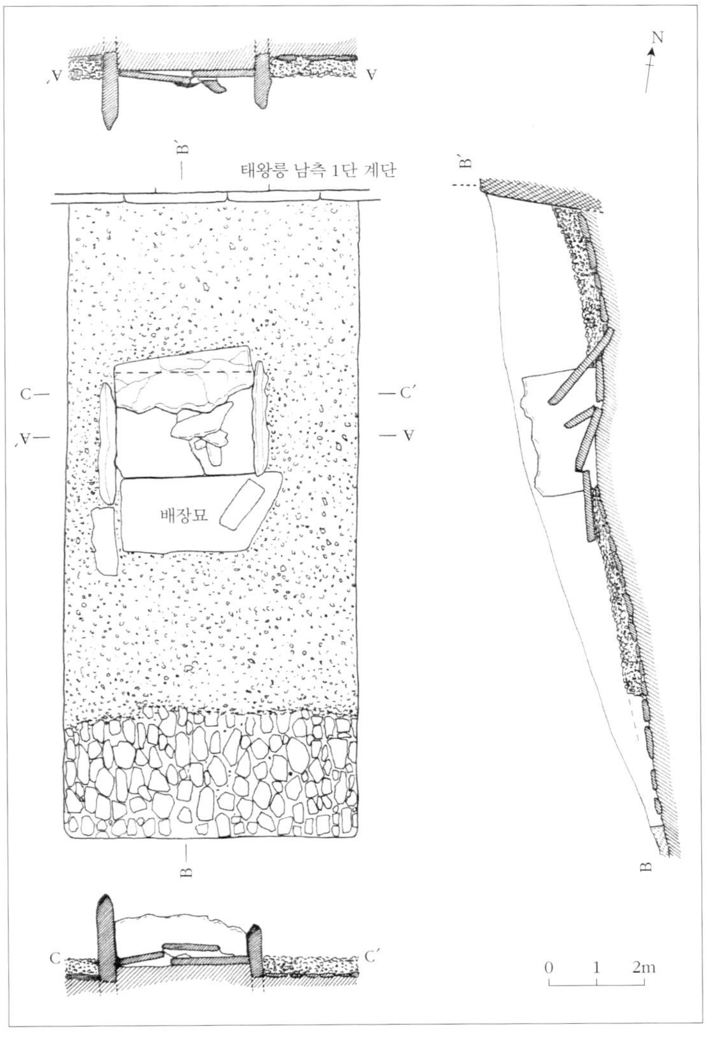

그림 21
태왕릉 배장묘 및 남측 탐색 구덩이 SG1 평·단면도
(『集安高句麗王陵』)

그림 22 태왕릉 배장묘
(『集安高句麗王陵』)

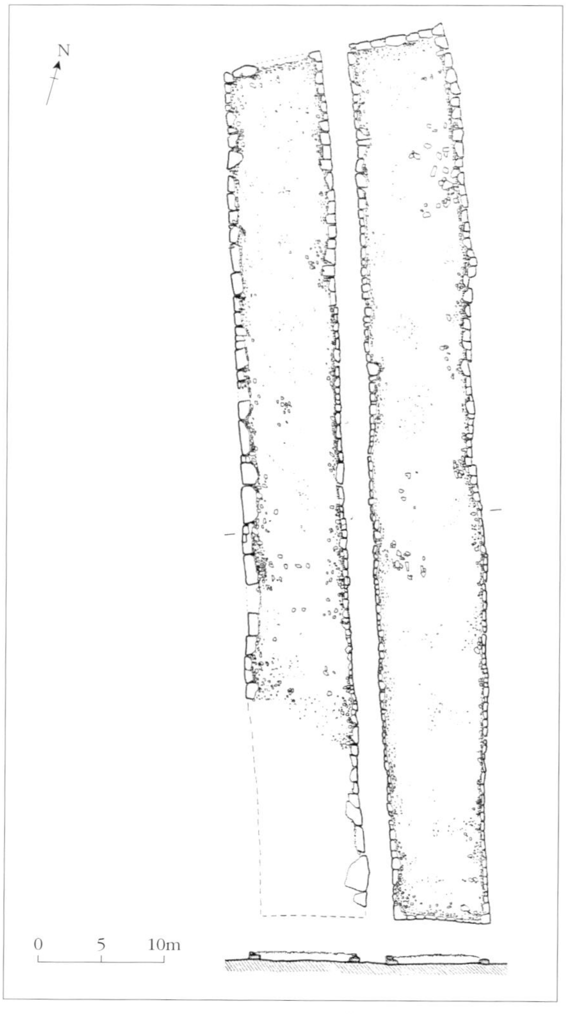

그림 23 태왕릉 제대 평 · 단면도(『集安高句麗王陵』)

서변 길이 72m, 북변 길이 7.5m, 남변 길이 7.8m이며 중간의 너비가 8.8m임. 서측 제대의 동변 길이 70.2m, 서변의 남은 길이 51.5m, 북변 길이 8m, 남변 길이 7.6m이며 중간부 너비가 가장 넓은 곳이 8.5m임. 두 제대의 높이는 모두 0.5m 정도이며, 가장 높은 곳은 0.7m에 이름.

○ 제대 위에서는 유물이 발견되지 않았으나 동측 제대의 남북 양측과 서측 제대 중앙부의 북쪽은 표층 강자갈이 모두 흑회색을 띠어 희생이 남긴 동물의 지방 또는 연기 그을음 흔적이라 의심됨.

5) 건물지(建築基址, 그림 24)

○ 건물지는 고분 東偏北 120m 지점에 위치하며, 그 동쪽 약 9m에는 일찍이 확인된 능원의 동측 담장이 있음.

○ 건물지는 방형 臺狀를 띰. 길이와 너비가 각각 약 9m이며, 북고남저의 언덕 위에 자리하고 있으며, 남쪽은 오목한 지역임. 臺地 내부는 깬돌과 커다란 강자갈로 쌓았는데 그 두께는 0.2~0.9m로 고르지 않으며, 주위는 장대석과 커다란 돌로 둘레를 돌렸음. 가장 가지런한 남측변은 정방향에서 65° 기운 서남향임. 북측 테두리에는 1층의 커다란 석회암만이 보이며, 중간의 일부 외연은 북측으로 돌출하였으며, 가장 커다란 석재는 길이 0.9m, 너비 0.6m, 두께 0.3m임. 남측 가장 높은 곳의 축조석은 4층으로 재질은 화강암 · 석회암 · 산자갈이며, 일반적으로 손질된 장대석임. 바닥층 석재는 화강암과 석회암 두 종류이며, 가장 큰 것이 길이 1.1m, 너비 0.7m, 두께 0.5m임. 상부 석재는 비교적 작으며, 주로 화강암과 큰 산돌을 사용하였음. 사용된 석재는 길이 0.5~0.7m, 두께 0.15~0.3m로 고르지 않음. 축조할 때 상부는 약간 들여쌓았으나, 대부분 붕괴됨. 동측 북단에는 가장 아랫면에 1층의 석회암만이 보임. 남단은 떨어진 석재가 비교적 많으며, 축조석 두 층이 남아 있음. 석재의 규격 및 가공 상황은 남쪽의 틀과 차이가 없으며, 축조석은 원래 4층 혹은 3층이었을 것임. 서측 틀은 가장 낮은 부분의 1층 대석만이 남았는데 가장자리는 매우 정제되어 있으며, 중앙부의 석회암 석재는 길이 1.7m, 두께 0.5m로 비교적 손질이 잘 되어 있으며, 북단은 2곳에 돌이 빠져 있음.

○ 方臺 안의 메운 돌은 하부가 비교적 크고 상부가 부서져 작은 것들이며, 표면은 기본적으로 평평하고 가지런하게 돌을 쌓음.

○ 石臺의 구조를 보면, 모종의 건축 기단부로 추정되며, 남저북고의 자연지세로 인해 석재로 남측을 더 높임. 그러나 그 위에는 지금 현대건축 廢土가 섞여 있

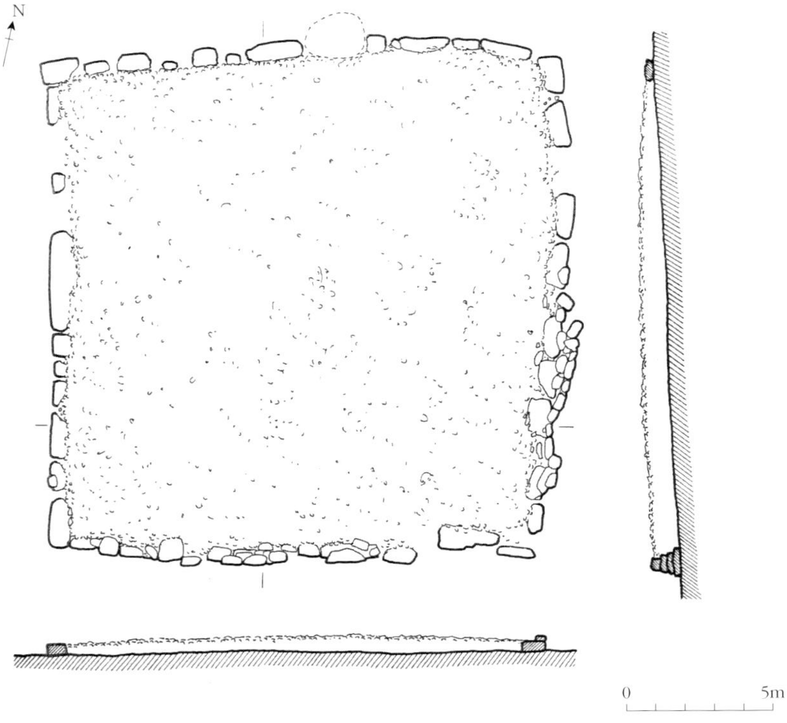

그림 24
태왕릉 건물지 평·단면도
(『集安高句麗王陵』)

어 원래 전반적으로 흙을 쌓은 정황 및 기둥돌 분포 정황을 알 수 없음. 위치상 보면, 이 건물지는 태왕릉과 광개토왕릉비 사이의 陵區 안에 위치하는데 동측은 능원 담장과 멀지 않아서 陵區의 수호 및 제사와 연관된 것으로 보임. 다만 그 북측과 남측의 EG18～EG20의 탐사에서 모두 陵과 碑로 향하는 도로를 발견할 수 없었음.

6) 광개토왕릉비

○ 태왕릉 능원 밖 고분의 동측 偏北 300m 지점에는 광개토왕릉비가 있는데, 동쪽으로 집안－통화 간 도로의 구노선과 접하고 있음. 이 비에는 '國岡上廣開土境平安好太王'이란 시호가 새겨져 있어 '광개토왕릉비'란 명칭을 얻음.

5. 출토유물

1990년도에 발굴한 구덩이 속의 유물은 앞에 'G'자, 2003년 고분 아래 돌틈과 호분석 아래의 구덩이 속에서 출토된 유물은 앞에 'D'자, 고분 아래 배장묘 속에서 출토된 유물은 앞에 'P'자를 붙임. 유물번호 맨 앞의 숫자는 출토연도임.

1) 청동기

(1) 청동부뚜막(03JYM541D:13, 그림 25)

○ 출토지 : 태왕릉 남측면의 동쪽에서 제2호분석 아래.

○ 크기 : 길이 86cm, 너비 49.5cm, 높이 31.8cm, 두께 0.5cm 정도.

○ 형태 : 출토 당시 8조각으로 나뉘어져 있었으며, 현재 복원된 상태. 부뚜막은 속이 빈 장방체이며, 형식은

중원에서 항상 보이는 부장용 부뚜막 토기와 동일함. 표면은 약간 부식되었음. 정면에는 길이 32.5cm, 높이 17cm의 장방형 화구(竈門)가 있으며, 화구 주위에 두 줄의 양각 돌출석이 돌아감. 상면에는 직경 34.2cm의 원형 솥구멍이 있음. 측면에는 너비 10.8cm, 높이 8.5cm의 타원형의 연기 나오는 구멍이 있음. 연기 구멍 내에는 위로 향하는 魚尾形장식이 투조되어 있음.

(2) 청동방울(銅鈴, 03JYM541:201, 그림 26-1)

○ 출토지 : 태왕릉

○ 크기 : 방울 너비 2.4~3cm, 전체 높이 5cm.

○ 형태 : A형(內凹口). 방울은 상부는 좁고 하부는 넓어 종형과 유사함. 정상면은 타원형으로, 중간에는 구멍이 뚫려 있고 옆에는 편평한 꼭지(鈕)가 있고 꼭지에는 둥근 구멍이 뚫려 있음. 꼭지의 높이 0.7cm, 구멍 직경 0.2cm.

(3) 청동방울(銅鈴, 03JYM541:123, 그림 26-2)

○ 출토지 : 태왕릉.

○ 크기 : 방울 입구 긴 지름 2.9cm, 짧은 지름 2.5cm, 벽 두께 0.25cm, 전체 높이 5.2cm.

○ 형태 : B형(平口). 방울 입구는 타원형, 측면은 梯形, 정상면의 중간에 꼭지(紐)가 하나 있고 꼭지에는 둥근 구멍이 있음. 거푸집(鎔范) 주조로 중간에 주조 흔적이 아직 남아 있음.

(4) 청동방울(銅鈴, 03JYM541:92, 그림 26-3)

○ 출토지 : 태왕릉.

○ 형태 : B형(平口). 방울 입구는 원형이고, 정상면은 평평하며, 방울 꼭지는 이미 훼손된 상태로 표면에는 녹슨 구멍이 있음. 방울에는 4행의 세로 쓴 명문이 있으며, 각 행은 3글자임. 명문은 비교적 분명하여 "辛卯年 好太王 □造鈴 九十六"이란 총 12자를 판별할 수 있음. '造' 앞의 글자는 상부의 '一' 가로획은 분명하지만 그 아래는 판별하기 어려움.

(5) 청동동전(90JYM541G:7 및 90JYM541G:7)

○ 출토지 : 태왕릉.

○ 크기 : 직경 4cm, 방형의 구멍 너비 1.1cm.

○ 형태 : 金代 '大觀通寶'임. 양면에는 주연이 돌출했음.

2) 철기

(1) 철제끌(鐵鏨, 03JYM541:224, 그림 27-1)

○ 출토지 : 태왕릉.

○ 크기 : 전체 길이 10.5cm, 끌 너비 2cm, 머리 직경 4cm.

○ 형태 : 완형. 방추형이며 머리는 두들겨 더 둥글게 만들었음.

(2) 철제끌(鐵鏨, 90JYM541G-4, 그림 27-8)

○ 출토지 : 태왕릉.

○ 크기 : 몸의 남은 길이 8cm, 중간 너비 2cm, 두께 1.6cm.

○ 형태 : 하부는 훼손되어 잘림. 끌의 몸(鏨身)은 편평한 기둥형. 頂部에는 구멍(銎)이 있는데 약간 변형되었고, 공부는 길이 1.7cm, 너비 1.5cm, 깊이 4.3cm임.

(3) 철제도끼(鐵斧, 03JYM541:189, 그림 27-3)

○ 출토지 : 태왕릉.

○ 크기 : 몸 길이 9.5cm, 너비 0.8~1cm, 두께 1~2cm.

○ 형태 : 장방체(四棱柱形)로 중간에는 장방형 자루구멍이 있음. 평평한 날은 예리하여 자르고 새기는데 사용할 수 있음. 머리 부분은 방형이나 평평하지 않음. 구멍 길이 1.2cm, 너비 0.4cm. 인부 너비 1.3cm.

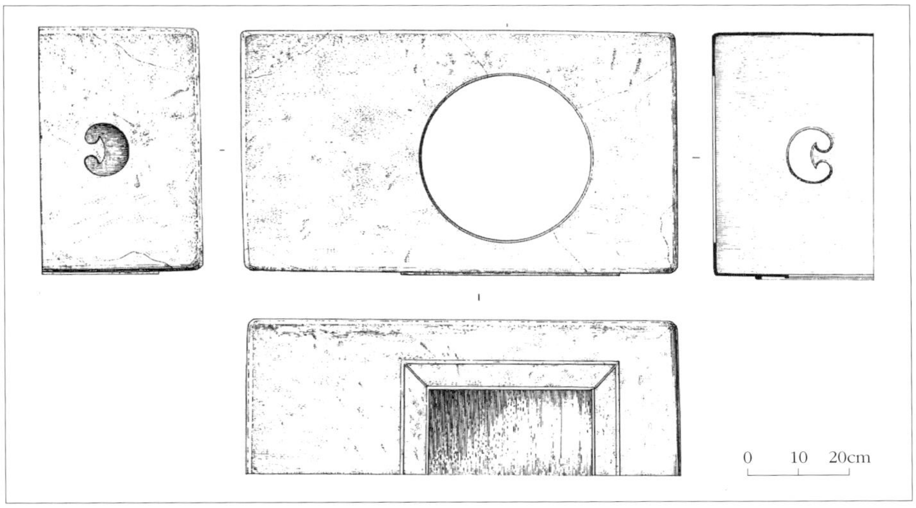

그림 25 태왕릉 청동부뚜막
(03JYM541D:13)

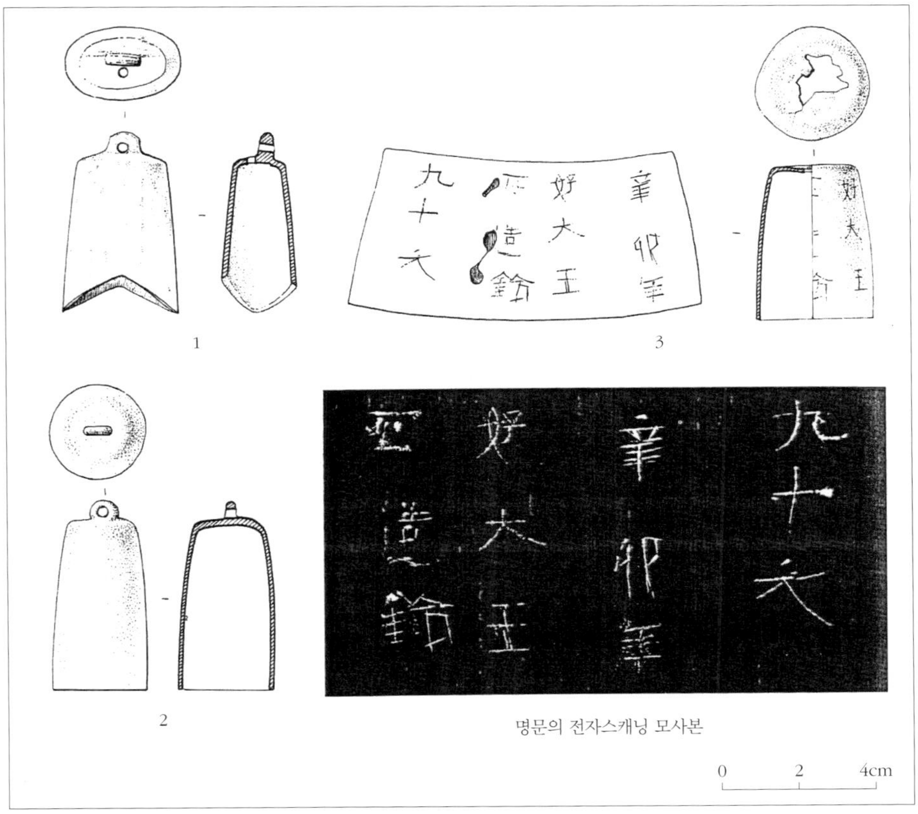

그림 26 태왕릉 청동방울
1. A형(03JYM541:201)
2. B형(03JYM541:123)
3. B형의 명문 청동방울
(03JYM541:92)

(4) 철천(鐵穿, 03JYM541:95, 그림 28)

○ 출토지 : 태왕릉.

○ 크기 : 전체 길이 22.5cm, 인부 너비 4cm.

○ 형태 : 편평한 삽형으로 날이 평평하고 곧으며 중간은 예리함. 머리에는 원형의 깊은 구멍(深銎)이 있으며, 구멍(銎孔)은 양측을 말아서 만듦. 구멍 직경 3~4cm, 깊이 14cm.

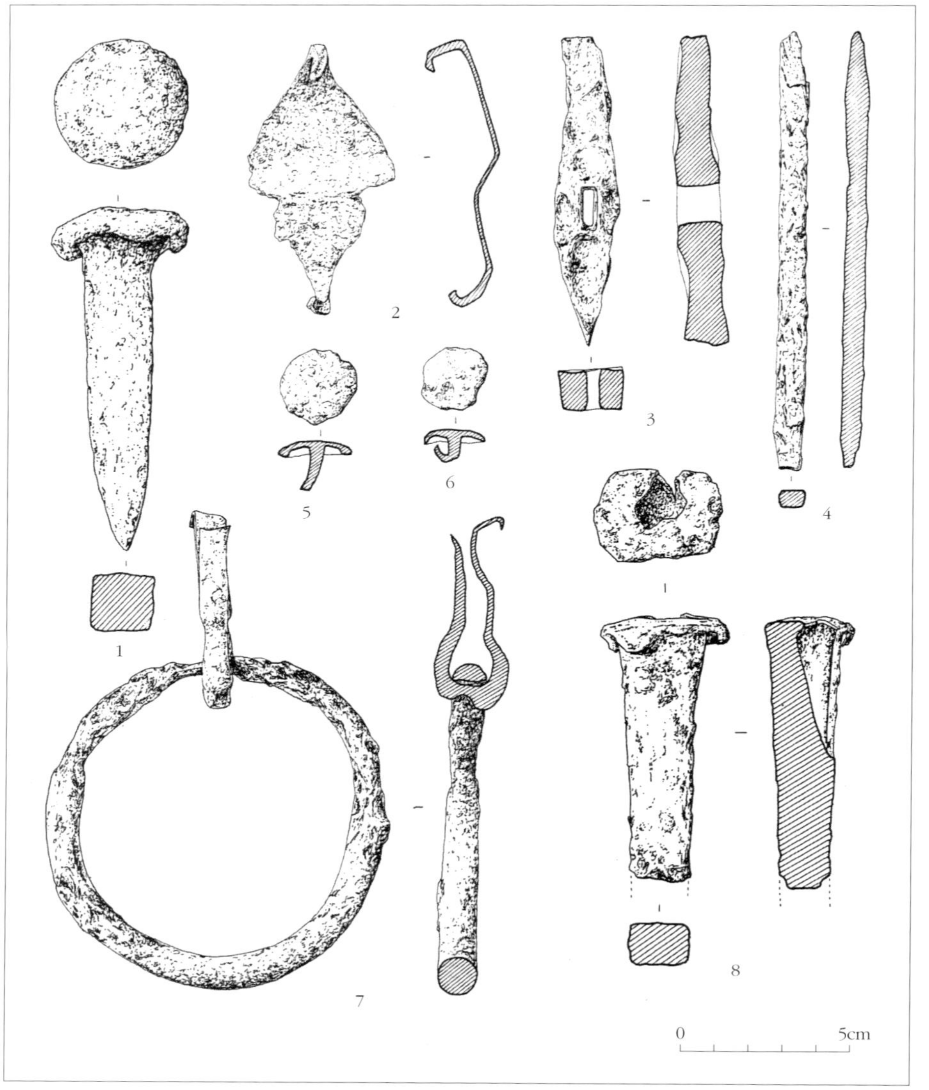

그림 27 태왕릉 철기 1
1·8. 철제끌
(03JYM541:224, 90JYM541G-4)
2. 철제꺾쇠(鋦釘, 03JYM541:192)
3. 철제도끼(03JYM541:189)
4. 철제못(03JYM541:193)
5·6. 철제장식
(03JYM541:45-2, 03JYM541:45-1)
7. 철제고리(03JYM541:194)

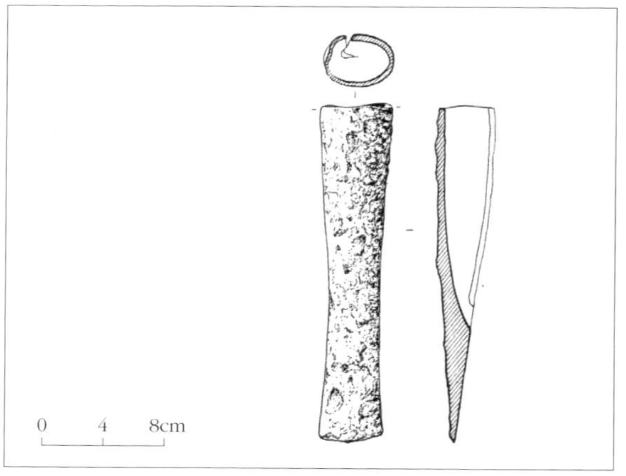

그림 28 태왕릉 철천(03JYM541:95)

(5) 철제고리(03JYM541:194, 그림 27-7)

○ 출토지 : 태왕릉.

○ 크기 : 고리 내부 직경 8cm, 외부 직경 10.2cm, 鐵扣 길이 6cm.

○ 형태 : 절단면은 원형이며, 고리 위의 걸이쇠는 반으로 접힌 鐵片이 있는데 한쪽은 파손되어 있고 다른 한쪽은 가로로 굽어져 있음.

(6) 철제꺾쇠(鋦釘, 03JYM541:192, 그림 27-2)

○ 출토지 : 태왕릉.

○ 크기 : 길이 7cm, 너비 4.2cm.
○ 형태 : 몸의 평면은 마름모형이며, 훼손된 상태임. 꺾쇠는 만곡되어 안으로 구부러짐.

(7) 철제장식(泡釘, 03JYM541:45-1, 그림 27-6)
○ 출토지 : 태왕릉.
○ 크기 : 몸 길이 1.4cm, 너비 0.4cm. 못 머리의 지경 1.8cm, 높이 0.4cm.
○ 형태 : 속이 빈 단추형 둥근 머리이며, 못의 몸은 사각의 기둥형임. 머리부는 훼손된 상태이고 꼭대기는 이미 휘어짐.

(8) 철제장식(泡釘, 03JYM541:45-2, 그림 27-5)
○ 출토지 : 태왕릉.
○ 크기 : 머리 직경 2.2cm, 몸의 길이 1.6cm.
○ 형태 : 속이 빈 단추형 둥근 머리이며, 못의 몸은 사각의 기둥형임. 머리부 가장자리가 두꺼우며, 훼손된 상태임.

(9) 철제장식(泡釘, 03JYM541:170-1, 그림 30-5)
○ 출토지 : 태왕릉.
○ 크기 : 몸 길이 1.6cm. 머리 직경 2cm, 머리 높이 0.5cm.
○ 형태 : 몸은 방추형이며 끝이 훼손된 상태임.

(10) 철제편자(蹄掌, 03JYM541:144-3, 그림 29-1)
○ 출토지 : 태왕릉.
○ 크기 : 남은 길이 8.6cm, 너비 1.6cm, 두께 0.3cm. 못 길이 2.8cm.
○ 형태 : 절반이 남은 상태이며, 만월형이며 3개 못 구멍에 1개 못이 걸려 있음.

(11) 철제편자(蹄掌, 03JYM541:144-2, 그림 29-2)
○ 출토지 : 태왕릉.
○ 크기 : 길이 7.5cm, 너비 2.1cm, 두께 0.4cm. 구멍 길이 1.4cm.
○ 형태 : 만월형이며, 앞이 뾰족하고 뒤가 둥근 형태이며, 3개 구멍은 좁고 길음.

(12) 철제편자(蹄掌, 03JYM541:144-1, 그림 29-3)
○ 출토지 : 태왕릉.
○ 크기 : 남은 길이 8.1cm, 너비 1.5~1.8cm. 못 구멍 길이 1.5cm, 못 구멍 너비 0.3cm.
○ 형태 : 바닥이 대체로 넓으며, 앞이 뾰족하고 뒤가 둥근 형태로 마치 소 발바닥과 같음. 위에는 못 구멍 3개가 있고, 외연은 바닥보다 넓은데 구멍을 새길 때 팽창된 것임.

(13) 철제편자(蹄掌, 03JYM541:98-1, 그림 29-5)
○ 출토지 : 태왕릉.
○ 크기 : 전체 길이 15cm, 너비 6.3cm. 못 구멍 길이 1.5cm, 너비 0.3cm.
○ 형태 : 완형. 양측에는 각기 두 개씩 구멍이 있음.

(14) 철제편자(蹄掌, 03JYM541:98-2, 그림 29-4)
○ 출토지 : 태왕릉.
○ 크기 : 전체 길이 7.1cm, 너비 6cm. 못 구멍 길이 1.5cm, 너비 0.3cm.
○ 형태 : 완형. '∩'형을 이루고 있음.

(15) 철제편자못(掌釘, 03JYM541:211-8, 그림 29-6)
○ 출토지 : 태왕릉.
○ 크기 : 머리 너비 1.3cm, 두께 0.2cm. 못 길이 3cm, 두께 0.2cm.
○ 형태 : 鍛造制. 편평한 형태. 장기간 사용으로 인해 머리부는 이미 마모되어 평평하며, 못의 끝은 한쪽으로 만곡되어 있음.

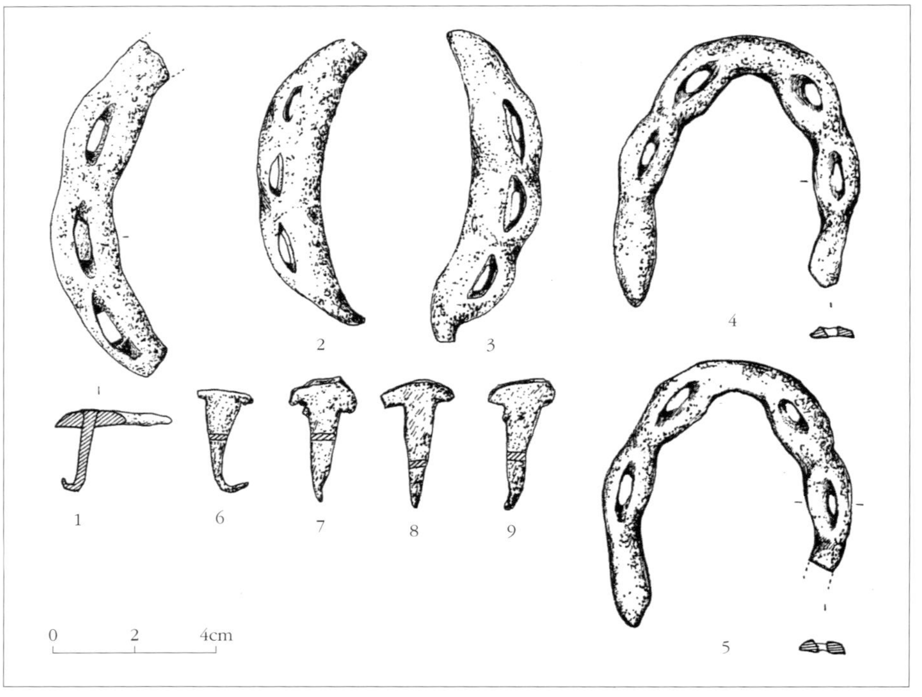

그림 29 태왕릉 철기 2
1~5. 편자
(03JYM541:144-3, 03JYM541:144-2, 03JYM541:144-1, 03JYM541:98-2, 03JYM541:98-1)
6~9. 편자못
(03JYM541:211-8, 03JYM541:211-1, 03JYM541:211-2, 03JYM541:211-4)

(16) 철제편자못(掌釘, 03JYM541:211-1·2·4, 그림 29-7·8·9)

○ 출토지 : 태왕릉.

○ 크기 : 머리 너비 1.6~1.8cm, 높이 0.7cm. 못 길이 2.6~2.8cm, 두께 0.3cm.

○ 형태 : 모두 머리부는 호형이고 몸은 송곳형(錐形)임.

(17) 철제검(鐵劍尖, 03JYM541:163, 그림 30-7)

○ 출토지 : 태왕릉.

○ 크기 : 남은 길이 7.5cm, 너비 4.4cm, 두께 0.4cm.

○ 형태 : 칼의 끝부분이 훼손된 듯하며, 중간에는 등이 돌출했으며 양옆에는 날카로운 칼날이 있음.

(18) 철제화살촉(鐵鏃, 03JYM541:73, 그림 30-1)

○ 출토지 : 태왕릉.

○ 크기 : 남은 길이 14.6cm, 뿌리의 길이 7.3cm, 너비 0.4cm, 鏃身 너비 0.6~1.8cm.

○ 형태 : 화살촉은 몸이 길고 편평한 도끼날(鏟形)이며, 아래에는 방주형의 긴 뿌리를 지니고 있음. 촉신 날 부분은 훼손된 상태임.

(19) 철제화살촉(鐵鏃, 03JYM541:11, 그림 30-2)

○ 출토지 : 태왕릉.

○ 크기 : 전체 길이 13cm, 뿌리 길이 4cm, 鏃身 길이 9cm, 칼끝 너비 3.3cm, 몸 너비 0.5cm.

○ 형태 : 화살촉은 몸이 길고 편평한 도끼날(鏟形)이며, 뿌리는 방형임.

(20) 철제화살촉(鐵鏃, 03JYM541:190, 그림 30-3)

○ 출토지 : 태왕릉.

○ 크기 : 뿌리의 길이 6.5cm, 직경 0.6cm, 鏃身의 남은 길이 2cm.

○ 형태 : 세날개형이며, 날개 아래에는 隔이 있음. 隔 아래는 원통형의 뿌리와 접하고 있음. 화살촉 몸의 앞부분은 이미 훼손됨.

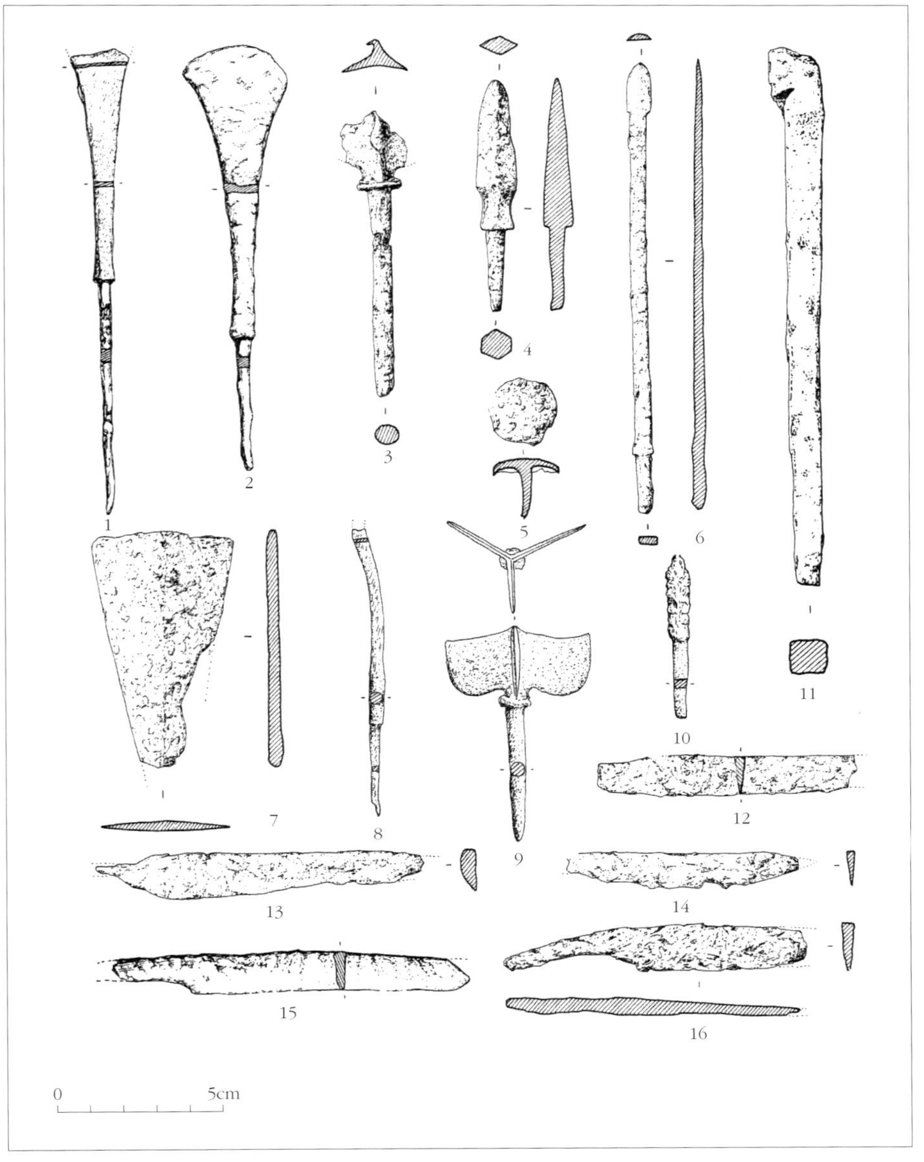

그림 30 태왕릉 철기 3
1~4. 철제화살촉
(03JYM541:73, 03JYM541:11, 03JYM541:190, 03JYM541:173)
5. 철제장식(03JYM541:170-1)
6. 철제화살촉(03JYM541:191)
7. 철제검(03JYM541:163)
8~10. 철제화살촉
(03JYM541:212, 03JYM541D:11, 03JYM541:213)
11. 철제못(90JYM541G:5)
12~16. 철제칼
(03JYM541:188-2, 03JYM541:172, 03JYM541:82, 03JYM541:62, 03JYM541:188-1)

(21) 철제화살촉(鐵鏃, 03JYM541:173, 그림 30-4)

○ 출토지 : 태왕릉.

○ 크기 : 전체 길이 7.4cm, 뿌리의 길이 2.7cm, 鏃身 너비 1.2cm, 등 두께 0.9cm.

○ 형태 : 화살촉의 몸은 사각 송곳형이며 중간이 돌출하였으며, 자루에는 단면 6각형의 긴 관부와 단면 방형의 뿌리가 있음.

(22) 철제화살촉(鐵鏃, 03JYM541:191, 그림 30-6)

○ 출토지 : 태왕릉.

○ 크기 : 鏃身의 전체 길이 12.3cm, 뿌리의 길이 2cm, 두께 0.3cm.

○ 형태 : 화살촉은 몸이 길고 圭形의 머리를 갖고 있으며, 앞부분은 편평하면서 한편 호를 이루고 있음. 뒤에는 편평한 방형의 뿌리는 훼손되어 있음.

(23) 철제화살촉(鐵鏃, 03JYM541:212, 그림 30-8)

○ 출토지 : 태왕릉.

○ 크기 : 전체 길이 9.2cm. 鏃身은 남은 길이 6.2cm, 너비 0.5cm, 두께 0.3cm. 뿌리는 길이 3cm, 두께 0.2cm.

○ 형태 : 화살촉의 몸은 길다란 鏟形이며, 화살촉 끝은 편평하며 손상되어 있음. 뿌리는 방추형임.

(24) 철제화살촉(鐵鏃, 03JYM541D:11, 그림 30-9)

○ 출토지 : 태왕릉.

○ 크기 : 전체 화살촉 길이 6.9cm, 날개와 다른 한쪽 날개 사이의 너비(翼展) 5cm. 뿌리는 길이 4.4cm, 직경 0.6~0.2cm.

○ 형태 : 三翼形. 뿌리는 원형. 날개는 비교적 넓음. 날개 가장자리는 비스듬하고, 중간은 약간 오목하며, 아래 가장자리는 호형을 이루고 있음. 날개는 길이 2.5cm, 너비 1.8cm, 두께 0.1cm임. 날개와 뿌리 사이에는 돌출한 隔이 있음.

(25) 철제화살촉(鐵鏃, 03JYM541:213, 그림 30-10)

○ 출토지 : 태왕릉.

○ 크기 : 전체 화살촉 길이 4.7cm, 너비 0.5cm, 두께 0.5cm. 뿌리 길이 2.6cm, 너비 0.3cm, 두께 0.3cm.

○ 형태 : 촉신은 방추형이며, 앞부분 끝은 이미 손상되었으며, 뿌리는 方柱形이며, 꼬리부는 약간 손상됨.

(26) 철제칼(鐵刀, 03JYM541:188-2, 그림 30-12)

○ 출토지 : 태왕릉

○ 크기 : 남은 길이 7.7cm, 너비 1.2cm, 두께 0.3cm.

○ 형태 : 세장방형. 뒤에는 편평한 자루가 있음. 刃部는 예리하며, 앞부분 끝은 손상됨.

(27) 철제칼(鐵刀, 03JYM541:172, 그림 30-13)

○ 출토지 : 태왕릉.

○ 크기 : 전체 길이 10cm, 자루 길이 1.3cm. 칼몸은 너비 1~1.5cm, 두께 0.4cm.

○ 형태 : 칼끝은 이미 손상되었으며, 칼의 등은 두터움. 자루는 편평하고 가는데 이미 파손됨.

(28) 철제칼(鐵刀, 03JYM541:82, 그림 30-14)

○ 출토지 : 태왕릉.

○ 크기 : 남은 길이 7.2cm, 너비 1cm, 두께 0.3cm.

○ 형태 : 칼의 몸은 반월형에 가까우며, 칼날은 호형을 이루고 있으며, 자루는 평평하고 넓으며, 칼끝은 손상됨.

(29) 철제칼(鐵刀, 03JYM541:62, 그림 30-15)

○ 출토지 : 태왕릉.

○ 크기 : 칼몸은 길이 8cm, 너비 1cm, 두께 0.4cm. 자루는 길이 2.4cm, 너비 0.7cm, 두께 0.3cm.

○ 형태 : 장방형. 자루는 편평함. 칼등은 두껍고, 칼날은 그다지 예리하지 않음.

(30) 철제칼(鐵刀, 03JYM541:188-1, 그림 30-16)

○ 출토지 : 태왕릉

○ 크기 : 칼몸은 길이 5.5cm, 너비 1.2cm, 자루 길이 3.6cm.

○ 형태 : 칼끝은 손상됨. 자루는 기둥모양이며 굽어져 있으며 너비 0.5cm임.

(31) 철제못(長釘, 03JYM541:193, 그림 26-4)

○ 출토지 : 태왕릉.

○ 크기 : 남은 길이 13.3cm, 너비 0.8cm, 두께 0.4~0.6cm.

○ 형태 : 비교적 완형. 장방형임. 양끝은 모두 손상되었는데, 한쪽은 편평한 듯함.

(32) 철제못(長釘, 90JYM541G:5, 그림 30-11)

○ 출토지 : 태왕릉.

○ 크기 : 남은 길이 17cm, 너비 1cm, 두께 1cm.

○ 형태 : 긴 장방형. 상단은 머리가 부러졌으며, 하단은 끝이 손상됨.

(33) 철제찰갑편(03JYM541:40-1·40-3·40-5)

○ 출토지 : 태왕릉.

○ 형태 : 원각 장방형으로 형체가 넓으며, 사람의 허리 이하 또는 軍馬의 보호구임(Aa형).

(34) 철제찰갑편(03JYM541:40-2, 그림 31-1)

○ 출토지 : 태왕릉.

○ 크기 : 찰갑편 남은 길이 11.4cm, 너비 6.7cm, 두께 0.1cm.

○ 형태 : Aa형. 사람의 허리 이하 또는 軍馬의 보호구임. 좌측 상부와 하부 가장자리가 손상되었으며, 찰갑편은 이미 비틀어졌음. 상연의 가로 배열에는 구멍이 2개로 양자의 거리는 4.2cm이며, 하부의 세로 배열에는 구멍이 두 개로 양자의 거리는 0.1cm임. 좌우 각 4개의 구멍이 있음. 두개씩 짝을 이루는데 서로 간의 거리는 6cm이며, 구멍간의 거리는 0.5cm임. 좌측편 아래에는 3개의 작은 구멍이 역삼각상으로 배치되어 있음. 구멍의 직경은 0.1cm임.

(35) 철제찰갑편(03JYM541:15-1, 그림 31-2)

○ 출토지 : 태왕릉.

○ 크기 : 찰갑편 길이 12.2cm, 너비 6.6cm, 두께 0.1cm. 구멍 직경 0.1~0.8cm로 고르지 않음.

○ 형태 : Aa형. 장방형. 사람의 허리 이하 또는 軍馬의 보호구임. 측면에서 보면 상연이 비틀어져 있고 하연은 좌측은 안으로 감겨 있고 우측은 비틀어졌음. 상연의 가로 배열에는 두 개의 구멍이 있는데 서로간 거리는 4.2cm이며, 측면의 세로 배열은 4組 8孔이며, 하연의 중앙부에는 두 개의 구멍이 수직으로 배열되어 있음.

(36) 철제찰갑편(03JYM541:19-1, 그림 31-3)

○ 출토지 : 태왕릉.

○ 크기 : 찰갑편 남은 길이 7cm, 너비 5cm, 두께 0.1cm.

○ 형태 : 장방형으로 가늘고 좁은 형태임(Ab형). 사람의 허리 이하 또는 軍馬의 보호구임. 상반부만 남은 잔편으로 찰갑편은 비교적 평평함. 상연의 가로 배열에는 3개의 구멍이 있는데 서로간 거리는 1.3cm이며, 측면에는 4개의 구멍이 있는데 두 개씩 짝을 이루고 구멍 사이의 거리는 0.3cm임.

(37) 철제찰갑편(03JYM541:19-2, 그림 31-6)

○ 출토지 : 태왕릉.

○ 크기 : 찰갑편 남은 길이 9.2cm, 너비 5cm.

○ 형태 : 장방형이며, 가늘고 좁은 형태임(Ab형). 사람의 허리 이하 또는 軍馬의 보호구임. 하반부만 남은 잔편으로 그림 31-3의 19-1과 복원하면 완형을 이룰 수 있음. 찰갑편의 네 가장자리는 비틀림과 감김이 없음. 6개의 구멍이 남아 있는데 좌측에 1개 구멍, 우측에 3개 구멍, 하연에 수직으로 배열된 2개 구멍이 있음.

(38) 철제찰갑편(03JYM541:72-1·72-4, 그림 31-4·5)

○ 출토지 : 태왕릉.

○ 크기 : 길이 6.9cm, 너비 6cm, 두께 0.1cm.

○ 형태 : Ba형. 찰갑편의 상부는 좁고 하부는 넓은 사다리형(B형)으로 허리 및 정강이부분 보호구이며, 찰갑편 중앙부에는 구멍이 뚫려 있음(a형). 사다리형 아랫변은 비교적 넓음. 찰갑편 상연은 비틀어졌고, 하연은 감겨 있음. 찰갑편에는 9개의 구멍이 뚫려 있는데 상연에 2개 구멍이 3.2cm 떨어져 있으며, 측면에는 각 두 개씩 구멍이 있는데 구멍간 0.4cm 떨어져 있으며, 하부에는 3개 구멍이 수직으로 배열하고 있는데 구멍

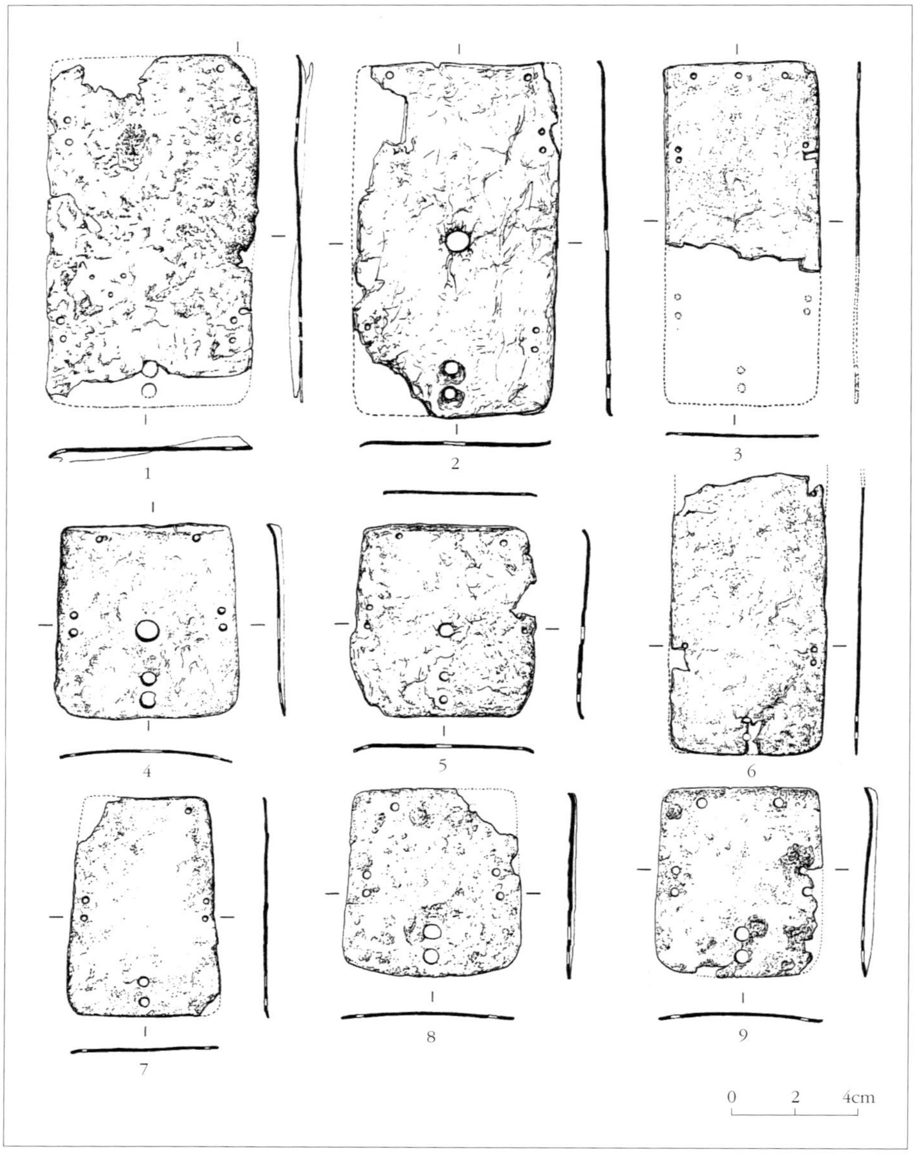

그림 31 태왕릉 찰갑편 1
1·2. Aa형
(03JYM541:40-2, 03JYM541:15-1)
3·6. Ab형
(03JYM541:19-1, 03JYM541:19-2)
4·5. Ba형
(03JYM541:72-1, 03JYM541:72-4)
8·9. Bb형
(03JYM541:147-4, 03JYM541:147-3)
7. Bc형(03JYM541:46-1)

간 거리와 구멍 직경은 고르지 않음.

(39) 철제찰갑편(03JYM541:147-3·147-4, 그림 31-9·8)

○ 출토지 : 태왕릉.

○ 크기 : 길이 6.5cm, 너비 5.1~5.6cm, 두께 0.1cm.

○ 형태 : Bb형. 찰갑편의 상부는 좁고 하부는 넓은 사다리형(B형)으로 허리 및 정강이 부분 보호구이며, 찰갑편 중앙부에는 구멍이 없음(b형). 크기는 Ba형보다는 작음. 말각의 사다리형으로 찰갑편 중앙은 부풀어 올랐으며, 측면 가장자리는 감겼으며, 상연은 비틀어졌음. 8개 구멍이 각 변마다 두 개씩 있는데 상연의 두 개 구멍은 가로 배열이며 구멍간 거리는 2.2cm이며, 양측면에는 수직 배열하고 있으며 구멍간 거리는 0.5cm이며, 하연은 수직 배열하는데 구멍 직경은 비교적 크고 구멍간 거리는 0.3cm임.

(40) 철제찰갑편(03JYM541:46-1, 그림 31-7)

○ 출토지 : 태왕릉.

○ 크기 : 길이 7.5cm, 너비 3.8~5cm, 두께 0.1cm.

○ 형태 : 찰갑편은 마르고 긴 사다리형으로 허리 및 정강이 부분 보호구이며, 중심에는 구멍이 없음(Bc형). 완형. 찰갑편 상연은 조금 비틀어지며, 하연 좌측은 점차 안으로 감겨져 있음. 구멍은 모두 8개임. 상연의 두 개 구멍은 가로 배열하고 있으며 구멍간 거리는 2.4cm 이며, 좌우에는 각 두 개의 구멍이 있는데 구멍간 거리는 0.5cm이며, 하연의 두 개 구멍은 비교적 큰데 수직으로 배열하고 있으며 구멍간 거리는 0.4cm임.

(41) 철제찰갑편(03JYM541:142-10·142-11·46-2, 그림 32-1·2·4)

○ 출토지 : 태왕릉.

○ 크기 : 길이 4cm, 너비 2.4cm, 두께 0.1cm.

○ 형태 : Ca형. 찰갑편은 위는 직선이고 아래는 호형을 이루는 너비가 같은 비늘 형태로 상체 방어에 사용할 수 있으며(C형), 짧은 비늘형 찰갑임(a형). 찰갑편 중앙이 돌출했으며, 상연은 비교적 곧게 펴 있고 가로에는 두 개의 구멍이 뚫려 있으며, 양각은 없음. 하연은 반원형을 띠며, 중앙부에는 수직 배열한 두 개 구멍이 있는데 양측면에 각 두 개씩 뚫려 있음.

(42) 철제찰갑편(03JYM541:197-1·100-1·100-3, 그림 32-3·5·7)

○ 출토지 : 태왕릉.

○ 크기 : 찰갑편 길이 3.6cm, 너비 2.1~2.2cm, 두께 0.1cm.

○ 형태 : Ca형. 찰갑편은 위는 직선이고 아래는 호형을 이루는 너비가 같은 비늘 형태로 상체 방어에 사용할 수 있으며(C형), 짧은 비늘형 찰갑임(a형). 측면에서 보면, 비교적 평평하고 가로 단면의 중앙이 융기하였음. 8개 구멍이 뚫려 있으며, 양 측면에는 4개의 구멍이 있는데 구멍간 거리는 0.3cm이고 상연에 두 개 구멍은 가로 배열로 구멍간 거리는 0.5cm이고 하연의 두 개 구멍은 수직 배열로 구멍간 0.4cm임.

(43) 철제찰갑편(03JYM541:100-2, 그림 32-6)

○ 출토지 : 태왕릉.

○ 크기 : 찰갑편 길이 3.2cm, 너비 2.3cm.

○ 형태 : Ca형. 찰갑편은 위는 직선이고 아래는 호형을 이루는 너비가 같은 비늘 형태로 상체 방어에 사용할 수 있으며(C형), 짧은 비늘형 찰갑임(a형). 중앙이 돌출했으며, 찰갑편은 너비가 짧으며, 상연에는 1개 구멍이 뚫려 있으며, 양측면에는 각기 두 개씩의 구멍이 뚫려 있음. 하연에는 수직으로 두 개의 구멍이 있음. 구멍간 거리 0.2~0.4m임.

(44) 철제찰갑편(03JYM541:138-3·138-9, 그림 32-8·9)

○ 출토지 : 태왕릉.

○ 크기 : 찰갑편 길이 2.7cm, 너비 1.8cm, 두께 0.1cm.

○ 형태 : Cb형. 찰갑편은 위는 직선이고 아래는 호형을 이루는 너비가 같은 비늘 형태로 상체 방어에 사용할 수 있으며(C형), 작은 비늘형 찰갑임(b형). 중앙은 볼록하여 비교적 크며, 찰갑편에는 7개의 구멍이 있는데 상연에는 1개 구멍이 정중앙에 있고, 양측면의 중앙부에는 각기 두 개의 구멍이 0.4cm 간격으로 떨어져 있으며, 하연의 두 개 구멍은 수직 배열로 0.2cm 떨어져 있음.

(45) 철제찰갑편(03JYM541:138-4, 그림 32-10)

○ 출토지 : 태왕릉.

○ 형태 : Cb형. 찰갑편은 위는 직선이고 아래는 호형을 이루는 너비가 같은 비늘 형태로 상체 방어에 사용할 수 있으며(C형), 작은 비늘형 찰갑임(b형). 중앙은

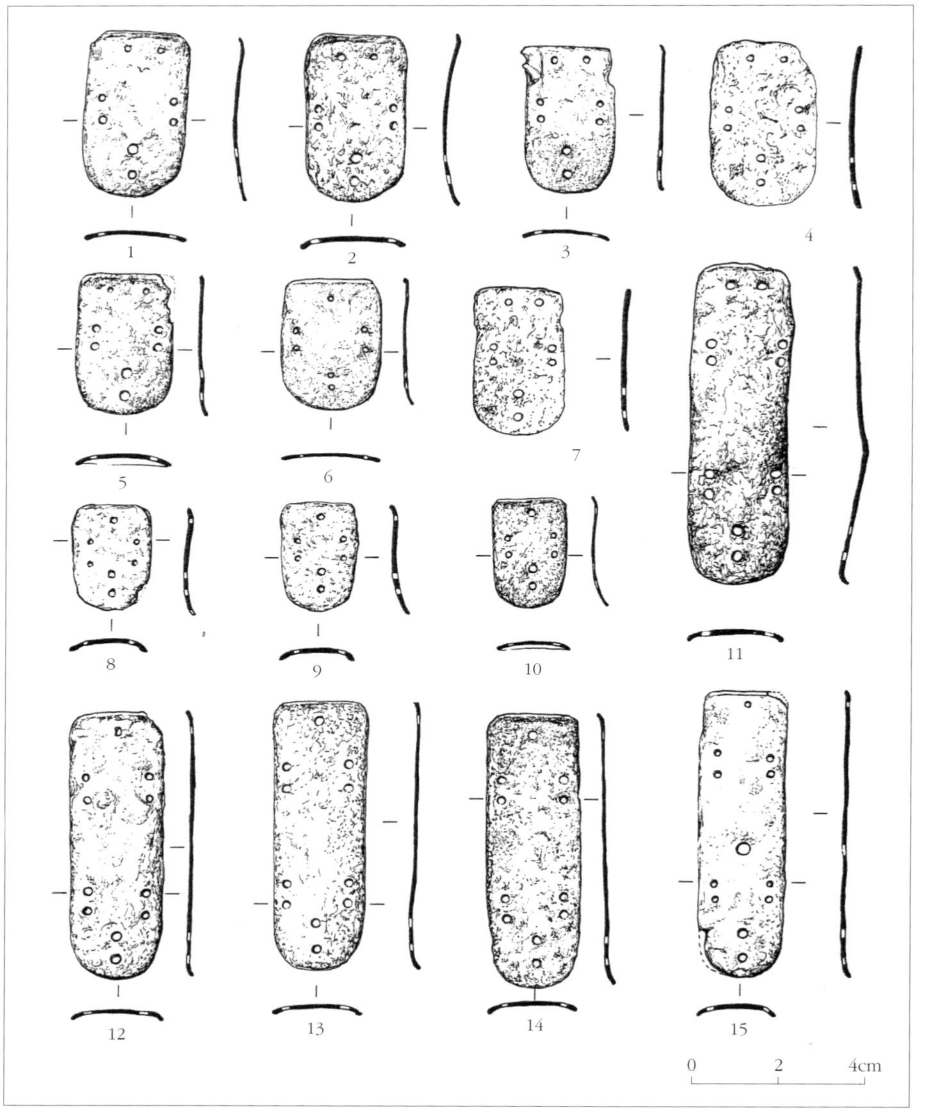

그림 32 태왕릉 찰갑편 2
1·2·4. Ca형
(03JYM541:142-10·142-11·46-2)
3·5~7. Ca형
(03JYM541:197-1·100-1·100-2·100-3)
8~10. Cb형
(03JYM541:138-3· 138-9·138-4)
11~15. Cc형
(03JYM541:150-1·171-1·171-2·171-5·146-1)

볼록함. 비교적 크고, 대략 세장한 모습을 띠고 있음.

(46) 철제찰갑편(03JYM541:150-1, 그림 32-11)

○ 출토지 : 태왕릉.

○ 크기 : 찰갑편 길이 8cm, 너비 2.4cm, 두께 0.1cm.

○ 형태 : Cc형. 찰갑편은 위는 직선이고 아래는 호형을 이루는 너비가 같은 비늘 형태로 상체 방어에 사용할 수 있으며(C형), 긴 비늘형 찰갑임(c형). 완형 형체가 비교적 넓고 출토 당시 이미 눌려 구부러진 상태였음. 찰갑 상연은 약간 비틀어졌으며, 다른 세 변은 안으로 감기어 있음. 측면은 비교적 가지런하며, 좌우에는 두 개씩 짝을 이룬 구멍이 각기 2개 뚫려 있음. 상연의 두 개 구멍은 가로 배열이고, 하연의 두 개 구멍은 수직 배열임. 구멍 직경은 0.2~0.3cm이고, 짝을 이룬 두 구멍간의 거리는 0.2~0.3cm이며, 상·하연 구멍간의 거리는 2.5cm임.

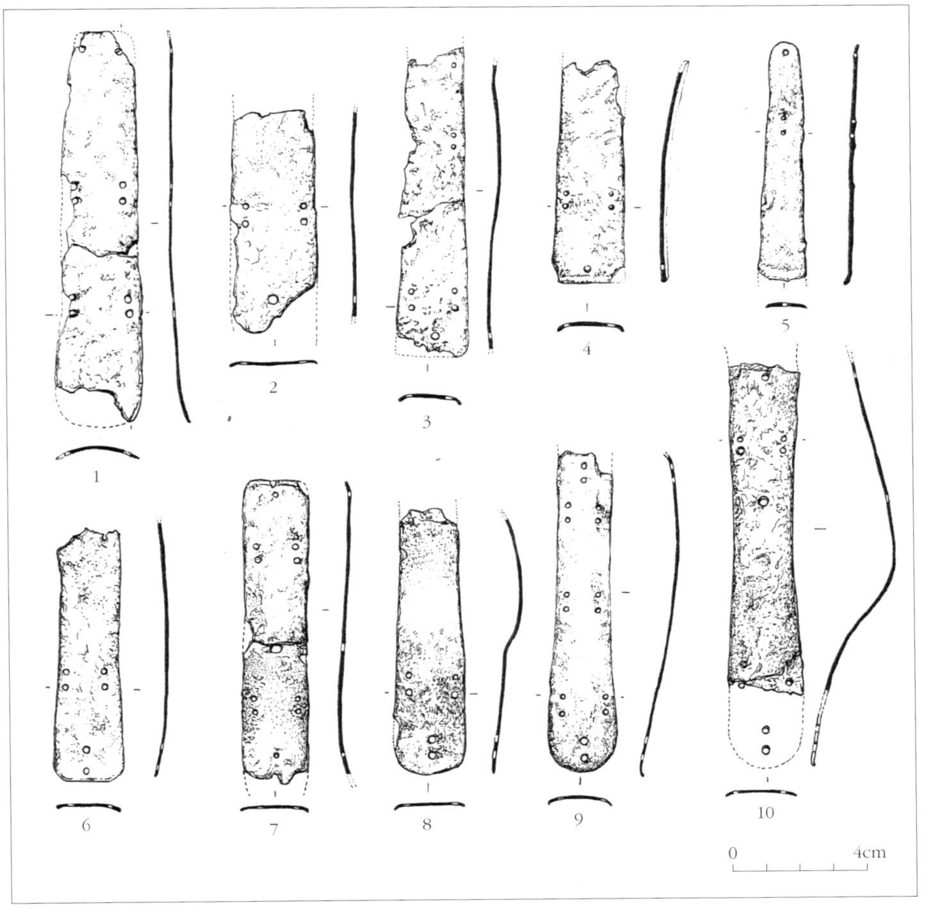

그림 33 태왕릉 찰갑편 3
1·2. Da형
(03JYM541:148-1·148-4)
3~5. Db형
(03JYM541:80-4·148-5·80-1)
6·7. Dc형
(03JYM541:80-3·146-3)
8~10. E형
(03JYM541:84-2·80-6·84-1)

(47) 철제찰갑편(03JYM541:171-1·171-2·171-5·146-1. 그림 32-12~그림 32-15)

○ 출토지 : 태왕릉.

○ 크기 : 찰갑편 길이 6.6~7cm, 너비 2~2.2cm, 두께 0.1cm.

○ 형태 : Cc형. 찰갑편은 위는 직선이고 아래는 호형을 이루는 너비가 같은 비늘 형태로 상체 방어에 사용할 수 있으며(C형), 긴 비늘형 찰갑임(c형). 찰갑편 중앙은 약간 돌출했으며, 상연은 비틀어졌고 그 가장자리 가까이에는 구멍이 하나 뚫려 있음. 하연은 안으로 말렸으며, 중심 중축상에 수직 배열의 두 구멍이 있는데 두 구멍간 거리는 0.3cm임. 측면은 비교적 곧게 펴 있고, 두 개씩 짝을 이룬 각 두 개의 구멍이 있는데, 구멍 사이의 간격은 2.2cm이며, 짝을 이룬 구멍 간 거리는 0.2cm임.

(48) 철제찰갑편(03JYM541:148-1. 그림 33-1)

○ 출토지 : 태왕릉.

○ 크기 : 찰갑편 남은 길이 11.8cm, 너비 1.8~2.5cm.

○ 형태 : Da형. 찰갑편은 위는 직선이고 아래는 호를 이루는 장조형으로 상체 또는 머리부 보호구로 추정되며(D형), 상부는 넓고 하부는 좁은 형태로 형체는 넓고 큼(a형). 잔편임. 상연은 비틀리고 양측면과 하연은 안으로 감겨 있음. 10개 구멍이 남아 있음. 상연의 가로 배열에는 1.1cm 거리를 두고 두 개 구멍이 있음. 양측면에는 각기 2組 4孔을 이루고 있는데, 구멍간 거리는

3cm, 짝을 이룬 구멍 사이는 0.3cm임.

(49) 철제찰갑편(03JYM541:148-4, 그림 33-2)

○ 출토지 : 태왕릉.

○ 크기 : 찰갑편 남은 길이 6.6cm.

○ 형태 : Da형. 찰갑편은 위는 직선이고 아래는 호를 이루는 장조형으로 상체 또는 머리부 보호구로 추정되며(D형), 상부는 넓고 하부는 좁은 형태로 형체는 넓고 큼(a형). 잔편임. 찰갑편은 비교적 평평하며, 상부와 하부 모두 손상된 상태임. 여섯 개의 구멍이 남아 있는데, 측면은 2組 4孔을 이루고 있으며, 하부는 가로 배열의 두 개 구멍이 있음.

(50) 철제찰갑편(03JYM541:80-4, 그림 33-3)

○ 출토지 : 태왕릉.

○ 크기 : 찰갑편 남은 길이 6.6cm, 너비 1.8~2.1cm, 두께 0.1cm.

○ 형태 : Db형. 찰갑편은 위는 직선이고 아래는 호를 이루는 장조형으로 상체 또는 머리부 보호구로 추정되며(D형), 상부는 넓고 하부는 좁은 형태로 가늘고 김(b형). 잔편임. 남은 구멍은 5개임.

(51) 철제찰갑편(03JYM541:148-5, 그림 33-4)

○ 출토지 : 태왕릉.

○ 크기 : 찰갑편 남은 길이 9.3cm, 너비 1.1~2.1cm.

○ 형태 : Db형. 찰갑편은 위는 직선이고 아래는 호를 이루는 가늘고 긴 세장방형으로 상체 또는 머리부 보호구로 추정되며(D형), 상부는 넓고 하부는 좁은 형태로 형체는 가늘고 김(b형). 잔편임. 남은 구멍은 11개임. 상연의 중앙부에 1개임. 우측면에는 2組 2孔를 이루고 있는데 구멍 간 거리는 4.2cm, 짝을 이룬 구멍 사이는 0.3cm임. 좌측면에는 제3조의 구멍 하나가 남아 있음.

(52) 철제찰갑편(03JYM541:80-1, 그림 33-5)

○ 출토지 : 태왕릉.

○ 크기 : 찰갑편 남은 길이 7cm, 너비 1~1.3cm, 두께 0.2cm.

○ 형태 : Db형. 찰갑편은 위는 직선이고 아래는 호를 이루는 장조형으로 상체 또는 머리부 보호구로 추정되며(D형), 상부는 넓고 하부는 좁은 형태로 형체는 가늘고 김(b형). 이미 훼손된 상태임. 바닥면은 원호형을 띠고 있음. 찰갑편 위에는 3개 구멍이 뚫려 있는데 일직선을 이루고 있음.

(53) 철제찰갑편(03JYM541:80-3, 그림 33-6)

○ 출토지 : 태왕릉.

○ 형태 : Dc형. 찰갑편은 위는 직선이고 아래는 호를 이루는 장조형으로 상체 또는 머리부 보호구로 추정되며(D형), 상·하부 너비는 서로 비슷하고 중간은 잘록한 허리가 있음(c형). 허리가 잘록한 것이 명확하며, 중간은 볼록하며, 상연에는 모서리가 마모되어 있음. 중간에는 세로 배열의 구멍이 두 개 있는데 구멍간 거리는 0.5cm임. 남은 구멍이 5개임. 측면에는 2組가 있는데 구멍 간 거리는 4.8cm이고 짝을 이룬 구멍 사이는 0.3cm임.

(54) 철제찰갑편(03JYM541:146-3, 그림 33-7)

○ 출토지 : 태왕릉.

○ 크기 : 찰갑편 남은 길이 9.2cm, 너비 2cm, 두께 0.1cm.

○ 형태 : Dc형. 찰갑편은 위는 직선이고 아래는 호를 이루는 가늘고 긴 세장방형으로 상체 또는 머리부 보호구로 추정되며(D형), 상·하부 너비는 서로 비슷하고 중간은 잘록한 허리가 있음(c형). 8개 구멍이 남아 있는데, 측면에는 각기 2組 2孔으로 구멍간 거리는 0.3cm, 구멍 간 거리는 4cm임. 중앙선 상에 세로 배열로 上·中에 각각 구멍 1개가 있으며, 하면에는 구멍

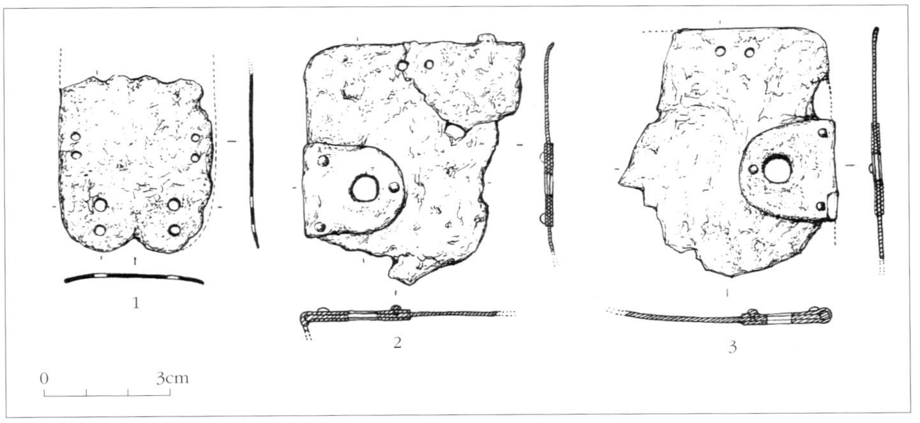

그림 34 태왕릉 찰갑편 4
1. F형(03JYM541:79)
2·3. G형(03JYM541:28-1·28-2)

3개가 있음.

(55) 철제찰갑편(03JYM541:84-1, 그림 33-10)

○ 출토지 : 태왕릉.

○ 크기 : 찰갑편 복원길이 13.2cm, 남은 길이 9.5cm, 너비 1.7~2.1cm, 두께 0.1cm.

○ 형태 : E형. 찰갑편은 가늘고 긴 세장방형으로 측면에서 보면 만곡되어 마치 弓形같으며, 투구용 찰갑임. 상단의 형식은 불분명함. 남은 구멍이 7개인데, 두 개 구멍은 중앙선상에 있고, 5개 구멍은 측면에 있음. 구멍간 거리 0.2~6.2cm임.

(56) 철제찰갑편(03JYM541:84-2, 그림 33-8)

○ 출토지 : 태왕릉.

○ 크기 : 찰갑편 복원한 길이 13.2cm.

○ 형태 : E형. 찰갑편은 가늘고 긴 세장방형으로 측면에서 보면 만곡되어 마치 弓形같으며, 투구용 찰갑임. 상단 형식은 불분명함. 하부를 복원해보면 중앙선상에는 두 개 구멍이 있으며, 구멍간 거리는 0.3cm이며, 구멍 직경은 0.2cm임.

(57) 철제찰갑편(03JYM541:80-6, 그림 33-9)

○ 출토지 : 태왕릉.

○ 크기 : 찰갑편 남은 길이 9.7cm, 너비 1.5~2cm, 두께 0.1cm.

○ 형태 : E형. 찰갑편은 가늘고 긴 세장방형으로 측면에서 보면 만곡되어 마치 弓形같은데 높지 않으며, 투구용 찰갑임. 허리부는 잘록함. 중앙선 상·하에는 각기 두 개 구멍이 있는데 구멍간 거리 0.3cm이며, 組간 거리는 7.6cm임. 양측면에는 각기 3組 2孔이 있는데 구멍사이 거리는 2~2.5cm, 짝을 이룬 구멍 사이는 0.3cm임.

(58) 철제찰갑편(03JYM541:79, 그림 34-1)

○ 출토지 : 태왕릉.

○ 크기 : 찰갑편 남은 길이 4.4cm, 너비 3.6cm, 두께 0.1cm.

○ 형태 : F형. 雙聯의 비늘형. 이미 손상된 상태. 잔편에서는 한쪽 변이 직선이며, 측면에는 두 개의 구멍이 있는데, 구멍간 거리는 0.3cm임. 하부에는 연이어 호형을 이루고 있으며, 각기 두 개 구멍씩 세로 배열되어 있는데 구멍의 직경은 비교적 크며 구멍간 거리는 0.4cm임.

(59) 철제찰갑편(03JYM541:28-1, 그림 34-2)

○ 출토지 : 태왕릉.

○ 크기 : 찰갑편 남은 길이 6cm, 너비 5cm.

○ 형태 : G형. 온전한 형태는 불분명. 잔편을 보면 말각장방형으로 추정됨. 잔편으로 측면에는 두 개의 구멍이 1組를 이루고 있는데 구멍 직경 0.2cm이며 구멍간 거리는 0.4cm임. 상면에는 마주하여 꺾여진 타원형 철편이 결합되어 있는데 가장자리에는 軸杆을 뚫은 듯 속이 비어 있으며, 부식이 비교적 심함. 철편이 결합되는 곳은 3겹으로 이루어졌는데 두께가 0.3cm임.

(60) 철제찰갑편(03JYM541:28-2, 그림 34-3)

○ 출토지 : 태왕릉.

○ 크기 : 찰갑편 남은 길이 6.3cm, 너비 5.3cm.

○ 형태 : G형. 온전한 형태는 불분명. 잔편을 보면 말각장방형으로 추정됨. 03JYM154:28-1과 합쳐 복원해보면 반개의 철갑편이 됨. 결합하는 타원형의 규모는 길이 2.3cm, 너비 2.5cm이며, 그 중앙에는 0.8cm 직경의 구멍이 1개 뚫려 있음.

3) 금기

(1) 금제 사미(鉈尾, 03JYM541:179, 그림 35-1)

○ 출토지 : 태왕릉.

○ 크기 : 길이 0.7cm, 너비 0.7cm, 두께 0.64cm.

○ 형태 : 두 조각의 반원형 얇은 편이 서로 결합되어 있으며, 둘레는 모두 경사지게 갈려 있으며, 정중앙에는 둥근 머리의 연결못 3개가 연결되어 있음.

(2) 금제연결못(鉚釘, 03JYM541:113, 그림 35-2)

○ 출토지 : 태왕릉.

○ 크기 : 못의 길이 1.35cm, 절단면 너비 0.15cm, 머리 너비 0.55cm, 높이 0.15cm. 전체 길이 1.5cm.

○ 형태 : 못의 머리는 菱錐形이며, 못의 몸은 방추형이며, 못의 끝은 결합할 때 이미 평면으로 망가져 있었음.

(3) 금사(金絲, 03JYM541:199, 그림 35-3)

○ 출토지 : 태왕릉.

○ 크기 : 직경 약 0.2mm, 길이 약 5cm.

○ 형태 : 출토 당시 덩어리로 발견됨. 좁고 얇은 금편을 비벼서 만들었는데 표면은 울퉁불퉁함.

(4) 금사(金絲, 03JYM541:129, 그림 35-4)

○ 출토지 : 태왕릉.

○ 크기 : 직경 약 0.2mm, 길이 약 4cm.

○ 형태 : 실로 공예품을 만들었음. 출토 당시에 다른 덩어리와 함께 있었음. 좁고 얇은 금편을 비벼서 만들었는데 표면은 울퉁불퉁함.

(5) 금제보요장식(步搖飾, 03JYM541:116, 그림 35-6)

○ 출토지 : 태왕릉.

○ 크기 : 圓泡 직경 1.1mm, 弧面의 높이 0.25cm, 가지 길이 1.6cm, 보요 직경 1.1cm.

○ 형태 : 單葉. 泡座와 보요는 비교적 크며, 보요은 크고 평평한 원형임.

(6) 금제보요장식(步搖飾, 03JYM541:110, 그림 35-5)

○ 출토지 : 태왕릉.

○ 형태 : 單葉. 가지 말단에는 둥근고리는 이미 끊어졌으며, 보요는 탈락되어 있음.

(7) 금제보요장식(步搖飾, 03JYM541:88, 그림 35-7)

○ 출토지 : 태왕릉.

○ 크기 : 座飾 직경 0.75cm, 弧面의 높이 0.1cm. 圓葉 직경 0.7cm, 가지 길이 0.8cm.

○ 형태 : 雙連의 單葉장식. 두 개의 동일한 단엽 보요가 泡座 내측에 함께 결합되어 있으며, 그 사이에 결합된 金絲 말단은 돌려 꺾어 매듭을 없앴는데, 우연히 함께 연결한 것이 아님이 분명함.

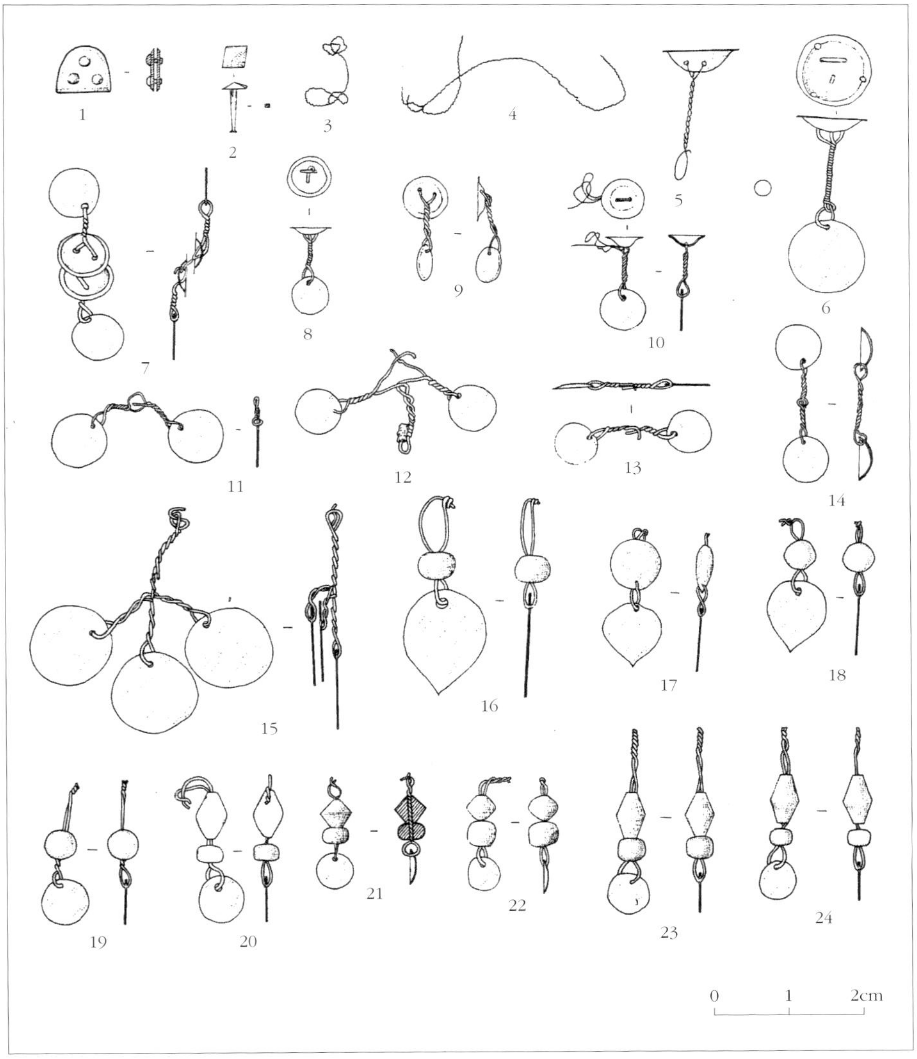

그림 35 태왕릉 금제장식
1. 사미(03JYM541:179)
2. 연결못(03JYM541:113)
3·4. 금사(03JYM541:199·129)
5~10. 단엽 보요장식
(03JYM541:110·116·88·121-1·121-2·121-3)
11·13·14. 쌍엽 보요장식
(03JYM541:162·76·156-1)
12·15. 삼엽 보요장식
(03JYM541:154-2·106)
16~24. 구슬을 꿴 보요장식
(03JYM541:93·49·41·114-2·60·186·42·204·132)

(8) 금제보요장식(步搖飾, 03JYM541:121-1·121-2, 그림 35-8·9)

○ 출토지 : 태왕릉.

○ 크기 : 泡形 飾座의 직경 0.7cm, 圓葉 직경 0.5cm, 가지 길이 0.8cm.

○ 형태 : 單葉. 圓葉은 비교적 작으며, 가지는 짧음.

(9) 금제보요장식(步搖飾, 03JYM541:121-3, 그림 35-10)

○ 출토지 : 태왕릉.

○ 크기 : 圓葉 직경 0.6cm.

○ 형태 : 單葉. 圓葉은 비교적 작으며, 가지는 짧음. 座飾 밖으로 金絲 3줄이 나와 있음.

(10) 금제보요장식(步搖飾, 03JYM541:162, 그림 35-11)

○ 출토지 : 태왕릉.

○ 크기 : 가지 길이 1.7cm, 圓葉 직경 0.7cm.

○ 형태 : 雙葉. 가지와 원형의 얇은 편의 搖葉이 남아 있으며, 두 개의 가지는 함께 둥글게 연결되어 있음.

(11) 금제보요장식(步搖飾, 03JYM541:76, 그림 35-13)

○ 출토지 : 태왕릉.

○ 크기 : 각 가지 길이 0.6cm, 圓葉 직경 0.6cm. 弧面 보요의 직경 0.6cm, 호면 높이 0.15cm.

○ 형태 : 雙葉. 두 보요 모두 원형이며, 가지는 보요를 엮었는데, 휘감은 金絲 가지는 평평하게 펼쳤으며, 말단은 파손됨.

(12) 금제보요장식(步搖飾, 03JYM541:156-1, 그림 35-14)

○ 출토지 : 태왕릉.

○ 크기 : 각 가지 길이 0.6cm, 圓葉 직경 0.6cm. 弧面 높이 0.15cm. 전체 길이 1.3cm.

○ 형태 : 雙葉. 두 보요 모두 弧面 원형. 가지 상단의 둥근고리는 서로 연결되어 매듭을 맺고 있어 매달 때 가지를 늘어뜨리면, 두 보요가 가깝게 붙거나 한데 모아질 수 있음.

(13) 금제보요장식(步搖飾, 03JYM541:154-2, 그림 35-12)

○ 출토지 : 태왕릉.

○ 크기 : 圓葉 직경 0.5~0.6cm, 가지 길이 0.9~1.1cm.

○ 형태 : 三葉. 잔편으로 가지와 보요만 남은 상태임. 가지는 세 개 방향으로 펼쳐 있으며, 金絲는 3엽을 휘감았으나 파손됨. 보요는 일찍부터 2개가 남아 있었으며, 모두 원형의 작고 평평한 형태를 지님.

(14) 금제보요장식(步搖飾, 03JYM541:106, 그림 35-15)

○ 출토지 : 태왕릉.

○ 크기 : 圓葉 직경 1.2cm. 가지의 가지와 줄기 길이 1.1cm, 곁가지 길이 0.7cm.

○ 형태 : 三葉. 잔편으로 座飾이 떨어져 나가고 가지와 3개의 보요만 남은 상태임. 보요는 원형의 평평한 형태로 가지는 동일한 평면과 유사함.

(15) 금제보요장식(步搖飾, 03JYM541:186, 그림 35-21)

○ 출토지 : 태왕릉.

○ 크기 : 가지 길이 1.2cm, 보요 직경 0.55cm, 전체 길이 1.65cm. 금 구슬 높이 0.4cm, 구슬 직경 0.45cm. 마노 구슬 높이 0.25cm, 마노 구슬 직경 0.35cm.

○ 형태 : 구슬을 꿴 형태. 泡形 飾座는 이미 손상됨. 가지는 두 개의 金絲를 비틀어 만들며, 금사에 마름모형 금구슬과 홍색의 마노 구슬이 각기 하나씩 꿰어 있음. 하단에는 둥근고리에 둥근 弧面의 보요 1개가 연결되어 있음.

(16) 금제보요장식(步搖飾, 03JYM541:42, 그림 35-22)

○ 출토지 : 태왕릉.

○ 크기 : 보요 직경 0.5cm, 가지 남은 길이 1.45cm. 料珠 높이 0.3cm. 금구슬 높이 0.35cm, 직경 0.4cm.

○ 형태 : 구슬을 꿴 형태. 泡形 飾座는 이미 손상됨. 가지 아래에는 둥근 弧面의 보요가 매달려 있으며, 중단부에는 料珠와 금구슬이 각기 1과씩 매달려 있음. 料珠는 백색임.

(17) 금제보요장식(步搖飾, 03JYM541:93, 그림 35-16)

○ 출토지 : 태왕릉.

○ 크기 : 가지 길이 1.7cm. 보요 길이 1.45cm, 너비 1.2cm. 마노 구슬 직경 0.5cm, 높이 0.45cm.

○ 형태 : 구슬을 꿴 형태. 泡形 飾座는 이미 손상됨. 보요는 커다란 桃葉形 평평한 형태임. 거칠게 비틀어 감은 가지 중간에는 홍색 마노 구슬이 꿰어 있음.

(18) 금제보요장식(步搖飾, 03JYM541:49, 그림 35-17)

○ 출토지 : 태왕릉.

○ 크기 : 가지 남은 길이 1.3cm. 보요 길이 0.95cm,

너비 0.85cm. 금구슬 직경 0.75cm, 두께 0.4cm.

○ 형태 : 구슬을 꿴 형태. 泡形 飾座는 이미 손상됨. 보요는 桃葉의 얇은 편임. 보요 위에는 금제로 속이 빈 편평한 구슬 1과가 꿰어 있음. 금구슬 정면은 원형이며, 눌려서 오목하게 패인 곳이 여러 곳 보임.

(19) 금제보요장식(步搖飾, 03JYM541:41, 그림 35-18)

○ 출토지 : 태왕릉.

○ 크기 : 전체 길이 2.1cm. 보요 길이 1.05cm, 너비 0.9cm. 구슬 높이 0.45cm.

○ 형태 : 구슬을 꿴 형태. 泡形 飾座는 이미 손상됨. 가지 아래에는 桃葉形 보요가 달려 있으며, 중간에는 금구슬 1과가 꿰여 있음.

(20) 금제보요장식(步搖飾, 03JYM541:114-2, 그림 35-19)

○ 출토지 : 태왕릉.

○ 크기 : 보요 직경 0.7cm, 가지 남은 길이 1.5cm. 금구슬 직경 0.4cm.

○ 형태 : 구슬을 꿴 형태. 泡形 飾座는 이미 손상됨. 가지와 보요가 남아 있으며, 가지 위에는 원형 금구슬 1과가 꿰어 있음. 보요는 원형 弧面이며, 가지는 두 개의 金絲를 비틀어 만듦.

(21) 금제보요장식(步搖飾, 03JYM541:204·M541:132·M541:60, 그림 35-23·24·20)

○ 출토지 : 태왕릉.

○ 크기 : 보요 직경 0.5~0.65cm, 가지 남은 길이 2~2.2cm. 금구슬 높이 0.6~0.7cm. 마노 구슬 높이 0.2~0.4cm.

○ 형태 : 구슬을 꿴 형태. 泡形 飾座는 이미 손상됨. 가지만 남아 있으며, 보요는 원형임. 가지 위에는 마름모형 금구슬과 붉은 마노구슬 1과가 꿰여 있음.

(22) 금제보요장식(步搖飾, 03JYM541:48-5, 그림 36-10)

○ 출토지 : 태왕릉.

○ 크기 : 보요 직경 1.5cm, 가지 길이 1.8cm.

○ 형태 : 보요는 원형의 얇은 판으로, 작은 구멍에는 가지가 연결되어 있는데, 가지는 세 가닥의 金絲를 비틀어 만들었으며, 상단에는 두 개의 고리가 있음.

(23) 금제보요장식(步搖飾, 03JYM541:185-1, 그림 36-1)

○ 출토지 : 태왕릉.

○ 크기 : 보요 직경 1.5cm, 가지 길이 2.2cm.

○ 형태 : 보요는 커다란 원형의 얇은 편임. 가지는 세 가닥의 金絲를 비틀어 만들었고, 상단에는 한 개의 고리가 있음.

(24) 금제보요장식(步搖飾, 03JYM541:187, 그림 36-14)

○ 출토지 : 태왕릉.

○ 크기 : 보요 직경 1.2cm, 가지 길이 1.45cm.

○ 형태 : 보요는 원형으로, 중앙부는 약간 돌출했으며, 그 상부에는 가지 한쪽이 매달려 있음.

(25) 금제보요장식(步搖飾, 03JYM541:98-1, 그림 36-3)

○ 출토지 : 태왕릉.

○ 크기 : 보요 직경 1.45cm, 가지 길이 1.95cm.

○ 형태 : 보요는 중간크기 원형의 편평한 얇은 편으로, 위에는 가지가 남아 있음. 가지는 두 가닥의 金絲를 비틀어 만듦.

(26) 금제보요장식(步搖飾, 03JYM541:161-2·M541:115-1·M541:161-3, 그림 36-2·4·5)

○ 출토지 : 태왕릉.

○ 크기 : 보요 직경 1cm, 가지 길이 1.15cm.

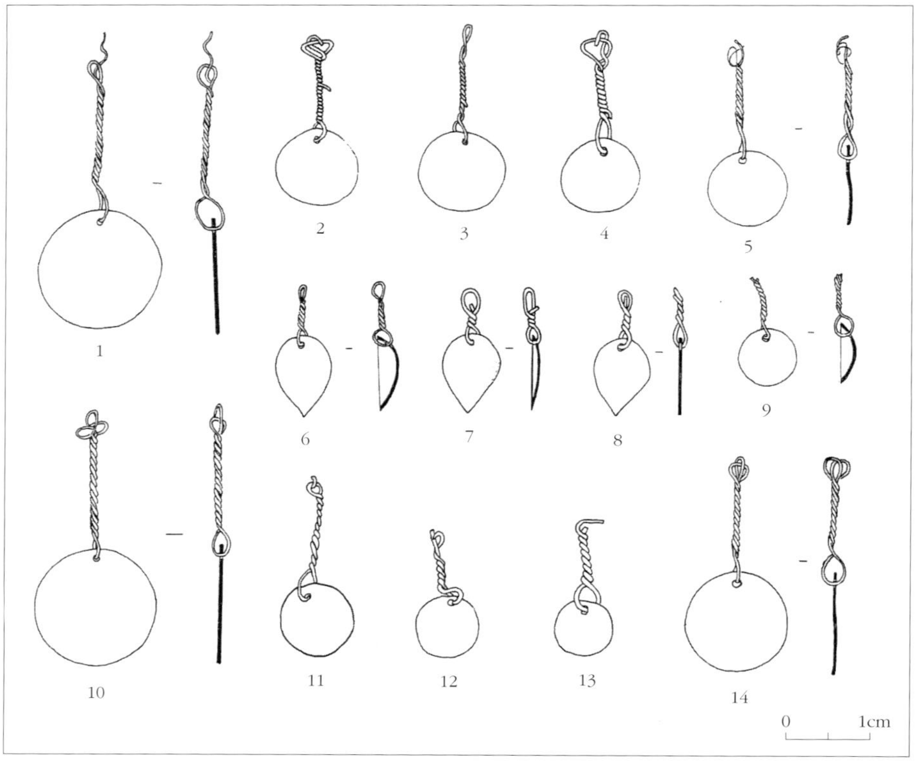

그림 36
태왕릉 금제보요장식
1·10·14. 원형의 대형 平葉
(03JYM541:185-1·48-5·187)
2~5·11. 원형의 중형 平葉
(03JYM541:161-2·98-1·115-1·161-3·63-1)
6·7. 심엽형의 볼록한 요엽
(03JYM541:184-1·48-1)
8. 심엽형(03JYM541:107)
9. 원형의 작고 볼록한 요엽
(03JYM541:134-4)
12·13. 원형의 작은 平葉
(03JYM541:97·108-3)

○ 형태 : 크기는 기본적으로 동일. 보요는 중간 크기로 원형의 편평한 얇은 편으로, 위에는 완형의 가지가 있음. 가지는 두 가닥의 金絲를 비틀어 만듦.

(27) 금제보요장식(步搖飾, 03JYM541:63-1, 그림 36-11)

○ 출토지 : 태왕릉.

○ 크기 : 보요 직경 0.85cm, 가지 길이 1.5cm.

○ 형태 : 보요는 약간 작은 원형의 편평한 얇은 편으로, 위에는 완형의 가지가 있음. 가지는 두 가닥의 金絲를 비틀어 만듦.

(28) 금제보요식(03JYM541:97, 그림 36-12)

○ 출토지 : 태왕릉.

○ 크기 : 보요 직경 0.75cm, 가지 길이 1.2cm.

○ 형태 : 보요는 작은 원형의 편평한 얇은 편으로, 가지가 있음. 가지는 꺾여 있으며, 두 가닥의 金絲를 비틀어 만듦.

(29) 금제보요장식(步搖飾, 03JYM541:108-3, 그림 36-13)

○ 출토지 : 태왕릉.

○ 크기 : 보요 직경 0.7cm, 가지 남은 길이 0.7cm.

○ 형태 : 보요는 작은 원형의 편평한 얇은 편임. 가지는 金絲로 비교적 거칠며, 상단은 이미 파손된 상태임.

(30) 금제보요장식(步搖飾, 03JYM541:38-1)

○ 출토지 : 태왕릉.

○ 크기 : 弧面 높이 0.3cm, 직경 1.2cm.

○ 형태 : 형체는 비교적 크고, 보요에는 두 가닥의 金絲를 비틀어 감은 가지가 연결되어 있음.

(31) 금제보요장식(步搖飾, 03JYM541:97·M541:32·M541:131)

○ 출토지 : 태왕릉.

○ 크기 : 보요 직경 0.9~1cm.

○ 형태 : 모두 중형의 弧面 보요를 지니고 있음. 대부분 가지만 남아 있음.

(32) 금제보요장식(步搖飾, 03JYM541:134-4)

○ 출토지 : 태왕릉.

○ 크기 : 보요 직경 0.7cm, 弧의 높이 0.2cm, 가지 남은 길이 0.65cm.

○ 형태 : 보요는 弧面을 이루고 있으며, 그 위에는 1개의 가지가 있음.

(33) 금제보요장식(步搖飾, 03JYM541:107, 그림 36-8)

○ 출토지 : 태왕릉.

○ 크기 : 보요 길이 0.9cm, 너비 0.65cm. 가지 길이 0.8cm.

○ 형태 : 보요는 심엽형으로, 납작하여 중앙부가 돌출하지 않음. 세 가닥의 金絲로 감은 가지가 있음.

(34) 금제보요장식(步搖飾, 03JYM541:184-1, 그림 36-6)

○ 출토지 : 태왕릉.

○ 크기 : 보요 길이 0.95cm, 너비 0.6cm. 가지 길이 0.7cm.

○ 형태 : 보요는 심엽형으로, 측면에서 보면 중간이 볼록 나와 있으며, 완전한 형태의 가지와 연결되어 있음.

(35) 금제보요장식(步搖飾, 03JYM541:48-1, 그림 36-7)

○ 출토지 : 태왕릉.

○ 크기 : 길이 0.9cm, 너비 0.65cm. 가지 길이 0.6cm.

○ 형태 : 보요는 타원형의 뾰족한 심엽형으로, 측면에서 보면 중간이 볼록 나와 있으며, 가지와 연결되어 있음.

4) 금동기

(1) 금동보요관(步搖冠, 03JYM541D:8, 그림 37-1)

○ 출토지 : 태왕릉 제1단 계단석의 틈.

○ 크기 : 관식 한쪽 둘레 길이 23cm, 다른 한쪽 둘레 길이 13.5cm.

○ 형태 : 표면에는 7열의 가로 배열로 고르지 않는 간격의 雙孔이 있으며, 좁은 부분의 두 배열은 각 열이 7組를 이루고 넓은 부분의 다섯 배열은 각 8조를 이루어 총 54組의 구멍을 가지고 있음. 구멍 안에는 銅絲가 연결되어 있는데, 보요를 단 후 평평하게 펼친 가지를 비틀어 감았음. 보요는 원형의 박편으로 가지 말단의 고리에서 자유롭게 흔들릴 수 있음. 冠에는 가지 20개가 남아 있는데, 보요는 6개가 매달려 있으며, 그 나머지는 이미 떨어져 나감. 관식 한쪽의 가장자리에는 3개의 고정된 작은 못구멍이 있으며, 다른 한쪽 가장자리에는 못구멍이 없음. 관식이 결합되는 곳은 0.5cm이며, 鉚에는 8개의 연결못(鉚釘)이 있으며 복원한 직경은 약 4.3~7.3cm, 높이 14cm임.

(2) 금동보요관(步搖冠, 03JYM541:13, 그림 37-5)

○ 출토지 : 태왕릉 제1단 계단석의 틈.

○ 크기 : 관식 높이 10.2cm, 상단 둘레 길이 21.2cm, 하단 둘레 길이 11.6cm.

○ 형태 : 표면에는 7열의 가로 배열로 雙孔이 뚫려 있는데, 각 열마다 9組로 총 63개의 보요가 달려 있음. 지금 남아 있는 가지는 5개뿐이며, 보요는 모두 잃어버림. 관식이 결합되는 부분은 0.4cm, 가장자리에는 작은 못 6과가 박혀 있음.

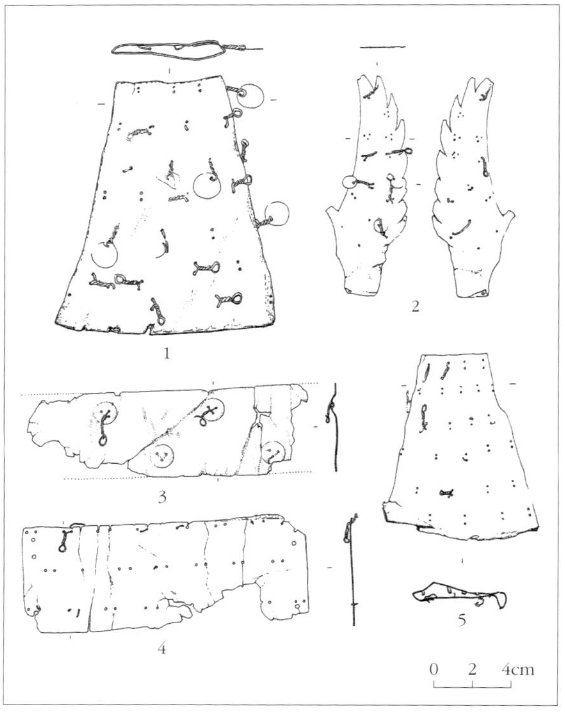

그림 37 태왕릉 금동보요장식
1·5. 보요관(03JYM541D:8·13) 2. 봉황날개형보요장식(03JYM541:87)
3. 보요장식(03JYM541D:9-3) 4. 편형장식(03JYM541:177)

(3) 금동띠형 보요장식(帶形步搖, 03JYM541:164, 그림 38-3)

○ 출토지 : 태왕릉.

○ 크기 : 길이 37.4cm, 너비 3.5cm. 泡 직경 1.2cm, 보요 직경 2.3cm, 가지 길이 1.4cm.

○ 형태 : 긴 장방형의 얇은 편임. 상부에는 泡形 步搖座 14개가 있는데, 2열로 겹치지 않도록 비껴 배열함. 네 모서리에는 작은 못구멍이 있으며, 심엽형 보요 하나가 남아 있음.

(4) 금동띠형 보요장식(帶形步搖, 03JYM541D:9-1, 그림 38-1)

○ 출토지 : 태왕릉.

○ 크기 : 길이 39.2cm, 너비 3.4cm. 두께 0.08cm, 泡 직경 1.3cm, 보요 길이 2.2cm, 가지 길이 1.7cm.

○ 형태 : 긴 장방형의 띠에는 16개의 원형 작은 泡가 있었는데 2열로 겹치지 않도록 비껴 배열되어 있으며, 泡에는 3개의 구멍이 있는데 銅絲를 꿰어 비틀어 감은 가지가 꿰어 있었으며, 그 가운데 3개 가지의 말단에는 일찍부터 심엽형 보요이 남아 있음.

(5) 금동띠형 보요장식(帶形步搖, 03JYM541D:9-2, 그림 38-2)

○ 출토지 : 태왕릉.

○ 크기 : 남은 길이 33cm, 너비 3.6cm.

○ 형태 : 잔편으로 긴 장방형의 띠에는 13개의 원형 泡가 있었는데 2열로 겹치지 않도록 비껴 배열되어 있으며, 심엽형 보요 5개가 남아 있음.

(6) 금동띠형 보요장식(帶形步搖, 03JYM541D:9-3, 그림 37-3)

○ 출토지 : 태왕릉.

○ 크기 : 남은 길이 15cm, 너비 4.8cm.

○ 형태 : 잔편으로 긴 장방형임. 帶身은 비교적 넓으며, 4개의 원형 泡가 있었는데 모두 가지가 있음.

(7) 금동봉황날개형 보요장식(鳳翅步搖, 03JYM541:87, 그림 37-2)

○ 출토지 : 태왕릉.

○ 크기 : 봉황 날개의 남은 길이 12.4cm, 너비 4.4cm, 두께 4.8cm.

○ 형태 : 새날개형. 앞의 가장자리에는 한 갈래가 있으며, 뒤의 가장자리의 날개 끝은 8개로 나뉘어져 날개가 펼쳐진 모양이며, 전체가 금동임. 상부에는 7組 3孔으로 이루어졌는데 구멍간 거리는 동일하며 동시에 양면으로 가지가 펼쳐졌는데 양면에는 보요가 매달려 있음. 하부에는 7조 雙孔으로 이루어졌는데 날개 끝에는 각기 1개의 구멍이 뚫려 있는 것으로 보아 보엽을 달았을 것으로 추정됨. 현재 양면의 가지 3組가 남아 있으며,

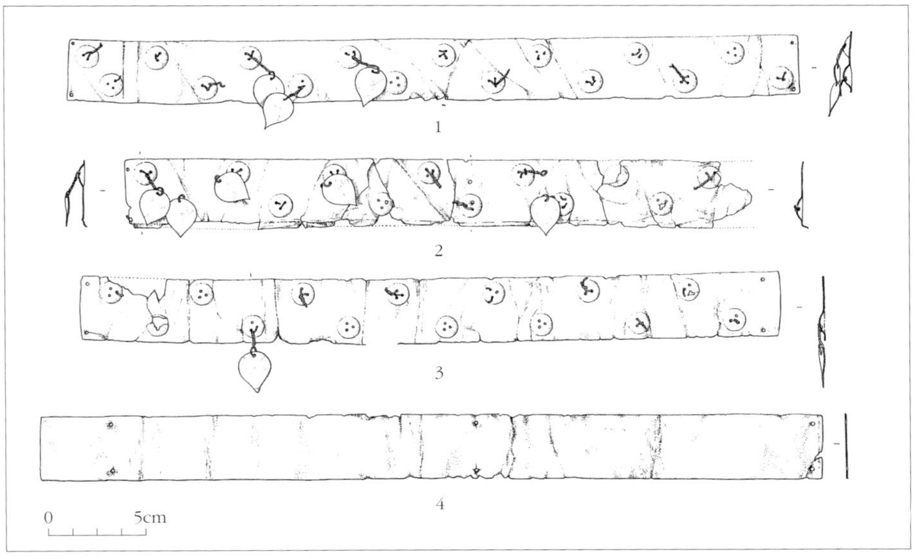

그림 38 태왕릉 금동장식 1
1~3. 띠형보요장식
(03JYM541D:9-1·9-2·164)
4. 띠형장식(03JYM541D:136)

단면의 가지 1組에는 보엽 2개가 남아 있음. 날개 말단부는 손상된 상태이며, 일찍부터 약간 커다란 못구멍이 있어 그것과 결합할 수 있었음.

(8) 금동편형 보요장식(片狀步搖, 03JYM541:177, 그림 37-4)

○ 출토지 : 태왕릉.

○ 크기 : 보요 길이 15.4cm, 너비 6cm, 두께 0.1cm.

○ 형태 : 장방형의 약간의 잔편. 양쪽의 짧은 변은 모서리 가까운 곳에 4組 8孔이 있으며, 지금 6개 못구멍이 남아 있음. 오른쪽 변 상연은 약간 구불구불함. 정면에는 3열로 23組 가지 雙孔이 있는데 겹치지 않도록 비껴 배열되어 있으며 어떤 가지는 일찍부터 남아 있음. 보요 구멍은 직경 0.1cm, 組간의 거리 1.5cm, 排列 간 거리 2.3cm임.

(9) 금동편형 보요장식(片狀步搖, 03JYM541:94-3, 그림 39-1)

○ 출토지 : 태왕릉.

○ 크기 : 남은 길이 18cm, 너비 16cm, 두께 0.51cm.

○ 형태 : 장방형의 잔편. 이미 손상되어 부분적으로 연결되어 있는 상태. 세로 6배열이 뚫려 가지의 雙孔을 이루고 있으며, 위에는 제1열 3組이며, 제2·3열은 5組를 이루며, 제4~6열은 각기 1組를 이루고 있음. 상부 가장자리에는 4組 雙孔이 있으며, 그 가운데 1組의 구멍에는 일찍부터 銅絲가 남아 있음.

(10) 금동편형 보요장식(片狀步搖, 03JYM541:94-1·2, 그림 42-16)

○ 출토지 : 태왕릉.

○ 크기 : 잔편 너비 4cm, 길이 23cm, 두께 0.04cm.

○ 형태 : 서로 동일한 장식의 잔편이나 서로 부합하지는 않음. 하부는 이미 파손되었음. 유물 94-1은 좌측에 원각이 있음. 상연에는 점선 1줄이 양각되어 있으며, 그 위에는 문양이 새겨져 있어 복잡한 도안인 듯함. 잔편 위에는 5組의 雙孔이 남아 있는데, 그 가운데 4組에는 점선이 1줄 새겨져 있고, 組간 거리는 4.1cm이며, 좌측 아래 모서리에 자리한 1조의 부근에는 2개의 약간 큰 구멍 하나가 있고, 못으로 다른 물건을 박아 놓았을 가능성이 있음.

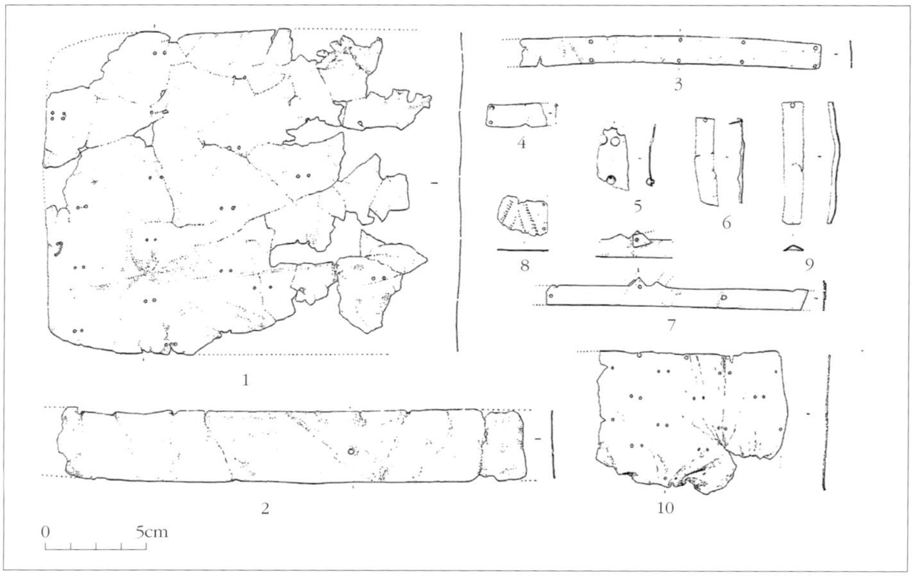

그림 39 태왕릉 금동장식
1·10. 편형장식
(03JYM541:94-3·58-1)
2·3. 띠형장식
(03JYM541:139·105)
4~9. 장조형장식
(03JYM541:29-8·29-7·29-6·29-1·56·29-5)

(11) 금동편형 보요장식(片狀步搖, 03JYM541:58-1, 그림 39-10)

○ 출토지 : 태왕릉.

○ 크기 : 잔편 길이 9cm, 너비 6.7cm, 두께 0.05cm.

○ 형태 : 잔편은 장방형에 가까우며, 한쪽은 가지런하고 둘레를 따라 못 구멍 2개가 남아 있음. 정면에는 가로 5배열로 뚫린 가지의 구멍이 한쌍 남아 있으며, 각 열은 3·4조로 고르지 않으며 겹치지 않도록 비껴 분포하고 있음. 출토 당시 이미 꺾여 찌그러져 있었음.

(12) 금동입식부 운주(傘座步搖, 03JYM541:196-1, 그림 40-4)

○ 출토지 : 태왕릉.

○ 크기 : 연결판 너비 0.3cm, 길이 3.5cm. 입식(套管) 길이 1.2cm. 화판형 좌식 높이 약 1.2cm.

○ 형태 : 본래 가죽띠 또는 목기 위의 장식으로 座飾, 입식(套管), 懸釘, 보요 등 네 부분으로 구성됨. 座飾은 화판형이며, 보요는 없음. 입식은 원주형이며, 좌식의 연결판 양단은 굽어 꺾여 있음.

(13) 금동입식부 운주(傘座步搖, 03JYM541:166-1, 그림 40-10)

○ 출토지 : 태왕릉.

○ 크기 : 전체 길이 3.7cm.

○ 형태 : 본래 가죽띠 또는 목기 위의 장식으로 座飾, 입식(套管), 懸釘, 보요 등 네 부분으로 구성됨. 보요는 결실되어 있음. 연잎 모양을 띠고 있으며 받침(墊片)은 얇은 판의 원형 고리이며, 중간에는 구멍이 뚫려 있음.

(14) 금동입식부 운주(傘座步搖, 03JYM541:101-1, 그림 40-26)

○ 출토지 : 태왕릉.

○ 크기 : 입식 길이 1.3cm, 전체 길이 4cm.

○ 형태 : 본래 가죽띠 또는 목기 위의 장식으로 座飾, 입식(套管), 懸釘, 보요 등 네 부분으로 구성됨. 보요만 결실된 상태임. 화판형 모양 좌식은 온전한 형태이며 직경 2.3cm, 泡의 높이 1.2cm. 입식(套管)은 상부는 좁고 하부는 넓은 형태임.

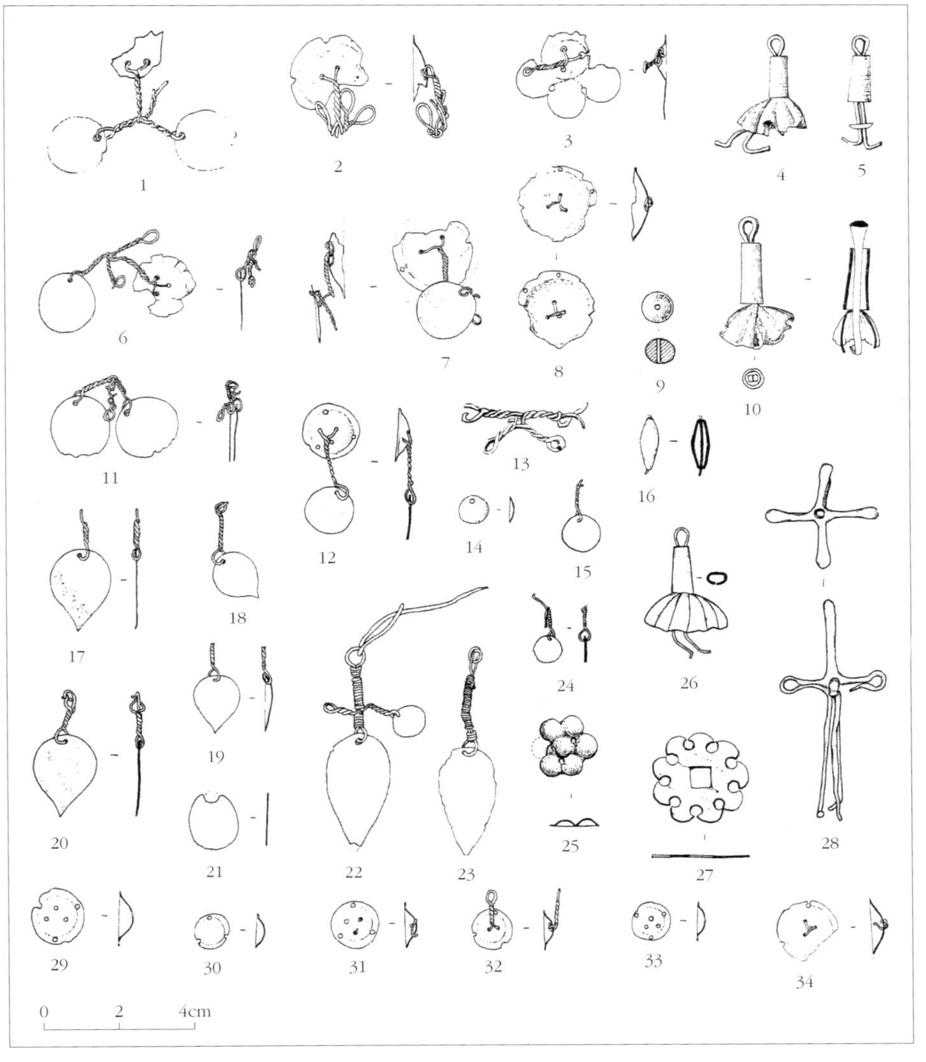

그림 40 태왕릉 금동장식
1·2·6·7·11·22. 삼엽 단추형보요
(03JYM541:90·53-4·53-1·53-2·59-1·89)
3. 화판형보요(03JYM541:151)
4·5·10·26·28. 입식부운주
(03JYM541:196-1·166-2·166-1·101-1·101-3)
8·29~34. 단추형보요의 좌식
(03JYM541:53-3·44-1·181-2·39-1·169-1·169-2·209-1)
12. 단엽 단추형보요
(03JYM541:104-1)
13. 단추형보요의 현지
(03JYM541:37-1)
14·15·24. 원형 보요장식
(03JYM541:65-1·24-2·17-1)
9·16. 구슬형장식
(03JYM541:69·23-1)
17~21·23. 심엽형 보요장식
(03JYM541:85-2·54-1·66-1·85-4·81-1·168-1)
25·27. 화판형장식
(03JYM541:158-1·153)

(15) 금동입식부 운주(傘座步搖, 03JYM541:166-2, 그림 40-5)

○ 출토지 : 태왕릉.

○ 크기 : 전체 길이 3.7cm.

○ 형태 : 본래 가죽띠 또는 목기 위의 장식으로 座飾, 입식(套管), 懸釘, 보요 등 네 부분으로 구성됨. 우산 모양 좌식과 입식은 이미 결실된 상태이며, 형식 구조는 다른 것과 동일하며, 고정 원형 받침(墊片)은 남아 있음.

(16) 금동입식부 운주(傘座步搖, 03JYM541:101-3, 그림 40-28)

○ 출토지 : 태왕릉.

○ 크기 : 전체 길이 6cm, 줄기(枝) 길이 1.2cm.

○ 형태 : 본래 가죽띠 또는 목기 위의 장식으로, 座飾, 입식(套管), 懸釘, 보요 등 네 부분으로 구성됨. 보요현정은 5개이며, 머리는 둥글고 몸은 길은 형태로 가운데는 네 줄기로 나뉘는데 줄기의 끝은 모두 보요를 매달 수 있는 둥근고리가 있고 말단은 굽어져 매듭 모양을 하고 있음. 우산 모양 좌식과 입식은 이미 손실되었으

며 금동은 온전한 상태임.

(17) 금동화판형 보요(花座步搖, 03JYM541:151, 그림 40-3)

○ 출토지 : 태왕릉.

○ 크기 : 화판 직경 1cm, 꽃심(花芯) 직경 1.2cm, 구멍 직경 0.15cm, 두께 0.1cm, 가지 길이 2.7cm.

○ 형태 : 화판형 좌식(花形座)이 7개이며, 꽃잎은 편평하고, 꽃잎 사이에는 구멍이 뚫려 있음. 꽃심(花芯)의 가운데는 볼록하며, 위에는 가지를 연결할 수 있는 3개 구멍이 있음. 가지는 세 가닥의 銅絲가 휘감고 있음.

(18) 금동단추형 보요의 座飾(泡座步搖, 03JYM541:53-3·44-1·181-2·39-1, 그림 40-8·29~34)

○ 출토지 : 태왕릉.

○ 형태 : 단추형 보요는 온전한 형태는 적으며, 장식은 座, 枝, 葉 등의 세 부분으로 나뉘며, 다수는 이미 분리된 상태임. 座飾은 대다수 속이 빈 원형 泡狀이고, 바깥가장자리에는 좁은 테두리가 있는데 테두리에는 세 개의 구멍이 있으며, 볼록한 단추의 頂部에도 가지와 보요을 연결할 수 있는 세 개의 구멍이 있음. 형식과 크기는 유물마다 차이가 있음. 단추형 보요 가운데 座飾만 남은 상태임.

(19) 금동단추형 보요의 가지(泡座步搖, 03JYM541:37-1, 그림 40-13)

○ 출토지 : 태왕릉.

○ 형태 : 단추형 보요는 온전한 형태는 적으며, 장식은 座, 枝, 葉 등의 세 부분으로 나뉘며, 다수는 이미 분리된 상태임. 가지는 대다수 두 가닥 또는 세 가닥의 銅絲를 비틀었으며, 위에는 飾座와 연결되며 아래에는 보요가 매달려 있음.

(20) 금동단추형 보요(泡座步搖, 그림 40-14~24)

○ 출토지 : 태왕릉.

○ 형태 : 단추형 보요는 온전한 형태는 적으며, 장식은 座, 枝, 葉 등의 세 부분으로 나뉘며, 다수는 이미 분리된 상태임. 가지아래에는 보요가 매달려 있음. 보요는 모두 편평하고 모양에 따라 원형, 심엽형 등으로 나뉘고 크기는 차이가 큰 편임.

(21) 금동단추형 보요(泡座步搖, 03JYM541:53-1·53-2, 그림 40-6·7)

○ 출토지 : 태왕릉.

○ 크기 : 泡의 직경 2.2cm, 줄기(枝) 길이 1.1cm, 보요 직경 1.6cm.

○ 형태 : 단추형 보요는 온전한 형태는 적으며, 장식은 座, 枝, 葉 등의 세 부분으로 나뉘며, 다수는 이미 분리된 상태임. 온전한 보요는 삼엽과 단엽의 두 종류가 있는데 삼엽보요에 해당함. 가지는 세 개로 나뉘고 보요는 원형이며 이미 손상된 상태임.

(22) 금동단추형 보요(泡座步搖, 03JYM541:53-4, 그림 40-2)

○ 출토지 : 태왕릉.

○ 크기 : 圓泡의 직경 2.2cm.

○ 형태 : 단추형 보요는 온전한 형태는 적으며, 장식은 座, 枝, 葉 등의 세 부분으로 나뉘며, 다수는 이미 분리된 상태임. 온전한 보요는 삼엽과 단엽의 두 종류가 있는데 삼엽 보요에 해당함. 보요은 손실되고 3개의 가지만 남음.

(23) 금동단추형 보요(泡座步搖, 03JYM541:59-1, 그림 40-11)

○ 출토지 : 태왕릉.

○ 크기 : 보요 직경 1.6cm, 두께 0.1cm, 가지 길이 1.5cm.

○ 형태 : 단추형 보요는 온전한 형태는 적으며, 장식은 座, 枝, 葉 등의 세 부분으로 나뉘며, 다수는 이미 분리된 상태임. 온전한 보요는 삼엽과 단엽의 두 종류가 있는데 삼엽보요에 해당함. 座飾은 泡形으로 이미 손실된 상태임. 두 가닥의 銅絲를 비틀은 가지는 세 갈래로 나뉘는데 두 갈래에만 원형 보요가 매달려 있음.

(24) 금동단추형 보요(泡座步搖, 03JYM541:90, 그림 40-1)

○ 출토지 : 태왕릉.

○ 크기 : 보요의 한쪽 직경 1.5cm, 다른 한쪽 직경 1.7cm. 중심 가지 길이 1.3cm. 측면 가지 길이 1.2cm.

○ 형태 : 단추형 보요는 온전한 형태는 적으며, 장식은 座, 枝, 葉 등의 세 부분으로 나뉘며, 다수는 이미 분리된 상태임. 온전한 보요는 삼엽과 단엽의 두 종류가 있는데 삼엽보요에 해당함. 座飾은 이미 심하게 손상되었고, 세 가닥의 가지에는 두 개의 원형 보요가 매달려 있음.

(25) 금동단추형 보요(泡座步搖, 03JYM541:89, 그림 40-22)

○ 출토지 : 태왕릉.

○ 크기 : 원형 보요의 직경 0.8cm. 길쭉한 보요의 길이 3.3cm, 너비 1.7cm. 중심 가지의 길이 2.7cm. 측면 가지의 길이 1cm.

○ 형태 : 단추형 보요는 온전한 형태는 적으며, 장식은 座, 枝, 葉 등의 세 부분으로 나뉘며, 다수는 이미 분리된 상태임. 온전한 보요는 삼엽과 단엽의 두 종류가 있는데 삼엽 보요에 해당함. 가지는 온전한 상태로 상하에 모두 둥근고리가 있는데 아래 고리에는 길쭉한 보요가 매달려 있고 위의 고리에는 1가닥의 銅絲가 꿰어 있음. 중심 가지에는 銅絲가 휘감겨 있는데 중간에 두 가닥으로 나뉘면서 각기 작은 원형 보요가 매달려 있었으나 현재는 하나만 남아 있음.

(26) 금동단추형 보요(泡座步搖, 03JYM541:104-1, 그림 40-12)

○ 출토지 : 태왕릉.

○ 크기 : 泡座 직경 1.5cm, 가지 길이 2cm. 원형 보엽의 직경 1.3cm.

○ 형태 : 단추형 보요는 온전한 형태는 적으며, 장식은 座, 枝, 葉 등의 세 부분으로 나뉘며, 다수는 이미 분리된 상태임. 온전한 보요는 삼엽과 단엽의 두 종류가 있는데 단엽 보요에 해당함. 座飾은 원형으로 가운데가 볼록하고 위에는 두 가닥의 銅絲가 비틀어진 가지가 꿰어 있음. 말단 고리에는 원형 보요가 매달려 있음.

(27) 금동띠형장식(帶形飾, 03JYM541:136, 그림 38-4)

○ 출토지 : 태왕릉.

○ 크기 : 길이 41.5cm, 너비 3.4cm, 두께 0.05cm.

○ 형태 : 띠형장식. 긴 장방형. 네 둘레가 가지런하며, 가장자리 가까운 곳에는 3組 대칭의 못 구멍이 있으며 구멍간 거리는 19～17.5cm로 고르지 않음.

(28) 금동띠형장식(帶形飾, 03JYM541:105, 그림 39-3)

○ 출토지 : 태왕릉.

○ 크기 : 남은 길이 15cm, 너비 1.3cm, 두께 0.05cm.

○ 형태 : 장방형의 편평한 조각으로 한쪽 끝이 이미 손상됨. 출토 당시 굽어져 대체로 원형을 띠었음. 가장자리에는 간격이 고르지 않은 4組의 못 구멍이 뚫려 있는데 구멍 간 거리는 3.6～4.2cm임.

(29) 금동띠형장식(帶形飾, 03JYM541:139, 그림 39-2)

○ 출토지 : 태왕릉.

○ 크기 : 남은 길이 22.8cm, 너비 3.6cm.

○ 형태 : 긴장방형. 양단은 이미 손상되었으며, 중앙부에서 아래로 치우쳐 못 구멍이 하나 있으며, 한쪽 가장자리는 꺾여져 있으며, 너비는 약 0.2cm임. 단면 금동임.

(30) 금동장방형장식(條形飾, 03JYM541:29-6, 그림 39-6)

○ 출토지 : 태왕릉.

○ 크기 : 남은 길이 4.5cm, 너비 0.8cm, 두께 0.1cm. 못 길이 0.5cm.

○ 형태 : 장방형. 양면 금동임. 한쪽 끝에는 긴 못이 있어 목기 표면의 장식으로 추정됨.

(31) 금동장방형장식(條形飾, 03JYM541:29-5, 그림 39-9)

○ 출토지 : 태왕릉.

○ 크기 : 남은 길이 6.2cm, 너비 1cm.

○ 형태 : 장방형. 양면 금동임. 조형 중간에는 등(脊)이 있으며, 잔편이 굽어져 변형됨. 한쪽에는 못이 있음.

(32) 금동장방형장식(條形飾, 03JYM541:29-8, 그림 39-4)

○ 출토지 : 태왕릉.

○ 크기 : 너비 1.2cm, 남은 길이 3cm, 두께 0.1cm. 못의 직경 0.2cm.

○ 형태 : 장방형. 단면 금동임. 한쪽에 온전한 상태. 양 모서리에는 각기 못이 하나 있으며, 오른쪽 구멍에는 연결못이 남아 있어 다른 것과 연결해 만들어지는 장식으로 추정됨.

(33) 금동장방형장식(條形飾, 03JYM541:29-7, 그림 39-5)

○ 출토지 : 태왕릉.

○ 크기 : 남은 길이 3.3cm, 너비 2.2cm. 못 길이 0.2cm, 직경 0.15cm.

○ 형태 : 위에는 5개의 구멍이 남아 있는데 3개 구멍은 이미 손상되었고 1개 구멍에는 둥근 머리의 연결못이 남아 있음.

(34) 금동장방형장식(條形飾, 03JYM541:29-1, 그림 39-7)

○ 출토지 : 태왕릉.

○ 크기 : 남은 길이 13cm, 너비 0.9cm. 연결 편의 너비 0.7cm, 남은 길이 0.9cm.

○ 형태 : 좁은 장방형. 양단은 모두 손상되었으며, 중간에는 위로 향하는 두 조각의 銅片 있는데, 다른 도안과 연결되어질 수 있음.

(35) 금동원형장식(環形飾, 03JYM541:124, 그림 41-3)

○ 출토지 : 태왕릉.

○ 크기 : 筒의 직경 3.2cm, 높이 6.5cm. 두께 0.1cm.

○ 형태 : 원형의 筒形. 나무 막대기의 테두리에 사용되었을 것으로 추정됨. 하연은 평평하며, 상연에는 무늬를 새긴 흔적이 있음. 중앙에는 4개의 구멍이 뚫려 있음.

(36) 금동원형테두리장식(環形飾, 03JYM541:71, 그림 41-2)

○ 출토지 : 태왕릉.

○ 크기 : 테두리 높이 1.1cm, 직경 13.5cm. 꺾여 접혀지는 부분의 너비 0.2cm.

○ 형태 : 얇은 동편을 단조하였는데 고리모양의 테두리를 이루고 있음. 고리 형태는 위는 작고 아래는 크며, 바닥 변은 안으로 꺾여 있으며, 횡단면은 L형을 이루고 있으며, 테두리에는 고르지 않는 간격으로 못구멍 9개가 뚫려 있으며, 구멍 하나에는 못이 남아 있음.

(37) 금동원형장식(環形飾, 03JYM541:67)

○ 출토지 : 태왕릉.

○ 크기 : 직경 1.2cm, 구멍 직경 0.5cm.

○ 형태 : 기형은 비교적 작으며, 원형 동편에 구멍이 뚫려 있으며, 銅片 중앙은 배가 볼록하며, 구멍은 아주 둥글지 않고 약간 한쪽에 치우쳐 있음.

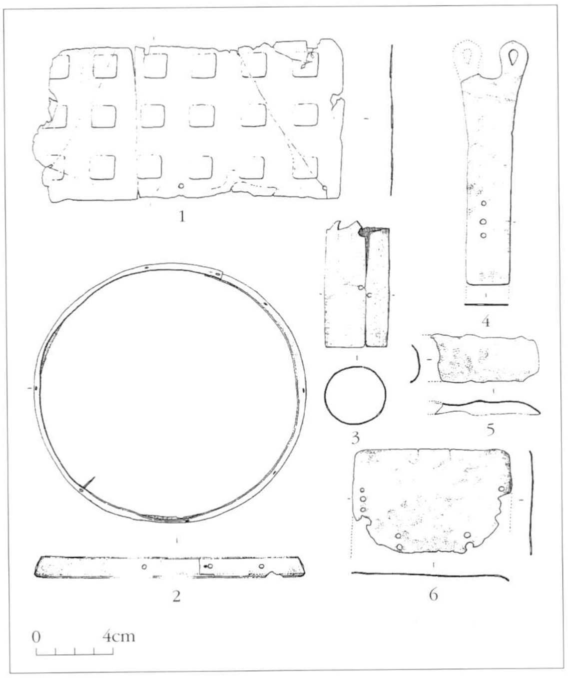

그림 41 태왕릉 금동장식
1·5·6. 편형장식(03JYM541:137-1·126-2·126-1)
2·3. 원형장식(03JYM541:71·124) 4. 이형장식(03JYM541:30)

(38) 금동장식편(片形飾, 03JYM541:137-1, 그림 41-1)

○ 출토지 : 태왕릉.

○ 형태 : 장방 편형으로 가장자리는 심하게 가지런하지 못하며, 정면에는 강하게 눌려 가공된 3배열의 방형 돌기가 있는데 각 열에는 6개에 있고 방형 돌기간 거리는 1.2~1.5cm로 고르지 않음. 방형 돌기의 길이 1.6cm, 너비 1.1cm, 높이 0.2cm임.

(39) 금동장식편(片形飾, 03JYM541:126-1, 그림 41-6)

○ 출토지 : 태왕릉.

○ 크기 : 銅片 길이 8cm, 너비 5cm, 두께 0.15cm.

○ 형태 : 이미 손상된 상태로 형상은 불규칙함. 하단 양 모서리는 원각을 이루고 있으며, 하단은 직각에 가까움. 8개의 구멍이 남아 있음. 우측에 3개, 좌측에 1개가 남아 있는데 위치가 대체로 대칭하며, 하부의 좌우는 각기 2개 구멍이 있으며 역시 대칭하고 있음. 구멍 직경 0.2~0.4cm, 구멍간 거리 0.2~0.3cm임. 상연은 비틀어졌으며 우측변은 안으로 감겨져 있음. 찰갑편과 유사함.

(40) 금동장식편(片形飾, 03JYM541:56, 그림 39-8)

○ 출토지 : 태왕릉.

○ 크기 : 남은 길이 2cm, 너비 2.5cm.

○ 형태 : 불규칙한 편형으로 짧은 선으로 만들어진 마름모형 무늬를 이루고 있음.

(41) 금동장식편(片形飾, 03JYM541:126-2, 그림 41-5)

○ 출토지 : 태왕릉.

○ 크기 : 남은 길이 5.3cm, 너비 2.5cm, 두께 0.15cm.

○ 형태 : 잔편은 원각 장방형. 중앙부는 돌출했으며, 측면에서 보면 호형을 띠고, 파손된 곳은 투조된 도안이 연결되어 있었던 것으로 추정됨.

(42) 금동이형장식(異形飾, 03JYM541:30, 그림 41-4)

○ 출토지 : 태왕릉.

○ 크기 : 길이 13.1cm, 너비 2.1~3cm, 두께 0.15cm.

○ 형태 : 장방형. 한쪽 끝은 타원형 양갈래로 나뉘어졌는데 위에는 심엽형 구멍이 뚫려 고리를 이루고 있음. 지금 한쪽 편만 남아 있으며, 중앙부에는 거리가 고르지 않은 3개의 구멍이 있음.

(43) 금동화판형장식(花形飾, 03JYM541:158-1, 그림 40-25)

○ 출토지 : 태왕릉.

○ 크기 : 화판 직경 2.9cm, 중앙구멍 직경 0.6cm, 두께 0.2cm.

○ 형태 : 6엽으로 된 매화형으로 꽃잎과 꽃술의 중앙은 볼록하며, 꽃잎이 연결되는 곳에는 3개의 작은 원이 있어 꿸 수 있었음. 이미 파손되어 있으며, 금동은 탈락된 상태임.

(44) 금동화판형장식(花形飾, 03JYM541:153, 그림 40-27)

○ 출토지 : 태왕릉.

○ 크기 : 꽃의 길이 0.6cm, 중앙 방형구멍의 길이 0.6cm, 장식편의 조각 0.1cm.

○ 형태 : 9엽으로 된 연화형. 꽃잎 사이에는 각기 1개의 오목한 자리가 있으며, 중간에는 방형의 구멍이 뚫려 있음.

(45) 금동구슬장식(珠形飾, 03JYM541:23-1, 그림 40-16)

○ 출토지 : 태왕릉.

○ 크기 : 구슬 높이 1.1cm, 직경 0.5cm, 구멍 직경 0.1cm.

○ 형태 : 표면이 금동임. 가운데는 올리브열매형(橄欖形)으로 비어 있으며, 안에는 銅絲가 꿰어 있으며, 동사 한쪽 끝은 손상되어 있음.

(46) 금동구슬장식(珠形飾, 03JYM541:69, 그림 40-9)

○ 출토지 : 태왕릉.

○ 크기 : 직경 0.9cm, 높이 0.7cm.

○ 형태 : 타원형은 球狀이며, 중심에는 가는 구멍이 하나 뚫려 있음.

(47) 금동투조관식 잔편(鏤空飾 冠飾殘片, 03JYM541:25-1, 그림 42-1)

○ 출토지 : 태왕릉.

○ 크기 : 잔편 길이 3.7cm, 너비 3cm.

○ 형태 : 평평하고 얇은 동편으로 제작된 투조장식. 잔편은 두 개 연속도안의 장방형을 이루고 있음. 도안은 세 층으로 나뉘어지는데 하층은 마름모형 그물의 두 개 연속도안이며, 중층은 回文의 두 개 연속도안이며, 상층은 호처럼 굽은 화초 또는 동물 흔적임. 세 층 사이에는 모두 양각된 가는 선의 물결문이 여러 개 있음.

(48) 금동투조관식 잔편(鏤空飾 冠飾殘片, 03JYM541:25-2, 그림 42-2)

○ 출토지 : 태왕릉.

○ 크기 : 잔편 길이 2cm, 너비 2cm.

○ 형태 : 평평하고 얇은 동편으로 제작된 투조장식. 도안은 두 층으로 나뉘어지는데 하층은 마름모형 그물의 두 개 연속도안이며, 상층은 호처럼 굽은 화초 또는 동물 흔적임.

(49) 금동투조관식 잔편(鏤空飾 冠飾殘片, 03JYM541:57-1, 그림 42-3)

○ 출토지 : 태왕릉.

○ 크기 : 잔편 길이 3cm, 너비 2.3cm.

○ 형태 : 평평하고 얇은 동편으로 제작된 투조장식. 투조된 꽃장식은 雙魚가 포개져 있는 형상임. 위에는 두 개의 점선으로 만들어진 윤곽선이 있음.

(50) 금동투조관식 잔편(鏤空飾 冠飾殘片, 03JYM541:57-3, 그림 42-4)

○ 출토지 : 태왕릉.

○ 크기 : 잔편 길이 2.5cm.

○ 형태 : 평평하고 얇은 동편으로 제작된 투조장식. 두 개의 타원형 透孔이 있으며, 윤곽은 점선으로 돌출한 두 개의 선이 새겨져 있음.

(51) 금동투조 관식 잔편(鏤空飾 冠飾殘片, 03JYM541:57-2·57-7, 그림 42-6·5)

○ 출토지 : 태왕릉.

○ 크기 : 잔편 길이 2.3~3.6cm.

○ 형태 : 평평하고 얇은 동편으로 제작된 투조장식. 투조된 곳은 장방형을 띠며, 모두 두 개의 점선으로 윤곽선이 새겨져 있음.

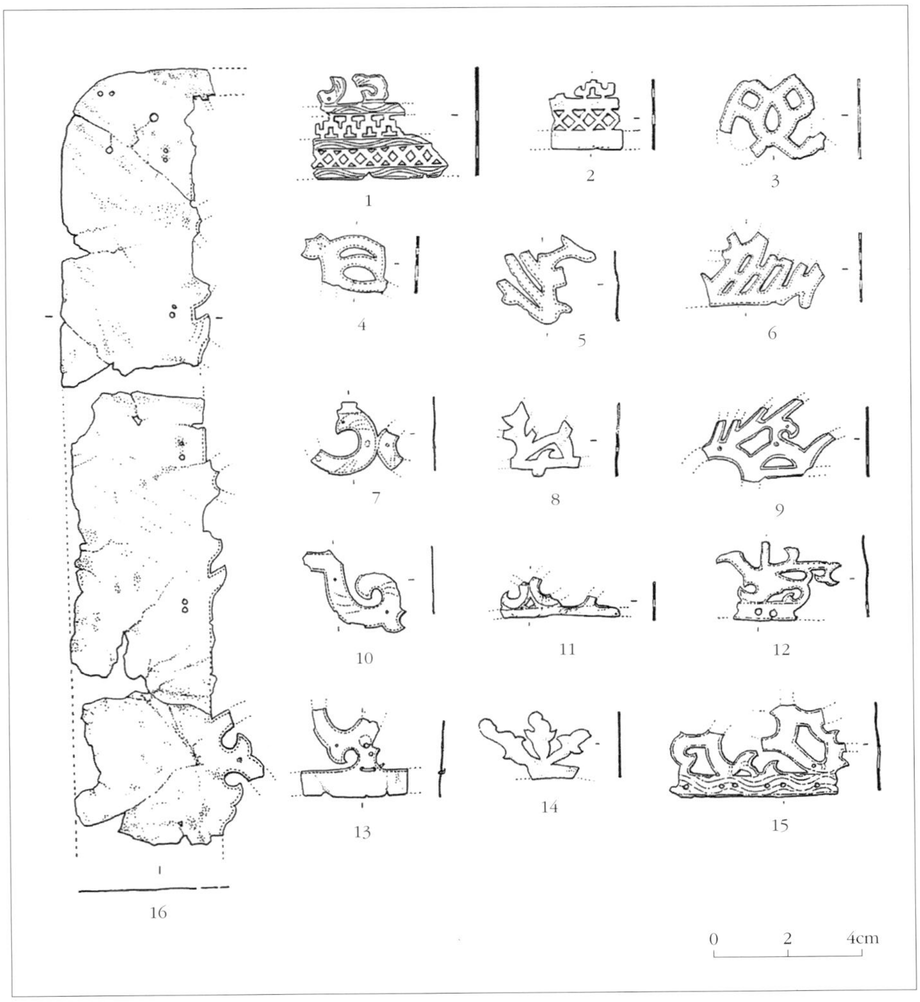

그림 42 태왕릉 금동투조장식
1~6·8·9·11·12·14. 관식잔편
(03JYM541:25-1·25-2·57-1·57-3·57-7·57-2·99-4·57-5·99-10·99-11·99-14)
7·10·13·15·16. 편식잔편
(03JYM541:39-3·39-4·39-5·99-2·94-1·2)

(52) 금동투조 관식 잔편(鏤空飾 冠飾殘片, 03JYM541:99-4·99-10·99-11·99-14·57-5, 그림 42-8·11·12·14·9)

○ 출토지 : 태왕릉.

○ 크기 : 잔편 길이 2.5~3.6cm.

○ 형태 : 평평하고 얇은 동편으로 제작된 투조장식. 투조된 꽃은 곡선 또는 직선을 병용하며, 도안은 화초 위주이며, 띠에는 새부리 모양으로 비교적 많이 굽어 말렸음. 윤곽선에는 양각선과 점선의 차이가 있으며, 어떤 것은 둘레가 굽어지지 않음.

(53) 금동투조장식편(鏤空飾 片飾殘片, 03JYM541:99-2·39-5, 그림 42-15·13)

○ 출토지 : 태왕릉.

○ 크기 : 잔편 길이 3~5cm.

○ 형태 : 투조장식. 온전한 도안이 불분명하며, 두 건 모두 너비변이 연결되어 있음. 유물99-2(그림 42-15)은 양각선의 물결무늬가 여러 개 새겨져 있으며, 4組 雙孔이 뚫려 있어 요엽과 구슬이 매달렸을 수 있음. 그림 42-13은 하나의 점선으로 만들어진 양각선만이 있으며, 1組 雙孔이 남아 있으며, 안에는 銅絲 하나가 꿰어져 있음.

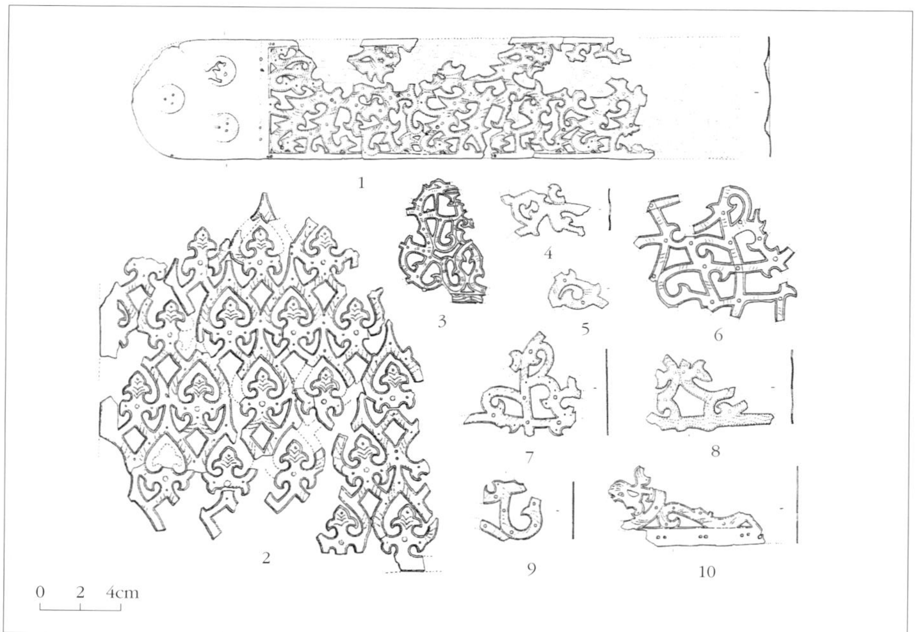

그림 43 태왕릉 금동투조장식
1. 대식잔편(03JYM541:38)
2~10. 편식잔편
(03JYM541:52·135·99-7·99-6, 03JYM541D:10-2, 03JYM541:205-1·99-1·205-2·205-3)

(54) 금동투조장식편(鏤空飾 片飾殘片, 03JYM541:205-3, 그림 43-10)

○ 출토지 : 태왕릉.

○ 크기 : 잔편 길이 8cm.

○ 형태 : 투조장식. 장식의 윗부분이고, 도안에는 좌측 방향에서 용머리가 남아 있으며 나머지는 판별되지 않음. 아랫변에는 가지를 꿰는 雙孔 3組가 있으며, 못구멍에는 하나가 박혀 있음. 무늬에는 양각의 가는선과 작은 동그라미가 새겨 있음.

(55) 금동투조장식편(鏤空飾 片飾殘片, 03JYM541:135, 그림 43-3)

○ 출토지 : 태왕릉.

○ 크기 : 잔편 길이 1.5cm.

○ 형태 : 투조장식. 위에는 양각 가는선으로 물결무늬 3줄이 새겨져 있고, 가지를 꿸 수 있는 雙孔이 1組 있음. 투조된 꽃의 주제 도안은 마치 용모양과 같으며, 구불구불한 호선이 비교적 많으며, 윤곽은 양각된 두 개의 가는 선으로 새겨져 있으며, 위에는 동그라미와 사선이 더 새겨져 있음.

(56) 금동투조장식편(鏤空飾 片飾殘片, 03JYM541D:10-2, 그림 43-6)

○ 출토지 : 태왕릉.

○ 크기 : 잔편 길이 7.5cm.

○ 형태 : 투조장식. 사면이 가지런한 면이 없음. 도안은 얽혀 있는 동물형상이며, 위에는 두 개의 양각된 가는 선과 함께 동그라미·사선 등이 새겨져 있으며, 유물 D10-1도안의 잔편일 가능성이 있음.

(57) 금동투조장식편(鏤空飾 片飾殘片, 03JYM541:39-3·39-4·99-1·99-7·99-6, 그림 42-7·10 ; 그림 43-8·4·5)

○ 출토지 : 태왕릉.

○ 크기 : 잔편 길이 2.5~6.5cm.

○ 형태 : 투조장식. 사면이 가지런하지 못한 잔편이며, 무늬는 대다수 곡선과 말린 곡선이며, 윤곽선 및 사선은 모두 점선으로 되어 있으며, 동그라미 역시 점선으

로 만들어졌음. 이들은 동일한 편식의 다른 부위로 추정되지만(03JYM541:39-3, 39-4 등도 포함), 연결할 방법이 없음.

(58) 금동투조장식편(鏤空飾 片飾殘片, 03JYM541:205-1·205-2, 그림 43-7·9)

○ 출토지 : 태왕릉.

○ 형태 : 투조장식. 투조된 꽃의 너비와 호곡선의 주향은 모두 일치함. 윤곽선은 가는 양각선으로, 사선은 점선으로 새긴 것이 동일하여 동일 건의 장식으로 추정됨. 심지어 M541:205-3과도 동일장식으로 파악되나, 현재 연결할 수 없기 때문에 그 완전한 모습을 파악할 수 없음.

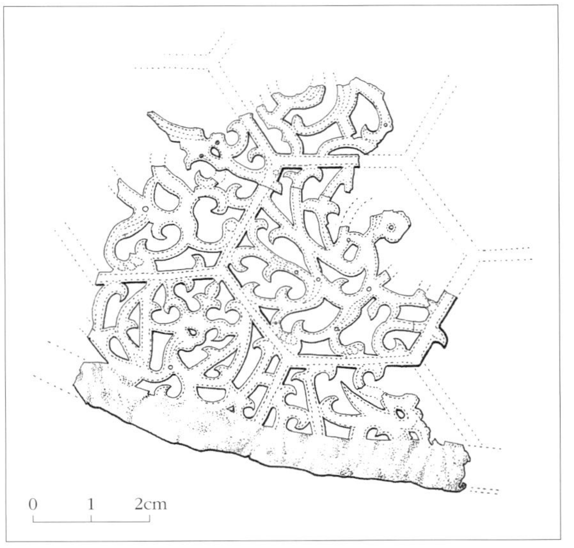

그림 44 태왕릉 금동투조 편식잔편(03JYM541:182)

(59) 금동투조장식편(鏤空飾 片飾殘片, 03JYM541:52, 그림 43-2)

○ 출토지 : 태왕릉.

○ 크기 : 잔편 길이 20cm, 너비 17cm, 두께 0.05cm. 가장자리 너비 1cm.

○ 형태 : 투조장식. 이미 손상된 상태이나 두 개의 잔편을 연결하면 직각을 이루고 있어 온전한 형태는 장방형의 커다란 장식으로 추정됨. 투조된 무늬의 單元 도안은 심엽형 안에 삼엽문을 가운데 배치하고, 그 아래 마름모형이 배열되어 있음.

(60) 금동투조장식편(鏤空飾 片飾殘片, 03JYM541:182, 그림 44)

○ 출토지 : 태왕릉.

○ 크기 : 잔편 길이 7cm, 너비 약 7cm.

○ 형태 : 투조장식. 이미 손상되었으면 가장자리는 호형을 띠고 있음. 온전한 형태는 6각형 또는 타원형장식으로 추정됨. 투조된 무늬는 비교적 섬세하고, 도안은 거북이 등껍질(龜甲)과 유사한 6각형의 연속이며, 각格 안에는 한 개의 동물형상이 투조되어 있고, 점선으로 만든 두 개의 양각 윤곽이 새겨져 있음. 잔편의 가장자리에서는 용의 머리와 봉황의 상반부를 볼 수 있음. 그 위에는 용과 봉황 모두 잔편이며 중앙 동물도 잔편인데 사신의 하나일 수 있음.

(61) 금동투조장식편(帶飾, 03JYM541:38, 그림 43-1)

○ 출토지 : 태왕릉.

○ 크기 : 띠의 너비 6.1cm, 남은 길이 26.5cm, 두께 0.06cm.

○ 형태 : 투조장식. 이미 손상된 상태로 가죽띠 위의 꿰던 투조장식인데 금동은 이미 전부 탈락되고 갈라진 곳에 일부 남아 있음. 장식은 장방형이며, 가운데 무늬를 새기었음. 도안은 두 개의 연속되는 雲龍이며, 현재 머리·꼬리·하방의 3개 발톱이 남아 있으며, 사방 테두리는 좁음. 장변에는 1.3cm 간격으로 보요를 매달 수 있는 1개 구멍이 뚫려 있으며, 단변에는 2.8cm 간격으로 2組의 보요를 매달 수 있는 雙孔이 뚫려 있으며, 모서리 부분에는 가지 일부가 남아 있음. 띠의 끝부분은 鉈尾形이며, 위에 3개의 圓泡가 있으며, 泡 위에는 3개 구멍이 뚫려 있는 것으로 보아 보요가 매달려

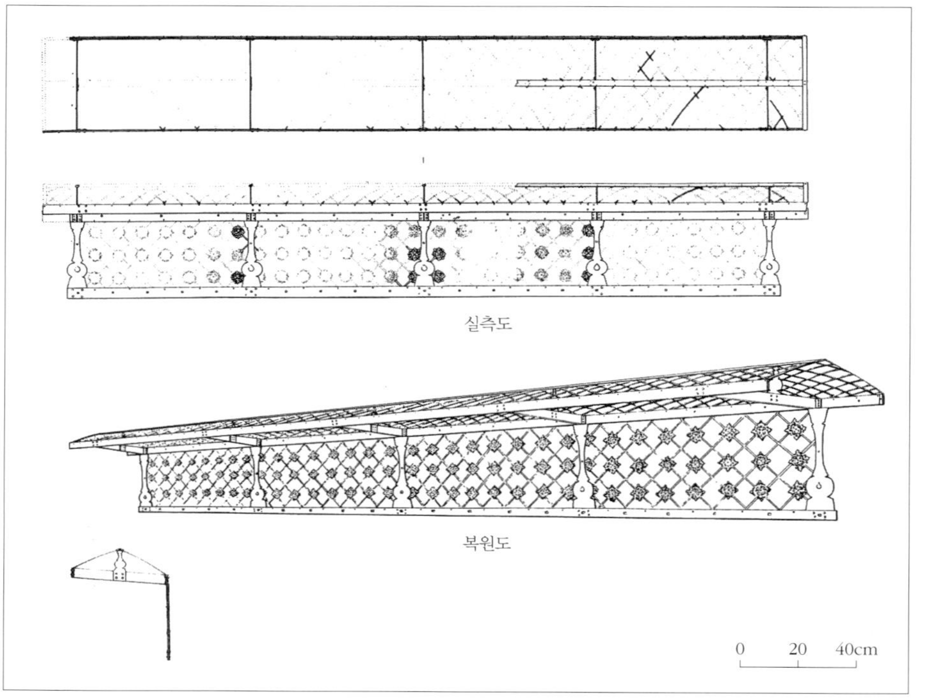

그림 45
태왕릉 금동투조 장막걸이
(03JYM541D:14)

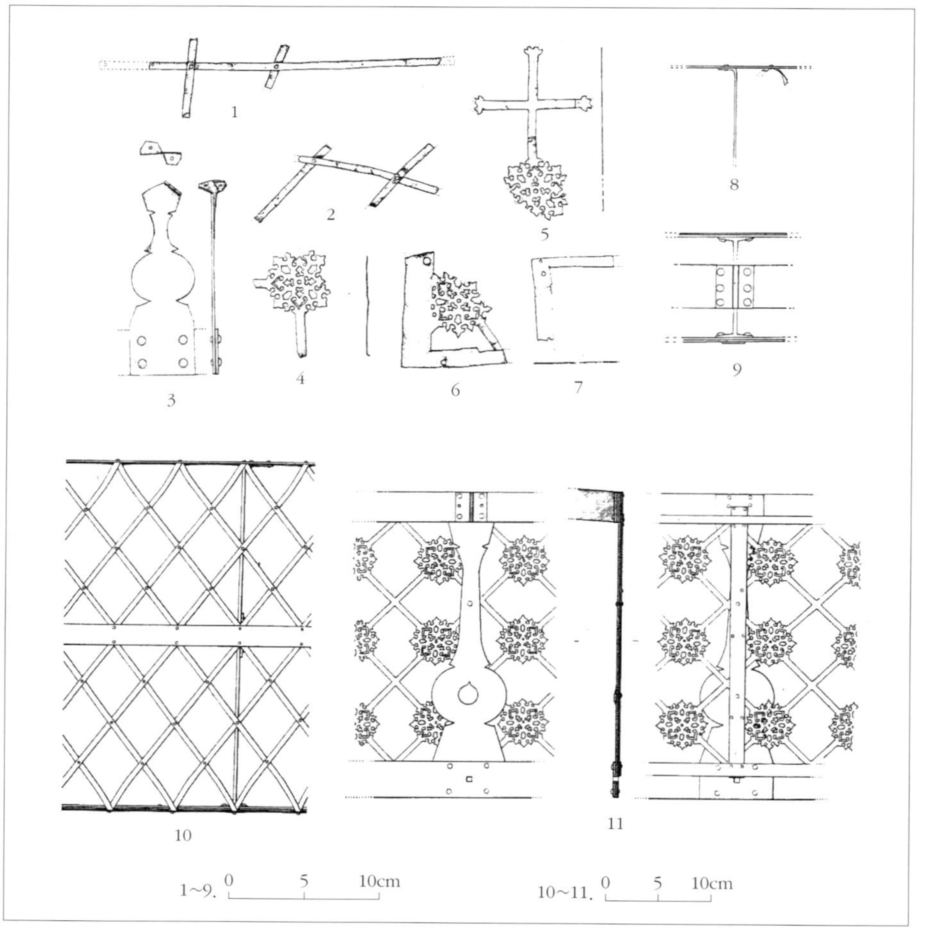

그림 46
태왕릉 금동투조 장막걸이
(03JYM541D:14)
1·2. 弧頂 그물의 잔편
3. 가리개 立片
4~7. 가리개 보(梁)의 연결정황
8·9. 투조 틀의 잔편
10. 弧頂 청동그물 복원
11. 등판의 앞뒤면 세부모습

그림 47
태왕릉 금동투조편 안식
(03JYM541D:10)

있었을 것으로 추정됨.

(62) 금동투조장식(案飾, 03JYM541D:10, 그림 47)

○ 출토지 : 태왕릉.

○ 크기 : 장식편 길이 61.6cm, 너비 12cm, 두께 0.06cm.

○ 형태 : 전체 도금임. 이미 손상된 상태. 투조는 상하 2열로 용과 호랑이가 얽힌 2개의 연속도안으로 도안은 호선과 回旬가 비교적 많으며, 花文에는 모두 동그라미·사선·윤곽선 등이 새겨 있음. 용머리 위로는 치켜들은 두 개 입술이 있으며, 호랑이머리 좌측으로는 闊口가 약간 열림. 용호의 사이에는 두 개 곡선이 있는데 서로 연결되며 아래에서 위로 구불어져 용호의 머리가 서로 접함. 위는 굽고 아래는 휘감아 곧 용호의 머리가 각기 말려 상대의 목 아래에 이름. 투조의 사면 둘레는 좁으며(窄邊), 두 長邊은 평행하고 短邊은 위로 꺾여 마치 양단이 직각의 육각형을 띠는 듯한데, 이미 손상됨. 위에는 2cm의 간격으로 쌍공이 뚫려 있으며, 7cm 간격으로는 못구멍이 있음. 4곳의 구멍에서 銅絲가 발견되었으며, 좌측 상단의 동사에는 마노 구슬 하나가 꿰여 있음.

(63) 금동장막걸이(幔架, 03JYM541D:14, 그림 45·46)

○ 출토지 : 태왕릉.

○ 크기 : 등판(背板) 길이 2.42cm, 너비 0.35cm. 앞가리개 길이 2.68m.

○ 형태 : 출토 당시 꺾여 구부러져 덩어리를 이루고 있었음. 측면에서 보면 ㄱ자형의 걸이이며, 전체가 금동임. 걸이는 비교적 심하게 훼손되었으나 구조는 기본적으로 명확히 확인되는데, 등판(背板)·앞가리개(前罩)·弧頂 등 세 부분으로 구성됨(그림 45). 등판은 말의 넓적다리 모양의 5개 短片에 의해 4개의 장방형으로 구획되며, 등에는 방형의 四葉文이 연속 도안된 투조무늬판에 상감되어 있음(그림 46-4~7). 앞가리개는 7개의 수직 들보인 短片을 등판과 결합시켜 놓음. 銅片의 앞부분은 직각을 이루는데 2개의 못과 앞의 가장자리를 이용해 결합하였으며, 측면에서 보면 6도의 각을 이룸. 끝부분은 T자형을 이루는데 4개 못과 등판 위의 테두리를 이용해 결합하며, 못 사이에는 두 개의 구멍이 남아 있어 고정되어 있음(그림 46-8·9). 들보 중앙부에는 각기 높이 13.4cm의 말 넓적다리형의 세움장식이 있으며, 하단부은 4개의 연결못(鉚釘)으로 고정되어 있음. 정상부는 양측을 향해 꺾여 걸이 정상의 등과 서로 연접하고 있음(그림 46-3). 弧頂은 銅片으로 엮은 마름모형 그물을 하고 있으며(그림 46-1·2), '工'자형 등대가 눌려 있음. 銅 그물은 전후 양편으로 나뉘어져서 한쪽 편은 등대에 직접 눌려 있으며, 다른 한편은 걸이와 함께 눌려서 결합함. 등대의 '工'자 양측의 短片은 너비 1.6cm, 호의 길이 약 40cm의 반으로 접은 銅片으로 중간에는 두 개의 못을 사용해 등에 결합하고, 양끝 부분은 앞가리개와 결합함(그림 46-10).

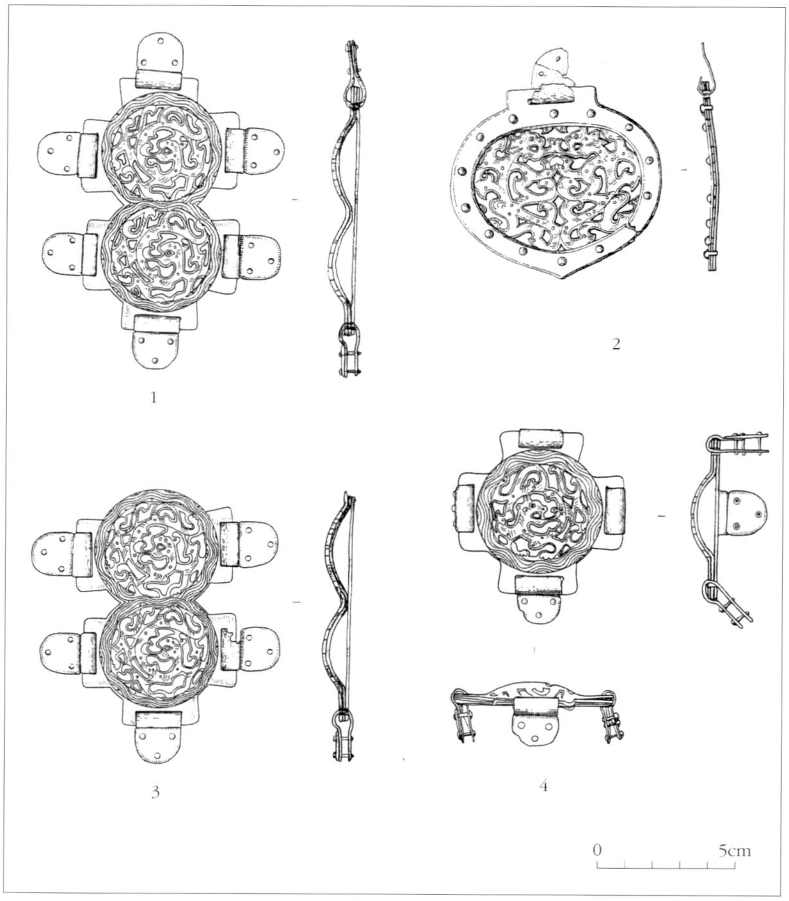

그림 48 태왕릉 금동마구
1·3·4. 띠연결고정구
(03JYM541D:6-1·6-2·6-3)
2. 행엽(03JYM541D:227)

(64) 금동띠연결고정구(節約, 03JYM541D:6-1, 그림 48-1)

○ 출토지 : 태왕릉.

○ 크기 : 운주의 길이 5.9cm, 너비 5.9cm, 높이 0.9~1cm. 띠고리(卡扣)는 길이 2.2cm, 너비 1.6m.

○ 형태 : 반구형이 연결된 형태(雙聯球面形). 가죽띠는 4개이며 평면은 십자형이며, 球面 중앙부는 무늬가 새겨 있으며, 호랑이 자세는 용맹스러워 보임. 호랑이 몸의 두 줄의 가는 윤곽선과 여러 사선이 새겨 있는데 세 가닥의 사선이 1組를 이루어 반점무늬를 상징하며, 이목구비는 세밀하게 묘사하여 조형이 생동감 있음. 띠고리(卡扣)는 반원형이며, 형식은 鉈尾와 동일함.

(65) 금동띠연결고정구(節約, 03JYM541D:6-2, 그림 48-3)

○ 출토지 : 태왕릉.

○ 크기 : 띠고리(卡扣)와 운주의 전체 길이 10cm, 너비 8.6m, 너비 1.1cm.

○ 형태 : 반구형이 연결된 형태(雙聯球面形). 가죽띠는 5개이며 띠고리(卡扣)는 1점이 손상됨. 무늬를 새긴 도안은 M541:6-1(그림 48-1)과 동일하나 머리부에서는 귀와 눈에서 차이가 적으며 호랑이 입은 닫혀 있음.

(66) 금동띠연결고정구(節約, 03JYM541D:6-3, 그림 48-4)

○ 출토지 : 태왕릉.

○ 크기 : 운주의 전체 길이 10cm, 너비 8.6cm, 높이 1.1cm.

○ 형태 : 반구형이 연결된(雙聯)의 운주. 가죽띠는 4개이며 조형 및 무늬를 새긴 도안은 M541D:6-1(그림 48-1)과 동일.

(67) 금동행엽(鞧飾, 03JYM541:227, 그림 48-2)

○ 출토지 : 태왕릉.

○ 크기 : 길이 7.2cm, 너비 7.8cm, 두께 0.3cm.

○ 형태 : 세 겹의 銅片을 결합하였는데, 바닥층은 평평하며 중간층은 무늬가 새겨져 있으며, 상층은 비어 있음. 전체가 금동임. 전체 형태는 심엽형이고, 상단은 돌출했으며, 중간은 횡장방형의 구멍이 있어, 둥근고리가 통과하고 있음. 둥근 연결고리는 반절로 접힌 銅片으로 가죽띠를 끼우고 3개 못으로 결합하였으나, 지금은 가죽 부분이 남아 있지 않고, 둥근 연결고리만 남아 있음. 고리 위로 못 구멍 두 개가 남아 있음. 중앙의 투조 도안은 호랑이가 마주보고 있는 형상임. 호랑이 머리는 서로를 향하고 8개의 발톱이 밖으로 뻗어 있으며, 넓적다리에는 약간의 긴 털이 휘날리는 것을 구불구불한 모양으로 표현함. 호랑이 몸에는 두 개의 가는 윤곽선를 비롯 방점과 평행하는 사선 등으로 장식하고 있으며, 작풍은 말띠연결장식의 투조문과 동일함. 주변에는 1줄의 테두리에 14과의 둥근 못이 연결되어 있음.

(68) 금동등자(03JYM541D:4, 그림 49)

○ 출토지 : 태왕릉.

○ 크기 : 등자 윤부의 너비 2.5~2.7cm, 두께 1.1cm. 윤부 전체길이 13.2cm, 높이 10.8cm. 등자 자루의 길이 13cm, 너비 3.4~4cm. 현수공 길이

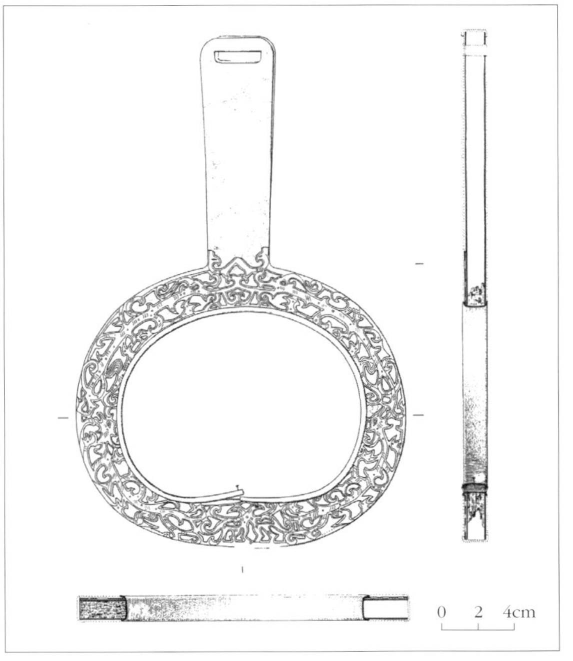

그림 49 태왕릉 금동등자(03JYM541D:4)

2.5cm.

○ 형태 : 이미 손상된 상태이며, 동으로 목심을 감쌌고, 윤부는 타원형임. 다리를 밟는 곳의 중심은 약간 돌출했으며, 병부는 위는 넓고 아래는 좁은 형태임. 병부의 끝에는 횡장방형 현수공이 있음. 모두 전체 금동임. 투조된 銅片의 상단은 이미 파괴되었으며, 도안은 좌우 대칭의 사신 형상임. 윤부의 좌우 상부는 용이 승천하는 형상인데 머리가 마주하고 있음. 하부는 호랑이가 뛰어올라 승천하는 용의 꼬리와 서로 접하고 있음. 윤부 바닥의 금동판이 접하는 곳에는 머리가 교차하는 주작이 있음. 현무는 윤부에서 병부로 이어지는 곳에 투조되었는데, 대칭하는 거북이 목과 거북이 머리가 존재할 뿐임. 용·호랑이·주작의 몸은 모두 두 개의 양각의 가는 윤곽선 두 개가 있으며, 圓圈과 호선을 새겨 다시 장식함. 지금 목심은 이미 부패하여 좌면에 한조각만 남아 있으며, 외연의 금동판 또한 소실되었음.

(69) 금동띠장식편(鉈尾, 03JYM541:159, 그림 50-4)

○ 출토지 : 태왕릉.

○ 크기 : 길이 2.8cm, 너비 2.4cm, 두께 0.5cm.

○ 형태 : 평면은 타원형. 두 겹의 銅片에는 가죽을 끼워 3개의 연결못(鉚釘)으로 결합함. 전체 금동임. 동편은 반원형이며 가장자리는 모서리를 죽임. 연결못은 둥근 머리의 기둥형이며 길이 0.8cm임.

(70) 금동사미(鉈尾, 03JYM541:175-1, 그림 50-7)

○ 출토지 : 태왕릉.

○ 크기 : 길이 2.3cm, 너비 2.3cm, 單片 두께 0.2cm.

○ 형태 : 평면은 타원형. 현재 單片만이 남아 있고 연결못(鉚釘)은 존재하지 않으며, 못구멍은 삼각형으로 분포함.

(71) 금동사미(鉈尾, 03JYM541:125, 그림 50-1)

○ 출토지 : 태왕릉.

○ 크기 : 길이 4.9cm, 너비 3cm, 單片 두께 0.4cm.

○ 형태 : 긴 비늘조각 모양으로 연결못 6개가 서로 겹치지 않고 비껴 있음.

(72) 금동띠장식편(帶銙, 03JYM541:160, 그림 50-3)

○ 출토지 : 태왕릉.

○ 크기 : 길이 3.1cm, 너비 3.1cm, 單片 두께 0.3cm.

○ 형태 : 방형의 얇은 편 두 겹으로 합쳐 있으며, 위에는 매화 모양의 5개의 연결못(鉚釘)이 분포하고 있으며 현재는 그 가운데 하나를 소실함.

(73) 금동띠고리(帶卡, 03JYM541:77, 그림 50-6)

○ 출토지 : 태왕릉.

○ 크기 : 고리 길이 3.3cm. 대의 너비 1.6cm. 띠고리(卡扣) 길이 1.4cm, 절단면 직경 0.2cm.

○ 형태 : 철제금동. 금동은 이미 대부분 탈락함. 띠고리는 半環形. 띠 고리침은 십자형으로 비교적 끝이 예리하며 軸杆은 이미 녹슨 상태임. 꼬리부의 橫梁 위에는 두 겹의 반원형 고리가 있는데 둥근 머리의 연결못 3개가 가죽띠에 연결되어 있음.

(74) 금동띠고리(帶卡, 03JYM541:174, 그림 50-5)

○ 출토지 : 태왕릉.

○ 크기 : 꼬리 너비 1.3cm, 원 직경 2cm. 침의 길이 1.5cm, 직경 0.3cm.

○ 형태 : 방형 머리의 반원형. 長針은 회전이 가능하며 帶梁이 연결되어 있음.

(75) 금동띠고리(帶環, 03JYM541:68, 그림 50-2)

○ 출토지 : 태왕릉.

○ 크기 : 길이 3.8cm, 너비 2.8cm, 두께 0.5cm.

○ 형태 : 주조. 전체 금동. 상부는 장방형으로 긴 방형의 구멍이 뚫려 있으며, 하부는 고리형으로 중간은 원형의 구멍이 뚫려 있음. 두터운 편이며 외표는 원호로 다듬어진 상태임.

(76) 금동띠장식편(卡片, 03JYM541:140, 그림 50-10)

○ 출토지 : 태왕릉.

○ 크기 : 길이 1.6cm, 너비 1.5cm, 두께 0.1cm. 구멍 직경 0.1cm.

○ 형태 : 장방형 銅片이 반으로 접혀진 방형. 가장자리에는 1개 구멍이 뚫려 연결할 수 있음. 금동은 일부 손상됨.

(77) 금동띠장식편(卡片, 03JYM541:29)

○ 출토지 : 태왕릉.

○ 크기 : 남은 길이 2cm, 너비 1cm.

○ 형태 : 이미 손상되었으며 한쪽 끝은 호형으로 위에는 구멍이 하나 뚫려 있음.

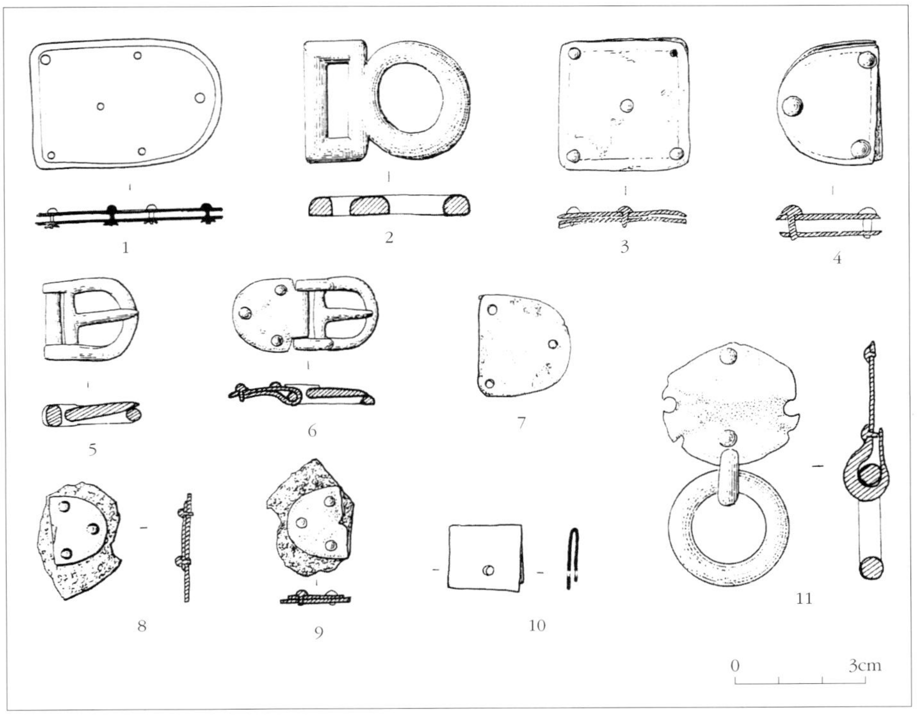

그림 50 태왕릉 금동대구
1·7. 사미(03JYM541:125·175-1)
2·11. 대환
(03JYM541:68, 集安館藏:1520)
5·6. 띠고리(03JYM541:174·77)
3·4·8~10. 띠장식편
(03JYM541:112-1·112-2·140·159·160)

(78) 금동띠고정장식편(卡片, 03JYM541:112-1·112-2, 그림 50-8·9)

○ 출토지 : 태왕릉.

○ 크기 : 길이 1.7cm, 너비 1.2cm.

○ 형태 : 금동장식편은 3개의 연결못(鉚釘)이 鐵片 위에 고정되어 있는데 철편의 남은 길이는 2.7cm임.

(79) 금동장막걸이쇠(帳鉤, 03JYM541D:5-1, 그림 51-13)

○ 출토지 : 태왕릉.

○ 크기 : 전체 길이 22.8cm, 호의 깊이 5.2cm. 꼬리못(尾釘)의 길이 4cm.

○ 형태 : 온전한 형태는 弓形. 전체 금동. 한쪽 끝은 원호를 이루며, 앞부분은 둥근 머리를 하고 있고 끝부분은 사각의 錐形을 이루고 있음.

(80) 금동장막걸이쇠(帳鉤, 03JYM541D:5-2, 그림 51-12)

○ 출토지 : 태왕릉.

○ 크기 : 전체 길이 21cm, 호의 깊이 5cm. 꼬리못(尾釘)의 길이 4.3cm.

○ 형태 : 온전한 형태는 弓形. 전체 금동. 모퉁이는 원호를 이루며, 앞부분은 둥근 머리를 하고 있고 끝부분은 사각의 錐形을 이루고 있음.

(81) 금동장막걸이쇠(帳鉤, 03JYM541D:5-3, 그림 51-11)

○ 출토지 : 태왕릉.

○ 크기 : 전체 길이 17cm, 호의 깊이 3cm. 꼬리못(尾釘)의 길이 3cm.

○ 형태 : 온전한 형태는 弓形. 전체 금동. 한쪽 끝은 원호를 이루며, 앞부분은 둥근 머리를 하고 있고 끝부분은 사각의 錐形을 이루고 있음.

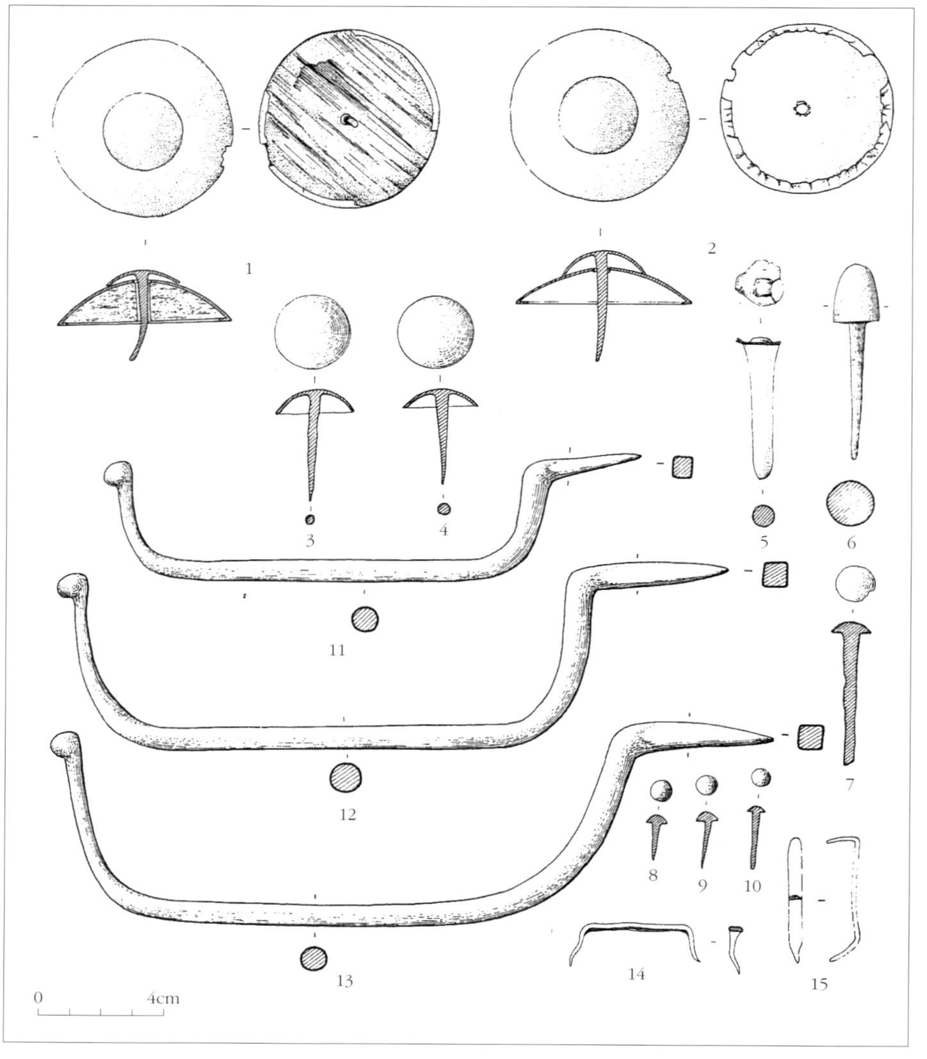

그림 51 태왕릉 금동기
1·2. 장식못
(03JYM541D:7-1·7-4)
3·4. 금동못
(03JYM541:34-1·90JYM541G:3)
5. 신발못(03JYM541:203-2)
6~10. 금동못
(03JYM541:47·178-2·165-1·117-3·21)
11~13. 장막걸이쇠
(03JYM541D:5-3·5-2·5-1)
14·15. 꺾쇠
(03JYM541D:180·86)

(82) 금동꺾쇠(鋦釘, 03JYM541D:180, 그림 51-14)

○ 출토지 : 태왕릉.

○ 크기 : 꺾쇠의 몸길이 3.5cm, 너비 0.4cm, 두께 0.2cm.

○ 형태 : 전체 금동. 좁고 편평한 銅片을 꺾어 제작하였는데 대략 弓形에 가까운 형태이며, 양끝은 예리함.

(83) 금동꺾쇠(鋦釘, 03JYM541D:86, 그림 51-15)

○ 출토지 : 태왕릉.

○ 크기 : 길이 3.1cm, 몸의 너비 0.4cm, 두께 0.15cm. 꺾여진 못의 길이 0.9cm.

○ 형태 : 전체 금동. 좁고 편평한 銅片을 꺾어 제작하는데 대략 弓形에 가까운 형태이며, 양끝은 예리함. 꺾쇠 몸은 아래는 평평하고 위는 호를 이루고 있으며, 작고 정교하며 고른 편임.

(84) 금동장식못(泡釘, 03JYM541D:7-1·7-4, 그림 51-1·2)

○ 출토지 : 태왕릉.

○ 크기 : 銅泡 직경 6cm, 호의 높이 1.4cm. 泡釘 길

이 3.5cm, 頂面 직경 2.5cm.

○ 형태 : 못대가리는 원형. 못의 머리는 속이 빈 泡釘이며(A형), 못의 몸은 원추형이고 못대가리는 금동임. 금동못과 銅泡가 결합되어 사용된 것이며, 동포 일부에는 나무편(木蕊)이 남아 있어서 포정은 나무편, 銅泡, 木器를 통과하여 서로 연결되어 있음. 頂面에는 구멍이 뚫려 있는데 바닥면에는 안으로 감기는 窄邊이 있음.

(85) 금동못(泡釘, 03JYM541:34-1·90JYM541G:3, 그림 51-3·4)

○ 출토지 : 태왕릉.

○ 크기 : 泡形의 둥근 못대가리 직경 2.4cm, 호의 높이 0.7cm, 못의 길이 3cm.

○ 형태 : 못대가리는 원형. 못대가리는 속이 빈 泡釘이며(A형), 못의 몸은 원추형이고 못대가리는 금동임.

(86) 금동못(泡釘, 03JYM541:21·03JYM541:117-1·117-3·M541:165-1, 그림 51-10·9·8)

○ 출토지 : 태왕릉.

○ 크기 : 길이 1.4~2cm.

○ 형태 : 못대가리는 속이 꽉 찬 球形의 장식용 못임(B형). 못의 몸은 원추형이고 전체가 금동임. 금동편장식을 고정하는 장식으로 못을 사용함.

(87) 금동못(泡釘, 03JYM541:47, 그림 51-6)

○ 출토지 : 태왕릉.

○ 크기 : 못대가리 직경 1.4cm, 높이 1.9cm, 못의 몸 길이 4.5cm, 직경 0.2~0.6cm.

○ 형태 : 못대가리는 속이 꽉 찬 球形의 장식용 몸임(B형). 못의 몸은 원추형이고 못대가리는 금동임. 둥근 頂部는 못대가리보다 높고, 못의 몸은 길음.

(88) 금동못(泡釘, 03JYM541:178-2, 그림 51-7)

○ 출토지 : 태왕릉.

○ 크기 : 못대가리 직경 1.3cm, 호의 높이 0.4cm, 못몸의 남은 길이 4.3cm, 직경 0.3~0.5cm.

○ 형태 : 총 3점. 못대가리는 속이 꽉 찬 원형의 장식못이며(B형), 못의 몸은 굵고 단단함. 만장 걸개의 고정과 관련됨.

(89) 금동신발못(鞋釘, 03JYM541:203-2, 그림 51-5)

○ 출토지 : 태왕릉.

○ 크기 : 못 길이 4.4cm, 직경 0.5~1.1cm.

○ 형태 : 비교적 온전한 형태. 고구려 고분에서 자주 보이는 금동신발의 일부분임. 못은 원주형을 띠며, 호의 바닥은 약간 작은 뾰족한 편임. 頂面은 방형으로 돌출했으며 신발 바닥의 銅片과 함께 남아 있음.

(90) 금동안족(案足, 03JYM541D:1-1, 그림 52-1)

○ 출토지 : 태왕릉.

○ 크기 : 장부(榫)의 높이 48.6cm.

○ 형태 : 청동으로 주조하고 전체를 도금한 안족은 총 10점으로 가운데가 빈 말다리형(馬腿形)으로 제작했는데 복사뼈(踝)·발굽(蹄)의 윤곽이 명확하고 후면(背面)은 평면이고 정면과 측면은 호형이며, 복사뼈에는 2줄의 弧棱이 있고 발굽 아래에는 반원형 透孔이 있으며, 頂部에는 장방형 장부(榫)가 있고 그 장부의 정중앙에 둥근 구멍이 뚫려 있음. 크기에 따라 세 유형으로 나뉘는데 안족 높이가 43~45cm, 발굽 너비 10.5m인 것은 A형에 속함. 해당 유물은 A형 완형으로 장부(榫頭)는 측면에서 보면, 상부는 좁고 하부는 넓은 형태이며, 발굽의 뒤쪽 가장자리(後緣)는 대체로 아치(弧曲)를 이룸.

(91) 금동안족(案足, 03JYM541D:1-4, 그림 52-2)

○ 출토지 : 태왕릉.

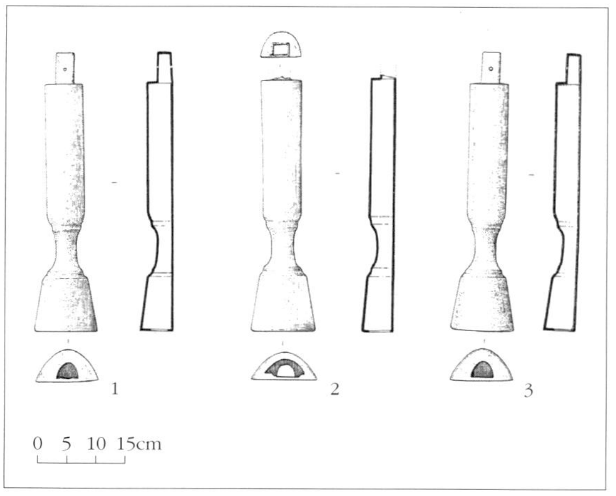

그림 52 태왕릉 금동안족
1~3. A형(03JYM541D:1-1·1-4·1-2)

○ 크기 : 남은 길이 44.5cm, 발굽 너비 10.5cm.
○ 형태 : A형 완형. 장부(榫頭)는 이미 손상된 상태이고 발굽 바닥면은 약간 기울어졌으며, 透孔은 비교적 큼.

(92) 금동안족(案足, 03JYM541D:1-2, 그림 52-3)
○ 출토지 : 태왕릉.
○ 크기 : 장부(榫頭) 길이 5.4cm, 전체 길이 48.6cm.
○ 형태 : A형 완형. 장부 어깨(榫肩)는 약간 기울어졌으며, 발굽의 앞쪽 가장자리(前緣)는 약간 크게 돌출되어 있음.

(93) 금동안족(案足, 03JYM541D:1-5, 그림 53-3)
○ 출토지 : 태왕릉.
○ 크기 : 남은 길이 34.2cm, 장부(榫頭) 길이 5.4cm. 못의 길이 4cm, 둥근 대가리의 직경 1cm.
○ 형태 : A형. 복사뼈 중앙부 이하가 파손된 상태이며 장부는 비교적 가늘고 길며, 투공 안에는 둥근 대가리의 긴 못이 남아 있음.

(94) 금동안족(案足, 03JYM541D:1-6, 그림 53-5)
○ 출토지 : 태왕릉.

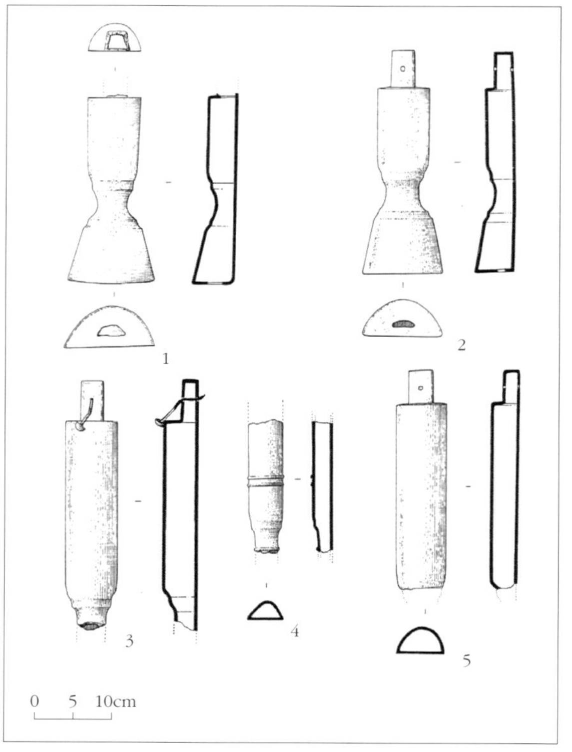

그림 53 태왕릉 금동안족
1·2. B형(03JYM541D:2-2·2-1) 4. C형(03JYM541D:3)
3·5. A형(03JYM541D:1-5·1-6)

○ 크기 : 남은 길이 29.7cm.
○ 형태 : A형. 복사뼈 부분 이하부터 파손된 상태. 장부(榫頭)는 넓고 짧으며, 표면은 금동이 비교적 많이 탈락됨.

(95) 금동안족(案足, 03JYM541D:1-7)
○ 출토지 : 태왕릉.
○ 형태 : A형. 장부(榫)와 복사뼈 부분 이하가 남아 있음.

(96) 금동안족(案足, 03JYM541D:2-1, 그림 53-2)
○ 출토지 : 태왕릉.
○ 크기 : 장부(榫頭) 길이 4.8cm, 너비 3.2cm. 전체 높이 25.5cm.
○ 형태 : 안족 높이가 25.5cm 정도, 온전한 형체임.

단단하고 厚重하며 낮은 탁자의 하중을 견디는 다리는 B형에 속함. 해당 유물은 B형 완형으로 다리(腿)·복사뼈(踝)·발굽(蹄)의 길이는 서로의 차이가 크지 않음. 발굽 바닥면의 구멍은 장방형임. 장부는 약간 사각 모서리가 있음.

(97) 금동안족(案足, 03JYM541D:2-2, 그림 53-1)

○ 출토지 : 태왕릉.

○ 크기 : 남은 높이 25.5cm.

○ 형태 : B형. 장부(榫頭)가 이미 손상된 상태. 끊어진 곳에서 보면 장부는 앞이 좁고 뒤가 넓은 경사면을 지니고 있음.

(98) 금동안족(案足, 03JYM541D:3, 그림 53-4)

○ 출토지 : 태왕릉.

○ 크기 : 남은 높이 17.7cm, 너비 4.5cm, 두께 2.7cm.

○ 형태 : C형. 상하 모두 파손된 상태. 온전한 형태는 가늘고 정교하게 조형됨. 다리 중단부에는 두 줄의 弧棱이 있으며, 발굽과 복사뼈가 서로 접하는 곳에는 1줄의 융기선이 남아 있음.

5) 와당

○ 80여점 채집. 다수가 잔편. 와당은 니질회도이고 소량은 黑皮褐色이고 일부는 홍갈색 또는 황갈색임. 도안은 높은 부조식 8등분 또는 6등분 연화문 와당이 주를 이루고, 연꽃잎(蓮瓣) 및 연꽃 꽃술(蓮蕊)의 변화가 비교적 많은데 대체로 7유형으로 나뉨.

○ A형은 수량이 가장 많은데 채집품 중 비교적 온전한 것이 7점임. 와당은 원형으로 직경이 20~21.6cm이고, 주연(邊輪)은 좁고 높음. 두 줄의 돌출 계선이 연화도안을 6등분하는데 연꽃잎(蓮瓣)은 풍만하고 비대함. 수술(花蕊)은 내외 이중으로 되어, 내부 꽃술은 花瓣의 根部에 장식하고 외부 수술은 화판 끝의 양쪽에 나뉘어 있음. 중앙에는 원형 乳突이 자방을 표현하고 있음. 채집품 중 약 1/5의 와당 當面에는 붉은색이 칠해져 있음.

○ B형은 수량이 약 A형의 1/6을 차지하며 비교적 온전한 것이 4점임. 와당은 원형으로 직경 17.6cm임. 주연(邊輪)은 비교적 좁으며, 두 줄의 돌출 계선이 연화도안을 6등분하는데 연꽃잎(蓮瓣)은 실하고 짧으며 화판 위에 3줄의 엽맥문(脈紋)이 있으며, 수술은 화판 끝의 바깥쪽에만 장식함. 중심 乳突은 직경 3.6~3.8cm로 고르지 않음. 이 형식의 일부 황갈색 와당은 모두 붉은색을 칠하지 않음.

○ C형은 수량이 B형과 비슷하고 채집한 4점은 모두 잔편임. 가장 큰 것은 대략 와당의 1/4임. 와당은 원형으로 복원한 직경이 19.6~20cm이고 주연은 좁고 비교적 낮음. 도안은 두 줄의 돌출 계선으로 8등분한 연화인데 화판은 약간 가늘고 길며, 위에 엽맥문 3줄이 있으며, 화판 끝의 양쪽에는 돌출한 둥근 수술이 있음.

○ D형은 수량은 A형의 1/10에 미치지 못함. 채집품 중에 2점만이 손상이 가벼운 편임. 와당은 원형으로 주연은 좁고 낮으며, 안쪽은 기울어져 칠해짐. 도안은 두 줄의 돌출한 계선으로 8등분한 연화임. 화판에는 3줄의 엽맥문 돌출선이 있는데 중심과 양옆에는 각기 1줄이 있고 중간 엽맥문쪽에서 두 가지로 나뉘어 바깥 수술로 이어짐. 수술은 이중으로 나뉘는데 내부 수술은 화판 根部에 있고 좌우에 각 하나씩이며, 외부 수술은 화판 바깥에 있고 좌우에 각 하나씩임. 직경은 19.6~20cm임.

○ E형은 비교적 드물어 채집 2점만 보임. 와당은 원형으로 주연은 넓고 낮으며, 직경은 17.6cm임. 도안은 세 줄의 도출 계선으로 6등분한 연화이며, 화판은 풍만하지 않고 그 위에 엽맥문 세 줄이 있으며, 수술은 화판 끝의 바깥쪽에만 자리하고 화판 안으로 수술 기둥이 서로 이어져 있음. 乳突 내외에는 모두 두 줄의 원형 돌출선이 있음.

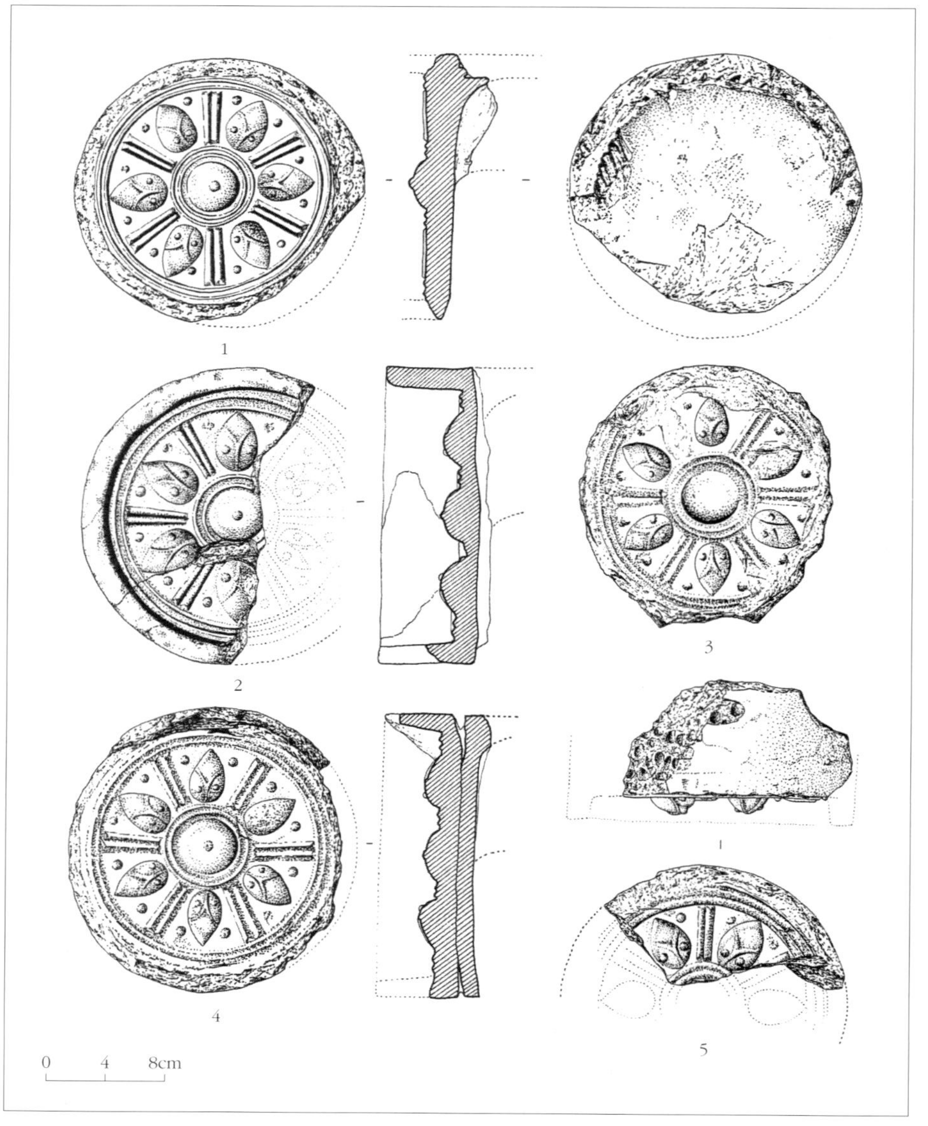

그림 54 태왕릉 연화문와당
1~5. A형
(03JYM541:6·4·8·3·120)

○ F형은 주연이 넓고 비교적 낮으며, 돌출 계선은 가늘고 높으며, 도안은 6등분 연화로 화판이 마르고 긴 형태임. 3줄의 엽맥문 중에 두 줄은 가장자리에 위치하며, 화판 끝의 바깥쪽에는 원형의 돌출 수술을 장식함.

○ G형은 주연이 넓고 비교적 높음. 두 줄의 계선으로 6등분한 연화도안을 배치하였는데 연꽃잎은 비교적 짧고 3줄의 엽맥문이 있음. 수술은 화판 끝의 양옆에 위치하는데 꽃술 기둥(蘂柱)이 화판 안으로 이어져 있음.

(1) 와당(03JYM541:6, 그림 54-1)

○ 출토지 : 태왕릉.

○ 크기 : 직경 20cm, 자방 직경 2.4cm.

○ 형태 : A형. 주연(邊輪)은 이미 손상된 상태이며 左半邊에는 백회가 가득 묻어 있음. 와당 배면과 수키와 접합면에는 예새 도구로 긁은 흔적이 있음.

(2) 와당(03JYM541:4, 그림 54-2)

○ 출토지 : 태왕릉.

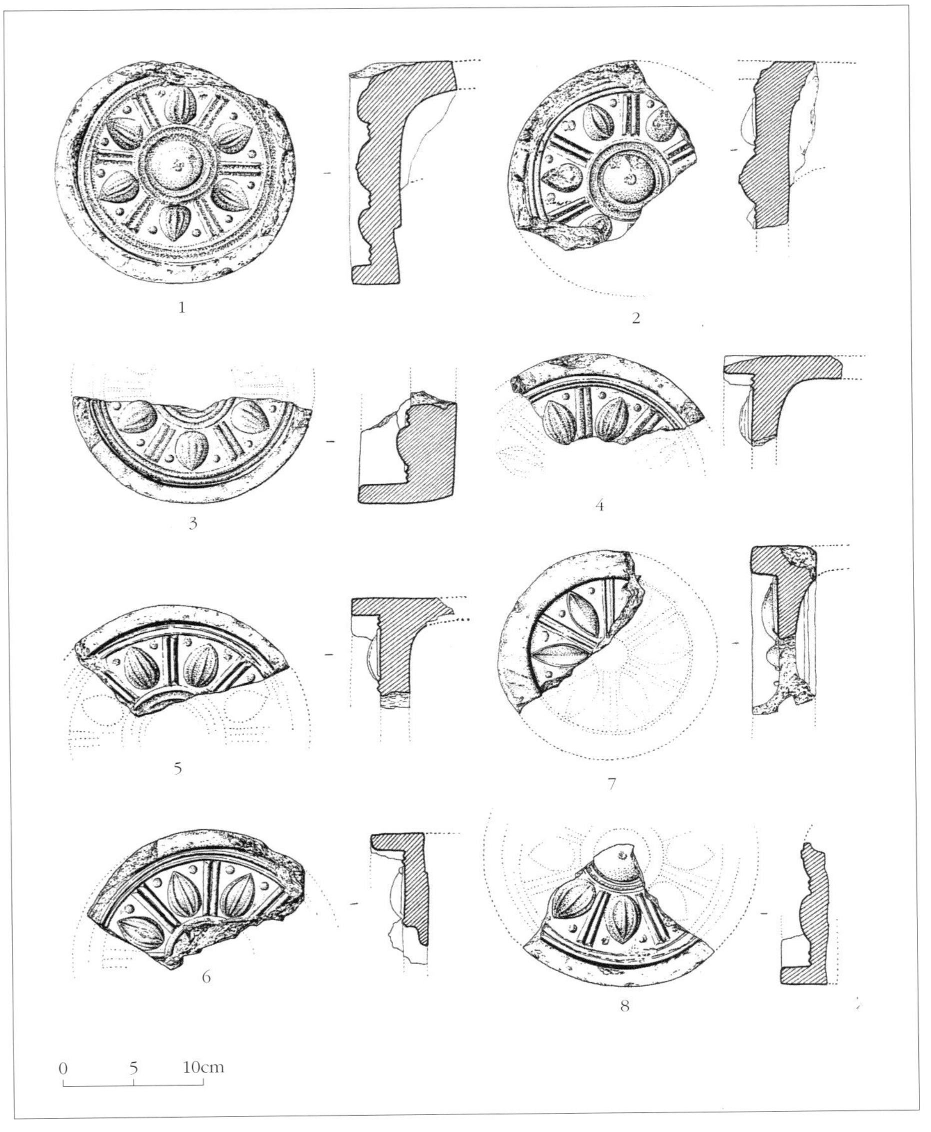

그림 55 태왕릉 연화문와당
1~3. B형
(03JYM541:5·221·229)
4~6·8. C형
(03JYM541:118·10·220)
7. F형(03JYM541:222)

○ 크기 : 직경 21.2cm. 주연의 너비 1.4cm, 높이 3.2cm.

○ 형태 : A형. 절반 정도 남은 상태이나 주연은 비교적 온전함.

(3) 와당(03JYM541:8, 그림 54-3)

○ 출토지 : 태왕릉.

○ 형태 : A형. 주연이 손상되어 막새면만 남아 있음. 와당 중심의 자방 표면은 매끄럽고 뾰족한 돌기가 없음. 當面에는 붉은 색이 모두 칠해져 있음.

(4) 와당(03JYM541:120, 그림 54-5)

○ 출토지 : 태왕릉.

○ 형태 : A형. 當面의 1/5만이 남아 있는 상태. 상부와 주연이 서로 연결되는 곳에는 밀접한 窩眼이 파고 들었음.

(5) 와당(03JYM541:3, 그림 54-4)

○ 출토지 : 태왕릉.

○ 크기 : 직경 21.2cm. 자방 직경 1.8cm, 남은 높이 2cm.

○ 형태 : A형. 와당의 當面은 온전한 상태이며 주연은 일부만 남은 상태임.

(6) 와당(03JYM541:5, 그림 55-1)

○ 출토지 : 태왕릉.

○ 크기 : 직경 17.6cm. 주연 너비 1.4cm, 높이 1.0cm.

○ 태토 및 색깔 : 회색.

○ 형태 : B형. 막새면은 비교적 온전한 상태이나 주연은 한쪽이 파손된 상태임. 수키와와 연결할 때 배면 하부에는 크게 처리가 없으며, 측면에서 하면을 보면 1줄의 명확한 음각선(凹棱)이 있음. 주연 외연은 비교적 짧음.

(7) 와당(03JYM541:219, 그림 55-3)

○ 출토지 : 태왕릉.

○ 크기 : 직경 17~17.6cm. 주연 너비 1.4cm, 높이 3.6cm.

○ 태토 및 색깔 : 황갈색.

○ 형태 : B형. 잔여 부분은 1/2가 안되며 3엽 연꽃만이 남아 있음. 표면에는 물때의 흔적이 남아 있음. 와당 주연은 비교적 높고 좁음.

(8) 와당(03JYM541:221, 그림 55-2)

○ 출토지 : 태왕릉.

○ 크기 : 직경 약 17.4cm.

○ 태토 및 색깔 : 회색.

○ 형태 : B형. 막새면의 1/2만이 남아 있고 주연은 손실된 상태임. 와당은 주형을 떼어 낸 것이 좋지 않으며, 화판의 엽맥문과 수술은 표준 양식에 따라 위치하고 있음.

(9) 와당(03JYM541:118, 그림 55-4)

○ 출토지 : 태왕릉.

○ 크기 : 주연 너비 1.6cm, 높이 1.8m.

○ 형태 : C형. 1/4에 못미치게 남은 상태이며, 막새면에는 겨우 두 개 꽃잎만 남아 있음.

(10) 와당(03JYM541:10, 그림 55-5)

○ 출토지 : 태왕릉.

○ 크기 : 복원 직경 19.3cm. 너비 1.2cm, 높이 2.4cm.

○ 태토 및 색깔 : 회색.

○ 형태 : C형. 잔편으로 2매의 꽃잎과 돌기 外格 일부가 남아 있는 상태. 주연의 내연은 평평하고 질박함.

(11) 와당(03JYM541:220, 그림 55-6)

○ 출토지 : 태왕릉.

○ 크기 : 직경 약 19.6cm. 주연 너비 1.2cm, 높이 2.4cm.

○ 형태 : C형. 8엽 연화문인데 돌출한 구획선으로 나누고 있으며, 화판 바닥은 비교적 크고 평평한 형태인데 위에 3줄의 돌출한 엽맥문이 있으며, 측면의 棱은 호형을 이루고 있으며, 꽃잎 끝 양측에는 둥근 돌기가 있어 수술을 상징함. 검은 표면의 회색으로 원형이며, 주연의 외연이 좁고, 주연의 측면 가장자리가 원호를 이루고 있음. 자방은 원형 돌기임.

(12) 와당(03JYM541:248, 그림 55-8)

○ 출토지 : 태왕릉.

○ 크기 : 직경 20cm. 주연 너비 1.2~1.6cm, 높이 1.6~2cm. 자방 직경 4.2cm.

○ 태토 및 색깔 : 회색.

○ 형태 : C형. 주연 둘레는 좁고 자방은 원형 돌기임. 막새면은 조개가 더해지고 가장자리에는 모래가 더해짐. 8엽 연화문인데 돌출한 구획선으로 나누고 있으며, 화판 바닥은 비교적 크고 평평한 형태인데 위에 3줄의

○ 태토 및 색깔 : 회색.

○ 형태 : D형. 1/3만이 남아 있으나 막새면의 꽃무늬는 일찍이 남아 있었음. 화문은 03JYM541:218(그림 56-1)과 동일함.

(15) 와당(03JYM541:109, 그림 56-2)

○ 출토지 : 태왕릉.

○ 크기 : 복원 직경 약 20cm. 주연 너비 1.2cm, 높이 2cm.

○ 태토 및 색깔 : 홍갈색.

○ 형태 : D형. 약 1/4만이 남아 있으며, 막새면에는 3개의 화판과 일부 주연이 남아 있음.

(16) 와당(03JYM541:96, 그림 56-5)

○ 출토지 : 태왕릉.

○ 크기 : 막새면 바깥층의 돌출한 棱格의 간격 직경 16.8cm, 자방 내층의 돌출한 棱界格의 간격은 직경 5cm이며, 돌기 직경 4.2cm, 높이 1.4cm임.

○ 태토 및 색깔 : 점토질 회색.

○ 형태 : D형. 막새면은 기본적으로 완형. 주연은 좁고 짧으며, 도안은 돌출한 구획선으로 구획하고 8엽 연화를 배치하며, 연화잎에는 돌출한 3줄의 엽맥문이 있는데 중심과 양변에는 각기 1줄이 있음. 중간의 엽맥문은 측면을 두 갈래로 나눔. 수술은 이중으로 되어 있는데 내중의 수술은 꽃잎의 근간부에 좌우 각 하나씩 있고, 외중의 수술은 화판 바깥에 각 하나씩 있음. 주연은 모두 이미 잘려지고 탈락됨. 표면에는 대량의 백회가 달라붙어 있음.

(17) 와당(03JYM541:141, 그림 56-8)

○ 출토지 : 태왕릉.

○ 태토 및 색깔 : 회색.

○ 형태 : D형. 잔편이 비교적 작으나 하부만이 남아 있음. 화문 도안은 03JYM541:96(그림 56-5)와 동일함.

(18) 와당(03JYM541:7, 그림 56-4)

○ 출토지 : 태왕릉.

○ 크기 : 직경 17.6cm, 두께 2.8cm. 주연 높이 2cm, 너비 1.6cm. 자방 직경 3.8cm.

○ 형태 : E형. 절반이 남은 상태. 주연이 넓고 짧으며, 화문은 6엽의 연화로 구성되었는데 화판은 풍만하지 않으며 위에는 3줄의 엽맥문이 있으며, 수술은 화판 끝의 바깥쪽에 위치하며 연꽃잎의 안으로 수술기둥(蕊柱)이 서로 이어져 있음. 돌기 내외는 모두 두 줄의 원형 돌기가 있고 3줄의 돌출 계선이 있으며, 格內에는 단엽의 연화가 있음. 주연은 이미 사라지고 접합부에는 세밀한 布文이 있으며, 막새면과 주연을 두 차례 연결한 정황이 보임.

(19) 와당(03JYM541:241, 그림 56-7)

○ 출토지 : 태왕릉.

○ 형태 : E형. 1/3에 못 미치게 남아 있으며, 도안은 03JYM541:7(그림 56-4)과 동일하며, 자방 중앙의 1과연자는 결실됨.

(20) 와당(03JYM541:222, 그림 55-7)

○ 출토지 : 태왕릉.

○ 크기 : 직경 16cm, 주연 너비 2cm, 자방 직경 2.4cm.

○ 태토 및 색깔 : 회색.

○ 형태 : F형. 표면에는 백회가 묻어 있음..

(21) 와당(03JYM541:247, 그림 55-6)

○ 출토지 : 태왕릉.

○ 크기 : 직경 약 18cm, 주연 너비 2.2cm, 높이 1.8cm.

○ 태토 및 색깔 : 짙은 회색.

○ 형태 : G형. 완형의 1/5만이 남아 있으며, 중앙의 자방은 결실된 상태임.

6) 벽돌

○ 벽돌은 명문 벽돌(銘文磚), 무늬벽돌(花紋磚), 회색벽돌(大灰磚), 무늬없는 벽돌(素面磚) 등이 있음.

○ 명문벽돌은 모두 잔편으로 17점을 채집함. 모두 회색니질도이고 재질은 부드럽고 매끈함. 잔편은 이어보면 길이는 28.5～29.4cm, 너비는 15～15.5cm로 고르지 않고 두께는 약 2.2cm이며, 상하 양단면은 모두 비스듬하게 처리되어 있음. 측면(窄面)에 새겨진 명문은 '願太王陵安如山固如岳'임. 모형은 두 종류으로 하나는 '安'자가 위에 점이 없고 '陵'은 좌변의 '阝'를 '山'으로 대신 사용하며, 다른 하나는 '安'자는 위에 점을 가하고 '陵'은 좌변의 '阝'를 대신해 '耳'를 사용함.

○ 무늬벽돌(花文磚)은 11점으로 무덤 남쪽 배장묘 주위에서 집중 출토되며, 벽돌는 夾細砂陶로 불에 구워 단단하고 색깔은 회색과 홍갈색 등 두 종류가 있음. 模印文은 모두 斜格子文(菱形格四方連續圖案)으로, 도안 방향과 계선에서 따라 다섯 개의 유형으로 나눔. 쌍계선(雙界格)의 횡방향 사격자문, 쌍계선의 종방향 사격자문, 단계선(單界格)의 횡방향 사격자문, 단계선의 정마름모형 사격자문, 단계선의 종방향 사격자문 등임.

○ 회색벽돌(大灰磚)은 2점으로 배장묘 안에서 출토됨. 벽돌은 짙은 회색이며, 니질도이고 태토는 아주 단단하지는 않음.

○ 무문벽돌(素面磚)은 2점임.

(1) 명문벽돌(03JYM541:235·236·237, 그림 57; 그림 59-2·5·8)

○ 출토지 : 태왕릉.

○ 크기 : 길이 약 28.5～29.4cm, 너비 15～15.5cm, 두께 2.2cm.

○ 태토 및 색깔 : 회색의 점토질.

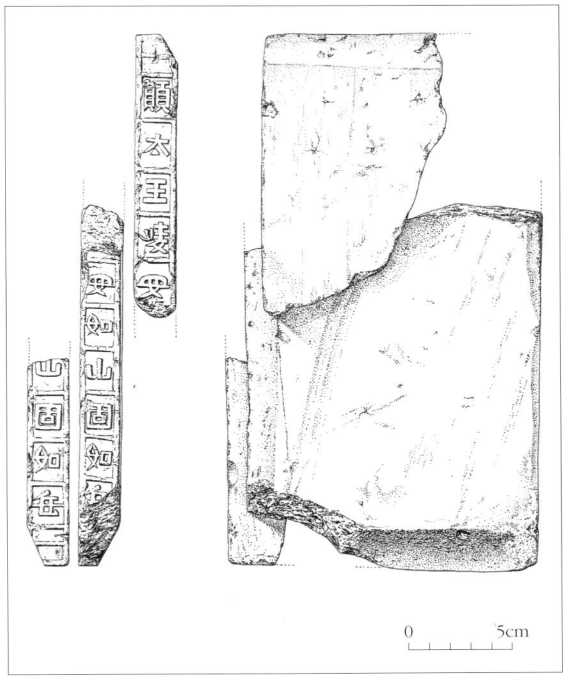

그림 57 태왕릉 '願太王陵安如山固如岳' 명문 벽돌
상. 03JYM541:235　중. 3JYM541:236　하. 3JYM541:237

○ 형태 : 구워진 상태는 양호. 이들 세 개 벽돌을 합치면 명문이 완성됨. 03JYM541:235에는 '願太王陵安'이라는 글자가 보이는데 윗변에는 좌측을 향해 40° 모서리가 없음. 03JYM541:236에는 '安如山固如岳'이란 글자가 보이는데 '岳'자는 손상되었고 그 하연 우측에는 좌측을 향하는 모서리가 없어졌음. 03JYM541:237에는 '山固如岳'이란 네 글자가 있는데 '악'자가 완전한 형태이며 아랫변은 우측을 향하는 모서리가 없어졌음.

(2) 명문벽돌(03JYM541:232·233·234, 그림 58; 그림 13·14·4)

○ 출토지 : 태왕릉.

○ 크기 : 길이 약 28.5～29.4cm, 너비 15～15.5cm, 두께 2.2cm.

○ 태토 및 색깔 : 회색의 점토질.

○ 형태 : 구워진 상태는 양호. 세 개 벽돌의 명문을 합

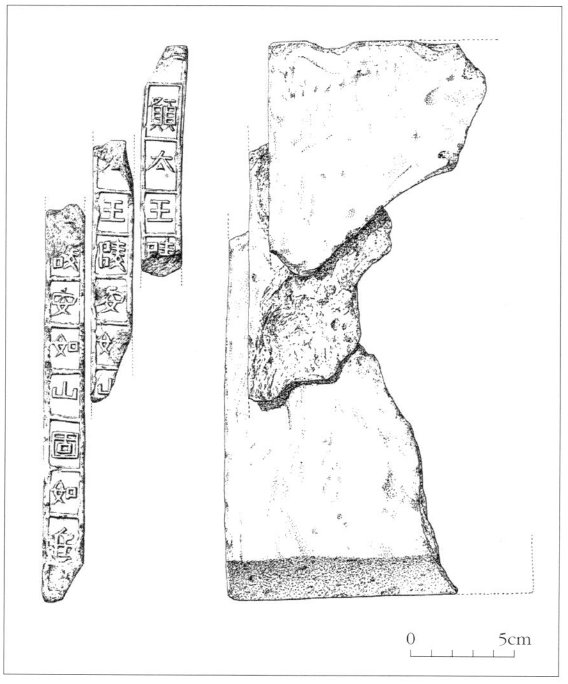

그림 58 태왕릉 '願太王陵安如山固如岳' 명문 벽돌
상. 03JYM541:232 중. 3JYM541:233 하. 3JYM541:234

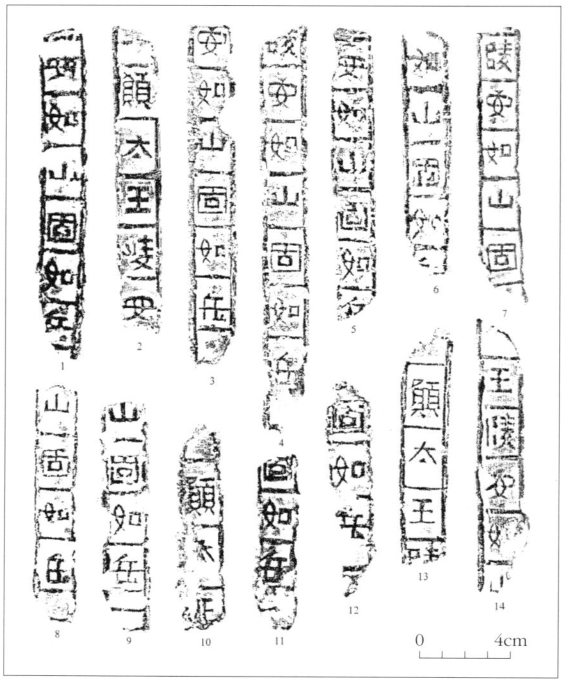

그림 59 태왕릉 문자 벽돌 탁본편
1·3·5. 安如山固如岳(03JYM541:253·238·236)
2. 願太王陵安(03JYM541:235)
4·7. 陵安如山固如岳(03JYM541:234·240)
6. 如山固如岳(03JYM541:249)
8·9. 山固如岳(03JYM541:237·250)
10·13. 願太王陵(03JYM541:239·232)
11·12. 固如岳(03JYM541:252·251)
14. 王陵安如山(03JYM541:233)

하면 명문이 완성됨. 03JYM541:232에는 '願太王'이란 세글자 및 '陵'자 상반부가 보이는데 윗변은 오른쪽을 향해 45도 모서리가 없어졌음. 03JYM541:233에는 '王陵安如山'이란 다섯 글자가 있는데 '山'과 '如' 등의 두 글자는 손상됨. 03JYM541:234에는 '安如山固如岳'이란 여섯 글자 및 '陵'자의 하반부가 보이는데 하연은 우측을 향해 모서리가 없어짐.

(3) 명문벽돌(03JYM541:239, 그림 59-10)

○ 출토지 : 태왕릉.

○ 크기 : 길이 약 28.5~29.4cm, 너비 15~15.5cm, 두께 2.2cm.

○ 태토 및 색깔 : 회색의 점토질.

○ 형태 : 구워진 상태는 양호. '願太王'이란 세 글자가 보임.

(4) 명문벽돌(03JYM541:253·238, 그림 59-1·3)

○ 출토지 : 태왕릉.

○ 크기 : 길이 약 28.5~29.4cm, 너비 15~15.5cm, 두께 2.2cm.

○ 태토 및 색깔 : 회색의 점토질.

○ 형태 : 구워진 상태는 양호. 모두 '安如山固如岳'이란 여섯 글자가 남아 있음.

(5) 명문벽돌(03JYM541:240, 그림 59-7)

○ 출토지 : 태왕릉.

○ 크기 : 길이 약 28.5~29.4cm, 너비 15~15.5cm, 두께 2.2cm.

○ 태토 및 색깔 : 회색의 점토질.

○ 형태 : 구워진 상태는 양호. 모두 '陵安如山固'라는 다섯 글자가 남아 있음.

(6) 명문벽돌(03JYM541:249, 그림 59-6)

○ 출토지 : 태왕릉.

○ 크기 : 길이 약 28.5~29.4cm, 너비 15~15.5cm, 두께 2.2cm.

○ 태토 및 색깔 : 회색의 점토질.

○ 형태 : 구워진 상태는 양호. 모두 '如山固如'이란 네 글자가 남아 있음.

(7) 명문벽돌(03JYM541:250, 그림 59-9)

○ 출토지 : 태왕릉.

○ 크기 : 길이 약 28.5~29.4cm, 너비 15~15.5cm, 두께 2.2cm.

○ 태토 및 색깔 : 회색의 점토질.

○ 형태 : 구워진 상태는 양호. 모두 '山固如岳'이란 네 글자가 남아 있음.

(8) 명문벽돌(03JYM541:251·252, 그림 59-12·11)

○ 출토지 : 태왕릉.

○ 크기 : 길이 약 28.5~29.4cm, 너비 15~15.5cm, 두께 2.2cm.

○ 태토 및 색깔 : 회색의 점토질.

○ 형태 : 구워진 상태는 양호. 모두 '固如岳'이란 세 글자가 남아 있음.

(9) 사격자문 벽돌(03JYM541P:2, 그림 60-1)

○ 출토지 : 태왕릉 남쪽 배장묘 주변.

○ 크기 : 남은 길이 약 22.6cm, 너비 13cm, 두께 6cm.

○ 태토 및 색깔 : 홍갈색, 가는 모래 혼입(夾細砂).

○ 형태 : 도안은 쌍계선(雙界格)의 횡방향 사격자문. 장방형으로 이미 파손되었으며 한쪽 면과 한 단면에만 시문되어 있으며, 능격 안에는 마름모형이 돌출되어 있음.

(10) 사격자문 벽돌(03JYM541P:5, 그림 60-5)

○ 출토지 : 태왕릉 남쪽 배장묘 주변.

○ 크기 : 길이 24cm, 너비 12cm, 두께 5~5.5cm.

○ 태토 및 색깔 : 회색, 가는 모래 혼입.

○ 형태 : 도안은 쌍계선의 종방향 사격자문. 벽돌은 장방형이나 이미 파손되어 있는데 한쪽 면과 한 단면에만 壓印 기하도안이 시문되었으며, 격자 안에는 마름모형이 돌출되어 있음.

(11) 사격자문 벽돌(03JYM541P:3, 그림 60-4)

○ 출토지 : 태왕릉 남쪽 배장묘 주변.

○ 크기 : 남은 길이 약 7cm, 너비 12cm, 두께 4cm.

○ 태토 및 색깔 : 홍갈색, 가는 모래 혼입.

○ 형태 : 도안은 단계선(單界格)의 횡방향 사격자문. 장방형이나 이미 파손된 상태로 한 단면과 한쪽 면에만 압인 기하도안이 시문되어 있으며, 격자 안에는 마름모형이 돌출되어 있음.

(12) 사격자문 벽돌(03JYM541P:7, 그림 60-3)

○ 출토지 : 태왕릉 남쪽 배장묘 주변.

○ 크기 : 남은 길이 16cm.

○ 태토 및 색깔 : 회색, 가는 모래 혼입.

○ 형태 : 도안은 단계선의 정마름모형 사격자문. 장방형이나 이미 파손된 상태로 양끝은 모두 손상되었으며, 한쪽 면에만 압인문이 남아 있으며, 마름모형 중간은 돌출되어 있음.

(13) 사격자문 벽돌(03JYM541P:6, 그림 60-2)

○ 출토지 : 태왕릉 남쪽 배장묘 주변.

○ 크기 : 남은 길이 5cm, 너비 12cm.

○ 태토 및 색깔 : 회색, 가는 모래 혼입.

○ 형태 : 도안은 단계선의 종방향 사격자문. 장방형이

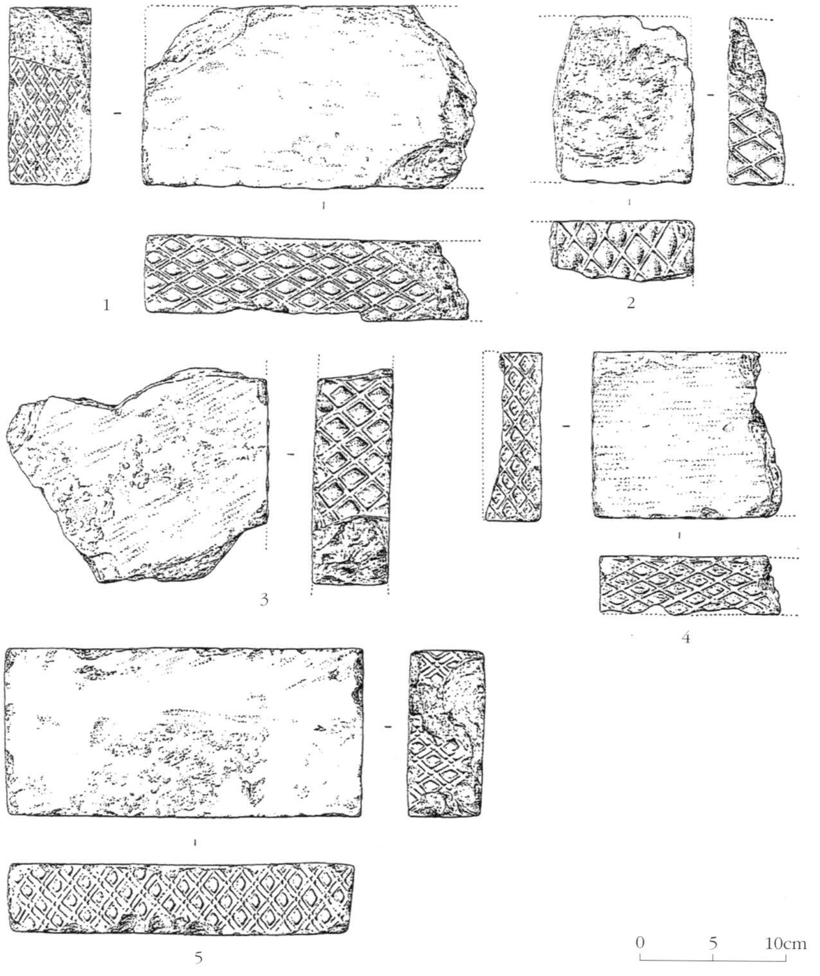

그림 60 태왕릉 기하문 벽돌
1·5. 쌍계선 사격자문 벽돌
(03JYM541P:2·5)
2~4. 단계선 사격자문 벽돌
(03JYM541P:6·7·3)

나 이미 파손된 상태로 한 단면과 한쪽 면에만 압인 기하도안이 시문되어 있으며, 격자 안에는 마름모형이 돌출되어 있음.

(14) 회색벽돌(03JYM541P:14, 그림 61)

○ 출토지 : 태왕릉 남쪽 배장묘 내부.

○ 태토 및 색깔 : 회색 점토질.

○ 형태 : 태토가 매우 견고하지 못함. 장방형으로 기본적으로 완형. 무늬가 없고 위에는 '未豆'라는 두 글자가 새겨 있음.

(15) 회색벽돌(03JYM541P:13)

○ 출토지 : 태왕릉 남쪽 배장묘 내부.

○ 크기 : 길이 37cm, 너비 23cm, 두께 5.3cm.

○ 태토 및 색깔 : 회색 점토질.

○ 형태 : 태토는 매우 견고하지 못함. 한 단면 위에는 단독의 마름모형 기하도안이 있음.

(16) 무문벽돌(03JYM541P:4)

○ 출토지 : 태왕릉.

○ 크기 : 길이 24cm, 너비 12cm, 두께 5.5cm.

○ 태토 및 색깔 : 홍갈색.

그림 61 태왕릉 '未豆' 문자 벽돌(03JYM541P:14)

○ 형태 : 무늬없는 벽돌임(素面磚).

○ 기타 : 회색 素面磚의 다른 1점이 능위에서 출토, 잔편으로 너비와 두께는 03JYM541P:4와 비슷함.

7) 기와

○ 암키와(板瓦)는 모두 잔편으로 채집품이 놓여진 체적은 10.6m³임. 수집한 잔편 속에 비교적 많은 끝암키와(檐瓦)와 마루(脊) 부근이 기울어진 梯形 기와를 포함하고 있음. 이외 소형 암키와 종류를 발견함. 암키와는 무문암키와(素面板瓦), 승문암키와(繩文板瓦), 끝암키와(檐頭板瓦) 등이 있음.

○ 무문암키와는 수량이 가장 많아 암키와 총수량의 약 70% 정도를 점유하고 절대다수는 니질회도이고 제작는 비교적 정밀하고 주연은 정연하게 절단하였으며, 모서리부는 다수 둥글게 처리함. 잔편은 모두 비교적 작게 부숴져 그 길이, 너비, 두께가 대다수 2cm가 안되어 복원할 수 없음.

○ 승문암키와는 발견하고 채집한 수량이 비교적 적어 암키와 총수량의 1/8을 차지함. 잔편은 모두 니질도이며 길이와 너비는 복원할 수 없음. 색깔은 회색과 갈색이 다수를 차지하고 일부는 표면이 흑색을 띰. 승문은 모두 볼록한 면에 찍혀 있고 내측에는 포문이 찍혀있음. 승문암키와는 다수가 비교적 세밀하고 거친승문은 아직 보지 못함. 어떤 기와 위의 승문은 구역을 나누어 찍었으나 전체적으로 변화는 비교적 적음. 무문암키와와 같이 승문암키와 내측면 주연도 좁은 돌출부가 있으며 네 모서리는 둥글게 처리하거나 비스듬하게 잘라냄. 기와 두께는 1.8~2cm로 두께가 고르고 제작이 상당히 정밀함. 승문은 상대적으로 굵은 것과 가는 것으로 나뉘고 문양은 대체로 몇 가지가 있는데 거친승문암키와(粗繩文板瓦), 교착승문암키와(交錯粗繩文板瓦), 연속중단승문암키와(間斷繩文板瓦), 세밀한승문암키와(細繩文板瓦) 등으로 나눌 수 있음. 거친승문 암키와는 승문이 수직방향인 것이 다수이고 일부는 사선방향이며, 줄(繩) 간격은 세밀함. 교착승문암키와는 수량이 비교적 적은데 어쩌면 잔편이 잘게 부숴진 것과 관련되어 상당수가 발견할 수 없었다고 추정됨. 승문의 연속성이 중단된 암키와는 瓦頭 또는 瓦尾 부분이 다수 보임. 세밀한승문암키와는 승문이 세밀하고 고르며, 비교적 얕게 찍혀있음.

○ 끝암키와(檐頭板瓦)는 비교적 다수 발견되었고 잔편은 총수량이 1900여 편에 이름. 평균 너비는 각 편 8cm로 계산할 때 그 총 너비는 150여 m에 달함. 만일 모두 처마에만 사용된다면 묘상 건축물 규모는 상당히 웅장함. 잔편 중에 니질도가 절대적인 다수를 차지하고 일부는 가는 모래가 섞여 있으며, 기와색은 회색이 다수를 차지하고 소량의 黑皮灰陶와 黃灰陶가 있고 홍갈색은 극히 적음. 기와 태토의 두께는 고른데 보통 1.8cm 정도이고, 가장 두꺼운 것은 2.1cm에 이름. 끝암키와는 무문이 다수를 차지하고 승문이 시문된 것이 드물게 보임. 瓦頭 절수홈(阻水溝槽)은 모두 사선 壓印

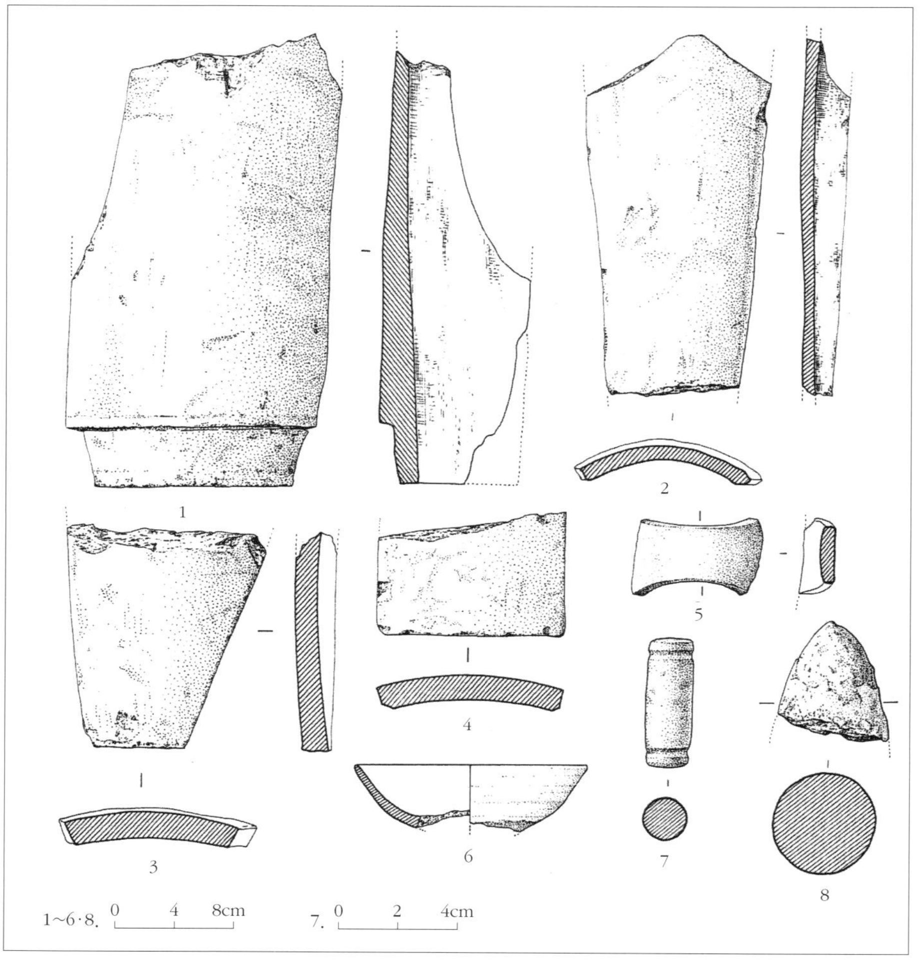

그림 62
태왕릉 기와편 및 토기
1. 수키와(03JYM541:245)
2~4. 무문암키와
(03JYM541:242·244·246)
5. 토제손잡이(03JYM541:36)
6. 청자완(90M541G:1)
7. 토제어망추(90JYM541G:2)
8. 토제품(03JYM541:18)

으로 만들었으며, 보통 瓦面과 瓦沿 下緣處에 눌렀지만 瓦沿面에 누르기도 함. 홈 무늬는 비교적 많은데 방향은 좌측 사선(左斜)·우측 사선(右斜) 등의 변화가 있고 압인공구 및 압인흔이 여러 가지 다른 점이 있음. 기와 위의 압인은 시문공구에 의해 표면에 이빨이 새겨져 있는 것과 표면에 이빨홈이 없는 두 가지 종류로 나눌 수 있는데 전자는 다시 공구의 평면·弧面·棱面으로 시문한 3종 홈자국으로 나눌 수 있음. 제1유형은 瓦沿의 골(溝槽)은 삼릉형(三棱形)으로 槽齒工具의 모서리 압인이 있으며, 瓦溝 절단면은 삼각형을 띰. 이 유형의 잔편이 매우 많은데 끝암키와 총수의 약 40%를 점유함. 제2유형은 절수홈이 弧面으로 槽齒工具의 정면 압인이 있으며, 압인은 연속된 물결무늬형태임. 이 유형의 끝암키와 잔편도 많아서 총수량의 약 1/3를 점함. 공구는 圓頭와 尖頭 두 종류가 있음. 시문수법상 공구를 옆쪽 좌우로 회전하는 捻壓기법이 다수 나옴. 제3유형은 沿頭의 골(溝槽)은 이빨이 있는 평면 시문구로 눌렀으며, 瓦溝 절단면은 사다리형(梯形) 또는 장방형을 띰. 이 유형의 잔편 수량은 가장 적어 총수량의 5% 정도만을 점유함. 골(溝槽) 다수는 平壓이 瓦面 위에 있고 脣面에는 오목한 홈이 없고 아주 얕은 압흔만이 있음. 시문구는 方頭와 尖頭가 있음. 제4유형은 沿面 절수홈이 이빨이 새겨지지 않은 弧面 또는 평면의 片狀 공구 압인이 있으며, 골(溝槽) 절단면은 반원과 장방형을 띰. 이런 유형의 끝암키와 수량은 비교적 적어 총수량의 25% 정도을 점함. 압인흔을 보면, 시문 공구는 圓頭弧面·尖頭弧面·방두평면 등 세 종류가 있는데 이중 원두호면인 것이 비교적 많음. 골(溝槽)은 보통 기와 두께의 1/2 깊이 정도를 누름. 한편 장조형의 공구를 이용해 沿頭의 골(溝槽)을 시문한 것은 4점만 발견됨. 골(溝槽)는 瓦沿의 상연에 이르며, 瓦面 위의 압인흔도 길은 편임.

○ 문자부호 기와는 문자 또는 부호를 새긴 기와로서 발견된 것이 많지 않음. 총 11점임. 보통 銳器로 마르지 않은 瓦面 위에 새기거나 글을 써서 刻痕의 양변에는 뒤집혀진 飛邊이 보이지만 소수는 기와 태토가 반쯤 말랐을 때 새기기도 하여 양측 모두 비교적 매끄러움. 그 외에 인영(模印)의 무늬 스탬프(도장)을 찍은 것도 1점 있음.

○ 계수부호와(計數符號瓦)는 총 11점.

○ 수키와는 잔편으로 수량이 비교적 많지만 무덤 표면의 1/2이 안되는 면적에서 채집한 잔편으로 밀집해 놓은 후의 체적은 0.9m³여에 이름. 잔편은 모두 니질회도이고 안에는 布紋이 찍혀 있고 瓦頭 형식은 기본적으로 동일함.

(1) 무문암키와(素面板瓦, 03JYM541:243)

○ 출토지 : 태왕릉.

○ 크기 : 머리부 너비 8.5cm, 꼬리부 너비 13.5cm, 두께 1.2cm.

○ 태토 및 색깔 : 홍갈색.

○ 형태 : 무문. 이미 파괴되었는데 瓦頭는 좁고 瓦尾는 넓으며, 측면의 한 면은 안쪽으로 비스듬한 면(斜面)을 이룸. 瓦頭는 평평하고 한 면은 비스듬히 잘라내어 마루(脊) 부근이 기울어지는 데에 사용되었을 가능성이 있음.

(2) 무문암키와(素面板瓦, 03JYM541:242, 그림 62-2)

○ 출토지 : 태왕릉.

○ 크기 : 너비 9.4~13cm, 두께 1.3cm, 남은 길이 26cm.

○ 형태 : 무문. 瓦頭와 瓦尾는 모두 잔편이며, 태토가 얇으며 평면은 사다리형(梯形)에 가까움.

(3) 무문암키와(素面板瓦, 03JYM541:244, 그림 62-3)

○ 출토지 : 태왕릉.

○ 크기 : 머리부 너비 6.3cm, 중간부 너비 14cm. 남은 길이 16cm.

○ 형태 : 무문. 평면은 사다리형으로 머리부는 좁고 꼬리부는 넓음. 한쪽 변은 비교적 곧으며, 다른 한쪽 변은 경사도가 비교적 큰 편임.

(4) 무문암키와(素面板瓦, 03JYM541:246, 그림 62-4)

○ 출토지 : 태왕릉.

○ 크기 : 너비 13cm, 두께 1.6cm, 남은 길이 9.6cm.

○ 형태 : 무문. 평면은 장방형이며 꼬리부는 손상됨. 기와 가장자리는 평평하고 벽면은 비교적 가지런하며, 내측 가장자리는 작은 경사면이 있음. 겉면에는 무늬가 없으나 안에는 布文이 있음.

(5) 승문끝암키와(粗繩文檐瓦, 03JYM541標:9, 그림 63-1)

○ 출토지 : 태왕릉.

○ 태토 및 색깔 : 점토질.

○ 형태 : 거친승문암키와. 승문은 수직방향이고 줄(繩) 간격은 세밀함. 가장자리면의 下緣에는 밀집한 지두문(指印)이 눌려 있음.

(6) 승문암키와(交錯粗繩文板瓦, 03JYM541標:136·128, 그림 63-2·14)

○ 출토지 : 태왕릉.

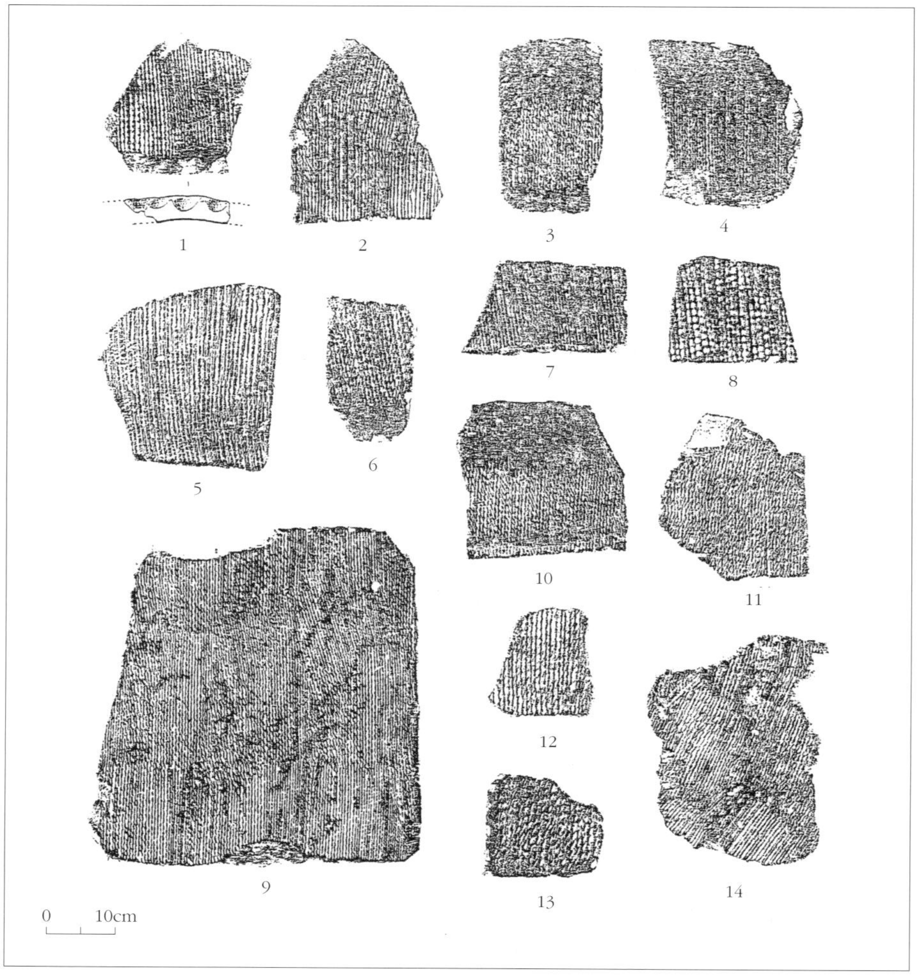

그림 63 태왕릉 암키와 승문 문양
1. 거친승문끝암키와 (03JYM541標:9)
5·6·8·12·13. 거친승문암키와 (03JYM541標:137·125·142)
2·14. 교착승문암키와 (03JYM541標:136·128)
3·4·10. 연속중단승문암키와 (03JYM541標:130·138·124)
7·9·11. 세밀한승문암키와 (03JYM541標:126·129·131)

○ 크기 : 잔편 면적은 13cm보다 큼.
○ 태토 및 색깔 : 점토질.
○ 형태 : 교착승문암키와. 승문은 세밀함.

(7) 승문암키와(間斷繩文板瓦, 03JYM541標:130·138, 그림 63-3·4)

○ 출토지 : 태왕릉.
○ 태토 및 색깔 : 점토질.
○ 형태 : 승문의 연속성이 중단된 암키와. 모두 모서리부 잔편임.

(8) 승문암키와(間斷繩文板瓦, 03JYM541標:124, 그림 63-10)

○ 출토지 : 태왕릉.
○ 태토 및 색깔 : 점토질.
○ 형태 : 승문의 연속성이 중단된 암키와. 승문이 거칠고 세밀함이 고르지 않음.

(9) 승문암키와(細繩文板瓦, 03JYM541標:126, 그림 63-7)

○ 출토지 : 태왕릉.
○ 태토 및 색깔 : 점토질, 黑皮陶.
○ 형태 : 세밀한승문암키와(細繩文板瓦)로 승문이 세

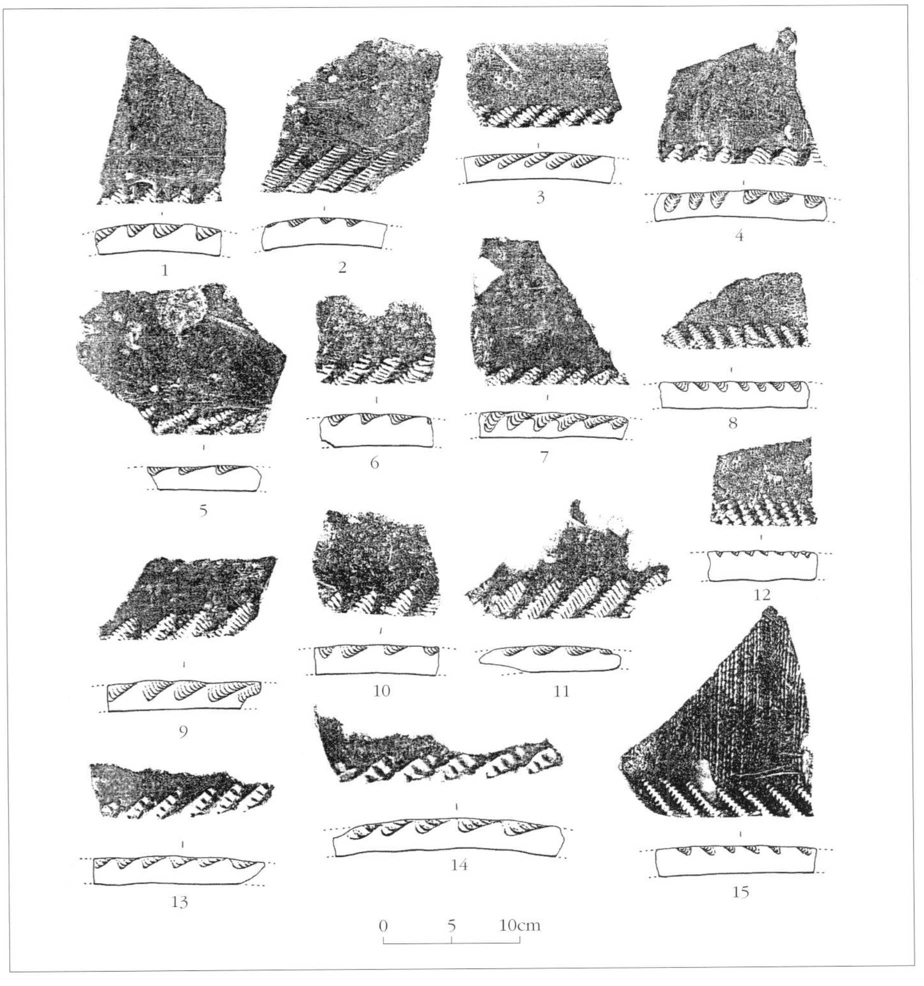

그림 64
태왕릉 끝암키와 와구 문양 1
1·3·5·8. 첨두세치공구압인문
(03JYM541標:43·72·51·76)
2·4. 방두세치공구압인문
(03JYM541標:3·50)
6. 방두호치공구압인문
(03JYM541標:2)
7. 원두망격문공구압인문
(03JYM541標:64)
9~11. 원두관치공구압인문
(03JYM541標:34·35·24)
12. 첨두관치공구압인문
(03JYM541標:28)
13·14. 방두관치공구압인문
(03JYM541標:21·44)
15. 첨두거치공구압인문
(03JYM541標:78)

밀하고 고르며, 비교적 얕게 찍혀있음.

(10) 승문암키와(細繩文板瓦, 03JYM541標:129, 그림 63-9)

○ 출토지 : 태왕릉.

○ 크기 : 잔편 길이 25cm.

○ 태토 및 색깔 : 점토질.

○ 형태 : 세밀한승문암키와(細繩文板瓦)로 승문이 세밀하고 고르며, 비교적 얕게 찍혀 있음. 기와 모서리임. 2003년 조사 때 발견한 승문기와 중 최대 잔편으로 보임.

(11) 끝암키와(檐頭板瓦, 03JYM541標:43·51·72·76·59·80, 그림 64-1·5·3·8)

○ 출토지 : 태왕릉.

○ 형태 : 瓦沿의 골(溝槽)은 삼릉형(三稜形)으로 尖頭의 細齒工具가 눌려진 무늬임(尖頭細齒工具印文). 기와 골의 단면은 삼각형을 띠고 있음. 이 유형의 瓦溝 자국은 길이 1.6~3cm임. 標 : 43(그림 64-1)은 골의 깊이가 1cm이고 좌측으로 촘촘히 눌려 있음(左斜). 標:72(그림 64-3)은 골의 깊이 0.4cm이고 맨 위를 곧게 누르는 수법을 채용한 무늬임.

(12) 끝암키와(檐頭板瓦, 03JYM541標:3·50, 그림 64-2·4)

○ 출토지 : 태왕릉.

○ 형태 : 瓦沿의 골(溝槽)은 삼릉형(三稜形)으로 方頭의 細齒工具가 눌려진 무늬임(方頭細齒工具印紋). 기와 골의 단면은 삼각형을 띠고 있음. 標:3(그림 64-2)은 골(溝槽)이 비교적 얕고 자국의 길이는 4.8cm이며, 대부분 瓦面 위에 눌려 있음. 標:50(그림 64-4)는 瓦面에 가는 승문이 시문되었는데 尖頭工具를 곧게 누르는 방법과 혼용하였으며, 方頭 자국 길이는 1.2cm이며, 골(溝槽)은 얕고 평평함.

(13) 끝암키와(檐頭板瓦, 03JYM541標:2, 그림 64-6)

○ 출토지 : 태왕릉.

○ 형태 : 瓦沿의 골(溝槽)은 삼릉형(三稜形)으로 方頭의 弧齒工具로 눌린 무늬임(方頭細齒工具印紋). 골의 길이는 27cm임.

(14) 끝암키와(檐頭板瓦, 03JYM541標:64, 그림 64-7)

○ 출토지 : 태왕릉.

○ 형태 : 瓦沿의 골(溝槽)은 삼릉형(三稜形)으로 圓頭의 網格齒槽工具가 눌려진 무늬임(圓頭網格齒槽工具印紋). 기와 골의 단면은 삼각형을 띠고 있음. 평면은 그물모양을 볼 수 있으며, 골의 측면은 평행선이 눌린 흔적임. 瓦溝는 길이 1.5cm, 깊이 0.5cm임.

(15) 끝암키와(檐頭板瓦, 03JYM541標:34·35·24, 그림 64-9~11)

○ 출토지 : 태왕릉.

○ 형태 : 瓦沿의 골(溝槽)은 삼릉형(三稜形)으로 圓頭의 골이 가늘고 이빨이 넓은 工具가 눌려진 무늬임(圓頭細槽寬齒工具印紋). 標 : 34(그림 64-9)는 명확히 좌측으로 가지런히 누른 흔적이 있고, 볼록한 선은 평행선을 이루고 있음. 標 : 35·24(그림 64-10·11)은 中棱을 직접 눌러 무늬를 만듦.

(16) 끝암키와(檐頭板瓦, 03JYM541標:21·44, 그림 64-13·14)

○ 출토지 : 태왕릉.

○ 형태 : 瓦沿의 골(溝槽)은 삼릉형(三稜形)으로 方頭의 寬齒工具가 눌려진 무늬임(方頭寬齒工具印紋). 자국의 길이 3cm 정도임. 標:21(그림 64-13)은 자국이 비교적 좁으며, 齒間에 새겨진 홈은 올리브열매형(橄欖形)을 띠고 있음. 標:44(그림 64-14)는 자국이 넓고 길며, 齒間에 새겨진 홈은 삼각형임.

(17) 끝암키와(檐頭板瓦, 03JYM541標:78, 그림 64-15)

○ 출토지 : 태왕릉.

○ 형태 : 瓦沿의 골(溝槽)은 삼릉형(三稜形)으로 尖頭의 톱날공구 가 눌려진 무늬임(尖頭鋸齒工具印紋). 와면에는 승문을 시문하고, 홈에는 톱날모양(鋸齒狀) 삼각형을 만듦.

(18) 끝암키와(檐頭板瓦, 03JYM541標:62·67)

○ 출토지 : 태왕릉.

○ 형태 : 절수홈이 弧面으로 槽齒工具의 정면 압인이 있으며, 압인은 연속된 물결무늬형태임. 와면 위에 일찍이 공구를 굴릴 때 몰아치던 飛邊이 남아 있음.

(19) 끝암키와(檐頭板瓦, 03JYM541標:15·29·32, 그림 65-6·1·3)

○ 출토지 : 태왕릉.

○ 형태 : 절수홈이 弧面으로 槽齒工具의 정면 압인이 있으며, 압인은 연속된 물결무늬형태임. 모두 圓頭 弧形의 齒柱工具가 눌려진 무늬이며, 자국 길이는 2.2~5cm로 고르지 않음. 標:15·29(그림 65-6·1)는 골(溝槽)이 비교적 얕고 평평하며 압흔은 瓦面 위에 많이 시문되어 있음. 標:32(그림 65-3)은 와연면 위에

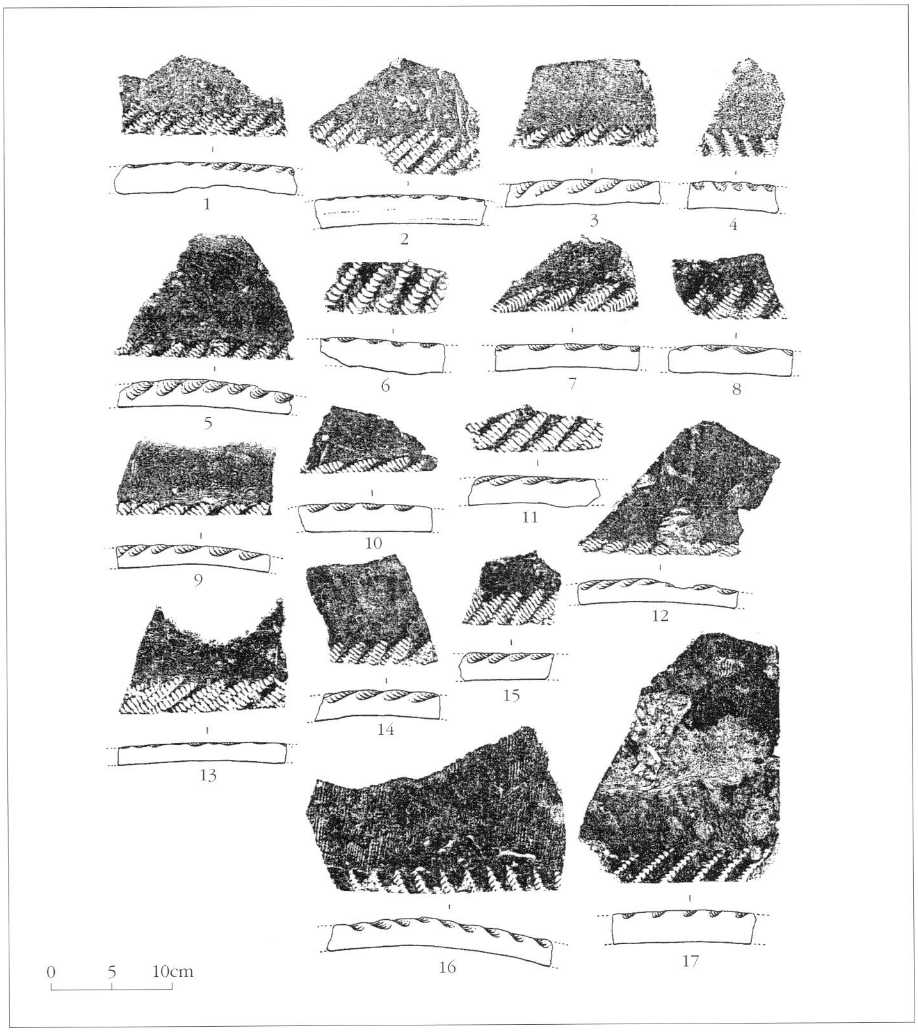

그림 65
태왕릉 끝암키와 와구 문양 2
1·3·6. 원두호형치압인문
(03JYM541標:29·32·15)
2·9~14. 원두관직치압인문
(03JYM541標:12·56·69·16·74·24)
4·7. 첨두곡치공구압인문
(03JYM541標:75·68)
8·16. 첨두관치공구압인문
(03JYM541標:98·80)
5. 망격밀치압인문
(03JYM541標:65)
15. 곡선관치압인문
(03JYM541標:47)
17. 삼각관치압인문
(03JYM541標:52)

비교적 깊은 흔적이 있으며 좌측으로부터 비틀어 조성된 물결무늬가 있음.

(20) 끝암키와(檐頭板瓦, 03JYM541標:12·56·69·66, 그림 65-2·9~11·14)

○ 출토지 : 태왕릉.

○ 형태 : 절수홈이 弧面으로 槽齒工具의 정면 압인이 있으며, 압인은 연속된 물결무늬형태임. 모두 圓頭의 寬齒工具가 눌린 무늬임. 標:12·69는 골(溝槽) 길이가 1~2cm임. 標:66의 자국 길이는 3cm에 이름.

(21) 끝암키와(檐頭板瓦, 03JYM541標:56·74·25, 그림 65-9·12·13)

○ 출토지 : 태왕릉.

○ 형태 : 절수홈이 弧面으로 槽齒工具의 정면 압인이 있으며, 압인은 연속된 물결무늬형태임. 圓頭의 寬齒工具가 눌린 무늬로 齒槽의 刻線은 모두 곡선임. 瓦溝의 길이는 1~5cm로 고르지 않으며, 다수는 瓦面에 눌려 있으며, 골(溝槽)의 경우는 비교적 깊은 標:56의 깊이가 0.6cm임.

(22) 끝암키와(檐頭板瓦, 03JYM541標:75·68, 그림 65-4·7)

○ 출토지 : 태왕릉.

○ 형태 : 절수홈이 弧面으로 槽齒工具의 정면 압인이 있으며, 압인은 연속된 물결무늬형태임. 尖頭의 曲齒工具로 무늬를 만들었고, 工具 측면의 刻線은 사선으로 압인흔이 굽은자형(折尺形)을 띠게 함. 標:75의 골(印溝)는 우측으로 기울어져 있으며, 깊이는 0.8cm임.

(23) 끝암키와(檐頭板瓦, 03JYM541標:80·98, 그림 65-16·8)

○ 출토지 : 태왕릉.

○ 형태 : 절수홈이 弧面으로 槽齒工具의 정면 압인이 있으며, 압인은 연속된 물결무늬형태임. 尖頭의 寬齒工具로 시문함. 標:80은 瓦面에는 승문이 시문되어 있으며, 절수홈은 오른쪽으로 기울어져 있는데 압인흔이 비교적 깊고 오른쪽으로 擠壓痕迹이 있음. 標:98은 힘을 고르게 써서 골(溝槽)이 얕고 평평함.

(24) 끝암키와(檐頭板瓦, 03JYM541標:65, 그림 65-5)

○ 출토지 : 태왕릉.

○ 형태 : 절수홈이 弧面으로 槽齒工具의 정면 압인이 있으며, 압인은 연속된 물결무늬형태임. 工具의 刻槽는 그물모양(網格狀)을 띠며, 압인흔은 瓦面 위에 비교적 짧고 沿頭의 脣面은 비교적 깊음.

(25) 끝암키와(檐頭板瓦, 03JYM541標:52, 그림 65-17)

○ 출토지 : 태왕릉.

○ 형태 : 절수홈이 弧面으로 槽齒工具의 정면 압인이 있으며, 압인은 연속된 물결무늬형태임. 끝암키와의 모서리 부분으로 모서리를 원형으로 처리함. 瓦面의 압인흔 길이는 4cm이며, 脣面의 골(溝) 깊이는 0.5cm으로 尖頭의 공구로 눌러 만들어짐. 공구 시문면의 양변 刻槽는 삼각형을 이루고 凸齒도 삼각형을 띠며 교묘하게 제작됨.

(26) 끝암키와(檐頭板瓦, 03JYM541標:20·19, 그림 66-1·13)

○ 출토지 : 태왕릉.

○ 형태 : 沿頭의 골(溝槽)은 이빨이 있는 평면 공구의 압인이 있음. 골(溝槽)은 平壓이 瓦面 위에 있고 脣面에는 오목한 홈이 없고 아주 얕은 압인흔만이 있음. 方頭의 寬齒의 압인흔으로, 工具의 刻槽는 삼각톱날형을 이루며, 압인흔 길이는 2.8~4cm임. 標:19는 瓦面 위에 승문이 있음.

(27) 끝암키와(檐頭板瓦, 03JYM541標:99·77, 그림 66-5·6)

○ 출토지 : 태왕릉.

○ 형태 : 沿頭의 골(溝槽)은 이빨이 있는 평면 공구의 압인이 있음.方頭의 細齒 공구의 흔적임. 標:99은 골(壓槽)이 주로 瓦面 위를 차지하고 있는데 길이는 6cm에 달함. 標:77은 脣面 위의 壓印은 비교적 깊은데 골(槽)의 깊이는 약 1cm이며, 와면에는 비교적 거친 사선의 승문이 새겨져 있음.

(28) 끝암키와(檐頭板瓦, 03JYM541標:10·11·13·18, 그림 66-8·7·4·15)

○ 출토지 : 태왕릉.

○ 형태 : 沿頭의 골(溝槽)은 이빨이 있는 평면 공구의 압인이 있음.方頭의 寬齒 공구의 압인흔이 있음. 齒間의 刻槽는 가늘고 약간 굽어 있음. 標:13·18은 瓦頭의 脣面 위에 얕은 골(淺槽)이 있으며 標:10·11은 모두 기와의 弧面 위에 눌려 있음. 압인흔은 길이 5~6cm, 너비 0.5cm임.

(29) 끝암키와(檐頭板瓦, 03JYM541標:14, 그림 66-11)

○ 출토지 : 태왕릉.

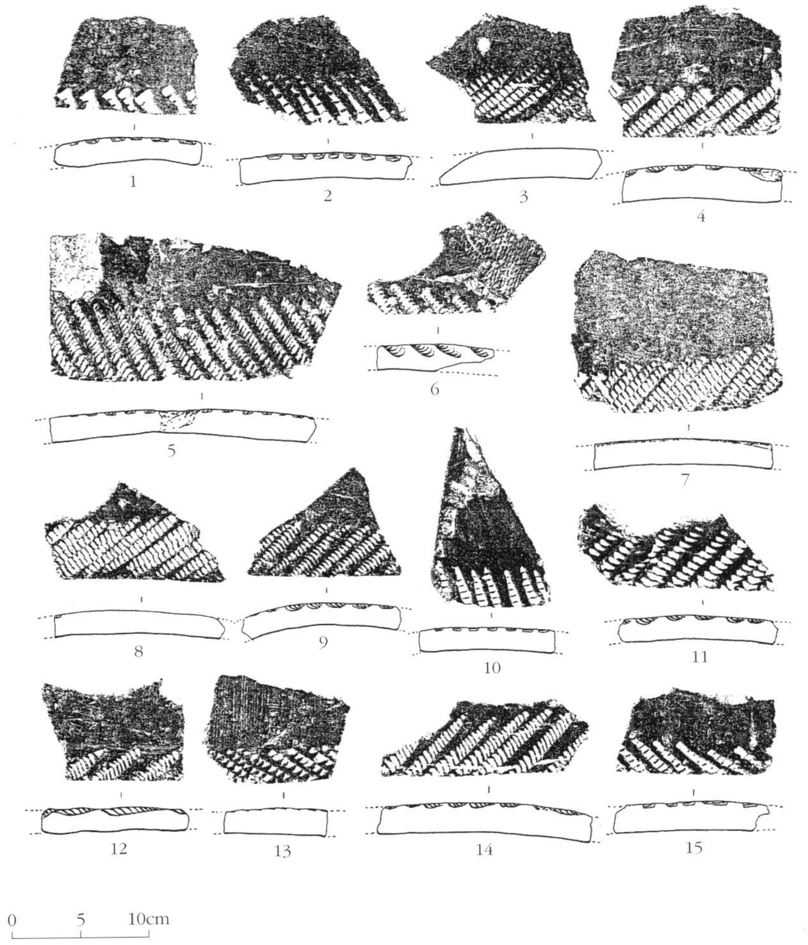

그림 66
태왕릉 끝암키와 와구 문양 3
1·13. 방두거치공구압인문
(03JYM541標:20·19)
5·6. 방두세치공구압인문
(03JYM541標:99·77)
2·3·10. 첨두관치공구압인문
(03JYM541標:26·17·27)
11. 방두호치공구압인문
(03JYM541標:14)
4·7·8·15. 방두관치공구압인문
(03JYM541標:13·11·10·18)
9·12·14. 첨두호치공구압인문
(03JYM541標:5·48·4)

○ 형태 : 沿頭의 골(溝槽)은 이빨이 있는 평면 공구의 압인이 있음. 齒印은 비교적 넓으며, 명확한 반원형을 이루고 있음.

(30) 끝암키와(檐頭板瓦, 03JYM541標:18, 그림 66-15)

○ 출토지 : 태왕릉.

○ 형태 : 沿頭의 골(溝槽)은 이빨이 있는 평면 공구의 압인이 있음.方頭의 寬齒 공구가 압인문을 만들었으며, 刻槽 간격은 비교적 크고, 압인흔의 너비 0.5~0.7cm임. 공구는 비교적 좁고 가늘음.

(31) 끝암키와(檐頭板瓦, 03JYM541標:26·27·17, 그림 66-2·10·3)

○ 출토지 : 태왕릉.

○ 형태 : 沿頭의 골(溝槽)은 이빨이 있는 평면 공구의 압인이 있음. 尖頭의 寬齒 공구의 壓印이며, 압인흔 길이는 3~5cm임. 標:26·27은 齒間 刻槽의 간격이 비교적 멀고, 齒는 방형을 이루고 있음. 標:17은 齒間 거리는 비교적 밀접해 있음. 압인흔은 모두 와면 위에 있는데, 沿面에는 壓齒 골(溝槽)이 없음.

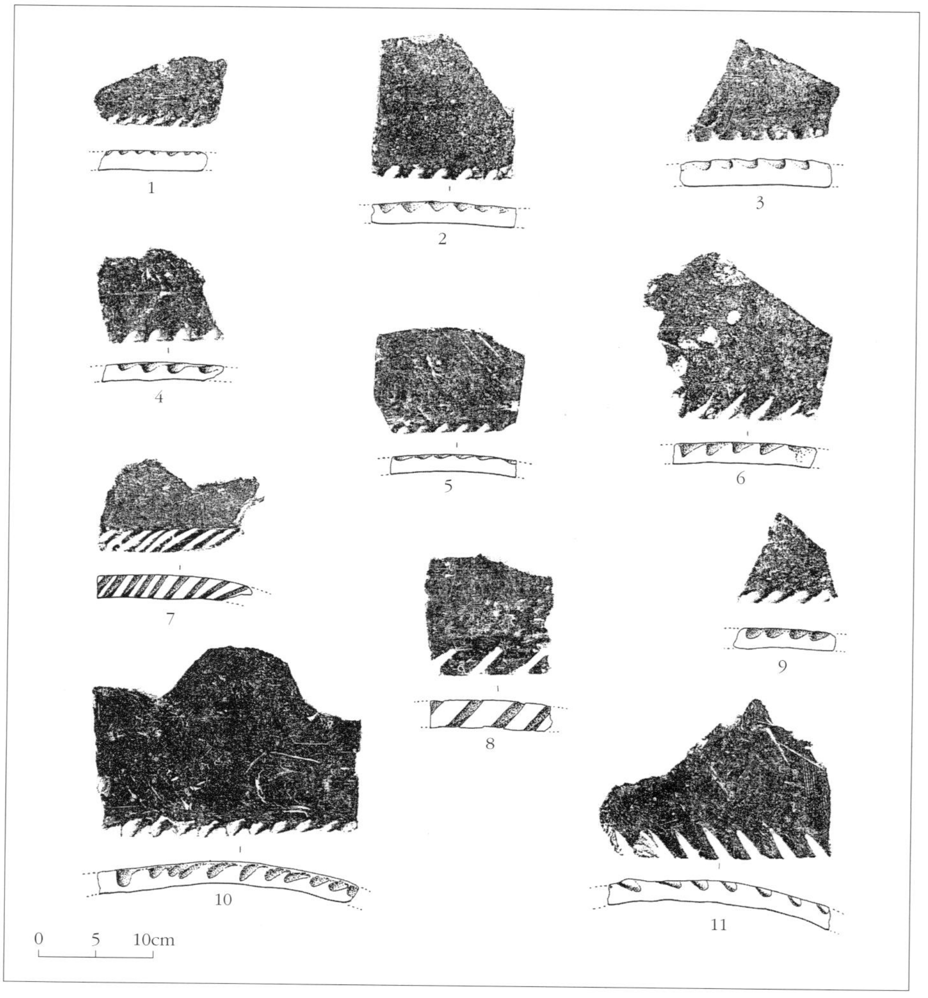

그림 67
태왕릉 끝암키와 와구 문양 4
1·3·5·6·11. 방두거치공구압인문
(03JYM541標:83·96·84·93·90)
2·4·9·10. 원두호면공구압인문
(03JYM541標:85·97·88·91)
7·8. 방두평면공구압인문
(03JYM541標:89·82)

(32) 끝암키와(檐頭板瓦, 03JYM541標:4·5·48, 그림 66-14·9·12)

○ 출토지 : 태왕릉.

○ 형태 : 沿頭의 골(溝槽)은 이빨이 있는 평면 공구의 압인이 있음. 尖頭의 寬齒 공구의 壓印이며, 齒間 골(槽)는 호형을 이루고, 齒는 비교적 밀집해 있음. 골(印溝)은 얕고 평평하며, 길이 5~7cm, 깊이 0.3cm 정도임.

(33) 끝암키와(檐頭板瓦, 03JYM541標:85·97·88·91, 그림 67-2·4·9·10)

○ 출토지 : 태왕릉.

○ 형태 : 沿面 절수홈이 이빨이 새겨지지 않은 弧面 또는 평면의 片狀 공구압인이 있음. 圓形 弧面이며, 골(溝槽)은 기와 두께의 1/2 깊이에 이르도록 눌려 있음. 瓦面의 골(壓槽)은 비교적 짧음.

(34) 끝암키와(檐頭板瓦, 03JYM541標:83·96·84·93·90, 그림 67-1·3·5·6·11)

○ 출토지 : 태왕릉.

○ 형태 : 沿面 절수홈이 이빨이 새겨지지 않은 弧面 또는 평면의 片狀 공구압인이 있음. 尖頭의 弧面의 공구로 시문하였으며, 沿面의 골(溝槽)은 비교적 얕으며, 대다수 기와 두께의 1/3 깊이에 이르도록 눌려

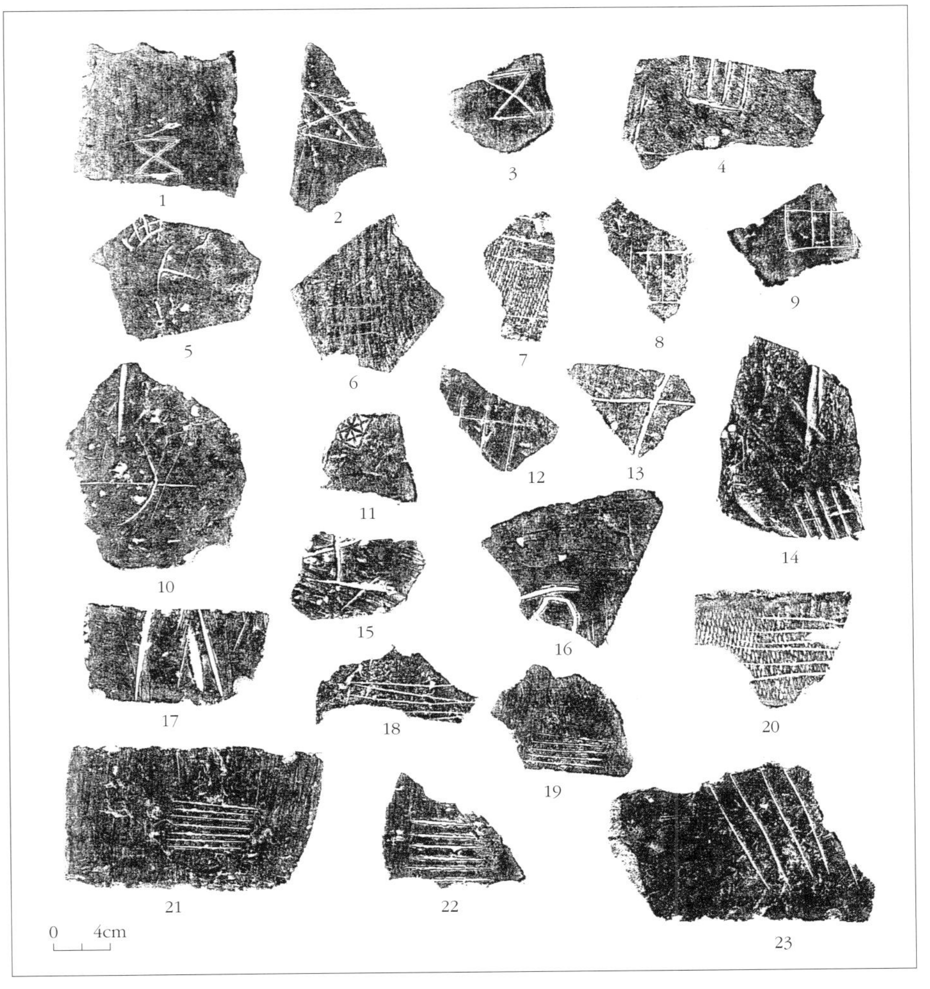

그림 68
태왕릉 문자부호 수키와
1~3. '五'자와
(03JYM541標:149·217·223)
11. 인영무늬자와
(03JYM541標:20)
4·8·9. '四'자와
(03JYM541標:225·226·229)
5. '西人'와(03JYM541標:231)
13. '十'자와(03JYM541標:254)
12. '卅'자와(03JYM541標:255)
6·7. '三'자와
(03JYM541標:256·257)
10·14~23. 계수부호와
(03JYM541標:109·122·101·112·102·116·115·103·117·110·105)

있음. 瓦面의 압인흔 길이는 불일치하는데 가장 길은 標:90은 골의 길이(槽長)가 3cm임.

(35) 끝암키와(檐頭板瓦, 03JYM541標:89·82, 그림 67-7·8)

○ 출토지 : 태왕릉.

○ 형태 : 沿頭의 골(溝槽)은 이빨이 있는 평면 공구의 압인이 있음. 장조형의 공구를 이용해 沿頭의 골(溝槽)을 시문하였는데 골(溝槽)는 瓦沿의 상연에 이르며, 瓦面 위의 압인흔도 길은 편임. 標:89은 와면 골(溝槽)의 길이는 3cm이며, 간격은 밀접되어 있음. 標:82는 골(溝槽) 간격은 비교적 넓으며, 瓦面 위의 압인흔 길이는 3.5cm임.

(36) 문자부호기와(03JYM541標:149·217·223, 그림 68-1·2·3)

○ 출토지 : 태왕릉.

○ 형태 : '五'자가 새겨진 기와. '五'자 가운데 두 획수가 교차하는 곳이 꺾이지 않으며 모두 直劃임. 標:217의 '五'자는 약간 크며, 나머지 두건은 비교적 작음.

(37) 문자부호기와(03JYM541標:225·226·229, 그림 68-4·8·93)

○ 출토지 : 태왕릉.

○ 형태 : '四'자가 새겨진 기와. 획의 굵기가 다르며, 標:225에는 '四'자의 윗변이 보이지 않으며, 후자의 두 건은 중간 부분의 두 개의 짧은 수직선 모두 밖으로 나아가 그어져 있음.

(38) 문자부호기와(03JYM541標:256·257, 그림 68-6·7)

○ 출토지 : 태왕릉.

○ 형태 : '三'자가 새겨진 기와. 標:256에는 '三'자의 획이 승문 위에 있음. 標:257에는 '三'자 획수가 비교적 세밀하며, 기와의 내측 布紋 위에 새겨져 있음.

(39) 문자부호기와(03JYM541標:254, 그림 68-13)

○ 출토지 : 태왕릉.

○ 형태 : '十'자가 새겨진 기와. 잔편 위에 '十'자가 하나 남아 있지만 가로 및 세로의 두획 모두 이미 잔편임. 아직 기타 획수는 확정할 수 없음.

(40) 문자부호기와(03JYM541標:255, 그림 68-12)

○ 출토지 : 태왕릉.

○ 형태 : '卅'자가 새겨진 기와. 잔편은 비교적 작으며, 세 수직획은 서로 비교적 넓게 떨어져 있으며, 가로획은 일부가 소실됨. 다른 획은 확정 할 수 없음.

(41) 문자부호기와(03JYM541標:231, 그림 68-5)

○ 출토지 : 태왕릉.

○ 형태 : '西人'자가 새겨진 기와. 잔편에는 '四'와 '人'자만이 나타나는데 획수의 흔적을 따르면 '四' 위에는 획수가 있어 '西'자로 일시 해석하고 있음.

(42) 인영무늬기와(模壓花紋瓦, 03JYM541標:20, 그림 68-11)

○ 출토지 : 태왕릉.

○ 형태 : 와면 위에 '田'자 격자 안에 사선이 교차하는 도장이 채워져 있는데 匠人의 표시일 가능성이 있음.

(43) 계수부호기와(計數符號瓦, 03JYM541標:116·115·105, 그림 68-18·19·23)

○ 출토지 : 태왕릉.

○ 형태 : 5개의 가로 또는 세로 평행선이 새겨져 있는 것이 확인됨.

(44) 계수부호기와(計數符號瓦, 03JYM541標:103·110, 그림 68-20·22)

○ 출토지 : 태왕릉.

○ 형태 : 6개의 가로 평행선이 새겨져 있는 것이 확인됨.

(45) 계수부호기와(計數符號瓦, 03JYM541標:117, 그림 68-21)

○ 출토지 : 태왕릉.

○ 형태 : 7개의 가로 평행선이 새겨져 있는 것이 확인됨.

(46) 계수부호기와(計數符號瓦, 03JYM541標:112, 그림 68-16)

○ 출토지 : 태왕릉.

○ 형태 : 평행하는 3획의 사이에 두 개의 '十'자가 새겨져 있는 것이 확인됨.

(47) 계수부호기와(計數符號瓦, 03JYM541標:122, 그림 68-14)

○ 출토지 : 태왕릉.

○ 형태 : 위에 '十'자를 새기고 아래에 1개 가로 획이

가해져 있음.

(48) **계수부호기와**(計數符號瓦, 03JYM541標:101, 그림 68-15)

○ 출토지 : 태왕릉.

○ 형태 : 가로획 아래에 한 획의 삐침(丿)과 한 획의 갈고리(亅)가 가해져 있음.

(49) **계수부호기와**(計數符號瓦, 03JYM541標:109, 그림 68-10)

○ 출토지 : 태왕릉.

○ 형태 : 가로 획 옆에 하나의 변형된 십자가 가해져 있음.

(50) **계수부호기와**(計數符號瓦, 03JYM541標:102, 그림 68-17)

○ 출토지 : 태왕릉.

○ 형태 : 劃痕이 위쪽은 가깝고 아래쪽은 멀어지는 밖으로 삐친 두 개의 수직선이 있음. 모두 장인이 숫자를 계산하면서 위에서 내려 그었던 것으로 추정되며 그 의미는 명확치 않음.

(51) **수키와**(03JYM541:245, 그림 68-1)

○ 출토지 : 태왕릉.

○ 크기 : 남은 길이 33cm, 너비 18.4cm, 높이 10.2cm. 舌의 길이 4.2cm, 沿의 높이 0.8cm.

○ 태토 및 색깔 : 니질의 회도.

○ 형태 : 절반이 남은 잔편. 平沿하고 長頸하며, 짧은 경사진 어깨를 가지고 있음. 瓦頭 양측은 안쪽으로 사선으로 잘림. 瓦身은 비교적 높게 융기하였음.

8) 기타

(1) **토제품**(03JYM541:18, 그림 62-8)

○ 출토지 : 태왕릉.

○ 크기 : 남은 길이 8cm, 직경 7.6cm.

○ 태토 및 색깔 : 니질의 회색.

○ 형태 : 건축구조물. 온전한 형태는 원추형이며, 외면은 진흙이 감싸고 있었으나 이미 탈락하였음. 형식과 용도는 불분명함.

(2) **토제손잡이**(橫橋狀耳, 03JYM541:36, 그림 62-5)

○ 출토지 : 태왕릉.

○ 크기 : 남은 길이 4.5cm, 너비 4cm.

○ 태토 및 색깔 : 니질의 회색토기.

○ 형태 : 무문. 대상의 가로 손잡이로 양끝은 이미 손상되었는데, 四耳展沿壺의 잔편으로 추정됨.

○ 기타 : 태왕릉 역대 조사중에 발견된 토기 및 도자기는 모두 매우 적음. 2003년 조사에서도 소량의 니질회도의 壺·罐 잔편 및 2점의 시유도 손잡이(紐)만을 발견했는데 모두 온전한 형태가 명확치 않음.

(3) **청자완**(瓷碗, 90JYM541G:1, 그림 62-6)

○ 출토지 : 태왕릉.

○ 크기 : 입지름 16.4cm, 벽 두께 0.5~0.8cm, 남은 높이 4.8cm.

○ 태토 및 색깔 : 청록색 시유도.

○ 형태 : 輪製. 바닥이 손상됨. 완은 둥근 입술이며, 입이 넓고, 배가 경사를 이룸. 동체 하부의 바깥은 시유되지 않았으며, 그릇 표면에는 물레 흔적이 여러 줄 보임.

○ 기타 : 태왕릉 역대 조사중에 발견된 토기 및 도자기는 모두 매우 적음. 1990년 묘실 정리 중에 도굴 구멍에서 출토된 청자완 1점을 발견함.

(4) 토제어망추(90JYM541G:2, 그림 62-7)

○ 출토지 : 태왕릉.

○ 크기 : 길이 4.7cm, 직경 1.5cm.

○ 태토 및 색깔 : 니질 황갈색 토기.

○ 형태 : 手製. 망추는 원주형이며, 양끝은 눌러 홈(凹槽)을 만들고 줄을 꿰어 사용함.

(5) 장식구슬(料珠, 03JYM541:128)

○ 출토지 : 태왕릉.

○ 크기 : 직경 0.4cm, 높이 0.3cm 정도.

○ 형태 : 회색. 타원형. 중간에는 세로로 구멍 1개가 뚫려 있음. 형체는 비교적 작은 편이며, 중간에는 구멍을 뚫어 1단의 銅絲로 구슬을 엮었는데 銅絲의 양끝은 모두 손상되어 어떤 것을 연결하는지 알 수 없음.

(6) 마노구슬(瑪瑙珠, 03JYM541:127)

○ 출토지 : 태왕릉.

○ 크기 : 직경 0.5~0.6cm, 높이 0.4cm.

○ 형태 : 총 5점으로 그 중 3점은 연홍색. 가운데 구멍에는 모두 銅絲가 꿰어 있는데 127-1의 동사 상단에는 고리형이 달려 있어 다른 장식의 경우도 매달려 있었을 것으로 추정됨.

(7) 마노구슬(瑪瑙珠, 03JYM541:61-1)

○ 출토지 : 태왕릉.

○ 형태 : 분홍색으로 색은 비교적 옅고 형체는 큰 편임.

(8) 장식구슬(料珠, 03JYM541:119)

○ 출토지 : 태왕릉.

○ 크기 : 직경 0.4cm, 높이 0.3cm 정도.

○ 형태 : 회색. 타원형 구슬 3점. 중간에는 세로로 구멍 1개가 뚫려 있음.

6. 역사적 성격

1) 고분 형식과 구조

○ 태왕릉은 대형 석실계단적석총에 속함. 형식상, 태왕릉은 지표로부터 10~11m 높이의 평대를 조성한 뒤에 복두형의 묘실을 중앙에 축조하고 돌을 덮어 봉한 이 중 복두형의 외형은 이미 알려진 왕릉 형식에서는 많이 보이지 않는 완전 새로운 형식임. 구조상, 태왕릉의 묘실과 계단은 분리되어 동시에 축조되었는데 계단은 묘실의 높이를 증가하기 위한 것이 아니라 묘실 기초의 보호에 더욱 중점을 두었는데 이는 비교적 이른 계단묘와는 다른 점인 듯함.

○ 전체적 구조상 태왕릉은 넓은 능역, 배장묘, 제대, 묘비 등의 시설이 갖추어져 있어 왕릉의 대표로 의심할 여지가 없음. 이외도 다량의 화강암 사용, 가장자리를 몰딩한 석재의 가공, 산수·배수·호분석 설치의 합리성 등은 고구려 적석총 가운데 독보적 지위를 보여줌.

2) 묘주 문제

○ 과거 알려진 바에 의하면 석실이 있는 왕릉은 집안 일대에서 태왕릉, 천추총, 장군총뿐이었음. 세 왕릉을 비교하면, 장군총이 위에서 아래까지 석재 가공이 정연하고 무덤 바닥에는 기초시설이 건축되어 구축이 가장 아름다움. 천추총은 비록 규모가 태왕릉과 서로 차이가 크지 않지만 석재가 비교적 조잡하고 장대석 표면의 가공이 태왕릉이나 장군총에 미치지 못함. 따라서 고분 형식에 따른 축조 시기를 보면, 태왕릉의 배열 순서는 천추총과 장군총의 사이에 위치함.

○ 무덤 위 와당에서 본다면, 천추총은 短瓣의 6등분 연화도안을 흔히 볼 수 있으며 일정 수량의 권운문 와당도 있음. 장군총에는 8등분 연화와당만이 있으며, 태왕릉은 6등분 大瓣蓮花 도안이 주를 이루고 6등분 小瓣蓮花와 8등분 연화가 소량 있음. 즉 태왕릉의 연화와당이 천추총과 장군총의 연화와당 변화의 중간에 위

치하므로, 태왕릉은 평양천도 이전의 세 왕의 중간에 위치함.

○ 2003년 조사 당시에 태왕릉 주위에서 "辛卯年, 好太王…"이란 명문이 새겨진 청동방울을 발견하여, 중국 보고자들은 태왕릉의 묘주를 광개토대왕으로 비정함. 광개토왕릉비문에 의하면, 호태왕은 "28세에 왕위에 올라 39세에 사망"하였는데 그 재위 연도는 신묘년과 부합됨. 즉 광개토왕이 왕이 된 후에 방울을 제조한 것이 타당함. 이전에 방울을 만들면 방울 위에는 호태왕이란 號가 있을 수 없고, 차후에 만든 방울이라면 신묘년이란 글자가 있을 수 없음. 지금 방울에는 동시에 '辛卯年好太王'이란 6자가 새겨져 있는데 우연히 맞은 것이 아니라 漢代에 많이 보이던 매장으로 특별히 갖춘 東園 秘器와 같음. 호태왕 '宴駕'의 해는 기원 412년이며, 이때 集安에 왕릉을 건축할 자격이 있는 이는 장수왕임. 한편 집안에는 태왕릉보다 왕릉구조로 더욱 완비된 장군총이 있어 장군총은 장수왕릉이고, 태왕릉은 곧 광개토왕릉임을 확인할 수 있음. 광개토왕릉이 처음 축조되기 시작한 연대는 비록 단정할 수 없으나 기원 391년이며, 사용 기간은 확실히 東晋 安帝 義熙 10년 곧 기원 414년으로 광개토왕이 '遷就山陵'하여 안장한 때임.

○ 위와 같이 중국 학계에서는 광개토왕릉비와 태왕릉을 결부시켜 태왕릉의 묘주를 광개토왕으로 보고 있음. 다만 후설하겠지만 2003년 발굴결과 광개토왕릉비는 태왕릉 능역 안에 없고, 태왕릉과 연결되는 이동로가 없는데 이는 율령비라는 능비의 성격에 기인한 것으로 파악함. 한국 학계나 일본 학계에서도 이에 동의하는 견해도 있지만(공석구, 조법종, 桃崎祐輔), 부장된 등자의 연대나 고분의 입지조건, 연화문 와당의 편년 등을 근거로 고국양왕릉으로 보는 입장도 있음(이희준, 여호규, 임기환). 이외에도 고국원왕의 무덤으로 보기도 하지만(이도학), 4세기 중엽 이전으로 연대가 올라갈 가능성은 그리 높지 않음. 한편 東潮는 1997년 초대형적석묘의 축성순서를 임강묘→태왕릉→서대묘→천추묘→장군총로 보고 장군총을 광개토왕릉으로 비정하면서 태왕릉은 고국원왕릉으로 설정함. 그러나 2009년에는 분구 구조, 기와 능원 등의 요소를 종합하여 태왕릉→천추묘→장군총 순서로 조성된 것으로 설정하고, 태왕릉을 소수림왕릉에 비정함.

3) 묘상 건축

○ 태왕릉 묘상 기와편은 비교적 많으며, 墓表의 1/2 면적에서 암키와 10.6m²와 수키와 0.9m²를 채집했음. 암키와 잔편은 弧度가 작기 때문에 그에 상당한 면적에 대한 추산은 오차가 크지 않음. 암키와 한 층의 평균 두께가 8cm임을 고려한다면(틈과 弧度 포함), 그 면적은 약 130m²가 펼쳐졌으며, 아직 채집되지 않은 다른 절반이 더해져 대략 250m² 정도에 이름. 태왕릉 묘실의 정상부 면적은 북측변의 길이 14m로 추산되어 196m² 정도이며, 묘실 밖의 평대 면적은 400m²를 초과하지 않음. 만일 수키와가 덮고 있을 때의 중복면적을 살펴 다시 암키와 서로 연결되는 부분을 제외한다면, 이 기와들이 묘실 밖의 평대를 모두 덮는 것은 전혀 가능성이 없음. 따라서 태왕릉의 묘상 건축이 덮고 보호하는 것은 오직 묘실 부분이라고 추정됨.

○ 墓上과 墓下에 덮인 흙(積土)을 제거하는 중에 못(釘)·꺾쇠(鋦), 기타 목조 구조상의 금속 부품, 부속품 등의 수습에 주의했는데 결과적으로 꺾쇠못(鋦釘) 1점, 철제못(鐵釘·鐵泡釘) 8점만이 발견되어 기본적으로 태왕릉의 묘상에 목조 구조의 건축이 없었다고 확정할 수 있음. 묘상 적토와 노출석 중에는 백회, 풀과 섞인 진흙덩어리(草拌泥)가 보기 어렵지 않기 때문에 대량의 암키와는 황토와 백회를 충분히 이용하여 직접적으로 무덤 정상부에 깔고 붙였다고 추정됨.

○ 그러나 장군총의 예에 비추어 보면, 묘상 건축이 있었을 가능성을 완전히 배제할 수 없다. 태왕릉의 석실 상부의 커다란 천장석이 장군총과 마찬가지로 기초석

역할을 할 수 있었을 것이므로, 고구려 왕릉에 묘상 건축이 있었다면 태왕릉이나 장군총의 경우 묘상 건축을 상정해 볼 수는 있다.

4) 광개토왕릉비와의 관계

○ 일제강점기부터 광개토왕릉비와 태왕릉 및 장군총의 관계에 대해 묘주 문제와 연관되어 여러 설이 제기됨. 池內宏은 태왕릉에서 출토된 명문벽돌의 '태왕릉'이란 표기에 주목하여 광개토왕릉비와 결합해 태왕릉을 광개토왕릉에 비정하였고, 藤田亮策 등도 이 견해에 동조함. 關野貞은 장군총을 호태왕릉에 비정하는데 광개토왕릉비의 위치를 주요 근거로 삼고 있음.

○ 2003년 발굴조사한 중국에서는 광개토왕릉비를 율령비로 보고 있음. 태왕릉은 완전한 능역에 가까우나 광개토왕릉비는 그 안에 존재하지 않음. 광개토왕릉비와 태왕릉 사이는 EG26~EG28 탐색구덩이를 파고 조사하였으나 '神道'·'參道' 등이 일정한 규격의 이동경로를 갖추고 있지 않으며 이것은 광개토왕릉비가 묘비라는 설을 부정하게 함. 과거의 연구에서 일찍이 많은 학자들은 광개토왕릉비와 장군총의 마주 보는 방향이 일치한다는 점에 주목하였으나 결론은 다양하였음. 광개토왕비 비문에 기재된 4항의 내용을 보면, 첫째 항은 건국설화가 서설을 이루고 있으며, 둘째 항은 광개토왕의 죽음이 서술되었으며, 셋째 항은 광개토왕의 공훈에 대한 찬송이며, 넷째 항은 수묘연호에 대한 율령이 새겨져 있음. 4개항의 내용은 마지막의 제3·4항의 기재가 가장 상세함. 비 건립의 동기는 광개토왕이 살아 있을 때의 教言을 새기는데 있었다고 보는데 교언의 내용은 수묘제도의 운용방안이었음. 따라서 광개토왕릉비는 율령비에 해당하며, 능역에 포함되지 않는 것 역시 당연함.

참고문헌

- 關野貞, 1914, 「滿洲輯安縣及び平壤附近に於ける高句麗時代の遺跡」,『考古學雜誌』5-3·4 ; 「滿洲輯安縣に於ける高句麗時代の遺跡」,『朝鮮の建築と藝術』, 巖波書店, 1941.
- 朝鮮總督府, 1915,『朝鮮古蹟圖譜』1.
- 三上次男, 1938, 「輯安行－高句麗時代の遺跡調査」,『歷史地理』71-1 ; 三上次男, 1990,『高句麗と渤海』재수록.
- 池內宏·梅原末治, 1938,『通溝』上, 日滿文化協會.
- 藤田亮策, 1940, 「通溝附近の古墳と高句麗の墓制」,『池內博士還曆記念 東洋史論叢』; 藤田亮策, 1948,『朝鮮考古學研究』, 高桐書院 재수록.
- 三宅俊成, 1944, 「輯安縣城附高句麗の遺蹟」,『輯安』; 三宅俊成, 1975, 「輯安縣城附近の高句麗の遺跡」,『東北アジア考古學の研究』재수록.
- 蘇才, 1957, 「集安高句麗遺跡調查簡記」,『吉林省文物工作通訊』.
- 鳥居龍藏, 1976, 「南滿洲調查報告」,『鳥居龍藏全集』10, 朝日新聞社.
- 吉林省文物志編委會, 1984,『集安縣文物志』.
- 濱田耕策, 1986, 「高句麗廣開土王陵墓比定論の再検討」,『朝鮮學報』119·120.
- 永島暉臣慎, 1988, 「集安の高句麗遺跡」,『好太王碑と集安の壁畫古墳』, 吉川弘文館.
- 金昌鎬, 1991, 「高句麗 太王陵의 主人公問題」,『鄕土文化』6집, 향토문화연구회.
- 國家文物局 主編, 1993,『中國文物地圖集』吉林分冊, 中國地圖出版社.
- 東潮, 1997,『高句麗考古學研究』, 吉川弘文館.
- 西谷正, 1997, 「高句麗王陵コンプレックス」,『史淵』134.
- 門田誠一, 1998, 「高句麗王陵域における廣開土王碑の相對的位置－「墓上立碑」の再吟味を通して」,『鷹陵史學』24.
- 吉林省文物考古研究所·集安市博物館, 2002,『洞溝古墓群－1997年調查測繪報告』, 科學出版社.
- 李道學, 2004, 「太王陵과 將軍塚의 피장자 문제」,『白山學報』69.
- 조법종, 2004, 「중국 집안박물관 호태왕명문 방울」,『한국고대사연구』33.
- 吉林省文物考古研究所·集安市博物館, 2004,『集安高句麗王陵』, 文物出版社.
- 東潮, 2006, 「高句麗王陵と巨大積石塚－國內城時代の陵園制－」,『朝鮮學報』199·200 ; 2009,『고구려 왕릉 연구』재수록.

- 白承玉, 2006, 「광개토대왕릉비의 성격과 장군총의 주인공」, 『한국고대사연구』 41.
- 余昊奎, 2006, 「集安地域 고구려 超大型積石墓의 전개과정과 被葬者 문제」, 『한국고대사연구』 41.
- 이희준, 2006, 「太王陵의 墓主는 누구인가」, 『한국고고학보』 59.
- 孫仁杰, 遲勇, 2007, 『集安高句麗墓葬』, 香港亞洲出版社.
- 魏存成, 2007, 「集安高句麗大形積石墓王陵研究」, 『社會科學戰線』 2007-4.
- 張福有 · 孫仁杰 · 遲勇, 2007, 「高句麗王陵通考要報」, 『東北史地』 2007-4.
- 孔錫龜, 2008, 「集安지역 高句麗 王陵의 造營」, 『高句麗渤海研究』 31輯.
- 桃崎祐輔, 2009, 「고구려왕릉 출토 기와·부장품으로 본 편년과 연대」, 『고구려 왕릉 연구』, 동북아역사재단.
- 임기환, 2009, 「고구려의 장지명 왕호와 왕릉비정」, 『고구려 왕릉 연구』.

15 집안 우산하0678호묘

集安 禹山下0678號墓 | JYM0678

1. 조사현황

1976년 4월 초~7월 중순에 吉林省博物館考古隊, 集安縣第一批業余文物考古訓練班 학생, 吉林大學 고고전공 師生, 集安縣文管所 등이 通溝古墳群의 고분을 조사할 때(禹山下古墳群 56기, 山城下古墳群 26기, 七星山古墳群 26기, 麻線溝古墳群 69기) 조사대상에 포함됨.

2. 위치(그림 1)

集安市의 우산하고분군에 위치.

3. 고분의 현황

1) 고분 형식

(1) 유형

封土石室墓(同墳異穴).

2) 고분 구조(그림 2)

○ 평면이 장방형인 쌍실분임. 석실은 동서방향으로 배치.

○ 玄室은 평천장임.

○ 현실과 연도의 명확한 경계는 없음. 다만 연도는 돌로 폐쇄. 현실의 벽과 연도의 벽을 동시에 축조하였고, 벽 틈새는 깨진 돌로 메움. 현실과 연도의 천장은 커다란 편평한 돌로 덮음. 바닥에는 깨진 돌을 깔았음.

○ 연도는 서로 평행하며, 입구 방향은 모두 145°임.

○ 서실은 길이 4m, 너비 0.9m, 높이 0.96m, 동실은 길이 3.30m, 너비 0.8m, 높이 1m임.

○ 평천장의 단칸 구조로, 규모가 매우 작음.

참고문헌

- 吉林省文物志編委會, 1984, 『集安縣文物志』.
- 吉林省文物工作隊·集安縣文物保管所, 1984, 「1976年集安洞溝高句麗墓清理」, 『考古』 1984-1.
- 吉林省文物考古研究所·集安市博物館, 2002, 『洞溝古墓群 - 1997年調查測繪報告』, 科學出版社.
- 孫仁杰·遲勇, 2007, 『集安高句麗墓葬』, 香港亞洲出版社.

그림 1 우산하0678호묘 위치도(『洞溝古墓群-1997年調査測繪報告』, 197쪽)

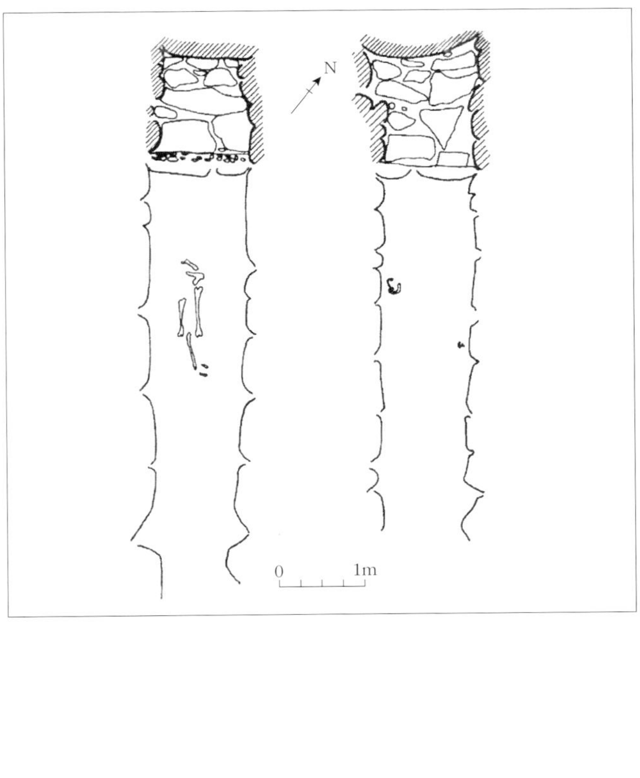

그림 2 우산하0678호묘 평·단면도(『考古』 1984-1, 72쪽)

16 집안 우산하0711호묘

集安 禹山下0711號墓 | JYM0711

1. 조사현황

1976년 4월 초~7월 중순에 吉林省博物館考古隊, 集安縣第一批業余文物考古訓練班 학생, 吉林大學 고고전공 師生, 集安縣文管所 등이 通溝古墳群의 고분을 조사할 때(禹山下古墳群 56기, 山城下古墳群 26기, 七星山古墳群 26기, 麻線溝古墳群 69기) 조사대상에 포함됨.

2. 위치(그림 1)

集安市의 우산하고분군에 위치.

3. 고분의 현황

1) 고분 형식

(1) 유형

封土石室墓(同墳異穴).

2) 고분 구조(그림 2)

○ 격벽으로 구분된 묘실 2개가 동서방향으로 배치.

○ 묘실은 편재 연도를 가진 '刀'형임.

○ 묘실의 네 벽은 자연석재로 쌓음. 바닥에는 판석이 깔려 있음. 천장은 벽을 안으로 들여쌓고, 위에는 판석을 덮음.

○ 서실은 길이 2.4m, 너비 1.4m, 높이 1.54m, 연도는 길이 1.54m, 너비 0.98m, 높이 1m임.

○ 동실은 길이 2.4m, 너비 1.56m, 높이 1.38m, 연도는 길이 1.2m, 너비 1m, 높이 1m임.

○ 두 연도는 평행하고 입구 방향은 168°임.

참고문헌

- 吉林省文物工作隊·集安縣文物保管所, 1984, 「1976年集安洞溝高句麗墓理」, 『考古』 1984-1.
- 吉林省文物考古研究所·集安市博物館, 2002, 『洞溝古墓群-1997年調査測繪報告』, 科學出版社.
- 孫仁杰·遲勇, 2007, 『集安高句麗墓葬』, 香港亞洲出版社.

그림 1 우산하0711호묘 위치도(『洞溝古墓群－1997年調査測繪報告』, 197쪽)

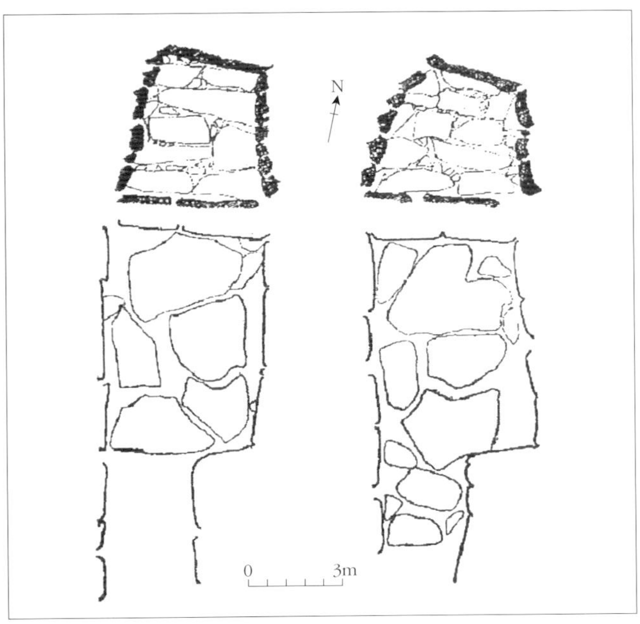

그림 2 우산하0711호묘 평·단면도(『考古』 1984-1, 72쪽)

17 집안 우산하0733호묘

集安 禹山下0733號墓 | JYM0733

1. 조사현황

1976년 4월 초~7월 중순에 吉林省博物館考古隊, 集安縣第一批業余文物考古訓練班 학생, 吉林大學 고고전공 師生, 集安縣文管所 등이 通溝古墳群의 고분을 조사할 때(禹山下古墳群 56기, 山城下古墳群 26기, 七星山古墳群 26기, 麻線溝古墳群 69기) 조사대상에 포함됨.

2. 위치(그림 1)

集安市 우산하고분군에 위치.

3. 고분의 현황

1) 고분 형식

(1) 유형

封土石室墓(同墳異穴).

2) 고분 구조

○ 묘실은 동서로 배치된 두 칸 구조임.

○ 서실은 평면이 장방형임. 평천장을 갖추고 있음. 길이 3.1m, 너비 0.8m, 높이 1.1m, 장축방향 165°임.

○ 동실은 장방형의 玄室, 편재 연도의 刀形임. 벽을 안으로 줄여 쌓은 후 천장을 덮음. 현실은 길이 2.3m, 너비 1.6m, 높이 1.1m임. 연도는 길이 0.86m, 너비 0.8m, 높이 0.9m임. 묘실의 입구 방향은 160°임.

참고문헌

- 吉林省文物工作隊·集安縣文物保管所, 1984, 「1976年集安洞溝高句麗墓理」, 『考古』 1984-1.
- 吉林省文物考古研究所·集安市博物館, 2002, 『洞溝古墓群－1997年調查測繪報告』, 科學出版社.
- 孫仁杰·遲勇, 2007, 『集安高句麗墓葬』, 香港亞洲出版社.

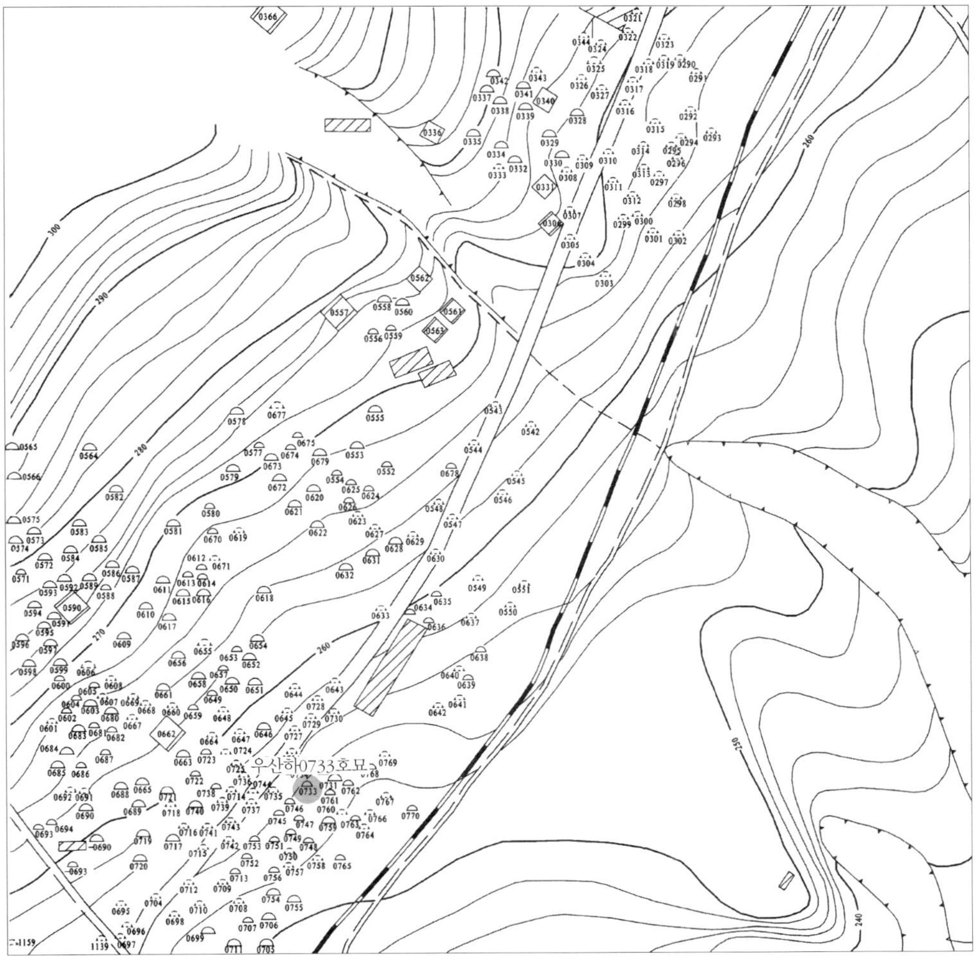

그림 1 우산하0733호묘 위치도(『洞溝古墓群－1997年調査測繪報告』, 197쪽)

18 집안 우산하0742호묘

集安 禹山下0742號墓 | JYM0742

1. 조사현황

1) 1984년 및 1985년 集錫公路 건설을 위한 발굴시행

(1) 조사기관

吉林省文物考古硏究所, 集安市文物保管所.

(2) 조사자

林至德, 耿鐵華, 王洪峰, 柳嵐, 張雪巖, 遲勇, 孫仁杰.

(3) 조사기간

○ 제1차 조사 : 1984년 6월 20일~1984년 11월 20일.

○ 제2차 조사 : 1985년 5월 15일~1985년 8월 15일.

(4) 조사방법

○ 集錫公路 건설로 인해 구제 발굴을 실시함. 도로는 집안에서 통화에 이르는 철로선의 북측 약 50m에 위치하며, 서쪽에서 동쪽으로 우산하고분군을 관통하여 우산하고분군의 중간지대에 위치함. 발굴 범위는 동서 길이 2,500m, 남북 너비 40m임.

○ 발굴한 적석묘는 북쪽에서 남쪽으로 연접되어 있고, 배열된 적석묘의 가장 말단에 위치함. 봉토묘는 배열이 불분명하고 적석묘 부근에 있음.

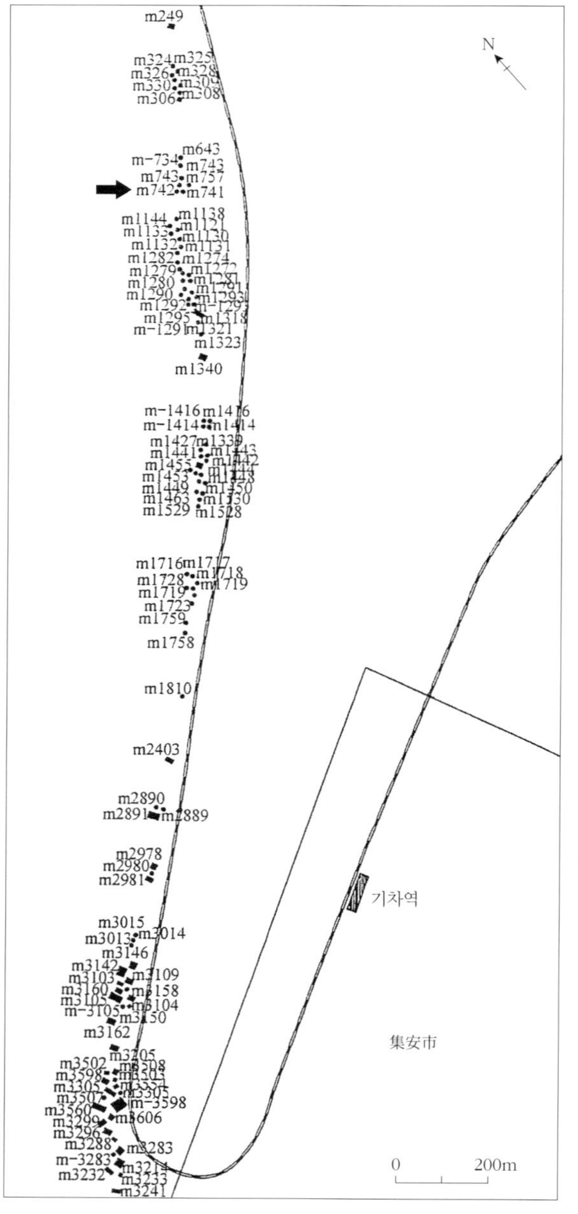

그림 1 집석공로 개발예정지의 고분분포도(『高句麗硏究文集』)

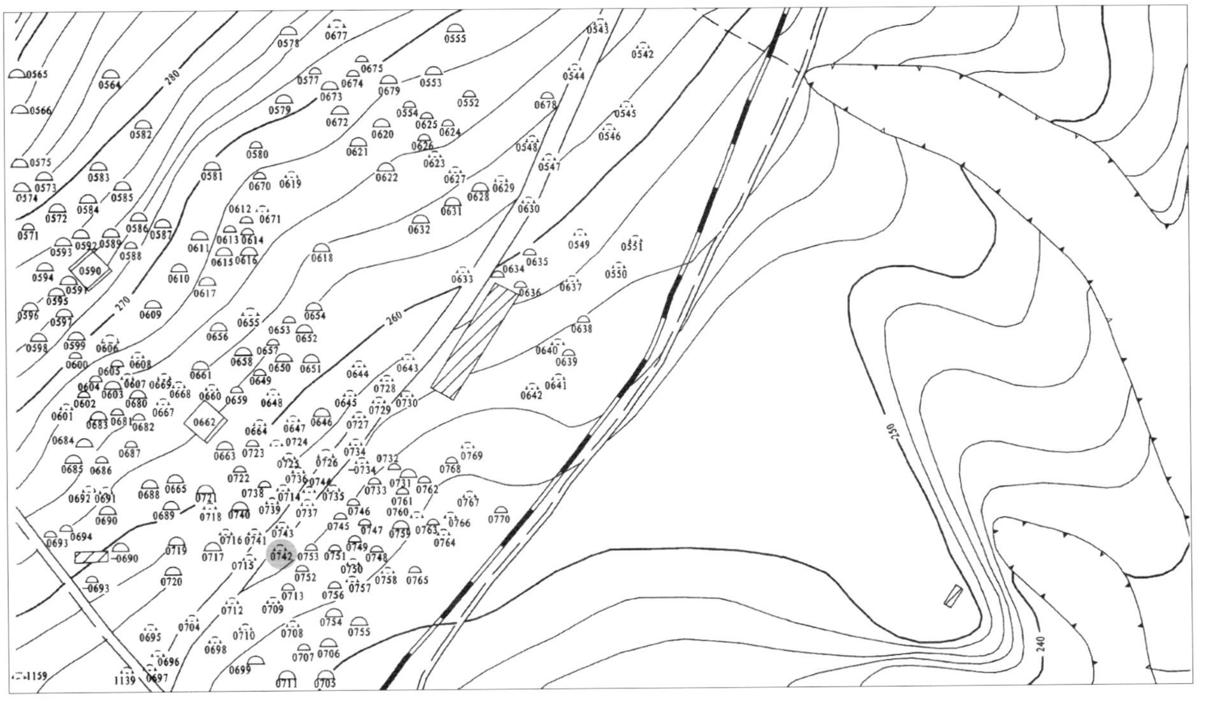

그림 2 우산하0742호묘 위치도(『洞溝古墓群 - 1997年調査測繪報告』)

○ 발굴은 서쪽에서 동쪽으로 진행함. 신중국 성립 이후 통구고분군 최초의 비교적 대규모 발굴 작업이었으며, 날씨로 인해 1 · 2차 두 시기로 나누어 진행함.

(5) 조사내용(그림 1)

○ 제1차 조사에서는 적석묘 28기, 봉토묘 61기 등 총 89기의 고분을 발굴조사하여, 700여 점의 유물을 발견함. 제2차 조사에서는 적석묘 10기, 토석혼축묘 1기, 석관묘 1기, 봉토묘 12기 등 총 24기의 고분을 발굴하고 유물은 200여 점을 발견함. 두 차례 조사에서 석관묘 1기, 적석묘 38기, 봉토묘 73기, 토석혼축묘 1기 등 총 113기의 고분을 발굴조사하였으며, 유물은 총 931점을 출토함.

○ 발굴된 113기 고분은 대다수 이른 시기부터 파괴와 도굴을 당해 형식이 확실치 않은 것도 있으나, 그 가운데 111기는 고구려 고분임.

2. 위치와 자연환경(그림 2)

○ 우산하고분군은 集安市區 북측에 위치하는데 大禹山 남쪽 기슭의 동서 길이 3.5km, 남북 너비 1km의 좁고 긴 남향의 경사지에 자리하고 있음.

○ 우산하고분군은 우산 남쪽 비탈을 따라 북에서 남으로 고분이 배열되어 있음. 북면 산허리에 적석묘가 절대다수를 점하고 있고 남면 완만한 비탈 지대에 봉토묘가 주로 들어서 있으며, 중간에는 적석묘와 봉토묘가 서로 뒤섞여 있음.

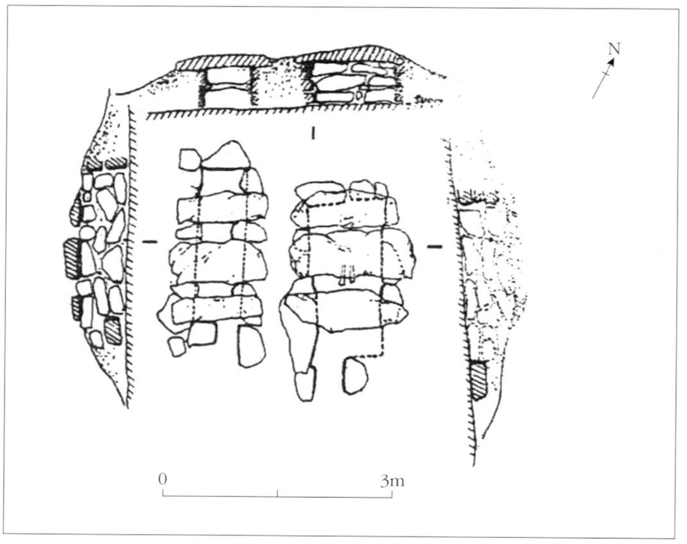

그림 3 우산하0742호묘 평·단면도(『高句麗研究文集』)

3. 고분의 현황

1) 고분 형식

(1) 유형

봉토묘(『高句麗研究文集』), 동실묘(『洞溝古墓群－1997年調査測繪報告』).

(2) 고분 구조(그림 3)

○ 同墳異穴의 쌍실묘로 편재된 연도를 갖춘 장방형 현실로 이루어짐. 동실은 좌편재연도이고, 서실은 우편재이며, 장축방향은 155°이고 묘실 간의 거리는 0.9m임. 서실은 위쪽으로, 동실은 아래쪽으로 치우쳐 있음. 서실은 축조가 거칠고 비교적 좁은데 규모는 길이 1.75m, 너비 0.45m, 높이 0.5m임. 동실은 조금 넓은데 규모는 길이 1.75m, 너비 0.9m, 높이 0.5m임. 묘실벽은 자연석으로 축조하였음. 두 묘실은 축조가 조잡하고 형식이 불규칙하고 동서 배열이 가지런하지 못해 동시기에 조성되지 않았을 것으로 추정됨. 묘실이 작은 것도 매우 드문 사례임.

○ 연도는 서실이 길이 0.7m, 너비 0.4m, 높이 0.3m이고 동실이 길이 0.7m, 너비 0.5m, 높이 0.3m임.

○ 천장은 평천장 구조로 모두 판상석으로 덮음.

○ 묘실 바닥은 자연석으로 평평하게 깔음.

○ 두 묘실의 墓門은 모두 돌로 쌓아 막음.

○ 두 묘실 내에서는 모두 사람 肢骨의 잔편이 출토됨.

4. 역사적 성격

이 무덤은 봉토분 가운데서도 규모가 작은 소형분으로 축조가 거칠고 葬具와 부장품이 보이지 않아 낮은 신분의 무덤으로 추정됨. 무덤의 축조 연대를 판단할 근거는 확실하지 않음.

참고문헌

- 吉林省文物志編委會, 1984, 『集安縣文物志』.
- 吉林省文物考古研究所·集安市文物保管所, 1993, 「集安洞溝古墳群禹山墓區集錫公路墓葬發掘」, 『高句麗研究文集』, 延邊大學出版社 ; 2009, 『吉林集安高句麗墓葬報告集』 재수록.
- 吉林省文物考古研究所·集安市博物館, 2002, 『洞溝古墓群－1997年調査測繪報告』, 科學出版社.

19 집안 우산하0840호묘

集安 禹山下0840號墓 | JYM0840

1. 조사현황

1976년 4월 초~7월 중순에 吉林省博物館考古隊, 集安縣第一批業余文物考古訓練班 학생, 吉林大學 고고전공 師生, 集安縣文管所 등이 通溝古墳群의 고분을 조사할 때(禹山下古墳群 56기, 山城下古墳群 26기, 七星山古墳群 26기, 麻線溝古墳群 69기) 조사대상에 포함됨.

2. 위치(그림 1)

集安市의 우산하고분군에 위치.

3. 고분의 현황

1) 고분 형식(그림 2)

(1) 유형

封土石室墓.

2) 고분 구조

○ 단실묘임.

○ 玄室과 중앙 연도로 이루어짐으로써 평면이 鏟形임.

○ 연도는 현실 남벽의 중간에 위치.

○ 현실 천장은 말각조정식임.

○ 현실은 길이 2.36m, 너비 2.1m, 높이 1.7m, 연도는 길이 1.4m, 너비 1m, 높이 1m임.

참고문헌

• 吉林省文物工作隊·集安縣文物保管所, 1984, 「1976年集安洞溝高句麗墓清理」, 『考古』 1984-1.

• 吉林省文物考古研究所·集安市博物館, 2002, 『洞溝古墓群－1997年調査測繪報告』, 科學出版社.

• 孫仁杰·遲勇, 2007, 『集安高句麗墓葬』, 香港亞洲出版社.

그림 1 우산하0840호묘 위치도(『洞溝古墓群－1997年調査測繪報告』, 198쪽)

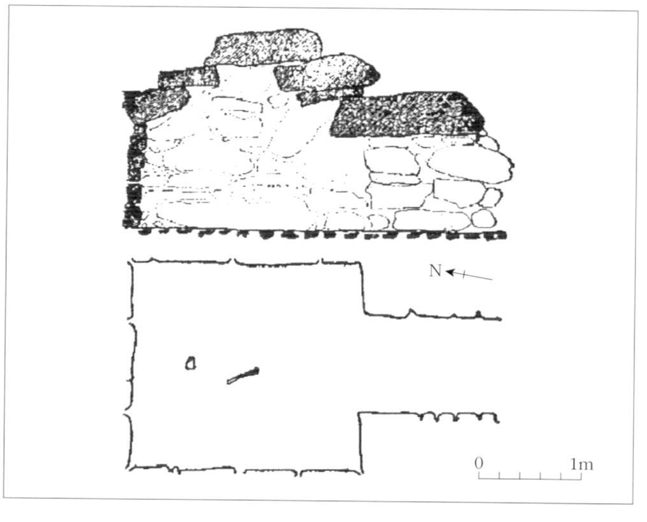

그림 2 우산하0840호묘 평·단면도(『考古』 1984-1, 71쪽)

20 집안 우산하0901호묘

集安 禹山下0901號墓 | JYM0901

1. 조사현황

1) 1966년 조사

○ 조사기관 : 吉林省博物館, 集安縣文管所.

○ 조사내용 : 통구고분군에 대한 실측 조사 때, 禹山下901號墓로 편호하고 간단히 JYM0901로 기록함.

2) 1997년 조사

○ 조사기관 : 吉林省文物考古研究所, 集安市博物館.

○ 조사내용 : 통구고분군에 대한 측회 당시에 다시 재조사와 측회를 실시함. 고분은 대형계단적석석광묘로 한 변 길이 28×30m, 높이 4m임.

3) 2003년 조사 및 2004~2005년 조사

○ 조사기관 : 吉林省文物考古研究所, 集安市文物保管所.

○ 조사내용 : 2003년 발굴조사에서 왕릉급으로 판단하였고, 2004~2005년 사이 수차례 조사를 진행함.

4) 2008년 조사

○ 조사기관 : 吉林省文物考古研究所, 集安市博物館.

○ 조사기간 : 4월~8월.

○ 조사참가자 : 王洪峰, 王志剛, 李丹, 郭建剛.

○ 조사내용 : 통구고분군의 고분을 보호하기 위한 프로젝트를 위해 우산하1041호묘를 비롯해 우산하0901호묘, 마선1호묘, 호자구1호묘 등의 4기에 대해 고고정리가 진행됨. 해당 고분은 정리하면서, 주로 고분 1단 계단을 노출시키는 것을 전면적으로 포괄함. 트랜치법으로 분구 위의 적석에 대해 부분 정리를 하고, 고분 계단의 수량·형식·구조 특징을 전면적으로 이해하기 위해 묘광에 대해 세 부분으로 정리를 진행함. 우선 고분 1단 계단을 전부 노출시키고 아울러 고분 네 모서리에 너비 2~3m, 길이가 묘실 바닥에서 묘정에 이르는 탐색갱 4개를 설치. 각 층 계단의 모서리를 정리하기 위해서임. 제2단계는 묘정의 중심 위치에 5m×5m의 탐색갱 1개를 배치하여 묘광 위치를 찾았으며, 발굴을 진행하여 고분 네 측면의 계단에서 상대적으로 비교적 좋은 곳을 보존함. 너비 2~7m, 길이는 묘실 바닥에서 묘정에 이르는 탐색갱 4개를 배치하였는데 고분의 계단수량과 구조를 전면적으로 이해하기 위해서임. 마지막으로 무덤 주변에는 너비 1m, 길이 2~8m의 탐색갱 6개를 배치하였는데 고분의 축조 층위와 지하의 기초 정황을 확정하기 위해서임. 발굴 당시 유물은 발견하지 못함.

2. 위치와 자연환경(그림 1)

○ 고분은 集安市 太王鎮 果樹場村, 우산묘구 중부에 위치.

○ 고분은 우산 남쪽 기슭의 비탈 위에 수축됨. 지세는 탁 트였고, 자연 환경은 뛰어남.

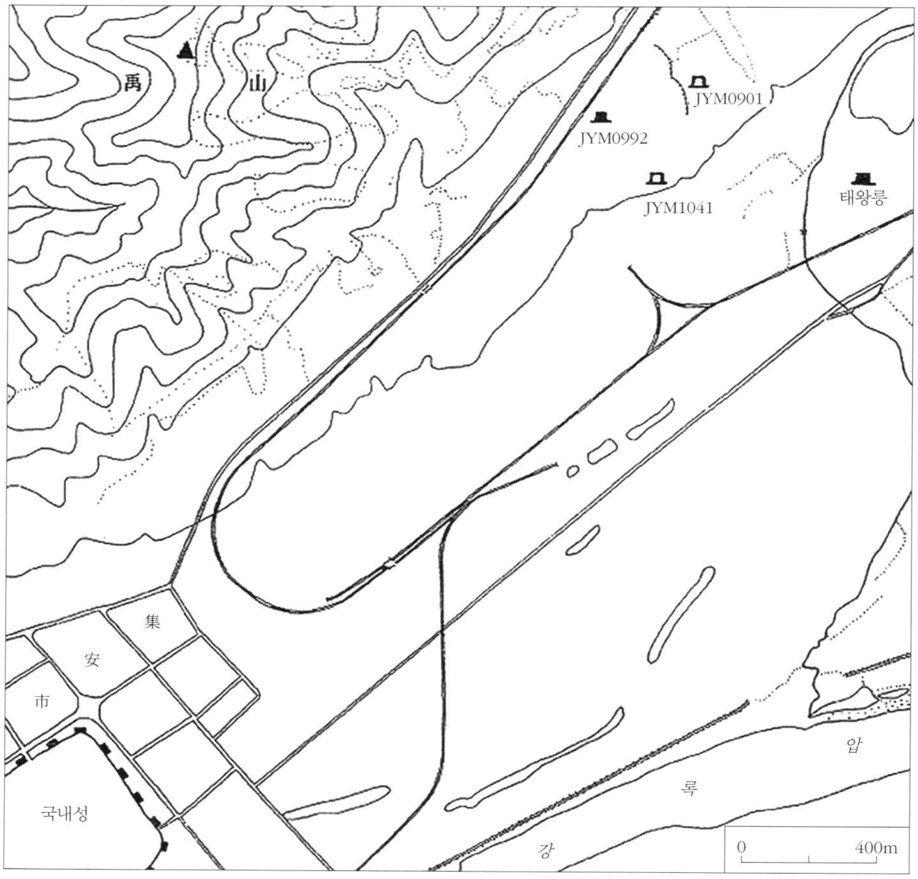

그림 1 우산하1041호묘 및 우산하0901호묘 위치도 (『邊疆考古研究』 96)

○ 분구 정상의 중심좌표는 동경 40°08′41.95″, 북위 129°12′10.83″이며, 고도는 337.04m임.

○ 고분 서남 약 340m에는 우산하0992호묘, 동북 약 350m에는 각저총과 무용총, 동남 약 650m에는 태왕릉이 있음.

3. 고분의 주위환경과 보존 현황

○ 고분은 현재 경작지와 과수 사이에 위치함. 무덤 주위 3m 범위내에 40여 과수 나무가 심어져 있으며, 과수 밖 남·서·북 삼면은 밭과 과수원이며, 동쪽은 오리 축사·창고·짚더미와 작은 채소밭임.

○ 정리 전 분구의 흙은 극히 드물게 남아 있었고, 적석 위에 소량의 이끼를 제외하고 묘상에서 거의 다른 식생은 보이지 않음. 정리 전의 고분은 제1단 계단은 이미 밖으로 노출되었고, 고분 서쪽 1단 계단 밖에는 대량의 쇄석이 퇴적되었는데 조사를 통해 주변 경작지내 돌을 골라 퇴적을 형성한 것임. 이를 제외하고 동·남·북쪽 1단 계단 밖에는 모두 적석이 보이지 않음. 고분의 1단 계단의 여러 곳에서는 다른 정도의 밖으로 기울져 있었고, 그 가운데 남쪽 계단 중앙부 두 곳 계단이 무너져 밖으로 볼록하여 가장 명확하지만 고분 구조의 견고성은 조금도 영향을 받지 않음. 동쪽 1단 계단 북부에는 길이 약 2m의 부분적으로 쇄석으로 쌓은 담장이 남아 있으나 계단석은 보이지 않음. 이는 조사를 통해 현대인이 묘상 쇄석이 미끄러져 내리는 것을 방지하기 위해 쌓은 것을 확인함.

○ 고분 1단 계단의 서남 모서리가 보존 상태가 가장 좋은데 돌로 3층을 이루고 형체는 거대하지만 하층계단 모서리돌(轉角石)은 세로 방향으로 파열되고 이미 밖으로 옮겨진 상태임. 1단 계단의 나머지 세 모서리는 이미 원각을 이루고, 밖으로 노출된 계단 모서리돌(轉角石)은 보이지 않음. 1단 이상의 계단은 고분 중하부에서만 적석 밖으로 노출된 소량의 계단석을 볼 수 있으며, 고분 중상부는 모두 쇄산석에 의해 덮여 있음.

○ 묘정 동남부에는 직경 약 2m, 깊이 근 1m에 이르는 교란갱 2개가 현존하지만 형성 연대는 명확치 않음. 분구의 상부 나머지 부분은 상당히 가지런한데 조사를 통해 분구 상부는 현대인이 의도적으로 가지런히 한 것이며, 일찍이 그 위에 과수원을 살피기 위한 가건물을 지었던 사실을 확인함.

○ 고분은 북고남저의 경사지 위에 수축됨. 무덤 축조 이전에 토지를 정연하게 하는 작업을 하지 않고 무덤 축조할 때 고분의 제1단 계단을 남고북저로 쌓아 대체로 지세의 高差를 평평하게 만들어 고분 상부의 수평을 확보함. 정리하기 전에 고분 남쪽의 1단 계단이 가장 높았는데 최고 높은 곳은 약 1.8m이며, 동쪽 1단 계단은 분구돌에 의해 여러 곳이 덮여졌는데 일부는 계단석 2층이 노출되었고 높이는 약 1.1m이며, 서쪽 1단 계단은 계단석 2~3층을 볼 수 있는데 높이는 1.2m 정도임.

4. 고분의 현황(그림 2)

1) 유형

(特)大型階壇積石石壙墓(『洞溝古墓群－1997年調査測繪報告』, 『邊疆考古硏究』96).

2) 평면

梯形.

3) 분구 규모

동측 길이 약 26m, 남측 및 서측 길이 약 28m, 북측 길이 약 24.5m, 묘정 중심의 고도 약 3.6m, 남북 계단 중심 부위의 높이 차이 약 1.94m(현재 고분 네 모서리의 현존 위치와 사면의 1단 계단의 주향에 근거하여 추정).

4) 방향

고분 남측 방향은 北偏東 49°.

5) 고분 구조

(1) 개황

정리 한 후의 고분를 보면, 전체는 覆斗狀를 띠며, 고분 네 모서리는 모두 다른 정도의 위치 이동이 있었고 사면의 계단은 다른 정도로 밖으로 기울어져 고분의 한 변 길이와 방향이 매우 정확치 않다는 사실을 확인함.

(2) 고분 구축 방식

○ 고분 주변의 표토 아래는 생토인데 생토는 황색이고 비교적 많은 작은 쇄산석을 포함하고 있고 재질은 견고함. 고분은 생토 위에 수축하였는데 대부분 고분 1단 계단의 아래에서 기초가 보이지 않음. 고분은 자체 중량이 비교적 크고 오랜 시간의 침하로 인해 고분의 1단 계단의 하층 계단석이 생토 안으로 3~8m 빠져 있음. 이밖에 고분 동측과 남측의 1단 계단 아래에는 부분적으로 대단위의 산돌(山石)이 겹겹이 눌려 있는데 산돌 단층이 생토 위에 포설된 것으로 무질서하게 배열되었고 크기도 균일하지 않고 모두 가공되지 않았으며, 상면은 모두 정연하지 않음. 이들 대단위의 산돌은 부분적으로 1급 계단 아래에 겹겹이 눌려 1단 계단의 가장 자리 1m 남짓 밖으로 뻗어 있음. 이런 돌 유적은 계단 아래에 겹겹이 눌려 있고, 생토 중에 쇄산석이 포함된 것과 명확히 구별됨. 다만 부분적으로 발견되어 생토면의 고르지 않은 곳에 인공적으로 포설하여 고분이 수축

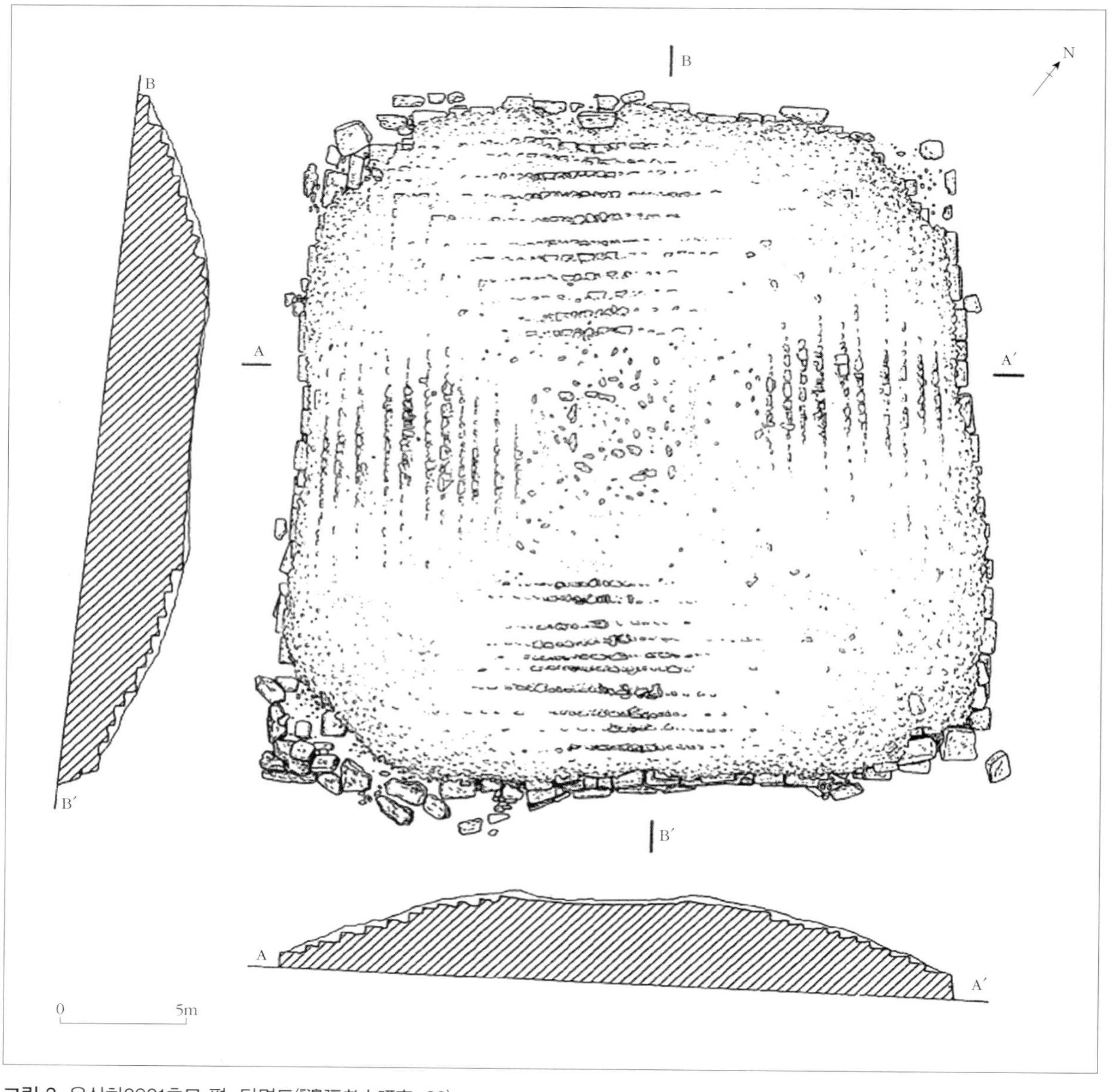

그림 2 우산하0901호묘 평 · 단면도(『邊疆考古硏究』 96)

된 층면이 정연하도록 유지시키고 고분의 견고성을 증가시키는 유적이었을 것으로 추정됨(그림 3).

○ 고분의 구축 방식은 대체로 먼저 하층 계단을 구축하고 계단 내에 가공되지 않은 산돌을 채웠는데 채움돌 사이가 긴밀하게 맞물려 비교적 견고함. 산돌 규격은 대다수 20～30cm이며, 계단 정면과 가지런하게 메운 후에 상층 계단을 쌓았으며, 이런 방식으로 무덤 정상부까지 쌓았음. 지금 계단이 결실된 곳에서 계단 내부 채움돌 사이에 부분적으로 종 · 횡 · 수직 방향의 쌓은 흔적이 존재하여 고분의 견고성을 증가시키기 위한 고려로 추정됨.

○ JYM0901호묘 표면의 봉석은 1단 계단 상면을 덮어 1단 계단이 밖으로 노출됨. 분구 상부의 돌로 사용된 石材와 무덤 내 채움돌은 동일하며, 크기는 구별됨.

채움돌 길이가 대다수 15cm보다 작아 비교적 무덤 내의 채움돌을 구별하기가 쉬움. 그래서 비록 고분 계단석이 다수 이미 결실되었으나 분구를 봉한 돌을 정리한 후에 무덤 내 채움돌이 쌓인 형상에 근거하여 고분 계단의 대체적 위치와 수량을 확인할 수 있음.

○ 무덤 표면의 분구돌과 무덤 내의 채움돌에 극히 소량의 강자갈이 섞였으며, 이 부분의 강자갈은 대체로 두 종류로 구분됨. 하나는 긴 지름이 10cm 이하로 壙室 내 대량 퇴적된 강자갈돌과 규격이 동일함. 다른 하나는 긴 지름이 15cm 이상으로 묘상에서 발견된 강자갈 수량은 극히 적어 의도적으로 사용하지 않았던 듯함. 추측컨대 그 원인으로 세 가지를 추정해 볼 수 있음. 첫째, 무덤 축조 당시 산돌에 따라와 혼입되었을 경우이고 둘째, 도굴자에 의해 교란되었을 경우임. 셋째는 후일 농경에 의한 경우로 고분 주변 경작지에서 강자갈을 골라 묘상에 버렸을 가능성이 있음.

(3) 계단

① 계단 축조석 및 채움석

○ 고분 계단은 장대석으로 축조하였으며, 사용된 돌의 규격은 균일하지 않고 대다수 간단히 다듬어져 형태는 대체로 정연함. 1단 및 2단 계단에 사용된 계단석은 비슷한 모양이며, 비교적 큼. 다수의 계단석은 대체로 다듬어져 장방형을 이루고 일부 돌은 섬세하게 다듬어져 형상이 정연함. 2단 위의 계단에 사용된 돌은 명확히 작아지고 다수가 의도적으로 파열된 장방형의 산돌을 택해 사용함. 세부적으로 다듬어 가공을 하지 않고 본래의 자연 균열면을 유지하고 있으며, 어떤 계단석은 가장자리만을 약간 가지런하게 하고 그 나머지 측면의 형상은 불규칙함. 같은 층의 계단석 사이는 다수가 틈이 있는데 쇄산석으로 메웠으며, 모퉁이 계단석은 다수가 형체가 비교적 크며, 상·하층 계단석 간에는 엇갈려 쌓아 계단의 견고성을 증가시킴.

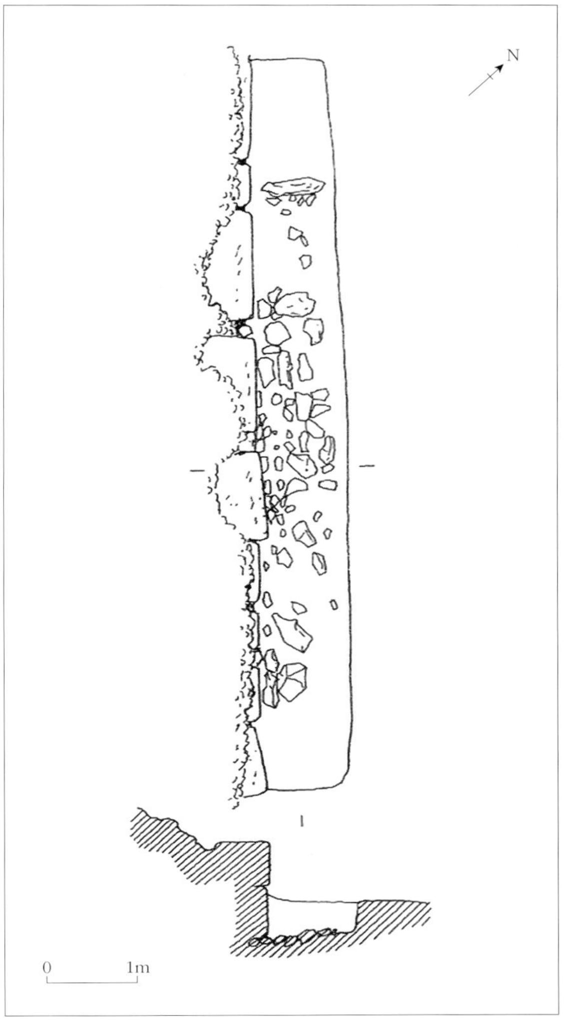

그림 3 우산하0901호묘 동측 1단 계단 아래 축조석 평·단면도(『邊疆考古硏究』 96)

○ 고분 1단 계단은 보존 상태가 가장 좋고, 그 다음은 2단 계단이며, 2단 이상의 계단은 심하게 파손되어 고분 북측 면만이 계단석이 비교적 많이 남고 그 나머지 측면의 2단 이상 계단석은 영성하게 보임. 고분 내부의 채움돌은 비교적 견고하여 계단이 비록 결실되었으나 계단 내 채움돌은 다수가 교란되지 않음. 현존하는 계단석과 계단석이 손상된 후에 남아 있는, 계단 모양(階梯狀)이 분포하는 무덤 내 채움돌에 근거하여 추정해보면, 고분 동·남·북 삼면에서 계단 12단을 확인할

수 있고, 서측에서는 계단 10단을 확인할 수 있음.

② 제1단 계단

○ 동측 제1단 계단은 북저남고이며, 계단 중·남부는 밖으로 튀어나갔고 가장 튀어나온 곳은 약 1.1m임. 계단석 보존 상태는 비교적 좋으나 중남부에만 약 2m 길이의 1단 계단석이 결실되어 있음. 현존 높이 0.7～1.8m이며, 너비 약 1.2m이며, 축조석은 2～3층임. 계단 북단 길이 약 4m의 계단에는 1층 계단석만이 남아 있으며, 높이는 약 0.4m임. 동남 모서리돌은 2층으로 자리가 옮겨져 있으며, 바닥층 모서리돌은 약간 밖으로 기울어졌는데 형태는 근방형으로 길이 및 너비 약 1.4m이고 두께 약 1.35m임. 2층 모서리돌은 이미 고분 동남에 무너져 내렸는데 근방형으로 길이 약 1.2m, 너비 약 1m, 두께 약 0.45m임. 계단 동북 모서리는 심하게 파괴되었고, 모서리돌은 하나가 남아 있는데 근방형으로 길이 약 0.8m, 너비 약 0.7m, 두께 약 0.4m임.

○ 남측 제1단 계단은 심하게 밖으로 기울어지고, 계단은 대부분이 1m 이상이 밖으로 튀어나갔고, 서반부 계단이 가장 심하게 밖으로 튀어나옴. 서남 모서리 가까운 곳의 계단은 이미 붕괴됨. 계단은 현존 높이 1～1.8m이며, 축조석은 3～4층임. 계단이 밖으로 볼록하여 남측 제1단 계단 일부는 너비가 1.5m에 달함. 서남 모서리돌은 3층이 현존하며, 바닥돌은 길이 2m, 너비 0.9m, 두께 1m이며 이미 남쪽으로 약 0.6m 자리가 옮겨져 있고 세로방향으로 깨져 있음. 2층석은 길이 1.8m, 너비 1.3m, 두께 0.4m이며 3층 모서리돌은 길이 1m, 너비 0.9m, 두께 0.3m임.

○ 서측 제1단 계단은 전체가 밖으로 기울어져 있는데 계단 북부는 밖으로 튀어나간 것이 비교적 명확함. 계단은 북저남고이며, 일부 상층 계단석은 결실되었는데 높이 0.4～0.5m인 것을 제외하면 대부분 계단은 높이 0.6～1.7m, 너비 약 1.1m이고 축조석은 2～3층임. 서북 모서리 계단석은 하나가 남아 있는데 근방형으로 길이 약 1.4m, 너비 약 1.1m, 두께 약 0.5m임. 서북 모서리 계단석은 심하게 기울어졌는데 계단 방향과 차이가 매우 큼.

○ 북측 제1단 계단은 보존 상태가 비교적 나쁨. 상층 계단석은 다수가 결실되거나 무너져 내리고 제1층 계단석만이 남아 있음. 계단 중앙부에서만 2층 계단석을 볼 수 있는데 잔존 높이 0.4～0.8m, 너비 약 1.2m임. 북측 제1단 계단이 밖으로 기울진 것 역시 비교적 심한데 가장 큰 곳은 1.5m에 달하며 계단 모서리돌은 중앙 계단과 동일선상에 있지 않음.

○ 1단 이상의 계단은 북측이 보존 상태가 비교적 좋음. 이번에 북측 계단 서부에서 너비 약 3m를 정리함. 2단 계단 서북 모서리돌과 4·6단 계단 모서리 지점이 분명한 무덤 내 채움돌을 발견함. 북측 계단 중서부에서 너비 약 3.5m를 정리하였으며, 12층 계단 및 계단 모양을 띠는 계단 내 채움돌을 정리함.

③ 제2단 계단

북측 계단은 보존 상태가 비교적 좋음. 높이 약 0.7m, 너비 약 0.6m이고 축조석은 2～3층임. 사용된 석재는 가장 큰 것이 길이 0.8m, 너비 0.5m, 두께 약 0.3m임. 서북 모서리돌은 두 개의 장방형 돌로 마주보게 쌓음. 현재 북측 계단 모서리 계단석은 기본적으로 원래 위치에서 움직이지 않았으며, 크기는 길이 약 1m, 너비 0.6～0.7m, 두께 약 0.5m임. 서측계단의 모서리돌은 약간 밖으로 기울어져 있는데 길이 약 1.1m, 너비 및 두께 약 0.5m임.

④ 제3단 계단

북측 계단은 이미 결실되어 계단 내의 채움돌이 남음. 채움돌은 높이 0.45～0.6m, 너비 0.5～0.8m이며, 2～3층으로 돌이 채워진 방향과 계단방향이 약간 차이가 있음.

⑤ **제4단 계단**

북측 계단을 보면, 다듬어지지 않은 돌로 축조하였는데 형상은 정연하지 않으며, 대다수 계단석은 자리가 옮겨져 있음. 계단석은 3층이 남아 있는데 높이 약 0.6m, 너비 0.8m임.

⑥ **제5단 계단**

북측 계단을 보면, 계단은 이미 결실됨. 계단 내에 채움돌은 남았는데 높이 약 0.6m, 너비 약 0.9~1.1m이며 채움돌은 2층임.

⑦ **제6단 계단**

북측 계단을 보면, 계단은 이미 결실됨. 계단 내에 채움돌은 남았는데 높이 약 0.4m, 너비 약 0.9~1.1m이며 채움돌은 2층임.

⑧ **제7단 계단**

북측 계단을 보면, 계단은 이미 결실됨. 계단 내에 채움돌은 남았는데 높이 약 0.5m, 너비 약 0.5~0.7m이며 채움돌은 3층임.

⑨ **제8단 계단**

북측 계단을 보면, 약간 방형을 띠는 돌로 쌓았음. 계단석 규모는 균일하지 않아 길이는 다수가 0.4~0.5m임. 정리범위 내에 대부분이 계단석 1층만이 남아 있으며, 일부는 계단석 2층이 남아 있는데 잔존 높이 0.3~0.5m, 너비 0.8m임.

⑩ **제9단 계단**

북측 계단을 보면, 돌로 쌓았는데 한 층만 남았으며, 사용된 돌의 규격은 위와 동일함. 돌 사이 및 그 아래는 작은 산석으로 메웠는데 높이 약 0.6m, 너비 약 0.8m임.

⑪ **제10단 계단**

북측 계단을 보면, 높이 0.3~0.4m, 너비 약 0.8m임. 계단석 하나만 남아 있는데 근방형으로 0.5×0.3×0.25m임.

⑫ **제11단 계단**

북측 계단을 보면, 계단은 이미 손실됨. 계단 내의 채움돌이 남아 있는데 높이 0.3~0.5m, 너비 약 0.7m임. 채움돌은 2층임.

⑬ **제12단 계단**

북측 계단을 보면, 계단은 이미 손실됨. 계단 내의 채움돌이 남아 있는데 높이 0.3~0.4m임. 채움돌은 2층임.

(4) 묘실

○ 발굴 전 분구 상부에서 묘광은 관찰되지 않았음. 무덤 상부의 중앙부 약 5×5m의 범위 내의 봉석의 깊이 약 0.2m를 정리한 후에 탐색갱 동·북측에서 무덤 내의 채움돌 보다 약간 큰 불규칙형 산돌을 소량 발견함. 대체로 ㄱ자 모양(折尺狀)으로 배열됨. 산돌은 가공 흔적이 없고 길이는 다수가 0.5m 정도로 무덤 내 채움석보다 약간 큼. 도굴되어 교란된 후의 묘광 잔흔으로 의심됨.

○ 깊이 0.4m까지 정리하였는데 탐색갱 서·남측에서 역시 형체가 비교적 큰 산돌 수개를 발견함. 대체로 질서 있게 배열되어 있으며, 위치는 동·북측 산돌과 대체로 서로 대응함. 산돌 분포 범위 내에서 쇄산석과 섞인 대량의 강자갈을 정리하였음. 강자갈은 長徑이 10cm보다 작음. 원래 묘광 바닥부에 깔린 강자갈로 추정됨. 강자갈과 산돌이 혼재하는 층의 두께는 약 0.4m이며, 그 아래에는 조밀하게 쌓은 무덤 내의 채움석임. 묘정에서 발견된 산돌은 대체로 평면 방형으로 둘러싸고 있는데 길이 및 너비가 모두 약 4m임. 작은 강자갈은 이 방형 둘레 내에서 발견되어 이 구역의 특

성을 보여줌. 즉, 묘광 소재 위치로 추정됨. 다만 산돌 배열은 가지런하지 못해 다수가 원래 위치인지를 확정하기 어려움. 지금 산돌의 분포 범위가 반드시 원래 묘광의 정확한 위치라고 할 수 없음. 묘광이 도굴되어 교란된 후에 남겨진 흔적일 가능성이 있음.

○ 무덤 상부에서는 어떤 유물도 보지 못하고, 화장 현상도 보이지 않음.

5. 역사적 성격

1) 축조연대

우산하0901호묘는 계단적석석광묘임. 이 고분의 유행 연대는 3~4세기이며, 연대 하한은 5세기초 전후에 이름. JYM0901호묘는 우산 남쪽 기슭에 위치하며 300여m 떨어진 JYM0992호묘와 고분 구축방식 · 계단형식은 물론 또한 묘광 바닥부에 강자갈을 깔은 방법이 모두 거의 유사하여 연대는 서로 근접하였을 것임. JYM0992호묘 출토의 '戊戌年造瓦故記歲'와 '乙丑' 권운문자와당에 근거해 JYM0992의 연대는 4세기 초에 해당하는 것으로 추정함. 이미 어떤 학자들은 JYM0992호묘는 고구려 고국원왕의 왕릉으로 추정하기도 함. JYM0901호묘의 연대는 그것과 대체로 유사하여 기원 4세기 중엽 전후로 추정됨.

2) 묘주인의 신분

JYM0901호묘는 비교적 우월한 곳에 자리하며, 고분은 상대적으로 독립적이며, 주변에 대형 고분이 없음. 고분 규모는 비교적 크고, 계단에 사용된 돌은 비교적 정교하며 고분 내부 구조는 비교적 견고하여 묘주인은 절대 일반인이 아니라고 볼 수 있음. 다만 고분 광실이 손상되어 묘상에는 출토품이 출토되지 않았으며, 묘상에 기와도 사용되지 않았고 무덤 주위에 제대 · 묘역 등의 시설이 보이지 않음. 고분의 등급은 JYM0992호묘 등의 왕릉급 대묘에 비해 낮아 등급은 비교적 높은 고구려 귀족의 무덤으로 추정됨.

3) 화장습속

JYM0901 묘상에는 돌(石) · 목탄 · 燒骨 등의 유존이 보이지 않으며, 묘광 주변에서도 어떤 화장 흔적이 보이지 않음. 고분 주변 역시 화장 유적이 발견되지 않아 이 고분은 화장하지 않았을 가능성이 존재함.

참고문헌

- 吉林省文物志編委會, 1984, 『集安縣文物志』.
- 吉林省文物考古研究所 · 集安市博物館, 2002, 『洞溝古墓群 - 1997年調査測繪報告』, 科學出版社.
- 孫仁杰 · 遲勇, 2007, 『集安高句麗墓葬』, 香港亞洲出版社.
- 吉林省文物考古研究所 · 集安博物館, 2010, 「2008年集安市洞溝古墓群考古發掘報告」, 『邊疆考古研究』 96.
- 王志剛, 2010, 「集安市五座高句麗墓葬」, 『中國考古學年鑑』 2009.

21 집안 우산하0992호묘

集安 禹山下0992號墓 | JYM0992

1. 조사현황

1) 1909~1910년

○ 조사자 : 谷井濟一, 栗山俊一.

2) 1966년

○ 조사기관 : 吉林省博物館, 集安縣文管所.

○ 조사내용 : 通溝古墳群에 대한 실측조사 때 '禹山墓區0992號墓(JYM0992)'로 편호.

3) 2003년

○ 조사기관 : 吉林省文物考古研究所.

○ 조사기간 : 2003년 4~8월.

○ 참여자 : 安文榮(長春市文物保護研究所), 張雪巖, 孫仁杰(이상 集安市文物保管所), 孫東文(德惠市文物管理所), 姚啓龍(九臺市門物管理所), 邢春光(農安縣文物管理所) 등.

○ 조사내용 : 무덤의 기초(墓基), 계단, 분구 위의 도굴구덩이(盜坑) 등을 조사·정리. 무덤 일부분을 절개하여 단면 조사하고, 동·서·북측에 탐색갱 설치.

4) 2004~2005년

○ 조사자 : 張福有, 孫仁杰, 遲勇.

2. 위치와 자연환경(그림 1~그림 2)

1) 고분의 위치

○ 集安市 동북 2.5km 떨어진 太王鎭 禹山村 북쪽에 위치.

○ 禹山 아래 북고남저의 완만한 대지에 위치하는데, 지세는 평탄.

○ 중심지리의 좌표는 동경 126°11′56.96″, 북위 41°8′37.4″이고, 고분정상은 해발 234.77m임.

2) 고분의 주변환경

○ 고분 북쪽 50m 밖에 通集철로와 集錫도로가 지남.

○ 고분 남쪽 250m 떨어진 지점에 禹山村 자연촌락이 있음.

○ 고분 동남쪽으로 약 1km 떨어진 지점에 太王陵이 있음.

○ 고분 서남쪽으로 약 900m 떨어진 지점에 禹山下2110號墓가 있음.

○ 북으로 우산이 있음. 남쪽으로 압록강, 동쪽으로 龍山, 서쪽으로 國內城이 보임.

그림 1 우산하0992호묘 위치도 1(『洞溝古墓群 - 1997年調査測繪報告』, 200쪽)

3. 고분의 현황

1) 고분 명칭의 변경

○ 과거에는 '溫和堡中大塚'과 '西崗北大塚'이라고 불림.

○ 1966년 통구고분군에 대한 실측조사 때 '禹山墓區 0992號墓(JYM992)'로 편호.

2) 고분 발굴 전 상황

○ 촌락과의 거리가 다소 멀어 인가의 영향이 적었으므로 비교적 보존이 양호하였으나, 1930년대에 철로를 건설할 때 고분 서측면의 돌을 사용하면서 파괴된 상태였음.

그림 2
우산하0992호묘 위치도 2
(『集安高句麗王陵』, 119쪽)

3) 고분 형식

(1) 유형

階段積石壙室墓.

(2) 규모

동변 37.5m, 남변 38.5m, 서변 36.5m, 북변 36.1m, 높이 6.5m, 고분 방향 195°.

4) 고분 구조(그림 3~그림 5)

(1) 외관

○ 방형 평면의 계단상이며, 분구 정상부는 覆頭形임.

○ 계단 동·남·북 삼 면의 보존이 비교적 양호. 서면의 6단 계단은 모두 파괴되어 복원을 할 수 없음.

○ 고분 네 모서리의 계단석은 밖으로 튀어나가는 현상이 진행되어서 원래 자리를 벗어남.

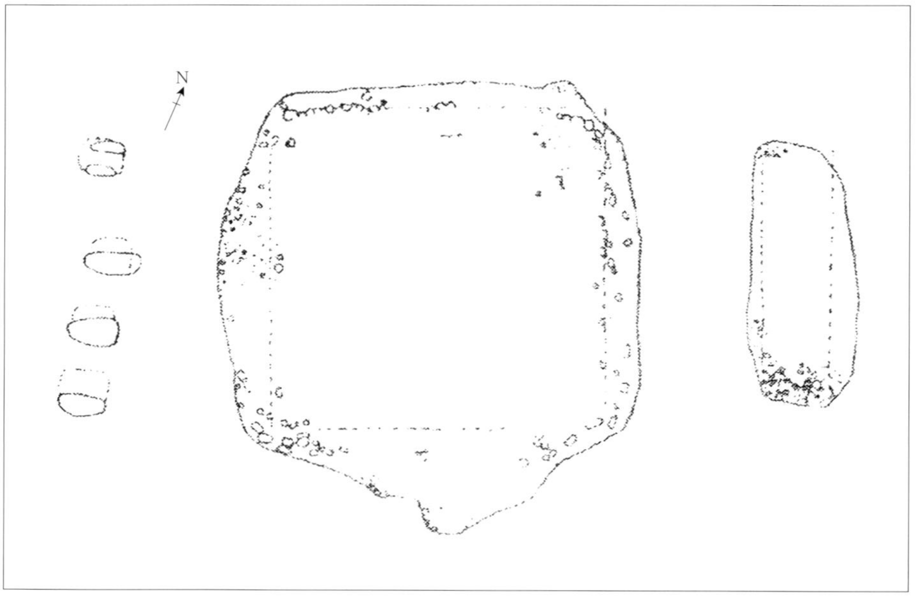

그림 3
우산하0992호묘 평·측면도 1
(『朝鮮考古學研究』, 523쪽)

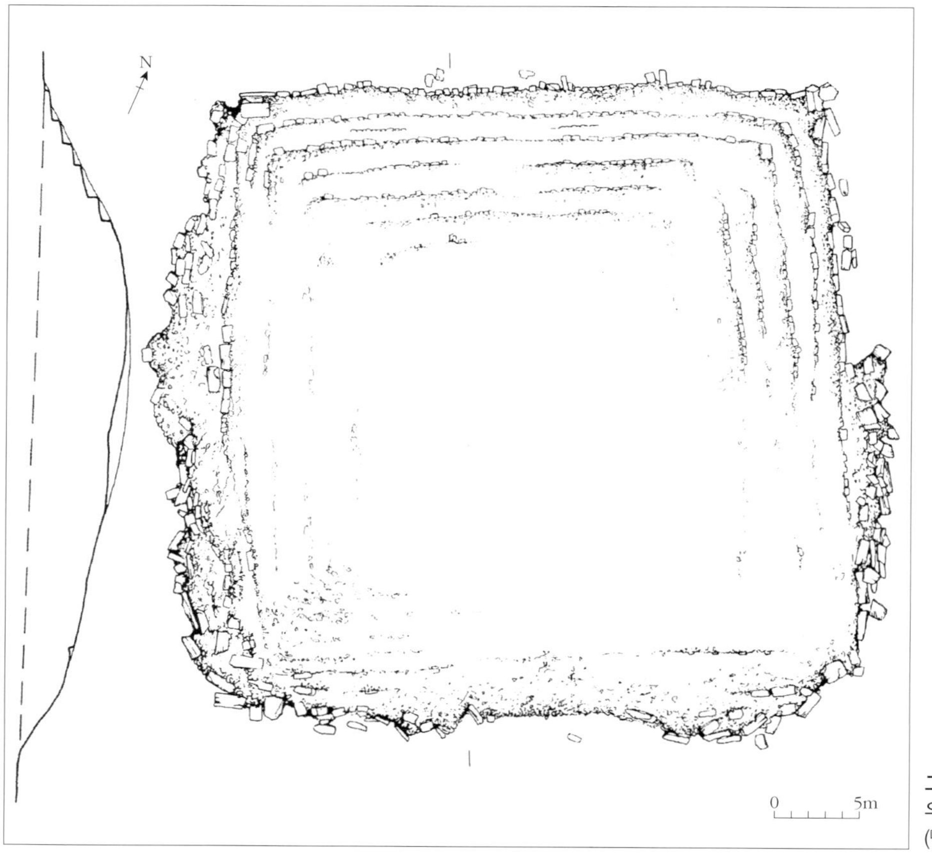

그림 4
우산하0992호묘 평·측면도 2
(『集安高句麗王陵』, 120쪽)

○ 분구 정상부의 평면은 방형이고, 그 남쪽으로 도굴갱이 있음.

○ 축조 방법은 먼저 지면을 평탄하게 정리함(무덤의 기초 시설은 없었음). 제1단은 대형 석재와 장대석으로 계단 바깥의 윤곽을 만들고, 내부는 작은 자갈 혹은 깨진 돌을 채워서 평면 형성. 제2단은 제1단 평면 각 변에서 1.2m 안으로 들어가 계단을 쌓음. 같은 방식으로 7단 계단까지 쌓은 후 불규칙한 깨진 돌을 覆頭形으로 덮음.

○ 제2단 계단 내부에 채운 돌 중간에 장대형의 깨진 산돌로 한 줄의 담을 돌림. 담은 1단 계단보다 높고 2단 계단보다 낮은데, 돌을 봉하는 과정에서 무너지는 것을 방지하고, 계단과 구별하기 위함임.

(2) 계단

○ 모두 7단임.

○ 제1계단 높이는 1.5m이고, 계단석은 3층으로 구성. 제1층 계단석은 비교적 크고 일정한 규격으로 세밀하게 가공하여 稜角이 분명하게 보임. 석재 크기는 1.5×0.5×0.6m임. 제2·3층 계단석의 가공도 같으나, 1층 계단석보다 비교적 작음. 석재 크기는 1.1×0.45×0.55m임. 제1층 계단석은 평평한 지면 위에 쌓았음. 제2·3층 계단석은 각각 제1·2층 위에 평평하게 놓으면서도 서로 엇갈리게 쌓음으로써 계단의 안정성을 더욱 강화. 제2단 계단부터 제7단 계단 모두 그 아래층 계단의 평평한 면을 기초면으로 삼아 순서대로 안으로 들여쌓음으로써 고분을 완성.

○ 제2단 계단의 높이는 0.8m이고, 계단석은 3층으로 구성. 제1단 계단보다 약 1.2m 안쪽으로 들여쌓음. 석재 규격은 0.4×0.4×0.3m임.

○ 제3단 계단의 높이는 0.8m이고, 계단석은 3층으로 구성. 제2단 계단보다 1.2m 안쪽으로 들여쌓음. 석재 규격은 제2단 계단석과 같음.

○ 제4단 계단의 높이는 0.42m이고, 계단석은 2층으로 구성. 제3단 계단보다 1.2m 안쪽으로 들여쌓음. 석재 규격은 제3단 계단석과 같음.

○ 제5단 계단의 높이는 0.4m이고, 계단석은 2층으로 구성. 제4단 계단보다 1.2m 안쪽으로 들여쌓음. 석재 규격은 제4단 계단석과 같음.

○ 제6단 계단의 높이는 0.4m이고, 계단석은 2층으로 구성. 제5단 계단보다 1.2m 안쪽으로 들여쌓음. 석재 규격은 제5단 계단석과 같음.

○ 제7단 계단의 높이는 0.19m이고, 계단석은 1층임. 제6단 계단보다 1.2m 안쪽으로 들여쌓음. 석재 규격은 제6단 계단석과 같음.

○ 계단석은 화강암 위주이고, 소수 灰巖과 石巖이 보임. 석재는 비교적 세밀하고 규격에 맞게 가공. 대다수 능각이 분명. 쌓은 돌의 대부분은 자연산돌임.

(3) 묘실

○ 묘실은 묘 정상 평평한 면의 중앙에 위치함. 일찍이 도굴로 인해 파손되었는데, 도굴갱 정리 과정에서 얻은 성과물을 가지고 정황을 추측할 수 있음.

○ 도굴갱은 묘 정상 중앙에서 남쪽으로 치우진 지점에 위치함. 장방형으로 길이 17m, 너비 9m, 깊이 약 2.3m임. 북쪽에서 남쪽으로 갈수록 점점 깊어지고, 바닥은 제4단 계단보다 깊음. 광실은 전부 파괴됨. 도굴갱의 벽은 경사졌음. 동·서·북 3면의 돌은 전부 강자갈이고, 남면은 대부분 가공되지 않은 산돌임. 분구를 봉한 돌을 제외하고는 약간의 강자갈이 섞여 있고, 흑갈색 진흙이 섞여 있기도 함. 발굴조사시 나온 유물로는 금동화판형운주 본체부(鎏金蓮花泡飾), 금동보요장식(鎏金步搖飾), 금동제못(鎏金釘), 보요장식(步搖飾), 동제꺾쇠(銅鋦釘), 토기 잔편 등이 있음. 도굴갱내에는 길이 0.4~0.5m, 두께 0.08~0.1m의 가공된 석판 6개, 암키와·수키와·와당 잔편들이 있음.

○ 도굴갱 바닥의 북변에서 두께 0.3m 정도로 조약돌을 평평하게 깐 면을 볼 수 있음. 중간에는 직경

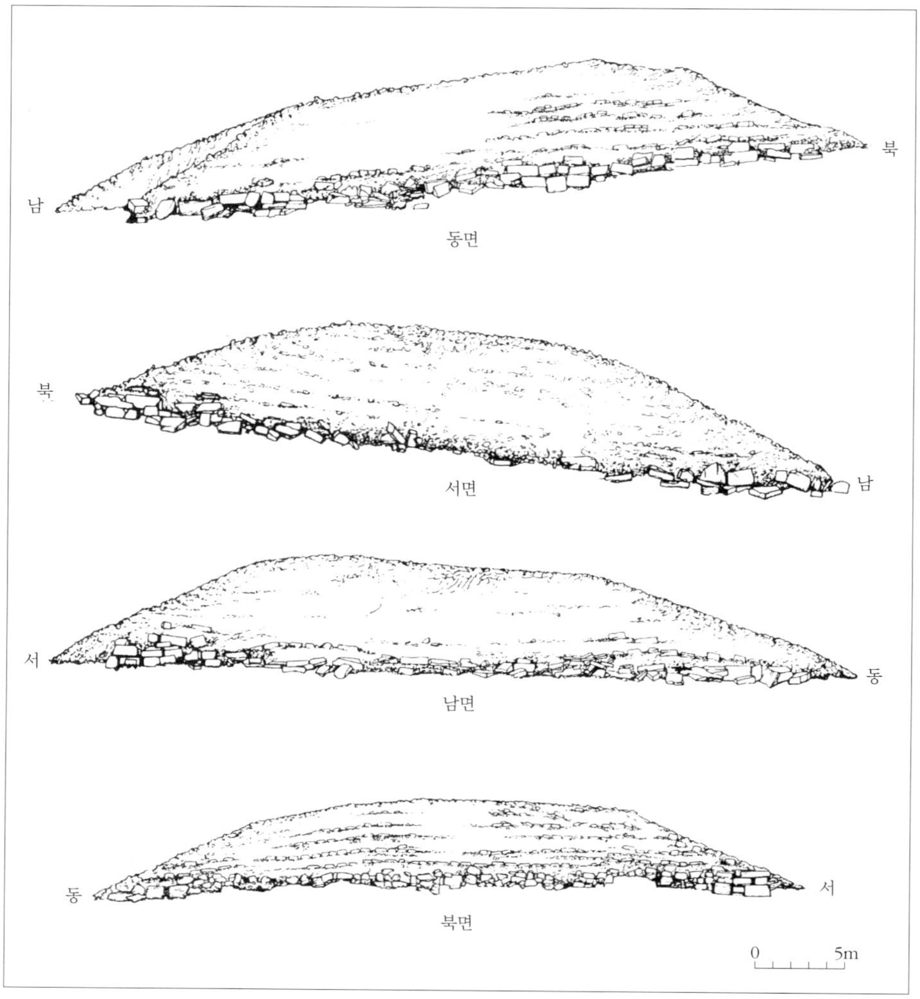

그림 5
우산하0992호묘 측면도
(『集安高句麗王陵』, 121쪽)

0.15～0.3m의 큰 강자갈을 깔았으며, 제일 두꺼운 부분의 두께는 1.3m임. 도굴갱의 북벽 바닥에서부터 남쪽까지 길이는 약 8m이며, 남부에는 가공하지 않은 커다란 산돌이 있음. 도굴갱 북쪽 주위 밖으로 0.3m 내외의 범위에 작은 자갈이 많이 분포하고 있는데, 묘실 바닥에서 퍼 올려진 돌로 추정됨. 도굴갱 동·서벽의 북반부에도 큰 강자갈이 가지런하게 쌓여 있는데, 북벽이 훨씬 가지런함. 서북부에 남아 있는 모서리는 남으로 3m 뻗어 나갔고, 모서리돌이 아직 있음. 도굴갱의 가장 깊은 곳에는 두 줄의 장대석이 있음. 한 줄은 동서향으로 너비는 0.3m임. 위치는 무덤 천장평면의 동서방향 중심선과 일치. 다른 한 줄은 남북향으로 너비가 0.5m임. 위치는 무덤 천장평면 남북향의 중심선과 일치.

○ 묘실은 묘 정상의 큰 강자갈이 있는 범위내에 축조. 도굴갱내의 가지런한 장대석들로 미루어 볼 때 이 돌로 묘실 네 벽을 축조하였고, 작은 강자갈을 바닥에 깐 형식을 취했던 것으로 추정. 묘광의 바닥과 네 주위 모두 큰 강자갈을 깔았음. 강자갈을 깐 모습과 서북 모서리의 형태·위치로 볼 때 묘광은 정방형이고 한 변의 길이는 4～5m로 추정됨.

○ 천장석으로 볼 만한 대형 돌과 메운 돌들이 발견되

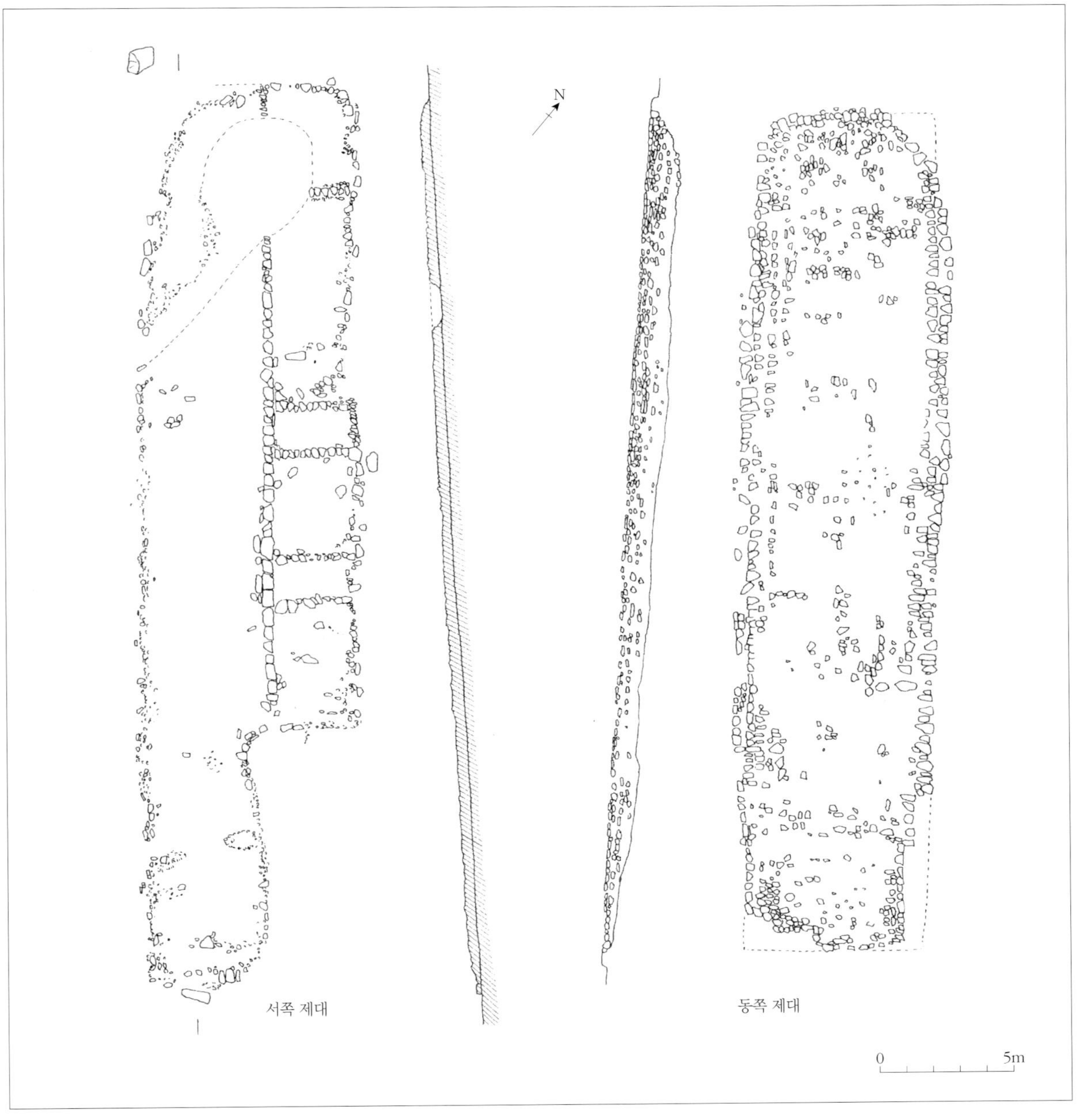

그림 6 우산하0992호묘 제대 평 · 단면도(『集安高句麗王陵』, 122쪽)

지 않은 점으로 미루어 천장석이 없는 광실로 추정. 광실의 깊이는 도굴갱 북쪽의 작은 강자갈을 미루어 볼 때 1m가 넘지 않은 것으로 추정.

○ 계단 내부를 채울 때 3단 계단 이하는 동시에 묘내를 '十'자상으로 구획하여 밖으로 향한 석재의 장력을 분산시켰음. 이를 통해 위로 향하여 무덤의 중부에 1.6m 두께의 자갈을 차례로 쌓고 깔아 광실의 기초를 만들고, 광실의 견고함과 안정성을 증가시킴. 이러한 유형의 건축구조는 동일 시기 같은 유형의 무덤에서 일반적으로 보임.

4. 관련 유적

1) 동측 제대(그림 6)

○ 평면은 장방형으로, 길이 33.2m, 너비 6~8m, 높이 1m이고, 높이의 경사 차이는 2.5m임.

○ 방향은 고분 동쪽 제1단 계단의 아랫변과 같음. 무덤과의 거리는 17m임.

○ 먼저 평평하게 지면을 고른 후 그 위에 약간 가공한 비교적 큰 화강석으로 2단의 둘레 단을 쌓음. 그 안은 바닥에 강자갈을 깔고 그 위로 깨진 산돌을 깔았음.

○ 유물은 발견되지 않음.

2) 서측 제대(그림 6)

○ 평면은 刀形으로, 동측 변 길이 25.5m, 서측변 길이 6.5m, 너비 4.5~8.4m, 높이 0.25m이고, 경사차이는 2.4m임.

○ 방향은 고분 서쪽 제1단 계단과 같고, 무덤과의 거리는 16m임.

○ 축조방법은 동측 제대와 같고, 가공한 큰 화강암이 1층 남아 있음. 제대 안에는 주로 깨진 산돌이 깔려 있고, 칼자루모양에 해당되는 곳에는 비교적 큰 강자갈이 깔려 있음.

○ 제대 가운데 부분 꺾이는 지점에 길이 25.5m, 너비 0.4m의 남북으로 관통하는 석렬이 있음. 석렬은 간단하게 가공한 화강암으로 평평하게 쌓아 올렸는데, 그 표면에 0.03m 두께의 단단한 황토가 묻어 있음. 석렬을 기준으로 제대는 동·서 부분으로 나뉨. 동부는 가로방향의 석렬 5줄이 있음. 석렬은 간단하게 가공한 화강암으로 축조하였고, 모두 세로방향의 석렬과 연결됨.

○ 가로방향의 석렬 5줄로 인해 동부에는 6개의 칸이 형성됨. Ⅰ칸은 평면이 장방형이고 범위는 4×3m임. 지면에는 깨진 산돌이 깔려 있는데, 평평하지 않음. Ⅱ칸은 평면이 가늘고 긴 장방형이고 범위는 1.4×3m임. 지면에는 깨진 산돌이 깔려 있음. Ⅲ칸은 평면이 장방형이고 범위는 3.8×3m임. 지면에는 깨진 산돌이 깔려 있는데, 평평하지 않음. Ⅳ칸은 평면이 가늘고 긴 장방형이고, 범위는 1.4×3m임. 지면에는 깨진 산돌이 깔려 있음. Ⅴ칸은 평면이 장방형이고 범위는 8×3m임. 지면에는 깨진 산돌이 깔려 있는데, 평평하지 않음. 서북 모서리의 기초석은 파손. Ⅵ칸은 평면이 장방형이고 범위는 3.7×3m임. 지면에는 깨진 산돌이 깔려 있는데, 평평하지 않음. 남벽 서부와 서벽 대부분은 파손. Ⅱ, Ⅲ, Ⅳ 3칸의 지면에 대해 가로방향의 단면 조사를 진행하였는데, 두께 0.2m의 깨진 산돌이 깔려 있고 그 아래층은 평평하게 고른 단단한 황토층이었음.

○ 주위에 4개의 돌무지가 있는데, 陪葬墓 혹은 무너진 건물퇴적으로 추정됨.

5. 출토유물

고분에서 출토된 유물로는 건축자재, 금장식품, 금동장식품, 동기, 철기, 토기, 석기 등이 있음. 기와류는 대다수 고분의 기초(墓基)와 그 위에서 발견. 나머지는 대부분 고분 남쪽의 도굴되면서 떨어진 돌들과 충적토, 도굴갱에서 발견됨.

1) 금기

모두 4점이 출토. 보요장식(步搖飾)과 장식편이 있음.

(1) 금제원형장식(步搖飾, 03JYM992:20, 그림 7-22)

○ 출토지 : 우산하0992호묘.

○ 크기 : 반구형 좌판 직경 1.5cm, 높이 0.4cm, 보요 직경 1.2cm.

○ 형태 : 搖座는 반구형 모양임. 반구형의 위와 변 가장자리에 일정한 간격으로 원형 구멍 3개가 있음. 懸枝는 세 가닥의 금실을 비틀어 감았음. 두 가닥의 금실은 반구형 좌판 상부에 있는 구멍을 통과시켜 나오게 함.

나머지 금실은 보요을 연결하고 다시 좌판의 구멍을 통과시킨 후에 두 가닥의 실과 매듭. 보요은 원형의 얇은 편임.

(2) 금제원형장식(步搖飾, 03JYM992:9, 그림 7-23)

○ 출토지 : 우산하0992호묘.

○ 크기 : 직경 1.3cm, 높이 0.3cm.

○ 형태 : 보요장식의 상반부임. 반구형 좌판 위에 懸枝가 연결되어 있음. 변 가장자리에 일정한 간격으로 원형 구멍 3개가 있음.

(3) 금제보요(步搖飾, 03JYM992:19, 그림 7-25)

○ 출토지 : 우산하0992호묘.

○ 크기 : 직경 1.2cm.

○ 형태 : 반구형 판의 변 가장자리에 구멍 한 개가 있음.

(4) 금제장식(片形飾, 03JYM992:17, 그림 7-24)

○ 출토지 : 우산하0992호묘.

○ 크기 : 길이 1.5cm, 높이 0.2cm.

○ 형태 : 전체적으로 V자형. 오목한 점이 도처에 분포.

2) 금동기

○ 모두 29점이 출토. 대부분 동질에 도금이 되어 있음. 대부분 보요장식(步搖飾件)에 속하고, 한 점만 칼집장식(削鞘)임.

○ 보요장식(步搖飾件)은 11점이 출토되었는데, 본체부(泡飾)가 4점, 보요가 7점임.

(1) 금동제칼집장식(削鞘, 03JYM992:12, 그림 8-11)

○ 출토지 : 우산하0992호묘.

○ 크기 : 길이 13.2cm, 너비 2.8cm, 두께 1.4cm, 包片 두께 0.04cm.

○ 형태 : 전체적으로 상단이 하단에 비해 넓음. 하단은 비교적 좁고 납작한 원형임. 바깥면은 도금이 되어 있고, 중간은 대부분 비늘모양장식이 있음. 그 안에 나무안감(木村)을 박음.

(2) 금동제화판형운주(八瓣花形傘狀泡飾, 03JYM992:22, 그림 7-3)

○ 출토지 : 우산하0992호묘.

○ 크기 : 직경 4.2cm.

○ 형태 : 전체적으로 8판의 꽃 모양을 보임. 꼭대기에는 구멍이 있음.

(3) 금동제화판형운주(八瓣花形傘狀泡飾, 03JYM992:23, 그림 7-2)

○ 출토지 : 우산하0992호묘.

○ 크기 : 직경 3.3cm, 높이 3.2cm.

○ 형태 : 전체적으로 8판의 꽃 모양을 보임. 중간에 동제의 懸枝 2가닥이 있음. 枝의 맨 위는 둥근고리모양으로 구부러져 있고, 그 반대쪽은 본체부 안으로 들어가서 다시 꺾였음.

(4) 금동제화판형운주(八瓣花形傘狀泡飾, 03JYM992:25, 그림 7-1)

○ 출토지 : 우산하0992호묘.

○ 크기 : 직경 5cm, 높이 5cm.

○ 형태 : 전체적으로 8판의 꽃 모양을 보임. 懸枝 위의 둥근고리 부분에 보요이 있음. 본체부 안에 장방형의 동편을 박아 고정.

(5) 금동제화판형운주(八瓣花形傘狀泡飾, 03JYM992:27, 그림 7-4)

○ 출토지 : 우산하0992호묘.

○ 크기 : 높이 2.7cm, 직경 2.3cm.

○ 형태 : 전체적으로 8판의 꽃 모양을 보임. 懸枝가 있음.

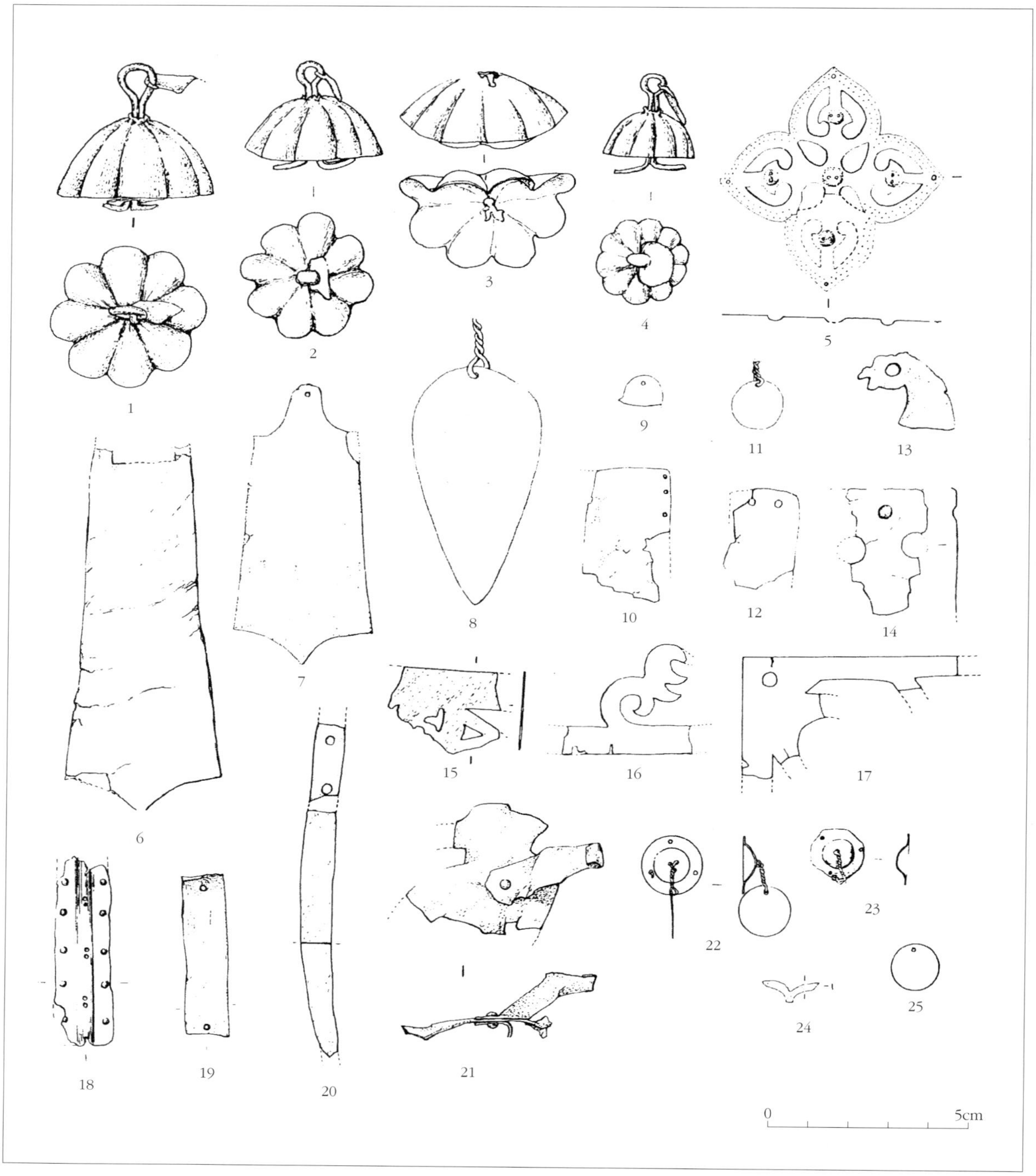

그림 7 우산하0992호묘 출토 금기와 금동기(『集安高句麗王陵』, 127쪽)
1~4. 금동제화판형운주 5·9·14~21. 금동제장식 6~8·10~13. 금동제보요 22~23·25. 금제원형장식 24. 금제장식

(6) 금동제보요(搖葉, 03JYM992:15, 그림 7-11)

○ 출토지 : 우산하0992호묘.

○ 크기 : 직경 1.2cm.

○ 형태 : 둥글고 얇은 판에 동제의 금실이 꿰어 있음.

(7) 금동제보요(搖葉, 03JYM992:16, 그림 7-8)

○ 출토지 : 우산하0992호묘.

○ 크기 : 길이 6cm, 너비 3.4cm.

○ 형태 : 杏葉形의 얇은 판에 동실로 만든 금실이 꿰어 있음.

(8) 금동제보요(搖葉, 03JYM992:28, 그림 7-7)

○ 출토지 : 우산하0992호묘.

○ 크기 : 길이 7.2cm, 너비 3.85cm, 두께 0.5cm.

○ 형태 : 圭形임.

(9) 금동제보요(搖葉, 03JYM992:2)

○ 출토지 : 우산하0992호묘.

○ 형태 : 圭形임.

(10) 금동제보요(搖葉, 03JYM992:1, 그림 7-6)

○ 출토지 : 우산하0992호묘.

○ 크기 : 남은 길이 9.4cm, 너비 3.8cm.

○ 형태 : 圭形임. 한쪽 끝부분이 안으로 들어감.

(11) 금동제보요(搖葉, 03JYM992:5, 그림 7-13)

○ 출토지 : 우산하0992호묘.

○ 크기 : 남은 길이 1.9cm, 두께 0.1cm.

○ 형태 : 봉황머리모양의 얇은 판임.

(12) 금동제보요(搖葉, 03JYM992:79-1, 그림 7-12)

○ 출토지 : 우산하0992호묘.

○ 크기 : 남은 길이 2.5cm, 너비 1.7cm.

○ 형태 : 장방형 판의 변 가장자리에 원형 구멍 한 개가 있음.

(13) 금동제보요(搖葉, 03JYM992:79-2, 그림 7-10)

○ 출토지 : 우산하0992호묘.

○ 크기 : 남은 길이 3.5cm, 너비 2.2cm.

○ 형태 : 장방형 판의 변 한쪽에 3개의 원형 구멍이 있음.

(14) 금동제장식(03JYM992:80-1, 그림 7-17)

○ 출토지 : 우산하0992호묘.

○ 크기 : 남은 길이 5.5cm, 너비 3.2cm.

○ 형태 : 장방형의 판으로 내부는 투조. 변 가장자리에 구멍 한 개가 있음.

(15) 금동제장식(1103JYM992:3, 그림 7-18)

○ 출토지 : 우산하0992호묘.

○ 크기 : 남은 길이 4.8cm, 너비 1.5cm.

○ 형태 : 장방형 판에 중간부분이 융기. 각 양측 변에 일정한 간격으로 원형 구멍이 배열.

(16) 금동제장식(03JYM992:80-2, 그림 7-16)

○ 출토지 : 우산하0992호묘.

○ 크기 : 남은 길이 3.4cm.

○ 형태 : 장방형의 얇은 판에 꽃잎 모양 조각이 연결됨.

(17) 금동제장식(03JYM992:83, 그림 7-20)

○ 출토지 : 우산하0992호묘.

○ 크기 : 남은 길이 8.6cm, 너비 0.8cm.

○ 형태 : 좁고 긴 형태의 얇은 조각인데, 약간 굽어져 있음. 한쪽 끝에는 원형 구멍 2개가 있음.

(18) 금동제장식(03JYM992:85-1, 그림 7-19)

○ 출토지 : 우산하0992호묘.

○ 크기 : 남은 길이 4.1cm, 너비 1.1cm.

○ 형태 : 장방형의 판 양 끝에 각각 한 개의 구멍이 있음.

(19) 금동제장식(03JYM992:85-2)

○ 출토지 : 우산하0992호묘.

○ 형태 : 장방형의 판 한쪽 끝에 한 개의 구멍이 있음.

(20) 금동제장식(03JYM992:85-11, 그림 7-15)

○ 출토지 : 우산하0992호묘.

○ 크기 : 남은 길이 2.8cm, 너비 2.4cm.

○ 형태 : 파손된 판에 'T'자형과 삼각형이 한 개씩 투조되어 있음.

(21) 금동제장식(03JYM992:82, 그림 7-21)

○ 출토지 : 우산하0992호묘.

○ 크기 : 남은 길이 5cm, 남은 너비 3.4cm.

○ 형태 : 파손된 2개의 동판을 리벳하여 합침. 투조함.

(22) 금동제장식(03JYM992:84, 그림 7-14)

○ 출토지 : 우산하0992호묘.

○ 크기 : 남은 길이 3.2cm, 너비 1.9cm.

○ 형태 : 파손된 판에 원형 구멍 2개가 있음.

(23) 금동제장식(03JYM992:87, 그림 7-9)

○ 출토지 : 우산하0992호묘.

○ 형태 : 파손된 판임. 가장자리는 호형이고, 1개 못이 남아 있음.

(24) 금동제장식(03JYM992:81, 그림 8-8)

출토지 : 우산하0992호묘.

(25) 금동제장식(03JYM992:21, 그림 7-5)

○ 출토지 : 우산하0992호묘.

○ 크기 : 직경 6.8cm.

○ 형태 : 투조된 감꼭지 모양의 얇은 조각 4개가 '十'자형으로 연결되어 있는 형태로, 현재 세 잎이 남아 있음. 잎사귀 주위를 점무늬 2줄이 있음. 잎사귀 가운데부분에는 보요을 달기 위해 돌출된 둥근 泡突이 있음.

3) 동기

○ 모두 36점이 출토되었는데, 꺾쇠(鋦釘), 장막걸이쇠(帳鈎), 못(釘) 등이 있음.

○ 꺾쇠(鋦釘)는 4점이 출토되었는데, 모두 鍛制임.

○ 못(釘)은 31점이 출토됨. 모두 鍛制임. 못머리(冠頂)는 원형이고, 몸체(身)는 원추형(24점)과 棱錐形(7점)이 있음. 크기는 서로 다름. 일부 못에는 못머리(冠頂)에 도금 흔적이 있음.

(1) 동제꺾쇠(鋦釘, 03JYM992:4, 그림 8-1)

○ 출토지 : 우산하0992호묘.

○ 크기 : 길이 6.6cm, 너비 0.6cm, 두께 0.2cm.

○ 형태 : 鍛制임. 구부러졌음. 가는 형체는 三棱形이 나타남. 양끝의 꺾인 부분은 錐形임.

(2) 동제꺾쇠(鋦釘, 03JYM992:29, 그림 8-2)

○ 출토지 : 우산하0992호묘.

○ 크기 : 길이 10.5cm, 너비 1cm, 두께 0.4cm.

○ 형태 : 鍛制임. 장방형의 扁方體임. 양끝의 꺾인 부분은 方錐形이 나타남.

(3) 동제꺾쇠(鋦釘, 03JYM992:8)

○ 출토지 : 우산하0992호묘.

○ 형태 : 鍛制임.

(4) 동제꺾쇠(鋦釘, 03JYM992:30)

○ 출토지 : 우산하0992호묘.

○ 형태 : 鍛制임.

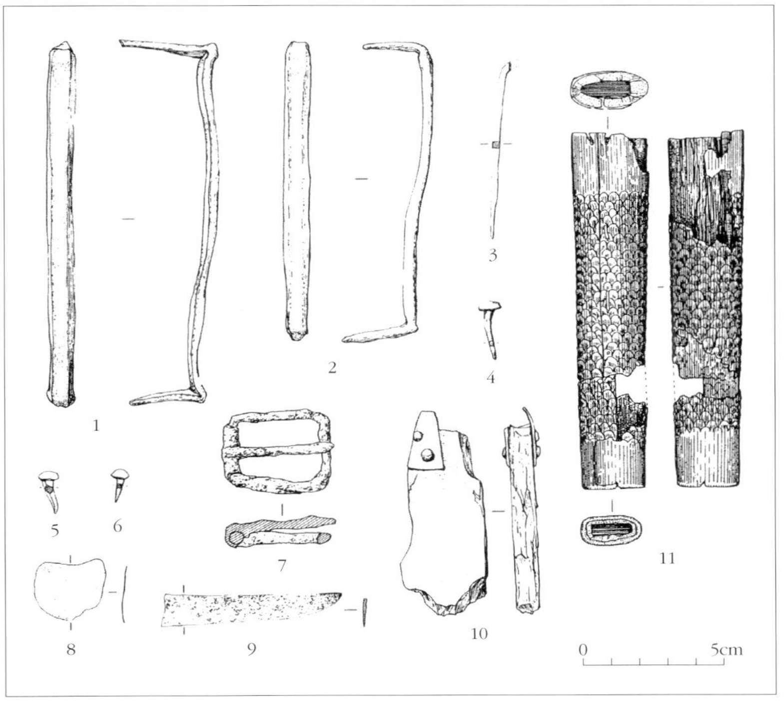

그림 8 우산하0992호묘 출토유물
(『集安高句麗王陵』, 129쪽)
1~2. 동제꺾쇠 3. 동제장막걸이쇠
4~6. 동제못 7. 철제띠고리
8. 금동제장식 9. 철제도자
10. 숫돌 11. 금동제칼집장식

(5) 동제장막걸이쇠(帳鉤, 03JYM992:37, 그림 8-3)

○ 출토지 : 우산하0992호묘.

○ 크기 : 남은 길이 6.3cm.

○ 형태 : 구부러진 한쪽은 파손. 단면은 방형.

(6) 동제못(釘, 03JYM992:6, 그림 8-4)

○ 출토지 : 우산하0992호묘.

○ 크기 : 두부(頂) 직경 0.8cm, 길이 2.2cm.

○ 형태 : 鍛制임. 몸체(身)는 원추형임. 변형됨.

(7) 동제못(釘, 03JYM992:34-2, 그림 8-6)

○ 출토지 : 우산하0992호묘.

○ 크기 : 두부(頂) 직경 0.6cm, 길이 1.2cm.

○ 형태 : 鍛制임. 둥그런 두부(頂部)의 표면은 도금됨. 몸체(身)는 원추형임.

(8) 동제못(釘, 03JYM992:34-1, 그림 8-5)

○ 출토지 : 우산하0992호묘.

○ 크기 : 두부(頂) 직경 0.7cm, 길이 1.1cm.

○ 형태 : 鍛制임. 두부(頂部)는 둥그렇고, 몸체(身)는 四棱錐形임.

4) 철기

(1) 철제도자(削, 03JYM992:32, 그림 8-9)

○ 출토지 : 우산하0992호묘.

○ 크기 : 남은 길이 6.5cm, 너비 1cm.

○ 형태 : 배면은 평평하고 곧음. 칼날은 끝으로 갈수록 弧形임.

(2) 철제띠고리(帶卡, 03JYM992:33, 그림 8-7)

○ 출토지 : 우산하0992호묘.

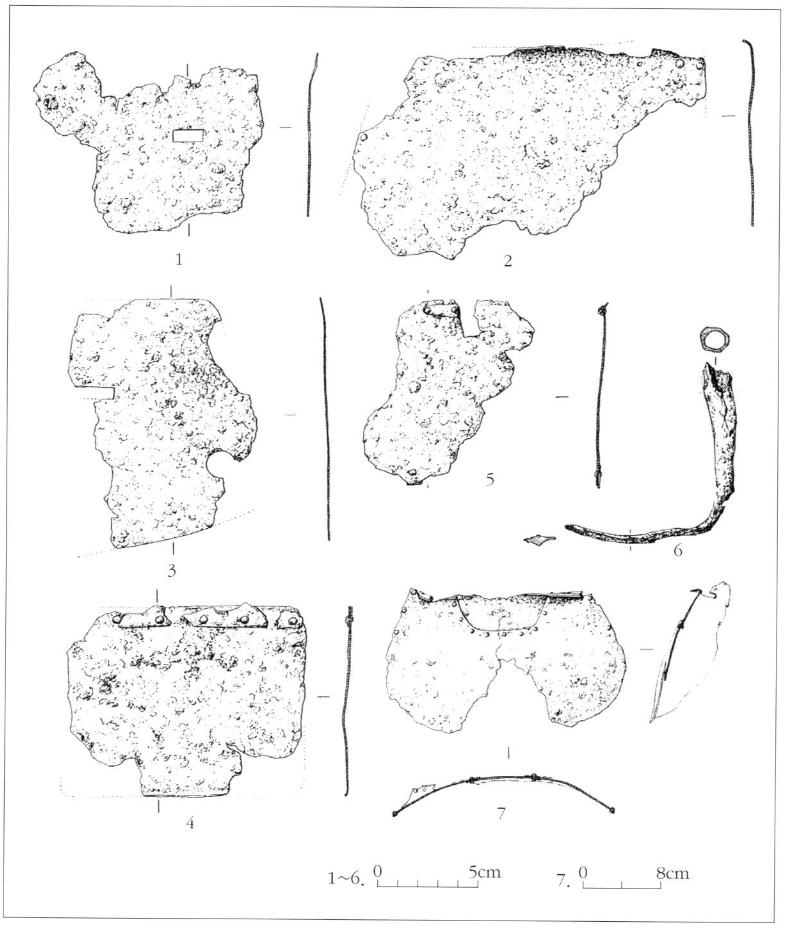

그림 9 우산하0992호묘 출토 철기
(『集安高句麗王陵』, 130쪽)
1~5·7. 마주편 6. 철기

○ 크기 : 길이 4cm, 너비 3cm, 고리쇠(卞針) 길이 4cm.

○ 형태 : 녹이 슬었음. 고리의 전체 형태는 장방형에 가까움. 단변의 고리쇠가 있음.

(3) 철제마주편(03JYM992:59-7, 그림 9-7)

○ 출토지 : 우산하0992호묘.

○ 크기 : 길이 14cm, 너비 25cm.

○ 형태 : 전체적으로 부채모양. 弧形의 얇은 철판 3개를 못으로 박아 연결. 앞면과 양측면 가장자리에 일정한 간격으로 못을 박음. 심하게 녹이 슬었음. 馬胄片으로 추정.

(4) 철제마주편(03JYM992:59-1~5, 그림 9-1~5).

○ 출토지 : 우산하0992호묘.

○ 형태 : 파손이 심하여 전체 형태가 명확하지 않으나, 馬胄片으로 추정.

(5) 철기(鉤形器, 03JYM992:36, 그림 9-6)

○ 출토지 : 우산하0992호묘.

○ 크기 : 갈고리 길이 8cm, 너비 2.3cm, 공부(銎)의 남은 길이 7.7cm.

○ 형태 : 앞은 편평하고 뒤가 둥근 갈고리모양임. 중단은 속이 빈 둥근 기둥임.

5) 석기

(1) 숫돌(砥石, JYM992:31, 그림 8-10)

○ 출토지 : 우산하0992호묘.

○ 크기 : 남은 길이 6.7cm, 너비 2.8cm, 두께 0.9cm.

○ 형태 : 양면은 반짝반짝하게 갈아서 편평함. 상부에 가늘고 긴 철판을 대고 연결못(鉚釘)으로 박았음.

6) 토기

토기 구연(口沿) 3점이 출토됨. 모두 무늬가 있고 물레로 제작.

(1) 호(罐, 03JYM992:77, 그림 10-3).

○ 출토지 : 우산하0992호묘.

○ 크기 : 口徑 19cm, 底徑 15cm.

○ 형태 : 물레로 제작(輪制). 무늬는 없음. 표면과 구연부 내벽은 매끄럽게 문질렀음. 구순은 둥그스름함(圓唇). 구연은 외반됨(侈口). 동체부는 둥그스름함(鼓腹). 바닥은 평평함.

○ 태토 및 색깔 : 니질의 회색토기.

(2) 토기 구연부1(口沿, 03JYM992:35, 그림 10-2)

○ 출토지 : 우산하0992호묘.

○ 크기 : 남아 있는 높이 6cm, 두께 0.9cm.

○ 형태 : 물레로 제작(輪制). 무늬는 없음. 표면과 내면 모두 매끄럽게 갈았음. 구연은 외반됨(侈口). 구연 내측은 안쪽으로 들어감. 호(罐)로 추정.

○ 태토 및 색깔 : 니질의 갈색토기.

(3) 토기 구연부2(03JYM992:78, 그림 10-1)

○ 출토지 : 우산하0992호묘.

○ 크기 : 남은 높이 6cm.

○ 형태 : 물레로 제작(輪制). 무늬는 없음. 토기 표면과 구연내 외벽 모두 매끄럽게 갈았음. 구순은 둥그스름하고(圓唇), 그 아래는 두께가 더해짐. 구연은 외반됨(侈口). 호(罐)로 추정.

○ 태토 및 색깔 : 니질의 회색토기.

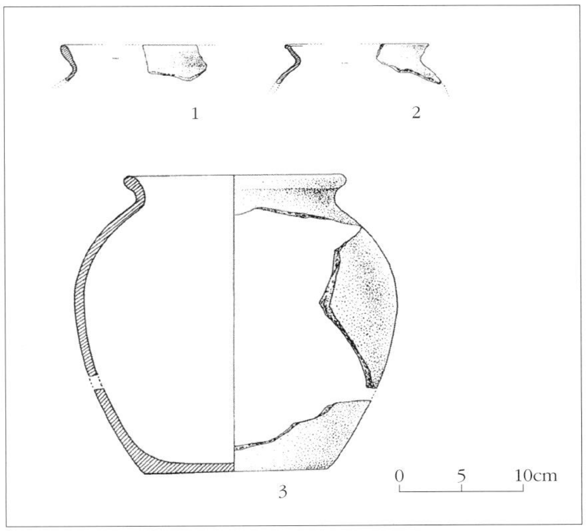

그림 10 우산하0992호묘 출토 토기(『集安高句麗王陵』, 131쪽)
1~2. 구연부 3. 호

7) 기와

○ 와당, 암키와, 수키와 3종류가 있음. 와당은 25점으로 모두 원형이고 니질의 회색임. 1점만 연화문와당이고 나머지는 권운문와당임.

○ 연화문와당은 옅은 회색이고, 高浮彫圖案이며, 주연부가 돌출되어 있음. 권운문와당은 A형과 B형이 있음. A형인 '泰'명 와당은 평평하고 주연이 돌출하지 않음. 옅은 부조식도안이고, 직경은 14~14.4cm임. 형태는 기본적으로 서로 같음. 구도는 漢代의 거울(鏡)을 모방. 경계구획은 내외 3重으로 나뉨. 주연(外層)은 삼각거치문으로 장식. 中層는 8등분이고 連弧가 있음. 각각의 연호 안에는 예서체의 한자 한 글자가 양각으로 새겨져 있는데, 오른쪽 아래에서 시계 반대방향으로 '戊午年造瓦故記歲'임. 內重 안은 바퀴살모양을 경계로 8등분으로 나뉨. 매 등분 안에는 또아리모양의 구름문양이 하나씩 있는데, 둘이 서로 마주 보고 있거나 혹

은 서로 등을 대고 있는 모습으로 4쌍이 있음. 중방(當心)은 동그랗게 돌출되어 있고 예서체의 '泰'자가 새겨져 있음.

○ 암키와는 1만 7,353점이 출토되었는데, 모두 니질임. 그 가운데 적색 암키와가 4,153점으로 24%를 차지하고, 회색 암키와는 1만 3,218점으로 76%를 차지. 기와 내면에는 布文이 있음. 쌓아진 곳을 측량해보면 적색 암키와는 0.9m³이고 회색 암키와는 1.5m³인데, 이로 미루어볼 때 묘 위의 건축 규모는 50m²로 추정. 암키와 중 와면에 무늬가 펼쳐진 것은 2,500점이고 가장자리에 무늬가 펼쳐진 것은 45점으로, 각각 암키와 총수의 14%와 0.26%를 차지. 와면의 무늬장식은 繩文이 주를 이루고 격자문과 능형문도 보임. 기와 가장자리에는 단지 指壓文만 보임. 이 외에 부호 혹은 문자가 새겨진 와면이 소수 있음.

○ 수키와는 3,900점이 출토되어 기와 총수의 19%를 차지. 모두 니질의 회색임. 模制이고, 기와 내면에는 포문이 있으며, 와면에는 무늬가 없음. 端部와 側面이 전부 갖추어진 것은 117점으로 수키와 총수의 3%를 차지.

(1) 와당(03JYM992:49, 그림 11-5)

○ 출토지 : 우산하0992호묘.

○ 형태 : 연화문와당임. 1/6만 남아 있음. 高浮彫圖案임. 주연이 있음. 안쪽 가장자리에 蓮瓣 한 개가 있음.

○ 태토 및 색깔 : 니질의 옅은 회색.

(2) 와당(03JYM992:45, 그림 11-2, 12-1)

○ 출토지 : 우산하0992호묘.

○ 크기 : 직경 14.4cm.

○ 형태 : 주연(外層)은 삼각거치문으로 장식. 中層은 8등분이고 連弧가 있음. 內重 안은 8등분이고, 매 등분에는 권운문이 있음. '歲', '戊', '年', '造', '瓦', '故', '記'자가 보이고 '戊'자는 명확하지 않음. 중방에 '泰'자가 있음.

○ 태토 및 색깔 : 니질의 회색.

(3) 와당(03JYM992:42, 그림 12-5)

○ 출토지 : 우산하0992호묘.

○ 크기 : 직경 14cm.

○ 형태 : 中層은 8등분이고 連弧가 있음. 內重 안은 8등분이고, 매 등분에는 권운문이 있음. '歲', '戊', '造', '瓦', '故', '記' 6자가 보이고 중방에 '泰'자가 있음.

○ 태토 및 색깔 : 니질의 회색.

(4) 와당(03JYM992:46, 그림 11-3, 12-2)

○ 출토지 : 우산하0992호묘.

○ 크기 : 직경 14cm.

○ 형태 : 잔편을 붙여 완성. 중방에 '泰'자가 있음.

○ 태토 및 색깔 : 니질의 회색.

(5) 와당(03JYM992:48, 그림 11-4, 12-3)

○ 출토지 : 우산하0992호묘.

○ 형태 : 일부 남아 있음. 주연(外層)은 삼각거치문으로 장식. 內重에 권운문이 있고, '戊戌' 두 글자가 보임.

○ 태토 및 색깔 : 니질의 회색.

(6) 와당(03JYM992:41, 그림 12-4)

○ 출토지 : 우산하0992호묘.

○ 크기 : 직경 14cm.

○ 형태 : 일부 남아 있음. 주연(外層)은 삼각거치문으로 장식. 內重에 권운문이 있고 '瓦', '故', '記' 3자가 보임.

○ 태토 및 색깔 : 니질의 회색.

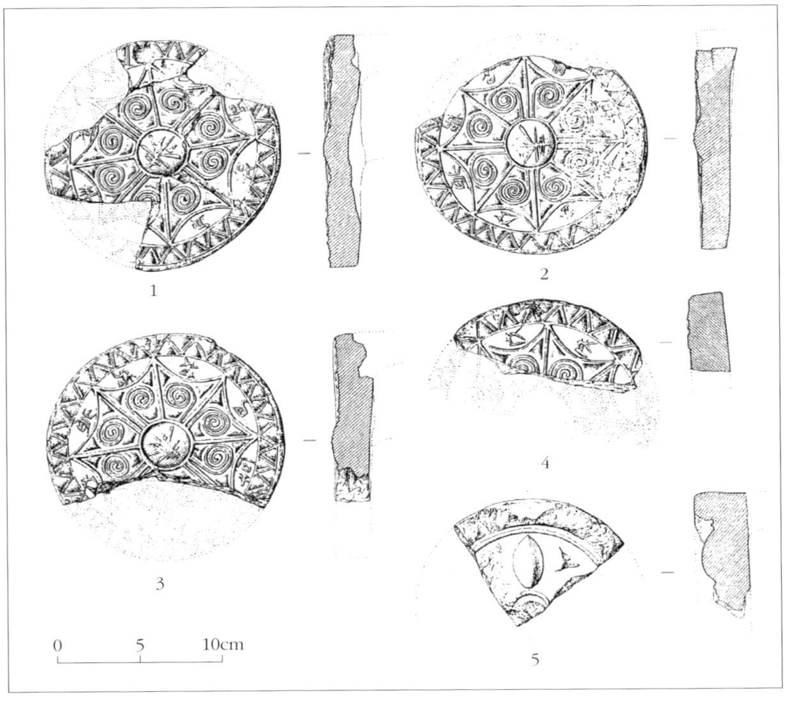

그림 11 우산하0992호묘 출토 와당
(『集安高句麗王陵』, 132쪽)

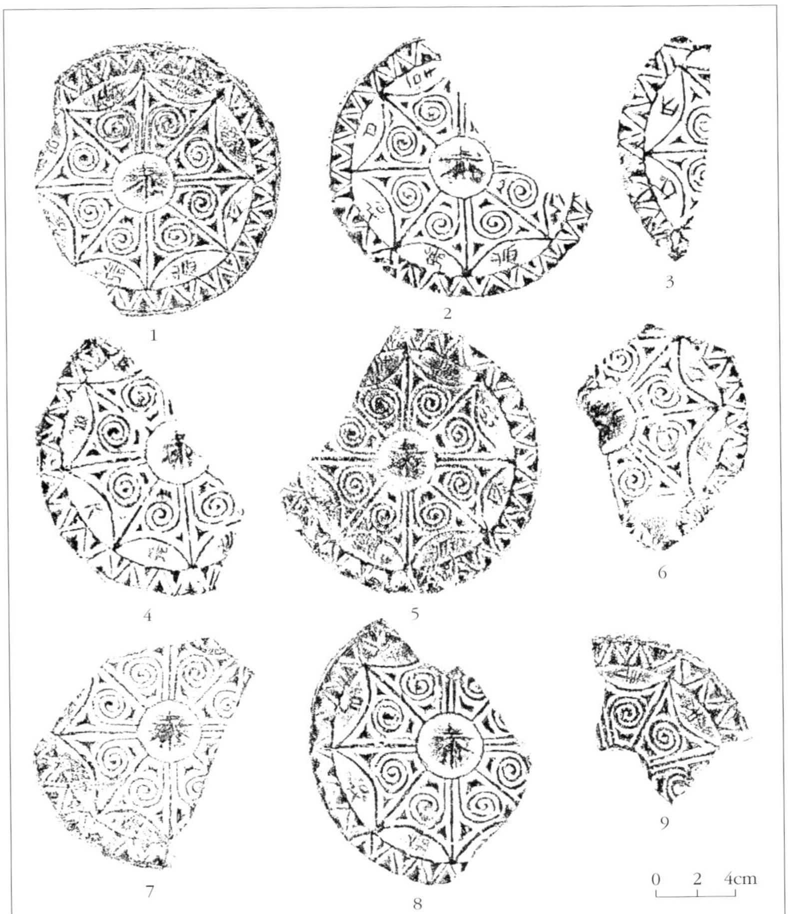

그림 12
우산하0992호묘 출토 권운문와당 탁본 1
(『集安高句麗王陵』, 134쪽)

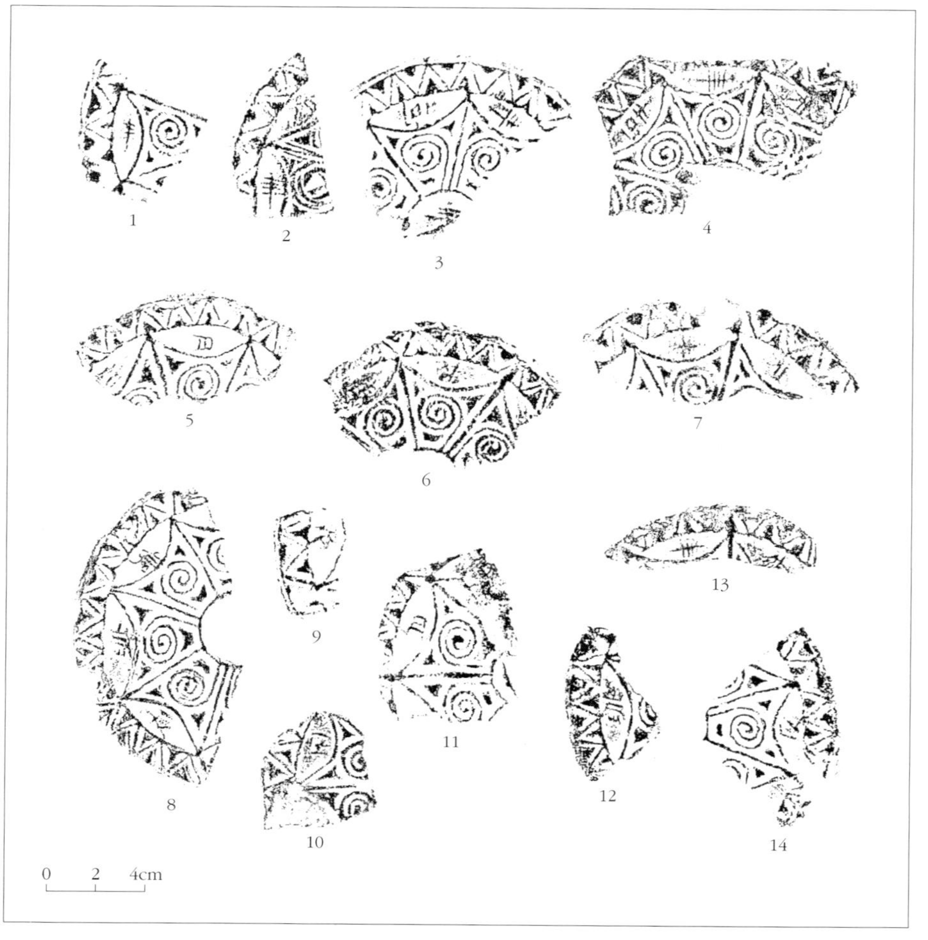

그림 13
우산하0992호묘 출토
권운문와당 탁본 2
(『集安高句麗王陵』, 135쪽)

(7) 와당(03JYM992:50, 그림 12-7)

○ 출토지 : 우산하0992호묘.

○ 형태 : 일부 남아 있음. 주연(外層)은 삼각거치문으로 장식. 內重에 권운문이 있고 '故', '記' 2자가 보임. 중방에 '泰'자가 있음.

○ 태토 및 색깔 : 니질의 회색.

(8) 와당(03JYM992:57, 그림 11-1)

○ 출토지 : 우산하0992호묘.

○ 형태 : 일부 남아 있음. 주연(外層)은 삼각거치문으로 장식. 內重에 권운문이 있고 '故', '記' 2자가 보임.

○ 태토 및 색깔 : 니질의 회색.

(9) 와당(03JYM992:51, 그림 12-9)

○ 출토지 : 우산하0992호묘.

○ 형태 : 일부 남아 있음. 주연(外層)은 삼각거치문으로 장식. 內重에 권운문이 있음. '戊', '年' 2자가 보임.

○ 태토 및 색깔 : 니질의 회색.

(10) 와당(03JYM992:61, 그림 12-6)

○ 출토지 : 우산하0992호묘.

○ 형태 : 일부 남아 있음. 주연(外層)은 삼각거치문으로 장식. 內重에 권운문이 있음. '歲', '戊' 2자가 보이고, 중방의 '泰'자는 약간 결실.

○ 태토 및 색깔 : 니질의 회색.

(11) 와당(03JYM992:52, 그림 13-8)

○ 출토지 : 우산하0992호묘.

○ 크기 : 직경 14cm.

○ 형태 : 일부 남아 있음. 주연(外層)은 삼각거치문으로 장식. 內重에 권운문이 있음. '歲', '戊', '記' 3자가 보임.

○ 태토 및 색깔 : 니질의 회색.

(12) 와당(03JYM992:53, 그림 13-4)

○ 출토지 : 우산하0992호묘.

○ 형태 : 일부 남아 있음. 주연(外層)은 삼각거치문으로 장식. 內重에 권운문이 있음. '戊', '年', '造' 3자가 보임.

○ 태토 및 색깔 : 니질의 회색.

(13) 와당(03JYM992:47, 그림 12-8)

○ 출토지 : 우산하0992호묘.

○ 크기 : 직경 13.8cm.

○ 형태 : 일부 남아 있음. 주연(外層)은 삼각거치문으로 장식. 內重에 권운문이 있음. '瓦', '故', '記' 3자가 보이고 중방에 '泰'자가 있음.

○ 태토 및 색깔 : 니질의 회색.

(14) 와당(03JYM992:43, 그림 13-3)

○ 출토지 : 우산하0992호묘.

○ 형태 : 일부 남아 있음. 주연(外層)은 삼각거치문으로 장식. 內重에 권운문이 있음. '年', '造' 2자가 보이고 중방의 '泰'자는 일부 결실.

○ 태토 및 색깔 : 니질의 회색.

(15) 와당(03JYM992:55, 그림 13-5)

○ 출토지 : 우산하0992호묘.

○ 형태 : 일부 남아 있음. 주연(外層)은 삼각거치문으로 장식. 內重에 권운문이 있음. '瓦'자가 보임.

○ 태토 및 색깔 : 니질의 회색.

(16) 와당(03JYM992:67, 그림 13-11)

○ 출토지 : 우산하0992호묘.

○ 형태 : 일부 남아 있음. 주연(外層)은 삼각거치문으로 장식. 內重에 권운문이 있음. '瓦'자가 보임.

○ 태토 및 색깔 : 니질의 회색.

(17) 와당(03JYM992:56, 그림 13-13)

○ 출토지 : 우산하0992호묘.

○ 형태 : 일부 남아 있음. 주연(外層)은 삼각거치문으로 장식. 內重에 권운문이 있음. '年'자가 보임.

○ 태토 및 색깔 : 니질의 회색.

(18) 와당(03JYM992:68, 그림 13-1)

○ 출토지 : 우산하0992호묘.

○ 형태 : 일부 남아 있음. 주연(外層)은 삼각거치문으로 장식. 內重에 권운문이 있음. '年'자가 보임.

○ 태토 및 색깔 : 니질의 회색.

(19) 와당(03JYM992:69, 그림 13-2)

○ 출토지 : 우산하0992호묘.

○ 형태 : 일부 남아 있음. 주연(外層)은 삼각거치문으로 장식. 內重에 권운문이 있음. '年'자가 보임.

○ 태토 및 색깔 : 니질의 회색.

(20) 와당(03JYM992:71, 그림 13-14)

○ 출토지 : 우산하0992호묘.

○ 형태 : 일부 남아 있음. 주연(外層)은 삼각거치문으로 장식. 內重에 권운문이 있음. '戊'자로 보이는 글자가 있음.

○ 태토 및 색깔 : 니질의 회색.

(21) 와당(03JYM992:65, 그림 13-9)

○ 출토지 : 우산하0992호묘.

○ 형태 : 일부 남아 있음. 주연(外層)은 삼각거치문으로 장식. 內重에 권운문이 있음. '故'자가 보임.

○ 태토 및 색깔 : 니질의 회색.

(22) 와당(03JYM992:60, 그림 13-6)

○ 출토지 : 우산하0992호묘.

○ 형태 : 일부 남아 있음. 주연(外層)은 삼각거치문으로 장식. 內重에 권운문이 있음. '故'자가 보임.

○ 태토 및 색깔 : 니질의 회색.

(23) 와당(03JYM992:66, 그림 13-12)

○ 출토지 : 우산하0992호묘.

○ 형태 : 일부 남아 있음. 주연(外層)은 삼각거치문으로 장식. 內重에 권운문이 있음. '歲'자로 보이는 글자가 있음.

○ 태토 및 색깔 : 니질의 회색.

(24) 와당(03JYM992:70, 그림 13-7)

○ 출토지 : 우산하0992호묘.

○ 형태 : 일부 남아 있음. 주연(外層)은 삼각거치문으로 장식. 內重에 권운문이 있음. '戊', '年'자로 보이는 글자가 있음.

○ 태토 및 색깔 : 니질의 회색.

(25) 와당(03JYM992:54, 그림 13-10)

○ 출토지 : 우산하0992호묘.

○ 형태 : 일부 남아 있음. '丑'자가 유일하게 남아 있는데, 다른 와당의 출토 사례를 볼 때 '己丑'으로 추정.

○ 태토 및 색깔 : 니질의 회색.

(26) 암키와(03JYM992:44, 그림 14-1)

○ 출토지 : 우산하0992호묘.

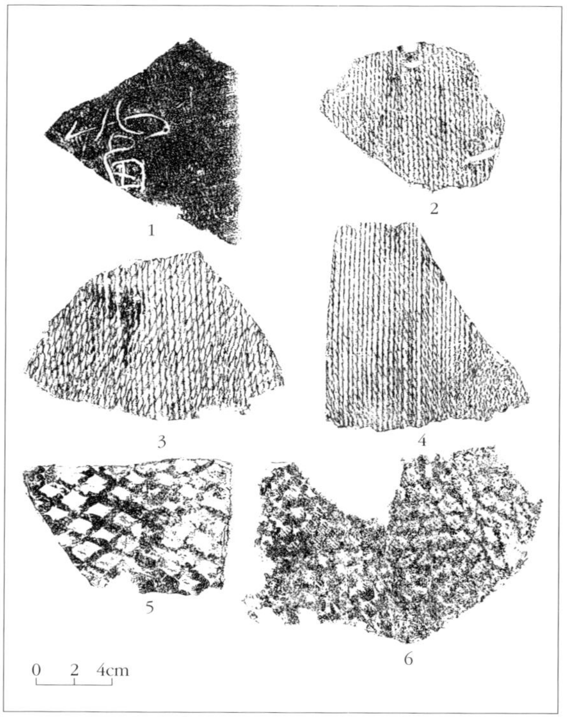

그림 14 우산하0992호묘 출토 암키와 탁본
(『集安高句麗王陵』, 136쪽)

○ 형태 : 배면에 '富'자로 추정되는 글자가 있음. 글자 크기는 약 3.5×4cm임. 내면에 포문이 있음.

○ 태토 및 색깔 : 니질의 회색.

(27) 암키와(03JYM992:72, 그림 14-2)

○ 출토지 : 우산하0992호묘.

○ 형태 : 배면에 승문, 내면에 포문이 있음.

○ 태토 : 니질.

(28) 암키와(03JYM992:73, 그림 14-3)

○ 출토지 : 우산하0992호묘.

○ 형태 : 배면에 승문, 내면에 포문이 있음.

○ 태토 : 니질.

(29) 암키와(03JYM992:74, 그림 14-4)

○ 출토지 : 우산하0992호묘.

○ 형태 : 배면에 승문, 내면에 포문이 있음.

○ 태토 : 니질.

(30) 암키와(03JYM992:75, 그림 14-5)

○ 출토지 : 우산하0992호묘.

○ 형태 : 배면에 격자문, 내면에 포문이 있음.

○ 태토 : 니질.

(31) 암키와(03JYM992:76, 그림 14-6)

○ 출토지 : 우산하0992호묘.

○ 형태 : 배면에 격자문, 내면에 포문이 있음.

○ 태토 : 니질.

(32) 수키와(03JYM992:38, 그림 15-2)

○ 출토지 : 우산하0992호묘.

○ 형태 : 미구(舌)는 길고 領은 낮음. 언강이 있음. 기와의 측변은 비교적 곧고 횡단면은 타원형임. 배면에는 무늬가 없고 내면에는 포문이 있음.

○ 태토 및 색깔 : 니질의 회색.

(33) 수키와(03JYM992:40, 그림 15-1)

○ 출토지 : 우산하0992호묘.

○ 형태 : 미구(舌)는 짧고 領은 높음. 언강이 있음. 기와의 측변은 안으로 모아져 있음. 배면에는 무늬가 없고 내면에는 포문이 있음.

○ 태토 및 색깔 : 니질의 회색.

(34) 수키와(03JYM992:88, 그림 15-3)

○ 출토지 : 우산하0992호묘.

○ 형태 : 미구(舌)는 짧고 領은 높음. 언강이 있음. 기와의 측변은 안으로 모아져 있음. 배면에는 무늬가 없고 내면에는 포문이 있음.

○ 태토 및 색깔 : 니질의 회색.

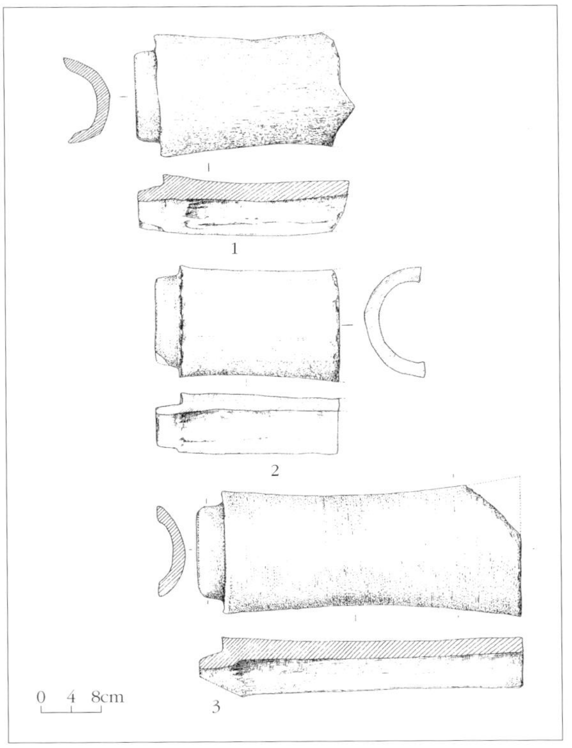

그림 15 우산하0992호묘 출토 수키와
(『集安高句麗王陵』, 137쪽)

6. 역사적 성격

1) 특징

○ 분구 정상에 상당량의 기와가 깔려 있는 것으로 보아 묘상건축물이 있었던 것으로 추정됨.

○ 제대가 두 개인 예는 아직 다른 고분에서 확인되지 않았음.

2) 피장자 추정

○ 고국원왕설 : 고구려 적석묘의 발전과정에서 광실묘는 3세기에 출현하여 4세기 대에 유행하고, 석실묘는 4세기 말에 출현한 것으로 추정. 禹山下0992號墓의 계단 축조방식은 千秋墓와 太王陵보다 이르다고 볼 수 있는데, 이를 감안할 때 우산하0992호묘의 축조연대는 4세기 전후로 비정됨. 그렇다면 묘상에서 출토

된 '戊戌'명 와당의 '戊戌'년은 278년, 338년, 398년일 가능성이 있음. 278년은 서천왕 9년임. 하지만 서천왕의 무덤은 慕容鮮卑의 군대에게 도굴당하였다는 점을 감안할 때 七星山0211號墓로 추정됨. 398년은 광개토왕 7년임. 그런데 우산하0992호묘와 태왕릉에서 출토된 와당을 비교하면 서로 간 관련성이 없음. 338년은 고국원왕 8년인데, 묘장 형태와 와당 풍격 등이 시대와 상당수 부합하므로 고국원왕의 무덤으로 비정할 수 있음. 한편 2003년에 國內城을 발굴하던 도중 현 체육장 재구덩이(灰坑)에서 A형 와당이 발견되었는데, 상층에 동진시대 청자가 있었음. 이 점을 참고할 때 상술한 연대 범위와 부합(吉林省文物考古研究所 · 集安市博物館, 2004).

○ 왕족 혹은 귀족설 : 다른 왕릉급 무덤보다 크기가 작고 治石상태도 아주 조잡하며 338년 전후에 매장행위가 완료되었다고 보아야 한다는 점에서 371년에 사망한 고국원왕으로 보기 힘들고, 당시 전후에 사망한 왕족이나 귀족의 무덤으로 추정(여호규, 2006).

참고문헌

- 關野貞 · 谷井濟一, 1915, 『朝鮮古蹟圖譜(一)』.
- 藤田亮策, 1948, 「通溝附近の古墳と高句麗墓制」,『朝鮮考古學研究』.
- 吉林省文物志編委會, 1984, 『集安縣文物志』.
- 吉林省文物考古研究所 · 集安市博物館, 2002, 『洞溝古墓群 - 1997年調査測繪報告』, 科學出版社.
- 吉林省文物考古研究所 · 集安市博物館, 2004, 『集安高句麗王陵』, 文物出版社.
- 여호규, 2006, 「집안지역 고구려 초대형적석묘의 전개과정과 피장자문제」,『한국고대사연구』 41, 한국고대사학회.
- 張福有 · 孫仁杰 · 遲勇, 2007, 「高句麗王陵通考要報」, 『東北史地』 2007-4.

22 집안 우산하1080호묘

集安 禹山下1080號墓 | JYM1080

1. 조사현황

1) 1966년

○ 조사기관 : 吉林省博物館, 集安縣文管所.

○ 조사내용 : 通溝古墳群에 대한 실측조사 때 '禹山墓區1080號墓(JYM1080)'로 편호.

2) 1976년

○ 조사기간 : 1976년 7월.

○ 조사내용 : 발굴 및 정리.

2. 위치와 자연환경(그림 1)

1) 고분의 위치

○ 集安市 동쪽의 太王公社 禹山大隊 第1生産 마을에 위치.

○ 禹山 남쪽 기슭 중부의 완만한 비탈에 자리잡고 있는데, 앞에 큰 길을 사이에 두고 광활한 평지와 마주하고 있음.

2) 고분의 주변환경

○ 서쪽으로 약 100m 지점에 生産隊의 사육소가 있음.

○ 서쪽에서 약간 북쪽으로 인접한 지점에 한 줄로 배열된 3기의 封土墓가 있음.

○ 북쪽에서 약간 동쪽으로 치우친 지점에 봉토묘 한 기가 있음.

○ 북측의 언덕에는 파괴된 소형의 적석묘로 보이는 돌무지가 여럿 존재하고 있음.

○ 동쪽으로 약 50m 떨어진 지점에 禹山下1041號墓가 있음.

○ 서쪽 평야에 두 줄의 커다란 구릉이 있는데, 봉토묘인 五盔墳과 四盔墳임.

○ 동쪽에 太王陵이 있음.

3. 고분의 현황

1) 고분 형식

(1) 유형

封土石室墓(추정 기단봉토 석실분).

(2) 규모

둘레 약 100m, 높이 약 10m.

2) 고분 구조(그림 2)

○ 截頭方錐形임.

○ 고분 동남 모서리에는 거대하고 가지런한 기단석

그림 1 우산하1080호묘 위치도(『洞溝古墓群－1997年調査測繪報告』, 200쪽)

(基石)이 있음[1]. 봉토는 돌로 기초를 잡았으며, 그 규모는 현재 보존되어 있는 것보다 클 것으로 추정.

○ 오래 전에 도굴을 당함. 도굴갱의 입구는 분구 남측 중간허리 이상에 있는데, 상당히 높은 지점에 위치하였다고 볼 수 있음. 도굴갱은 수직으로 아래를 향하고 있는데, 연도 입구의 폐쇄석에 구멍이 남으로써 직접 연도와 현실로 통함.

○ 현실과 연도 사이에 弧形시설이 있는데, 일반적인 고구려의 대형 봉토석실묘와 비교했을 때 가장 뚜렷한 특징이라고 볼 수 있음. 현실 좌·우 양측에 밖을 향하여 둥글게 나가는 시설이 현실의 앞부분을 둘러싸고 있

1 봉토분구의 동남 모서리에 기단석이 노출된 것으로 미루어 기단봉토분일 가능성이 있음.

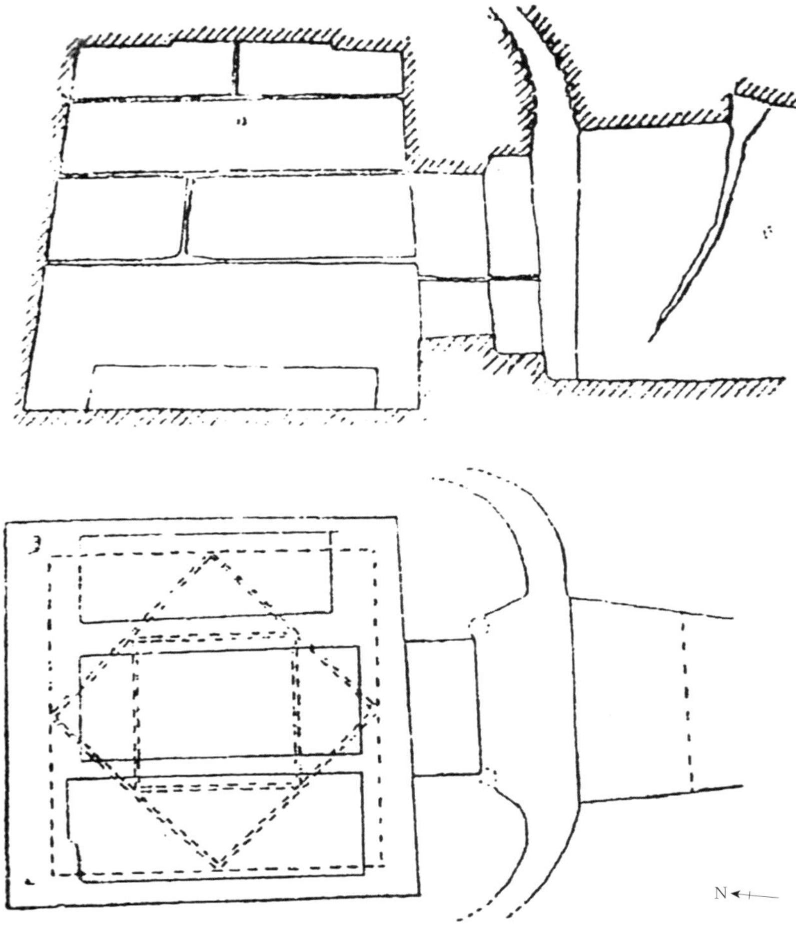

그림 2
우산하1080호묘 평·단면도
(『考古與文物』 1983-2, 45쪽)

는데, 현실을 향하여 궁륭상으로 쌓았음.

○ 현실은 평면이 방형으로 넓고 정연하며, 방향은 南偏東 5°임. 동서 너비는 3.1m, 남북 깊이는 3.15m, 높이는 2.95m임. 네 벽은 안으로 기울어져 있고 높이는 2.45m임. 벽 위는 한 층 고임 후 삼각고임을 2단하였고, 천장 전체 높이는 45cm임. 천장막음돌 중앙에 깊이 5cm의 사각 홈이 파여져 있기 때문에 마치 3단의 고임을 한 것처럼 보임. 네 벽의 상부 중앙 고임에서 18cm 떨어진 곳에 각각 한 개의 구멍이 있는데, 직경은 2.5cm, 깊이는 25cm임. 이와 같은 구멍은 남벽 묘실 문의 좌우 윗부분에도 각각 하나씩 있음.

○ 묘실은 거대한 화강암으로 축조하였는데, 총 17매를 이용. 벽면은 3층으로 이루어져 있고, 각각의 층에는 4매의 돌이 사용됨. 제일 하단에는 한 면에 각각 한 매의 석재를 사용하였고, 높이는 벽면의 반을 차지함. 제2층은 4매, 제3층은 한 면에 한 매를 사용. 고임과 천장막음돌도 모두 한 매를 사용. 이는 무덤 축조 전에 주도면밀한 설계를 하였음을 보여주는 것임. 석재와 석재 사이는 일직선으로 평평하고 석회로 틈새를 메웠으며 석회의 표면은 평평하게 함.

○ 현실내에는 돌로 만든 棺臺 3개가 남북으로 평행하게 놓여 있음. 중간과 서쪽의 관대는 높고 크며 돌

한 매로 만들었고, 양쪽 끝은 석회를 평평하게 발랐음. 동쪽의 관대는 낮고 작으며 북쪽의 작은 석재와 연결되었고 그 사이를 석회로 메웠음. 서쪽의 관대는 길이 2.3m, 너비 0.86m, 높이 0.3m이고, 중간의 관대는 길이 2.2m, 너비 0.85m, 높이 0.3m이며, 동쪽의 관대는 길이 2.2m, 너비 0.67m, 높이 0.14m임.

○ 연도는 현실 남벽 정중앙에 있음. 문턱 바닥은 현실보다 0.6m 높음. 높이 1.28m, 너비 1.04m, 깊이 0.51m임. 문턱 밖으로 문길이 있음. 문길은 문턱보다 8cm 낮고, 16cm 높으며, 좌·우 양쪽 부분은 약간 바깥쪽으로 기울어 넓어지고 있음. 문턱과 연결된 문길에는 밖에서 열 수 있는 문이 하나 있는데, 석회암으로 만든 문짝이 파손되어 옆에 버려져 있음. 문턱과 가까운 곳에 구멍을 만들어 문짝을 고정시킴. 출입구 좌우 문짝 고정부분에 석회가 남아 있는데, 문을 닫은 후 석회로 봉했음을 알 수 있음.

○ 단독으로 구축된 연도는 문길 바깥입구에서 30cm 떨어져 있는데, 바깥쪽이 좁고 안쪽이 넓음. 길이 2.7m, 너비 1.20~1.65m, 높이 1.88m이며 아랫부분이 출입구보다 0.2m 낮음. 연도 좌측과 우측은 석회암으로 쌓았고, 상부는 화강암으로 천장을 만들었음. 내부 입구와 현실 앞 문길 사이의 호형시설은 좌·우 양쪽이 호형이고, 윗부분은 작은 석재를 쌓아서 현실 방향으로 기울도록 궁륭형으로 쌓음. 연도쪽으로 꺾이는 부분은 매우 거칠고 크기가 서로 다른 돌로 쌓았으며, 움푹 들어간 곳은 나무판으로 메웠고, 표면에 석회를 발라서 평평하게 함.

4. 관련 유적

1) 石碑(그림 3)

○ 도굴갱 윗부분의 쌓여 있는 흙에서 한 기의 석비가 박힌 채 발견되었는데, 방형의 받침이 위를 향해 밖으로 드러나 있었음. 석비는 원래 분구 꼭대기에 세워졌지만, 도굴당한 후 분구 꼭대기 남측의 봉토가 도굴갱에 흘러 들면서 석비가 앞으로 넘어져 그와 같이 발견되었다고 볼 수 있음. 묘지 정리 후 석비는 분구 앞 도로변으로 옮겨짐.

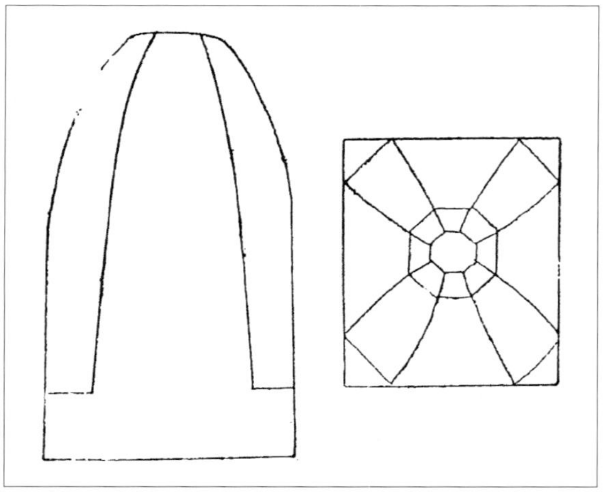

그림 3 우산하1080호묘 출토 석비(『考古與文物』 1983-2, 44쪽)

○ 석비는 윗부분이 둥글고 아랫부분은 네모난 형태이며, 통째의 화강암으로 만들어졌고, 높이는 1.6m임.

○ 밑받침은 평면이 장방형이고, 납작하며 낮음. 정면 너비는 97cm, 측면 너비는 73cm, 높이는 27cm임. 석비 몸체의 하부 길이와 너비는 밑받침과 같지만, 네 모서리를 정연하게 잘라내면서 단면은 팔각형임.

○ 석비 몸체에는 8각형의 능선이 매우 뚜렷하고, 석비 윗부분은 원형으로 마무리되었는데, 8개 능선의 연장선은 희미함. 원형으로 마무리된 부분과 비석표면 사이에 능선이 보이며, 비석 윗부분 중앙에는 팔각형이 새겨져 있는데, 팔각형은 석비 몸체의 8각 능선과 대응. 석비 몸체가 높지 않고 능선과 석비 표면 모두 약간 호형이기 때문에, 튼튼하고 우람한 인상을 줌.

○ 비석의 표면은 심하게 풍화·부식되었고, 갈라진 흔적이 매우 많으며, 글을 새긴 흔적은 보이지 않음.

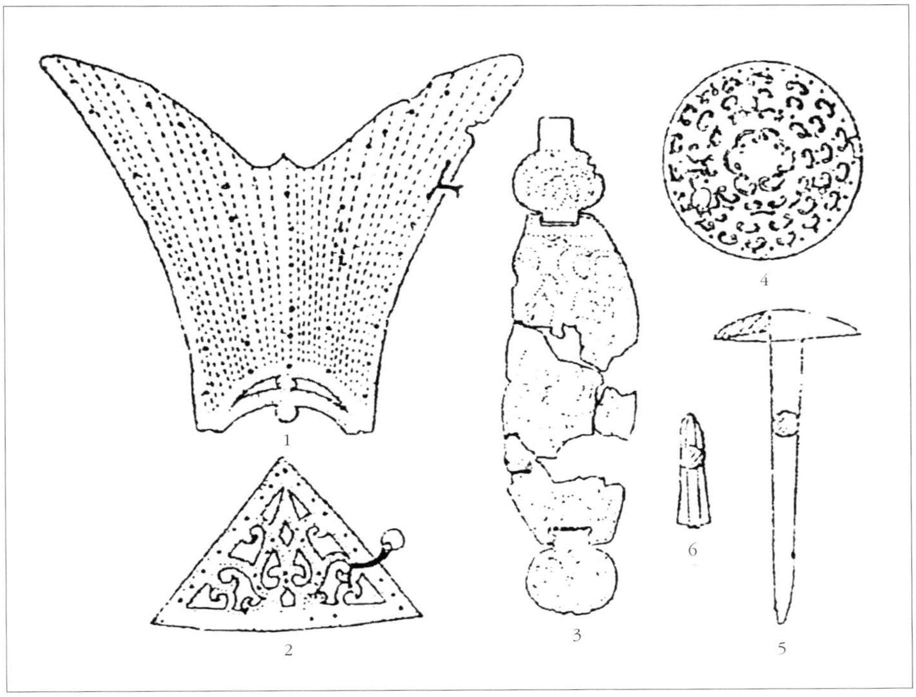

그림 4
우산하1080호묘 출토유물
(『考古與文物』 1983-2, 46쪽)
1~4. 금동제장식편
5. 금동제장식못
6. 금동제포정

5. 출토유물

1) 금동기

(1) 금동제포정(鎏金銅泡釘, 그림 4-6)

○ 출토지 : 우산하1080호묘.

○ 크기 : 못머리(帽) 직경 3.3cm, 길이 8.2cm.

○ 형태 : 2점 출토. 둥근 두부의 볼록한 면만 도금.

(2) 금동제장식못(鎏金銅飾釘, 그림 4-5)

○ 출토지 : 우산하1080호묘.

○ 크기 : 전체 길이 2.9cm, 직경 9.8cm.

○ 형태 : 3점 출토. 팔각의 기둥형태로 한쪽이 약간 굵음. 가는 쪽은 뾰족한 원추모양이고, 굵은 쪽에는 네모난 장부(榫)가 있음.

(3) 금동제지느러미모양장식편(魚尾形飾片, 그림 4-1)

○ 출토지 : 우산하1080호묘.

○ 크기 : 남은 길이 6.6cm, 직경 12.3cm.

○ 형태 : 양쪽 면 모두 도금. 장식편의 가장자리와 새겨진 무늬를 따라 5줄의 작은 구멍이 있으며 일부 구멍에는 금동제의 실이 남아 있음. 실의 앞부분에는 움직일 수 있는 금동제의 작은 葉片이 달려 있음. 일종의 머리장식품으로 추정.

(4) 금동제원형장식편(圓形飾片, 그림 4-4)

○ 출토지 : 우산하1080호묘.

○ 크기 : 직경 4.9cm.

○ 형태 : 표면이 약간 볼록. 볼록하게 나온 부분만 도금. 표면은 동심원에 4개의 볼록한 구름형태의 도안이 연결되면서 넝쿨형태의 무늬를 이룸. 가장자리와 중간 부위에 두 개의 작은 구멍이 있고, 구멍에는 금동제의 실이 연결되어 있는데, 금동제의 원형 보요가 달려 있음.

(5) 금동제삼각형장식편(三角形飾片, 그림 4-2)

○ 출토지 : 우산하1080호묘.

○ 크기 : 길이 6.7cm, 높이 4.5cm.

○ 형태 : 2점이 출토되었으나 1점은 파손. 삼각형임. 양면은 도금됨. 좌우 양측에는 투조무늬, 중간에는 하트형 꽃잎이 있고, 주위는 넝쿨형태임. 투조무늬 주변에 점렬문이 있음. 삼각형의 변 가장자리와 장식편을 따라 작은 구멍들이 있음. 작은 구멍에는 금동제실로 원형의 보요를 매달았음.

(6) 금동제사슬모양장식(鏈形飾片, 그림 4-3)

○ 출토지 : 우산하1080호묘.

○ 크기 : 전체 길이 12.8cm, 너비 3.2cm.

○ 형태 : 사슬형태인데, 파손. 한쪽 면만 도금. 주체는 장방형임. 양쪽 긴 변은 약간 밖으로 굽어져 있고 표면이 약간 볼록하며 양 끝부분에는 방형의 구멍이 있음. 구멍에는 각각 약간 볼록한 원형장식편이 연결됨. 주체와 원형 부분에는 작은 점으로 이루어진 꽃무늬가 형성. 원형 부분에는 넝쿨이 새겨져 있고, 주체는 쌍구법으로 구불구불하게 하였는데, 넝쿨형태와 흡사. 띠드리개 장식으로 추정됨.

(7) 금동제투공장식편(鏤空鎏金銅飾片)

○ 출토지 : 우산하1080호묘.

○ 형태 : 파손되어 원호형 부분의 가장자리만 남아 있음. 대칭하지 않는 넝쿨식 꽃무늬로 밀도가 균일한 도안을 형성하였으며 꽃무늬를 따라 작은 점이 새겨져 있음.

(8) 금동제고리(環)

○ 출토지 : 우산하1080호묘.

○ 형태 : 3점 출토. 원형임. 볼록하게 나온 작은 동편의 중심에 세 개의 구멍이 있고, 구멍에는 각각 금동제의 실이 연결되어 있음. 세 가닥의 동실로 나뭇가지형태의 동제고리 4개를 만듦. 그 중 한 가지는 원형의 작은 엽편과 수직. 원형 동편의 가장자리에는 세 개의 작은 구멍이 있는데, 못(釘)과 연결할 수 있음.

(9) 금동제보요(葉片)

○ 출토지 : 우산하1080호묘.

○ 형태 : 많은 수가 출토. 대부분 양면이 도금. 원형과 하트형이 있고, 일부는 실과 연결되어 고리에 달려 있음. 고리에 작은 보요편을 매단 장식품이 고분에서 가장 많이 출토됨.

2) 철기

(1) 철제추완(樞碗)

○ 출토지 : 우산하1080호묘.

○ 크기 : 직경 14.7cm, 두께 0.8cm.

○ 형태 : 반구형.

(2) 철제추완(樞碗)

○ 출토지 : 우산하1080호묘.

○ 크기 : 직경 13.6cm, 두께 0.5cm.

○ 형태 : 반구형.

6. 역사적 성격

1) 피장자 추정

우산하1080호묘에서 출토된 유물은 많지 않지만 사람들에게 장엄하고 깊은 인상을 남김. 하지만 고분 자체는 통구고분군의 거대한 고분들과 비교하면 차이가 있음. 그러므로 왕릉은 아니고 귀족의 묘로 추정(方起東·林至德, 1983).

2) 연대 추정

천장구조가 오회분이나 四神墓와 유사하다는 점을 들어 6세기 중·후기에 축조되었을 것으로 보기도 하나(方起東·林至德, 1983), 출토된 금동제장식을 감안하면 그리 보기 어려움.

참고문헌

- 方起東·林至德, 1983,「集安洞溝兩座樹立石碑的高句麗古墓」,『考古與文物』1983-2.
- 吉林省文物考古研究所·集安市博物館, 2002,『洞溝古墓群－1997年調査測繪報告』, 科學出版社.
- 孫仁杰·遲勇, 2007,『集安高句麗墓葬』, 香港亞洲出版社.

23 집안 우산하1081호묘

集安 禹山下1081號墓 | JYM1081

1. 조사현황

1993년에 조사됨.

2. 위치와 자연환경(그림 1)

1) 고분의 위치

集安의 禹山 一組路 북편에 위치.

2) 고분의 주변환경

서쪽으로 약 20m 떨어진 지점에 禹山下1082號墓가 있음.

3. 고분의 현황

1) 고분 형식

(1) 유형

封土石室墓.

(2) 고분의 규모

분구의 직경 19m, 높이 4.5m, 방향 175°.

2) 고분 구조(그림 2)

묘실과 묘도의 외부는 황토로 덮혀 있음.

(1) 묘실

○ 묘실은 정방형에 가깝고, 남북 길이는 2.68m, 동서 너비는 2.67m, 높이는 3.15m임.

○ 묘실 천장을 보면 4중 평행고임 후에 큰 판석으로 덮음.

○ 전체 묘실은 가공한 장방형의 석재로 축조. 석재 가공은 정연하지 않고, 틈새는 백회로 메움.

○ 묘실내에 2개의 棺床이 있으나, 파손. 현재 동측 관상은 길이 1.9m, 너비 0.5m, 두께 0.6m임. 서측 棺床의 남아 있는 북쪽 부분은 길이 0.7m, 너비 0.6m, 두께 0.2m임.

(2) 문길

○ 묘실 남벽 가운데부분에 문길이 있는데, 길이 0.35m, 너비 0.85m, 높이 0.46m이고, 바닥은 묘실보다 0.36m 높음.

○ 가공한 장대석으로 축조.

○ 문길 남측 묘도와 가까운 지점에 위아래로 각각 석문에 설치하였던 문설주가 있으나, 석문은 발견되지 않음.

(3) 연도

○ 나팔형처럼 밖으로 벌어짐.

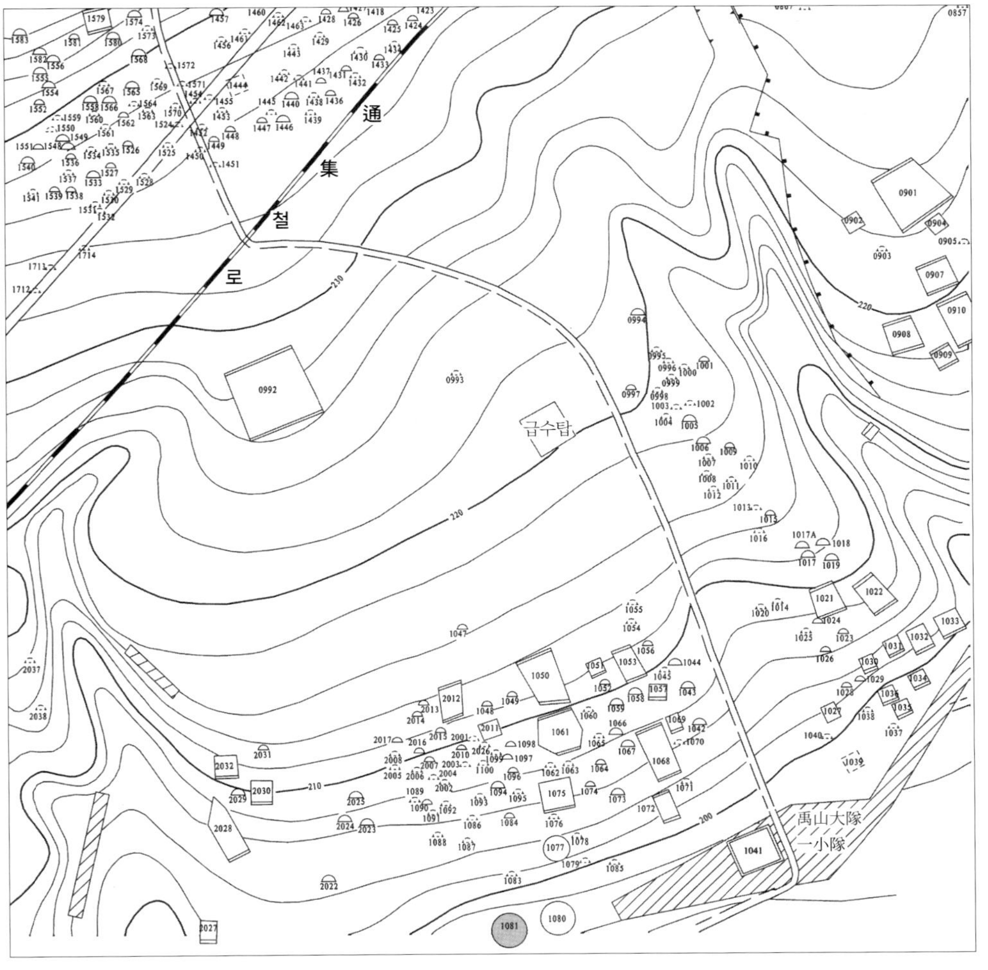

그림 1 우산하1081호묘 위치도(『洞溝古墓群-1997年調査測繪報告』, 200쪽)

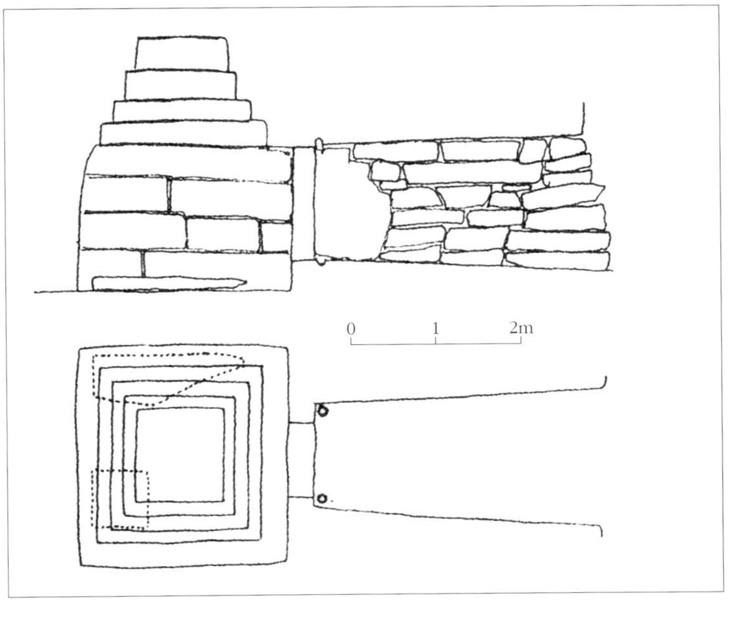

그림 2
우산하1081호묘 평·단면도(『集安高句麗墓葬』, 156쪽)

○ 길이 3.5m, 바깥쪽 너비 1.57m, 높이 1.6m, 묘도 안쪽 너비 1.32m, 높이 1.40m임.

○ 가공한 장대석으로 축조.

4. 출토유물

유물이 출토된 듯하나, 그 자세한 내용은 알 수 없음.

5. 역사적 성격

축조연대를 판단할 근거는 확실하지 않지만, 벽에 비해 천장부가 높은 봉토석실분인 점으로 미루어 5세기대에 축조되었을 것으로 추정됨.

참고문헌

- 吉林省文物考古研究所·集安市博物館, 2002,『洞溝古墓群 - 1997年調査測繪報告』, 科學出版社.
- 孫仁杰·遲勇, 2007,『集安高句麗墓葬』, 香港亞洲出版社.

24 집안 우산하1282호묘

集安 禹山下1282號墓 | JYM1282

1. 조사현황

1984년 및 1985년 集錫公路 건설을 위한 발굴 시행.

(1) 조사기관

吉林省文物考古研究所, 集安市文物保管所.

(2) 조사자

林至德, 耿鐵華, 王洪峰, 柳嵐, 張雪巖, 遲勇, 孫仁杰.

(3) 조사기간

○ 제1차 조사 : 1984년 6월 20일~1984년 11월 20일.

○ 제2차 조사 : 1985년 5월 15일~1985년 8월 15일.

(4) 조사방법

○ 集錫公路 건설로 인해 구제 발굴을 함. 도로는 집안에서 통화에 이르는 철로선의 북측 약 50m에 위치하는데 서쪽에서 동쪽으로 우산하고분군을 관통하여 우산하고분군의 중간 지대에 자리하고 있음. 발굴 범위는 동서 길이 2,500m, 남북 너비 40m임.

○ 발굴한 적석묘는 북쪽에서 남쪽으로 연접되어 있고, 배열된 적석묘의 가장 말단에 위치함. 봉토묘는 배열이 불분명하고 적석묘 부근에 있음.

○ 발굴은 서쪽에서 동쪽으로 진행함. 신중국 성립 이후 통구고분군 최초의 비교적 대규모 발굴 작업이었으며, 날씨로 인해 1·2차 두 시기로 나누어 진행함.

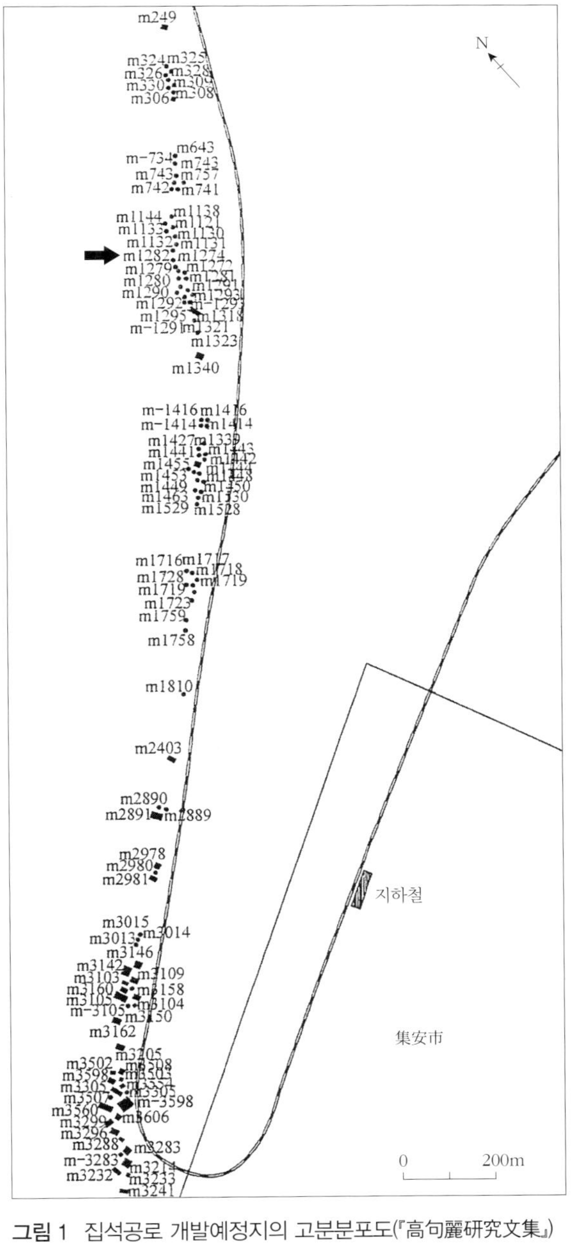

그림 1 집석공로 개발예정지의 고분분포도(『高句麗研究文集』)

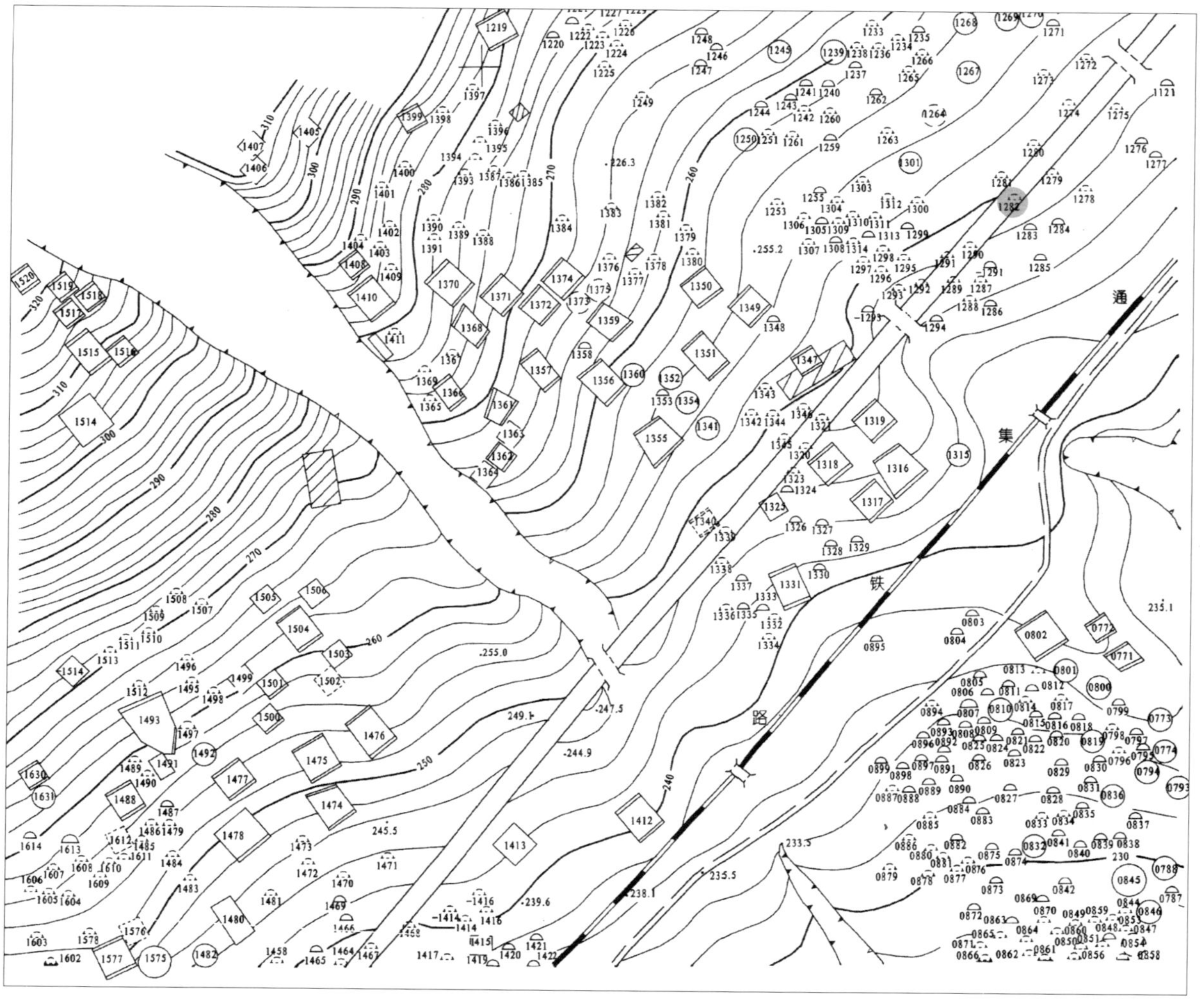

그림 2 우산하1282호묘 위치도(『洞溝古墓群-1997年調査測繪報告』)

(5) 조사내용(그림 1)

○ 제1차 조사에서는 적석묘 28기, 봉토묘 61기 등 총 89기의 고분을 발굴조사하여, 700여 점의 유물을 발견함. 제2차 조사에서는 적석묘 10기, 토석혼축묘 1기, 석관묘 1기, 봉토묘 12기 등 총 24기의 고분을 발굴하고, 유물은 200여 점을 발견함. 두 차례 조사에서 석관묘 1기, 적석묘 38기, 봉토묘 73기, 토석혼축묘 1기 등 총 113기의 고분을 발굴조사하였으며, 유물은 총 931점을 출토함.

○ 발굴된 113기 고분은 대다수 이른 시기부터 파괴와 도굴을 당해 형식이 확실치 않은 것도 있으나, 그 가운데 111기는 고구려 고분임.

2. 위치와 자연환경(그림 2)

○ 우산하고분군은 集安市區 북측에 위치하는데 大禹山 남쪽 기슭의 동서 길이 3.5km, 남북 너비 1km의 좁고 긴 남향의 경사지에 자리하고 있음.

○ 우산하고분군은 우산 남쪽 비탈을 따라 북에서 남으로 고분이 배열되어 있음. 북면 산허리에 적석묘가 절대다수를 점하고 있고 남면 완만한 비탈 지대에 봉토묘

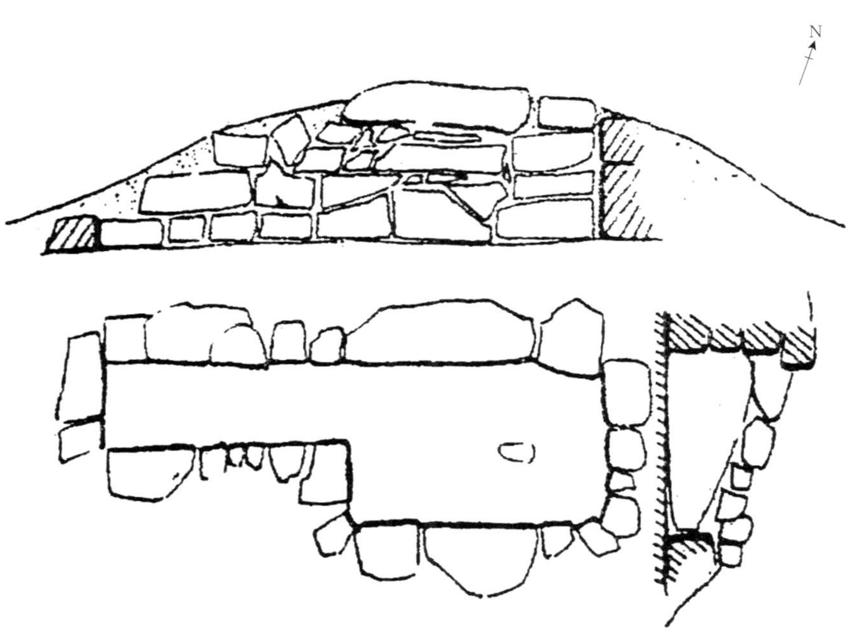

그림 3
우산하1282호묘 평 · 단면도
(『高句麗硏究文集』)

가 주로 들어서 있으며, 중간에는 적석묘와 봉토묘가 서로 뒤섞여 있음.

3. 고분의 현황

1) 유형

봉토묘(『高句麗硏究文集』), 동실묘(『洞溝古墓群 – 1997年調査測繪報告』).

2) 고분 구조(그림 3)

○ 매장부는 한쪽에 치우친 묘도를 갖춘 단실묘로 전체 평면은 刀形임.

○ 묘실 네 벽은 보존상태가 아직 양호하나, 천장석은 멸실됨.

○ 묘실 평면은 장방형으로 장축 방향은 245°임.

○ 묘실 규모는 길이 2.0m, 너비 1.3m, 높이 1.0m이며, 묘실 벽은 크기가 서로 다른 돌로 축조되어 불규칙함.

○ 묘도는 묘실 서벽의 북쪽에 위치하는데, 규모는 길이 1.9m, 너비 0.6m, 높이 0.3m임. 묘도 입구에는 2매의 돌로 묘문을 봉함.

○ 묘실 바닥은 황토로 이루어졌음.

○ 묘실 내에는 깨진 돌로 가득 채워져 있음.

3) 기타

묘실 바닥으로부터 약 20cm 높이의 깨진 돌에서 석부(石楔) 1점이 출토됨.

4. 출토유물

1) 석기

(1) 석부(石楔, JYM1282:1, 그림 4)

○ 출토지 : 우산하1282호묘의 묘실.

○ 크기 : 높이 13cm, 직경 4.4cm, 刃寬 4.4cm.

○ 형태 : 화강암질로 대략 원주형인데 가운데는 날카롭고(正鋒) 날은 호를 이룸(弧刃). 전체는 문질러서 매끄러우며, 정상부에는 사용 흔적이 남아 있음.

5. 역사적 성격

청동기시대 석부가 혼입되어 묘실에서 발견됨.

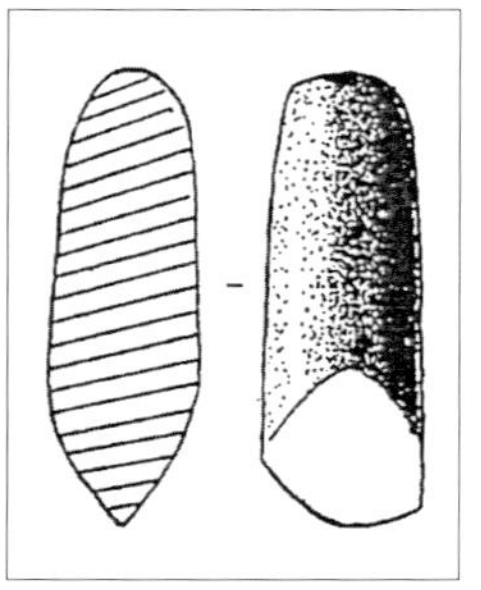

그림 4 석부

참고문헌

- 吉林省文物志編委會, 1984,『集安縣文物志』.
- 吉林省文物考古硏究所·集安市文物保管所, 1993,「集安洞溝古墳群禹山墓區集錫公路墓葬發掘」,『高句麗硏究文集』, 延邊大學出版社 ; 2009,『吉林集安高句麗墓葬報告集』재수록.
- 吉林省文物考古硏究所·集安市博物館, 2002,『洞溝古墓群 - 1997年調査測繪報告』, 科學出版社.

25 집안 우산하1339호묘

集安 禹山下1339號墓 | JYM1339

1. 조사현황

1984년 및 1985년 集錫公路 건설을 위한 발굴시행.

(1) 조사기관

吉林省文物考古研究所, 集安市文物保管所.

(2) 조사자

林至德, 耿鐵華, 王洪峰, 柳嵐, 張雪巖, 遲勇, 孫仁杰.

(3) 조사기간

○ 제1차 조사 : 1984년 6월 20일~1984년 11월 20일.

○ 제2차 조사 : 1985년 5월 15일~1985년 8월 15일.

(4) 조사방법

○ 集錫公路 건설로 인해 구제 발굴을 함. 도로는 집안에서 통화에 이르는 철로선의 북측 약 50m에 위치하는데 서쪽에서 동쪽으로 우산하고분군을 관통하여 우산하고분군의 중간지대에 자리하고 있음. 발굴 범위는 동서 길이 2,500m, 남북 너비 40m임.

○ 발굴한 적석묘는 북쪽에서 남쪽으로 연접되어 있고, 배열된 적석묘의 가장 말단에 위치함. 봉토묘는 배열이 불분명하고 적석묘 부근에 있음.

○ 발굴은 서쪽에서 동쪽으로 진행함. 신중국 성립 이

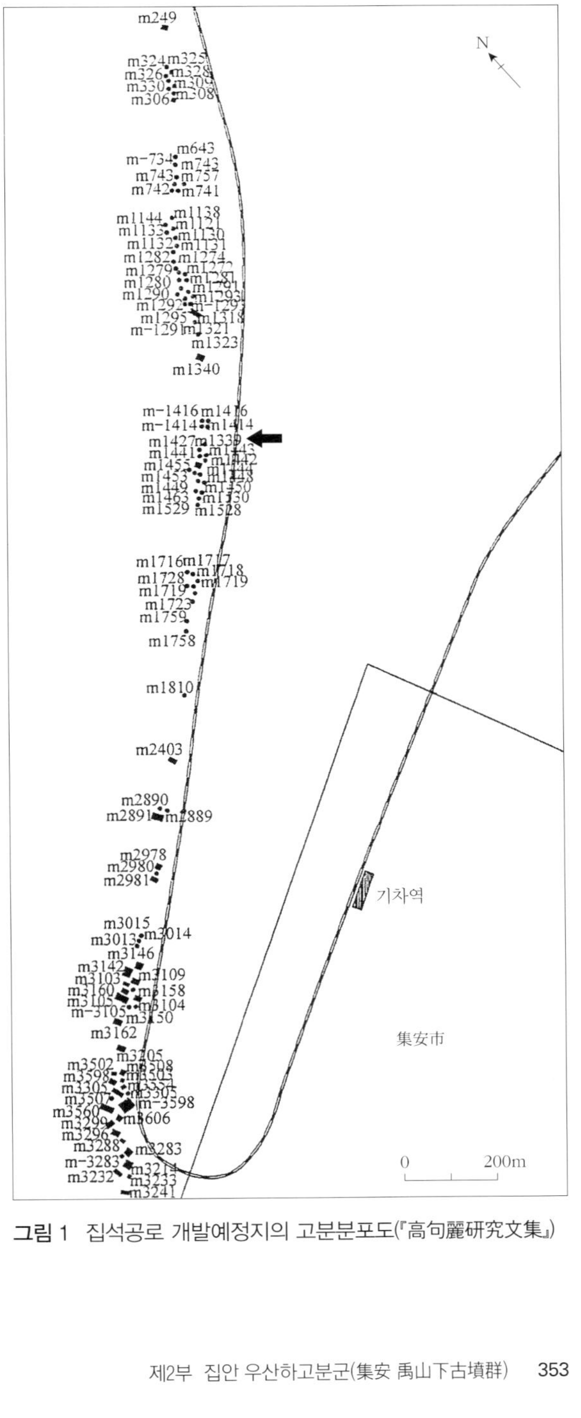

그림 1 집석공로 개발예정지의 고분분포도(『高句麗研究文集』)

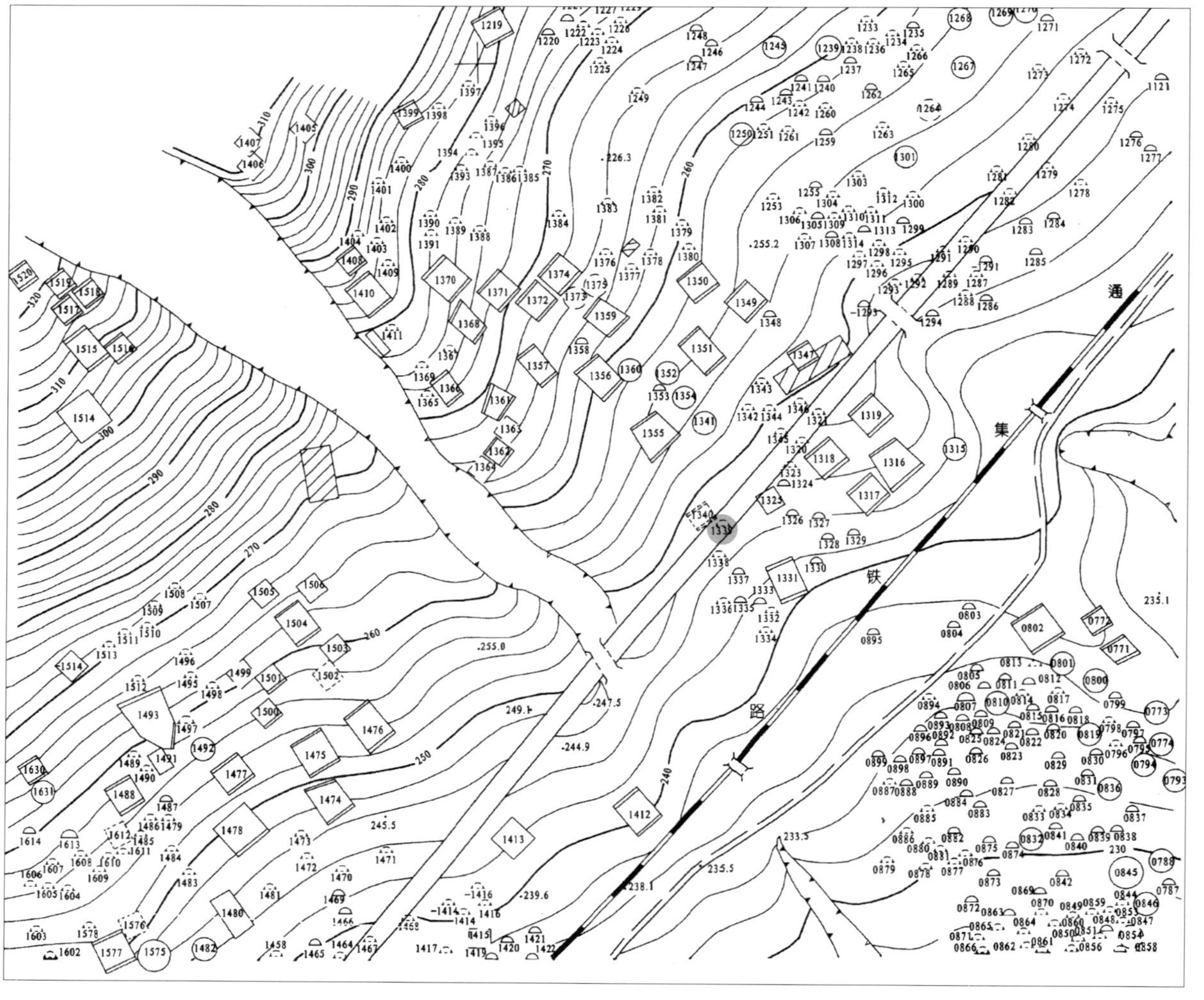

그림 2 우산하1339호묘 위치도(『洞溝古墓群－1997年調査測繪報告』)

후 통구고분군 최초의 비교적 대규모 발굴 작업이었으며, 날씨로 인해 1·2차 두 시기로 나누어 진행함.

(5) 조사내용(그림 1)

○ 제1차 조사에서는 적석묘 28기, 봉토묘 61기 등 총 89기의 고분을 발굴조사하여, 700여 점의 유물을 발견함. 제2차 조사에서는 적석묘 10기, 토석혼축묘 1기, 석관묘 1기, 봉토묘 12기 등 총 24기의 고분을 발굴하고, 유물은 200여 점을 발견함. 두 차례 조사에서 석관묘 1기, 적석묘 38기, 봉토묘 73기, 토석혼축묘 1기 등 총 113기의 고분을 발굴조사하였으며, 유물은 총 931점을 출토함.

○ 발굴된 113기 고분은 대다수 이른 시기부터 파괴와 도굴을 당해 형식이 확실치 않은 것도 있으나, 그 가운데 111기는 고구려 고분임.

2. 위치와 자연환경(그림 2)

○ 우산하고분군은 集安市區 북측에 위치하는데 大禹山 남쪽 기슭의 동서 길이 3.5km, 남북 너비 1km의 좁고 긴 남향의 경사지에 자리하고 있음.

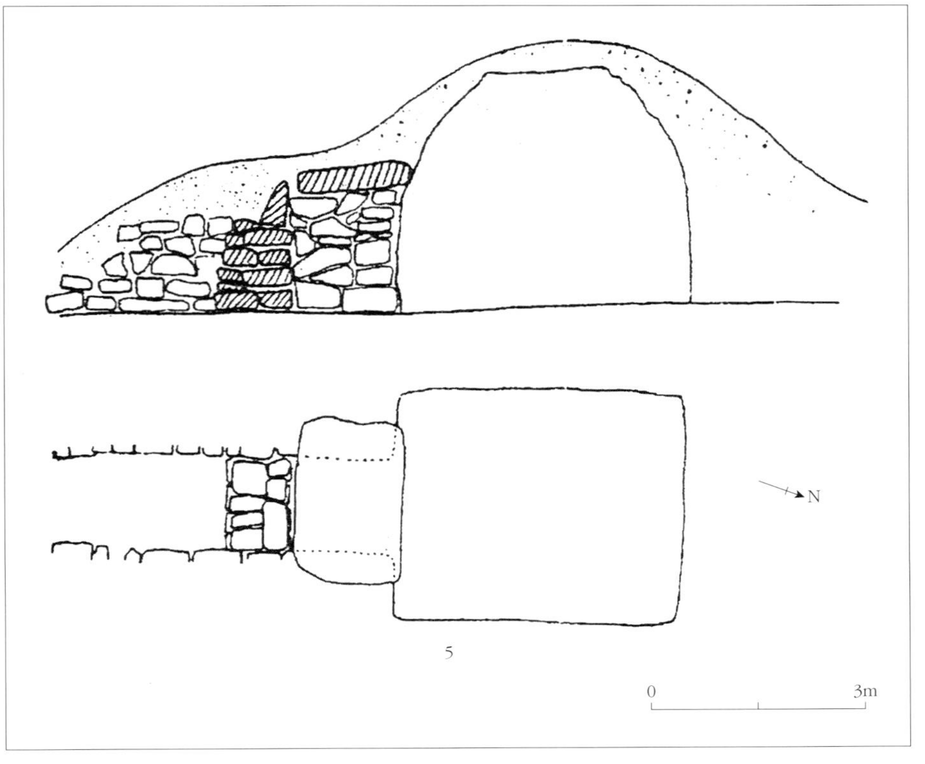

그림 3
우산하1339호묘 평·단면도
(『高句麗研究文集』)

○ 우산하고분군은 우산 남쪽 비탈을 따라 북에서 남으로 고분이 배열되어 있음. 북면 산허리에 적석묘가 절대다수를 점하고 있고 남면 완만한 비탈 지대에 봉토묘가 주로 들어서 있으며, 중간에는 적석묘와 봉토묘가 서로 뒤섞여 있음.

○ 고분은 果樹村에 위치하는데 남쪽으로 철로와 70m 떨어져 있음.

3. 고분의 현황

1) 유형

봉토묘(『高句麗研究文集』), 동실묘(『洞溝古墓群 – 1997年調查測繪報告』).

2) 고분 구조(그림 3)

○ 매장부는 墓道가 묘실 중앙부에 설치된 단실묘로 전체 평면은 鏟形을 이룸.

○ 묘실은 방형으로 장축 방향은 162°임.

○ 묘실 규모는 길이 2.9m, 너비 2.35m, 전체 높이 2.5m이며, 묘실의 네 벽은 간단한 가공을 거친 화강암과 석회암석으로 축조됨. 묘실과 천장은 모두 백회로 틈을 막았으며, 묘실 바닥부에는 석회질 판석을 평평하게 깔았으며, 판석 아래에는 10cm 두께의 목탄층이 있음.

○ 묘도는 묘실 남벽의 중앙에 위치하는데, 규모는 길이 3.6m, 너비 1.0m, 높이 1.3m임. 묘도 북단에서 묘실에 붙어 있는 곳의 상부에 판석을 덮었는데 너비가 0.5m임. 묘도는 이중으로 폐쇄되었는데 묘도 북쪽에서 묘실과 0.4m 떨어진 곳과 묘도 남단에 묘도를 막는 벽을 쌓음.

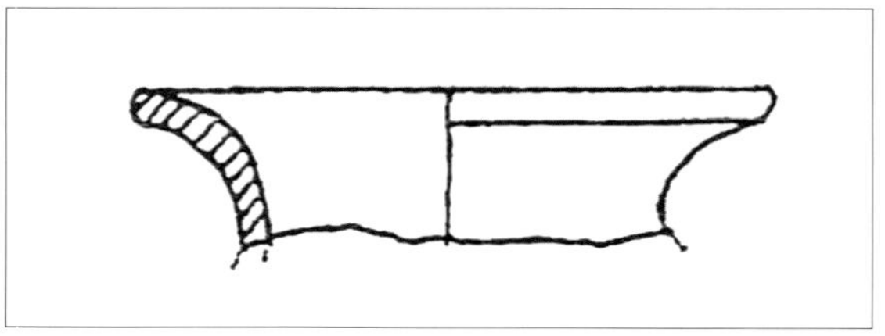

그림 4 토기 구연부

○ 천장은 궁륭식 구조로 정상부의 사면은 점차 안으로 들여쌓았고 그 상부에는 커다란 판석을 덮음.

3) 기타

○ 묘실 중앙부의 남쪽에 치우친 곳과 묘도에 가까운 곳에서 모두 8점의 철제관못(鐵棺釘)이 출토됨.

○ 묘도 중앙부에서는 홍갈색 토기편이 출토됨.

4. 출토유물

1) 토기 구연부(殘陶口沿, JYM1339:1, 그림 4)

○ 출토지 : 우산하1339호묘의 묘도 중앙부.

○ 크기 : 구연 직경 12cm.

○ 태토 및 색깔 : 점토질 홍갈색토기(泥質紅褐陶).

○ 형태 : 구연은 외반하며, 토기 표면은 흑색을 띠고 있음. 展沿罐으로 추정.

5. 역사적 성격

우산하1339호묘는 형식상 고구려 봉토석실묘에서 비교적 이른 시기의 형식에 속하며, 출토된 니질홍갈도의 展沿罐은 고구려 중기 토기의 특징을 갖추고 있으며 그 연대는 대략 5세기에 해당됨.

참고문헌

- 吉林省文物志編委會, 1984, 『集安縣文物志』.
- 吉林省文物考古研究所·集安市文物保管所, 1993, 「集安洞溝古墳群禹山墓區集錫公路墓葬發掘」, 『高句麗研究文集』, 延邊大學出版社 ; 2009, 『吉林集安高句麗墓葬報告集』 재수록.
- 吉林省文物考古研究所·集安市博物館, 2002, 『洞溝古墓群－1997年調查測繪報告』, 科學出版社.

26 집안 우산하1340호묘

集安 禹山下1340號墓 | JYM1340

1. 조사현황

1984년 및 1985년 集錫公路 건설을 위한 발굴시행.

(1) 조사기관

吉林省文物考古研究所, 集安市文物保管所.

(2) 조사자

林至德, 耿鐵華, 王洪峰, 柳嵐, 張雪巖, 遲勇, 孫仁杰.

(3) 조사기간

○ 제1차 조사 : 1984년 6월 20일~1984년 11월 20일.

○ 제2차 조사 : 1985년 5월 15일~1985년 8월 15일.

(4) 조사방법

○ 集錫公路 건설로 인해 구제 발굴을 함. 도로는 집안에서 통화에 이르는 철로선의 북측 약 50m에 위치하는데 서쪽에서 동쪽으로 우산하고분군을 관통하여 우산하고분군의 중간지대에 자리하고 있음. 발굴 범위는 동서 길이 2,500m, 남북 너비 40m임.

○ 발굴한 적석묘는 북쪽에서 남쪽으로 연접되어 있고, 배열된 적석묘의 가장 말단에 위치함. 봉토묘는 배열이 불분명하고 적석묘 부근에 있음.

○ 발굴은 서쪽에서 동쪽으로 진행함. 신중국 성립 이

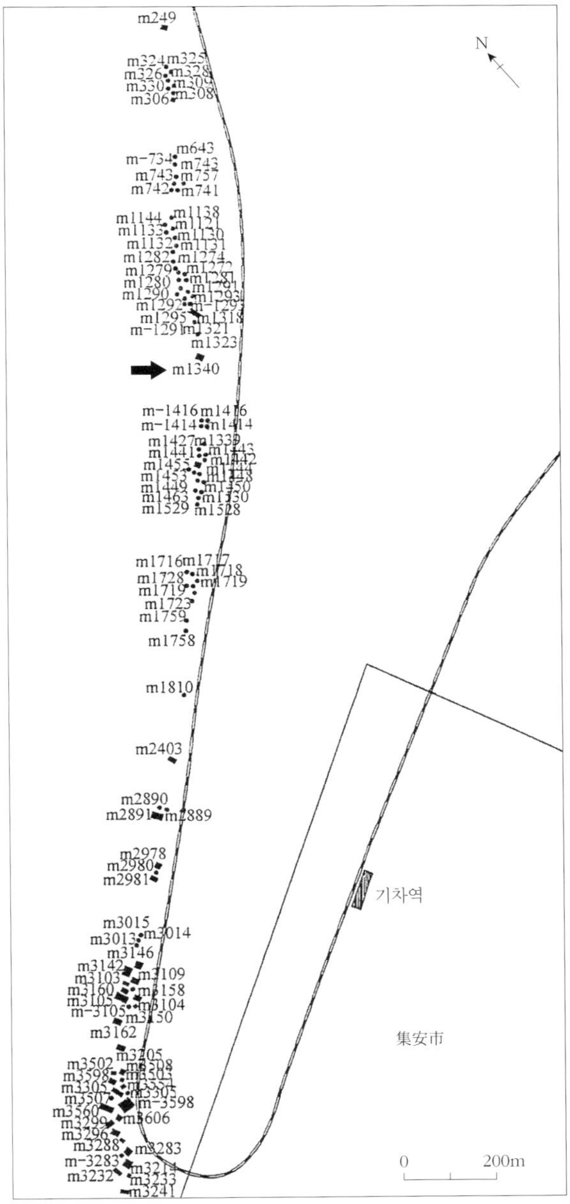

그림 1 집석공로 개발예정지의 고분분포도(『高句麗研究文集』)

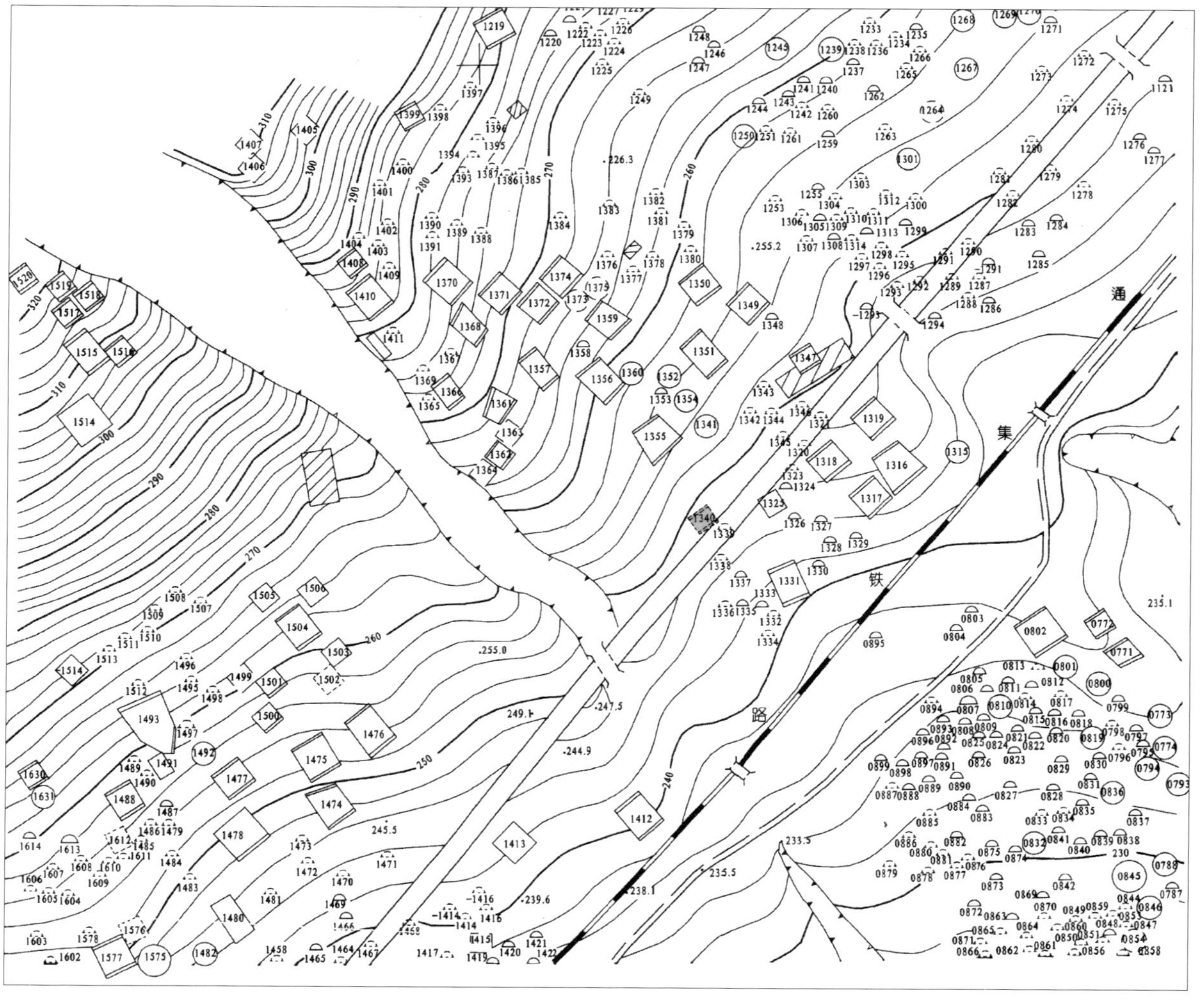

그림 2 우산하1340호묘 위치도(『洞溝古墓群－1997年調査測繪報告』)

후 통구고분군 최초의 비교적 대규모 발굴 작업이었으며, 날씨로 인해 1 · 2차 두 시기로 나누어 진행함.

(5) 조사내용(그림 1)

○ 제1차 조사에서는 적석묘 28기, 봉토묘 61기 등 총 89기의 고분을 발굴조사하여, 700여 점의 유물을 발견함. 제2차 조사에서는 적석묘 10기, 토석혼축묘 1기, 석관묘 1기, 봉토묘 12기 등 총 24기의 고분을 발굴하고, 유물은 200여 점을 발견함. 두 차례 조사에서 석관묘 1기, 적석묘 38기, 봉토묘 73기, 토석혼축묘 1기 등 총 113기의 고분을 발굴조사하였으며, 유물은 총 931점을 출토함.

○ 발굴된 113기 고분은 대다수 이른 시기부터 파괴와 도굴을 당해 형식이 확실치 않은 것도 있으나, 그 가운데 111기는 고구려 고분임.

2. 위치와 자연환경(그림 2)

○ 우산하고분군은 集安市區 북측에 위치하는데 大禹山 남쪽 기슭의 동서 길이 3.5km, 남북 너비 1km의 좁고 긴 남향의 경사지에 자리하고 있음.

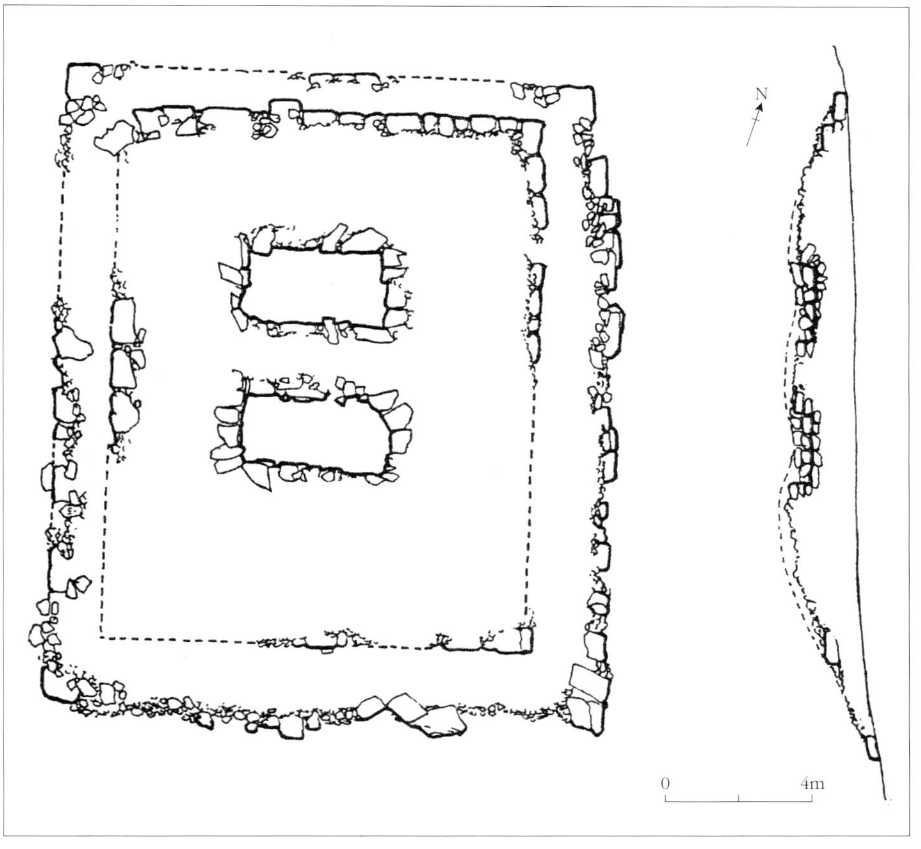

그림 3
우산하1340호묘 평·단면도
(『高句麗研究文集』)

○ 우산하고분군은 우산 남쪽 비탈을 따라 북에서 남으로 고분이 배열되어 있음. 북면 산허리에 적석묘가 절대다수를 점하고 있고 남면 완만한 비탈 지대에 봉토묘가 주로 들어서 있으며, 중간에는 적석묘와 봉토묘가 서로 뒤섞여 있음.

3. 고분의 현황

1) 유형

계단광실묘(『高句麗研究文集』), 계단적석석광묘(『洞溝古墓群 - 1997年調査測繪報告』).

2) 평면

장방형.

3) 규모

동서 너비 15.5m, 남북 길이 17.8m, 높이 1,.8m임.

4) 구조(그림 3)

2단의 계단이 보이는데, 계단 중간에 남북 방향으로 장방형 광실 2개가 배치되어 있음. 광실 사이의 거리는 2m, 장축 방향은 240°임. 북광실은 동서 길이 3.6m, 남북 너비 1.9m, 깊이 0.6m이며 남광실은 길이 3.8m, 너비 1.8m, 깊이 0.6m임.

5) 기타

북광실 안에서 철제꺾쇠와 장막걸이쇠, 남광실에서 시유호(釉陶罐), 시루(甑), 동이(盆), 꺾쇠가 출토됨.

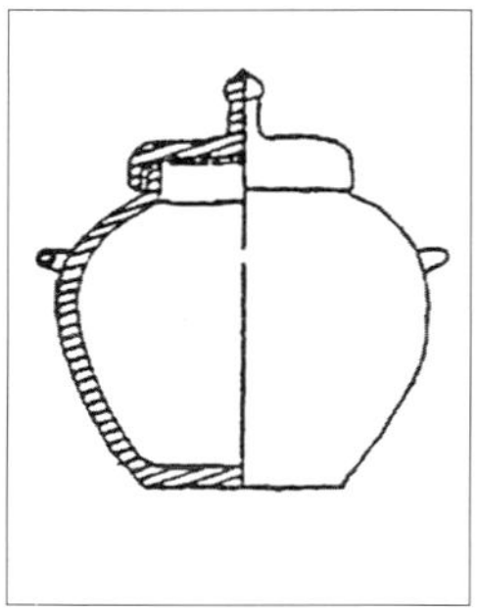

그림 4 시유호

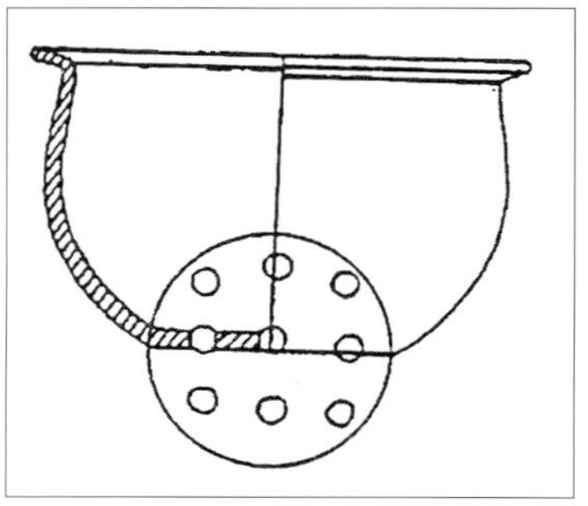

그림 5 시유시루

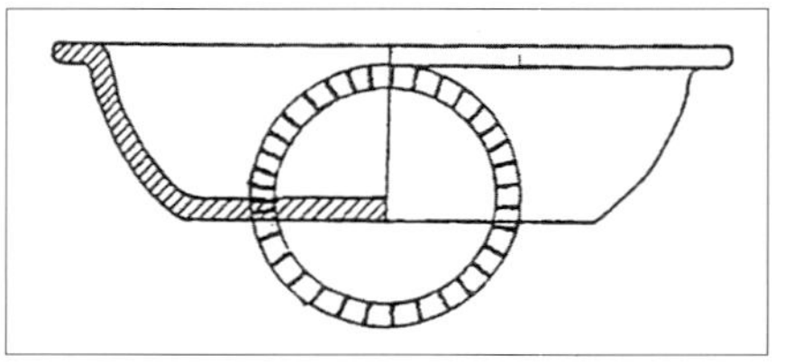

그림 6 시유동이

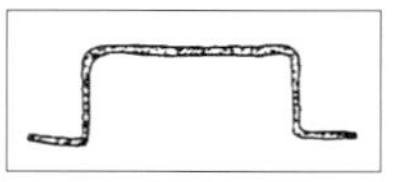

그림 7 장막걸이쇠

4. 출토유물

1) 토기

(1) 시유호(釉陶罐, JYM1340:1, 그림 4)

○ 출토지 : 우산하1340호묘.

○ 크기 : 높이 14.8cm, 구연 직경 6cm, 동체 직경 10.4cm, 바닥 직경 5.8cm.

○ 태토 및 색깔 : 황록색 시유도.

○ 형태 : 구순이 둥글고, 구연이 곧으며(直口), 동체는 볼록하며, 바닥은 평평함. 어깨부에는 대칭하는 두 개의 橋形橫耳가 있음. 토기 상부에는 뚜겅이 하나 덮어 있음. 황록색이 표면에 시유되었으나 많이 떨어져 나감.

(2) 시유시루(釉陶甑, JYM1340:2, 그림 5)

○ 출토지 : 우산하1340호묘.

○ 크기 : 높이 11cm, 구연 직경 18cm, 동체 직경 16cm, 바닥 직경 9cm, 구멍 직경 1cm.

○ 태토 및 색깔 : 황록색 시유도.

○ 형태 : 구순이 네모지고, 구연이 꺾여 있고, 동체는 볼록하며, 바닥은 평평하고, 바닥부에는 9개의 시루 구멍이 있음. 안팎으로 황록색으로 시유됨.

(3) 시유동이(釉陶盆, JYM1340:3, 그림 6)

○ 출토지 : 우산하1340호묘.

○ 크기 : 높이 8cm, 구연 직경 30cm, 바닥 직경 18cm.

○ 태토 및 색깔 : 황록색 시유도.

○ 형태 : 구순이 둥글고, 구연이 평평하며, 동체는 오그라들며, 바닥은 평평함. 바닥 안에는 방격문이 새겨져 있고 황록색으로 시유됨.

2) 철기

(1) 장막걸이쇠(鐵把手, JYM1340:5, 그림 7)

○ 출토지 : 우산하1340호묘.

○ 형태 : 납작하고 긴 쇠막대로 아치형을 만들었는데 양끝은 밖으로 꺾여 있음.

5. 역사적 성격

무덤의 구조와 무덤에서 출토된 토기로 미루어 고분의 조성 시기는 5세기대로 비정됨.

참고문헌

- 吉林省文物志編委會, 1984, 『集安縣文物志』.
- 吉林省文物考古研究所·集安市文物保管所, 1993, 「集安洞溝古墳群禹山墓區集錫公路墓葬發掘」, 『高句麗研究文集』, 延邊大學出版社 ; 2009, 『吉林集安高句麗墓葬報告集』 재수록.
- 吉林省文物考古研究所·集安市博物館, 2002, 『洞溝古墓群－1997年調査測繪報告』, 科學出版社.

27 집안 우산하1416호묘

集安 禹山下1416號墓 | JYM1416

1. 조사현황

1984년 및 1985년 集錫公路 건설을 위한 발굴시행.

(1) 조사기관

吉林省文物考古研究所, 集安市文物保管所.

(2) 조사자

林至德, 耿鐵華, 王洪峰, 柳嵐, 張雪巖, 遲勇, 孫仁杰.

(3) 조사기간

○ 제1차 조사 : 1984년 6월 20일~1984년 11월 20일.

○ 제2차 조사 : 1985년 5월 15일~1985년 8월 15일.

(4) 조사방법

○ 集錫公路 건설로 인해 구제 발굴을 함. 도로는 집안에서 통화에 이르는 철로선의 북측 약 50m에 위치하는데 서쪽에서 동쪽으로 우산하고분군을 관통하여 우산하고분군의 중간지대에 자리하고 있음. 발굴 범위는 동서 길이 2,500m, 남북 너비 40m임.

○ 발굴한 적석묘는 북쪽에서 남쪽으로 연접되어 있고, 배열된 적석묘의 가장 말단에 위치함. 봉토묘는 배열이 불분명하고 적석묘 부근에 있음.

○ 발굴은 서쪽에서 동쪽으로 진행함. 신중국 성립 이

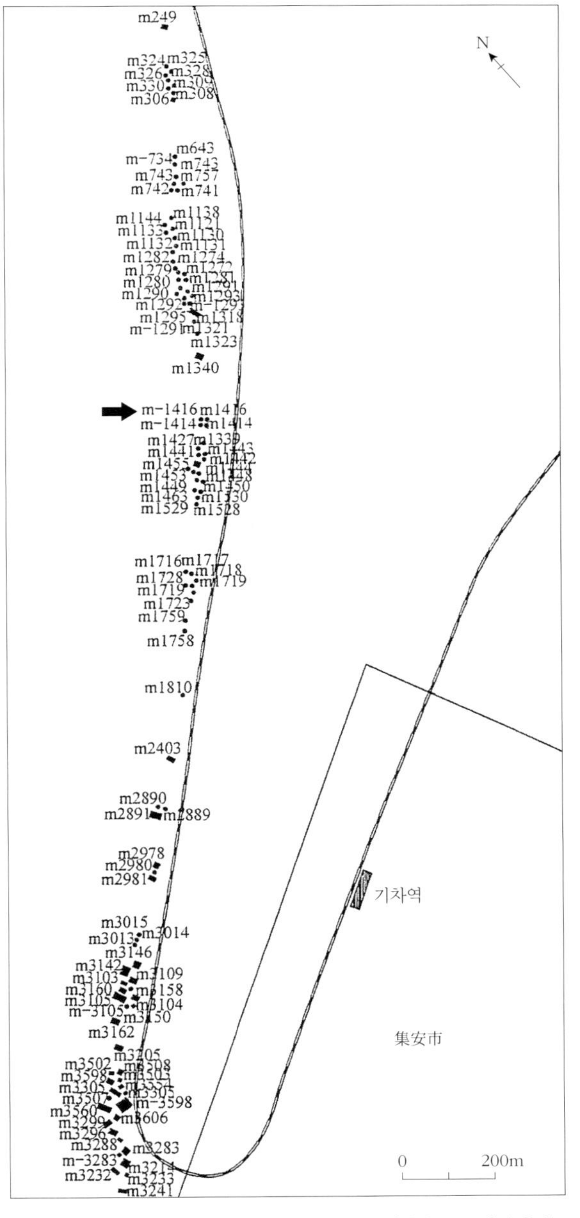

그림 1 집석공로 개발예정지의 고분분포도(『高句麗研究文集』)

그림 2 우산하1416호묘 위치도(『洞溝古墓群－1997年調査測繪報告』)

후 통구고분군 최초의 비교적 대규모 발굴 작업이었으며, 날씨로 인해 1·2차 두 시기로 나누어 진행함.

(5) 조사내용(그림 1)

○ 제1차 조사에서는 적석묘 28기, 봉토묘 61기 등 총 89기의 고분을 발굴조사하여, 700여 점의 유물을 발견함. 제2차 조사에서는 적석묘 10기, 토석혼축묘 1기, 석관묘 1기, 봉토묘 12기 등 총 24기의 고분을 발굴하고, 유물은 200여 점을 발견함. 두 차례 조사에서 석관묘 1기, 적석묘 38기, 봉토묘 73기, 토석혼축묘 1기 등 총 113기의 고분을 발굴조사하였으며, 유물은 총 931점을 출토함.

○ 발굴된 113기 고분은 대다수 이른 시기부터 파괴와 도굴을 당해 형식이 확실치 않은 것도 있으나, 그 가운데 111기는 고구려 고분임.

2. 위치와 자연환경(그림 2)

○ 우산하고분군은 集安市區 북측에 위치하는데 大禹山 남쪽 기슭의 동서 길이 3.5km, 남북 너비 1km의 좁고 긴 남향의 경사지에 자리하고 있음.

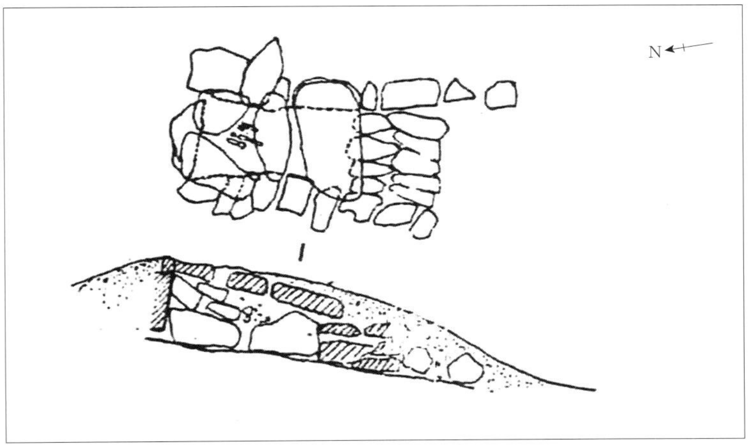

그림 3 우산하1416호묘 평·단면도
(『高句麗硏究文集』)

○ 우산하고분군은 우산 남쪽 비탈을 따라 북에서 남으로 고분이 배열되어 있음. 북면 산허리에 적석묘가 절대다수를 점하고 있고 남면 완만한 비탈 지대에 봉토묘가 주로 들어서 있으며, 중간에는 적석묘와 봉토묘가 서로 뒤섞여 있음.

3. 고분의 현황

1) 유형

봉토묘(『高句麗硏究文集』), 동실묘(『洞溝古墓群－1997年調査測繪報告』).

2) 고분 구조(그림 3)

○ 매장부는 단실묘로 묘도 입구가 나팔형처럼 밖으로 펼쳐져 있음.

○ 묘실 평면은 장방형이며, 방향은 185°임.

○ 묘실 규모는 길이 1.50m, 너비 0.6～0.8m, 높이 05m이며, 묘실의 네 벽은 가지런하지 못한 자연석으로 쌓았는데 북벽은 온전한 석재 1매로 축조함.

○ 묘실 남단에 자리한 묘도는 입구에서 밖으로 가면서 벌어지는데 길이 1m, 너비 0.8～1m, 높이 0.5m임. 장대석 형태의 자연석으로 안팎 2겹으로 묘도를 막아 분리하였음.

○ 묘실 천장은 3개의 판상석으로 덮은 평천장임.

○ 묘실 바닥에는 자연석을 깔았으며, 대략 지표보다 낮음.

3) 기타

묘실 내에서는 사람의 肢骨 잔편이 출토되었으며, 유물은 보이지 않음.

4. 역사적 성격

소형 봉토분으로 축조가 거칠고, 묘실도 작아서 축조 시기를 판단할 근거는 확실하지 않지만, 매장부의 위치가 반지하인 점이나 묘실 규모로 미루어 고구려 말기이거나 발해일 가능성도 있음.

참고문헌

- 吉林省文物志編委會, 1984,『集安縣文物志』.
- 吉林省文物考古硏究所·集安市文物保管所, 1993,「集安洞溝古墳群禹山墓區集錫公路墓葬發掘」,『高句麗硏究文集』, 延邊大學出版社 ; 2009,『吉林集安高句麗墓葬報告集』재수록.
- 吉林省文物考古硏究所·集安市博物館, 2002,『洞溝古墓群－1997年調査測繪報告』, 科學出版社.

28 집안 우산하1758호묘

集安 禹山下1758號墓 | JYM1758

1. 조사현황

1984년 및 1985년 集錫公路 건설을 위한 발굴시행.

(1) 조사기관

吉林省文物考古研究所, 集安市文物保管所.

(2) 조사자

林至德, 耿鐵華, 王洪峰, 柳嵐, 張雪巖, 遲勇, 孫仁杰.

(3) 조사기간

○ 제1차 조사 : 1984년 6월 20일~1984년 11월 20일.

○ 제2차 조사 : 1985년 5월 15일~1985년 8월 15일.

(4) 조사방법

○ 集錫公路 건설로 인해 구제 발굴을 함. 도로는 집안에서 통화에 이르는 철로선의 북측 약 50m에 위치하는데 서쪽에서 동쪽으로 우산하고분군을 관통하여 우산하고분군의 중간지대에 자리하고 있음. 발굴 범위는 동서 길이 2,500m, 남북 너비 40m임.

○ 발굴한 적석묘는 북쪽에서 남쪽으로 연접되어 있고, 배열된 적석묘의 가장 말단에 위치함. 봉토묘는 배열이 불분명하고 적석묘 부근에 있음.

○ 발굴은 서쪽에서 동쪽으로 진행함. 신중국 성립 이

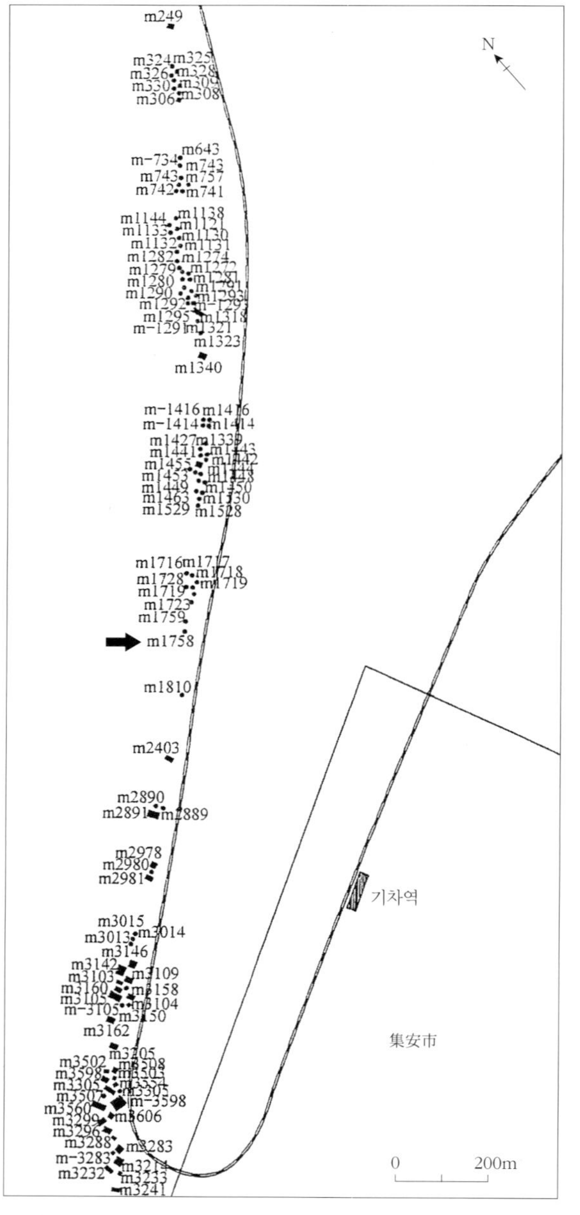

그림 1 집석공로 개발예정지의 고분분포도(『高句麗研究文集』)

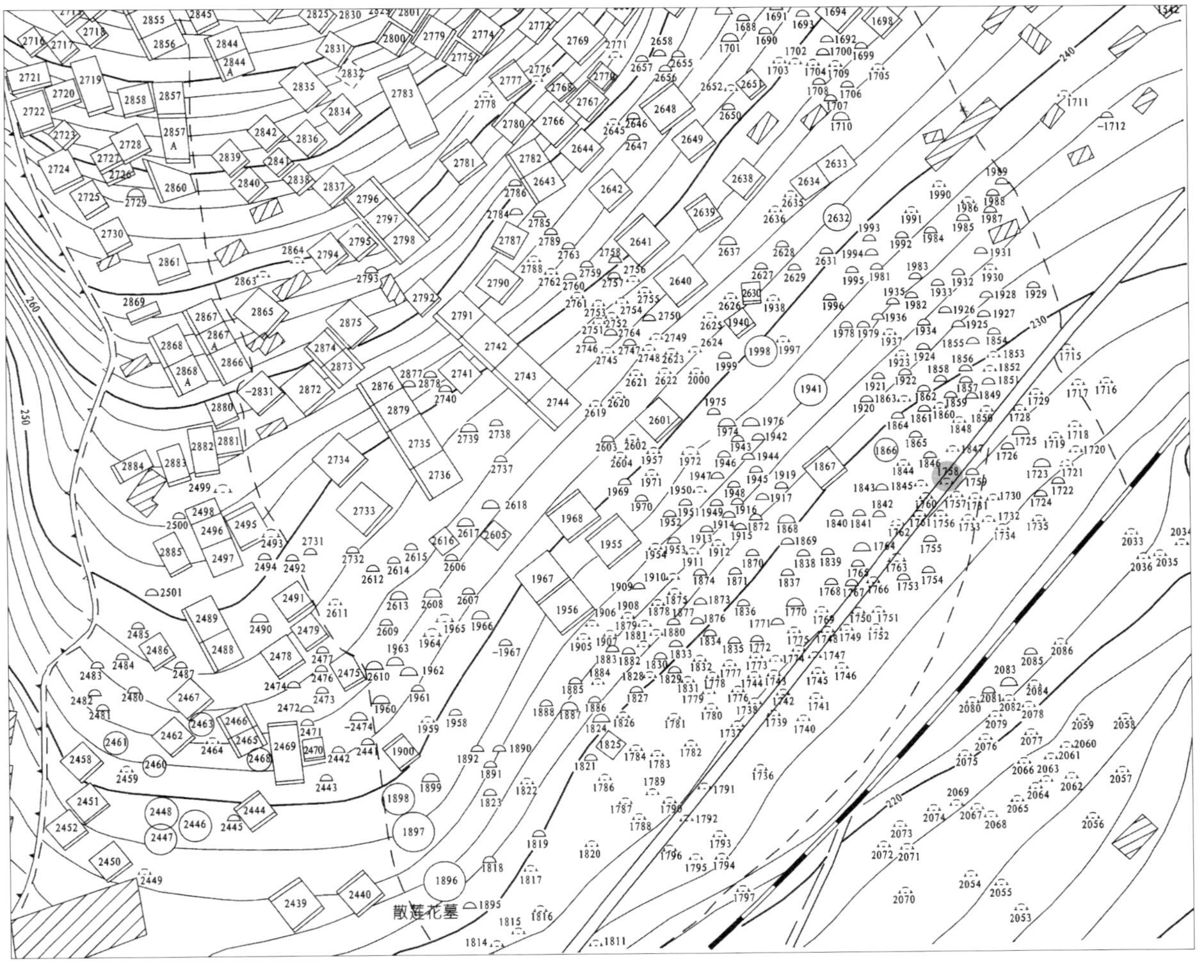

그림 2 우산하1758호묘 위치도(『洞溝古墓群－1997年調查測繪報告』)

후 통구고분군 최초의 비교적 대규모 발굴 작업이었으며, 날씨로 인해 1·2차 두 시기로 나누어 진행함.

(5) 조사내용(그림 1)

○ 제1차 조사에서는 적석묘 28기, 봉토묘 61기 등 총 89기의 고분을 발굴조사하여, 700여 점의 유물을 발견함. 제2차 조사에서는 적석묘 10기, 토석혼축묘 1기, 석관묘 1기, 봉토묘 12기 등 총 24기의 고분을 발굴하고, 유물은 200여 점을 발견함. 두 차례 조사에서 석관묘 1기, 적석묘 38기, 봉토묘 73기, 토석혼축묘 1기 등 총 113기의 고분을 발굴조사하였으며, 유물은 총 931점을 출토함.

○ 발굴된 113기 고분은 대다수 이른 시기부터 파괴와 도굴을 당해 형식이 확실치 않은 것도 있으나, 그 가운데 111기는 고구려 고분임.

2. 위치와 자연환경(그림 2)

○ 우산하고분군은 集安市區 북측에 위치하는데 大禹山 남쪽 기슭의 동서 길이 3.5km, 남북 너비 1km의 좁고 긴 남향의 경사지에 자리하고 있음.

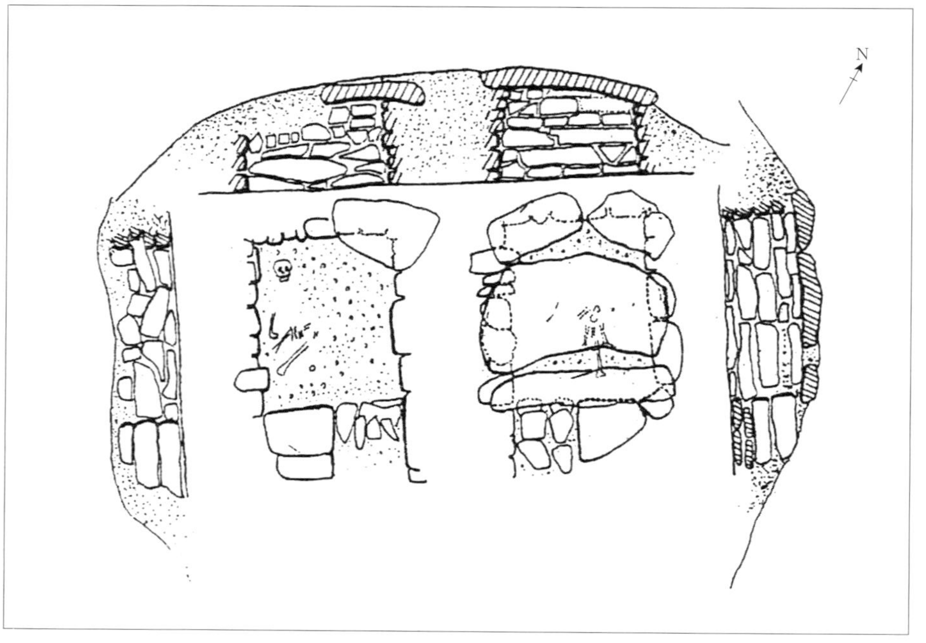

그림 3
우산하1758호묘 평·단면도
(『高句麗硏究文集』)

○ 우산하고분군은 우산 남쪽 비탈을 따라 북에서 남으로 고분이 배열되어 있음. 북면 산허리에 적석묘가 절대다수를 점하고 있고 남면 완만한 비탈 지대에 봉토묘가 주로 들어서 있으며, 중간에는 적석묘와 봉토묘가 서로 뒤섞여 있음.

3. 고분의 현황

1) 유형

봉토묘(『高句麗硏究文集』), 동실묘(『洞溝古墓群－1997年調查測繪報告』), 동분 이혈 합장 무덤.

2) 구조(그림 3)

○ 두 기의 매장부를 가진 同墳異穴의 봉토석실묘로 편재 연도를 갖춘 두 묘실은 전체 평면이 刀形임.
○ 묘실은 장방형으로 장축 방향은 155°임. 동실은 좌편재이고, 서실은 우편재이며, 묘실 간의 거리는 1.3m임.
○ 두 묘실의 규모는 동일한데 각각 길이 2.0m, 너비 1.6m, 높이 1.0m임. 묘실은 가지런히 축조되었는데 석재를 조금 더 손질하였음. 두 묘실의 북벽은 모두 일직선상에 자리하고 있으며, 바닥층은 비교적 커다란 돌을 사용함.
○ 묘도는 두 묘실이 약간 차이가 있는데 동실 묘도는 길이 1.0m, 너비 0.9m, 높이 0.8m이고 서실 묘도는 길이 1.0m, 너비 0.8m, 높이 0.8m임. 두 묘도의 입구는 모두 돌로 쌓아 막음.
○ 천장은 모두 작은 모줄임을 하고 커다란 판상석으로 덮음.
○ 묘실 바닥에는 작은 강자갈을 평평하게 깔음.

3) 기타

○ 두 묘실 내에서는 모두 인골이 있음. 동실 중앙부의 1구는 이미 잔편으로 두골과 부분적 上肢骨만이 남아 있는데 인골들이 모아져 있어 2차장 가능성이 있음. 서실 안의 偏西쪽에는 인골 1구가 있는데 두골과 下肢骨이 있으며, 肢骨의 출토 위치를 보면 側身屈肢葬으로 추정됨.
○ 두 묘실 모두 葬具와 기타 유물이 발견되지 않음.

4. 역사적 성격

이 고분의 묘실 구조는 고구려 석실묘와 같으나, 묘실의 규모가 작고 2차장의 가능성은 고구려 고분에서 잘 보이지 않는 장속임. 2차장 葬俗인 점으로 미루어 고구려 고분이 재사용된 발해 고분일 가능성도 있음.

참고문헌

- 吉林省文物志編委會, 1984,『集安縣文物志』.
- 吉林省文物考古研究所·集安市文物保管所, 1993,「集安洞溝古墳群禹山墓區集錫公路墓葬發掘」,『高句麗研究文集』, 延邊大學出版社 ; 2009,『吉林集安高句麗墓葬報告集』재수록.
- 吉林省文物考古研究所·集安市博物館, 2002,『洞溝古墓群－1997年調査測繪報告』, 科學出版社.

29 집안 우산하1810호묘

集安 禹山下1810號墓 | JYM1810

1. 조사현황

1984년 및 1985년 集錫公路 건설을 위한 발굴시행.

(1) 조사기관

吉林省文物考古研究所, 集安市文物保管所.

(2) 조사자

林至德, 耿鐵華, 王洪峰, 柳嵐, 張雪巖, 遲勇, 孫仁杰.

(3) 조사기간

○ 제1차 조사 : 1984년 6월 20일~1984년 11월 20일.

○ 제2차 조사 : 1985년 5월 15일~1985년 8월 15일.

(4) 조사방법

○ 集錫公路 건설로 인해 구제 발굴을 함. 도로는 집안에서 통화에 이르는 철로선의 북측 약 50m에 위치하는데 서쪽에서 동쪽으로 우산하고분군을 관통하여 우산하고분군의 중간 지대에 자리하고 있음. 발굴 범위는 동서 길이 2,500m, 남북 너비 40m임.

○ 발굴한 적석묘는 북쪽에서 남쪽으로 연접되어 있고, 배열된 적석묘의 가장 말단에 위치함. 봉토묘는 배열이 불분명하고 적석묘 부근에 있음.

○ 발굴은 서쪽에서 동쪽으로 진행함. 신중국 성립 이

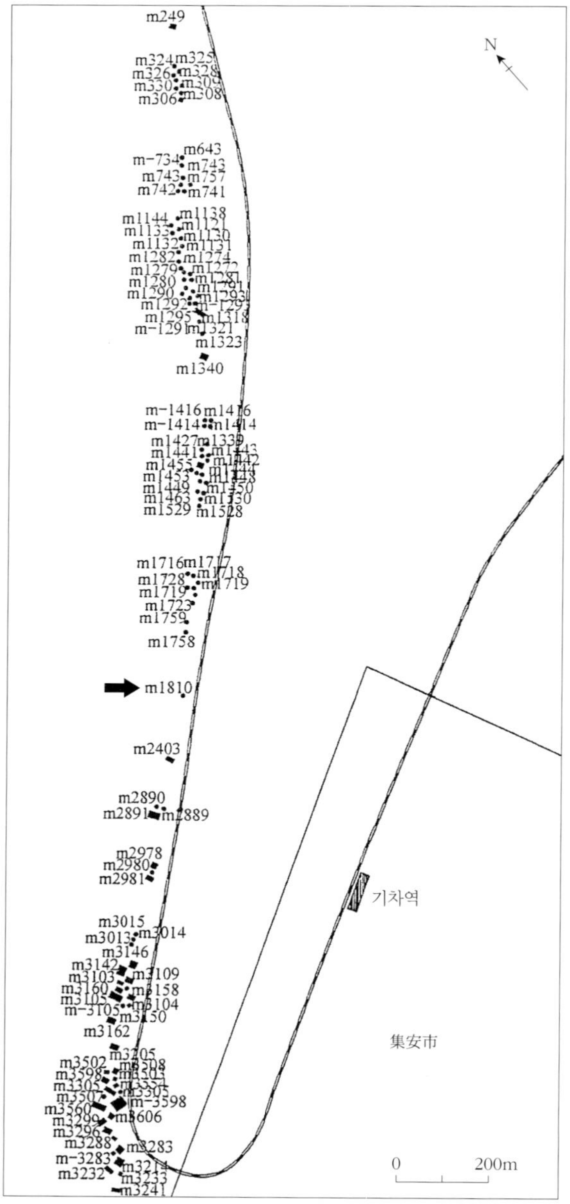

그림 1 집석공로 개발예정지의 고분분포도(『高句麗研究文集』)

그림 2 우산하1810호묘 위치도(『洞溝古墓群－1997年調査測繪報告』)

후 통구고분군 최초의 비교적 대규모 발굴 작업이었으며, 날씨로 인해 1 · 2차 두 시기로 나누어 진행함.

(5) 조사내용(그림 1)

○ 제1차 조사에서는 적석묘 28기, 봉토묘 61기 등 총 89기의 고분을 발굴조사하여, 700여 점의 유물을 발견함. 제2차 조사에서는 적석묘 10기, 토석혼축묘 1기, 석관묘 1기, 봉토묘 12기 등 총 24기의 고분을 발굴하고, 유물은 200여 점을 발견함. 두 차례 조사에서 석관묘 1기, 적석묘 38기, 봉토묘 73기, 토석혼축묘 1기 등 총 113기의 고분을 발굴조사하였으며, 유물은 총 931점을 출토함.

○ 발굴된 113기 고분은 대다수 이른 시기부터 파괴와 도굴을 당해 형식이 확실치 않은 것도 있으나, 그 가운데 111기는 고구려 고분임.

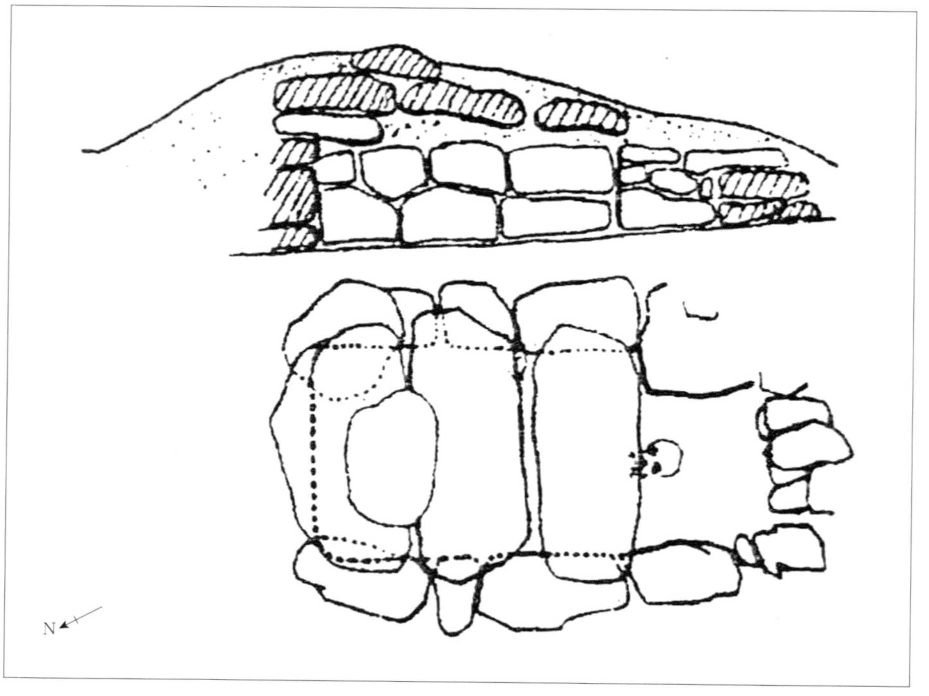

그림 3
우산하1810호묘 평 · 단면도
(『高句麗研究文集』)

2. 위치와 자연환경(그림 2)

○ 우산하고분군은 集安市區 북측에 위치하는데 大禹山 남쪽 기슭의 동서 길이 3.5km, 남북 너비 1km의 좁고 긴 남향의 경사지에 자리하고 있음.

○ 우산하고분군은 우산 남쪽 비탈을 따라 북에서 남으로 고분이 배열되어 있음. 북면 산허리에 적석묘가 절대다수를 점하고 있고 남면 완만한 비탈 지대에 봉토묘가 주로 들어서 있으며, 중간에는 적석묘와 봉토묘가 서로 뒤섞여 있음.

○ 고분은 우산하묘구의 통구12호묘(마조총) 동북 약 20m 거리에 위치하고 있음.

3. 고분의 현황

1) 유형

봉토묘(『高句麗研究文集』), 동실묘(『洞溝古墓群－1997年調査測繪報告』).

2) 고분 구조(그림 3)

○ 매장부는 한쪽에 치우친 墓道를 갖춘 단실묘로 전체 평면은 刀形임.

○ 묘실은 長方形이며, 장축 방향은 210°임.

○ 묘실 규모는 길이 2.0m, 너비 1.5m, 높이 1.0m이며 자연석으로 축조함.

○ 묘도는 묘실 남벽의 서쪽에 위치하는데 규모는 길이 1.1m, 너비 0.8m, 높이 0.5m임.

○ 천장은 모줄임(抹角式) 구조인데, 북벽의 상단에 두 개의 모줄임돌이 있고 그 위로 평평한 석재를 덮음.

○ 묘실 바닥은 현 지표보다 낮으며, 깨진 돌로 평평하게 깔았음.

○ 묘도의 남단에는 북쪽으로 묘실 남벽과 0.8m 떨어진 곳에 묘도를 막았으며, 막은 돌은 1줄 쌓았는데 높이는 0.5m임.

○ 묘도의 바닥과 묘실 바닥은 평평하고 가지런함.

3) 기타

묘실 내에서 사람의 頭骨과 股骨이 출토되었는데 2개체가 분명하나 이미 교란되었으며, 기타 유물은 볼 수 없음.

4. 역사적 성격

무덤의 연대를 판단할 근거는 확실하지 않으나, 무덤의 축조방식이나 축조에 사용된 석재로 미루어 낮은 신분의 무덤이었던 것으로 보임.

참고문헌

- 吉林省文物志編委會, 1984, 『集安縣文物志』.
- 吉林省文物考古研究所·集安市文物保管所, 1993, 「集安洞溝古墳群禹山墓區集錫公路墓葬發掘」, 『高句麗研究文集』, 延邊大學出版社 ; 2009, 『吉林集安高句麗墓葬報告集』 재수록.
- 吉林省文物考古研究所·集安市博物館, 2002, 『洞溝古墓群－1997年調查測繪報告』, 科學出版社.

30 집안 우산하2101호묘 : 오회분1호묘

集安 禹山下2101號墓 : 五盔墳1號墓 | JYM2101

1. 조사현황

1) 1909~1910년

○ 조사자 : 谷井濟一, 栗山俊一.

2) 1935년

○ 조사자 : 池內宏, 黑田源次, 梅原末治, 三上次男.

○ 조사내용 : 集安의 도성 및 중요 고분들을 조사할 때 조사대상에 포함됨.

3) 1962년

○ 조사기관 : 吉林省博物館, 集安縣文物保管所.

○ 조사내용 : 봉토 보존 작업 진행.

4) 1966년

○ 조사내용 : 通溝古墳群에 대한 실측조사 때 '禹山墓區2101號墓(JYM2101)'로 편호. 이후 수년간 여러 차례 대규모 조사와 보존 진행.

5) 2003년

○ 조사내용 : 보수작업을 하면서 묘의 주변 약 30m 범위 내에 강자갈이 깔려 있음을 확인.

6) 2004~2005년

○ 조사자 : 張福有, 孫仁杰, 遲勇.

○ 조사내용 : 여러 차례 발굴조사 및 실측. 조사 중 무덤 주위에서 회색 암키와와 수키와편들을 수습.

2. 위치와 자연환경(그림 1)

1) 고분의 위치

○ 집안 禹山下古墳群 서남쪽 끝의 평지에 위치.

○ 禹山 남쪽 기슭에 위치.

○ 중심지리좌표는 동경 126°11′560″, 북위 41°08′072″, 묘정상의 해발은 211m임.

○ 동서로 배열된 五盔墳 가운데, 서쪽 끝에 위치.

2) 고분의 주변환경

○ 동쪽으로 약 120m 떨어진 지점에 五盔墳2號墓가 있음.

○ 북쪽으로 약 30m 떨어진 지점에 동서로 배열된 四盔墳이 있음.

○ 서쪽으로 경작지를 지나 약 500m 지점에 東臺子 유적지가 있음.

○ 남쪽으로 약 80m 떨어진 지점에 集安-果樹場 간 도로가 있음.

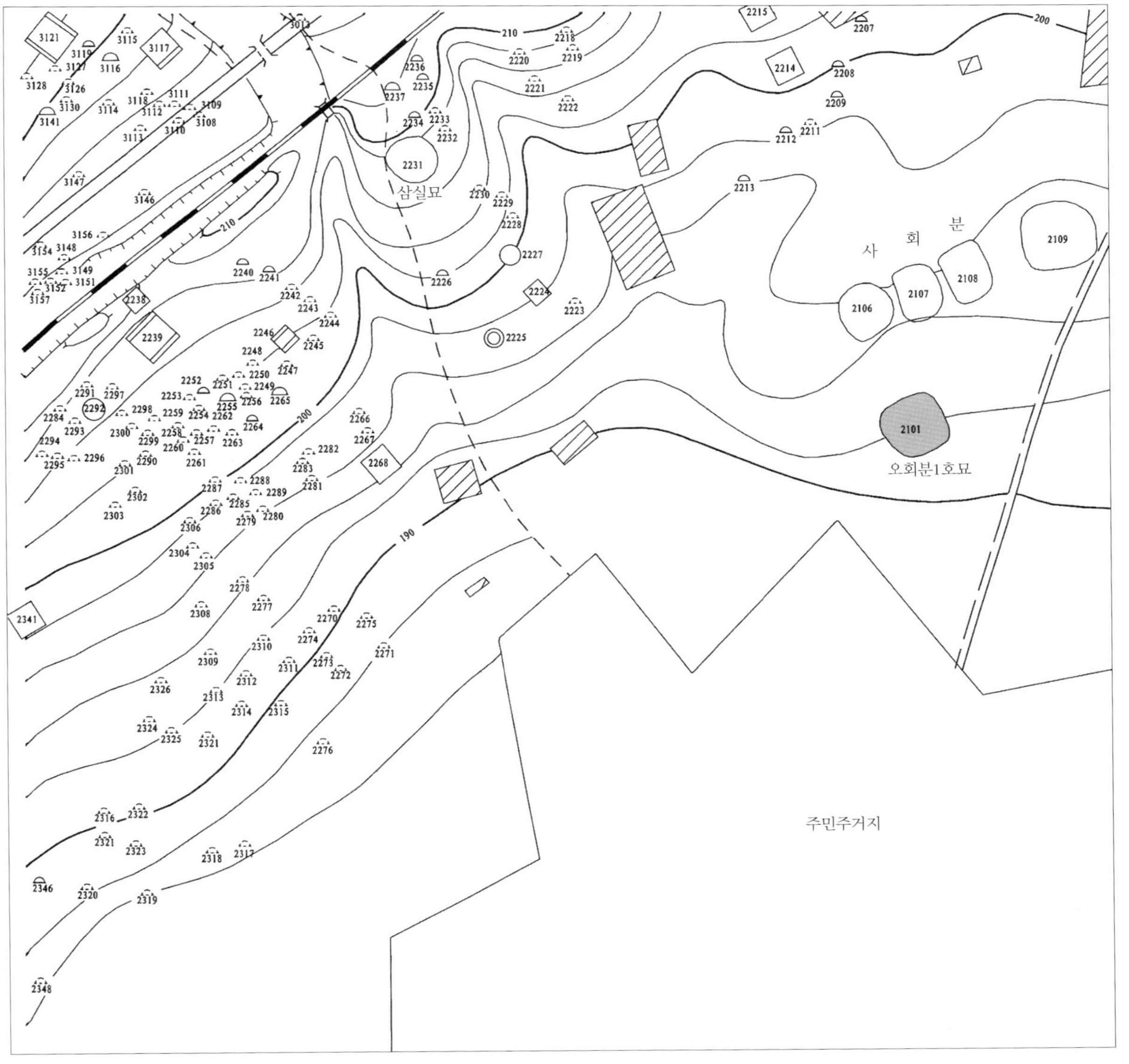

그림 1 오회분1호묘 위치도(『洞溝古墓群－1997年調査測繪報告』, 210쪽)

3. 고분의 현황

1) 고분 명칭의 변천

○ 본 고분과 인접한 4기의 고분(총 5기) 모양이 투구(盔)와 비슷하다고 하여 '五盔墳'이라 불림.

○ 1966년 통구고분군에 대한 실측조사 때 '禹山墓區 2101號墓(JYM2101)'로 편호.

2) 고분 형식

(1) 유형

基壇封土石室墓.

(2) 고분의 규모

둘레 120m, 높이 6m.

3) 고분 구조

○ 분구는 截頭方錐形임.

○ 묘실은 아직 발굴하지 않아 그 내부구조를 알 수 없음.

○ 墓道는 남쪽을 향함.

○ 돌로 基壇을 만들었으나, 현재 석재는 대부분 유실되거나 흙으로 덮힘.

○ 묘의 주변 약 30m 범위 내에 강자갈이 깔려 있음. 강자갈은 비교적 고름. 일반적으로 크기는 0.15~0.20m 사이임.

○ 북측으로 30m 떨어진 지점(사회분과의 중간지점)에 동서로 배열된 돌이 있음. 돌은 대부분 흙에 묻혀 있음. 가공한 화강암으로 길이 0.8m, 너비 0.4m, 높이 0.3m 정도임.

4. 상관유적

○ 고분에서 서남쪽으로 약 50m 떨어진 지점에 기와가 흩어져 있는데, 분포범위는 100m² 정도임. 건물지로서 무덤의 守墓 및 제사와 관계가 있을 것으로 추정.

5. 출토유물

1) 기와

(1) 기와편

○ 출토지 : 오회분1호묘 주위.

○ 형태 : 암키와 및 수키와 잔편임. 배면에 繩文, 내면에 布文이 있음.

○ 색깔 : 회색.

(2) 기와편

○ 출토지 : 오회분1호묘 서남쪽 약 50m 지점.

○ 형태 : 암키와 및 수키와 잔편임. 배면에는 방격문, 蓆文, 籃文 등이 있고, 내면에는 포문이 있음.

○ 색깔 : 홍색.

6. 역사적 성격

1) 특징

○ 2004년 유네스코 세계문화유산에 등록됨.

○ 오회분1호묘는 오회분 가운데 가장 서쪽에 있음. 우산하고분군 集錫도로구간에 있는 고분의 분포를 보면, 서쪽에서 동쪽으로 발전하고 북쪽에서 남쪽으로 배열됨. 그렇다면 오회분1호묘는 오회분 2·3·4·5호묘보다 이른 시기에 축조되었다고 볼 수 있음. 북측에 있는 사회분은 오회분1호묘와 같은 묘역에 속하고 관계가 밀접하므로 陪塚일 가능성이 있음.

2) 축조연대

고분 주변에서 회색 기와가 보이고, 서남쪽에 건물지가 있으며, 규모가 크고 위치한 환경이 뛰어나다는 점을 들면서 6세기경에 축조되었다고 추정하기도 함(張福有·孫仁杰·遲勇, 2007).

3) 피장자 추정

歸葬한 왕릉이라고 추정하면서 고구려 제22대 왕인 안장왕의 무덤으로 비정하기도 함(張福有·孫仁杰·遲勇, 2007).

참고문헌

- 關野貞·谷井濟一, 1915,『朝鮮古蹟圖譜(一)』.
- 池內宏·梅原末治, 1938,『通溝』上, 日滿文化協會.
- 吉林省文物志編委會, 1984,『集安縣文物志』.
- 吉林省文物考古研究所·集安市博物館, 2002,『洞溝古墓群－1997年調查測繪報告』, 科學出版社.
- 孫仁杰·遲勇, 2007,『集安高句麗墓葬』, 香港亞洲出版社.
- 張福有·孫仁杰·遲勇, 2007,「高句麗王陵通考要報」,『東北史地』2007-4.

31 집안 우산하2102호묘: 오회분2호묘

集安 禹山下2102號墓: 五盔墳2號墓 | JYM2102

1. 조사현황

1) 1909~1910년

○ 조사자 : 谷井濟一, 栗山俊一.

2) 1935년

○ 조사자 : 池內宏, 黑田源次, 梅原末治, 三上次男.

○ 조사내용 : 集安의 도성 및 중요 고분들을 조사할 때 조사대상에 포함됨.

3) 1962년

○ 조사기관 : 吉林省博物館, 集安縣文物保管所.

○ 조사내용 : '五盔墳2號墓'라고 부름. 봉토 보존 작업 진행.

4) 1966년

○ 조사내용 : 通溝古墳群에 대한 실측조사 때 '禹山墓區2102號墓(JYM2102)'로 편호. 이후 수년간 여러 차례 대규모 조사와 보존 진행.

5) 2004~2005년

○ 조사자 : 張福有, 孫仁杰, 遲勇.

○ 조사내용 : 여러 차례 발굴조사 및 실측. 조사중 묘 표면에 흩어져 있던 대량의 암키와와 수키와 잔편들을 수습.

2. 위치와 자연환경(그림 1)

1) 고분의 위치

○ 집안 禹山下古墳群 남쪽 끝에 위치.

○ 평지에 위치하고 지세는 광활.

○ 중심지리좌표는 동경 126°11′675″, 북위 41°08′113″, 묘정상의 해발은 223m임.

○ 동서로 배열된 五盔墳 가운데, 서쪽에서 두 번째에 위치.

2) 고분의 주변환경

○ 동쪽으로 약 230m 떨어진 지점에 五盔墳3號墓(JYM2103)가 있음.

○ 서쪽으로 약 120m 떨어진 지점에 五盔墳1號墓(JYM2101)가 있음.

○ 서북쪽으로 약 40m 떨어진 지점에 五盔墳4號墓(JYM2104)가 있음

○ 남쪽으로 약 30m 떨어진 지점에 集安 – 果樹場 간 도로가 있음.

3. 고분의 현황

1) 고분 명칭의 변천

○ 1962년 조사 때 '五盔墳2號墓'라고 부름.

○ 1966년 통구고분군에 대한 실측조사 때 '禹山墓區

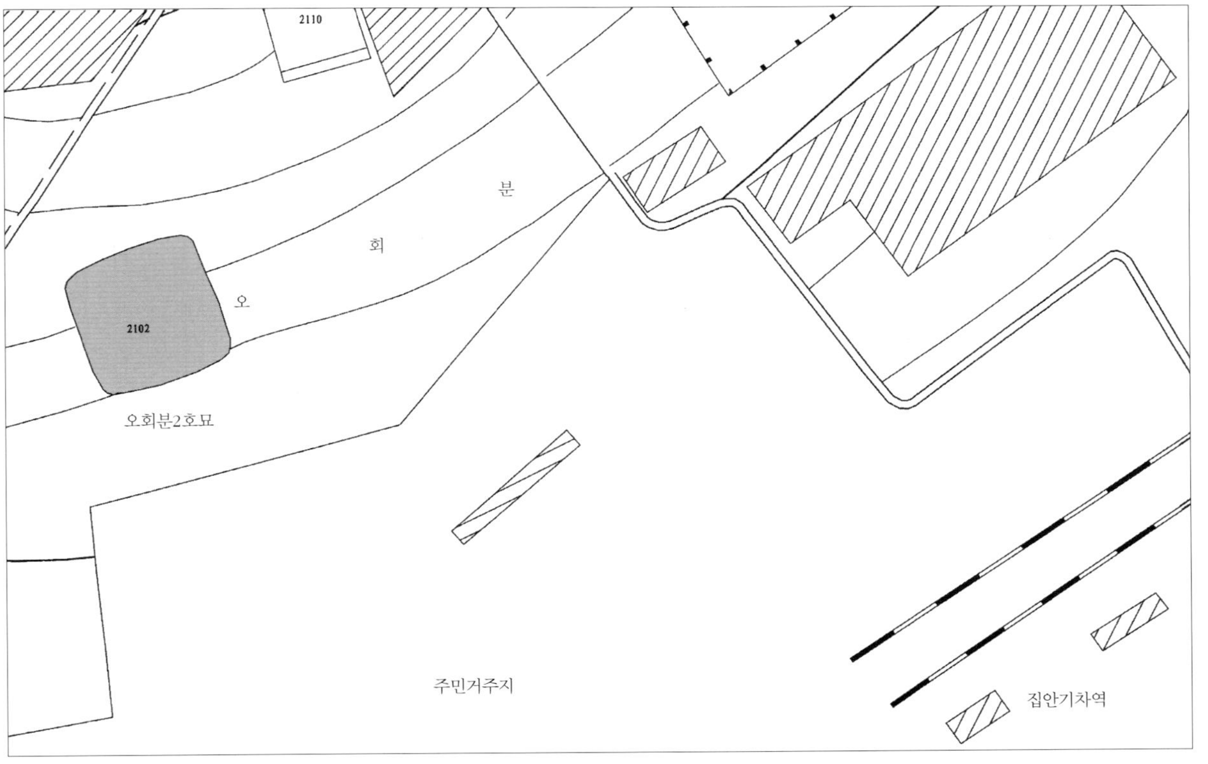

그림 1 오회분2호묘 위치도(『洞溝古墓群 - 1997年調查測繪報告』, 211쪽)

2102號墓(JYM2102)'로 편호.

2) 고분 형식

(1) 유형

封土石室墓.

(2) 고분의 규모

길이 55m, 너비 55m, 높이 20m.

3) 고분 구조

○ 오회분 가운데 규모가 가장 큼.

○ 봉토는 황토이고, 분구는 截頭方錐形임.

○ 묘실은 아직 발굴하지 않아 그 내부 구조를 알 수 없음.

○ 墓道는 남측에 있음.

○ 무덤의 네 변에는 돌로 墓壇을 만듦. 현재 동·남 양측 지표면의 墓壇石만 확인할 수 있음. 남측 묘단의 길이는 약 70m이고 묘단석은 모두 가공한 화강암임. 돌은 길이 약 1m, 너비 0.6m, 높이 0.4m 정도임. 서측 묘단석 일부는 물로 씻겨 내려감에 따라 유실.

○ 고분에서 서쪽으로 3m 떨어진 지점에 도랑 한 줄기가 있는데, 북쪽에서 남쪽으로 흐르면서 四盔墳4號墓와 오회분2호묘의 중간을 관통. 도랑은 우산 남쪽 기슭의 陳家溝에서 흘러나옴. 본래 사회분의 북측 약 100m 지점에서 서쪽으로 흐르고, 다시 오회분1호묘 서쪽 100m 지점에서 남쪽으로 꺾어서 흘렀는데, 침식을 겪은 후 노선이 바뀌어 현재의 방향으로 지남.

4. 관련 유적

고분에서 서남쪽으로 약 80m 떨어진 지점에 많은 홍색기와편들이 흩어져 있는데, 기와가 분포한 면적은 약 80m² 정도임. 건물지로서 고분의 守墓 및 제사와 관계가 있을 것으로 추정.

5. 출토유물

고분 주변에 회색의 암키와와 수키와 잔편이 있음. 암키와는 배면에 繩文, 내면에 布文이 있음. 그 외에 홍색 기와편도 보임.

6. 역사적 성격

1) 특징

2004년 유네스코 세계문화유산에 등록됨.

2) 연대 추정

오회분2호묘는 五盔墳 가운데 서쪽에서 두 번째에 위치. 우산하고분군 集錫도로구간에 있는 고분의 분포를 보면, 서쪽에서 동쪽으로 발전하고 북쪽에서 남쪽으로 배열됨. 이를 감안하면 오회분2호묘는 오회분1호묘보다 늦고, 오회분3호묘와 4호묘보다는 일찍 축조되었다고 볼 수 있는데, 6세기 중반에 축조되었을 것으로 추정(張福有 · 孫仁杰 · 遲勇, 2007).

3) 피장자

오회분2호묘는 고구려의 봉토석실묘 중에 규모가 가장 큰데, 이러한 규모와 더불어 시설이 완비되었다는 점을 감안하면서 왕릉으로 보기도 함. 더 나아가 오회분1호묘를 안장왕의 무덤으로 비정하면서 오회분1호묘와 오회분2호묘의 배열 양상이 합치된다고 보고 피장자를 안장왕과 형제 관계였던 고구려 제23대왕인 안원왕으로 비정하기도 함(張福有 · 孫仁杰 · 遲勇, 2007).

참고문헌

- 關野貞·谷井濟一, 1915,『朝鮮古蹟圖譜(一)』.
- 池內宏·梅原末治, 1938,『通溝』上, 日滿文化協會.
- 吉林省文物志編委會, 1984,『集安縣文物志』.
- 吉林省文物考古研究所·集安市博物館, 2002,『洞溝古墓群－1997年調查測繪報告』, 科學出版社.
- 孫仁杰·遲勇, 2007,『集安高句麗墓葬』, 香港亞洲出版社.
- 張福有·孫仁杰·遲勇, 2007,「高句麗王陵通考要報」,『東北史地』2007-4.

32 집안 우산하2103호묘: 오회분3호묘

集安 禹山下2103號墓: 五盔墳3號墓 | JYM2103

1. 조사현황

1) 1909~1910년

○ 조사자 : 谷井濟一, 栗山俊一.

2) 1935년

○ 조사자 : 池內宏, 黑田源次, 梅原末治, 三上次男.

○ 조사내용 : 集安의 도성 및 중요 고분들을 조사할 때 조사대상에 포함됨.

3) 1962년

○ 조사기관 : 吉林省博物館, 集安縣文物保管所.

○ 조사내용 : '五盔墳3號墓'라고 부름. 봉토 보존작업 진행.

4) 1966년

○ 조사내용 : 通溝古墳群에 대한 실측조사 때 '禹山墓區2103號墓(JYM2103)'로 편호. 이후 수년간 여러 차례 대규모 조사와 보존 진행.

5) 2004~2005년

○ 조사자 : 張福有, 孫仁杰, 遲勇.

○ 조사내용 : 묘 주위에서 암키와와 수키와편을 수습.

2. 위치와 자연환경(그림 1)

1) 고분의 위치

○ 집안 禹山下古墳群 남쪽 끝의 평지에 위치.

○ 중심지리좌표는 동경 126°11′826″, 북위 41°08′207″이고, 묘정상의 해발은 226m임.

○ 동서로 배열된 五盔墳 가운데 중간에 위치.

2) 고분의 주변환경

○ 서쪽으로 약 130m 떨어진 지점에 五盔墳2號墓(JYM2102)가 있음.

○ 동쪽으로 약 5m 떨어진 지점에 五盔墳4號墓(JYM2104)가 있음.

○ 북쪽으로 약 30m 떨어진 지점에 禹山下2112號墓(JYM2112)가 있음.

○ 남쪽으로 약 50m 떨어진 지점에 集安-果樹場 간 도로가 있음.

3. 고분의 현황

1) 고분 명칭의 변천

○ 1962년 조사 때 '五盔墳3號墓'라고 부름.

○ 1966년 통구고분군에 대한 실측조사 때 '禹山墓區2103號墓(JYM2103)'로 편호.

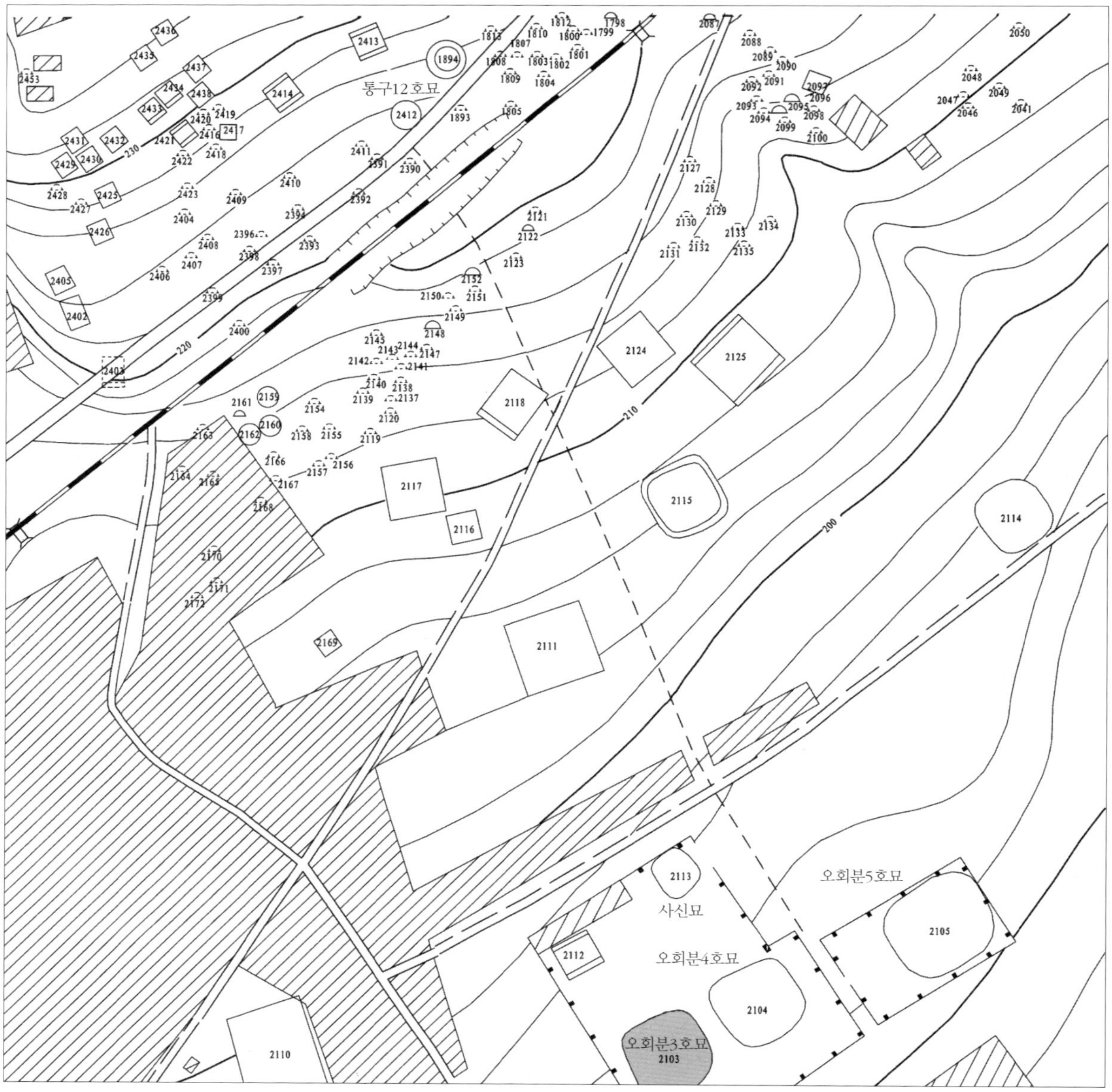

그림 1 오회분3호묘 위치도(『洞溝古墓群 – 1997年調査測繪報告』, 209쪽)

2) 고분 형식

(1) 유형

基壇封土石室墓.

(2) 고분의 규모

둘레 130m, 높이 9m.

3) 고분 구조

○ 분구는 截頭方錐形임.

○ 묘의 서·남·북면에는 墓壇이 구축되어 있음. 동면은 오회분4호묘의 묘단과 연접됨. 묘단은 가공한 화강암으로 축조. 돌은 일반적으로 길이 0.8m, 너비 0.5m, 높이 0.4m임. 현재 보존이 양호.

4. 출토유물

고분에서 회색의 암키와와 수키와 잔편들이 출토. 배면 표면에 손으로 문지른 흔적(手抹)이 있고, 내면에는 포문이 있음.

5. 역사적 성격

1) 특징

○ 2004년 유네스코 세계문화유산에 등록됨.

○ 오회분3호묘와 4호묘는 묘단이 연접하고 있는데, 이는 두 묘주가 같은 항렬(서열)의 친족(혈연)관계임을 보여줌. 四神墓(禹山下2113號墓) 또한 같은 모습을 보임.

○ 오회분4호묘의 묘실에 벽화가 있다는 점을 감안하면 벽화가 있을 가능성이 높음.

2) 피장자

고구려 제26대 왕인 영양왕의 무덤으로 추정하기도 함(張福有 · 孫仁杰 · 遲勇, 2007).

참고문헌

- 關野貞 · 谷井濟一, 1915, 『朝鮮古蹟圖譜(一)』.
- 池內宏 · 梅原末治, 1938, 『通溝』 上, 日滿文化協會.
- 吉林省文物志編委會, 1984, 『集安縣文物志』.
- 吉林省文物考古研究所 · 集安市博物館, 2002, 『洞溝古墓群 - 1997年調查測繪報告』, 科學出版社.
- 孫仁杰 · 遲勇, 2007, 『集安高句麗墓葬』, 香港亞洲出版社.
- 張福有 · 孫仁杰 · 遲勇, 2007, 「高句麗王陵通考要報」, 『東北史地』 2007-4.

33 집안 우산하2106~2109호묘: 사회분

集安 禹山下2106~2109號墓: 四盔墳 | JYM2106~2109

1. 조사현황

1) 1962년 이래

○ 조사기관 : 集安縣文管所.

○ 조사내용 : 보호공사를 진행하면서 방수시설을 구축. 보호범위를 확정하고 나무들을 심음으로써 조경에 힘씀.

2) 1966년

조사내용 : 通溝古墳群에 대한 조사·실측 때 四盔墳 1號墓는 '禹山墓區2106號墓(JYM2106)', 四盔墳 2號墓는 '禹山墓區2107號墓(JYM2107)', 四盔墳 3號墓는 '禹山墓區2108號墓(JYM2108)', 四盔墳 4號墓는 '禹山墓區2109號墓(JYM2109)'로 편호됨.

2. 위치(그림 1)

○ 集安 禹山下古墳群 남단에 위치.

○ 五盔墳 1·2號墓 북쪽으로 40여m 떨어져서 오회분과 평행으로 배열됨.

3. 고분의 현황

1) 고분 명칭의 변천

○ 4기의 고분 외형이 거대한 투구(盔)와 비슷하다고 하여 '四盔墳'이라 불림.

○ 1966년 통구고분군에 대한 조사·실측 때 四盔墳 1號墓는 '禹山墓區2106號墓(JYM2106)', 四盔墳 2號墓는 '禹山墓區2107號墓(JYM2107)', 四盔墳 3號墓는 '禹山墓區2108號墓(JYM2108)', 四盔墳 4號墓는 '禹山墓區2109號墓(JYM2109)'로 편호됨.

2) 고분 형식

(1) 유형

封土石室墓.

(2) 고분의 규모

○ 사회분1호묘 : 둘레 118m, 높이 4m.

○ 사회분2호묘 : 둘레 116m, 높이 4m.

○ 사회분3호묘 : 둘레 116m, 높이 4m.

○ 사회분4호묘 : 둘레 152m, 높이 4m.

3) 고분 구조

○ 규모는 오회분보다 다소 작음.

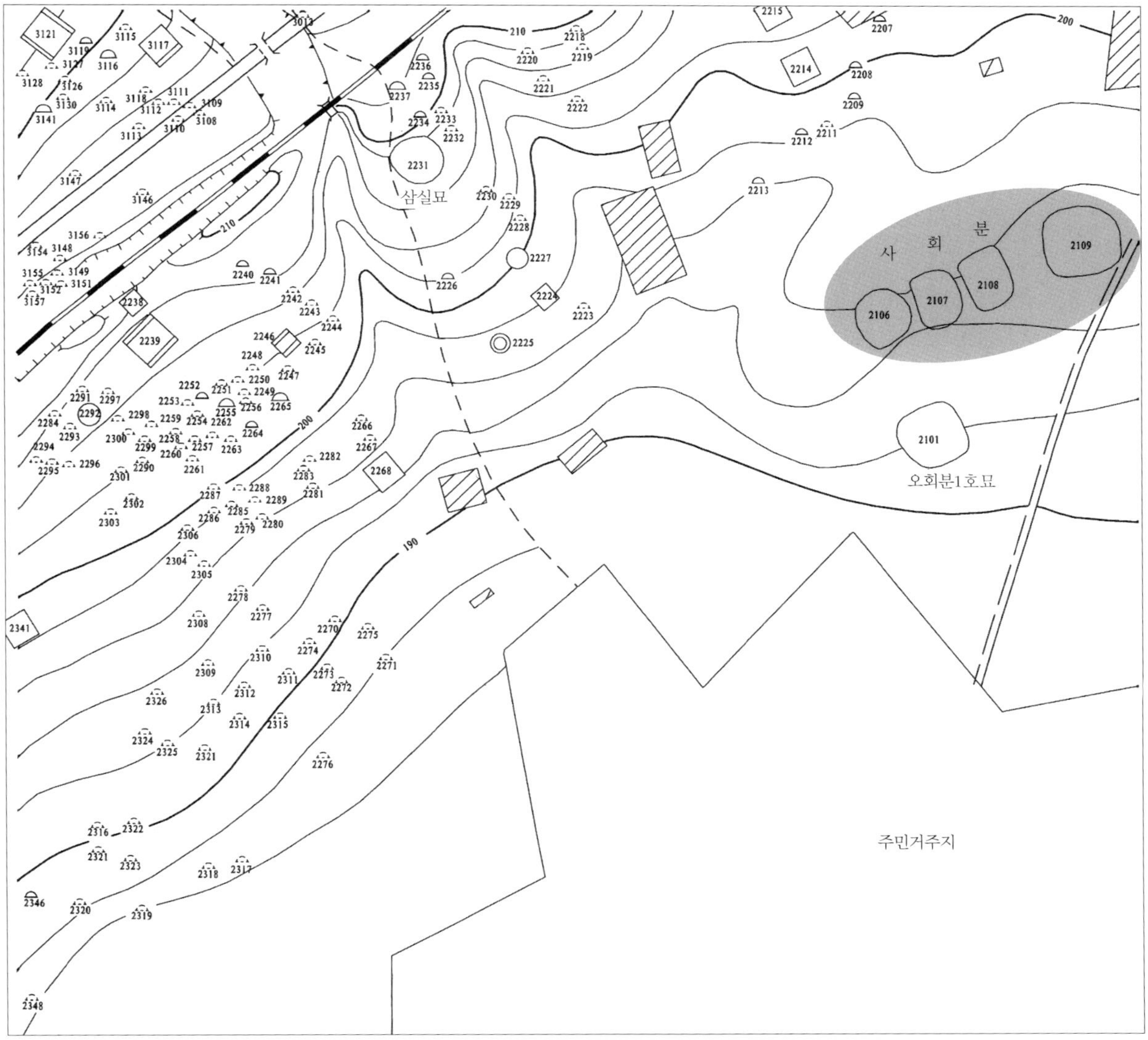

그림 1 사회분 위치도(『洞溝古墓群－1997年調査測繪報告』, 209쪽)

○ 무덤간 거리는 오회분보다 짧은데, 1·2·3호묘간의 거리는 약 3m, 3호묘와 4호묘 간의 거리는 6m임.

○ 여러 해 동안 빗물에 침식되면서 완만한 圓丘형 태임.

○ 일찍이 산사태로 인해 사회분4호묘의 묘문이 열리면서 석실이 발견됨. 묘실은 지표보다 낮고, 棺床이 있음.

4. 역사적 성격

1) 특징

고분 4기는 서로 관련이 있다고 볼 수 있음. 또한 오회분1·2호묘와 가까이 있는데, 묘주는 오회분 혹은 오회분의 어느 한 무덤 피장자와 특수한 관계였을 것으로 추정(吉林省文物志編委會, 1983).

2) 축조연대

고구려 후기로 추정하기도 함(吉林省文物志編委會, 1983).

참고문헌

- 吉林省文物志編委會, 1984,『集安縣文物志』.
- 吉林省文物考古研究所·集安市博物館, 2002,『洞溝古墓群－1997年調査測繪報告』, 科學出版社.

34 집안 우산하2110호묘

集安 禹山下2110號墓 | JYM2110

1. 조사현황

1) 1913년 가을 조사

(1) 조사자

關野貞, 今西龍, 谷井濟一, 栗山俊一.

(2) 조사계기

조선총독부 고적조사 촉탁에 의해 정밀조사 실시.

(3) 조사기간

집안지역을 11일간 조사.

(4) 조사내용

해당고분은 '溫和堡西大塚'이란 이름으로 소개됨.

(5) 출판물

○ 關野貞, 1920, 「平安北道及滿州高句麗古蹟調査略報告」, 『大正六年度古蹟調查報告』; 關野貞, 1941,『朝鮮の建築と藝術』 재수록.

○ 朝鮮總督府, 1915, 『朝鮮古蹟圖譜』 1.

2) 1938년 조사

(1) 조사기간

4월에 20일간 조사.

(2) 조사자

藤田亮策, 野守健, 齋藤忠.

(3) 조사내용

○ 통화 – 집안 간 철도공사가 예정되면서 통구고분군 중앙부가 파괴될 상황이어서 1937년 黑田源次에 의한 대규모 발굴조사가 진행됨. 藤田亮策은 조선고분연구회 사업의 일부로 만주 당국에 요청해 고분 배치상태를 실측하여 고분배치도를 제작하고, 고분을 사진 촬영하고 실측도를 작성함.

○ 해당고분은 '西崗南大石陵'이라는 이름으로 소개.

(4) 출판물

藤田亮策, 1940, 「通溝附近の古墳と高句麗の墓制」, 『池內博士還曆記念 東洋史論叢』; 1948, 『朝鮮考古學研究』, 高桐書院 재수록.

3) 1935년 및 1940년대 조사

(1) 조사자

三宅俊成.

(2) 조사 연혁

○ 1935년 만주국 문교부 촉탁으로 집안 일대 고구려 유적을 조사.

○ 1942년 만주국 문교부 촉탁으로 집안지역 유적을

조사함.

○ 1945년 관동군의 긴급명령에 의해 집안 비행장 확장공사로 유적이 파괴되는 현황을 시찰.

(3) 조사내용

해당고분은 關野貞의 고분 명칭을 따라 溫和堡西大塚으로 소개.

(4) 출판물

三宅俊成, 1935,「安東省輯安縣城附近高句麗の遺跡」,『滿蒙』第18號 ; 三宅俊成, 1944,「輯安縣城附近高句麗の遺跡」,『輯安』; 三宅俊成, 1975,『東北アジア考古學の研究』, 國書刊行會 재수록.

4) 1966년 조사

(1) 조사기관

吉林省博物館, 集安縣文物保管所.

(2) 조사내용

대대적인 통구고분군 실측 조사를 실시하고 편호함.

5) 1997년 조사

(1) 조사기관

吉林省博物館, 吉林省文物考古研究所, 集安市博物館.

(2) 조사기간

4~6월.

(3) 조사내용

통구고분군(우산하, 산성하, 만보정, 칠성산, 마선구, 하해방 6개 묘구)의 고분 총 1만 782기 확인.

6) 2003년 4월 조사

(1) 조사기관

吉林省文物考古研究所, 集安市文物保管所.

(2) 조사기간

약 2개월 반 소요(6월 30일 완료).

(3) 조사자

張雪巖(집안시문물관리소), 宋明雷(백성시박물관), 王春權(통유현문물관리소), 朴潤武(연변조선족자치주박물관).

(4) 조사내용

묘 위의 잡물과 묘 아래의 낙석을 정리하고 주위에 조성된 묘역시설 탐색.

2. 위치와 자연환경

1) 고분의 위치(그림 1)

○ 통구고분군 우산하 묘구 동부에 위치.

○ 우산 남쪽 기슭 중단부의 완만한 비탈과 평지의 교착점에 위치.

○ 지세는 대략 북쪽이 높고 남쪽이 낮은 완만한 비탈의 형태.

○ 太王鎭 禹山村 2組 居民區 내에 자리하고 있음.

○ 지리좌표는 동경 126°11′38.72″, 북위 41°8′10.44″이고, 고분 최고 지점의 높이는 해발 203.74m임.

2) 고분의 주변환경(그림 2)

○ 북쪽으로는 通(化)集(安) 철로와 280m의 거리가 떨어져 있음.

○ 서쪽으로는 집안시구와 약 2km 정도 떨어져 있음.

○ 고분 주위에는 유명한 고분들이 다수 분포하는데,

그림 1 우산하2110호묘 위치도(『洞溝古墓群－1997年調査測繪報告』)

동쪽 80m 거리에는 우산하2112호묘, 동남에서 서남 일대에는 사신묘 · 오회분 4호, 5호묘 등의 벽화묘가 있고, 멀리 동남쪽으로는 태왕릉과 임강묘가 보이고, 동북면에는 직선거리로 불과 100m 지점에 우산하0992호묘가 있음.

3. 고분의 현황

1) 고분 명칭의 변천

○ 일제시대 : '溫和堡西大塚(『朝鮮古蹟圖譜』 1, 關野貞)', '西崗南大石陵(藤田亮策)', '溫和堡南大塚'.

○ 1966년 조사 : JYM2110호묘.

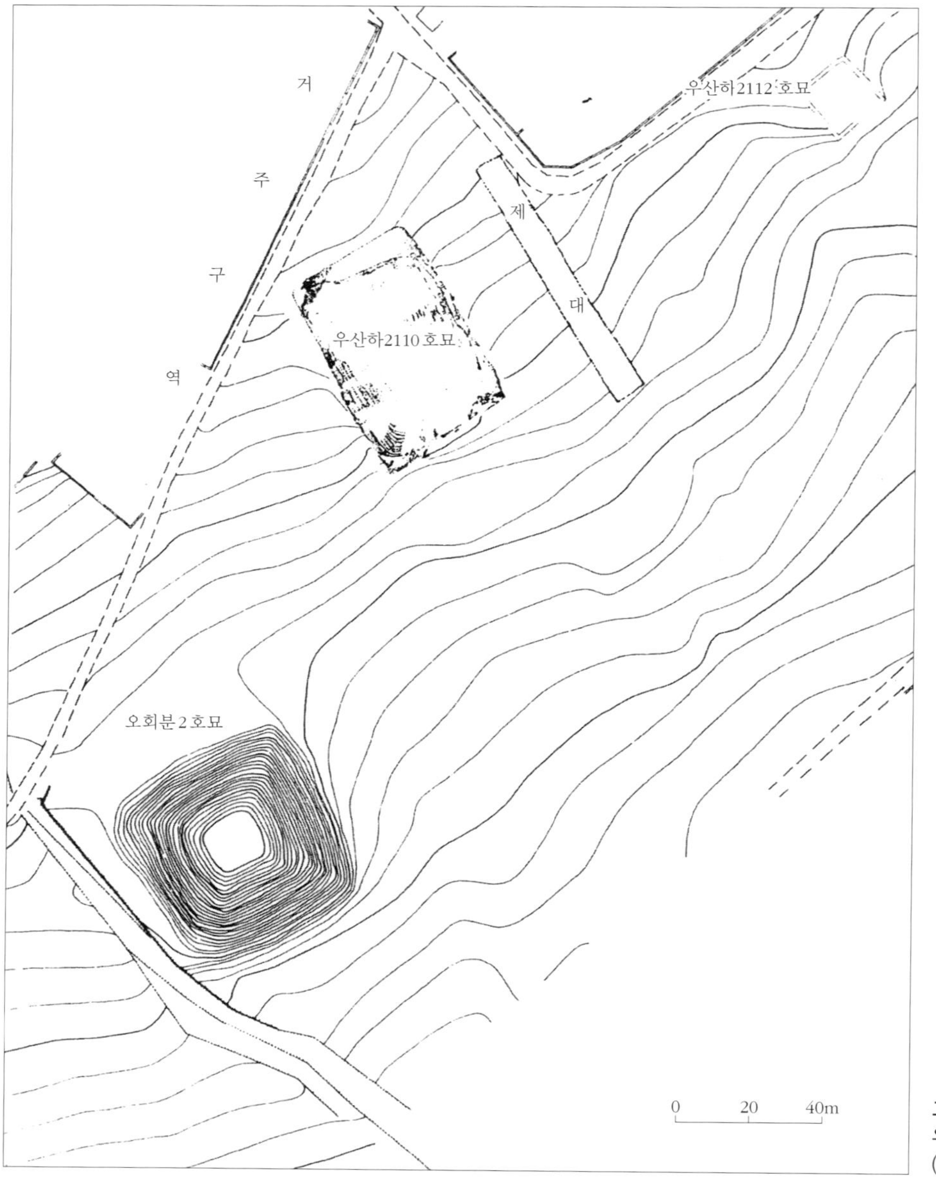

그림 2
우산하2110호묘 부근의 지형도
(『集安高句麗王陵』)

그림 3 우산하2110호묘의 동면 계단석(좌)과 북면 계단석(우)(『集安高句麗王陵』)

2) 일제시기 현황 : 藤田亮策

○ 서강 51호 대토분의 북동 80m 거리의 국도에 접하고 있음. 부근에는 대토분이 광활한 평지에 위치하는 것을 제외하고 사면이 트여 서강 51호의 대토분과 대응하고 있음.

○ 고분의 북부는 도로와 민가 때문에 일부가 파괴되었으나, 분구는 남북 60m, 동서 37m의 커다란 장방형을 이루고 있음. 도로 공사 등에 고분의 석재들이 사용되었지만, 거대석이 혼재되어 있어 본래 35m 전후의 적석총 2기가 5m의 간격으로 나란히 있었다고 추정됨.

○ 고분 방향은 2기가 병렬한 자리에서 서남향이라면 정면은 동서 線에서 남으로 32° 경사를 이룸. 이 고분의 뒷면 약 40m 떨어진 곳에 낮은 높이의 細長한 돌무지가 있었지만, 배총군의 잔해는 아니라고 판단됨.

3) 고분 발굴 전 상황(2003)

○ 외관은 심하게 파괴된 상태로 만주국시기 일본이 고분 정상에 시멘트로 기념비를 세움.

○ 신중국 수립 후 고분이 들어선 지역에 거주민 밀집구를 조성하면서 점차 파괴되어갔으나 20세기 중반 조사 당시에는 형상이 비교적 양호.

○ 현재는 고분 표면의 거대한 석재 등이 다수 보이지 않으며 외관의 변화도 심해지고, 기와편들이 고분 정상부와 그 주변에 산재되어 있는 상태.

4) 고분 형식

(1) 유형

특대형유단적석석광묘(『洞溝古墓群 – 1997年調査測繪報告』), 장방형계단적석묘(『集安高句麗王陵』), 장방형유단적석석광묘(『集安高句麗墓葬』).

(2) 규모

남북 길이 66.5m, 동서 너비 45m, 현존 최고 높이 3.5~5.5m, 장축 방향 150°.

(3) 구조(그림 4)

① 계단석

○ 4면이 간단한 가공을 거친 산돌로 계단을 축조했는데 현재 계단석은 거의 남아 있지 않음.

○ 현재 동측에서 13단, 서쪽에서 6~12단, 북측에서 4단 정도가 판별되며, 남쪽 중간부는 훼손이 심각한 상태로 서남 모서리에서 10단 정도를 판별할 수 있는 상태.

○ 계단 너비는 0.3~1.5m, 높이 차이는 0.2~0.5m.

○ 아래로부터 위로 올라가며 들여쌓기했으며, 잔돌로 봉분을 쌓음.

○ 현재 남면과 북면의 파괴가 심각해 대부분 고분 둘레가 불분명하고 계단석 기초가 남아 있지 않음.

○ 동면과 서면은 부분적으로 보존되어 있는 상태.

② 동면의 제3단 계단석(그림 3)

○ 동면 제 1 · 2단 계단석은 모두 보이지 않으며 강자갈이 밖으로 흘러 내려진 상태.

○ 중간부에서 북쪽으로 치우쳐진 곳에 13단의 계단이 보이는데 보존이 가장 잘된 계단은 제 3단으로 길이 10m 정도, 너비는 0.5m, 높이는 0.5m이며, 현재 2층이 남아 있는 상태.

○ 계단은 고분 내부를 메운 강자갈 위에 약 1.3m 들여쌓기함. 바닥부는 현 지표로부터 높이가 약 1.2m임.

○ 계단석은 대부분 자연 산돌이며 일부는 가공을 거친 석재로 규격은 보통 길이 0.3m, 너비 0.2m, 두께 0.15m이나 가장 커다란 계단석은 길이 0.7m, 너비 0.3m, 두께 약 0.25m임.

○ 표면의 봉석은 두께가 0.1~0.15m이며 석재는 작

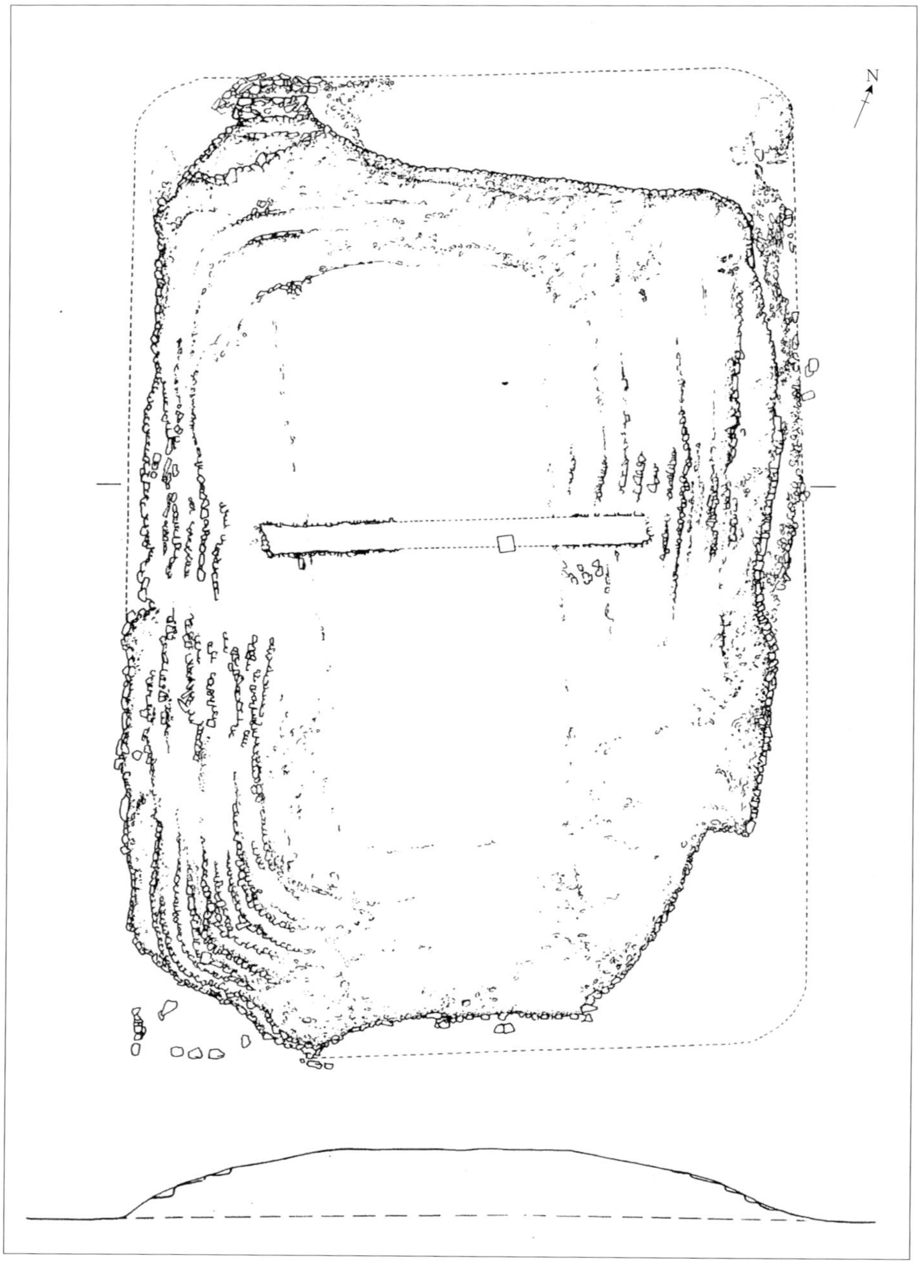

그림 4
우산하2110호묘 평 · 단면도
(『集安高句麗王陵』)

은 산돌로 길이 0.09~0.15m임.

③ 동면의 제4단~제13단 계단석

○ 제4단에서 제13단 계단석은 비교적 작으며 다수가 거친 가공을 거친 산돌이며, 일부는 미가공의 자연석임.

○ 석재는 보통 길이 0.3m, 너비 0.15m, 두께 0.15~0.2m이며, 석축은 고르지 않음.

○ 계단의 높이 0.2~0.3m.

○ 계단의 다수가 단층으로 쌓아졌는데 겨우 적석이 아래로 흘러내리는 것을 막아낼 정도임.

○ 계단은 층층이 들여쌓았는데 그 폭이 0.3~0.4m이

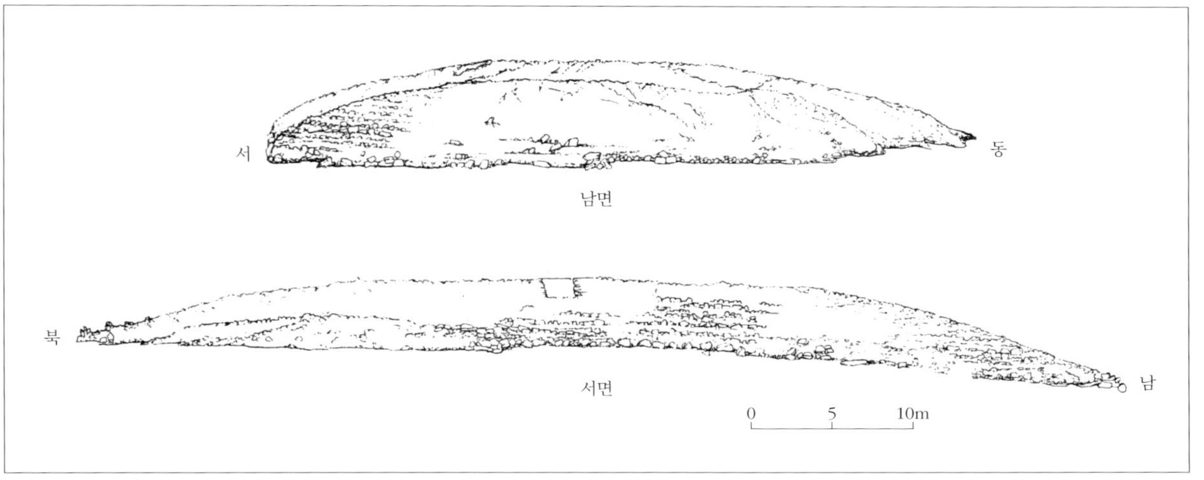

그림 5 우산하2110호묘 남면과 서면의 계단(『集安高句麗王陵』)

며 그 위에 깨진 돌이 봉해진 형태임.

④ **남면 계단석**(그림 5)

○ 심하게 파괴되었으나 대부분 고분 둘레가 명확치 않으며 깔린 돌(鋪石)이 비교적 적음.

○ 서단에 가까운 곳에 두 개의 기단석이 있으나 아직 교란되지 않았는데 원래의 고분 둘레일 가능성이 있음.

○ 동부에는 만주국시기에 시멘트로 만든 층계가 있음.

○ 서남 방면에는 남면 고분 둘레와 1m 정도 떨어진 곳에 불규칙한 형상의 4개 대석이 동서로 배열되어 있어, 남면의 기단석으로 보이지만 돌 아래가 흑색토인 것으로 보아 옮겨진 것이 확실함.

⑤ **서면 계단석**(그림 5)

○ 서면 계단은 일찍부터 파괴되어 현재 6～12단이 남아 있음.

○ 계단의 너비 0.6～1.5m, 높이는 안에서 밖으로 점차 감소하여 0.3～0.5m이며 그 위에는 깨진 돌이 봉해져 있음.

○ 계단석은 비교적 작으며 대다수 가공을 거치지 않았는데, 길이 0.2～0.3m, 두께 0.1～0.18m이며 대석재는 매우 적으나 몇 개는 길이 0.9m, 두께 0.25m 정도임.

○ 가공을 거친 돌은 모두 남반부에 보이는데 그 가운데 서남 모서리의 상부에는 비교적 정교한 가공을 거친 대석이 있음. 대석은 파괴되어 남은 길이 0.6m, 너비 0.7m, 두께 0.3m인데 서남 모서리 제 3층 계단 위에 남아 있는 유일한 모서리돌임. 이 대석 위에 돌을 봉하였는데 판별할 수 있는 계단이 9단으로 간격이 0.6～1.2m, 높이 0.3～0.5m 정도이며, 석재는 비교적 작으며, 대다수 가공을 거치지 않았음.

⑥ **북면 계단석**(그림 3)

○ 鄕路와 인접한 북면의 파괴가 가장 심각한데 양쪽 모서리는 이미 남아 있지 않음.

○ 상부에는 4～8단 계단이 판별되는데, 제 1 · 2단 계단석이 비교적 크고 제3단 계단석 이상은 비교적 작으며 모두 가공을 거치지 않음.

○ 동부의 파괴된 부분에서 동서 방향으로 순서대로 배열된 강자갈을 볼 수 있는데 고분을 메운 돌로 확인됨.

⑦ 격벽(隔墻)

○ 고분의 중앙에서 동서 방향으로 2개의 격벽이 확인됨.

○ 동측 제 12단 계단과 서측 제 8단 계단 위에서, 즉 높이 약 4m에서 축조됨.

○ 두 벽 간의 거리는 2m, 길이는 약 24.4m임.

○ 격벽에 의해 매장공간이 양분되었을 것으로 판단.

○ 서쪽 구간의 격벽과 동쪽 구간의 격벽 상층에서 암키와, 수키와 등이 발견되어 두 격벽에는 壙室이 축조되었던 사실을 확인할 수 있지만 아직 발굴되지 않아 확실하지 않음.

◎ 서쪽 구간의 격벽

○ 서쪽 구간의 길이 8.5m, 서단은 고분 서면 둘레로부터 9.2m, 격벽은 2단으로 축조, 높이는 0.55～0.72m.

○ 격벽 가운데 너비는 약 2m이며, 그 곳에는 0.2～0.4m의 산돌이 깔려 있음.

○ 서에서 동으로 2.74m 되는 지점에서 자갈층이 있는데, 자갈 크기는 0.2～0.3m이며 그 위에는 길이 0.25～0.45m 정도의 커다란 산돌이 깔려있으며 자갈은 고분 정상부에서 깊이 0.72m에 위치함.

○ 격벽 사이에서 암키와, 토기편이 출토되었으며, 서쪽 격벽에는 아직 발굴하지 않은 부분이 있음.

◎ 동쪽 구간의 격벽

○ 동쪽 구간의 격벽은 동서 방향으로 5m 정도 발굴.

○ 격벽은 1단의 돌로 쌓았는데 높이는 0.25m 정도이며, 동단은 동측 고분 둘레와 10m 거리.

○ 격벽 사이에는 모두 산돌로 채워져 있음. 격벽 속에서 암키와와 수키와가 발견되고 특히 암키와는 격벽의 상층에서 많이 발견됨.

(4) 기타

① 동면 계단

제11단 계단 이상부터 봉석 표면에 대량의 수키와 및 암키와 잔편들이 발견됨. 몇 개는 완형으로 중앙부 동측에서 나왔음. 무덤 기초부 동측에서 철제못 1점 출토.

② 서면 계단

서남 모서리 상부에서 三翼形 철촉 1점 발견, 서면 중앙부에서 남쪽으로 치우쳐진 제 8단 계단 이상에서는 기와편이 비교적 많은데 그 가운데 완형 암키와가 묘상에 덮여 있음.

③ 서쪽 구간 격벽

격벽에서 암키와, 토기편 등이 출토.

④ 동쪽 구간 격벽

격벽 속에서 비교적 많은 암키와, 수키와의 잔편이 발견되었고 완형 수키와도 출토되었음.

4. 관련 유적

○ 2003년 계단 발굴 당시 고분 묘역과 관련 유적의 분포 상황을 파악하기 위해 탐색갱을 동측에 6개, 서측에 4개, 남측과 북측에 각각 1개씩 파냄.

○ 북측 탐색갱에서 계단 내부에 채운 돌로 추정되는 냇돌층 한층을 발견했는데 냇돌층은 비교적 양호함.

○ 서측 탐색갱에서는 황토층 위의 깨진 산돌이 한층 고르게 깔려 있는데, 돌이 작고 정밀하여 인위적으로 선택한 것으로 보임. 돌이 깔린 범위는 동서 너비 18.5m, 남북 길이 56m으로 북단이 향로(鄕路)에 접해 있으므로, 묘역석(墓域石)으로 추정.

○ 남측 탐색갱은 서남 모서리 부분에 위치하는데 황토 속에는 작은 돌부스러기가 섞여 있으며 매우 단단한 것으로 보아 고분의 기초석이 옮겨지는 것을 막기 위해 특별히 땅을 다진 것으로 추정.

○ 동측 탐색갱에서는 두께 0.3～0.5m의 근대건축에 의해 교란된 층 아래에서 잔모래를 포함한 황색 점토성 표면에서는 깨진 산돌이 한층 발견됨. 산돌은 비교적 정연하고 고르게 깔렸으며 평면은 대략 장방형이나 가장자리는 파괴되어 정연하지 않았으며, 내부에는 1～2층의 자갈을 깔았는데 높이는 0.3～0.5m로 臺狀을 이룸. 이 범위의 남북 길이와 지금 고분 동측 둘레와의 차이가 많지 않으며, 동서 너비는 15～30m.

○ 고분 동쪽에는 일찍이 장방형의 적석유적이 있었는데 길이는 비교적 고분 둘레와 같음. 해당 유적 서쪽의 10～14m 거리에 지금의 고분 동변이 자리하고 있음. 해당 유적에서는 어떤 유물도 발견되지 않았으나 우산하0992호묘와 태왕릉 등의 많은 왕릉의 동측에서 모두 유사한 석대 유적이 발견되었다는 점에서 제사 관련 시설로 추정됨.

5. 출토유물

1) 1983년조사

(1) 청동제사람형상수레바퀴비녀장(車轄, 집안박물관 장품2285-1, 그림 6-1)

○ 출토지 : 우산하2110호묘의 동측 중간부(1983)

○ 크기 : 전체 길이 18.6cm, 비녀장 신부(轄身)의 하단부 너비 2.4cm, 두께 0.9cm, 구멍 지름 0.7cm.

○ 형태 : 사람 형상으로 하부는 扁方體이며 말단부에는 1개의 구멍이 있음. 사람 형상부의 경우, 생김새는 단정하고 머리에는 원추형의 모자를 착용했고 양팔은 허리에 올려 놓은 모습임. 비녀장 신부의 하단부는 대략 좁음. 하단부 구멍은 조금 손상된 상태.

(2) 청동제사람형상수레바퀴비녀장(車轄, 집안박물관 장품2285-2, 그림 6-2)

○ 출토지 : 우산하2110호묘의 동측 중간부(1983).

○ 크기 : 전체 길이 18.6cm, 비녀장 신부(轄身)의 하단부 너비 2.4cm, 두께 0.9cm, 구멍 지름 0.7cm.

○ 형태 : 앞의 집안박물관장품2285-1과 세트로 형태가 동일함.

2) 2003년 조사

(1) 기와

○ 대다수 서쪽 구간의 격벽 사이 및 동쪽 구간의 격벽 사이에서 출토되었으나 개별 유물의 출토지는 기록되어 있지 않음.

○ 출토품은 비교적 많으며, 수키와와 암키와는 모두 온전한 것이 있음. 기와는 모두 소량의 가는 모래가 섞였고(夾細沙), 어떤 것은 소량의 石英 알갱이가 섞여 있음. 기와 태토는 두껍고 무거운데 대다수 2～3cm이고 어떤 암키와는 두께가 3.5cm임. 소성도가 높고 색깔은 회색이 가장 많고 소수는 청회색과 갈색임. 瓦面은 다수가 승문이 시문되어 있고 소량의 무문이 있으며, 내면은 모두 布文이 시문되어 있음.

○ 수키와는 9점을 채집함. 모두 승문이 시문되어 있음. 瓦頭 형식에 의해 세 형식으로 구분됨. A형은 3점으로 1점은 완형임. 瓦身이 앞쪽은 좁고 뒤쪽은 넓으며, 목(頸)과 어깨(肩)가 없음. B형은 4점으로 모두 잔편임. 목(頸)이 평평하고 어깨(肩)가 없고 瓦沿은 약간 위로 휘어지고 목부분에 손가락으로 문지른 무늬(指抹文)가 있음. C형은 2점으로 1점은 복원 가능함. 瓦身의 전면이 좁고 후면이 넓으며, 목(頸)이 짧고 어깨(肩)가 있음.

○ 암키와는 25점을 채집하였는데 4점이 완형임. 기와

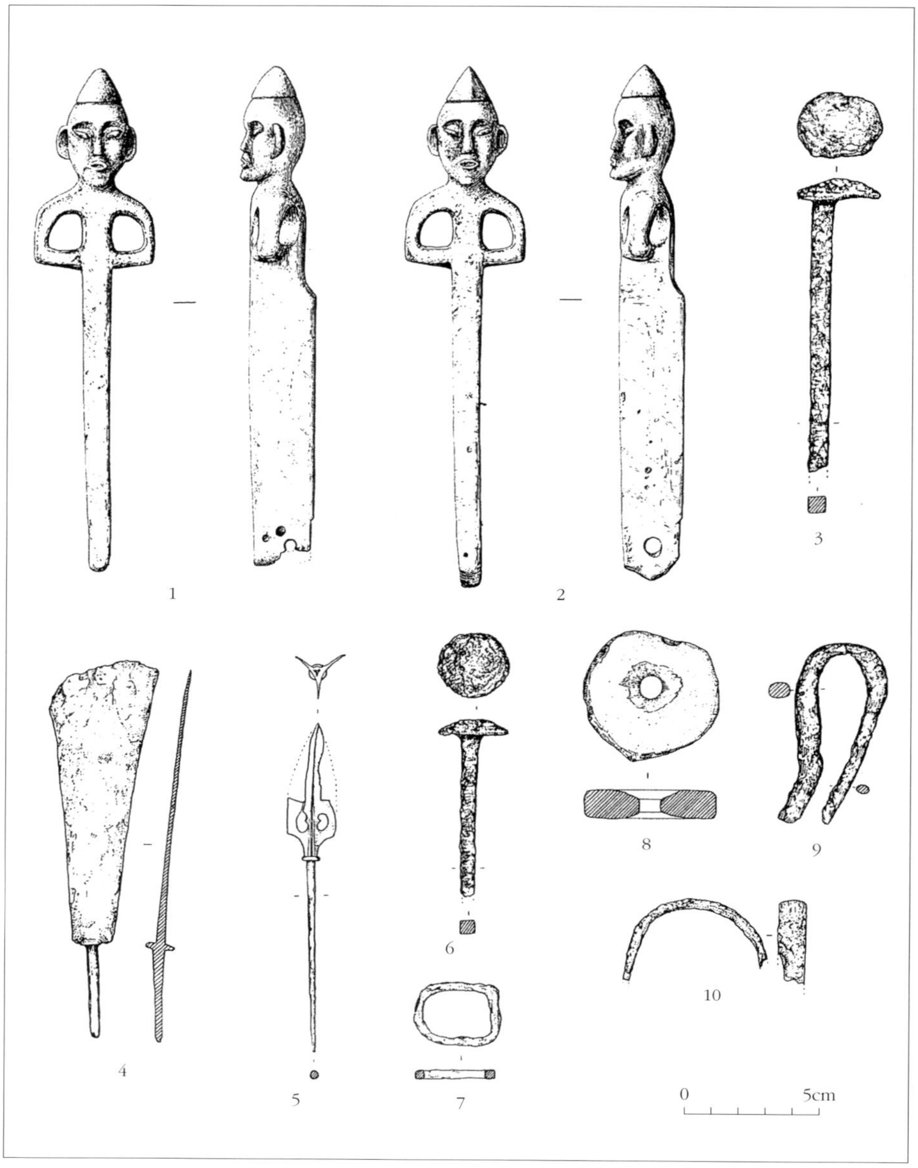

그림 6
우산하2110호묘 출토유물
(『集安高句麗王陵』)
1. 청동제사람형상수레바퀴비녀장(집안박물관장품2285-1)
2. 청동제사람형상수레바퀴비녀장(집안박물관장품2285-2)
3. 철제못(03JYM2110-5)
4. 철제화살촉(03JYM2110-3)
5. 철제화살촉(03JYM2110-1)
6. 철제못(03JYM2110-4)
7. 철제띠고리(03JYM2110-8)
8. 가락바퀴(03JYM2110-2)
9. 철제장막걸이쇠(03JYM2110-7)
10. 철제테두리(03JYM2110-6)

는 모두 전면이 좁고 후면이 넓은 梯形으로 두껍고 무거우며, 안은 심하게 변형되었음. 태토는 청회색이나 겉과 안은 紫褐色을 띠는데 2차 고온 때문일 가능성이 있음. 瓦面은 모두 시문되어 있는데 승문은 17점으로 다수를 차지하고 6점은 방격문임. 무문의 끝암키와(檐瓦)는 2점으로 가장자리(邊沿)에 압인문이 있음. 특히 승문 암키와는 粗細에 의해 구별되며, 어떤 것은 승문 위에 문지르고 선을 그어 복합무늬를 만들기도 함.

① **수키와**(03JYM2110-9, **그림 8-1**)
○ 출토지 : 우산하2110호묘.
○ 크기 : 길이 69.2cm, 너비 21~15.2cm, 弧高 11.9cm, 두께 2.2cm.
○ 태토 및 색깔 : 가는 모래가 섞임. 짙은 회색.
○ 형태 : 완형. 瓦身의 전면이 좁고 후면이 넓으며 미구가 형성되지 않았음(A형). 짙은 회색으로 전체에 승문이 새겨져 있으며 끝부분에 한 줄의 절수홈이 있음.

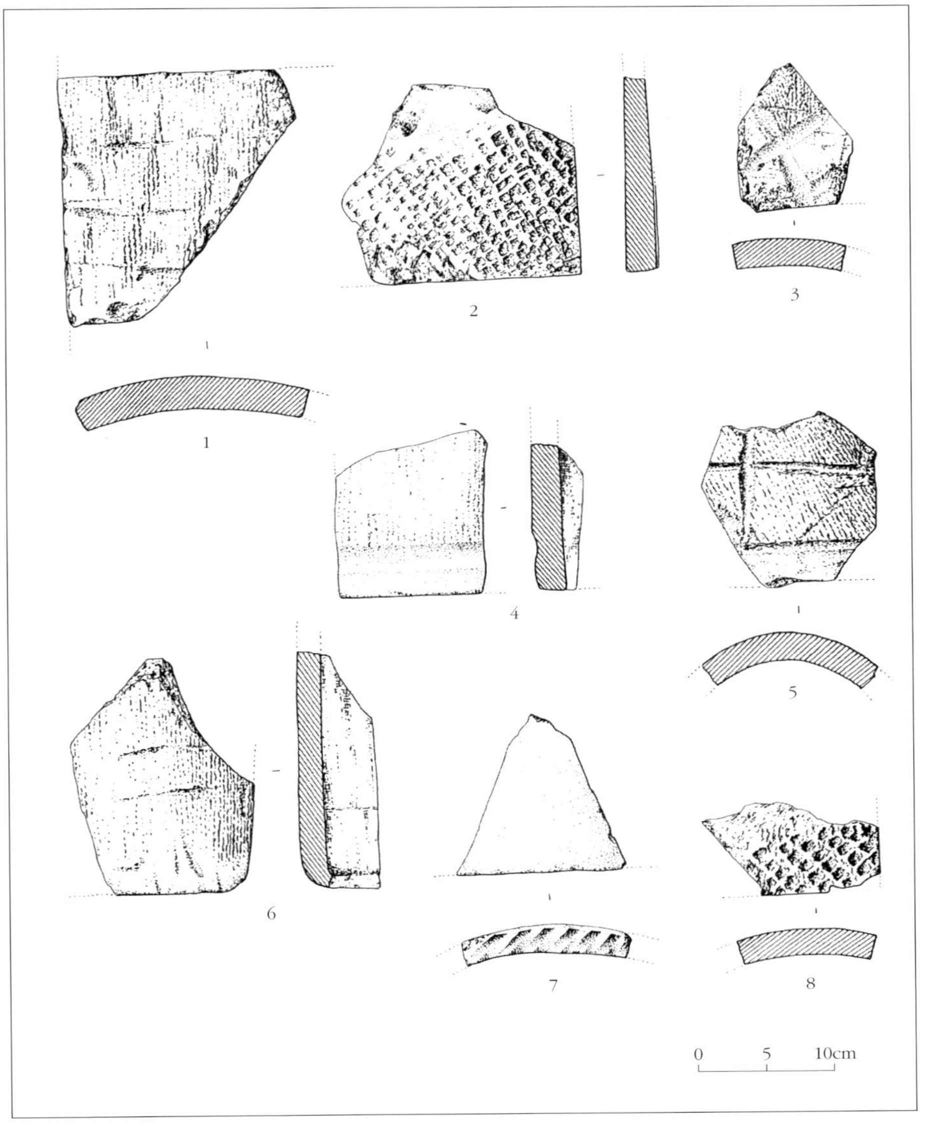

그림 7
우산하2110호묘의 기와류
『集安高句麗王陵』
1~3. 암키와편
(03JYM2110-22·26·24)
4·5. B형수키와편
(03JYM2110-34·23)
6. A형수키와편
(03JYM2110-31)
7·8. 암키와편
(03JYM2110-20·28)

② **수키와편**(03JYM2110-31, **그림** 7-6)

○ 출토지 : 우산하2110호묘.

○ 크기 : 남은 길이 17~8cm, 남은 너비 13~9cm, 두께 1.6cm.

○ 태토 및 색깔 : 가는 모래가 섞임. 회색.

○ 형태 : 瓦身의 전면이 좁고 후면이 넓으며 미구가 형성되지 않았음(A형). 전반부가 남아 있으며, 승문 위에는 두 줄의 가로선(劃文)이 있음.

③ **수키와편**(03JYM2110-11, **그림** 8-2)

○ 출토지 : 우산하2110호묘

○ 크기 : 목 길이 5.8cm, 남은 길이 30cm, 두께 2.2cm.

○ 태토 및 색깔 : 가는 모래가 섞임. 짙은 회색.

○ 형태 : 미구가 형성되지 않았고 瓦沿은 약간 위로 휘어지고 목부분에 손가락으로 문지른 무늬(指抹文)가 있음(B형). 소성도가 비교적 높고 전체에 승문이 새겨 있음. 목부분 위에는 3개의 고랑 무늬(溝抹文)이 있음.

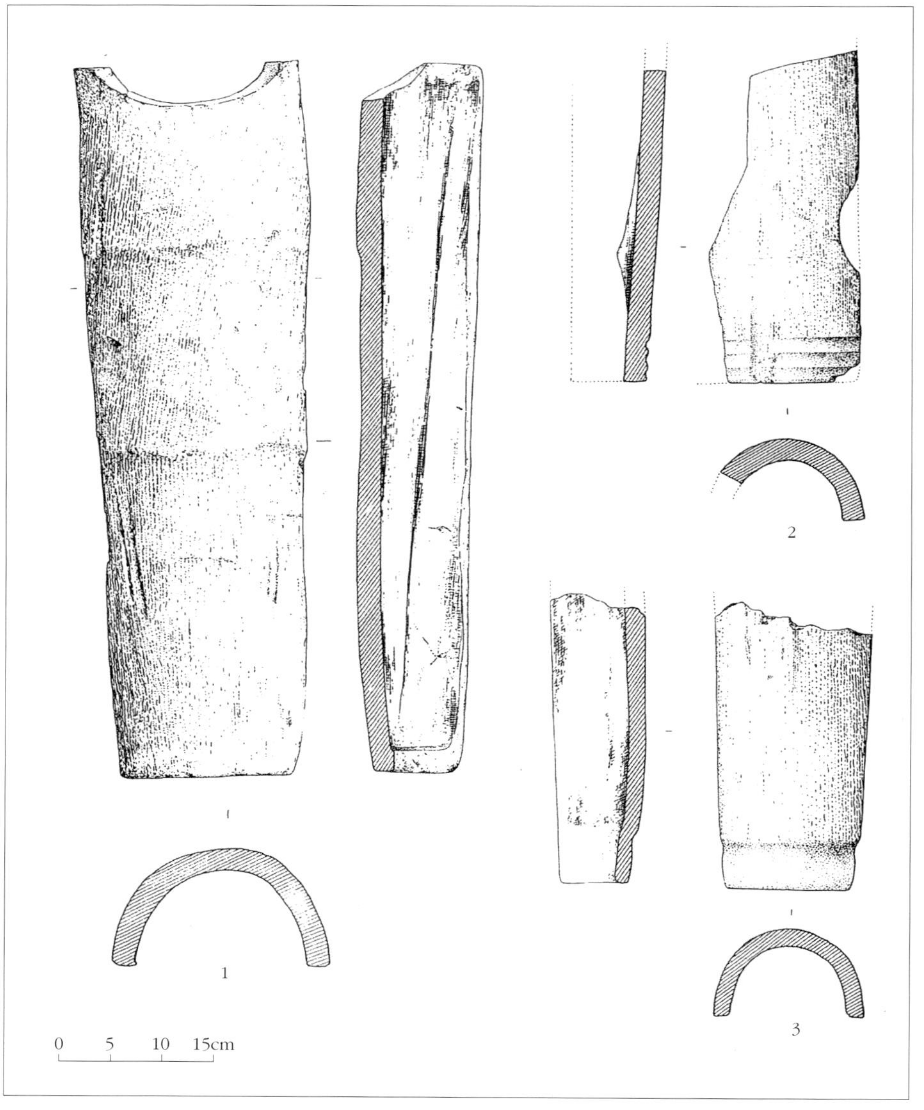

그림 8
우산하2110호묘 수키와
(『集安高句麗王陵』)
1. A형수키와(03JYM2110-9)
2. B형수키와(03JYM2110-11)
3. C형수키와(03JYM2110-10)

④ **수키와편**(03JYM2110-37, **그림** 11-10)
○ 출토지 : 우산하2110호묘.
○ 크기 : 잔존 길이 12cm, 잔존 너비 10cm, 두께 1.5~1.3cm.
○ 태토 및 색깔 : 가는 모래가 섞임. 회색.
○ 형태 : 미구가 없고 瓦沿은 약간 위로 휘어지고 목부분에 손가락으로 문지른 무늬(指抹文)가 있음(B형). 목부분 위에는 손가락으로 문지른 무늬(指抹文)가 두 줄이 있으며, 승문 위에는 가로·세로의 선이 그어져 있음.

⑤ **수키와편**(03JYM2110-34, **그림** 7-4)
○ 출토지 : 우산하2110호묘.
○ 크기 : 남은 길이 12.8cm, 남은 너비 12.5cm, 두께 2cm, 목의 길이 4cm.
○ 태토 및 색깔 : 가는 모래가 섞임. 짙은 회색.
○ 형태 : 미구가 없고 瓦沿은 약간 위로 휘어지고 목부분에 손가락으로 문지른 무늬(指抹文)가 있음(B형).

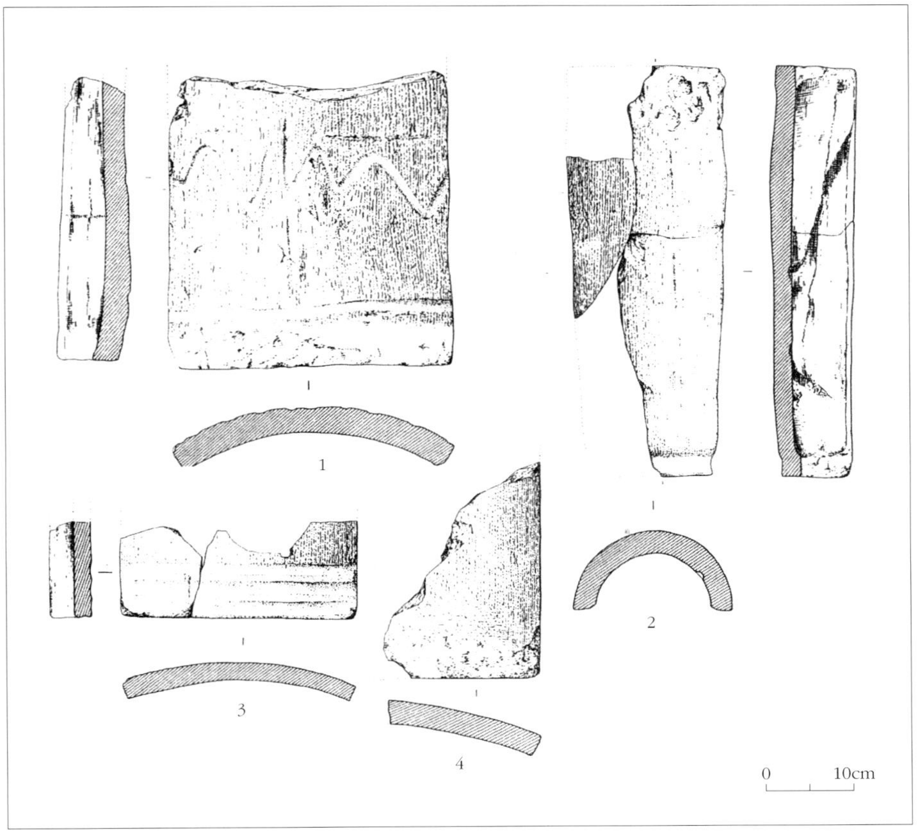

그림 9
우산하2110호묘 기와류
『集安高句麗王陵』)
1. 암키와편(03JYM2110-16)
2. 수키와(03JYM2110-29)
3·4. 암키와편(03JYM2110-21)

승문은 비교적 가늘며 목부분은 평평하며(平頸) 위에는 문지른 흔적이 1개 확인됨.

⑥ **수키와편**(03JYM2110-23, **그림** 7-5)

○ 출토지 : 우산하2110호묘.

○ 크기 : 남은 길이 12cm, 두께 2.2cm.

○ 태토 및 색깔 : 가는 모래가 섞임. 회색.

○ 형태 : 미구가 없고 瓦沿은 약간 위로 휘어지고 목부분에 손가락으로 문지른 무늬(指抹文)가 있음(B형). 기와 표면의 승문 위에는 무딘 물건으로 깊게 새긴 커다란 방격문이 있음.

⑦ **수키와**(03JYM2110-29, **그림** 9-2)

○ 출토지 : 우산하2110호묘.

○ 크기 : 길이 48cm, 너비 18cm, 두께 2cm.

○ 태토 및 색깔 : 가는 모래가 섞임. 회색.

○ 형태 : 瓦身의 전면이 좁고 후면이 넓으며, 목(頸)이 짧고 어깨(肩)가 있음(C형). 승문은 비교적 거칠며, 목은 짧고 안으로 들어간 형태이며, 弧肩은 비교적 낮음.

⑧ **수키와편**(03JYM2110-10, **그림** 8-3)

○ 출토지 : 우산하2110호묘.

○ 크기 : 남은 길이 26cm, 너비 8cm, 두께 1.9cm, 목의 길이 5.5cm.

○ 태토 및 색깔 : 가는 모래가 섞임. 짙은 회색.

○ 형태 : 瓦身의 전면이 좁고 후면이 넓으며, 목(頸)이 짧고 어깨(肩)가 있음(C형). 瓦尾가 손상된 상태이며, 전체에 승문이 새겨졌고 목부분은 비교적 긴 편임.

⑨ **암키와편**(素面檐瓦, 03JYM2110-20, **그림** 7-7)

○ 출토지 : 우산하2110호묘.

○ 크기 : 남은 길이 12.2cm, 두께 1.8~2cm.

○ 태토 및 색깔 : 가는 모래가 섞임. 황갈색.

○ 형태 : 무늬가 없음. 瓦沿에는 사선의 무늬(斜花邊)를 한 줄 압인하였음.

⑩ **암키와편**(方格文板瓦, 03JYM2110-26, **그림** 7-2)

○ 출토지 : 집안 우산하고분군 2110호묘.

○ 크기 : 남은 너비 18.5cm, 두께 1.6~2.2cm.

○ 태토 및 색깔 : 가는 모래가 섞임. 회색.

○ 형태 : 모서리부분이 남아 있음. 가장자리가 비교적 가지런하며, 방격문이 작고 촘촘히 시문됨.

⑪ **암키와편**(方格文板瓦, 03JYM2110-28, **그림** 7-8)

○ 출토지 : 집안 우산하고분군 2110호묘.

○ 크기 : 잔편 길이 10cm, 두께 2.8cm.

○ 태토 및 색깔 : 가는 모래가 섞임. 회색.

○ 형태 : 잔편으로 승문 위에 작은 방격문이 찍혀 있음.

⑫ **암키와편**(方格文板瓦, 03JYM2110-28, **그림** 11-7)

○ 출토지 : 집안 우산하고분군 2110호묘.

○ 크기 : 잔존 길이 18cm, 두께 2.2cm.

○ 태토 및 색깔 : 가는 모래가 섞임. 회색.

○ 형태 : 잔편으로 가는 승문 위에 방격문이 찍혀 있음.

⑬ **암키와**(繩紋板瓦, 03JYM2110-12, **그림** 10-2)

○ 출토지 : 우산하2110호묘.

○ 크기 : 길이 52.5cm, 너비 34cm, 弧高 8.7cm, 두께 2.5cm.

○ 태토 및 색깔 : 가는 모래가 섞임. 회색.

○ 형태 : 가장자리가 평평하며 기와가 장방형에 가까우며, 양쪽 대각의 모서리가 손상된 상태임.

⑭ **암키와**(繩紋板瓦, 03JYM2110-17, **그림** 10-1)

○ 출토지 : 우산하2110호묘.

○ 크기 : 길이 47.4cm, 너비 33~31cm, 높이 9cm, 두께 2.2cm.

○ 태토 및 색깔 : 가는 모래가 섞임. 회갈색.

○ 형태 : 기본적으로 완형. 瓦身은 장방형에 가까우며, 한쪽 끝부분에는 가로 방향의 손가락으로 문지른 무늬(指抹文)가 3줄 있음.

⑮ **암키와**(繩紋板瓦, 03JYM2110-15, **그림** 10-3)

○ 출토지 : 우산하2110호묘.

○ 크기 : 길이 47cm, 너비 30~33.8cm, 높이 9.6cm, 두께 2.6cm.

○ 태토 및 색깔 : 가는 모래가 섞임. 회색.

○ 형태 : 완형. 瓦身은 사다리꼴(梯形)로, 승문 중간에는 사선 지두문(指抹文)이 3줄 있음. 가장자리는 평평하며, 한쪽 끝부분에는 8cm 정도 승문이 새겨지지 않은 부분이 있는데 희미하게 3줄의 문지른 흔적(抹痕)이 있음.

⑯ **암키와**(繩紋板瓦, 03JYM2110-14, **그림** 10-4)

○ 출토지 : 우산하2110호묘.

○ 크기 : 길이 46.6cm, 너비 33.6~30.8cm, 높이 9cm, 두께 2.6cm.

○ 태토 및 색깔 : 가는 모래가 섞임. 황갈색.

○ 형태 : 기와는 사다리꼴(梯形)로, 瓦尾部의 한쪽 모서리가 손상됨. 한쪽 끝부분 5cm의 무문에는 후에 희미하게 가로로 문지른 흔적이 있고, 중앙부도 손가락으로 문지른 무늬(指抹文) 1개가 가로로 그어져 있음.

⑰ **암키와편**(繩紋板瓦, 03JYM2110-21, **그림** 9-3)

○ 출토지 : 우산하2110호묘.

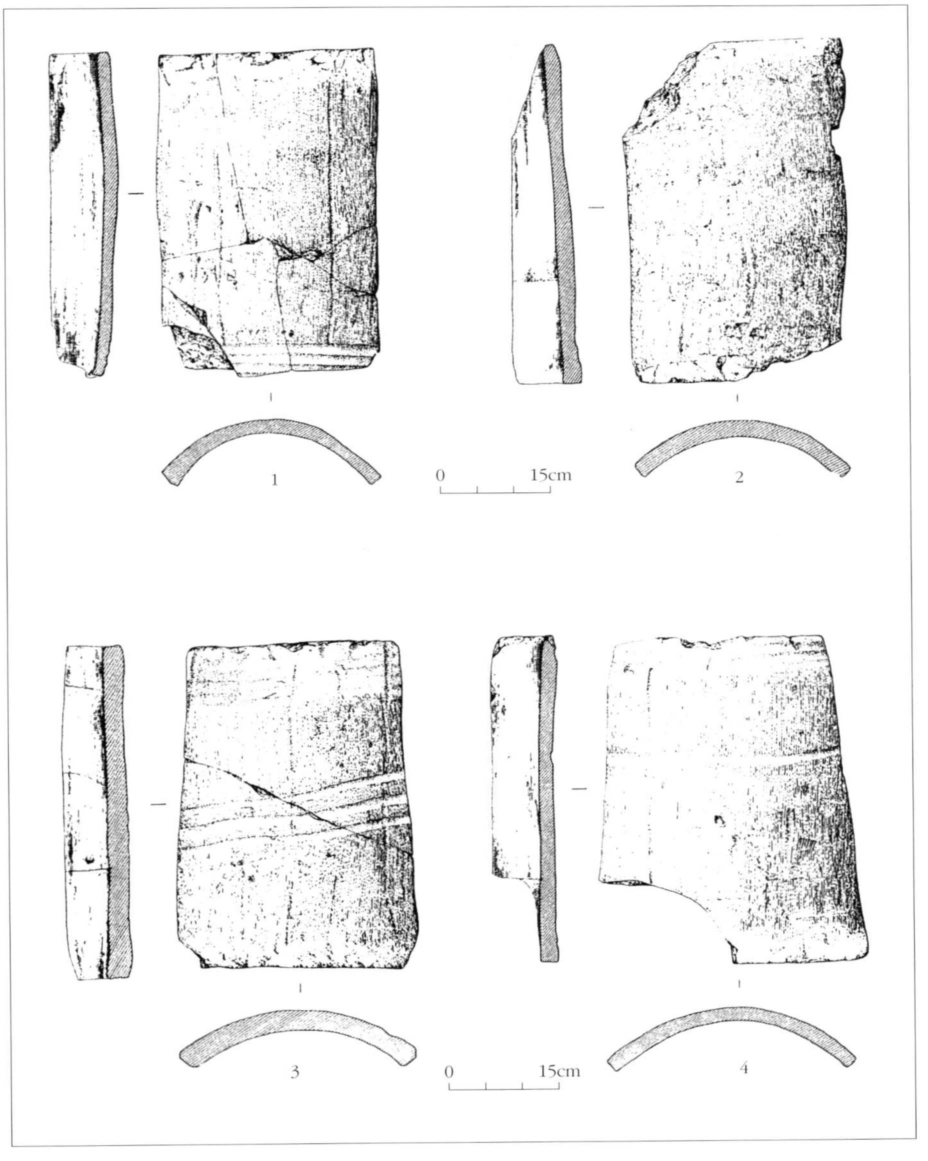

그림 10
우산하2110호묘 암키와
(『集安高句麗王陵』)
1. 03JYM2110-17
2. 03JYM2110-12
3. 03JYM2110-15
4. 03JYM2110-14

○ 크기 : 남은 길이 11cm, 두께 2cm.

○ 태토 및 색깔 : 가는 모래가 섞임. 갈색.

○ 형태 : 瓦頭만이 남은 상태. 沿面 중간과 沿頭 상부에는 손가락으로 문지른 무늬(指抹文)가 새겨져 있음.

⑱ 암키와편(繩紋板瓦, 03JYM2110-16, **그림 9-1**)

○ 출토지 : 우산하2110호묘.

○ 크기 : 남은 길이 34cm, 너비 30cm, 높이 9cm, 두께 3cm.

○ 태토 및 색깔 : 가는 모래가 섞임. 회색.

○ 형태 : 瓦尾部는 이미 손상됨. 瓦身은 장방형이며 중간부에는 승문위에 1줄의 가로 물결문(水波紋)이 새겨져 있음. 한쪽 끝부분은 무문이고 위에 손가락으로 문지른 무늬(指抹文) 한 줄이 새겨져 있음.

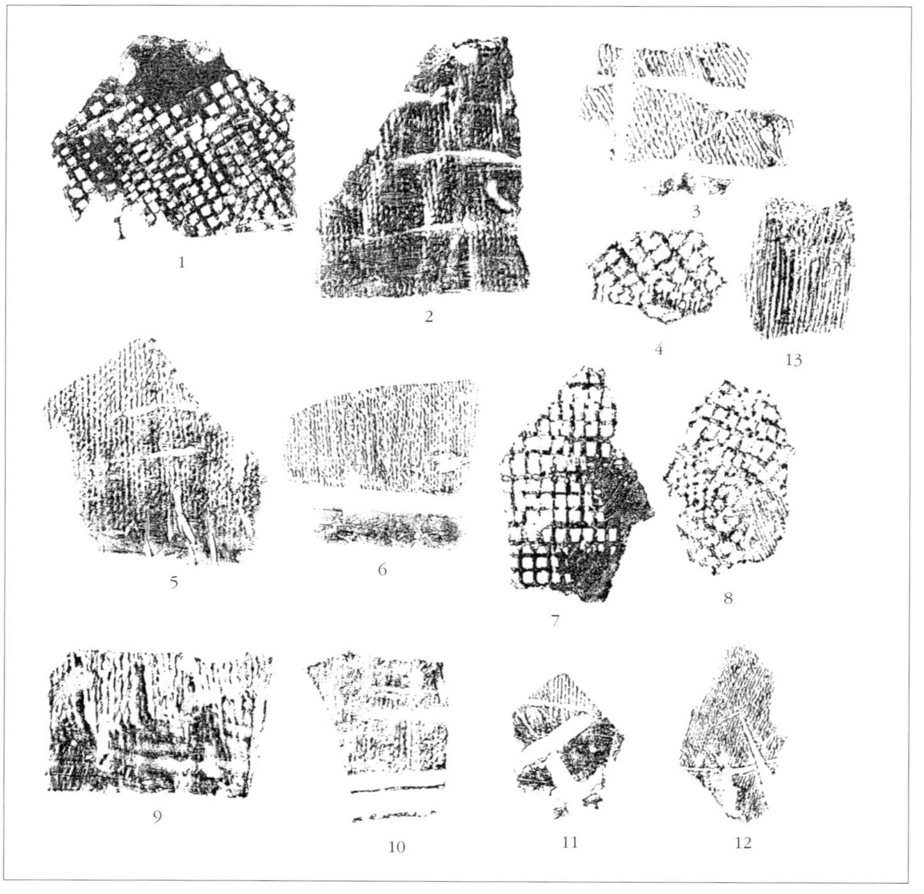

그림 11
우산하2110호묘 기와 탁본
(『集安高句麗王陵』)
1·2. 암키와편(03JYM2110-26·22)
3. B형수키와편(03JYM2110-23)
4. 암키와편(03JYM2110-28)
5. A형수키와편(03JYM2110-31)
6. B형수키와편(03JYM2110-34)
7~9. 암키와편(03JYM2110-41·27·33)
10. B형수키와편(03JYM2110-37)
11·12. 암키와편(03JYM2110-24·52)
13. 암키와편(03JYM2110-30)

⑲ **암키와편**(繩紋板瓦, 03JYM2110-22, **그림** 7-1)
○ 출토지 : 우산하2110호묘.
○ 크기 : 남은 길이 20cm, 너비 30cm, 두께 2.8cm.
○ 태토 및 색깔 : 가는 모래가 섞임. 회색.
○ 형태 : 기와 잔편. 瓦面에는 성글게 수직의 승문이 있고, 그 위에는 나무막대로 살짝 그은 가로줄 무늬가 있음.

⑳ **암키와편**(繩紋板瓦, 03JYM2110-24, **그림** 7-3)
○ 출토지 : 우산하2110호묘.
○ 태토 및 색깔 : 가는 모래가 섞임. 회색.
○ 형태 : 기와 잔편. 승문 위에는 손가락으로 문지른 대방격문이 있음.

㉑ **암키와편**(繩紋板瓦, 03JYM2110-30, **그림** 11-13)
○ 출토지 : 우산하2110호묘.
○ 크기 : 남은 길이 21cm, 너비 15cm, 두께 1.9cm.
○ 태토 및 색깔 : 가는 모래가 섞임. 회색.
○ 형태 : 기와 잔편. 승문이 새겨졌는데 매우 거칠어 늙은 나무껍질과 유사하며 후단부에는 소방격문이 있음.

㉒ **암키와편**(繩紋板瓦, 03JYM2110-19, **그림** 9-4)
○ 출토지 : 우산하2110호묘.
○ 크기 : 남은 길이 24cm, 너비 17cm, 두께 3.5cm.
○ 태토 및 색깔 : 가는 모래가 섞임. 회색.
○ 형태 : 기와 잔편. 瓦身이 두텁고 무거워 벽돌과 흡사함. 瓦表에는 승문이 새겨져 있고, 내면과 기와의 측

면에는 모두 布紋이 새겨져 있음.

㉓ **암키와편**(繩紋板瓦, 03JYM2110-27, **그림** 11-8)
○ 출토지 : 우산하2110호묘.
○ 형태 : 기와 잔편. 승문 위에 방격문이 새겨져 있음.

㉔ **암키와편**(繩紋板瓦, 03JYM2110-33, **그림** 11-9)
○ 출토지 : 우산하2110호묘.
○ 형태 : 승문이 새겨져 있음.

㉕ **암키와편**(繩紋板瓦, 03JYM2110-52, **그림** 11-12)
○ 출토지 : 우산하2110호묘.
○ 형태 : 승문 위에 劃文이 새겨져 있음.

(2) 철기

총 7점으로 화살촉 2점, 띠고리 1점, 장막걸이쇠 1점, 철제못 2점, 철제테두리 1점 등이 있음. 모두 단조제이며 다수가 이미 부식됨.

① **철제화살촉**(鐵鏃, 03JYM2110-1, **그림** 6-5)
○ 출토지 : 우산하2110호묘.
○ 크기 : 鏃의 길이 5cm, 날개(翼)의 너비 0.8cm, 슴베의 길이 7cm.
○ 형태 : 촉신은 三翼形이고, 날개 하부에는 구멍을 냄. 뿌리의 앞부분은 원형이며 중간부 이하는 四棱錐形이고 촉신와 뿌리가 서로 만나는 부분에는 1개의 은테(銀箍)가 있음.

② **철제화살촉**(鐵鏃, 03JYM2110-3, **그림** 6-4)
○ 출토지 : 우산하2110호묘.
○ 크기 : 전체 길이 14cm, 촉두의 길이 10.5cm, 너비 3.7~1.6cm, 슴베의 길이 3.5cm.
○ 형태 : 촉신는 평평한 鏟形이고, 전단의 날부분(刃部)는 약간 손상된 상태이며 뿌리 단면은 원형.

③ **철제못**(鐵釘, 03JYM2110-5, **그림** 6-3)
○ 출토지 : 우산하2110호묘.
○ 크기 : 釘의 길이 10.4cm, 단면 너비 0.7cm, 타원형 머리부(釘帽) 직경 3×2.3cm.
○ 형태 : 머리는 원형이고 釘은 방형으로 손상된 상태. 비교적 양호하며, 四棱釘의 못몸(釘身)은 머리부의 한 쪽에 치우쳐 있음.

④ **철제못**(鐵釘, 03JYM2110-4, **그림** 6-6)
○ 출토지 : 우산하2110호묘.
○ 크기 : 남은 길이 6.4cm 머리부(釘帽) 직경 2.6cm.
○ 형태 : 머리는 원형이고 釘은 방형으로 손상된 상태. 못몸(釘身)은 중간만 남아 있는 상태.

⑤ **철제테두리**(鐵圈, 03JYM2110-6, **그림** 6-10)
○ 출토지 : 우산하2110호묘.
○ 크기 : 지름 약 5.2cm, 단면 너비 1cm.
○ 형태 : 반원형 테두리만 남은 상태로 용도 미상.

⑥ **철제장막걸이쇠**(帳鉤, 03JYM2110-7, **그림** 6-9)
○ 출토지 : 우산하2110호묘.
○ 크기 : 길이 6.6cm, 너비 3.2cm, 두께 0.3~0.7cm.
○ 형태 : 鉤身은 U자형으로 비틀려진 형태로, 부식이 심하며 꼬리부분의 尖釘은 이미 잘려나간 상태임.

⑦ **철제띠고리**(帶卡, 03JYM2110-8, **그림** 6-7)
○ 출토지 : 우산하2110호묘.
○ 크기 : 길이 3.2cm, 너비 2.2cm, 단면의 직경 0.4cm.
○ 형태 : 앞부분은 원형이고 뒷부분은 방형. 고정쇠는 손상됨.

(3) 토기

① **토기**(03JYM2110-39)
○ 출토지 : 우산하2110호묘 동북 모서리.
○ 크기 : 잔편의 두께 0.8cm.
○ 태토 및 색깔 : 고운 니질의 회색 토기.
○ 형태 : 물레성형. 무문. 소성도가 비교적 높음. 태토는 매우 고와서 수비과정을 거친 듯함. 漢代 토기편의 풍격이 있음.

② **호**(03JYM2110-40)
○ 출토지 : 우산하2110호묘 서측 격벽 상부.
○ 크기 : 잔편의 두께 0.7cm.
○ 태토 및 색깔 : 거친 니질의 황갈색 토기.
○ 형태 : 물레성형. 무문. 소성도가 비교적 높음. 태토는 고르는 과정을 거치지 않아 매끄럽지 못하며, 토기 표면에는 드물게 작은 구멍이 있음.

③ **가락바퀴**(陶紡輪, 03JYM2110-2, **그림 6-8**)
○ 출토지 : 우산하2110호묘.
○ 크기 : 직경 4.9cm, 구멍의 직경 0.8~1.2cm.
○ 형태 : 무늬없는 암키와를 갈아 만들어 불규칙한 원형이며, 중간에 구멍이 하나 있음.

6. 역사적 성격

1) 고분 구조

○ 해당 고분은 장방형의 계단적석총으로 광실이 두 개 있는 多壙式 구조임. 동측에 남아 있는 제3단의 계단과 서남 모서리 제3단의 계단 상부에 남아 있는 석재를 보면, 원래 1단의 석축 돌은 비교적 크고 가공을 거쳤음. 기타 계단석은 가공여부가 구축의 필요에 따라 정해짐. 계단석은 노출되지 않고 자갈로 봉해, 외관은 마치 장방형 돌무지와 같음.

○ 분석에 의하면, 해당 고분은 먼저 제1단의 계단을 축조한 후에 계단 내 사방에 산돌과 강돌을 깔아 메우고 메운 돌과 계단이 평평하게 같아지면 다시 제2단의 계단을 축조해 나감. 각 단은 모두 0.5~1m씩 들여쌓기함. 제8단은 서변과 9.2m, 동변과 약 10m 정도 떨어져 축조되었음. 고분 중앙부에는 동서 방향의 격벽이 2개 축조되어 남북으로 별개의 광실이 병렬되어 있음.

2) 고분 기와의 성격

묘상과 격벽 사이에서 발견된 기와는 비교적 두껍고 무거움. 그 중 두께가 3cm인 기와는 임강묘에서 발견된 등성마루 기와(脊瓦)와 유사함. 이번 해당 고분의 조사에서 서측 묘상에서 출토된 암키와가 남북 배열로 묘위에 펼쳐진 현상을 발견했음. 서측의 격벽 안에서 암키와가 출토됨. 동측에는 격벽 안과 그 상부 일대에 기와가 비교적 집중되어 있는데 가장 완전한 형태의 수키와는 묘상에서 남북으로 가로 뉘어 있었음. 이런 기와의 출토 현상을 보면, 고분 정상부의 계단과 봉석 위에 직접 덮여 있었던 것으로 추정됨.

3) 제대 추정시설

주목할 것은 고분 동측의 장방형의 돌무지 유적임. 해당 유적은 고분과 16m 정도 떨어져 있는데, 이 유적의 길이와 고분의 길이가 대체로 동일하므로 동시에 축조되었다고 보임. 이런 류의 유적은 임강묘의 동측, 우산992호묘의 동측, 태왕릉 및 서대묘 동측 등의 왕릉 부근 모두에서 발견되었는데 우산992호묘의 시굴에 의하면 이것은 건축 유적지가 아니며 고분도 아님. 장군총 북측에는 원래 배총 고분군으로 인식되던 곳을 1999년 발굴조사를 진행하였는데 고분의 흔적이 보이지 않으므로 제대로 추정됨.

4) 고분 등급과 묘주 비정

○ 우산2110호묘 북쪽은 禹山에 기대어 평야에 인접해 있음. 주위 벽화묘와 봉토묘가 해당 고분의 좌우를 둘러싸고 있어 우산2110호묘가 중심이 되는 陵區를 형성하였음. 해당 고분의 형태가 거대하고 독자적 자리를 차지하고 있음. 삼익형화살촉(03JYM2110-1)과 청동제사람형상수레바퀴비녀상(집안박물관장품2285-1) 등의 진귀한 유물이 출토되고, 묘상에는 기와가 있는데 이것들은 모두 고구려 왕릉의 중요 지표이므로, 우산2110호묘는 고구려 왕릉임이 확실함.

○ 묘주에 대해 張福有는 고분 연대를 2세기 말로 보고, 고분 입지가 '故國川'에 해당하는 것으로 보아 해당 고분을 고국천왕릉에 비정함. 한편 魏存成을 비롯하여 임기환, 桃崎祐輔 등은 중천왕릉으로 비정함.

5) 고분의 연대

해당 고분에서 출토된 유물이 기와를 다수 차지하는 것은 임강묘와 유사함. 다만 고분 형식은 장방형 쌍광실을 취해 임강묘와 다름. 해당 고분의 구조와 유사한 고분은 1976년 산성하 묘구 동대파 묘지에서 발굴한 356호묘로서, 이 고분 3개 묘실이 연접해 있는 연접묘(串墓)임. 고분을 일정 높이에 만든 후 중간에는 격벽 2개를 쌓고, 격벽 양쪽에 다시 묘를 축조하는데 격벽 안은 산석으로 메움. 축조 방법이 우산2110호묘와 동일함. 산성하356호묘의 연대가 1~3세기 사이에 해당하므로, 우산2110호묘의 연대 역시 대략 이것과 유사할 것이나 두 고분의 등급이 다르다는 점에서 차이가 있음. 왕릉 등급인 우산하2110호묘는 동일 유형 고분의 조기 형태이므로 우산2110호묘의 연대는 2세기경으로 추정됨(길림성문물고고연구소·집안시박물관, 2004). 그러나 2세기로 판단할 근거는 확실하지 않으며, 같은 형태의 청동제사람형상수레바퀴비녀상이 출토된 임강총이 3세기대로 비정되고 있으므로 임강총과 비슷한 시기로 보임.

참고문헌

- 朝鮮總督府, 1915,『朝鮮古蹟圖譜』1.
- 藤田亮策, 1940,「通溝附近の古墳と高句麗の墓制」,『池內博士還曆記念 東洋史論叢』; 藤田亮策, 1948,『朝鮮考古學硏究』, 高桐書院 재수록.
- 三宅俊成, 1944,「輯安縣城附近高句麗の遺跡」,『輯安』; 三宅俊成, 1975,『東北アシア考古學の研究』재수록.
- 吉林省文物志編委會, 1984,『集安縣文物志』.
- 永島暉臣慎, 1988,「集安の高句麗遺跡」,『好太王碑と集安の壁畵古墳』, 吉川弘文館.
- 國家文物局 主編, 1993,『中國文物地圖集』吉林分冊, 中國地圖出版社.
- 吉林省文物考古研究所·集安市博物館, 2002,『洞溝古墓群-1997年調査測繪報告』, 科學出版社.
- 吉林省文物考古研究所·集安市博物館, 2004,『集安高句麗王陵』, 文物出版社.
- 東潮, 2006,「高句麗 王陵과 巨大 적석총」,『朝鮮學報』199·200合.
- 張福有·孫仁杰·遲勇, 2007,「高句麗王陵通考要報」,『東北史地』2007-4 ; 2007,『高句麗王陵通考』, 香港亞洲出版社.
- 孫仁杰·遲勇, 2007,『集安高句麗墓葬』, 香港亞洲出版社.
- 魏存成, 2007,「集安高句麗大形積石墓王陵研究」,『社會科學戰線』2007-4.
- 桃崎祐輔, 2009,「고구려왕릉 출토 기와·부장품으로 본 편년과 연대」,『고구려 왕릉 연구』, 동북아역사재단.
- 東潮, 2009,「고구려왕릉과 능원제」,『고구려 왕릉 연구』, 동북아역사재단.
- 임기환, 2009,「고구려의 장지명 왕호와 왕릉비정」,『고구려 왕릉 연구』, 동북아역사재단.

35 집안 우산하2111호묘

集安 禹山下2111號墓 | JYM2111

1. 조사현황

1) 1966년

조사내용 : 通溝古墳群 실측조사 때 '禹山下2111號墓(JYM2111)'로 편호.

2) 2003년

조사내용 : 정비작업. 왕릉 여부에 대해 결론내지 못함.

2. 위치와 자연환경(그림 1)

1) 고분의 위치

集安의 禹山 남쪽 기슭에 위치.

2) 고분의 주변환경

○ 북측은 우산의 陳家溝임.

○ 남쪽으로 약 100m 떨어진 지점에 四神墓가 있음.

○ 동북쪽으로 약 60m 떨어진 지점에 禹山下2115號墓가 있음.

○ 서남쪽으로 약 200m 떨어진 지점에 禹山下2110號墓가 있음.

3. 고분의 현황

1) 고분 형식

(1) 유형

有壇積石石壙墓.

(2) 고분의 규모

남북 길이 35m, 동서 너비 31.5m, 남아 있는 높이 2m, 방향 330°.

2) 고분 구조

○ 묘는 일찍이 파괴됨.

○ 평면은 장방형임.

○ 분구의 기단석은 일찍이 계단식 밭을 개간할 때 대부분 없어지고, 서변의 남측부만 남아 있음. 기단석은 길이 0.7m, 높이 0.5m임.

○ 석재들은 가공하지 않은 자연석임.

○ 분구 정상부 중앙에 길이 5m, 너비 5m, 깊이 0.5m 정도의 구덩이가 있고, 구덩이 주위 곳곳에 작은 구덩이들이 있음.

○ 기단석을 제외하고 사용된 돌들은 모두 작은 깨진 산돌이고, 소량의 작은 강자갈들이 혼입됨. 석재의 크기는 대부분 0.2m 정도임.

그림 1 우산하2111호묘 위치도(『洞溝古墓群-1997年調查測繪報告』, 209쪽)

4. 역사적 성격

1) 피장자 추정

우산하2111호묘는 독립적으로 자리잡고 있고 규모가 비교적 크며 왕릉 구역 내에 위치하고 있으므로, 묘주 신분은 낮다고 볼 수 없고 왕족이었을 것으로 추정됨.

2) 축조 시기

묘의 구조를 살펴볼 때 축조 시기는 禹山下2110號墓보다 늦음. 약 3세기로 추정됨(孫仁杰·遲勇, 2007).

참고문헌

- 吉林省文物考古研究所·集安市博物館, 2002, 『洞溝古墓群-1997年調查測繪報告』, 科學出版社.
- 孫仁杰·遲勇, 2007, 『集安高句麗墓葬』, 香港亞洲出版社.

36 집안 우산하2112호묘

集安 禹山下2112號墓 | JYM2112

1. 조사현황

1) 1966년

조사내용 : 通溝古墳群 실측조사 때 '禹山下2112號墓(JYM2112)'로 편호됨.

2) 1994년

○ 조사기관 : 集安市博物館.

○ 조사기관 : 1994년 5월~7월.

○ 조사내용 : 國家文物局 승인 아래, 集安 고구려벽화 모의전시실 건설공사와 병행하여 조사.

2. 위치와 자연환경(그림 1)

1) 고분의 위치

집안 禹山下古墳群 남쪽 가장자리의 넓고 평평한 지대에 위치.

2) 고분의 주변환경

○ 주위에 대형 封土石室墓가 많음. 묘 남측으로 60m 떨어진 지점에 五盔墳 3·4號墓, 묘 동측으로 60m 떨어진 지점에는 四神墓가 있음.

3. 고분의 현황

1) 고분 발굴 전 상황

○ 750m²의 돌무지 상태로, 고분 형태가 명확하지 않았음.

○ 묘 정상부는 울퉁불퉁하고 평평하지 않았음.

○ 석재는 아래로 떨어지거나 일부는 없어짐.

○ 묘 방향은 불분명.

2) 고분 형식(그림 2)

(1) 유형

階壇積石石壙墓(階壇積石壙室墓).

(2) 고분의 규모

한 변의 길이 18.70m, 남은 높이 3.20m.

3) 고분 구조

(1) 외관

○ 평면은 장방형.

○ 제2단 계단 위에 石壙, 墓道, 耳室을 축조.

(2) 계단

○ 3단 계단이 남아 있는데, 각각 4층으로 이루어져 있음.

그림 1 우산하2112호묘 위치도(『洞溝古墓群－1997年調査測繪報告』, 209쪽)

○ 계단은 가공한 회암 혹은 화강암으로 축조.

○ 제1단 계단은 지표 위에 쌓았고 높이는 1.80m임. 제1층 장대석은 거대한데, 가장 큰 석재는 길이 2m, 높이 1m임. 2·3·4층의 석재는 약간 작음. 계단 내부는 강자갈로 채움.

○ 제1단 계단에서 안쪽으로 0.75m 들어가서 제2단 계단을 축조했는데, 그 높이는 1m이고, 계단 내부는 강자갈로 채움.

○ 제2단 계단에서 안쪽으로 0.7m 들어가서 제3단 계단을 축조했는데, 그 높이는 0.6m임. 훼손이 매우 심하여 석조 일부분만 남아 있음.

○ 계단 석재가 바깥으로 나가는 것을 방지하기 위해, 매 계단 석재 윗면 둘레에 너비 0.1m의 돌기를 만든 후 위에 놓인 돌을 돌기 안쪽으로 끼워 층층마다 겹쳐 쌓음.

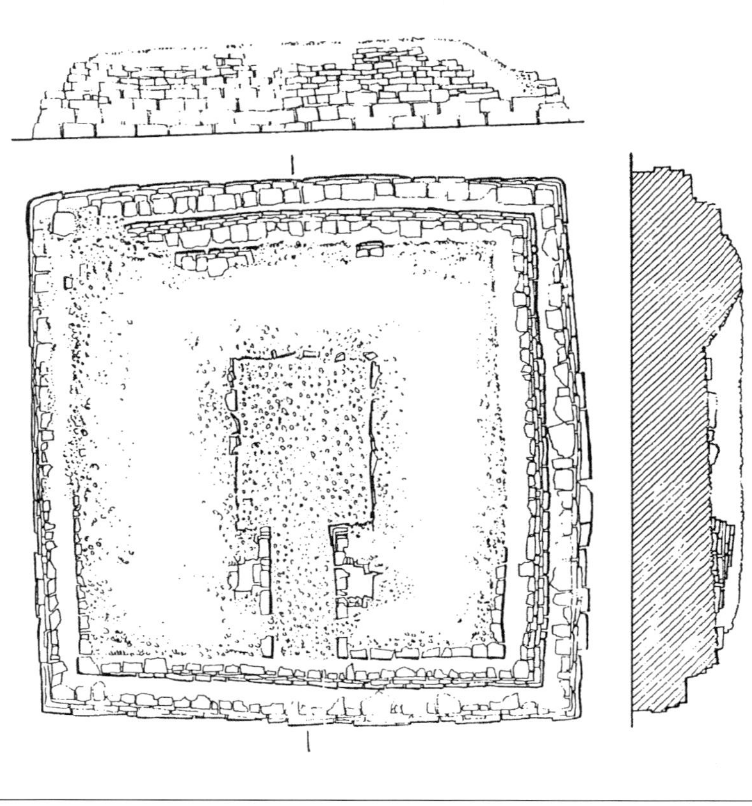

그림 2
우산하2112호묘 평·단면도
(『北方文物』 2004-2, 30쪽)

(3) 石壙(壙室)

○ 석광 평면은 장방형으로 남북 길이는 6m, 동서 너비는 5m임. 바닥, 묘도, 이실 바닥은 제2단 계단 정상부와 동일 평면임.

○ 석광의 가장 아랫면에는 직경 0.15~0.20m 크기의 熔石을 깔았음. 용석은 석광 동북부에 집중 분포하고 있고, 남부는 비교적 듬성듬성하게 있음.

○ 석광의 네 벽은 훼손이 심함. 동·서·북벽에는 남아 있는 석재가 거의 없고 바닥에 석판 한 층이 남아 있는데, 모두 세워서 쌓았음. 석판은 모두 가공하였고, 크기와 형태는 같지 않음. 그 중 석판 한 개는 길이 0.8m, 높이 0.45m, 두께 0.15m임.

○ 석광 남벽은 중간에 묘도가 있어서 동·서 두 부분으로 나뉨. 장벽은 너비가 1.6m이고 묘도와 연결된 모서리에는 5층으로 쌓은 석재가 남아 있는데, 높이는 1.10m임. 석광 벽의 맨 아래 사용한 석재는 약간 큰데, 일반적으로 길이 0.7m, 너비 0.2m, 두께 0.2m임. 그 위로 층층마다 안쪽으로 들여 벽을 쌓음. 동쪽의 장벽 너비는 1.15m이고, 묘도와 연결된 모서리에는 4층으로 쌓은 석재가 남아 있는데, 높이는 0.90m임. 석조 축조방식은 서쪽의 장벽 모서리와 같음.

(4) 묘도

○ 남벽 중간에 위치. 묘도 양측에는 이실이 있음.

○ 묘도는 방향 151°, 길이 4.60m, 너비 2.38m임.

○ 묘도의 바닥에는 직경 0.2m의 강자갈을 깔았고, 작은 강자갈로 평평하지 않은 부분을 메움. 묘도의 양벽은 가공한 석회암을 어긋나게 하여 겹치지 않

도록 겹겹이 쌓았는데, 3～5층이 남아 있고, 높이는 0.9～1m임.

○ 정리 전에 묘도와 이실 전부는 불규칙한 석재가 정상부까지 들어차 있었음. 묘도와 이실을 완성한 후에 돌을 채워 넣음으로써, 묘도와 이실은 없어지고 한 개의 석광만 남게 됨.

○ 묘도와 이실에 채운 석재는 위에서 아래로 갈수록 점차 커짐. 석재의 빈틈은 작은 강자갈이 고루 섞여 있는 석회로 메움.

(5) 耳室

○ 이실은 모두 2개로 묘도 양측에 각각 축조. 북쪽으로 석광 남벽까지의 거리는 1.20m임. 두 이실 바닥에는 직경 0.15～0.20m의 강자갈이 깔려 있음.

○ 서쪽 이실은 동서 길이 1.5m, 남북 너비 1.1m, 남은 높이 0.9m임. 북벽 바닥부에는 길이 0.3～0.4m, 두께 0.15m인 한 면이 가공된 석재 3개가 있음.

○ 동쪽 이실의 건축 구조는 서쪽 이실과 같음. 동벽 바닥부에는 길이 0.7m, 너비 0.5m, 두께 0.18m의 석재 한 개가 남아 있음. 남벽 바닥부에는 길이 0.4m, 너비 0.3m, 두께 0.15m의 석재 한 개가 있음. 북벽에는 석재가 보이지 않음.

○ 동서 이실의 입구는 모두 돌을 쌓아 막았음. 이실과 묘도가 만나는 부분의 석재는 정연하게 가공하였음. 이실쪽 부분의 석재 표면은 가공하지 않았음. 길이·높이·크기가 같지 않고 가지런하지 않음. 이실 입구를 막은 돌과 무덤을 봉한 돌 그리고 이실을 봉한 돌이 달라서 묘도와 이실 축조 후 다시 봉하였음. 따라서 가장 나중에는 묘도와 이실이 없는 광실 묘장이 되었을 것임.

4. 출토유물

350여 점이 출토. 대부분은 석광내 서남 모서리에서 출토되었는데, 동쪽 이실에서는 環形의 갈고리(挂鉤) 1점과 環形의 꺾쇠(扒鍋) 2점, 서쪽 이실에서는 環形의 갈고리(挂鉤) 1점이 출토됨. 기와 등 건축 구조물은 대부분 석광내 서부와 서면 계단 바깥에서 출토됨.

1) 금기

(1) 금실(金線)

○ 출토지 : 우산하2112호묘.

○ 크기 : 직경 0.07cm.

○ 형태 : 모두 4단이 있는데, 길이는 같지 않음.

(2) 금제보요식(金泡飾, 그림 3-11)

○ 출토지 : 우산하2112호묘.

○ 크기 : 반구형 좌식(泡飾) 직경 0.7cm, 葉片 직경 0.7cm.

○ 형태 : 4점이 출토. 형태는 원형보요식(圓形泡飾)과 같음. 반구형 좌식에 엽편이 연결되어 있음.

(3) 금제보요식(金葉飾)

○ 출토지 : 우산하2112호묘.

○ 형태 : 5점이 출토. YM2112:269는 杏葉形으로 한쪽 끝이 뾰족하고 가운데 부분은 약간 볼록함. 葉片 끝부분에 구멍 한 개가 뚫어져 있는데, 동실이 연결되어 있음. 동실에는 직경 0.4cm인 마노구슬(瑪瑙珠)이 연결되어 있음(그림 3-12).

2) 은기

은제수하식(墜飾) 3점이 출토되었는데, 그 가운데 한 점은 잘 남아 있음. YM2112:275는 너비 0.2cm인 은제의 편이 2.8cm 길이로 꺾여 있고 두 끝은 원형 고리

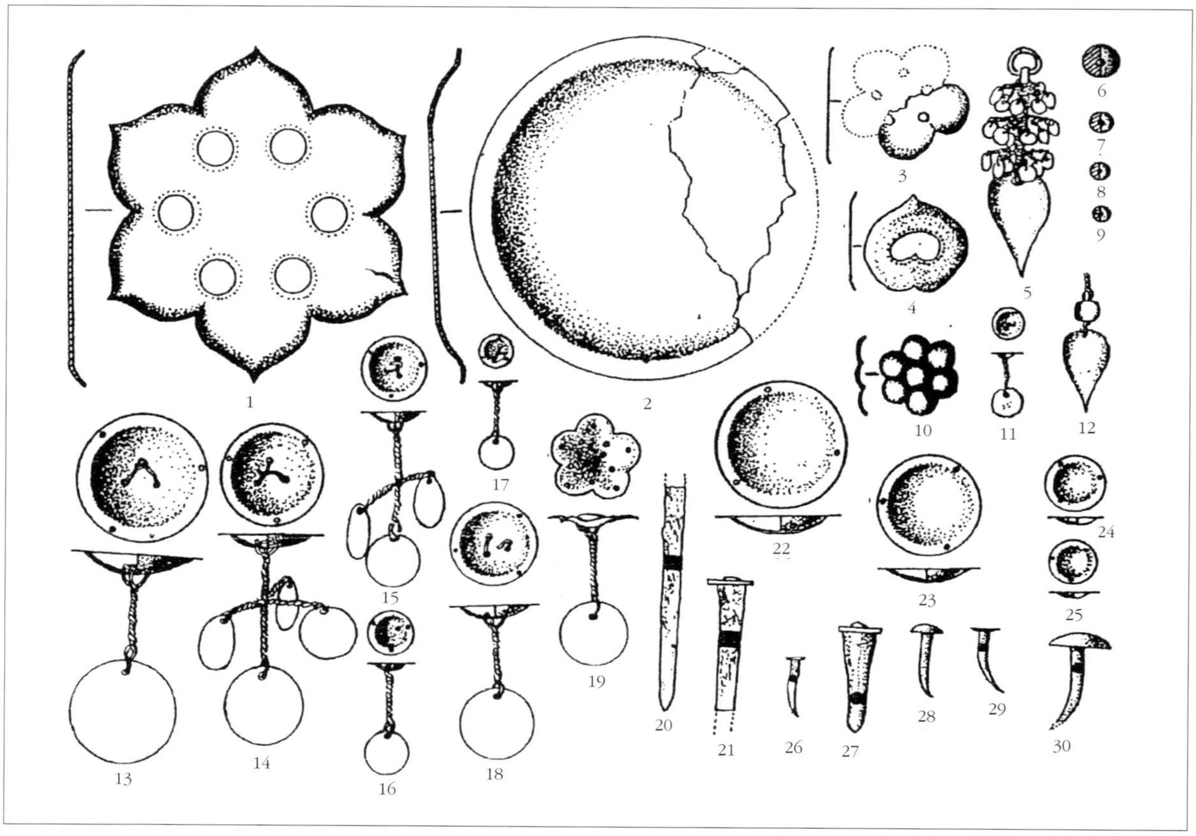

그림 3 우산하2112호묘 출토유물(『北方文物』 2004-2, 33쪽)
1~2·4. 금동제장식 3·10·13~19·22~25. 금동제보요식 5. 은제수하식 6~9. 마노구슬 11~12. 금제보요식
20~21·27. 금동제신발못 26·28~30. 금동제연결못

형태임. 한쪽 끝에는 길이 2.5cm, 너비 1.4cm인 끝이 뾰족한 복숭아 모양의 보요가 연결되어 있고 다른 한쪽 끝에는 직경이 0.7cm인 원형 고리가 연결되어 있음. 은편 중간에는 은실을 감아서 만든 고리(墜環) 3층이 있고, 고리에는 직경 0.6cm인 원형 보요가 연결되어 있는데, 10개 이상이 달려 있음(그림 3-5).

3) 금동기

모두 140점이 출토.

(1) 금동제엽형장식(鎏金葉形飾片)

○ 출토지 : 우산하2112호묘.

○ 형태 : 5점이 출토되었고, 그 가운데 2점이 잘 남아 있음. YM2112:125는 하트모양임. 변 가장자리는 너비 0.2cm 정도 눌러 꺾었음. 중간에 작은 하트모양 구멍이 투조되어 있음. 구멍 가장자리에는 점렬문이 돌아감. 직경 2.4~2.6cm임(그림 3-4).

(2) 금동제원형장식(圓形鎏金飾, YM2112:130, 그림 3-2)

○ 출토지 : 우산하2112호묘.

○ 크기 : 직경 8.8cm.

○ 형태 : 약간 파손됨. 원형임. 표면은 약간 부풀어 올랐는데, 부풀어 오른 면은 금동임. 주위 가장자리에 0.3cm 정도 꺾인 변이 있음.

(3) 금동제육판연화형투공장식(六瓣蓮花形鏤空飾件)

○ 출토지 : 우산하2112호묘.

○ 형태 : 4점이 출토되었고, 그 가운데 2점이 잘 남아 있음. YM2112:131은 6판 연화형임. 가장자리는 너비 0.3cm 정도 눌러 꺾었음. 중간 융기면은 금동을 입힘. 중간에 직경 1cm인 원형 구멍 6개가 있고, 구멍 주위에는 점렬문이 돌아감. 직경은 8.3cm임(그림 3-1).

(4) 금동제육판매화형보요식(六瓣梅花形泡飾)

○ 출토지 : 우산하2112호묘.

○ 크기 : 직경 2cm.

○ 형태 : 4점이 출토. YM2112:135는 6판 매화형임. 중간에 원형 꽃술(花蕊)이 있음. 꽃술 좌우에 직경 2cm인 구멍 2개가 있음(그림 3-10).

(5) 금동제오판매화형보요식(五瓣梅花形泡飾, YM2112:140, 그림 3-3)

○ 출토지 : 우산하2112호묘.

○ 크기 : 직경 2cm, 보요 직경 1cm, 엽편 구멍 직경 0.1cm.

○ 형태 : 일부 파손. 5판 매화형임. 엽편에는 구멍 5개가 뚫려 있음. 꽃술(花蕊)에는 3개의 작은 구멍이 뚫려 있음. 구멍에는 길이 약 1.5cm의 동실을 꼬아서 연결. 다른 한 끝부분에는 동그란 보요편이 매달려 있음.

(6) 금동제원형보요식(圓形泡飾, YM2112:140, 그림 3-13~19, 22~25)

○ 출토지 : 우산하2112호묘.

○ 크기 : 큰 보요식은 직경 3.3cm, 보요 직경 2.6cm, 작은 보요식은 직경 0.8cm, 엽편 직경 0.9cm.

○ 형태 : 111점이 출토되었는데, 형태는 같으나 크기는 다름. 가운데부분은 융기되어 있고 변 가장자리는 눌려져 있음. 변에는 실을 연결하기 위한 3개의 구멍(일부 5개)이 일정한 간격으로 뚫려 있음. 융기된 중간 지점에는 3개의 작은 구멍이 뚫려 있음(일부는 구멍이 없음). 구멍과 구멍은 동실로 연결하고 동실의 한 끝부분은 원형의 엽편을 매달았음.

(7) 금동제신발못(鎏金鞋釘)

○ 출토지 : 우산하2112호묘.

○ 형태 : 6점이 출토되었는데, 모두 파손. 단면은 기본적으로 방형임. YM2112:252는 몸체(釘身) 길이가 3cm이고, 윗부분에 너비 1.1cm, 두께 0.1cm인 금동 잔편이 붙어 있음(그림 3-21). YM2112:255는 위에 연접된 부분이 없음. 남아 있는 길이는 5.7cm임(그림 3-20). YM2112:256은 단면이 원형임. 위는 두껍고 아래는 가느다라함. 윗부분에 금동잔편이 붙어 있음. 남은 길이는 2.6cm임(그림 3-27).

(8) 금동제연결못(鉚釘)

○ 출토지 : 우산하2112호묘.

○ 형태 : 8점이 출토. 두부(頂帽)는 버섯형과 납작한 원형이 있음. 버섯형은 큰 것이 두부 직경 1.5cm, 몸체(釘身) 길이 2.2cm이고(YM2112:258, 그림 3-30), 작은 것은 두부 직경 0.8cm, 몸체 길이 1.6cm임(YM2112:259, 그림 3-28). 납작한 원형은 몸체가 버섯형과 같음(그림 3-26 · 29).

4) 철기

모두 141점이 출토되었고, 鍛制임.

(1) 철제꺾쇠(扒鋦)

○ 출토지 : 우산하2112호묘.

○ 형태 : 45점이 출토되었는데, 용도와 형태는 같지 않음. 모두 四棱形의 철사로 제작. I식은 38점이 출토. 철사 양끝은 안으로 꺾여 직각을 이룸. 몸체(鋦身) 길이는 긴 것이 5cm, 짧은 것은 3.5cm이고, 삽입되는 부분(鋦釘) 길이는 4cm임(YM2112:58, 그

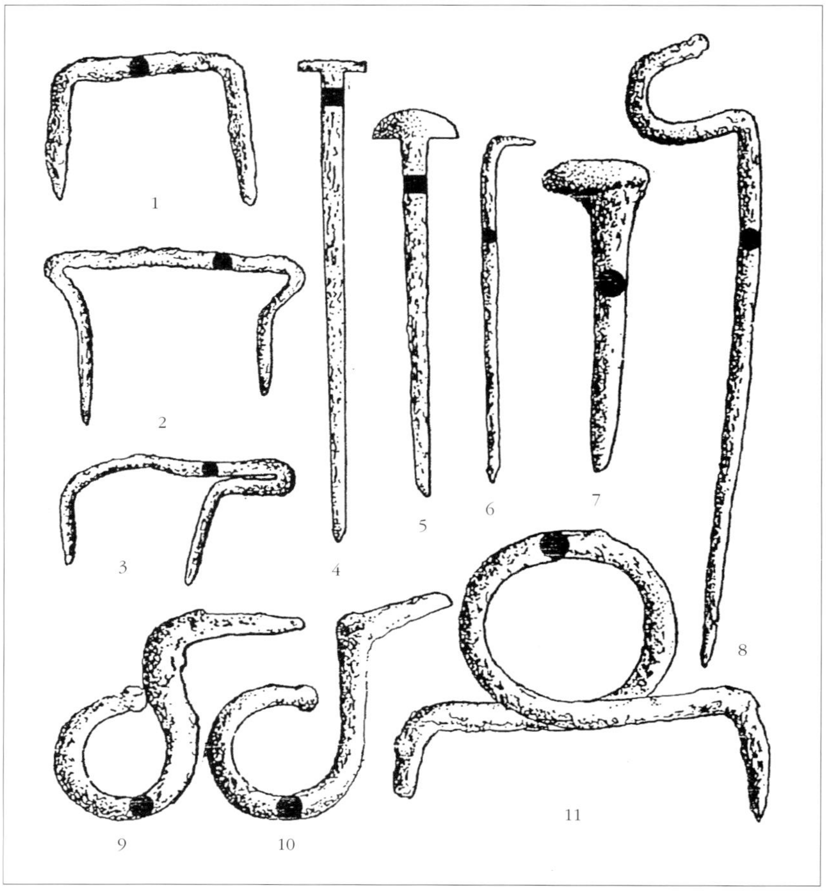

그림 4 우산하2112호묘 출토 철기
(『北方文物』 2004-2, 32쪽)
1~3. 꺾쇠 4~7. 관못 8. 장막걸이쇠
9~10. 환형갈고리 11. 환형꺾쇠

림 4-1). Ⅱ식은 3점이 출토. YM2112:60은 먼저 철사 양 끝부분을 45° 안으로 꺾은 후 다시 몸체와 직각이 되도록 구부렸음. 몸체 길이는 6.5cm, 삽입되는 부분 길이는 4.5cm임(그림 4-2). Ⅲ식은 4점이 출토. YM2112:63은 철사 한쪽 끝을 직각으로 구부렸고, 다른 한쪽 끝은 안으로 180° 꺾은 후 다시 밖으로 꺾어 반대편 끝부분의 삽입되는 부분과 평행이 되도록 하였음. 몸체 길이는 5.9cm, 삽입되는 부분 길이는 3cm임(그림 4-3).

(2) 철제장막걸이쇠(挂鉤)

○ 출토지 : 우산하2112호묘.

○ 형태 : 6점이 출토. YM2112:69는 한쪽 끝부분을 반원형으로 구부렸고, 다른 끝부분은 뾰족한 四棱形임. 전체 길이 32cm, 단면 직경 1cm임(그림 4-8).

(3) 철제관못(棺釘)

○ 출토지 : 우산하2112호묘.

○ 형태 : 34점이 출토. 몸체(釘身)는 모두 四棱形이지만, 두부(釘帽)의 형태와 길이는 다름. Ⅰ식은 27점이 출토. YM2112:75는 두부가 원형임. 직경 1.7cm, 두께 0.1cm, 전체 길이 12.5cm이고 몸체 단면은 0.5×0.5cm임(그림 4-4). Ⅱ식은 2점이 출토. YM2112:103은 두부가 버섯모양임. 직경 2.2cm, 몸체 전체길이 10cm임. 몸체 형태는 Ⅰ식과 같음(그림 4-5). Ⅲ식은 1점이 출토. YM2112:105는 두부가 꺾여 있음.

두부면은 장방형이고 몸체는 사릉형임. 길이 2.5cm, 너비 1.4cm, 두께 0.8cm, 몸체 길이 7cm, 단면 직경 0.6cm임(그림 4-6). Ⅳ은 4점이 출토. YM2112:106은 두부가 꺾여 있음. 전체 길이 8.5cm, 너비 1.4cm, 두께 0.8cm, 몸체 단면 직경 0.3cm임(그림 4-7).

(4) 환형갈고리(環形挂鉤)

○ 출토지 : 우산하2112호묘.

○ 크기 : 전체 길이는 0.8cm.

○ 형태 : 6점이 출토됨. 한쪽 끝은 環形이고 다른 한쪽은 四棱錐形임(YM2112:111 ; YM2112:113, 그림 4-9~10).

(5) 환형꺾쇠(環形挂鉤)

○ 출토지 : 우산하2112호묘.

○ 형태 : 5점이 출토됨. YM2112:118은 원형의 철사를 구부려서 직경 4cm의 원형고리를 만들고, 양 끝부분을 같은 방향으로 꺾음. 삽입되는 부분의 길이는 2.5~3cm, 사이 거리는 8cm, 단면 직경은 0.7cm임(그림 4-11).

5) 기와

(1) 와당

○ 출토지 : 우산하2112호묘.

○ 형태 : 21점이 출토되었는데, 모두 연화문와당임. 일부를 제외하고 대부분 파손. 2유형으로 나눌 수 있음. Ⅰ식은 8판 연화문와당임. 소성온도는 비교적 높고, 단단함. YM2112:1은 와당면 직경 20.5cm, 두께 3.5cm이고 주연부는 2.2cm 돌출됨. 와당면 바깥 가장자리에 2줄 선이 둘러져 있고, 그 안으로 8판 연화문이 부조됨. 연판은 3줄의 선으로 'Ѱ' 모양을 그려서, 꽃봉오리 모양을 표현함. 연판 사이에는 2줄의 선문과 2개의 乳釘이 있음. 와당 가운데에는 2줄의 선과

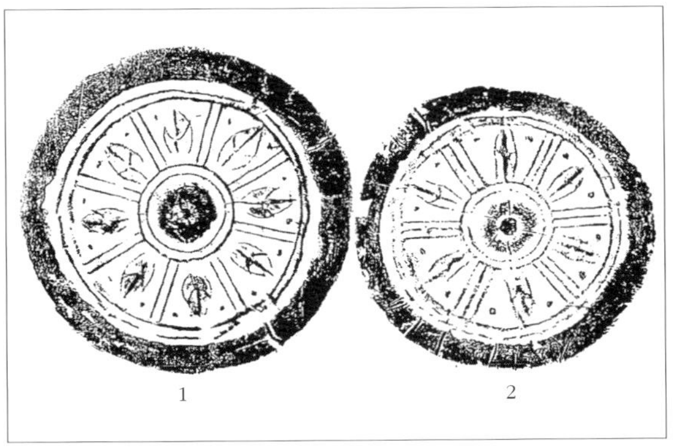

그림 5 우산하2112호묘 출토 와당(『北方文物』 2004-2, 31쪽)
1. 8판 연화문와당 2. 6판 연화문와당

원형의 乳突이 있음. 수키와가 연결되어 있고, 남아 있는 길이는 23.5cm, 두께는 2cm임(그림 5-1). Ⅱ식은 8판 연화문와당임. 소성온도는 비교적 높고, 단단함. YM2112:5는 와당면 직경 18.5cm, 두께 1.8cm이고 주연부 2.5cm 정도 돌출됨. 와당면의 장식은 Ⅰ식과 같고, 연판 사이에 3줄의 철현문이 있음(그림 5-2).

○ 태토 및 색깔 : 니질의 회색.

(2) 암키와와 수키와

○ 출토지 : 우산하2112호묘.

○ 형태 : 파손됨. 잔편의 일반적인 두께는 2~2.5cm이고 무늬가 없으며 배면에 布文이 있음. 색깔에 따라 회갈색과 짙은 홍색 두 종류로 나눌 수 있는데, 상대적으로 회갈색이 많음.

6) 석기

(1) 마노구슬(瑪瑙珠, 그림 4-6~9)

○ 출토지 : 우산하2112호묘.

○ 형태 : 5점이 출토. 모두 원구형임. 중간에 구멍이 뚫어져 있음. 크기는 서로 다름. 큰 것은 직경이 0.8cm이고 유백색임. 작은 것은 직경이 0.25cm이고 녹색 혹은 담황색임.

5. 역사적 성격

1) 피장자 추정

묘의 위치, 규모, 건축구조, 출토유물 등을 감안할 때 피장자는 신분이 비교적 높다고 볼 수 있는데, 고구려의 귀족으로 추정(集安市博物館, 2004).

2) 축조연대 추정

○ 발굴보고자는 축조 시기를 약 4세기 말~5세기 초로 추정하였는데, 이에 대한 근거는 아래와 같음. 통구고분군의 무덤 분포를 보면 대부분 산비탈을 따라 위에서 아래로 배열되어 있는데, 비탈 위에 위치한 무덤의 축조 시기가 비교적 이르고, 일반적으로 적석연접묘(積石串墓)임. 산비탈 아래의 무덤은 대부분 독립된 봉토석실묘이고 축조 연대는 비교적 늦음. 우산하2112호묘가 위치한 지대는 우산 남쪽 비탈의 끝부분으로 그 주위에 五盔墳, 四盔墳, 四神墓 등 대형 봉토석실묘가 많이 분포함. 축조 연대는 이 고분들과 비슷할 것임. 초기 적석묘에 부장된 유물은 대부분 실용품임. 그러다가 4세기말 전후로 장식성 기물이 대량 증가하고, 5세기말 이후에는 보편적으로 부장됨. 우산하2112호묘에서는 금·은·금동장식품이 대량 출토. 출토된 와당을 살펴보면 연화문장식에 'ѱ'자형 돌기가 있고, 연판 꼭대기부분 양측에 각각 乳釘 한 개가 있음. 太王陵에서 출토된 와당은 연판 꼭대기 양측 외에 꽃봉오리(蓮蕾) 가운데에도 유정이 있음. 將軍塚에서 출토된 와당은 꽃봉오리 꼭대기에 2개의 乳釘이 있지만, 'ѱ'자형의 돌기를 볼 수 없음. 와당을 토대로 축조 시기를 파악한다면 우산하2112호묘, 태왕릉, 장군총 순임. 태왕릉은 '願太王陵安如山固如岳'명 벽돌이 출토된 것으로 보아 광개토왕의 무덤으로 추정. 광개토왕은 392년에 즉위해서 412년에 죽었으며 414년 무덤에 안장됨. 계단적석묘인 우산하2112호묘는 태왕릉보다 이르므로 그 상대연대는 약 4세기 말~5세기 초로 볼 수 있음(集安市博物館, 2004).

○ 우산하2112호묘에 대해 적석묘에서 봉토묘로 이행하는 과도기 단계에 축조된 것으로 보면서 장수왕의 아들인 助多의 무덤으로 추정하기도 함(張福有·孫仁杰·遲勇, 2007).

3) 장구에 관하여

『梁史』 고구려전에 '其死 有槨無棺'이라는 기록이 있음. 그리고 적석묘 가운데 목관구조가 발견되지 않아서, 고구려 적석묘에는 목곽이 있고 목관은 없다고 인식하기도 함. 그런데 우산하2112호묘에서 목관제작용 관못(棺釘) 34점과 목곽 제작용 철제꺾쇠(扒鋦) 45점이 출토됨. 즉, 우산하2112호묘는 목곽과 목관이 동시에 사용된 것임. 우산하고분군의 일부 적석석광묘에서 철제관못이 출토되었는데, 출토된 무덤의 축조 시기는 4~5세기 전후로 우산하2112호묘와 가까움. 즉, 4세기에 이르러 적석석광묘에서 목관과 목곽이 동시에 사용되었다고 볼 수 있는 것임(集安市博物館, 2004).

4) 구조에 관하여

○ 적석석광묘는 고구려 고유의 묘제로, 통구고분군 적석묘 가운데 다수를 차지. 석광은 無段과 有段 적석묘 중에 존재함. 대부분은 단일 석광이고 평면은 장방형이며 돌로 광벽을 쌓음. 일부는 석광 한 측에 묘도, 石箱, 耳室이 구축되어 있는데, 이러한 무덤의 축조연대는 상대적으로 늦음. 이실이 구축된 묘는 석상이 구축된 묘에 비해 상대적으로 축조 시기가 늦음. 즉, 적석석광묘는 '單-석광-석상-묘도-이실' 순으로 발전하였는데, 우산하2112호묘는 이실이 구축되어 있다는 점에서 적석석광묘 가운데 늦은 시기에 축조되었다고 볼 수 있음(集安市博物館, 2004).

○ 이실이 구축된 적석석광묘는 통구고분군에서 많이 발견되지 않음. 축조연대는 일반적으로 4~5세기로 추정되는데, 비교적 짧고 명확한 발전과정을 거침.

우산하2112호묘는 묘도와 이실을 구축한 후 돌로 채웠음. 한편 고구려고분의 묘방향은 초기 석광묘가 남향 혹은 서향이었다면 늦은 시기의 봉토석실묘는 일반적으로 동남향임. 즉, 우산하2112호묘는 신·구 묘제양식의 공존을 보이고 있는 것임.

○ 우산하2112호묘에 대해 孫仁杰·遲勇은 階段壙室積石墓로 판단하였는데(孫仁杰·遲勇, 2007), 무덤 내부에서 관못과 꺾쇠, 장막걸이쇠(挂鉤)가 출토된 것을 감안하면 석광보다는 광실구조로 보는 것이 합리적임. 이와 같은 구조의 무덤으로는 禹山下540號墓가 있는데, 우산하0540호묘에 대해서는 광실계단적석묘로 파악한 바 있음.

참고문헌

- 吉林省文物考古硏究所·集安市博物館, 2002, 『洞溝古墓群-1997年調査測繪報告』, 科學出版社.
- 集安市博物館, 2004, 「集安通溝古墳群禹山墓區2112號墓」, 『北方文物』 2004-2.
- 孫仁杰·遲勇, 2007, 『集安高句麗墓葬』, 香港亞洲出版社.
- 張福有·孫仁杰·遲勇, 2007, 「高句麗王陵通考要報」, 『東北史地』 2007-4.

37 집안 우산하2114호묘

集安 禹山下2114號墓 | JYM2114

1. 조사현황

1) 1966년

조사내용 : 通溝古墳群 실측조사 때 '禹山墓區2114號墓(JYM2114)'로 편호.

2) 2004~2005년

○ 조사자 : 張福有, 孫仁杰, 遲勇.

○ 조사내용 : 묘 주위에서 많은 암키와와 수키와 잔편을 수습.

2. 위치와 자연환경(그림 1)

1) 고분의 위치

○ 集安 禹山下古墳群에서 북쪽으로 치우친 지점에 위치하는데, 북고남저의 완만한 산비탈에 자리잡음.

○ 중심지리좌표는 동경 126°11′923″, 북위 41°08′353″, 묘정상 해발은 243m임.

2) 고분의 주변환경

○ 서북쪽으로 약 90m 떨어진 지점에 禹山下2115號墓(JYM2115)가 있음.

○ 서남쪽으로 약 120m 떨어진 지점에 五盔墳5號墓(JYM2105)가 있음.

○ 남측에는 集安－果樹場 간 도로가 지나감.

3. 고분의 현황

1) 고분 형식

(1) 유형

封土石室墓.

(2) 고분의 규모

둘레 120m, 높이 약 8m.

2) 고분 구조

○ 봉토는 截頭方錐形임.

○ 아직 발굴하지 않아 묘실 내부 및 구조는 알 수 없음.

○ 묘의 외측에서 15m 떨어진 지점에 돌로 쌓은 묘단이 있음. 현재 돌은 대부분 이탈하거나 흙에 묻혀서 잘 보이지 않음.

4. 출토유물

회색의 암키와와 수키와 잔편이 출토됨. 배면에는 繩文, 내면에는 布文이 있음.

그림 1 우산하2114호묘 위치도(『洞溝古墓群－1997年調査測繪報告』, 209쪽)

5. 역사적 성격

1) 피장자 추정

우산하2114호묘에 대해 왕릉구역내에 있고 대형 봉토 석실묘에 속하며 묘 주변에 기와가 흩어져 있고 묘단이 구축되어 있다는 점을 들어 왕릉으로 보기도 함(孫仁杰·遲勇, 2007).

2) 축조 시기

○ 우산하2115호묘의 남쪽, 四神墓(JYM2113)의 북쪽에 위치하고 있다는 점을 들면서 사신묘보다는 빠르고 우산하2115호묘보다는 늦다고 보기도 함(孫仁杰·遲勇, 2007).

○ 양원왕의 또 다른 왕호인 '陽崗上好王'에 주목하면서, 우산하2114호묘가 위치한 지점은 禹山 남쪽 우산

하2115호묘의 동남쪽이므로 '陽崗'이라고 칭할 만하고 오회분5호묘의 동북쪽에 있어 '陽崗'의 '上好'라고 칭할 수 있으므로 양원왕의 무덤으로 비정할 수 있다는 견해가 있음(張福有 · 孫仁杰 · 遲勇, 2007).

참고문헌

- 吉林省文物考古研究所·集安市博物館, 2002,『洞溝古墓群-1997年調査測繪報告』, 科學出版社.
- 孫仁杰·遲勇, 2007,『集安高句麗墓葬』, 香港亞洲出版社.
- 張福有·孫仁杰·遲勇, 2007,「高句麗王陵通考要報」,『東北史地』2007-4.

38 집안 우산하2115호묘

集安 禹山下2115號墓 | JYM2115

1. 조사현황

1) 1966년

조사내용 : 通溝古墳群 실측조사 때 '禹山墓區2115號墓(JYM2115)'로 편호.

2) 2004~2005년

○ 조사자 : 張福有, 孫仁杰, 遲勇.

○ 조사내용 : 여러 차례에 걸쳐 조사·실측을 진행. 묘의 주변에서 기와 등 유물 수습.

2. 위치와 자연환경

1) 고분의 위치(그림 1)

○ 集安 禹山下古墳群에 속함.

○ 禹山 남쪽 기슭의 비교적 광활하고 완만한 비탈(북고남저) 중상부에 위치.

○ 중심지리좌표는 동경 126°11′815″, 북위 41°08′349″, 묘정상 최고 해발은 246m임.

2) 고분의 주변환경

○ 압록강 중류 우안의 충적평원과 인접.

○ 동쪽으로 약 90m 떨어진 지점에 禹山下2114號墓가 있음.

○ 남쪽으로 약 120m 떨어진 지점에 禹山下2113號墓가 있음.

3. 고분의 현황

1) 고분 형식

(1) 유형

基壇封土石室墓.

(2) 고분의 규모

봉토둘레 길이 150m, 남은 높이 약 8m.

2) 고분 구조

(1) 기단

○ 기단은 평면이 방형이고, 가공한 화강암으로 축조.

○ 변의 길이는 55m, 남아 있는 높이는 0.6m임.

○ 남측 기단이 비교적 양호하게 남아 있음. 현재는 1층 돌이 남아 있는데, 돌은 일반적으로 길이 약 1m, 너비 약 0.5~0.6m, 높이 0.4~0.6m임. 나머지 세 면의 기단석은 대부분 주민들이 가져갔고, 깨진 것들이 약간 남아 있을 뿐임.

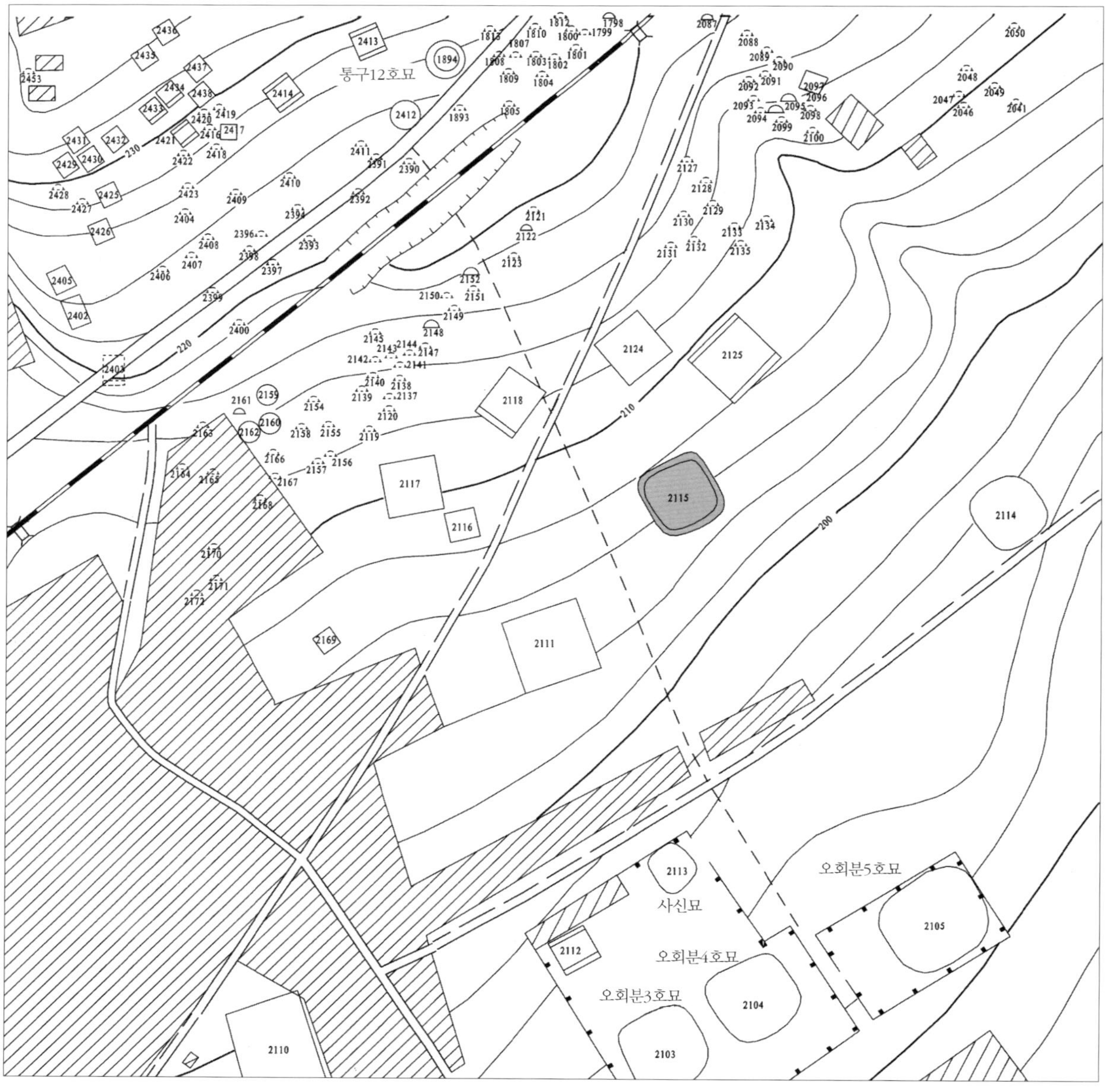

그림 1 우산하2115호묘 위치도(『洞溝古墓群－1997年調查測繪報告』, 209쪽)

(2) 봉토

봉토는 대부분 유실됨. 截頭方錐形으로 추정됨.

(3) 묘실

아직 발굴하지 않았기 때문에 정황을 알 수 없음.

4. 출토유물

회색의 암키와와 수키와 잔편이 출토됨. 배면에는 繩文, 내면에는 布文이 있음.

5. 역사적 성격

1) 연대 추정

우산하2115호묘는 方壇을 갖추고 있다는 점에서 초기 단계의 봉토석실묘로 볼 수 있음. 우산하2115호묘는 규모가 크고 기와가 보이며 왕릉구역 내에 위치하고 있다는 점에서 왕릉으로 여겨짐. 왕릉구역 내 禹山 북부 근처에 위치하고 있다는 점에서 기타 같은 유형의 무덤보다 이르다고 볼 수 있고, 축조연대는 약 6세기 초로 추정됨(孫仁杰 · 遲勇, 2007).

2) 피장자 문제

고구려 제21대 왕인 문자명왕의 무덤으로 추정하기도 하는데, 그 근거는 아래와 같음. 우산하2115호묘는 대형 봉토석실묘로 규모가 크고 기와가 출토되었으며 고구려왕릉구역에 위치한 것으로 보아 왕릉으로 추정되는데, 왕릉구역과 國內城 사이에 위치한 東臺子유적은 왕릉 제사와 관계가 있는 것으로 보임. 북한 평양 일대에도 고구려시기 중 · 대형 봉토석실묘와 벽화묘가 있으나 무덤과 묘실의 규모, 석재 선택, 가공 공예수준, 벽화내용 등에 있어 국내성의 고분에 미치지 못함. 국내성에 위치한 수준 높은 봉토석실묘는 고구려왕이 건재한 상황에서 아무나 채용할 수 있는 묘제가 아님. 이를 감안하면 우산하2115호묘는 평양 천도 후 맨 처음 집안으로 回葬하였을 것으로 보이는 문자명왕의 무덤으로 추정(張福有 · 孫仁杰 · 遲勇, 2007).

참고문헌

- 吉林省文物考古研究所 · 集安市博物館, 2002, 『洞溝古墓群 - 1997年調査測繪報告』, 科學出版社.
- 孫仁杰 · 遲勇, 2007, 『集安高句麗墓葬』, 香港亞洲出版社.
- 張福有 · 孫仁杰 · 遲勇, 2007, 「高句麗王陵通考要報」, 『東北史地』 2007-4.

39 집안 우산하2117호묘

集安 禹山下2117號墓 | JYM2117

1. 조사현황

1966년 通溝古墳群 실측조사 때 '禹山下2117號墓(JYM2117)'로 편호.

2. 위치와 자연환경(그림 1)

1) 고분의 위치

○ 集安의 禹山 남쪽 기슭에 위치.

2) 고분의 주변환경

○ 남쪽으로 약 86m 떨어진 지점에 禹山下2111號墓가 있음.

○ 북쪽으로 약 90m 떨어진 지점에 通集철로가 있음.

○ 동쪽으로 약 100m 떨어진 지점에 禹山下2115號墓가 있음.

○ 서쪽으로 약 70m 떨어진 지점에는 민가들이 있음.

3. 고분의 현황

1) 고분 형식

(1) 유형

有壇積石石壙墓.

(2) 고분의 규모

남북 길이 30m, 동서 너비 29m, 남아 있는 높이 3.5m, 방향 335°.

2) 고분 구조

○ 평면은 대략 방형임.

○ 묘 주변 가장자리의 基壇은 자연 석재로 축조. 基壇石은 대부분 길이 0.6m, 높이 0.3m이고, 3~4층으로 쌓았음.

○ 묘 내부는 階墻式 축조방법을 채용한 것으로 보임.

○ 묘 상부에 사용된 돌은 모두 깨진 산돌로, 크기는 대부분 0.2m 정도임.

○ 묘 가운데 부분의 직경 6m 범위는 1m 정도 융기되어 있음. 작은 돌로 이루어져 있고, 주위와 융기된 정상부에 대량의 熔石이 있는데, 대부분 엉겨 있음. 石壙이 있던 곳으로 추정되며, 주위에 여러 개의 작은 구덩이가 있음.

○ 석재 대부분은 이탈.

4. 역사적 성격

우산하2117호묘는 우산하2111호묘와 같은 구역에 속해 있는데, 계장식 축조방법을 채용하였으며 위치가 북쪽에 치우쳐 있다는 점에서 우산하2111호묘보다 축조 시기가 빠르다고 볼 수 있음. 축조연대는 약 3세기 중엽으로 추정(孫仁杰 · 遲勇, 2007).

그림 1 우산하2117호묘 위치도(『洞溝古墓群－1997年調査測繪報告』, 209쪽)

참고문헌

- 吉林省文物考古研究所·集安市博物館, 2002, 『洞溝古墓群－1997年調査測繪報告』, 科學出版社.
- 孫仁杰·遲勇, 2007, 『集安高句麗墓葬』, 香港亞洲出版社.

40 집안 우산하2124호묘

集安 禹山下2124號墓 | JYM2124

1. 조사현황

1966년 通溝古墳群 실측조사 때 '禹山下2124號墓(JYM2124)'로 편호.

2. 위치와 자연환경(그림 1)

1) 고분의 위치

集安의 禹山 남쪽 기슭에 위치.

2) 고분의 주변환경

○ 동남쪽으로 약 20m 떨어진 지점에 禹山下2125號墓가 있음.

○ 북쪽으로 약 100m 떨어진 지점에 通集철로가 있음.

○ 남쪽으로 약 50m 떨어진 지점에 禹山下2115號墓가 있음.

3. 고분의 현황

1) 고분 형식

(1) 유형

有壇積石石壙墓.

(2) 고분의 규모

남북 길이 23m, 동서 너비 21m, 높이 3m.

2) 고분 구조

○ 묘장은 일찍이 파괴됨.

○ 평면은 방형.

○ 네 면의 基壇石은 대부분 이탈되어 서측에서만 몇 개 볼 수 있음. 기단석은 약간 가공한 화강암임. 기단석은 일반적으로 길이 0.5m, 너비 0.4m, 높이 0.3m 정도임.

○ 묘 상부의 봉석은 모두 작은 깨진 산돌로, 크기는 0.2m 이하임.

○ 동·남·북측에 크기가 작은 도굴갱이 있음.

○ 熔石은 보이지 않음.

4. 역사적 성격

우산하2124호묘는 기단을 쌓고, 기단 내부는 階墻式 축조방법을 채용한 것으로 보임. 축조 시기는 禹山下2110號墓보다 늦다고 추정됨.

참고문헌

• 吉林省文物考古研究所·集安市博物館, 2002,『洞溝古墓群－1997年調查測繪報告』, 科學出版社.

• 孫仁杰·遲勇, 2007,『集安高句麗墓葬』, 香港亞洲出版社.

그림 1 우산하2124호묘 위치도(『洞溝古墓群-1997年調査測繪報告』, 209쪽)

41 집안 우산하2125호묘

集安 禹山下2125號墓 | JYM2125

1. 조사현황

1966년 通溝古墳群 실측조사 때 '禹山下2124號墓(JYM2124)'로 편호.

2. 위치와 자연환경(그림 1)

1) 고분의 위치

○ 集安의 禹山 남쪽 북고남저의 완만한 비탈에 위치.

2) 고분의 주변환경

○ 남쪽으로 약 40m 떨어진 지점에 禹山下2115號墓가 있음.

○ 서쪽으로 약 120m 떨어진 지점에 禹山下2117號墓가 있음.

○ 북쪽으로 약 130m 떨어진 지점에 通集철로가 있음.

○ 동쪽으로 약 1000m 떨어진 지점에 太王陵이 있음.

3. 고분의 현황

1) 고분 형식

(1) 유형

階段積石石壙墓.

(2) 고분의 규모

남북 길이 28m, 동서 너비 27m, 높이 3.3m, 방향 325°.

2) 고분 구조

○ 평면은 대략 방형임.

○ 계단은 2단임. 상부 계단은 대부분 파괴되었고, 서·남 양측에서 1단 계단이 보임. 동남 모서리에는 단지 계단석 1개만 볼 수 있음.

○ 남측의 제1단 계단은 2~3층으로 쌓았고, 높이는 1.3m 정도임. 계단석의 대부분은 약간 가공된 자연석으로, 가장 큰 석재는 길이 1.8m, 너비 1m, 높이 0.6m 정도임.

○ 제2단 계단은 제1단 계단 윗면에서 안으로 1.2m 들여쌓았음. 계단석은 약간 작은데, 동남 모서리의 제2단 계단석은 길이 0.8m, 너비 0.4m, 높이 0.4m 정도임.

○ 묘 상부를 봉한 돌들은 대부분 강자갈이고, 깨진 산돌이 매우 적게 있음. 크기는 대부분 0.3m 정도임.

그림 1 우산하2125호묘 위치도(『洞溝古墓群－1997年調査測繪報告』, 209쪽)

○ 묘의 가운데부분은 융기되어 있고, 서측과 남측에는 구덩이가 여러 개 있음.

○ 석재는 대부분 이탈함.

○ 묘 정상의 가운데 부분에 대량의 熔石이 있음.

4. 출토유물

고분 동측에서 기와편 2점이 출토됨. 회색이고 배면에 繩文이 있음.

5. 역사적 성격

건축구조와 사용한 돌이 禹山下992號墓와 같은데, 축조연대 또한 서로 비슷할 것으로 추정(孫仁杰 · 遲勇, 2007).

참고문헌

- 吉林省文物考古研究所·集安市博物館, 2002,『洞溝古墓群 - 1997年調査測繪報告』, 科學出版社.
- 孫仁杰·遲勇, 2007,『集安高句麗墓葬』, 香港亞洲出版社.

42	# 집안 우산하2403호묘
	集安 禹山下2403號墓 | JYM2403

1. 조사현황

1984년 및 1985년 集錫公路 건설을 위한 발굴시행.

(1) 조사기관

吉林省文物考古研究所, 集安市文物保管所.

(2) 조사자

林至德, 耿鐵華, 王洪峰, 柳嵐, 張雪巖, 遲勇, 孫仁杰.

(3) 조사기간

○ 제1차 조사 : 1984년 6월 20일~1984년 11월 20일.

○ 제2차 조사 : 1985년 5월 15일~1985년 8월 15일.

(4) 조사방법

○ 集錫公路 건설로 인해 구제 발굴을 함. 도로는 집안에서 통화에 이르는 철로선의 북측 약 50m에 위치하는데 서쪽에서 동쪽으로 우산하고분군을 관통하여 우산하고분군의 중간 지대에 자리하고 있음. 발굴 범위는 동서 길이 2,500m, 남북 너비 40m임.

○ 발굴한 적석묘는 북쪽에서 남쪽으로 연접되어 있고, 배열된 적석묘의 가장 말단에 위치함. 봉토묘는 배열이 불분명하고 적석묘 부근에 있음.

○ 발굴은 서쪽에서 동쪽으로 진행함. 신중국 성립 이

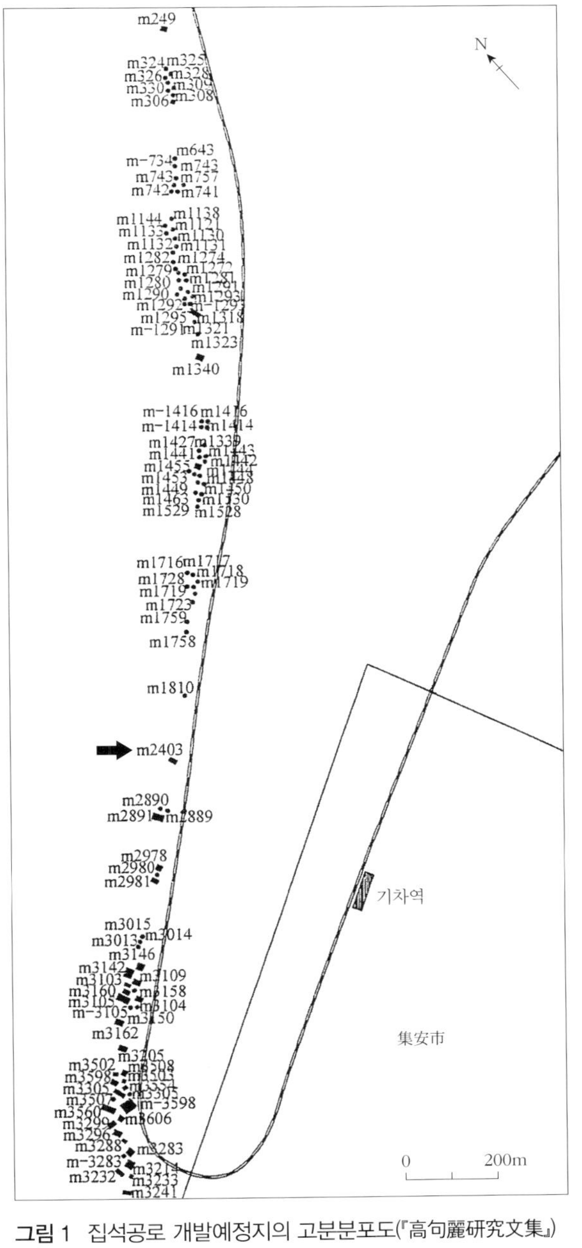

그림 1 집석공로 개발예정지의 고분분포도(『高句麗研究文集』)

그림 2 우산하2403호묘 위치도(『洞溝古墓群－1997年調査測繪報告』)

후 통구고분군 최초의 비교적 대규모 발굴 작업이었으며, 날씨로 인해 1 · 2차 두 시기로 나누어 진행함.

(5) 조사내용(그림 1)

○ 제1차 조사에서는 적석묘 28기, 봉토묘 61기 등 총 89기의 고분을 발굴조사하여, 700여 점의 유물을 발견함. 제2차 조사에서는 적석묘 10기, 토석혼축묘 1기, 석관묘 1기, 봉토묘 12기 등 총 24기의 고분을 발굴하고, 유물은 200여 점을 발견함. 두 차례 조사에서 석관묘 1기, 적석묘 38기, 봉토묘 73기, 토석혼축묘 1기 등 총 113기의 고분을 발굴조사하였으며, 유물은 총 931점이 출토됨.

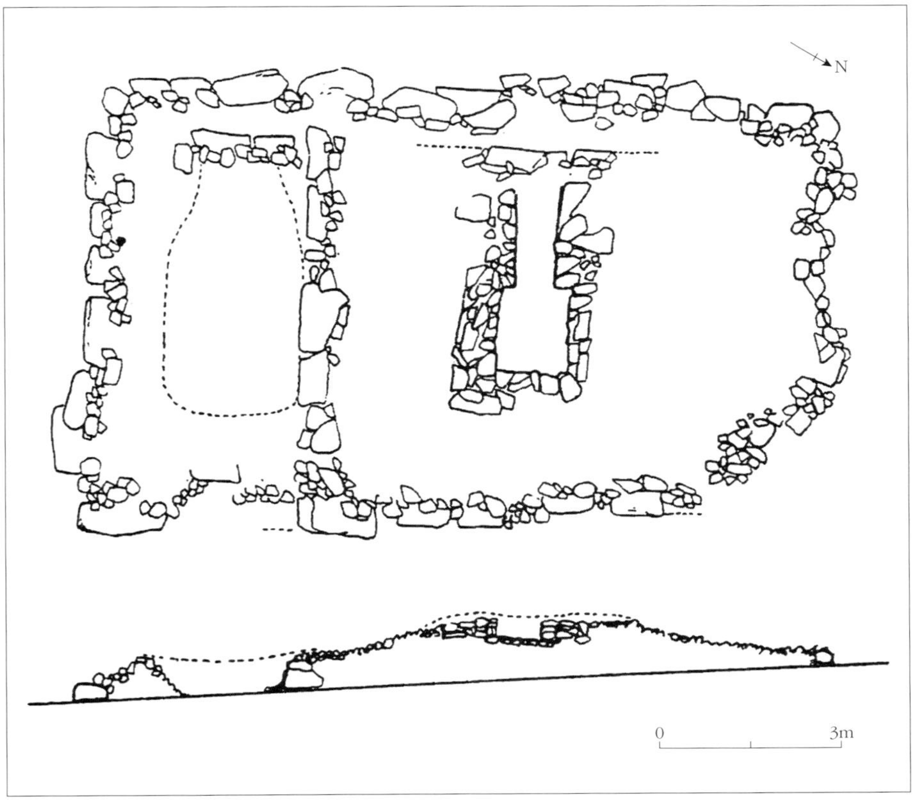

그림 3
우산하2403호묘 평·단면도
(『高句麗研究文集』)

○ 발굴된 113기 고분은 대다수 이른 시기부터 파괴와 도굴을 당해 형식이 확실치 않은 것도 있으나, 그 가운데 111기는 고구려 고분임.

2. 위치와 자연환경(그림 2)

○ 우산하고분군은 集安市區 북측에 위치하는데 禹山 남쪽 기슭의 동서 길이 3.5km, 남북 너비 1km의 좁고 긴 남향의 경사지에 자리하고 있음.

○ 우산하고분군은 우산 남쪽 비탈을 따라 북에서 남으로 고분이 배열되어 있음. 북면 산허리에 적석묘가 절대다수를 점하고 있고 남면 완만한 비탈 지대에 봉토묘가 주로 들어서 있으며, 중간에는 적석묘와 봉토묘가 서로 뒤섞여 있음.

3. 고분의 현황

1) 유형

연접적석광실묘(『高句麗研究文集』), 유단적석석광묘(『洞溝古墓群－1997年調查測繪報告』).

2) 규모

남북 길이 19m, 너비 12m, 높이 2m.

3) 구조(그림 3)

○ 고분은 각 1기의 기단광실묘와 계단광실묘가 남북으로 배열된 연접묘로, 모두 2개의 광실을 갖추고 있음. 남묘는 심하게 파괴되어 명확치 않고, 북묘는 보존 상태가 비교적 양호함.

○ 축조방법과 연접방식은 보통의 연접묘와 동일함.

북묘 광실은 독특한 특징이 있는데 북묘의 중앙에 구축된 광실은 중앙연도를 갖추고 있어 전체 평면은 鏟形임. 묘실의 네 벽은 가지런하게 축조되었는데 사용된 석판은 손질을 거치었으며 백회로 틈을 메움. 광실은 동서 길이 1.8m, 남북 길이 2.1m, 깊이 0.6m이며 방향은 240°임. 묘실 바닥은 납작한 모양의 석판을 평평하게 깔고 백회로 틈을 메움. 연도(墓道)는 광실 서벽의 중앙에 설치되었는데 동서 길이 2.8m, 남북 너비 1m, 깊이 0.6m임.

4) 기타

광실 안에서 관못과 관고리가 출토됨.

4. 출토유물

1) 철제관못(鐵棺釘, JYM2403:2, 그림 4)

○ 출토지 : 우산하2403호묘.

○ 크기 : 못의 길이 5cm, 단면 직경 0.6cm, 머리(帽) 직경 3cm.

○ 형태 : 단조 제작으로 못머리는 둥근형태임(圓帽釘).

2) 철제관고리(鐵棺環, JYM2403:3, 그림 5)

○ 출토지 : 우산하2403호묘.

○ 크기 : 철제고리 직경 8cm, 分釘 길이 4cm.

○ 형태 : 철제고리에 철제분정이 서로 연결되어 있음. 分釘에는 직경 4cm의 원형 고리(墊片)가 연결되어 있음.

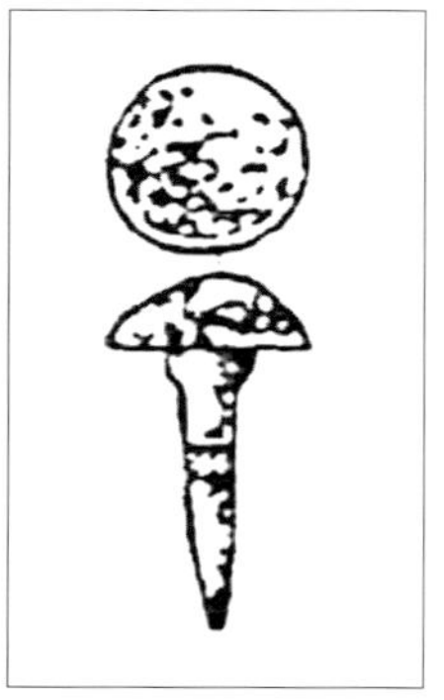

그림 4 철제관못

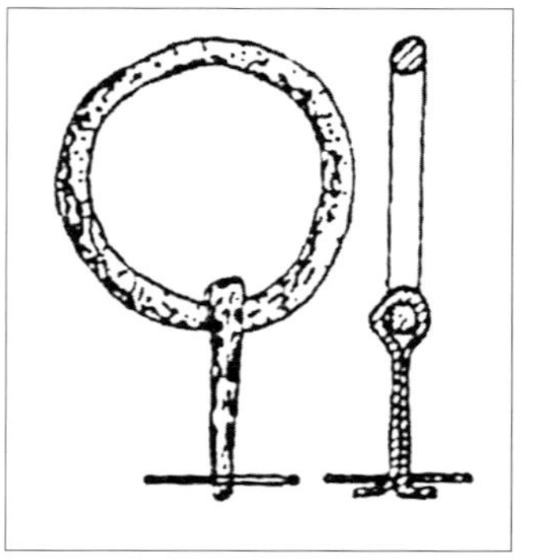

그림 5 철제관고리

5. 역사적 성격

횡혈식 구조의 매장부인 광실은 수혈식구조의 석광에서 석실로의 과도기 모습을 보여주는 묘실임. 무덤의 연대를 판단할 근거는 확실하지 않지만, 무덤 구조로 미루어 4세기대로 비정됨.

참고문헌

- 吉林省文物志編委會, 1984, 『集安縣文物志』.
- 吉林省文物考古研究所·集安市文物保管所, 1993, 「集安洞溝古墳群禹山墓區集錫公路墓葬發掘」, 『高句麗研究文集』, 延邊大學出版社 ; 2009, 『吉林集安高句麗墓葬報告集』 재수록.
- 吉林省文物考古研究所·集安市博物館, 2002, 『洞溝古墓群－1997年調査測繪報告』, 科學出版社.

43 집안 우산하2890호묘

集安 禹山下2890號墓 | JYM2890

1. 조사현황

1984년 및 1985년 集錫公路 건설을 위한 발굴시행.

(1) 조사기관

吉林省文物考古研究所, 集安市文物保管所.

(2) 조사자

林至德, 耿鐵華, 王洪峰, 柳嵐, 張雪巖, 遲勇, 孫仁杰.

(3) 조사기간

○ 제1차 조사 : 1984년 6월 20일~1984년 11월 20일.

○ 제2차 조사 : 1985년 5월 15일~1985년 8월 15일.

(4) 조사방법

○ 集錫公路 건설로 인해 구제 발굴을 함. 도로는 집안에서 통화에 이르는 철로선의 북측 약 50m에 위치하는데 서쪽에서 동쪽으로 우산하고분군을 관통하여 우산하고분군의 중간지대에 자리하고 있음. 발굴 범위는 동서 길이 2,500m, 남북 너비 40m임.

○ 발굴한 적석묘는 북쪽에서 남쪽으로 연접되어 있고, 배열된 적석묘의 가장 말단에 위치함. 봉토묘는 배열이 불분명하고 적석묘 부근에 있음.

○ 발굴은 서쪽에서 동쪽으로 진행함. 신중국 성립 이

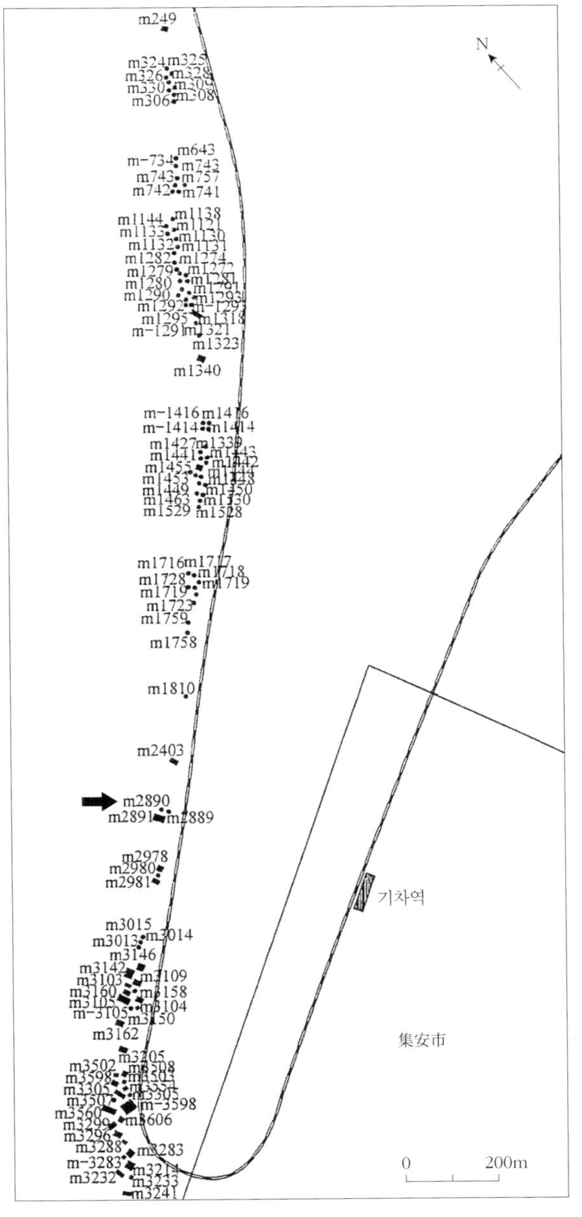

그림 1 집석공로 개발예정지의 고분분포도(『高句麗研究文集』)

그림 2 우산하2890호묘 위치도(『洞溝古墓群-1997年調査測繪報告』)

후 통구고분군 최초의 비교적 대규모 발굴 작업이었으며, 날씨로 인해 1·2차 두 시기로 나누어 진행함.

(5) 조사내용(그림 1)

○ 제1차 조사에서는 적석묘 28기, 봉토묘 61기 등 총 89기의 고분을 발굴조사하여, 700여 점의 유물을 발견함. 제2차 조사에서는 적석묘 10기, 토석혼축묘 1기, 석관묘 1기, 봉토묘 12기 등 총 24기의 고분을 발굴하고, 유물은 200여 점을 발견함. 두 차례 조사에서 석관묘 1기, 적석묘 38기, 봉토묘 73기, 토석혼축묘 1기 등 총 113기의 고분을 발굴조사하였으며, 유물은 총 931점을 출토함.

○ 발굴된 113기 고분은 대다수 이른 시기부터 파괴와 도굴을 당해 형식이 확실치 않은 것도 있으나, 그 가운데 111기는 고구려 고분임.

2. 위치와 자연환경(그림 2)

○ 우산하고분군은 集安市區 북측에 위치하는데 禹山

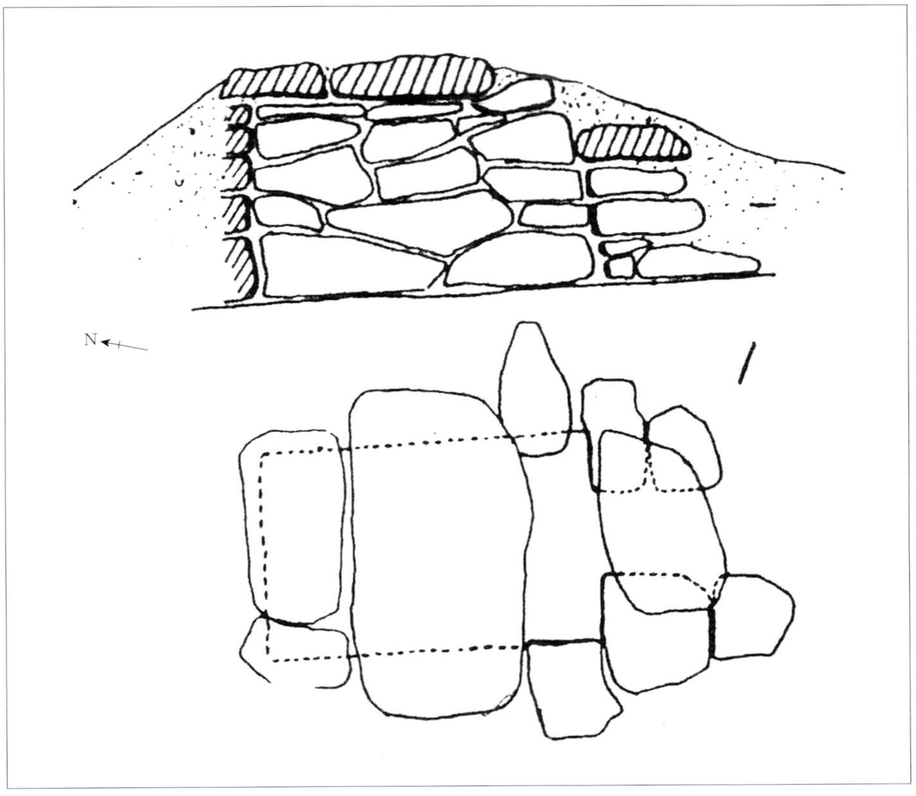

그림 3
우산하2890호묘 평·단면도
(『高句麗硏究文集』)

남쪽 기슭의 동서 길이 3.5km, 남북 너비 1km의 좁고 긴 남향의 경사지에 자리하고 있음.

○ 우산하고분군은 우산 남쪽 비탈을 따라 북에서 남으로 고분이 배열되어 있음. 북면 산허리에 적석묘가 절대다수를 점하고 있고 남면 완만한 비탈 지대에 봉토묘가 주로 들어서 있으며, 중간에는 적석묘와 봉토묘가 서로 뒤섞여 있음.

3. 고분의 현황

1) 유형

봉토묘(『高句麗硏究文集』), 동실묘(『洞溝古墓群 - 1997年調査測繪報告』).

2) 구조(그림 3)

○ 매장부는 중앙에 연도(墓道)를 갖춘 단실묘로 전체 평면은 鏟形임.

○ 묘실은 장방형으로 입구 방향은 157°이며, 장대석으로 축조하였는데 규모는 길이 2.4m, 너비 1.5m, 높이 1.5m임.

○ 연도는 남벽 중앙에 위치하는데, 규모는 길이 1.1m, 너비 0.65m, 높이 0.95m임.

○ 천장은 평천장 구조로 4매의 대형판석을 덮었는데 그 가운데 천장석 1매가 묘실 안에 떨어져 있음.

○ 묘실 바닥은 자연석으로 평평하게 깔았는데 그 바닥은 지표보다 약 30cm 낮음.

3) 기타

묘실 내에서 유물은 발견되지 않음.

4. 역사적 성격

무덤의 연대를 판단할 근거는 확실하지 않지만, 평천장 구조나 매장부가 지하로 내려간 점 등으로 미루어 고구려 말기이거나 발해 고분일 가능성도 있음.

참고문헌

- 吉林省文物志編委會, 1984,『集安縣文物志』.
- 吉林省文物考古研究所·集安市文物保管所, 1993,「集安洞溝古墳群禹山墓區集錫公路墓葬發掘」,『高句麗研究文集』, 延邊大學出版社 ; 2009,『吉林集安高句麗墓葬報告集』재수록.
- 吉林省文物考古研究所·集安市博物館, 2002,『洞溝古墓群－1997年調查測繪報告』, 科學出版社.

44	# 집안 우산하2891호묘 ## 集安 禹山下2891號墓 | JYM2891

1. 조사현황

1984년 및 1985년 集錫公路 건설을 위한 발굴시행.

(1) 조사기관

吉林省文物考古研究所, 集安市文物保管所.

(2) 조사자

林至德, 耿鐵華, 王洪峰, 柳嵐, 張雪巖, 遲勇, 孫仁杰.

(3) 조사기간

○ 제1차 조사 : 1984년 6월 20일~1984년 11월 20일.

○ 제2차 조사 : 1985년 5월 15일~1985년 8월 15일.

(4) 조사방법

○ 集錫公路 건설로 인해 구제 발굴을 함. 도로는 집안에서 통화에 이르는 철로선의 북측 약 50m에 위치하는데 서쪽에서 동쪽으로 우산하고분군을 관통하여 우산하고분군의 중간지대에 자리하고 있음. 발굴 범위는 동서 길이 2,500m, 남북 너비 40m임.

○ 발굴한 적석묘는 북쪽에서 남쪽으로 연접되어 있고, 배열된 적석묘의 가장 말단에 위치함. 봉토묘는 배열이 불분명하고 적석묘 부근에 있음.

○ 발굴은 서쪽에서 동쪽으로 진행함. 신중국 성립 이

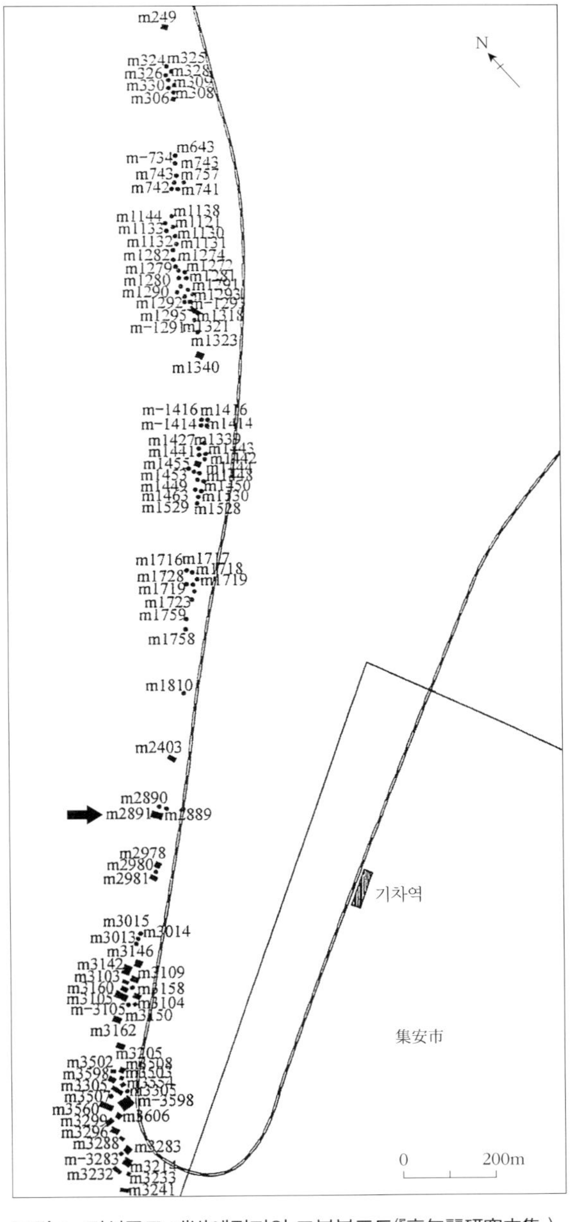

그림 1 집석공로 개발예정지의 고분분포도(『高句麗研究文集』)

그림 2 우산하2891호묘 위치도(『洞溝古墓群－1997年調査測繪報告』)

후 통구고분군 최초의 비교적 대규모 발굴 작업이었으며, 날씨로 인해 1 · 2차 두 시기로 나누어 진행함.

(5) 조사내용(그림 1)

○ 제1차 조사에서는 적석묘 28기, 봉토묘 61기 등 총 89기의 고분을 발굴조사하여, 700여 점의 유물을 발견함. 제2차 조사에서는 적석묘 10기, 토석혼축묘 1기, 석관묘 1기, 봉토묘 12기 등 총 24기의 고분을 발굴하고, 유물은 200여 점을 발견함. 두 차례 조사에서 석관묘 1기, 적석묘 38기, 봉토묘 73기, 토석혼축묘 1기 등 총 113기의 고분을 발굴조사하였으며, 유물은 총 931점을 출토함.

○ 발굴된 113기 고분은 대다수 이른 시기부터 파괴와 도굴을 당해 형식이 확실치 않은 것도 있으나, 그 가운데 111기는 고구려 고분임.

2. 위치와 자연환경(그림 2)

○ 우산하고분군은 集安市區 북측에 위치하는데 禹山

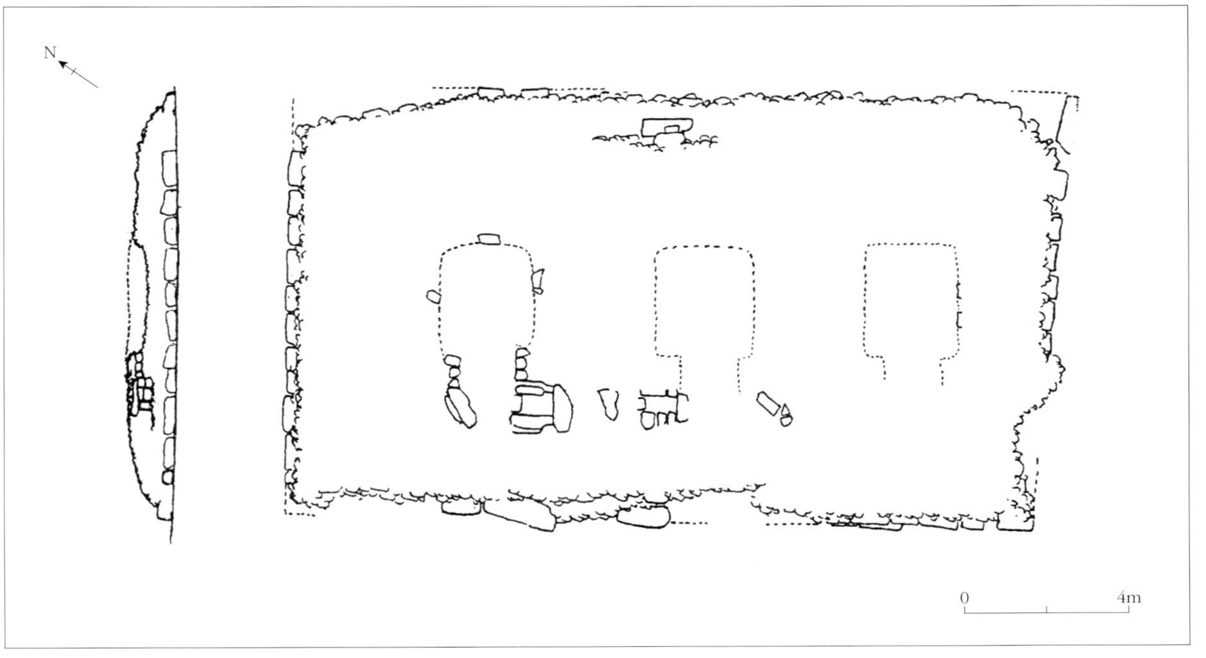

그림 3 우산하2891호묘 평·단면도(『高句麗硏究文集』)

남쪽 기슭의 동서 길이 3.5km, 남북 너비 1km의 좁고 긴 남향의 경사지에 자리하고 있음.

○ 우산하고분군은 우산 남쪽 비탈을 따라 북에서 남으로 고분이 배열되어 있음. 북면 산허리에 적석묘가 절대다수를 점하고 있고 남면 완만한 비탈 지대에 봉토묘가 주로 들어서 있으며, 중간에는 적석묘와 봉토묘가 서로 뒤섞여 있음.

○ 고분은 우산하고분군 삼실묘 동북 약 150m 지점의 북고남저의 비탈 위에 위치함.

3. 고분의 현황

1) 유형

연접적석광실묘(『高句麗硏究文集』).[1]

2) 평면

불규칙한 장방형.

3) 규모

남북 길이 24.5~26m, 너비 15m, 높이 1.8m.

4) 구조(그림 3)

○ 3기의 광실을 갖춘 기단광실묘로 방향은 장축 방향 235°임.

○ 장방형 기단을 만들고 그 내부를 강자갈로 평평하게 메우고 그 상면 중앙부에 광실 3개를 남북으로 축조하고 JYM2891-①, JYM2891-②, JYM2891-③으로 편호함. 다만, 3개 광실은 모두 파괴되어 확실하지 않음.

○ ①광실은 최북면에 위치하는데 동서 길이 3.5m, 남

1 『高句麗硏究文集』(1993)에서는 적석묘로, 『洞溝古墓群-1997年調査測繪報告』(2002)에서는 봉토묘로 소개되었으나 전자의 내용을 참고하여 정리함.

북 너비 3.0m 범위에 강돌을 깔아 광실의 범위를 추정할 수 있음. 이 광실의 서벽에는 동서 길이 1.5m, 남북 너비 1.8m, 깊이 0.6m의 묘도가 있음. 묘도 서단의 양쪽에는 각각 石箱이 축조되어 있는데 북측 석상은 파괴되어 몇 개의 돌만 남아 있고, 대석을 손질한 석재로 축조한 남측 석상은 동서 너비 0.7m, 남북 길이 1.1m, 깊이 0.8m로 상면에는 석판을 덮었음.

○ ②광실 및 묘도는 모두 파괴되어 함몰갱을 볼 수 있음. 묘도 서단의 양쪽에는 石箱이 축조되어 있는데 북측 석상은 남북 길이 1m, 동서 너비 0.6m, 깊이 0.8m로 상면에 석판을 덮었고, 남측 석상은 파괴되었음.

○ ③광실 및 석상, 묘도는 모두 파괴당해 확실치 않음.

5) 기타

①광실의 남측 석상 안에서 금동마구장식(銅質鎏金馬飾), ②광실의 북측 석상 안에서 토기편이 출토됨.

4. 출토유물

1) 토기

(1) 파수부 토기(筒形罐, JYM2891:1, 그림 4)

○ 출토지 : 우산하2891호묘.

○ 크기 : 바닥 직경 8cm, 동체 직경 14cm.

○ 태토 및 색깔 : 모래혼입의 회색토기(夾砂灰陶).

○ 형태 : 동체는 볼록하고 동체 하부에는 마주하는 두 개의 큰 손잡이(大耳)가 있으며, 바닥은 평평함. 토기 표면은 문질러서 매끄러움.

(2) 직구호(直口罐, JYM2891:3, 그림 5)

○ 출토지 : 우산하3161호묘.

○ 크기 : 구연 직경 6cm, 동체 직경 16.8cm.

○ 태토 및 색깔 : 점토질의 회색토기(泥質灰陶).

○ 형태 : 구순이 둥글고, 구연이 곧고(直口), 동체는 볼록하고, 어깨부에는 3줄의 弦紋이 새겨져 있음. 물레 제작(輪製)으로 소성도가 높음.

2) 금동기

(1) 금동관식(鎏金冠飾, JYM2891:9, 그림 6)

○ 출토지 : 우산하2891호묘.

○ 형태 : '丁'자형이 투각되어 있는 무늬임.

(2) 금동구슬장식(珠飾, JYM2891:10, 그림 7)

○ 출토지 : 우산하2891호묘.

○ 크기 : 길이 2.3cm, 구멍 직경 0.3cm.

○ 형태 : 속이 빈 가운데는 球形을 띠며, 가운데에는 구멍이 뚫려 있음.

(3) 금동반구형 입식부 운주(泡飾, JYM2891:8, 그림 8)

○ 출토지 : 우산하2891호묘.

○ 크기 : 泡 직경 3.1cm, 전체 높이 3.8cm.

○ 형태 : 보요는 멸실됨. 속빈 반구형으로 상단에는 구멍이 뚫려 있고 통형 입식이 가운데를 뚫고 지나가며, 고정 못 하단은 밖으로 꺾임.

(4) 금동거울모양장식(鏡飾, JYM2891:11, 그림 9)

○ 출토지 : 우산하2891호묘

○ 크기 : 직경 6.4cm, 두께 0.2cm.

○ 형태 : 도형은 오목한 면에 있고 등에는 손잡이(竪橋形紐)가 달려 있음.

(5) 금동좌안금구(帶卡, JYM2891:6, 그림 10)

○ 출토지 : 우산하2891호묘.

○ 크기 : 泡 직경 4cm, 전체 높이 3.8cm.

○ 형태 : 안교에 사용되는 좌안금구로 띠고리 앞부분

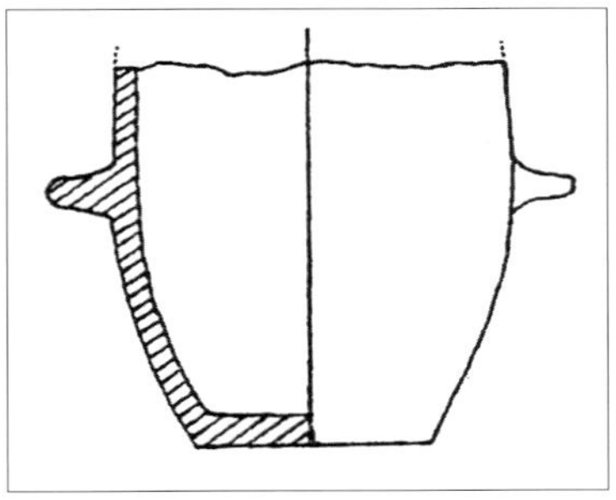

그림 4 파수부 토기

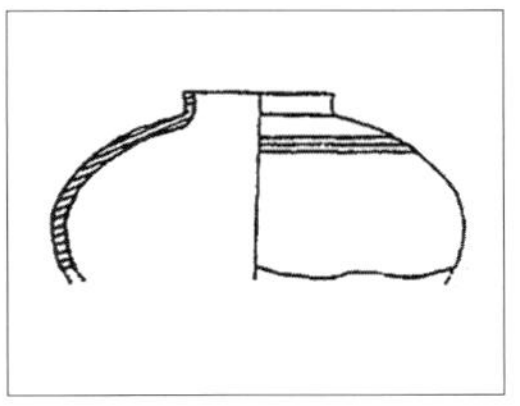

그림 5 직구호

그림 6 금동관식

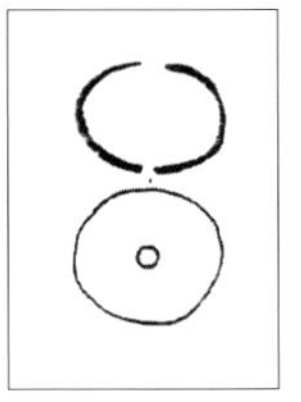

그림 7 금동구슬장식

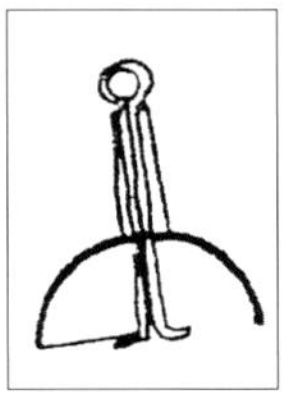

그림 8 금동반구형 입식부 운주

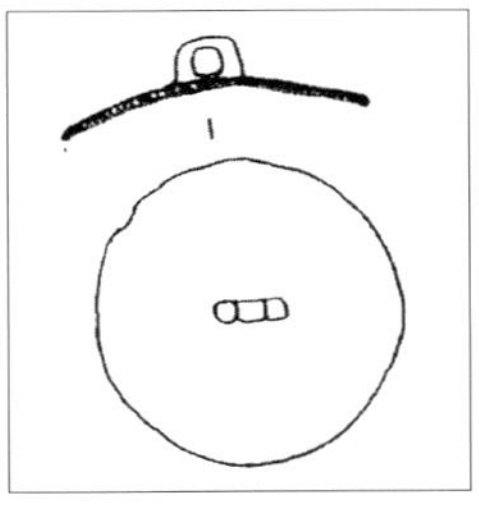

그림 9 금동거울모양장식

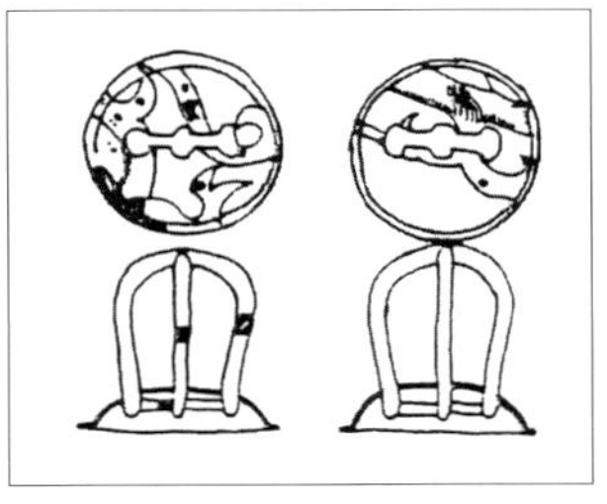

그림 10 금동좌안금구

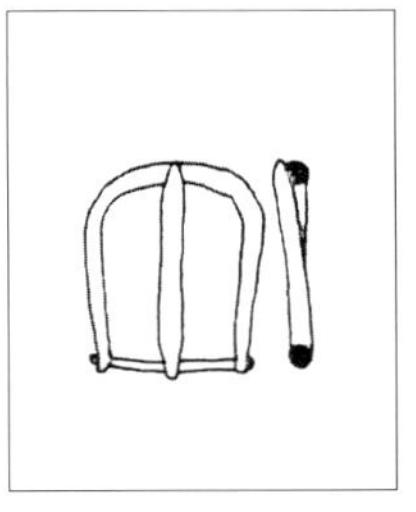

그림 11 금동띠고리

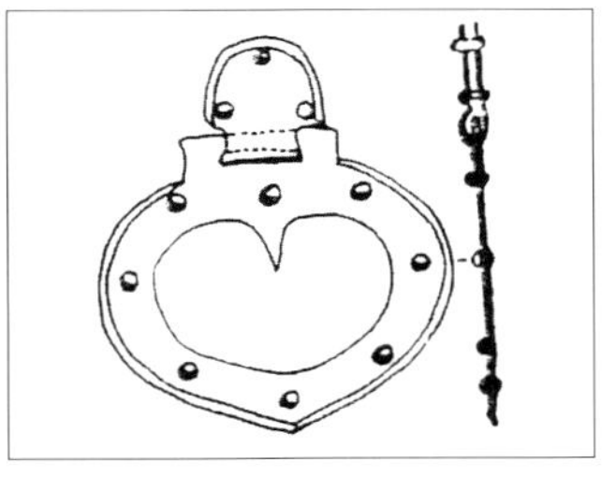

그림 12 금동행엽

은 둥근 弧의 형태이고, 뒷부분은 방형을 이루고, 회전할 수 있는 扣針이 있음. 뒷부분에 장식으로 금동圓泡飾이 씌워 있음. 泡飾 표면에는 龍蛇 도안이 새겨져 있음.

(6) 금동띠고리(帶卡, JYM2891:7, 그림 11)

○ 출토지 : 우산하2891호묘.

○ 크기 : 너비 3.5cm, 높이 4.4cm.

○ 형태 : 대략 장방형으로 앞부분은 둥근 弧의 형태이고 뒷부분은 방형을 이루며, 회전할 수 있는 扣針이 이어져 있음.

(7) 금동행엽(桃形飾, JYM2891:5, 그림 12)

○ 출토지 : 우산하2891호묘.

○ 크기 : 전체 높이 7.6cm, 너비 6.5cm.

○ 형태 : 8개의 연결못(鉚釘)으로 두 겹의 金銅片을 겹쳐 만들었는데 상면의 금동편 투조는 심엽형을 이루며, 상단에는 가죽띠와 연결하는데 사용하는 횡장방형 현수공이 있어 가죽띠를 고정하는 띠장식(卡扣)과 연결되어 있는데 그 위에는 연결못(鉚釘) 3개가 있음.

5. 역사적 성격

해당 고분은 하나의 분구 안에 횡혈식 구조의 매장부가 세 개가 있으며, 묘도 좌우에 석상이나 이실이 있는 구조라는 점에서 전·현실 두칸 구조 무덤의 초보적 형태로 판단됨. 칠성산1096호묘와 유사한 구조인데 칠성산1096호묘의 연대 및 무덤 구조와 출토된 금동행엽이나 토기 형식으로 미루어 4세기 중엽에 조성된 무덤으로 판단됨.

참고문헌

- 吉林省文物志編委會, 1984,『集安縣文物志』.
- 吉林省文物考古研究所·集安市文物保管所, 1993,「集安洞溝古墳群禹山墓區集錫公路墓葬發掘」,『高句麗研究文集』, 延邊大學出版社 ; 2009,『吉林集安高句麗墓葬報告集』재수록.
- 吉林省文物考古研究所·集安市博物館, 2002,『洞溝古墓群-1997年調查測繪報告』, 科學出版社.
- 孫仁杰·遲勇, 2007,『集安高句麗墓葬』, 香港亞洲出版社.

45 집안 우산하3105호묘

集安 禹山下3105號墓 | JYM3105

1. 조사현황

1984년 및 1985년 集錫公路 건설을 위한 발굴시행.

(1) 조사기관

吉林省文物考古研究所, 集安市文物保管所.

(2) 조사자

林至德, 耿鐵華, 王洪峰, 柳嵐, 張雪巖, 遲勇, 孫仁杰.

(3) 조사기간

○ 제1차 조사 : 1984년 6월 20일~1984년 11월 20일.

○ 제2차 조사 : 1985년 5월 15일~1985년 8월 15일.

(4) 조사방법

○ 集錫公路 건설로 인해 구제 발굴을 함. 도로는 집안에서 통화에 이르는 철로선의 북측 약 50m에 위치하는데 서쪽에서 동쪽으로 우산하고분군을 관통하여 우산하고분군의 중간지대에 자리하고 있음. 발굴 범위는 동서 길이 2,500m, 남북 너비 40m임.

○ 발굴한 적석묘는 북쪽에서 남쪽으로 연접되어 있고, 배열된 적석묘의 가장 말단에 위치함. 봉토묘는 배열이 불분명하고 적석묘 부근에 있음.

○ 발굴은 서쪽에서 동쪽으로 진행함. 신중국 성립 이

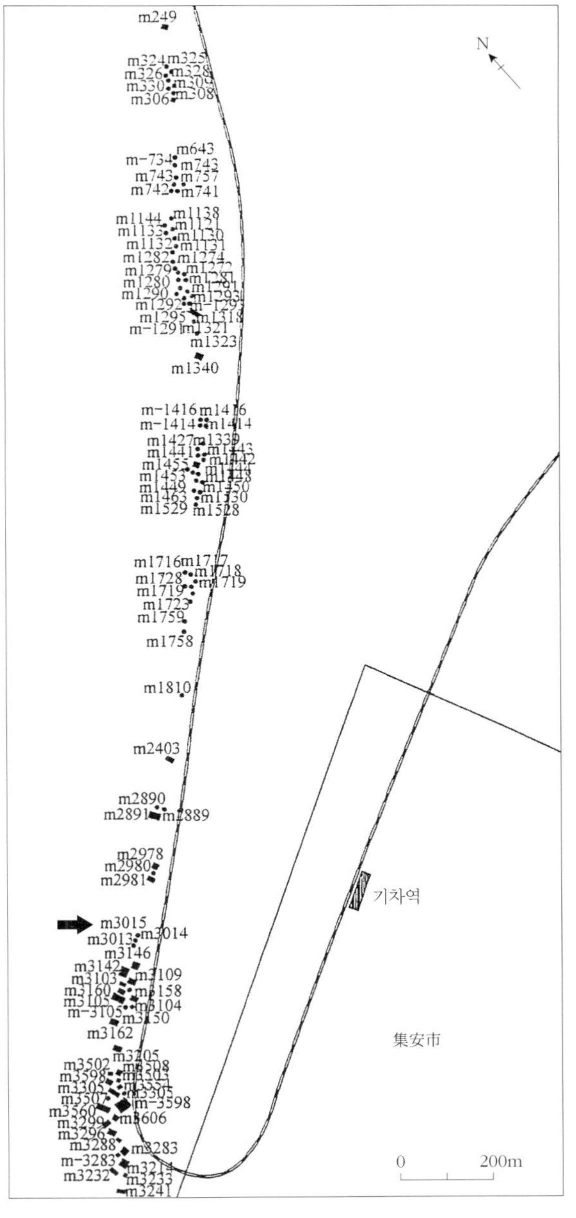

그림 1 집석공로 개발예정지의 고분분포도(『高句麗研究文集』)

그림 2 우산하3105호묘 위치도(『洞溝古墓群－1997年調査測繪報告』)

후 통구고분군 최초의 비교적 대규모 발굴 작업이었으며, 날씨로 인해 1·2차 두 시기로 나누어 진행함.

(5) 조사내용(그림 1)

○ 제1차 조사에서는 적석묘 28기, 봉토묘 61기 등 총 89기의 고분을 발굴조사하여, 700여 점의 유물을 발견함. 제2차 조사에서는 적석묘 10기, 토석혼축묘 1기, 석관묘 1기, 봉토묘 12기 등 총 24기의 고분을 발굴하고, 유물은 200여 점을 발견함. 두 차례 조사에서 석관묘 1기, 적석묘 38기, 봉토묘 73기, 토석혼축묘 1기 등 총 113기의 고분을 발굴조사하였으며, 유물은 총 931점을 출토함.

○ 발굴된 113기 고분은 대다수 이른 시기부터 파괴와 도굴을 당해 형식이 확실치 않은 것도 있으나, 그 가운데 111기는 고구려 고분임.

2. 위치와 자연환경(그림 2)

○ 우산하고분군은 集安市區 북측에 위치하는데 大禹

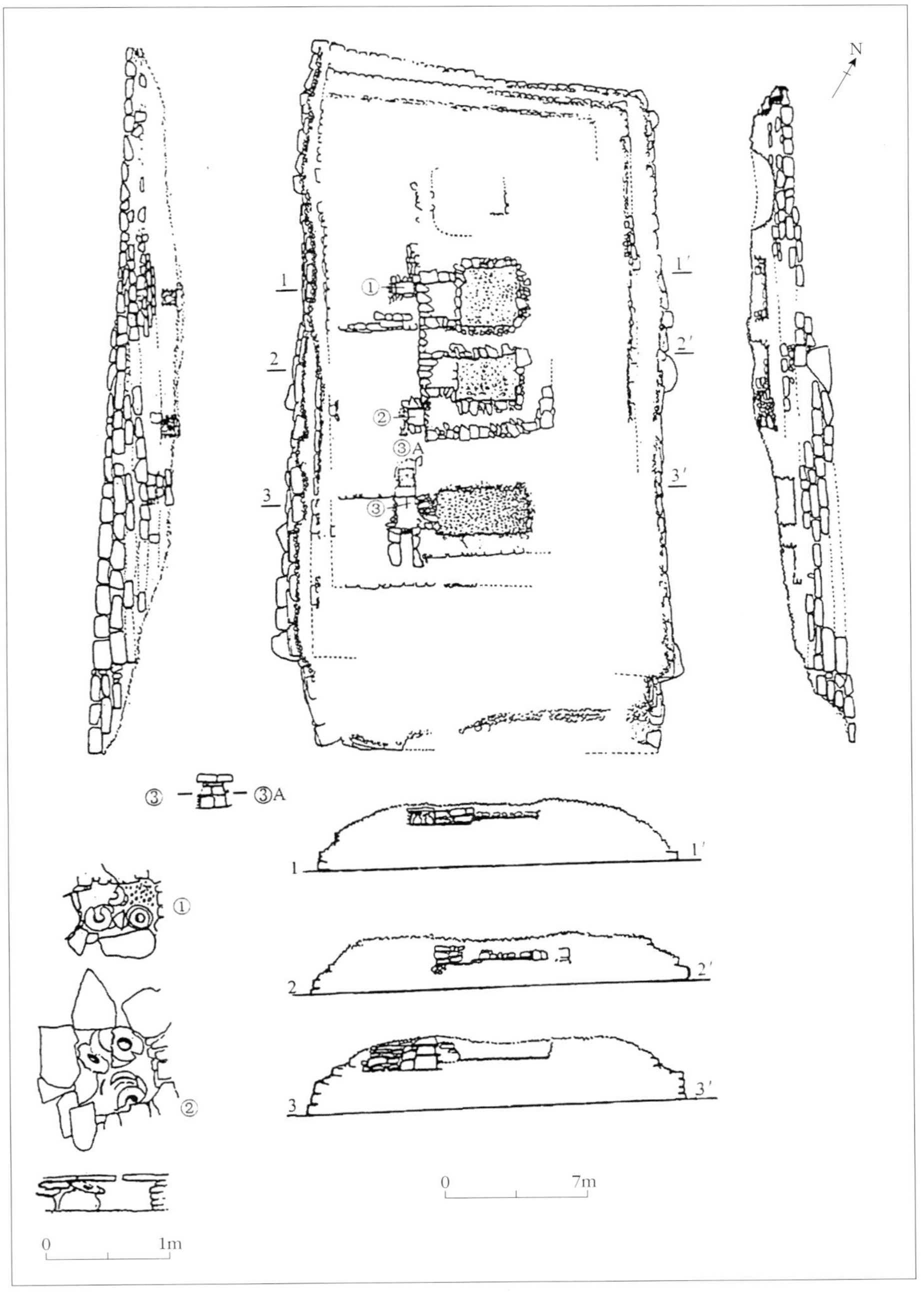

그림 3
우산하3105호묘 평 · 단면도
(『高句麗研究文集』)

山 남쪽 기슭의 동서 길이 3.5km, 남북 너비 1km의 좁고 긴 남향의 경사지에 자리하고 있음.

○ 우산하고분군은 우산 남쪽 비탈을 따라 북에서 남으로 고분이 배열되어 있음. 북면 산허리에 적석묘가 절대다수를 점하고 있고 남면 완만한 비탈 지대에 봉토묘가 주로 들어서 있으며, 중간에는 적석묘와 봉토묘가 서로 뒤섞여 있음.

○ 고분은 電線廠 북쪽의 동단에 위치하며 남으로는 철로에 접하고 있고 동으로는 삼실묘와 150m 떨어진 지점의 북고남저의 비탈에 위치함.

3. 고분의 현황

1) 유형

연접적석광실묘(『高句麗研究文集』), 대형계단적석석광묘(『洞溝古墓群－1997年調查測繪報告』).

2) 규모

남북 길이 30.5~28.5m, 동서 너비 15~16.5m, 높이 2.8~3m로 고르지 않음.

3) 구조(그림 3)

○ 3기의 계단광실묘가 연접해 이루어졌음. 연접방식을 보면, 비탈진 곳에 위쪽 무덤의 계단과 아래쪽 무덤의 계단이 연접할 때 중간 계단을 허물어 상·하 두 고분의 중간에는 계단의 흔적을 알아볼 수 없게 하여 하나의 장방형 계단을 이룸.

○ 축조 방법 : 먼저 제1단의 장방형 계단을 쌓았는데 계단은 조금 더 손질해 가지런한 돌을 사용했고, 북면 언덕의 계단은 비교적 작은 돌을 사용해 겨우 높이 0.8m의 2층을 축조했으며, 남면 내리막의 계단은 점차 큰 돌을 사용해 높이 2m의 4층으로 쌓음. 계단 안에 깨진 돌을 채워 상면을 평평하게 만든 후 사면 둘레를 0.6~1.5m로 들여쌓았음. 제2단 계단은 높이 0.5m 정도로 내부에는 깨진 돌을 채움. 제2단 계단 상면에 다시 사면 둘레를 들여쌓아 제3단 계단을 쌓았으나 파괴되어 제3단 계단은 불명확한데 잔존높이는 0.3m 정도이며, 그 안은 깨진 돌로 평평하게 메움.

○ 제3단 계단 평면의 중앙부에는 시기를 달리하는 4개의 광실이 구축되어 있음. 광실은 북에서 남으로 순차적으로 JYM3105-①, JYM3105-②, JYM3105-③, JYM3105-④로 편호되며, 방향은 모두 240°임.

○ ①광실은 최북면에 있는데 제1기에 축조되었으며, 파괴가 심해 형식은 확실치 않음.

○ ②광실과 ③광실은 제2기에 축조됨. 고분 중앙부에 장방형의 제4단 계단을 둘러쌓았는데 남북 길이 8.5m, 동서 너비 5.6m, 높이 0.7m이며, 북으로는 제3단 계단과 6m 떨어져 있고 동·서 양면은 제3단 계단과 3.5m 떨어져 있음. 제4단 계단의 장방형 테두리안에 남북 배열로 ②광실과 ③광실을 쌓았는데 광실과 계단 중간은 깨진 돌로 메움.

○ ②광실은 ③광실의 북면에 위치하며 대략 정방형을 띠는데 둘레 길이 2.5m, 깊이 0.6m이며 바닥에는 0.1m 크기의 강자갈을 한 겹 깔음. 광실 서벽의 중앙부에는 돌로 축조한 연도(墓道)가 있는데 동서 길이는 2.0m, 남북으로 마주하는 두 석렬의 너비는 1.5m, 높이는 광실과 동일한 0. 7m이고, 바닥은 광실보다 0.25m 낮음. 묘도 상면에는 덮개돌이 없으며, 묘도 안에는 깨진 돌로 가득 채워 있음. 묘도 서단은 제4단 계단의 서측 벽으로 막혀 있음. 묘도 서단의 북측에 치우친 제4단 계단의 밖에 石箱이 축조되어 있음. 석상은 동서 길이 0.8m, 남북 너비 0.5m, 깊이 0.8m이며, 상면에 석판을 덮음.

○ ③광실은 ②광실의 남쪽 1.3m에 자리하며, 평면은 장방형, 남북 너비 1.9m, 동서 길이 2.5m, 깊이 0.6m임. 바닥에는 납작한 모양의 작은 강자갈이 깔려 있고, 묘도는 광실 서벽의 북측에 있음. 묘도는 동서 길이 1.5m, 남북 너비 1.3m, 높이는 광실과 같으며, 상부에는 덮개돌이 없고, 내부는 깨진 돌로 메움. 묘도 서단의 남쪽에 치우친 제4단 계단의 밖에 石箱이 축조되어 있음. 石箱은 방형에 가까운데 길이 0.7m, 깊이 0.7m로 네 벽을 돌로 쌓고 상면에는 석판을 덮음.

○ ④광실은 고분의 최남단 제3단 계단상에 위치하는데 북으로는 ③광실과 4m 떨어져 있음. 과거 도굴되어 파헤쳐지면서 광실의 네 벽은 이미 파괴되어 보이지 않음. 발굴 당시 광실 바닥에 작은 강자갈이 깔린 동서 길이 3.5m, 남북 너비 2.0m는 ④광실의 바닥으로 추정되는데 이곳에서 철제관못과 꺽쇠를 발견함. 광실 서단에는 이음길(甬道), 耳室, 墓道 시설 등이

있음. 이음길은 남북으로 마주하는 동서 길이 1m, 높이 1.2m이고, 남북 너비는 1.4m임. 바닥은 광실 바닥과 일치함. 이음길의 서단은 남북으로 마주하는 두 耳室과 접하는데 두 이실 사이는 1.4m 떨어져 있음. 남이실의 덮개돌은 이미 파괴당해 남아 있지 않음. 북이실은 보존상태가 비교적 양호한데 정상부는 들여쌓아 覆頭形을 띠고, 바닥은 동서 너비 1.85m, 남북 길이 1.1m, 높이 1.2m이고, 가공한 대형 석재로 축조함. 두 이실의 서단은 동서 주향의 묘도와 접하고 있으며, 묘도는 높이가 이실과 같은 1.2m, 길이 2.1m, 너비 1.4m임. 이실의 바닥은 묘도와 평평하게 하여 이음길보다는 0.3m 낮음. 이실에 덮개돌을 설치하는 것을 제외하고 묘도, 이음길, 광실에는 모두 덮개돌이 보이지 않음. 그 안은 모두 깨진 돌을 채워 덮었음.

○ 고분의 남변 계단 밖으로 동서 길이 15m, 남북 너비 4m의 '墓舌'이 설치되었음. 높이는 1.5m이며, 3단으로 나누어 들여쌓아 계단형을 띠고 있음.

4) 기타

○ ②광실 : 석상 안에 3壺 1釜 조합의 토기가 부장되어 있음. ②광실 내 동단의 남쪽으로 치우쳐진 곳에서는 금동관식(銅質鎏金冠飾) 1점이 출토되었고, 서단의 남쪽으로 치우쳐진 곳에서는 금동못신(銅質鎏金釘鞋) 1쌍과 사람 발가락뼈(趾骨) 잔재가 있는데 관식(冠飾)과 못신(釘鞋)은 1.7m 떨어져 있어 시신의 키를 추정할 수 있음. 비교적 분명한 것은 고구려 적석묘의 '頭東脚西直肢'의 장속을 반영하였음. 광실 중앙부에서는 철제화살촉(鐵鏃)이, 광실 서단의 묘도 입구와 만나는 지점에서 철제꺾쇠 10점이, 광실 안에서 기타 금동장식(鎏金飾件)이 출토됨.

○ ③광실 : 석상의 부장 토기의 조합은 3壺 1釜 1甑으로 구성됨. ③광실 안은 일찍 도굴당해 금침(金針), 蓮花, 銅質鎏金鞋釘, 철제꺾쇠, 철제장막걸이쇠 등만이 남아 있음.

○ ④광실 : 북이실에서 四耳陶罐 1점만 출토함.

4. 출토유물

1) 토기

(1) 호(陶壺, JYM3105:2:3, 그림 4)

○ 출토지 : 우산하3105호묘 ②광실.

○ 크기 : 높이 31cm, 구연 직경 20.6cm, 어깨 직경 22.5cm, 바닥 직경 9cm.

○ 태토 및 색깔 : 모래혼입 회갈색토기(夾砂灰褐陶).

○ 형태 : 물레성형. 기형은 정연함. 이중구연(雙脣)으로, 구연은 외반되었고, 목은 길며, 어깨는 넓음. 어깨부에는 파상문(垂帳紋)·방격문·거치문이 음각으로 새겨져 있음. 동체는 깊고(深腹), 바닥은 평평함.

(2) 호(陶壺, JYM3105:2:2, 그림 5)

○ 출토지 : 우산하3105호묘 ②광실.

○ 크기 : 높이 30cm, 구연 직경 17cm, 바닥 직경 13cm.

○ 태토 및 색깔 : 모래혼입 회갈색토기(夾砂灰褐陶).

○ 형태 : 물레성형. 기형은 정연함. 입술은 네모지고, 어깨부에는 葉脈紋이 음각으로 새겨져 있음.

(3) 솥(陶釜, JYM3105:2:4, 그림 6)

○ 출토지 : 우산하3105호묘 ②광실.

○ 크기 : 높이 12cm, 구연 직경 10cm, 동체 직경 16cm, 바닥 직경 5cm.

○ 태토 및 색깔 : 모래혼입 회갈색토기(夾砂灰褐陶).

○ 형태 : 입술은 네모지고, 구연은 안으로 약간 비스듬함. 어깨와 동체 사이에는 전(斑耳)이 돌아가며, 그 아래에는 점토띠 한 줄이 돌아가며, 바닥은 좁고 평평함.

(4) 호(陶壺, JYM3105:3:15B, 그림 7)

○ 출토지 : 우산하3105호묘 ③광실.

○ 크기 : 높이 36.5cm, 구연 직경 24cm, 동체 직경 30cm, 바닥 직경 14cm.

○ 태토 및 색깔 : 모래혼입 회갈색토기(夾砂灰褐陶).

○ 형태 : 물레성형. 기형은 정연함. 입술은 둥글며, 구연부은 외반되어 밖으로 평평하게 벌어져서(展沿抹平) 입은 크며, 동체는 볼록하며, 바닥은 평평함. 어깨부에는 파상문(垂帳紋)·방격문이 새겨져 있음.

(5) 호(陶壺, JYM3105:3:15C, 그림 8)

○ 출토지 : 우산하3105호묘 ③광실.

○ 태토 및 색깔 : 모래혼입 회갈색토기(夾砂灰褐陶).

○ 형태 : 물레성형. 기형은 정연함. 입술은 둥글며, 구연부은 외반되어 밖으로 평평하게 벌어져서(展沿抹平) 입은 크며, 동체는 볼록하고 바닥은 평평하며, 목은 약간 짧음. 어깨부에는 파상문(垂帳紋)·방격문이 새겨져 있음.

(6) 솥(陶釜, JYM3105:3:16, 그림 9)

○ 출토지 : 우산하3105호묘 ③광실.

○ 크기 : 높이 12cm, 구연 직경 9cm, 동체 직경 16cm, 바닥 직경 5cm.

○ 태토 및 색깔 : 모래혼입 회갈색토기(夾砂灰褐陶).

○ 형태 : 입술은 네모지며, 구연은 안으로 비스듬함. 어깨와 동체 사이에는 전(斑耳)이 돌아감. 바닥은 작고 평평함.

(7) 시루(陶甑, JYM3105:3:17, 그림 10)

○ 출토지 : 우산하3105호묘 ③광실.

○ 크기 : 높이 8.4cm, 구연 직경 14.4cm, 동체 직경 12cm, 바닥 직경 6cm.

○ 태토 및 색깔 : 가는 모래혼입 회갈색토기(夾細砂灰褐陶).

○ 형태 : 입술은 둥글고, 구연이 꺾였으며, 동체는 사선이며, 바닥은 평평함. 구연 하부에는 4개의 대칭하는 손잡이(橫耳)가 있으며, 바닥부에는 9개의 시루구멍(甑孔)이 있음.

(8) 사이단지(四耳罐, JYM3105:4:1, 그림 11)

○ 출토지 : 우산하3105호묘 ④광실.

○ 크기 : 높이 17cm, 구연 직경 14.4cm, 동체 직경 16.8cm, 바닥 직경 8cm.

○ 태토 및 색깔 : 가는 모래혼입 갈색토기(夾細砂褐陶).

○ 형태 : 입술은 둥글고 구연은 외반되며, 목은 짧고 동체는 볼록하고, 바닥은 평평함. 어깨에는 4개의 대칭하는 대상(橫橋形) 손잡이가 있음.

2) 철기

(1) 철제물미(鐵鐏, JYM3105:25, 그림 12)

○ 출토지 : 우산하3105호묘.

○ 크기 : 전체 길이 12.5cm, 장부 구멍 직경 2.1cm.

○ 형태 : 약간 손상되었는데 몸은 송곳형(錐形)이고, 다른 쪽에는 속이 빈 장부 구멍이 있음.

(2) 철촉(鐵鏃, JYM3105:13A, 그림 13)

○ 출토지 : 우산하3105호묘.

○ 크기 : 촉신 길이 11cm, 화살촉 너비 3.2cm, 鋌 길이 6cm, 전체 길이 17cm.

○ 형태 : 납작한 형태로 鏃身이 납작하고 편평하여 부채날형(扇形)을 띰. 촉신의 끝은 평평하고 촉신에는 구멍이 하나 뚫려 있음. 뿌리는 가늘고 김.

(3) 철촉(鐵鏃, JYM3105:13B, 그림 14)

○ 출토지 : 우산하3105호묘.

○ 크기 : 촉신 길이 10.3cm, 鋒 너비 1.1cm, 鋌 길이 7cm.

○ 형태 : 鏟形으로 鏃身은 원주형을 띰. 화살촉 끝은 장방형 삽모양(長方鏟形)임. 뿌리는 2단으로, 위는 원주상이고 아래는 방형으로 가늘고 깂.

(4) 철촉(鐵鏃, JYM3105:26, 그림 15)

○ 출토지 : 우산하3105호묘.

○ 형태 : 화살촉 끝은 뱀머리형(蛇頭形)이고, 뿌리는 원주형임.

(5) 철제띠고리(鐵帶卡, JYM3105:27, 그림 16)

○ 출토지 : 우산하3105호묘.

○ 형태 : 띠고리(扣環)는 대략 장방형을 띠며, 뒷부분은 연접한 扣針의 횡축과 연결되고 있음. 扣針은 축상에 연결되어 자유롭게 회전할 수 있음.

(6) 철제꺾쇠(鐵扒鋦, JYM3105:11, 그림 17)

○ 출토지 : 우산하3105호묘.

○ 형태 : 단조했으며, 아치형을 띠고 있음.

(7) 장막걸이쇠(鐵帳鉤, JYM3105:12, 그림 18)

○ 출토지 : 우산하3105호묘 ④광실.

○ 형태 : 기형은 기본적으로 鉤形이며, 직각으로 꺾여 있음.

3) 금동기

(1) 금동고리(環飾, JYM3105:8, 그림 19)

○ 출토지 : 우산하3105호묘.

○ 크기 : 직경 1.4cm, 단면 직경 0.3cm.

(2) 금동장방형식(塊飾, JYM3105:37, 그림 20)

○ 출토지 : 우산하3105호묘.

○ 크기 : 길이 3cm, 너비 1.8cm, 두께 0.25cm.

○ 형태 : 양면이 금동으로 납작한 타원형인데 출토될 때 관식과 함께 나온 것으로 보아 冠 위의 장식에 끼워 넣어졌을 것으로 추정됨.

(3) 금동일산대끝장식(角形飾, JYM3105:31, 그림 21)

○ 출토지 : 우산하3105호묘.

○ 크기 : 길이 4cm, 직경 0.9cm.

○ 형태 : 형상이 사슴 뿔모양과 같은데 보고자는 冠 위의 장식으로 추정하였으나, 일산대끝장식임.

(4) 금동테장식(箍飾, JYM3105:35, 그림 22)

○ 출토지 : 우산하3105호묘.

(5) 금동매화장식(梅花飾, JYM3105:5B, 그림 23)

○ 출토지 : 우산하3105호묘.

○ 크기 : 직경 2.2cm.

○ 형태 : 6엽의 매화형을 띠고 있고 꽃술 부위에는 길이 0.5cm의 연결못(鉚釘)이 있는데 금동신발 위에 박은 장식으로 추정됨.

(6) 금동띠드리개중간식(連接扣, JYM3105:7B, 그림 24)

○ 출토지 : 우산하3105호묘.

○ 크기 : 전체 길이 2.4cm, 너비 1.8cm, 두께 0.1cm.

○ 형태 : 장방형을 띠고, 양끝에는 각기 장방형으로 뚫린 구멍이 연결되어 있는데 띠드리개의 중간식으로 보임.

(7) 금동장식편(長飾片, JYM3105:7A, 그림 25)

○ 출토지 : 우산하3105호묘.

○ 크기 : 전체 길이 7.7cm, 너비 1.7cm, 두께 0.15cm.

○ 형태 : 장방형장식이 부러져 일부 손실되었으며, 장방형 안에는 작은 구멍들이 뚫려 있음.

(8) 금동반구형 입식부 운주(泡飾, JYM3105:32, 그림 26)

○ 출토지 : 우산하3105호묘.

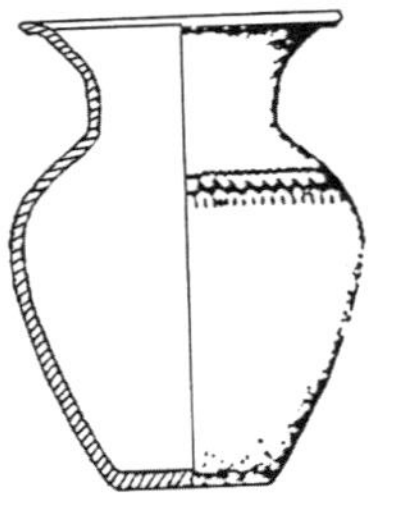

그림 4 호

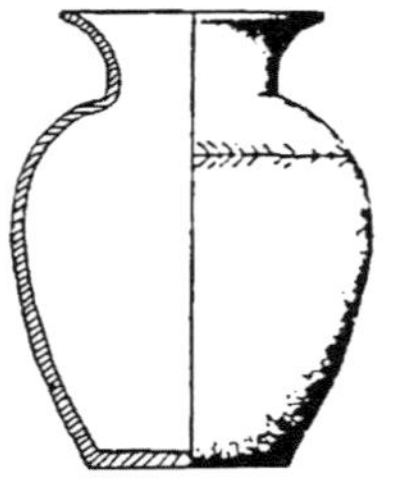

그림 5 호

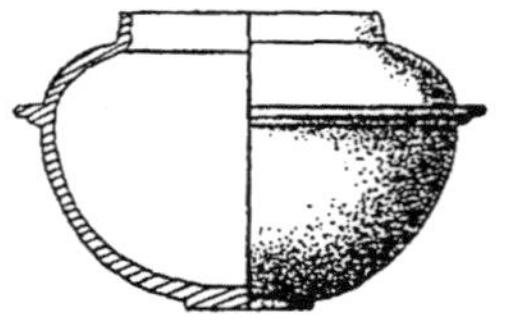

그림 6 솥

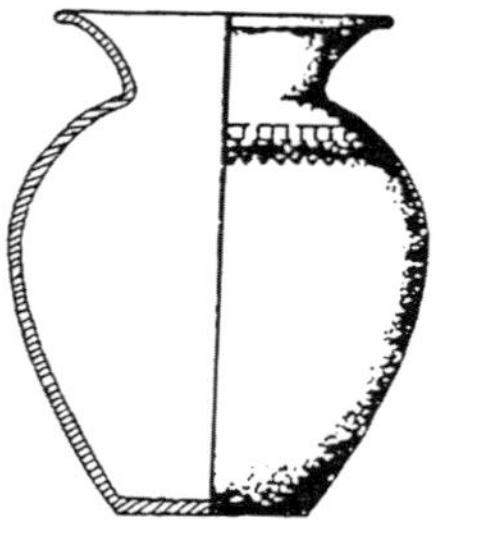

그림 7 호

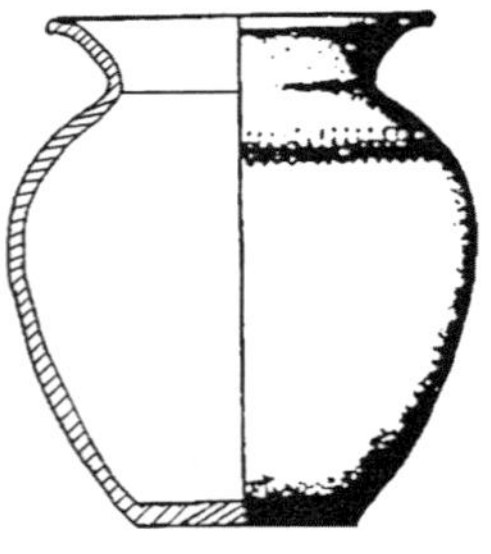

그림 8 호

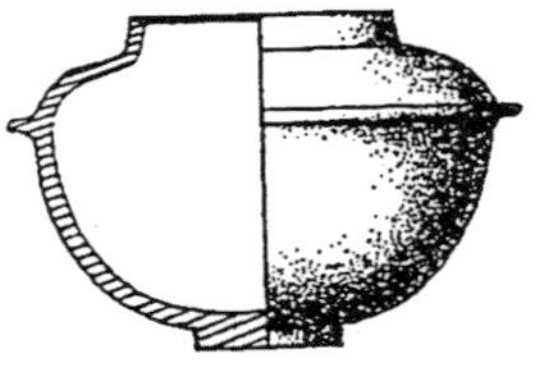

그림 9 솥

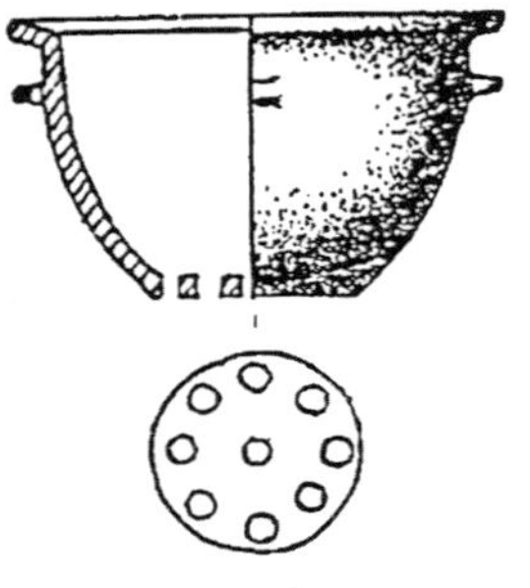

그림 10 시루

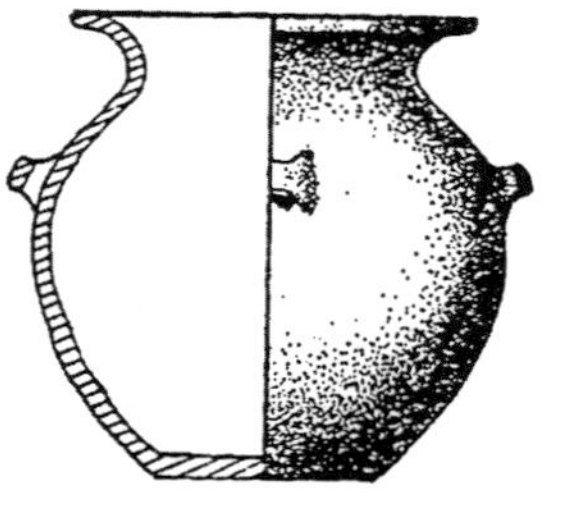

그림 11 사이단지

그림 12 철제물미

그림 13 철촉

그림 14 철촉

그림 15 철촉

그림 16 철제띠고리

그림 17 철제꺾쇠

그림 18 철제장막걸이쇠

그림 19 금동고리

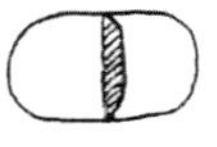

그림 20 금동장방형식

그림 21 금동일산대끝장식

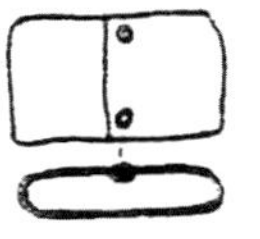

그림 22 금동테장식

그림 23 금동매화장식

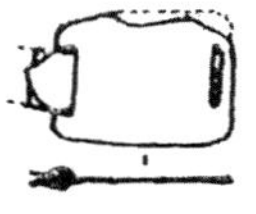

그림 24 금동띠드리개중간식

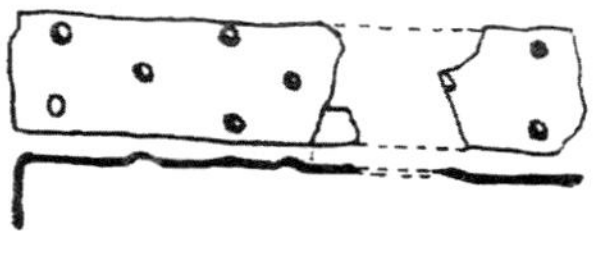

그림 25 금동장식편

그림 26 금동반구형 입식부 운주

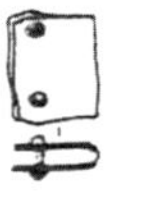

그림 27 금동사미

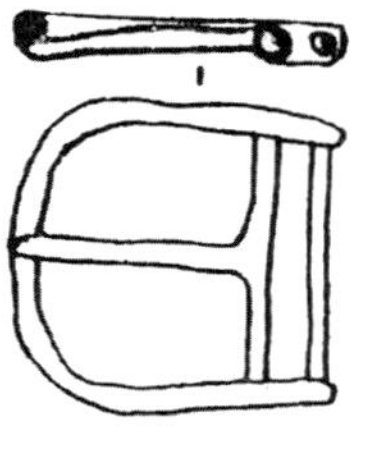

그림 28 금동띠고리

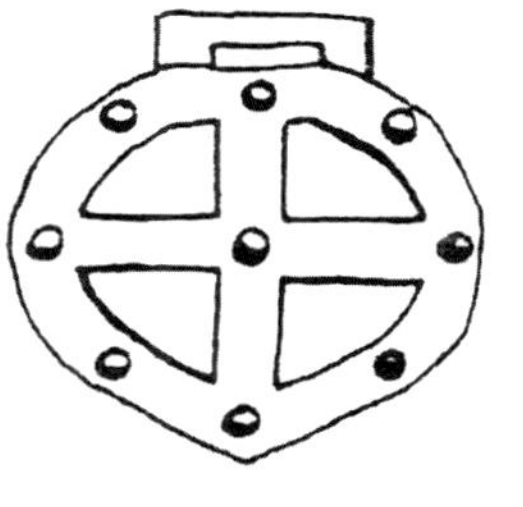

그림 29 금동행엽

그림 30 금침

그림 31 금제연화문장식

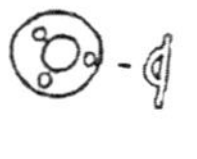

그림 32 은제원형장식

그림 33 은제보요

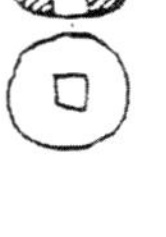

그림 34 금동구슬장식

○ 크기 : 반구(泡) 직경 2.2cm, 전체 높이 3.5cm.

○ 형태 : 반구형 입식과 보요로 구성됨. 반구형의 상단 중앙에 뚫린 곳을 分釘이 뚫고 지나가는 대롱 모양의 입식과 그 꼭대기에 계란형의 작은 나뭇잎 모양 보요가 연결되어 있음. 입식 하단은 밖으로 꺾여 고정되어 있음.

(9) 금동사미(鉈尾, JYM3105:34, 그림 27)

○ 출토지 : 우산하3105호묘.

○ 형태 : 장방형 얇은 판이 꺾여 있음.

(10) 금동띠고리(帶卡, JYM3105:28AB, 그림 28)

○ 출토지 : 우산하3105호묘.

○ 형태 : 띠고리(扣圈)는 대략 방형으로 아랫부분에는 별도의 'T'자형 扣針이 장식되어 있음.

(11) 금동행엽(桃形飾, JYM3105:29, 그림 29)

○ 출토지 : 우산하3105호묘.

○ 형태 : 행엽 중심부위인 금동편은 십자형으로 투조된 상태로 9개의 연결못(鉚釘)이 있음.

(12) 금동구슬장식(珠飾, JYM3105:9, 그림 34)

○ 출토지 : 우산하3105호묘

○ 크기 : 길이 1.6cm, 구멍 직경 0.4cm.

○ 형태 : 납작한 球形을 띠며, 가운데에는 방형 구멍이 뚫려 있음.

4) 금기

(1) 금침(金針, JYM3105:42, 그림 30)

○ 출토지 : 우산하3105호 ③광실.

○ 크기 : 침의 길이 3.65cm, 단면 직경 0.1cm, 무게 0.55g.

○ 형태 : 針尖은 삼각형이며, 針身 단면은 원형임. 뒷부분의 錘扁에는 0.08cm의 구멍이 뚫려 있음.

(2) 금실(金絲, JYM3105:41)

○ 출토지 : 우산하3105호묘.

○ 크기 : 금실 단면의 직경 0.05cm.

○ 형태 : 몇 가닥으로 끊어져 있는 상태임.

(3) 금제연화문장식(蓮花金葉紋, JYM3105:40, 그림 31)

○ 출토지 : 우산하3105호묘 ③광실.

○ 크기 : 화판 높이 1.6cm, 중량 0.42g.

○ 형태 : 側視 5엽의 연화문을 띠고 있으며, 아래에는 꽃받침이 있고, 중간에는 2개의 작은 구멍이 뚫려 있음.

5) 은기

(1) 은제원형장식(銀泡飾, JYM3105:38, 그림 32)

○ 출토지 : 우산하3105호묘.

○ 크기 : 직경 0.7cm.

○ 형태 : 평면은 다변형을 띠며, 안에는 원형의 泡가 있고 주변에는 3개의 작은 구멍이 뚫려 있음.

(2) 은제보요(銀墜葉, JYM3105:36, 그림 33)

○ 출토지 : 우산하3105호묘.

○ 크기 : 길이 2.7cm, 너비 1.0cm.

○ 형태 : 대략 圭形을 띠며, 상부에는 작은 구멍이 뚫려 있음.

5. 역사적 성격

○ 구조적 특징 : 횡혈식 구조의 매장부가 연접된 무덤으로, 이는 수혈식구조에서 횡혈식 구조로의 과도기 양상, 특히 JYM3105-④광실에서 이음길과 이실, 묘도로 이루어진 구조는 봉토석실묘의 영향을 받은 것이며, 석상은 전·현실 두 칸 구조의 초보형이라고 할 수

있음.

○ 부장품 : JYM3105-②광실내에서 출토된 금동제 관식과 못신은 사용 흔적이 보이지 않아 장식성 명기로 추정되며, 장속은 頭東足西와 直肢葬임을 알 수 있음. 석상에 부장된 토기의 조합은 3罐 혹은 3壺1釜1甑로 정형성을 갖고 있음.

○ 고분 연대 : 부장된 전연호는 4세기 말에서 5세기 전반의 특징을 갖고 있으며, 행엽도 4세기 말에서 5세기 전반의 고분에서 주로 출토됨. 금제연화문장식은 고구려 봉토벽화묘에 그려진 側視蓮花造型과 일치한다. 따라서 고분의 연대는 5세기 전반대로 비정됨.

○ 분구 상부의 기와 : 통구고분군 대형 적석총 가령 장군총, 태왕릉, 천추총, 서대총, 임강총에서는 암키와편과 와당이 발견되어 묘상 건축물이 있었을 것으로 보고 있지만, 2891호묘는 중형묘로, 많은 양은 아니나 중형묘에서 기와가 출토된 것에 대한 연구가 필요함.

참고문헌

- 吉林省文物志編委會, 1984,『集安縣文物志』.
- 吉林省文物考古研究所·集安市文物保管所, 1993,「集安洞溝古墳群禹山墓區集錫公路墓葬發掘」,『高句麗研究文集』, 延邊大學出版社; 2009,『吉林集安高句麗墓葬報告集』재수록.
- 吉林省文物考古研究所·集安市博物館, 2002,『洞溝古墓群－1997年調査測繪報告』, 科學出版社.

46 집안 우산하3146호묘

集安 禹山下3146號墓 | JYM3146

1. 조사현황

1984년 및 1985년 集錫公路 건설을 위한 발굴시행.

(1) 조사기관

吉林省文物考古研究所, 集安市文物保管所.

(2) 조사자

林至德, 耿鐵華, 王洪峰, 柳嵐, 張雪巖, 遲勇, 孫仁杰.

(3) 조사기간

○ 제1차 조사 : 1984년 6월 20일~1984년 11월 20일.

○ 제2차 조사 : 1985년 5월 15일~1985년 8월 15일.

(4) 조사방법

○ 集錫公路 건설로 인해 구제 발굴을 함. 도로는 집안에서 통화에 이르는 철로선의 북측 약 50m에 위치하는데 서쪽에서 동쪽으로 우산하고분군을 관통하여 우산하고분군의 중간지대에 자리하고 있음. 발굴 범위는 동서 길이 2,500m, 남북 너비 40m임.

○ 발굴한 적석묘는 북쪽에서 남쪽으로 연접되어 있고, 배열된 적석묘의 가장 말단에 위치함. 봉토묘는 배열이 불분명하고 적석묘 부근에 있음.

○ 발굴은 서쪽에서 동쪽으로 진행함. 신중국 성립 이

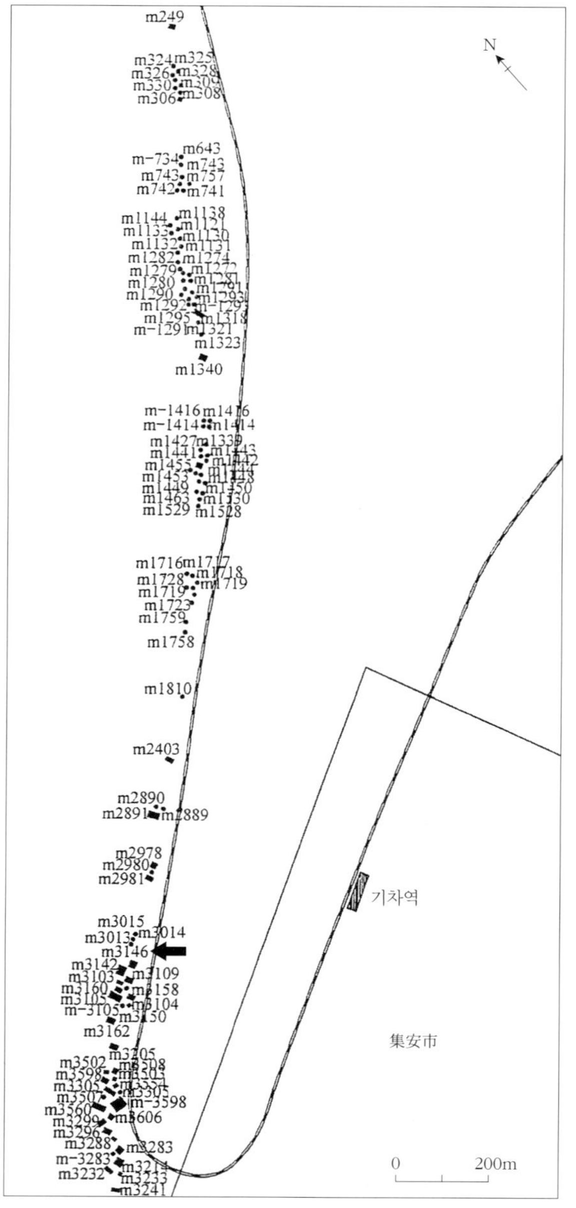

그림 1 집석공로 개발예정지의 고분분포도(『高句麗研究文集』)

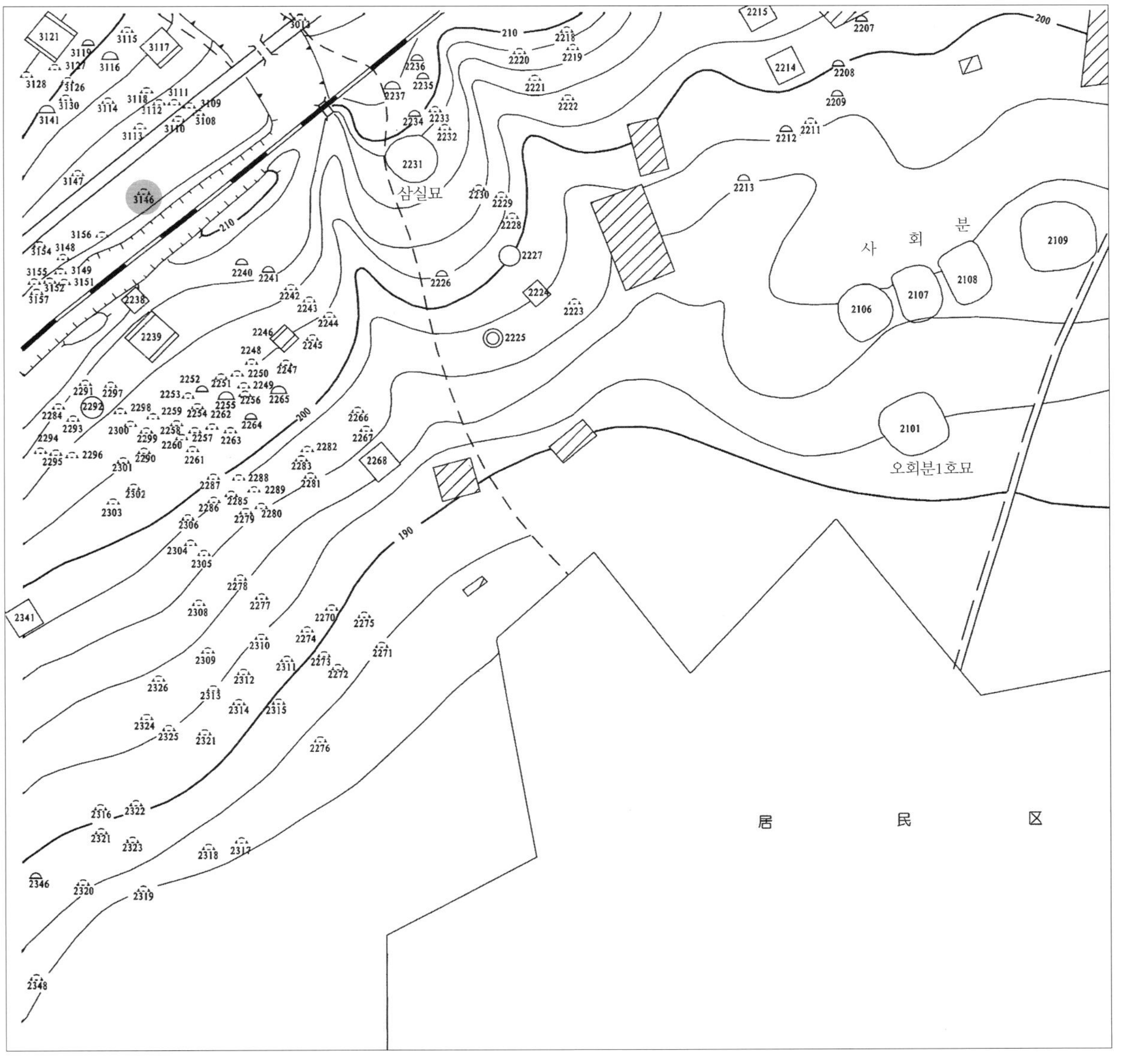

그림 2 우산하3146호묘 위치도(『洞溝古墓群－1997年調査測繪報告』)

후 통구고분군 최초의 비교적 대규모 발굴 작업이었으며, 날씨로 인해 1·2차 두 시기로 나누어 진행함.

(5) 조사내용(그림 1)

○ 제1차 조사에서는 적석묘 28기, 봉토묘 61기 등 총 89기의 고분을 발굴조사하여, 700여 점의 유물을 발견함. 제2차 조사에서는 적석묘 10기, 토석혼축묘 1기, 석관묘 1기, 봉토묘 12기 등 총 24기의 고분을 발굴하고, 유물은 200여 점을 발견함. 두 차례 조사에서 석관묘 1기, 적석묘 38기, 봉토묘 73기, 토석혼축묘 1기 등 총 113기의 고분을 발굴조사하였으며, 유물은 총 931점을 출토함.

○ 발굴된 113기 고분은 대다수 이른 시기부터 파괴와 도굴을 당해 형식이 확실치 않은 것도 있으나, 그 가운데 111기는 고구려 고분임.

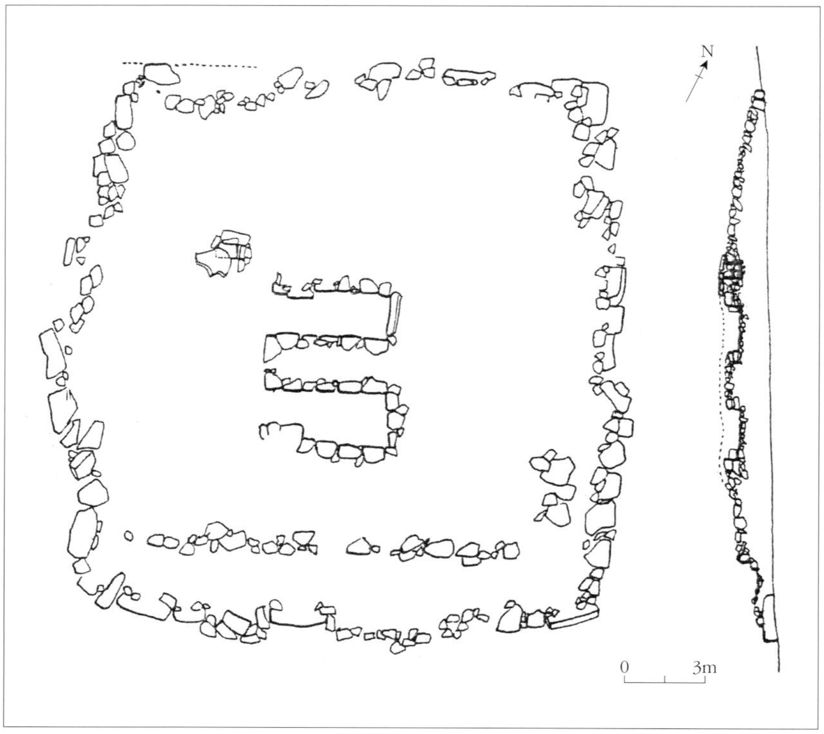

그림 3 우산하3146호묘 평·단면도
(『高句麗研究文集』)

2. 위치와 자연환경(그림 2)

○ 우산하고분군은 集安市區 북측에 위치하는데 禹山 남쪽 기슭의 동서 길이 3.5km, 남북 너비 1km의 좁고 긴 남향의 경사지에 자리하고 있음.

○ 우산하고분군은 우산 남쪽 비탈을 따라 북에서 남으로 고분이 배열되어 있음. 북면 산허리에 적석묘가 절대다수를 점하고 있고 남면 완만한 비탈 지대에 봉토묘가 주로 들어서 있으며, 중간에는 적석묘와 봉토묘가 서로 뒤섞여 있음.

○ 고분은 북고남저의 비탈진 곳에 위치함.

3. 고분의 현황

1) 유형

계단광실묘(『高句麗研究文集』), 동실묘(『洞溝古墓群－1997年調査測繪報告』).[1]

2) 평면

불규칙 방형.

3) 규모

한 변의 길이 17m, 높이 1.5m.

4) 구조(그림 3)

○ 동·서·북 3면은 제1단 계단을 쌓고, 고분의 남변은 비탈길 아래로 지세가 낮으므로 2단의 계단을 쌓아 수평을 맞춤. 안에 깨진 돌로 메워 상면을 평평하게 하고 중앙부에는 남북 배열의 광실 2개를 축조함.

1 『高句麗研究文集』(1993)에서는 적석묘로, 『洞溝古墓群－1997年調査測繪報告』(2002)에서는 봉토묘로 소개되었으나 전자의 내용을 참고하여 정리함.

○ 북광실은 동서 길이 2.5m, 남북 너비 1.4m, 깊이 0.5m, 방향은 255°임. 묘도는 광실 서벽의 남쪽에 치우쳐있는데 너비 1.1m, 동서 길이 1.2m, 깊이 0.5m임. 묘도와 광실의 바닥은 서로 평평하게 일치함. 묘도 위에는 덮개돌이 없으며 안에는 깨진 돌로 가득 채워짐. 묘도 서단에서 북쪽으로 1m 치우친 지점에 방형에 가까운 石箱이 있는데 규모는 길이 0.6m, 너비 0.5m, 깊이 0.8m로 돌로 쌓았고, 위에는 판석을 덮어 천장을 마련함.

○ 남광실은 북광실 남쪽 1.7m 되는 지점에 위치하는데 남북 길이 2.6m, 동서 길이 1.8m, 깊이 0.6m이며 방향은 255°임. 광실 서벽의 북쪽으로 치우쳐 묘도가 있는데 묘도의 북벽과 광실 북벽은 서로 연접하고 있음. 묘도는 길이 1.3m, 너비 1.2m로 내부는 깨진 돌로 메웠으며, 상면에는 천장돌이 없음.

5) 기타

○ 북광실 석상 안에 2壺 1罐으로 조합된 토기가 부장되어 있음.

○ 남광실 안에서 철제꺾쇠, 철제장막걸이쇠, 금동띠장식(銅質鎏金帶飾) 등이 출토됨.

4. 출토유물

1) 금동띠장식(帶飾, JYM3146:3, 그림 4)

○ 출토지 : 우산하3146호묘.

○ 크기 : 직경 1.9cm.

○ 형태 : 평면은 정방형을 띠며 네 모서리에는 각기 1개의 泡飾과 작은 구멍이 있음.

2) 백석대롱장식(白石管, JYM3146:4, 그림 5)

○ 출토지 : 우산하3146호묘.

○ 크기 : 직경 0.6cm, 구멍 지름 0.1cm.

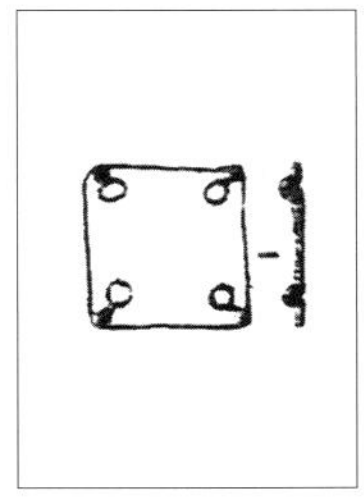

그림 4
금동띠장식

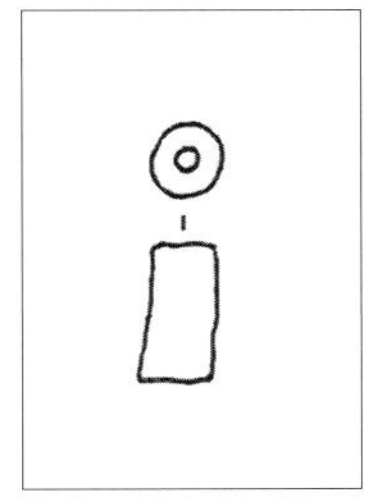

그림 5
백석대롱장식

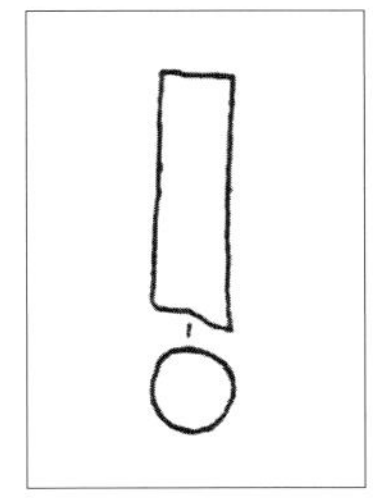

그림 6
백석대롱장식

○ 형태 : 둥근 대롱형(圓管形)으로 가운데에는 구멍이 뚫려 있음.

3) 백석대롱장식(白石管, JYM3146:5, 그림 6)

○ 출토지 : 우산하3146호묘.

○ 크기 : 길이 1.9cm, 직경 0.6cm, 구멍 지름 0.1cm.

○ 형태 : 둥근 대롱형(圓管形)으로 가운데에는 구멍이 뚫려 있음.

5. 역사적 성격

중앙에 횡혈식 구조의 석실 두 기가 나란하게 배치된 동분이혈합장 무덤으로, 수혈식에서 횡혈식 장법으로 변화하는 과도기 무덤임. 무덤의 연대를 판단할 근거는 없으나, 무덤 구조로 미루어 4~5세기대로 비정됨.

참고문헌

- 吉林省文物志編委會, 1984,『集安縣文物志』.
- 吉林省文物考古研究所·集安市文物保管所, 1993,「集安洞溝古墳群禹山墓區集錫公路墓葬發掘」,『高句麗研究文集』, 延邊大學出版社 ; 2009,『吉林集安高句麗墓葬報告集』재수록.
- 吉林省文物考古研究所·集安市博物館, 2002,『洞溝古墓群-1997年調查測繪報告』, 科學出版社.

47 집안 우산하3231호묘

集安 禹山下3231號墓 | JYM3231

1. 조사현황

1984년 및 1985년 集錫公路 건설을 위한 발굴시행.

(1) 조사기관

吉林省文物考古研究所, 集安市文物保管所.

(2) 조사자

林至德, 耿鐵華, 王洪峰, 柳嵐, 張雪巖, 遲勇, 孫仁杰.

(3) 조사기간

○ 제1차 조사 : 1984년 6월 20일~1984년 11월 20일.

○ 제2차 조사 : 1985년 5월 15일~1985년 8월 15일.

(4) 조사방법

○ 集錫公路 건설로 인해 구제 발굴을 함. 도로는 집안에서 통화에 이르는 철로선의 북측 약 50m에 위치하는데 서쪽에서 동쪽으로 우산하고분군을 관통하여 우산하고분군의 중간지대에 자리하고 있음. 발굴 범위는 동서 길이 2,500m, 남북 너비 40m임.

○ 발굴한 적석묘는 북쪽에서 남쪽으로 연접되어 있고, 배열된 적석묘의 가장 말단에 위치함. 봉토묘는 배열이 불분명하고 적석묘 부근에 있음.

○ 발굴은 서쪽에서 동쪽으로 진행함. 신중국 성립 이

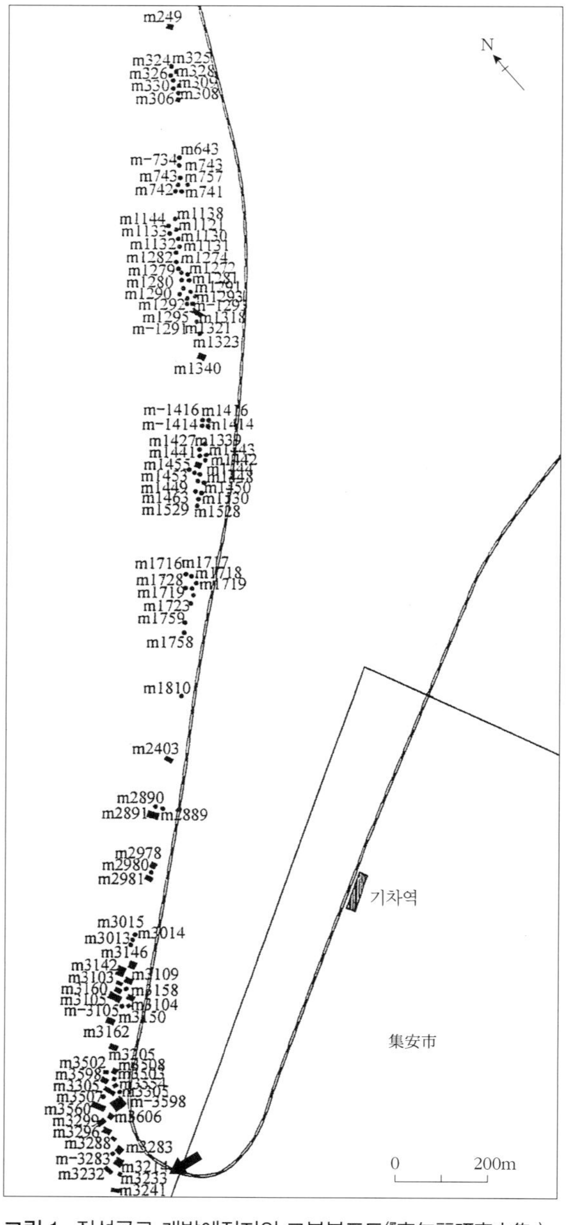

그림 1 집석공로 개발예정지의 고분분포도(『高句麗研究文集』)

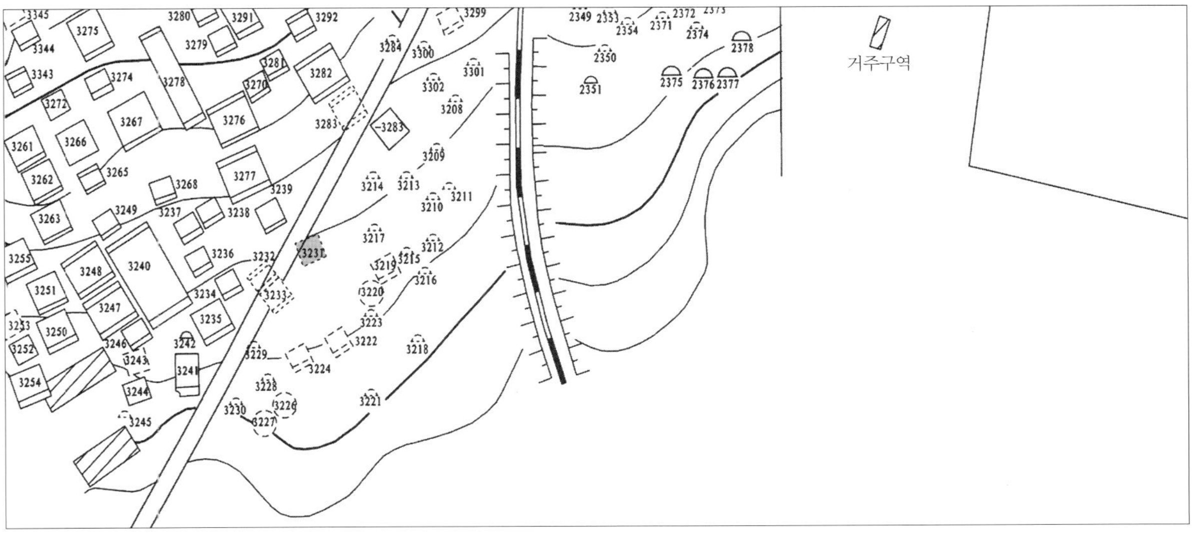

그림 2 우산하3231호묘 위치도(『洞溝古墓群－1997年調査測繪報告』)

후 통구고분군 최초의 비교적 대규모 발굴 작업이었으며, 날씨로 인해 1 · 2차 두 시기로 나누어 진행함.

(5) 조사내용(그림 1)

○ 제1차 조사에서는 적석묘 28기, 봉토묘 61기 등 총 89기의 고분을 발굴조사하여, 700여 점의 유물을 발견함. 제2차 조사에서는 적석묘 10기, 토석혼축묘 1기, 석관묘 1기, 봉토묘 12기 등 총 24기의 고분을 발굴하고, 유물은 200여 점을 발견함. 두 차례 조사에서 석관묘 1기, 적석묘 38기, 봉토묘 73기, 토석혼축묘 1기 등 총 113기의 고분을 발굴조사하였으며, 유물은 총 931점을 출토함.

○ 발굴된 113기 고분은 대다수 이른 시기부터 파괴와 도굴을 당해 형식이 확실치 않은 것도 있으나, 그 가운데 111기는 고구려 고분임.

2. 위치와 자연환경(그림 2)

○ 우산하고분군은 集安市區 북측에 위치하는데 禹山 남쪽 기슭의 동서 길이 3.5km, 남북 너비 1km의 좁고 긴 남향의 경사지에 자리하고 있음.

○ 우산하고분군은 우산 남쪽 비탈을 따라 북에서 남으로 고분이 배열되어 있음. 북면 산허리에 적석묘가 절대다수를 점하고 있고 남면 완만한 비탈 지대에 봉토묘가 주로 들어서 있으며, 중간에는 적석묘와 봉토묘가 서로 뒤섞여 있음.

○ 고분은 우산하고분군 電線廠 북묘 지역의 남단 3214호묘와 3233호묘 사이에 위치함(그림 1).

3. 고분의 현황

1) 고분 형식

(1) 유형

토석혼축광실묘(『高句麗研究文集』), 적석석광묘(『洞溝古墓群－1997年調査測繪報告』).

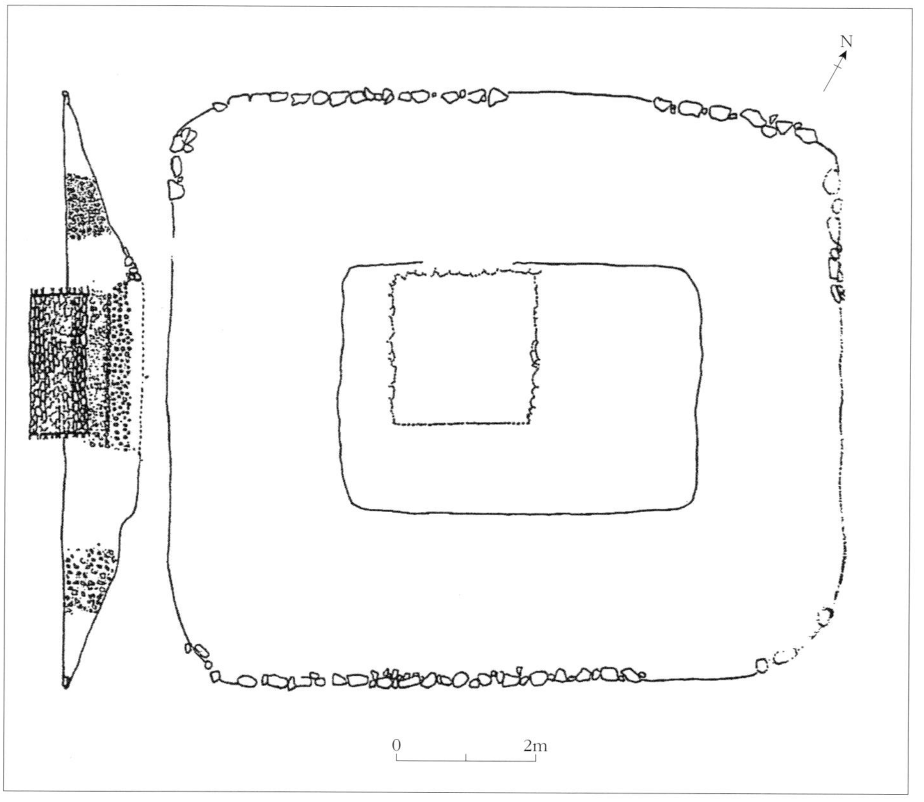

그림 3
우산하3231호묘 평 · 단면도
(『高句麗研究文集』)

(2) 평면

방형.

(3) 규모

동서 14.5m, 남북 13m, 높이 1.6m.

(4) 방향

250°.

(5) 구조(그림 3)

○ 황토에 돌이 섞인 방형 평면의 무지를 발견하였는데 무지의 상부 중앙에 광실이 구축되어 있었으나 이미 전부 파괴된 상태였음.

○ 무덤 축조 순서는 다음과 같음. 첫째, 지표에 깊이 0.8m, 둘레 길이 3m의 정방형 구덩이를 파고, 구덩이의 네 벽은 방형으로 다듬은 석재로 둘레를 네모나게 돌아가며 층층히 돌을 쌓음. 이렇게 조성된 네모난 틀(方框)은 지표면보다 0.5m 높고, 전체 높이는 1.3m임. 둘째, 네모난 돌틀의 내부는 직경 0.4m 크기의 강자갈을 층층히 쌓아 내부를 평평하게 메움. 셋째, 평평하게 메운 후에는 그 상면에 0.5m 높이로 깨진 산돌을 더 메우고, 그 깨진 산돌의 상면에 다시 0.5m 높이로 작은 강자갈에 黃沙土를 섞어 메워 지표보다 높은 方臺를 마련함. 이렇게 축조된 방대의 사면 둘레에는 황토에 돌을 섞어 截尖方錐形으로 쌓음. 축조과정 중에 작은 강자갈에 黃沙土를 섞은 표면은 광실 바닥으로 추정됨.

(6) 기타

광실 바닥층에서는 철제꺾쇠와 장막걸이쇠, 금동기(銅質鎏金器), 마노구슬(瑪瑙珠飾) 등이 남아 있음.

그림 4 동제화판형 입식부 운주

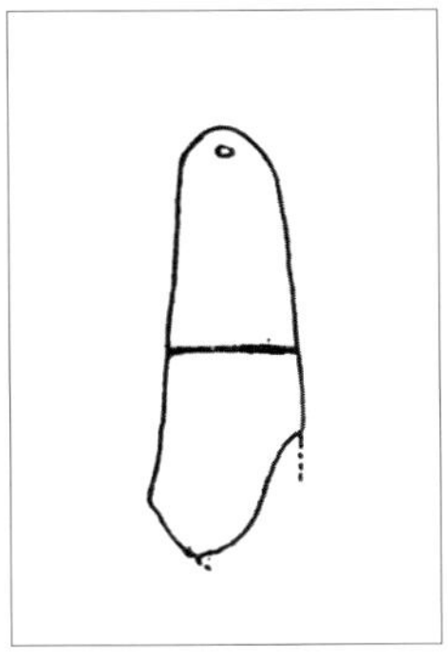

그림 5 동제보요

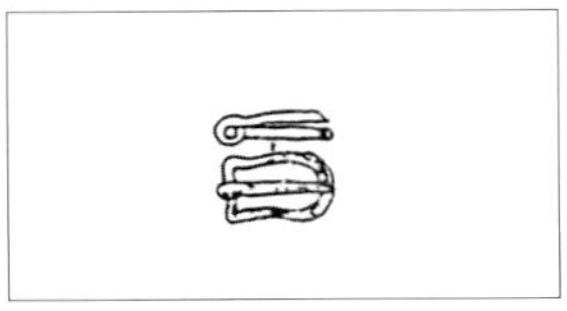

그림 6 철제띠고리

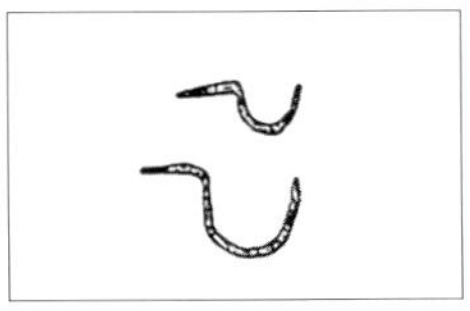

그림 7 철제장막걸이쇠

4. 출토유물

1) 청동기 및 철기

(1) 동제화판형 입식부 운주(銅泡飾, JYM3231:7, 그림 4)

○ 출토지 : 우산하3231호묘 광실.

○ 형태 : 8개 연꽃잎형(瓣荷葉形)으로 중간에는 구멍이 뚫려 있는데 구멍에는 못(釘) 하나가 매달려 있음.

(2) 동제보요(銅墜飾片, JYM3231:8, 그림 5)

○ 출토지 : 우산하3231호묘 광실.

○ 형태 : 대략 圭形을 띠며, 상단에는 연결 구멍이 있음.

(3) 철제띠고리(鐵帶卡, JYM3231:6, 그림 6)

○ 출토지 : 우산하3231호묘 광실.

○ 형태 : 기형이 비교적 작음. 띠고리(扣環)는 대략 장방형으로 가운데가 잘록하며, 針軸은 혁대의 철제띠고리(鐵皮扣)와 연결되어 있음. 扣 위에는 연결못(鉚釘)이 있음.

(4) 철제장막걸이쇠(鐵帳鉤, JYM3231:1, 그림 7)

○ 출토지 : 우산하3231호묘 광실.

○ 형태 : 기형은 기본적으로 갈고리모양(鉤形)인데 둥글게 꺾임.

5. 역사적 성격

해당 고분의 축조방식은 통구고분군에서 처음 발견된 토석 혼봉의 분구로 동시기의 신라 고분인 창녕 계성 A구 1호분 구조와 서로 동일한 점이 있음. 연대를 판단할 근거는 없지만, 5세기대 이후에 조성되었을 것임.

참고문헌

- 吉林省文物志編委會, 1984, 『集安縣文物志』.
- 吉林省文物考古研究所·集安市文物保管所, 1993, 「集安洞溝古墳群禹山墓區集錫公路墓葬發掘」, 『高句麗研究文集』, 延邊大學出版社 ; 2009, 『吉林集安高句麗墓葬報告集』 재수록.
- 吉林省文物考古研究所·集安市博物館, 2002, 『洞溝古墓群－1997年調査測繪報告』, 科學出版社.

48 집안 우산하3232호묘

集安 禹山下3232號墓 | JYM3232

1. 조사현황

1984년 및 1985년 集錫公路 건설을 위한 발굴시행.

(1) 조사기관

吉林省文物考古研究所, 集安市文物保管所.

(2) 조사자

林至德, 耿鐵華, 王洪峰, 柳嵐, 張雪巖, 遲勇, 孫仁杰.

(3) 조사기간

○ 제1차 조사 : 1984년 6월 20일~1984년 11월 20일.

○ 제2차 조사 : 1985년 5월 15일~1985년 8월 15일.

(4) 조사방법

○ 集錫公路 건설로 인해 구제 발굴을 함. 도로는 집안에서 통화에 이르는 철로선의 북측 약 50m에 위치하는데 서쪽에서 동쪽으로 우산하고분군을 관통하여 우산하고분군의 중간지대에 자리하고 있음. 발굴 범위는 동서 길이 2,500m, 남북 너비 40m임.

○ 발굴한 적석묘는 북쪽에서 남쪽으로 연접되어 있고, 배열된 적석묘의 가장 말단에 위치함. 봉토묘는 배열이 불분명하고 적석묘 부근에 있음.

○ 발굴은 서쪽에서 동쪽으로 진행함. 신중국 성립 이

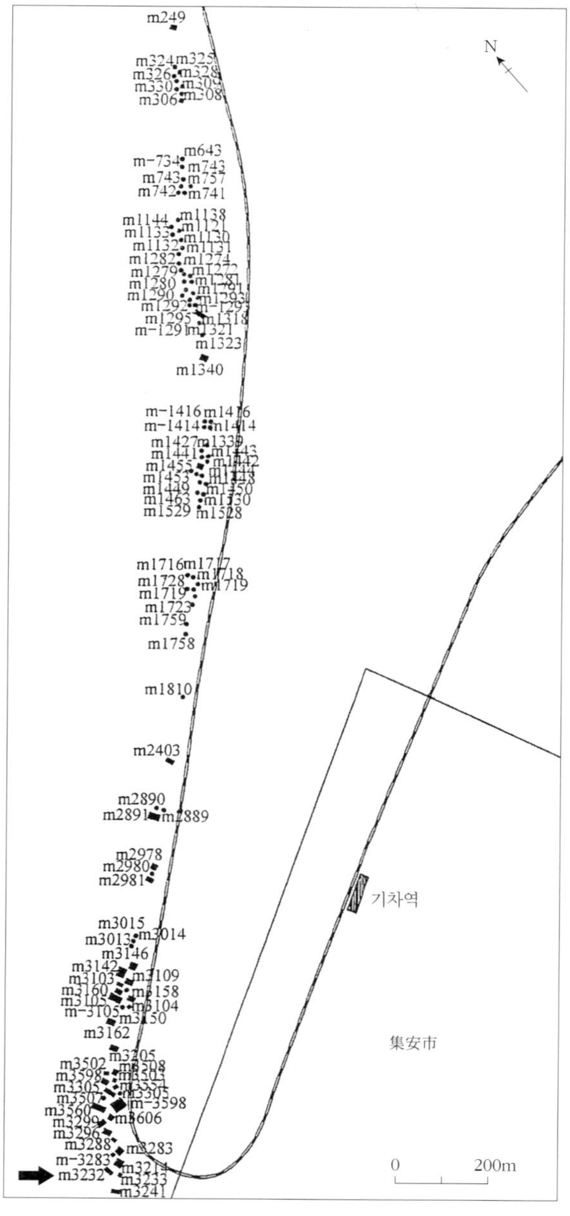

그림 1 집석공로 개발예정지의 고분분포도(『高句麗研究文集』)

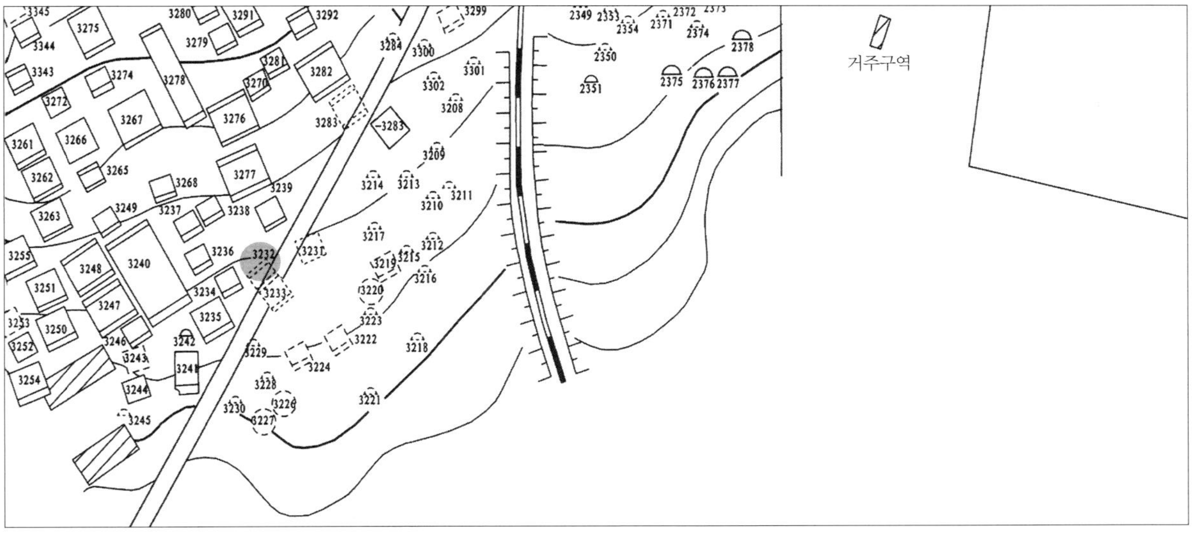

그림 2 우산하3232호묘 위치도(『洞溝古墓群－1997年調査測繪報告』)

후 통구고분군 최초의 비교적 대규모 발굴 작업이었으며, 날씨로 인해 1 · 2차 두 시기로 나누어 진행함.

(5) 조사내용(그림 1)

○ 제1차 조사에서는 적석묘 28기, 봉토묘 61기 등 총 89기의 고분을 발굴조사하여, 700여 점의 유물을 발견함. 제2차 조사에서는 적석묘 10기, 토석혼축묘 1기, 석관묘 1기, 봉토묘 12기 등 총 24기의 고분을 발굴하고, 유물은 200여 점을 발견함. 두 차례 조사에서 석관묘 1기, 적석묘 38기, 봉토묘 73기, 토석혼축묘 1기 등 총 113기의 고분을 발굴조사하였으며, 유물은 총 931점을 출토함.

○ 발굴된 113기 고분은 대다수 이른 시기부터 파괴와 도굴을 당해 형식이 확실치 않은 것도 있으나, 그 가운데 111기는 고구려 고분임.

2. 위치와 자연환경(그림 2)

○ 우산하고분군은 集安市區 북측에 위치하는데 禹山 남쪽 기슭의 동서 길이 3.5km, 남북 너비 1km의 좁고 긴 남향의 경사지에 자리하고 있음.

○ 우산하고분군은 우산 남쪽 비탈을 따라 북에서 남으로 고분이 배열되어 있음. 북면 산허리에 적석묘가 절대다수를 점하고 있고 남면 완만한 비탈 지대에 봉토묘가 주로 들어서 있으며, 중간에는 적석묘와 봉토묘가 서로 뒤섞여 있음.

○ 고분은 우산하 묘구내 집석공로 노선상 최서단에 위치하며, 북고남저의 완만한 비탈 위에 축조되어 있음.

3. 고분의 현황

1) 유형

연접적석광실묘(『高句麗研究文集』), 계단적석석광묘(『洞溝古墓群－1997年調査測繪報告』).

2) 평면

불규칙 장방형.

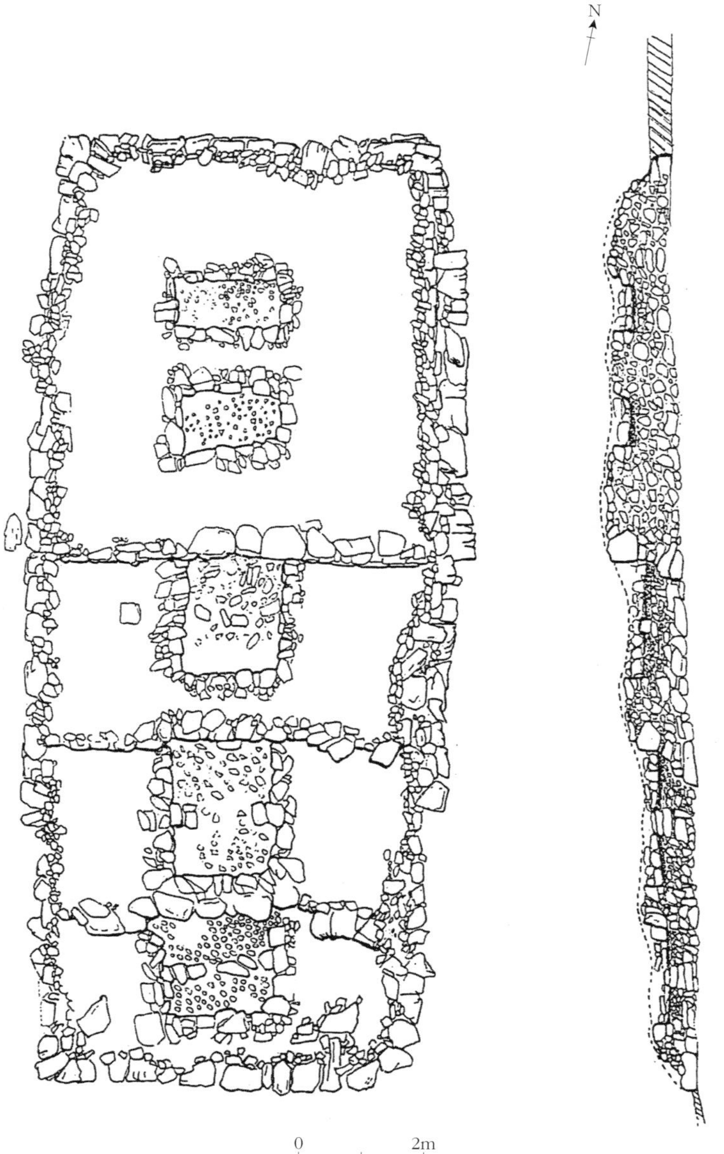

그림 3 우산하3232호묘 평·단면도
(『高句麗硏究文集』)

3) 규모

총 길이 20.5m, 동서 너비 8~10m, 높이 0.8~1.3m.

4) 구조(그림 3)

계단적석묘와 기단적석묘 4기가 연접한 무덤으로 북에서 남쪽으로 순차적으로 편호되었는데 JYM3232-1, JYM3232-2, JYM3232-3, JYM3232-4임.

(1) JYM3232-1

JYM3232-1는 북단 비탈에 축조됨. 제1단은 0.5~1m 정도의 손질하지 않은 대형 석재를 연결하여 둘러 쌓았는데 길이 9m인 방형 계단이 됨. 돌의 크기가 고르지 않고 지세로 인해 돌을 쌓은 층수가 같지 않아 북면 계단은 높이 0.5m, 남면 계단 높이 0.8m임. 계단의 방형 테두리 내부를 깬돌로 평평하게 메운 후에, 다시 제1단 계단 상면의 사방 둘레를 0.8m 정도 들여 쌓아 제2단 계단을 축조함. 제2단 계단에 사용된 돌은 제1단 계단보다 조금 작아 오래 지나면서 붕괴되어 제2단 계단은 명확치 않으며 남은 높이는 0.5m 정도임. 제1단 계단 상면에는 제2단 계단을 쌓는 동시에 중앙부에는 남북으로 병렬한 두 개의 광실을 축조하였으며, 다시 깬돌로 제2단 계단과 광실 사이의 틈을 메워 평평하게 함. 광실은 다수가 0.2×0.5m 크기인 장대석형 자연석을 택해 축조함. 두 광실은 모두 장방형을 띠고 북에서 남으로 JYM3232-1-①, JYM3232-1-②로 편호됨. ①광실은 동서 길이 2.25m, 남북 너비 1.20m, 깊이 0.3m, 방향 260°이고 ②광실은 동서 길이 2.20m, 남북 너비 1.2m, 깊이 0.35m, 방향 260°임. 광실 바닥은 0.05m 정도의 작은 깬돌을 0.15m 두께로 한층 깔았음. 광실 상면의 봉석은 대다수 0.2~0.3m의 자연석이며, 일부는 불타서 녹아 함께 달라붙어 있었음. 발굴 당시에 封石과 鎔石의 다수는 함몰갱 내에 있었음.

(2) JYM3232-2

JYM3232-1의 남벽 제1단 계단 밖에 연접해 있음. 비교적 커다란 자연석으로 연결하여 동·서·남 3면이 '凹'자형 기단을 나타내도록 축조되었으며, 높이는 1m 정도임. 북면에는 JYM3232-1의 제1단 남면 계단을 빌려 광실의 북벽으로 삼음. 기단의 동서 양 벽의 길이 4.1m, 남벽 길이 8.5m임. 이 고분은 북측의 고분보다 0.3m 낮음. 기단 안은 돌로 평평하게 메움. JYM3232-1의 남벽 제1단 계단 바깥쪽에 기대어 남·북 2개의 광실을 구축하고 JYM3232-2-③, JYM3232-2-④로 편호함. ③광실은 동·서·남 3벽만을 축조하였으며, ④광실은 네 벽을 모두 축조하였는데 두 광실간의 격벽은 폭이 0.3m이라 좁으며, 광실 크기는 같고, 장방형을 띰. 두 광실의 크기는 동서 길이 2.0m, 남북 너비 0.20m, 깊이 0.3m이고 방향은 260°. 봉석은 부서져 크기는 0.2~0.3m 정도가 많음. JYM3232-2의 아래 비탈에는 순차별로 JYM3232-3과 JYM3232-4가 나누어 축조되었는데 축조방법은 JYM3232-2와 완전 동일함.

(3) JYM3232-3

JYM3232-2가 북쪽에 접하고 있음. 고분 동서 길이 8.5m, 남북 너비 4m, 높이 0.9m임. 중앙부에는 남북으로 배열된 2개의 광실은 JYM3232-3-⑤, JYM3232-3-⑥으로 편호됨. ⑤광실은 동서 길이 2.20m, 남북 너비 1.30m, 깊이 0.3m, 방향 260°이며 바닥은 한 겹의 작은 깨진 돌로 깔음. ⑥광실은 비교적 좁고 불규칙한데 동서 길이 2.20m임.

(4) JYM3232-4

최남단에 위치하며, 엉성하고 앞의 고분보다 비교적 작게 축조되었는데 동서 길이 8.5m, 남북 너비 3.5m, 높이 0.8m임. 고분 중앙부에는 남북 배열된 조성된 2개의 광실은 JYM3232-4-⑦, JYM3232-4-⑧로 편호됨. 불규칙하게 축조되었는데 각 광실은 길이 2.25m, 너비 1.0m, 깊이 0.3m, 방향 260°이며, 두 광실의 바닥에는 한 겹의 작은 강자갈이 깔려 있음.

5) 기타

○ YM3232-1 : ②광실 안에서 철제꺾쇠, 인골 조각, 짐승 어금니(獸牙)만이 보임.

○ JYM3232-2 : ④광실에서 토기(陶罐), 띠고리(帶卡), 철제 꺾쇠와 칼 등이 출토됨.

○ YM3232-3 : ⑤광실에서 부서진 팔다리뼈(肢骨)가, ⑥광실에서 철제꺾쇠가 출토됨.

○ YM3232-4 : ⑦광실과 ⑧광실에서 작은 사람 팔다리뼈(人肢骨) 잔편 출토됨.

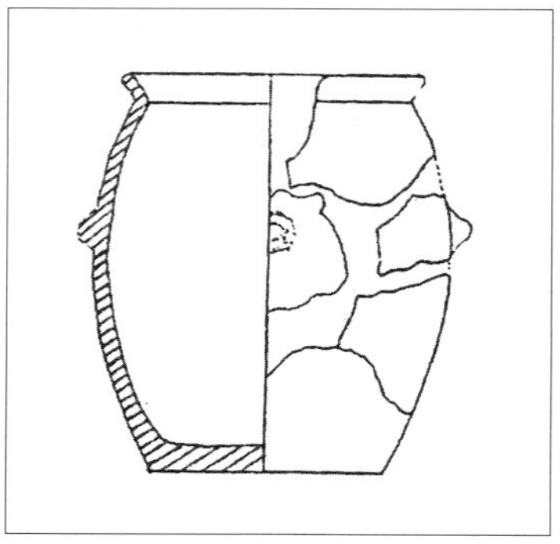

그림 4 발형토기

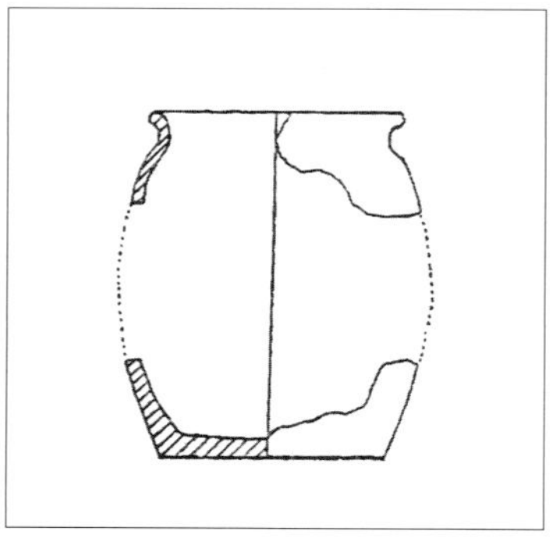

그림 5 발형토기

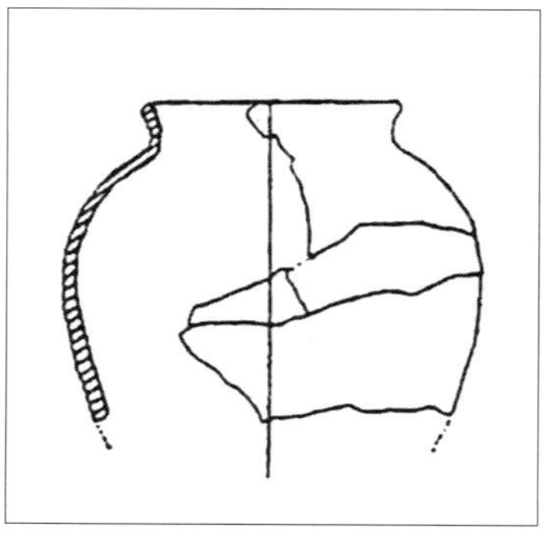

그림 6 직구호

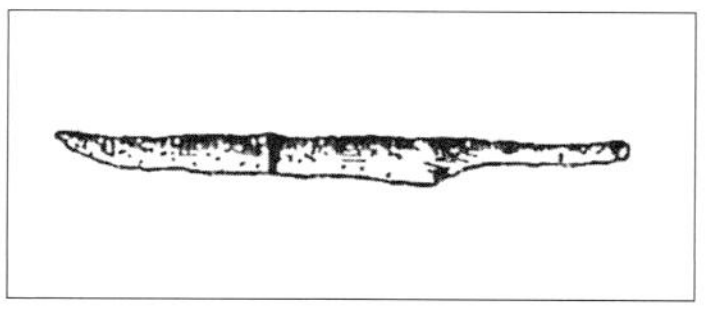

그림 7 철제도자

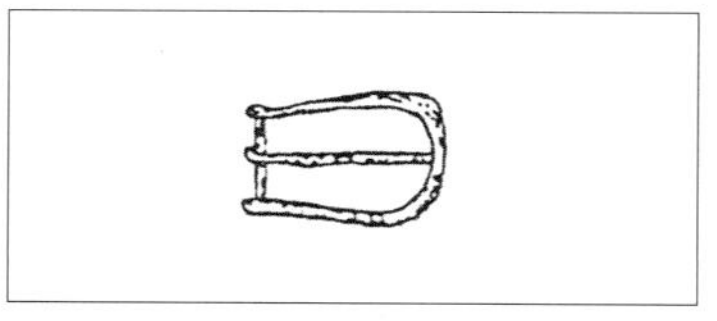

그림 8 철제띠고리

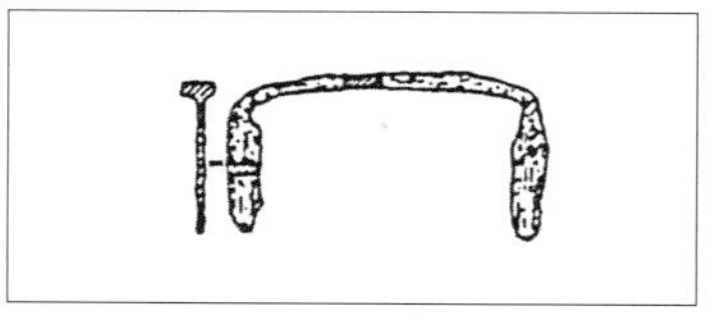

그림 9 철제꺾쇠

4. 출토유물

1) 토기

(1) 발형토기(筒形罐, JYM3232:1, 그림 4)

○ 출토지 : 우산하3232호묘.

○ 크기 : 높이 16cm, 구연 직경 12cm, 바닥 직경 9cm, 동체 직경 4.4m.

○ 태토 및 색깔 : 거친 모래혼입 회갈색토기(夾粗砂灰褐陶).

○ 형태 : 手製. 입술은 둥글고, 구연은 밖으로 꺾였으며, 동체는 볼록하며, 바닥은 평평함. 동체 상부에는 4개의 대칭되는 돌기형 손잡이가 있음. 토기 표면은 문질러서 매끄러움.

(2) 발형토기(筒形罐, JYM3232:6, 그림 5)

○ 출토지 : 우산하3232호묘.

○ 크기 : 높이 14cm, 구연 직경 10cm, 바닥 직경 9cm.

○ 태토 및 색깔 : 거친 모래혼입 회갈도(夾粗砂灰褐陶).

○ 형태 : 둥근 입술, 구연은 밖으로 꺾였으며, 복부는 점차 볼록해지며, 바닥은 평평함. 손으로 제작했으며, 밖의 표면은 문질러서 매끄러움.

(3) 직구호(直口罐, JYM3232:2, 그림 6)

○ 출토지 : 우산하3232호묘.

○ 크기 : 구연 직경 9cm, 동체 직경 14cm.

○ 태토 및 색깔 : 점토질 회색토기(泥質灰陶).

○ 형태 : 입술이 둥글고, 구연이 곧고(直口), 동체는 둥글게 내려옴. 물레성형, 소성도가 높음.

2) 철기

(1) 철제도자(鐵刀, JYM3232:3, 그림 7)

○ 출토지 : 우산하3232호묘.

○ 크기 : 칼몸 길이 12cm, 손자루 길이 6cm, 전체 길이 18cm.

○ 형태 : 둥근고리(環首)가 없음.

(2) 철제띠고리(鐵帶卡, JYM3232:4, 그림 8)

○ 출토지 : 우산하3232호묘.

○ 형태 : 띠고리(扣環)는 대략 장방형을 띠며, 뒷부분은 연접한 扣針의 횡축과 연결되고 있음. 扣針은 축상에 연결되어 자유롭게 회전할 수 있음.

(3) 철제꺾쇠(鐵扒鋦, JYM3232:5, 그림 9)

○ 출토지 : 우산하3232호묘.

○ 형태 : 단조했으며, 아치형을 띠고 있음.

5. 역사적 성격

이 고분은 2개의 매장부를 가진 무덤 1기와 그 남쪽으로 3기의 고분이 순차적으로 잇대어 있는 총 4기의 무덤이 연접된 적석묘임. 무덤의 연대를 판단할 근거는 확실하지 않지만 4기의 매장부 중 횡혈식 구조가 없는 계단식 분구라는 점으로 보아서 4세기 전반경의 무덤 형식으로 판단됨.

참고문헌

- 吉林省文物志編委會, 1984,『集安縣文物志』.
- 吉林省文物考古研究所·集安市文物保管所, 1993,「集安洞溝古墳群禹山墓區集錫公路墓葬發掘」,『高句麗研究文集』, 延邊大學出版社 ; 2009,『吉林集安高句麗墓葬報告集』재수록.
- 吉林省文物考古研究所·集安市博物館, 2002,『洞溝古墓群－1997年調査測繪報告』, 科學出版社.

49 집안 우산하3241호묘

集安 禹山下3241號墓 | JYM3241

1. 조사현황

1984년 및 1985년 集錫公路 건설을 위한 발굴시행.

(1) 조사기관

吉林省文物考古硏究所, 集安市文物保管所.

(2) 조사자

林至德, 耿鐵華, 王洪峰, 柳嵐, 張雪巖, 遲勇, 孫仁杰.

(3) 조사기간

○ 제1차 조사 : 1984년 6월 20일~1984년 11월 20일.

○ 제2차 조사 : 1985년 5월 15일~1985년 8월 15일.

(4) 조사방법

○ 集錫公路 건설로 인해 구제 발굴을 함. 도로는 집안에서 통화에 이르는 철로선의 북측 약 50m에 위치하는데 서쪽에서 동쪽으로 우산하고분군을 관통하여 우산하고분군의 중간지대에 자리하고 있음. 발굴 범위는 동서 길이 2,500m, 남북 너비 40m임.

○ 발굴한 적석묘는 북쪽에서 남쪽으로 연접되어 있고, 배열된 적석묘의 가장 말단에 위치함. 봉토묘는 배열이 불분명하고 적석묘 부근에 있음.

○ 발굴은 서쪽에서 동쪽으로 진행함. 신중국 성립 이

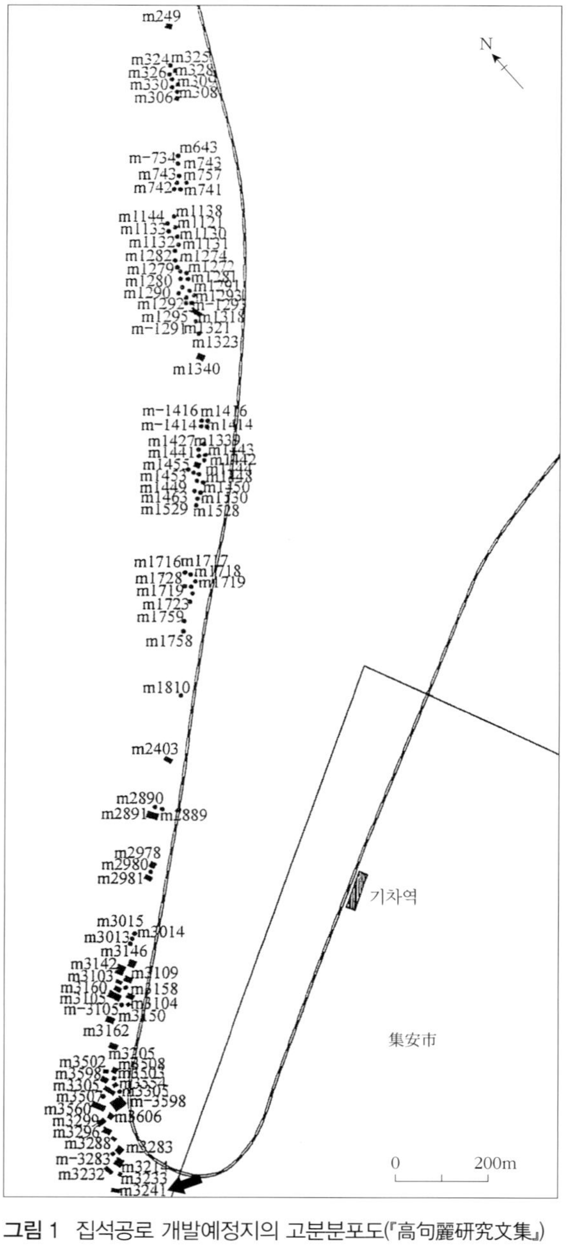

그림 1 집석공로 개발예정지의 고분분포도(『高句麗硏究文集』)

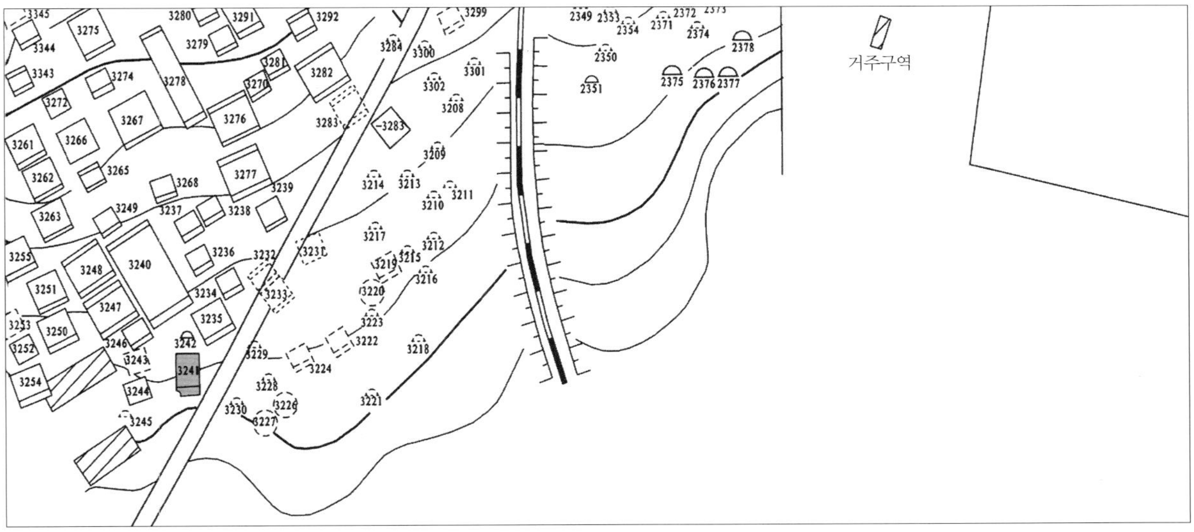

그림 2 우산하3241호묘 위치도(『洞溝古墓群－1997年調查測繪報告』)

후 통구고분군 최초의 비교적 대규모 발굴 작업이었으며, 날씨로 인해 1 · 2차 두 시기로 나누어 진행함.

(5) 조사내용(그림 1)

○ 제1차 조사에서는 적석묘 28기, 봉토묘 61기 등 총 89기의 고분을 발굴조사하여, 700여 점의 유물을 발견함. 제2차 조사에서는 적석묘 10기, 토석혼축묘 1기, 석관묘 1기, 봉토묘 12기 등 총 24기의 고분을 발굴하고, 유물은 200여 점을 발견함. 두 차례 조사에서 석관묘 1기, 적석묘 38기, 봉토묘 73기, 토석혼축묘 1기 등 총 113기의 고분을 발굴조사하였으며, 유물은 총 931점을 출토함.

○ 발굴된 113기 고분은 대다수 이른 시기부터 파괴와 도굴을 당해 형식이 확실치 않은 것도 있으나, 그 가운데 111기는 고구려 고분임.

2. 위치와 자연환경(그림 2)

○ 우산하고분군은 集安市區 북측에 위치하는데 禹山 남쪽 기슭의 동서 길이 3.5km, 남북 너비 1km의 좁고 긴 남향의 경사지에 자리하고 있음.

○ 우산하고분군은 우산 남쪽 비탈을 따라 북에서 남으로 고분이 배열되어 있음. 북면 산허리에 적석묘가 절대다수를 점하고 있고 남면 완만한 비탈 지대에 봉토묘가 주로 들어서 있으며, 중간에는 적석묘와 봉토묘가 서로 뒤섞여 있음.

○ 고분은 북고남저의 비탈 위에 위치함.

3. 고분의 현황

1) 유형

연접적석석광묘(『高句麗研究文集』), 유단적석석광묘(『洞溝古墓群－1997年調查測繪報告』).

2) 규모

총 길이 19.5m, 너비 8.5m, 높이 1～1.7m로 고르지 않음.

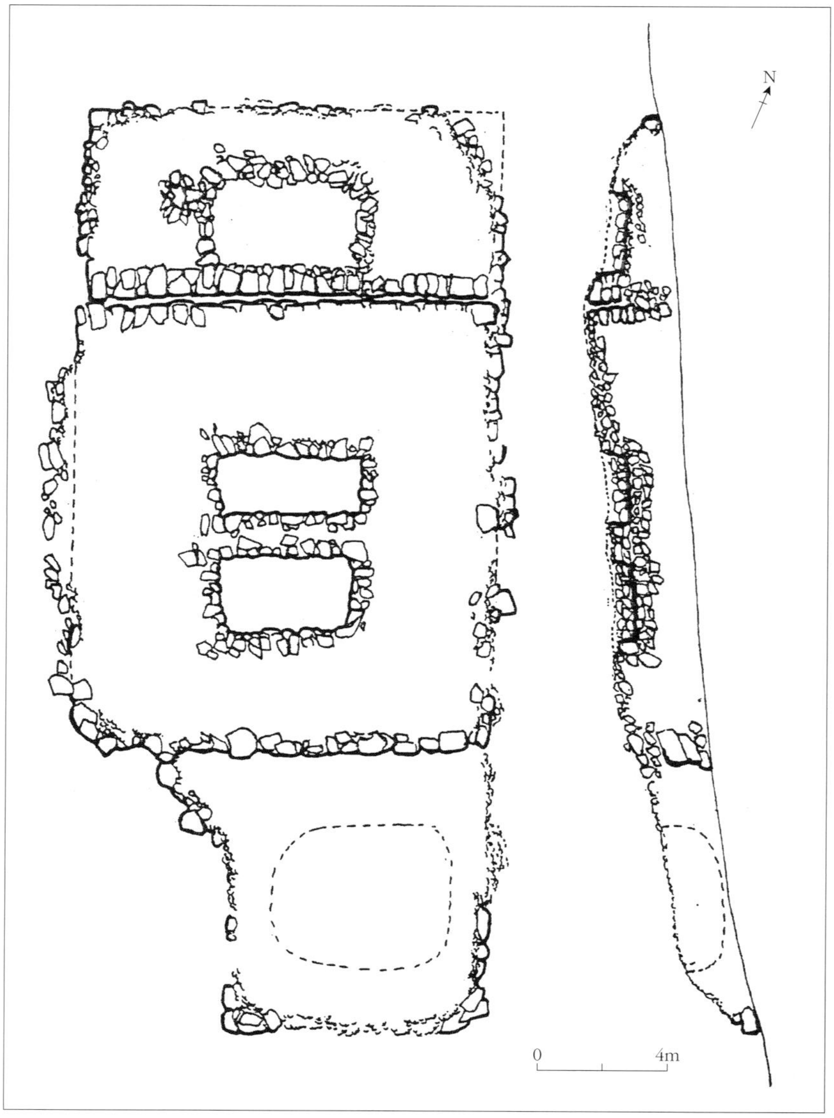

그림 3 우산하3241호묘 평·단면도
(『高句麗研究文集』)

3) 구조(그림 3)

3기의 기단광실묘가 연접한 무덤으로 북에서 남으로 JYM3241-1, JYM3241-2, JYM3241-3 등으로 편호함. JYM3241-1과 JYM3241-2의 기단은 동시에 축조되어 연접하였으며, 기단 축조를 마친 후에는 그 안에 깨진 돌로 메워 평평하게 하고 다시 상면에는 동서로 관통하는 석렬 2줄을 축조했는데 석렬은 높이 1m이고, 두 석렬은 0.2m 간격을 두고 마주해 있음.

(1) JYM3241-1

분구는 동서 길이 8.5m, 남북 너비 4m이며 고분 중앙부에 광실 하나가 있어 JYM3241-1로 편호됨. 광실은 장방형으로 비교적 규칙적으로 축조되었는데 동서 길이 2.8m, 남북 너비 1.6m, 깊이 0.6m임. 광실 안에서 철제꺾쇠와 장막걸이쇠 등이 출토됨. 사면 둘레에는 축조한 흔적이 보이지 않고 상부는 깨진 돌로 壙을 덮음.

(2) JYM3241-2

남북 길이 9.5m, 동서 너비 8.5m이며 중앙부에는 남북으로 광실 2개가 축조되었는데 JYM3241-2-②, JYM3241-2-③으로 편호함. ②광실은 동서 길이 2.8m, 남북 너비 1.2m, 깊이 0.6m이며, ③광실은 동서 길이 2.5m, 남북 너비 1.5m, 깊이 0.6m임.

(3) JYM3241-3

비교적 작으며 JYM3241-2의 기단 남벽 바깥의 동쪽 한편에 축조했는데 동서 너비 5m, 남북 길이 6m임. 고분 상부는 교란에 의해 광실이 보지 않으나 발굴갱의 범위는 3×3.5m임.

4) 기타

○ JYM3241-1 : ①광실 서벽 바깥의 0.8m, 깊이 0.5m 되는 지점에서 토기(陶罐), 반지(指環), 재갈, 팔찌 등의 부장품이 무더기로 놓여 있었음.

○ JYM3241-2 : ②광실과 ③광실 안에서 모두 철제 꺾쇠가 출토됨.

○ JYM3241-3 : 발굴갱 안에서 철제꺾쇠와 토기편이 출토됨.

4. 출토유물

1) 토기

(1) 두귀달린 발형토기(筒形罐, JYM3241:2, 그림 4)

○ 출토지 : 우산하3241호묘.

○ 크기 : 높이 12.6cm, 구연 직경 9.4m, 바닥 직경 7.6m, 동체 직경 10cm.

○ 태토 및 색깔 : 모래혼입의 황갈색토기(夾砂黃褐陶).

○ 형태 : 손으로 빚고, 토기표면은 문질러서 매끄러움. 구순은 둥글고, 구연은 밖으로 꺾였고, 동체는 깊고, 닥은 평평함. 어깨부에는 竪橋形雙耳가 있음.

그림 4 두귀달린 발형토기

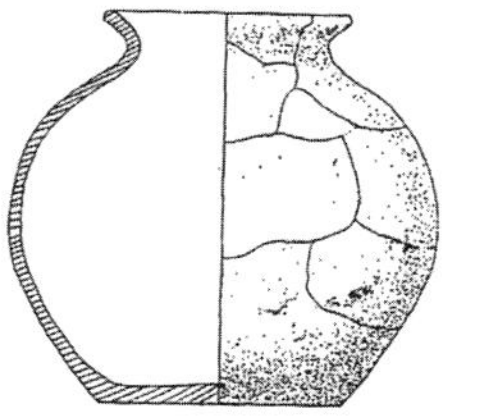

그림 5 호

그림 6 동제팔찌

그림 7 철제재갈

(2) 호(展沿罐, JYM3241:1, 그림 5)

○ 출토지 : 우산하3241호묘.

○ 크기 : 높이 26cm, 구연 직경 16cm, 동체 직경 28cm, 바닥 직경 16cm.

○ 태토 및 색깔 : 가는 모래혼입의 황갈색토기(夾細砂黃褐陶).

○ 형태 : 구순은 둥글고, 구연은 외반하고, 동체는 약간 아래로 쳐졌으며, 바닥이 평평함. 진흙을 둘둘 감아 쌓아 물레로 다듬어 바깥 표면을 문질러 광택을 냈으며, 소성도가 낮고 색깔이 고르지 않음.

2) 청동기 및 철기

(1) 동제팔찌(銅手鐲, JYM3241:7, 그림 6)

○ 출토지 : 우산하3241호묘.

○ 형태 : 약간의 잔편으로 단면은 삼각형이며, 고리형으로 감겨 있음.

(2) 철제재갈(鐵馬銜, JYM3241:2, 그림 7)

○ 출토지 : 우산하3241호묘.

○ 형태 : 2련식이며, 재갈쇠는 직경 0.5cm의 鐵線을 꼬아 만들었고, 양끝에는 고삐와 연결되는 고리가 하나씩 연결되어 있음.

5. 역사적 성격

지세를 따라 북에서 남쪽으로 내려오면서 3기의 무덤이 연접된 기단적석묘로 중앙에 있는 무덤은 매장부가 두개 있는 다광식임. 무덤에서 출토된 재갈이나 철제찰갑편, 호 등으로 미루어 고분 연대는 4세기 전반에 비정됨.

참고문헌

- 吉林省文物志編委會, 1984, 『集安縣文物志』.
- 吉林省文物考古研究所·集安市文物保管所, 1993, 「集安洞溝古墳群禹山墓區集錫公路墓葬發掘」, 『高句麗研究文集』, 延邊大學出版社 ; 2009, 『吉林集安高句麗墓葬報告集』 재수록.
- 吉林省文物考古研究所·集安市博物館, 2002, 『洞溝古墓群-1997年調査測繪報告』, 科學出版社.

50 집안 우산하3283호묘

集安 禹山下3283號墓 | JYM3283

1. 조사현황

1984년 및 1985년 集錫公路 건설을 위한 발굴시행.

(1) 조사기관

吉林省文物考古研究所, 集安市文物保管所.

(2) 조사자

林至德, 耿鐵華, 王洪峰, 柳嵐, 張雪巖, 遲勇, 孫仁杰.

(3) 조사기간

○ 제1차 조사 : 1984년 6월 20일~1984년 11월 20일.

○ 제2차 조사 : 1985년 5월 15일~1985년 8월 15일.

(4) 조사방법

○ 集錫公路 건설로 인해 구제 발굴을 함. 도로는 집안에서 통화에 이르는 철로선의 북측 약 50m에 위치하는데 서쪽에서 동쪽으로 우산하고분군을 관통하여 우산하고분군의 중간지대에 자리하고 있음. 발굴 범위는 동서 길이 2,500m, 남북 너비 40m임.

○ 발굴한 적석묘는 북쪽에서 남쪽으로 연접되어 있고, 배열된 적석묘의 가장 말단에 위치함. 봉토묘는 배열이 불분명하고 적석묘 부근에 있음.

○ 발굴은 서쪽에서 동쪽으로 진행함. 신중국 성립 이

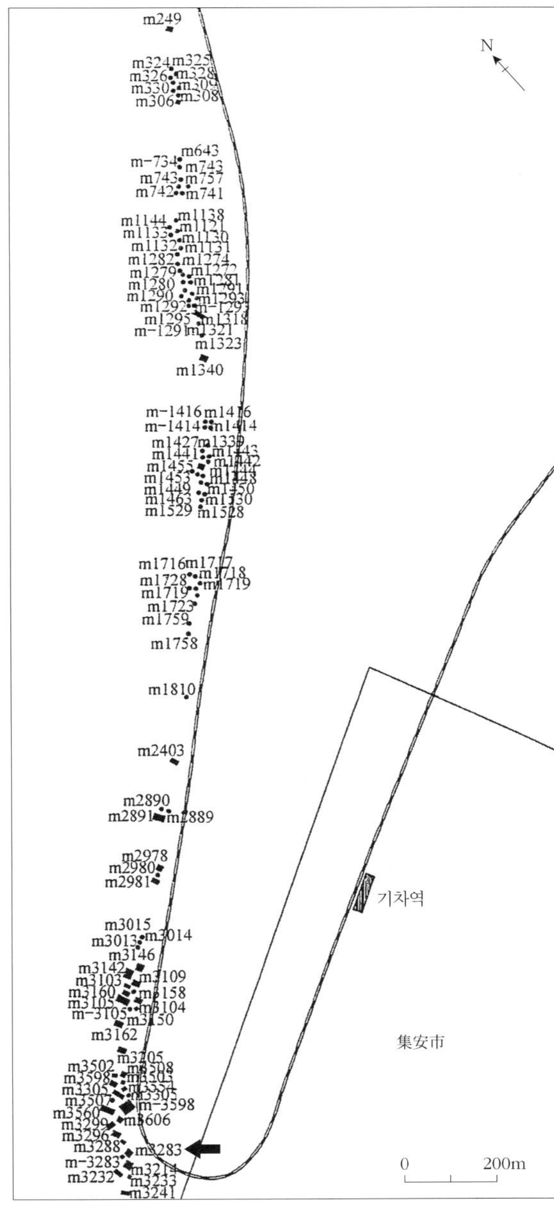

그림 1 집석공로 개발예정지의 고분분포도(『高句麗研究文集』)

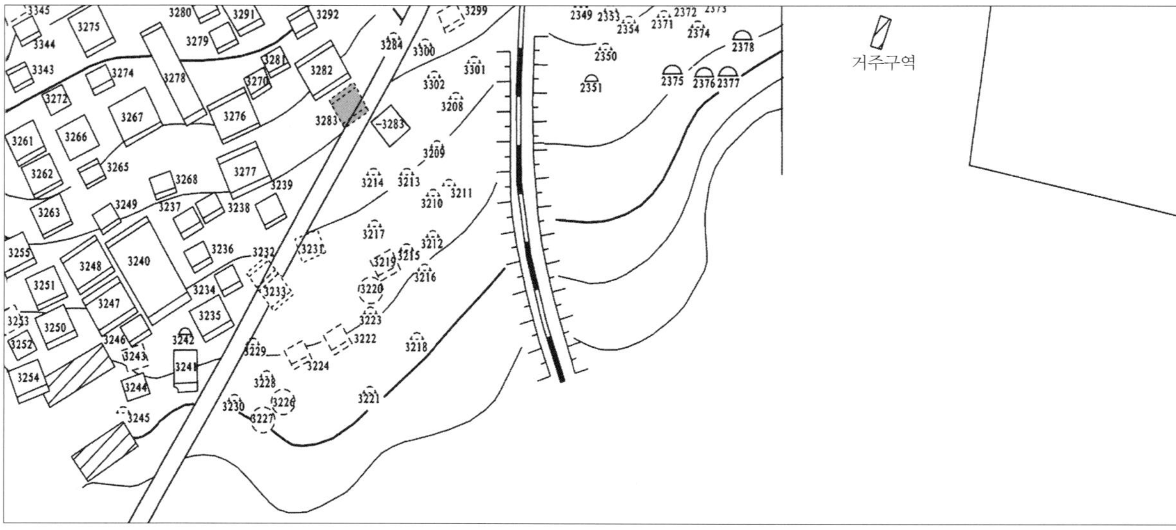

그림 2 우산하3283호묘 위치도(『洞溝古墓群－1997年調査測繪報告』)

후 통구고분군 최초의 비교적 대규모 발굴 작업이었으며, 날씨로 인해 1·2차 두 시기로 나누어 진행함.

(5) 조사내용(그림 1)

○ 제1차 조사에서는 적석묘 28기, 봉토묘 61기 등 총 89기의 고분을 발굴조사하여, 700여 점의 유물을 발견함. 제2차 조사에서는 적석묘 10기, 토석혼축묘 1기, 석관묘 1기, 봉토묘 12기 등 총 24기의 고분을 발굴하고, 유물은 200여 점을 발견함. 두 차례 조사에서 석관묘 1기, 적석묘 38기, 봉토묘 73기, 토석혼축묘 1기 등 총 113기의 고분을 발굴조사하였으며, 유물은 총 931점을 출토함.

○ 발굴된 113기 고분은 대다수 이른 시기부터 파괴와 도굴을 당해 형식이 확실치 않은 것도 있으나, 그 가운데 111기는 고구려 고분임.

2. 위치와 자연환경(그림 2)

○ 우산하고분군은 集安市區 북측에 위치하는데 大禹山 남쪽 기슭의 동서 길이 3.5km, 남북 너비 1km의 좁고 긴 남향의 경사지에 자리하고 있음.

○ 우산하고분군은 우산 남쪽 비탈을 따라 북에서 남으로 고분이 배열되어 있음. 북면 산허리에 적석묘가 절대다수를 점하고 있고 남면 완만한 비탈 지대에 봉토묘가 주로 들어서 있으며, 중간에는 적석묘와 봉토묘가 서로 뒤섞여 있음.

○ 고분은 북면의 지세가 대략 높음.

3. 고분의 현황

1) 고분 형식

(1) 유형

계단광실묘(『高句麗研究文集』), 계단적석석광묘(『洞溝古墓群－1997年調査測繪報告』).

(2) 평면

방형.

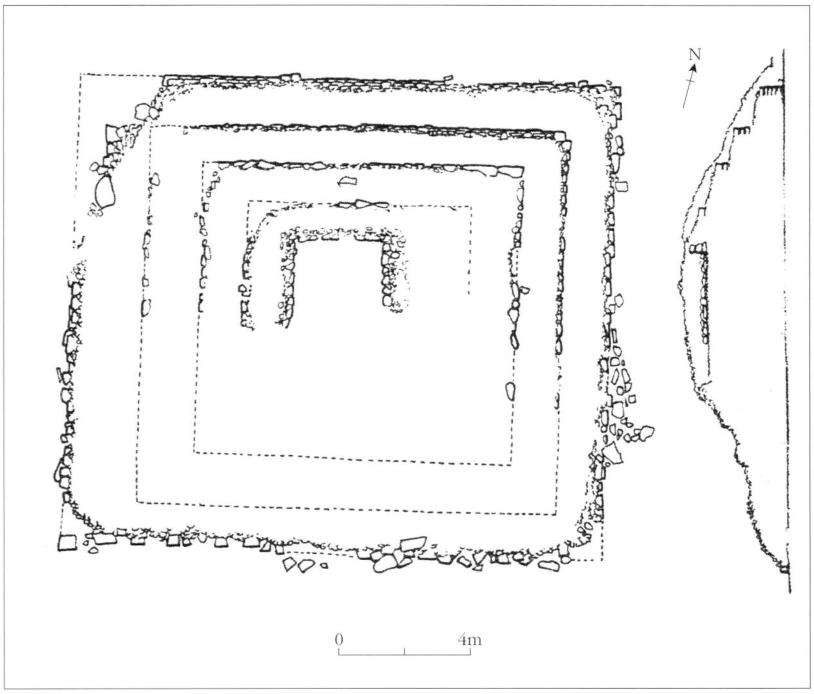

그림 3 우산하3283호묘 평·단면도
(『高句麗硏究文集』)

(3) 규모

각 변의 길이 17m, 높이 3.3m.

(4) 구조(그림 3)

고분은 4단 계단의 계단적석묘로 비교적 가지런한 방형의 석재로 4단 계단을 축조함. 제1단은 방형으로 계단을 돌렸는데 계단 높이는 0.8m임. 계단 내 중간에서 동쪽은 강자갈로, 서쪽은 산돌로 평평하게 메운 후에 상면 사면 둘레에서 1.5m 들여 높이 0.7m의 제2단 계단을 축조함. 제3단 계단은 제2단 계단과 축조법이 동일하며 높이는 0.5m임. 내부는 돌로 메웠는데 동쪽은 강자갈로, 서쪽은 산돌로 평평하게 메운 후에 상면의 사면에서 1.4m 들여 0.3m 높이의 제4단 계단을 축조함. 동시에 제3단 계단 상면 중앙에 광실을 구축하고 제4단 계단과 광실의 틈을 평평하게 메움. 광실은 동·서·북벽 일부만 남아 있고 이미 파괴되었는데 동서 길이 2.7m, 너비 미상, 깊이 0.5m임.

(5) 기타

광실 안에서 토기, 철기, 금기, 은기, 금동기(銅質鎏金器) 등이 출토됨. 그 가운데 철제낚싯바늘(鐵魚鉤) 41점, 토제어망추(陶網墜) 167점이 주목됨.

4. 출토유물

1) 토기

(1) 발형토기(筒形罐, JYM3283:16, 그림 4)

○ 출토지 : 우산하3283호묘.

○ 크기 : 높이 14cm, 구연 직경 9cm, 바닥 직경 7cm, 동체 직경 11cm.

○ 태토 및 색깔 : 모래혼입의 회갈색토기(夾砂灰褐陶).

○ 형태 : 手製. 구순이 네모나고, 구연부가 꺾였고, 동체는 둥글고, 바닥은 평평함. 토기표면은 문질러 매끄러움.

(2) 직구호(直口罐, JYM3283:17, 그림 5)

○ 출토지 : 우산하3283호묘.

○ 크기 : 동체 직경 18.5cm, 바닥 직경 10.5cm.

○ 태토 및 색깔 : 니질 회색토기(泥質灰陶).

○ 형태 : 물레성형. 구연이 곧고(直口), 어깨는 넓고, 바닥은 평평함. 어깨부에는 네 줄의 점렬문이 돌아감. 소성도가 높음.

(3) 토제어망추(陶網墜, JYM3283:3, 그림 6)

○ 출토지 : 우산하3283호묘.

○ 크기 : 최대 망추의 길이 3.8cm, 직경 1.5cm. 최소 망추의 길이 2cm, 직경 0.8cm.

○ 태토 및 색깔 : 청록색 시유도.

○ 형태 : 모두 원주형으로 양 끝에는 각기 줄을 묶는데 사용되는 홈(凹槽)이 있음.

2) 청동기 및 철기

(1) 동제연결못(銅鉚釘, JYM3283:19, 그림 7)

○ 출토지 : 우산하3283호묘.

○ 크기 : 길이 5.6cm, 직경 0.3cm.

○ 형태 : 리벳형. 머리는 원형을 띠고, 몸은 사각형(四楞形)임.

(2) 철제재갈(鐵馬銜, JYM3283:9, 그림 8)

○ 출토지 : 우산하3283호묘.

○ 형태 : 재갈쇠는 직경 0.5cm의 鐵線으로 꼬아서 만들었으며, 양 끝에 고삐이음새가 연결되어 있음.

(3) 철제낚시바늘(鐵魚鉤, JYM3283:4, 그림 9).

○ 출토지 : 우산하3283호묘.

○ 크기 : 고리 길이 2.5cm.

○ 형태 : 상단에는 줄을 묶는 홈(凹槽)이 있고 고리의 尖部에는 낚시걸이(倒鉤)가 있으며, 낚시걸이(倒鉤)의 위치는 불일치하며 사면에 모두 있음.

(4) 철제자물쇠(鐵鎖卡, JYM3283:2, 그림 10)

○ 출토지 : 우산하3283호묘.

○ 형태 : 잔편으로 곱자형(曲尺形)을 띠며, 한쪽은 卡鎖와 연결되어 있음.

(5) 철제띠고리(鐵帶卡, JYM3283:11A, 그림 11)

○ 출토지 : 우산하3283호묘.

○ 형태 : 띠고리(扣環)는 대략 장방형을 띠는데 앞부분은 대략 곡선이며, 회전할 수 있는 扣針과 연결되어 있음.

(6) 철제띠고리(鐵帶卡, JYM3283:11B, 그림 12)

○ 출토지 : 우산하3283호묘.

○ 형태 : 비교적 작고, 띠고리(扣環)는 대략 장방형이며, 가운데가 잘록하며(亞腰), 針軸은 혁대의 철제띠고리(鐵皮扣)와 연결되어 있음. 扣 위에는 연결못(鉚釘)이 있음.

(7) 철제띠장식편(鐵帶飾片, JYM3283:22, 그림 13)

○ 출토지 : 우산하3283호묘.

○ 형태 : 3조각으로 나뉘어져 있고 평면은 鏟形을 띠는데 꼬리 부분에는 연결못(鉚釘)이 2개 있으며, 그 위에는 문양이 있음.

3) 금동기 및 금은기

(1) 금동관식(鎏金冠飾, JYM3283:8, 그림 14)

○ 출토지 : 우산하3283호묘.

○ 형태 : 泡에 나뭇잎이 매달려 있음.

(2) 금동고리(環飾, JYM3283:6, 그림 15)

○ 출토지 : 우산하3283호묘.

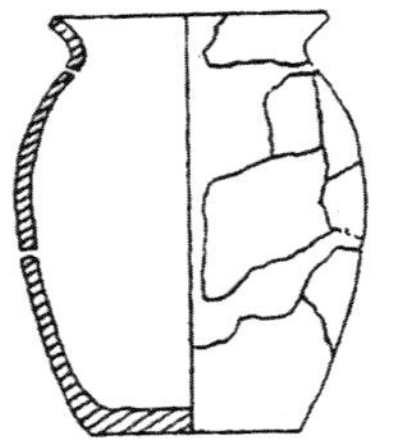
그림 4 발형토기

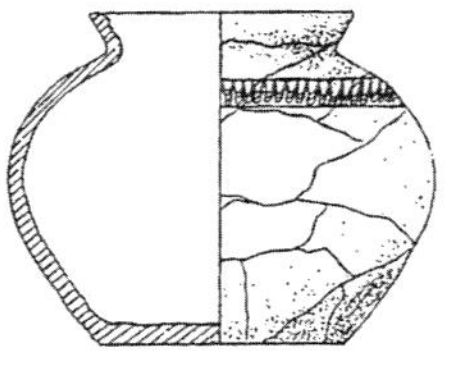
그림 5 직구호

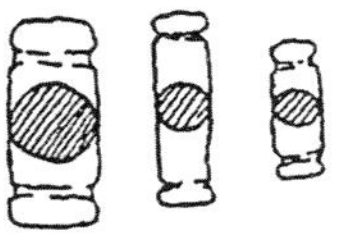
그림 6 토제어망추

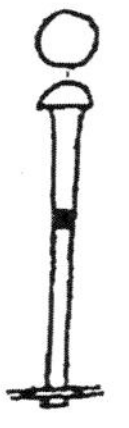
그림 7 동제연결못

그림 8 철제재갈

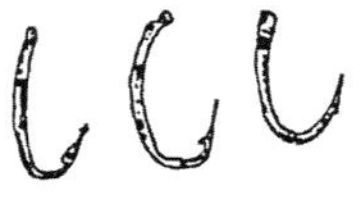
그림 9 철제낚시바늘

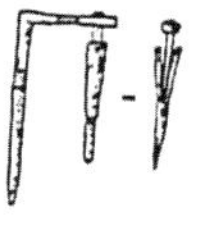
그림 10 철제자물쇠

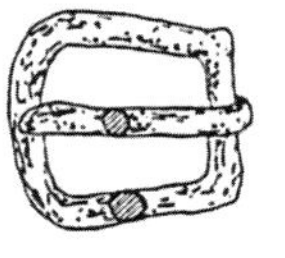
그림 11 철제띠고리

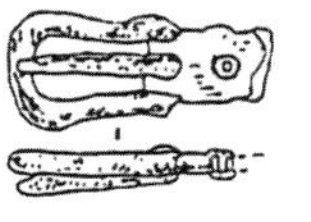
그림 12 철제띠고리

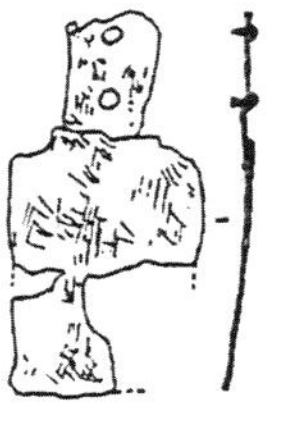
그림 13 철제띠장식편

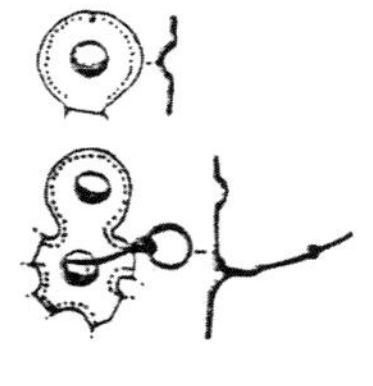
그림 14 금동관식

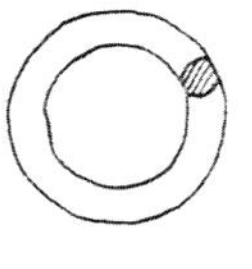
그림 15 금동고리

그림 16 금동보요

그림 17 금동비녀

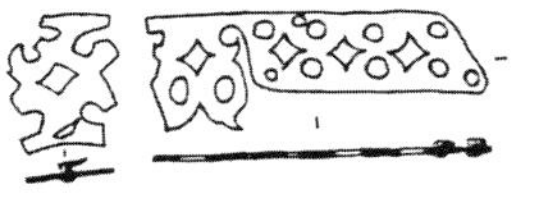
그림 18 금동투조장식편

그림 19 금동 화판형운주

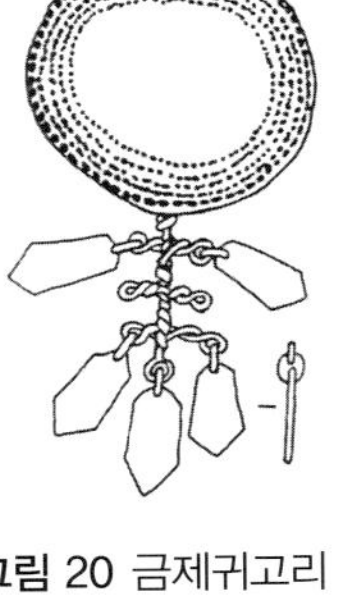
그림 20 금제귀고리

그림 21 은제고리

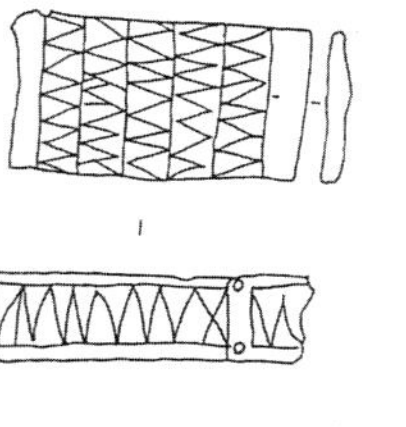
그림 22 은제테장식

○ 크기 : 직경 4.5cm, 단면 직경 0.3cm.

(3) 금동보요(墜葉飾, JYM3283:21, 그림 16)

○ 출토지 : 우산하3283호묘.

○ 크기 : 길이 4.5cm, 너비 2.1cm.

○ 형태 : 圭形보요의 정상에는 매다는 작은 구멍이 있는데 冠의 보요로 추정됨.

(4) 금동비녀(鎏金頭簪, JYM3283:15, 그림 17)

○ 출토지 : 우산하3283호묘.

○ 크기 : 길이 13.1cm, 단면 직경 0.5cm.

○ 형태 : 한쪽에는 수하식을 연결하는 데 쓰이는 고리가 있음.

(5) 금동투조장식편(鏤空飾片, JYM3283:12, 그림 18)

○ 출토지 : 우산하3283호묘.

○ 형태 : 3조각으로 훼손된 상태. 대략 장방형으로 안에는 雲紋 · 菱形紋 · 圓點紋이 투각되어 있으며, 주변에는 연결못(鉚釘)이 있음.

(6) 금동화판형운주(泡飾, JYM3283:7, 그림 19)

○ 출토지 : 우산하3283호묘.

○ 크기 : 泡 직경 2.8cm, 높이 0.8cm, 分釘 높이 2.3cm.

○ 형태 : 매화형 단추모양장식으로 泡 중간에는 구멍이 있는데 구멍 안에는 分釘이 통과하고 있음.

(7) 금제귀고리(金耳飾, JYM3283:5, 그림 20)

○ 출토지 : 우산하3283호묘.

○ 크기 : 전체 길이 8cm.

○ 형태 : 金線 한쪽에는 직경 4cm의 얇은 원형의 금조각이 매달려 있는데 둥근 조각의 가장자리에는 점렬문(錐點紋) 다섯 줄이 돌아감. 다른 한쪽에는 金線을 비틀어 감아 7개의 수하식을 연결하는 중간식을 만들었는데 각 중간식에는 圭形보요가 연결되어 있음.

(8) 은제고리(銀環, JYM3283:3, 그림 21)

○ 출토지 : 우산하3283호묘.

○ 크기 : 직경 2.3cm.

○ 형태 : 단면은 방형의 銀線을 고리 모양으로 감은 형태.

(9) 은제테장식(箍飾, JYM3283:14, 그림 22)

○ 출토지 : 우산하3283호묘.

○ 크기 : 높이 4.7cm.

○ 형태 : 銀箔卷을 통형으로 만들고 연결못(鉚釘)으로 연결함. 테표면에는 세로의 '之'자 무늬를 새김.

5. 역사적 성격

완벽한 석실 구조는 확인되지 않았지만, 다양한 부장품으로 미루어 비교적 상위의 무덤으로 추정됨. 고분에서 출토된 귀고리의 편육각형 보요와 투조 금동장식, 화판형 운주, 재갈 등은 중국 전연의 선비 무덤과 상관성을 보여주는 유물인데 편육각형 圭形보요는 서대총이나 우산하0992호묘에서도 보임. 한편 어깨에 무늬가 들어간 호는 4세기 중엽경의 특징을 보이고 있어 JYM3283호묘의 조성 시기는 4세기 전반경으로 비정될 수 있음.

참고문헌

- 吉林省文物志編委會, 1984,『集安縣文物志』.
- 吉林省文物考古研究所·集安市文物保管所, 1993,「集安洞溝古墳群禹山墓區集錫公路墓葬發掘」,『高句麗研究文集』, 延邊大學出版社 ; 2009,『吉林集安高句麗墓葬報告集』재수록.
- 吉林省文物考古研究所·集安市博物館, 2002,『洞溝古墓群－1997年調查測繪報告』, 科學出版社.

51 집안 우산하3296호묘

集安 禹山下3296號墓 | JYM3296

1. 조사현황

1984년 및 1985년 集錫公路 건설을 위한 발굴시행.

(1) 조사기관

吉林省文物考古研究所, 集安市文物保管所.

(2) 조사자

林至德, 耿鐵華, 王洪峰, 柳嵐, 張雪巖, 遲勇, 孫仁杰.

(3) 조사기간

○ 제1차 조사 : 1984년 6월 20일~1984년 11월 20일.

○ 제2차 조사 : 1985년 5월 15일~1985년 8월 15일.

(4) 조사방법

○ 集錫公路 건설로 인해 구제 발굴을 함. 도로는 집안에서 통화에 이르는 철로선의 북측 약 50m에 위치하는데 서쪽에서 동쪽으로 우산하고분군을 관통하여 우산하고분군의 중간지대에 자리하고 있음. 발굴 범위는 동서 길이 2,500m, 남북 너비 40m임.

○ 발굴한 적석묘는 북쪽에서 남쪽으로 연접되어 있고, 배열된 적석묘의 가장 말단에 위치함. 봉토묘는 배열이 불분명하고 적석묘 부근에 있음.

○ 발굴은 서쪽에서 동쪽으로 진행함. 신중국 성립 이

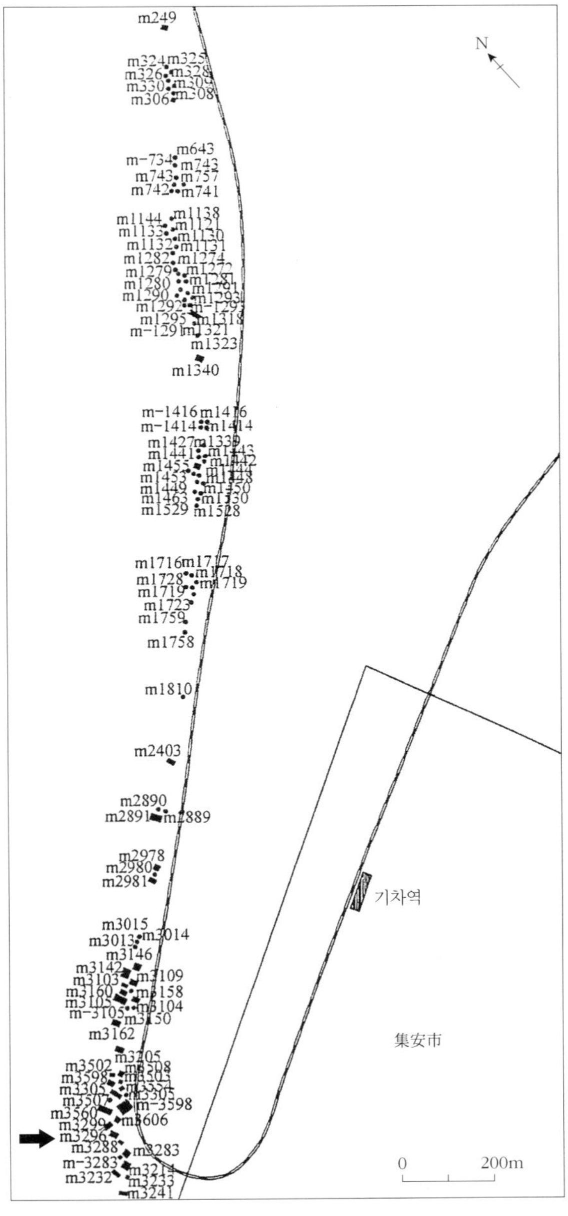

그림 1 집석공로 개발예정지의 고분분포도(『高句麗研究文集』)

그림 2 우산하3296호묘 위치도(『洞溝古墓群－1997年調査測繪報告』)

후 통구고분군 최초의 비교적 대규모 발굴 작업이었으며, 날씨로 인해 1 · 2차 두 시기로 나누어 진행함.

(5) 조사내용(그림 1)

○ 제1차 조사에서는 적석묘 28기, 봉토묘 61기 등 총 89기의 고분을 발굴조사하여, 700여 점의 유물을 발견함. 제2차 조사에서는 적석묘 10기, 토석혼축묘 1기, 석관묘 1기, 봉토묘 12기 등 총 24기의 고분을 발굴하고, 유물은 200여 점을 발견함. 두 차례 조사에서 석관묘 1기, 적석묘 38기, 봉토묘 73기, 토석혼축묘 1기 등 총 113기의 고분을 발굴조사하였으며, 유물은 총 931점을 출토함.

○ 발굴된 113기 고분은 대다수 이른 시기부터 파괴와 도굴을 당해 형식이 확실치 않은 것도 있으나, 그 가운데 111기는 고구려 고분임.

2. 위치와 자연환경(그림 2)

○ 우산하고분군은 集安市區 북측에 위치하는데 大禹山 남쪽 기슭의 동서 길이 3.5km, 남북 너비 1km의 좁고 긴 남향의 경사지에 자리하고 있음.

○ 우산하고분군은 우산 남쪽 비탈을 따라 북에서 남으로 고분이 배열되어 있음. 북면 산허리에 적석묘가 절대다수를 점하고 있고 남면 완만한 비탈 지대에 봉토묘가 주로 들어서 있으며, 중간에는 적석묘와 봉토묘가 서로 뒤섞여 있음.

○ 고분은 북고남저의 비탈 가운데 전선공장의 북쪽 산비탈에 위치함.

3. 고분의 현황

1) 고분 형식

(1) 유형

연접적석석광묘(『高句麗硏究文集』), 계단적석석광묘(『洞溝古墓群－1997年調査測繪報告』).

(2) 평면

불규칙한 장방형.

(3) 규모

남북 길이 20m, 동서 너비 12～14m, 높이 1.5～2.5m로 고르지 않음.

(4) 구조(그림 3)

기단적석묘와 계단적석묘 3기가 연접한 무덤으로 북에서 남으로 JYM3296-1, JYM3296-2, JYM3296-3로 편호함.

① JYM3296-1

최북부 위쪽 비탈에 위치하는데 제1단 방형 계단은 길이 12m, 북변 높이 0.5m, 남변 높이 1.2m로 비교적 커다란 자연석을 연결해 쌓았음. 지세로 인해 차이가 있는데 북변 비탈의 계단은 2층을 쌓았으나 점점 남쪽의 비탈을 향하면서 상면이 평평하도록 계단의 층수가 점차 많아짐. 계단 내부는 깨진 돌로 메움. 제1단 계단 상면에 1.0m 정도 안으로 들여 제2단 계단을 쌓았는데 높이는 0.4～0.8m로 고르지 않고 계단 내부는 깨진 돌로 평평하게 메움. 제2단 계단 위에 다시 동·서·남 3면을 각기 1.0m 정도 안으로 들여 제3단 계단을 쌓았는데 높이가 0.6～0.8m이며 그 안은 돌로 메워 상부를 평평하게 함. 제3계단의 상면 중앙에는 광실 하나를 조성하였는데 광실은 이미 파괴되어 명확치 않으나 서변은 비교적 보존이 양호한 상태이며, 광실 바닥에 작은 강자갈을 깔은 범위에 근거해 동서 길이 2.9m, 남북 너비 2.3m, 깊이 0.4m로 볼 수 있음. 광실 서벽 외측 1.5m 되는 곳에는 石箱 하나가 축조되었는데 남북 길이 1.0m, 동서 너비 0.6m, 깊이 0.7m임. 남·북 양벽은 길이 및 너비 각 0.8m, 두께 0.2m의 석판을 세우고, 동·서 양벽은 작은 돌로 쌓아 위에는 석판을 덮음.

② JYM3296-2

북묘의 제1단 계단 남벽 밖에 연접해 동·서·남 3면의 기단만을 축조하였음. 남북 너비 3.9m, 높이 0.6m이며, 안에 깨진 돌을 평평하게 메우고 광실을 축조함. 파괴가 심해 광실은 이미 명확하지 않음. 광실 위치의 서측에 石箱이 축조되었으나 역시 이미 파괴된 상태임.

③ JYM3296-3

고분의 최남단에 자리하고 있는데 남북 너비 5.5m, 높이 1.2m임. 동·서 양면은 2단 계단을 쌓았는데 서면 계단이 불규칙하게 축조되어 교란되면서 명확치 않음. 남벽은 제1단 계단은 높이 0.9m이며, 1.0m 안으로 들여 제2단 계단을 쌓았는데 높이는 0.6m임. 광실은 고분의 중앙에 위치하며, 장방형을 띠고 방향은 245°임. 광실은 이미 파괴당했는데 잔존한 광벽은 남북 길이 3.0m, 동서 너비 2.5m, 높이 0.4m임. 광실 서쪽에서

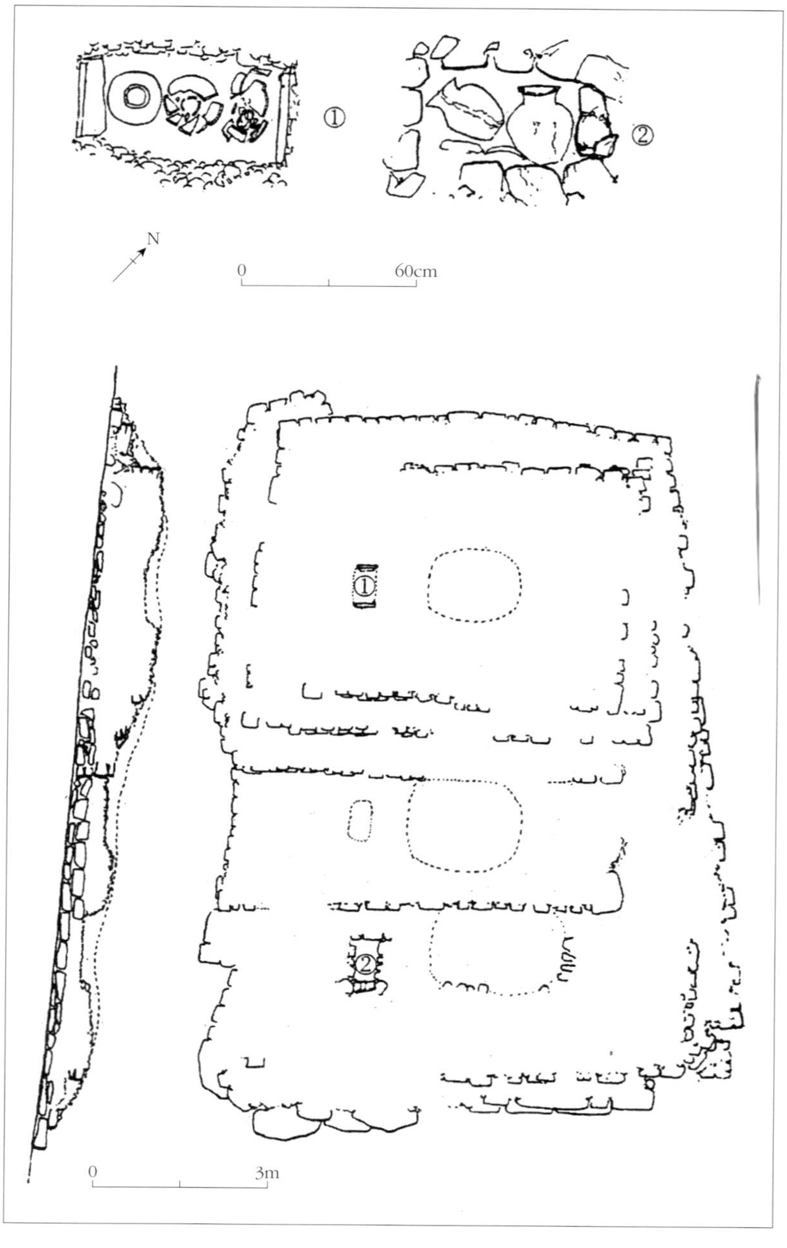

그림 3 우산하3296호묘 평·단면도
(『高句麗硏究文集』)

남쪽으로 치우친 곳에 석상이 있는데 돌로 네 벽을 층층히 쌓았음. 비교적 정연하여 남북 길이 1.0m, 동서 너비 0.6m, 깊이 0.6m이며 바닥에는 깬 강자갈을 깔고 상부에는 석판을 덮었음.

(5) 기타

○ JYM3296-1 : 광실부에서 兵器, 馬具, 철제꺾쇠와 장막걸이쇠 등이 출토됨. 석상 안에는 토기가 진열되어 놓였는데 3점의 직구호(直口罐)로 조합됨.

○ JYM3296-2 : 석상 부위에서 직구호(直口罐) 3점만이 출토됨.

○ JYM3296-3 : 광실 안에서는 병기, 금동기(銅質鎏金器), 철제꺾쇠 등이 출토됨. 石箱 안에는 토기가 진열되어 놓였는데 3점의 호(展沿罐)로 조합됨.

4. 출토유물

1) 토기

(1) 발형토기(筒形罐, JYM3296:22, 그림 4)

○ 출토지 : 우산하3296호묘.

○ 크기 : 높이 15.2cm, 구연 직경 12cm, 바닥 직경 8cm, 동체 직경 14.7cm.

○ 태토 및 색깔 : 모래혼입 회갈색토기(夾砂灰褐陶).

○ 형태 : 手製. 구순은 네모지고, 구연부가 꺾였고, 동체는 볼록하고, 바닥은 평평함. 토기표면은 문질러 매끄러움.

(2) 호(展沿罐, JYM3296:23, 그림 5)

○ 출토지 : 우산하3296호묘.

○ 크기 : 높이 21cm, 구연 직경 13cm, 동체 직경 21cm, 바닥 직경 10.5cm.

○ 태토 및 색깔 : 모래혼입 회색토기(夾砂灰陶).

○ 형태 : 물레성형. 기형은 정연함. 구순은 둥글고, 구연은 펼쳐졌으며, 목이 있으며, 동체는 볼록함.

(3) 호(展沿罐, JYM3296:19, 그림 6)

○ 출토지 : 우산하3296호묘.

○ 크기 : 높이 19.8cm, 구연 직경 14.6cm, 동체 직경 22.4cm, 바닥 직경 12.4cm.

○ 태토 및 색깔 : 모래혼입 회색토기(夾砂灰陶).

○ 형태 : 물레성형. 기형은 정연함. 구순은 둥글고, 구연은 펼쳐졌으며, 목이 있으며, 동체는 둥금.

(4) 호(直口罐, JYM3296:13, 그림 7)

○ 출토지 : 우산하3296호묘.

○ 크기 : 높이 25.4cm, 구연 직경 16cm, 동체 직경 28.4cm, 바닥 직경 13.8cm.

○ 태토 및 색깔 : 모래혼입 황갈색토기(夾砂黃褐陶).

○ 형태 : 물레성형. 구순이 둥글고, 곧은 구연이 밖으로 벌어졌으며(直口外侈), 구연 안쪽을 손질해 홈이 돌아가며, 동체는 둥글고, 바닥은 평평함.

(5) 호(直口罐, JYM3296:14, 그림 8)

○ 출토지 : 우산하3296호묘.

○ 크기 : 높이 28cm, 구연 직경 18cm, 바닥 직경 13cm.

○ 태토 및 색깔 : 가는 모래혼입의 홍갈색토기(夾細砂紅褐陶).

○ 형태 : 구순이 둥글고, 곧은 구연이 밖으로 벌어졌으며(直口外侈), 구연 안쪽을 손질해 홈이 한줄 돌아가며, 동체는 둥글고, 바닥은 평평함. 토기 표면에는 물레흔으로 보이는 횡선문이 있음.

(6) 호(直口罐, JYM3296:17, 그림 9)

○ 출토지 : 우산하3296호묘.

○ 크기 : 높이 17cm, 구연 직경 13cm, 동체 직경 21.4cm, 바닥 직경 12.5cm.

○ 태토 및 색깔 : 점토질 회색토기(泥質灰陶).

○ 형태 : 물레성형. 소성도가 높음. 동체는 둥글고, 바닥은 평평함. 어깨부에는 점열문이 4줄 돌아감.

(7) 호(直口罐, JYM3296:16, 그림 10)

○ 출토지 : 우산하3296호묘.

○ 크기 : 높이 17cm, 구연 직경 12cm, 동체 직경 18.6cm, 바닥 직경 11cm.

○ 태토 및 색깔 : 점토질 회색토기(泥質灰陶).

○ 형태 : 물레성형. 소성도가 높음. 구순은 둥글고, 곧은 구연은 밖으로 벌어졌으며(直口外侈), 동체는 볼록하며, 바닥은 평평함. 어깨부에는 파상문(垂帳紋)이 새겨져 있음.

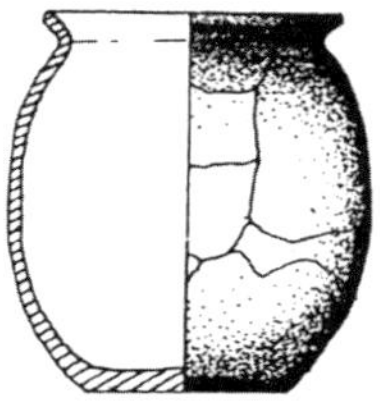

그림 4 발형토기

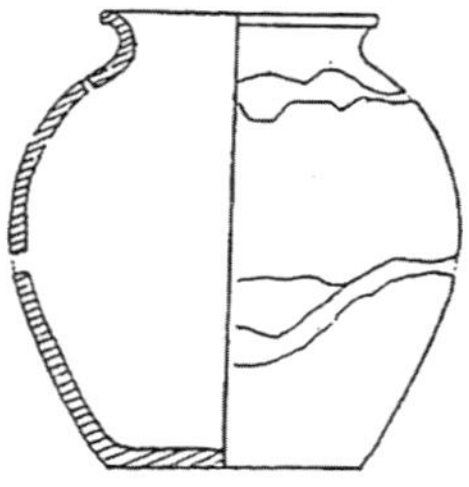

그림 5 호

그림 6 호

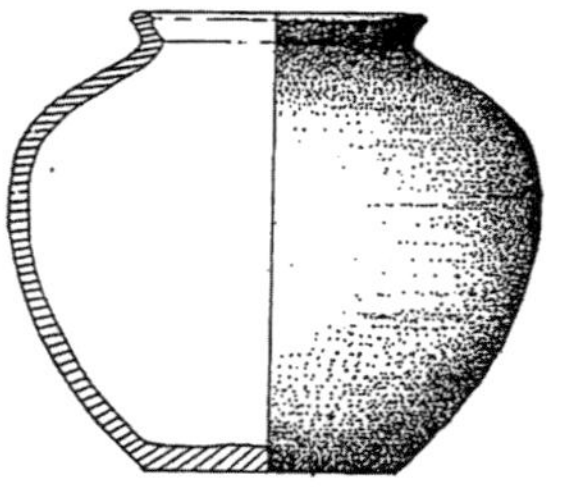

그림 7 호

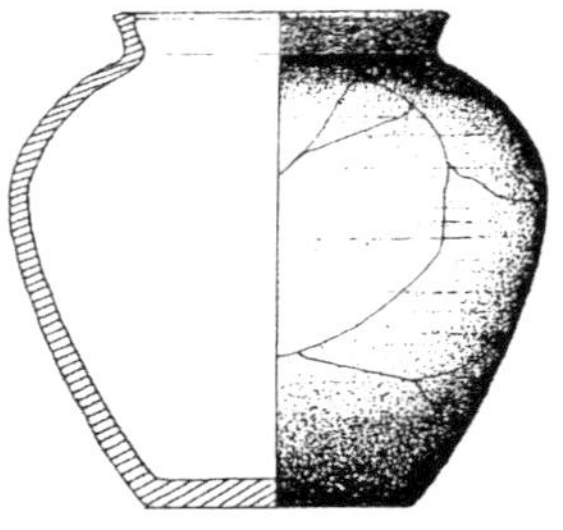

그림 8 호

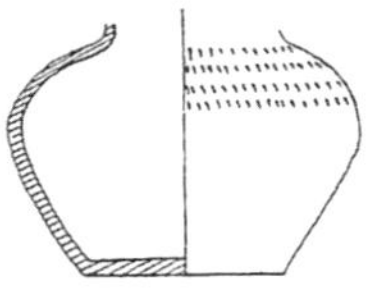

그림 9 호

그림 10 호

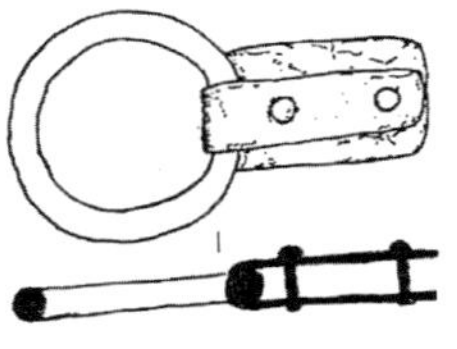

그림 11 철제띠고리

그림 12 철제창

그림 13 둥근고리자루칼

그림 14 · 15 철촉

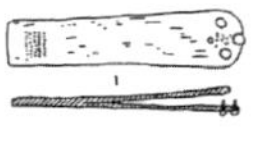

그림 16 철제은장 사미

그림 17 금동띠드리개 중간식

그림 18 금제굵은고리

2) 청동기 및 철기

(1) 철제띠고리(JYM3296:8, 그림 11)

○ 출토지 : 우산하3296호묘.

○ 형태 : 원형의 동제고리(銅環)가 철제띠고리(鐵帶扣)와 접하고 있음.

(2) 철제창(鐵矛, JYM3296:4A, 그림 12)

○ 출토지 : 우산하3296호묘.

○ 크기 : 전체 길이 29.4cm, 창의 몸길이 11.4cm, 너비 2.4cm, 盤部 직경 6.4cm, 구멍 직경 3.6cm.

○ 형태 : 護環이 있는 창. 창은 柳葉形이며, 중간에는 등대가 서 있으며, 몸과 장부 구멍 사이에는 철제반부가 하나 있으며, 공부는 燕尾形임.

(3) 둥근고리자루칼(鐵刀, JYM3296:5, 그림 13)

○ 출토지 : 우산하3296호묘.

○ 크기 : 칼 길이 14cm, 너비 1.8cm, 손자루 길이 8cm, 둥근고리(環首) 직경 3cm, 전체 길이 26.8cm.

○ 형태 : 둥근고리(環首)가 있으며, 손잡이 부분이 명확하며, 칼등(刀背)은 평평하고 곧음. 앞부분은 비스듬히 줄어 호형을 이루고 있음.

(4) 철제화살촉(鐵鏃, JYM3296:3A, 그림 14)

○ 출토지 : 우산하3296호묘.

○ 크기 : 鏃身 길이 7.5cm, 화살촉 너비 3cm, 뿌리 길이 7.5cm, 전체 길이 15cm.

○ 형태 : 납작한 형태로 鏃身이 납작하고 평평하며, 촉신에는 구멍이 없음.

(5) 철제화살촉(鐵鏃, JYM3296:3B, 그림 15)

○ 출토지 : 우산하3296호묘.

○ 크기 : 鏃身 길이 7.6cm, 화살촉 너비 1.2cm, 슴베 길이 5.4cm, 전체 길이 13cm.

○ 형태 : 납작한 형태로 鏃身이 원주형이고, 鏃身의 끝은 납작하고 평평하여 부채날형(扇形)을 띠고 있음.

(6) 철제장식(鐵飾件, JYM3296:7)

○ 출토지 : 우산하3296호묘.

○ 크기 : 길이 38.5cm, 너비 3.3cm, 두께 0.2cm.

(7) 철제은장사미(鐵質包銀鉈尾, JYM3296:9, 그림 16)

○ 출토지 : 집안 우산하고분군 3296호묘.

○ 형태 : 철제 표면에는 한 겹의 얇은 銀片이 싸고 있음. 평면은 대략 장방형을 띠며, 뒷부분은 대략 호형을 이루며, 4개의 연결못(鉚釘)이 있어 가죽 띠에 연결하게 되어 있음.

3) 금동기 및 금기

(1) 금동띠드리개 중간식(帶飾, JYM3296:11, 그림 17)

○ 출토지 : 우산하3296호묘.

○ 형태 : 훼손된 상태. 타원형으로 상하 양끝에는 각기 장방형으로 뚫린 구멍이 연결되어 있음.

(2) 금제굵은고리(金環飾, JYM3296:29, 그림 18)

○ 출토지 : 우산하3296호묘.

○ 크기 : 고리 직경 2.8cm.

○ 형태 : 金箔卷을 筒狀으로 만든 후에 재차 고리모양으로 감음.

5. 역사적 성격

1) 고분의 연대

○ 계단적석묘인 JYM3296-1에 기단적석묘인 JYM3296-2가 연접한 것으로 미루어, 기단적석묘가 계단적석묘보다 늦게 조성되었다기보다는 동시기에

여러 형식의 무덤이 병존하였음을 보여줌. 남변에 잇대어서 세장방형 평면으로 단을 쌓았는데, 이는 '墓舌'이라고 부르며, 묘설은 비탈 아래 기단을 견고히 하여 분구의 적석이 아래로 미끄러지는 것을 막고 동시에 묘의 연접을 지속적으로 가능하도록 마련된 시설임.

○ JYM3296호에서는 기단의 바깥쪽 서북 모서리에서 기와가 출토됨. 기와는 주로 대형 계단적석묘인 장군총, 태왕릉, 천추총, 서대총, 임강총 등에서 출토되어 묘상 건축과 관련 시켜 해석하지만, 중형묘라고 할 수 있는 JYM3296호에서 출토되어 분구에서 출토된 기와에 대한 연구가 필요함.

○ 고분의 연대는 출토 토기로 미루어 4세기 중엽 경으로 비정됨.

참고문헌

- 吉林省文物志編委會, 1984,『集安縣文物志』.
- 吉林省文物考古研究所·集安市文物保管所, 1993,「集安洞溝古墳群禹山墓區集錫公路墓葬發掘」,『高句麗研究文集』, 延邊大學出版社 ; 2009,『吉林集安高句麗墓葬報告集』재수록.
- 吉林省文物考古研究所·集安市博物館, 2002,『洞溝古墓群-1997年調查測繪報告』, 科學出版社.

52	# 집안 우산하3305호묘 ## 集安 禹山下3305號墓	JYM3305

1. 조사현황

1984년 및 1985년 集錫公路 건설을 위한 발굴시행.

(1) 조사기관

吉林省文物考古研究所, 集安市文物保管所.

(2) 조사자

林至德, 耿鐵華, 王洪峰, 柳嵐, 張雪巖, 遲勇, 孫仁杰.

(3) 조사기간

○ 제1차 조사 : 1984년 6월 20일~1984년 11월 20일.

○ 제2차 조사 : 1985년 5월 15일~1985년 8월 15일.

(4) 조사방법

○ 集錫公路 건설로 인해 구제 발굴을 함. 도로는 집안에서 통화에 이르는 철로선의 북측 약 50m에 위치하는데 서쪽에서 동쪽으로 우산하고분군을 관통하여 우산하고분군의 중간지대에 자리하고 있음. 발굴 범위는 동서 길이 2,500m, 남북 너비 40m임.

○ 발굴한 적석묘는 북쪽에서 남쪽으로 연접되어 있고, 배열된 적석묘의 가장 말단에 위치함. 봉토묘는 배열이 불분명하고 적석묘 부근에 있음.

○ 발굴은 서쪽에서 동쪽으로 진행함. 신중국 성립 이

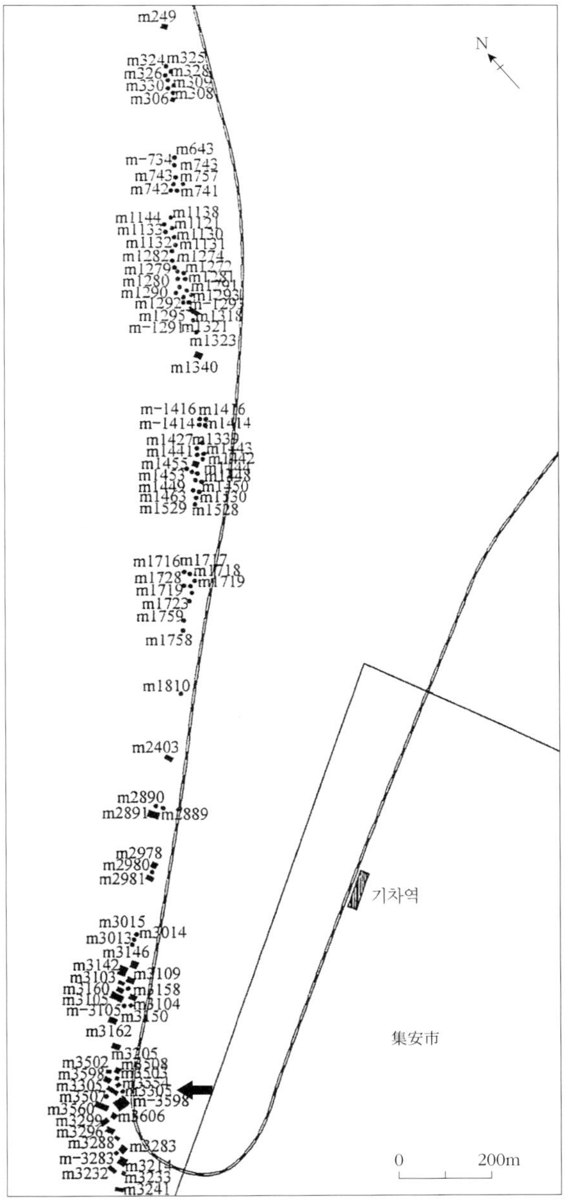

그림 1 집석공로 개발예정지의 고분분포도(『高句麗研究文集』)

그림 2 우산하3305호묘 위치도(『洞溝古墓群-1997年調査測繪報告』)

후 통구고분군 최초의 비교적 대규모 발굴 작업이었으며, 날씨로 인해 1 · 2차 두 시기로 나누어 진행함.

(5) 조사내용(그림 1)

○ 제1차 조사에서는 적석묘 28기, 봉토묘 61기 등 총 89기의 고분을 발굴조사하여, 700여 점의 유물을 발견함. 제2차 조사에서는 적석묘 10기, 토석혼축묘 1기, 석관묘 1기, 봉토묘 12기 등 총 24기의 고분을 발굴하고, 유물은 200여 점을 발견함. 두 차례 조사에서 석관묘 1기, 적석묘 38기, 봉토묘 73기, 토석혼축묘 1기 등 총 113기의 고분을 발굴조사하였으며, 유물은 총 931점을 출토함.

○ 발굴된 113기 고분은 대다수 이른 시기부터 파괴와 도굴을 당해 형식이 확실치 않은 것도 있으나, 그 가운데 111기는 고구려 고분임.

2. 위치와 자연환경(그림 2)

○ 우산하고분군은 集安市區 북측에 위치하는데 大禹山 남쪽 기슭의 동서 길이 3.5km, 남북 너비 1km의 좁고 긴 남향의 경사지에 자리하고 있음.

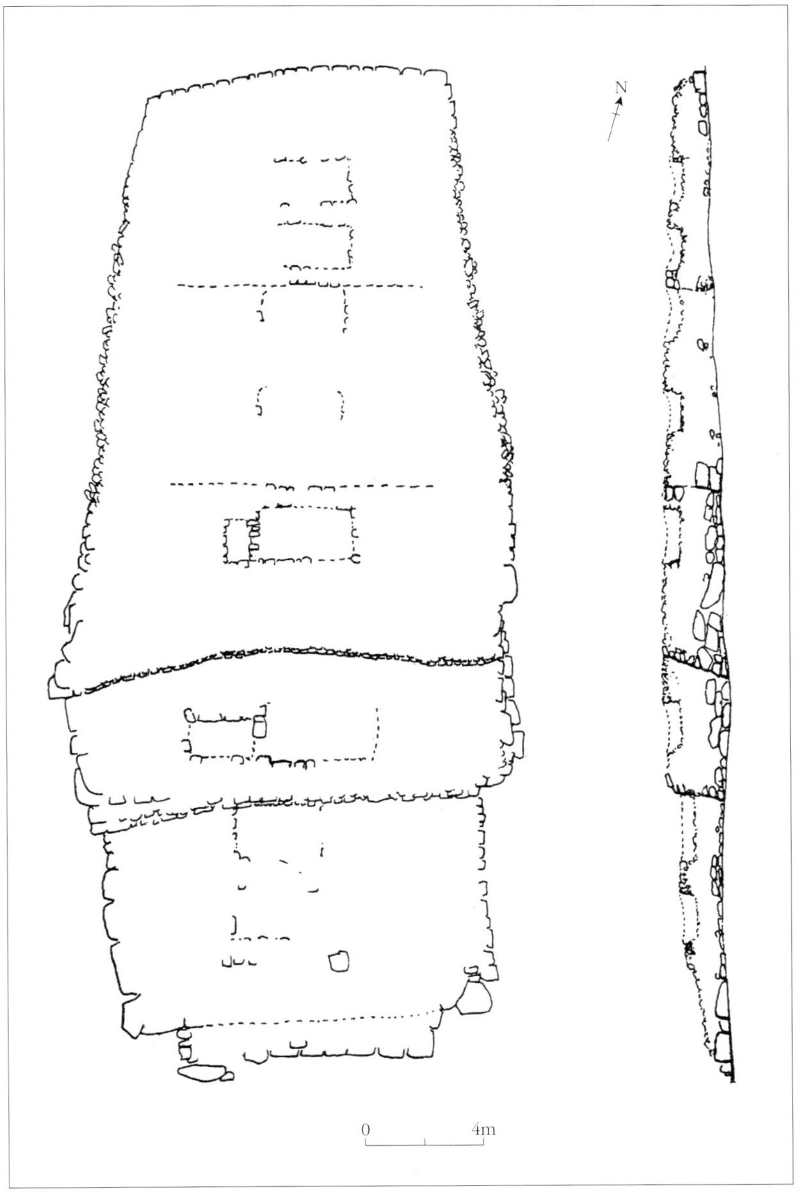

그림 3 우산하3305호묘 평·단면도
(『高句麗硏究文集』)

○ 우산하고분군은 우산 남쪽 비탈을 따라 북에서 남으로 고분이 배열되어 있음. 북면 산허리에 적석묘가 절대다수를 점하고 있고 남면 완만한 비탈 지대에 봉토묘가 주로 들어서 있으며, 중간에는 적석묘와 봉토묘가 서로 뒤섞여 있음.

○ 고분은 전선공장(電線廠) 북편에 위치하며 서쪽은 JYM3296과 접해 있음.

3. 고분의 현황

1) 유형

연접적석석광묘(『高句麗研究文集』), 적석석광묘(『洞溝古墓群 – 1997年調査測繪報告』).

2) 규모

총 길이 28m, 동서 너비 8~12m, 높이 1~1.8m임.

3) 구조(그림 3)

기단적석묘 5기가 남북으로 연접하고 있는데 JYM 3305-1, JYM3305-2, JYM3305-3, JYM3305-4, JYM3305-5로 편호함. 모두 8개 광실을 갖추고 있으며 방향은 250°임.

(1) JYM3305-1

○ 고분의 북면은 동서 너비 8m의 기단 1층만을 쌓았는데 동·서 양면의 기단에서는 북단만이 남아 있고, 남단 기단은 이미 파괴되어 기단이 보이지 않음. 기단 안에는 0.2~0.4m 크기의 부서진 산돌을 0.8m 높이로 쌓고, 그 중앙에 광실 2개를 축조함. 고분 남면의 기단이 파괴되어 쌓은 돌이 밖으로 흘러내렸는데 너비 10m, 남북 길이 6m임. 광실은 남북으로 배열되었는데 JYM3305-1-①, JYM3305-1-②로 편호됨. ①광실은 동서 길이 250m, 남북 너비 1.3m, 깊이 0.4m이며, ②광실은 동서 길이 2.50m, 남북 너비 1.3m, 깊이 0.4m임.

(2) JYM3305-2

○ 북쪽은 JYM3305-1과 연접하며, 동서 양측에는 기단이 보이지 않으며, 부서진 산돌로 쌓았음. 동서 너비 11m, 남북 길이 5.5m, 높이 1.5m임. 중앙부에는 남북으로 배열된 2개의 광실이 있는데 JYM3305-2-③, JYM3305-2-④로 편호됨. 광실은 파괴당해 이미 명확치 않으나 광실 위치에 인골과 유골이 출토됨.

(3) JYM3305-3

○ 동·서·남 3면에는 불규칙한 기단이 축조되었으며, 북면에는 부서진 산돌로 쌓은 JYM3305-2의 남면에 연접해 있음. 고분은 동서 너비 11~12m, 남북 길이 4.5~6m, 높이 1.8m이며 중앙에 광실 1개가 자리하여 JYM3305-3-⑤로 편호함. 광실은 가지런하지 못하며 동서 길이 2.50m, 남북 너비 1.4m, 깊이 0.4m임. 광실의 서벽 바깥에는 石箱이 축조되었는데, 석상은 0.2m 크기의 돌로 쌓았으며 그 위에는 석판을 덮음. 석상의 동서 너비 0.6m, 남북 길이 1.1m, 깊이 0.5m임.

(4) JYM3305-4

○ 동·서·남 3면의 기단이 축조되었으며, 북쪽은 JYM3305-3의 남면 기단과 연접해 있으며, 기단 안은 부서진 산돌로 메움. 고분의 동서 길이 12m, 남북 너비 4m, 높이 1.7m이며 중앙부에는 광실 하나를 축조하였는데 JYM3305-4-⑥으로 편호함. 광실의 동·북벽은 모두 파괴되고 남벽의 서단과 서벽의 일부만이 남아 있음. 광실 서벽 바깥에는 석상이 축조되었는데, 석상은 돌로 쌓았으며 위에는 석판을 덮어 봉함. 동서 길이 1.5m, 남북 너비 0.8m, 깊이 0.5m임.

(5) JYM3305-5

○ 동·서 양벽은 각기 6m 길이의 기단을 쌓았으며, 양벽 사이 남면 기단 너비 10m. 북면은 JYM3305-4의 남벽 기단을 빌려 연접함. 기단 안은 깨진 돌로 메우고 중앙부에 광실 두 개를 구축하여 JYM3305-5-⑦, JYM3305-5-⑧로 편호함. 두 광실은 모두 파괴되어 이미 확실치 않음. 그 외 JYM3305-5의 남벽 기단 바깥쪽에는 동·서 양단에서 각기 1.5m 안으로 들여 쌓고, 다시 남쪽으로 1m 정도 축조한 기단이 있는데 그 내부는 깨진 돌로 메워 있으나, 중앙에는 광실이 축조되지 않았고 어떤 유물도 보이지 않음. 이를 '墓舌'로 부름.

4) 기타

○ JYM3305-1 : ①광실 안에서 인골 조각과 철촉편

(鐵箭頭) 등이, ②광실 내에서는 팔다리뼈(肢骨) 잔편과 은제장식(銀飾件) 등이 출토됨.

○ JYM3305-2 : ③광실 위치에서 철제관못(鐵棺釘)과 인골 조각 등이, ④광실 안에서 철제관못(鐵棺釘)이 출토됨.

○ JYM3305-3 : ⑤광실 안에서는 인골 조각, 둥근고리손칼(環首刀), 철제꺾쇠(鐵鋦), 철제관못(鐵棺釘) 등이, 석상 안에서는 3점의 토기(陶罐)가 부장되어 있음.

○ JYM3305-4 : ⑥광실 위치에서 부서진 인골, 철제꺾쇠(鐵鋦), 청동고리(包金環) 등이, 석상 안에서는 토기 잔편들이 출토됨.

○ JYM3305-5 : ⑦광실과 ⑧광실 모두에서 유물이 보이지 않지만, 광실 위치에는 불에 타서 흘러내린 鎔石이 보임.

4. 출토유물

1) 토기

(1) 호(陶壺, JYM3305:4, 그림 4)

○ 출토지 : 우산하3305호묘.

○ 크기 : 높이 22cm, 구연 직경 18cm, 동체 직경 17.8cm, 바닥 직경 7cm.

○ 태토 및 색깔 : 모래혼입 홍갈색토기(夾砂紅褐陶).

○ 형태 : 輪制. 구순은 두텁고 둥글며, 구연은 크며, 동체는 깊고(深腹), 바닥은 작고 평평함. 어깨부에는 진흙으로 2줄의 융기선이 돌아감. 어깨와 동체의 사이에는 연속되는 삼각문이 새겨져 있음. 토기 표면은 광을 내었음.

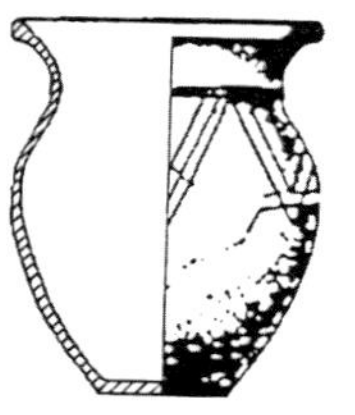

그림 4 호

그림 5 철제화살촉

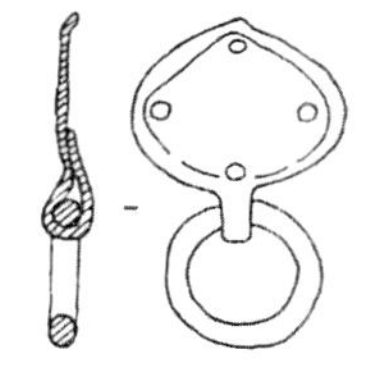

그림 6 은제심엽형 띠장식

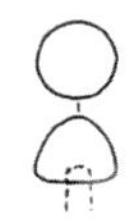

그림 7 녹송석주

2) 청동기 및 철기

(1) 철제화살촉(鐵鏃, JYM3305:1, 그림 5)

○ 출토지 : 우산하고분군 3305호묘.

○ 형태 : 촉신이 평평하고 마름모형(菱形)이며, 촉신의 끝이 뾰족하며, 뒤에는 가는 방형의 鋌이 접하고 있음.

(2) 동제고리(JYM3305:3, 包金環)

○ 출토지 : 우산하3305호묘.

○ 크기 : 직경 2.3cm, 총중량 2.55g.

○ 형태 : 銅絲 밖에 한 겹의 金箔를 감아 고리 모양으로 이룸.

3) 은기

(1) 은제심엽형 띠장식(銀杏葉墜飾, JYM3305:11, 그림 6)

○ 출토지 : 우산하3305호묘.

○ 형태 : 상부에는 직경 1.7cm의 고리가 있으며 심엽형의 드리개가 늘어뜨려 있음.

4) 기타

(1) 녹송석주(綠松石柱, JYM3305:2, 그림 7)

○ 출토지 : 우산하3305호묘.

○ 형태 : 만두형을 띠며, 하부에는 철사를 끼워 넣은 작은 구멍이 있는데 철사는 이미 훼손됨.

5. 역사적 성격

○ JYM3305는 기단적석묘와 무기단적석묘가 연접되고 있어서, 적석묘 외형의 여러 형식이 동시기에 병존하고 있음을 시사함. 기단 남변에 1단으로 돌을 돌려 '묘설' 시설을 하였음. '묘설'은 비탈 아래 기단을 견고히 하여 분구의 적석이 아래로 미끄러지는 것을 막고 동시에 묘를 지속적으로 연접할 수 있도록 마련된 시설임.

○ 고분 구조로 미루어 고분의 연대는 4세기 후반이나 늦어도 5세기대 이후로 내려가지는 않을 것으로 추정됨. 그러나 JYM3305에서 출토된 토기 항아리는 태토와 토기 문양에서 고구려 토기와 차이를 보이며, 오히려 楡樹老河深 상층 고분에서 출토된 토기(陶罐)와 매우 유사하여 양자의 왕래와 관련된 산물일 가능성이 있으나, 후대에 혼입되었을 가능성도 배제할 수 없음.

참고문헌

- 吉林省文物志編委會, 1984,『集安縣文物志』.
- 吉林省文物考古研究所·集安市文物保管所, 1993,「集安洞溝古墳群禹山墓區集錫公路墓葬發掘」,『高句麗研究文集』, 延邊大學出版社 ; 2009,『吉林集安高句麗墓葬報告集』재수록.
- 吉林省文物考古研究所·集安市博物館, 2002,『洞溝古墓群－1997年調查測繪報告』, 科學出版社.

53 집안 우산하3308호묘

集安 禹山下3308號墓 | JYM3308

1. 위치와 자연환경(그림 1)

1) 고분의 위치

○ 集安 禹山 남쪽 기슭 禹山下古墳群 서쪽 끝부분의 북측 산비탈에 위치.

○ 위치한 지점은 북고남저인데, 높이 차는 약 3m임.

2) 고분의 주변환경

○ 서쪽으로 약 3m 떨어진 지점에 禹山下3309號墓가 있음.

○ 남쪽으로 약 100m 떨어진 지점에 禹山下3471號墓가 있음.

○ 동쪽으로 약 20m 떨어진 지점에는 계곡이 있음.

○ 북쪽으로 우산이 있음.

2. 고분의 현황

1) 고분 형식

(1) 유형

基壇積石石壙墓.

(2) 고분의 규모

길이 38m, 너비 20m, 높이 0.8m, 방향 150°.

2) 고분 구조

○ 보존이 양호하나, 형태는 불규칙함.

○ 기단은 가공하지 않은 자연석으로 쌓았음. 기단석은 대부분 결실. 석재 길이는 약 0.5m임. 동·서 양측에서는 곧은 변의 기단 2매를 볼 수 있고, 남·북 양측은 휘었음.

○ 묘의 상부는 비교적 평평하고, 표면은 깨진 산돌로 쌓았는데, 석재 크기는 0.4m 정도이고 불에 탄 흔적이 있음.

○ 묘 가운데부분에 동서 방향의 격벽이 있음. 격벽은 가공하지 않은 자연석으로 축조.

3. 역사적 성격

○ 우산하3308호묘는 우산하고분군 서부의 산비탈에 위치하고 있는데, 무덤 중 가장 꼭대기에 위치.

○ 규모나 축조의 원시성을 감안하여 고구려 초기 묘장으로 보면서 축조연대는 기원전후 그리고 묘주의 신분은 그리 낮지 않다는 견해가 있는데(孫仁杰·遲勇, 2007), 연대 판단의 근거는 없음.

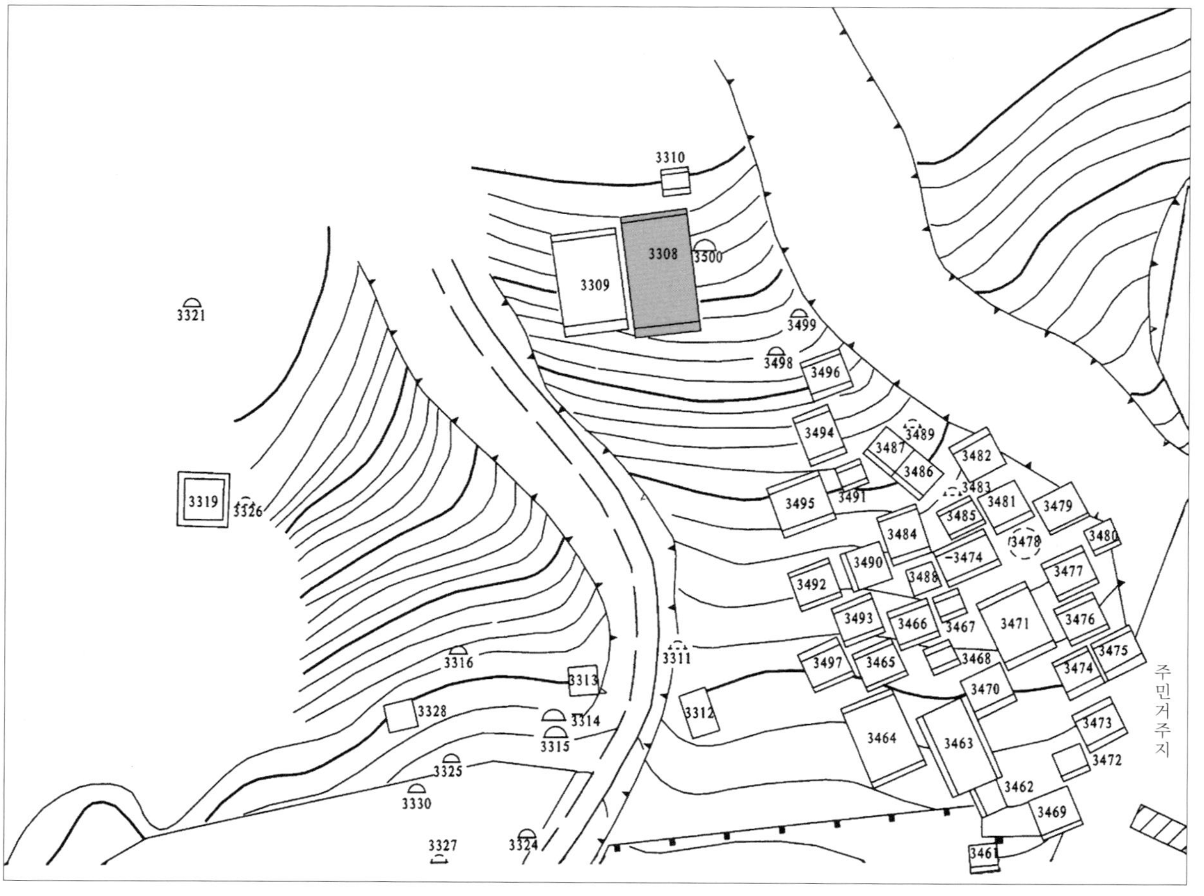

그림 1 우산하3308호묘 위치도(『洞溝古墓群－1997年調査測繪報告』, 212쪽)

참고문헌

- 吉林省文物志編委會, 1984, 『集安縣文物志』.
- 吉林省文物考古研究所·集安市博物館, 2002, 『洞溝古墓群－1997年調査測繪報告』, 科學出版社.
- 孫仁杰·遲勇, 2007, 『集安高句麗墓葬』, 香港亞洲出版社.

54 집안 우산하3309호묘

集安 禹山下3309號墓 | JYM3309

1. 조사현황

1997년 張福有, 孫仁杰, 遲勇 등이 조사.

2. 위치와 자연환경(그림 1)

1) 고분의 위치

○ 集安 禹山 남쪽 기슭 禹山下古墳群 서북측의 산비탈에 위치.

○ 위치한 지점은 북고남저로 높이 차는 약 3m이고, 묘의 남측은 가파름.

2) 고분의 주변환경

○ 동쪽으로 약 3m 떨어진 지점에 禹山下3308號墓가 있음.

○ 서남쪽으로 하천을 건너 약 100m 떨어진 지점에 禹山下3319號墓가 있음.

○ 남쪽으로 약 50m 떨어진 지점에는 텔레비전방송국 도로가 있음.

3. 고분의 현황

1) 고분 형식

(1) 유형

有壇積石石壙墓.

(2) 고분의 규모

길이 32m, 너비 20m, 높이 1.2m, 방향 150°.

2) 고분 구조

○ 형태는 불규칙함.

○ 현재 볼 수 있는 기단석은 가공하지 않은 자연석으로 길이 약 0.6m, 너비 0.3m, 높이 0.3m임.

○ 묘 위 가운데부분에는 동서방향의 격벽이 있고, 이를 기준으로 상·하 두 부분으로 나눌 수 있음. 북측이 남측보다 약간 높음. 격벽은 가공하지 않은 자연석으로 쌓았는데, 석재 크기는 일반적으로 0.5m 정도임.

○ 묘 위는 비교적 평평하고, 石壙의 위치는 명확하지 않음.

○ 묘의 봉석은 모두 깨진 산돌임. 석재의 크기는 일반적으로 0.2~0.4m 사이임.

○ 묘 정상부에는 비교적 큰 熔石이 대량으로 흩어져 있음.

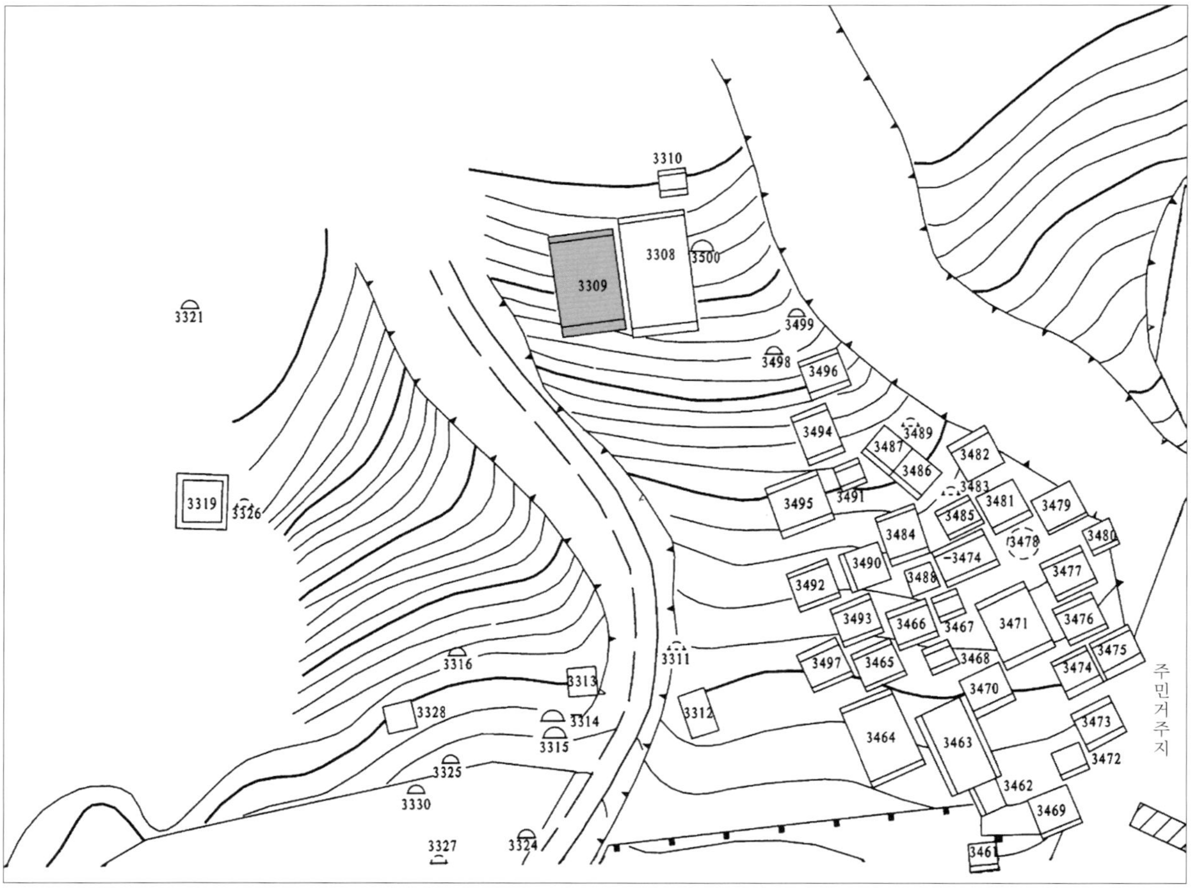

그림 1 우산하3309호묘 위치도(『洞溝古墓群－1997年調査測繪報告』, 212쪽)

4. 출토유물

시굴구덩이의 동측에서 청동제운주(節約)가 출토.

5. 역사적 성격

묘장의 위치, 구조, 축조방법, 석재 選用 등을 볼 때 기원 전후에 축조된 것으로 추정(孫仁杰·遲勇, 2007).

참고문헌

- 吉林省文物志編委會, 1984, 『集安縣文物志』.
- 吉林省文物考古研究所·集安市博物館, 2002, 『洞溝古墓群－1997年調査測繪報告』, 科學出版社.
- 孫仁杰·遲勇, 2007, 『集安高句麗墓葬』, 香港亞洲出版社.

55 서강110호묘[1]

西崗110號墓

1. 조사현황

1) 1913년 조사

○ 조사기관 : 關野貞를 중심으로 하는 고적조사단.

○ 출판물 : 1915년 『朝鮮古蹟圖譜』에 사진 수록. 1914년 『考古學雜誌』에 조사내용 발표.

○ 명칭 : 1914년 글에서는 五塊墳 가운데 하나로 有龕塚으로 고분 명칭을 부여하였으나, 1915년 글에서는 五塊墳龕持塚이라고 칭함.

2) 1937년 조사

○ 조사계기 : 통화 – 집안간 철도공사가 계획되면서 통구고분군의 중앙부가 파괴될 상황이었으므로 1937년 黑田源次에 의한 대규모 발굴조사가 진행됨.

○ 조사자 : 黑田源次(滿洲醫大), 齋藤菊太郎(座右寶刊行會員) 등.

○ 조사내용 : 통구12호분(마조총)의 서쪽 고분으로 소개됨.

3) 1938년 조사

○ 조사기간 : 4월에 20일간 조사.

○ 조사자 : 藤田亮策, 野守健, 齋藤忠.

○ 조사내용 : 통화 – 집안간 철도공사가 예정되면서 통구고분군 중앙부가 파괴될 상황이었으므로 1937년 黑田源次에 의한 대규모 발굴조사가 진행됨. 藤田亮策은 조선고분연구회 사업의 일부로 만주 당국에 요청하여 고분 배치상태의 실측을 시행함. 사진 촬영 및 실측도 작성과 더불어 고분 배치도를 제작함. 해당 고분을 서강110호분으로 명명함.

4) 1935년 및 1940년대 조사

○ 조사자 : 三宅俊成.

○ 조사 연혁 : 1935년 만주국 문교부 촉탁으로 집안 일대 고구려 유적 조사. 1942년에 만주국 문교부 촉탁에 의해 집안지역 유적을 조사하였고, 1945년에는 관동군의 긴급명령에 의한 집안 비행장 확장공사가 유적을 파괴하는 현황을 시찰함.

○ 출판물 : 三宅俊成의 『東北亞考古硏究』에서는 유감총으로 소개됨.

2. 고분의 현황

1) 유형

석실계단적석묘.

1 緖方泉의 1985년 글의 4~5쪽에 일제시기 조사된 고분의 분포도가 실려 있는데 서강110호분은 당시 유감총으로 산연화총의 서쪽 부근에 위치하여, 오늘날 중국 『통구고묘군』(2002)의 위치도와 대조해보면 계단적석석광묘인 우산하2349호묘, 또는 2440호묘로 추정됨. 규모상 우산하2349호묘에 보다 근접되나 확정하기는 어려움.

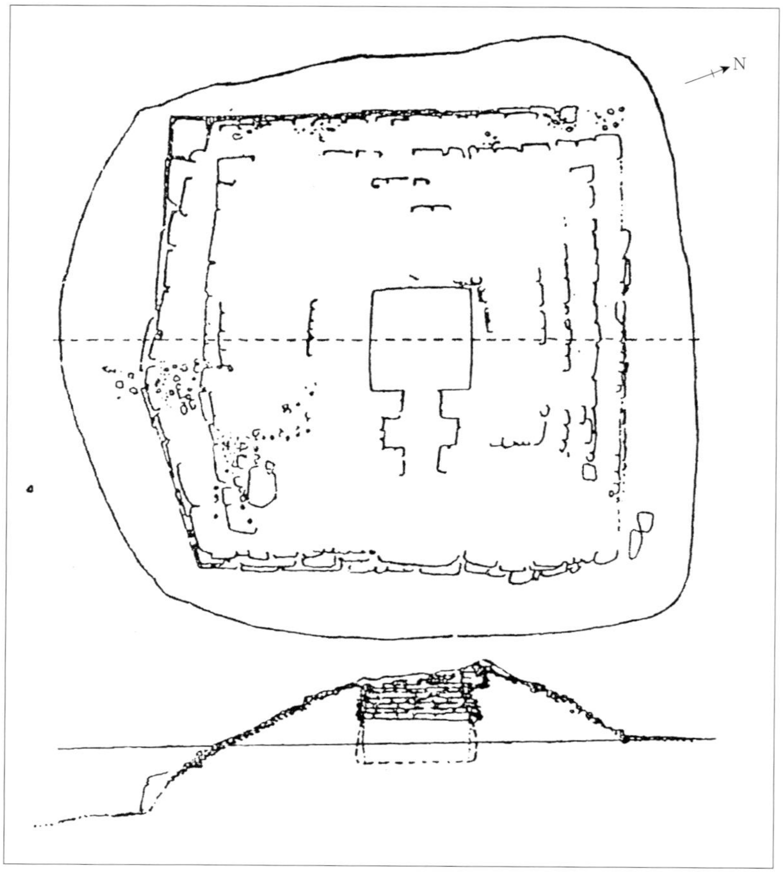

그림 1 서강110호묘 평면도

2) 규모

기단 바닥의 남북 15m, 동서 16m, 잔존높이 5.5m.

3) 구조(그림 1)

○ 계단은 5단만 확인되나 본래는 7단 계단으로 추정됨.

○ 중앙에 석실이 노출되었는데 연도는 서쪽에 위치하며, 내부는 매몰되어 있는데 門楣石 아래는 2m임. 이로 미뤄 높이는 약 4.5m로 추정됨.

○ 네 벽은 평평한 석회암을 수평으로 쌓았고 부근의 서강122호묘[黑田源次 조사 당시 제12호(마조총)]와 서강 제113호분(關野貞 조사 당시 산연화총)에 보이는 것과 동일한 궁륭상 천장이며, 정상부에는 판석을 올려 천장을 마감한 구조임.

○ 연도문의 좌우에는 작은 龕室이 있으며 벽면은 회칠되어 있어 벽화고분에서 보이는 것과 동일한 구조를 보임.

참고문헌

- 關野貞, 1914,「滿洲輯安縣及び平壤附近に於ける高句麗時代の遺跡」,『考古學雜誌』5-3·4 ; 1941,「滿洲輯安縣に於ける高句麗時代の遺跡」,『朝鮮の建築と藝術』, 巖波書店.
- 朝鮮總督府, 1915,『朝鮮古蹟圖譜』1.
- 藤田亮策, 1940,「通溝附近の古墳と高句麗の墓制」; 1948,『朝鮮考古學研究』, 高桐書院.
- 三宅俊成, 1975,『東北アシア考古學の研究』.
- 緒方泉, 1985,「高句麗古墳群に關する一試考(上)－中國集安縣における發掘調查を中心にして」,『古代文化』37-3.
- 永島暉臣慎, 1988,「集安の高句麗遺跡」,『好太王碑と集安の壁畫古墳』, 吉川弘文館.

56 서강229호묘[1]

西崗229號墓

1. 조사현황

1) 1938년 조사

○ 조사기간 : 4월에 20일간 조사.

○ 조사자 : 藤田亮策, 野守健, 齋藤忠.

○ 조사내용 : 통화-집안간 철도공사가 예정되면서 통구고분군 중앙부가 파괴될 상황이었으므로 1937년 黑田源次에 의한 대규모 발굴조사가 진행됨. 藤田亮策은 조선고분연구회 사업의 일부로 만주 당국에 요청하여 고분 배치 상태의 실측을 시행함. 사진 촬영과 실측도 작성외에도 고분 배치도를 제작하고, 해당 고분을 서강229호분으로 명명함.

2. 위치와 자연환경

우산하고분군 무용총의 북쪽 360m의 평탄 대지의 중앙에 있으며 계곡을 사이에 두고 장군총과 마주하고 있음.

3. 고분의 현황

1) 유형

석실계단적석묘.

2) 규모

기단 한 변은 13m 정도.

3) 구조(그림 1)

○ 계단은 5단만 확인되며, 잔존높이 3m 정도임.

○ 방형 기단의 대각선이 동서와 남북에 해당함.

○ 연도는 서남면의 중앙에 설치되었고, 석실 아래 바닥은 지면에서 약간 높은 정도임. 묘실의 네 벽과 함께 연도는 거대한 절석으로 쌓고, 4m의 석실 문미에는 장대한 절석을 올려 고임식 천장을 만든 흔적이 있음.

○ 고분의 사면 둘레에는 너비 약 4m에 강돌을 깐 능역이 있음. 뒷면에는 3기의 배총으로 생각되는 작은 적석총이 있고, 기타 3면은 넓게 트여 어떤 것도 없음.

1 중국의 『洞溝古墓群-1997年調査測繪報告』(2002)의 위치도를 보면 무용총 북쪽으로 초대형계단적석묘로는 412호가 있는데 주변의 서면에 봉토묘 2기가 있고 그 외의 3면에는 고분이 없어 탁 트인 위치에 자리하고 있음. 그러나 해당고분에 대한 정보가 없어 더 이상 논의하기는 어려움.

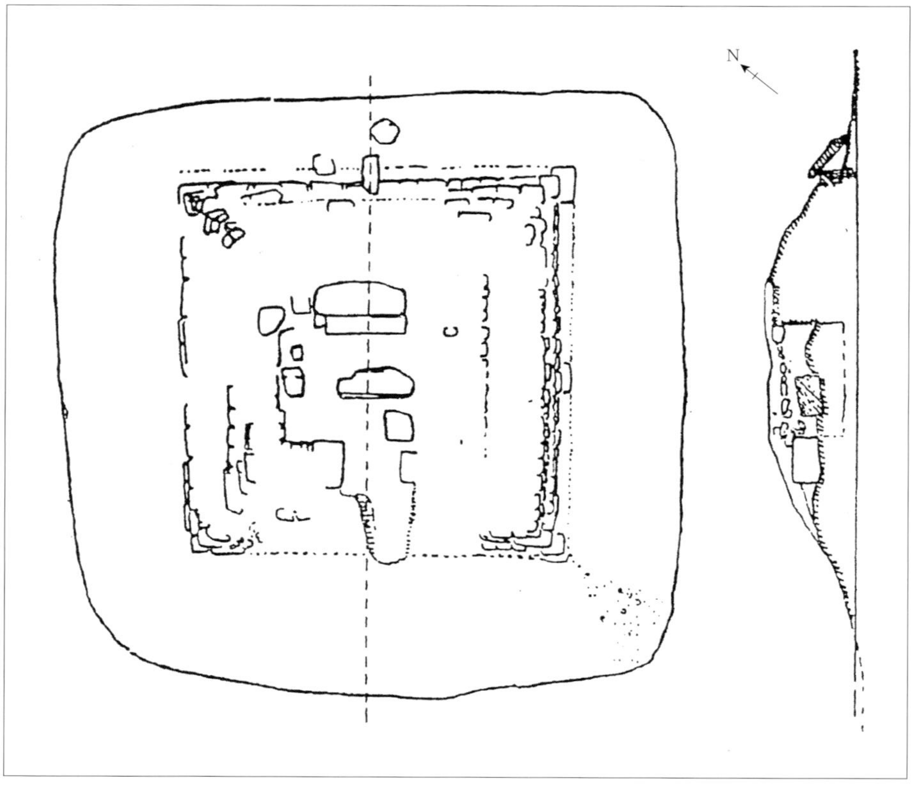

그림 1 서강229호묘 위치도

참고문헌

- 關野貞, 1914,「滿洲輯安縣及び平壤附近に於ける高句麗時代の遺跡」,『考古學雜誌』5-3·4；1941,「滿洲輯安縣に於ける高句麗時代の遺跡」,『朝鮮の建築と藝術』, 巖波書店.
- 朝鮮總督府, 1915,『朝鮮古蹟圖譜』1.
- 藤田亮策, 1940,「通溝附近の古墳と高句麗の墓制」；1948,『朝鮮考古學研究』, 高桐書院.
- 三宅俊成, 1975,『東北アシア考古學の研究』.
- 永島暉臣慎, 1988,「集安の高句麗遺跡」,『好太王碑と集安の壁畵古墳』, 吉川弘文館.

57 집안 우산하0234호묘

集安 禹山下0234號墓 | JYM0234

1. 조사현황

1) 1976년 조사

○ 조사기관 : 吉林省博物館, 集安縣文物保管所, 吉林大學考古學科, 工農兵考古學習班

○ 조사기간 : 4월초~7월 중순.

○ 조사내용 : 농공업 생산에 협력하기 위해 통구고분군 일부를 정리함. 당해 조사에서 188기의 고분을 정리하였는데 산성하고분군은 37기를 조사하였으며 발굴된 고분은 통구하 동안 및 동대파 산허리 일대에 다수 자리하고 있음. 188기 고분 가운데 심하게 파괴되어 정리할 가치가 없는 96기 고분을 제외하고 실제 96기(적석묘 3기, 봉토묘 93기)를 정리함.

○ 조사자 : 方起東, 魏存成, 蘇興鈞, 郭文魁, 劉萱堂, 何明, 林至德, 閻毅之, 柳嵐, 張雪巖 등.

2. 위치와 자연환경

우산하고분군에 위치.

3. 고분의 현황

1) 유형

봉토석실묘, 동실묘(『洞溝古墓群 - 1997年調査測繪報告』).

2) 평면

매장부는 鏟形.

3) 방향

230°.

4) 규모

○ 고분 : 길이 6m, 너비 5m, 높이 2m(1997).

○ 묘실 : 길이 2.4m, 너비 1.9m, 높이 1.7m(1976).

○ 묘도 : 길이 1.8m, 너비 0.8m, 높이 0.8m(1976).

5) 구조(그림 2)

고분은 묘도를 갖춘 단실묘인데 묘실 네 벽과 묘도를 축조한 돌은 약간 가공된 것으로 비교적 정연하며, 묘실 내의 틈은 백회로 메웠으며, 천장은 평행 고임식임. 환인현 고력묘자촌 제3호묘와 유사한 구조임.

4. 역사적 성격

무덤의 연대를 판단할 근거는 확실하지 않지만, 묘도를 갖춘 묘실의 평면은 鏟形이며, 묘실 천장이 평행고임천장이라는 점에서 고구려시대 석실로 추정됨.

그림 1 우산하0234호묘 위치도(『洞溝古墓群－1997年調査測繪報告』)

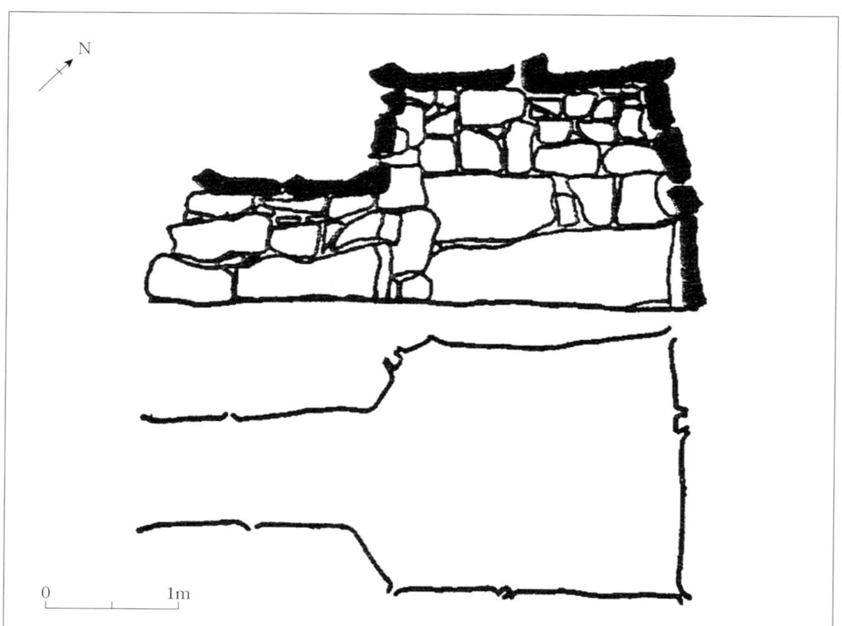

그림 2
우산하0234호묘 평 · 단면도

참고문헌

- 吉林省文物志編委會, 1984,『集安縣文物志』.
- 吉林省文物工作隊·集安縣文管所, 1984,「1976年集安洞溝高句麗墓清理」,『考古』1984-1 ; 吉林省文物考古研究所·集安市博物館, 2009,『吉林集安高句麗墓葬報告集』, 科學出版社 재수록.
- 吉林省文物考古研究所·集安市博物館, 2002,『洞溝古墓群－1997年調查測繪報告』, 科學出版社.

58 집안 우산하3340호묘

集安 禹山下3340號墓 | JYM3340

1. 조사현황

1) 1937년 조사

○ 조사기간 : 봄·가을에 조사 예정(실제 기간 미확인된 상태).

○ 조사자 : 黑田源次(滿洲醫大), 齋藤菊太郎(座右寶刊行會員) 등.

○ 조사계기 : 통화 – 집안간 철도공사가 계획되면서 통구고분군의 중앙부가 파괴될 상황이어서 대규모 발굴조사가 진행됨.

○ 조사내용 : 대표적으로 6월에 통구12호분, 9월에 오회분5호묘, 7월에 우산하3319호묘 등이 조사되었던 것이 소개됨. 해당 고분의 조사내용은 전하지 않지만 藤田亮策의 1940년 글에 의하면 당시 실측 작업이 이루어졌던 것으로 보임.

2) 1938년 조사

○ 조사기간 : 4월(20일간 조사).

○ 조사자 : 藤田亮策, 野守健, 齋藤忠.

○ 조사계기 : 1937년 黑田源次의 발굴이 진행될 때 藤田亮策이 수일간 견학을 통해 수백여 기의 고분이 파괴될 상황을 알게 되어 조선고분연구회 사업의 일부로 만주 당국에 요청해 일부 조사를 허용받고 조사를 진행함.

○ 조사내용 : 철도부설지구의 중심으로 생각되는 일부 고분만 배치도를 제작하고 고분의 사진 촬영과 실측도를 제작함. 다만 해당 고분은 1937년 조사를 참조하고 실측하지는 않음. 당시 만주국의 병사 막사가 있던 곳의 뒤쪽 산기슭에 두 기의 커다란 봉토분이 있다고 소개하였는데 오늘날 JYM3340호묘와 JYM3341호묘임.

2. 위치와 자연환경

○ 우산하 지역의 이수원자유적 남쪽 100m 거리에 위치.

○ 집안시 박물관에서 북쪽으로 약 200m 거리에 위치.

3. 고분의 현황

1) 고분 형식

(1) 유형

특대형봉토석실묘(『洞溝古墓群 – 1997年調査測繪報告』).

(2) 평면

방형.

(3) 규모

○ 한 변의 길이 35～37m, 높이 10m 이상(1937).

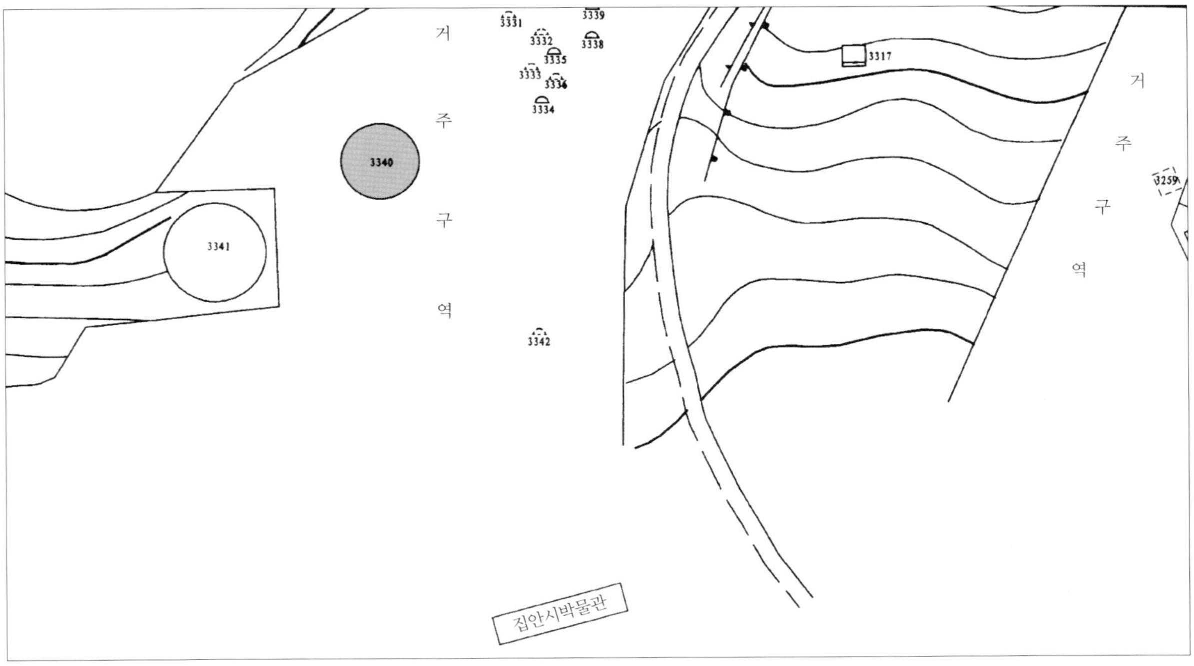

그림 1 우산하3340호묘 위치도(『洞溝古墓群－1997年調査測繪報告』)

○ 길이 32m, 너비 30m, 높이 11m(1997).

2) 고분 구조

(1) 1938년 조사 당시 현황(藤田亮策, 1940년 글 참조)

고분은 방형으로 네 모서리가 명료하며, 정상에 커다란 판석을 두었는데 원래 방형의 石組가 존재했던 것으로 추정됨.

(2) 전체 현황

보존은 온전한 상태이며, 단실묘로 연도(甬道)와 천장 구조를 갖추고 있는데 천장은 모줄임식 고임천장이고, 묘실은 모두 백회가 발라져 있어 정연하고 매끈함.

4. 역사적 성격

藤田亮策은 JYM3340호묘와 JYM3341호묘는 대형 봉토묘로 이들 고분 북쪽 100m 거리에 위치한 이수원자유적과 연관시켜 이수원자유적을 守陵 또는 제사와 관련을 갖는 유적 또는 사원지로 추정함.

참고문헌

- 藤田亮策, 1940, 「通溝附近の古墳と高句麗の墓制」, 『池內博士還曆記念東洋史論叢』 164 ; 1948, 『朝鮮考古學研究』, 高桐書院 재수록.
- 吉林省文物志編委會, 1984, 『集安縣文物志』.
- 吉林省文物考古研究所·集安市博物館, 2002, 『洞溝古墓群－1997年調査測繪報告』, 科學出版社.

59	집안 우산하3341호묘
	集安 禹山下3341號墓 | JYM3341

1. 조사현황

1) 1937년 조사

○ 조사기간 : 봄·가을에 조사 예정(실제 기간 미확인된 상태).

○ 조사자 : 黑田源次(滿洲醫大), 齋藤菊太郎(座右寶刊行會員) 등.

○ 조사계기 : 통화 - 집안간 철도공사가 계획되면서 통구고분군의 중앙부가 파괴될 상황이었기 때문에 대규모 발굴조사가 진행됨.

○ 조사내용 : 대표적으로 6월에 통구 12호분, 9월에 오회분5호묘, 7월에 우산하3319호묘 등이 조사되었던 것이 소개됨. 해당 고분의 조사내용은 전하지 않지만 藤田亮策의 1940년 글에 의하면 당시 실측 작업이 이루어졌던 것으로 보임.

2) 1938년 조사

○ 조사기간 : 4월(20일간 조사).

○ 조사자 : 藤田亮策, 野守健, 齋藤忠.

○ 조사계기 : 1937년 黑田源次의 발굴이 진행될 때 藤田亮策이 수일간 견학을 통해 수백여 기의 고분이 파괴될 상황을 알게 되어 조선고분연구회 사업의 일부로 만주 당국에 요청해 일부 조사를 허용받고 조사를 진행함.

○ 조사내용 : 철도부설지구의 중심으로 생각되는 일부 고분만 배치도를 제작하고 고분의 사진 촬영과 실측도를 제작함. 다만 해당 고분은 1937년 조사를 참조하고 실측하지는 않음. 당시 만주국의 병사 막사가 있던 곳 뒤쪽 산 기슭에 두 기의 커다란 토분이 있다고 소개하였는데 오늘날 JYM3340호묘와 JYM3341호묘임. 三宅俊成(1975년 글)은 해당고분을 東台子大土墳으로 명명함.

2. 위치와 자연환경

○ 우산하 지역의 이수원자유적 남쪽 100m 거리에 위치.

○ 집안시 박물관에서 북쪽으로 약 200m 거리에 위치.

3. 고분의 현황

1) 고분 형식

(1) 유형

특대형봉토석실묘(『洞溝古墓群 - 1997年調査測繪報告』).

(2) 평면

방형.

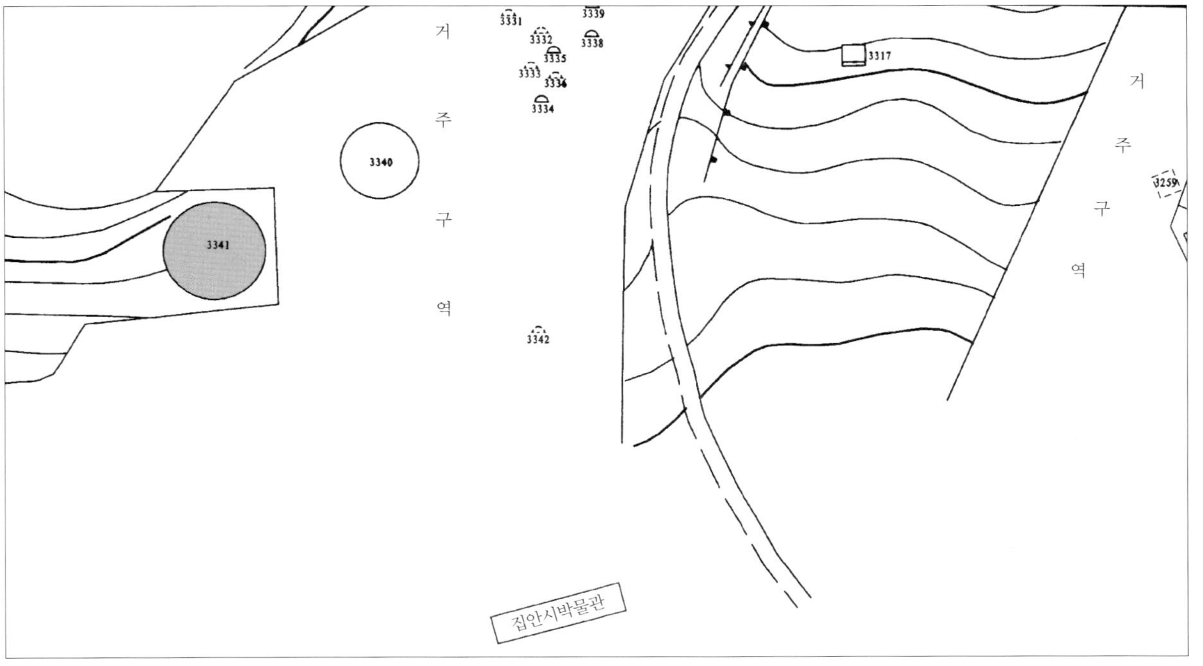

그림 1 우산하3341호묘 위치도(『洞溝古墓群－1997年調査測繪報告』)

(3) 규모

○ 한변 길이 35～37m, 높이 10m 이상(1937).

○ 한변 길이 약 40m, 높이 13m(1997).

2) 고분 구조

(1) 1938년 조사 당시 현황(藤田亮策, 1940년 글 참조)

고분은 방형으로 네 모서리가 명료한데, 정상에 커다란 판석을 두었는데 원래 방형의 石組가 존재했던 것으로 추정됨.

(2) 전체 현황

보존은 온전한 상태이며, 단실묘로 연도(甬道)와 천장 구조를 갖추고 있는데 천장은 모줄임식 고임천장이고, 묘실은 모두 백회가 발라져 있어 정연하고 매끈함.

4. 역사적 성격

藤田亮策은 JYM3340호묘와 JYM3341호묘는 대형 봉토묘로 이들 고분 북쪽 100m 거리에 위치한 이수원자유적과 연관시켜, 이수원자유적을 守陵 또는 제사와 관련 있는 유적 또는 사원지라고 추정함.

참고문헌

- 藤田亮策, 1940, 「通溝附近の古墳と高句麗の墓制」, 『池内博士還曆記念東洋史論叢』 164 ; 1948, 『朝鮮考古學研究』, 高桐書院 재수록.
- 三宅俊成, 1975, 輯安縣城附近の高句麗の遺跡と遺物, 『東北アジア考古學の研究』, 國書刊行會, 東京.
- 吉林省文物志編委會, 1984, 『集安縣文物志』.
- 吉林省文物考古研究所·集安市博物館, 2002, 『洞溝古墓群－1997年調査測繪報告』, 科學出版社.

60 집안 우산하0537호묘

集安 禹山下0537號墓 | JYM0537

1. 조사현황

1) 1968년 조사

○ 조사기관 : 集安省博物館.

○ 조사내용 : 농지정리를 위해 통구분지의 고분군을 정리 조사함.

2) 1983년 가을 조사

○ 조사기관 : 集安縣文物管理所.

○ 조사자 : 孫仁杰.

○ 조사내용 : 광개토대왕릉비의 담장를 축조하기 위해 기초를 파내는 중에 발견하고 간단히 정리조사함. 당시 조사내용을 1994년 孫仁杰이 기록한 글에는 해당 고분을 JYGM0호묘로 지정하였으나, 1997년 통구고분 조사내용을 편찬한『洞溝古墓群－1997年調查測繪報告』(2002)에는 JYM0537호묘로 기록되어 있음.

2. 위치와 자연환경

광개토대왕릉비 동쪽 30m 되는 지점에 위치.

3. 고분의 현황

1) 고분 형식

(1) 유형

봉토석실묘(『博物館研究』 1994-3), 동실묘(『洞溝古墓群－1997年調查測繪報告』).

(2) 평면

묘실은 장방형.

(3) 방향

135°.

(4) 규모

○ 고분 : 길이 5m, 너비 4m, 높이 1.5m(1997년 조사).

○ 묘실 : 남북 길이 2.75m, 동서 너비 1.35m(1983년 조사).

2) 고분 구조(그림 2)

○ 전체 현황 : 발견 당시 고분은 일찍 파괴되어 천장돌은 이미 존재하지 않았으나 평면 장방형인 묘실 벽이 남아 있었음.

○ 묘실 : 묘실을 축조하는데 사용된 석재는 모두 가공을 거친 것으로 석재 크기는 0.4～0.6m임. 묘실 바닥에는 자갈로 평평하게 한 겹을 깔고 온전한 네 벽 및 바

그림 1 우산하0537호묘 위치도(『洞溝古墓群－1997年調査測繪報告』)

닥부는 틈을 모두 백회로 메움.

3) 기타

○ 묘실에 2구의 팔다리뼈(人肢骨)가 동서로 배열되어 있는데 팔다리뼈의 위치상 葬式은 '頭北足南'임.

○ 묘실에서 관못 5점을 수습했으나 다른 유물은 발견되지 않음.

4. 출토유물

1) 철기

(1) 관못(棺釘, JYM0537:1, 그림 3)

○ 출토지 : 우산하0537호묘.

○ 크기 : 못의 길이 6cm.

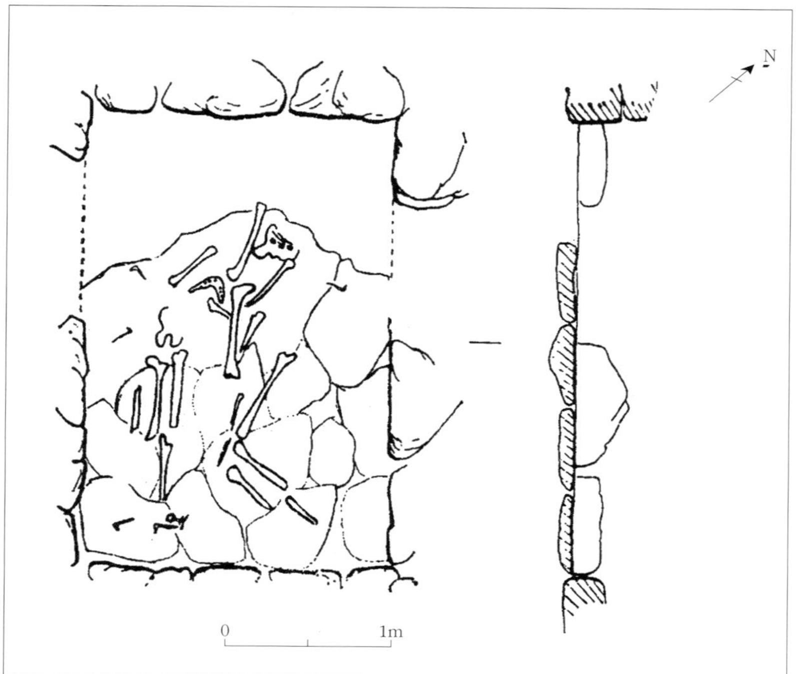

그림 2 우산하0537호묘 평·단면도(『博物館研究』 1994-3)

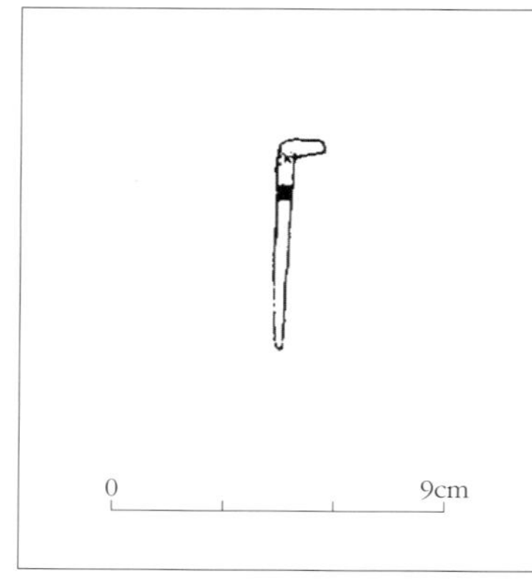

그림 3 철제관못(『博物館研究』 1994-3)

○ 형태 : 단면 직경 0.6cm인 鐵線으로 만들어졌는데 끝부분에서 꺾임.

5. 역사적 성격

해당 고분이 광개토대왕릉비의 동쪽 30m 거리에 위치한다는 점이 주목됨. 고구려시대 광개토대왕릉비 인근에 이런 고분을 축조했다고 보기는 어려움. 고구려 멸망 후에 집안이 발해 서경 압록부 桓州 관할이었음. 발해인 고분은 화룡 북대발해묘28호묘가 대표적인데 묘실 평면이 장방형이고, 묘실 벽을 층층히 쌓고 그 위에 석판으로 덮었으며, 묘실 바닥에는 황색의 점토를 깔았음. 이런 고분 형식은 해당 고분과 기본적으로 동일하므로 해당 고분의 축조연대는 발해시기로 추정됨.

참고문헌

- 吉林省文物志編委會, 1984, 『集安縣文物志』.
- 孫仁杰, 1994, 「集安洞溝古墓群三座古墓清理」, 『博物館研究』 1994-3 : 吉林省文物考古研究所·集安市博物館, 2009, 『吉林集安高句麗墓葬報告集』, 科學出版社 재수록.
- 吉林省文物考古研究所·集安市博物館, 2002, 『洞溝古墓群 - 1997年調査測繪報告』, 科學出版社.

61 집안 우산하집석공로고분군의 유물

1. 토기

1) 발형토기(筒形罐, JYM3161:3, 그림 1)

○ 출토지 : 우산하3161호묘.

○ 크기 : 높이 9cm, 구연 직경 7.8cm, 바닥 직경 5cm, 동체 직경 8cm.

○ 태토 및 색깔 : 모래혼입 회갈색토기(夾砂灰褐陶).

○ 형태 : 手製. 구순은 네모지고, 구연부가 꺾였고, 동체는 둥글고, 바닥은 평평함. 토기 표면은 문질러 매끄러움.

○ 출처 : 吉林省文物考古研究所 · 集安市文物保管所, 1993, 「集安洞溝古墓群禹山墓區集錫公路墓葬發掘」, 『高句麗研究文集』, 延邊大學出版社.

2) 호(展沿罐, JYM3162:2, 그림 2-3)

○ 출토지 : 우산하3162호묘.

○ 크기 : 높이 22cm, 구연 직경 12cm, 동체 직경 20cm, 바닥 직경 9.6cm.

○ 태토 및 색깔 : 사질 갈색토기(砂質褐陶).

○ 형태 : 구순이 둥글고 구연은 펼쳐졌으며, 동체는 둥글며, 바닥이 평평함.

○ 출처 : 吉林省文物考古研究所 · 集安市文物保管所, 1993, 「集安洞溝古墓群禹山墓區集錫公路墓葬發掘」, 『高句麗研究文集』, 延邊大學出版社.

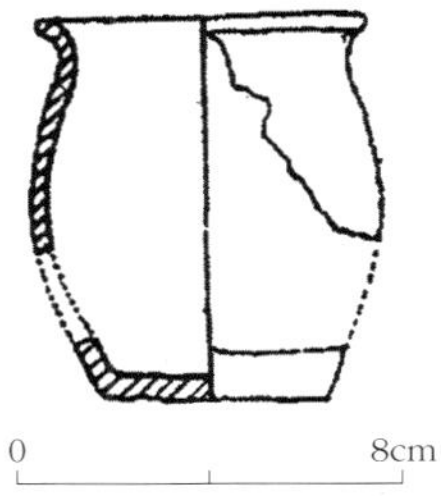

그림 1 발형토기(JYM3161:3)

3) 호(展沿罐, JYM3560:1, 그림 2-2)

○ 출토지 : 우산하3560호묘.

○ 크기 : 높이 27cm, 구연 직경 20cm, 동체 직경 26cm, 바닥 직경 13.2cm.

○ 태토 및 색깔 : 모래혼입 황갈색토기(夾砂黃褐陶).

○ 형태 : 구순이 둥글고 구연은 펼쳐졌고 구연의 표면은 문질러서 반반하며, 목이 있고, 동체는 볼록하고, 바닥은 평평함.

○ 출처 : 吉林省文物考古研究所 · 集安市文物保管所, 1993, 「集安洞溝古墓群禹山墓區集錫公路墓葬發掘」, 『高句麗研究文集』, 延邊大學出版社.

4) 전연호(展沿罐, JYM3141:1, 그림 2-4)

○ 출토지 : 우산하3141호묘.

○ 크기 : 구연 직경 21.8cm.

○ 태토 및 색깔 : 모래혼입 황갈색토기(夾砂黃褐陶).

○ 형태 : 구순이 네모나며, 목이 높으며, 구연은 펼쳐졌으며, 구연의 표면은 문질러서 매끄러움.

○ 출처 : 吉林省文物考古研究所 · 集安市文物保管所

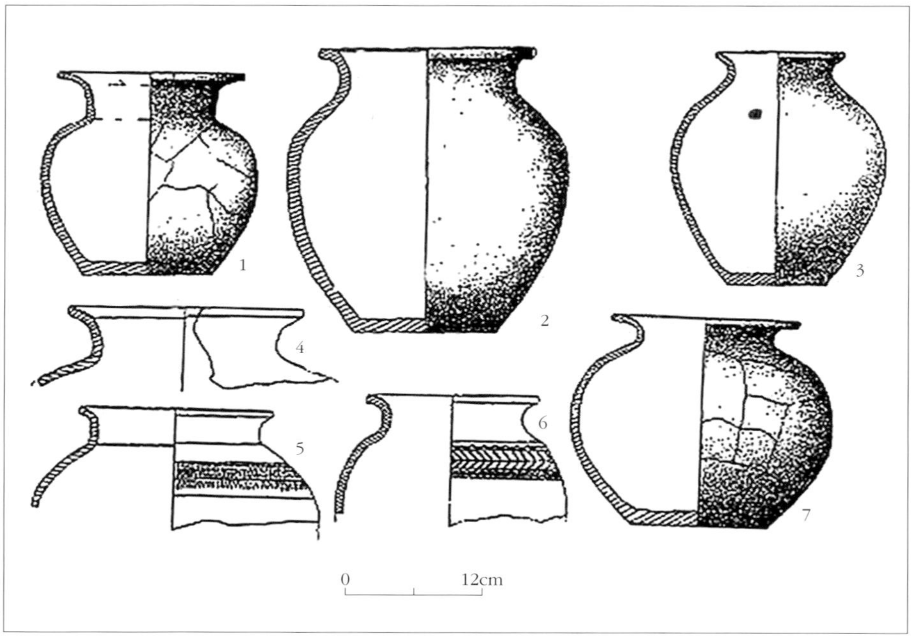

그림 2 호
1. JYM3295:5
2. JYM3560:1
3. JYM3162:2
4. JYM3141:1
5. JYM3205:1
6. JYM429:1
7. JYM3299:1

所, 1993, 「集安洞溝古墓群禹山墓區集錫公路墓葬發掘」, 『高句麗研究文集』, 延邊大學出版社.

5) 호(展沿罐, JYM3205:1, 그림 2-5)

○ 출토지 : 우산하3205호묘.

○ 크기 : 구연 직경 18cm, 목 높이 4cm.

○ 태토 및 색깔 : 점토질 회갈색토기(泥質灰褐陶).

○ 형태 : 잔편. 구순이 네모나며, 구연은 펼쳐졌으며, 목이 높으며, 어깨부에는 弦文과 점렬문이 새겨져 있음.

○ 출처 : 吉林省文物考古研究所 · 集安市文物保管所, 1993, 「集安洞溝古墓群禹山墓區集錫公路墓葬發掘」, 『高句麗研究文集』, 延邊大學出版社.

6) 호(展沿罐, JYM429:1, 그림 2-6)

○ 출토지 : 우산하429호묘.

○ 크기 : 구연 직경 16cm.

○ 형태 : 구순이 네모나며, 구연은 외반하며, 목이 높으며, 어깨부에는 弦文 · 지압문(指甲印文) · 葉脈文 · 파상문(垂帳文)이 새겨져 있음.

○ 출처 : 吉林省文物考古研究所 · 集安市文物保管所, 1993, 「集安洞溝古墓群禹山墓區集錫公路墓葬發掘」, 『高句麗研究文集』, 延邊大學出版社.

7) 전연호(展沿罐, JYM3299:1, 그림 2-7)

○ 출토지 : 우산하3299호묘.

○ 크기 : 높이 20cm, 구연 직경 17.2cm, 동체 직경 24cm, 바닥 직경 13cm.

○ 태토 및 색깔 : 점토질 황갈색토기(泥質黃褐陶).

○ 형태 : 輪製. 구순이 둥글며, 구연은 외반하며, 목은 활처럼 굽었으며(頸弧曲), 동체는 볼록하며, 바닥은 평평함.

○ 출처 : 吉林省文物考古研究所 · 集安市文物保管所, 1993, 「集安洞溝古墓群禹山墓區集錫公路墓葬發掘」, 『高句麗研究文集』, 延邊大學出版社.

8) 전연호(展沿罐, JYM3295:5, 그림 2-1)

○ 출토지 : 우산하3295호묘.

○ 크기 : 높이 19.4cm, 구연 직경 18cm, 동체 직경 20cm, 바닥 직경 12cm.

○ 태토 및 색깔 : 점토질 황갈색토기(泥質黃褐陶).

○ 형태 : 輪製. 구순이 네모나며, 구연은 외반하며, 목이 길고 밖으로 벌어졌으며(長頸外侈), 동체는 볼록하며, 바닥은 평평함.

○ 출처 : 吉林省文物考古研究所 · 集安市文物保管所, 1993, 「集安洞溝古墓群禹山墓區集錫公路墓葬發掘」, 『高句麗研究文集』, 延邊大學出版社.

9) 직구호(直口罐, JYM3214:1, 그림 3-1)

○ 출토지 : 우산하3214호묘.

○ 크기 : 구연 직경 24cm. 다른 하나는 구연 직경 20cm.

○ 태토 및 색깔 : 거친 모래혼입 회갈색토기(粗砂灰褐陶).

○ 형태 : 잔편. 구순은 둥글며, 구연은 곧으며(直口), 외연에는 돌출된 1줄의 弦文이 새겨져 있음.

○ 출처 : 吉林省文物考古研究所 · 集安市文物保管所, 1993, 「集安洞溝古墓群禹山墓區集錫公路墓葬發掘」, 『高句麗研究文集』, 延邊大學出版社.

10) 직구호(直口罐, JYM3160:2, 그림 3-2)

○ 출토지 : 우산하3160호묘.

○ 크기 : 구연 직경 16cm, 동체 직경 25cm, 바닥 직경 14cm.

○ 태토 및 색깔 : 점토질 갈색토기(泥質褐陶).

○ 형태 : 구순이 둥글며, 구연이 곧고 밖으로 벌어졌으며(直口外侈), 동체는 볼록하며, 바닥은 평평함. 구연의 외연에는 2줄의 弦文이 새겨져 있음.

○ 출처 : 吉林省文物考古研究所 · 集安市文物保管所, 1993, 「集安洞溝古墓群禹山墓區集錫公路墓葬發掘」, 『高句麗研究文集』, 延邊大學出版社.

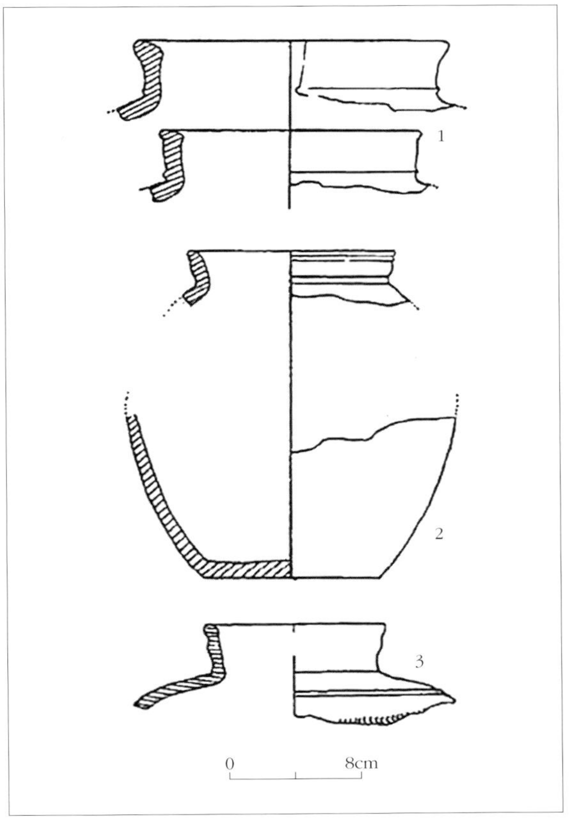

그림 3 직구호 1
1. JYM3214:1 2. JYM3160:2 3. JYM3554:1

11) 직구호(直口罐, JYM3554:1, 그림 3-3)

○ 출토지 : 우산하3554호묘.

○ 크기 : 구연 직경 14cm.

○ 태토 및 색깔 : 모래혼입 회색토기(夾砂灰陶).

○ 형태 : 구순이 둥글며, 구연이 곧고 밖으로 벌어졌음. 어깨부에는 2줄의 弦文과 점렬문(刺點文)이 새겨져 있음.

○ 출처 : 吉林省文物考古研究所 · 集安市文物保管所, 1993, 「集安洞溝古墓群禹山墓區集錫公路墓葬發掘」, 『高句麗研究文集』, 延邊大學出版社.

12) 직구호(直口罐, JYM3161:1, 그림 4-2)

○ 출토지 : 우산하3161호묘.

○ 크기 : 높이 19.2cm, 구연 직경 11.2cm, 어깨부 직

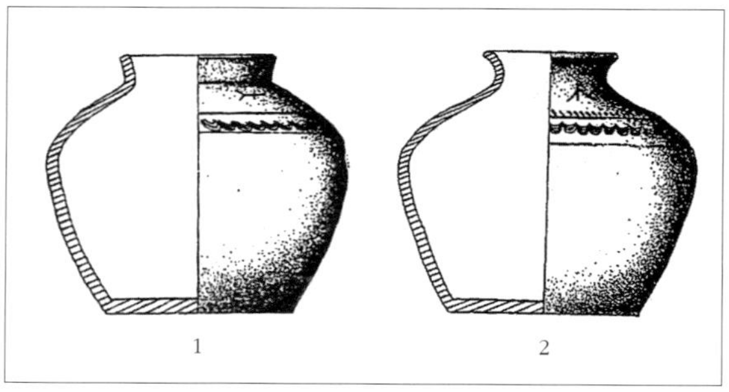

그림 4 직구호 2
1. JYM3161:2 2. JYM3161:2

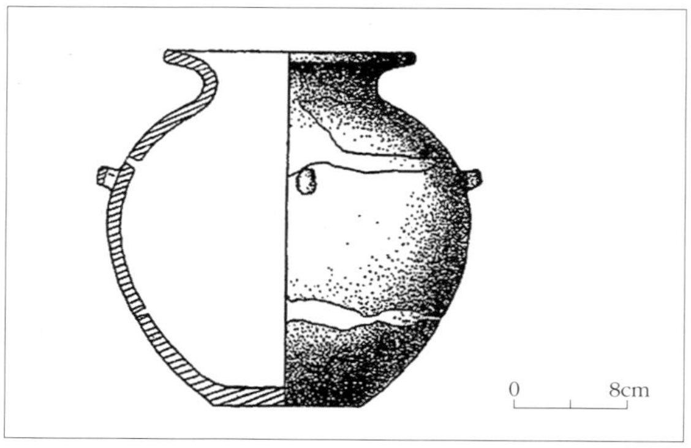

그림 5 사이호(JYM3160:1)

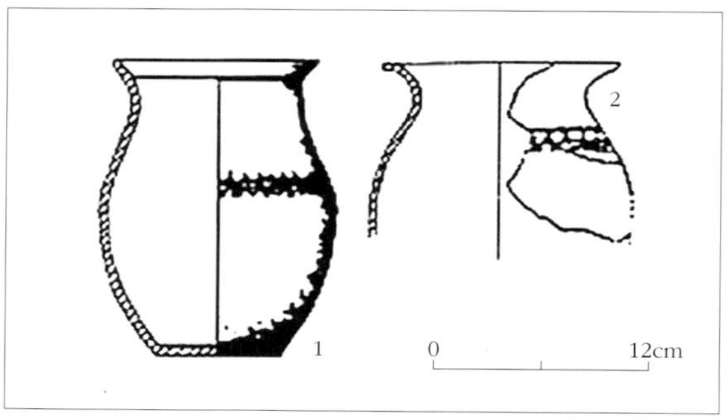

그림 6 호 2
1. JYM3560:2 2. JYM3600:5

경 22cm, 바닥 직경 14cm.

○ 태토 및 색깔 : 점토질 회색토기(泥質灰陶).

○ 형태 : 물레성형. 소성도가 높음. 구순이 네모나며, 구연이 곧고 밖으로 벌어졌으며(直口外侈), 어깨가 넓으며, 바닥은 평평함. 어깨부에는 두 줄의 弦文과 파상문(垂帳文)이 음각되어 있으며, 무늬 상부에는 ")+"가 새겨진 부호가 있음.

○ 출처 : 吉林省文物考古研究所 · 集安市文物保管所, 1993, 「集安洞溝古墓群禹山墓區集錫公路墓葬發掘」, 『高句麗研究文集』, 延邊大學出版社.

13) 직구호(直口罐, JYM3161:2, 그림 4-1)

○ 출토지 : 우산하3161호묘.

○ 크기 : 높이 20cm, 구연 직경 10cm, 어깨부 직경 22cm, 바닥 직경 14cm.

○ 태토 및 색깔 : 점토질 회색토기(泥質灰陶).

○ 형태 : 물레로 빚고, 소성도가 높음. 구순이 둥글고, 구연은 곧고 약간 원을 이루며(直口微圈), 어깨가 넓으며, 바닥은 평평함. 어깨부에는 弦文 · 사선의 점렬문 · 파상문(垂帳文) 등이 음각되어 있으며, 목부분에는 '小' 부호가 새겨져 있음.

○ 출처 : 吉林省文物考古研究所 · 集安市文物保管所, 1993, 「集安洞溝古墓群禹山墓區集錫公路墓葬發掘」, 『高句麗研究文集』, 延邊大學出版社.

14) 사이호(四耳罐, JYM3160:1, 그림 5)

○ 출토지 : 우산하3160호묘.

○ 크기 : 높이 26cm, 구연 직경 17.6cm, 동체 직경 26cm, 바닥 직경 10.2cm.

○ 태토 및 색깔 : 모래혼입 갈색토기(夾砂褐陶).

○ 형태 : 물레성형. 기형은 정연함. 구순은 둥글고, 구연은 외반하며, 동체는 둥글고, 바닥은 작고 평평함. 어깨와 동체의 사이에는 4개의 대칭하는 橫橋形 손잡이가 있음.

○ 출처 : 吉林省文物考古研究所 · 集安市文物保管所, 1993, 「集安洞溝古墓群禹山墓區集錫公路墓葬發掘」, 『高句麗研究文集』, 延邊大學出版社.

15) 호(陶壺, JYM3560:2, 그림 6-1)

○ 출토지 : 우산하3560호묘.

○ 크기 : 높이 21cm, 구연 직경 14cm, 동체 직경 16cm, 바닥 직경 8.2cm.
○ 태토 및 색깔 : 모래혼입 회색토기(夾砂灰陶).
○ 형태 : 물레성형. 구순은 네모나며, 구연은 외반하며, 구연은 크며, 동체는 깊고(深腹), 바닥은 평평함. 어깨와 복부의 사이에는 파상문(垂帳文)이 새겨져 있음. 토기 표면은 광을 내었음.
○ 출처 : 吉林省文物考古研究所 · 集安市文物保管所, 1993, 「集安洞溝古墓群禹山墓區集錫公路墓葬發掘」, 『高句麗研究文集』, 延邊大學出版社.

16) 호(陶壺, JYM3600:5, 그림 6-2)
○ 출토지 : 우산하3600호묘.
○ 크기 : 구연 직경 16cm, 동체 직경 18cm.
○ 태토 및 색깔 : 모래혼입 회도(夾砂灰陶).
○ 형태 : 구순은 둥글며, 구연은 외반하며, 동체는 볼록함. 어깨부에는 파상문(垂帳文)이 새겨져 있음.
○ 출처 : 吉林省文物考古研究所 · 集安市文物保管所, 1993, 「集安洞溝古墓群禹山墓區集錫公路墓葬發掘」, 『高句麗研究文集』, 延邊大學出版社.

17) 시유호 구연부(釉陶壺, JYM3501:1, 그림 7-2)
○ 출토지 : 우산하3501호묘.
○ 크기 : 구연 직경 20cm, 어깨 직경 26cm.
○ 태토 및 색깔 : 청록색 시유도.
○ 형태 : 구순은 두 겹이며(雙脣), 구연부는 외반하고 문질러서 평평하며(展沿抹平), 어깨는 넓은데 어깨부에 파상문(垂帳文) · 점렬문 · 弦文이 새겨져 있음.
○ 출처 : 吉林省文物考古研究所 · 集安市文物保管所, 1993, 「集安洞溝古墓群禹山墓區集錫公路墓葬發掘」, 『高句麗研究文集』, 延邊大學出版社.

18) 시유도기 솥(釉陶釜, JYM3501:1, 그림 7-1)
○ 출토지 : 우산하3501호묘.
○ 크기 : 높이 8cm, 구연 직경 11cm, 동체 직경 14cm, 바닥 직경 3cm.
○ 태토 및 색깔 : 청록색 시유도.
○ 형태 : 구순은 네모나며, 구연이 곧으며(直口), 동체는 볼록하며, 바닥은 평평함. 어깨부에는 전이가 돌아감. 안팎은 청록색으로 시유됨.
○ 출처 : 吉林省文物考古研究所 · 集安市文物保管所, 1993, 「集安洞溝古墓群禹山墓區集錫公路墓葬發掘」, 『高句麗研究文集』, 延邊大學出版社

19) 시유도기 시루(釉陶甑, JYM3501:3, 그림 7-4)
○ 출토지 : 우산하3501호묘.
○ 크기 : 높이 9cm, 구연 직경 14cm, 바닥 직경 6.2cm, 구멍 직경 0.8cm.
○ 태토 및 색깔 : 청록색 시유도.
○ 형태 : 구순이 둥글고, 구연이 외반하며, 동체는 비스듬하며, 바닥은 평평함. 구연 하부에는 4개의 대칭하는 橋形橫耳가 있으며, 바닥부에는 9개의 시루 구멍이 있으며, 시루 안팎은 청록색으로 시유됨.
○ 출처 : 吉林省文物考古研究所 · 集安市文物保管所, 1993, 「集安洞溝古墓群禹山墓區集錫公路墓葬發掘」, 『高句麗研究文集』, 延邊大學出版社.

20) 시유도기 동이(釉陶盆, JYM3501:4, 그림 7-3)
○ 출토지 : 우산하3501호묘.
○ 크기 : 높이 6cm, 구연 직경 20cm, 바닥 직경 12cm.
○ 태토 및 색깔 : 청록색 시유도.
○ 형태 : 두 겹의 입술(雙脣), 구연이 꺾였음. 구연 하부에는 凸弦文 · 점열의 葉脈汶이 새겨져 있으며, 동이 내의 바닥부에는 錐刺의 사선 방격문이 새겨져 있음.
○ 출처 : 吉林省文物考古研究所 · 集安市文物保管所, 1993, 「集安洞溝古墓群禹山墓區集錫公路墓葬發掘」, 『高句麗研究文集』, 延邊大學出版社.

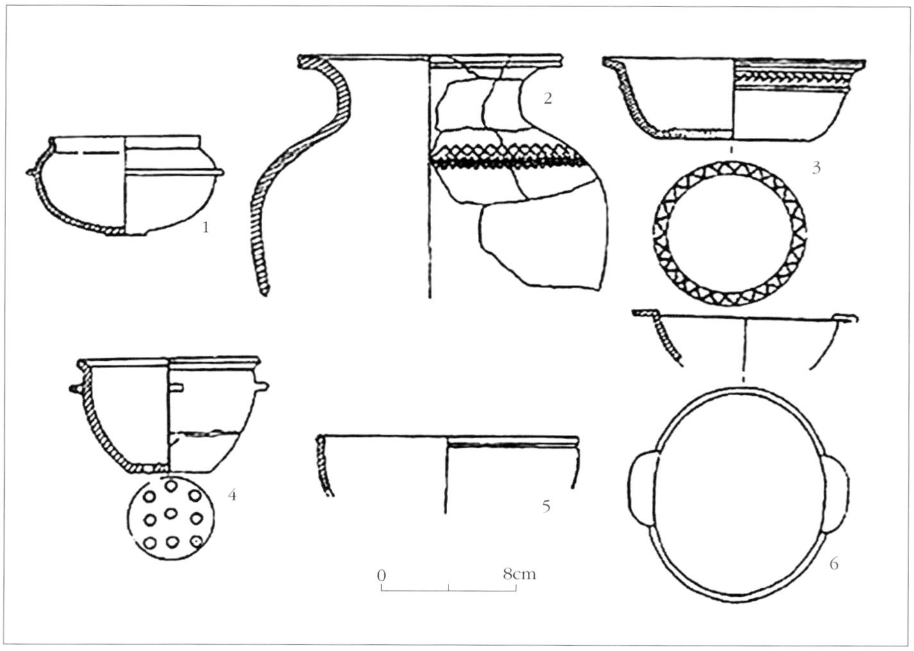

그림 7 우산하 집석공로상 고분군의 시유도
1. 솥(JYM3501:1)
2. 호 구연부(JYM3501:1)
3. 동이(JYM3501:4)
4. 시루(JYM3501:3)
5. 발(JYM3501:5)
6. 잔(JYM3501:6)

21) 시유도기 발(釉陶鉢, JYM3501:5, 그림 7-5)

○ 출토지 : 우산하3501호묘.

○ 크기 : 구연 직경 20cm.

○ 태토 및 색깔 : 청록색 시유도.

○ 형태 : 구순이 둥글며, 구연이 곧음(直口). 구연 하부에는 음각선문(凹弦文)이 새겨 있고, 안팎은 청록색으로 시유됨.

○ 출처 : 吉林省文物考古研究所 · 集安市文物保管所, 1993, 「集安洞溝古墓群禹山墓區集錫公路墓葬發掘」, 『高句麗研究文集』, 延邊大學出版社.

22) 시유도기 이배(釉陶杯, JYM3501:6, 그림 7-6)

○ 출토지 : 우산하3501호묘.

○ 태토 및 색깔 : 청록색 시유도.

○ 형태 : 구순은 네모나며, 구연은 타원형이며, 대칭하는 雙耳가 있음. 안팎은 청록색으로 시유됨.

○ 출처 : 吉林省文物考古研究所 · 集安市文物保管所, 1993, 「集安洞溝古墓群禹山墓區集錫公路墓葬發掘」, 『高句麗研究文集』, 延邊大學出版社.

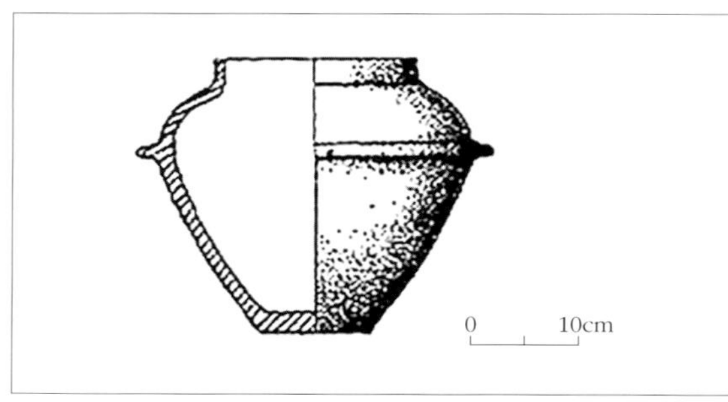

그림 8 우산하 집석공로상고분군의 시유도기 솥(JYM1443:1)

23) 시유도기 솥(陶釜, JYM1443:1, 그림 8)

○ 출토지 : 우산하1443호묘.

○ 크기 : 전체 높이 11.6cm, 목 높이 1.0cm, 구연 직경 8.4cm, 鋬帶 직경 14.6cm, 바닥 직경 4.4cm.

○ 태토 및 색깔 : 점토질 회색토기(泥質灰陶), 태토 두께 0.4cm.

○ 형태 : 구연은 평평하며, 목이 곧으며(直領), 어깨가 넓으며, 동체는 비스듬하며, 바닥은 작음. 어깨부 가까이에는 鋬帶가 돌아감. 토기 표면은 문질러져 매끄러움.

○ 출처 : 吉林省文物考古研究所·集安市文物保管所, 1993,「集安洞溝古墓群禹山墓區集錫公路墓葬發掘」,『高句麗研究文集』, 延邊大學出版社.

2. 청동기(銅器)

1) 띠고리(銅帶夸, JYM3560:14, 그림 9-1)

○ 출토지 : 우산하3560호묘.

○ 크기 : 길이 3cm, 너비 1.9cm.

○ 형태 : 반원형, 중간에는 장방형의 구멍이 뚫려 있음.

○ 출처 : 吉林省文物考古研究所·集安市文物保管所, 1993,「集安洞溝古墓群禹山墓區集錫公路墓葬發掘」,『高句麗研究文集』, 延邊大學出版社.

2) 띠고리(銅帶夸, JYM3560:19, 그림 9-2)

○ 출토지 : 우산하3560호묘.

○ 크기 : 길이 2.8cm, 너비 2.5cm, 두께 0.1cm.

○ 형태 : 대략 방형을 띠며, 중간에는 구멍이 뚫려 있음.

○ 출처 : 吉林省文物考古研究所·集安市文物保管所, 1993,「集安洞溝古墓群禹山墓區集錫公路墓葬發掘」,『高句麗研究文集』, 延邊大學出版社.

3) 포식(銅泡飾, JYM3154:1, 그림 9-3)

○ 출토지 : 우산하3154호묘.

○ 형태 : 반구형을 띠며, 泡 안에는 2개의 납작하고 긴 동제못이 끼워져 있음.

○ 출처 : 吉林省文物考古研究所·集安市文物保管所, 1993,「集安洞溝古墓群禹山墓區集錫公路墓葬發掘」,『高句麗研究文集』, 延邊大學出版社.

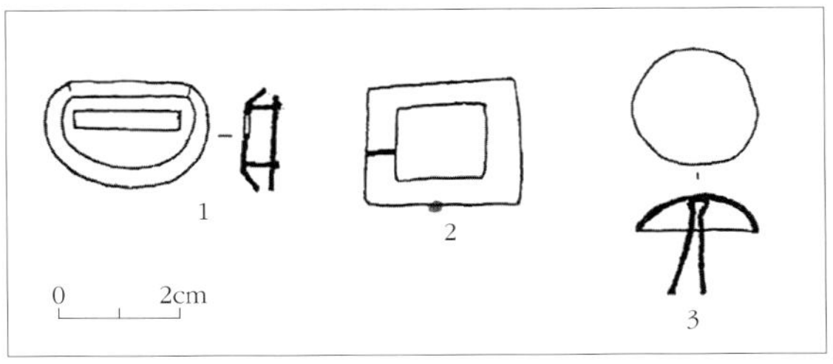

그림 9 청동기
1. 띠고리(JYM3560:14) 2. 띠고리(JYM3560:19)
3. 포식(JYM3154:1)

4) 반지(銅指環, JYM3161:2)

○ 출토지 : 우산하3161호묘.

○ 형태 : 얇은 동편이 고리형으로 감겨 있음.

○ 출처 : 吉林省文物考古研究所·集安市文物保管所, 1993,「集安洞溝古墓群禹山墓區集錫公路墓葬發掘」,『高句麗研究文集』, 延邊大學出版社.

5) 장막걸이쇠(銅帳鉤, JYM3142:9)

○ 출토지 : 우산하3142호묘.

○ 형태 : 銅線은 고리형으로 단조함.

○ 출처 : 吉林省文物考古研究所·集安市文物保管所, 1993,「集安洞溝古墓群禹山墓區集錫公路墓葬發掘」,『高句麗研究文集』, 延邊大學出版社.

3. 철기

1) 창(鐵矛, JYM3560:4A, 그림 10-1)

○ 출토지 : 우산하3560호묘.

○ 크기 : 전체 길이 32.5cm, 창의 몸 길이 13cm, 너비 4cm, 구멍 직경 4cm.

○ 형태 : 창의 날(刃)이 넓고, 창의 끝은 뾰족하며, 창의 몸에는 등대가 서 있으며 말단에는 삼각형의 피홈(血槽)이 있음. 장부 구멍의 입구는 燕尾形을 띠고 있음.

○ 출처 : 吉林省文物考古硏究所 · 集安市文物保管所, 1993, 「集安洞溝古墓群禹山墓區集錫公路墓葬發掘」, 『高句麗硏究文集』, 延邊大學出版社.

2) 창(鐵矛, JYM3560:4B, 그림 10-2)
○ 출토지 : 우산하3560호묘.
○ 크기 : 전체 길이 31cm, 창의 몸 길이 17cm, 최대 너비 2.1cm, 구멍 직경 3cm.
○ 형태 : 창의 끝은 뾰족하며, 창의 몸은 호리호리하고 등대가 서 있으며 장부 구멍은 짧음.
○ 출처 : 吉林省文物考古硏究所 · 集安市文物保管所, 1993, 「集安洞溝古墓群禹山墓區集錫公路墓葬發掘」, 『高句麗硏究文集』, 延邊大學出版社.

3) 창(鐵矛, JYM3598:1, 그림 10-3)
○ 출토지 : 우산하3598호묘.
○ 크기 : 전체 길이 31cm, 창의 몸 길이 12cm, 최대 너비 2.6cm, 구멍 직경 2.8cm.
○ 형태 : 창의 몸은 柳葉形을 띠며, 중간에는 등대가 서 있으며, 장부 구멍의 입구는 燕尾形을 띠고 있음.
○ 출처 : 吉林省文物考古硏究所 · 集安市文物保管所, 1993, 「集安洞溝古墓群禹山墓區集錫公路墓葬發掘」, 『高句麗硏究文集』, 延邊大學出版社.

4) 화살촉(鐵鏃, JYM3103:6, 그림 10-4)
○ 출토지 : 우산하3103호묘.
○ 크기 : 촉신 길이 7.6cm, 날 너비(刃寬) 1.2cm, 슴베 길이(鋌長) 3.5cm.
○ 형태 : 鏟形. 鏃身이 납작한 장방형이며, 화살촉 끝은 약간 독특하며, 슴베는 송곳형(錐形)을 띠고 있음.
○ 출처 : 吉林省文物考古硏究所 · 集安市文物保管所, 1993, 「集安洞溝古墓群禹山墓區集錫公路墓葬發掘」, 『高句麗硏究文集』, 延邊大學出版社.

5) 화살촉(鐵鏃, JYM3560:6, 그림 10-5)
○ 출토지 : 우산하3560호묘.
○ 크기 : 촉신 길이 7cm, 너비 3cm, 슴베 길이(鋌長) 9.6cm.
○ 형태 : 촉신이 평평하고 마름모형(菱形)이며, 촉신의 끝이 뾰족하며, 뒤에는 가는 방형의 슴베와 접하고 있음.
○ 출처 : 吉林省文物考古硏究所 · 集安市文物保管所, 1993, 「集安洞溝古墓群禹山墓區集錫公路墓葬發掘」, 『高句麗硏究文集』, 延邊大學出版社.

6) 화살촉(鐵鏃, JYM3162:3A, 그림 10-6)
○ 출토지 : 우산하3162호묘.
○ 크기 : 촉신 길이 6.8cm, 너비 0.8cm, 슴베 길이(鋌長) 6.5cm.
○ 형태 : 촉신이 대략 柳葉形을 띠며, 중간에는 등대가 일어서 있음.
○ 출처 : 吉林省文物考古硏究所 · 集安市文物保管所, 1993, 「集安洞溝古墓群禹山墓區集錫公路墓葬發掘」, 『高句麗硏究文集』, 延邊大學出版社.

7) 화살촉(鐵鏃, JYM3162:3B, 그림 10-7)
○ 출토지 : 우산하3162호묘.
○ 크기 : 촉신 길이 8.8cm, 너비(鋒寬) 0.8cm, 슴베 길이(鋌長) 3.5cm.
○ 형태 : 촉신이 원주형이며, 화살촉 끝은 뱀머리형(蛇頭形)임.
○ 출처 : 吉林省文物考古硏究所 · 集安市文物保管所, 1993, 「集安洞溝古墓群禹山墓區集錫公路墓葬發掘」, 『高句麗硏究文集』, 延邊大學出版社.

8) 찰갑편(鐵甲片, JYM3142:7, 그림 10-8)
○ 출토지 : 우산하3142호묘.
○ 크기 : 최대 갑편의 길이 8.5cm, 너비 3cm. 최소

갑편의 길이 3cm, 너비 2.2cm.

○ 형태 : 장방형. 상단은 方角이고 하단은 원호이며, 상하와 양측은 모두 구멍이 있는데 가장 많게는 13개의 구멍이 있음.

○ 출처 : 吉林省文物考古研究所 · 集安市文物保管所, 1993, 「集安洞溝古墓群禹山墓區集錫公路墓葬發掘」, 『高句麗研究文集』, 延邊大學出版社.

9) **재갈**(鐵馬銜, JYM3560:5, 그림 10-9)

○ 출토지 : 우산하3560호묘.

○ 형태 : 재갈쇠는 직경 0.5cm의 鐵線을 꼬아 만듦. 양끝에는 인수부가 연결되어 있음.

○ 출처 : 吉林省文物考古研究所 · 集安市文物保管所, 1993, 「集安洞溝古墓群禹山墓區集錫公路墓葬發掘」, 『高句麗研究文集』, 延邊大學出版社.

10) **안고테장식**(鞍橋鐵包邊, JYM3560:7, 그림 10-10)

○ 출토지 : 우산하3560호묘.

○ 형태 : 말안장의 가장자리에 쓰인 마구의 하나로, 단면은 아치형임. 홈(凹槽) 안에는 썩은 나무가 보임.

○ 출처 : 吉林省文物考古研究所 · 集安市文物保管所, 1993, 「集安洞溝古墓群禹山墓區集錫公路墓葬發掘」, 『高句麗研究文集』, 延邊大學出版社.

11) **낫**(鐵鐮, JYM3214:2, 그림 10-11)

○ 출토지 : 우산하3214호묘.

○ 크기 : 너비 4.4cm.

○ 형태 : 背가 호형이고 刃은 직선이며, 손잡이부가 굽어 있음.

○ 출처 : 吉林省文物考古研究所 · 集安市文物保管所, 1993, 「集安洞溝古墓群禹山墓區集錫公路墓葬發掘」, 『高句麗研究文集』, 延邊大學出版社.

12) **송곳**(鐵錐子, JYM3161:8, 그림 10-12)

○ 출토지 : 우산하3161호묘.

○ 크기 : 길이 12.5cm,. 직경 0.4cm.

○ 형태 : 단면은 방형이며, 상단은 꼬여있고 하단은 뾰족함.

○ 출처 : 吉林省文物考古研究所 · 集安市文物保管所, 1993, 「集安洞溝古墓群禹山墓區集錫公路墓葬發掘」, 『高句麗研究文集』, 延邊大學出版社.

13) **고리**(鐵環, JYM3160:6, 그림 10-13)

○ 출토지 : 우산하3160호묘.

○ 크기 : 고리 직경 3.5~2cm, 단면 직경 0.5cm.

○ 형태 : 단면은 원형의 철선으로 꼬아 고리를 만듦.

○ 출처 : 吉林省文物考古研究所 · 集安市文物保管所, 1993, 「集安洞溝古墓群禹山墓區集錫公路墓葬發掘」, 『高句麗研究文集』, 延邊大學出版社.

14) **고리**(鐵環, JYM3162:4, 그림 10-14)

○ 출토지 : 우산하3162호묘.

○ 크기 : 고리 직경 3.5~2cm, 단면 직경 0.5cm.

○ 형태 : 단면은 원형의 철선을 꼬아 고리를 만듦.

○ 출처 : 吉林省文物考古研究所 · 集安市文物保管所, 1993, 「集安洞溝古墓群禹山墓區集錫公路墓葬發掘」, 『高句麗研究文集』, 延邊大學出版社.

15) **갈고리**(鐵鉤狀器, JYM3214:4, 그림 10-15)

○ 출토지 : 우산하3214호묘.

○ 형태 : 한쪽은 단조한 고리 형태이며, 다른 한쪽은 굽어서 고리를 이루고 있음.

○ 출처 : 吉林省文物考古研究所 · 集安市文物保管所, 1993, 「集安洞溝古墓群禹山墓區集錫公路墓葬發掘」, 『高句麗研究文集』, 延邊大學出版社.

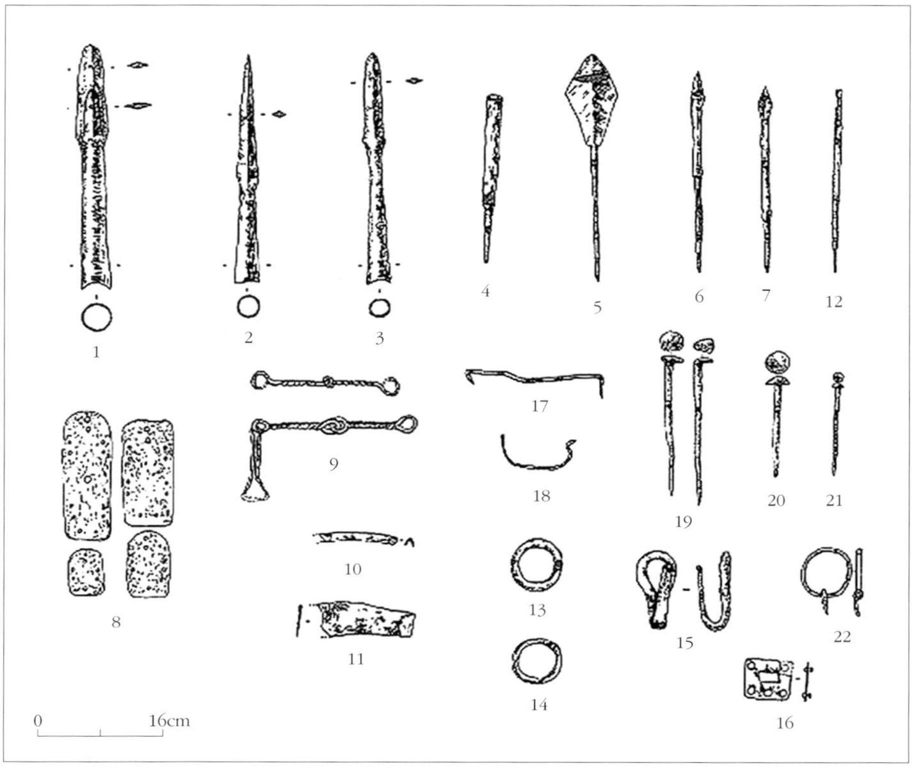

그림 10 철기
1. 창(JYM3560:4A)
2. 창(JYM3560:4B)
3. 창(JYM3598:1)
4. 화살촉(JYM3103:6)
5. 화살촉(JYM3560:6)
6. 화살촉(JYM3162:3A)
7. 화살촉(JYM3162:3B)
8. 찰갑편(JYM3142:7)
9. 재갈(JYM3560:5)
10. 안교테장식(JYM3560:7)
11. 낫(JYM3214:2)
12. 송곳(JYM3161:8)
13. 고리(JYM3160:6)
14. 고리(JYM3162:4)
15. 갈고리(JYM3214:4)
16. 허리띠고리(JYM3233:6)
17. 꺾쇠(JYM3162:8)
18. 장막걸이쇠(JYM3600:2)
19. 관못(JYM3165:7)
20. 관못(JYM3299:3)
21. 관못(JYM1444:2)
22. 관고리(JYM3154:3)

16) 허리띠고리(鐵帶扣, JYM3233:6, 그림 10-16)

○ 출토지 : 우산하3233호묘.

○ 형태 : 평면은 방형을 띠며, 중간에는 장방형의 구멍이 뚫려 있음. 네 모서리에는 각기 한 개의 銀製 연결못(鉚釘)이 있음.

○ 출처 : 吉林省文物考古研究所 · 集安市文物保管所, 1993, 「集安洞溝古墓群禹山墓區集錫公路墓葬發掘」, 『高句麗研究文集』, 延邊大學出版社.

17) 꺾쇠(鐵扒鋦, JYM3162:8, 그림 10-17)

○ 출토지 : 우산하3162호묘.

○ 형태 : 단조했으며, 아치형을 띠고 있음.

○ 출처 : 吉林省文物考古研究所 · 集安市文物保管所, 1993, 「集安洞溝古墓群禹山墓區集錫公路墓葬發掘」, 『高句麗研究文集』, 延邊大學出版社.

18) 장막걸이쇠(鐵帳鉤, JYM3600:2, 그림 10-18)

○ 출토지 : 우산하3600호묘.

○ 형태 : 기형은 기본적으로 고리형(鉤形)이며, 彎鉤 부분의 앞부분은 모서리를 이루고 있음.

○ 출처 : 吉林省文物考古研究所 · 集安市文物保管所, 1993, 「集安洞溝古墓群禹山墓區集錫公路墓葬發掘」, 『高句麗研究文集』, 延邊大學出版社.

19) 관못(鐵棺釘, JYM3165:7, 그림 10-19)

○ 출토지 : 우산하3165호묘.

○ 크기 : 못의 길이 9.2cm, 단면 직경 0.4cm, 머리(帽) 직경 1.3cm.

○ 형태 : 단조 제작. 머리(帽)가 꺾여 타원형을 띠며, 못의 단면은 방형을 이루고 있음.

○ 출처 : 吉林省文物考古研究所 · 集安市文物保管所, 1993, 「集安洞溝古墓群禹山墓區集錫公路墓葬

發掘」,『高句麗硏究文集』, 延邊大學出版社.

20) 관못(鐵棺釘, JYM3299:3, 그림 10-20)
○ 출토지 : 우산하3299호묘.
○ 크기 : 못의 길이 12cm, 단면 직경 0.8cm, 머리(帽) 직경 3cm.
○ 형태 : 단조 제작. 머리가 둥근형태임(圓帽釘).
○ 출처 : 吉林省文物考古硏究所 · 集安市文物保管所, 1993, 「集安洞溝古墓群禹山墓區集錫公路墓葬發掘」,『高句麗硏究文集』, 延邊大學出版社.

21) 관못(鐵棺釘, JYM1444:2, 그림 10-21)
○ 출토지 : 우산하1444호묘.
○ 크기 : 못의 길이 12cm, 단면 직경 0.7cm, 머리(帽) 직경 1cm.
○ 형태 : 단조 제작. 머리가 둥근형태임(圓帽釘).
○ 출처 : 吉林省文物考古硏究所 · 集安市文物保管所, 1993, 「集安洞溝古墓群禹山墓區集錫公路墓葬發掘」,『高句麗硏究文集』, 延邊大學出版社.

22) 관고리(鐵棺環, JYM3154:3, 그림 10-22)
○ 출토지 : 우산하3154호묘.
○ 형태 : 직경 6cm의 철제고리에 철제못이 서로 연결되어 있음.
○ 출처 : 吉林省文物考古硏究所 · 集安市文物保管所, 1993, 「集安洞溝古墓群禹山墓區集錫公路墓葬發掘」,『高句麗硏究文集』, 延邊大學出版社.

23) 관못(鐵棺釘, JYM-3105:23, 그림 11)
○ 출토지 : 우산하3105호묘.
○ 크기 : 길이 12cm, 단면 직경 0.6cm, 머리(帽) 직경 1.3cm.
○ 형태 : 단조 제작. 머리(帽)가 꺾여 타원형을 띠며, 못의 단면은 방형을 이루고 있음.

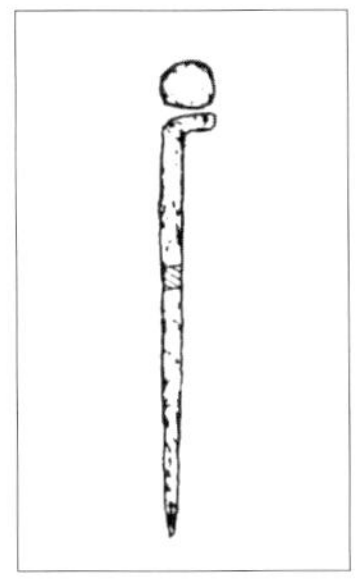

그림 11 철제관못

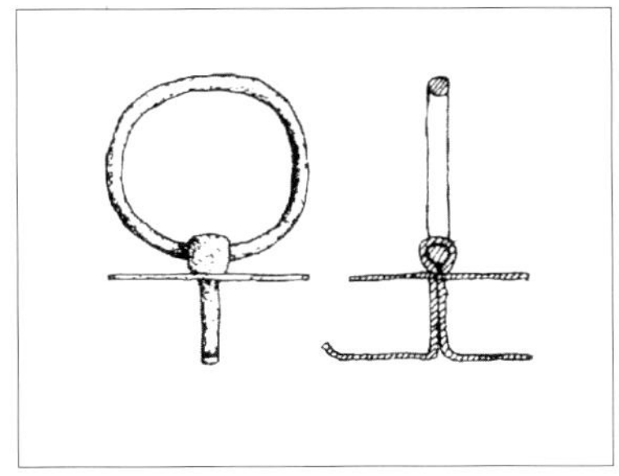

그림 12 철제관고리

○ 출처 : 吉林省文物考古硏究所 · 集安市文物保管所, 1993, 「集安洞溝古墓群禹山墓區集錫公路墓葬發掘」,『高句麗硏究文集』, 延邊大學出版社.

24) 관고리(鐵棺環, JYM-3105:1, 그림 12)
○ 출토지 : 우산하-3105호묘.
○ 크기 : 둥근고리 직경 7.2cm.
○ 형태 : 둥근고리 아래 分釘이 하나 연결됨.
○ 출처 : 吉林省文物考古硏究所 · 集安市文物保管所, 1993, 「集安洞溝古墓群禹山墓區集錫公路墓葬發掘」,『高句麗硏究文集』, 延邊大學出版社.

4. 금동기

1) 관장식(鎏金冠飾, JYM3560:15A)
○ 출토지 : 우산하3560호묘.
○ 형태 : 마치 날개를 흔들며 날려는 새모양 장식이 투조되어 있음. 각 부분은 모두 작은 연결못(鉚釘)으로 결합됨.
○ 출처 : 吉林省文物考古硏究所 · 集安市文物保管所, 1993, 「集安洞溝古墓群禹山墓區集錫公路墓葬發掘」,『高句麗硏究文集』, 延邊大學出版社.

2) 관장식(鎏金冠飾, JYM3560)
○ 출토지 : 우산하3560호묘.
○ 형태 : 새모양 장식의 테두리 장식에는 투조된 십자 꽃무늬가 있음.
○ 출처 : 吉林省文物考古研究所 · 集安市文物保管所, 1993, 「集安洞溝古墓群禹山墓區集錫公路墓葬發掘」, 『高句麗研究文集』, 延邊大學出版社.

3) 관장식(鎏金冠飾, JYM3161:5)
○ 출토지 : 우산하3161호묘.
○ 형태 : '品'자형이 투조되어 있는 무늬임.
○ 출처 : 吉林省文物考古研究所 · 集安市文物保管所, 1993, 「集安洞溝古墓群禹山墓區集錫公路墓葬發掘」, 『高句麗研究文集』, 延邊大學出版社.

4) 관장식(鎏金冠飾, JYM3142:12, 그림 13-1)
○ 출토지 : 우산하3142호묘.
○ 형태 : 인동문이 투조된 무늬임.
○ 출처 : 吉林省文物考古研究所 · 集安市文物保管所, 1993, 「集安洞溝古墓群禹山墓區集錫公路墓葬發掘」, 『高句麗研究文集』, 延邊大學出版社.

5) 고리장식(環飾, JYM3600:3, 그림 13-2)
○ 출토지 : 우산하3600호묘.
○ 크기 : 직경 2.5cm, 단면 직경 0.6cm.
○ 출처 : 吉林省文物考古研究所 · 集安市文物保管所, 1993, 「集安洞溝古墓群禹山墓區集錫公路墓葬發掘」, 『高句麗研究文集』, 延邊大學出版社.

6) 관장식(塊飾, JYM3560:1, 그림 13-3)
○ 출토지 : 우산하3560호묘.
○ 크기 : 길이 3.3cm, 너비 1.4cm, 두께 0.3cm.
○ 형태 : 양면 금동으로 납작한 장방형인데 출토될 때 관식과 함께 나온 것으로 보아 冠 위의 장식에 끼워 넣었을 것으로 추정됨.
○ 출처 : 吉林省文物考古研究所 · 集安市文物保管所, 1993, 「集安洞溝古墓群禹山墓區集錫公路墓葬發掘」, 『高句麗研究文集』, 延邊大學出版社.

7) 관장식(塊飾, JYM3600:4, 그림 13-4)
○ 출토지 : 우산하3600호묘.
○ 크기 : 길이 3.3cm, 너비 1.4cm, 두께 0.3cm.
○ 형태 : 양면 금동의 납작한 타원형인데 출토될 때 관식과 함께 나온 것으로 보아 冠 위의 장식에 끼워 넣었을 것으로 추정됨.
○ 출처 : 吉林省文物考古研究所 · 集安市文物保管所, 1993, 「集安洞溝古墓群禹山墓區集錫公路墓葬發掘」, 『高句麗研究文集』, 延邊大學出版社.

8) 팔찌(手鐲, JYM3160:3, 그림 13-5)
○ 출토지 : 우산하3160호묘
○ 크기 : 직경 6cm, 단면 직경 0.5cm.
○ 형태 : 단면이 삼각형, 고리형.
○ 출처 : 吉林省文物考古研究所 · 集安市文物保管所, 1993, 「集安洞溝古墓群禹山墓區集錫公路墓葬發掘」, 『高句麗研究文集』, 延邊大學出版社

9) 못신 바닥(釘鞋底, JYM3109:1, 그림 13-6)
○ 출토지 : 우산하3109호묘.
○ 크기 : 길이 30cm, 너비 11.6~9cm로 고르지 않음. 못의 길이 3.2cm.
○ 형태 : 못신 바닥에는 23개의 사각 뾰족모양의(四楞尖狀) 못이 있으나 현재는 2개만 남아 있음. 못신 바닥의 가장자리는 꺾였는데, 그 위에는 줄로 연결하는 작은 구멍이 한 줄 돌아감.
○ 출처 : 吉林省文物考古研究所 · 集安市文物保管所, 1993, 「集安洞溝古墓群禹山墓區集錫公路墓葬發掘」, 『高句麗研究文集』, 延邊大學出版社.

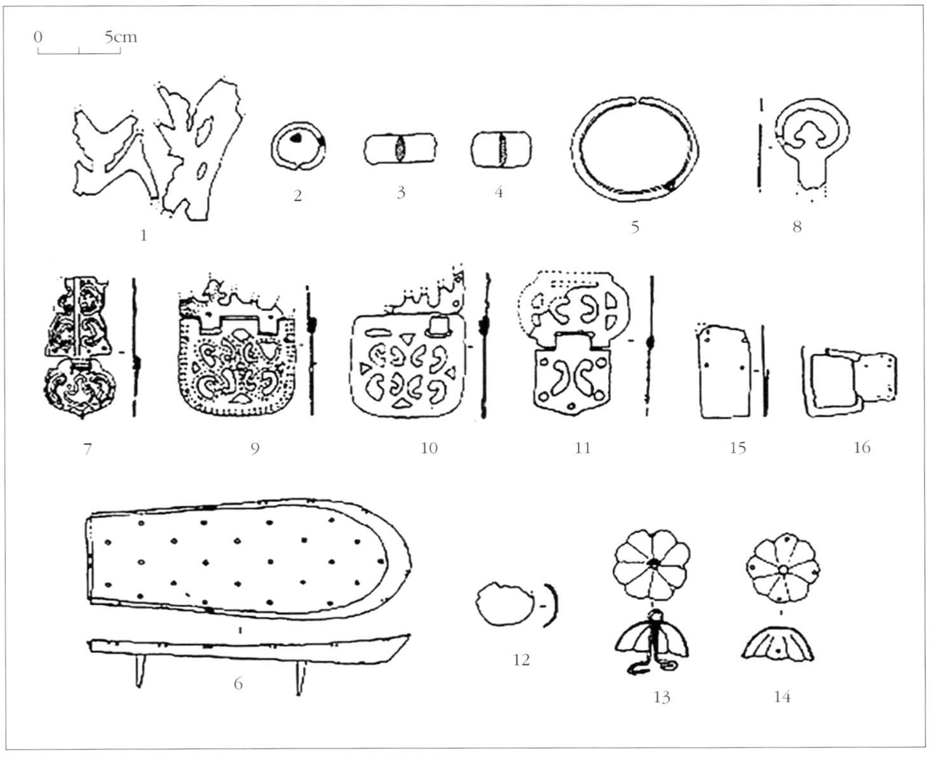

그림 13
우산하 집석공로상고분군의 금동기
1. 관장식(JYM3142:12)
2. 고리장식(JYM3600:3)
3. 관장식(JYM3560:1)
4. 관장식(JYM3600:4)
5. 팔찌(JYM3160:3)
6. 못신 바닥(JYM3109:1)
7. 허리띠꾸미개(JYM3560:13A)
8. 삼엽문 고리자루 손잡이(JYM3560:13B)
9. 허리띠꾸미개(JYM3560:13C)
10. 허리띠꾸미개(JYM3560:13C)
11. 허리띠드리개장식(JYM3162:5)
12. 포식(JYM3598:1)
13. 화판형 운주(JYM3142:11)
14. 포식(JYM3560:11)
15. 사미(JYM3560:20)
16. 띠고리(JYM3560:14)

10) **허리띠꾸미개**(帶飾, JYM3560:13A, 그림 13-7)

○ 출토지 : 우산하3560호묘.

○ 크기 : 전체 길이 6.7cm, 너비 3.3cm, 두께 0.1cm.

○ 형태 : 정면 금동으로 상부는 장방형의 薄片이며, 안에는 卷草文의 투조도안이 있음. 네 모서리에는 각기 한 개의 연결못(鉚釘)이 있음. 아래는 桃形 투조고리(鏤空環)가 연결되어 있음. 고리 위에는 아름다운 卷草圖案이 새겨져 있음. 이 허리띠꾸미개는 일본 교토대에 소장된 허리띠꾸미개와 완전 일치함.

○ 출처 : 吉林省文物考古研究所 · 集安市文物保管所, 1993, 「集安洞溝古墓群禹山墓區集錫公路墓葬發掘」, 『高句麗硏究文集』, 延邊大學出版社.

11) **삼엽문 고리자루 손잡이**(帶飾, JYM3560:13B, 그림 13-8)

○ 출토지 : 우산하3560호묘.

○ 크기 : 고리 직경 3.4cm, 두께 0.1cm.

○ 형태 : 양면 금동으로 상부는 훼손되었으며, 하부는 고리를 이루고 있음. 고리 안에는 투조된 卷草文이 있음. 고리자루 큰 칼의 손잡이 끝장식임.

○ 출처 : 吉林省文物考古研究所 · 集安市文物保管所, 1993, 「集安洞溝古墓群禹山墓區集錫公路墓葬發掘」, 『高句麗硏究文集』, 延邊大學出版社.

12) **허리띠꾸미개**(帶飾, JYM3560:13C, 그림 13-9)

○ 출토지 : 우산하3560호묘.

○ 크기 : 너비 5.4cm, 두께 0.1cm.

○ 형태 : 정면 금동으로 상부는 훼손되었으며, 하부에는 장방형의 薄片이 연결되어 있으며, 안에는 투조된 卷草文이 새겨져 있음. 薄片 위에는 점렬문(鏨點文)이 새겨져 있음.

○ 출처 : 吉林省文物考古研究所 · 集安市文物保管

所, 1993, 「集安洞溝古墓群禹山墓區集錫公路墓葬發掘」, 『高句麗研究文集』, 延邊大學出版社.

13) 허리띠꾸미개(帶飾, JYM3560:13C, 그림 13-10)
○ 출토지 : 우산하3560호묘.
○ 형태 : 정면 금동으로 상부는 훼손되었으며, 하부에는 장방형의 薄片이 연결되어 있으며, 안에는 투조된 卷草文이 새겨져 있음. 薄片 위에는 무늬가 없음.
○ 출처 : 吉林省文物考古研究所 · 集安市文物保管所, 1993, 「集安洞溝古墓群禹山墓區集錫公路墓葬發掘」, 『高句麗研究文集』, 延邊大學出版社.

14) 허리띠드리개장식(帶飾, JYM3162:5, 그림 13-11)
○ 출토지 : 우산하3162호묘.
○ 크기 : 전체 길이 6.8cm, 너비 5.2cm, 두께 0.1cm.
○ 형태 : 상단은 방형에 가까우며 네 모서리에는 각기 연결못(鉚釘)이 있으며, 중간에는 투조된 雲文이 새겨져 있으며, 하부에는 타원형장식이 연결되어 있는데 약간 훼손된 상태임.
○ 출처 : 吉林省文物考古研究所 · 集安市文物保管所, 1993, 「集安洞溝古墓群禹山墓區集錫公路墓葬發掘」, 『高句麗研究文集』, 延邊大學出版社.

15) 포식(泡飾, JYM3598:1, 그림 13-12)
○ 출토지 : 우산하3598호묘.
○ 크기 : 너비 2.1cm, 길이 2.6cm.
○ 형태 : 볼록면이 타원형을 띠고 있음.
○ 출처 : 吉林省文物考古研究所 · 集安市文物保管所, 1993, 「集安洞溝古墓群禹山墓區集錫公路墓葬發掘」, 『高句麗研究文集』, 延邊大學出版社.

16) 화판형 운주(泡飾, JYM3142:11, 그림 13-13)
○ 출토지 : 우산하3142호묘.
○ 크기 : 泡 직경 3.5cm, 높이 1.5cm, 分釘 높이 3.23cm.
○ 형태 : 매화형 단추모양장식으로 泡 중간에는 구멍이 있는데 구멍 안에는 分釘이 통과하고 있음.
○ 출처 : 吉林省文物考古研究所 · 集安市文物保管所, 1993, 「集安洞溝古墓群禹山墓區集錫公路墓葬發掘」, 『高句麗研究文集』, 延邊大學出版社.

17) 포식(泡飾, JYM3560:11, 그림 13-14)
○ 출토지 : 우산하3560호묘.
○ 크기 : 泡 직경 3.3cm, 높이 1.4cm.
○ 형태 : 매화형으로 泡 중간에는 구멍이 있는데 구멍 안에는 分釘이 통과하고 있음. 표면의 가장자리에는 4개의 대칭하는 구멍이 뚫려 있음.
○ 출처 : 吉林省文物考古研究所 · 集安市文物保管所, 1993, 「集安洞溝古墓群禹山墓區集錫公路墓葬發掘」, 『高句麗研究文集』, 延邊大學出版社.

18) 사미(鉈尾, JYM3560:20, 그림 13-15)
○ 출토지 : 우산하3560호묘.
○ 크기 : 길이 4.5cm, 너비 2.5cm.
○ 형태 : 장방형으로 꼬리 끝(尾端)에는 가죽띠와 연결되는 작은 5개의 구멍이 뚫려 있음.
○ 출처 : 吉林省文物考古研究所 · 集安市文物保管所, 1993, 「集安洞溝古墓群禹山墓區集錫公路墓葬發掘」, 『高句麗研究文集』, 延邊大學出版社.

19) 띠고리(帶卡, JYM3560:14, 그림 13-16)
○ 출토지 : 우산하3560호묘.
○ 크기 : 전체 길이 4.4cm, 너비 3.5cm.
○ 형태 : 扣圈은 대략 불규칙 방형이며, 꼬리 부분에는 가죽띠와 연결하는데 사용되는 扣가 있음. 그 위에

는 6개의 구멍이 뚫려 있음.

○ 출처 : 吉林省文物考古研究所 · 集安市文物保管所, 1993, 「集安洞溝古墓群禹山墓區集錫公路墓葬發掘」, 『高句麗研究文集』, 延邊大學出版社.

20) 말안장꾸미개(鞍橋壓條, JYM3560:21A)

○ 출토지 : 우산하3560호묘.

○ 형태 : 훼손되어 몇 개의 조각으로 나뉘어져 있음. 금동薄片이 아치형을 이루고 있으며, 위에는 구슬 모양의 돌기가 새겨진 무늬가 있음.

○ 출처 : 吉林省文物考古研究所 · 集安市文物保管所, 1993, 「集安洞溝古墓群禹山墓區集錫公路墓葬發掘」, 『高句麗研究文集』, 延邊大學出版社.

21) 방격문장식편(方格紋飾片, JYM3560:21B)

○ 출토지 : 우산하3560호묘.

○ 형태 : 투조된 방격문 조각으로 위에는 여러 곳에 작은 구멍이 있음. 이미 심하게 훼손된 상태인데 말안장꾸미개(JYM3560:21A 출토)와 출토지가 같다는 점에서 목질 말안장의 장식에 연결되는 것으로 추정됨.

○ 출처 : 吉林省文物考古研究所 · 集安市文物保管所, 1993, 「集安洞溝古墓群禹山墓區集錫公路墓葬發掘」, 『高句麗研究文集』, 延邊大學出版社.

22) 고리(銅質鎏金環, JYM3013:1, 그림 14)

○ 출토지 : JYM3013.

○ 크기 : 고리 직경 1.7cm, 단면 직경 0.2cm.

○ 형태 : 출토 당시 이미 파손된 상태로 금동은 다수 깎이고 부식됨.

○ 출처 : 吉林省文物考古研究所 · 集安市文物保管所, 1993, 「集安洞溝古墓群禹山墓區集錫公路墓葬發掘」, 『高句麗研究文集』, 延邊大學出版社.

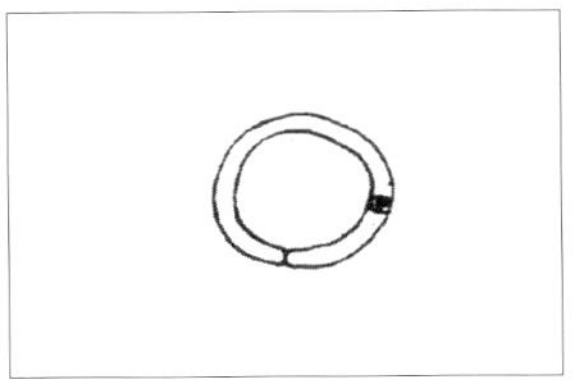

그림 14 금동고리

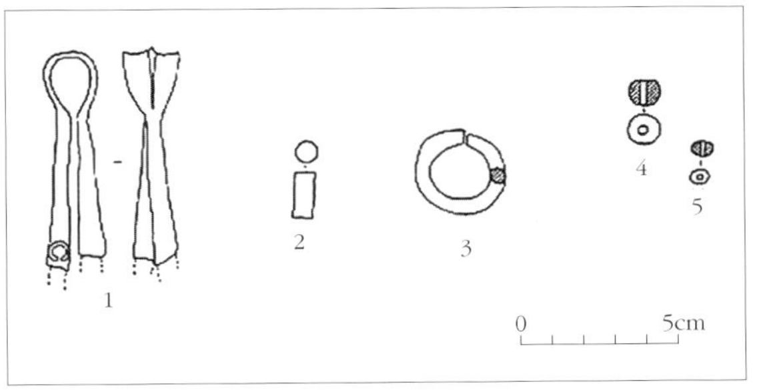

그림 15 우산하 집석공로상고분군의 금은기 및 마노
1. 은제비녀(JYM3160:4) 2. 금제대롱(JYM3142:14)
3. 금동고리(JYM3233:13) 4. 마노(JYM3142:15)
5. 마노(JYM3154:4)

23) 고리(包金環, JYM3233:13, 그림 15-3)

○ 출토지 : JYM3233.

○ 크기 : 고리 직경 3cm, 단면 직경 0.6cm, 총중량 4g.

○ 형태 : 銅絲의 밖에 한 겹의 金箔를 고리 모양으로 감음.

○ 출처 : 吉林省文物考古研究所 · 集安市文物保管所, 1993, 「集安洞溝古墓群禹山墓區集錫公路墓葬發掘」, 『高句麗研究文集』, 延邊大學出版社.

5. 금기 및 은기

1) 금제대롱(金管, JYM3142:14, 그림 15-2)

○ 출토지 : 우산하3142호묘.

○ 크기 : 管의 길이 1.2cm, 직경 0.5cm.

○ 출처 : 吉林省文物考古研究所 · 集安市文物保管所, 1993, 「集安洞溝古墓群禹山墓區集錫公路墓葬發掘」, 『高句麗研究文集』, 延邊大學出版社.

2) **은제비녀**(銀頭釵, JYM3160:4, 그림 15-1)

○ 출토지 : 우산하3160호묘.

○ 형태 : 銀片을 아치형으로 말아 상단을 만들고, 하단에는 2개의 鐵線으로 감쌌는데 철선이 끊어져 훼손됨.

○ 출처 : 吉林省文物考古研究所 · 集安市文物保管所, 1993, 「集安洞溝古墓群禹山墓區集錫公路墓葬發掘」, 『高句麗研究文集』, 延邊大學出版社.

6. 기타

1) **마노**(瑪瑙, JYM3142:15, 그림 15-4)

○ 출토지 : 우산하3142호묘.

○ 크기 : 직경 0.8cm.

○ 형태 : 납작한 球形. 중간에는 구멍이 뚫려 있음.

○ 출처 : 吉林省文物考古研究所 · 集安市文物保管所, 1993, 「集安洞溝古墓群禹山墓區集錫公路墓葬發掘」, 『高句麗研究文集』, 延邊大學出版社.

2) **마노**(瑪瑙, JYM3154:4, 그림 15-5)

○ 출토지 : 우산하3154호묘.

○ 크기 : 직경 0.5cm.

○ 형태 : 납작한 球形. 중간에는 구멍이 뚫려 있음.

○ 출처 : 吉林省文物考古研究所 · 集安市文物保管所, 1993, 「集安洞溝古墓群禹山墓區集錫公路墓葬發掘」, 『高句麗研究文集』, 延邊大學出版社.

제3부

집안 하해방고분군
(集安 下解放古墳群)

|고분 분포도|

© 노윤성

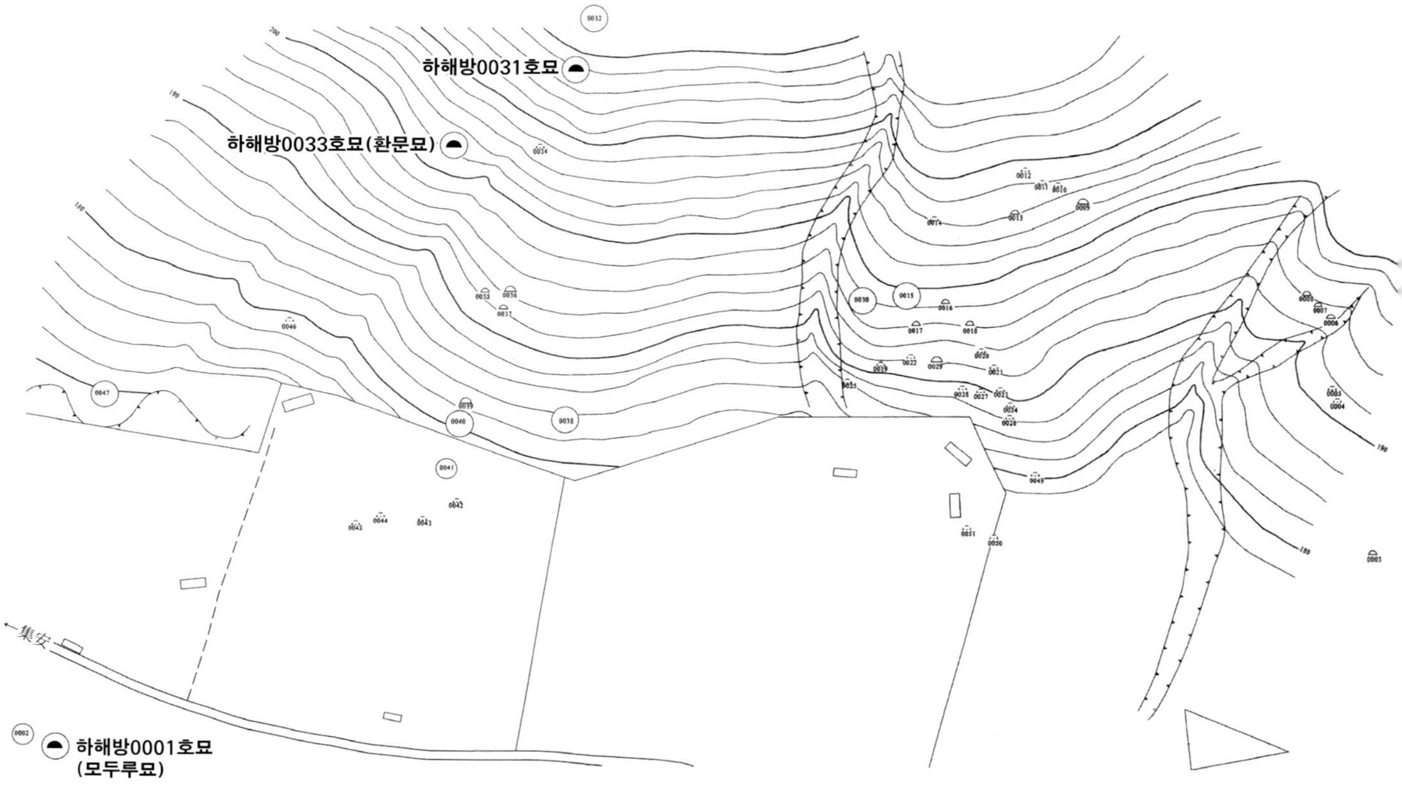

집안 하해방고군분 개관

1. 고분군의 위치와 규모

○ 집안 통구평원은 동서 길이 40km, 남북 너비 2~4km로 점유면적은 1,334.68ha이며, 통구고분군의 보호범위는 3,914.02ha임. 통구고분군은 1966년 측량 및 편호 작업을 통해 우산하고분군, 하해방고분군, 산성하고분군, 만보정고분군, 칠성산고분군, 마선 구고분군 등 6개 구역으로 나뉘었다가 2005년 5월 집안시문물국 조사에서 장천고분군을 새로 추가하여 7개 구역으로 구획됨.[1]

○ 통구고분군은 1980년 李殿福이 발표한 『集安高句麗研究』에 의하면 1962년 조사 때 1만 1,280기 고분을 실측조사함. 이후 시기별로 확인된 고분 개체 수의 편차가 있는데, 1997년 중국의 실측보고서(『洞溝古墓群－1997年調查測繪報告』)에서는 1만 1,300기를, 2005년 조사(『集安高句麗墓葬』)에서는 1만 1,494기를 확인함.

○ 하해방의 원래 명칭은 下羊魚頭였으나 1965년 통구고분군 실측조사 당시 '하해방고분군'으로 명명됨. 통구고분군의 최동단에 위치하며 남쪽은 압록강과 면해 있음. 용산 남쪽 산기슭 지대와 압록강 우안의 대지에 총 40.32ha의 면적을 차지하고 있음.

○ 하해방고분군은 1966년 조사(『考古學報』 1980-2)에 의하면 총 51기 고분이 발표되었으나 이후 1997년 실측보고서(『洞溝古墓群－1997年調查測繪報告』)에서는 50기로 소개되었고, 2005년 조사(『集安高句麗墓葬』)에서는 총 52여 기 고분이 분포해 있다고 발표하였으나, 현존하는 고분은 총 30여 기에 불과함. 대다수가 산비탈에 자리하고 있으며 평지에는 2기만 있음.

2. 고분군 조사 연혁

1) 일제시기 조사내용

(1) 1935년 조사

滿洲國 문교부 촉탁으로 伊藤伊八, 三宅俊成 등이 광개토왕릉비 보존상태 조사와 비문 탁본을 목적으로 集安을 조사하다가 벽화고분 2기(무용총, 각저총)를 발견하고, 만주국 문교부에 조사를 건의함. 池內宏, 濱田耕作, 梅原末治, 藤田亮策, 小場恒吉 등이 광개토왕릉비와 산성자산성(환도성), 통구성(국내성) 등의 성곽 외에 고구려 고분을 조사함. 이때 우산하고분군과 함께 하해방고분군의 모두루

---

1 孫仁杰·遲勇, 2007, 『集安高句麗墓葬』, 香港亞洲出版社, 2~6쪽 참조.

총, 환문총 등을 조사함.

(2) 1936년 조사

1935년 제1차 통구 방문에 이어 제2차 방문이 실시됨. 池內宏, 濱田耕作, 梅原末治, 水野清一, 三上次男 등이 산성자산성과 통구성 등의 성곽 외에 고구려 고분을 정밀조사함. 조사 고분은 우산하고분군, 마선구고분군과 함께 하해방고분군의 모두루총, 환문총 등임.

2) 중국의 조사내용

(1) 1963년 발견

현지 주민들에 의해 하해방고분군 31호묘가 발견되어 集安縣文物保管所에서 조사.

(2) 1966년 조사

吉林省博物館이 실측조사를 통해 하해방고분군 총 51기 확인.

(3) 1978년 조사

集安縣文物保管所 주관으로 벽화고분 조사.

(4) 1983년 조사

集安市文物普查隊의 하해방고분군 31호묘 조사.

(5) 1997년 조사

吉林省文物考古研究所와 集安市博物館의 주관 아래 전면적 실측조사를 통해 총 50기 확인.

(6) 2005년 조사

集安市文物局이 조사하여 하해방고분군에서 총 52기 확인.

참고문헌

- 池內宏·梅原末治, 1938, 『通溝』 上, 日滿文化協會.
- 池內宏·梅原末治, 1940, 『通溝』 下, 日滿文化協會.
- 李殿福, 1980, 「集安高句麗研究」, 『考古學報』 1980-2.
- 吉林省文物考古研究所·集安市博物館, 2002, 『洞溝古墓群 – 1997年調查測繪報告』, 科學出版社.
- 孫仁杰·遲勇, 2007, 『集安高句麗墓葬』, 香港亞洲出版社.

제4부

집안 만보정고분군 (集安 萬寶汀古墳群)

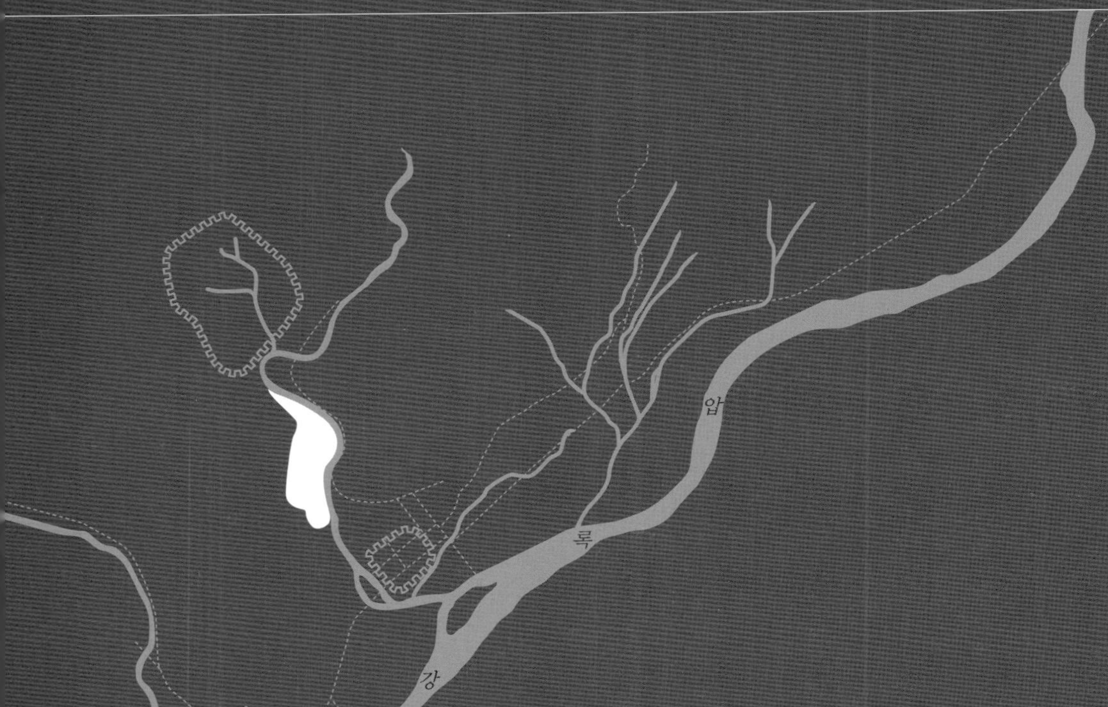

|고분 분포도|

© 노윤성

山城下墓區
山城下墓區
通
河
만보정1078호묘
만보정1022호묘
만보정0645호묘
만보정0709호묘
만보정0448호묘
만보정1368호묘
만보정0242호묘
만보정1200호묘

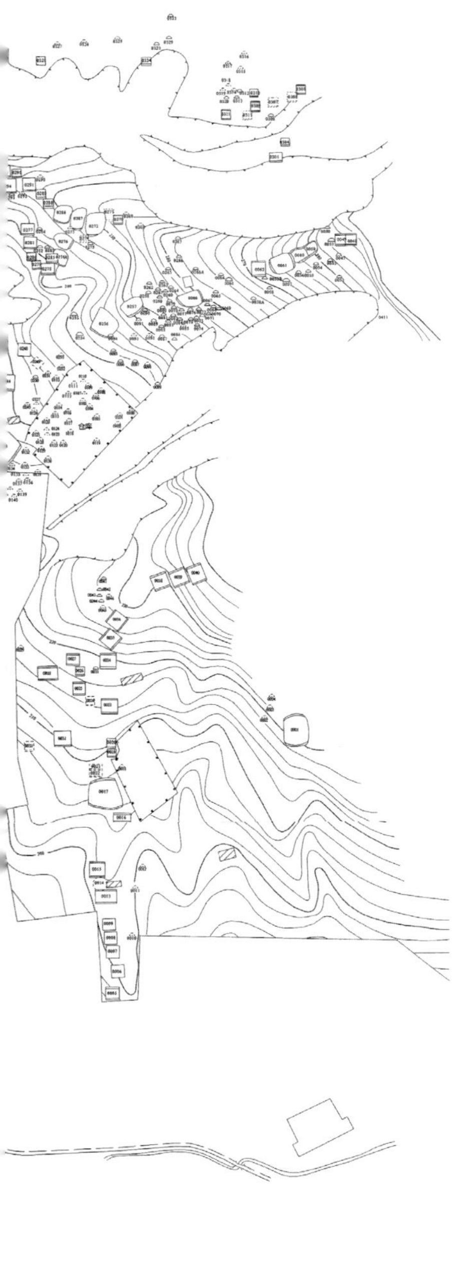

집안 만보정고군분 개관

1. 고분군의 위치와 규모

○ 집안 통구평원은 동서 길이 40km, 남북 너비 2~4km로, 점유면적은 1,334.68ha이며, 통구고분군의 보호범위는 3,914.02 ha임. 집안시내 통구고분군은 1966년 측량 및 편호 작업을 통해 우산하고분군, 하해방고분군, 산성하고분군, 만보정고분군, 칠성산고분군, 마선구고분군 등 6개 구역으로 나뉘었음.

○ 1962년에 통구고분군 가운데 1만 1,280기의 고분을 실측조사함. 이후 시기별로 확인된 고분 수에 편차가 있는데 1997년 조사에서 1만 1,300기, 2005년 조사에서 1만 1,494기를 확인함.

○ 만보정고분군은 산성자산성 서남쪽, 칠성산 동쪽 기슭, 통구 하곡지에 위치하고, 고분은 총 1,547기이며, 점유 면적은 9,917ha임. 고분군은 크게 서대파편, 통구10조편, 통구11조편 등 3개의 묘지로 나뉨. 서대파편묘지는 축조연대가 가장 이르며, 산허리에서 산아래 비탈로 순차적 배열이 이루어짐. 통구10조편묘지는 통구 하류에 위치하는 고분 축조연대에 비해 비교적 늦은 편이며, 대부분 주민 거주지 안에 분포하여 보존상태가 양호하지 못함. 만보정고분군 가운데 대표적 고분으로는 만보정0368호묘(JWM1368), 만보정0709호묘(JWM0709), 만보정0645호묘(JWM0645) 등이 있음. 통구11조편묘지는 비교적 보존상태가 양호하며, 통구하 계곡을 따라 순차적으로 배열되었는데, 통구하 상류에 있는 고분이 하류에 있는 고분보다 축조연대가 이른 편임.

○ 1980년 李殿福이 발표한 「集安高句麗墓研究」(『考古學報』 1980-2)에서 1966년 실측조사 결과를 전함. 만보정고분군 내 총 1,516기의 고분이 분포하는데, 그 가운데 적석묘는 757기이고 봉토묘가 대략 759기라고 함. 이후 1997년 중국의 실측보고서(『洞溝古墓群-1997年 調査測繪報告』, 2002)에 의하면 총 1,474기의 고분이 확인되는데, 현존하는 고분은 1,082기이며 소실된 고분은 총 392기임. 2005년 조사에서는(『集安高句麗墓葬』, 2007) 1,547기를 확인함.

2. 고분군 조사 연혁

1) 1963년 조사

길림시문물보관소에서 60여 기를 조사함.

2) 1965년 조사

길림시문물보관소에서 31기를 조사함.

3) 1970년대 조사

농지확장사업이 추진되면서 길림성박물관이 통구 지역 고분군을 전면 조사함. 만보정고분군의 경우 1968년에 70기, 1969년에 23기, 1970년에 4기, 1972년에 1기, 1975년에 2기, 1976년에 35기 등이 조사됨.

4) 1987년 조사

보험공사 차고지 건설로 인해 2기를 발굴조사.

5) 1996년 조사

용수로 건설로 인해 20여 기를 발굴조사.

6) 1997년 조사

길림성문물고고연구소와 집안시박물관의 주관 아래 전면적 실측조사를 실시하였는데, 만보정고분군에서 1,474기를 확인함.

7) 1999년 조사

홍수 피해를 당한 후 15기를 조사함.

8) 2005년 조사

집안시문물국에서 조사를 진행하여 1,547기를 확인함.

01 집안 만보정0000호묘

集安 萬寶汀0000號墓 | JWM0000

1. 위치와 자연환경

集安 萬寶汀古墳群의 石洞溝門 좌측 산허리에 위치.

2. 고분의 현황

1) 고분 명칭의 변천

1966년 洞溝古墳群에 대한 실측조사 때에는 발견되지 않다가 1990년 6월에 발견. 이전에 편호되지 않았으므로 혼란을 없애기 위해 '萬寶汀0000號墓(JWM0000)'로 편호.

2) 발굴 경위

현지 사람들이 씨를 뿌릴 때 매우 많은 토기편들을 발견하면서 신고하였고, 이를 조사하면서 발견.

3) 고분 형식

(1) 유형

封土石室墓.

4) 고분 구조

○ 묘는 일찍이 파괴되어 분구 위의 풀더미만 남아 있고, 그 위에는 깬돌이 쌓여 있음.

○ 묘실은 서벽 바닥부분에 여러 개의 벽석이 있을 뿐 파괴가 심하여 자세히 파악하기 어려움.

3. 출토유물

호(四耳陶罐) 2점이 출토되었는데, 구연부는 파손. 형태는 서로 같고 복원이 가능. 니질의 회색 토기임. JWM0:1은 묘실 범위의 남단에서 발견되었는데, 물레질로 제작하였고 기형은 반듯함. 표면은 광택이 나고, 소성온도는 높음. 구연은 파손되었으나 뻗어 있고(展沿), 어깨가 넓음(廣肩). 어깨에는 파상문(垂帳文) 2열이 있고 그 사이로 弦文 1열이 있음. 어깨와 동체부(腹) 사이에는 가로방향의 손잡이(橋狀橫耳) 4개가 대칭하고 있음. 바닥은 평평함. 남은 높이는 45cm, 어깨 직경은 32cm, 바닥 직경은 18cm임(그림 1).

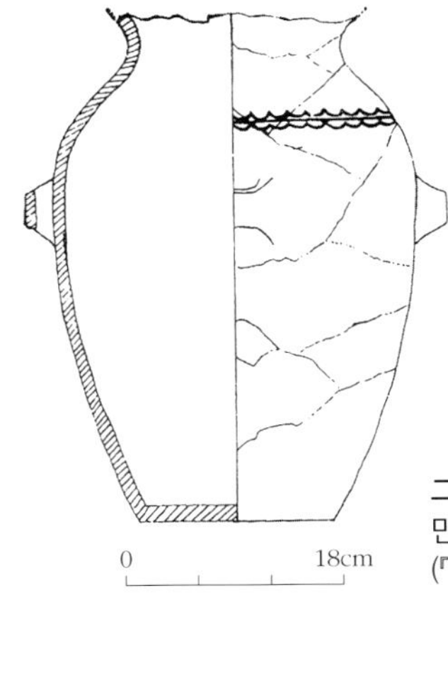

그림 1
만보정0000호묘 출토 호
(『博物館硏究』 1994-3, 81쪽)

4. 역사적 성격

고분에서 출토된 토기는 고화도로 소성되었고, 어깨의 파상문과 가로방향의 손잡이는 4세기 이후 고구려 토기의 특징임. 출토된 토기의 기형과 어깨부분의 무늬 등을 미루어 볼 때 축조 시기는 5세기대로 추정됨(孫仁杰, 1994).

참고문헌

- 孫仁杰, 1994,「集安洞溝古墓群三座古墓清理」,『博物館研究』1994-3.
- 吉林省文物考古研究所·集安市博物館, 2002,『洞溝古墓群 - 1997年調査測繪報告』, 科學出版社.
- 孫仁杰·遲勇, 2007,『集安高句麗墓葬』, 香港亞洲出版社.

02 집안 만보정0242호묘

集安 萬寶汀0242號墓 | JWM0242

1. 조사현황

1975년 7월~11월에 集安文管所가 전면 정리 및 발굴.

2. 위치와 자연환경(그림 1~그림 2)

1) 고분의 위치

○ 集安 萬寶汀 평지 남부에 위치. 만보정은 집안시 북쪽 산골짜기에 위치하는데, 남북으로 좁고 긴 충적평지이고 동·서·북 3면은 산으로 둘러싸여 있음.

○ 만보정일대에는 만보정0242호묘 이외에도 많은 고구려의 고분이 남북방향으로 질서 있게 분포하고 있음. 무덤은 대다수가 基壇(方壇)積石墓와 階段(方壇階梯)積石墓이고, 일부 封土石室(洞室)墓도 보임. 이 외에 겉으로 보기에는 비교적 큰 장방형의 적석묘이지만 실제로는 여러 기의 무덤이 연접한 것으로서 축조할 때 분구를 서로 연결한 유형이 있는데, 한 기의 묘를 단독으로 축조하면서 서로 연결시킨 형태와 공동의 기단 위에 계단(방단계제)적석묘를 단독적으로 축조한 형태가 있음. 이러한 유형의 무덤은 북쪽에서 남쪽으로 차례대로 축조되었는데, 남면 무덤의 북쪽 기단은 북면의 남쪽 계단과 이어져 있고, 나머지 세 면은 계단으로 축조. 남묘의 분구는 북묘의 분구와 연결되어 있는데, 그 사이에 빈 공간은 없음. 이러한 형태의 무덤을 '方壇階梯積石串墓'라고 부르는데, 만보정0242호묘가 이에 속함.

○ 위치좌표(최북변기준)는 동경 126°09′56.6″, 북위 41°07′56.4″이고, 해발고도는 196m임.

2) 고분의 주변환경

○ 남단에는 비교적 큰 적석곳묘(萬寶汀 186~188號墓)가 있고 북측에는 기단(방단)적석묘가 있는데, 남·북으로 한 줄 이어져 있음. 열의 서쪽으로 다른 적석묘들이 남북으로 배열되어 평행을 이루고 있음.

○ 동쪽에는 通溝河가 흐르고 있는데, 통구하는 남쪽으로 흘러 압록강으로 유입됨.

○ 남쪽으로 약 5리 떨어진 지점에 國內城이 있음.

○ 북쪽으로 약 3리 떨어진 지점에는 집안 山城子山城이 있음.

3. 고분의 현황

1) 고분 발굴 전 상황

분구와 네 주변 모두 무질서하게 쌓은 돌무지 같았음. 남은 길이는 50m, 너비는 20.05~23.50m였음.

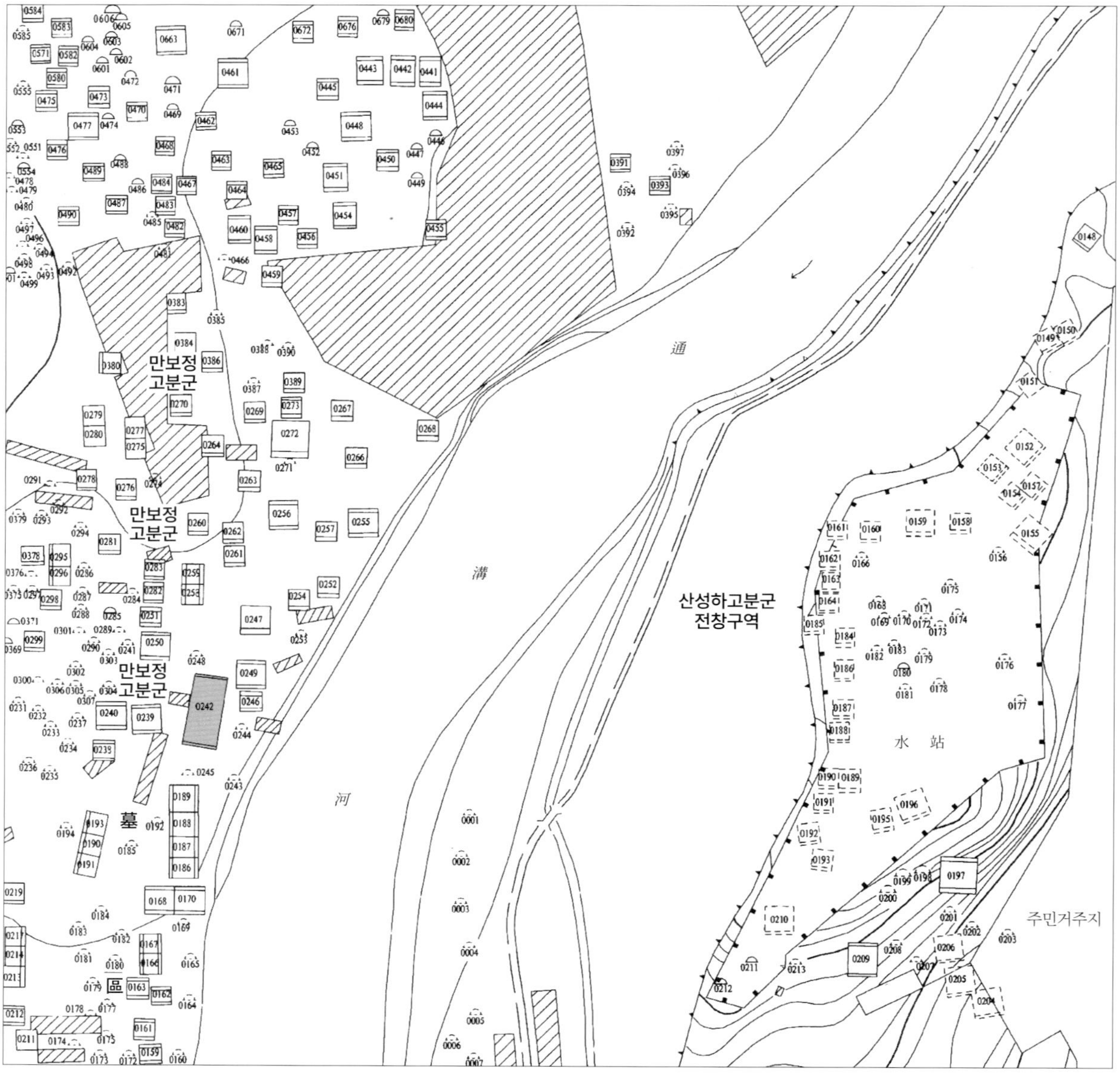

그림 1 만보정0242호묘 위치도(『洞溝古墓群-1997年調査測繪報告』, 234쪽)

2) 고분 형식(그림 3)

(1) 유형

方壇階梯積石串墓.

(2) 규모

전체 길이 45m, 너비 17.20m, 남은 높이 1.40~3.50m.

3) 고분 구조

(1) 외형

○ 4기의 무덤이 연접됨.

○ 평면은 장방형임.

○ 묘실에 도굴 당한 흔적이 있음.

○ 축조방식을 살펴보면 먼저 강자갈을 이용해 전체 곳묘의 기단을 만들었는데, 기단석은 지면과 평행하거

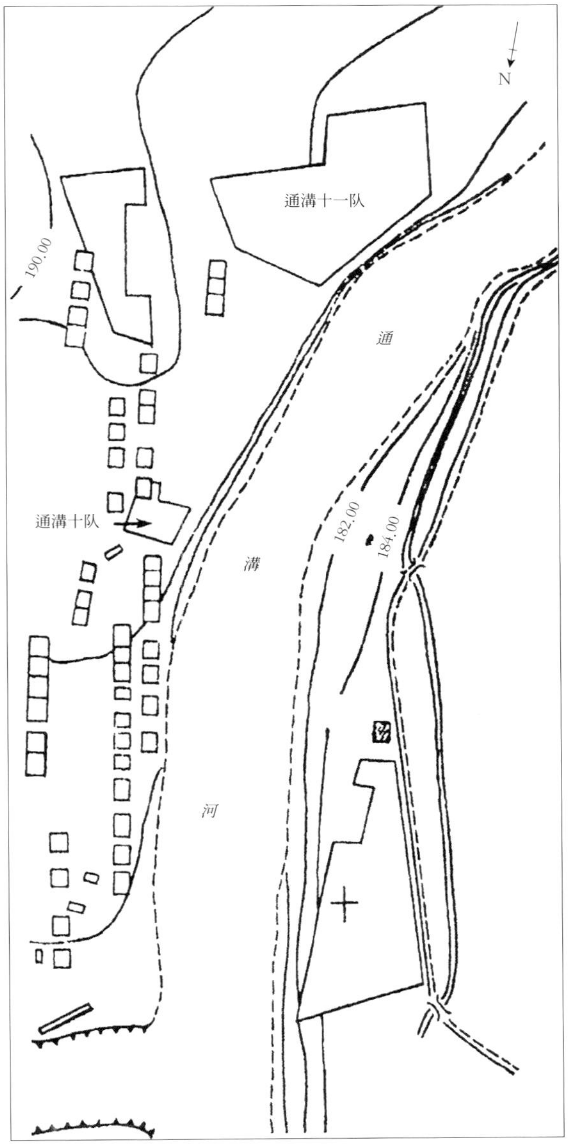

그림 2 만보정0242호묘 주위분포도(『考古與文物』 1982-6, 16쪽)

나 5~10cm 정도 높음. 그 위로 4기의 方壇階梯墓를 축조하였는데, 북쪽 묘가 남쪽 묘보다 먼저 축조됨.

○ 북쪽 묘는 완전히 갖추어진 方壇階梯積石墓임. 남면의 무덤은 동·서·남 3면에만 계단이 있고, 계단 바깥에는 정연하게 배열된 보호석이 기대어 받치고 있음.

(2) S1묘

○ 가장 북쪽에 있는 무덤임.

○ 제1단 계단은 基壇의 각 변에서 안으로 1m 들여 쌓았음. 남북 길이 14.50m, 동서 너비 17.20m, 높이 1.10m임.

○ 제2단 계단은 제1단 계단의 각 변 위에서 안으로 약 0.8m 들여쌓았음. 남북 길이 13.90m, 동서 너비 15.60m, 높이 0.80m임.

○ 제3단 계단은 제2단 계단의 각 변 위에서 안으로 약 0.9m 들여쌓았음. 남북 길이 12.10m, 동서 너비 13.80m, 높이 0.80m임.

○ 보호석은 대다수 장방형이고 크기는 불규칙적임. 가장 큰 것은 길이 80cm, 너비 27cm임.

○ 제2단 계단의 가운데 부분에는 강자갈로 쌓은 석렬 10줄이 있는데, 세로방향으로 쌓여진 석렬은 6줄, 가로방향으로 쌓여진 석렬은 4줄임. 석렬은 지표에서 1.8m 높이에 축조하여 상부가 제2단 계단과 대체로 평행하고, 폭은 0.3m임. 석렬 사이의 공간은 강자갈로 채우고, 그 위에 깬돌과 강자갈을 0.1m 두께로 평평하게 깔았음. 깬돌과 강자갈 윗면에는 熔石이 0.40m 두께로 깔려 있는데, 깔려 있는 범위는 동서 길이 4.1m, 남북 너비 3.5m임. 용석은 1,800~2,000°C의 열에 의해 녹았음.

○ 묘실은 불 탄 흔적이 있던 가운데 부분에 축조되었던 것으로 추정. 다만 묘광구덩이와 葬具는 발견되지 않음.

○ 분구 상부에 원형의 함몰된 구덩이가 있음. 불에 탄 용석층의 중심부분에 해당하는데, 도굴갱으로 추정.

○ 용석층 북측에서 불에 탄 인골 3점이 나옴. 묘실에서는 부장품이 출토되지 않음. 계단북측 바깥에서 호(壺, 罐)잔편, 제1단 계단 남쪽의 상면에서 철제재갈(鐵銜鑣), 금동제방울(鎏金銅鈴), 토기 잔편 등이 출토. 이러한 현상은 도굴 혹은 장례풍속과 관계가 있음.

(3) S2묘

○ 북쪽에서 2번째에 위치.

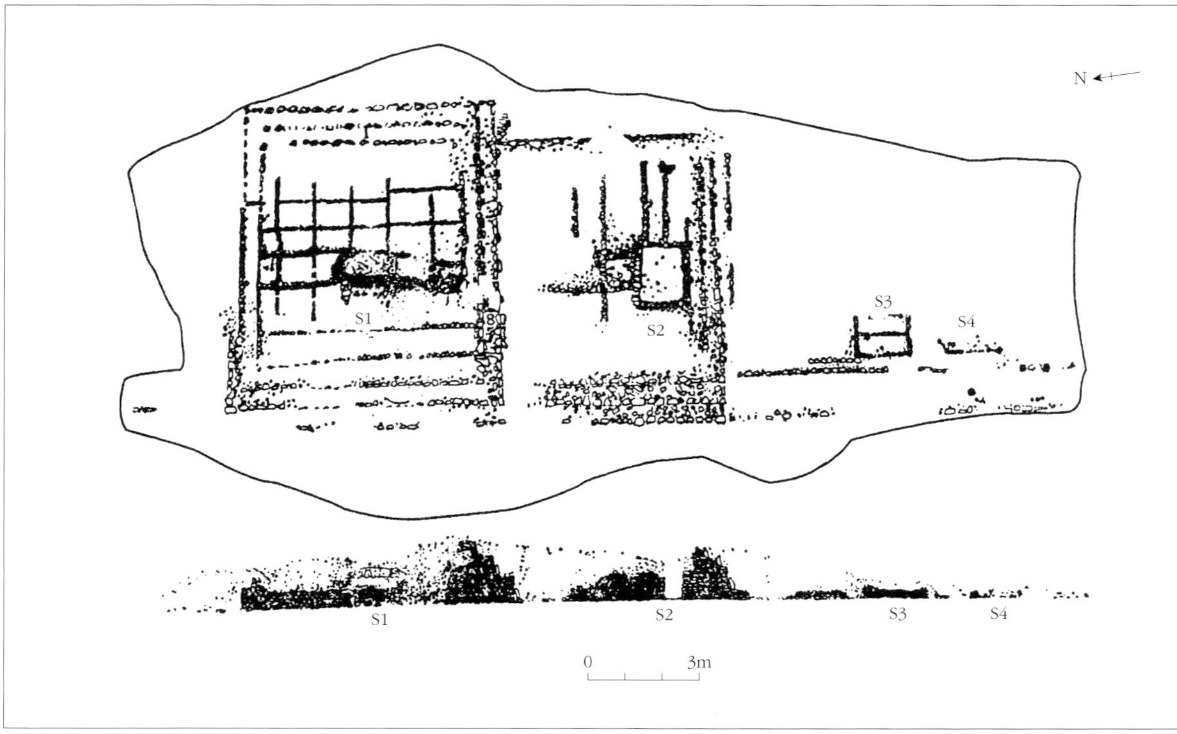

그림 3 만보정0242호묘 평·단면도(『考古與文物』 1982-6, 18쪽)

○ 북쪽 계단은 S1묘의 남쪽 계단에 잇대어 축조.

○ 제1단 계단은 남북 길이 12m, 동서 너비 17.2m, 높이 1m임. 중간 부분은 작은 강자갈을 채워서 평평하게 함.

○ 제2단 계단은 제1단 계단의 각 변 위에서 안으로 약 1m 들여쌓았는데, 높이는 0.6m임. 계단 내부는 자갈과 조약돌을 채워서 평평하게 함.

○ 제3단 계단은 제2단 계단의 각 변 위에서 안으로 약 0.8m 들여쌓았는데, 높이는 0.5m임. 계단 내부는 자갈과 조약돌을 채워서 평평하게 함.

○ 제4단 계단은 파괴되어 높이 및 너비 등을 알 수 없음.

○ 계단을 쌓는 데 사용한 재료는 모두 산에서 채집한 불규칙하고 납작한 돌임. 계단 내부를 채운 돌은 대부분 강자갈임.

○ 계단 내면에는 가로방향으로 높이 1.80m의 석렬을 쌓았고, 석렬 사이는 돌로 채워 평평하게 함.

○ 보호석은 모든 변에 있으나, 그 수는 다름. 남측에는 12개의 보호석이 있음. 제1단 계단의 보호석은 제2단 계단에 있는 보호석보다 크지만, 그 수는 적음(그림 4).

○ 분구 정상부는 조약돌과 자갈로 덮었음.

○ 묘실은 제1·2단 계단 안쪽에 구축. 장방형의 竪穴로 동서 길이 2.80m, 남북 너비 2m, 높이 1.45m, 방향 90°임. 묘실 바닥은 지표임. 묘실 석재는 불규칙한 강자갈로, 분구의 조약돌보다 약간 큼. 네 벽은 비교적 가지런하고 정연함.

○ 묘도는 묘실의 동변에 있고, 길이는 4.70m임. 묘도 네 벽 높이는 묘실과 같음.

○ 묘광 안에서는 유골 및 어떠한 유물도 출토되지 않았음. 다만 묘도 입구에서 토기 잔편이 출토. 이 외에 제1단 계단의 서북 모서리에서 매우 많은 토기편들이 출토되었는데, 기형은 명확하지 않음.

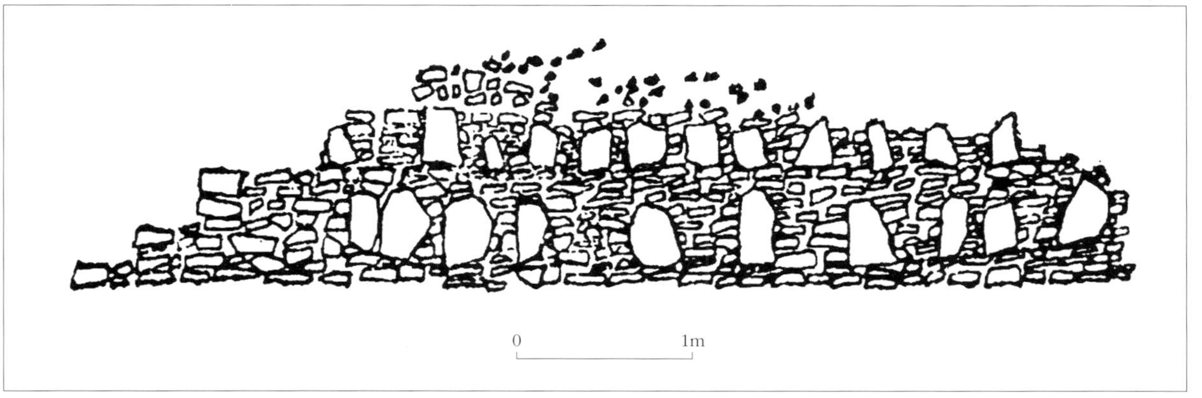

그림 4 만보정0242호묘 S1 남변 보호석(『考古與文物』 1982-6, 18쪽)

(4) S3묘

○ 북쪽에서 3번째 묘임.

○ 북쪽 단은 S2묘의 남쪽 계단에 잇대어 있음.

○ 축조방식은 S1 · S2묘와 같음.

○ 파괴가 심하여 동서 양면은 2단 계단만 남아 있고, 남면의 형태는 명확하지 않음. 묘의 남아 있는 높이는 1m 정도임.

○ 제1단 계단은 곶묘의 공동 基礎 위에서 안으로 1m 들여쌓았는데, 남북 길이는 11m, 동서 너비는 17.20m, 높이는 0.40m임.

○ 제2단 계단은 제1단 계단 위에서 각각 안으로 약 0.80m 들여쌓았는데, 높이는 0.30m임.

○ 묘 정상부는 심하게 파괴되어 형태가 명확하지 않음.

○ 제1단 계단의 서남쪽에 남북방향으로 장방형의 묘실이 있는데, 납작한 돌로 축조함. 중간에 0.7m 너비의 격벽이 있음으로써 매장공간이 雙室을 이룸. 묘실의 네 벽은 안으로 기울어짐. 묘실은 길이 2.80m, 너비 1.06m, 높이 0.80m임. 묘실 바닥은 지표에서 0.4m 위에 위치하며, 자갈과 판석이 평평하게 깔려 있음. 천장은 여러 개의 돌을 남북으로 배열하고 그 상부는 조약돌로 덮었음.

○ 묘실에서는 인골이 나오지 않음. 묘실 서쪽에서 회색의 호(陶罐) 1점, 동쪽 묘실에서 철제칼(刀) 1점이 출토. 묘실 바깥의 조약돌무지에서는 철제괭이(鐵钁)와 회 · 홍색 토기편들이 출토되었는데, 모두 호류(壺罐)임.

○ 건축구조와 출토유물 등을 볼 때 부부합장묘로 추정(吉林集安縣文管所, 1982).

(5) S4묘

○ 파괴가 심함.

○ 남은 높이는 0.3～0.4m임.

4. 출토유물

1) 금동기

(1) 금동제말안교테두리(鞍橋包邊)

○ 출토지 : 만보정0242호묘.

○ 크기 : 남은 길이 70cm, 너비 2cm.

○ 형태 : 1점 출토. 여러 조각으로 남아 있음. 윗면에 은으로 싸여진 철제못(釘) 3매가 남아 있음.

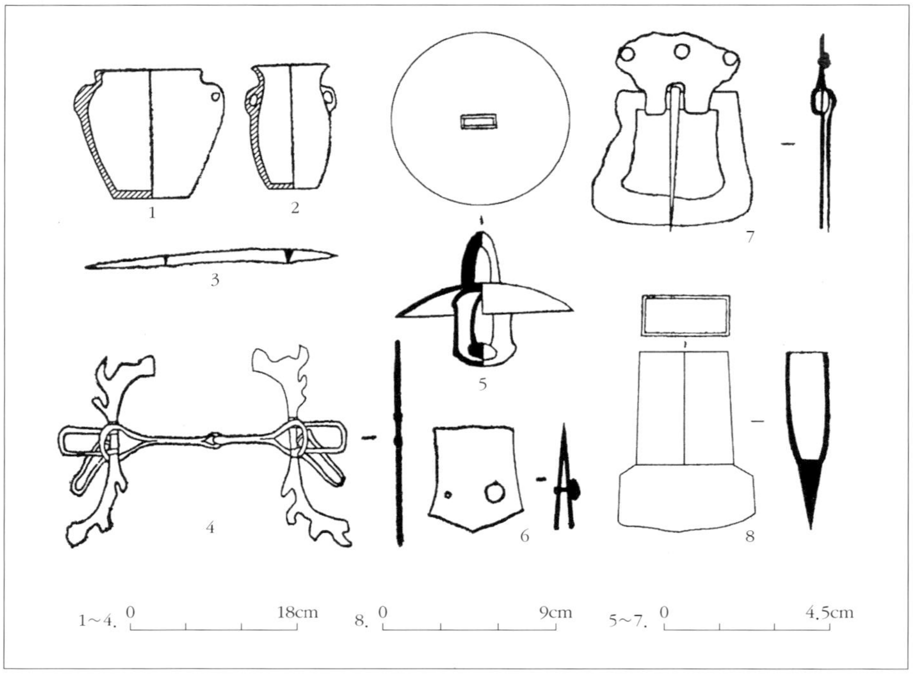

그림 5
만보정0242호묘 출토유물
(『考古與文物』 1982-6, 19쪽)
1. 회색호 2. 회갈색호
3. 철제칼 4. 철제재갈
5. 금동제방울 6. 금동제사미
7. 금동제띠고리 8. 철제괭이

(2) 금동제사미(鉈尾, 그림 5-6)

○ 출토지 : 만보정0242호묘 S2 묘도 입구.

○ 크기 : 길이 2.5cm, 너비 2.2cm.

○ 형태 : 4점 출토. 긴 동편을 접어서 만들었음. 동제 연결못(鉚釘) 2개로 고정하였고 피혁으로 마무리함.

(3) 금동제띠고리(帶卡, 그림 5-7)

○ 출토지 : 만보정0242호묘 S1 제2계단 동측 윗면.

○ 크기 : 전체 길이 5cm.

○ 형태 : 1점 출토. 띠고리 앞부분은 원형인데, 비교적 너비가 넓음. 끝부분은 평평하고 곧음. 아울러 피혁으로 감싼 얇은 조각과 연결되었고, 접은 후 3매의 동제 못(鉚釘)으로 고정. 중간에 일직선 형태의 교침(針)이 있음.

(4) 금동제방울(鈴, 그림 5-5)

○ 출토지 : 만보정0242호묘 S1 제1층 계단 윗면 남측.

○ 형태 : 7점이 출토되었고, 그 가운데 2점은 파손. 방울의 아랫부분은 약간 둥글고, 가운데부분에는 대칭하는 장방형의 구멍이 있으며, 그 안에는 작은 돌이 있음. 방울 몸체(鈴身)의 어깨부분(肩)은 평평하고 곧으며, 긴 고리형태의 자루(鼻)가 있는데, 반구형의 덮개 위에 사각 구멍이 뚫어져 있는 모양임.

2) 철기

(1) 철제괭이(钁, 그림 5-8)

○ 출토지 : 만보정0242호묘.

○ 크기 : 전체 길이 9.5cm, 너비 7.2cm.

○ 형태 : 1점 출토. 괭이의 어깨 부분은 銎部보다 약간 너비가 넓음. 날은 폭이 넓고, 날끝 부분은 약간 바깥으로 도드라짐. 제작과정을 살펴보면 철판을 평평하게 두드린 후 양변이 대칭되게 원형으로 말았으며, 한쪽을 접어 날카롭게 만듦. 단조시 생기는 봉합흔적이 있음.

(2) 철제칼(刀, 그림 5-3)

○ 출토지 : 만보정0242호묘 S3 동쪽 묘실 남부.

○ 크기 : 전체 길이 26cm, 손잡이 길이 7cm.

○ 형태 : 1점 출토. 칼등은 평평하고 곧음. 날 부분은 예리.

(3) 철제찰갑편(鐵甲片)

○ 출토지 : 만보정0242호묘 S1 제1계단 윗면.

○ 크기 : 길이 7.3cm, 너비 2.8cm.

○ 형태 : 1점 출토. 중간에 연결용 작은 구멍이 있음. 밑부분은 반원형임.

(4) 철제재갈(銜鑣, 그림 5-4)

○ 출토지 : 만보정0242호묘 S1 제1층 계단 윗면 남부.

○ 크기 : 남은 길이 19cm, 길이 22cm.

○ 형태 : 1점 출토. 재갈멈치는 'S'자형으로 구부러져 있고 투조문양장식이 있음. 양 측면에는 각각 2개의 장방형 고리(環)가 있음. 재갈쇠는 2마디로 구성되어 있고, 중간의 연결 부분은 두 개의 고리가 서로 맞물린 형태로 단조.

(5) 철제못(鐵釘)

○ 출토지 : 만보정0242호묘 S1 남변 제2층 계단 윗면.

○ 형태 : 5점 출토. 두부(帽)는 원형, 몸체(身)는 기둥모양임. 표면에 매우 얇은 은편을 감싸서 장식용으로 사용. 출토 당시 말안장과 함께 나왔는데, 일부는 윗변에 박혀 있었고, 일부는 조약돌 중에 흩어져 있었음.

3) 토기

(1) 호 1(陶罐, 그림 5-1)

○ 출토지 : 만보정0242호묘.

○ 크기 : 높이 14.2cm, 口徑 11cm, 바닥 직경 8cm.

○ 형태 : 直口임. 구연부는 평평함(平沿). 바닥은 좁고 평평함. 목(頸)은 짧고 어깨(肩)는 좁음. 어깨에는 손잡이 한 쌍이 대칭하고 있음. 최대 직경은 동체 윗부분임. 소성온도는 비교적 높음. 재질은 단단함. 제작수준은 매우 낮음. 표면에는 물레흔적으로 보이는 줄무늬가 있음.

○ 태토 및 색깔 : 모래혼입의 회색토기.

(2) 호 2(陶罐, 그림 5-2)

○ 출토지 : 만보정0242호묘 S2 묘도 입구.

○ 크기 : 높이 14.2cm, 口徑 직경 10cm, 바닥 직경 7cm.

○ 형태 : 구연은 외반됨(侈口). 구순은 평평함(平唇). 어깨(肩)는 없음. 바닥은 좁고 평평함. 무늬는 없음. 구연부 아래에는 세로방향의 손잡이(橋狀竪耳) 2개가 대칭하고 있음. 동체(腹) 중부가 최대 직경임.

○ 태토 및 색깔 : 모래혼입의 회갈색토기.

5. 역사적 성격

1) 특징

○ 집안의 고구려고분 가운데 만보정0242호묘와 같은 곶묘(연접묘)는 적지 않지만 발굴정리된 것이 많지 않은데, 桓仁縣 高力墓子村의 고분 발굴보고서에서 다룬 바 있음(陳大爲, 1960). 곶묘는 고구려 전기의 家族葬제도를 반영하고 있음.

○ 만보정0242호묘는 비록 4기의 묘실로 나누어져 있으나, 각각의 무덤은 축조방법에서 공통점을 보임. 축조순서를 보면 먼저 북쪽 묘가 축조되고 나중에 남쪽 묘가 축조됨. 남쪽 묘의 북쪽 기단은 북쪽 묘의 남쪽 기단이 되며, 한 줄로 연결된 4기의 무덤은 공동의 기초 위에 축조. 하나의 기초에서 4기의 무덤이 순차적으로 축조되었으며 기초를 공유하고 있다는 점을 감안할 때 각 무덤의 축조연대는 그리 크게 벌어지지 않았을 것으

로 추정.

○ 만보정0242호묘의 계단 구축방법은 일치. 계단 주위에는 보호석이 있는데, 이는 후대에 축조된 고구려 대형적석묘(將軍塚, 太王陵, 千秋墓 등)에서 보이는 것과 상당히 유사. 다만 만보정0242호묘의 보호석은 크기가 작고, 그 수는 약간 많음. 시간이 지날수록 계단 적석묘는 더욱 정교하고 거대해지는데, 이는 고구려의 석조 건축기술이 지속적으로 축적되어 발전한 결과임.

2) 축조연대

○ 분구 윗면의 함몰된 곳에 있는 용석은 고구려 전기의 적석묘에서 자주 발견되는 일종의 火葬흔적임. 그리고 출토된 말재갈의 형태와 제작기술은 洛陽 燒溝漢墓에서 출토된 銜鑣II와 長春의 楡樹老河深유적에서 출토된 재갈과 유사함. 이와 더불어 토기형식 등을 감안하면 축조 시기는 3세기 말엽으로 추정.

○ S2묘는 묘도를 갖춘 횡혈식 매장부구조의 무덤으로서, 고구려 적석묘가 수혈식의 석광구조에서 횡혈식의 석실구조로 변하는 과도기적 모습을 보여주므로, 고구려에서 횡혈식 매장부가 3세기 말경에 출현하였음을 보여준다고 할 수 있음.

3) 현상

○ 현재 무덤은 파괴가 심하여 발굴조사 당시의 상황을 추적하기 어려움. 특히 S4묘는 분구의 상당부가 파괴되어 지표면에 석렬의 흔적만이 남아 있을 뿐임.

참고문헌

- 陳大爲, 1960, 「桓仁縣考古調査發掘簡報」, 『考古』 1960-1.
- 吉林集安縣文管所, 1982, 「集安萬寶汀墓區242號古墳清理簡報」, 『考古與文物』 1982-6.
- 吉林省文物考古研究所·集安市博物館, 2002, 『洞溝古墓群 - 1997年調査測繪報告』, 科學出版社.
- 孫仁杰·遲勇, 2007, 『集安高句麗墓葬』, 香港亞洲出版社.

03 집안 만보정0448호묘

集安 萬寶汀0448號墓 | JWM0448

1. 조사현황

2004~2005년에 張福有, 孫仁杰, 遲勇 등이 조사함.

2. 위치와 자연환경(그림 1)

1) 고분의 위치

集安 萬寶汀古墳群의 동단 평지에 위치.

2) 고분의 주변환경

○ 동·남 양측에는 通溝村 11組의 가옥들이 밀집되어 있음.

○ 북쪽으로 약 1.5m 떨어진 지점에 萬寶汀0455號墓가 있음.

○ 동쪽으로 약 8m 떨어진 지점에 萬寶汀0444號墓가 있음.

○ 남쪽으로 약 120m 떨어진 지점에 通溝河가 흐르고 있음.

○ 서쪽으로 약 50m 떨어진 지점에 萬寶汀0462號墓가 있음.

3. 고분의 현황

1) 고분 형식

(1) 유형

階壇積石石壙墓.

(2) 규모

길이 20m, 높이 4.5m, 방향 65°.

2) 고분 구조

(1) 외형

○ 평면은 불규칙형임.

○ 묘 정상부 가운데 부분에는 동서 길이 4.5m, 남북 너비 3m, 깊이 0.5m의 함몰갱이 있는데, 壙室이 있었던 것으로 추정.

○ 묘 상부는 대부분 강자갈로 덮혀 있고, 일부 깨진 산돌이 있음. 돌들의 크기는 약 0.4m 정도임.

○ 묘의 남측으로 규모 10×10×1.8m의 계단광실묘가 연접함.

(2) 계단

○ 계단은 일부 유실되었고 분구 위에서 흘러내린 돌들에 묻혀 있어, 계단석 몇 개만 볼 수 있음.

○ 가공하여 정연한 화강암으로 축조.

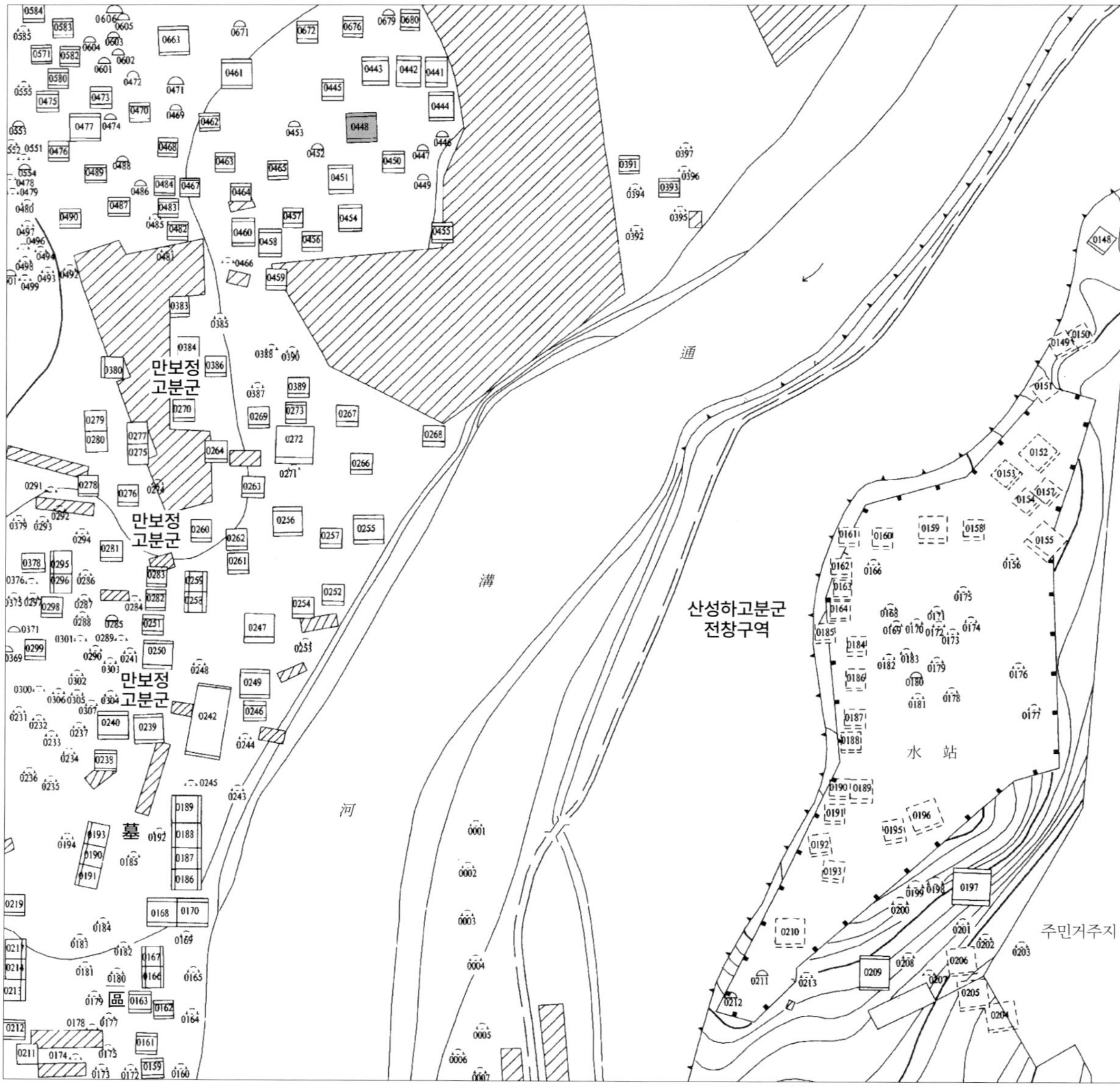

그림 1 만보정0448호묘 위치도(『洞溝古墓群－1997年調査測繪報告』, 234쪽)

○ 제1단 계단의 바닥계단석이 비교적 크고, 위로 갈수록 계단석은 약간 작아짐. 가장 큰 계단석은 길이 1.2m, 너비 0.6m, 높이 0.8m에 달함.

○ 계단이 심하게 파괴되면서 몇 단인지 명확히 알 수 없음.

4. 역사적 성격

보고자는 무덤의 구조, 위치, 축조에 사용한 돌들을 감안하면서 축조연대를 4세기 중엽으로 추정하였음(孫仁杰·遲勇, 2007). 그러나 보고자의 4세기 중엽 입장은 가공된 석재를 이용한 계단의 정연한 축조상태로 미루어 볼 때 무덤 축조의 상한시점을 제시하는 것으로, 구체적인 시기 판단의 근거는 되지 못함.

참고문헌

- 吉林省文物考古研究所·集安市博物館, 2002, 『洞溝古墓群－1997年調査測繪報告』, 科學出版社.
- 孫仁杰·遲勇, 2007, 『集安高句麗墓葬』, 香港亞洲出版社.

04 집안 만보정1078호묘

集安 萬寶汀1078號墓 | JWM1078

1. 조사현황

1) 1972년

○ 조사기관 : 集安縣文物保管所.

○ 조사내용 : 集安郊區公社通溝大隊가 전신주를 세울 때 분구 동남쪽 구석의 돌더미에서 적지 않은 유물을 발견. 이에 일부 정리를 진행.

2) 1974년

○ 조사기간 : 1977년 가을.

○ 조사기관 : 吉林省博物館.

○ 조사내용 : 전면적인 정리와 실측을 진행.

2. 위치와 자연환경(그림 1)

1) 고분의 위치

集安 萬寶汀古墳群에 위치. 萬寶汀은 國內城 북쪽의 산골짜기 중에 남북으로 좁고 긴 충적평지로, 많은 고구려 무덤들이 분포하고 있음. 萬寶汀1078號墓는 평지 서쪽 변의 산기슭 아래에 자리잡음.

2) 고분의 주변환경

○ 동쪽으로 약 100m 지점에 通溝河가 흐르고 있음.

○ 서북쪽으로 방향 · 규모 · 외형이 거의 유사한 方壇(基壇)積石墓가 인접해 있고 동남쪽으로 약 10m 떨어진 지점에 封土墓 1기가 있는데, 3기의 묘가 하나의 열을 이루고 있음. 열을 이루고 있는 고분 동북쪽으로 약 6m 떨어진 지점에 방단적석묘가 있어 평행을 이루고, 서남쪽으로 약 8m 떨어진 지점에 봉토묘가 있어 또 다른 평행을 이루고 있음. 이와 같이 무덤들이 순서 있게 분포하고 있는데, 응당 고구려 家族葬제도와 관련이 있음.

3. 고분의 현황

1) 고분 형식(그림 2)

(1) 유형

方壇積石墓.

(2) 규모

한 변 길이 17m, 방향 22°.

2) 고분 구조

(1) 외형

○ 평면은 방형임.

○ 거대하고 가지런한 석재로 方壇을 구축. 네 모서리에 있는 각 돌의 높이는 1.8m임.

○ 현재 동변과 북변이 잘 남아 있는데, 원래의 기단 네

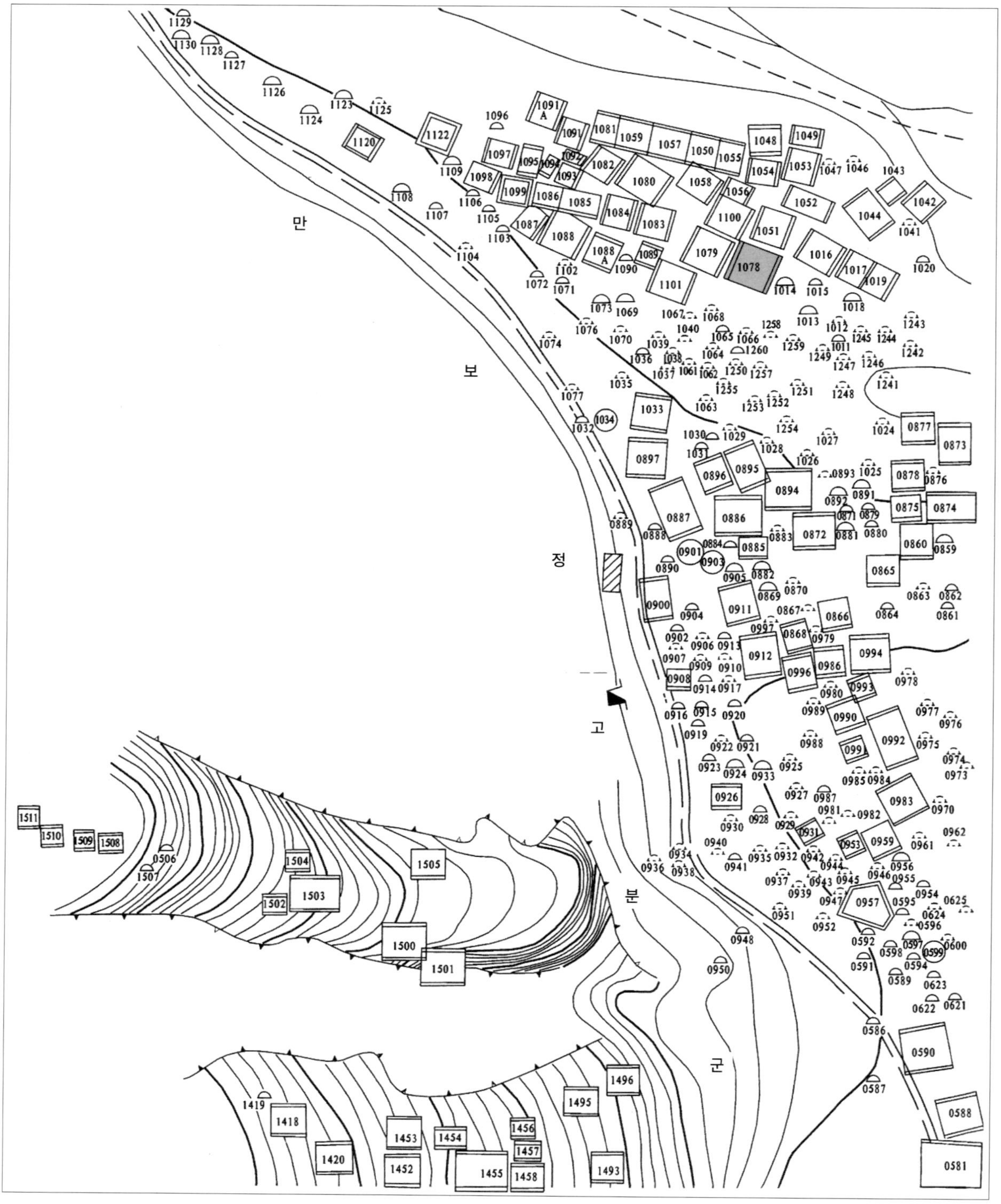

그림 1 만보정1078호묘 위치도(『洞溝古墓群－1997年調査測繪報告』, 240쪽)

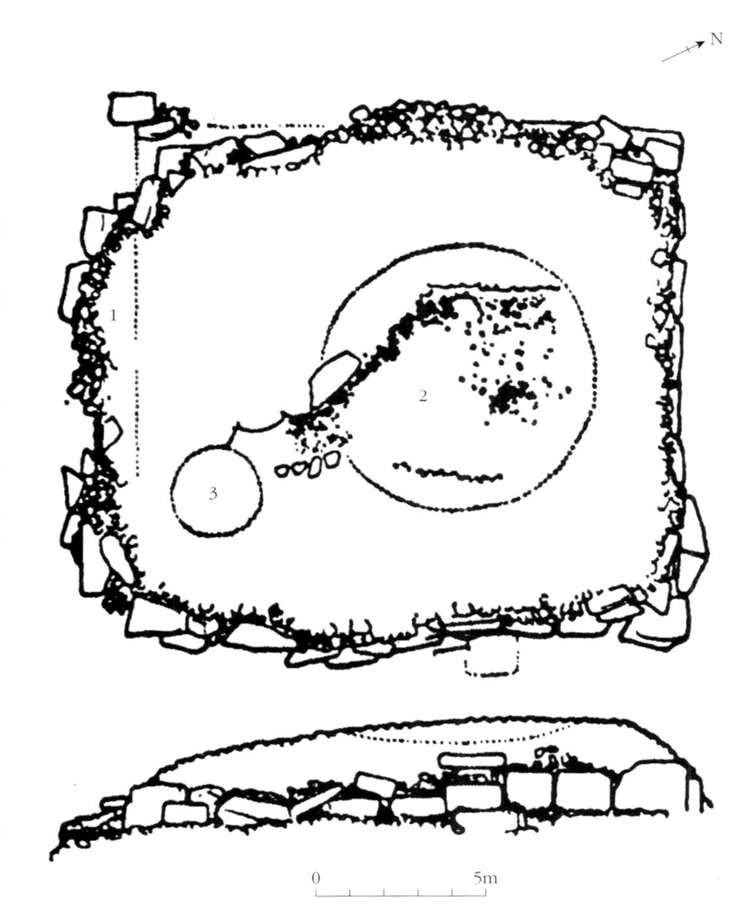

그림 2 만보정1078호묘 평·측면도
(『考古』 1977-2, 123쪽)
1. 붕괴부분 2. 함몰된 구덩이 범위
3. 금동기 출토 위치

변 높이는 네 모서리보다 낮지 않음.

○ 견고함을 더하기 위해 기단 바깥에 큰 돌이 기대어 보호하고 있었지만 상부는 무너졌음.

○ 계단의 유무는 현재 파악하기 어려움.

○ 기단 범위 안에는 큰 조약돌이 쌓여 있는데, 일반적으로 직경은 30~40cm 사이이고, 3m 높이의 분구를 형성하고 있음.

○ 분구 윗면은 약간 편평함. 현재 중앙에 직경 7m, 깊이 0.7m인 솥바닥모양의 구덩이가 있는데, 일찍이 도굴을 당해 아래로 내려앉은 것임.

(2) 墓壙

○ 분구 가운데 부분에 간단한 墓壙이 일부 남아 있는데, 커다란 조약돌이 가득 쌓여 있음. 도굴로 인해 파괴됨으로써 정확한 형태를 파악하기 어려움.

○ 묘광 바닥은 지표보다 약 1.6m 높이에 있는데, 기단의 높이와 약간 비슷함.

○ 基礎 위에 4~5cm 두께로 조약돌을 깔았는데, 현재 약 36m^2 정도 남아 있음. 형태는 불규칙함.

○ 묘광 측면은 분구에 사용한 것과 같은 크기의 조약돌로 쌓았음. 분구 적석과정 중 묘광을 쌓은 돌이 남아 있는데, 매우 정연하지 못함. 현재 서변의 한 단만이 남아 있는데, 남은 길이는 3.6m, 높이는 0.4m이고, 방향은 묘의 기단과 일치.

○ 천장석은 발견되지 않음.

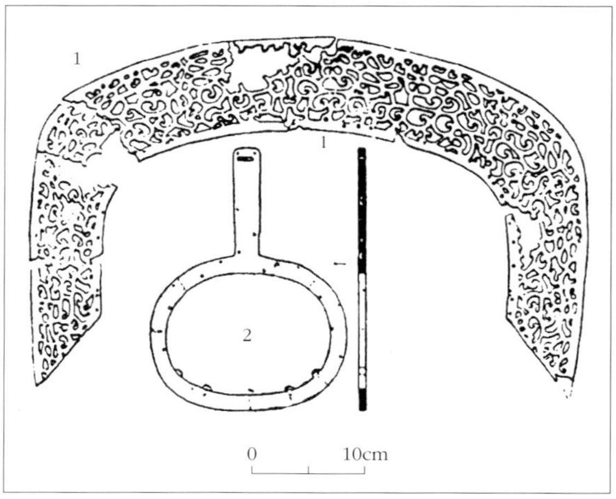

그림 3 만보정1078호묘 출토 금동기 1(『考古』 1977-2, 124쪽)
1. 안교 2. 등자

(3) 墓道

○ 묘도는 분구 동남 모서리에서 확인되었는데, 커다란 조약돌이 가득 쌓여 있음.

○ 정남쪽을 향하고, 길이는 약 2m임.

○ 상부 서측에는 거대한 석재들이 자리잡고 있고, 그 동측은 무덤 위를 덮고 있는 것보다 약간 큰 조약돌로 쌓았음.

○ 묘도의 너비는 1.4m이고 남은 높이는 0.5m임. 묘도 바닥은 묘광 바닥과 수평하며, 작은 조약돌을 깔았던 흔적이 있음.

4. 출토유물

集安縣文物保管所가 조사하던 중 묘도 앞부분에서 안교(馬鞍橋), 등자(馬鐙), 재갈(馬銜) 등을 발견.

1) 금동기

(1) 금동제안교(馬鞍橋, 그림 3-1)

○ 출토지 : 만보정1078호묘 묘도 앞부분.

○ 형태 : 4점이 출토되었는데, 2점씩 2쌍임. 한 쌍은 권운문이 투조되었고, 문양의 가장자리는 작은 점들이 돌아감. 권운문은 연속 혹은 대칭하지 않지만 전체적으로는 촘촘하기 때문에 고른 느낌을 주고 있음. 안교 내부 가장자리에는 못구멍(釘孔)이 있고, 바깥 가장자리는 금동편으로 테를 둘렀음. 후(안)교의 아랫부분은 너비가 넓은 拱形으로 제작. 전(안)교의 銅質이 약간 두꺼움. 가운데 부분에는 견고함을 더하기 위한 동편이 있으며, 윗부분에는 연결못(鉚釘)이 있음. 다른 한 쌍은 무늬가 없고, 아랫부분 양측은 기울어졌으며, 중앙에는 오목한 흠(缺)이 있음. 바깥 가장자리 주변에 동제띠를 대고 그 위에 연결못(鉚釘)을 박음. 안쪽 가장자리 주변에는 둥근 稜이 부풀어올라 있음.

(2) 금동제등자(그림 3-2)

○ 출토지 : 만보정1078호묘 묘도 앞부분.

○ 크기 : 높이 24cm, 너비 18cm.

○ 형태 : 4점이 출토되었는데, 2점씩 2쌍임. 나무로 芯을 만들고, 겉은 금동편으로 씌움. 제작 방식은 먼저 木芯 내외 측면에 가느다란 금동편을 놓고, 그 위에 가늘고 긴 작은 동제못(釘)을 박아 견고하게 함. 답부는 금동제연결못(鉚釘) 5개를 안에서 밖으로 박아 넣은 후 양쪽면에 금동편을 놓고, 그 위에 동제못(釘)을 박아 견고하게 함. 그 변의 가장자리는 측면으로 갈수록 점점 꺾여지고, 측면에는 좁은 동편을 붙임. 자루 상부에는 가로방향의 현수공이 있음.

(3) 금동제재갈(馬銜)

○ 출토지 : 만보정1078호묘 묘도 앞부분

○ 형태 : 2점이 출토되었으나, 모두 파손. 재갈쇠는 철제막대 형태임. 재갈쇠의 좌우 각각에는 금동제의 횡타원형 재갈멈치가 있는데, 가운데에 철제고리가 있음. 동편을 합쳐서 만든 것으로 아랫편에는 무늬가 없지만 윗편에는 무늬가 있는데, 한 점에는 '十'자형 무늬가

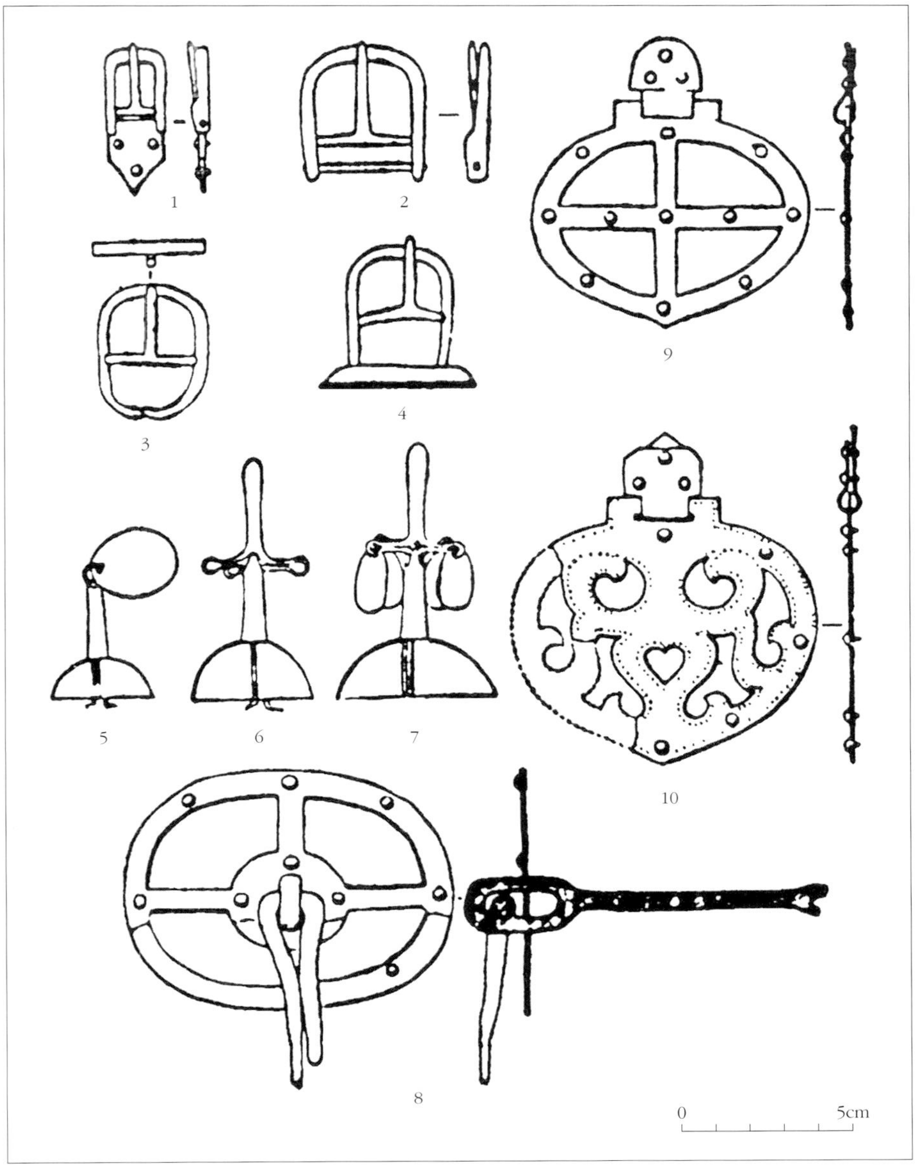

그림 4
만보정1078호묘 출토 금동기 2
(『考古』 1977-2, 125쪽)
1~4. 띠고리
5~7. 반구형입식부운주
8. 재갈
9·10. 행엽

투조되어 있고(그림 4-8), 다른 한 점에는 가장자리에 작은 점들을 찍어서 권운문을 만들고 윗측에 띠와 연결되도록 장방형의 구멍을 뚫었음.

(4) 금동제행엽(桃形片, 그림 4-9·10)

○ 출토지 : 만보정1078호묘.

○ 형태 : 8점이 출토. 형태는 재갈의 경판과 비슷하지만 가운데부분에 구멍이 없다는 차이가 있음. 윗부분에는 횡장방형의 현수공이 있는데, 가죽띠에 맨 금동편과 연결하기 위함임. 동편 2개를 합쳐서 제작. 아랫편에는 무늬가 없지만 윗편에는 무늬가 있는데, '十'자 투조형과 작은 점들을 찍어서 만든 권운문 두 종류가 있음. 문양이 같은 재갈과 세트로 사용한 것으로 추정.

(5) 금동제띠고리(帶卡, 그림 4-1~그림 4-4)

○ 출토지 : 만보정1078호묘.

○ 형태 : 15점이 출토. 4형식으로 나눌 수 있음. I형식은 2점이 출토. 비교적 작고, 뒷쪽 끝부분에 가죽띠를 맬수 있는 금동편이 있으며, 위에는 연결못(鉚釘)이 붙어 있음(그림 4-1). II식은 5점이 출토. 뒷부분의 띠를 매는 부위가 평평하고 곧음(그림 4-2). III식은 4점이 출토. 뒷부분의 띠를 매는 부위가 원호형임(그림 4-3). IV식은 4점이 출토. 뒷부분에 동그랗게 솟은 擋頭가 연결되어 있는데, 좌안금구로 보임(그림 4-4).

(6) 금동제반구형입식부 운주(泡飾, 그림 4-5~그림 4-7)

○ 출토지 : 만보정1078호묘.

○ 형태 : 34점이 출토되었으나 대부분 파손. 3형식으로 나눌 수 있음. I식은 22점이 출토. 두 가닥의 동실로 원형의 管과 반구형 본체부(泡)를 연결하여 제작. 상단의 접힌 부분에 원형 구멍이 있고 동그란 모양의 엽편(葉)이 달려 있음. 동실의 끝부분을 구부려서 고정시킴(그림 4-5). II식은 11점이 출토. 한쪽 끝이 막힌 가느다란 관의 중단 하부에 3개의 瓣을 나누어 달고, 각각의 판을 구부려서 가지(稜)를 만든 후 원형의 관과 반구형의 본체를 연결하고 끝부분을 구부려서 고정함. 세 개의 가지에는 각각 원형 구멍이 형성되어 있고 동그란 엽편이 달려 있음(그림 4-6). III형식은 1점이 출토. 기본적인 형태는 II식과 같지만, 약간 크고 네 개의 가지가 있음(그림 4-7).

(7) 금동편

○ 출토지 : 만보정1078호묘.

○ 형태 : 용도불명. 그 중 하나는 평면이 말아진 구름형태이고, 중간에 기울어진 장방형의 구멍이 있음. 구멍 주변과 구름형태의 가장자리에는 뒷쪽에서 앞쪽으로 찍어 돌출된 작은 점들이 있음. 안장판(鞍板)장식으로 추정.

2) 토기

묘광 바닥에서 황색 시유도기편들이 발견. 진흙과 홍색 바탕흙으로 제작. 복원하기는 어려움. 황색에 짙은 녹색의 유약을 발라서 매우 어두움. 기종으로는 부뚜막(竈), 분(直壁窄沿盆), 호(直頜罐, 敞口展沿壺) 등이 있음. 이 가운데 호(壺)는 麻線溝1號墓과 長川2號墓에서 나오는 것과 비슷함. 구연부의 외반 정도는 비교적 작음.

5. 역사적 성격

○ 만보정1078호묘는 석실의 천장석이 확인되지 않고 간단한 형태의 묘도만이 확인되는 무덤으로, 석광에서 석실로의 과도기적 모습을 보여주고 있음. 적석묘의 매장부는 초기에 작고 협소한 석광인 반면, 후기에 이르면 묘도와 천장석이 있는 석실로 변함. 따라서 만보정1078호묘의 축조연대는 석실묘 구축시기보다는 이르고, 석광 구축시기보다는 늦다고 볼 수 있음. 발굴보고자는 折天井塚이나 四阿塚과 같은 무덤의 형태와 비슷하다고 보았으나(吉林省博物館文物工作隊, 1977), 천장부가 확인되지 않는다는 점에서 차이가 있음. 석광에서 석실로의 과도기에 조성된 무덤들은 대체로 4~5세기로 연대 비정됨.

○ 발굴보고자는 석광을 매장부로 한 桓仁의 적석묘들을 대체로 후한 말에 축조된 것으로 보고 이를 고려하면서 만보정1078호묘의 축조연대를 4세기 전엽으로 비정하였음(吉林省博物館文物工作隊, 1977). 그러나 무덤에서 출토된 유물은 이보다 늦은 시기로 비정됨. 만보정1078호묘에서 출토된 금동기 공예는 정교하고 제작기술이 능숙한데, 5~6세기에 축조된 고구려 고분 중에서 출토된 금동기와 비교해봐도 우열을 가르기 어려움. 이는 도금기술이 고구려의 숙련된 전통공예로, 오래전부터 전해져 내려왔음을 보여줌. 묘에서 출

토된 유물은 馬具가 대부분을 차지하고, 황색 시유도기편 중에는 호(展沿壺), 분(盆), 부뚜막(竈) 등이 있는데, 그 조합상황은 마선구1호묘 및 장천2호묘와 유사함. 따라서 유물을 종합하여 볼 때 만보정1078호묘의 축조 시기는 5세기 전반으로 비정됨.

○ 만보정1078호묘는 4~5세기를 지나면서 고구려고분이 적석총에서 봉토분, 매장부는 석광에서 광실 그리고 석실로 변화하는 모습을 보여주는 한편, 부장품을 자세히 연구하는 데 소중한 자료를 제공함.

참고문헌

- 吉林省博物館文物工作隊, 1977, 「吉林集安兩座高句麗墓」, 『考古』 1977-2.
- 吉林省文物考古研究所·集安市博物館, 2002, 『洞溝古墓群 - 1997年調査測繪報告』, 科學出版社.
- 孫仁杰·遲勇, 2007, 『集安高句麗墓葬』, 香港亞洲出版社.

05 집안 만보정1200호묘

集安 萬寶汀1200號墓 | JWM1200

1. 조사현황

2004~2005년에 張福有, 孫仁杰, 遲勇 등이 조사함.

2. 위치와 자연환경(그림 1)

1) 고분의 위치

○ 集安 萬寶汀古墳群 서쪽 기슭의 남쪽 끝에 위치.

○ 通溝 10組의 서쪽 산기슭에 위치.

○ 서쪽이 높고 남쪽이 낮은 산허리에 위치. 고도차는 약3.5m임.

2) 고분의 주변환경

○ 북쪽으로 약 10m 떨어진 지점에 萬寶汀1201號墓가 있음.

○ 남쪽으로 약 20m 떨어진 지점에 萬寶汀1199號墓가 있음.

○ 동쪽으로 약 300m 떨어진 지점에 通溝河가 흐르고 있음.

○ 서북쪽으로 약 70m 떨어진 지점에 萬寶汀1212號墓가 있음.

○ 서쪽으로는 높은 산과 접해 있음.

3. 고분의 현황

1) 고분 형식

(1) 유형

階壇積石石壙墓.

(2) 규모

동서 길이 20m, 남북 너비 17m, 묘정상 높이 2.5m, 방향 90°.

2) 고분 구조

(1) 외형

○ 평면은 장방형임.

○ 묘 상부 가운데에 3×3×0.6m의 함몰갱이 있는데, 불탄 흔적을 볼 수 있음.

○ 묘 계단석은 원래 위치에서 이탈하여 아래로 미끄러져 있음. 파괴가 심함.

(2) 계단

○ 계단석은 모두 약간 가공한 화강암임.

○ 묘 동쪽 가장 낮은 지점에서는 계단 3단을 볼 수 있음.

○ 동면 제1단 계단은 3층으로 이루어져 있는데, 높이는 1.4m임. 가장 낮은 층과 남·북 양 모서리돌은 비교

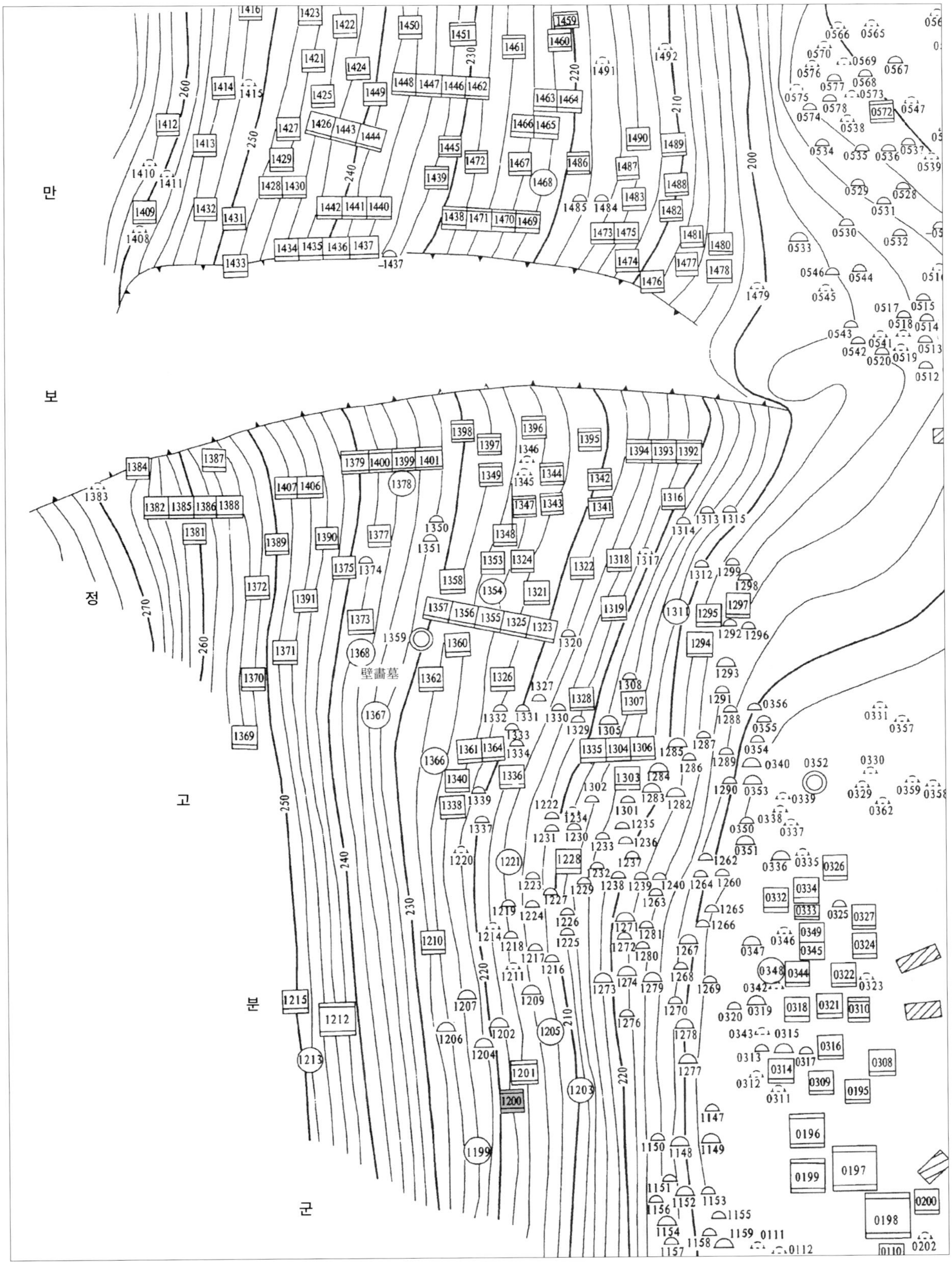

그림 1 만보정1200호묘 위치도(『洞溝古墓群－1997年調査測繪報告』, 242쪽)

적 큰데, 가장 큰 것은 길이 2m, 너비 1.2m, 높이 1m 정도임. 그 윗부분의 나머지 2층 돌들은 그보다 약간 작아서 일반적으로 길이 1m, 너비 0.8m, 높이 0.4m 정도임. 계단 내부는 깨진 산돌로 채웠음.

○ 제2단 계단은 제1단 계단 윗면에서 안으로 약 1.5m 들여쌓음. 현재는 2층이 남아 있고, 남아 있는 높이는 약 0.7m임. 계단 내부는 깨진 산돌로 채움.

○ 제3단 계단은 제2단 계단 윗면에서 안으로 약 1.1m 들여쌓음. 현재는 1층이 남아 있고, 남아 있는 높이는 약 0.35m임. 계단 내부는 0.4m 이하 크기의 돌로 채움.

○ 남·북 양측 계단은 산세를 따라서 축조하였으며, 남면에서는 계단을 볼 수 없음. 북측 낮은 곳의 계단에서는 4층을 볼 수 있음.

○ 동·서 양 끝부분의 비교적 낮은 곳은 3단으로 축조하였고, 계단석은 비교적 큼. 서측의 비교적 높은 곳은 한 층의 석재만 보이며, 돌들은 조금 작음. 계단 축조법과 돌 쌓은 방법은 동측의 계단과 같음.

4. 역사적 성격

1) 현상

보고서에는 '만보정120호묘'라고 기록되어 있으나(孫仁杰·遲勇, 2007), 보고된 내용과 『洞溝古墓群－1997年調査測繪報告』를 대조해보면 '만보정1200호묘'가 맞음.

2) 특징

산허리에 위치하고 지세는 높으며 규모가 큰 것으로 보아, 만보정고분군에서 중요한 무덤이라고 할 수 있음(孫仁杰·遲勇, 2007).

3) 축조연대

무덤구조를 보면 대부분 깬 돌로 축조하였고, 내부에 석광을 구축하였으며, 바깥 계단석은 모두 약간 가공하였음. 이러한 모습들은 3세기 말엽에 축조한 고구려의 무덤에서 볼 수 있음(孫仁杰·遲勇, 2007).

참고문헌

- 吉林省文物考古研究所·集安市博物館, 2002, 『洞溝古墓群－1997年調査測繪報告』, 科學出版社.
- 孫仁杰·遲勇, 2007, 『集安高句麗墓葬』, 香港亞洲出版社.

제5부

집안 칠성산고분군
(集安 七星山古墳群)

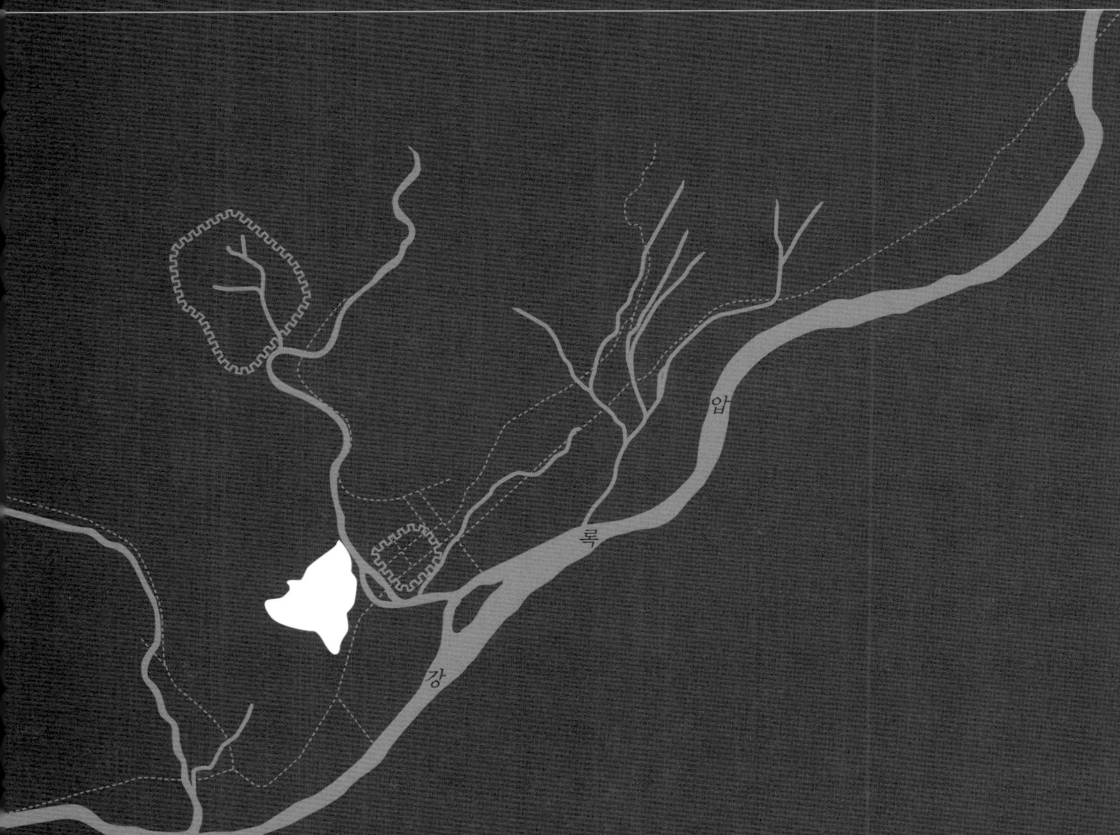

| 고분 분포도 |

© 노윤성

칠성산0879호묘
칠성산0871호묘
칠성산0668호묘
칠성산0695호묘
칠성산0389호묘
칠성산0398호묘
칠성산0891호묘
칠성산0250호묘
칠성산0151호묘
칠성산0166호묘
칠성산1096호묘
칠성산0998호묘
칠성산1061호묘
칠성산0211호묘

집안 칠성산고분군 개관

1. 고분군의 위치와 규모

○ 칠성산고분군은 集安市 서쪽의 칠성산 남쪽 기슭, 압록강 우측에 위치.

○ 고분들은 木耳場溝, 養鷄場溝, 元寶山溝, 老友大坡溝 등 4개 구역에 주로 위치. 이 구역의 고분들은 대부분 산비탈을 따라 위에서 아래로 배열.

○ 1980년 李殿福이 발표한 『集安高句麗研究』에 1966년 통구고분군에 대한 조사결과가 있는데, 통구고분군 1만 1,300기 가운데 칠성산고분군에서 1,708기(봉토분 853기, 적석총 855기)를 확인하였다고 기록. 이후 1997년 중국의 실측보고서(吉林省文物考古研究所 · 集安市博物館, 2002, 『洞溝古墓群 - 1997年調查測繪報告』, 科學出版社)에서는 1,570기, 2005년 조사에서는 1,638기를 확인하였다고 함. 무덤군이 차지하는 면적은 99.17ha에 이르는데, 통구고분군 가운데 우산하, 마선구, 산성하 고분군 다음으로 넓은 면적을 가지고 있음.

○ 칠성산고분군 가운데 칠성산0211호묘와 칠성산0871호묘는 왕릉급으로 파악.

○ 아직까지 칠성산고분군에서 대형 봉토석실묘나 봉토석실벽화묘의 보고 예는 없음.

○ 배총 혹은 제사터가 딸려 있고, 주변에서 능사 혹은 능역의 유지로 추정되는 건축터 확인. 고분 형태와 기와의 문양 및 제작기법이 집안 지역 초기 고구려 유적에서 발견된 것과 같아서 비교적 이른 시기의 고분군으로 보기도 함.

○ 칠성산고분군은 집안 지역의 왕릉 중에서 위치로만 보았을 때 국내성 전체를 직접 조망할 수 있다는 점에서 최상의 입지조건이라고 할 수 있음.

2. 고분군 조사 연혁

1) 1968년 조사

陳上偉, 李文奎, 官永祥 등이 우산하고분군 176기, 만보정고분군 45기, 산성하고분군 36기, 마선구고분군 12기와 더불어 칠성산고분군에서 57기를 발굴.

2) 1975년 조사

集安縣文管所가 칠성산1096호묘에 대한 발굴 실시.

3) 1976년 조사

吉林省博物館과 集安縣考古學習班이 우산하고분군 57기, 산성하고분군 37기, 마선구고분군 69기와 더불어 칠성산고분군에서 26기를 발굴.

4) 1997년 조사

吉林省文物考古研究所와 集安市博物館 등이 전면적인 실측조사를 하면서 칠성산고분군에서 1,570기를 확인.

5) 2005년 조사

集安市文物局이 조사를 진행하면서 칠성산고분군에서 1,638기를 확인.

01 집안 칠성산0065·0066호묘

集安 七星山0065·0066號墓 | JQM0065·0066

1. 위치와 자연환경(그림 1)

集安 七星山古墳群 동부의 元寶山 일대에 위치.

2. 고분의 현황(그림 2)

1) 고분 형식

(1) 유형

階段積石墓 위에 2기의 封土石室墓가 있는 구조.

2) 고분 구조

○ 계단적석묘 위에 봉토석실묘가 축조되어 있음. 이러한 구조는 通溝古墳群에서는 유일한 예임.

○ 현재 남아 있는 봉토의 범위로 볼 때 두 기의 봉토석실묘는 같은 분구를 가졌을 것으로 추정(同墳異穴).

○ 두 기의 봉토석실묘 아래에 계단적석묘가 있음. 계단적석묘는 비록 편호되지 않았으나, 산등성이에 위치하고 있는 수십 기의 적석묘 가운데 하나임. 산등성이는 남북으로 향해 있는데, 북쪽이 높고 남쪽이 낮으며 서면은 가파르고 동면이 평탄함. 무덤은 동편에 치우쳐 있으며, 모두 계단적석묘임. 가장 윗쪽(북쪽)의 적석묘는 동서 길이 14.5m, 남북 너비 15.5m, 높이 0.8~2.4m임. 서·북부는 지세가 비교적 높기 때문에 약간 가공한 석재로 계단을 1층만 쌓았음. 동·남부는 서·북부과 가지런하게 하기 위해 돌로 기단을 여러 층 쌓았음. 2층 계단은 1층 계단 위에서 안으로 0.8m 정도 들여쌓음. 2층 계단 위에 壙室을 축조.

○ 칠성산0065·0066호묘는 계단적석묘의 광실 위치에 축조되어 있는데, 계단적석묘의 중간에서 북쪽으로 치우쳐 남북방향으로 배열되어 있음.

○ 칠성산0065호묘는 북쪽에 위치하고 있음. 묘 정상부는 붕괴. 석실은 장방형으로 동서 길이 3m, 남북 너비 2.9m이고, 방향은 240°임. 묘실은 석회암제 판상석으로 쌓았고, 묘실 내벽에는 백회를 발랐는데, 현재 백회는 떨어져 나감. 벽화는 발견되지 않음. 석실 서벽에 묘도가 있는데, 너비는 1m이고, 입구는 돌들로 막혀 있으며, 그 윗부분은 흙으로 덮혀 있음.

○ 칠성산0066호묘는 칠성산0065호묘에서 남쪽으로 약 3.1m 떨어져 있음. 석실 동남 모서리에 도굴구멍이 있는데, 이를 통해 석실로의 진입이 가능함. 석실은 평면이 정방형이고, 한 변 길이는 3.3m, 높이는 2.4m, 방향은 240°임. 묘실 바닥에는 흙이 매우 두껍게 쌓여 있음. 석실 윗부분은 0.4m 정도 안으로 기울어져 있어 형태가 모자(覆頭)와 같음. 윗부분은 2단 抹角으로 이루어져 있고, 마지막에 꼭대기를 덮음. 석실 네 벽과 천장 모두 백회를 발랐으나 현재는 벗겨져 나갔고, 벽화는 볼 수 없음. 석실 서벽에 묘도가 있는데, 너비는 1m이고 길이는 알 수 없음. 묘도의 서쪽 입구는 돌들로 막혀 있음.

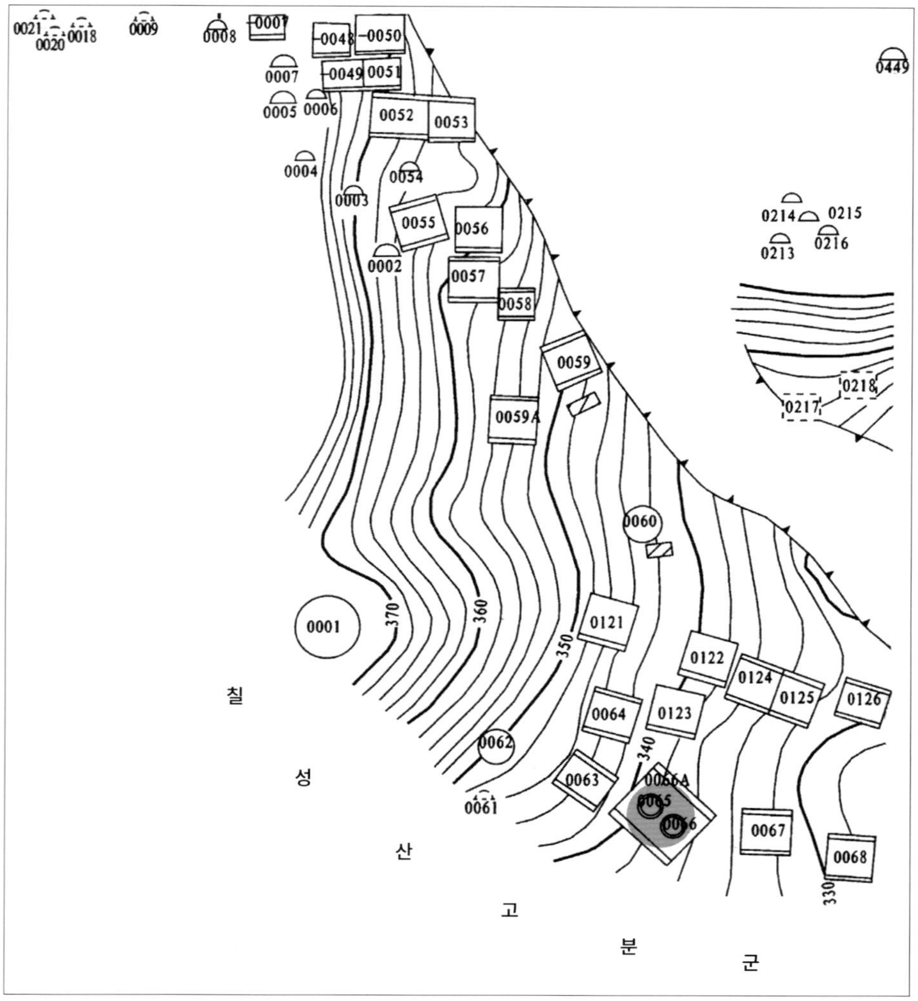

그림 1
칠성산0065·0066호묘 위치도(『洞溝古墓群－1997年調査測繪報告』, 258쪽)

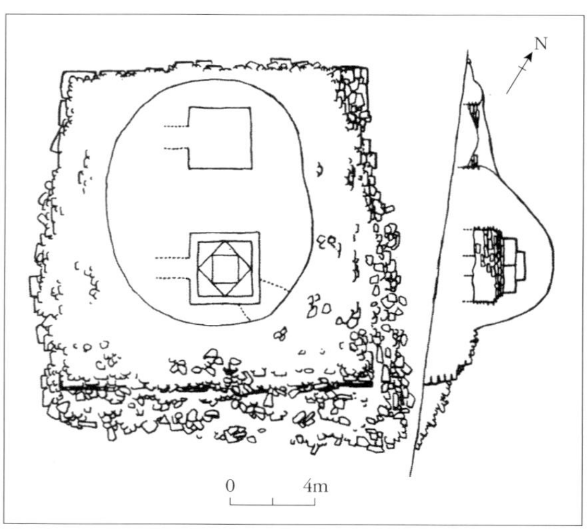

그림 2 칠성산0065·0066호묘 평·단면도
(『北方文物』 1998-4, 29쪽)

3. 역사적 성격

1) 특징

고분을 重層으로 축조한 것은 고구려고분에서 볼 수 있는 현상이 아님. 봉토석실묘가 열지어가는 무덤이나 연접묘 중간에 축조되는 현상이나, 곳묘 행렬에 봉토묘가 끼어 있는 현상과 다름. 전자는 대체로 고구려 후기 혹은 멸망 후의 무질서한 매장 결과로 볼 수 있고, 후자는 신분지위의 차이로 볼 수 있음. 일반적으로 같은 배열의 무덤 피장자들은 기타 배열 무덤의 피장자보다 가까운 관계 혹은 혈연 관계에 있었다고 추정되는데, 이와 같은 관계는 묘지 위치와 무덤방식 등으로 표현됨.

하지만 칠성산0065 · 0066호묘에 보이는 현상에 대해서는 합리적인 이해를 도출해낼 수 없음.

2) 축조연대

○ 계단적석묘 위에 봉토석실묘가 축조된 현상을 두고, 적석묘가 봉토묘보다 이른 시기에 축조되었음을 증명하는 것으로 보기도 함(方起東, 1993).

○ 축조 시기에 대해 보고자는 적석묘를 4세기 중엽 이후, 칠성산0065 · 0066호묘를 5세기 중엽 전후로 보았는데, 그 근거는 다음과 같음. 칠성산고분군의 분포를 보면 산등성이를 따라 위에서 아래로 배열되었고, 산등성이 중간에서 다시 여러 행의 산아래로 펼쳐지기도 하는데, 그 모양이 마치 나무의 줄기 및 가지와 같음. 산 위에 배열된 무덤은 산기슭 아래에 배열된 무덤보다 이른 시기에 축조됨. 한편, 규모가 작은 봉토묘가 적석묘 사이의 빈 틈에 축조되기도 하는데, 이 경우는 배열관계가 있다고 볼 수 없음. 칠성산0065 · 0066호묘에 눌려 있는 계단적석묘는 가지에 해당하므로 축조 시기가 비교적 이르다고 볼 수 있음. 무덤의 구조를 보면, 윗부분에 붙어 있는 칠성산0063호묘는 方壇積石石壙墓이고, 하단에는 칠성산0067 · 0068 · 0069호묘가 연결되어 있는데, 3기 모두 耳室이 구축되어 있고 이실과 묘도 모두 판석이 덮고 있음. 묘실의 위치에는 큰 구덩이가 형성되었고 구덩이에는 熔石들이 있는데, 석실단계로 진입하지 못한 석광구조임을 알 수 있음. 이러한 점들을 감안하면 계단적석묘는 광실단계의 만기에 해당하는 고분으로 4세기 중엽 이후에 축조된 것으로 추정됨. 칠성산0066호묘의 천장을 보면 비교적 성숙한 이중말각이 구축되어 있음. 고구려 석실묘 가운데 말각의 대량 사용과 성숙은 6세기 이후에 보이는데, 두 석실묘의 경우 이보다 크게 이르지 않다고 여겨지므로 5세기 중엽에 축조된 것으로 추정됨(林世賢, 1998).

○ 보고자는 적석묘를 4세기 중엽 이후에 축조된 것으로 보았지만, 계단상임을 감안해 볼 때 축조 상한은 4세기 이전으로 올라가지 않을 것이며 적석묘 위로 무덤을 썼다면 일정 기간이 경과되었음을 추정할 수 있을 뿐 연대 판단할 근거는 확보되지 않았음.

참고문헌

- 方起東, 1993,「高句麗的墓制和葬俗」,『東北亞歷史與考古信息』1993-1·2.
- 林世賢, 1998,「吉林省集安洞溝古墓群七星山墓區兩座古墓的考察」,『北方文物』1998-4.
- 吉林省文物考古研究所·集安市博物館, 2002,『洞溝古墓群－1997年調查測繪報告』, 科學出版社.

02 집안 칠성산0069호묘

集安 七星山0069號墓 | JQM0069

1. 조사현황

2004~2005년에 張福有, 孫仁杰, 遲勇 등이 조사.

2. 위치와 자연환경(그림 1)

1) 고분의 위치

○ 集安 七星山古墳群의 木耳場溝 남쪽 비탈에 위치.

○ 서북쪽이 높고 동측이 낮은데, 고도차는 3m임.

2) 고분의 주변환경

○ 남쪽으로는 병영골(營房溝)이 접해 있음.

○ 북쪽으로 약 10m 떨어진 지점에 七星山0128號墓가 있음.

○ 동쪽으로 약 20m 떨어진 지점에 七星山0703號墓가 있음.

○ 서쪽으로 약 40m 떨어진 지점에 七星山0066號墓가 있음.

3. 고분의 현황

1) 고분 형식

(1) 유형

階壇積石壙室墓.

(2) 규모

변 길이 30m, 남은 높이 4m, 방향 195°.

2) 고분 구조

(1) 외형

○ 평면은 방형임.

○ 묘 꼭대기 중간에 장방형의 구덩이가 있는데, 동서 길이는 약 10m, 남북 너비는 약 5m, 깊이는 1m 정도임.

○ 구덩이의 양측에는 남북으로 나란히 배열된 두 줄의 석렬이 있음. 석렬은 길이 6m, 너비 1.1m, 남은 높이 0.55m 정도이고, 그 위로는 천장석 4매가 덮고 있음. 천장석은 일반적으로 길이 1.5m, 너비 0.8m, 두께 0.3~0.5m 사이임. 두 줄의 석렬은 2개 광실의 이실이고, 이실과 광실 사이는 묘도로 연결되었을 것이나, 붕괴로 인하여 명확하지 않음.

○ 무덤 위를 덮고 있는 석재는 모두 깬돌로, 크기는 일반적으로 0.2~0.5m임.

그림 1 칠성산0069호묘 위치도(『洞溝古墓群－1997年調査測繪報告』, 259쪽)

(2) 계단

○ 묘의 네 변에 계단이 축조되어 있으나, 서·남·북측은 대부분 붕괴됨.

○ 묘의 동북·동남 모서리는 지세가 낮아 3단의 계단이 축조되어 있음. 계단석은 네모나고 정연하게 다듬은 화강암인데, 석재를 맞물리게 하는 돌기는 보이지 않음.

○ 제1단 계단은 3층으로 쌓았음. 가장 바닥에 있는 석재는 길이 1.5m, 너비 1m, 높이 0.6m 정도로 비교적 큼. 제2층 석재는 길이 1.3m, 너비 0.8m, 높이 0.4m 정도임. 제3층 석재는 길이 1m, 너비 0.6m, 높이 0.4m 정도임. 계단의 높이는 약 1.4m 정도임.

○ 제2단 계단은 제1단 계단 위에서 안으로 1.2m 들여쌓았고, 2층으로 이루어져 있음. 석재의 크기는 일반적으로 길이 1m, 너비 0.6m, 높이 0.4m 정도임.

○ 제3단 계단은 제2단 계단 위에서 안으로 1m 들여쌓았고, 1층으로 이루어져 있음. 석재의 크기는 일반적으로 길이 0.8m, 너비 0.6m, 높이 0.4m 정도임.

○ 서·북면의 계단은 현재 2단이 남아 있는데, 축조방법과 석재는 동면과 같음.

4. 역사적 성격

1) 특징

칠성산0069호묘는 칠성산의 서북단에 위치하는데, 산허리에 해당하는 지점으로 그와 비슷한 무덤 수십 기가 분포하고 있음. 고분군에서 가장 높은 지점에 축조된 무덤들이지만, 축조연대가 가장 이른 것은 아님. 칠성산고분군 養鷄場片에 매장할 땅이 부족해지면서 改葬한 것으로, 산 아래에서부터 배열된 것으로 추정.

2) 축조연대

칠성산0069호묘는 크고 높음. 그리고 광실 서측에서 墓道, 덮개돌이 있는 이실 등이 확인되는데, 이러한 구조는 禹山下3105號墓와 기본적으로 같음. 그러므로 우산하3105호묘와 동일한 시기에 축조되었다고 볼 수 있는데, 4세기 말~5세기 초로 추정(孫仁杰·遲勇, 2007).

참고문헌

- 吉林省文物考古研究所·集安市博物館, 2002, 『洞溝古墓群-1997年調查測繪報告』, 科學出版社.
- 孫仁杰·遲勇, 2007, 『集安高句麗墓葬』, 香港亞洲出版社.

03	집안 칠성산0128호묘 集安 七星山0128號墓 | JQM0128

1. 조사현황

2004~2005년에 張福有, 孫仁杰, 遲勇 등이 조사.

2. 위치와 자연환경(그림 1)

1) 고분의 위치

○ 集安 七星山古墳群의 木耳場溝 남쪽 기슭에 위치.

○ 서쪽이 높고 동쪽이 낮은데, 고도차는 2m임.

2) 고분의 주변환경

○ 남쪽으로 약 10m 떨어진 지점에 七星山0069號墓가 있음.

○ 북쪽으로는 木耳場溝와 접해 있음.

○ 서쪽으로 약 40m 떨어진 지점에 七星山0066號墓가 있음.

○ 동쪽으로 약 20m 떨어진 지점에 七星山0129號墓가 있음.

3. 고분의 현황

1) 고분 형식

(1) 유형

有壇積石石壙墓.

(2) 규모

동서 길이 23m, 남북 너비 22m, 높이 2.5m, 방향 195°.

2) 고분 구조

(1) 외형

○ 평면은 방형임.

○ 묘 꼭대기 가운데 부분에 도굴갱 한 개가 있는데, 길이 4m, 너비 4m, 깊이 1.5m임.

○ 묘 위에서 불을 사용한 흔적이 있음.

○ 도굴갱 남측에 石廂이 있었던 것으로 추정됨.

○ 묘 위를 덮고 있는 석재는 모두 깬돌로, 크기는 일반적으로 0.1~0.3m 사이임.

○ 묘의 동·서·북면 아래로 크기가 같지 않은 구덩이 3개가 있음.

(2) 계단

○ 묘의 네 주위에 계단이 축조되어 있음.

그림 1 칠성산0128호묘 위치도(『洞溝古墓群－1997年調查測繪報告』, 259쪽)

○ 동측은 기슭 아래에 위치하면서 계단이 대부분 붕괴되어 보존이 양호하지 않음.

○ 북측에서는 2단의 계단을 볼 수 있음. 제1단 계단석은 길이 1.2m, 너비 1m, 높이 0.7m 정도로 비교적 큼. 약간 가공하여 정연한 화강암으로 쌓음.

○ 서측[1] 계단은 기슭 위에 위치하고 있어 보존이 비교적 양호함. 현재 4단의 계단이 남아 있음. 약간 가공하여 정연한 화강암으로 쌓음. 제1단 계단은 붕괴되면서 원래 자리를 이탈. 3층으로 이루어져 있고, 계단 높이는 1m 정도임. 제2단 계단은 제1단 계단 위에서 안으로 1m 들여쌓음. 3층으로 이루어져 있는데, 대부분 붕괴되었음. 현재 높이는 0.7m임. 제3단 계단은 제2단 계단 위에서 안으로 1.1m 들여쌓았음. 현재 2층이 남아 있고, 높이는 0.5m임. 제4단 계단은 제3단 계단 위에서 안으로 1.2m 들여쌓음. 현재 1층이 남아 있고, 석재 높이는 0.3m임.

1 보고서에는 '북측'으로 나오나, 기슭 위에 위치하고 있다고 한 것으로 보아 '서측'의 오기로 추정됨.

4. 역사적 성격

무덤의 구조를 보면 완벽한 석실구조는 아니며, 석광과 석실의 과도기적 모습임. 보고자는 칠성산0069호묘와 비슷할 것으로 보아 축조 시기를 4세기 중엽으로 추정하였으나(孫仁杰 · 遲勇, 2007), 연대 판단의 근거는 확실하지 않음.

참고문헌

- 吉林省文物考古研究所·集安市博物館, 2002, 『洞溝古墓群－1997年調査測繪報告』, 科學出版社.
- 孫仁杰·遲勇, 2007, 『集安高句麗墓葬』, 香港亞洲出版社.

04 집안 칠성산0151호묘

集安 七星山0151號墓 | JQM0151

1. 조사현황

2004～2005년에 張福有, 孫仁杰, 遲勇 등이 조사.

2. 위치와 자연환경(그림 1)

1) 고분의 위치

○ 集安 七星山古墳群의 木耳場溝 남쪽 기슭 위쪽 끝에 위치.

○ 서쪽이 높고 동쪽이 낮은 완만한 기슭에 위치. 고도차는 2m임.

2) 고분의 주변환경

○ 남쪽은 계곡임.

○ 북쪽으로 약 5m 떨어진 지점에 七星山1050號墓가 있음.

○ 동쪽으로 약 7m 떨어진 지점에 七星山0164號墓가 있음.

○ 서북쪽으로 약 10m 떨어진 지점에 七星山0149號墓가 있음.

○ 서쪽으로 약 5m 떨어진 지점에 七星山0148號墓가 있음.

3. 고분의 현황

1) 고분 형식

(1) 유형

階壇積石石壙墓.

(2) 규모

변 길이 21m, 높이 4.5m, 방향 120°.

2) 고분 구조

(1) 외형

○ 평면은 방형임.

○ 묘 위에 10×10×1.5m의 돌무지가 있음.

○ 가운데 부분에 5×5×1m의 구덩이가 있는데, 石壙이 있었던 자리로 보임. 그 주위에는 불에 탄 흔적이 있음.

○ 묘 위를 덮고 있는 석재는 대부분 깬돌이고, 일부 강자갈이 있음. 돌의 크기는 일반적으로 0.2～0.4m 사이임.

(2) 계단

○ 묘의 네 변에 계단이 축조되어 있음.

○ 동·남 양측은 지세가 비교적 낮기 때문에 계단을 높게 축조함.

그림 1 칠성산0151호묘 위치도(『洞溝古墓群-1997年調査測繪報告』, 259쪽)

○ 동측에서는 3단의 계단을 볼 수 있음. 계단은 정연하게 가공한 화강암으로 쌓았음. 제1단 계단은 3층으로 이루어져 있음. 제1층 계단석은 비교적 큰데, 가장 큰 계단석은 길이 2.2m, 너비 0.8m, 높이 0.6m 정도임. 제2층 계단석은 길이 1.5m, 너비 0.6m, 높이 0.3m 정도임. 전체 높이는 1.4m 정도임. 제2단 계단은 제1단 계단 위에서 안으로 0.8m 들여쌓음. 1층만 볼 수 있고, 높이는 0.4m 정도임.

○ 서·북 양측 계단석은 대부분 유실되었고, 일부 계단석은 묘 위에서 흘러내린 돌들에 덮혀 있음. 서북 모서리에는 1단 계단이 남아 있는데, 계단석의 크기는 길이 1m, 너비 0.6m, 높이 0.4m 정도임.

○ 남측 계단은 전부 골짜기 아래로 떨어져 내려감.

4. 역사적 성격

칠성산0151호묘에서는 石箱 혹은 이실 등의 시설이 보이지 않고, 묘도와 천장석을 갖춘 석실구조도 아님. 보고자는 4세기 초에 축조되었다고 보았으나(孫仁

杰·遲勇, 2007), 매장부와 외형이 연대판단의 절대적인 기준은 되지 못하며, 연대판단의 고고학적 근거가 확보되지 못함.

참고문헌

- 吉林省文物考古研究所·集安市博物館, 2002,『洞溝古墓群－1997年調查測繪報告』, 科學出版社.
- 孫仁杰·遲勇, 2007,『集安高句麗墓葬』, 香港亞洲出版社.

05 집안 칠성산0166호묘

集安 七星山0166號墓 | JQM0166

1. 조사현황

2004~2005년에 張福有, 孫仁杰, 遲勇 등이 조사.

2. 위치와 자연환경(그림 1)

1) 고분의 위치

○ 集安 七星山古墳群의 木耳場溝 남쪽 중간지점에 위치.

○ 서쪽이 높고 동쪽이 낮은 완만한 기슭에 위치. 고도차는 1.5m임.

2) 고분의 주변환경

○ 북쪽 약 6m 떨어진 지점에 七星山0250號墓가 있음.

○ 서북쪽으로 七星山0165號墓와 접해 있음.

○ 동쪽 약 5m 떨어진 지점에 七星山0191號墓가 있음.

○ 남쪽으로 七星山0190號墓와 연접함.

3. 고분의 현황

1) 고분 형식

(1) 유형

階壇積石石壙墓.

(2) 규모

동서 길이 40m, 남북 너비 20m, 높이 1.5m, 방향 125°.

2) 고분 구조

○ 무덤의 동남·서북쪽에 또 다른 무덤이 연결되어 있는 연접묘로, 연접묘 가운데 가장 규모가 큼.

○ 평면은 방형임.

○ 묘의 네 변에 계단이 축조되어 있는데, 그 중간에 남북방향의 석렬 한 줄이 두 무덤을 분리하고 있음.

○ 묘 동측변의 규모는 20×20×1m이고, 동·남·북면의 계단석은 대부분 붕괴되어 원래 자리를 이탈하거나 유실됨. 현재는 2단 계단이 남아 있는데, 약간 가공한 화강암으로 쌓음. 제1단 계단은 1층으로 이루어져 있음. 가장 큰 돌은 길이 2.3m, 너비 1.2m, 높이 0.6m 정도이고, 비교적 작은 돌들은 1m 이상임. 제2단 계단은 제1단 계단 위에서 안으로 1.2m 들여쌓았는데, 현재 1층만 볼 수 있음. 돌들의 크기는 길이 1m, 너비 0.8m, 높이 0.5m 정도임.

○ 서측변의 규모는 20×20×1.5m임. 서·남·북면에 계단이 있는데, 현재 2단이 남아 있음. 계단 석재와 축조방법은 동측변과 같음. 묘 꼭대기에 2개의 구덩이가 동서로 배열되어 있음.

○ 두 묘 모두 불에 탄 熔石들이 많이 있음.

○ 묘를 덮고 있는 석재는 모두 깬돌로, 돌의 크기는 0.2~0.3m 사이임.

그림 1 칠성산0166호묘 위치도(『洞溝古墓群-1997年調査測繪報告』, 252쪽)

4. 역사적 성격

보고자는 무덤의 축조방법과 구조를 감안하여 축조시기를 3세기 말엽으로 추정하였으나(孫仁杰 · 遲勇, 2007), 연대 판단할 고고학적 증거는 확보되지 못함.

참고문헌

- 吉林省文物考古研究所·集安市博物館, 2002, 『洞溝古墓群-1997年調査測繪報告』, 科學出版社.
- 孫仁杰·遲勇, 2007, 『集安高句麗墓葬』, 香港亞洲出版社.

06 집안 칠성산0211호묘

集安 七星山0211號墓 | JQM0211

1. 조사현황

1) 1966년

○ 조사기관 : 吉林省博物館, 集安縣文物保管所.

○ 조사내용 : 通溝古墳群에 대한 실측조사 때 '七星山墓區 第211號墓(JQM0211)'로 편호.

2) 1970년대 말~1980년대 중엽

○ 조사기관 : 집안현문물보관소.

○ 조사내용 : 수차례 조사를 하면서 묘 위에서 많은 기와들을 수습. 왕릉으로 비정.

3) 1997년

조사내용 : 71×61×10m로 실측. 특대형 積石石壙墓임을 확인하고 고구려왕릉임을 확정.

4) 2003년

○ 조사기관 : 吉林省文物考古研究所.

○ 조사기간 : 2003년 4월 9일~6월 20일.

○ 조사자 : 孫仁杰(현장 책임자, 集安市文物保管所), 孫奇(집안시문물보관소), 佟友波(德惠縣文物保管所) 등.

○ 조사내용 : 集安重點文物의 환경 정비(보수)작업과 더불어 길림성문물고고연구소가 조사·정리·실측 등을 진행. 무덤의 동남·서남·서북 모서리 부분과 북측을 집중 조사. 시굴을 진행하여 묘 바깥 陵區의 범위와 陵園시설을 파악. 정리과정 중에 동기, 금동기, 철기 등 유물 100여 점과 토기, 기와 등을 수습.

5) 2004~2005년

○ 조사자 : 張福有, 孫仁杰, 遲勇.

○ 조사내용 : 비교적 정밀한 조사 진행.

2. 위치와 자연환경(그림 1~그림 2)

1) 고분의 위치

○ 集安市 七星山古墳群의 최남단에 위치.

○ 집안시 교외인 通溝村 6組 서북측의 산기슭 대지에 위치. 산기슭은 서북쪽이 높고 동남쪽이 낮은데, 높이 차는 약 7m임.

○ 산에 기대어 있고 강과 인접해 있으며, 지세는 높고 좁음. 자리잡은 위치의 시야는 개활.

○ 중심지리좌표는 동경 126°9′59.93″, 북위 41°6′32.86″이고, 묘 정상의 해발고도는 200.57m임.

2) 고분의 주변환경

○ 고분이 위치한 대지의 동남면은 충적평지임.

○ 동북쪽으로 약 1km 떨어진 지점에 집안시가 있음.

○ 동쪽으로 약 100m 떨어진 지점에 집안-丹東 간 도로가 동북-서남방향으로 통과하고, 도로 양측에는 민가가 있음.

○ 동남쪽으로 약 1.2km 떨어진 지점에 압록강이

그림 1 칠성산0211호묘 위치도(『洞溝古墓群－1997年調査測繪報告』, 254쪽)

있음.

○ 동북쪽에는 북쪽에서 흘러 내려오는 通溝河가 있고, 강 건너 國內城 서벽이 보임.

○ 무덤 서북쪽으로 七星山이 있는데, 산기슭 남쪽에 많은 고구려의 고분들이 분포.

○ 북쪽으로 900m 떨어진 지점에 七星山0871號墓가 있음.

○ 서남쪽으로 1.5km 떨어진 지점에 麻線溝2378號墓가 있음.

○ 가까운 주변에 다른 무덤이 없는데, 이는 피장자가 탁월한 지위에 있었음을 보여줌.

3. 고분의 현황

1) 고분 형식

(1) 유형

階壇壙室積石墓.

(2) 규모

남변 길이 58m, 동변 길이 66m. 나머지 두 변은 묘 위에서 흘러내린 돌들이 덮어버림으로써 측량하기 어려움.

그림 2 칠성산0211호묘 부근 형세도(『集安高句麗王陵』, 85쪽)

2) 고분 구조

(1) 외형(그림 3~그림 4)

○ 칠성산고분군에서 가장 규모가 큰 고분으로, 무덤 범위가 광대함.

○ 무덤 평면은 방형에 가까움.

○ 묘 정상 최고지점과의 차이를 보면 서쪽 모서리는 6.39m, 동쪽 모서리는 14.53m임. 중앙의 남아 있는

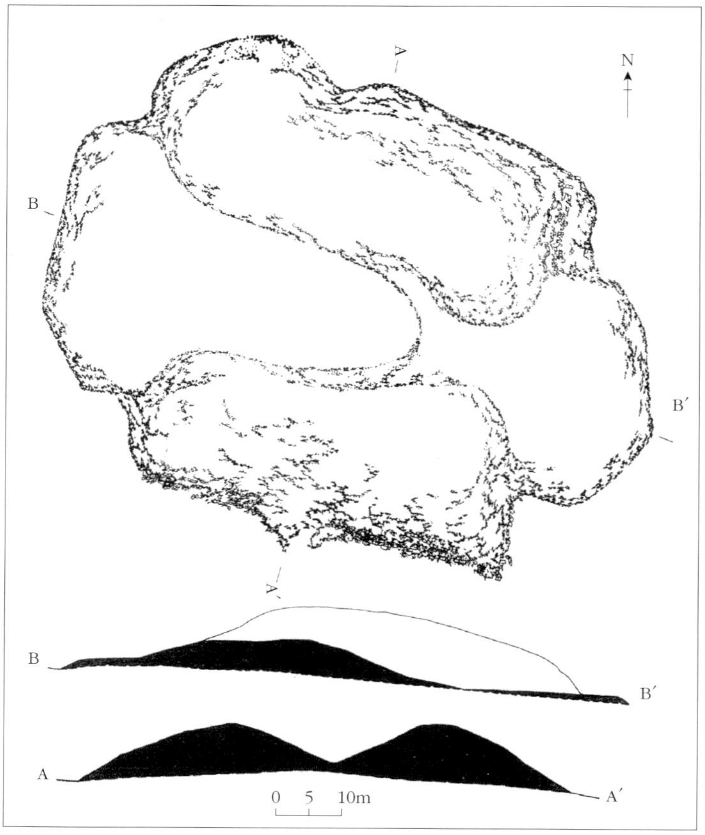

그림 3 칠성산0211호묘 평·측면도
(『集安高句麗王陵』, 87쪽)

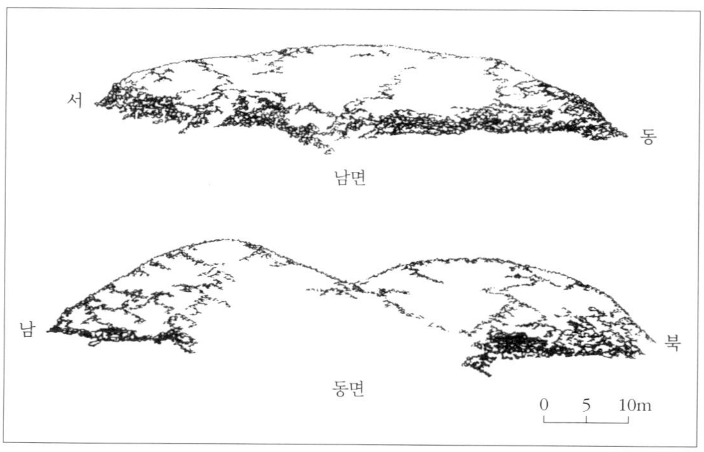

그림 4 칠성산0211호묘 남·동면 측면도

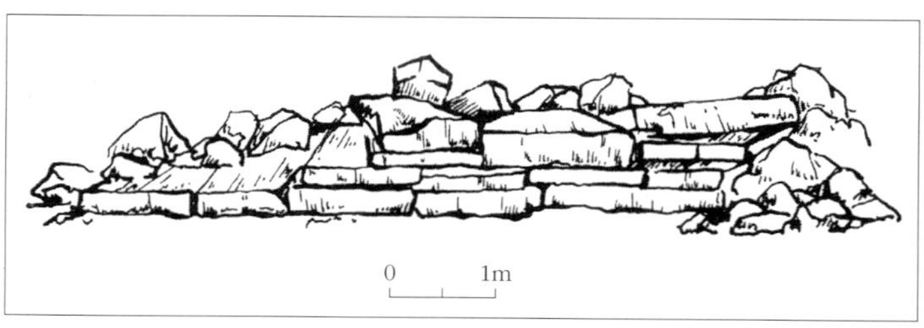

그림 5 칠성산0211호묘 일부 구조도
(『集安高句麗王陵』, 88쪽)

높이는 약 7m임. 동면방향은 195°임.

○ 일찍이 도굴을 당하면서 중앙부에 도굴갱이 생겼는데, 서북-동남방향으로 형성됨에 따라 무덤이 둘로 나뉘어짐. 도굴갱은 키모양이고, 입구 너비는 30~40m임. 바닥은 지면에까지 이르고 너비는 2m임. 도굴하면서 파낸 분구돌들은 수천 m³에 달하고, 묘의 동남쪽과 서북 양측에 어지럽게 쌓여 있음.

○ 무덤 남쪽 측면에 수많은 구덩이가 있는데, 벽돌을 굽기 위해 취토한 흔적임. 취토하면서 일부 지표유적이 파괴.

○ 무덤은 산기슭 황색 점성토층 위에 축조. 축조시 산기슭 표면을 평평하게 하는 작업을 진행한 것으로 추정되지만, 기초공사를 위하여 구덩이를 팠던 흔적은 보이지 않음. 바닥부의 제1단 계단은 지표면에 축조. 基礎가 부실하여 일부 계단석 아랫부분의 석재는 바깥으로 밀려남. 계단은 안쪽으로 경사지게 쌓았음.

○ 무덤은 강자갈로 덮었는데, 강자갈은 직경 0.2~0.4m 정도임.

○ 주변과 무덤 아래에 기와조각들이 흩어져 있었음.

(2) 壙室

○ 묘의 윗부분과 주변에서 석실을 축조할 때 사용하는 돌이나 천장석이 발견되지 않은 것으로 보아, 묘실은 광실구조였다고 추정됨.

○ 묘 중앙의 상부에 광실을 구축하고 강자갈로 다시 표면을 덮었던 것으로 보이는데, 지금은 도굴로 인해 보이지 않음.

(3) 계단(그림 5)

○ 계단은 자연적 혹은 인위적인 파괴로 인하여 대부분 붕괴되어 원래 자리를 이탈. 계단석 대부분이 결실되면서 정확한 계단수는 알 수 없음.

○ 계단은 약간 가공한 자연석으로 정연하게 쌓았고, 계단 내부는 깬돌로 채움.

○ 보존이 가장 양호한 서남 모서리를 보면 3단의 계단이 남아 있음.

○ 제1단 계단은 그 층수가 2~10층으로 같지 않음. 지세가 가장 높은 서북 모서리 지점은 2층으로 이루어져 있고, 높이는 0.8m 정도임. 지세가 가장 낮은 서남 모서리 지점은 10층으로 이루어져 있는데, 높이를 올려서 수평을 유지하고자 한 것임. 보존이 비교적 양호한 지점은 제1단 계단의 최고 높이가 3.2m임. 계단석은 약간 가공한 자연석이 대부분인데, 석재의 바깥표면만 비교적 평평하게 고를 뿐, 나머지 면은 불규칙적임. 바닥층에 사용된 돌은 일반적으로 길이 1~1.5m, 두께 0.4~0.6m 정도로 비교적 큼. 그 윗면에 쌓은 석재는 형태가 불규칙하고, 크기는 일반적으로 길이 0.4~0.8m, 두께 0.3m 정도로, 바닥에 사용한 돌보다 작음. 계단석 외측을 축조한 다음에 그 내부는 깬돌로 채웠는데, 깬돌은 크기가 0.5×0.5m 이하임. 깬돌을 채워 평평하게 한 후 네 변 윗면에 2단 계단을 안으로 들여쌓음. 제1단 계단의 각 층을 쌓을 때는 무덤 안쪽으로 뻗은 일부 장대석과 묘 안쪽에 채운 돌들이 일체가 되도록 서로 맞물리게 함으로써, 계단석이 밖으로 튕겨져 나가는 것을 방지하고자 함. 장대석은 일반적으로 길이 1.2~1.5m, 너비 0.3m, 두께 0.25m 정도임.

○ 제2단 계단은 대부분 결실 혹은 원래 자리를 이탈. 그나마 보존이 비교적 양호한 서남 모서리를 살펴보면 약간 가공한 자연석으로 1단 계단 위에 약 1.4m 정도 안으로 들여쌓은 모습을 볼 수 있는데, 겨우 1층만 남아 있음. 석재는 길이 약 0.5~0.7m, 높이 0.4m 정도임. 계단 내부를 채운 돌은 제1단 계단을 채운 것과 같음.

○ 제3단 계단은 보존이 온전하지 못해 서남면에서만 볼 수 있음. 제2단 계단 위에서 안으로 약 1.2m 들여쌓았음. 계단은 장조석 혹은 불규칙한 형태의 돌조각으로 비교적 평평하게 쌓았고, 돌조각은 두께 0.15m, 길이

0.4~0.6m 정도임.

○ 제3단 계단 윗면에도 여러 단의 계단이 있었을 것으로 추정되나, 무덤이 일찍이 도굴로 인해 파괴됨에 따라 명확히 알 수 없음.

4. 관련 유적

1) 돌무지유적

○ 묘 북쪽으로 약 12m 떨어진 지점에 장방형의 돌무지가 있음. 1966년 통구고분군 실측조사 때에는 'JQM0212'로 편호됨. 이후 농민이 개간지로 일구면서 주위와 묘변의 깬돌을 묘 위에 쌓아버림으로써 크게 파괴됨.

○ 돌무지의 평면은 장방형으로 길이 45m, 너비 9m이고, 칠성산0211호묘의 북변과 평행함. 위의 깬돌을 모두 제거한 후의 남은 높이는 약 0.5m 정도임.

○ 동측 가장자리의 돌들은 대부분 자연석이고, 가운데부분과 서쪽 가장자리의 돌들은 대부분 강자갈임. 돌무지 표면에 비교적 큰 돌로 쌓은 석렬 3줄이 있음.

○ 유물은 아직 발견되지 않음.

○ 칠성산0211호묘에 부속된 배장묘 혹은 제사와 관련된 건축물로 추정됨. 만약에 무덤으로 파악한다면 동서방향으로 배열된 방형의 작은 무덤 4기로 볼 수 있는데, 무덤 사이의 간격은 다름. 동쪽 끝에 있는 것이 가장 양호한데, 변의 길이는 9×9m, 남아 있는 높이는 약 0.5m 임. 둘레에는 약간 가공한 비교적 큰 돌로 기단을 쌓았는데, 기단은 1층만 보임. 석재의 크기는 0.4~0.6m 사이임. 기단 내부를 채운 돌들은 비교적 작고, 강자갈과 깨진 산돌을 혼용함. 기단 중간부분은 정리가 이루어지지 않아 그 특징과 구조를 알 수 없음.

○ 西大墓, 麻線溝626號墓, 禹山下992號墓, 禹山下2110號墓, 太王陵 등에 보이는 제대와 유사하기도 함.

5. 출토유물

유물들은 모두 고분의 서측에서 출토되었는데, 둘레돌의 틈과 쌓여진 흙에서 나옴.

1) 금동기

○ 출토된 금동기는 모두 장식품으로, 황백금색임.

○ 사엽형투조장식(四瓣柿蒂形鏤空式)은 18점이 출토되었는데, 그 가운데 3점이 복원. 모두 얇은 동편을 잘라서 만들었고, 전체적으로 방형에 가까움. 투조된 잎사귀는 끝이 뾰족한 형태이며, 4개로 제작. 투조무늬는 하트형이고 가장자리에 두 줄의 점렬문이 돌아감. 잎사귀의 중심과 각 체판의 중심에 융기된 반구형장식(圓泡)이 있음. 반구형장식의 윗부분 중간에는 2개의 구멍이 뚫려 있는데, 각각의 구멍에는 동실을 꼬아 만든 연결가지(懸枝)가 있고, 연결가지 끝에는 원형의 보요(懸葉)가 달려 있음. 매우 정교하고 아름답게 제작됨. 큰 것은 14점이 출토되었는데, 체판의 대각선 길이가 12cm임. 작은 것은 4점이 출토되었는데, 조합하면 2점임. 체판의 대각선 길이는 약 5.8cm임.

○ 보요(懸葉)는 29점이 출토됨. 얇은 동편을 잘라 만들었고, 양면 모두 도금됨. 원형은 25점이 출토되었는데, 큰 것은 21점, 작은 것은 4점임. 측면 가장자리에 작은 구멍이 뚫려 있는데, 동실로 이루어진 연결가지(懸枝)를 꿰기 위한 것임. 보요는 圭形이 4점이 출토됨. 윗부분은 융기되어 있고, 끝부분에는 구멍이 뚫려 있는데, 동실을 꼬아서 만든 연결가지를 꿰기 위함임.

○ 원형장식(泡形)은 2점이 출토. 동그란 얇은 판 형태임. 가운데부분이 융기되어 있고, 가장자리에 점렬문이 돌아감. 박음용 구멍이 있음.

○ 대추씨모양연결장식(棗核形連接飾)은 한 점이 출토.

○ 띠형장식(連泡片)은 2점이 출토. 한쪽이 좁음. 양면

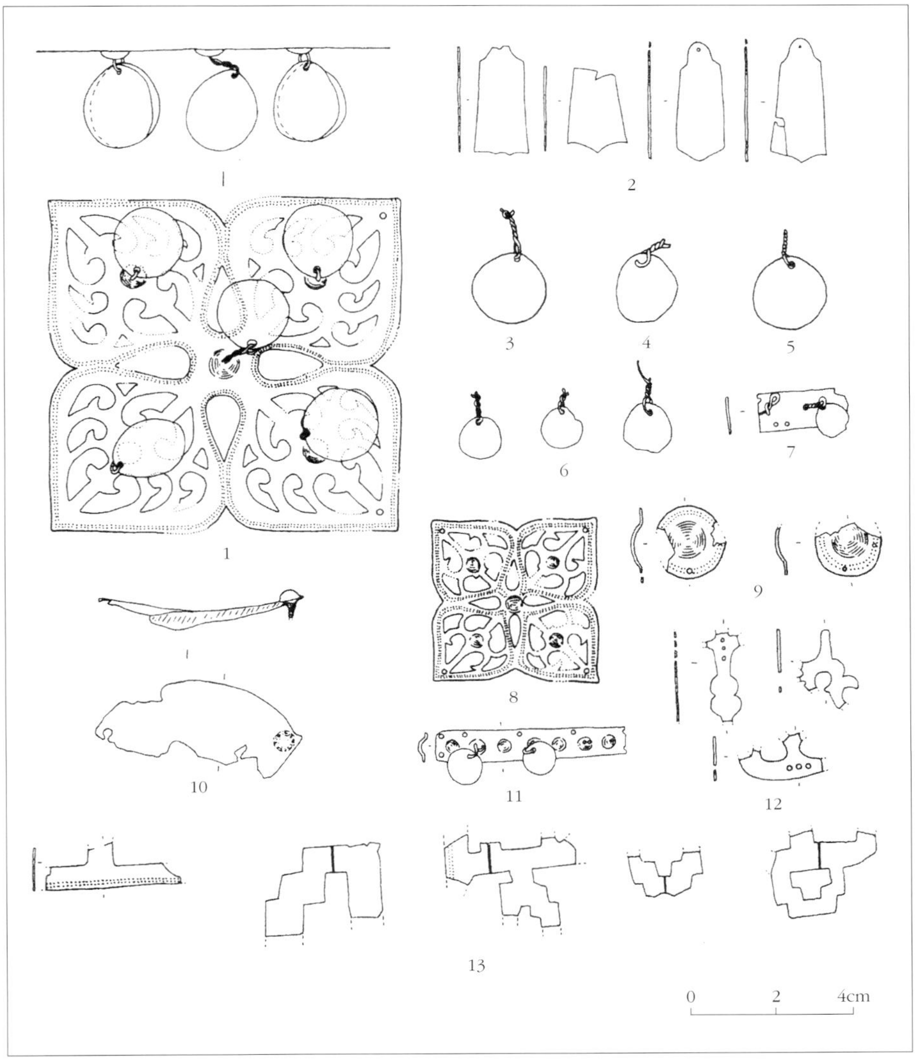

그림 6
칠성산0211호묘 출토 금동기
(『集安高句麗王陵』, 92쪽)
1·8. 사판형투조장식
2~6. 요엽
7·11. 띠형장식
9. 원형장식
10. 대추씨모양연결장식
12·13. 투조장식

모두 도금.

○ 투조장식(鏤花飾)은 12점이 출토되었으나, 모두 파손됨. 얇은 동편을 잘라서 제작. 양면 모두 도금됨. 6점은 '品'자형 도안을 이루고 있고, 나머지는 파손되어 판별하기 어려우나, 같은 도안이라고 추정됨.

(1) 금동제사엽형투조장식(四瓣柿蒂形鏤空式, 03JQM211:16-1, 그림 6-1)

○ 출토지 : 칠성산0211호묘.

○ 크기 : 너비 9cm, 두께 0.1cm, 보요(懸葉) 직경 1.8cm, 잎사귀는 뾰족한 부분의 못(釘)구멍 직경 0.1cm.

○ 형태 : 얇은 동편을 잘라서 만들었고, 전체적으로 방형에 가까움. 투조된 잎사귀 모양의 체판 4개로 제작. 투조무늬는 하트형이고 가장자리에 두 줄의 점렬문이 돌아감. 잎사귀의 중심과 각 체판의 중심에 융기된 반구형장식(圓泡)이 있음. 반구형장식의 윗부분 중간에는 2개의 구멍이 뚫려 있는데, 각각의 구멍에는 동실을

꼬아 만든 연결가지(懸枝)가 있고, 연결가지 끝에는 원형의 보요이 달려 있음. 2개의 체판 뾰족한 부분에는 못구멍이 한 개씩 있는데, 아마 목재류의 기물 위에 못을 박아 장식했을 것으로 추정.

(2) 금동제사엽형투조장식(四瓣柿蒂形鏤空式, 03JQM211:17-1, 그림 6-8)

○ 출토지 : 칠성산0211호묘.

○ 크기 : 직경 4cm, 두께 0.1cm, 보요(懸葉) 직경 1cm.

○ 형태 : 얇은 동편을 잘라서 만들었고, 전체적으로 방형에 가까움. 투조된 잎사귀 모양 4개로 제작. 투조무늬는 하트형이고 가장자리에 두 줄의 점렬문이 돌아감. 잎사귀의 중심과 각 체판의 중심에 융기된 반구형장식(圓泡)이 있음. 반구형장식의 윗부분 중간에는 2개의 구멍이 뚫려 있는데, 각각의 구멍에는 동실을 꼬아 만든 연결가지(懸枝)가 있고, 연결가지 끝에는 원형의 보요이 달려 있음.

(3) 금동제사엽형투조장식(四瓣柿蒂形鏤空式, 03JQM211:17-2)

출토지 : 칠성산0211호묘.

(4) 금동제보요(懸葉, 03JQM211:18, 그림 6-3~5)

○ 출토지 : 칠성산0211호묘.

○ 크기 : 직경 2cm, 두께 0.1cm, 구멍 직경 0.06cm.

○ 형태 : 원형임. 한쪽 가장자리에 작은 구멍이 뚫려 있음.

(5) 금동제보요(懸葉, 03JQM211:19-1, 그림 6-6)

○ 출토지 : 칠성산0211호묘.

○ 크기 : 직경 1.1cm, 두께 0.05cm.

○ 형태 : 원형임. 한쪽 가장자리에 작은 구멍이 뚫려 있음.

(6) 금동제보요(懸葉, 03JQM211:19-2, 그림 6-6)

○ 출토지 : 칠성산0211호묘.

○ 크기 : 직경 1.1cm, 두께 0.05cm.

○ 형태 : 원형임. 한쪽 가장자리에 작은 구멍이 뚫려 있음.

(7) 금동제보요(懸葉, 03JQM211:19-3, 그림 6-6)

○ 출토지 : 칠성산0211호묘.

○ 크기 : 직경 1.1cm, 두께 0.05cm.

○ 형태 : 원형임. 한쪽 가장자리에 작은 구멍이 뚫려 있음.

(8) 금동제보요(懸葉, 03JQM211:20-4, 그림 6-2)

○ 출토지 : 칠성산0211호묘.

○ 크기 : 길이 3.2cm, 너비 1.8cm, 두께 0.08cm.

○ 형태 : 비교적 보존상태가 양호. 圭形임.

(9) 금동제원형장식(泡飾, 03JQM211:21-1, 그림 6-9)

○ 출토지 : 칠성산0211호묘.

○ 크기 : 직경 1.9cm, 높이 0.3cm, 두께 0.1cm.

○ 형태 : 동그란 얇은 판 형태임. 가운데부분이 융기되어 있고, 가장자리에 점렬문이 돌아감. 박음용 구멍이 있음.

(10) 금동제대추씨모양연결장식(棗核形連接飾, 03JQM211:22, 그림 6-10)

○ 출토지 : 칠성산0211호묘.

○ 크기 : 길이 5.2cm, 너비 2.8cm, 두께 0.1cm, 못두부(釘帽) 직경 0.3cm, 길이 0.3cm.

○ 형태 : 대추씨 모양의 동편임. 양 끝부분에 구멍이 한 개씩 뚫어져 있고, 구멍 안에는 연결못(鉚釘)이 남아 있음.

(11) 금동제띠형장식(連泡片, 03JQM211:23-1, 그림 6-11)

○ 출토지 : 칠성산0211호묘.

○ 크기 : 남은 길이 4.1cm, 너비 0.7cm, 두께 0.08cm, 돌기(泡) 직경 0.4cm, 보요 직경 0.8cm.

○ 형태 : 한쪽이 좁음. 양면 모두 도금. 전체적으로 띠 모양임. 중간에 원형 돌기가 여러 개 있고, 그 위에는 보요이 달려 있음. 연결가지(懸枝)는 동실 두 가닥을 꼬아서 만듦. 가장자리에는 일정한 간격으로 작은 구멍이 있음.

(12) 금동제띠형장식(連泡片, 03JQM211:23-2, 그림 6-7)

○ 출토지 : 칠성산0211호묘.

○ 크기 : 남은 길이 2.6cm, 너비 1.2cm, 搖葉 직경 0.8cm.

○ 형태 : 한쪽이 좁음. 양면 모두 도금. 돌기(泡)는 없음. 가장자리에 구멍이 있고, 중앙에는 원형의 보요가 달려 있음.

(13) 금동제투조장식(鏤花飾, 03JQM211:24-1)

○ 출토지 : 칠성산0211호묘.

○ 크기 : 길이 2.8cm, 너비 2.3cm.

○ 형태 : 얇은 동편을 잘라 제작. 양면은 모두 도금됨. '品'자형 투조를 볼 수 있음.

(14) 금동제투조장식(鏤花飾, 03JQM211:25-2, 그림 6-13)

○ 출토지 : 칠성산0211호묘.

○ 크기 : 길이 3.2cm, 너비 2.6cm.

○ 형태 : 얇은 동편을 잘라 제작. 양면은 모두 도금됨. 연속된 '品'자형을 볼 수 있음. 가장자리에 점렬문 2줄이 있음.

(15) 금동제투조장식(鏤花飾, 03JQM211:24-1, 그림 6-12)

○ 출토지 : 칠성산0211호묘.

○ 형태 : 얇은 동편을 잘라 제작. 양면은 모두 도금됨. 작은 구멍 3개가 있음.

(16) 금동제투조장식(鏤花飾, 03JQM211:24-3, 그림 6-12)

○ 출토지 : 칠성산0211호묘.

○ 형태 : 얇은 동편을 잘라 제작. 양면은 모두 도금됨. 작은 구멍 3개가 있음.

2) 동기

○ 장막걸이쇠(帳鉤)와 못(釘)이 출토.

○ 못은 41점이 출토되었고, 모두 鍛造品임. 두부(帽)는 원형이고, 몸체(釘身)는 방형임. 몸체의 길이가 9cm인 못은 1점, 5~6cm인 못은 14점, 3~4cm인 못은 12점, 2~3cm인 못은 12점, 1cm 미만의 못은 2점임. 두부가 도금된 못이 최소 1점 이상 출토되었는데, 원래는 상당수가 도금된 것으로 보임.

(1) 동제장막걸이쇠(帳鉤, 03JQM211:11, 그림 7-1)

○ 출토지 : 칠성산0211호묘.

○ 크기 : 남은 길이 3cm.

○ 형태 : 못부분(釘)만 남아 있음. 단조품임. 弓形의 중간부분부터 파손. 횡단면은 장방형임.

(2) 동제못(釘, 03JQM211:1, 그림 7-12)

○ 출토지 : 칠성산0211호묘.

○ 크기 : 길이 9cm, 두부(帽) 직경 1cm, 몸체(釘身) 너비 0.4cm.

○ 형태 : 단조품. 두부는 원형, 몸체는 방형임.

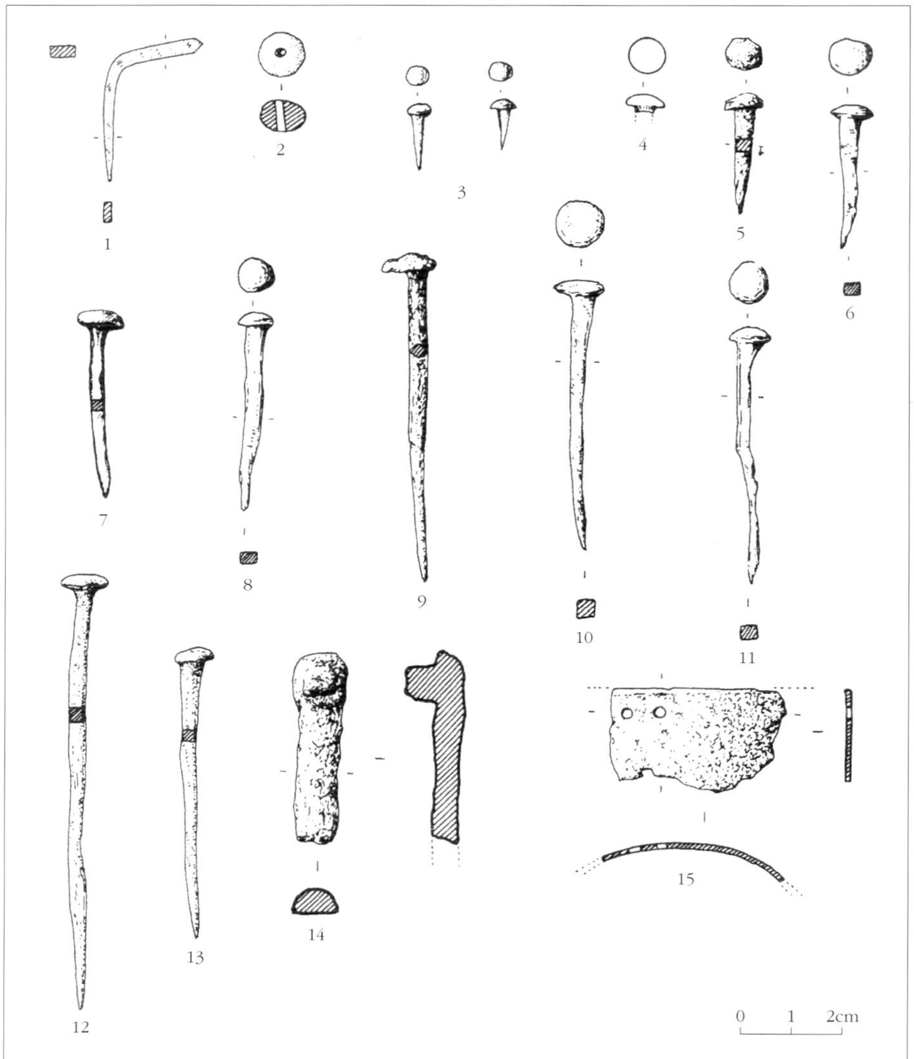

그림 7
칠성산0211호묘 출토유물
(『集安高句麗王陵』, 94쪽)
1. 동제장막걸이쇠
2. 마노구슬
3·6~13. 동제못
4~5. 철제못
14. 철제재갈
15. 철제찰갑편

(3) 동제못(釘, 03JQM211:2-1, 그림 7-9)

○ 출토지 : 칠성산0211호묘.

○ 크기 : 길이 6cm, 두부(帽) 직경 1cm, 몸체(釘身) 너비 0.4cm.

○ 형태 : 단조품. 두부는 원형, 몸체는 방형임.

(4) 동제못(釘, 03JQM211:3-1, 그림 7-10)

○ 출토지 : 칠성산0211호묘.

○ 크기 : 길이 5cm, 두부(帽) 직경 1.1cm, 몸체(釘身) 너비 0.4cm.

○ 형태 : 단조품. 두부는 원형, 몸체는 방형임.

(5) 동제못(釘, 03JQM211:3-2, 그림 7-11)

○ 출토지 : 칠성산0211호묘.

○ 크기 : 길이 5cm, 두부(帽) 직경 1.1cm, 몸체(釘身) 너비 0.4cm.

○ 형태 : 단조품. 두부는 원형, 몸체는 방형임.

(6) 동제못(釘, 03JQM211:2-2, 그림 7-13)

○ 출토지 : 칠성산0211호묘.

○ 크기 : 길이 5cm, 두부(帽) 직경 1.1cm, 몸체(釘身) 너비 0.4cm.

○ 형태 : 단조품. 두부는 원형, 몸체는 방형임.

(7) 동제못(釘, 03JQM211:4-1, 그림 7-8)

○ 출토지 : 칠성산0211호묘.

○ 크기 : 길이 4cm, 두부(帽) 직경 0.8cm, 몸체(釘身) 너비 0.5cm.

○ 형태 : 단조품. 두부는 원형, 몸체는 방형임.

(8) 동제못(釘, 03JQM211:4-2, 그림 7-7)

○ 출토지 : 칠성산0211호묘.

○ 크기 : 길이 3.8cm.

○ 형태 : 단조품. 두부(帽)는 원형, 몸체(釘身)는 방형임.

(9) 동제못(釘, 03JQM211:5, 그림 7-6)

○ 출토지 : 칠성산0211호묘.

○ 크기 : 길이 2.8cm, 두부(帽) 직경 1cm, 몸체(釘身) 너비 0.5cm.

○ 형태 : 단조품. 두부는 원형, 몸체는 방형임.

(10) 동제못(釘, 03JQM211:6-1)

○ 출토지 : 칠성산0211호묘.

○ 크기 : 길이 1.2cm, 두부(帽) 직경 0.6cm, 몸체(釘身) 너비 0.3cm.

○ 형태 : 단조품. 두부는 원형, 몸체는 방형임.

(11) 동제못(釘, 03JQM211:6-2, 그림 7-3)

○ 출토지 : 칠성산0211호묘.

○ 크기 : 길이 0.6cm, 두부(帽) 직경 0.6cm, 몸체(釘身) 너비 0.2cm.

○ 형태 : 단조품. 두부는 원형, 몸체는 방형임. 두부에 도금한 흔적이 있음.

3) 철기

○ 찰갑편(甲片) 1점과 못(釘) 5점이 출토되었는데, 모두 단조품임. 대부분 부식이 심함.

○ 못은 두부(帽)와 몸체(釘身) 모두 원형임. 2점의 못은 두부에 금이 포함되어 있음.

(1) 철제찰갑편(甲片, 03JQM211:12, 그림 7-15)

○ 출토지 : 칠성산0211호묘.

○ 형태 : 단조품. 둥글게 휘었음. 가장자리에 구멍 2개가 뚫어져 있음.

(2) 철제못(鐵釘, 03JQM211:8, 그림 7-5)

○ 출토지 : 칠성산0211호묘.

○ 크기 : 두부(帽) 직경 1cm, 몸체(釘身) 직경 0.4cm, 길이 2.6cm.

○ 형태 : 단조품. 두부와 몸체 모두 원형임.

(3) 철제못(鐵釘, 03JQM211:9-1, 그림 7-4)

○ 출토지 : 칠성산0211호묘.

○ 크기 : 두부(帽) 직경 0.9cm.

○ 형태 : 단조품. 몸체(身)는 파손. 반원형의 두부는 도금.

(4) 철제재갈(03JQM211:13, 그림 7-14)

○ 출토지 : 칠성산0211호묘.

○ 형태 : 단조품. 꺾여 있는 한쪽 끝만 남아 있음. 馬銜으로 추정.

4) 석기

(1) 마노구슬(瑪瑙珠, 03JQM211:10, 그림 7-2)

○ 출토지 : 칠성산0211호묘.

○ 크기 : 직경 0.9cm, 구멍 직경 0.12cm.

○ 형태 : 오렌지색임. 납작한 구형이고, 중간에 구멍이

뚫어져 있음.

5) 토기

(1) 청자편(03JQM211:14)

○ 출토지 : 칠성산0211호묘.

○ 형태 : 파손이 심하여 자세한 모습은 파악할 수 없음. 청록색 유약이 발라져 있음. 중국 晋代 자기임.

○ 태토 : 회백색.

6) 기와

○ 많은 암키와와 수키와는 출토되었지만, 와당은 출토되지 않음.

○ 기와들은 동·서·북측의 무덤 위에서 흘러내린 돌들중에 있음. 분포 범위는 무덤 표면의 1/2을 점유. 수집한 기와를 정성껏 배치한다면 그 부피는 약 4.8m³이고, 묘 위에 깔려 있는 기와의 총 부피는 9m³로 추정됨. 빈틈 등의 요소를 제외하면 150m², 다시 기와간의 맞물림을 제외하면 기와는 대략 100m² 정도를 덮을 수 있는데, 묘 정상의 면적과 비교하면 그 차이가 매우 큼. 그렇다면 기와는 단지 묘실부분만 덮고 있었던 것으로 추정. 바꾸어 말하면 원래 묘 위의 건축 규모는 비교적 작았고, 만약 축조된 가옥이 있었다면 단지 壙室을 덮었던 것으로 추정.

○ 기와는 고운 점토질의 회색이 대다수를 이룸. 홍갈색의 기와도 소수 보이는데, 소성온도가 너무 낮음으로 인한 것임.

○ 수키와는 암키와보다 적게 출토. 암키와보다 약간 두껍고, 태토와 색깔은 모두 고운 점토질의 회색임. 대부분 무늬가 없고 일부 繩文이 있음. 瓦頭를 살펴보면 입술부분(脣部)은 뾰족한 형태(尖)와 각이 진 형태(方)가 있고, 미구는 똑바른 형태(直)와 기울어진 형태(斜)가 있음.

○ 암키와는 파손된 상태로 출토되었는데, 그 크기는 같지 않음. 두께는 2~3cm 사이임. 모두 니질의 회색임. 내면에는 모두 布文이 있음. 배면은 대부분 무늬가 없고, 일부 눌러서 혹은 두드려서 만든 무늬가 있음. 그리고 새기거나 혹은 문질러서 만든 무늬도 있음. 무늬로는 격자문(方格文), 藍文, 繩文, 指壓文 등이 있음. 후자는 와두에만 보이는데, 끝암키와(檐頭瓦)의 장식으로 추정됨. 격자문 암키와는 7점이 출토되었고, 문양은 눌러서 만든 것과 두드려서 만든 것 두 종류가 있음. 람문 암키와는 5점이 출토되었고, 문양은 눌러서 만든 것과 새긴 것 두 종류가 있음. 승문 암키와는 9점이 출토. 지압문 암키와는 8점이 출토되었고, 문양은 모두 손으로 눌러 만든 것임.

○ 암키와와 수키와의 제작공예 차이는 생산지와 시기의 차이로 볼 수 있음. 암키와 중에서 격자문과 刻劃의 람문, 수키와 중에서 뾰족한 입술(尖脣) 및 높고 곧은 미구를 가진 유형과 각이 진 입술(方脣) 및 볼록한 어깨를 가진 유형을 비교하였을 때 동시기의 공예품이 아닌 것으로 추정됨. 특히 수키와의 경우 전자가 늦게 제작된 것으로 보이는데, 이와 같은 기와간의 시기적 차이는 칠성산0211호묘가 후대에 修繕을 거쳤기 때문에 발생하였을 수도 있음.

(1) 수키와(03JQM211標:1, 그림 8-1)

○ 출토지 : 칠성산0211호묘.

○ 크기 : 남은 길이 18cm, 어깨(肩) 높이 2cm.

○ 형태 : 입술은 뾰족하고(尖脣), 미구는 높고 곧음(高直肩).

○ 태토 및 색깔 : 니질의 회색.

(2) 수키와(03JQM211標:2, 그림 8-2)

○ 출토지 : 칠성산0211호묘.

○ 크기 : 남은 길이 17cm, 어깨(肩) 높이 1.4cm.

○ 형태 : 입술은 뾰족하고(尖脣), 미구는 낮고 곧음(低直肩).

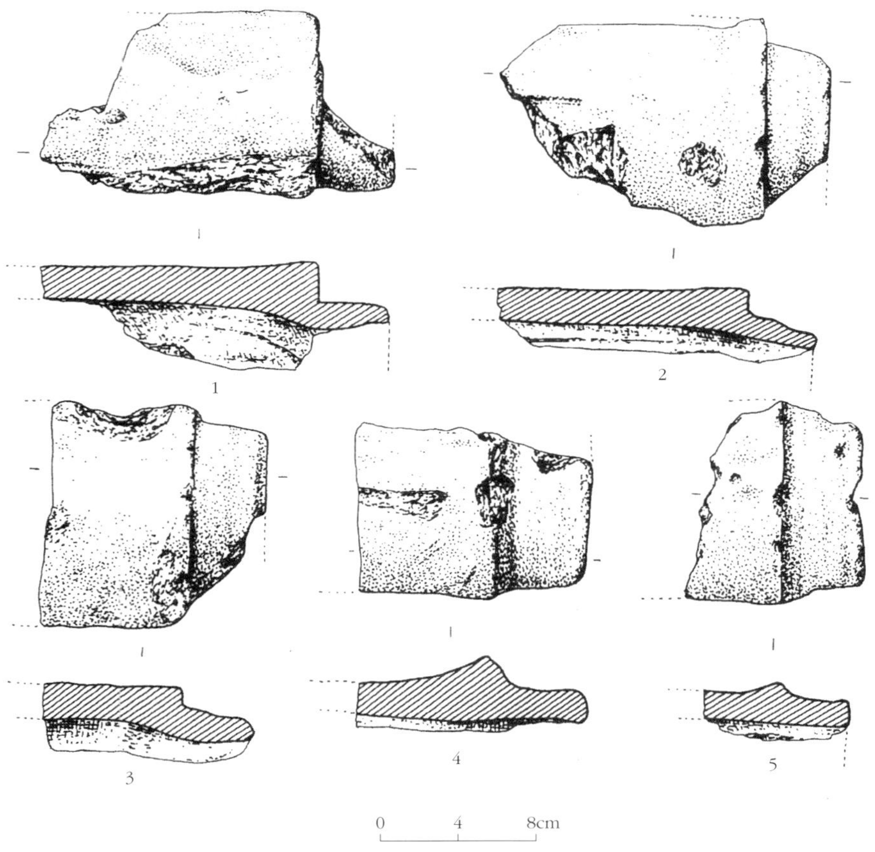

그림 8
칠성산0211호묘 출토 수키와
(『集安高句麗王陵』, 95쪽)

그림 9
칠성산0211호묘 출토
암키와 탁본
(『集安高句麗王陵』, 96쪽)

○ 태토 및 색깔 : 니질의 회색.

(3) 수키와(03JQM211標:3, 그림 8-3)

○ 출토지 : 칠성산0211호묘.

○ 크기 : 남은 길이 11cm, 어깨(肩) 높이 1cm.

○ 형태 : 입술은 뾰족하고(尖唇), 미구는 낮고 곧음(低直肩).

○ 태토 및 색깔 : 니질의 회색.

(4) 수키와(03JQM211標:4, 그림 8-4)

○ 출토지 : 칠성산0211호묘.

○ 크기 : 남은 길이 12cm, 어깨(肩) 높이 1.2cm.

○ 형태 : 입술은 각이 지고(方唇), 미구는 볼록함.

○ 태토 및 색깔 : 니질의 회색.

(5) 수키와(03JQM211標:6, 그림 8-5)

○ 출토지 : 칠성산0211호묘.

○ 크기 : 남은 길이 8cm, 어깨(肩) 높이 0.7cm.

○ 형태 : 입술은 각이 지고(方唇), 미구는 볼록함.

○ 태토 및 색깔 : 니질의 회색.

(6) 암키와(03JQM211標:13, 그림 9-1)

○ 출토지 : 칠성산0211호묘.

○ 크기 : 남은 길이 12cm, 남은 너비 9cm, 두께 2cm.

○ 형태 : 배면에는 격자문(壓印), 내면에는 포문이 있음.

○ 태토 및 색깔 : 니질의 회색.

(7) 암키와(03JQM211標:10, 그림 9-4)

○ 출토지 : 칠성산0211호묘.

○ 크기 : 남은 길이 12cm, 남은 너비 9cm, 두께 2cm.

○ 형태 : 배면에는 격자문(壓印), 내면에는 포문이 있음.

○ 태토 및 색깔 : 니질의 회색.

(8) 암키와(03JQM211標:11, 그림 9-5)

○ 출토지 : 칠성산0211호묘.

○ 크기 : 남은 길이 11cm, 남은 너비 10cm, 두께 2.5cm.

○ 형태 : 배면에는 격자문(拍印), 내면에는 포문이 있음.

○ 태토 및 색깔 : 니질의 회색.

(9) 암키와(03JQM211標:14, 그림 9-2)

○ 출토지 : 칠성산0211호묘.

○ 크기 : 남은 길이 9cm, 남은 너비 8cm, 두께 2.1cm.

○ 형태 : 배면에는 람문(刻劃), 내면에는 포문이 있음.

○ 태토 및 색깔 : 니질의 회색.

(10) 암키와(03JQM211標:12, 그림 9-7)

○ 출토지 : 칠성산0211호묘.

○ 크기 : 남은 길이 12cm, 남은 너비 9cm, 두께 2.5cm.

○ 형태 : 배면에는 람문(壓印), 내면에는 포문이 있음.

○ 태토 및 색깔 : 니질의 회색.

(11) 암키와(03JQM211標:15, 그림 9-6)

○ 출토지 : 칠성산0211호묘.

○ 크기 : 남은 길이 11cm, 남은 너비 10cm, 두께 2cm.

○ 형태 : 배면에 굵은 승문(壓印), 내면에 포문이 있음.

○ 태토 및 색깔 : 니질의 회색.

(12) 암키와(03JQM211標:8, 그림 9-3)

○ 출토지 : 칠성산0211호묘.

○ 크기 : 남은 길이 11cm, 남은 너비 8cm, 두께 2.4cm.

○ 형태 : 배면에 지압문, 내면에 포문이 있음. 끝암기와임.

○ 태토 및 색깔 : 니질의 회색.

6. 역사적 성격

1) 축조연대

○ 4세기설 : 칠성산0211호묘는 층층히 쌓은 계단구조임. 제1단 계단을 구축한 후 계단 내에 돌들을 평평하게 채우고, 그 위로 2단 계단을 안으로 들여쌓는 방법으로 묘정상까지 쌓는 방식은 階墻式 계단구조보다 축조시기가 늦음. 묘 축조에 사용한 석재를 보면 제1단 하층의 돌을 제외한 나머지 계단석은 비교적 작고 대부분의 돌은 자연석으로 약간 가공하였는데, 동일한 구조의 고분과 비교하면 축조시기가 이른 것으로 추정. 출토유물을 보면 금동기 제작기술이 높지 않아 대부분 도금이 벗겨지고 도금을 이루는 색깔은 황백색인데, 비교적 이른 시기의 특징을 반영한다고 여겨짐. 묘상에서는 수키와와 암키와만 보이고 와당은 보이지 않음. 고구려는 4세기 초부터 와당을 사용하였다고 알려져 있고, 묘에서 출토된 토기편의 제작시기는 약 4세기로 추정됨. 이러한 점들을 종합해 볼 때 칠성산 0211호묘의 축조시기는 4세기보다 늦지 않을 것으로 추정(吉林省文物考古研究所 · 集安市博物館, 2004).

○ 3세기 중후반설 : 階墻式積石墓이고 권운문와당이 출토되지 않는 것으로 보아, 3세기 중후반으로 추정(여호규, 2006).

2) 묘주

○ 중국 학계는 칠성산0211호묘의 위치와 환경이 우월하고 규모가 방대하다는 점을 들면서 왕릉으로 보고 서천왕이나 미천왕의 무덤으로 추정하기도 함.

○ 서천왕릉설 : 칠성산0211호묘는 중간 부분의 깊이가 바닥에 이를 만큼의 커다란 도굴을 당함. 묘상의 수천 m³에 달하는 석재의 이동은 대규모인력이 아니면 불가능한데, 『삼국사기』 고구려본기 봉상왕 5년(296)조에 "秋八月, 慕容廆, 至故國原, 見西川王墓, 使人發之…"라는 기록이 있음. 즉, 칠성산0211호묘는 慕容廆의 군대에 의해 도굴을 당한 서천왕의 무덤일 가능성이 높다는 것임(吉林省文物考古研究所 · 集安市博物館, 2004). 또한 집안 통구분지의 지형과 하천 등을 고려하면서 중천왕의 왕호에 보이는 '中川'을 通溝河, 서천왕의 왕호에 보이는 '西川'을 통구하의 서쪽에 해당한다고 보고, 칠성산0211호묘를 서천왕의 무덤, 西大墓를 미천왕의 무덤으로 비정하기도 함(임기환, 2009).

○ 왕릉 부정설 : 무덤의 구조나 규모 등을 보면 왕릉으로 비정하기 어렵다면서, 봉상왕의 아우이고 미천왕의 부친이었던 돌고의 무덤으로 비정하기도 함(모모자키 유스케, 2009).

참고문헌

- 吉林省文物考古研究所 · 集安市博物館, 2002, 『洞溝古墓群－1997年調査測繪報告』, 科學出版社.
- 吉林省文物考古研究所 · 集安市博物館, 2004, 『集安高句麗王陵』, 文物出版社.
- 여호규, 2006, 「집안지역 고구려 초대형적석묘의 전개과정과 피장자문제」, 『한국고대사연구』 41, 한국고대사학회.
- 張福有 · 孫仁杰 · 遲勇, 2007, 『高句麗王陵通考』, 香港亞洲出版社.
- 孫仁杰 · 遲勇, 2007, 『集安高句麗墓葬』, 香港亞洲出版社.
- 張福有 · 孫仁杰 · 遲勇, 2007, 「高句麗王陵通考要報」, 『東北史地』 2007-4.
- 모모자키 유스케, 2009, 「고구려 왕릉 출토 기와, 부장품으로 본 편년과 연대」, 『고구려왕릉연구』, 동북아역사재단.
- 임기환, 2009, 「고구려의 장지명 왕호와 왕릉비정」, 『고구려 왕릉연구』, 동북아역사재단.

07

집안 칠성산0250호묘

集安 七星山0250號墓 | JQM0250

1. 조사현황

2004~2005년에 張福有, 孫仁杰, 遲勇 등이 조사.

2. 위치와 자연환경(그림 1)

1) 고분의 위치

○ 集安 七星山古墳群의 木耳場溝 남측 중부에 위치.

○ 서쪽이 높고 동쪽이 낮음. 고도 차는 1m임.

2) 고분의 주변환경

○ 동·북 양측에서 약 10m 떨어진 지점에 木耳場溝가 있음.

○ 남쪽으로 약 6m 떨어진 지점에 七星山0166號墓가 있음.

○ 서쪽으로 약 5m 떨어진 지점에 七星山0248號墓가 있음.

3. 고분의 현황

1) 고분 형식

(1) 유형

有壇積石石壙墓.

(2) 규모

동서 길이 21m, 남북 너비 20m, 남은 높이 2m, 방향 125°.

2) 고분 구조

(1) 외형

○ 평면은 방형임.

○ 묘 위 서남쪽에 돌무지가 있는데, 크기는 5×5×0.8m 정도임. 석재는 모두 강자갈이고, 돌의 크기는 0.2~0.4m 정도임.

○ 묘 가운데 부분에 4×4×0.4m의 구덩이가 있음. 구덩이 주위에는 불 탄 흔적이 있음.

○ 묘 위를 덮고 있는 돌은 약 0.3m 정도이고, 비교적 크기가 비슷함.

(2) 基壇

○ 묘의 네 주위에 基壇이 축조되어 있음.

○ 지세가 낮은 동측은 기단이 3층으로 이루어져 있고, 높이는 1m임.

○ 서·남·북측 기단은 2층으로 이루어져 있음.

○ 기단석은 끌질하여 정연함. 석재의 크기는 1×0.6×0.6m 정도임.

그림 1 칠성산0250호묘 위치도(『洞溝古墓群－1997年調査測繪報告』, 252쪽)

4. 역사적 성격

보고자는 무덤의 축조방법과 구조를 감안하여 축조 시기를 3세기 말엽으로 추정하였으나(孫仁杰·遲勇, 2007), 연대를 판단할 고고학적 증거는 확인되지 않음.

참고문헌

- 吉林省文物考古研究所·集安市博物館, 2002, 『洞溝古墓群－1997年調査測繪報告』, 科學出版社.
- 孫仁杰·遲勇, 2007, 『集安高句麗墓葬』, 香港亞洲出版社.

08 집안 칠성산0389호묘

集安 七星山0389號墓 | JQM0389

1. 조사현황

2004～2005년에 張福有, 孫仁杰, 遲勇 등이 조사.

2. 위치와 자연환경(그림 1)

1) 고분의 위치

○ 集安 七星山古墳群의 木耳場溝 북쪽 기슭에 위치.

○ 서쪽이 높고 동쪽이 낮음. 고도차는 1.5m임.

2) 고분의 주변환경

○ 북쪽으로 약 30m 떨어진 지점에 養鷄場溝가 있음.

○ 남쪽으로 약 5m 떨어진 지점에 木耳場溝가 있음.

○ 동쪽으로 약 35m 떨어진 지점에 七星山0398號墓가 있음.

○ 서북쪽으로 약 100m 떨어진 지점에 七星山0535號墓가 있음.

3. 고분의 현황

1) 고분 형식

(1) 유형

(階墻式) 階壇積石石壙墓.

(2) 규모

동서 길이 21m, 남북 길이 20m, 높이 2.6m, 방향 110°.

2) 고분 구조

(1) 외형

○ 평면은 방형임.

○ 묘 꼭대기 중앙에 동서로 배열된 2개의 구덩이가 있고, 구덩이 중간에 남북방향의 석렬이 한 줄 있어, 공간을 둘로 나누고 있음. 구덩이는 모두 남북 길이 4m, 동서 너비 3m, 깊이 0.4m임. 두 개의 구덩이 주위와 구덩이 가운데에 불 탄 흔적이 있음. 石壙이 있었던 곳임.

○ 분구를 덮은 돌은 모두 깨진 산돌로, 돌의 크기는 0.2～0.4m 정도임.

○ 동·남 양측 아래에는 각각 한 개의 구덩이가 있음.

(2) 계단

○ 묘의 네 변에 계단이 축조되어 있음. 계단은 階墻式으로 축조하였는데, 안에서 밖으로 축조함.

○ 변 가장자리에 있는 계단석은 비교적 크고, 내부로 갈수록 점점 작아짐.

○ 변 가장자리의 바닥층 혹은 네 모서리의 계단석은 약간 가공한 깨진 산돌로 쌓았는데, 석재의 길이는 1m 정도임. 그 윗부분 계단석의 길이는 일반적으로 0.6m 정도임.

그림 1 칠성산0389호묘 위치도(『洞溝古墓群－1997年調查測繪報告』, 259쪽)

○ 지세가 비교적 낮은 동측에서는 3단, 서·남·북측에서는 2단의 계단을 볼 수 있음.

참고문헌

- 吉林省文物考古研究所·集安市博物館, 2002, 『洞溝古墓群－1997年調查測繪報告』, 科學出版社.
- 孫仁杰·遲勇, 2007, 『集安高句麗墓葬』, 香港亞洲出版社.

4. 역사적 성격

묘의 건축구조를 보면 계단은 階墻式 축조방법을 채용하였고, 묘 위를 덮고 있는 돌은 깨진 산돌임. 또한 석광을 채용하였고 불에 탄 흔적이 있음. 이러한 특징은 대체로 七星山0398號墓와 같은데, 3세기대에 축조된 것으로 추정됨(孫仁杰·遲勇, 2007).

09 집안 칠성산0398호묘

集安 七星山0398號墓 | JQM0398

1. 조사현황

2004~2005년에 張福有, 孫仁杰, 遲勇 등이 조사.

2. 위치와 자연환경(그림 1)

1) 고분의 위치

○ 集安 七星山古墳群의 木耳場溝 북쪽 일대에 위치.

○ 능선의 구릉진 곳에 위치하는데, 서쪽이 높고 남쪽이 낮음. 고도차는 2m임.

2) 고분의 주변환경

○ 북쪽으로 약 20m 떨어진 지점에 養鷄場溝가 있음.

○ 남쪽으로는 木耳場溝 동쪽 비탈의 정상과 접해 있음.

○ 동쪽으로 약 3m 떨어진 지점에 七星山0416號墓가 있음.

○ 서쪽으로 약 35m 떨어진 지점에 七星山0389號墓가 있음.

3. 고분의 현황

1) 고분 형식

(1) 유형

階壇積石石壙墓.

(2) 규모

한 변 길이 25m, 높이 2.5m, 방향 110°.

2) 고분 구조

(1) 외형

○ 평면은 방형임.

○ 묘 정상의 가운데부분에 동서 길이 4m, 남북 너비 3m, 깊이 0.4m의 구덩이가 있고, 함몰된 구덩이 주위에는 불 탄 흔적이 있음. 石壙이 있었던 곳임.

○ 묘 위를 덮고 있는 석재는 모두 깨진 산돌로, 크기는 0.2~0.4m 정도임.

(2) 계단

○ 묘의 네 변에 계단이 축조되어 있음.

○ 동측은 기슭 아래에 위치하고 있는데, 5단의 계단이 보임. 계단석은 가공한 자연석임. 석재는 비교적 크나 정연하지 않음. 제1단 계단은 2층으로 이루어져 있음. 1층의 돌들은 길이 1.2m, 너비 0.6m, 높이 0.4m임.

그림 1 칠성산0398호묘 위치도(『洞溝古墓群－1997年調査測繪報告』, 259쪽)

제2층의 돌들은 길이 0.8m, 너비 0.5m, 높이 0.35m로, 제1층 돌들보다 작음. 계단의 전체 높이는 0.8m 정도임. 제2～5단 계단은 각각 아랫계단에서 안으로 1m 정도 들여쌓았고, 모두 1층으로 이루어져 있음. 석재의 크기는 일반적으로 길이 0.8m, 너비 0.4m, 높이 0.3m임.

○ 서·북 양측의 계단은 현재 3단이 남아 있고, 그 축조방법은 동측과 같음.

○ 남측 계단은 木耳場溝 남쪽 기슭에 위치하고 있기 때문에 대부분 붕괴되었고, 일부는 무덤 위에서 흘러내린 돌들에 덮혀 있음.

4. 역사적 성격

묘의 건축구조를 보면 계단은 階墻式 축조방법을 채용하여 안에서부터 밖으로 차례대로 점차 낮게 축조. 묘 위를 덮고 있는 깬돌은 비교적 큼. 그리고 석광을 채용하였고 불에 탄 흔적이 있음. 이러한 점들을 감안할 때 축조 시기는 3세기 말보다 늦지 않을 것으로 추정(孫仁杰·遲勇, 2007).

참고문헌

- 吉林省文物考古研究所·集安市博物館, 2002, 『洞溝古墓群－1997年調査測繪報告』, 科學出版社.
- 孫仁杰·遲勇, 2007, 『集安高句麗墓葬』, 香港亞洲出版社.

10 집안 칠성산0668호묘

集安 七星山0668號墓 | JQM0668

1. 조사현황

2004~2005년에 張福有, 孫仁杰, 遲勇 등이 조사.

2. 위치와 자연환경(그림 1)

1) 고분의 위치

集安 七星山古墳群의 老于大坡片 중상부에 위치.

2) 고분의 주변환경

○ 동쪽으로 약 4m 떨어진 지점에 七星山0777號墓가 있음.

○ 서쪽으로 약 2m 떨어진 지점에 七星山0713號墓가 있음.

○ 북쪽으로 약 8m 떨어진 지점에 七星山0666號墓가 있음.

○ 남쪽으로 약 6m 떨어진 지점에 七星山0714號墓가 있음.

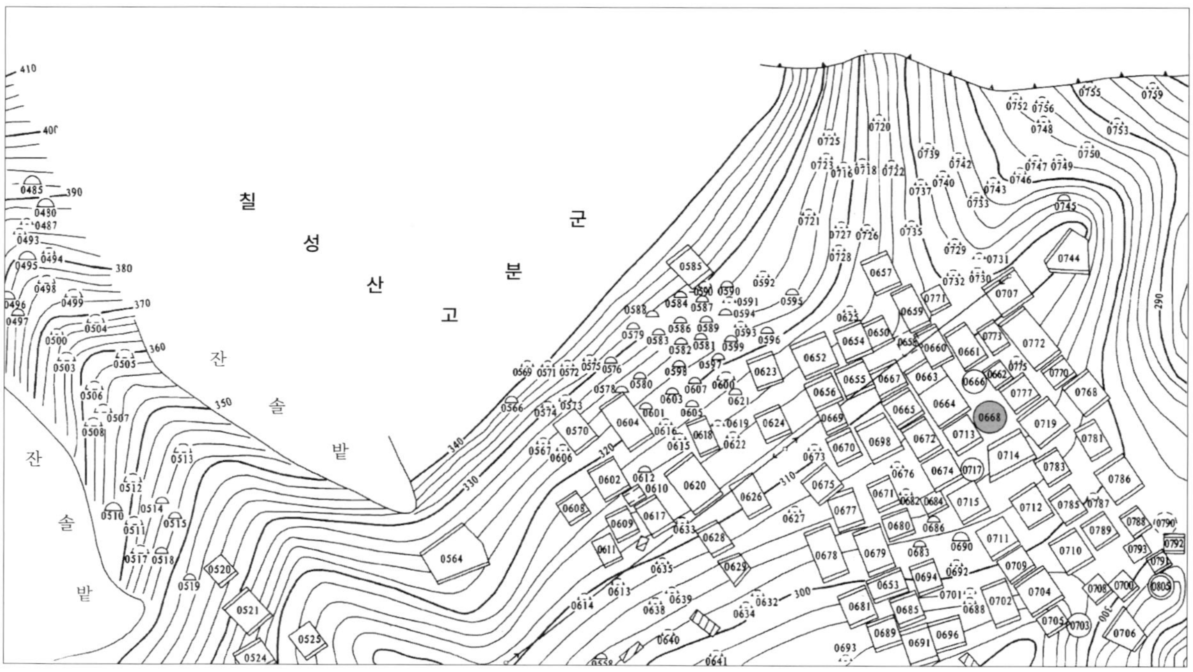

그림 1 칠성산0668호묘 위치도(『洞溝古墓群-1997年調査測繪報告』, 257쪽)

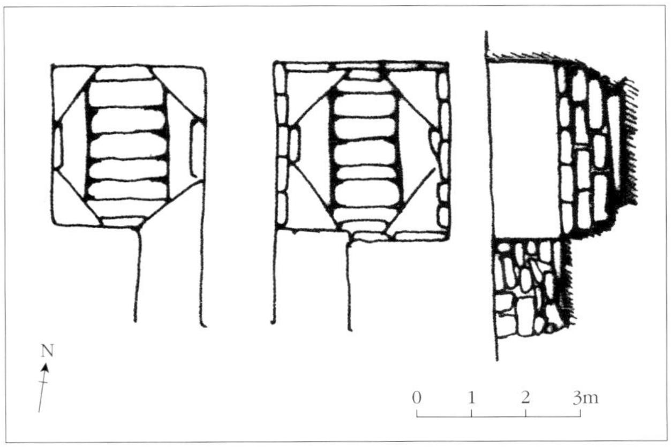

그림 2 칠성산0668호묘 묘실 평·단면도
(『集安高句麗墓葬』, 158쪽)

3. 고분의 현황

1) 고분 형식

(1) 유형

同封異穴 雙室石室墓.

(2) 규모

봉분 직경 16m, 남은 높이 약 4m.

2) 고분 구조

(1) 외형

○ 묘는 일찍이 도굴을 당함.
○ 묘문은 열려 있고, 현재 바깥에 노출되어 있음.
○ 묘 내부에 유물은 없었음.

(2) 묘실(그림 2)

○ 하나의 분구에 두 개의 묘실이 동서로 배열되어 있음.
○ 동쪽 묘실은 좌편재 연도, 서쪽 묘실은 우편재 연도를 갖춤. 각각의 묘실 연도는 분구 중앙에 위치. 두 묘실 모두 刀形이고, 동쪽 묘실이 상대적으로 큼. 묘실은 끌질을 거친 장방형의 석재로 축조하였고, 묘도 석재는 약간 거칠음.
○ 동쪽 묘실은 동서 길이 3.1m, 남북 너비 2.9m, 높이 2.3m임. 묘실 천장은 2단 삼각고임 후 5매의 장대석을 한 단 남북으로 배열하여 천장을 막음. 남벽 서측에 묘도가 있는데, 길이 1.5m, 너비 1.1m, 높이 1.2m임.
○ 서쪽 묘실은 남북 길이 2.8m, 동서 너비 2.6m, 높이 2.2m임. 묘실과 천장의 축조방법은 동쪽 묘실과 같음. 남벽 동측에 묘도가 있는데, 길이 1.5m, 너비 1m, 높이 1.2m임.

4. 역사적 성격

보고자는 무덤의 배열정황을 감안하여 나중에 매장된 것으로 보고, 축조방법과 구조를 결부시켜 비교적 늦은 6세기 이후에 축조되었을 것으로 추정하였음(孫仁杰·遲勇, 2007). 그러나 동분이혈 무덤이 5세기대에 집중 조성되었음을 감안하면 6세기 이후로 비정할 고고학적 근거는 확실하지 않음.

참고문헌

- 吉林省文物考古研究所·集安市博物館, 2002, 『洞溝古墓群－1997年調査測繪報告』, 科學出版社.
- 孫仁杰·遲勇, 2007, 『集安高句麗墓葬』, 香港亞洲出版社.

11 집안 칠성산0695호묘

集安 七星山0695號墓 | JQM0695

1. 조사현황

2004～2005년에 張福有, 孫仁杰, 遲勇 등이 조사.

2. 위치와 자연환경(그림 1)

1) 고분의 위치

○ 集安 七星山古墳群의 老于大坡 남단에 위치.

○ 북쪽이 높고 남쪽이 낮은데, 고도 차는 1m임.

2) 고분의 주변환경

북쪽으로 약 30m 떨어진 지점에 七星山0696號墓가 있음.

3. 고분의 현황

1) 고분 형식

(1) 유형

有壇積石石壙墓.

(2) 규모

한 변 길이 20m, 높이 1.9m, 방향 60°.

2) 고분 구조

(1) 외형

○ 보존 상태는 비교적 양호.

○ 평면은 방형임.

○ 묘 위를 덮고 있는 석재는 모두 깨진 산돌로, 크기는 일반적으로 0.3m 정도임.

○ 묘 정상의 중앙에 동서 길이 3m, 남북 너비 2m, 깊이 0.3m의 구덩이가 있는데, 石壙이 있었던 곳임.

(2) 基壇

○ 묘 네 주위에 基壇이 축조되어 있음. 약간 가공한 자연석으로 축조.

○ 묘 남측은 지세가 비교적 낮기 때문에 기단을 약간 높게 쌓음. 기단은 2층으로 쌓았고, 높이는 0.8m 정도임. 석재는 길이 0.8m, 너비 0.4m, 높이 0.35m 정도임.

○ 동·서 양측과 북측에서는 1층 기단석만을 볼 수 있으나, 현재는 파괴되어 원래 자리를 이탈.

○ 기단 내부는 階墻式을 채용.

4. 역사적 성격

보고자는 무덤의 축조연대는 3세기대로 추정하였으나(孫仁杰·遲勇, 2007), 연대판단의 고고학적 증거가 확보된 것은 아님.

그림 1 칠성산0695호묘 위치도(『洞溝古墓群－1997年調査測繪報告』, 259쪽)

참고문헌

- 吉林省文物考古研究所·集安市博物館, 2002, 『洞溝古墓群－1997年調査測繪報告』, 科學出版社.
- 孫仁杰·遲勇, 2007, 『集安高句麗墓葬』, 香港亞洲出版社.

12 집안 칠성산0871호묘

集安 七星山0871號墓 | JQM0871

1. 조사현황

1) 1966년

○ 조사기관 : 吉林省博物館, 集安縣文物保管所.

○ 조사내용 : 실측 등.

2) 1980년대

○ 조사기관 : 집안현문물보관소.

○ 조사내용 : 여러 차례 조사를 통해 왕릉으로 비정.

3) 1997년

○ 조사기관 : 吉林省文物考古硏究所, 集安市文物保管所.

○ 조사내용 : 35m×35m×5.5m의 특대형 階壇積石石壙墓임을 확인.

4) 2003년

○ 조사기간 : 2003년 5~7월.

○ 조사기관 : 길림성문물고고연구소, 집안시문물보관소.

○ 조사자 : 孫仁杰(현장 책임자, 집안시문물보관소), 孫奇(집안시문물보관소), 佟友波(德惠縣文物保管所), 王祥斌(黑龍江省牡丹江市文管站) 등.

○ 조사내용 : 묘 주변의 흘러내린 돌들 및 잡풀 정리. 무덤의 형태·구조·규모, 주변 유적에 대한 정밀한 조사를 진행하면서 유물 6점을 수습하였는데, 대부분 기와임.

5) 2004~2005년

○ 조사자 : 張福有, 孫仁杰, 遲勇.

○ 조사내용 : 여러 차례 조사를 통해 진일보한 연구성과 획득.

2. 위치와 자연환경(그림 1~그림 2)

1) 고분의 위치

○ 集安 七星山古墳群 북변에 위치.

○ 通溝河 서안 七星山 남쪽의 서북이 높고 동남이 낮은 산비탈에 위치.

○ 중심지리좌표는 동경 126°9′52.01″, 북위 41°7′1.38″이고, 묘 정상의 해발고도는 232.06m임.

2) 고분의 주변환경

○ 산과 강으로 둘러싸여 있어서 경관이 매우 훌륭함.

○ 산기슭 아래를 지나는 통구하는 북쪽에서 남쪽으로 흘러 압록강에 유입됨. 강 너머로 國內城이 내려다 보임.

○ 서쪽으로 골짜기가 있고, 북쪽으로는 높은 산과 접해 있음. 동·남쪽의 지세는 매우 광활함.

○ 서남쪽으로 약 1km 떨어진 지점에 七星山211號墓가 있음.

그림 1 칠성산0871호묘 위치도(『洞溝古墓群－1997年調査測繪報告』, 250쪽)

○ 동북쪽으로 약 2km 떨어진 지점에는 山城下塼廠 36號墓가 있음.

○ 북측의 배장묘(혹은 제대)를 제외하고 주변에 다른 무덤은 보이지 않음.

3. 고분의 현황

1) 발굴 전 상황

○ 도굴로 인해 묘 정상부에 구덩이가 생겼는데, 깊이는 바닥까지 이름. 묘실은 존재하지 않았음. 도굴을 당하면서 꺼내진 돌들은 대략 5,000m³이고, 주로 묘의 서남측에 쌓여 있음. 무덤을 봉한 돌들은 비교적 멀리까지 흘러내림.

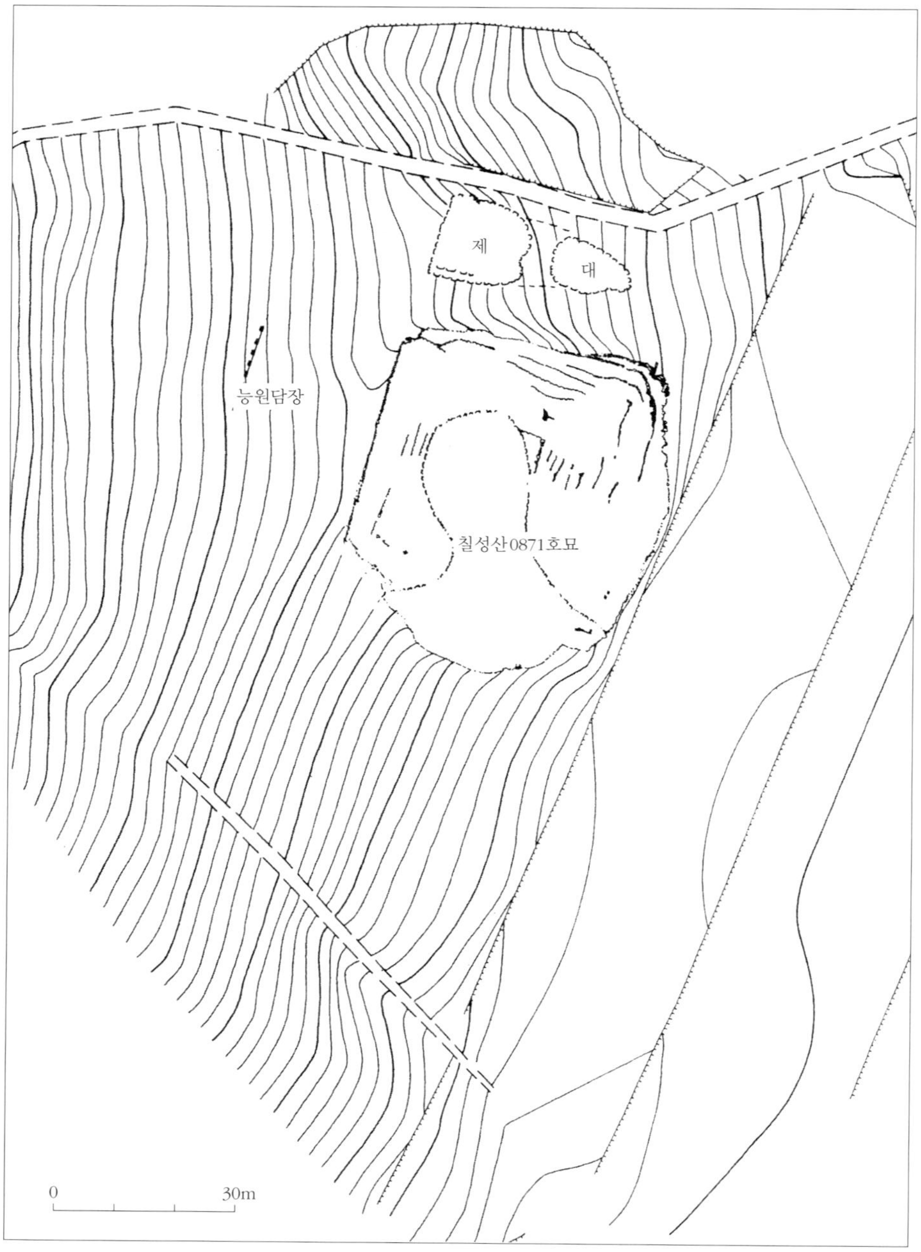

그림 2
칠성산0871호묘 부근 형세도
(『集安高句麗王陵』, 40쪽)

○ 일찍이 동서방향의 석렬은 1970년대 농민들이 묘 남측에 계단식 밭을 개간할 때 파괴. 북측의 돌무지는 골짜기 및 민가들과 가까워 파괴가 심함.

2) 고분 형식(그림 3~그림 4)

(1) 유형

階墻式 積石墓.

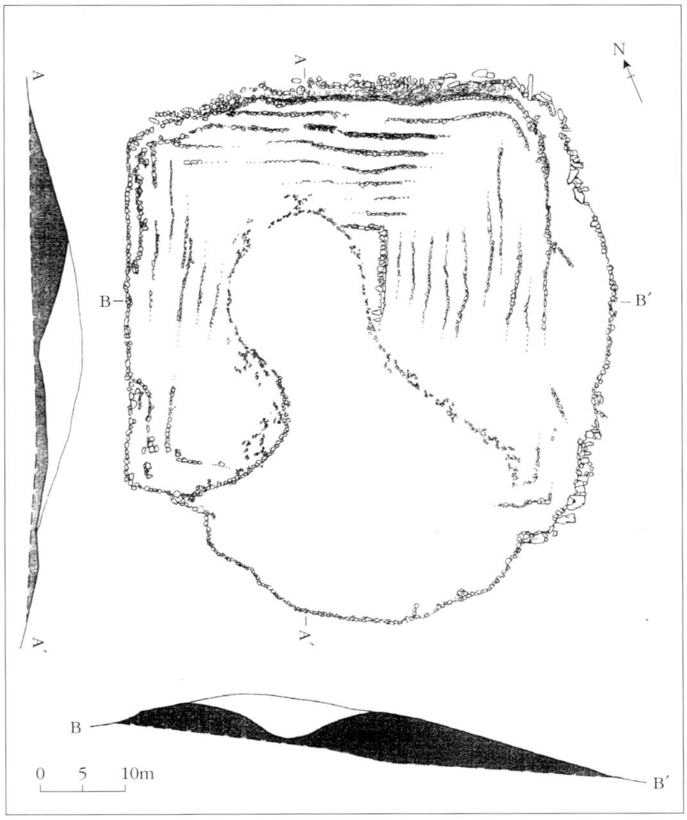

그림 3 칠성산0871호묘 평·측면도
(『集安高句麗王陵』, 42쪽)

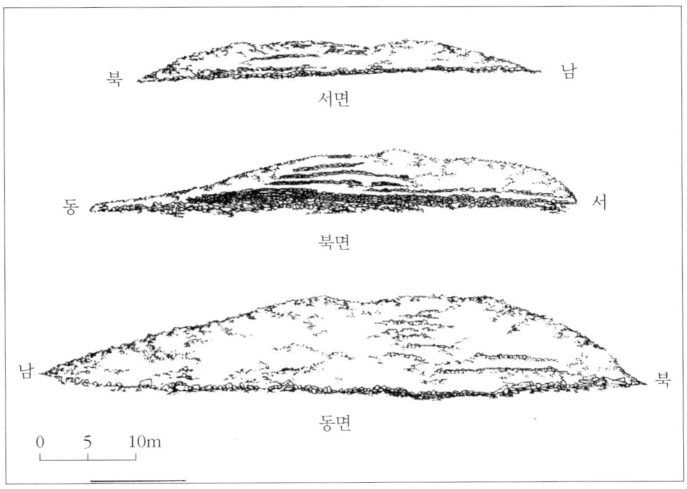

그림 4 칠성산0871호묘 동·북·서면 측면도
(『集安高句麗王陵』, 43쪽)

(2) 규모

북변 길이 46m, 동변 길이 48m, 남변 길이 46m, 서변 길이 40m.

3) 고분 구조

(1) 외형

○ 평면은 대략 사다리꼴임.

○ 동측 묘변 방향은 185°임.

○ 정리된 후의 네 모서리를 기점으로 묘 정상 높이는 서북 모서리 3.61m, 동북 모서리 9.2m, 동남 모서리 8.7m, 서남 모서리 5.21m로, 양단의 높이차는 5m에 가까움.

○ 묘 정상부는 원래 평평했었던 것으로 보이나, 현재 큰 구덩이가 있고, 남은 너비는 16m 정도임.

○ 무덤은 점토층 위에 축조하였고, 바닥에서 基礎시설은 발견되지 않음.

(2) 階墻

○ 무덤 축조방식을 보면 먼저 무덤의 중앙부에 돌무더기를 쌓은 후, 안에서 바깥으로 높낮이를 맞추어 울타리 쌓듯 돌을 쌓아 올림. 외견은 점차 낮아지는 층층의 階墻임. 네 면의 계장 높이·간격·수가 일치하지 않고 또한 모서리에서의 연접방법도 다르다는 점에서 규칙성을 갖고 축조한 것은 아닌 듯함. 남아 있는 계장 아랫부분의 노출 정황을 볼 때 무덤 중앙 돌무지의 너비는 약 30m이고, 높이는 6m보다 낮지 않을 것으로 추정됨. 사용한 석재는 모두 가공된 자연산 돌이고, 크기는 일반적으로 0.4~0.6m 사이임.

○ 지세가 비교적 높은 북측과 동측에 위치한 계장의 보존상태가 약간 좋고, 서측에 남아 있는 계장 대부분은 분구 표면에서 볼 수 있음. 남면은 도굴로 인해 파괴되고 도굴시 버려진 돌들이 덮고 있어서 쉽게 관찰할 수 없음. 비록 다수의 계장이 붕괴되어 원래 위치를 이탈하고 또한 석재도 일부 결실되었지만, 서면에서 8줄, 북면에서 10줄, 동면에서 12줄의 계장 석렬을 볼 수 있음. 계장 사이는 모두 깨진 산돌로 채웠고, 아울러 작은 강자갈을 경사지게 쌓아 올렸는데, 봉한 돌의 두께는 약 0.1~0.3m임.

(3) 북측 계장

○ 무덤 북측 내에는 10줄의 계장이 있음. 묘 중심에서 약 8m 떨어진 지점에 축조하였는데, 묘 정상부에 근접함. 계장의 총 높이는 0.8m임. 계장은 중심 돌무지에서부터 축조하였는데, 현재 바깥으로 드러난 계장 높이는 0.4m임. 석재는 대부분 비교적 정연한 자연산석으로, 크기는 0.4×0.6m 정도임. 계장 바깥쪽에는 장대석을 세워서 계장석이 밖으로 튀어나가는 것을 방지하고자 하였는데, 장대석은 일반적으로 길이 0.6m, 너비 0.25m, 두께 0.25m 정도임. 동북 모서리에서 동면에 세워진 12줄의 계장과 연결됨.

○ 북측 제9줄 계장은 제10줄 계장의 바깥 1.5m 지점에 축조하였고, 전자보다 0.4m 정도 낮음. 남아 있는 계장 돌의 총 높이는 1.2m 정도이고, 석재와 축조방법은 전자와 같음. 외측에 계장을 보호하는 돌을 기대어 세움. 제9줄 계장의 동쪽 끝은 동측 제10줄 계장과 연결되었을 것으로 추정. 서쪽 끝은 파괴가 심함.

○ 북측 제8줄 계장은 제9줄 계장에서 1.4m 떨어진 지점에 축조하였고, 계장석의 높이는 약 2m 정도임. 정상부는 제9줄 계장보다 0.5m 정도 낮음. 계장에 기대어 보호하는 버팀석은 발견되지 않음. 계장을 쌓는 데 사용한 석재는 대부분 가공하지 않은 자연적 깨진 산돌로, 길이 0.3~0.6m, 너비 0.3~0.4m, 두께 0.2m 정도임. 양 끝부분의 정황은 명확하지 않음.

○ 북측 제7줄 계장의 높이는 2m 정도이고, 남쪽으로 1.7~1.8m 지점에 제8줄 계장이 있음. 앞의 계장보다 0.7m 낮음. 바깥에는 버팀석이 있음. 계장을 쌓는 데 사용한 석재는 편평한 모양임. 양끝 모두 존재하지 않음.

○ 북측 제6줄 계장은 제7줄 계장에서 약 1.2m 떨어진 지점에 축조하였고, 높이는 1.9m임. 제7줄 계장보다 0.8m 낮음. 계장축조방법과 석재는 모두 앞에서 언급한 것과 같음. 서쪽은 서측의 제5줄 계장과 연결됨. 동쪽 끝부분은 파괴되어 명확하지 않음.

○ 북측 제5줄 계장은 제6줄 계장에서 약 1.6m 떨어진 지점에 축조. 정상부는 제6줄 계장보다 0.6m 정도 낮음. 축조방법은 앞에서 언급한 것과 같음. 제5줄 계

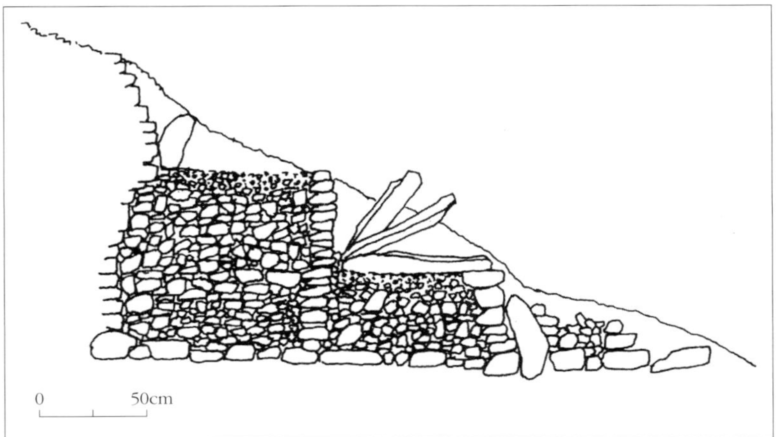

그림 5
칠성산0871호묘 북면 제1·2줄 階墻 일부 단면도(『集安高句麗王陵』, 45쪽)

장의 서쪽 끝은 제4줄 계장과 연결되고, 아울러 서측 제3줄 계장과도 연결됨. 동쪽 끝부분의 연결은 명확하지 않음. 가운데 부분에는 계장을 보호하기 위한 장대석이 세워져 있음. 계장은 가운데 부분의 돌무더기 위에서부터 시작하였는데, 높이로 볼 때 돌무더기 가장자리에 접근했던 것으로 보임.

○ 북측 제4줄 계장은 제5줄 계장에서 약 1.7m 떨어진 지점에 축조하였고, 높이는 2.6m로 제5줄 계장보다 0.8m 정도 낮음. 아래에서 평평하게 깔려있는 깨진 산돌 1층을 볼 수 있는데, 그 두께는 약 0.4m임. 계장 하부에 보이는 석재는 비교적 크고 두꺼운 반면, 계장 상부에는 납작한 돌을 사용. 계장 바깥에 버팀석을 세움. 계장은 서북 모서리에서 서측 제5줄 계장과 연결된 후 더욱 확장되어 서면의 제3·4줄 계장과 연결됨. 동쪽 끝부분은 동면의 제5줄 계장과 연결됨.

○ 북측 제3줄 계장은 제4줄 계장에서 약 1.6m 떨어진 지점에 축조되었고, 제4줄 계장보다 1.2m 정도 낮음. 계장은 지표 위에 축조하였고, 높이는 2여 m 정도임. 계장 축조방법과 석재는 제4·5줄 계장과 같음. 석재는 대부분 塊石임. 계장 외측에 세워진 버팀석은 비교적 작고, 몇 개가 연접되어 있음. 버팀석은 일반적으로 길이 1.2m, 너비 약 0.4~0.5m, 두께 약 0.15~0.2m 정도의 판상임. 서쪽 끝부분은 서면의 제1줄 계장, 동쪽 끝부분은 동면의 제3줄 계장과 연결.

○ 북측 제2줄 계장은 제3줄 계장에서 약 1.5m 떨어진 지점에 축조. 제3줄 계장보다 1m 정도 낮은데, 파손되었기 때문이라고 추정. 계장은 지표면 위에 축조하였고, 계장 높이는 1.3m임. 계장을 쌓는 데 사용한 석재는 가공되지 않은 자연 산돌로, 크기는 0.6×0.4×0.3m 정도임. 계장 바깥에 버팀석을 세웠는데, 0.8×0.4×0.3m 정도임. 계장의 서쪽 끝부분은 서측 제3줄 계장, 동쪽 끝부분은 동면의 제2줄 계장과 연결(그림 5).

○ 북측 제1줄 계장은 지표면에 축조. 북쪽으로 약 1.3m 떨어진 지점에 제2줄 계장이 있음. 중간에 석재 1층이 남아 있고, 동북 모서리는 비교적 양호하게 남아 있음. 계장의 높이는 1m 정도임. 계장을 쌓는 데 사용한 돌은 비교적 크고 일부는 가공하였음. 석재의 크기는 0.8×0.6×0.4m 정도임. 계장 바깥에 버팀석이 있는데, 가장 큰 것은 길이가 2.5m이지만, 대부분은 길이 1~1.5m, 너비 0.4~0.8m, 두께 0.4m임. 서쪽 끝부분은 서측의 제2줄 계장, 동쪽 끝부분은 동면의 제1줄 계장과 연결(그림 5).

(4) 동측 계장

○ 동측면은 지세가 낮은 산기슭 아래에 위치하는데,

계장을 높이 쌓음으로써 기타 면과 높이를 맞추고자 함. 12줄의 계장을 볼 수 있는데, 다른 면보다 많음.

○ 동측의 제3~12줄 계장은 축조방법이 북면의 계장과 기본적으로 일치하는데, 간격은 약간 조밀함. 다만 파손이 심하여 석재 결실이 비교적 많음.

○ 동측 제1 · 2줄의 계장은 보존이 비교적 양호. 제2줄 계장은 남북으로 관통하고 있음. 제2줄 계장은 제3줄 계장과 약 1.5m 떨어져 있고, 높이는 약 2m로 제3줄 계장보다 0.3m 정도 낮음. 계장은 지표면 위에 축조하였고, 남쪽 끝부분은 약간 파괴됨. 계장 축조에 사용한 석재 대부분은 자연적 깨진 산돌로, 가공하지 않음. 크기는 일반적으로 0.6×0.4×0.3m임. 제1줄 계장 또한 지표면에 축조.

○ 동측 제2줄 계장 외측의 1/3 · 2/3 지점과 제1줄 계장 사이에 동남방향의 경사지게 쌓은 두 줄이 있음. 경사지게 쌓은 석렬의 동단에서 제1줄 계장과의 연접은 보이지 않음.

○ 동측 제1줄 계장은 제2줄 계장과의 거리가 최대 7m임. 반호형을 띠고 있는데, 이는 무덤이 산비탈에 자리함에 따라 붕괴되면서 나타난 현상이라고 여겨짐. 대부분 붕괴되어 석재 1층만 겨우 볼 수 있음. 석재는 약간 가공되었고, 크기는 일반적으로 1×0.6×0.4m 정도임. 계장 네면 바깥 주위에는 버팀석이 한 줄 돌아가는데, 현재는 대부분 파손. 버팀석 가운데 가장 큰 것은 길이 2m, 너비 1m, 두께 0.5m 정도이지만, 일반적으로는 1.5×1×0.4m 정도임.

(5) 서면

산기슭 위에 위치한 서면의 버팀석은 대부분 납작한 형태이고, 크기가 작은데, 일반적으로 0.6×0.4×0.3m 정도임.

4. 관련 유적

1) 墓域에 깔린 돌

○ 칠성산0871호묘의 서북측 바깥 지표면에서 판석 한 층이 평평하게 깔려 있는 모습을 볼 수 있는데, 판석은 길이 0.5~0.8m, 너비 0.4~0.6m, 두께 0.1~0.2m 정도임.

○ 서면이 비교적 양호하게 보존되어 있는데, 판석은 무덤 밑변에서부터 깔았음. 너비의 경우, 가장 넓은 지점은 약 10m 정도이지만 대부분 6m 정도임.

○ 동 · 북 양면에서는 소량의 깔려진 돌을 볼 수 있음.

○ 墓域의 특징을 갖춘 것으로 추정(吉林省文物考古研究所 · 集安市博物館, 2004).

2) 배장묘 혹은 祭臺 추정지

○ 칠성산0871호묘 북변에서 약 11m 떨어진 지점에 위치.

○ 1966년 통구고분군에 대한 실측 조사시 '七星山墓區1307號墓'로 편호되었으나, 1997년 실측 때에는 형태 파악이 어려워 편호 취소.

○ 평면은 장방형이고, 동서방향이며, 남아 있는 길이는 20m임. 방향은 칠성산0871호묘의 북변과 일치함.

○ 동서로 연결된 4기를 무덤으로 볼 경우 가장 서쪽에 있는 무덤은 평면이 방형이고, 변의 길이는 12m, 남아 있는 높이는 0.7m임. 평평하게 쌓은 계단이 보이는데, 계장과 유사. 서 · 남면에서는 2단, 동면에서는 3단의 계단을 볼 수 있고, 북면은 파손. 계단은 지표면에 축조하였고, 사용한 석재는 자연적 깨진 산돌로서 0.6×0.4×0.3m 정도임. 버팀석은 없음. 제1단 계단의 남은 높이는 0.4m이고, 제2단 계단의 높이는 제1단 계단보다 0.3m 정도 높으며, 사이 거리는 1.4m 정도임. 기슭 아래에 남아 있는 부분의 형태는 불규칙한데, 파손된 것임. 동서 너비는 약 6m, 남북 길이는 약 9m, 남아 있는 높이는 0.6m임. 중간에 끊어진 부분이 있음.

○ 太王陵, 西大墓, 禹山下0992號墓 등의 사례를 감안하면 祭臺로 볼 여지도 있음.

3) 건축지

○ 칠성산0871호묘에서 서북쪽으로 약 22m 떨어진 지점에 위치하는데 방향은 고분의 서변과 평행.

○ 2003년 발굴 당시, 지표에서 암키와, 수키와, 熔石 등 여러 점의 건축구조재가 출토. 그 가운데 우진각의 사각형 지붕을 가진 토기와 동물머리형의 장식 등은 보기 드문 것임.

○ 陵寺와 같은 건물지 혹은 능원 담장의 문지로 추정(吉林省文物考古研究所 · 集安市博物館, 2004).

5. 출토유물

1) 동기

(1) 동제보요(懸葉, 03JQM871:2, 그림 6-1)

○ 출토지 : 칠성산0871호묘.

○ 크기 : 직경 2.7cm, 두께 0.1cm, 구멍 직경 0.15cm, 남은 연결가지(懸枝) 길이 1.2cm, 동실 직경 0.1cm.

○ 형태 : 원형의 얇은 동편임. 꼭대기부분에 구멍이 한 개 있는데, 동실을 꼬아서 만든 연결가지를 꿰기 위함임.

(2) 동제장식(銅飾, 03JQM871:3-1, 그림 6-2)

○ 출토지 : 칠성산0871호묘.

○ 크기 : 남은 길이 6cm, 너비 3.1cm, 두께 0.1cm, 구멍 직경 0.3cm.

○ 형태 : 띠모양의 얇고 긴 동편임. 양 측변에 2줄의 점렬문이 있고, 가운데 부분에는 구멍 3개가 삼각으로 배열됨.

(3) 동제장식(銅飾, 03JQM871:3-2, 그림 6-3)

○ 출토지 : 칠성산0871호묘.

○ 크기 : 남은 길이 5.5cm.

○ 형태 : 띠모양의 얇고 긴 동편임. 양 측변에 2줄의 점렬문이 있고, 가운데부분에는 2개의 구멍이 있음.

2) 철기

(1) 철제찰갑편(甲片, 03JQM871:1, 그림 6-4)

○ 출토지 : 칠성산0871호묘.

○ 크기 : 남은 길이 3.9cm, 남은 너비 3.7cm, 구멍 직경 0.2~0.4cm.

○ 형태 : 단조품. 남아 있는 부분은 방형임. 윗부분에 크기가 다른 구멍 3개가 있음.

(2) 철제표창(鐵鏢, 03JQM871:4-1, 그림 6-5)

○ 출토지 : 칠성산0871호묘.

○ 크기 : 전체 길이 7cm, 직경 1.1cm, 鏢 길이 2cm, 너비 1.2cm.

○ 형태 : 몸체(身)는 四棱錐形임. 아랫쪽은 銎部임.

(3) 철촉(鐵鏃, 03JQM871:4-2, 그림 6-6)

○ 출토지 : 칠성산0871호묘.

○ 크기 : 촉두 길이 1.8cm, 너비 0.8cm, 두께 0.12cm, 촉신 길이 8cm.

○ 형태 : 단조품. 촉두는 편평하고 圭形에 가까울 정도로 뾰족함. 촉신은 납작한 방형임.

3) 기와

○ 기와는 대부분 분구 표면 중 · 상부에서 출토되었고, 아래쪽에서 출토된 것은 적음. 중앙의 도굴갱 안과 남쪽의 버려진 돌무지 중에서는 출토되지 않음. 암키와와 수키와만 출토되었을 뿐 와당은 보이지 않음. 기와출토 범위는 분구 표면의 약 1/2에 해당.

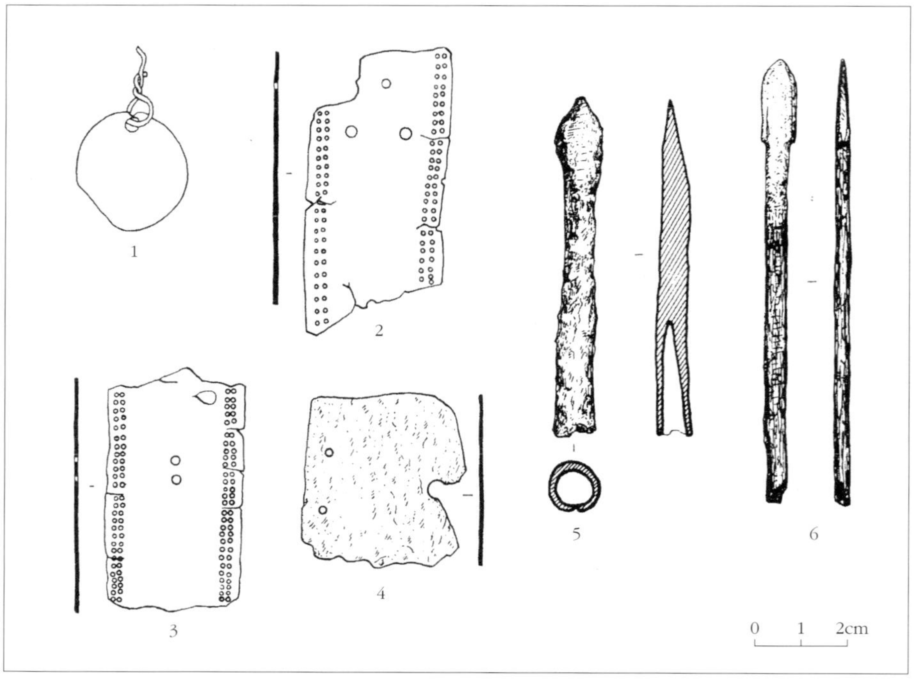

그림 6
칠성산0871호묘 출토유물
(『集安高句麗王陵』, 48쪽)
1. 동제요엽 2. 동제장식
3. 동제장식 4. 찰갑편
5. 철제표창 6. 철촉

○ 암키와는 밀집되어 출토되었는데, 부피는 약 4.5m³임. 묘 위에 남아 있는 기와의 총량은 약 10～12m³로 추정됨. 그렇다면 기와가 덮는 면적은 150m²를 넘을 것으로 추정되는데, 경사도와 맞물리는 관계를 고려하면 약 100m²로 추정됨. 그렇다면 칠성산0871호묘에 보이는 기와는 단지 석광을 덮는 데 사용되었던 것으로 추정.

○ 암키와의 색깔은 회색과 짙은 회색이 약 95%로 절대 다수를 차지하고, 나머지 5%는 옅은 홍색이며, 갈색은 극소수임. 기와 대부분은 두께가 고르지 않음. 배면에는 모두 굵은 繩文이 있고, 내면에는 布文이 있음. 瓦身에 부호가 새겨진 암키와가 극소수로 출토. 하지만 문자가 새겨진 암키와는 없음. 많은 기와의 가장자리 승문에 마르기 전 손가락으로 문지른 흔적이 있음. 손가락으로 가로, 기울임, 평행, 교차 등의 무늬효과를 내어 장식성을 갖춤.

○ 수키와 또한 대부분 회색이고, 대다수가 비교적 얇음. 模制임. 내면에는 모두 포문이 있음. 언강이 없는 무형(無肩)과 있는 유형(有肩)으로 나눌 수 있는데, 언강이 없는 유형이 훨씬 많음. 언강이 있는 수키와는 모두 斜肩이고, 언강 위는 돌출. 미구는 오목한 유형(凹頸)과 평평한 유형(平頸)이 있음. 언강이 없는 수키와도 두 유형이 있음.

(1) 암키와(03JQM871標 : 10, 그림 7-2)

○ 출토지 : 칠성산0871호묘.

○ 크기 : 남은 길이 12cm, 남은 너비 16cm, 두께 2cm.

○ 형태 : 배면에 승문이 있고, 승문에는 가로방향의 누른 흔적 한 줄이 있음. 내면에는 포문이 있음.

(2) 암키와(03JQM871標:12, 그림 7-1)

○ 출토지 : 칠성산0871호묘.

○ 크기 : 남은 길이 18cm, 남은 너비 16cm, 두께 2cm.

○ 형태 : 배면에 승문이 있고, 승문에는 누른 흔적 두

줄이 있음. 내면에는 포문이 있음.

(3) 암키와(03JQM871標:11, 그림 7-4)

○ 출토지 : 칠성산0871호묘.

○ 크기 : 남은 길이 22cm, 남은 너비 24cm, 두께 2cm.

○ 형태 : 배면에 승문이 있고, 승문에는 파인 흔적 3줄이 평행하게 있음. 내면에는 포문이 있음.

(4) 암키와(03JQM871標:13, 그림 7-3)

○ 출토지 : 칠성산0871호묘.

○ 크기 : 남은 길이 15cm, 남은 너비 14cm, 두께 2cm.

○ 형태 : 배면에 승문이 있고, 승문에는 누른 흔적이 비스듬한 방향으로 있음. 내면에는 포문이 있음.

(5) 암키와(03JQM871標:14, 그림 7-5)

○ 출토지 : 칠성산0871호묘.

○ 크기 : 남은 길이 17cm, 너비 15cm, 두께 2.2cm.

○ 형태 : 배면에 승문이 있고, 승문에는 누른 흔적이 비스듬한 방향으로 있음. 내면에는 포문이 있음.

(6) 암키와(03JQM871標:15, 그림 7-6)

○ 출토지 : 칠성산0871호묘.

○ 크기 : 남은 길이 14cm, 너비 8cm, 두께 2.1cm.

○ 형태 : 배면에 승문이 있고, 승문에는 여러 줄의 누른 흔적이 있는데, 교차하면서 菱格形을 이룸. 내면에는 포문이 있음.

(7) 암키와(03JQM871標:16, 그림 7-7)

○ 출토지 : 칠성산0871호묘.

○ 크기 : 남은 길이 9cm, 너비 8cm, 두께 2cm.

○ 형태 : 배면에는 승문이 있음. 기와 끝부분의 승문에는 누른 무늬가 더해져 있고, 그 위에 'X'자형 부호가 새겨져 있음. 내면에는 포문이 있음.

그림 7 칠성산0871호묘 출토 암키와 탁본
(『集安高句麗王陵』, 49쪽)

(8) 수키와(03JQM871標:1, 그림 8-1)

○ 출토지 : 칠성산0871호묘.

○ 크기 : 남은 길이 18cm, 남은 너비 10cm, 두께 1.8cm.

○ 형태 : 瓦頭의 입술은 뾰족함(尖唇). 미구의 앞부분은 약간 들어감. 배면에는 승문, 내면에는 포문이 있음.

(9) 수키와(03JQM871標:2, 그림 8-2)

○ 출토지 : 칠성산0871호묘.

○ 크기 : 남은 길이 12cm, 남은 너비 8cm, 두께 1.6cm.

○ 형태 : 입술은 각이 지고(方唇) 미구는 평평함(平頭). 언강은 낮고 기울어짐. 언강에 약간 볼록하게 나와 있는 부분이 있음. 내면에는 포문이 있음.

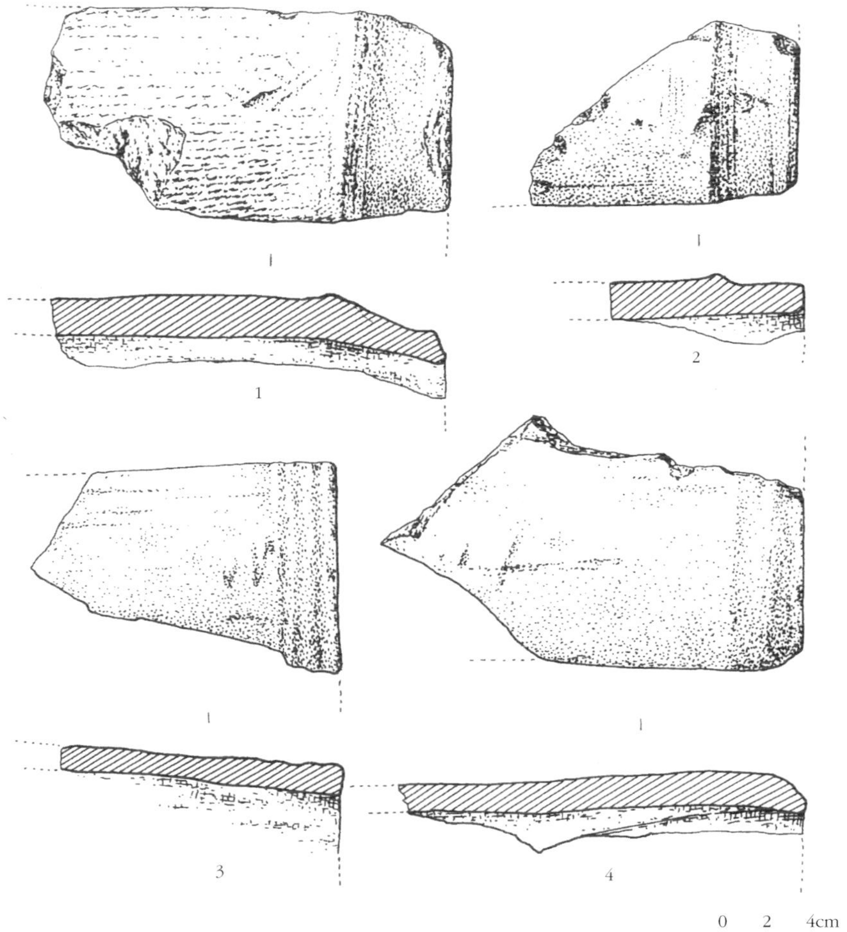

그림 8
칠성산0871호묘 출토 수키와
(『集安高句麗王陵』, 50쪽)

(10) 수키와(03JQM871標:8, 그림 8-3)

○ 출토지 : 칠성산0871호묘.

○ 크기 : 남은 길이 14cm, 남은 너비 11cm, 두께 1.4cm.

○ 형태 : 입술은 각이 지고(方唇) 언강, 미구 없이 평평함(平頸). 목부분에 손가락으로 눌러서 들어간 문양 3줄이 가로방향으로 있음. 내면에는 포문이 있음.

(11) 수키와(03JQM871標:9, 그림 8-4)

○ 출토지 : 칠성산0871호묘.

○ 크기 : 남은 길이 20cm, 남아 있는 너비 12cm, 두께 1.4cm.

○ 형태 : 입술은 뾰족하고(尖唇) 언강, 미구 없이 평평함(平肩). 가장자리에 골고루 문지른 넓은 경사면이 있음. 내면에는 포문이 있음.

6. 역사적 성격

1) 특징

칠성산0871호묘는 규모가 크고 지리위치는 우월하며 능역이 개활함. 그리고 배장묘(제대), 능원 담장, 묘역 등의 시설을 갖추고 있음. 이로 볼 때 고구려의 왕릉으로 추정됨(吉林省文物考古研究所 · 集安市博物館, 2004).

2) 연대 추정

○ 2세기 이전설 : 칠성산0871호묘는 계장식 축조방법을 채용하였는데, 안에서 바깥으로 그리고 높은 곳에서 낮은 곳으로 축조하면서 겹겹이 계장을 구축. 계장과 계장 사이는 돌로 채움. 바깥으로 갈수록 계장 높이를 낮게 하면서 적석묘를 구축. 이러한 건축구조는 바깥에서 안으로 겹겹히 들여쌓는 계단묘보다 이른 것임. 높은 계장의 무덤은 계단묘의 서막이라고 볼 수 있음. 계장 구축방법을 살펴보면 규칙적이지 않고, 편의성을 보임. 계장과 계장 사이의 거리는 같지 않고, 계장 양끝의 연접층위는 가지런하지 못하며, 땅의 형세에 따라 변화하거나 임의대로 계장을 더함. 이러한 축조방식은 모두 계단묘 축조방식보다 이른 것임. 계장 축조에 사용한 석재는 대부분 자연산석이고, 일부 강자갈이 보임. 사용한 돌들은 대부분 가공되어 있지 않고 일부만 약간 가공되어 있는데, 이는 고구려 초기 적석묘의 특징임. 고분 동면 제1줄 계장과 2줄 계장 사이의 경사진 석렬은 대략 반호형임. 그리고 남면 제1줄 계장과 동면 제1줄 계장이 만나는 곳은 직각을 보이지 않고 한쪽이 약간 半弧상태로서 계장을 쌓았는데, 이러한 제작방법은 長白縣 干溝子古墳群의 적석묘 축조방법과 유사. 분구에서 출토된 암키와의 문양은 모두 승문이고, 승문 위로는 손가락을 문질러서 넓은 띠무늬를 만듦. 수키와의 이음새 부분은 언강이 낮거나 보이지 않는데, 이는 초기 기와의 특징임. 이러한 점들을 종합해 볼 때 축조시기는 2세기를 넘지 않는다고 추정됨(集安高句麗王陵, 2004).

○ 3세기설 : 동제보요식이나 철제찰갑편이 출토된 것을 감안하면 축조시기를 2세기 초로 볼 수 없으며, 뒤이어 축조된 臨江墓와의 관계를 고려한다면 3세기대로 비정하는 것이 합리적임.

3) 피장자

고분 축조시기(2세기)가 태조왕의 재위연도이고, 고분 북쪽의 제사터가 일반적인 제사터와 같지 않다는 점을 들어 특수한 지위를 가진 왕의 무덤이라고 추정하면서 피장자를 태조왕으로 비정하기도 함(張福有 · 孫仁杰 · 遲勇, 2007). 또한 왕호와 장지명 등을 고려하여 신대왕이나 고국천왕으로 비정하기도 하며(임기환, 2009), 산상왕으로 비정하기도 함(魏存成, 2007).

참고문헌

- 吉林省文物考古研究所 · 集安市博物館, 2002, 『洞溝古墓群 - 1997年調査測繪報告』, 科學出版社.
- 吉林省文物考古研究所 · 集安市博物館, 2004, 『集安高句麗王陵』, 文物出版社.
- 孫仁杰 · 遲勇, 2007, 『集安高句麗墓葬』, 香港亞洲出版社.
- 張福有 · 孫仁杰 · 遲勇, 2007, 『高句麗王陵通考』, 香港亞洲出版社.
- 魏存成, 2007, 「集安高句麗大形積石墓王陵硏究」, 『社會科學戰線』 2007-4.
- 임기환, 2009, 「고구려의 장지명 왕호와 왕릉비정」, 『고구려 왕릉연구』, 동북아역사재단.

13	# 집안 칠성산0879호묘 ## 集安 七星山0879號墓 | JQM0879

1. 조사현황

○ 조사기관 : 吉林省博物館考古隊, 集安縣第1批業余文物考古訓練班 학생, 吉林大學 考古전공 학생, 集安縣文管所.

○ 조사내용 : 1976년 4월 초순~7월 중순까지 禹山下古墳群 56기, 山城下古墳群 37기, 七星山古墳群 26기, 麻線溝古墳群 69기 등 총 188기에 대해 정리작업을 실시하였는데, 실제로는 96기만 이루어짐. 96기 가운데 적석묘는 3기이며, 칠성산0879호묘는 3기의 적석묘 가운데 하나임.

2. 위치(그림 1)

集安 七星山古墳群에 위치.

3. 고분의 현황

1) 고분 형식(그림 2)

(1) 유형

方壇積石墓.

(2) 규모

현재 길이 24m, 너비 18m.

2) 고분 구조

○ 方壇의 기단석들이 묘 주위에 어지럽게 쌓여 있고, 원래 모습을 잃어버림.

○ 椁室은 묘 꼭대기의 중앙에 있으나, 무너져서 파괴된 상태임. 정리 후에는 곽실 남벽이 비교적 명확해졌는데, 균등한 작은 돌로 쌓았음을 확인. 북벽은 찾지 못함. 곽실은 평면이 장방형으로 길이 2.3m, 남은 너비 1.5m, 현재 높이 0.4m임.

○ 辽寧省 桓仁 高力墓子村8號墓와 기본적으로 같음.

4. 역사적 성격

고구려 초기에 축조된 무덤으로 추정되나, 구체적 연대를 판단할 근거는 없음.

참고문헌

• 吉林省文物考古研究所·集安市博物館, 2002, 『洞溝古墓群－1997年調查測繪報告』, 科學出版社.

• 吉林省文物工作隊, 集安文管所, 1984, 「1976年集安洞溝高句麗墓清理」, 『考古』 1984-1.

그림 1 칠성산0879호묘 위치도(『洞溝古墓群－1997年調査測繪報告』, 250쪽)

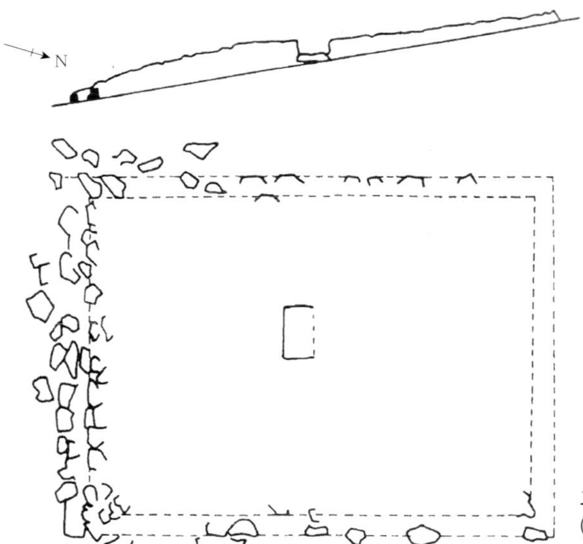

그림 2 칠성산0879호묘 평·단면도
(『考古』 1984-1, 69쪽)

14 집안 칠성산0891호묘

集安 七星山0891號墓 | JQM0891

1. 조사현황

2004~2005년에 張福有, 孫仁杰, 遲勇 등이 조사.

2. 위치와 자연환경(그림 1)

1) 고분의 위치

○ 集安 七星山古墳群의 養鷄場 서남 모서리에 위치.

○ 북쪽이 높고 동남쪽이 낮은 비탈지에 위치하는데, 고도 차는 2m임.

○ 좌표는 동경 126°09′43.3″, 북위 41°06′51.0″이고, 해발 고도는 250m임.

2) 고분의 주변환경

○ 남쪽으로 약 5m 떨어진 지점에 木耳場溝가 있음.

○ 작은 산길 하나가 묘의 서남쪽을 통과.

3. 고분의 현황

1) 고분 형식

(1) 유형

有壇積石石壙墓.

(2) 규모

남북 길이 22m, 동서 길이 20m, 높이 2m, 방향 45°.

2) 고분 구조

(1) 외형

○ 평면은 방형임.

○ 무덤을 덮고 있는 석재는 깨진 산돌로, 그 크기는 일반적으로 0.1~0.2m 사이임.

○ 분구 정상의 중앙에 동서 길이 4m, 남북 너비 3.5m, 깊이 1m의 구덩이가 있는데, 石壙이 있었던 곳임. 구덩이 주위에는 많은 熔石이 있는데, 가장 큰 용석은 직경이 0.4m 정도임.

○ 묘 정상의 동·서 양측에 직경 1.2m, 깊이 0.5m 정도의 구덩이 4개가 있음.

(2) 基壇

○ 묘의 네 변에 기단이 축조되어 있음. 묘 동측은 유실되었거나 묘 위에 있던 돌들이 흘러내려 덮고 있어서 기단 일부분만 볼 수 있음.

○ 서변이 기단의 보존상태가 가장 좋은데, 기단은 약간 가공하여 정연한 화강암으로 축조. 석재는 길이 1.2m, 너비 0.5m, 높이 0.7m로 비교적 큼.

그림 1 칠성산0891호묘 위치도(『洞溝古墓群－1997年調査測繪報告』, 252쪽)

4. 역사적 성격

1) 현상

현재는 양계장 담에 의해 파괴되어 기단석이 제 위치를 잃은 상황이며, 기단석에 붉은 페인트로 '601'이라고 씌어 있음.

2) 축조 시기

보고자는 무덤의 축조방법과 구조 등을 감안하면서 3세기 말엽에 축조되었을 것으로 추정하였으나(孫仁杰·遲勇, 2007), 연대 판단의 고고학적 근거는 확보되지 못함.

참고문헌

- 吉林省文物考古研究所·集安市博物館, 2002, 『洞溝古墓群－1997年調査測繪報告』, 科學出版社.
- 孫仁杰·遲勇, 2007, 『集安高句麗墓葬』, 香港亞洲出版社.

15 집안 칠성산0998호묘

集安 七星山0998號墓 | JQM0998

1. 조사현황

2004~2005년에 張福有, 孫仁杰, 遲勇 등이 조사.

2. 위치와 자연환경(그림 1)

1) 고분의 위치

○ 集安 七星山古墳群의 養鷄場片 중부에 위치.

○ 서북쪽이 높고 동남쪽이 낮은 산기슭에 위치.

2) 고분의 주변환경

○ 동남쪽으로 七星山1005號墓와 연접함.

○ 서북쪽으로 七星山0997號墓(連接墓)와 접해 있음.

○ 북쪽으로 약 35m 떨어진 지점에 七星山1201號墓가 있음.

○ 남쪽으로 약 50m 떨어진 지점에 木耳場溝가 있음.

○ 서쪽으로 약 180m 떨어진 지점에 七星山0166號墓가 있음.

3. 고분의 현황

1) 고분 형식

(1) 유형

階壇積石石壙墓.

(2) 규모

동서 길이 21m, 남북 너비 20m, 높이 1.8m, 방향 40°.

2) 고분 구조

(1) 외형

○ 평면은 방형임.

○ 묘 꼭대기의 가운데 부분에 길이 4m, 너비 4m, 깊이 0.5m의 구덩이가 있고, 구덩이 주위에 많은 熔石들이 있음. 石壙이 있었던 곳임.

○ 묘의 동·남·북 세 면에 도굴갱이 있음.

○ 묘 위를 덮고 있는 석재는 대부분 깨진 산돌이고, 일부 강자갈이 보임. 돌의 크기는 0.1~0.2m 사이임.

(2) 階段

○ 묘의 남측에서 3단의 계단을 볼 수 있음.

○ 계단석은 약간 가공하여 정연한 강자갈로 쌓았는데, 석재의 크기는 길이 0.7m, 너비 0.4m, 높이 0.4m 정

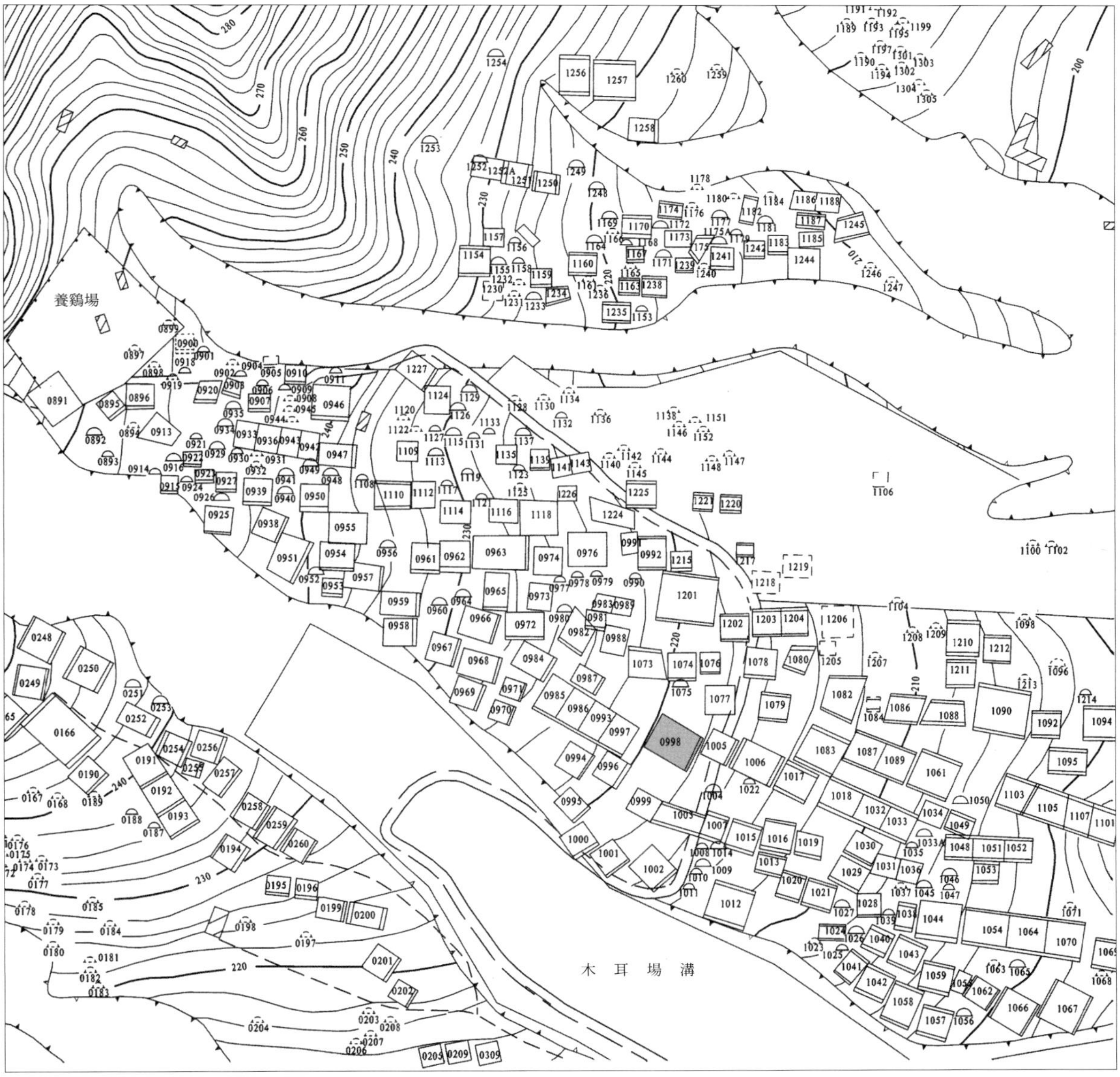

그림 1 칠성산0998호묘 위치도(『洞溝古墓群-1997年調査測繪報告』, 252쪽)

도임.

○ 제1단 계단석은 대부분 유실되었고, 일부는 묘 위에 있던 돌들이 흘러 내려와 덮고 있음.

○ 제2단 계단은 제1단 계단 위에서 안으로 2m 정도 들여쌓았음. 1층 계단석만 볼 수 있음.

○ 제3단 계단은 제2단 계단 위에서 안으로 1.2m 정도 들여쌓았음. 계단의 높이는 0.3m 정도임.

○ 묘 꼭대기와 제3단 계단 사이, 제3단 계단에서 2~3m 떨어진 곳에 남북으로 배열된 2줄의 석렬이 있는데, 석렬 사이의 거리는 0.5m 정도임. 안쪽 석렬이 바깥쪽 석렬보다 높은데, 거의 묘정상까지 달함.

4. 역사적 성격

보고자는 무덤의 위치, 연접묘와 연결된 정황, 묘의 축조방법 · 형태 · 구조 등을 감안하여 4세기에 축조되었을 것으로 추정하였으나(孫仁杰 · 遲勇, 2007), 무덤의 구체적인 연대를 판단할 근거는 확보되지 못함.

참고문헌

- 吉林省文物考古研究所 · 集安市博物館, 2002, 『洞溝古墓群 - 1997年調査測繪報告』, 科學出版社.
- 孫仁杰 · 遲勇, 2007, 『集安高句麗墓葬』, 香港亞洲出版社.

16 집안 칠성산1061호묘

集安 七星山1061號墓 | JQM1061

1. 조사현황

2004~2005년에 張福有, 孫仁杰, 遲勇 등이 조사.

2. 위치와 자연환경(그림 1)

1) 고분의 위치

○ 集安 七星山古墳群의 養鷄場片 서남부에 위치.

○ 비교적 완만한 비탈에 위치.

2) 고분의 주변환경

○ 서쪽으로 약 70m 떨어진 지점에 七星山0998號墓가 있음.

○ 동쪽으로 약 10m 떨어진 지점에 七星山1103號墓가 있음.

○ 동북쪽으로 약 15m 떨어진 지점에 七星山1090號墓가 있음.

○ 남쪽으로 약 50m 떨어진 지점에 七星山1044號墓가 있음.

3. 고분의 현황

1) 고분 형식

(1) 유형

階壇積石石壙墓.

(2) 규모

길이 20m, 높이 1.8m, 방향 45°.

2) 고분 구조

(1) 외형

○ 평면은 방형임.

○ 분구 정상의 중앙에 동서 길이 3m, 남북 너비 2.5m, 깊이 0.5m의 구덩이가 있음.

○ 무덤 위를 덮고 있는 석재는 대부분 강자갈이고, 일부 깨진 산돌이 보임. 돌의 크기는 0.2m 정도임.

(2) 계단

분구 주변 가장자리에 있는 계단석은 대부분 유실. 동남 모서리에 약간 남아 있는데, 2단이고 약간 가공한 깨진 산돌로 축조. 제1단 계단은 2층이고, 높이는 약 0.7m임. 제2단 계단은 현재 1층이 남아 있고, 높이는 0.4m임.

그림 1 칠성산1061호묘 위치도(『洞溝古墓群－1997年調査測繪報告』, 252쪽)

4. 역사적 성격

보고자는 무덤의 축조방법 · 형태 · 구조, 무덤 주위의 연접묘 정황 등이 칠성산0998호묘와 같다고 보고 축조 시기를 4세기대로 추정하였으나(孫仁杰 · 遲勇, 2007), 연대 판단의 고고학적 근거가 확인되지 않음.

참고문헌

- 吉林省文物考古研究所·集安市博物館, 2002, 『洞溝古墓群－1997年調査測繪報告』, 科學出版社.
- 孫仁杰·遲勇, 2007, 『集安高句麗墓葬』, 香港亞洲出版社.

17	# 집안 칠성산1096호묘 ## 集安 七星山1096號墓 | JQM1096

1. 조사현황

1976년 봄 農業學大寒運動에 맞추어 集安縣文物保管所가 정리작업을 실시. 通溝大隊가 계단식 밭을 개간할 때 정리 진행.

2. 위치와 자연환경(그림 1)

1) 고분의 위치

○ 集安 七星山古墳群 동부에 위치. 칠성산고분군은 집안의 서쪽 외곽 약 1km 지점에 위치. 通溝古墳群 가운데 무덤이 가장 밀집된 고분군임.

○ 집안 通溝大隊 第9 生産隊의 작은 산기슭에 위치.

2) 고분의 주변 환경

○ 서변은 다른 적석묘와 연접하고, 서북쪽으로 70~80m 밖으로 고구려 고분들이 분포.

○ 고분 뒷쪽에는 낮은 언덕이 있고, 남쪽의 작은 산기슭 아래에는 通溝大隊社員의 주택이 있음.

○ 동쪽 기슭에서 0.5里(2.5km)도 되지 않은 지점에 通溝河가 북쪽에서 남쪽으로 흐르는데, 압록강으로 유입됨.

○ 동쪽으로는 國內城 전경을 볼 수 있음.

3. 고분의 현황

1) 고분 발굴 전 상황

일찍이 심하게 파괴됨. 발굴 당시 고분의 동북·서남부분은 보존이 비교적 양호하여 아랫면에서 2~3단의 계단을 볼 수 있었다고 함. 하지만 그 위의 계단이 파괴되면서 정확한 층수를 확인할 수 없었다고 함.

2) 고분 형식(그림 2)

(1) 유형

方壇階梯積石墓.

(2) 규모

남은 길이 22m, 너비 17.6m, 높이 1.8m.

3) 고분 구조

○ 산비탈을 따라 서남쪽에서 동북쪽 방향으로 위치.

○ 바닥에는 길이 30~130cm, 너비 25~60cm, 두께 20~30cm의 강자갈을 약 50cm 정도 두께로 깔았음.

○ 무덤 네 주위의 60~100cm 범위에 두께 20~30cm의 석회암을 깔았음.

○ 분구 정상부에 묘실로 추정되는 3개의 구덩이가 있음. 첫 번째 구덩이의 상부에서 천장석으로 추정되는 큰 돌이 발견되었는데, 돌의 길이는 2m 정도임. 두

그림 1 칠성산1096호묘 위치도(『洞溝古墓群－1997年調査測繪報告』, 252쪽)

번째와 세 번째 구덩이에서는 천장석이 발견되지 않음. 두 번째 구덩이는 묘의 서쪽 부분에서 약 6m 정도 떨어져 있음. 가지런한 한 줄의 석렬은 제1묘실과 제2묘실의 격벽이 됨. 즉, 제1묘실의 동벽이 제2묘실의 서벽이 되는 것임. 묘의 서쪽 가장자리에서 약 12m 떨어진 지점에 석렬이 있는데, 제2묘실의 동벽 및 제3묘실의 서벽으로 추정. 묘실은 일찍이 파괴되어 구조를 명확히 알 수 없음.

○ 제2묘실의 남쪽 부분에 墓道가 있음. 즉, 고분은 묘도와 작은 묘실 3개를 갖춘 적석묘라고 볼 수 있음.

4. 출토유물

묘도와 묘실 근처에서 동기, 철기, 금동제마구, 토기 등 많은 유물이 출토(그림 2).

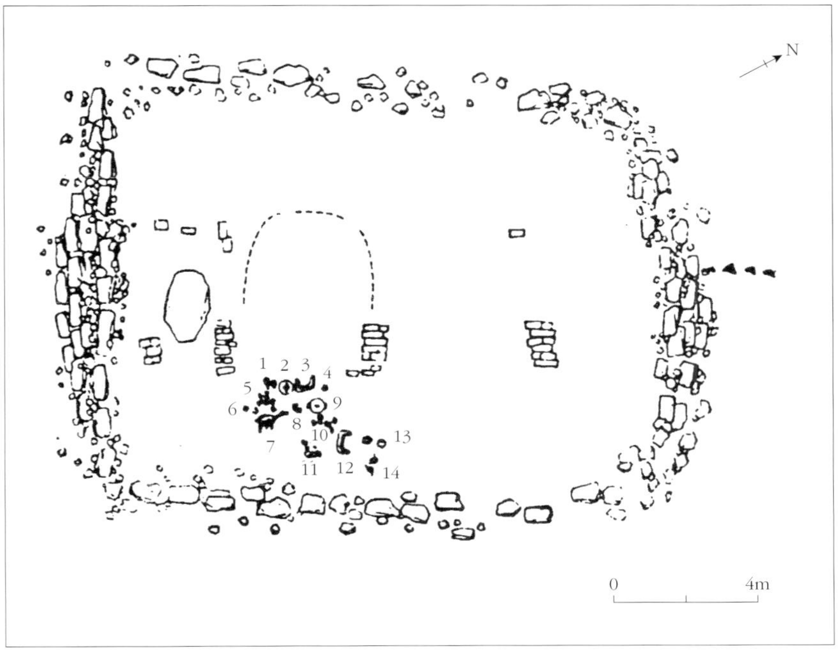

그림 2 칠성산1096호묘 평면도와 유물 출토 지점(『考古』 1979-1, 27쪽)
1. 금동제등자 2. 동제함
3. 금동제안교(전교)
4·8. 금동제띠고리 등
5·10. 금동제매화형운주
6·13. 금동제행엽
7. 동제초두 9. 동제세발솥
11. 토기편 12. 금동제안교(후교)
14. 금동제재갈

1) 금동기

57점 출토.

(1) 금동제안교(馬鞍橋, 그림 3-2·4)

○ 출토지 : 칠성산1096호묘.

○ 형태 : 前橋와 後橋를 갖추었는데, 모두 아치형임. 전교가 약간 작음. 안교의 중심은 두께 0.05cm의 금동편임. 금동편의 바깥 가장자리에는 너비 3.2cm의 금동테(條)가 돌아가고, 테의 양 끝부분에는 각각 한 개의 연결못(鉚釘)이 있음. 안교의 안쪽 가장자리에는 8cm 너비의 금동테가 둘러져 있고, 그 위에는 길이 1.4cm의 금동제연결못 41개가 있는데, 동편과 안교의 기타 물체를 뚫어 연결하는 작용을 함.

(2) 금동제등자(馬鐙, 그림 3-3)

○ 출토지 : 칠성산1096호묘.

○ 형태 : 2점 1세트가 출토. 木芯에 금동판을 씌웠고, 가늘고 긴 연결못(鉚釘)을 전면에 박아 견고함을 더하였는데, 연결못의 길이는 등자의 두께와 일치함. 제작 기술이 뛰어나 연결못의 흔적을 보기 매우 어려움. 등자 윗부분에는 가로방향의 현수공이 있음. 아직도 구멍 안쪽에 썩은 가죽이 남아 있는데, 말안장과 연결했던 띠로 추정됨.

(3) 금동제재갈(馬銜)

○ 출토지 : 칠성산1096호묘.

○ 크기 : 총 길이 40.6cm.

○ 형태 : 재갈쇠는 철제임. 길이 11cm의 철제막대 4개를 연결하여 제작. 재갈쇠의 양쪽 끝에는 타원형의 재갈멈치가 있음. 경판 윗부분에는 장방형의 구멍이 있음.

(4) 금동제행엽(桃形馬飾, 그림 3-5)

○ 출토지 : 칠성산1096호묘.

○ 형태 : 9점 출토. 가장자리는 약간 볼록함. 8개의 연결못(鉚釘)을 박아서 볼록한 동편과 바닥편에 견고함을 더함. 윗부분에 네모난 구멍이 뚫어져 있음. 말 엉덩이의 띠에 매달았던 것으로 추정.

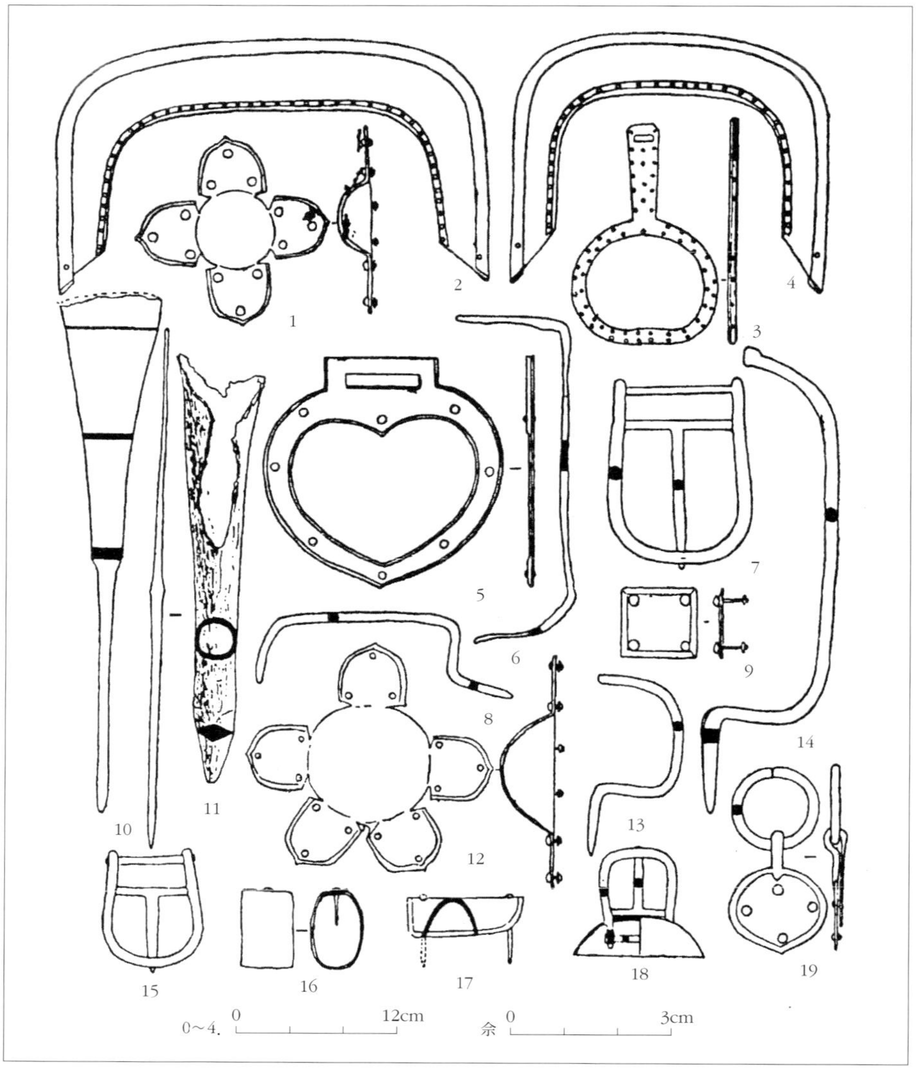

그림 3
칠성산1096호묘 출토 금동기와 철기(『考古』 1979-1, 30쪽)
1. 금동제사판매화형띠연결고정구
2·4. 금동제안교
3. 금동제등자
5. 금동제행엽
6. 철제꺾쇠
7·15. 금동제띠고리
8·13·14. 철제장막걸이쇠
9. 금동제방형띠장식
10. 철촉
11. 철제물리
12. 금동제오판매화형띠연결고정구
16. 금동테
17. 금동제호형말장식
18. 금동제좌안금구
19. 금동제행엽형띠장식

(5) 금동제심엽형띠장식(杏葉帶飾, 그림 3-19)

○ 출토지 : 칠성산1096호묘.

○ 형태 : 3점 출토. 아랫부분에는 움직이는 고리(環)가 있고, 윗부분에는 심엽형의 판이 있음. 판에는 4개의 연결못(鉚釘)이 있음.

(6) 금동제사판매화형띠연결고정구(四瓣梅花馬飾, 그림 3-1)

○ 출토지 : 칠성산1096호묘.

○ 형태 : 21점 출토. 중간에 圓心이 있고, 원심에 梅花瓣 4개가 연결되어 있음. 각 판에는 세 개의 못을 박아 피혁제품을 연결.

(7) 금동제오판매화형띠연결고정구(五瓣梅花馬飾, 그림 3-12)

○ 출토지 : 칠성산1096호묘.

○ 형태 : 1점 출토. 중간에는 圓心이 솟아 있고, 원심에 梅花瓣 5개가 연결되어 있음. 각 판에는 세 개의 못을 박아 피혁제품을 연결.

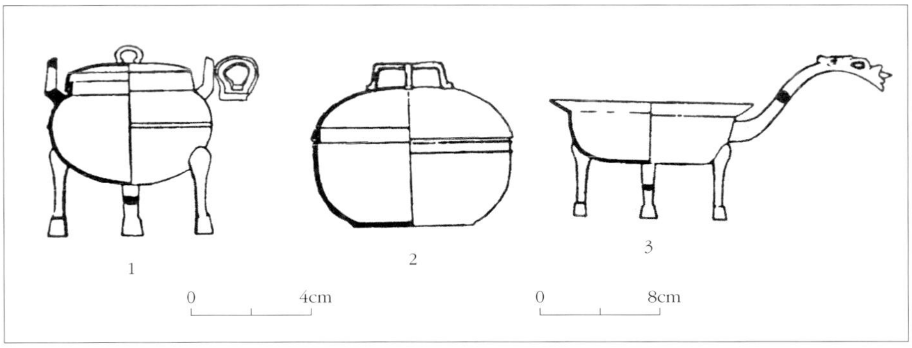

그림 4
칠성산1096호묘 출토 동기
(『考古』 1979-1, 29쪽)
1. 정 2. 합 3. 초두

(8) 금동제방형띠장식(方形馬飾, 그림 3-9)

○ 출토지 : 칠성산1096호묘.

○ 형태 : 4점 출토. 정방형이고 네 모서리에 못이 박혀 있음.

(9) 금동테(箍, 그림 3-16)

○ 출토지 : 칠성산1096호묘.

○ 형태 : 1점 출토. 금동편을 꺾어서 만듦. 연결 부위에 길이 1cm의 연결못(鉚釘)을 박았음.

(10) 금동제호형말장식(弧形馬飾, 그림 3-17)

○ 출토지 : 칠성산1096호묘.

○ 형태 : 양 끝에 각각 길이 2cm의 금동제연결못(鉚釘)이 있음.

(11) 금동제좌안금구(帶帽帶卡, 그림 3-18)

○ 출토지 : 칠성산1096호묘.

○ 형태 : 5점 출토. 윗부분은 띠고리(帶卡)이고, 아랫부분에는 반구형(帽)이 연결되어 있음.

(12) 금동제띠고리(帶卡, 그림 3-7·15)

○ 출토지 : 칠성산1096호묘.

○ 형태 : 6점이 출토되었고, 3점은 상대적으로 큼. 상단은 아치형임. 고리 안에 움직이는 교침(扣針)이 있음.

2) 동기

3점 출토.

(1) 청동제정(鼎, 그림 4-1)

○ 출토지 : 칠성산1096호묘.

○ 크기 : 높이 17.2cm, 口徑 10.8cm.

○ 형태 : 아치형 손잡이(鈕)를 갖춘 뚜껑이 있음. 어깨부위(肩部)에는 세로방향의 원형 손잡이(竪耳) 2개가 부착되어 있음. 동체부(腹部)에는 돌출선문이 돌아가고 있음. 세 개의 발(足)은 발굽모양임.

(2) 청동제합(盒, 그림 4-2)

○ 출토지 : 칠성산1096호묘.

○ 크기 : 높이 13.8cm

○ 형태 : '十'자형의 손잡이(提水)를 갖춘 뚜껑이 있음. 하단부에 두 줄의 음각선문이 둘러져 있는데, 음각선문 간격은 1cm임.

(3) 청동제초두(鐎斗, 그림 4-3)

○ 출토지 : 칠성산1096호묘.

○ 크기 : 높이 10cm, 직경 13.6cm, 손잡이 길이 6.4cm.

○ 형태 : 구순은 바라짐(侈唇). 구연은 꺾임(折沿). 바닥은 평평함. 다리(足)는 짐승다리 발굽모양이고, 손잡이의 끝은 용머리모양임.

3) 철기

12점 출토.

(1) 철제물리(鐵矛把, 그림 3-11)

○ 출토지 : 칠성산1096호묘.

○ 형태 : 파손.

(2) 철촉(鐵鏃)

○ 출토지 : 칠성산1096호묘.

○ 형태 : 2점 출토. 삽모양(鏟形)이고, 전체 길이는 19.5cm임. 한 점은 길이 7.7cm, 뿌리(鋌) 길이 8.2cm, 날의 너비 3cm임(그림 3-10).

(3) 철제꺾쇠(扒鋦, 그림 3-6)

○ 출토지 : 칠성산1096호묘.

○ 크기 : 길이 9.8cm.

○ 형태 : 3점 출토.

(4) 철제장막걸이쇠(弓形鐵勾, 그림 3-8·13·14)

○ 출토지 : 칠성산1096호묘.

○ 크기 : 큰 것 길이 14cm, 작은 것 길이 5~7cm.

○ 형태 : 6점이 출토되었고, 상대적으로 3점이 큼. 弓形임.

4) 토기

3점 출토.

(1) 호(罐, 그림 5-2)

○ 출토지 : 칠성산1096호묘.

○ 크기 : 높이 18cm, 口徑 14.8cm.

○ 형태 : 파손되었지만 복원됨. 소성도가 높지 않음. 구연은 외반됨(侈沿). 동체부는 둥그스름함(圓腹). 바닥은 평평함.

○ 태토 및 색깔 : 모래혼입의 갈색토기.

(2) 호(陶壺)

○ 출토지 : 칠성산1096호묘.

○ 크기 : 높이 37cm, 口徑 22.2cm, 바닥 직경 13.4cm.

○ 형태 : 2점이 출토됨. 모두 회색이고 형태는 서로 같음. 한 점이 복원되었는데, 구연은 외반되었고(侈口) 구순은 뻗어 있으며(展唇) 동체부는 둥그스름함(圓腹). 색깔과 문양은 차이가 있는데, 한 점은 회황색이고 어깨부분(肩部)에 두 줄의 弦文 사이로 篦點交叉文과 折齒文이 있음. 다른 한 점은 회색이고, 어깨부분에 두 줄의 현문 사이로 篦點折齒文이 있음(그림 5-1).

(3) 황색시유호(壺)

○ 출토지 : 칠성산1096호묘.

○ 형태 : 3점의 잔편으로 출토. 복원은 불가능. 태토는 오렌지색이고, 안쪽 표면에 유약이 발라져 있음. 기벽은 단단함. 유약은 황록색으로 비교적 두껍게 발랐으며, 광택이 남. 형태는 서로 비슷하나, 유약색과 문양에 있어서는 차이가 있음. 한 점은 유약색이 갈색에 치우친 토황색이고, 얇고 고르지 않게 발라져 있으며, 광택은 별로 나지 않음. 어깨부분(肩部)과 동체부(腹部)에는 각각 두 줄의 횡선문이 있고 그 사이로 垂帳文이 있음(그림 5-5). 다른 두 점은 태질이 단단하고, 유약은 황록색으로 비교적 두껍게 발라졌으며, 밝게 빛남. 두 점 가운데 한 점은 두 줄의 횡성문 사이에 교차된 篦點文이 있고(그림 5-4), 다른 한 점은 어깨 아랫면에 수장문, 동체부에 篦點折齒文이 있음(그림 5-3).

5) 기타

(1) 말이빨과 말뼈

○ 출토지 : 칠성산1096호묘 서쪽부분 바깥가장자리의 기단석 근처.

○ 형태 : 말이빨은 32개가 출토. 말뼈는 부서짐.

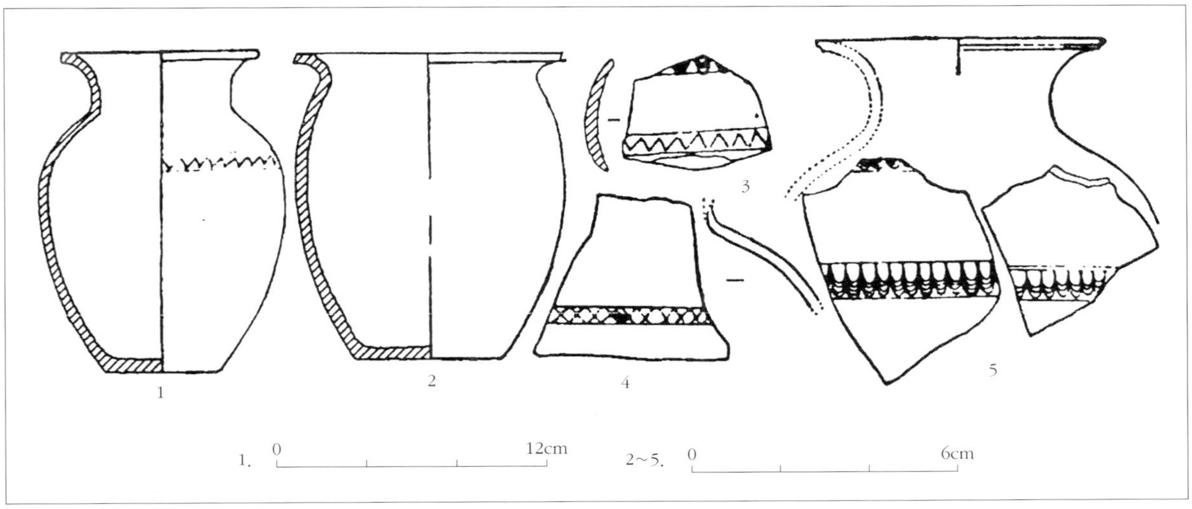

그림 5 칠성산1096호묘 출토 토기(『考古』 1979-1, 28쪽)
1. 회색호 2. 갈색호 3~5. 황색시유호

5. 역사적 성격

1) 특징

○ 칠성산1096호묘는 동일 분구 내에 3개의 매장부가 있는 다실묘로, 특히 2호 묘실에서는 묘도가 확인.

○ 고분은 중형의 방단계제적석묘임. 묘실이 비교적 작고 축조기술 수준이 높지 않아도 천장석과 묘도가 있으면 '方壇階梯洞室墓'라고 부름. 한편 적석묘 가운데 折天井塚 및 將軍塚 등과 같이 묘실이 비교적 크고 높으며 축조가 정연한 무덤은 '方壇階梯石室墓'라고 부름. 그리고 봉토묘 가운데 角觝墓, 舞踊墓, 三室墓 등과 같은 무덤은 '封土石室墓'라고 부름. 이와 같은 무덤 유형과 구별하면서 묘실이 비교적 작고 낮은 무덤을 방단계제동실묘라 부르고 있는 것임. 방단계제적석묘는 石壙積石墓에서 方壇階梯石室墓로 발전하는 데 있어 중간단계의 무덤 유형임. 4세기대에 이르러, 방단계제석실묘와 봉토석실묘가 출현하지만 방단계제동실묘가 사라지는 것은 아님. 이는 방단계제동실묘와 방단계제석실묘가 단절된 교체관계가 아님을 보여줌. 방단계제석실묘라는 새로운 묘제가 등장한 이후에도 옛 묘제인 방단계제동실묘는 여전히 존재. 즉, 방단계제동실묘는 방단계제석실묘 및 봉토석실묘와 장기간 병존한 것임.

○ 칠성산1096호묘의 기단석 부근에서 말뼈가 출토되었는데, 도굴 과정에서 버려진 것인지 알 수 없음. 다만, 『北史』 고구려전에 "사람이 죽으면 집안에 안치해 두고 … 초상에는 눈물을 흘리며 곡하지만, 장사지낼 때는 북치고 춤추며 풍악을 울려 葬送한다. 매장이 끝나면 죽은 사람이 생존시에 썼던 의복, 장신구, 수레, 말 등을 가져다가 무덤 옆에 놓아두는데, 장례에 참석한 사람들이 다투어 그것을 가져간다"는 기록이 있다는 점에서 고구려의 장송의례와 관련이 있을 수도 있음.

○ 칠성산1096호묘에서 출토된 철제의 꺾쇠와 장막걸이쇠는 방단계제동실묘에 棺이 있었음을 보여준 것임. 장막걸이쇠는 관이나 묘벽에 박는 못으로서 휘장 등을 달기 위해 사용한 것으로 추정. 고구려의 무덤이 지표위에 축조됨에 따라 관은 대부분 썩어 존재하지 않음. 이에 따라 면모를 알 수 없음.

○ 집안에서 출토된 금동기는 고구려에서 제작된 것임.

적석묘보다 봉토묘에서의 출토량이 적은데, 이는 도굴이 용이하였기 때문이라고 추정됨. 적석묘에서 출토된 금동기는 대부분 마구이고, 다른 장식품은 매우 적음. 이는 집안이 산지에 위치하고 있고, 또한 말이 전쟁에 투입되는 등 매우 귀함에 따라 마구에 신경을 많이 썼기 때문에 나타난 현상으로 볼 수 있음.

2) 축조연대

○ 칠성산1096호묘에서 출토된 동기를 보면 후한-위진시기에 광범위하게 사용된 것과 유사함. 특히 구연이 외반하고 바닥은 평평하며 3개의 짐승다리발굽모양의 다리을 갖춘 용머리 손잡이 초두는 서진대에 축조된 호북성 漢陽의 蔡甸1號墓와 南京의 登底山西墓에서 출토된 것과 상당히 유사함. 이로 볼 때 초두는 고구려에서 제작된 것이 아니라고 추정됨.

○ 칠성산1096호묘에서 출토된 황색시유호는 고구려에서 제작한 것임. 황색시유호의 胎釉는 三室墓에서 출토된 것과 유사하나 형태상으로는 약간 차이가 있는데, 삼실묘에서 출토된 황색시유호는 구순이 넓고(寬唇) 구연은 밖으로 벌어졌고(展沿) 동체부(腹)에 가로방향의 손잡이(橫耳) 4개가 있음. 삼실묘의 축조 시기는 일반적으로 5세기 초~중엽으로 추정. 그리고 삼실묘와 축조 시기가 비슷한 麻線溝1號墓 및 長川2號墓에서도 이와 비슷한 황색시유호가 출토되었는데, 이는 4·5세기 이후에 고구려의 토기 제작기술이 매우 발전하였음을 보여주는 것으로, 특히 구순이 넓고 구연은 뻗어 있으며 동체부에 가로방향의 손잡이(橫耳)를 갖춘 황색시유호는 독특한 풍격을 가진 고구려 토기임. 칠성산1096호묘에서 출토된 황색시유호는 구순이 외반되고(侈唇) 구연은 밖으로 벌어졌고(展沿), 구연과 구순(沿唇)이 비교적 좁고 동체부에 손잡이가 없음. 이는 같은 고분에서 출토된 회색의 호와 그 형태가 같은 것으로 漢代에 제작된 호의 풍격을 갖추고 있음. 칠성산1096호묘에서 출토된 황색시유호는 소성도가 높지 않음. 그리고 일부는 유약이 얇게 발라져 있고 광택이 없으며, 또 다른 일부는 유약이 발라져 있지 않고 태토가 물러서 유약이 박리되었음. 이러한 점들을 감안하면 삼실묘보다 이른 시기에 축조되었다고 볼 수 있는데, 삼실묘의 축조 시기를 5세기 이후로 추정하는 바, 칠성산1096호묘는 4세기 중엽, 상한은 4세기 초로 추정됨.

3) 현상

『洞溝古墓群-1997年調査測繪報告』와 실제 보고된 고분 편호가 서로 맞지 않아서 고분의 위치를 확인할 수 없음.

참고문헌

- 集安縣文物保管所, 1979, 「集安縣兩座高句麗積石墓的清理」, 『考古』 1979-1.
- 吉林省文物考古研究所·集安市博物館, 2002, 『洞溝古墓群-1997年調査測繪報告』, 科學出版社.

18 집안 칠성산1201호묘

集安 七星山1201號墓 | JQM1201

1. 조사현황

2004~2005년에 張福有, 孫仁杰, 遲勇 등이 조사.

2. 위치와 자연환경(그림 1)

1) 고분의 위치

○ 集安 七星山古墳群의 養鷄場片 중부에 위치.

○ 서북쪽이 높고 동남쪽이 낮은 비탈지에 위치하는데, 고도차는 1.5m임.

○ 좌표는 동경 126°09′56.4″, 북위 41°06′49.3″이고, 해발고도는 220m임.

2) 고분의 주변환경

○ 남쪽으로 약 30m 떨어진 지점에 七星山0998號墓가 있음.

○ 서쪽으로 약 20m 떨어진 지점에 七星山0982號墓가 있음.

○ 북쪽으로 약 80m 떨어진 지점에 養鷄場溝가 있음.

○ 서남쪽으로 약 90m 떨어진 지점에 七星山1061號墓가 있음.

3. 고분의 현황

1) 고분 형식

(1) 유형

有壇積石石壙墓.

(2) 규모

길이 25m, 높이 2.3m, 방향 45°.

2) 고분 구조

(1) 외형

○ 평면은 방형임.

○ 분구 정상의 중앙에 동서 길이 3m, 남북 너비 2.8m, 깊이 0.7m의 구덩이가 있는데, 石壙이 있었던 곳임.

○ 묘 위를 덮고 있는 석재는 대부분 깨진 산돌이고, 일부 강자갈이 보임. 돌의 크기는 일반적으로 0.2~0.4m 정도임.

○ 묘의 동·서·북면에 크기가 같지 않은 구덩이 3개가 있음.

(2) 기단

○ 묘의 네 주변에 基壇이 축조되어 있는데, 일부는 유실. 묘 위에서 흘러내린 돌들이 덮고 있어 서북 모서리

그림 1 칠성산1201호묘 위치도(『洞溝古墓群－1997年調査測繪報告』, 252쪽)

의 기단석만 볼 수 있음. 계단석은 약간 가공하여 정연한 자연석임. 석재는 길이 1.2m, 너비 0.5m, 높이 0.4m임.

○ 기단 내부는 階墻式으로 축조함.

4. 역사적 성격

1) 현상

현재 무덤은 심하게 파괴되어 커다란 기단석만 잔존하며, 분구 위는 잡풀로 덮혀 있음.

2) 연대 추정

보고서에 보이는 무덤의 축조방법과 구조를 볼 때, 3세기 말에 축조된 것으로 추정됨.

참고문헌

- 吉林省文物考古研究所·集安市博物館, 2002, 『洞溝古墓群－1997年調查測繪報告』, 科學出版社.
- 孫仁杰·遲勇, 2007, 『集安高句麗墓葬』, 香港亞洲出版社.

중국 소재 고구려 유적과 유물 Ⅳ

통구분지 1 우산하 · 하해방 · 만보정 · 칠성산고분군

초판 1쇄 인쇄 2022년 12월 5일
초판 1쇄 발행 2022년 12월 20일

기 획 동북아역사재단 한국고중세사연구소
엮 은 이 여호규, 강현숙, 백종오, 김종은, 이경미, 정동민
펴 낸 이 이영호
펴 낸 곳 동북아역사재단

등 록 제312-2004-050호(2004년 10월 18일)
주 소 03739 서울시 서대문구 통일로 81 (미근동267) NH농협생명빌딩
전 화 02-2012-6065
팩 스 02-2012-6186
홈페이지 www.nahf.or.kr
제작·인쇄 역사공간

ISBN 978-89-6187-543-1 94910(세트)
978-89-6187-747-3 94910